Roth/Pfeuffer

Nachlassinsolvenzen

Nachlassinsolvenzen

Handbuch

3., neu bearbeitete Auflage

von

Rechtsanwalt Prof. Dr. Jan Roth

Rechtsanwalt und Notar Jürgen Pfeuffer

RWS Verlag Kommunikationsforum GmbH & Co. KG · Köln

Die Deutsche Nationalbibliothek verzeichnet diese Publikation in der Deutschen Nationalbibliografie; detaillierte bibliografische Daten sind im Internet über http://dnb.d-nb.de abrufbar.

Postfach 27 01 25, 50508 Köln
E-Mail: info@rws-verlag.de, Internet: http://www.rws-verlag.de

Satz und Datenverarbeitung: SEUME Publishing Services GmbH, Erfurt
Druck und Verarbeitung: CPI books GmbH, Leck

Vorwort

Die Nachlassinsolvenz bildet nach wie vor ein Randthema in der Insolvenzpraxis. Die zur Verfügung stehende Literatur ist nicht gerade üppig. Die Kommentarliteratur beschränkt sich überwiegend auf die Kommentierung der besonderen Vorschriften über die Nachlassinsolvenz; übersehen wird dabei, dass nahezu alle wichtigen Vorschriften der Insolvenzordnung im Nachlassinsolvenzverfahren nachlassinsolvenzspezifisch angewendet werden müssen. So weisen insbesondere die Eröffnungsgründe im Nachlassinsolvenzverfahren erhebliche Besonderheiten auf.

Auch wegen der engen Beziehung zum Erbrecht bildet die Nachlassinsolvenz eine Sondermaterie. Sie dient der Haftungsbeschränkung für den Erben, genauso wie auch die Nachlassverwaltung.

Mit dem vorliegenden Buch zum Nachlassinsolvenzverfahren möchten wird den Praktikern, die als Insolvenzrichter, Insolvenzverwalter oder anwaltliche Berater Fragen zur Nachlassinsolvenz, der Nachlassverwaltung oder auch generell zur Erbenhaftung zu beantworten haben, ein nützliches Hilfsmittel an die Hand geben. Es ist uns ein großes Anliegen, alle praxisrelevanten Themen aus diesen Bereichen in einem Handbuch zusammenzutragen.

Die nunmehr vorgelegte erweiterte 3. Auflage aktualisiert den gesamten Inhalt auf den Stand Anfang 2024 und greift Anregungen aus dem Benutzerkreis auf. Eingearbeitet wurden die aktuelle Rechtsprechung, neue Literatur und Aufsätze sowie Gesetzesänderungen wie die MoPeG-Novelle.

Wir wünschen uns, dieses Werk mit Hilfe der Praxis auch in Zukunft weiterentwickeln zu können. Aus diesem Grund freuen wir uns über jedwede inhaltliche Anmerkung oder Kritik und alle erdenklichen Denkanstöße.

Schließlich gilt unser Dank dem RWS-Verlag, der die Veröffentlichung dieser 3. Auflage ermöglicht hat und der hervorragenden verlagsseitigen Betreuung.

Frankfurt am Main im Juni 2024

Prof. Dr. Jan Roth
Jürgen Pfeuffer

Inhaltsverzeichnis

Rz. Seite

Vorwort V

Autorenverzeichnis XXV

Literaturverzeichnis XXVII

§ 1 Nachlassinsolvenz 1

I. Einleitung 1 7
1. Natur des Nachlassinsolvenzverfahrens 1 7
2. Historie der Nachlassinsolvenz 7 9

II. Eröffnungsantrag 15 12
1. Zuständiges Gericht 20 13
2. Antragsberechtigung 28 15
a) Antragsberechtigung des bzw. der Erben 30 15
b) Antragsberechtigung des Erbeserben 47 22
c) Antragsberechtigung von Nachlasspflegern, Nachlassverwaltern und Testamentsvollstreckern 50 23
d) Antragsberechtigung eines Nachlassgläubigers 57 25
3. Antragspflicht 64 27
4. Antragsfrist 83 34
5. Sonstige Zulässigkeitsvoraussetzungen 89 36
6. Geteilter Nachlass 101 40
7. Zulassung des Antrags und rechtliches Gehör 104 41

III. Insolvenzmasse 108 42
1. Ausgangspunkt: Der Nachlass 108 42
2. Entwicklung des Nachlasses zwischen Erbfall und Insolvenzeröffnung – Surrogation von Nachlassgegenständen 109 42
3. Haftung des Erben wegen verspäteter Insolvenzantragstellung (§ 1980 BGB) 134 52
4. Pflichtteilsergänzungsansprüche (§§ 2325 ff. BGB) 139 56
5. Haftung des Nachlasspflegers für Befriedigung von Nachlassverbindlichkeiten 142 57
6. Unpfändbare Gegenstände 154 61
7. Unbeschränkbare Erbenhaftung (§ 2013 BGB) 157 63

	Rz.	Seite
8. Zusammenfassung	177	68
IV. Beteiligte im Nachlassinsolvenzverfahren	180	69
1. Schuldner	180	69
2. Gläubiger	196	74
a) Aussonderungsberechtigte	197	74
b) Absonderungsberechtigte	201	75
c) Ungesicherte Insolvenzgläubiger	203	75
3. Insolvenzverwalter	204	75
V. Eröffnungsgründe	213	78
1. Zahlungsunfähigkeit	214	79
2. Drohende Zahlungsunfähigkeit	224	82
3. Überschuldung	226	83
VI. Vorläufige Sicherungsmaßnahmen	241	88
1. Bestellung eines vorläufigen Insolvenzverwalters	242	88
a) Befugnisse eines schwachen vorläufigen Insolvenzverwalters	245	90
b) Befugnisse eines starken vorläufigen Insolvenzverwalters	252	92
c) Haftung des vorläufigen Insolvenzverwalters	254	93
d) Vergütung des vorläufigen Insolvenzverwalters	261	95
2. Einstellung und Untersagung von Zwangsvollstreckungsmaßnahmen	281	100
3. Auskunfts- und Mitwirkungspflichten im Eröffnungsverfahren	283	100
4. Vorläufige Postsperre	284	100
VII. Auskunfts- und Mitwirkungspflichten und Postsperre	285	101
1. Auskunfts- und Mitwirkungsverpflichtete	285	101
2. Auskunfts- und Mitwirkungsberechtigte	296	104
3. Inhalt und Umfang der Auskunftspflicht	297	104
4. Inhalt und Umfang der Mitwirkungspflicht	301	106
5. Erreichbarkeit	305	107
6. Unterlassungspflichten	307	108
7. Eidesstattliche Versicherung	308	108
8. Vorführung und Verhaftung	311	109
9. Beendigung von Zwangsmaßnahmen	313	110
10. Postsperre	314	110
VIII. Insolvenzeröffnungsgutachten	324	113

		Rz.	Seite
IX.	Entscheidung des Insolvenzgerichtes über den Eröffnungsantrag	326	113
	1. Rücknahme des Eröffnungsantrages und Erledigungserklärung	330	114
	2. Abweisung mangels Masse	333	115
	a) Kosten im Eröffnungsverfahren	336	116
	b) Kosten im eröffneten Insolvenzverfahren	340	117
	c) Ermittlung der Verfahrenskostendeckung	343	118
	d) Vorschussleistung	350	120
	e) Stundung der Verfahrenskosten und Prozesskostenhilfe	353	121
	f) Rechtsfolgen der Abweisung mangels Masse	359	124
	g) Kostentragung bei Abweisung mangels Masse	362	125
	3. Abweisung aus anderen Gründen	367	127
	4. Eröffnung des Insolvenzverfahrens	369	127
	a) Eröffnungsbeschluss	369	127
	b) Auswahl des Insolvenzverwalters	379	129
	c) Auswirkung auf die Ämter von Testamentsvollstreckern, Nachlassverwaltern und Nachlasspflegern	383	131
	5. Eröffnung masseunzulänglicher Verfahren	385	131
X.	Verbindlichkeiten	391	133
	1. Masseverbindlichkeiten	393	134
	a) Masseverbindlichkeiten gemäß § 55 InsO	395	134
	b) Masseverbindlichkeiten gemäß § 324 InsO	401	136
	aa) Aufwendungsersatzansprüche des Erben	402	136
	bb) Beerdigungskosten und Kosten der Todeserklärung	412	140
	cc) Kosten gemäß § 324 Abs. 1 Nr. 4 InsO	419	142
	dd) Verbindlichkeiten aus den von einem Nachlasspfleger oder Nachlassverwalter oder Testamentsvollstrecker vorgenommenen Rechtsgeschäften	420	143
	ee) Geschäftsführungskosten der Nachlassverwalter, Nachlasspfleger und Testamentsvollstrecker	425	145
	c) Rechtsstellung der Massegläubiger	427	147
	2. Insolvenzforderungen	430	147
	a) Erblasserschulden	431	147
	b) Erbfallschulden (Verbindlichkeiten aufgrund des Erbfalles)	435	149
	c) Nachlasserbenschulden	439	149

		Rz.	Seite
	d) Steuerverbindlichkeiten	448	153
	3. Nachrangige Forderungen	452	155
	4. Ansprüche des Erben gegen den Erblasser	461	157
	5. Masseunzulänglichkeit und Massearmut	466	159
	6. Verjährung von Ansprüchen gegen den Nachlass	473	160
XI.	Masseverwaltung und -verwertung	475	161
	1. Übergang der Verwaltungs- und Verfügungsbefugnis	475	161
	2. Beidseitig unerfüllte Verträge	482	162
	a) Besonderheiten beim Kaufvertrag	488	164
	b) Besonderheiten beim Werkvertrag	491	165
	c) Besonderheiten beim Lebensversicherungsvertrag	492	166
	d) Besonderheiten bei Fixgeschäften und Finanzleistungen	494	167
	e) Besonderheiten bei teilbaren Leistungen	497	168
	f) Besonderheiten bei Grundstückskaufverträgen	500	169
	g) Besonderheiten bei Miet- und Dienstverhältnissen	502	169
	h) Besonderheiten bei Aufträgen und Geschäftsbesorgungsverträgen	512	174
	3. Verwertung freier Masse in Form beweglicher Gegenstände	514	175
	4. Verwertung von beweglichen Absonderungsgegenständen	529	180
	5. Verwaltung und Verwertung von Immobilien	549	188
XII.	Haftungsansprüche gegen den Erben	558	192
	1. Nebeneinander erbrechtlicher und handelsrechtlicher Erbenhaftung	558	192
	2. Handelsrechtliche Haftung des Erben bei Unternehmen im Nachlass (§§ 25, 27 HGB)	559	192
	a) Tatbestandsmerkmale	562	193
	aa) Handelsgeschäft	562	193
	bb) Freiberufliche und andere nichtgewerbliche Tätigkeiten	564	193
	cc) Fortführung des Handelsgeschäfts	565	194
	dd) Erbenstellung	566	194
	ee) Fortführung durch Dritte	570	195
	(1) Fortführung durch gesetzliche Vertreter oder beauftragte Dritte	570	195
	(2) Fortführung durch Nachlassinsolvenzverwalter	571	195

	Rz.	Seite
(3) Fortführung durch Nachlasspfleger oder Nachlassverwalter	574	196
(4) Vermächtnisnehmer	577	197
ff) Fortführung der Firma	579	198
b) Reichweite der handelsrechtlichen Erbenhaftung	586	201
aa) Frühere Geschäftsverbindlichkeiten	586	201
bb) Nachlasserbenschulden/ Nachlassverwaltungsschulden	588	201
c) Haftungsausschluss	591	204
aa) Liquidation	591	204
bb) Veräußerung	599	207
cc) Verpachtung	605	208
dd) Einbringung des Handelsgeschäfts in eine Gesellschaft	606	208
ee) Einbringung des Handelsgeschäfts in eigenes Einzelunternehmen des Erben	609	209
ff) Erbschaftskauf und Treuhandverkauf	610	210
3. Haftung des Nachlasspflegers	611	210
4. Europäische Nachlassinsolvenzverfahren, Europäisches Nachlasszeugnis	622	214
5. Prozessrechtsverhältnisse des Nachlasses	630	217
6. Freigabe von Nachlassgegenständen	643	221
7. Verjährung von Ansprüchen des Nachlasses	651	224
XIII. Steuerliche Aspekte	652	224
1. Steuerliche Pflichten des Insolvenzverwalters	652	224
2. Geltendmachung von Erbschaftsteuer innerhalb und außerhalb des Nachlassinsolvenzverfahrens	663	229
XIV. Insolvenzplan	673	233
1. Anwendbarkeit des Insolvenzplanverfahrens in der Nachlassinsolvenz	673	233
2. Zweck des Planverfahrens	674	233
3. Vorteile des Planverfahrens	677	234
4. Die Rechtsnatur des Insolvenzplans	678	234
5. Planvorlagerecht	679	234
6. Darstellender Teil des Insolvenzplanes	682	235
7. Gestaltender Teil des Insolvenzplanes	683	236
8. Erbauseinandersetzung/Nachlassteilung	688	237
9. Durchführung des Planverfahrens	691	238
10. Die Wirkungen der Zustimmung	697	240
11. Die Erfüllung des Plans	699	240

Rz. Seite

XV. Anfechtung ... 701 ... 241
1. Funktion und Rechtsnatur des Insolvenzanfechtungsrechts ... 701 ... 241
2. Verhältnis des Insolvenzanfechtungsrechts zur Gläubigeranfechtung nach dem Anfechtungsgesetz ... 707 ... 243
3. Anfechtung und Rückschlagsperre (§§ 88, 321 InsO) ... 710 ... 244
4. Anfechtungsvoraussetzungen ... 713 ... 245
a) Die Rechtshandlung ... 713 ... 245
b) Die Gläubigerbenachteiligung ... 719 ... 246
c) Rechtshandlung eines vorläufigen Insolvenzverwalters ... 723 ... 247
d) Ausschluss der Anfechtung ... 725 ... 248
e) Anfechtungsberechtigung ... 728 ... 249
f) Verjährung ... 730 ... 249
5. Die Anfechtungstatbestände im Einzelnen ... 732 ... 249
a) Kongruente Deckung (§ 130 InsO) ... 732 ... 249
b) Inkongruente Deckung (§ 131 InsO) ... 739 ... 251
c) Unmittelbar nachteilige Rechtshandlungen (§ 132 InsO) ... 745 ... 253
d) Vorsätzliche Benachteiligung (§ 133 InsO) ... 748 ... 254
e) Unentgeltliche Leistung (§ 134 InsO) ... 756 ... 256
f) Erfüllung von Pflichtteilsansprüchen, Vermächtnissen und Auflagen ... 764 ... 259
g) Anfechtung der Zahlung der Nachlasspflegervergütung und anderer Masseverbindlichkeiten ... 767 ... 260
aa) Anfechtbarkeit der Zahlung aus dem Nachlass gemäß § 133 Abs. 1 InsO ... 768 ... 260
(1) Gläubigerbenachteiligung i. S. von § 129 Abs. 1 InsO ... 768 ... 260
(2) Besondere Voraussetzungen von § 133 InsO ... 769 ... 261
(3) Besonderer Umstand: Masseverbindlichkeit ... 772 ... 262
bb) Anspruch aus § 143 Abs. 1 InsO gegen den Nachlasspfleger nach den Grundsätzen der neuen „Leistungsmittler-Rechtsprechung“ des BGH ... 783 ... 267
cc) Keine unangemessene Benachteiligung des Nachlasspflegers wegen der Anfechtung seiner Vergütung ... 790 ... 269

Rz. Seite

dd) Verfassungswidrigkeit gesetzlich nicht geregelter Rangvorrechte 792 270
6. Rechtsfolgen der Anfechtung (§ 143 InsO) 794 271

XVI. Vergütung des Insolvenzverwalters 801 274
1. Berechnungsgrundlage 801 274
2. Regelvergütung 804 275
3. Zu- und Abschläge 808 276
4. Zusätzliche Vergütungen und Honorare des Insolvenzverwalters 813 277
a) Buchhaltung und Bilanzierung 815 278
b) Steuerangelegenheiten 816 278
c) Beitreibung von Forderungen 817 278
d) Verwertung von Massegegenständen 818 279
e) Haftpflichtversicherung 819 279
5. Vergütung im übergeleiteten Nachlassinsolvenzverfahren 824 280
6. Festsetzung der Vergütung 826 281

XVII. Befriedigung der Insolvenzgläubiger 832 282
1. Forderungsanmeldung 832 282
2. Berichtstermin 847 285
3. Prüfungstermin 860 287
4. Gläubigermitwirkung 873 290
5. Schlussrechnung und Schlusstermin 887 294
6. Verteilung 899 297
7. Überschuss (§ 199 InsO) 900 298

XVIII. Beendigung des Insolvenzverfahrens 901 298
1. Aufhebung des Insolvenzverfahrens 902 298
2. Einstellung des Insolvenzverfahrens 909 301
a) Einstellung mangels Masse 909 301
b) Einstellung nach Anzeige der Masseunzulänglichkeit 915 303
c) Einstellung wegen Wegfalls des Eröffnungsgrundes 916 304
d) Einstellung mit Zustimmung der Gläubiger 918 304
e) Wirkungen der Einstellung 925 306

§ 2 Nachlassverwaltung **307**

I. Anlass für die Anordnung der Nachlassverwaltung 1 309

		Rz.	Seite
II.	Antragserfordernis	7	310
III.	Antragsberechtigung	8	310
	1. Erbe	8	310
	2. Miterben	17	312
	3. Nacherbe	27	315
	4. Testamentsvollstrecker	30	315
	5. Erbschaftskäufer	31	316
	6. Ehegatte bei Gütergemeinschaft	32	316
	7. Nachlasspfleger	33	316
	8. Insolvenzverwalter über das Vermögen des Erben	36	318
	9. Gläubiger	37	318
IV.	Entscheidung des Nachlassgerichts	49	321
	1. Kostenvorschuss	49	321
	2. Beschluss	52	322
	3. Wirksamwerden der Nachlassverwaltung	53	322
	4. Rechtsmittel	56	322
V.	Auswahl des Nachlassverwalters	59	323
VI.	Stellung des Nachlassverwalters	67	326
	1. Partei kraft Amtes	67	326
	2. Prozessuale Stellung des Nachlassverwalters	68	326
VII.	Übergang der Verfügungsbefugnis auf den Nachlassverwalter	76	328
	1. Unwirksamkeit von Verfügungen des Erben über Nachlassgegenstände	76	328
	2. Gutgläubiger Erwerb	80	328
	3. Rückforderung der Gegenleistung bei unwirksamer Verfügung	87	330
	4. Erfüllung von Nachlassforderungen nach Anordnung der Nachlassverwaltung	88	330
	5. Erlöschen von Aufträgen und Vollmachten des Erblassers und des Erben	92	331
	6. Zwangsvollstreckung während der Nachlassverwaltung	93	331
	a) Zwangsvollstreckung in den Nachlass	93	331
	aa) Zwangsvollstreckung von Nachlassgläubigern	93	331

	Rz.	Seite
bb) Zwangsvollstreckung durch Eigengläubiger des Erben	97	332
b) Zwangsvollstreckung durch Nachlassgläubiger in das Eigenvermögen des Erben	100	333
VIII. Umfang der Nachlassverwaltung	102	334
1. Gesamter Nachlass	102	334
2. Nachlassverwaltung bei Unternehmen	106	335
a) Anteile an einer Kapitalgesellschaft	106	335
b) Einzelkaufmännisches Unternehmen	108	335
c) Anteile an einer Personengesellschaft	113	337
3. Konfusion, Konsolidation, Aufrechnung	121	338
IX. Aufgaben des Nachlassverwalters	124	339
1. Inbesitznahme des Nachlasses	125	339
2. Eintragung der Nachlassverwaltung in das Grundbuch	132	341
3. Wirtschaftliche Verwaltung des Nachlasses	135	342
4. Rechtsgeschäfte des Nachlassverwalters mit dem Erben	137	342
5. Keine Insichgeschäfte des Nachlassverwalters	138	342
6. Weitere Pflichten des Nachlassverwalters	139	343
7. Erstellung des Nachlassverzeichnisses, Zulänglichkeitsprüfung	147	344
a) Nachlassverzeichnis	147	344
b) Zulänglichkeitsprüfung	150	345
c) Unzulänglichkeit des Nachlasses	155	346
8. Berichtigung der Nachlassverbindlichkeiten	157	347
9. Verwertung von Nachlassgegenständen	160	348
a) Zweckmäßigkeitserwägungen	160	348
b) Zustimmungserfordernis des Nachlassgerichts	164	348
aa) Zustimmungsbedürftige Geschäfte	164	348
bb) Anhörung der Betroffenen	167	349
cc) Allgemeine Ermächtigung durch das Nachlassgericht	168	349
dd) Genehmigung durch das Nachlassgericht	172	350
10. Steuerliche Pflichten des Nachlassverwalters	180	352
a) Erbschaftsteuer	180	352
b) Einkommensteuer	184	352
X. Überwachung des Nachlassverwalters durch das Nachlassgericht	188	354

		Rz.	Seite
XI.	Entlassung des Nachlassverwalters	194	355
XII.	Beendigung der Nachlassverwaltung	200	356
	1. Gründe für die Beendigung der Nachlassverwaltung	200	356
	2. Beschluss des Nachlassgerichts	209	358
	3. Haftung des Erben nach Aufhebung der Nachlassverwaltung	211	359
	4. Herausgabe des Nachlasses	216	360
XIII.	Honorar des Nachlassverwalters	222	361
	1. Allgemeines	222	361
	2. Höhe und Berechnung der Vergütung	223	361
	3. Festsetzung der Vergütung	232	365
	4. Rechtsmittel gegen den Festsetzungsbeschluss	238	367
	5. Ersatz von Aufwendungen des Nachlassverwalters	240	368
	6. Gerichtskosten	245	369
	7. Vergütung und Aufwendungen des Nachlassverwalters in der Nachlassinsolvenz und bei Unzulänglichkeit des Nachlasses	246	369
XIV.	Haftung des Nachlassverwalters	248	369
	1. Gesetzliches Schuldverhältnis	248	369
	2. Pflichtverletzung des Nachlassverwalters	250	370
	3. Ersatzfähiger Schaden	256	371
	4. Geltendmachung der Schadensersatzansprüche gegen den Nachlassverwalter	257	371
§ 3	**Nachlassspezifische Ansprüche**		**373**
I.	Rückgängigmachung von Konfusion und Konsolidation	1	374
II.	Aufrechnung	5	375
III.	Ansprüche der Gläubiger gegen den Erben	13	376
	1. Einführung	13	376
	2. Haftung des Erben vor der Annahme der Erbschaft	17	377
	3. Haftung ab der Annahme der Erbschaft	25	379
	a) Herausgabe gemäß §§ 1978 Abs. 1 Satz 1, 667 BGB	26	379
	aa) Surrogation	28	380
	bb) Herausgabe eines Unternehmens	33	382

Rz. Seite

b) Schadensersatz aus §§ 1978 Abs. 1, 280 BGB 36 382
aa) Erfüllung von Nachlassverbindlichkeiten 36 382
bb) Nichterhebung der Einreden gemäß §§ 2014, 2015 BGB 43 385
cc) Weitere Fälle von Pflichtverletzungen 45 385
dd) Verschulden 53 387
(1) Vor- und Nacherbschaft 55 388
(2) Erbschaftskauf 56 388
ee) Umfang des Schadensersatzanspruchs 58 388
c) Anspruch auf Herausgabe von Nutzungen 59 389
d) Auskunfts- und Rechenschaftspflicht 61 389
e) Schadensersatz wegen Verletzung der Insolvenzantragspflicht (§ 1980 BGB) 63 390
aa) Antragspflicht des Erben 63 390
bb) Überschuldung und Zahlungsunfähigkeit 73 392
cc) Unverzügliche Antragstellung 75 392
dd) Verschulden 76 392
(1) Nachlasspflegschaft 77 393
(2) Testamentsvollstreckung 89 397
(3) Miterben 92 398
ee) Umfang des Anspruchs gemäß § 1980 Abs. 1 Satz 2 BGB 93 398
ff) Beweislast 95 398
f) Geltendmachung der Ansprüche gemäß §§ 1978, 1980 BGB 96 399

IV. Ansprüche des Erben auf Ersatz von Aufwendungen 102 400

V. Vergütung des Erben für die Verwaltung des Nachlasses 107 402

VI. Zurückbehaltungsrecht des Erben 109 402

VII. Verjährung 110 402

§ 4 Beschränkung der Erbenhaftung 403

I. Allgemeines 1 407

II. Ausschlagung 4 408
1. Allgemeines 4 408
2. Wirkung der Ausschlagung 9 409

Rz. Seite

3. Erklärung und Form der Ausschlagung 16 410
   a) Zuständigkeit 16 410
   b) Form der Ausschlagung 23 411
   c) Erklärung der Ausschlagung 29 413
4. Kosten 41 415
5. Ausschlagungsfrist 44 416
6. Verlust des Ausschlagungsrechts durch Annahme der Erbschaft 51 417
7. Anfechtung der Erbschaftsannahme und der Ausschlagung 56 419
   a) Anfechtung der Annahme 56 419
      aa) Anfechtung der Annahme gemäß § 119 Abs. 2 BGB 61 419
      bb) Anfechtung der Annahme gemäß § 119 Abs. 1 BGB 68 421
   b) Anfechtung der Ausschlagung 71 422
   c) Kausalität 76 424
   d) Form der Anfechtung 77 425
   e) Anfechtungsfrist 79 425
   f) Anfechtungsberechtigung 84 426
   g) Anfechtung der Anfechtung 85 427

III. Keine Haftung vor Annahme der Erbschaft 86 427

IV. Inventarerrichtung und endgültig unbeschränkbare Haftung 92 428
1. Allgemeines 92 428
2. Freiwillige Errichtung des Inventars durch den Erben 93 428
3. Fristbestimmung zur Errichtung des Inventars auf Antrag eines Nachlassgläubigers 97 429
   a) Antragsberechtigung 97 429
   b) Frist 104 431
   c) Folge der Fristversäumnis 107 432
   d) Fristsetzung zur Ergänzung des Inventars 111 433
   e) Rechtsbehelfe 112 433
4. Form, Arten und Kosten der Errichtung des Inventars 114 433
   a) Aufnahme des Inventars durch den Erben (§ 2002 BGB) 114 433
   b) Amtliche Aufnahme des Inventars (§ 2003 BGB) 117 434

		Rz.	Seite
	c) Bezugnahme auf ein vorhandenes Inventar (§ 2004 BGB)	122	436
	d) Kosten	125	437
	5. Inhalt des Inventars	131	438
	6. Wirkung des fristgerecht errichteten Inventars	141	439
	7. Eidesstattliche Versicherung der Vollständigkeit des Inventars	147	440
	8. Risiko der unbeschränkten Haftung des Erben im Zusammenhang mit der Inventarerrichtung	154	442
	a) Inventarvergehen gemäß § 2005 Abs. 1 BGB	154	442
	aa) Unvollständiges Inventar (§ 2005 Abs. 1 Satz 1 Halbs. 1 BGB)	158	443
	bb) Aufnahme einer nicht bestehenden Nachlassverbindlichkeit (§ 2005 Abs. 1 Satz 1 Halbs. 2 BGB)	159	443
	cc) Verweigerung oder absichtliche erhebliche Verzögerung der Auskunft (§ 2005 Abs. 1 Satz 2 BGB)	160	444
	b) Verweigerung der eidesstattlichen Versicherung (§ 2006 Abs. 1 BGB)	162	444
	c) Folgen der unbeschränkten Haftung des Erben	164	444
	aa) Verlust der Einreden gemäß §§ 1973, 1974 BGB	165	445
	bb) Nachlassverwaltung und Nachlassinsolvenz	167	445
	cc) Weitere Folgen der unbeschränkten Haftung	174	447
	dd) Verlust der Haftungsbeschränkung gegenüber einzelnen Gläubigern (§ 2013 Abs. 2 BGB)	178	447
V.	Aufgebotsverfahren	180	448
	1. Antragsberechtigung	181	448
	2. Zuständigkeit, Verfahren	189	450
	3. Kosten des Aufgebotsverfahrens	200	451
	4. Die vom Aufgebot betroffenen Nachlassgläubiger	202	452
	5. Vom Aufgebotsverfahren nicht betroffene Gläubiger	206	453
	a) Dinglich gesicherte Gläubiger	207	453
	b) Entstehung der Forderung nach der öffentlichen Bekanntmachung des Aufgebotes	210	454
	c) Unbeschränkte Erbenhaftung	211	454
	d) Nachlassbezogene Gläubiger (§ 1972 BGB)	212	454

	Rz.	Seite
6. Wirkung des Aufgebotsverfahrens, Ausschließungseinrede	216	455
a) Haftung nach Bereicherungsgrundsätzen	217	455
b) Materielle Wirkung der Ausschließung	220	456
c) Umfang des Leistungsverweigerungsrechts und der Haftung des Nachlasses	223	456
aa) Ermittlung des Umfanges des Nachlassüberschusses	226	457
bb) Zeitpunkt der Bestimmung des Umfangs gemäß § 1973 Abs. 2 Satz 1 BGB	229	458
d) Haftung von Miterben	230	458
e) Persönliche Haftung des Erben	231	459
aa) Haftung gemäß §§ 819 Abs. 1, 818 Abs. 4 BGB	231	459
bb) Haftung des Erben wegen Unvollständigkeit des Gläubigerverzeichnisses	235	460
f) Herausgabe zur Vollstreckung	236	460
g) Geltendmachung der Ausschluss- und Erschöpfungseinrede	241	461
h) Beweislast	245	463
7. Die Verschweigungseinrede gemäß § 1974 BGB	247	463
a) Voraussetzungen der Einrede gemäß § 1974 Abs. 1 BGB	248	463
b) Die Wirkung der Verschweigung	254	465
VI. Schonungseinreden	259	466
1. Drei-Monats-Einrede (§ 2014 BGB)	259	466
2. Einrede der Durchführung des Aufgebotsverfahrens (§ 2015 Abs. 1 BGB)	262	466
3. Materielle und prozessuale Wirkung der Schonungseinreden gemäß §§ 2014, 2015 BGB	263	467
VII. Gegenständlich beschränkte Haftung	265	467
VIII. Haftung in Höhe des Nachlasswertes	266	467
IX. Haftungsbeschränkung bei Minderjährigen	268	468
X. Haftungsbeschränkung bei dem Handelsgeschäft eines Einzelkaufmanns	275	470

	Rz.	Seite
XI. Haftungsbeschränkung des Erben bei einem Anteil an einer Personenhandelsgesellschaft	279	471
1. Offene Handelsgesellschaft (oHG)	279	471
2. Beerbung des Kommanditisten	285	472
3. Haftung der Erben des Gesellschafters für Verbindlichkeiten der Gesellschaft bürgerlichen Rechts (GbR)	287	473
XII. Erschöpfungseinrede (§ 1989 BGB) nach Durchführung des Nachlassinsolvenzverfahrens	296	475
1. Allgemeines	296	475
2. Beendigung des Nachlassinsolvenzverfahrens durch Verteilung der Masse	300	476
3. Beendigung des Nachlassinsolvenzverfahrens durch Insolvenzplan	306	478
4. § 1989 BGB gegenüber Massegläubigern	311	479
5. Haftung nach Bereicherungsgrundsätzen	312	480
6. Freigabe von Nachlassgegenständen durch den Insolvenzverwalter	313	480
XIII. Dürftigkeitseinrede gemäß § 1990 BGB	316	481
1. Allgemeines	316	481
2. Dürftigkeit	318	482
3. Geltendmachung der Dürftigkeitseinrede	322	483
4. Unzulänglichkeitseinrede	332	486
5. Erschöpfungseinrede	335	487
XIV. Überschwerungseinrede gemäß § 1992 BGB	340	488
1. Allgemeines	340	488
2. Überschuldung des Nachlasses	342	489
3. Geltendmachung der Einrede gemäß § 1992 BGB	346	490
4. Beschränkung der Haftung auf den Nachlasssaldo	347	490
5. Aufrechnung des Vermächtnisnehmers/Auflagenbegünstigten bei Erhebung der Einrede gemäß § 1992 BGB	348	490
XV. Durchführung der Haftungsbeschränkung gemäß §§ 1990 und 1992 BGB	349	491
1. Zwangsvollstreckung	349	491
a) Erfordernis des Vorbehalts der Erbenhaftung	349	491
b) Vollstreckung von Nachlassgläubigern in das Eigenvermögen des Erben	351	491

	Rz.	Seite
c) Vollstreckung von Eigengläubigern in den Nachlass	356	492
2. Haftung des Nachlasses	358	493
a) Duldung der Zwangsvollstreckung	358	493
b) Freiwillige Herausgabe an die Gläubiger	359	493
c) Abwendung der Herausgabe durch Zahlung des Wertes (§ 1992 Satz 2 BGB)	361	494
3. Berechnung des Nachlasswertes	364	495
a) Anwendbarkeit von § 1980 BGB	364	495
b) Schadensersatzansprüche	365	495
c) Surrogate	368	496
d) Aufwendungen des Erben	370	496
e) Aufrechnung	374	497
f) Aufhebung von Konfusion und Konsolidation	376	498
4. Reihenfolge der Gläubigerbefriedigung	377	498
XVI. Internationales Erbrecht	383	499
1. Haftung für Nachlassverbindlichkeiten, Beschränkung der Haftung	383	499
2. Internationales Nachlassverfahrensrecht	395	502
a) Nachlassverwaltung	401	503
b) Nachlassinsolvenz	404	504
XVII. Fiskus als Erbe	414	506
1. Gesetzliches Erbrecht	414	506
2. Gewillkürtes Erbrecht	421	507
XVIII. Haftung von Miterben für Nachlassverbindlichkeiten	422	507
1. Allgemeines	422	507
2. Gemeinschaftliche Nachlassverbindlichkeiten	426	508
3. Haftung vor der Annahme der Erbschaft	433	510
4. Haftung für Nachlassverbindlichkeiten ab Annahme der Erbschaft bis zur Teilung des Nachlasses	434	511
a) Gesamtschuldklage	436	511
b) Gesamthandsklage	437	511
5. Miterbe als Nachlassgläubiger	440	512
6. Innenverhältnis der Miterben	441	513
7. Geltendmachung und Rechtsfolgen des Leistungsverweigerungsrechts gemäß § 2059 Abs. 1 Satz 1 BGB	447	514
8. Nachlassteilung gemäß § 2059 Abs. 1 Satz 1 BGB	456	516
a) Übertragung einzelner Nachlassgegenstände	458	517

	Rz.	Seite
b) Personengesellschaftsanteil als Nachlassbestandteil	461	518
c) Keine Auseinandersetzung der Erbengemeinschaft auf Dauer	463	518
d) Miterben und Testamentsvollstreckung	464	519
9. Die Haftung der Miterben nach der Teilung	465	519
a) Allgemeines	465	519
b) Teilschuldnerische Haftung des Miterben	468	520
aa) § 2060 Nr. 1 BGB	471	521
bb) § 2060 Nr. 2 BGB	474	522
cc) § 2060 Nr. 3 BGB	476	522
dd) Privataufgebot gemäß § 2061 BGB	480	523
10. Die Haftung des Miterben nach der Abschichtung	485	524
XIX. Haftung des Erbschaftskäufers	491	526
1. Gesamtschuldnerische Haftung von Erbe und Käufer	491	526
2. Haftungsbeschränkung	492	527
3. Nachlassinsolvenz und Nachlassverwaltung	493	527
4. Vorbehalt der Erbenhaftung	495	528
5. Haftung des Erbteilskäufers	496	528
XX. Die Haftung des Vor- und Nacherben	501	529
1. Allgemeines	501	529
2. Vollstreckung in den Nachlass des Vorerben	504	530
3. Beschränkung der Haftung	505	530
4. Inventarerrichtung und Aufgebotsverfahren	507	530
5. Nachlassverwaltung	509	531
6. Nachlassinsolvenz	510	531
7. Haftung des Vorerben nach Eintritt des Nacherbfalls	511	532
§ 5 Sonderprobleme		**535**
I. Nachlassinsolvenz und Insolvenz des Erben	1	535
1. Eigeninsolvenz des Erben nach Eröffnung des Insolvenzverfahrens über den Nachlass	2	535
2. Eigeninsolvenz des Erben vor Eröffnung des Insolvenzverfahrens über den Nachlass bzw. vor Erbanfall	6	537
3. Erbfall während der Wohlverhaltensperiode des Erben	20	541

Rz. Seite

II. Tod des Schuldners während des Regel- oder Verbraucherinsolvenzverfahrens 21 541

III. Tod des Schuldners im Eröffnungsverfahren 26 544

IV. Auswirkungen des Todes des Schuldners auf die Restschuldbefreiung 28 545
1. Tod des Schuldners vor Aufhebung des Insolvenzverfahrens 28 545
2. Tod des Schuldners während der Wohlverhaltensperiode des Restschuldbefreiungsverfahrens 30 546

V. Mehrere Nachlassinsolvenzverfahren über denselben Nachlass 44 550

Stichwortverzeichnis 553

Autorenverzeichnis

Jürgen Pfeuffer § 2, § 3, § 4

Notar,
Rechtsanwalt, Fachanwalt für Erbrecht,
Anwaltskanzlei Pfeuffer, Frankfurt am Main

Professor Dr. Jan Roth § 1, § 5

Honorarprofessor an der Christian-Albrechts-Universität
zu Kiel, Rechtsanwalt, Fachanwalt für Insolvenzrecht,
Fachanwalt für Erbrecht, Fachanwalt für Steuerrecht,
Frankfurt am Main, Köln

Literaturverzeichnis

Andres/Leithaus
Insolvenzordnung, Kommentar, 4. Aufl. 2018
(zit.: Andres/Leithaus-*Bearbeiter*, InsO)

Baur/Stürner
Zwangsvollstreckungs-, Konkurs- und Vergleichsrecht, Bd. II,
12. Aufl. 1995

Becker
Insolvenzrecht für Anfänger, 2. Aufl. 2024 (zit.: Insolvenzrecht)

Beck-online. Grosskommentar zum Zivilrecht
hrsg. v. Gsell/Krüger/Lorenz/Reymann, Stand: 2024
(zit.: *Bearbeiter* in: BeckOGK-ZivilR)

Beck'scher Online-Kommentar BGB
hrsg. v. Hau/Poseck, Ed. 69 Stand: 1.2.2024
(zit.: *Bearbeiter* in: BeckOK-BGB)

Beck'scher Online Kommentar GBO
hrsg. v. Hügel, Ed. 51 Stand:1.11.2023
(zit.: *Bearbeiter* in: BeckOK-GBO)

Beck'scher Online Kommentar Gewerberecht
hrsg. v. Pielow, Ed. 60 Stand:1.12.2023
(zit.: *Bearbeiter* in: BeckOK-GewO)

Beck'scher Online Kommentar HGB
hrsg. v. Häublein/Hoffmann-Theinert, Ed. 41 Stand: 1.1.2024
(zit.: *Bearbeiter* in: BeckOK-HGB)

Bengel/Reimann/Holtz/Röhl
Handbuch der Testamentsvollstreckung, 8. Aufl. 2023
(zit.: *Bearbeiter* in: Hdb. der Testamentsvollstreckung)

Binz/Hess
Der Insolvenzverwalter, 2004

Blersch/Goetsch/Haas
Berliner Kommentar Insolvenzrecht, Loseblatt, Stand: 12/2023
(zit.: Blersch/Goetsch/Haas-*Bearbeiter*, InsR)

Bonefeld/Kroiß/Tanck
Der Erbprozess – mit Erbscheinsverfahren und Teilungsversteigerung,
6. Aufl. 2023 (zit.: *Bearbeiter* in: Bonefeld/Kroiß/Tanck, Der Erbprozess)

Bork
Einführung in das Insolvenzrecht, 11. Aufl. 2023

Braun
Insolvenzordnung (InsO), Kommentar, 9. Aufl. 2022
(zit.: Braun-*Bearbeiter*, InsO)

Brinkmann
Die Bedeutung der §§ 92, 93 InsO für den Umfang der Insolvenz- und Sanierungsmasse, KTS Schriften zum Insolvenzrecht, Bd. 12, 2001

Brox/Walker
Allgemeiner Teil des BGB, 47. Aufl. 2023 (zit.: AT BGB)

Brox/Walker
Erbrecht, 30. Aufl. 2024

Bub/Treier
Handbuch der Geschäfts- und Wohnraummiete, 5. Aufl. 2019
(zit.: Hdb. Geschäfts- und Wohnraummiete)

Bumiller/Harders/Schwamb
FamFG, Kommentar, 13. Aufl. 2022

Burandt/Rojahn
Erbrecht, Kommentar, 4. Aufl. 2022

Busch
Die Haftung des Erben, 2008

Canaris
Handelsrecht, 24. Aufl. 2006

Dassler/Schiffhauer
ZVG, Kommentar, 16. Aufl. 2020 (zit.: Dassler/Schiffhauer-*Bearbeiter*, ZVG)

Dutta/Weber
Internationales Erbrecht, Kommentar, 2. Aufl. 2021
(zit.: Int. Erbrecht)

Ebenroth/Boujong/Joost/Strohn
HGB, Kommentar, 4. Aufl. 2020
(zit.: Ebenroth/Boujong/Joost/Strohn-*Bearbeiter*, HGB)

Erbs/Kohlhaas
Strafrechtliche Nebengesetze, Loseblatt, 249. Aufl. 2023

Erman
BGB, Kommentar, 17. Aufl., 2023
(zit.: Erman-*Bearbeiter*, BGB)

Farr
Die Besteuerung in der Insolvenz, 2005

Foerste
Insolvenzrecht, 8. Aufl. 2023

Frank
Erbrecht, 7. Aufl. 2018

Frankfurter Kommentar zur InsO
Bd. 1: 9. Aufl. 2018, hrsg. v. Wimmer; Bd. 2: 10. Aufl. 2023, hrsg. v. Bornemann (zit.: *Bearbeiter* in: FK-InsO)

Frege/Keller/Riedel
Insolvenzrecht, 9. Aufl. 2022

Frieser
Kompaktkommentar Erbrecht, 2. Aufl. 2006

Geitner
Der Erbe in der Insolvenz, 2007

Gottwald/Haas
Insolvenzrechts-Handbuch, 6. Aufl. 2020 (zit.: *Bearbeiter* in: Gottwald/Haas, InsR-Hdb.)

Graf-Schlicker
Insolvenzordnung (InsO), Kommentar, 6. Aufl. 2022 (zit.: Graf-Schlicker-*Bearbeiter*, InsO)

Groll/Steiner
Praxis-Handbuch Erbrechtsberatung, 6. Aufl., 2023 (zit.: *Bearbeiter* in: Groll/Steiner, Praxishdb. Erbrechtsberatung)

Grüneberg
BGB, Kommentar, 83. Aufl. 2024 (zit.: Grüneberg-*Bearbeiter*, BGB)

Haarmeyer/Mock
Insolvenzrechtliche Vergütung (InsVV), Kommentar, 6. Aufl., 2019

Haarmeyer/Wutzke/Förster
Handbuch zur Insolvenzordnung, EGInsO/InsO, 3. Aufl. 2001 (zit.: *Haarmeyer/Wutzke/Förster*, Hdb. InsO)

Hahn
Die gesamten Materialien zur Konkursordnung, Neudruck der Ausgabe Berlin 1881, 1983 (zit.: Materialien zur KO)

Hamburger Kommentar zum Insolvenzrecht
hrsg. v. A. Schmidt, 9. Aufl. 2021 (zit.: *Bearbeiter* in: HambKomm-InsR)

Häsemeyer
Insolvenzrecht, 4. Aufl. 2007 (zit.: InsR)

Hausmann/Hohloch
Handbuch des Erbrechts (zit.: Hdb. des Erbrechts)

Heidelberger Kommentar zur InsO
hrsg. v. Kayser/Thole, 11. Aufl. 2023 (zit.: *Bearbeiter* in: HK-InsO)

Herrmann/Heuer/Raupach
EStG/KStG, Kommentar, hrsg. v. Hey/Klein/Wendt, Loseblatt, Stand: 322. EL 11/2023

Herzog
Die Erbenhaftung, 2. Aufl. 2023

Hess
Insolvenzrecht, Großkommentar, 2. Aufl. 2013 (zit.: InsR)

Hess
Konkursordnung, Kommentar, 5. Aufl. 1995

Heyer
Restschuldbefreiung im Insolvenzverfahren, 2004

Hillebrand
Die Nachlassverwaltung, Bochum 1998 (Diss.)

Holzer/Kramer
Grundbuchrecht, Lehrbuch, 2. Aufl. 2004

Homann
Die Vergütung von Nachlasspflegern, Testamentsvollstreckern, Nachlassverwaltern und Nachlassinsolvenzverwaltern, 2007 (zit.: Vergütung)

Hopt
Handelsgesetzbuch (HGB), Kommentar, 43. Aufl. 2024

Huber/Voßkuhle (vormals v. Mangoldt/Klein/Starck)
GG, Kommentar, 8. Aufl. 2024

Hübschmann/Hepp/Spitaler
AO/FGO, Kommentar, hrsg. v. Söhn/Heuermann/Wolffgang, Loseblatt, Stand: 275. EL 9/2023

Hüsemann
Das Nachlassinsolvenzverfahren, 1999

Jaeger
Insolvenzordnung, Großkommentar, hrsg. v. Henckel/Gerhardt,
Bd. 1, 3, 5–6, 8–10: 2004 ff.;
Bd. 2: 2. Aufl. 2023; Bd. 4: 2. Aufl. 2021;
Bd. 7: 2. Aufl. 2022 (zit.: Jaeger-*Bearbeiter*, InsO)

Jaeger
Konkursordnung, Kommentar, 9. Aufl., 1997 ff. (zit.: Jaeger-*Bearbeiter*, KO)

Joachim
Die Haftung des Erben für Nachlassverbindlichkeiten, 2018

Juris Praxiskommentar BGB
hrsg. v. Herberger/Martinek/Rüßmann/Weth/Würdinger, 7. Aufl. 2014
(zit.: *Bearbeiter* in: jurisPK-BGB)

Kaltwasser
Der überschuldete Nachlass, 2016

Kilger
Konkursordnung, Kommentar, 15. Aufl. 1987

Kilger/K. Schmidt
Konkursordnung, Kommentar, 16. Aufl. 1993

Klingelhöffer
Vermögensverwaltung in Nachlasssachen, 2002

Klook
Die überschuldete Erbschaft – Der Erbe als Berechtigter und als Treuhänder der Nachlaßgläubiger, 1998

Kölner Schrift zur Insolvenzordnung
hrsg. v. Arbeitskreis für Insolvenzwesen Köln e. V., 3. Aufl. 2009, 2. Aufl. 2000

Koenig
Abgabenordnung (AO), 5. Aufl. 2024

Krätzschel/Falkner/Döbereiner
Nachlassrecht, 12. Aufl., 2022
(zit.: *Bearbeiter* in: Krätzschel/Falkner/Döbereiner, Nachlassrecht)

Kübler/Prütting/Bork
InsO, Kommentar, Loseblatt, hrsg. v. Kübler/Prütting/Bork/Jacoby, Stand: 98. EL 12/2023
(zit.: *Bearbeiter* in KPB, InsO)

Kuhn/Uhlenbruck
Konkursordnung, Kommentar, 11. Aufl. 1994
(zit.: *Kuhn/Uhlenbruck*, KO)

Lammel
Anwaltkommentar Wohnraummietrecht, 3. Aufl. 2007

Landmann/Rohmer
Gewerbeordnung und ergänzende Vorschriften (GewO), Kommentar, Loseblatt, Stand: 91. Aufl. 2023

Lange/Kuchinke
Erbrecht, Lehrbuch, 5. Aufl. 2001

Meikel
Grundbuchordnung (GBO), Kommentar, 12. Aufl. 2020

Meincke/Hannes/Holtz
Erbschaftsteuer- und Schenkungsteuergesetz (ErbStG), Kommentar, 18. Aufl. 2021

Meßink
Die unternehmenstragende Erbengemeinschaft, 2007

Mohrbutter, J./Mohrbutter, H.
Handbuch der Konkurs- und Vergleichsverwaltung, 6. Aufl. 1990

Möhring/Beisswingert/Klingelhöffer
Vermögensverwaltung in Vormundschafts- und Nachlasssachen, 1963

Münchener Anwaltshandbuch Erbrecht
hrsg. v. Scherer, 6. Aufl. 2024 (zit.: *Bearbeiter* in: MünchAHB Erbrecht)

Münchener Kommentar zum Bürgerlichen Gesetzbuch
hrsg. v. Säcker/Rixecker/Oetker/Limperg, Bd. 11 Erbrecht, §§ 1922–2385, §§ 27–35 BeurkG: Red. Kessal-Wulf, 9. Aufl. 2019
(zit.: *Bearbeiter* in: MünchKomm-BGB)

Münchener Kommentar zum Handelsgesetzbuch
hrsg. v. K. Schmidt, Bd. 1, 5: 5. Aufl. 2021; Bd. 2: 5. Aufl. 2022; Bd. 3: 4. Aufl. 2016 (zit.: *Bearbeiter* in: MünchKomm-HGB)

Münchener Kommentar zur Insolvenzordnung
hrsg. v. Kirchhof/Stürner/Eidenmüller, Bd. 1–2: 4. Aufl. 2019; Bd. 3: 4. Aufl. 2020; Bd. 4: 4. Aufl. 2021 (zit.: *Bearbeiter* in: MünchKomm-InsO)

Münchener Kommentar zur Zivilprozessordnung
hrsg. v. Krüger/Rauscher, 6. Aufl. 2020 ff.
(zit.: *Bearbeiter* in: MünchKomm-ZPO)

Muscheler
Die Haftungsordnung der Testamentsvollstreckung, 1994

Muscheler
Erbrecht, 2010

Musielak/Voit
ZPO, Kommentar, 20. Aufl. 2023 (zit.: Musielak/Voit-*Bearbeiter*, ZPO)

Nerlich/Römermann
InsO, Kommentar, Loseblatt, Stand: 47. EL 4/2023
(zit.: Nerlich/Römermann-*Bearbeiter*, InsO)

Nöll
Der Tod des Schuldners in der Insolvenz, 2005

Nomos Kommentar-BGB
hrsg. v. Dauner-Lieb/Langen, 4. Aufl. 2021
(zit.: *Bearbeiter* in: NK-BGB)

Obermüller
Insolvenzrecht in der Bankpraxis, 9. Aufl. 2016

Obermüller/Hess
InsO, Eine systematische Darstellung des neuen Insolvenzrechts, 4. Aufl. 2003

Oepen
Massefremde Masse – Die Erstreckung von Insolvenzverfahren auf Forderungen von Insolvenz- oder Massegläubigern gegen zusätzliche Schuldner, 1998

Osthold
Erben und Haftung – Plädoyer zur Reform der Erbenhaftung aus historisch-kritischer Perspektive unter Berücksichtigung dogmatischer und praktischer Aspekte, ZErb Schriftenreihe, 2019

Pape/Reichelt/Schultz/Voigt-Salus
Insolvenzrecht, 3. Aufl. 2022

Pape/Uhländer
NWB Kommentar zum Insolvenzrecht, 2013
(zit.: Pape/Uhländer-*Bearbeiter*, InsR)

Poertzgen
Organhaftung wegen Insolvenzverschleppung, Köln 2006 (Diss.)

Preuß
Verbraucherinsolvenzverfahren und Restschuldbefreiung, 2. Aufl. 2003

Prütting/Gehrlein
ZPO, Kommentar, 15. Aufl. 2023

Reischl
Insolvenzrecht, 5. Aufl., 2020 (zit.: *Reischl*, InsR)

Roth
Die Einrede des Bürgerlichen Rechts, 1988

Roth/Gerhardt
Praxishandbuch Erbenhaftungsbeschränkung, eBook, 2019
(zit.: *Bearbeiter* in: Praxishdb. Erbenhaftungsbeschränkung)

Rüßmann
Alternativkommentar BGB, 1979/1980

Roth
Interessenwiderstreit im Insolvenzeröffnungsverfahren, 2004

Schilken/Brinkmann
Zivilprozessordnung, 8. Aufl. 2022

Schlüter
Erbrecht, 17. Aufl. 2015

Schmidt, A.
EuInsVO, Kommentar, 2. Aufl. 2023

Schmidt, K.
Handelsrecht

Schmidt, K.
Insolvenzordnung, Kommentar, 20. Aufl. 2023
(zit.: K. Schmidt-*Bearbeiter*, InsO)

Schmidt, L.
Einkommensteuergesetz (EStG), Kommentar, hrsg. v. Weber-Grellet, 42. Aufl. 2023 (zit.: L. Schmidt-*Bearbeiter*, EStG)

Schöner/Stöber
Grundbuchrecht, 16. Aufl. 2020 (zit.: *Bearbeiter* in: Schöner/Stöber, Grundbuchrecht)

Schulze/Dörner/Ebert/Hoeren/Kemper/Saenger/Schreiber/Schulte-Nölke/Staudinger
BGB, Kommentar, 11. Aufl., 2022
(zit.: Schulze/Dörner/Ebert-*Bearbeiter*, BGB)

Seemüller
Die fortgesetzte Erbengemeinschaft, 1976

Siebert
Nachlasspflegschaft, Handbuch, 7. Aufl. 2023
(zit.: *Bearbeiter* in: Siebert, Nachlasspflegschaft)

Smid
Praxishandbuch Insolvenzrecht, 5. Aufl. 2007
(zit.: Praxishdb. InsR)

Smid
Grundzüge des Insolvenzrechts, 4. Aufl. 2002

Soergel
Bürgerliches Gesetzbuch mit Einführungsgesetz und Nebengesetzen, Kommentar, 13. Aufl., 1999 ff. (zit: Soergel-*Bearbeiter*, BGB)

Staudinger
Kommentar zum Bürgerlichen Gesetzbuch, 12. Aufl., 13. Bearb., 1993 ff.
(zit.: Staudinger-*Bearbeiter*, BGB)

Stiebitz
Die Surrogation im Erbrecht, 2006

Stöber
Zwangsversteigerungsgesetz (ZVG), Kommentar, 23. Aufl. 2022

Tipke/Kruse
AO/FGO, Kommentar, Loseblatt, Stand: 178. EL 2023
(zit.: Tipke/Kruse-*Bearbeiter*, AO/FGO)

Troll/Gebel/Jülicher/Gottschalk
ErbStG, Kommentar, Loseblatt, Stand: 67. Aufl. 2024

Uhlenbruck
InsO, Kommentar, hrsg. v. Uhlenbruck/Hirte/Vallender, 16. Aufl., 2023 f.
(zit.: Uhlenbruck-*Bearbeiter*, InsO)

Uricher
Erbrecht, 5. Aufl. 2023 (zit.: *Bearbeiter* in: Uricher, Erbrecht)

Weißler
Das Nachlaßverfahren, 1920

Weyland
BRAO, Kommentar, 11. Aufl. 2024

Würzburger Notarhandbuch
hrsg. v. Frenz/Hertel/Limmer, Handbuch, 6. Aufl. 2021
(zit.: *Bearbeiter* in: Würzburger Notarhandbuch)

Zöller
ZPO, Kommentar, 34. Aufl., 2022 (zit.: Zöller-*Bearbeiter*, ZPO)

§ 1
Nachlassinsolvenz

Übersicht

I. Einleitung ... 1
1. Natur des Nachlassinsolvenzverfahrens ... 1
2. Historie der Nachlassinsolvenz ... 7

II. Eröffnungsantrag ... 15
1. Zuständiges Gericht ... 20
2. Antragsberechtigung ... 28
   a) Antragsberechtigung des bzw. der Erben ... 30
   b) Antragsberechtigung des Erbeserben ... 47
   c) Antragsberechtigung von Nachlasspflegern, Nachlassverwaltern und Testamentsvollstreckern ... 50
   d) Antragsberechtigung eines Nachlassgläubigers ... 57
3. Antragspflicht ... 64
4. Antragsfrist ... 83
5. Sonstige Zulässigkeitsvoraussetzungen ... 89
6. Geteilter Nachlass ... 101
7. Zulassung des Antrags und rechtliches Gehör ... 104

III. Insolvenzmasse ... 108
1. Ausgangspunkt: Der Nachlass ... 108
2. Entwicklung des Nachlasses zwischen Erbfall und Insolvenzeröffnung – Surrogation von Nachlassgegenständen ... 109
3. Haftung des Erben wegen verspäteter Insolvenzantragstellung (§ 1980 BGB) ... 134
4. Pflichtteilsergänzungsansprüche (§§ 2325 ff. BGB) ... 139
5. Haftung des Nachlasspflegers für Befriedigung von Nachlassverbindlichkeiten ... 142
6. Unpfändbare Gegenstände ... 154
7. Unbeschränkbare Erbenhaftung (§ 2013 BGB) ... 157
8. Zusammenfassung ... 177

IV. Beteiligte im Nachlassinsolvenzverfahren ... 180
1. Schuldner ... 180
2. Gläubiger ... 196
   a) Aussonderungsberechtigte ... 197
   b) Absonderungsberechtigte ... 201
   c) Ungesicherte Insolvenzgläubiger ... 203
3. Insolvenzverwalter ... 204

V. Eröffnungsgründe ... 213
1. Zahlungsunfähigkeit ... 214
2. Drohende Zahlungsunfähigkeit ... 224
3. Überschuldung ... 226

VI. Vorläufige Sicherungsmaßnahmen ... 241
1. Bestellung eines vorläufigen Insolvenzverwalters ... 242
   a) Befugnisse eines schwachen vorläufigen Insolvenzverwalters ... 245
   b) Befugnisse eines starken vorläufigen Insolvenzverwalters ... 252
   c) Haftung des vorläufigen Insolvenzverwalters ... 254
   d) Vergütung des vorläufigen Insolvenzverwalters ... 261
2. Einstellung und Untersagung von Zwangsvollstreckungsmaßnahmen ... 281
3. Auskunfts- und Mitwirkungspflichten im Eröffnungsverfahren ... 283
4. Vorläufige Postsperre ... 284

VII. Auskunfts- und Mitwirkungspflichten und Postsperre ... 285
1. Auskunfts- und Mitwirkungsverpflichtete ... 285
2. Auskunfts- und Mitwirkungsberechtigte ... 296
3. Inhalt und Umfang der Auskunftspflicht ... 297

4. Inhalt und Umfang der Mitwirkungspflicht ... 301
5. Erreichbarkeit ... 305
6. Unterlassungspflichten ... 307
7. Eidesstattliche Versicherung ... 308
8. Vorführung und Verhaftung ... 311
9. Beendigung von Zwangsmaßnahmen ... 313
10. Postsperre ... 314

VIII. Insolvenzeröffnungsgutachten ... 324

IX. Entscheidung des Insolvenzgerichtes über den Eröffnungsantrag ... 326

1. Rücknahme des Eröffnungsantrages und Erledigungserklärung ... 330
2. Abweisung mangels Masse ... 333
   a) Kosten im Eröffnungsverfahren ... 336
   b) Kosten im eröffneten Insolvenzverfahren ... 340
   c) Ermittlung der Verfahrenskostendeckung ... 343
   d) Vorschussleistung ... 350
   e) Stundung der Verfahrenskosten und Prozesskostenhilfe ... 353
   f) Rechtsfolgen der Abweisung mangels Masse ... 359
   g) Kostentragung bei Abweisung mangels Masse ... 362
3. Abweisung aus anderen Gründen ... 367
4. Eröffnung des Insolvenzverfahrens ... 369
   a) Eröffnungsbeschluss ... 369
   b) Auswahl des Insolvenzverwalters ... 379
   c) Auswirkung auf die Ämter von Testamentsvollstreckern, Nachlassverwaltern und Nachlasspflegern ... 383
5. Eröffnung masseunzulänglicher Verfahren ... 385

X. Verbindlichkeiten ... 391

1. Masseverbindlichkeiten ... 393
   a) Masseverbindlichkeiten gemäß § 55 InsO ... 395
   b) Masseverbindlichkeiten gemäß § 324 InsO ... 401
      aa) Aufwendungsersatzansprüche des Erben ... 402
      bb) Beerdigungskosten und Kosten der Todeserklärung ... 412
      cc) Kosten gemäß § 324 Abs. 1 Nr. 4 InsO ... 419
      dd) Verbindlichkeiten aus den von einem Nachlasspfleger oder Nachlassverwalter oder Testamentsvollstrecker vorgenommenen Rechtsgeschäften ... 420
      ee) Geschäftsführungskosten der Nachlassverwalter, Nachlasspfleger und Testamentsvollstrecker ... 425
   c) Rechtsstellung der Massegläubiger ... 427
2. Insolvenzforderungen ... 430
   a) Erblasserschulden ... 431
   b) Erbfallschulden (Verbindlichkeiten aufgrund des Erbfalles) ... 435
   c) Nachlasserbenschulden ... 439
   d) Steuerverbindlichkeiten ... 448
3. Nachrangige Forderungen ... 452
4. Ansprüche des Erben gegen den Erblasser ... 461
5. Masseunzulänglichkeit und Massearmut ... 466
6. Verjährung von Ansprüchen gegen den Nachlass ... 473

XI. Masseverwaltung und -verwertung ... 475

1. Übergang der Verwaltungs- und Verfügungsbefugnis ... 475
2. Beidseitig unerfüllte Verträge ... 482
   a) Besonderheiten beim Kaufvertrag ... 488
   b) Besonderheiten beim Werkvertrag ... 491
   c) Besonderheiten beim Lebensversicherungsvertrag ... 492

d) Besonderheiten bei Fixgeschäften und Finanzleistungen 494
e) Besonderheiten bei teilbaren Leistungen 497
f) Besonderheiten bei Grundstückskaufverträgen 500
g) Besonderheiten bei Miet- und Dienstverhältnissen 502
h) Besonderheiten bei Aufträgen und Geschäftsbesorgungsverträgen 512
3. Verwertung freier Masse in Form beweglicher Gegenstände 514
4. Verwertung von beweglichen Absonderungsgegenständen 529
5. Verwaltung und Verwertung von Immobilien 549
XII. Haftungsansprüche gegen den Erben 558
1. Nebeneinander erbrechtlicher und handelsrechtlicher Erbenhaftung 558
2. Handelsrechtliche Haftung des Erben bei Unternehmen im Nachlass (§§ 25, 27 HGB) 559
a) Tatbestandsmerkmale 562
aa) Handelsgeschäft 562
bb) Freiberufliche und andere nichtgewerbliche Tätigkeiten 564
cc) Fortführung des Handelsgeschäfts 565
dd) Erbenstellung 566
ee) Fortführung durch Dritte 570
(1) Fortführung durch gesetzliche Vertreter oder beauftragte Dritte 570
(2) Fortführung durch Nachlassinsolvenzverwalter 571
(3) Fortführung durch Nachlasspfleger oder Nachlassverwalter 574
(4) Vermächtnisnehmer 577
ff) Fortführung der Firma 579
b) Reichweite der handelsrechtlichen Erbenhaftung 586
aa) Frühere Geschäftsverbindlichkeiten 586
bb) Nachlasserbenschulden/Nachlassverwaltungsschulden 588
c) Haftungsausschluss 591
aa) Liquidation 591
bb) Veräußerung 599
cc) Verpachtung 605
dd) Einbringung des Handelsgeschäfts in eine Gesellschaft 606
ee) Einbringung des Handelsgeschäfts in eigenes Einzelunternehmen des Erben 609
ff) Erbschaftskauf und Treuhandverkauf 610
3. Haftung des Nachlasspflegers 611
4. Europäische Nachlassinsolvenzverfahren, Europäisches Nachlasszeugnis 622
5. Prozessrechtsverhältnisse des Nachlasses 630
6. Freigabe von Nachlassgegenständen 643
7. Verjährung von Ansprüchen des Nachlasses 651
XIII. Steuerliche Aspekte 652
1. Steuerliche Pflichten des Insolvenzverwalters 652
2. Geltendmachung von Erbschaftsteuer innerhalb und außerhalb des Nachlassinsolvenzverfahrens 663
XIV. Insolvenzplan 673
1. Anwendbarkeit des Insolvenzplanverfahrens in der Nachlassinsolvenz 673
2. Zweck des Planverfahrens 674
3. Vorteile des Planverfahrens 677
4. Die Rechtsnatur des Insolvenzplans 678
5. Planvorlagerecht 679
6. Darstellender Teil des Insolvenzplanes 682
7. Gestaltender Teil des Insolvenzplanes 683

8. Erbauseinandersetzung/ Nachlassteilung ... 688
9. Durchführung des Planverfahrens ... 691
10. Die Wirkungen der Zustimmung ... 697
11. Die Erfüllung des Plans ... 699

XV. Anfechtung ... 701

1. Funktion und Rechtsnatur des Insolvenzanfechtungsrechts ... 701
2. Verhältnis des Insolvenzanfechtungsrechts zur Gläubigeranfechtung nach dem Anfechtungsgesetz ... 707
3. Anfechtung und Rückschlagsperre (§§ 88, 321 InsO) ... 710
4. Anfechtungsvoraussetzungen ... 713
   a) Die Rechtshandlung ... 713
   b) Die Gläubigerbenachteiligung ... 719
   c) Rechtshandlung eines vorläufigen Insolvenzverwalters ... 723
   d) Ausschluss der Anfechtung ... 725
   e) Anfechtungsberechtigung ... 728
   f) Verjährung ... 730
5. Die Anfechtungstatbestände im Einzelnen ... 732
   a) Kongruente Deckung (§ 130 InsO) ... 732
   b) Inkongruente Deckung (§ 131 InsO) ... 739
   c) Unmittelbar nachteilige Rechtshandlungen (§ 132 InsO) ... 745
   d) Vorsätzliche Benachteiligung (§ 133 InsO) ... 748
   e) Unentgeltliche Leistung (§ 134 InsO) ... 756
   f) Erfüllung von Pflichtteilsansprüchen, Vermächtnissen und Auflagen ... 764
   g) Anfechtung der Zahlung der Nachlasspflegervergütung und anderer Masseverbindlichkeiten ... 767
      aa) Anfechtbarkeit der Zahlung aus dem Nachlass gemäß § 133 Abs. 1 InsO ... 768
      (1) Gläubigerbenachteiligung i. S. von § 129 Abs. 1 InsO ... 768
      (2) Besondere Voraussetzungen von § 133 InsO ... 769
      (3) Besonderer Umstand: Masseverbindlichkeit ... 772
      bb) Anspruch aus § 143 Abs. 1 InsO gegen den Nachlasspfleger nach den Grundsätzen der neuen „Leistungsmittler-Rechtsprechung“ des BGH ... 783
      cc) Keine unangemessene Benachteiligung des Nachlasspflegers wegen der Anfechtung seiner Vergütung ... 790
      dd) Verfassungswidrigkeit gesetzlich nicht geregelter Rangvorrechte ... 792
6. Rechtsfolgen der Anfechtung (§ 143 InsO) ... 794

XVI. Vergütung des Insolvenzverwalters ... 801

1. Berechnungsgrundlage ... 801
2. Regelvergütung ... 804
3. Zu- und Abschläge ... 808
4. Zusätzliche Vergütungen und Honorare des Insolvenzverwalters ... 813
   a) Buchhaltung und Bilanzierung ... 815
   b) Steuerangelegenheiten ... 816
   c) Beitreibung von Forderungen ... 817
   d) Verwertung von Massegegenständen ... 818
   e) Haftpflichtversicherung ... 819
5. Vergütung im übergeleiteten Nachlassinsolvenzverfahren ... 824
6. Festsetzung der Vergütung ... 826

XVII. Befriedigung der Insolvenzgläubiger ... 832

1. Forderungsanmeldung ... 832
2. Berichtstermin ... 847

3. Prüfungstermin ... 860
4. Gläubigermitwirkung ... 873
5. Schlussrechnung und Schlusstermin ... 887
6. Verteilung ... 899
7. Überschuss (§ 199 InsO) ... 900
XVIII. Beendigung des Insolvenzverfahrens ... 901
1. Aufhebung des Insolvenzverfahrens ... 902
2. Einstellung des Insolvenzverfahrens ... 909
a) Einstellung mangels Masse ... 909
b) Einstellung nach Anzeige der Masseunzulänglichkeit ... 915
c) Einstellung wegen Wegfalls des Eröffnungsgrundes ... 916
d) Einstellung mit Zustimmung der Gläubiger ... 918
e) Wirkungen der Einstellung ... 925

Literatur: *Ahrendt/Struck*, Kein Anfechtungsrecht des Verwalters bei Masseunzulänglichkeit?, ZInsO 2000, 264; *Barczak*, Normenkonkurrenz und Normenkollision, JuS 2015, 969; *Bork*, Die Renaissance des § 133 InsO, ZIP 2004, 1684; *du Carrois*, Haftungsgefahren für Erben von Gesellschaftsanteilen durch das MoMiG, ZInsO 2009, 373; *Dauner-Lieb*, Unternehmen in Sondervermögen, Habilitationsschrift, 1998; *Depping*, Steuerrisiken der beschränkten Erbenhaftung, DStR 1993, 1246; *Eckert*, Kündigung des Mietverhältnisses mit mehreren Mietern, in: Gedächtnisschrift für Jürgen Sonnenschein, 2002, S. 313; *Eckardt*, Die Feststellung und Befriedigung des Insolvenzgläubigerrechts, in: Kölner Schrift zur Insolvenzordnung, 2000, S. 743; *Esser/Prossliner*, Insolvenz und berufsständische Versorgung, NZI 2002, 647; *Fichtelmann*, Einkommensteuer und Nachlaßkonkurs, INF 1975, 1431; *Fischer*, Gläubigerbenachteiligungsvorsatz bei kongruenter Deckung, NZI 2008, 588; *Franke/Böhme*, Die Kollision von Berufsrecht und Insolvenzrecht bei der Kanzleiabwicklung, AnwBl. 2004, 339; *Frind*, Kann Verwaltererfolg gemessen werden?, NZI 2008, 518; *Ganter*, Vorsatzanfechtung nach fehlgeschlagener Sanierung, WM 2009, 1441; *Gerhardt*, Verfügungsbeschränkungen in der Eröffnungsphase und nach Verfahrenseröffnung, in: Kölner Schrift zur Insolvenzordnung, 2000, S. 193; *Graeber*, Die Auswahl und Bestellung des Insolvenzverwalters, DZWIR, 2005, 177; *Graf*, Möglichkeiten der Haftungsbeschränkung für Nachlassverbindlichkeiten, ZEV 2000, 125; *Haarmeyer*, Abweisung der Verfahrenseröffnung mangels Kostendeckung nach § 26 InsO, ZInsO 2001, 103; *Haas/Scholl*, Hinweispflicht und Hinweisrecht auf alternative Verwertungsmöglichkeiten gemäß § 168 InsO, NZI 2002, 642; *Hain*, Das Wohnraummietverhältnis des Insolvenzschuldners unter besonderer Berücksichtigung der Räumungs- und Herausgabeverpflichtung des Insolvenzverwalters/Treuhänders, ZInsO 2007, 192; *Hanisch*, Nachlaßinsolvenzverfahren und materielles Erbrecht – Schwerpunkte im Binnen- und im Auslandsbezug, in: Festschrift für Wolfram Henckel, 1995, S. 369; *Hanisch*, Deutsches Internationales Insolvenzrecht in Bewegung, ZIP 1983, 1289; *Hellmich*, Zur Zinszahlungspflicht des Insolvenzverwalters nach § 169 InsO, ZInsO 2005, 678; *Henckel*, Insolvenzanfechtung, in: Kölner Schrift zur Insolvenzordnung, 2000, S. 813; *Johannsen*, Die Nachfolge in kaufmännische Unternehmen und Beteiligungen an Personengesellschaften beim Tode des Inhabers, FamRZ 1980, 1074; *Kirchhof*, Rechtsprobleme bei der vorläufigen Insolvenzverwaltung, ZInsO 1999, 365; *Klasmeyer/Elsner*/Ringstmeier, Ausgewählte Probleme bei der Verwertung von Mobiliarsicherheiten, in: Kölner Schrift zur Insolvenzordnung, 2000, S. 1083; *Krabbenhöft*, Übergang von Geschäftsverbindlichkeiten und Geschäftsforderungen beim Erwerb eines Handelsgeschäfts und beim Eintritt eines Gesellschafters in das Geschäft eines Einzelkaufmannes, Rpfleger 1957, 158; *Kreft*, Ausgesuchte Probleme des Anfechtungsrechts, ZInsO 1999, 370; *Kruth*, Die Qual der Vorauswahl – Feststellung der persönlichen und fachlichen Eignung von Insolvenzverwaltern durch das Insolvenzgericht, DStR 2017, 669; *Kübler*, Die Behandlung massearmer Insolvenzverfahren nach neuem Recht, in: Kölner Schrift zur Insolvenzordnung, 2000, S. 967; *Landfermann*, Allgemeine Wirkungen der Insolvenzeröffnung, in: Kölner Schrift zur Insolvenzordnung, 2000, S. 159; *Lieb*, Zu den Grundgedanken der §§ 25 ff. HGB, in: Festschrift für Bodo Börner, 1992, S. 747; *Lutter*, Zahlungseinstellung und Überschuldung unter der neuen Insolvenzordnung, ZIP 1999, 641; *Messner*, Dissonanzen zwischen Insolvenz- und Erbrecht, ZVI 2004, 433; *Nöll*, Der Tod des Schuldners in: der Insolvenz, 2005; *Pape*, Zulässigkeit der Insolvenzanfechtung nach Anzeige der Masseinsuffizienz, ZIP 2001, 901; *Pape/Uhlenbruck*, 30 Jahre Insolvenzrechtsreform für die Katz?, ZIP 2005, 417; *Paus*, Einkommensteuerpflicht des Erben auch bei Nachlaßverwaltung, DStZ 1993, 82; *Rendels*, Wann ist eine Vollstreckungshandlung als Rechtshandlung des Schuldners nach § 133 Abs. 1 InsO anfechtbar?, ZIP 2004, 1289; *Roth*, Geltendmachung der Verwaltungskosten des Fiskuserben im Nachlassinsolvenzverfahren, ZEV 2021, 7; *Roth*, Nachlasspflegschaft bei insolventen Nachlässen – ein Minenfeld!, Rpfleger 2019, 495; *Roth*, Keine einkommensteuerlichen Erklärungs- und Mitwirkungspflichten des Nachlassinsolvenzverwalters, ZVI 2014, 45; *Roth*, Haftung von Nachlasspflegern und Amtshaftung bei Missbrauch der Nachlasspflegschaft, ZInsO 2013, 1567; *Roth*, Die Eröffnungsgründe im Nachlassinsolvenzverfahren, ZInsO 2009, 2265; *Roth/Wozniak*, Das Nachlassinsolvenzverfahren als effizientes Mittel zur Auseinandersetzung zersplitterter Erbengemeinschaften, ZEV 2021, 489; *Rugullis*, Nachlassverwaltung und Nachlassinsolvenzverfahren: ein Rechtsfolgenvergleich, ZEV 2007, 156; *Rugullis*, Nachlassverwaltung und Nachlassinsolvenzverfahren – ein verfahrensrechtlicher Vergleich, ZEV 2007, 117; *Sabel/Wimmer*, Die Auswirkungen der europäischen Dienstleistungsrichtlinie auf Auswahl und Bestellung des Insolvenzverwalters, ZIP 2008, 2097; *Schick*, Der Konkursverwalter – berufsrechtliche und steuerrechtliche Aspekte, NJW 1991, 1328; *Schick*, Der Konkurs des Freiberuflers – Berufs-rechtliche, konkursrechtliche und steuerrechtliche Aspekte, NJW 1990, 2359; *Schmidt, A./Roth*, Die Bewertung von streitigen Verbindlichkeiten bei der Ermittlung der Insolvenzgründe, ZInsO 2006, 236; *Schmidt, A.*, Nichts ist unmöglich: Rückkehr zum „normalen" Insolvenzverfahren trotz angezeigter Masseunzulänglichkeit, NZI 2000, 442; *Schmidt, K.*, Handelsrechtliche Erbenhaftung als Bestandteil des Unternehmensrechts, ZHR 157 (1993) 600; *Schmidt-Kessel*, Was ist Nachlass?, WM 2003, 2086; *Schmitz*, Das Europäische Nachlasszeugnis, RNotZ 2017, 269; *Schönert*, Grenzen der Beschränkbarkeit der Erbenhaftung auf den Nachlass, BWNotZ 2008, 81; *Schoppmeyer*, § 133 Abs. 1 InsO versus §§ 130, 131 InsO: Ist die Deckungsanfechtung nur ein Unterfall der Vorsatzanfechtung?, ZIP 2009, 600; *Siegmann, M./Siegmann, G.*, Einkommensteuerschuld und Erbenhaftung, StVj 1993, 337; *Ueberfeldt*, Abwicklung einer Steuerberaterpraxis, DStR 2008, 2386; *Uhlenbruck*, Die Rechtsstellung des vorläufigen Insolvenzverwalters, in: Kölner Schrift zur Insolvenzordnung, 2000, S. 325; *Uhlenbruck*, Probleme des Eröffnungsverfahrens nach dem Insolvenzrechts-Reformgesetz 1994, KTS 1994, 169; *Uhlenbruck*, Die verfahrens- und kostenrechtliche Behandlung von Konkursanträgen bei Zahlung der dem Konkursantrag zugrunde liegenden Forderung durch den Schuldner, KTS 1986, 541; *Vallender*, Die Zeit ist reif – Plädoyer für eine Berufsordnung für Insolvenzverwalter, NZI 2017, 641; *Vallender/Fuchs/Rey*, Der Antrag auf Eröffnung eines Nachlassinsolvenzverfahrens und seine Behandlung bis zur Eröffnungsentscheidung, NZI 1999, 355; *Vierhaus*, Zur Verfassungswidrigkeit der Übertragung von Rechtspflegeraufgaben auf Private, ZInsO 2008, 521; *Welzel*, Erbenhaftung im Steuerrecht – Kritik an der Rechtsprechung, DStZ 1993, 425; *Werres*, Grundrechtliche Vorgaben für die Auswahl des Insolvenzverwalters, BayVBl 2008, 134; *Wienberg/Voigt*, Aufwendungen für Steuerberatungskosten bei masseunzulänglichen Insolvenzverfahren als Auslagen des Verwalters gemäß § 54 Nr. 2 InsO, ZIP 1999, 1662; *Wiester*, Die Fortführungspflicht des vorläufigen Insolvenzverwalters und ihre Auswirkung auf die Vorfinanzierung des Insolvenzgeldes, ZInsO 1998, 99; *Zimmermann*, Die angemessene Testamentsvollstreckervergütung, ZEV 2001, 334.

I. Einleitung

1. Natur des Nachlassinsolvenzverfahrens

1 Das Nachlassinsolvenzverfahren nimmt eine Zwischenstellung zwischen Insolvenzrecht und dem bürgerlich-rechtlichen Erbrecht ein.[1] Insbesondere die verfahrensrechtlichen Vorschriften zur Nachlassinsolvenz befinden sich in der Insolvenzordnung (InsO) (§§ 315–331 ff. InsO). Das Nachlassinsolvenzverfahren stellt ein spezielles Insolvenzverfahren über das Sondervermögen „Nachlass" dar. Auf dieses **Sonderinsolvenzverfahren** finden, soweit sie durch die §§ 315 ff. InsO nicht ergänzt oder verdrängt werden, die allgemeinen Regeln der InsO Anwendung. Ergänzend kommen bürgerlich-rechtliche Vorschriften zur Anwendung, insbesondere §§ 1978 ff. BGB.

2 Der **Zweck** des Nachlassinsolvenzverfahrens ist indessen nicht banal. Bereits um die Frage danach, worin der Zweck des Insolvenzverfahrens im Allgemeinen sei, ist heftig gestritten worden und wird vermutlich auch noch lange Zeit gestritten werden.[2] Dabei wird vielfach von dem Zweck des Insolvenzverfahrens, seiner Funktion, seiner Aufgabe oder seinen Zielen gesprochen. Vieles davon geht ineinander über. **Kern der Auseinandersetzung** ist die Frage, ob es sich bei dem Insolvenzverfahren ausschließlich um ein Vollstreckungsverfahren handelt (denn das ist es auf jeden Fall), oder ob es darüber hinaus andere Ziele verfolgt, andere Aufgaben und Funktionen wahrnimmt. Auszugehen ist sicherlich von § 1 Satz 1 InsO. Danach ist die gleichmäßige Befriedigung der Gläubiger des Insolvenzschuldners durch Verwertung und Verteilung seines Vermögens Ziel des Insolvenzverfahrens. Für das Nachlassinsolvenzverfahren gilt dies freilich mit der Modifikation, dass sein Ziel primär darin besteht, die zum Nachlass gehörenden Vermögensgegenstände zu verwerten und ihren Erlös zum Zwecke der gleichmäßigen Befriedigung der Nachlassgläubiger i. S. von § 325 InsO zu verteilen.[3]

3 Nicht eindeutig ist allerdings, ob auch die weiter in § 1 InsO angesprochenen Möglichkeiten eines Insolvenzplanes, der auf **Sanierung** eines Schuldners abzielt und die in § 1 Satz 2 InsO statuierte „Gelegenheit", sich von seinen restlichen Verbindlichkeiten zu befreien, Verfahrensziele sein sollen. Auf **Unternehmensinsolvenzen** übertragen stellt dies die Frage, ob die Sanierung in dem Sinne Verfahrenszweck sein kann, dass die Haftungsverwirklichung der Insolvenzgläubiger dieserhalb Abstriche hinnehmen muss. Soweit liquide Masse gebraucht wird, um die Unternehmensfortführung zu sichern, kann diese nicht an die Gläubiger verteilt werden. Soweit Umstrukturierungsmaßnahmen durchgeführt werden

1) Ausf. *Hanisch* in: FS Henckel, S. 369, 370 ff.

2) Vgl. statt Vieler die Ausführungen bei *Smid*, Praxishandbuch Insolvenzrecht, § 1 Rz. 1 ff.

3) *Hausmann/Hohloch*, Hdb. des Erbrechts, S. 1532, Rz. 115.

müssen, können diese Geld verschlingen – um sich vielleicht erst nach einiger Zeit auszuzahlen.

4 Bei aller Diskussion darum, ob die Erhaltung in die Krise geratener Unternehmen sozialpolitisch oder volkswirtschaftlich sinnvoll ist oder nicht, darf ein zentraler Gesichtspunkt nicht aus dem Blick geraten, den die Rechtsordnung vorgibt: **Das Insolvenzverfahren tritt an die Stelle des Einzelzwangsvollstreckungsverfahrens.** Es beendet die Möglichkeit des einzelnen Gläubigers, seine berechtigten (und immerhin von Art. 14 Abs. 1 GG geschützten) Rechte gegen seinen Schuldner individuell durchzusetzen.[4)] Dieser Eingriff in die Gläubigergrundrechte rechtfertigt sich nicht aus dem Wunsch, Unternehmen zu erhalten, sondern daraus, dass das allen Gläubigern gemeinsam zur Verfügung stehende Haftungssubstrat nicht mehr ausreicht, um allen Gläubigern volle Befriedigung zu verschaffen. Alle Gläubiger müssen daher die durch die Insolvenzeröffnung eintretende Beschränkung ihrer individuellen Vollstreckungsrechtsmacht hinnehmen, um sodann gemeinsam und gleichmäßig an dem Haftungssubstrat zu partizipieren. Für die Aufladung des Insolvenzverfahrens mit außerhalb der Haftungsverwirklichung liegenden Zwecken, Aufgaben und Funktionen ist daher nur solange und soweit Raum, wie dies die Haftungsverwirklichung nicht beeinträchtigt, also die Insolvenzmasse nichts kostet. Ordnungspolitische, volkswirtschaftliche oder gesellschaftliche Aspekte haben daher grundsätzlich außer Betracht zu bleiben.

5 Das **Nachlassinsolvenzverfahren** hat jedoch eine **wichtige Auswirkung**, die sich außerhalb der Haftungsverwirklichung bewegt. Im Erbfall geht mit dem Tod des Erblassers im Wege der Universalsukzession (§ 1922 BGB) das Vermögen auf den oder die Erben über.[5)] Dabei können jedoch nicht nur Vermögenswerte, sondern auch Verbindlichkeiten auf den Erben übergehen. Aus § 1967 BGB ergibt sich, dass der Erbe dann für diese **Nachlassverbindlichkeiten** haftet, so dass ihn u. U. erhebliche Belastungen treffen können. Ist der Nachlass erschöpft, so muss er diese grundsätzlich aus seinem eigenen Vermögen begleichen.[6)] Nachlassverbindlichkeiten in diesem Sinne sind nicht nur Geldschulden, sondern auch alle sonstigen Ansprüche gegen Erblasser, Erben und Nachlass, die im Zusammenhang mit dem Nachlass stehen. Hierzu gehören also auch Verpflichtungen zu einem Tun, Unterlassen oder Dulden.[7)]

6 Nach § 1975 BGB wird die **Haftung** des Erben für Verbindlichkeiten des Nachlasses auf den Nachlass **beschränkt**, wenn das **Insolvenzverfahren über**

4) Ausf. zu verfassungsrechtlichen und vollstreckungsrechtlich-systematischen Aspekten *Roth*, Interessenwiderstreit im Insolvenzeröffnungsverfahren, S. 89 ff.

5) *Schallenberg/Rafiqpoor* in: FK-InsO, Vorb. §§ 315 ff. Rz 9; Soergel-*Stein*, BGB, § 1922 Rz. 11, 13; *Leipold* in: MünchKomm-BGB, § 1922 Rz. 194.

6) *Frank*, Erbrecht, § 18 Rz. 2; Staudinger-*Marotzke*, BGB, § 1967 Rz. 2.

7) *Joachim*, Die Haftung des Erben für Nachlassverbindlichkeiten, S. 99.

den Nachlass eröffnet wird und § 2013 BGB nicht eingreift. Dadurch entfällt die Haftung des Erben mit seinem Eigenvermögen, also dem Vermögen, das er bereits vor dem Erbfall besaß bzw. ohne den Erbfall besitzen würde. Voraussetzung ist, dass das persönliche Vermögen des Erben nachträglich vom Nachlass getrennt wird.[8)] Dieser Vorgang geschieht – weitgehend – rückwirkend und wird **Gütersonderung** (auch: separatio bonorum) genannt.[9)] Das Nachlassinsolvenzverfahren ist also ein Mittel, um die **Haftungsbeschränkung** und damit die erforderliche Trennung des Nachlasses vom Eigenvermögen des Erben vorzunehmen.[10)] Bei der eintretenden Haftungsbeschränkung handelt es sich allerdings nicht um einen Zweck des Nachlassinsolvenzverfahrens, sondern um einen Nebeneffekt.[11)]

2. Historie der Nachlassinsolvenz

Die derzeit geltende InsO ist am 1.1.1999 in Kraft getreten und hat damit die Konkursordnung (KO), die Vergleichsordnung (VerglO) und die für die neuen Bundesländer geltende Gesamtvollstreckungsordnung (GesO) abgelöst.[12)] 7

Die KO trat 1877 in Kraft. Als Denkanstöße dienten sowohl der französische Code Civil, das Französische Fallimentsgesetz als auch die Preußische Konkursordnung.[13)] Die KO war in ihren Grundzügen auf den Konkurs natürlicher Personen zugeschnitten.[14)] Sonderbestimmungen für diverse Gesellschaftsformen, Sondervermögen und Fälle mit Auslandsbezug fanden sich im achten Titel des zweiten Buches, der sich mit „Besonderen Bestimmungen“ befasste. In den §§ 214 ff. KO befanden sich besondere Regelungen für den Nachlasskonkurs. Gemäß § 215 KO war einziger Eröffnungsgrund die Überschuldung oder Insuffizienz des Nachlasses; die Zahlungsunfähigkeit war anders als heute nicht Eröffnungsgrund. Soweit es der Eigenart des Verfahrens nicht entgegenstand und diese speziellen Normen nicht griffen, galten die allgemeinen Vorschriften für das Regelkonkursverfahren auch für das Nachlasskonkursverfahren.[15)] 8

Das **Konkursrecht** musste sich früh erheblicher Kritik stellen, da das Verfahren **als höchst ineffizient angesehen** wurde. Problematisch war dabei der Um- 9

8) *Frank*, Erbrecht, § 18 Rz. 2; Grüneberg-*Weidlich*, BGB, Einf. Vor § 1967 Rz. 1.

9) *Schlüter*, Erbrecht, § 31 Rz. 68; Schulze/Dörner/Ebert-*Hoeren*, BGB, Vorb. §§ 1967–2017, Rz. 3.

10) *Siegmann/Scheuing* in: MünchKomm-InsO, Vorb. vor §§ 315–331 Rz. 1; Andres/Leithaus-*Andres*, InsO, Vorb. vor §§ 315–331 Rz. 2; *Marotzke* in: HK-InsO, Vor §§ 315 ff. Rz. 3; Uhlenbruck-*Lüer/Weidmüller*, InsO, § 315 Rz. 3.

11) AG Tübingen v. 11.4.2003 – II 3 IN 272/02, ZVI 2003, 671 = DZWIR 2003, 307.

12) *Bork*, Einführung in das Insolvenzrecht, Rz. 8.

13) *Hahn*, Gesamte Materialien zur KO, S. 399 ff.

14) *Marotzke* in: HK-InsO, Vor §§ 315 ff. Rz. 1.

15) *Arnold* in: Gottwald, Insolvenzrechts-Hdb., 1. Aufl., § 102 Rz. 8; so auch heute: Begr. RegE vor § 358 InsO, BT-Drucks. 12/2443, S. 229.

stand, dass eine zu hohe Anzahl von Verfahren mangels Masse abgewiesen wurde. Von denjenigen Verfahren, die es bis zur Eröffnung schafften, wurden weitere 10 % wieder eingestellt. Verfahren, die bis zum Ende durchgeführt wurden, erreichten lediglich Befriedigungsquoten von durchschnittlich 3 %–5 %.[16] Diese Umstände lösten schnell Reformbestrebungen aus. Bereits 1898, also zwölf Jahre nach Inkrafttreten der KO, erging die erste Novelle. 1927 erkannte man die Notwendigkeit, neben der Liquidierung auch eine Sanierungsmöglichkeit vorzusehen und schuf zu diesem Zweck die VerglO. Diese wurde jedoch bereits 1935 überarbeitet und erneuert. In den folgenden 50 Jahren wurden wieder Rufe nach Reform laut, die allerdings keine Früchte trugen.

10 1978 wurde die **Kommission für Insolvenzrecht** ins Leben gerufen, die ein neues und effizienteres Insolvenzrecht erarbeiten sollte. Die Ergebnisse dieser Arbeit wurden in zwei Berichten veröffentlicht. Hier ergaben sich auch erstmals Neuerungen für das Nachlassinsolvenzverfahren. In dem Leitsatz 1.2.7 des Ersten Berichtes der Kommission wurde vorgeschlagen, die Möglichkeiten für die Eröffnung eines Nachlassinsolvenzverfahrens zu erweitern. Auch die Eröffnungsgründe der Zahlungsunfähigkeit und der drohenden Zahlungsunfähigkeit sollten berücksichtigt werden, um so eine Verzögerung der Verfahrenseröffnung zu vermeiden[17] und damit die Eindämmung der Abweisungen mangels Masse zu erreichen.[18] Für die Anwendbarkeit des Überschuldungstatbestandes des Leitsatzes 1.2.6 sollte es darauf ankommen, ob ein Unternehmen Teil des Nachlasses ist oder nicht.

11 Im **Zweiten Bericht** der Kommission für Insolvenzrecht wurde dann eine Einschränkung des Anwendungsbereichs des Nachlassinsolvenzverfahrens vorgenommen. Leitsatz 6.4.1 ließ ein Insolvenzverfahren über den Nachlass nur zu, wenn zu dem Nachlass ein Unternehmen gehörte. Dies wurde damit begründet, dass das Insolvenzverfahren hier seinen Zweck, nämlich den wirtschaftlichen Zusammenbruch des Schuldners zu bereinigen, erfüllen könne.[19] Für sonstige Nachlässe wurde ein vereinfachtes Verfahren i. R. einer Nachlassverwaltung vorgesehen, das sich nach Maßgabe der §§ 1975 ff. BGB richten sollte. Diese Änderung wurde damit begründet, dass in diesen Fällen das Ziel im Vordergrund stehe, die Haftung der Erben auf den Nachlass zu beschränken. Ein solches Ziel könne das Insolvenzverfahren nicht angemessen erreichen, es würde sogar vielmehr den Interessen der Gläubiger widersprechen, da es zusätzliche Kosten verursache.[20]

---

16) *Bork*, Einführung in das Insolvenzrecht, Rz. 8; *Hüsemann*, Das Nachlassinsolvenzverfahren, S. 3; *Uhlenbruck*, NJW 1975, 142 ff.

17) Erster Bericht der Kommission für Insolvenzrecht, LS 1.2.7.

18) *Schallenberg/Rafiqpoor* in: FK-InsO, Vorb. vor §§ 315 Rz. 2.

19) Zweiter Bericht der Kommission für Insolvenzrecht, LS 6.4.1.

20) Zweiter Bericht der Kommission für Insolvenzrecht, LS 6.4.2.

Im Jahre 1988 veröffentlichte das BMJ einen **Diskussionsentwurf (DiskE) eines Gesetzes zur Reform des Insolvenzrechts.**[21] Normierungen zum Nachlassinsolvenzverfahren fanden sich darin allerdings nicht. 1989 wurde der DiskE nochmals ergänzt[22] und u. a. um einen Dritten Abschnitt des Achten Teils des Entwurfs der InsO erweitert. In diesem fanden sich dann in den §§ 346–366 Vorschriften über das Nachlassinsolvenzverfahren. Durch diesen Teil sollten die **Abweichungen zum Regelinsolvenzverfahren** normiert werden. Sie sollten die Regeln des allgemeinen Teils ergänzen oder wenn nötig ersetzen. In der Begründung wird zudem betont, dass die Zusammenfassung der KO und der VerglO zu einer **Vereinheitlichung** des Nachlassinsolvenzverfahrens führe.[23] 12

Noch im selben Jahr erschien der **Referentenentwurf** (RefE) eines Gesetzes zur Reform des Insolvenzrechts[24], der eine überarbeitete und inhaltlich weiterentwickelte Version des DiskE darstellte. Die Regelungen des Ergänzungsbandes zum DiskE, zu denen auch die Vorschriften der Nachlassinsolvenz gehören, wurden unverändert übernommen. Der **Regierungsentwurf** (RegE) vom 15.4.1992[25] leitete das förmliche Gesetzgebungsverfahren ein. Aber auch dieser erfuhr heftige Kritik und wurde deshalb in Beratungen des Rechtsausschusses nochmals überarbeitet, deutlich gestrafft und vereinfacht.[26] Auch das Nachlassinsolvenzverfahren wurde geändert, jedoch nur in geringem Maße. Die Möglichkeit des Weiterverkaufs der Erbschaft (§ 362 RegE InsO) wurde in die Grundnorm des Erbschaftskaufs integriert. Die Vorschrift über den Erbteil (§ 365 RegE InsO) stellt in der InsO nunmehr keine eigenständige Norm dar, ist aber wörtlich in § 316 Abs. 3 InsO übernommen worden. 13

In dieser Fassung wurde die InsO am 21.4.1994 vom Bundestag verabschiedet. Der Bundesrat rief allerdings den **Vermittlungsausschuss** an, weil er eine erhebliche Mehrbelastung der Justiz durch die InsO befürchtete. Am 15.6.1994 wurde im Vermittlungsausschuss der Kompromiss erzielt, die InsO nicht schon zum 1.1.1997 in Kraft treten zu lassen, sondern erst am 1.1.1999. Diesem Kompromiss stimmten Bundestag und Bundesrat zu, so dass das **Gesetz am 18.10.1994** im BGBl. veröffentlicht wurde.[27] Nach den Änderungen vom 19.12.1998[28] trat die InsO sodann schließlich **zum 1.1.1999 in Kraft.** 14

---

21) DiskE Gesetz zur Reform des Insolvenzrechts.

22) DiskE Gesetz zur Reform des Insolvenzrechts, Ergänzungen.

23) Begr. DiskE Gesetz zur Reform des Insolvenzrechts, Ergänzungen, S. 8.

24) RefE Gesetz zur Reform des Insolvenzrechts.

25) RegE InsO, v. 15.4.1992, BT-Drucks. 12/2443.

26) *Bork*, Einführung in das Insolvenzrecht, Rz. 10.

27) Insolvenzordnung (InsO), v. 5.10.1994, BGBl. I 1994, 2866.

28) Gesetz zur Änderung des Einführungsgesetzes zur Insolvenzordnung und anderer Gesetze, v. 19.12.1998, BGBl. I 1998, 3836.

II. Eröffnungsantrag

15 Das Nachlassinsolvenzverfahren kann wie jedes Insolvenzverfahren **nur auf Antrag** eröffnet werden. Eine amtswegige Eröffnung oder auch nur die amtswegige Durchführung eines Eröffnungsverfahrens sind im Gesetz nicht vorgesehen. Solches Vorgehen wäre im Übrigen auch mit dem Charakter des Insolvenzverfahrens als Vollstreckungsverfahren unvereinbar. Der Antrag muss von einer zur Antragstellung **berechtigten Person** oder mehreren zur Antragstellung berechtigten Personen gestellt werden. Der Antrag muss **bedingungslos** sein.[29)]

16 Soweit der Insolvenzeröffnungsantrag von einem **Gläubiger** gestellt wird, muss der **Schuldner exakt bezeichnet** werden.[30)] Dazu gehören für das Nachlassinsolvenzverfahren mindestens der volle Name des Erblassers und seine letzte Wohnanschrift. Die Angabe von Geburtsdatum oder Todestag ist nicht erforderlich. Lediglich dann, wenn der Todeszeitpunkt sehr weit zurückliegt, kann es zur Identifizierung des Verstorbenen, über dessen Nachlass das Insolvenzverfahren eröffnet werden soll, erforderlich sein, auch den Todeszeitpunkt anzugeben.

17 In jedem Fall hat der Antrag aber darauf hinzuweisen, dass er **bezüglich eines Nachlasses gestellt** werde. Eine **Auslegung oder Umdeutung** eines Antrages, der sich auf Eröffnung eines (normalen) Regelinsolvenzverfahrens oder Verbraucherinsolvenzverfahrens über das Vermögen einer natürlichen Person bezieht in einen Antrag auf Eröffnung des Insolvenzverfahrens über einen Nachlass ist **nicht möglich.** Zwar besteht inzwischen weitgehend Einigkeit, dass das Insolvenzgericht nicht an die Verfahrensart gebunden ist, die der Antragsteller gewählt hat. Das Insolvenzgericht kann auf einen Antrag auf Eröffnung eines Verbraucherinsolvenzverfahrens hin das Insolvenzverfahren sehr wohl als Regelinsolvenzverfahren eröffnen. Im Falle des Nachlassinsolvenzverfahrens bestehen jedoch zentrale Unterschiede zu vorgenannter Konstellation. Ist der Antrag auf Eröffnung des Insolvenzverfahrens über das Vermögen einer natürlichen Person gestellt, so ist es eine rein verfahrenstechnische Frage, ob hier ein Verbraucher- oder ein Regelinsolvenzverfahren durchzuführen ist. Maßgeblich sind insoweit die gesetzlichen Vorschriften der §§ 304 ff. InsO. Da der Wille des Antragstellers aus einem lediglich hinsichtlich der Verfahrensart unzutreffend gestellten Antrag klar dahingehend erkennbar ist, **über welche Vermögensmasse** das Insolvenzverfahren eröffnet werden soll, kann das Gericht die für die Eröffnung des einen oder des anderen Verfahrens erforderlichen Voraussetzungen selbst prüfen und daher abschließend entscheiden. Ist allerdings ein Antrag auf Eröffnung des Insolvenzverfahrens über das Vermögen einer natürlichen Person gestellt und stellt sich heraus, dass diese bereits verstorben

29) *Kirchhof* in: HK-InsO, § 13 Rz. 4.

30) Vgl. *Vuia* in: MünchKomm-InsO, § 13 Rz. 99.

ist, kann dem Antragsteller nicht unterstellt werden, er strebe stattdessen die Eröffnung des Insolvenzverfahrens über den Nachlass des Schuldners an. Er ist **durch das Gericht anzuhören**, ob er seinen Antrag entsprechend ändern wolle. Tut er dies nicht oder reagiert er nicht, ist der gestellte Antrag mit Kostenfolge zulasten des Antragstellers als **unzulässig** zurückzuweisen. Die Eröffnung des Insolvenzverfahrens ist dann – solange nicht ein anderer Antrag auf Eröffnung des Insolvenzverfahrens über den Nachlass gestellt wird – nicht möglich.

Der umgekehrte Fall dürfte kaum vorkommen, dass nämlich ein Nachlassin- 18
solvenzantrag gestellt wird, der Schuldner aber noch lebt. Für diesen Fall gilt freilich das Gleiche. Auch hier kann das Insolvenzverfahren nicht über das Vermögen der natürlichen Person nicht eröffnet werden, wenn der Antrag nicht geändert wird.

Der Eröffnungsantrag ist **Prozesshandlung**. Er kann nur schriftlich gestellt 19
werden. Eine mündliche Antragstellung ist unzulässig.

1. Zuständiges Gericht

Die Zuständigkeit des Insolvenzgerichtes für das Nachlassinsolvenzverfahren 20
ergibt sich aus **§ 3 InsO i. V. mit § 315 InsO**.

Hatte der Erblasser eine **selbständige wirtschaftliche Tätigkeit** ausgeübt, so 21
ist der Mittelpunkt dieser Tätigkeit entscheidend für die Bestimmung der örtlichen Zuständigkeit.[31] Dieser Mittelpunkt liegt an dem Ort, an dem die tatsächliche Willensbildung und die Unternehmensleitung stattgefunden haben. Anhaltspunkt hierfür kann sein, von wo aus der Erblasser tatsächlich gearbeitet hat, wo er seine Geschäftsunterlagen aufbewahrt oder von wo aus er Mitarbeiter beaufsichtigt hat. Die Handelsregistereintragung ist hingegen nicht mehr als ein Indiz für den Mittelpunkt der wirtschaftlichen Tätigkeit. Auf den Wohnsitz kommt es in diesem Fall nicht an. Nur wenn der Erblasser **nicht selbständig** wirtschaftlich tätig war, richtet sich die örtliche Zuständigkeit des Insolvenzgerichts nach seinem letzten **Wohnsitz**.[32] In beiden Fällen ist die **Zuständigkeit eine ausschließliche.**

Maßgeblich sind nicht die **Verhältnisse** des Erben, sondern **des Erblassers**.[33] 22
Dadurch kann im Falle einer selbstständigen wirtschaftlichen Tätigkeit des Erblassers die örtliche Zuständigkeit des Insolvenzgerichts von derjenigen des Nachlassgerichts abweichen, weil sich die örtliche Zuständigkeit des Nachlassgerichts nach dem letzten Wohnsitz des Erblassers richtet (§ 343 FamFG).[34]

---

31) *Rugullis*, ZEV 2007, 117, 118; *Marotzke* in: HK-InsO, § 315 Rz. 3.

32) *Haarmeyer/Wutzke/Förster*, Hdb. InsO, § 10 Rz. 92; *Rugullis*, ZEV 2007, 117, 118.

33) Uhlenbruck-*Lüer/Weidmüller*, InsO, § 315 Rz. 16.

34) *Böhm* in: HambKomm-InsO, § 315 Rz. 1.

23 Eine selbständige wirtschaftliche Tätigkeit des Erblassers kann auch darin bestehen, dass ihm die **Geschäftsführung** einer Personengesellschaft oblag oder er alleiniger Gesellschafter und Geschäftsführer einer GmbH war. Der Mittelpunkt der selbstständigen wirtschaftlichen Tätigkeit bestimmt sich dann nach dem Insolvenzgerichtsstand der **Gesellschaft.** Es ist unerheblich, ob zwischen dem Erbfall und der Antragstellung ein längerer Zeitraum liegt. Hatte der Erblasser seine selbstständige wirtschaftliche Tätigkeit schon **vor dem Erbfall endgültig eingestellt** und die geschäftlichen Beziehungen abgewickelt, findet § 315 Satz 2 InsO keine Anwendung. Die Zuständigkeit bestimmt sich dann nach dem allgemeinen Gerichtsstand des Erblassers. Eine selbständige wirtschaftliche Tätigkeit des Erblassers liegt allerdings nicht vor, wenn er lediglich eigenes Vermögen verwaltet hat.[35)]

24 Hatte der Erblasser seine wirtschaftliche Tätigkeit bereits (auch kurz) vor seinem Tod eingestellt oder war er gar nicht selbstständig wirtschaftlich tätig, richtet sich die Zuständigkeit gemäß § 315 Satz 1 InsO nach seinem **allgemeinen Gerichtsstand.** Maßgeblich ist primär der letzte Wohnsitz (§ 13 ZPO i. V. mit §§ 7 ff. BGB). Hatte der Erblasser mehrere Wohnsitze, so sind sämtliche Gerichte zuständig, in deren Bezirk einer dieser Wohnsitze liegt. Ist noch bei keinem Gericht ein Insolvenzantragsverfahren anhängig, so hat der erste Antragsteller die Wahl, § 35 ZPO. Gemäß § 3 Abs. 2 InsO schließt allerdings das Gericht, bei dem zuerst die Eröffnung beantragt worden ist, die übrigen aus.

25 Hatte der Erblasser zuletzt keinen Wohnsitz, so gilt **§ 16 ZPO.** Der allgemeine Gerichtsstand richtet sich in diesen Fällen nach dem **Aufenthaltsort,** hilfsweise nach dem – aufgegebenen – letzten Wohnsitz. Ein ausländischer Wohnsitz geht allerdings vor.

26 Ein Wohnsitz wird nicht durch **kurzzeitige Aufenthalte** an einem Ort begründet, wenn nicht davon ausgegangen werden kann, dass der Erblasser sich an diesem Ort ständig niederlassen wollte. Von einer Niederlassung mit **Domizilwillen** (§ 7 Abs. 1 BGB) ist allerdings auszugehen, wenn der Erblasser seine vormalige Wohnung gänzlich aufgegeben hatte und in ein **Alters- oder Pflegeheim** umgezogen ist. Anders ist es, wenn der Erblasser seine Wohnung nicht aufgegeben hatte, sondern sich für einen als vorübergehend betrachteten Zeitraum in ein Krankenhaus zur Behandlung begeben hat. Selbst wenn dieser Aufenthalt letztlich mehrere Monate umfasst hat, wird nicht das Gericht örtlich zuständig, in dessen Bezirk das Krankenhaus liegt. Entscheidend bleibt, ob der Erblasser seine **Wohnung aufgegeben** hatte, denn es kann in solchen Fällen weder angenommen werden, dass er seine bisherige Wohnung hat aufgeben wollen, noch, dass er einen zweiten Wohnsitz hat begründen wollen. Unerheblich ist allerdings, ob der Erblasser seinen Wohnsitz **freiwillig oder unfreiwil-**

---

35) Ausf. *Siegmann/Scheuing* in: MünchKomm-InsO, § 315 Rz. 4.

lig aufgegeben hat. Bestimmt der Betreuer mit Befugnis zur Aufenthaltsbestimmung (§ 1896 BGB) ein Alters- oder Pflegeheim zum neuen Aufenthaltsort, begründet er dort in der Regel auch den Wohnsitz des Betreuten.

Hatte der Erblasser im **Inland** weder eine selbstständige Tätigkeit ausgeübt 27
noch seinen Wohnsitz, gleichwohl aber **Vermögen**, so kann ein **Partikularinsolvenzverfahren** über das im Inland belegene Vermögen des Erblassers durchgeführt werden, § 354 Abs. 1 InsO. Zuständig ist das Gericht, in dessen Bezirk das Vermögen belegen ist, § 354 Abs. 3 InsO.

2. Antragsberechtigung

Da auch das Nachlassinsolvenzverfahren nicht von Amts wegen eröffnet wird, 28
§ 13 Abs. 1 InsO, ist es geboten, aus dem Kreis derjenigen Personen, die an einer Absonderung der Nachlassmasse von sonstigem Vermögen ein berechtigtes Interesse haben oder für die Nachlassabwicklung verantwortlich sind, möglichst vielen ein Antragsrecht zuzugestehen. Die InsO verleiht deshalb in mehreren Bestimmungen einem **relativ großen Kreis von Interessierten ein Antragsrecht**, §§ 317, 318, 330 InsO. Überdies ist die früher (§ 219 KO) bestehende Einschränkung für die ehemaligen minderberechtigten Gläubiger (ausgeschlossene Gläubiger sowie Vermächtnisnehmer und Vollzugsberechtigte aus Auflagen) entfallen. Sie haben im Gegensatz zum bisherigen Recht auch dann eine Antragsbefugnis, wenn keine Insolvenz über das Vermögen der Erben eröffnet ist.

§ 317 Abs. 1 InsO enthält mit der Nennung 29

- des Erben,
- Nachlassverwalters sowie Nachlasspflegers,
- Testamentsvollstreckers und schließlich
- eines jeden Nachlassgläubigers

eine **abschließende Aufzählung** aller Antragsberechtigten. Andere als die genannten Personen können keinen zulässigen Eröffnungsantrag stellen.

a) Antragsberechtigung des bzw. der Erben

Jeder Erbe ist zur Antragstellung berechtigt, auch der Miterbe, § 317 Abs. 1 InsO. 30
Die Antragsberechtigung des Erben besteht unabhängig davon, ob die Erbschaft bereits angenommen wurde, bereits die unbeschränkte Haftung eingetreten ist oder der Nachlass des Erblassers bereits geteilt wurde.[36] Antragsberechtigter Erbe kann nicht nur eine natürliche Person sein, sondern **auch juristische Personen und der Fiskus**.

36) Braun-*Bauch*, InsO, § 317 Rz. 3; *Wiester* in: MünchAHB Erbrecht, § 25 Rz. 8.

31 Besteht eine Erbengemeinschaft, so ist es nicht erforderlich, dass die **Erbengemeinschaft** als solche den Eröffnungsantrag stellt. Vielmehr ist jeder Miterbe zur alleinigen Antragstellung berechtigt. Allerdings hat er in diesem Fall gemäß § 317 Abs. 2 InsO den **Eröffnungsgrund**, also Zahlungsunfähigkeit oder Überschuldung des Nachlasses, gemäß § 294 ZPO glaubhaft zu machen. Diese **Glaubhaftmachung** entfällt im Umkehrschluss, wenn nur ein Erbe vorhanden ist, oder der Antrag durch die Erbengemeinschaft gestellt wird.

32 Die **Erbenstellung** hat der antragstellende Erbe **nachzuweisen**. Soweit ein Erbe den Eröffnungsantrag im Namen der Erbengemeinschaft stellt, hat er nachzuweisen, dass er befugt ist, die Erbengemeinschaft zu vertreten. Antragsberechtigt sind auch

- vorläufige Erben,[37]
- Vorerben,[38]
- Nacherben[39] und sogar
- Ersatzerben,

solange nicht endgültig feststeht, dass der Erbe die Erbschaft annimmt.

33 Im Falle der Insolvenz des Erben ist der **Insolvenzverwalter** des Erben berechtigt, den Antrag auf Eröffnung des Insolvenzverfahrens über den Nachlass zu stellen, nicht jedoch der Erbe.[40]

34 Der **Vorerbe** ist antragsberechtigt. Er bleibt es auch über den Eintritt des Nacherbfalls hinaus. Die noch in der Erstauflage vertretene Gegenauffassung übersieht, dass andernfalls eine eklatante Schutzlücke für den Vorerben bestünde, die das bürgerliche Recht nicht zu schließen vermag. Der Vorerbe haftet nämlich nach Eintritt des Nacherbfalls für bestimmte Nachlassverbindlichkeiten weiter, § 2145 BGB. Diese Haftung erstreckt sich auf Verbindlichkeiten, die nur dem Vorerben auferlegt sind, wie dies bei Auflagen und Vermächtnissen der Fall sein kann. Da der Nacherbe für diese nicht haftet, bleibt es trotz Eintritt des Nacherbfalls bei der Haftung des Vorerben, § 2145 Abs. 1 BGB. Für solche Verbindlichkeiten muss aber der Nachlass als Haftungssubstrat erschlossen werden, weil diese Verbindlichkeiten Nachlassverbindlichkeiten sind und im Nachlassinsolvenzverfahren geltend gemacht werden können, § 327 InsO. Da die Gläubiger dieser Forderungen an die **Antragsfrist des § 319 InsO** gebunden sind, ist auch nicht damit geholfen, dass diese ihrerseits das Haftungssubstrat Nachlass durch eigene Insolvenzantragstellung erschließen könnten. Die **Haftung des Vorerben mit seinem Eigenvermögen** ist hier **nicht sachgerecht**,

---

37) *Wiester* in: MünchAHB Erbrecht, § 25 Rz. 8; Braun-*Bauch*, InsO, § 317 Rz. 3.

38) *Wiester* in: MünchAHB Erbrecht, § 25 Rz. 8; *Marotzke* in: HK-InsO, § 317 Rz. 4.

39) *Marotzke* in: HK-InsO, § 317 Rz. 4.

40) *Wiester* in: MünchAHB Erbrecht, § 25 Rz. 8; Braun-*Bauch*, InsO, § 317 Rz. 11.

zumal der Eintritt des Nacherbfalls schnell und unerwartet eintreten kann, so dass der Vorerbe keine effektive Möglichkeit der Vorsorge hat.

Auch bleibt es nach dem Nacherbfall bei Haftung des Vorerben, wenn der Nacherbe seine Haftung beschränkt. Zwar steht dem Vorerben die **Haftungsbeschränkungsmöglichkeit** der § 2145 Abs. 2 i. V. mit §§ 1990, 1991 BGB zu; diese kann aber ebenfalls versagen. Das ist insbesondere dann der Fall, wenn der Vorerbe in Verwaltung des Nachlasses **neue Nachlassverbindlichkeiten** begründet hat (oder begründen musste). Diese sog. Nachlassverwaltungsschulden haben eine Doppelnatur, d. h. sie sind **gleichzeitig Nachlassverbindlichkeit** (§ 1967 Abs. 2 BGB) **und Eigenschuld** des Vorerben. Der Nacherbe haftet für diese durch den Vorerben begründeten Verbindlichkeiten bürgerlichrechtlich nicht. Versagte man dem Vorerben nun nach Eintritt des Nacherbfalls die Insolvenzantragsberechtigung, käme es zu einem dauernden Auseinanderfallen von Aktivnachlass (der auf den Nacherben übergeht) und während der Vorerbschaftszeit angefallenen Verbindlichkeiten, wenn nicht der Nacherbe den Nachlassinsolvenzantrag stellt (wozu er keine Veranlassung hätte, wenn das von ihm Übernommene ohne Verbindlichkeiten einen positiven Vermögenswert darstellt). Bedenkt man, dass die Eingehung von Nachlassverwaltungsschulden oft unumgänglich ist, wie etwa bei der Verwaltung von Immobilien oder der Fortführung eines zum Nachlass gehörenden Unternehmens, dann wird offenkundig, dass dieses Ergebnis nicht zutreffend sein kann. 35

Dem Vorerben ist übrigens auch nicht damit geholfen, dass **Gläubiger** dieser Nachlassverwaltungsschulden **ihrerseits Nachlassinsolvenzantrag stellen könnten**, denn diese müssen den Antrag nicht stellen. Daraus ergibt sich, dass man den Vorerben auch nach Eintritt des Nacherbfalls noch als Erben i. S. von § 317 Abs. 1 InsO ansehen muss, um das bürgerlich-rechtliche Erbenhaftungssystem nicht eines wichtigen Bausteines zu berauben. 36

Der Nacherbe ist bereits vor dem Eintritt des Nacherbfalles antragsberechtigt. Die noch in der Vorauflage vertretene anderslautende Auffassung wird aufgegeben, denn sie erweist sich als unzutreffend, wenn man sich eingehender mit dem Zusammenspiel von materiell-erbrechtlichem Haftungsbeschränkungsregime und insolvenzrechtlichen Verfahrensbestimmungen befasst. Auf den ersten Blick scheint die Sache insolvenzrechtlich eindeutig zu sein: Der Nacherbe hat vor Eintritt des Nacherbfalles weder Verwaltungs- noch Verfügungsbefugnis über Nachlassgegenstände, also ist er auch nicht zur Insolvenzantragstellung berechtigt. Bei genauerem Hinsehen ist dieser Befund aber unzutreffend: Im Verhältnis zwischen Vor- und Nacherben kommt der Vorerbe nur auf Zeit in den Genuss des Erblasservermögens – und er muss dem Nacherben den Nachlass ungeschmälert erhalten (§ 2130 BGB). Der Vorerbe wird deswegen bisweilen auch als „Treuhänder“ des Nacherben bezeichnet, und diese Bezeichnung tritt seine Stellung genau. Ihm gebühren nämlich lediglich die Erträgnisse aus dem Nachlass. Seine Rechtsstellung entspricht damit weitgehend derjeni- 37 gen eines Nießbrauchers. Der Vorerbe muss den Nachlass verwalten, hat die gewöhnlichen Erhaltungskosten zu tragen (§ 2124 Abs. 1 BGB) und darf der Erbschaft nur außergewöhnliche Lasten entnehmen (§§ 2126, 2124 Abs. 2 BGB). Das bedeutet: Der Vorerbe erbt den Nachlass nur als gebundenes Sondervermögen, dessen wahrer wirtschaftlich Berechtigter (und Verpflichteter, weil vom Vorerben eingegangene Verbindlichkeiten bei Eintritt des Nacherbfalles auf den Nacherben übergehen) der Nacherbe ist. Dieses materiell-rechtliche Verständnis der erbrechtlichen Konstruktion von Vor- und Nacherbschaft zu Grunde gelegt, erscheint die Frage der Insolvenzantragsberechtigung schon in einem anderen Licht. Nimmt man nun noch dazu, dass der Vorerbe vor dem Eintritt des Nacherbfalles bei Eintritt der Zahlungsunfähigkeit des Nachlasses ohne jedes Wahlrecht zwingend und unverzüglich die Eröffnung des Insolvenzverfahrens beantragen muss (§ 1980 Abs. 1 BGB), dann ergibt sich, dass der Nacherbe in einer Art Selbsteintritt für eine verletzte Pflicht seines Treuhänders Insolvenzeröffnungsantrag stellt, wenn die Zahlungsunfähigkeit eingetreten ist. Jedes andere Ergebnis würde dazu führen, dass das Insolvenzrecht es zuließe, dass der Nacherbe in Kenntnis eingetretener zwingender Eröffnungsgründe die Auszehrung von Nachlassgegenständen etwa durch zwangsvollstreckende Nachlassgläubiger mit anschauen müsste, ohne dies insolvenzrechtlich unterbinden zu können. Noch weitergehend müsste er wohl den Vorerben auf dem Prozessweg darauf in Anspruch nehmen, seinen Pflichten zur ordnungsgemäßen Verwaltung des Nachlasses dadurch nachzukommen, dass er wegen eingetretener Zahlungsunfähigkeit Insolvenzantrag über den Nachlass stelle. Für die Nachlassgläubiger käme derartiges Vorgehen wohl regelmäßig zu spät (zumal sie selbst wegen der Befristung ihres eigenen Antragsrechtes auf zwei Jahre (§ 319 InsO) zumeist kein eigenes effektives Antragsrecht haben). Nur ergänzend sei darauf hingewiesen, dass häufiger Beweggrund, warum Erblasser Vor- und Nacherbschaft anordnen, der ist, dass der Vorerbe zwar wirtschaftlich laufend Erträge erzielen können soll um abgesichert zu sein, der Nachlass aber nicht in sein Vermögen übergehen soll, weil er selbst überschuldet und ggf. Zwangsvollstreckungsdruck ausgesetzt ist. Zwar können persönliche Gläubiger des Vorerben keine dem Nacherben gegenüber wirksame Vollstreckung in Nachlassgegenstände bewirken, aber erstens sind solche Zwangsvollstreckungen den Nachlassgläubigern gegenüber wirksam und zweitens sollte das Insolvenzverfahrensrecht es nicht zulassen, dass ein Vorerbe, dem auf Grund seiner eigenen persönlichen wirtschaftlichen Lage jede Verletzung von Insolvenzantragspflichten egal sein kann, Insolvenzantragspflichten missachtet und der wahre am Nachlass wirtschaftlich Berechtigte auf den Prozessweg verwiesen wird, um Gläubigerschutz betreiben zu können.

38 Hat der Erbe die Erbschaft (offenkundig) **wirksam ausgeschlagen**, ist er zur Antragstellung nicht mehr berechtigt.[41] Ein solcher Antrag ist unzulässig.

39 Hat der Erbe zunächst Antrag auf Eröffnung des Insolvenzverfahrens über den Nachlass gestellt und **schlägt er** sodann **während des Insolvenzantragsverfahrens wirksam** (zu Zweifeln an der Wirksamkeit sogleich unten) **aus**, fällt seine Antragsberechtigung fort. Der Antrag kann dadurch nicht mehr zur Eröffnung führen, weil er unzulässig geworden ist. Er hat sich vielmehr erledigt. Die Frage der **Kostentragung** ist vielschichtig und muss differenzierter betrachtet werden, als dieses bisweilen in der Literatur der Fall ist: Nach h. A. ist im Insolvenzeröffnungsverfahren grundsätzlich eine Kostenentscheidung nach § 91a ZPO zu treffen, wenn sich ein Insolvenzantrag erledigt.[42] Eine solche kann nur in einem kontradiktorischen Verfahren ergehen.[43] Nicht zutreffend ist es, davon auszugehen, dass es im Antragsverfahren über einen Nachlass keinen Antragsgegner gebe oder er zumindest bei Ausschlagung des einzigen Erben wegfiele.[44] Denn Antragsgegner eines Insolvenzantrages über den Nachlass ist weder der Verstorbene, noch der Erbe, sondern vielmehr der Nachlass als Sondervermögen. Unschädlich ist es, dass der Erbe in Folge der Ausschlagung keine Vermögenssorge für den Nachlass mehr betreibt. Freilich könnte auch bspw. nach wie vor etwa ein Nachlasspfleger bestellt werden, der dann als Vermögenssorgeverpflichteter bezüglich des Nachlasses Antragsgegner würde. Es kann also auch nach der Ausschlagung eine Kostenentscheidung nach § 91a ZPO ergehen, und zwar unabhängig davon, ob es einen oder mehrere Erben gibt und ob alle oder nur einer der Erben ausgeschlagen haben. Allerdings hat der Antragsteller die Kosten des Verfahrens zu tragen, wenn er ausgeschlagen hat, denn die Ausschlagung liegt in seiner Sphäre und nicht in der Sphäre des Nachlasses selbst. Dies führt auch nicht zu unbilligen Ergebnissen, weil der Erbe die Ausschlagung alleine in der Hand hat.

40 Hat nicht nur der Erbe Antrag auf Eröffnung des Insolvenzverfahrens über den Nachlass gestellt, sondern **auch noch ein Dritter**, bspw. ein Gläubiger und führt der Antrag des Dritten ohne vorherige Verbindung beider Antragsverfahren zur Eröffnung, so stellt die Eröffnung ein erledigendes Ereignis dar.[45] Regelmäßig werden die Kosten dem Nachlass aufzuerlegen sein, weil der Antrag des Erben bis zur Eröffnung zulässig und begründet war.

---

41) *Siegmann/Scheuing* in: MünchKomm-InsO, § 317 Rz. 2; OLG Koblenz v. 21.9.1989 – 4 W 644/89, Rpfleger 1989, 510.

42) *Wehr* in: HambKomm-InsO, § 13 Rz. 72; Graf-Schlicker-*Kexel*, InsO, § 13 Rz. 47; **a. A.** *Roth*, Interessenwiderstreit im Insolvenzeröffnungsverfahren, S. 175 ff.: Anzuwenden ist § 81 Abs. 1 FamFG.

43) *Schilken/Brinkmann*, ZPO, Rz. 631; *Schallenberg/Rafiqpoor* in: FK-InsO, § 317 Rz. 11; **a. A.** *Roth*, Interessenwiderstreit, S. 172.

44) So aber *Schallenberg/Rafiqpoor* in: FK-InsO, § 317 Rz. 11.

45) BGH, Beschl. v. 11.11.2004 – IX ZB 258/03, ZVI 2005, 125, 126 = NJW RR 2005, 418.

41 **Problematisch** sind allerdings diejenigen Fälle, in denen die **Wirksamkeit der Ausschlagung fraglich ist**. In praxi sind solche Zweifel insbesondere dann häufig gegeben, wenn der Erbe die Ausschlagungsfrist des § 1944 Abs. 1 BGB versäumt hat und die dadurch eingetretene Annahme der Erbschaft angefochten hat. Wird der vermeintliche Erbe nun von Gläubigern des Erblassers in Anspruch genommen, muss er sich jedem einzelnen gegenüber auf seine Anfechtung der Annahme der Erbschaft berufen. Er hat allerdings keine Möglichkeit, die Wirksamkeit der Anfechtung mit Wirkung gegen alle Gläubiger des Erblassers rechtskräftig feststellen zu lassen. Wollte man in solchen Fällen für die Insolvenzantragsberechtigung des Erben allein auf die formal existierende Anfechtung der Annahme abstellen und somit eine Antragsberechtigung bereits verneinen, so könnte eine insolvenzzweckwidrige Ungleichbefriedigung der Nachlassgläubiger eintreten. Denn es könnten **divergierende Prozessentscheidungen** eintreten; ein Gläubiger würde möglicherweise mit seinem gegen den vermeintlichen Erben gerichteten Klagebegehren durchdringen und könnte in den Nachlass vollstrecken, die Klage eines anderen würde möglicherweise abgewiesen werden, weil das Prozessgericht zu der Auffassung gelangt, dass der Beklagte in Folge wirksamer Ausschlagung nicht Erbe geworden sei. Eine geordnete Nachlassabwicklung wäre kaum noch möglich. Andererseits ist es **nicht Aufgabe des Insolvenzgerichtes**, die Wirksamkeit der Ausschlagung zu prüfen. Es könnte sie denn auch nicht mit Wirkung gegenüber den Gläubigern feststellen.

42 In solchen Fällen ist daher davon auszugehen, dass die **Antragsberechtigung so lange fortbesteht**, wie nicht eindeutig feststeht, dass die Ausschlagung wirksam ist. Da der Erbe aber sein rechtlich schützenswertes Interesse an der Durchführung des Insolvenzverfahrens erst dann verliert, wenn feststeht, dass er wegen wirksamer Ausschlagung der Erbschaft nicht mehr für Verbindlichkeiten des Erblassers aufzukommen hat, hat das Insolvenzgericht bei Zweifeln über die Wirksamkeit der Ausschlagung vom Fortbestand der Antragsberechtigung auszugehen. Dies gilt nicht zuletzt auch vor dem Hintergrund, dass eine geordnete Inanspruchnahme des Erben selbst, die in Folge einer nicht wirksamen Ausschlagung zu erfolgen hat, in geordneter, allen Gläubigern zugutekommender Weise nur über die im Insolvenzverfahren eintretende Anspruchszentralisation bei dem Insolvenzverwalter (vgl. etwa § 1980 Abs. 1 BGB) erfolgen kann.

43 Dies deckt sich im Übrigen auch mit der **Rechtsprechung** des BGH, wonach der Erbe trotz eines schwebenden Erbprätendentenstreits zur Antragsstellung verpflichtet bleibt.[46] Etwas anderes ergibt sich auch nicht aus dem Beschluss des BGH vom 19.5.2011,[47] wenn auch der Leitsatz darauf hinzudeuten scheint. Denn im dortigen Fall lag der Sachverhalt dergestalt, dass der Antragsteller seine Erbenstellung nicht einmal behauptete, sondern im Gegenteil die Auffassung

46) BGH, Urt. v. 8.12.2004 – IV ZR 199/03, ZVI 2005, 21 = ZEV 2005, 109.

47) BGH, Beschl. v. 19.5.2011 – IX ZB 74/10, ZVI 2011, 367.

vertrat, die Versäumung der Ausschlagungsfrist wirksam angefochten und die Erbschaft damit ausgeschlagen zu haben (§§ 1957 Abs. 1, 1956, 1943 Halbs. 2 BGB). Dass es für die Frage der Antragspflicht – und damit konsequenter Weise für die Antragsberechtigung auf den **Kenntnisstand und die Auffassung des Erben** ankommt, hat der BGH andernorts[48] im Zusammenhang mit seiner ansonsten fragwürdigen Entscheidung hinsichtlich der Antragspflicht des Nachlasspflegers ausgeführt.

Welche Anforderungen an den **Nachweis der Erbenstellung** desjenigen zu stellen sind, welcher gemäß § 317 Abs. 1 InsO als Erbe die Eröffnung des Nachlassinsolvenzverfahrens beantragt, ist höchstrichterlich noch nicht geklärt. In Instanzrechtsprechung und Schrifttum wird überwiegend verlangt, der Antragsteller habe seine Erbenstellung durch Vorlage eines **Erbscheins** nachzuweisen,[49] während andere Stimmen eine **Glaubhaftmachung** der Erbenstellung genügen lassen[50]. Letzterer Auffassung ist jedenfalls für die Fälle zuzustimmen, in denen Zweifel an der Erbenstellung aus Zweifeln an der Wirksamkeit einer Erbschaftsannahme oder Ausschlagung resultieren, denn im Verhältnis zwischen demjenigen, der ausschlägt und demjenigen, der in Folge dessen Erbe wird, ist derjenige, der ausgeschlagen (oder die Annahme angefochten) hat, wie ein Geschäftsführer ohne Auftrag berechtigt und verpflichtet (§ 1959 BGB). Daraus ergibt sich, dass der **Ausschlagende** (bzw. der die Annahme Anfechtende) im Innenverhältnis zum wahren Erben alle **Geschäftsbesorgerpflichten** wahrzunehmen hat, also auch die Insolvenzantragspflicht gemäß § 1980 Abs. 1 BGB zu erfüllen hat. Dabei ist auch zu bedenken, dass derjenige, der in dieser Form Geschäftsführer ist, verpflichtet ist, vom wahren Erben jeden Schaden, der aus der Verletzung der Insolvenzantragspflicht herrührt, abzuhalten. 44

Fallen Zweifel an der Wirksamkeit der Anfechtung während des Insolvenzantragsverfahrens, das der Erbe nach seiner Ausschlagung erst beantragt hat, weg, so tritt Erledigung ein, weil der Antrag unzulässig wird. In der Regel sind die Kosten dem Nachlass aufzuerlegen. 45

Keine Antragsberechtigung hat der **Schlusserbe** aus einem Berliner Testament **vor dem Tod des Längerlebenden**, weil er erst im Zeitpunkt des Versterbens des Längerlebenden in die Erbenstellung eintritt.[51] 46

---

48) BGH, Urt. v. 8.12.2004 – IV ZR 199/03, ZVI 2005, 21 = ZEV 2005, 109.

49) LG Köln, Beschl. v. 24.6.2003 – 19 T 84/03, NZI 2003, 501, 502; Uhlenbruck-*Lüer*, InsO, § 317 Rz. 2; Graf-Schlicker-*Busch*, InsO, § 317 Rz. 2.

50) *Siegmann* in: MünchKomm-InsO, § 317 Rz. 2, *Marotzke* in: HK-InsO, § 317 Rz. 3.

51) *Schallenberg/Rafiqpoor* in: FK-InsO, § 317 Rz. 7.

b) Antragsberechtigung des Erbeserben

47 Auch dem Erbeserben steht das Insolvenzantragsrecht zu.[52] Das ergibt sich daraus, dass die Insolvenzantragstellung kein höchstpersönliches Recht des Erben ist, das nicht auf seine Erben übergehen kann, sondern dass es sich um eine Rechtsstellung handelt, die der Erbe zum **Schutz seines Eigenvermögens** zur Erreichung der Haftungsbeschränkung des § 1975 BGB betätigen kann. Hat der Erbe selbst sein Eigenvermögen nicht durch entsprechende Nachlassinsolvenzantragstellung geschützt bzw. wegen vorherigen Ablebens nicht schützen können, ist es das Recht wiederum seines Erben, seine Erbschaft vor den Nachlassgläubigern des vorvorangegangenen Erblassers durch Nachlassinsolvenzantragstellung schützen zu können. Weil auch derjenige, der lediglich **(Mit-)Erbe eines Erben** geworden ist, zur Insolvenzantragstellung über den Nachlass aus vorangegangenen Erbfällen berechtigt ist, lassen sich **zersplitterte Nachlässe** und Immobilien, die durch mehrere unüberschaubar gewordene Erbengemeinschaften unverwertbar und unverwaltbar geworden sind, **einer geordneten Abwicklung zuführen.**[53] Nebenbei sei bemerkt, dass auch ein Nachlasspfleger über einen Nachlass zeitlich völlig unbeschränkt Eröffnung des Insolvenzverfahrens beantragen kann; das gilt sogar dann, wenn er erst Jahrzehnte nach dem Erbfall bestellt wird, was vor dem Hintergrund der Pflicht der Nachlassgerichte zur Erbenfeststellung ein nicht existierender Fall sein sollte, aber leider Rechtspraxis ist.

48 Ebenso hat das OLG Jena[54] zutreffend in Bezug auf das Recht zur Beantragung der Nachlassverwaltung nach § 1981 Abs. 1 BGB entschieden.

49 Eine **Verwirkung** kommt auch nach langer Zeit nur dann in Betracht, wenn der unmittelbare (oder ein vorangehender Erbeserbe) nicht bloß durch Verstreichenlassen von Zeit, sondern klar zum Ausdruck gebracht hat, er werde sein Insolvenzantragsrecht nicht ausüben. Wegen der großen Tragweite des Verlusts der Haftungsbeschränkungsmöglichkeit sind hieran hohe Anforderungen zu stellen. Ist allerdings in der Person des unmittelbaren (oder eines vorangehenden) Erbeserben unbeschränkbare Erbenhaftung (§ 2013 BGB) eingetreten, dann wirkt sich diese auch zulasten des Erbeserben dergestalt aus, dass nicht

---

52) Inzwischen ganz h. M., ausf. *Roth/Wozniak*, ZEV 2021, 489; so auch AG Regensburg, Beschl. v. 1.3.2021 – 2 IN 258/20, ZEV 2021, 511; AG Bonn, Beschl. v. 8.6.2018 – 99 IN 38/18; K. Schmidt-*K. Schmidt*, InsO, § 317 Rz. 3; *Döbereiner* in: Gottwald/Haas, Insolvenzrechts-Hdb., § 111 Rz. 5–7 m. w. N.; *Wiester* in: MünchAHB Erbrecht, § 25 Rz. 9; *Küpper* ZEV 2011, 549; *Roth* in: Roth/Gerhardt, Praxishdb. Erbenhaftungsbeschränkung, S. 161.

53) *Roth/Wozniak*, ZEV 2021, 489; *Wiester* in: MünchAHB Erbrecht, § 25 Rz. 9; in der praktischen Umsetzung: AG Regensburg, Beschl. v. 1.3.2021 – 2 IN 258/20, ZEV 2021, 511; AG Bonn, Beschl. v. 8.6.2018 – 99 IN 38/18.

54) OLG Jena Urt. v. 10.9.2008 – 9 W 395/08, ZEV 2009, 33 = NJW-RR 2009, 304; zust. hierzu *Floeth*, Rpfleger 2009, 235 (Urteilsanm.).

sein Eigenvermögen, wohl aber das gesamte ererbte Vermögen in die Nachlassinsolvenzmasse (auch eines in der Erbkette früher stehenden Erblassers) fällt. Es kommt nicht etwa rückwirkend zu einer Beseitigung der Unbeschränkbarkeit der Erbenhaftung.

c) Antragsberechtigung von Nachlasspflegern, Nachlassverwaltern und Testamentsvollstreckern

Nach § 317 Abs. 1 InsO sind Nachlasspfleger, Nachlassverwalter und verwaltende Testamentsvollstrecker ebenfalls antragsberechtigt. 50

Der **Nachlasspfleger** hat neben der Aufgabe, den unbekannten Erben zu ermitteln, auch den Nachlass zu sichern und zu verwalten (sofern keine vom Nachlassgericht angeordnete Aufgabenbeschränkung besteht). Dem entspricht sein Recht, die Eröffnung des Insolvenzverfahrens zu beantragen. Das **Antragsrecht des Erben** besteht **neben demjenigen des Nachlasspflegers**, der keine verdrängende Vertretungsmacht hat. Ist ein Erbe bekannt, so ist er entsprechend **§ 317 Abs. 3 InsO** zu einem Antrag des Nachlasspflegers zu hören. 51

Dem Nachlassverwalter, der nicht Vertreter des Erben, sondern ebenso wie der Insolvenzverwalter Amtsträger ist, war schon deshalb ein Antragsrecht einzuräumen, weil er gemäß §§ 1985 Abs. 2, 1980 BGB eine Antragspflicht hat. Auch sein Recht besteht neben demjenigen des Erben. Eine **gegenseitige Anhörungspflicht** besteht auch hier. Die ergibt sich aus § 317 Abs. 3 InsO in analoger Anwendung. 52

Auch dem **Testamentsvollstrecker** steht aus § 317 Abs. 1 InsO ein Antragsrecht zu. Dieses besteht allerdings nur, wenn es sich um einen Testamentsvollstrecker **mit umfassender Verwaltungsbefugnis** handelt.[55] Dies ist regelmäßig der Fall, § 2205 BGB. Allerdings können die Befugnisse des Testamentsvollstreckers derart beschränkt sein, dass ihm die umfassende Verwaltungsbefugnis nicht zukommt, bspw. in den Fällen des § 2208 BGB. Dann steht ihm auch kein Insolvenzantragsrecht zu. Auch wenn dem Testamentsvollstrecker nur in Ansehung bestimmter Nachlassgegenstände Verwaltungsbefugnis eingeräumt ist, berechtigt ihn dies nicht zur Insolvenzantragstellung, weil das Insolvenzverfahren zwangsläufig den gesamten Nachlass umfassen müsste; **ein Insolvenzverfahren über einen Teilnachlass oder hinsichtlich einzelner Nachlassgegenstände ist hingegen nicht möglich.** Aus diesem Grund hat auch der Vermächtnisvollstrecker nach § 2223 BGB kein Antragsrecht. 53

Gemäß § 317 Abs. 3 InsO hat das Insolvenzgericht den Testamentsvollstrecker zu einem Antrag eines Erben und die Erben zu einem Insolvenzantrag des Testamentsvollstreckers **anzuhören.** Wird der Erbe durch einen Nachlasspfleger vertre- 54

---

55) Uhlenbruck-*Lüer/Weidmüller*, InsO, § 317 Rz. 8; Nerlich/Römermann-*Weiß*, InsO, § 317 Rz. 8; *Marotzke* in: HK-InsO, § 317 Rz. 13.

ten oder besteht Nachlassverwaltung, sind der Nachlasspfleger und – neben dem Erben – der Nachlassverwalter zu dem Antrag des Testamentsvollstreckers zu hören. Mit der Eröffnung des Verfahrens **endet das Amt** des Testamentsvollstreckers anders als das des Nachlassverwalters nicht. Dem Testamentsvollstrecker stehen die verfahrensmäßig dem Schuldner zugeschriebenen Rechte zu.[56] Nach Beendigung des Verfahrens leben die Befugnisse des Testamentsvollstreckers wieder auf.

55 Sind **mehrere** Nachlasspfleger, Nachlassverwalter oder Testamentsvollstrecker bestellt, so ist jeder für sich allein antragsberechtigt. Soweit hierzu vertreten wird, mehrere Nachlasspfleger oder Testamentsvollstrecker seien nur gemeinschaftlich zur Antragstellung berechtigt und bei Meinungsverschiedenheiten zwischen den Nachlasspflegern bzw. Testamentsvollstreckern sei unter Verweis auf §§ 1797, 1915, 1962 BGB bzw. § 2224 BGB die Entscheidung des Nachlassgerichtes erforderlich,[57] wird verkannt, dass die InsO für Meinungsverschiedenheiten zwischen mehreren Antragsberechtigten eigenständige Regelungen trifft. Genauso wie § 15 Abs. 1 InsO das Antragsrecht jedes einzelnen Mitgliedes des Vertretungsorgans einer juristischen Person vorsieht und § 317 Abs. 1 InsO jedem Erben für sich allein, auch bei Vorhandensein von Miterben, Antragsberechtigung einräumt, muss auch jedem einzelnen von mehreren Nachlasspflegern, Nachlassverwaltern oder Testamentsvollstreckern das Antragsrecht zustehen. Diese Regelungen der **InsO**, die **alternative Antragsrechte** vorsehen, sind offensichtlich spezieller als die generell für Meinungsverschiedenheiten zwischen mehreren Nachlasspflegern, Nachlassverwaltern oder Testamentsvollstreckern geltenden Vorschriften des BGB. Dem steht nicht entgegen, dass der Nachlassverwalter bzw. Nachlasspfleger **nicht Vertreter des Erben** ist. Es kommt vielmehr allein auf dessen Verwaltungs- bzw. Verfügungsbefugnis an. Insoweit stehen mehrere Nachlassverwalter oder Testamentsvollstrecker ähnlich zueinander, wie es mehrere Erben in ungeteilter Erbengemeinschaft tun. Es ist auch im Übrigen vollkommen sachfremd, die Entscheidung darüber, ob ein Insolvenzantrag gestellt werden soll oder nicht, in die Hand eines Nachlassgerichtes zu legen. Schließlich müsste das Nachlassgericht dann selbst prüfen, ob ein Insolvenzeröffnungsgrund vorliegt oder nicht, denn nur anhand dieser Prüfung könnte es seine Entscheidung sachangemessen treffen. Es liegt auf der Hand, dass das Nachlassgericht hierzu schon mangels entsprechender Erkenntnismöglichkeiten gar nicht in der Lage sein kann. Allerdings ist für den Antrag nur eines von mehreren Nachlasspflegern, Nachlassverwaltern oder Testamentsvollstreckern entsprechend § 15 Abs. 2 InsO

---

56) Rechte aus §§ 317, 34 Abs. 2, 176 Satz 2 InsO, *Böhm* in: HambKomm-InsO, Vor §§ 315 ff. Rz. 15.

57) So *Schallenberg/Rafiqpoor* in: FK-InsO, § 317 Rz. 20, 22; Nerlich/Römermann-*Weiß*, InsO, § 317 Rz. 13.

bzw. § 317 Abs. 2 InsO die Glaubhaftmachung des Eröffnungsgrundes zu verlangen. Hierfür gilt § 294 ZPO.

Nachlassverwalter, Nachlasspfleger und Testamentsvollstrecker haben ihre An- 56
tragsberechtigung durch **Vorlage der Bestallungsurkunden bzw. des Testamentsvollstreckerzeugnisses** darzulegen.

d) Antragsberechtigung eines Nachlassgläubigers

Gemäß § 317 Abs. 1 InsO ist jeder Nachlassgläubiger berechtigt, Antrag auf 57
Eröffnung des Insolvenzverfahrens über den Nachlass zu stellen. Die Vorschrift erfasst mit dem Begriff der Nachlassgläubiger sowohl die **Nachlassinsolvenzgläubiger** (§§ 325, 327 InsO) als auch die **Nachlassmassegläubiger** (§ 324 InsO).[58] Nachlassmassegläubiger sind Gläubiger, die im Insolvenzverfahren insoweit bevorrechtigt sind, als dass sie Masseforderungen i. S. von §§ 324, 55 InsO haben. Nachlassinsolvenzgläubiger sind Inhaber von Forderungen, die im Falle der Eröffnung des Insolvenzverfahrens über den Nachlass Insolvenzgläubiger wären. Im Nachlassinsolvenzverfahren sind grundsätzlich sowohl die Gläubiger im Rang des § 38 InsO als auch die nachrangigen im Rang des § 39 InsO und sogar diejenigen im Rang von § 327 InsO als antragsberechtigt anzusehen. Für Regelinsolvenzverfahren im Allgemeinen kann man eine Antragsberechtigung der nachrangigen Insolvenzgläubiger in Frage stellen bzw. davon abhängig machen, ob sie mit einer Befriedigung i. R. des Insolvenzverfahrens überhaupt rechnen können.[59] Das mag für das Regelinsolvenzverfahren zutreffend sein, weil dort die Befriedigung nachrangiger Gläubiger außerordentlich selten ist. Für das Nachlassinsolvenzverfahren gilt dieser Erfahrungssatz jedoch nicht, so dass hier grundsätzlich auch dem nachrangigen Gläubiger ein Antragsrecht zuzubilligen ist.

Antragsberechtigte Nachlassinsolvenzgläubiger sind sowohl die Gläubiger von 58
Erblasserschulden (also die Gläubiger, die bereits im Todeszeitpunkt Forderungen gegen den Erblasser hatten), soweit ihnen die Forderung im Antragszeitpunkt noch zusteht, als auch die Gläubiger von **Erbfallschulden**. Erbfallschulden des Nachlasses sind alle Verbindlichkeiten, die aufgrund des Erbfalles entstanden sind, also bspw. Pflichtteilsansprüche, Vermächtnisansprüche, Zugewinnausgleichsansprüche des überlebenden Ehegatten, Beerdigungskosten, Dreißigster (§ 1969 BGB) und Erbschaftsteuer.[60]

Zu den Erbfallschulden zählen auch die **Erbschaftsverwaltungsschulden**. Dar- 59
unter sind diejenigen Verbindlichkeiten zu verstehen, die aus der Verwaltung

58) *Hess-Hess* InsO, § 317 Rz. 28; *Marotzke* in: HK-InsO, § 317 Rz. 17; vgl. auch *Hess*, KO, § 217 Rz. 15.

59) So *Schmerbach* in: FK-InsO, § 14 Rz. 83; *Kirchhof* in: HK-InsO, § 14 Rz. 31.

60) *Hausmann/Hohloch*, Hdb. des Erbrechts, S. 1491, Rz. 10.

und der Abwicklung des Nachlasses in der Person des Erben entstehen.[61] Besondere praktische Relevanz haben die Erbschaftsverwaltungsschulden, wenn zu dem Nachlass ein einzelkaufmännisches Unternehmen zählt, dessen auch kurzzeitige Fortführung durch den Erben zwangsläufig die Eingehung von Verbindlichkeiten mit sich bringt. Auch laufende Lasten für Nachlassgegenstände ab dem Todeszeitpunkt gehören hierher, wie bspw. Grundsteuer für im Nachlass befindliche Immobilien oder die Ansprüche aus Mietverträgen hinsichtlich im Nachlass befindlicher Gegenstände. Aus diesem Grund ist bspw. auch der Mieter, der eine Wohnung von dem Erblasser gemietet hatte, wegen seiner nach dem Todesfall entstehenden Mängelbeseitigungs-, Nebenkosten- oder Kautionsrückzahlungsansprüche insolvenzantragsberechtigt bezüglich des Nachlasses.

60 Antragsberechtigte Nachlassgläubiger sind auch **Pflichtteilsberechtigte**, **Vermächtnisnehmer** und **Vollzugsberechtigte aus Auflagen.**[62] Allerdings hat der Pflichtteilsberechtigte nur dann Antragsberechtigung, wenn ihm tatsächlich ein Pflichtteilsanspruch zusteht; das ist nicht der Fall, wenn der Nachlass bereits im Zeitpunkt des Erbfalles überschuldet war, § 2311 BGB. Diesen Umstand hat der Pflichtteilsberechtigte i. S. von § 294 ZPO glaubhaft zu machen, wie im Übrigen jeder Nachlassgläubiger seine Forderung und den Insolvenzgrund gemäß § 14 InsO glaubhaft zu machen hat.[63] Zudem müssen Pflichtteilsberechtigte wie auch Vermächtnisnehmer und Auflagenberechtigte glaubhaft machen, dass nicht von vornherein ausgeschlossen ist, dass sie in einem Insolvenzverfahren über den Nachlass trotz des Nachranges ihrer Forderung (§ 327 Abs. 1 InsO) mit einer Befriedigung rechnen können, da ihnen ansonsten das rechtliche Interesse an der Stellung des Insolvenzantrages fehlt.

61 Auch aus dem **Pflichtteilsergänzungsanspruch** (§ 2325 BGB) ergibt sich die Antragsberechtigung des Anspruchsinhabers. Das gilt sogar dann, wenn sich der Pflichtteilsergänzungsanspruch gegen den beschenkten Dritten richtet (§ 2329 BGB). Denn im Nachlassinsolvenzverfahren sind Pflichtteilsergänzungsansprüche nur noch gegen den Nachlass geltend zu machen und können wegen der Sperrwirkung von § 92 InsO analog nicht mehr durch den Ergänzungsberechtigten außerhalb des Nachlassinsolvenzverfahrens gegenüber dem Beschenkten verfolgt werden (siehe dazu ausführlich Rz. 455). Da der Pflichtteilsergänzungsanspruch den Rang von § 38 InsO einnimmt (siehe dazu ausführlich unten Rz. 455), ergeben sich gegenüber anderen Insolvenzgläubigern nur insoweit Besonderheiten, als die Glaubhaftmachung des Ergänzungsanspruchs anspruchsvoll ist. Die Antragsberechtigung des Ergänzungsberechtigten ist auch deswegen zwingend erforderlich, weil der Ergänzungsberechtigte sonst

61) *Hausmann/Hohloch*, Hdb. des Erbrechts, S. 1492, Rz. 11.

62) *Wiester* in: MünchAHB Erbrecht, § 25 Rz. 10.

63) *Schallenberg/Rafiqpoor* in: FK-InsO, § 317 Rz. 31; Uhlenbruck-*Lüer/Weidmüller*, InsO, § 317 Rz. 6.

keine hinreichend effizienten Möglichkeiten der Herstellung von Gläubigergleichbehandlung (auch der Pflichtteilsergänzungsberechtigten untereinander) sowie der Wahrung seines Vorranges von den übrigen in § 327 InsO genannten Nachlassgläubigergruppen hätte.

Unerheblich ist, ob dem antragstellenden Gläubiger eine **Geldforderung** oder eine **Sachleistung** zusteht. Solche Ansprüche sind jedenfalls geeignet, eine Insolvenzforderung darzustellen und berechtigen somit zur Antragstellung. **Nicht erforderlich** ist, dass der Anspruch des Gläubigers bereits **tituliert** ist. Auch kann der Gläubiger wegen eines sehr geringen Betrages Insolvenzantrag stellen; es ist **keine Bagatellgrenze** vorgesehen. Ist die Forderung bereits **verjährt**, so fehlt es am rechtlichen Interesse für die Verfahrenseröffnung und mithin am Antragsrecht.[64] Erbteilsverbindlichkeiten berechtigen nicht zur Nachlassinsolvenzantragstellung, da sie nur einen einzelnen Miterben beschweren, bspw. durch Auflagen oder Vermächtnisse (§ 2046 BGB) und nicht den Nachlass als Ganzes treffen. 62

Eigengläubiger des Erben, die nicht zugleich Nachlassgläubiger i. S. von § 325 InsO, § 1967 Abs. 2 BGB sind, sind nicht antragsberechtigt. 63

3. Antragspflicht

Gemäß § 1980 Abs. 1 Satz 1 BGB hat der Erbe, sobald er von der Zahlungsunfähigkeit oder der Überschuldung des Nachlasses Kenntnis erlangt hat, unverzüglich die Eröffnung des Nachlassinsolvenzverfahrens zu beantragen. § 1980 Abs. 2 Satz 1 BGB setzt die auf Fahrlässigkeit beruhende Unkenntnis von der Zahlungsunfähigkeit oder der Überschuldung der Kenntnis gleich. 64

Bei dieser Antragspflicht handelt es sich nicht um eine echte, also eine einklagbare Verpflichtung, sondern um eine **Obliegenheit**, deren Verletzung eine Schadensersatzpflicht begründen kann.[65] Die Antragspflicht trifft den endgültigen Erben nach erfolgter Annahme der Erbschaft gemäß § 1943 BGB.[66] 65

Keine Antragspflicht trifft den **vorläufigen Erben**, der lediglich eine materiellrechtlich begründete Erbenstellung innehat, die Erbschaft jedoch noch nicht angenommen hat. Es handelt sich um einen sog. „werdenden Erben", für den die Insolvenzantragspflicht nicht gelten kann, weil es den Erben nach § 1980 Abs. 1 Satz 1 BGB (noch) nicht gibt.[67] 66

---

64) OLG Köln, Entsch. v. 1.9.1969 – 2 W 31/69, KTS 1970, 226; *Schmerbach* in: FK-InsO, § 14 Rz. 38; *Kirchhof* in: HK-InsO, § 14 Rz. 15; **a. A.** *Wehr* in: HambKomm-InsO, § 14 Rz. 10; Jaeger-*Gerhardt*, InsO, § 14 Rz. 12.

65) Soergel-*Stein*, BGB, § 1980 Rz. 1.

66) Grüneberg-*Weidlich*, BGB, § 1980 Rz. 3; Erman-*Horn*, BGB, § 1980 Rz. 1.

67) BGH, Urt. v. 8.12.2004 – IV ZR 199/03, ZVI 2005, 21 = ZEV 2005, 109.

67 Die Antragspflicht besteht, sobald der Erbe **Kenntnis von der Überschuldung des Nachlasses oder der Zahlungsunfähigkeit** erlangt oder bei Anwendung der pflichtgemäßen Sorgfalt (**Fahrlässigkeit**) hätte erlangen müssen.[68] Hat er Kenntnis erlangt, so muss er unverzüglich, also ohne schuldhaftes Zögern i. S. des § 121 Abs. 1 Satz 1 BGB die Eröffnung des Nachlassinsolvenzverfahrens beantragen.[69] **Fahrlässige Unkenntnis** von der fehlenden Zulänglichkeit des Nachlasses ist vor allem dann gegeben, wenn der Erbe in Kenntnis der vorhandenen Verbindlichkeiten und Aktivvermögensgegenstände des Nachlasses eine gedankliche Saldierung unterlässt, die zum Nachlass gehörenden Gegenstände überhöht bewertet (bspw. bei Immobilien) oder dass er Grund hatte, das Vorhandensein unbekannter Nachlassverbindlichkeiten anzunehmen und dennoch das Aufgebot der Nachlassgläubiger gemäß § 1970 BGB nicht beantragt hat, § 1980 Abs. 2 Satz 2 Halbs. 1 BGB. Der **Fahrlässigkeitsvorwurf** nach § 1980 Abs. 2 Satz 2 BGB **setzt indessen nicht voraus**, dass der Erbe Anlass hatte, davon auszugehen, dass Nachlassverbindlichkeiten in einem Umfange bestehen, der zur Zahlungsunfähigkeit oder Überschuldung des Nachlasses führen kann. Vielmehr reicht der Anlass, davon auszugehen, dass **irgendeine, auch sehr kleine, Verbindlichkeit** bestehen könnte, bereits aus, um den Fahrlässigkeitsvorwurf zu begründen. Das ergibt sich zum einen bereits aus dem Wortlaut, der eine Einschränkung nicht enthält, zum anderen aber auch der Umstand, dass andernfalls ein zuverlässiger Schutz der Nachlassgläubiger nicht gegeben wäre. Grund, das Vorhandensein unbekannter Nachlassverbindlichkeiten anzunehmen, hat der Erbe in vielen Fällen. Das ist offenkundig dann der Fall, wenn zum Nachlass Gegenstände gehören, die **üblicherweise Verbindlichkeiten mit sich bringen**, wie etwa Immobilien oder gar ein Geschäftsbetrieb. Dass hier irgendwelche laufenden Kosten bestehen können, die im Todeszeitpunkt (zufälliger Weise) noch nicht befriedigt sind, entspricht der Lebenserfahrung.

68 Entsprechenden Grund hat der Erbe aber auch, wenn sich die **ersten Nachlassgläubiger** beim Nachlassgericht **melden**, mitteilen dass sie Forderungen haben und nach Erben fragen. Gleiches gilt, wenn sich Nachlassgläubiger unmittelbar bei dem Erben melden; denn dort, wo sich vereinzelt Gläubiger melden, sind üblicherweise weitere Gläubiger vorhanden. Grund, das Vorhandensein unbekannter Nachlassverbindlichkeiten anzunehmen hat der Erbe auch dann, wenn der Erblasser in den letzten Wochen oder Monaten pflegebedürftig war oder in größerem Umfange ärztliche Leistungen in Anspruch genommen hat; in solchen Fällen sind regelmäßig **Pflege- oder Heilbehandlungskosten** angefallen, die oft erst Monate später in Rechnung gestellt werden. Auch dann, wenn der Erblasser in den letzten Monaten vor seinem Tod außer Stande war, sich um

68) *Küpper* in: MünchKomm-BGB, § 1980 Rz. 1.

69) Soergel-*Stein*, BGB, § 1980 Rz. 3.

seine finanziellen Angelegenheiten zu kümmern und andere Personen, die diese Aufgabe wahrgenommen hätten, nicht vorhanden sind, muss vom Bestehen unbekannter Verbindlichkeiten ausgegangen werden. Sind die Nachlassverbindlichkeiten zwar **dem Grunde nach**, nicht aber der **Höhe** nach bekannt, ergibt sich nichts anderes.

Ein Grund, vom Vorhandensein unbekannter Nachlassverbindlichkeiten auszugehen, ergibt sich aber nicht bereits daraus, dass der Erbe von der Lebensführung und den Vermögensverhältnissen des Erblassers vor dem Eintritt des Erbfalls keine Kenntnisse hatte; einen **Verdacht ins Blaue hinein**, dass es unbekannte Nachlassverbindlichkeiten geben könnte, muss der Erbe nicht hegen. 69

Nach Annahme der Erbschaft ist der Erbe **trotz eines schwebenden Erbprätendentenstreits** und deswegen angeordneter **Nachlasspflegschaft** aus § 1980 Abs. 1 Satz 1 BGB verpflichtet, Insolvenzantrag zu stellen.[70] Es kommt vielmehr allein darauf an, dass der wahre Erbe alle Umstände kennt, aus denen sich seine Erbenstellung ergibt. Dass andere seine Erbenstellung bezweifeln oder gerichtlich angreifen, entlastet den wahren Erben nicht. 70

Schwierigkeiten entstehen in der Praxis vor allem dann, **wenn der Nachlass** zwar **im Todeszeitpunkt weder zahlungsunfähig noch überschuldet war**, es **aber im weiteren Verlauf *wird***, weil bspw. Wertveränderungen der zum Nachlass gehörenden Gegenstände wie bei **Wertpapieren** oder Immobilien eintreten oder aber – der wohl kritischste Fall – nach und nach Gegenstände, die zum Nachlass gehören, (mittelbar) in das Eigenvermögen des Erben übergehen und daher rechtlich nicht mehr dem durch Eröffnung des Insolvenzverfahrens eintretenden Insolvenzbeschlag unterliegen. **Da eine dingliche Surrogation nicht eintritt**, wenn ein Alleinerbe zum Nachlass gehörende Gegenstände veräußert und mit dem Erlös Ersatzstücke anschafft (siehe unten Rz. 109 ff.), vermindert sich der Aktivnachlass durch solche Vorgänge. Auch hier ist von fahrlässiger Unkenntnis von der Unzulänglichkeit des Nachlasses auszugehen, wenn der Alleinerbe glaubt, die Ersatzstücke seien dem Nachlass zuzurechnen. 71

Die **Antragspflicht** des Erben **entfällt**, wenn dieser gemäß § 2013 Abs. 1 Satz 1 BGB **allen** Gläubigern gegenüber **unbeschränkbar haftet**. Besteht die unbeschränkte Haftung hingegen nur im Verhältnis zu einzelnen Gläubigern, so bleibt die Antragspflicht bestehen, § 2013 Abs. 2 BGB.[71] Die Antragspflicht entfällt ferner dann, wenn ein **inländischer Gerichtsstand** für die Eröffnung des Insolvenzverfahrens über den Nachlass **fehlt**, also dann, wenn der Erblasser gemäß § 315 InsO im Zeitpunkt des Erbfalls weder seinen allgemeinen Ge- 72

70) BGH, Urt. v. 8.12.2004 – IV ZR 199/03, ZVI 2005, 21 = ZEV 2005, 109.

71) Staudinger-*Marotzke*, BGB, § 1980 Rz. 4; Damrau/Tanck-*Gottwald*, PK Erbrecht, § 2013 Rz. 10.

richtsstand im Inland hatte noch eine selbstständige wirtschaftliche Tätigkeit hier ausgeübt hat.[72)]

73 Die deutsche Vorschrift des **§ 1980 BGB** ist **in vollem Umfange auch dann anzuwenden**, wenn **auf den Erbfall das Erbrecht eines EU-Mitgliedstaates Anwendung findet**, der in den Geltungsbereich der EuInsVO fällt[73)]. Im Zusammenhang mit der Haftung des Direktors einer in Deutschland ansässigen britischen Limited nach § 64 Abs. 2 GmbHG a. F. hat der EuGH[74)] auf eine Vorlage des BGH[75)] hin entschieden, dass die Formulierung „unter welchen Voraussetzungen das Insolvenzverfahren eröffnet wird" (seinerzeit Art. 4 Abs. 2 der EuInsVO a. F., nun Art. 7 Abs. 2 EuInsVO n. F.) – um die praktische Wirksamkeit dieser Bestimmung sicherzustellen – dahin auszulegen ist, dass in ihren Anwendungsbereich „erstens die Voraussetzungen für die Eröffnung eines Insolvenzverfahrens, zweitens die Regeln für die Bestimmung der zur Stellung des Antrags auf Eröffnung dieses Verfahrens verpflichteten Personen und drittens die Folgen eines Verstoßes gegen diese Verpflichtung fallen." Daher sind nach insoweit klarer Rechtsprechung des EuGH „nationale Bestimmungen wie § 64 Abs. 1 und Abs. 2 Satz 1 GmbHG [a. F.], mit denen der Sache nach ein Verstoß gegen die Pflicht zur Beantragung der Eröffnung eines Insolvenzverfahrens geahndet wird, auch aus diesem Blickwinkel als in den Anwendungsbereich von Art. 4 der Verordnung Nr. 1346/2000 [nun Art. 7 EuInsVO] fallend anzusehen".

74 § 1980 BGB statuiert eben genau eine solche Insolvenzantragspflicht der Erben und bewehrt diese Antragspflicht in doppelter Hinsicht mit einer **Schadenersatzpflicht**. Wie auch § 15a InsO[76)] ist § 1980 Abs. 1 BGB Schutzgesetz i. S. von § 823 Abs. 2 BGB.[77)] Obwohl die Insolvenzverschleppungshaftung aus § 823 Abs. 2 BGB i. V. mit § 1980 Abs. 1 BGB folgt, enthält sie zwei unterschiedliche Haftungsregime.[78)] Während die **Neugläubiger** den Ersatz ihres vollen negativen Interesses (Individualschaden) verlangen können, haben die **Altgläubiger** lediglich einen Anspruch auf den Ersatz ihres Quotenschadens.[79)] Der Schadensersatzanspruch der Altgläubiger richtet sich auf den Erhalt des Nachlasses und wird zentral durch den Insolvenzverwalter geltend gemacht (§ 92 InsO).

---

72) Jaeger-*Weber*, KO, §§ 217–220 Rz. 25.

73) Anders noch, weil den Zusammenhang übersehend die 2. Auflage, S. 23.

74) EuGH (Sechste Kammer), Urt. v. 10.12.2015 – C-594/14 (Kornhaas/Dithmar [als Insolvenzverwalter]), Rz. 19, ZIP 2015, 68 = NZG 2016, 115.

75) BGH, Beschl. v. 2.12.2014 – II ZR 119/14, ZIP 2015, 68 = NZG 2015, 101.

76) Zum Schutzgesetzcharakter von § 15a InsO s. *Klöhn* in: MünchKomm-InsO, 3. Aufl., § 15a Rz. 140 m. w. N.

77) Grüneberg-*Weidlich*, BGB, § 1980 Rz. 5; Küpper in: MünchKom-BGB, § 1980 Rz. 10; Staudinger-*Dobler*, BGB, 2016, § 1980 Rz. 16.

78) *Klöhn* in: MünchKomm-InsO, 3. Aufl., § 15a Rz. 151.

79) *Klöhn* in: MünchKomm-InsO, 3. Aufl., § 15a Rz. 151.

Die Neugläubiger hingegen können ihren Schaden außerhalb des Insolvenzverwalters gegen den Erben geltend machen und sie sind auch nicht auf die Quote beschränkt. Wenn Gläubiger den Betrag, den sie vom Erblasser zu fordern haben, refinanzieren, dann sind die **Refinanzierungskosten** bei Insolvenzverschleppung vom ersatzfähigen Schaden der Neugläubiger umfasst.[80)] Die Schadenersatzhaftung aus § 1980 Abs. 1 Satz 2 BGB steht neben der Haftung aus § 823 Abs. 2 BGB.

Der eben zitierten Rechtsprechung des EuGH ist zuzustimmen; diese passt auch für den parallelen Kontext des § 1980 BGB. Es wäre zu kurz gegriffen, § 1980 BGB als erbrechtliche Vorschrift zu verstehen und deswegen dem Erbstatut zu unterwerfen.[81)] Eine solche Sichtweise führte nämlich erstens zu Schutzlücken und wäre zweitens mit Art. 7 Abs. 2 EuInsVO nicht vereinbar. Da andere Mitgliedstaaten zum Teil gar keine Insolvenzverfahren über einen Nachlass kennen, können sie keine der deutschen Insolvenzantragspflicht entsprechenden Antragspflichten statuieren. Soweit deutsche Gerichte für die Eröffnung eines Insolvenzverfahrens über den Nachlass zuständig sind (siehe dazu ausführlich oben Rz. 72 ff.), liefe das Nachlassinsolvenzverfahren damit partiell ins Leere, weil jegliche Sanktion für verspätete Insolvenzantragstellung und damit u. U. gläubigerschädigende Handlungen der Erben fehlte. Die Entscheidung des deutschen Gesetzgebers, für Fälle unzureichender Nachlassmassen ein Insolvenzverfahren durchzuführen, um Gläubigergleichbehandlung herzustellen, muss vor dem Hintergrund des Art. 7 EuInsVO von den übrigen Mitgliedstaaten, in denen diese Verordnung Anwendung findet, hingenommen werden. Infolge dessen müssen **auch dortige Nachlassbeteiligte die deutsche Insolvenzantragspflicht erfüllen**, selbst wenn sie nach dem dort geltenden und auf den Nachlassfall anzuwendenden Erbrecht Haftungsbeschränkungen entweder kraft Gesetzes grundsätzlich oder kraft bestimmter Erklärungen erhalten können. **Haftungsbeschränkungen, die im ausländischen Erbrecht fußen,** setzen sich somit gegen die Haftung der Erben aus § 1980 Abs. 1 Satz 2 BGB und auch aus **§ 823 Abs. 2 BGB i. V. mit § 1980 Abs. 1 BGB nicht durch, sondern werden** überwunden. 75

§ 1980 Abs. 1 BGB trifft auch solche Personen, die einem **Nachlassverwalter deutschen Rechts vergleichbar** im Interesse von Gläubigern den Nachlass zu verwalten haben. Denn den deutschen Nachlassverwalter trifft die Insolvenzantragstellungspflicht gemäß § 1985 BGB wie den Erben. Er zählt also gleich wie der Erbe zum Normadressaten des § 1980 Abs. 1 BGB, so dass auch vergleichbare Personen, die nach ausländischem Erbrecht in die Adressatenstellung der 76

80) BGH, Urt. v. 5.2.2007 – II ZR 234/05, Rz. 21, BGHZ 171, 46 = ZIP 2007, 676.

81) So aber noch *Roth* in der 2. Aufl., S. 23.

deutschen Insolvenzantragspflicht gebracht sind, von der eben zitierten Rechtsprechung des EuGH erfasst werden.[82)]

77 Ist der Nachlass nicht in der Lage, die Kosten für die Durchführung eines Insolvenzverfahrens (§ 54 InsO) zu decken, so liegt **Dürftigkeit** (§ 1990 BGB) vor. In diesem Fall ist der Erbe nach § 1991 BGB berechtigt, die Nachlassgläubiger aus dem Nachlass zu befriedigen; einen Insolvenzantrag braucht er dann nicht mehr zu stellen.[83)] Die Antragspflicht entfällt auch dann, wenn sämtliche Nachlassgläubiger ihre **Forderungen erlassen** haben oder erklären, diese jedenfalls nicht mehr gegen den Nachlass geltend zu machen. Durch eine solche Erklärung beschränken sich die Gläubiger hinsichtlich ihrer Ansprüche auf eine Inanspruchnahme des Erben mit dessen Eigenvermögen; soweit dieser gegenüber den betreffenden Gläubigern allerdings gar nicht haftet, weil eine Haftungsbeschränkung besteht, fallen die Gläubiger endgültig mit ihren Ansprüchen aus. Möglich ist dabei aber, dass der Erbe sich **gegenüber einzelnen** oder allen Nachlassgläubigern **verpflichtet, mit seinem Eigenvermögen einzustehen**, um von diesen den Verzicht auf Geltendmachung ihrer Ansprüche gegen den Nachlass zu erhalten.

78 Auch dem **Nachlassverwalter** obliegt die Insolvenzantragspflicht, da § 1985 Abs. 2 BGB auf § 1980 BGB verweist. Wird eine Nachlassverwaltung angeordnet, so erlischt also die Antragspflicht des Erben und geht gemäß § 1985 Abs. 2 Satz 2 BGB auf den Nachlassverwalter über.[84)]

79 Für **Testamentsvollstrecker** und **Nachlasspfleger** gilt § 1980 BGB nach nicht überzeugender, aber h. M. jedoch nicht,[85)] wobei dem nunmehr das LG Hamburg in seinem Urteil vom 20.9.2021[86)] zu Recht entgegengetreten ist. Es soll nach h. M. weiterhin der Erbe zur Insolvenzantragstellung verpflichtet sein. Dies ergebe sich daraus, dass die Nachlassverwaltung primär der Gläubigerbefriedigung dient (vgl. § 1975 BGB), während die Nachlasspflegschaft vorrangig den Interessen des (unbekannten) Erben und die Testamentsvollstreckung der Durchsetzung des Willens des Erblassers, ggf. auch des Erben dient.[87)] Nach-

---

82) Weiterführend A. Schmidt-*Roth*, EuInsVO, Anh. II Rz. 51 ff.

83) Frieser-*Löhning*, Kompaktkommentar Erbrecht, § 1980 Rz. 4.

84) Grüneberg-*Weidlich*, BGB, § 1980 Rz. 3; *Döbereiner* in: Gottwald/Haas, Insolvenzrechts-Hdb., § 111 Rz. 5; Soergel-*Stein*, BGB, § 1980 Rz. 9.

85) BGH, Urt. v. 8.12.2004 – IV ZR 199/03, ZVI 2005, 21 = ZEV 2005, 109; Grüneberg-*Weidlich*, BGB, § 1980 Rz. 3; Erman-*Horn*, BGB, § 1980 Rz. 5; Soergel-*Stein*, BGB, § 1980 Rz. 9; *Marotzke* in: HK-InsO, Vor §§ 315 ff. Rz. 7; *Wiester* in: MünchAHB Erbrecht, § 25 Rz. 9; **a. A.** *Kilger/K. Schmidt*, KO, § 217 Rz. 2 – für eine Anwendung auf Testamentsvollstrecker; *Hüsemann*, Das Nachlassinsolvenzverfahren, S. 17 – Antragspflicht des Testamentsvollstreckers nach § 1985 Abs. 2 Satz 2 BGB i. V. mit § 1980 BGB analog; *Roth*, Rpfleger 2019, 495; krit.: *Muscheler*, Die Haftungsordnung der Testamentsvollstreckung, S. 230–234.

86) LG Hamburg, Urt. v. 20.9.2021 – 304 O 407/20, ZVI 2022, 286 = NZI 2022, 401.

87) Staudinger-*Marotzke*, BGB, § 1980 Rz. 20.

lasspfleger und Testamentsvollstrecker können sich allerdings gegenüber dem Erben schadensersatzpflichtig machen, wenn sie es schuldhaft unterlassen, von ihrem Antragsrecht gemäß § 317 Abs. 1 InsO Gebrauch zu machen.[88] Daneben **haften Nachlasspfleger dann nach § 826 BGB** gegenüber der (späteren) Insolvenzmasse, wenn sie bei erkannter Insolvenzreife den restlichen Nachlass nach „Gutsherrenart" an einzelne Gläubiger verteilen, in dem Wissen, dass die vorhandenen übrigen Gläubiger leer ausgehen oder entsprechend geringere Quoten erhalten werden (siehe dazu auch ausführlich Rz. 142 ff.).[89]

Auch dem **Fiskus** obliegt die Antragspflicht des § 1980 BGB, sobald das Nachlassgericht festgestellt hat, dass ein anderer Erbe als der Fiskus nicht vorhanden ist (§ 1964 BGB). Der Fiskus ist **dringend gehalten**, bei erkannter Insolvenzreife **unverzüglich Insolvenzantrag zu stellen**, denn für Gläubiger ist offensichtlich, dass dort jedenfalls kein wirtschaftlicher Ausfall zu besorgen ist. Da auch der Refinanzierungsschaden oder gar der Zinsschaden, den Nachlassgläubiger durch verspätete Antragstellung erleiden, außerhalb des Nachlassinsolvenzverfahrens gemäß § 823 Abs. 2 i. V. mit § 1980 BGB gegen den Fiskus geltend gemacht werden kann[90], droht dem Fiskus bei verspäteter Antragstellung ein u. U. erheblicher Schaden. 80

Etwas ganz anderes ist die Frage, ob Erben, Nachlassverwalter, Testamentsvollstrecker oder Nachlasspfleger die Pflicht haben, **Insolvenzeröffnungsantrag über das Vermögen einer GmbH** zu stellen, wenn sich die Geschäftsanteile daran im von ihnen verwalteten Nachlass befinden und die Gesellschaft durch den Tod des Erblassers führungslos geworden ist, weil er auch (einziger) Geschäftsführer war. Die Frage ist freilich zu bejahen,[91] denn § 15a Abs. 3 InsO statuiert für den Fall der **Führungslosigkeit** der Gesellschaft die Insolvenzantragspflicht des Gesellschafters. Die Antragspflicht kommt somit **demjenigen** zu, **der die Verwaltungs-**[92] **und Verfügungsbefugnis über die Geschäftsanteile innehat**. Die Gegenauffassung, nach der der Gesellschafter-Erbe ungeachtet der Bestellung eines Nachlasspflegers oder Testamentsvollstreckers zur Insolvenzantragstellung über das Vermögen der Gesellschaft verpflichtet sein soll, übersieht, dass es sich bei den Gesellschaftsbeteiligungen um vermögenswerte Rechte handelt, die in die Verwaltungsbefugnis der betreffenden Personen, die den Nachlass verwalten, fallen. Deswegen nehmen diese Verwalter der Nachlassgegenstände auch die insolvenzrechtlichen Gesellschafterpflichten wahr. Im Übrigen will § 15a Abs. 3 InsO sicherstellen, dass die Gläubiger einer 81

88) Frieser-*Löhning*, Kompaktkommentar Erbrecht, § 1980 Rz. 1; Grüneberg-*Weidlich*, BGB, § 1980 Rz. 3.

89) Noch weiterführend *Roth*, ZInsO 2013, 1567.

90) BGH, Urt. v. 5.2.2007 – II ZR 234/05, Rz. 21, BGHZ 171, 46 = ZIP 2007, 676.

91) So auch *du Carrois*, ZInsO 2009, 373, 374.

92) *Klöhn* in: MünchKomm-InsO, § 15a Rz. 86.

Gesellschaft davor geschützt werden, dass ein Insolvenzantrag über das Vermögen der Gesellschaft nicht gestellt wird, weil keine verantwortliche Person vorhanden ist. Würde man in diesem Fall den unbekannten Erben, nach dem das Nachlassgericht sucht und für den als gesetzlichen Vertreter der Nachlasspfleger bestellt ist, als alleine antragspflichtig ansehen, dann käme es sicher nicht zu der vom Gesetzgeber angestrebten Insolvenzantragstellung. Ein unbekannter Erbe stellt keine Insolvenzanträge. Die gleiche Pflicht trifft auch **Testamentsvollstrecker** und **Nachlassinsolvenzverwalter**, wenn in den von ihnen verwalteten Nachlass Gesellschaftsbeteiligungen fallen.

82 Ansprüche des (späteren) Insolvenzverwalters der GmbH, die aus der **Verletzung der Antragspflicht aus § 15a Abs. 3 InsO** herrühren, treffen den Nachlass und haben den Charakter von **Nachlassverwaltungsschulden** (siehe unten Rz. 441 ff., 588). Soweit ein Testamentsvollstrecker, Nachlassverwalter oder Nachlasspfleger diese Antragspflicht verletzt hat und der Nachlass in Folge dessen durch den Insolvenzverwalter der GmbH auf Schadenersatz in Anspruch genommen worden ist, steht dem Erben (oder dem später über den Nachlass bestellten Nachlassinsolvenzverwalter) ein **Regressanspruch** gegen den Testamentsvollstrecker, Nachlasspfleger oder Nachlassverwalter zu, denn die Verletzung der Insolvenzantragspflicht aus § 15a Abs. 3 InsO war im Verhältnis zum Erben pflichtwidrig.

4. Antragsfrist

83 Gemäß § 319 InsO kann ein Nachlassgläubiger den Insolvenzantrag stellen, wenn seit der Annahme der Erbschaft weniger als zwei Jahre verstrichen sind. Dabei handelt es sich um eine Ausschlussfrist. Die Norm entspricht inhaltlich der Vorgängervorschrift § 220 KO, zudem stellt sie die Parallele zu § 1981 Abs. 1 BGB für den Antrag auf Nachlassverwaltung dar. Die Zwei-Jahres-Frist beginnt nicht mit Erbfall, sondern mit der Annahme der Erbschaft (§ 1943 BGB). Die Annahme kann konkludent oder ausdrücklich erfolgen oder durch Versäumung der Ausschlagungsfrist oder Anfechtung einer fristgerechten Ausschlagung eintreten.[93)] Gibt es mehr als einen Erben, so beginnt die Frist erst zu laufen, wenn der letzte Erbe die Erbschaft angenommen hat.[94)]

84 **Kommt kein Erbe mehr in Frage**, der die Erbschaft noch annehmen könnte, weil alle in Betracht kommenden Erben bereits ausgeschlagen haben, so beginnt die Frist nicht etwa mit der Ausschlagung des letzten in Betracht kommenden Erben. Die noch in der Erstauflage vertretene Gegenauffassung hat übersehen, dass der Schutzzweck der Antragsfrist eine Gleichbestellung des

---

93) *Marotzke* in: HK-InsO, § 319 Rz. 3; Damrau/*Tanck-Maslof*, PK Erbrecht, § 1943 Rz. 3; Grüneberg-*Weidlich*, BGB, § 1943 Rz. 1, 2.

94) *Schallenberg/Rafiqpoor* in: FK-InsO, § 319 Rz. 3; Nerlich/Römermann-*Weiß*, InsO, § 319 Rz. 2; *Kuhn/Uhlenbruck*, KO, § 220 Rz. 1.

Falls allumfassender Ausschlagungen mit dem Fall einer Annahme nicht erfordert. Die Antragsfrist hat ihren Sinn nämlich darin, den Umstand zu berücksichtigen, dass nach Annahme der Erbschaft die Separation des Nachlasses vom Eigenvermögen des Erben immer schwieriger wird, weil die Vermögensmassen immer mehr verschmelzen. Deswegen ist es sachgerecht, die Antragsfrist der Gläubiger zeitlich zu begrenzen, nachdem die Annahme erfolgt ist. Da es aber nicht zu einer Vermögensvermischung kommt (zumindest nicht kommen sollte), wenn keine Annahme vorliegt, spricht nichts gegen eine zeitlich unbegrenzte Antragsmöglichkeit der Nachlassgläubiger.

In den Fällen der Feststellung des **Fiskuserbrechtes (§ 1964 BGB)**, also der Feststellung, dass ein anderer Erbe als der Fiskus nicht vorhanden ist, kommt es nicht zu einer Annahme der Erbschaft, so dass die Antragsfrist des § 319 InsO nicht zu laufen beginnt. In diesen Fällen können Nachlassgläubiger zeitlich unbeschränkt Antrag auf Eröffnung des Insolvenzverfahrens über den Nachlass stellen. 85

Die **Berechnung der Frist** richtet sich nach den allgemeinen Regeln der §§ 187 Abs. 1, 188 Abs. 2 BGB. Die Beweislast für den Beginn der Frist trifft denjenigen, der sich auf den günstigeren Zeitpunkt beruft.[95] Da auch die Annahme durch einen Vorerben eine zumindest teilweise Vermögensvermischung mit sich bringt, löst auch seine Annahme der Erbschaft die Zwei-Jahres-Frist aus.[96] Mit Eintritt des Nacherbfalls beginnt eine neue Frist zu laufen.[97] 86

Die Frist des § 319 InsO **betrifft nur den Antrag eines Nachlassgläubigers.**[98] Andere Antragsberechtigte i. S. der §§ 317 ff. InsO sind davon nicht betroffen. Insbesondere das Antragsrecht des Erben bzw. jedes Miterben ist zeitlich unbegrenzt. Das gilt auch für den Erben eines Erben, so dass Insolvenzanträge über einen Nachlass über Generationen hinweg zurückgestellt werden können. Deswegen kann die Nachlassinsolvenzantragstellung z. B. bei zersplitterten Eigentumsverhältnissen an Immobilien, die durch mehrere Erbfälle mit ggf. sogar teilweise unauffindbaren Miterben (an die etwa Teilungsversteigerungsanträge nicht zugestellt werden könnten) probates Mittel sein, um zu einer Verwertung der Immobilie zu gelangen. Es kann dann nämlich der Miterbe (auch der x-ten Generation) über den Nachlass des ersten Eigentümers, von dem aus die immer weiter voranschreitende Teilung der Miteigentumsanteile im Erbgange ausgegangen ist, Insolvenzeröffnungsantrag stellen mit der Folge, dass das gesamte Eigentum an der Immobilie in die Insolvenzmasse fällt. 87

---

95) *Schallenberg/Rafiqpoor* in: FK-InsO, § 319 Rz. 2.

96) *Vallender/Fuchs/Rey*, NZI 1999, 355.

97) *Muscheler*, Die Haftungsordnung der Testamentsvollstreckung, S. 138; *Siegmann/Scheuing* in: MünchKomm-InsO, § 319 Rz. 3; *Marotzke* in: HK-InsO, § 319 Rz. 3.

98) *Rugullis*, ZEV 2007, 117, 119; Andres/Leithaus-*Andres*, InsO, § 319 Rz. 1.

88 Eine Antragsfrist für den Erben würde im übrigen der Regelung des § 1980 BGB zuwiderlaufen, wonach der Erbe dazu verpflichtet ist, **unverzüglich** das Nachlassinsolvenzverfahren zu beantragen, wenn er Kenntnis von der Überschuldung oder der Zahlungsunfähigkeit erlangt. Auch Nachlasspfleger, Nachlassverwalter und Testamentsvollstrecker fallen nicht in den Anwendungsbereich des § 319 InsO. Ihre Antragsberechtigung unterliegt wie die des Erben keiner Frist; sie erlischt allerdings, wenn ihre Rechtsstellung in Bezug auf den Nachlass endet.[99)]

5. Sonstige Zulässigkeitsvoraussetzungen

89 Der Antrag auf Eröffnung des Insolvenzverfahrens über den Nachlass muss auch die sonstigen allgemeinen Voraussetzungen eines zulässigen Insolvenzeröffnungsantrages erfüllen.

90 Der Antrag kann nur **schriftlich** gestellt werden, § 13 Abs. 1 Satz 1 InsO. Der Antragsteller kann sich dabei durch einen zugelassenen Rechtsanwalt vertreten lassen.[100)] Der Antragsteller muss prozessfähig sein (§ 4 InsO i. V. mit §§ 51 ff. ZPO). Ist der Antragsteller nur beschränkt geschäftsfähig und daher nicht prozessfähig (§ 52 ZPO), so muss der gesetzliche Vertreter den Insolvenzantrag stellen.[101)] Nachträgliche Genehmigung eines durch einen Prozessunfähigen gestellten Antrages durch den gesetzlichen Vertreter ist möglich bis zur rechtskräftigen Abweisung des Antrages.[102)] Ist der Antragsgegner nicht voll geschäftsfähig, so sind Zustellungen an den gesetzlichen Vertreter vorzunehmen (§ 4 InsO i. V. mit § 171 ZPO).[103)] Sofern der Insolvenzeröffnungsantrag von einem Nachlassgläubiger gestellt wird, hat der Nachlassgläubiger seine persönlichen Daten so hinreichend anzugeben, dass er eindeutig bezeichnet ist.

91 **Bezüglich des Nachlasses**, über den der Antrag gestellt werden soll, ist zumindest der Name des Erblassers anzugeben. Um den Erblasser sicher zu bestimmen, können darüber hinaus weitere Angaben erforderlich sein, bspw. Geburtsdatum oder Todestag, letzte Anschrift oder die Firma des Erblassers. Angaben zu anderen Verfahrensbeteiligten, insbesondere zu den Erben, sind nicht erforderlich.

---

99) *Schallenberg/Rafiqpoor* in: FK-InsO, § 319 Rz. 4; *Siegmann/Scheuing* in: MünchKomm-InsO, § 319 Rz. 5.

100) *Smid*, Praxishdb. InsR, § 3 Rz. 5.

101) *Schmerbach* in: FK-InsO, § 14 Rz. 31; Jaeger-*Gerhardt*, InsO, § 13 Rz. 30.

102) OLG Zweibrücken v. 20.10.2000 – 3 W 171/00 – ZIP 2000, 2172; *Smid*, Praxishdb. InsR, § 3 Rz. 5.

103) *Schmerbach* in: FK-InsO, § 14 Rz. 31.

Der Antrag auf Eröffnung des Insolvenzverfahrens über den Nachlass ist **bedingungsfeindlich.**[104] Dies bedeutet, dass der Antrag nicht von außerhalb des Insolvenzverfahrens liegenden Bedingungen abhängig gemacht werden darf.[105] Der Antrag muss unmissverständlich zum Ausdruck bringen, dass er darauf gerichtet ist, das zum Nachlass des Erblassers gehörende Vermögen unter Insolvenzbeschlag zu stellen. Der Antrag ist der Auslegung zugänglich. Fehlerhafte Bezeichnung des Insolvenzverfahrens, bspw. als Konkursverfahren schadet nicht. Formularzwang gemäß § 3 Abs. 3 InsO gibt es für das Nachlassinsolvenzverfahren bislang nicht. 92

Ein Eröffnungsantrag, der nicht über den Nachlass, sondern über die **Erbengemeinschaft** gestellt wird, ist regelmäßig dahingehend auszulegen, dass die Eröffnung des Insolvenzverfahrens über den Nachlass begehrt wird.[106] Über eine Erbengemeinschaft kann kein Insolvenzverfahren eröffnet werden; sie ist nicht insolvenzfähig und stellt in Ermangelung besonderer Vereinbarungen der Miterben auch keine Gesellschaft bürgerlichen Rechts (GbR) dar.[107] 93

Wird der Antrag auf Eröffnung des Insolvenzverfahrens über den Nachlass des Erblassers durch dessen **Alleinerben**, den **einzigen Nachlasspfleger**, den **einzigen Nachlassverwalter oder den einzigen Testamentsvollstrecker** gestellt, so bedarf es **keiner Glaubhaftmachung des Insolvenzeröffnungsgrundes** gemäß § 320 InsO i. V. mit §§ 17–19 InsO.[108] Diese Personen haben lediglich entsprechend § 253 Abs. 2 Nr. 2 ZPO i. V. mit § 4 InsO einen Eröffnungsgrund **in substanziierter, nachvollziehbarer Form** darzulegen. Erforderlich – aber auch genügend – ist die Mitteilung von Tatsachen, welche die wesentlichen Merkmale eines Eröffnungsgrundes i. S. von §§ 17–19 InsO erkennen lassen. Die tatsächlichen Angaben müssen die Finanzlage des Nachlasses nachvollziehbar darstellen, ohne dass sich daraus bei zutreffender Rechtsanwendung schon das Vorliegen eines Eröffnungsgrundes ergeben muss;[109] eine Schlüssigkeit im technischen Sinne ist nicht vorauszusetzen. 94

Wird der Antrag allerdings durch **einen von mehreren Miterben** gestellt, so muss dieser den Eröffnungsgrund glaubhaft machen, § 317 Abs. 2 InsO. Sofern 95

104) AG Köln, Beschl. v. 25.2.2000 – 71 IN 17/00, NZI 2000, 284; *Smid*, Praxishdb. InsR, § 3 Rz. 6.

105) Vgl. hierzu Graf-Schlicker-*Kexel*, InsO, § 13 Rz. 3.

106) So wohl auch AG Duisburg, Beschl. v. 4.8.2003 – 63 IN 170/03, NZI 2004, 97; dort war der Eröffnungsantrag allerdings abzuweisen, weil der Antragsteller trotz Hinweises des Gerichts ausdrücklich an einem Antrag gegen die Erbengemeinschaft festgehalten und nicht auf Eröffnung des Insolvenzverfahrens über den Nachlass umgestellt hat.

107) AG Duisburg, Beschl. v. 4.8.2003 – 63 IN 170/03, NZI 2004, 97.

108) BGH, Beschl. v. 12.7.2007 – IX ZB 82/04, ZVI 2007, 612 = ZEV 2007, 587; BGH, Beschl. v. 12.12.2002 – IX ZB 426/02, BGHZ 153, 205, 207 = ZVI 2003, 64; *Sternal* in: HK-InsO, 4. Aufl., § 13 Rz. 20.

109) BGH, Beschl. v. 12.7.2007 – IX ZB 82/04, ZVI 2007, 612 = ZEV 2007, 587.

mehrere Testamentsvollstrecker, Nachlasspfleger oder Nachlassverwalter bestellt sind und diese den Antrag auf Eröffnung des Insolvenzverfahrens über den Nachlass nicht gemeinsam stellen, so ist auch hier Glaubhaftmachung erforderlich. Gleiches gilt auch, wenn diese Personen nicht zur Verwaltung des gesamten Nachlasses berufen sind, wie dies bspw. bei einem über einen einzelnen Erbteil bestellten Nachlasspfleger der Fall ist. Auch **Nachlassgläubiger** müssen den Eröffnungsgrund glaubhaft machen.

96 Die **Anforderungen** an die **Glaubhaftmachung** des Eröffnungsgrundes richten sich nach § 4 InsO i. V. mit § 294 ZPO. § 294 ZPO bedeutet eine Ausnahme vom Grundsatz des Vollbeweises gemäß § 286 ZPO. Während die Führung des Vollbeweises erfordert, dass die zu beweisende Tatsache aufgrund der Würdigung der Beweismittel durch den Richter „überzeugend wahrscheinlich" ist, genügt zur Glaubhaftmachung die Vermittlung der Überzeugung „überwiegender Wahrscheinlichkeit" des glaubhaft zu machenden Umstandes.[110] Der Gläubiger kann sich grundsätzlich aller Beweismittel bedienen, insbesondere auch der Versicherung an Eides Statt.[111] Nach § 294 Abs. 2 ZPO sind allerdings nur präsente Beweismittel zur Glaubhaftmachung zugelassen. Ein Nachlassgläubiger wird in der Regel den Eröffnungsgrund der **Überschuldung** kaum glaubhaft machen können, weil ihm dafür ein vollständiger Überblick über die Vermögensverhältnisse des Nachlasses gegeben sein müsste. Anders verhält es sich hingegen mit der **Zahlungsunfähigkeit**. Zur Glaubhaftmachung der Zahlungsunfähigkeit reicht es regelmäßig aus, wenn der Nachlassgläubiger an Eides statt versichert, der Erbe habe erklärt, die Forderung des Gläubigers könne aus dem Nachlass nicht beglichen werden. Insbesondere ist kein rechtskräftiger Titel gegen den Erben erforderlich. Zum Nachweis bezüglich der Glaubhaftmachung der Erbenstellung siehe oben Rz. 44.

97 **Nachlassgläubiger** müssen nicht nur den **Eröffnungsgrund** bezüglich des Nachlasses **glaubhaft** machen, sondern auch das **Bestehen ihrer Forderung**, § 14 Abs. 1 InsO. Der Gläubiger muss vor allem glaubhaft machen, dass sich seine Forderung gegen den Nachlass richtet.[112] Sofern sich die Forderung eines Gläubigers ausschließlich gegen das Eigenvermögen des Erben richtet, fehlt es für das Insolvenzverfahren über den Nachlass bereits an der Antragsbefugnis dieses Gläubigers, so dass er einen zulässigen Antrag auf Eröffnung des Insolvenzverfahrens über den Nachlass nicht stellen kann. Die Forderung muss so hinreichend bezeichnet sein, dass das Insolvenzgericht aufgrund des gläubigerseitigen Vortrages von dem Bestehen der Forderung ausgehen darf. Die Forde-

110) Zöller-*Stephan*, ZPO, § 294 Rz. 1; *Smid*, Praxishdb. InsR, § 3 Rz. 31; *Vuia* in: MünchKomm-InsO, § 14 Rz. 72.

111) OLG Köln, Beschl. v. 29.2.1988 – 2 W 9/88, ZIP 1988, 664; *Smid*, Praxishdb. InsR, § 3 Rz. 31.

112) *Wiester* in: MünchAHB Erbrecht, § 25 Rz. 28.

rung darf insbesondere nicht verjährt sein; Fälligkeit muss gegeben sein.[113] Der Gläubiger hat die nötigen Belege vorzulegen, aus denen sich der Bestand seiner Forderung ergibt. Im laufenden Insolvenzantragsverfahren kann der Gläubiger jederzeit weitere Forderungen einführen oder die eingangs bezeichnete Forderung auswechseln.[114]

Nachlassgläubiger müssen des Weiteren ein rechtliches **Interesse an der Eröffnung des Insolvenzverfahrens** über den Nachlass haben, § 14 Abs. 1 InsO. 98
Das Interesse des Nachlassgläubigers muss darauf gerichtet sein, den Nachlass zur Befriedigung der Gesamtgläubigerschaft zur Verwaltung und Verwertung zu ziehen. Ein Insolvenzantrag, der mit dem Ziel gestellt wird, **Druck** auf den Erben, Testamentsvollstrecker, Nachlasspfleger oder Nachlassverwalter auszuüben, um eine individuelle Befriedigung zu erlangen, ist rechtsmissbräuchlich.[115] Das Rechtsschutzbedürfnis kann auch dann fehlen, wenn der Gläubiger aufgrund anderer Möglichkeiten in der Lage ist, auf einfachere, schnellere, leichtere, oder billigere Weise Ausgleich seiner Forderung zu erlangen.[116] Es ist allerdings nicht erforderlich, dass der Gläubiger vor der Insolvenzantragstellung einen **Zwangsvollstreckungstitel** erwirkt bzw. aus diesem die Einzelzwangsvollstreckung betreibt.[117] Das rechtliche Interesse fehlt nicht schon dann, wenn der Gläubiger lediglich wegen einer **sehr geringen Forderung** den Antrag auf Eröffnung des Insolvenzverfahrens über den Nachlass stellt. Das rechtliche Interesse fällt auch nicht deshalb weg, weil der Erbe gemäß § 2013 BGB unbeschränkbar für die Nachlassverbindlichkeiten haftet. Das Vorliegen des rechtlichen Interesses ist **von Amts wegen zu prüfen**.

Der Antrag auf Eröffnung des Insolvenzverfahrens über den Nachlass, der von 99
einem Erben gestellt wird, ist nicht deswegen unzulässig, weil der Erbe die **Überschwerungseinrede** gemäß § 1992 BGB erheben könnte.[118] Der Antragsteller kann den Antrag auf Eröffnung des Insolvenzverfahrens über den Nachlass bis zur Eröffnung des Insolvenzverfahrens oder der Abweisung jederzeit **zurücknehmen oder für erledigt erklären**. Einer Begründung hierfür bedarf es nicht. Im Falle der Erledigung hat das Insolvenzgericht lediglich nur noch über die Kosten zu entscheiden, wofür der erledigende Umstand durch den Gläubiger darzulegen ist, wenn er die für ihn nachteilige Kostenfolge vermeiden will.

---

113) *Smid*, Praxishdb. InsR, § 3 Rz. 33.

114) BGH, Beschl. v. 5.2.2004 – IX ZB 29/03, ZVI 2004, 408 = NZI 2004, 587; *Schmerbach* in: FK-InsO, § 14 Rz. 42.

115) *Schmerbach* in: FK-InsO, § 14 Rz. 50 f.

116) *Schmerbach* in: FK-InsO, § 14 Rz. 54.

117) BGH, Beschl. v. 5.2.2004 – IX ZB 29/03, ZVI 2004, 408 = NZI 2004, 587; *Schmerbach* in: FK-InsO, § 14 Rz. 55.

118) *Küpper* in: MünchKomm-BGB, § 1992 Rz. 1.

100 **Pflichtteilsberechtigte, Vermächtnisnehmer und Vollzugsberechtigte aus Auflagen** sind grundsätzlich ebenfalls **antragsberechtigt.**[119] Pflichtteilsberechtigte haben glaubhaft zu machen, dass ihnen tatsächlich ein Pflichtteilsanspruch zusteht; das ist nicht der Fall, wenn der Nachlass bereits im Zeitpunkt des Erbfalles überschuldet war, § 2311 BGB. Zudem müssen Pflichtteilsberechtigte wie auch Vermächtnisnehmer und Auflagenberechtigte glaubhaft machen, dass nicht von vornherein ausgeschlossen ist, dass sie in einem Insolvenzverfahren über den Nachlass trotz des Nachranges ihrer Forderung (§ 327 Abs. 1 InsO) mit einer Befriedigung rechnen können, da ihnen ansonsten das rechtliche Interesse an der Stellung des Insolvenzantrages fehlt. Eine positive Glaubhaftmachung in dem Sinne, dass voraussichtlich mit überwiegender Wahrscheinlichkeit damit zu rechnen ist, dass sie Befriedigung erhalten können, überspannt die Anforderungen an den Antrag eines Pflichtteilsberechtigten, Vermächtnisnehmers oder Auflagenberechtigten, weil dies im Nachlassinsolvenzverfahren von im Antragsstadium kaum zu überblickenden Entwicklungen abhängig ist (bspw. Ansprüchen aus §§ 1978, 1980 BGB oder Insolvenzanfechtung).

6. Geteilter Nachlass

101 Die Eröffnung des Insolvenzverfahrens über den Nachlass ist auch nach der Teilung des Nachlasses zulässig, § 316 Abs. 2 InsO. Dies gilt sowohl für die teilweise Auseinandersetzung, als auch für die vollständige. Die **Abreden der Miterben**, die im Zusammenhang mit der Auseinandersetzung getroffen worden sind, sind zumindest in Ansehung der **Aktivvermögensgegenstände** für das Nachlassinsolvenzverfahren unbeachtlich. Wird das Insolvenzverfahren über den Nachlass eröffnet, so müssen die Miterben sämtliche von ihnen i R. der Auseinandersetzung erhaltenen Vermögensgegenstände an den Insolvenzverwalter herausgeben.[120] Der Insolvenzverwalter ist auch gegenüber den Miterben nach der Auseinandersetzung der Erbengemeinschaft zur Inbesitznahme der Massegegenstände berechtigt.

102 Soweit ein Miterbe i. R. der Auseinandersetzung der Erbengemeinschaft die **Verpflichtung übernommen** hat, bestimmte Nachlassverbindlichkeiten zu befriedigen, so haftet er in Höhe dieser Verbindlichkeiten nach Eröffnung des Insolvenzverfahrens über den Nachlass auf Leistung an die Insolvenzmasse (§ 93 InsO analog). Dies ergibt sich daraus, dass der Miterbe insoweit eine persönliche Verpflichtung übernommen hat, die sein Eigenvermögen trifft. Dadurch ist allerdings ein Sonderrecht des betreffenden Nachlassgläubigers gegenüber den übrigen Nachlassgläubigern nicht entstanden. Vielmehr ist die insoweit übernommene persönliche Verpflichtung der Gesamtgläubigerschaft zuzuführen, also durch den Insolvenzverwalter gegenüber den Miterben geltend zu machen

---

119) *Wiester* in: MünchAHB Erbrecht, § 25 Rz. 10.

120) *Schallenberg/Rafiqpoor* in: FK-InsO, § 316 Rz. 8.

(§ 92 InsO). Der Miterbe kann sich dieser Haftung allenfalls dann entziehen, wenn er die Auseinandersetzung **anfechten** kann.

Über einen **Erbteil** kann hingegen **kein Nachlassinsolvenzverfahren** durchgeführt werden, § 316 Abs. 3 InsO. Grund hierfür ist, dass die Erbengemeinschaft gesamthänderisch verbunden ist (§ 2032 BGB) und auch gesamtschuldnerische Haftung der Erbengemeinschaft besteht (§ 2058 BGB). Aus § 859 Abs. 2 ZPO ergibt sich nichts anderes. Insoweit steht § 316 Abs. 3 InsO entgegen. 103

7. Zulassung des Antrags und rechtliches Gehör

Eine gesonderte Zulassungsentscheidung des Insolvenzgerichtes ist nicht erforderlich. Gleichwohl ist die Zulassung des Insolvenzeröffnungsantrages mit der Bestellung eines **Sachverständigen** gemäß § 5 InsO bzw. der **Anordnung von Sicherungsmaßnahmen** gemäß §§ 21, 22 InsO zwangsläufig verbunden. Diese Maßnahmen sind nämlich nur dann zulässig, wenn das Insolvenzgericht den Antrag für zulässig befunden hat.[121] 104

Gemäß § 14 Abs. 2 InsO ist grundsätzlich der **Schuldner** zu einem zulässigen Antrag eines Insolvenzgläubigers **zu hören.** Im Nachlassinsolvenzverfahren ist der Erbe auf einen zulässigen Antrag eines Nachlassgläubigers hin anzuhören, wenn er bekannt ist. Soweit ein Testamentsvollstrecker, Nachlasspfleger oder Nachlassverwalter bestellt ist, sind auch diese Personen anzuhören (§ 10 Abs. 2 Satz 1 InsO analog), wenn ihnen die Verwaltung des gesamten Nachlasses übertragen ist. Die Anhörung hat zu unterbleiben, soweit die Sicherung des Nachlasses etwa vom Wirkungskreis eines Nachlasspflegers nicht umfasst ist (er bspw. nur mit der Erbenermittlung beauftragt ist) oder ein Testamentsvollstrecker nur für einen Teil des Nachlasses oder einen einzelnen Gegenstand berufen ist. Sind mehrere Erben, Nachlasspfleger, Nachlassverwalter oder Testamentsvollstrecker vorhanden, die den gesamten Nachlass gemeinsam verwalten, so sind sie sämtlich anzuhören. Unter den Voraussetzungen des § 10 Abs. 1 Satz 1 InsO kann die Anhörung jedoch unterbleiben. Das gilt insbesondere auch dann, wenn der **Erbe unbekannt,** ein Nachlasspfleger aber nicht bestellt ist. Es ist dann wegen § 10 Abs. 1 InsO nicht erforderlich, dass das Insolvenzgericht allein zum Zwecke der Durchführung der Anhörung bei dem Nachlassgericht um Bestellung eines Nachlasspflegers nachsucht. Auch die Bestellung eines Verfahrenspflegers (§ 317 Abs. 1 FamFG) ist aus diesem Grunde nicht erforderlich. 105

Soweit die Anhörung zu einem zulässigen Antrag stattgefunden hat, ist eine weitere Anhörung bezüglich der **späteren Anordnung von Sicherungsmaßnahmen** gemäß §§ 21, 22 InsO nicht mehr erforderlich. 106

121) Nerlich/Römermann-*Mönning*, InsO, § 21 Rz. 27; *Haarmeyer* in: MünchKomm-InsO, § 21 Rz. 16, 17.

107 Die Anhörung kann **mündlich oder schriftlich** erfolgen. Die Anhörung muss durch das Insolvenzgericht durchgeführt werden; die Übertragung auf einen Sachverständigen gemäß § 5 InsO oder einen vorläufigen Insolvenzverwalter ist nicht zulässig. Die Durchführung durch den Rechtspfleger ist zumindest bedenklich.[122] Im Rahmen der Anhörung ist dem Angehörten die Möglichkeit zu geben, zu allen das Verfahren betreffenden Umständen Auskünfte zu erteilen und Stellungnahmen abzugeben. Insbesondere ist die Anhörung auf den Vortrag des Gläubigers hinsichtlich der Glaubhaftmachung der Forderung und der Eröffnungsgründe zu erstrecken.

III. Insolvenzmasse

1. Ausgangspunkt: Der Nachlass

108 Die Bestimmung der Insolvenzmasse bereitet im Nachlassinsolvenzverfahren häufig praktische Probleme. Ausgangspunkt ist, dass das Insolvenzverfahren über das Sondervermögen Nachlass stattfindet, § 11 Abs. 2 Nr. 2 InsO. Der Nachlass ist **nirgends legaldefiniert.** Lediglich eine Bestimmung der Erbschaft findet sich in § 1922 BGB. Die **Erbschaft** umfasst nach bürgerlich-rechtlichen Vorschriften (§§ 1922, 1967 BGB) die Gesamtheit des Vermögens des Erblassers. Die Begriffe Erbschaft und Nachlass sind jedoch nur im Falle der Alleinerbschaft deckungsgleich, da nur dann die Erbschaft den ganzen Nachlass bezeichnet.[123] Die Aktivvermögenspositionen aus dem Vermögen des Erblassers bilden im Grundsatz den insolvenzrechtlich relevanten Nachlass. Soweit **Gegenstände nicht vererblich** sind, können sie nicht auf den Erben übergehen; sie fallen daher von vornherein nicht in den Nachlass. Zu solchen unvererblichen Rechten gehört bspw. der Nießbrauch (§ 1061 BGB).

2. Entwicklung des Nachlasses zwischen Erbfall und Insolvenzeröffnung – Surrogation von Nachlassgegenständen

109 Schwierigkeiten ergeben sich jedoch in nahezu allen Nachlassinsolvenzverfahren daraus, dass zwischen dem Erbfall und der Eröffnung des Nachlassinsolvenzverfahrens ein erheblicher Zeitraum vergeht, mitunter sogar mehrere Jahre.[124] Im Kern stehen sich in Ansehung der dogmatischen Grundlagen zwei in der Literatur vertretene Modelle gegenüber, die zu höchst unterschiedlichen Ergebnissen führen. Sie setzen am **Beschlagszeitpunkt** an, also an der Frage, ob durch die Insolvenzeröffnung rückwirkend alle Gegenstände, die der Erblasser hinterlassen hat, vom Insolvenzbeschlag erfasst werden, oder ob der Insolvenzbeschlag ex nunc diejenigen Gegenstände erfasst, die im Zeitpunkt der Er-

122) So zu Recht *Schmerbach* in: FK-InsO, § 14 Rz. 154.

123) *Schmidt-Kessel*, WM 2003, 2086.

124) Vgl. *Siegmann/Scheuing* in: MünchKomm-InsO, Anh. § 315 Rz. 29.

öffnung des Insolvenzverfahrens über den Nachlass noch unterscheidbar vom Eigenvermögen des Erben bei diesem vorhanden sind.

Die bereits unter der Geltung der KO existierende Meinung, dass der **Stichtag** zur Ermittlung der Nachlassinsolvenzmasse der **Erbfall** sei,[125)] wurde in der Literatur zum Teil beibehalten.[126)] Es wird von einer Besonderheit des Verfahrens gesprochen, die als „Rückorientierung auf den Erbfall"[127)] bezeichnet wird.[128)] Gemeint ist hiermit eine Fiktion; das Insolvenzverfahren soll danach so abgewickelt, als sei mit dem Erbfall zeitgleich auch das Insolvenzverfahren eröffnet worden. Für Verfügungen des Erben über zum Nachlass gehörende Gegenstände hieße dies, dass der Erbe rückwirkend als **Nichtberechtigter** anzusehen und der Rechtserwerb Dritter nach den Vorschriften über den Erwerb vom Nichtberechtigten zu beurteilen wäre. Gestützt wird diese Ansicht durch die Begründung zu § 367 des RegE zur InsO, in dem von dem Grundsatz die Rede ist, „dass die Wirkungen der Eröffnung des Nachlassinsolvenzverfahrens so weit wie möglich auf den Zeitpunkt des Erbfalls zurückbezogen werden sollen".[129)] Diese Auffassung führt indessen zu **praktisch nicht handhabbaren Problemen.** Vor allem verkennt sie, dass die Wirkungen der Eröffnung stets erst mit Eröffnung des Insolvenzverfahrens eintreten und beim Alleinerben bis zur Eröffnung des Nachlassinsolvenzverfahrens tatsächlich nur ein Vermögen, nämlich das Vermögen des Erben, in dem Eigenvermögen und Nachlassgegenstände gleichermaßen enthalten sind, existiert. 110

Die **weit überwiegende Auffassung** vertritt daher zu Recht den Standpunkt, dass der maßgebliche Zeitpunkt zur Bestimmung des Umfangs der Insolvenzmasse auch im Nachlassinsolvenzverfahren der **Tag der Verfahrensöffnung** ist.[130)] Angeführt werden vor allem systematische Argumente. §§ 315 ff. InsO enthalten die speziellen Vorschriften für das Nachlassinsolvenzverfahren. Soweit diese keine Regelung enthalten, ist auf die übrigen Vorschriften der InsO Rückgriff zu nehmen. Für das Nachlassinsolvenzverfahren existieren bezüglich des Beschlagszeitpunkts keine gesonderten Vorschriften, so dass sich der Umfang der Insolvenzmasse nach den allgemeinen Regeln, also §§ 35 bis 37 InsO, 111

---

125) *Hess*, KO, § 214 Rz. 8.

126) *Hess*, InsO, § 315 Rz. 14; *Bork*, Einführung in das Insolvenzrecht, Rz. 496.

127) *Häsemeyer*, Insolvenzrecht, Rz. 33.05a.

128) *Haarmeyer/Wutzke/Förster*, Hdb. InsO, Kap. 10 Rz. 90, S. 1133.

129) Begr. RegE InsO z. § 367, BT-Drucks. 12/2443, S. 231.

130) Braun-*Bauch*, InsO, § 315 Rz. 5; Nerlich/Römermann-*Weiß*, InsO, § 315 Rz. 23; *Smid*, Grundzüge des Insolvenzrechts, § 28 Rz. 6: *Frege/Keller/Riedel*, Insolvenzrecht, Teil 7, Kap. 2 Rz. 80; *Döbereiner* in: Gottwald/Haas, Insolvenzrechts-Hdb., § 112 Rz. 1; *Siegmann/Scheuing* in: MünchKomm-InsO, Anh. § 315 Rz. 29; Uhlenbruck-*Lüer/Weidmüller*, InsO, § 315 Rz. 7; *Böhm* in: HambKomm-InsO, Vor §§ 315 ff. Rz. 5; *Busch*, Die Haftung des Erben, S. 64.

bestimmt.[131] Somit gehört zur Insolvenzmasse gemäß § 35 InsO das gesamte Vermögen, das zur Zeit der Verfahrensöffnung zum Nachlass gehört.[132] Es gehören also alle zu diesem Zeitpunkt noch vorhandenen Sachen von wirtschaftlichem Wert, Rechte sowie Rechtspositionen, die auf den Erben übergegangen sind, zur Insolvenzmasse.[133]

112 Diese insolvenzrechtlich stimmige Lösung begegnet dem Problem, **Veränderungen** der vom Erblasser hinterlassenen Vermögensgegenstände auf schuldrechtlicher Ebene regeln zu müssen. Der Nachlass ist nämlich „keine [...] statische, abgeschlossene Vermögensmasse“[134]. Er kann vielen Veränderungen unterworfen sein, wie bspw. Schwankungen des Wertes von nachlasszugehörigen Wertpapieren, Veräußerungen des Erben oder Vollstreckungen von Eigengläubigern des Erben. Besonders deutlich wird die Problematik, wenn zum Nachlass ein Unternehmen gehört.[135]

113 Die **Literatur** bietet hierzu die Formulierung an, auch all das gehöre zur Insolvenzmasse, was **zwischen Erbfall und Eröffnung** in den Nachlass gelangt sei, sowie alle Gegenstände, um die sich die Nachlassmasse vermehrt hat.[136] Die praktischen Probleme liegen indessen darin, herauszufinden, was denn in den Nachlass gelangt ist, weil (von den Fällen der ungeteilten Erbengemeinschaft abgesehen) bis zur Verfahrenseröffnung keine Separation des Nachlasses vom Eigenvermögen des Erben bestand, so dass praktisch nicht festgestellt werden kann, was in den Nachlass gelangt ist. Alle Erlöse aus Veräußerungen von zum Nachlass gehörenden Gegenständen sind nämlich in das (ungeteilte) Vermögen des Erben geflossen; alle Nutzungen aus Nachlassgegenständen ebenso. Gleichzeitig hat der Erbe allerdings u. U. Kosten und laufende Lasten für zum Nachlass gehörende Gegenstände getragen, von denen auch nicht recht klar sein mag, ob er zur Tilgung Nachlassmittel verwendet hat oder Eigenmittel.

114 Für die rechtliche Beurteilung der Veränderungen, die in Ansehung der zum Nachlass gehörenden Gegenstände bis zur Verfahrenseröffnung eingetreten sind, ist zunächst entscheidend, ob bei ihrem Austausch bzw. ihrer Veräußerung eine **dingliche Surrogation** eintritt mit der Folge, dass ein anderer Gegenstand dinglich Bestandteil des Nachlasses würde.

115 Das bürgerliche Recht versucht in besonderen Konstellationen, durch verschiedene Regelungen unkontrollierte Abflüsse aus dem Nachlass zu verhindern, damit der Vorrang der Nachlassgläubiger vor den Eigengläubigern des

131) *Böhm* in: HambKomm-InsO, Vor §§ 315 ff. Rz. 4; *Hüsemann*, Das Nachlassinsolvenzverfahren, S. 96.

132) Uhlenbruck-*Lüer/Weidmüller*, InsO, § 315 Rz. 7.

133) *Döbereiner* in: Gottwald/Haas, Insolvenzrechts-Hdb., § 112 Rz. 1.

134) Begr. RegE InsO z. § 363, BT-Drucks. 12/2443, S. 231.

135) Begr. RegE InsO z. § 363, BT-Drucks. 12/2443, S. 231.

136) Braun-*Bauch*, InsO, § 315 Rz. 5; *Böhm* in: HambKomm-InsO, Vor §§ 315 ff. Rz. 5.

Erben gesichert ist.[137] Dies geschieht in §§ 2019, 2041, 2111 BGB. Eine solche Surrogation gilt jedoch nur im Anwendungsbereich der jeweiligen Vorschriften, also bei

- dem Erbenbesitz (§ 2019),
- Miterbengemeinschaft (§ 2041 BGB),
- der Vorerbschaft (§ 2111 BGB) und
- der Testamentsvollstreckung.[138]

Problematisch ist die Surrogation in den Fällen einer **Alleinerbschaft** (ohne Testamentsvollstreckung und Nacherbschaft), da hier eine Surrogationsvorschrift wie §§ 2041, 2111 BGB fehlt. Einer Ansicht nach soll § 2041 BGB analog anwendbar sein, so dass der erworbene Gegenstand kraft gesetzlicher Surrogation Bestandteil des Nachlasses werde. Es gebe keinen Grund, dem Alleinerben und dessen Gläubigern weniger Schutz zuzugestehen, nur weil keine Testamentsvollstreckung angeordnet wurde und keine sonstigen Erben vorhanden seien, so dass § 2041 BGB auch bei nur einem Erben anwendbar sein soll.[139] 116

Nach ganz überwiegender und vorzugswürdiger Ansicht tritt keine Surrogation ein, weil es an einer **Surrogationsvorschrift fehlt** und eine dingliche Surrogation ohne klare Norm nicht stattfinden kann.[140] Surrogationsvorschriften sind positiv-rechtliche Ausnahmevorschriften, die aus Gründen des Verkehrsinteresses grundsätzlich eng auszulegen sind.[141] Es wurde bewusst darauf verzichtet, die Surrogation zu einem allgemeinen Prinzip zu erheben.[142] Daher ist eine analoge Anwendung grundsätzlich ausgeschlossen.[143] Vor allem aber ist zutreffend eingewandt worden, dass mit der Annahme einer dinglichen Surrogation auch gar nichts gewonnen wäre.[144] Dingliche Surrogation ergibt nämlich nur dort Sinn, wo es mehrere Vermögensmassen gibt; genau dies ist aber bei der Alleinerbschaft nicht der Fall, weil der Alleinerbe sowohl Eigentümer der in seinem Eigenvermögen befindlichen Gegenstände ist, als auch der zum Nachlass gehö- 117

---

137) Ausf. hierzu: *Schmidt-Kessel*, WM 2003, 2086, 2087.

138) BGH, Urt. v. 24.10.1990 – IV ZR 296/89, MDR 1991, 419 = NJW 1991, 842.

139) Staudinger-*Marotzke*, BGB, § 1985 Rz. 8.

140) BGH, Urt. v. 13.7.1989 – IX ZR 227/87, NJW-RR 1989, 1226, 1227 = MDR 1990, 47; Uhlenbruck-*Lüer/Weidmüller*, InsO, § 315 Rz. 8; *Kilger/K. Schmidt*, KO, § 214 Rz. 2; *Kuhn/Uhlenbruck*, KO, § 214 Rz. 3; *Siegmann/Scheuing* in: MünchKomm-InsO, Anh. § 315 Rz. 17; *Hanisch* in: FS Henckel, S. 374; *Böhm* in: HambKomm-InsO, Vor §§ 315 ff. Rz. 6; a. A. nun aber OLG Bamberg, Urt. v. 17.5.2023 – 3 U 250/22, ZEV 2023, 852 = NZI 2023, 917, m. abl. Anm. *Roth* (Rev. zugelassen).

141) *Stiebitz*, Die Surrogation im Erbrecht, S. 183.

142) *Hausmann/Hohloch*, Hdb. des Erbrechts, S. 1331.

143) *Feist*, Das Prinzip der dinglichen Surrogation, S. 13.

144) *Schmidt-Kessel*, WM 2003, 2086, 2087 f.; Staudinger-*Behrens*, BGB, § 2111 Rz. 7.

renden. Es müsste sich der Sache nach also um eine Surrogationsfiktion handeln, weil die erst durch Eröffnung des Nachlassinsolvenzverfahrens eintretende Separation dann dinglich zurückwirken müsste. Solche kühnen Konstruktionen sind mit dem in stringenten Bahnen arbeitenden Sachenrecht nicht vereinbar. Als einzige dinglich wirkende Ausnahme ist der Fall anzuerkennen, dass der Alleinerbe den Nachlass von seinem sonstigen Vermögen bereits zwischen Erbfall und Eröffnung des Nachlassinsolvenzverfahrens strikt getrennt gehalten hat und Umschichtungen innerhalb des Nachlassvermögens vorgenommen hat, sofern er dabei gegenüber Dritten jeweils klar zum Ausdruck gebracht hat, für den Nachlass und nicht für sein Eigenvermögen handeln zu wollen.[145)]

118 Dem gegenüber hat das **OLG Bamberg** die analoge Anwendung des § 2041 BGB auf den **Fall der Alleinerbschaft bejaht.**[146)] Die Revision zum BGH ist zugelassen; im Zeitpunkt der Drucklegung dieses Manuskriptes war noch nicht in Erfahrung zu bringen, ob die Revision eingelegt worden ist. Das OLG Bamberg begründet seine Auffassung im Wesentlichen ergebnisorientiert: Es gebe keinen Grund, Nachlassgläubiger im Falle der Alleinerbschaft schlechterzustellen als im Fall der (Mit-)Erbengemeinschaft. Bei der Testamentsvollstreckung sei die dingliche Surrogation auch bei einer Alleinerbschaft in analoger Anwendung des § 2041 Abs. 1 BGB zu bejahen, weil bei der Testamentsvollstreckung der Nachlass ein Sondervermögen bilde und daher das ererbte Vermögen und das Eigenvermögen des Erben als getrennte Vermögensmassen behandelt würden. Dies sei im Falle der Nachlassinsolvenz vergleichbar. Das OLG Bamberg verkennt aber völlig, dass die **Separation** im Nachlassinsolvenzverfahren nicht wie bei der Testamentsvollstreckung mit dem Tod eintritt, sondern **erst mit der Insolvenzeröffnung** und sie im Nachlassinsolvenzverfahren auch nicht rückwirkend auf den Todeszeitpunkt hergestellt werden kann. Das OLG Bamberg meint zwar, das müsse geschehen können, verkennt dabei aber offensichtlich die Wirkungen des Insolvenzverfahrens, insbesondere § 35 Abs. 1 InsO.

119 Das **deutsche Recht** geht einen ganz anderen Weg, als es andere Rechtsordnungen wie etwa die französische tun, wenn es darum geht, die Problemstellungen eines unzureichenden Nachlasses abzuwickeln. Während **ausländische Rechtsordnungen** dieses Phänomen überwiegend autark im Bereich des Erbrechtes abwickeln und also insolvenzrechtliche Verfahren für überschuldete oder zahlungsunfähige Nachlässe gar nicht zur Anwendung bringen, bedient sich das deutsche Recht des Insolvenzrechtes. Damit ist es aber geradezu unumgänglich, dass zwischen dem Tod des Erblassers und dem Eintritt in ein Verfahren – das Nachlassinsolvenzverfahren – i. R. dessen eine geordnete Gläubigerbefriedigung stattfindet, ein gewisser Zeitversatz liegt. Während andere Rechtsordnungen dem Erben in dieser Zeit – also bis zur Klärung der Zu-

145) So auch *Wiester* in: MünchAHB Erbrecht, § 25 Rz. 34.

146) OLG Bamberg, Urt. v. 17.5.2023 – 3 U 250/22, ZEV 2023, 852 = NZI 2023, 917.

länglichkeit des Nachlasses – keine oder nur eingeschränkte Verfügungsmöglichkeiten über die Nachlassgegenstände einräumen (und statt dessen in der Schwebephase staatliche oder jedenfalls fremdbestimmte Verwaltungs- und Verfügungsgewalt bestimmen), hat sich das deutsche Recht dafür entschieden, dem Erben unmittelbar mit dem Tod und seinem Eintreten in die Erbenstellung **uneingeschränkte Verfügungsmacht** über die Nachlassgegenstände zu geben.

Es hat aber – und das wird erfahrungsgemäß in der Praxis nahezu regelhaft übersehen – eine der schärfsten **Haftungsnormen** des deutschen Rechts statuiert, um sicherzustellen, dass der Erbe sofort Antrag auf Eröffnung des Insolvenzverfahrens über den Nachlass des Erblassers stellt, sobald der Nachlass zahlungsunfähig und/oder überschuldet ist oder wird (§ 1980 Abs. 1 BGB). Hat der Erbe von der Zahlungsunfähigkeit oder der Überschuldung des Nachlasses Kenntnis erlangt, so hat er nach dieser Vorschrift unverzüglich (also ohne Karenzzeit) die Eröffnung des Nachlassinsolvenzverfahrens zu beantragen. Verletzt er diese Pflicht, so ist er den Gläubigern gemäß § 1980 Abs. 1 Satz 2 BGB für den daraus entstehenden Schaden verantwortlich, wobei sogar Wertminderungen von Nachlassgegenständen und zufällige Untergänge von Nachlassgegenständen zur Schadenersatzpflicht führen. Nach § 1980 Abs. 2 BGB steht sogar der Kenntnis der Zahlungsunfähigkeit oder der Überschuldung die auf (jeder, also auch leichter) Fahrlässigkeit beruhende Unkenntnis gleich. Als Fahrlässigkeit gilt es insbesondere, wenn der Erbe das Aufgebot der Nachlassgläubiger nicht beantragt, obwohl er Grund hat, das Vorhandensein unbekannter Nachlassverbindlichkeiten anzunehmen. Diese scharfe Haftungsvorschrift ist das Korrelat dafür, dass im deutschen Recht eben keine separatio bonorum mit dem Erbfall eintritt, sondern eben erst mit Insolvenzeröffnung. 120

Der **Umfang der Insolvenzmasse** bestimmt sich somit auch im Nachlassinsolvenzverfahren nach den allgemeinen Regeln der §§ 35 bis 37 InsO.[147] 121

Entgegen der Auffassung des OLG Bamberg besteht aber bei umfassender Würdigung des deutschen Erbenhaftungsbeschränkungs*systems* kein Bedürfnis, bei der Alleinerbschaft eine dingliche Surrogation analog § 2041 BGB zu statuieren: Dem Interesse der Nachlassgläubiger wird durch die Vorschriften der §§ 1978 ff. BGB – und insbesondere § 1980 BGB – ausreichend Rechnung getragen. Der Nachlass hat gegen den beschränkbar haftenden Erben aus dessen Geschäften vor Annahme der Erbschaft gemäß § 1978 Abs. 1 Satz 2 BGB i. V. mit den Grundsätzen der Geschäftsführung ohne Auftrag nach §§ 666 ff. BGB schuldrechtliche Ansprüche. Sofern der Erbe Vermögen umschichtet, sind die §§ 1978 Abs. 1, 3 BGB i. V. mit §§ 666 667, 668, 679, 681 BGB anwendbar. Werden – wie in dem der Entscheidung des OLG Bamberg zugrunde liegenden Fall – Nachlassgegenstände veräußert, so ist der Erbe gemäß § 1978 122

147) So auch *Böhm* in: HambKomm-InsO, Vor §§ 315 ff. Rz. 4.

Abs. 1 BGB i. V. mit § 667 BGB zur Erlösherausgabe verpflichtet. Gemäß § 668 BGB ist dieser sogar zu verzinsen.

123 Auch **Wertveränderungen** sind durch dieses schuldrechtliche Haftungsregime abgedeckt. Etwaige Wertverluste können u. U. zu Ansprüchen des Nachlasses gegen den Erben führen, wenn der Erbe den Wertverfall durch rechtzeitige Insolvenzantragstellung hätte verhindern können. Andernfalls haben die Nachlassgläubiger etwaige Wertverluste hinzunehmen, genauso wie sie von etwaigen Wertsteigerungen profitieren.

124 Die Auffassung des 3. Senats des OLG Bamberg, dass die §§ 1978 ff. BGB keinen ausreichenden Schutz gewähren, weil sie nicht die Möglichkeit bieten, gegen **Dritte** vorzugehen, die etwas aus dem Nachlass erhalten, ist verfehlt. Richtig ist zwar, dass Dritte nur unter den Voraussetzungen der §§ 129 ff. InsO in Anspruch genommen werden können, weil sich die **Anfechtbarkeit** von nachfolgenden Vermögensverfügungen auf die in der Vorschrift des § 145 Abs. 2 InsO genannten Fallgestaltungen reduziert. Dass aber Dritte, die von einem in der Verfügung über Nachlassgegenstände in keiner Weise beschränkten Alleinerben Nachlassgegenstände wirksam erwerben können, auch in ihrem Vertrauen auf die Rechtsbeständigkeit solcher Verfügungen ungeachtet des – ihnen nicht bekannten – Bestands des Nachlasses im Übrigen zu schützen sind, liegt auf der Hand. Und es ist die zwingende Folge daraus, dass das deutsche Recht eben nicht wie ausländische Rechtsordnungen dem Erben die Verfügungsmacht über die Nachlassgegenstände so lange vorenthält, bis feststeht, dass der Nachlass zur Befriedigung aller Nachlassverbindlichkeiten ausreicht, sondern den Nachlass ihm überantwortet mit der Sanktionsdrohung schärfster persönlicher Haftung, wenn der Erbe im Fall der Unzulänglichkeit nicht unverzüglich Insolvenzantrag stellt.

125 § 1980 Abs. 1 BGB hat das OLG Bamberg leider nicht in seine Überlegungen einbezogen. Dadurch wurde das System der Erbenhaftungsbeschränkung des deutschen Rechts schlicht verkannt. Die Bildung einer Analogie zu § 2041 BGB hätte die Feststellung einer **planwidrigen Regelungslücke** vorausgesetzt und nicht nur der Feststellung einer vergleichbaren Interessenlage bedurft. Eine Regelungslücke, die auch noch planwidrig wäre, ist aber **nicht festzustellen**, wenn man die Gegebenheiten der Entscheidung des OLG Bamberg zugrunde liegenden **Sachverhaltes** im Hinblick auf § 1980 Abs. 1 BGB durchleuchtet: Die Erbin war in 2016 Erbin geworden; zu diesem Zeitpunkt entstand der Pflichtteilsanspruch ihrer Mutter, gerichtet gegen den Nachlass des Vaters, den die Erbin beerbt hatte. Erst in 2020 stellte die Erbin Insolvenzantrag über den Nachlass mit der Begründung, der Nachlass sei zahlungsunfähig. In 2019 hatte sie die nachlasszugehörigen Immobilien verkauft und die Verkaufserlöse nicht zugunsten des Nachlasses separiert. Damit hat sie völlig offensichtlich eine gegen sie gerichtete Schadenersatzpflicht aus § 1980 Abs. 1 BGB begründet, weil sie – das jedenfalls ist zu unterstellen, wenn auch nicht im Tatbestand mitge-

teilt – kein Aufgebotsverfahren betrieben hat und hat davon ausgehen können, dass Pflichtteilsansprüche ihrer Mutter erhoben werden würden, als sie die Immobilien verkauft hat. Dieses Verhalten sanktioniert das deutsche (Erb-)Recht somit klar und deutlich. Planwidrig ist das nicht – und zwar auch dann nicht, wenn der Erbe wie hier selbst in Vermögensverfall geraten ist, so dass ein Schadenersatzanspruch ggf. nicht durchgesetzt werden kann –, weil es dem deutschen Recht völlig fremd wäre, eine dingliche Separation der Erbschaft bis zur Befriedigung der Nachlassgläubiger zu statuieren – auch nicht rückwirkend durch analoge Surrogationen und darauf basierende Insolvenzanfechtungen. Und schließlich hätte der Nachlassgläubiger, hier also die pflichtteilsberechtigte Mutter der Alleinerbin, innerhalb der zweijährigen Frist des § 319 InsO die Möglichkeit gehabt, auf der Grundlage ihres Pflichtteilsanspruchs **Antrag auf Eröffnung** des Insolvenzverfahrens über den Nachlass zu stellen; dann hätte sie ohne Weiteres die in 2019 erfolgten Veräußerungen der Immobilien verhindern können. Auch das ist dem deutschen Erbenhaftungsbeschränkungssystem immanent: Da es sich des Insolvenzrechtes bedient, müssen Nachlassgläubiger sich um ihre Rechte kümmern – also nötigenfalls selbst aktiv werden und ihr Recht zur Insolvenzantragstellung nutzen, wenn sie nicht wollen, dass der Erbe mit Nachlassgegenständen nach seinem Belieben verfährt.

Da es also bei der Alleinerbschaft keine dingliche Surrogation gibt, muss **126**
auch der Versuch von *Schmidt-Kessel* scheitern, gleiche Ergebnisse über das Ziel **möglichst umfassender Erhaltung** des Erblasservermögens für die Haftungsinanspruchnahme durch die Erblassergläubiger zu erreichen.[148] *Schmidt-Kessel* lehnt zwar die dingliche Surrogation ab, will dann aber „ohne dingliche Einordnung der Ersatzstücke" dieselben „als Nachlass qualifizieren".[149] Soweit hierzu als Begründung angeführt wird, für die Haftungsordnung sei der Wert des Nachlasses ausschlaggebend und nicht seine konkrete Erscheinungsform, so ist dies an sich zutreffend. Gleichwohl vermag die Rechtsgüterordnung, die bei einem Alleinerben den Zusammenfall des Erblasser- und des Erbenvermögens vorsieht, eine **fiktive Vermögenstrennung** nicht zu bewerkstelligen. Soweit *Schmidt-Kessel* als Begründung für seine Auffassung die Entscheidung des BGH vom 21.11.1989[150] heranzieht, so geht dies fehl, weil dort ein Fall der Vor- und Nacherbschaft vorlag, für den die dingliche Surrogation gemäß § 2111 BGB angeordnet ist. *Schmidt-Kessel* will dann unter Nachlass alles verstehen, „was der Alleinerbe kraft Erbfolge vom Erblasser erlangt hat und was daraus geworden ist". Habe der Alleinerbe das Hausgrundstück des Erblassers veräußert, dann werde „wie bei der Surrogation zunächst seine Kaufpreisforderung, dann der ihm ausgehändigte Scheck über den Kaufpreis, dann sein An-

148) *Schmidt-Kessel*, WM 2003, 2086, 2088.

149) *Schmidt-Kessel*, WM 2003, 2086, 2089.

150) BGH, Urt. v. 21.11.1989 – IVa ZR 220/88, BGHZ 109, 214 = NJW 1990, 514.

spruch gegen seine Bank auf Gutschrift des Einlösungsbetrages, später aus der Kontogutschrift und schließlich das Eigentum an den dafür erworbenen Aktien zu Nachlass". Erwerbe der Alleinerbe stattdessen ein wertvolleres Anwesen, dann gehöre dieses zu dem entsprechenden Bruchteil zum Nachlass, und zwar ohne dass es dabei auf den Willen des Erben ankomme. Erstaunlicherweise will *Schmidt-Kessel* allerdings dann, wenn der Erbe dieses Anwesen „für sich persönlich, also nicht für den Nachlass erwerben" wolle, „darauf Rücksicht nehmen, wenn der Erbe bereit und in der Lage ist, die für den Erwerb verwendeten Nachlassmittel ohne weiteres aus seinem sonstigen Eigenvermögen zugunsten der Nachlassgläubiger auszukehren."[151] Im Ergebnis sollen also alle Vermögensgegenstände zur Insolvenzmasse gezogen werden (und zwar sachenrechtlich!), in denen „der Wert des Erblasservermögens objektiv steckt", wobei dies wiederum dann nicht gelten soll, wenn der Erbe den Nachlass wertmäßig so stellen kann und will, wie dieser stünde, wenn es zu der Vermögensumschichtung nicht gekommen wäre.

127 **Dieser Auffassung** ist zuzugeben, dass sie zu dem wünschenswerten Ergebnis führt, dass der Nachlassinsolvenzverwalter **dinglich** auf eine Vielzahl von Gegenständen zugreifen könnte. Nur lässt sich die Auffassung weder dogmatisch halten, noch liefert sie für die Praxis handhabbare Lösungen. Es ist nicht vorstellbar, dass sich die **sachenrechtliche Rechtsgüterzuordnung** (auch nach Eröffnung des Insolvenzverfahrens und dadurch eingetretener Separation) danach richtet, ob der Erbe **Wertersatz leisten kann und will.** Rein praktisch funktioniert die Formel „Zum Nachlass gehört alles, was der Alleinerbe kraft Erbfolge vom Erblasser erlangt hat und was daraus geworden ist" auch nicht. Anhand eines einzelnen Vermögensgegenstandes, den der Erbe veräußert hat, wie in dem Beispiel von *Schmidt-Kessel* das Hausgrundstück, mag noch eine gewisse Nachvollziehbarkeit der Vermögensumschichtung gegeben sein; die erworbenen Aktien sind in dem Beispiel das Resultat aus der Veräußerung des Hausgrundstücks. Wenn aber die Vermögensumschichtung nicht ohne Wertdifferenzen stattfindet, dann muss – wie auch *Schmidt-Kessel* einräumt – hinsichtlich neu hinzugekommener Gegenstände **Bruchteilseigentum** von Nachlass und Eigenvermögen des Erben bestehen. Im Laufe der Zeit bestünde dann das gesamte Vermögen des Erben aus Bruchteilsgegenständen. Würde das in dem von *Schmidt-Kessel* angesprochenen Beispiel teurere und seiner Meinung nach in Bruchteilseigentum übergegangene Anwesen wiederum weiter veräußert und der Erlös sowie auch Eigenvermögen des Erben jeweils zum Teil für die Anschaffung eines anderen Gegenstandes verwendet, so müsste sich hier wiederum – jetzt wohl kaum noch zu berechnendes – Bruchteilseigentum ergeben.

128 Durch solche Konstrukte wird nicht nur ein völlig vager Rechtszustand geschaffen, sondern es wird auch **für die Nachlassgläubiger überhaupt nichts**

151) *Schmidt-Kessel*, WM 2003, 2086, 2089.

gewonnen. Für die Nachlassgläubiger kommt es nämlich nur auf die Erhaltung des Wertes des von dem Erblasser hinterlassenen Vermögens und darauf an, dass dieses Vermögen vorrangig ihrem Zugriff und nicht dem Zugriff der Eigengläubiger des Erben erschlossen wird. Die Nachlassgläubiger haben kein Interesse an konkreten Gegenständen oder Bruchteilen. Ihrem Interesse wird durch die Werterhaltung genügt. Diese kann durch das schuldrechtliche Instrumentarium, das §§ 1978 ff. BGB erschließen, angemessen verwirklicht werden. Dem Nachlass entstehen gegen den beschränkbar haftenden Erben aus dessen Geschäften vor Annahme der Erbschaft gemäß § 1978 Abs. 1 Satz 2 BGB i. V. mit den Grundsätzen der Geschäftsführung ohne Auftrag (§§ 666–668, 681 BGB) schuldrechtliche Ansprüche. Für die Zeit nach Annahme bis zur Nachlasssonderung haftet der Erbe gemäß § 1978 Abs. 1 Satz 1 BGB mit seinem gesamten Vermögen wie ein Beauftragter der Nachlassgläubiger. Dies gilt nur dann nicht, wenn der Erbe zur Zeit der Verfahrenseröffnung sein Recht zur Haftungsbeschränkung auf den Nachlass gegenüber allen Gläubigern verloren hat, denn dann haftet er ohnehin unbeschränkt.[152)]

Vermögensumschichtungen sind **nach §§ 1978 Abs. 1, 3 BGB i. V. mit §§ 666, 667, 668, 670, 681 BGB zu behandeln.** Hat der Erbe Nachlassgegenstände veräußert, so hat er den Erlös gemäß § 1978 Abs. 1 BGB i. V. mit § 667 BGB herauszugeben; er hat ihn sogar gemäß § 668 BGB zu verzinsen. Eine etwaige Verwendung des Erlöses zum Erwerb anderer Gegenstände oder der Verbrauch für die private Lebensführung sind auf diesen Anspruch völlig ohne Belang. Den Nachlassgläubigern ist damit regelmäßig sogar weit mehr gedient, als mit Bruchteilen an irgendwelchen Gegenständen. 129

Auf diese Weise lässt sich zudem angemessen mit **Wertveränderungen** von zum Nachlass gehörenden Gegenständen umgehen. Einigkeit dürfte dahingehend bestehen, dass zur Insolvenzmasse im Nachlassinsolvenzverfahren **alle vom Erblasser hinterlassenen Vermögensgegenstände** zählen, wenn sie im Zeitpunkt der Eröffnung des Insolvenzverfahrens über den Nachlass noch **körperlich im Besitz des Erben** sind. Wenn sie zwischenzeitlich in **Wertverfall** geraten sind (z. B. bei Aktien, Immobilien oder Forderungen), dann ändert das nichts daran, dass diese Gegenstände die Insolvenzmasse bilden und nicht der Wert, den sie im Zeitpunkt des Erbfalles hatten. Etwaige Wertverluste können **ggf. zu Ansprüchen des Nachlasses gegen den Erben gemäß § 1980 Abs. 1 Satz 2 BGB** führen, wenn der Erbe bei Eintritt des Wertverfalls nicht rechtzeitig den Antrag auf Eröffnung des Insolvenzverfahrens über den Nachlass gestellt hat und in der Folge weiterer Wertverlust eingetreten ist. Die Werte dieser Gegenstände im Todeszeitpunkt des Erblassers bilden jedoch nicht die Insolvenzmasse. Die Nachlassgläubiger haben demnach **grundsätzlich** Wertver- 130

152) *Hüsemann*, Das Nachlassinsolvenzverfahren, S. 95; *Hanisch* in: FS Henckel, S. 374.

luste der Nachlassgegenstände **hinzunehmen**; umgekehrt kommen ihnen allerdings auch **Wertsteigerungen** dieser Gegenstände zugute.

131 Hat nun der Erbe **Veräußerungen von Nachlassgegenständen** vorgenommen, dann findet in diesem Zeitpunkt eine (aus Gläubigersicht durchaus wünschenswerte) **Fixierung des Wertes** dieser Gegenstände statt. Der Erbe hat im späteren Nachlassinsolvenzverfahren den von ihm erzielten Erlös herauszugeben, unabhängig davon, ob er den Erlös verwendet hat, um andere, Wertveränderungen unterliegende Gegenstände damit zu erwerben und unabhängig von deren weiterer Wertentwicklung. Nur so kann der Erbe auch jederzeit zuverlässig über das Bestehen seiner Insolvenzantragspflicht gemäß § 1980 Abs. 1 Satz 1 BGB wachen. Da die gegen ihn gerichteten Herausgabeansprüche des Nachlasses fixiert sind, fällt mit zunehmender Liquidierung des Nachlasses die Beurteilung der Überschuldung immer leichter. In die Prüfung der Überschuldung die sich ständig ändernden Werte irgendwelcher Bruchteilsgemeinschaften einzubeziehen, dürfte hingegen praktisch unmöglich sein.

132 Davon bleibt es freilich unberührt, dass zum Nachlass gehörende Gegenstände u. U. im Wege der **Insolvenzanfechtung** dem Nachlass wieder zugeführt werden können. Auch Nutzungen aus Nachlassgegenständen und andere Zuflüsse zur Masse, die sich nach Eröffnung des Insolvenzverfahrens ergeben, gehören nach allgemeinen Maßstäben zur Insolvenzmasse.

133 Sofern **Surrogate** ohne Zutun des Erben **in den Nachlass gefallen** und dort im Zeitpunkt der Eröffnung des Insolvenzverfahrens über den Nachlass auch noch unterscheidbar vorhanden sind, werden sie Nachlassbestandteil und somit Teil der Insolvenzmasse.[153] Dies gilt etwa für Ansprüche auf Versicherungsleistungen für untergegangene Nachlassgegenstände oder Schadensersatzforderungen aus der Zerstörung eines Nachlassgegenstandes.[154] **Nutzungen**, die aus den zum Nachlass gehörenden Gegenständen resultiert sind, sind Bestandteil des Nachlasses geworden, sofern sie diesem zugeführt worden sind; sofern sie Eingang in das Eigenvermögen des Erben gefunden haben, steht dem Nachlass ein Nutzungsherausgabeanspruch zu.

3. Haftung des Erben wegen verspäteter Insolvenzantragstellung (§ 1980 BGB)

134 Wie auch § 15a InsO[155] ist § 1980 Abs. 1 BGB Schutzgesetz i. S. von § 823 Abs. 2 BGB. Obwohl die Insolvenzverschleppungshaftung einheitlich aus § 823

153) *Siegmann* in: MünchKomm-InsO, Anh. § 315 Rz. 30.

154) *Siegmann* in: MünchKomm-InsO, Anh. § 315 Rz. 30.

155) Zum Schutzgesetzcharakter von § 15a InsO s. *Klöhn* in: MünchKomm-InsO, 3. Aufl., § 15a Rz. 140 m. w. N.

Abs. 2 BGB i. V. mit § 1980 Abs. 1 BGB folgt, enthält sie **zwei unterschiedliche Haftungsregime:**[156)]

- Während die Neugläubiger den Ersatz ihres vollen negativen Interesses (Individualschaden) verlangen können (was sich für den Bereich der Nachlassinsolvenz bereits daraus ergibt, dass **Neugläubiger**, also Gläubiger, deren gegen den Nachlass gerichteter Anspruch erst nach Eintritt der Insolvenzantragspflicht begründet worden ist, ohnehin Gläubiger eines Anspruchs mit Doppelnatur (nämlich Nachlassverbindlichkeit und Anspruch gegen das Eigenvermögen des Erben, sog. Nachlassverwaltungsschuld bzw. Nachlasserbenschuld, dazu siehe Rz. 441 f., 588) sind,
- haben die **Altgläubiger** lediglich einen Anspruch auf den Ersatz ihres Quotenschadens.[157)]

Der Schadensersatzanspruch der Altgläubiger richtet sich auf den Erhalt des Nachlasses und wird zentral durch den Insolvenzverwalter **geltend gemacht** (§ 92 InsO). Die Neugläubiger hingegen können ihren Schaden außerhalb des Insolvenzverfahrens gegen den Erben geltend machen und sie sind auch nicht auf die Quote beschränkt. Wenn Gläubiger den Betrag, den sie vom Erblasser zu fordern haben, refinanzieren, dann sind die Refinanzierungskosten bei Insolvenzverschleppung vom ersatzfähigen Schaden der Neugläubiger umfasst.[158)] 135

Da äußerst instruktiv, sei an dieser Stelle die grundlegende Entscheidung des BGH[159)] auszugsweise wiedergegeben, wobei vorab darauf hinzuweisen ist, dass der BGH ausdrücklich die Haftung des Nachlassverwalters (so der Streitfall) und des Erben gleichsetzt (Hervorhebungen durch d. Verf.): 136

> „Das BerGer. geht davon aus, der Nachlassverwalter sei für die ordnungsgemäße Verwaltung des Nachlasses gem. § 1985 II BGB auch den Nachlassgläubigern verantwortlich.
>
> Verletze er diese Pflicht, dann habe er den daraus entstehenden Schaden zu ersetzen. Eine derartige Pflichtverletzung könne dem Bekl. aber hier nicht zur Last gelegt werden. Die Nichterhebung der **Dreimonatseinrede** gem. §§ 2014, 2017 BGB legt es dem Bekl. nicht zur Last, weil der Kl. nicht dargetan habe, dass der Bekl. die beanstandeten Zahlungen an die Nachlassgläubiger (ganz oder teilweise) bereits innerhalb der ersten drei Monate nach seiner Bestellung, also vor dem 3.6.1977 geleistet habe. Auch den Vorwurf, der Bekl. habe seine Verwalterpflichten verletzt, weil er weder das Aufgebotsverfahren gem. § 1970 BGB, § 991 ZPO noch den Nachlasskonkurs beantragt habe, hält das OLG für unbegründet. Der Kl. habe nicht dargetan, dass dem Bekl. damals unbekannte, weitere Nachlassgläubiger vorhanden gewesen seien, oder dass dieser solche

156) *Klöhn* in: MünchKomm-InsO, 3. Aufl., § 15a Rz. 151.

157) *Klöhn* in: MünchKomm-InsO, 3. Aufl., § 15a Rz. 151.

158) BGH, Urt. v. 5.2.2007 – II ZR 234/05, Rz. 21, BGHZ 171, 46 = ZIP 2007, 676.

159) BGH, Urt. v. 11.7.1984 – IVa ZR 23/83; NJW 1985, 140 = MDR 1985, 213.

hätte vermuten können. Auch habe er nicht genügend dafür vorgetragen, dass der Nachlass schon zur Zeit der einzelnen Zahlungen an die Nachlassgläubiger überschuldet gewesen sei. Der Bekl. habe die Überschuldung am 27.6.1977 zwar selbst befürchtet; dass er sie aber tatsächlich für gegeben gehalten habe, nimmt es dagegen nicht an.

Diese Begründung hält der rechtlichen Nachprüfung nicht stand.

III. Wie im Gesetz an mehreren Stellen zum Ausdruck kommt (§ 1975 BGB, § 780 II ZPO, § 217 I KO), ist die Nachlassverwaltung ein Sonderfall der Nachlasspflegschaft. Infolgedessen haftet der Nachlasspfleger, wenn er seine Pflichten verletzt, dem Erben gem. §§ 1833 I, 1915 I BGB für den daraus entstehenden Schaden. Darüber hinaus ist der Nachlassverwalter gem. §§ 1985 II, 1980 I 2 BGB aber auch den Nachlassgläubigern verantwortlich; entsprechende Schadensersatzansprüche der Gläubiger gelten gem. §§ 1978 II, 1985 II 2 BGB als zum Nachlass gehörend und sind daher, solange Nachlassverwaltung besteht, von dem Nachlassverwalter und während des Nachlasskonkurses von dem Konkursverwalter (§ 6 II KO) geltend zu machen (vgl. RGZ 135, 305). Das hat das BerGer. zutreffend erkannt.

Ebenfalls zutreffend geht das BerGer. davon aus, dass der **Ersatzanspruch gem. § 1985 II BGB nur voraussetzt**, dass der Nachlassverwalter seine Pflicht zu ordnungsgemäßer Verwaltung des Nachlasses schuldhaft verletzt und dass daraus einem Gläubiger ein Schaden entsteht. **Bei seiner Prüfung hat es aber den Kreis der Verwalterpflichten zu eng gezogen.** Wie § 1979 BGB i. V. mit § 1985 II 2 BGB zeigt, sind dem Verwalter **Zahlungen an Nachlassgläubiger aus dem Nachlass nur dann gestattet**, wenn er ‚den Umständen nach annehmen' darf, dass der Nachlass zur Berichtigung aller Nachlassverbindlichkeiten ausreicht. **Ihn trifft daher – ebenso wie den Erben – die Pflicht, vor einer Zahlung an Nachlassgläubiger sorgfältig zu prüfen, einerseits welche Nachlassverbindlichkeiten vorhanden sind und in Zukunft noch entstehen können, sowie andererseits, welche Nachlassaktiva zum Nachlass gehören und welchen Erlös er aus der Verwertung der Aktiva erlangen wird. Hierzu wird es in aller Regel einer möglichst vollständigen Sichtung des Nachlasses, eingehender Durcharbeitung der Unterlagen des Erblassers,** Rückfragen z. B. bei Angehörigen und möglichen Vertragspartnern und auch sonstiger Ermittlungen bedürfen. Auf derartige mühevolle und oft auch kostspielige Vorarbeiten, die im allgemeinen sogar kaum Aufschub dulden, wird selbst dann nicht völlig verzichtet werden können, wenn der Nachlassverwalter zu dem Erblasser in engen Beziehungen stand und deshalb von vornherein mit den Verhältnissen vertraut ist. Auch wenn es sich sonst um (scheinbar) klare und übersichtliche Verhältnisse handelt, ist es im allgemeinen geboten, dass der Nachlassverwalter die Nachlassaktiva und -passiva vollständig erfasst und bewertet und mindestens in groben Zügen aufzeichnet. Hat der Nachlassverwalter Grund zu der Annahme, dass Nachlassverbindlichkeiten vorhanden sind, die ihm trotz aller gebotenen Klärungsversuche noch nicht bekannt geworden sind (§ 1980 II 2 BGB), dann muss er grundsätzlich auch das Aufgebot der Nachlassgläubiger beantragen [...]. **Ohne ein solches**

Vorgehen, dessen Einzelheiten je nach den Umständen durch die Gebote des Einzelfalles bestimmt werden, darf der Nachlassverwalter nicht von der Zulänglichkeit des Nachlasses ausgehen; ohne sie darf er demgemäß keine Nachlassverbindlichkeiten berichtigen (§ 1979 BGB). Leistet er gleichwohl, dann handelt er pflichtwidrig und ist benachteiligten Gläubigern gem. § 1985 II BGB zum Ersatz verpflichtet. **Die Darlegungs- und Beweislast für diejenigen Umstände, die dazu geführt haben sollen, dass Zulänglichkeit angenommen werden durfte, trägt nach allgemeiner Auffassung der Erbe [...].** [...]

IV. Unter diesen Umständen ist das angefochtene Urteil im Umfang der Anfechtung aufzuheben. Sollte sich bei der erneuten Verhandlung vor dem BerGer. ergeben, dass die Voraussetzungen für einen Anspruch gem. § 1985 BGB erfüllt sind, dann wird weiter zu prüfen sein, welcher Ausfall den benachteiligten Gläubigern infolge der Zahlungen des Bekl. entstanden ist. Dabei wird zu berücksichtigen sein, dass ein Verstoß gegen § 1979 BGB den Nachlassverwalter nicht ohne weiteres verpflichtet, sämtliche zur Schuldentilgung verwendeten Beträge zu erstatten. Der Berechnung des Ersatzanspruchs ist vielmehr das Ergebnis des Konkursverfahrens, soweit es sich nach dem Stand der letzten mündlichen Verhandlung vor dem Tatrichter übersehen lässt, zugrunde zu legen. Ersatz kommt nur in Betracht, soweit andere vorrangige oder gleichrangige Gläubiger weniger erhalten, als sie erlangt haben würden, wenn die vorzeitigen Zahlungen unterblieben wären."

Der Schadenersatzanspruch aus § 1980 Abs. 1 Satz 2 BGB ist nicht davon abhängig, dass der Erbe den Eintritt eines Schadens zu vertreten haben muss. Auch zufällige Verschlechterungen des den Nachlassgläubigern haftenden Nachlassvermögens wie etwa der Brand eines Nachlassgegenstandes oder der Wertverlust einer Unternehmensbeteiligung, die Wertminderung eines Wertpapierdepots oder das durch Diebstahl Abhandenkommen einer Sache aus dem Nachlass verpflichten den Erben zum Ersatz. Ein zum Ersatz verpflichtender Schaden tritt auch ein, wenn einzelne Nachlassgläubiger zwischenzeitlich in den Nachlass vollstrecken, wenn durch unnötige Prozesse und Zwangsvollstreckungsakte Kosten entstehen oder wenn der Nachlass sonst an Wert verliert und seine Verwertung deshalb einen geringeren Erlös erbringt, als dies bei rechtzeitiger Antragstellung möglich gewesen wäre.[160)] Dies gilt auch dann, wenn durch die Verzögerung der Insolvenzantragstellung insolvenzrechtliche Anfechtungsrechte verfristen.[161)] Die bloße Verzögerung der Antragstellung hingegen führt in der Regel noch zu keinem Schaden. 137

Zu dem **Zeitpunkt** in dem und den **Voraussetzungen**, unter denen der (Mit-)Erbe den **Antrag auf Eröffnung des Nachlassinsolvenzverfahrens stellen muss**, siehe ausführlich oben Rz. 64 ff. 138

160) *Küpper* in: MünchKomm-BGB, § 1980 Rz. 11.

161) *Kaltwasser*, Der überschuldete Nachlass, S. 39; *Küpper* in: MünchKomm-BGB, § 1980 Rz. 11.

4. Pflichtteilsergänzungsansprüche (§§ 2325 ff. BGB)

139 Wie der Pflichtteilsanspruch ist auch der Pflichtteilsergänzungsanspruch eine Nachlassverbindlichkeit,[162] § 1967 Abs. 2 BGB. Diese sind **im Nachlassinsolvenzverfahren geltend zu machen**, § 325 InsO. Ist das Nachlassinsolvenzverfahren eröffnet, sind Pflichtteilsergänzungsansprüche nur noch gegen den Nachlass geltend zu machen und können nicht mehr durch den Ergänzungsberechtigten außerhalb des Nachlassinsolvenzverfahrens gegenüber dem Erben oder Beschenkten verfolgt werden, sondern müssen durch den Insolvenzverwalter geltend gemacht und zur Masse gezogen werden. Die dem Pflichtteilsergänzungsanspruch zugrunde liegende Schenkung stellt einen **Gesamtschaden** i. S. von § 92 InsO dar, der eine **Sperrwirkung** in Bezug auf die unmittelbare Geltendmachung des Pflichtteilsergänzungsberechtigten gegenüber dem Erben oder Beschenkten entfaltet.

140 Für die Anwendbarkeit von § 92 InsO ist es unerheblich, dass die **Verringerung** der (späteren) Insolvenzmasse **vor Insolvenzeröffnung** erfolgt ist.[163] Maßgebliche Voraussetzung des Einziehungsrechts ist eine Verminderung der Insolvenzmasse, die sich in einer Verringerung der Aktiva oder in einer Vermehrung der Passiva manifestieren kann.[164] § 92 InsO greift auch dann ein, wenn es nur einen geschädigten Gläubiger (also nur einen Pflichtteilsergänzungsberechtigten) gibt oder wenn das Vermögen des Ersatzpflichtigen ausreicht, um die Schäden aller Gläubiger zu ersetzen, wenn durch deren Wettlauf also keiner benachteiligt wird.[165] Da der Erbe seine Haftung für den Ergänzungsanspruch im Nachlassinsolvenzverfahren in aller Regel nicht zu befriedigen braucht, weil er nur insoweit dafür einzustehen hat, wie der Nachlass tatsächlich Aktivvermögen aufweist,[166] richtet sich der Anspruch im Nachlassinsolvenzverfahren typischerweise gegen den Beschenkten, § 2329 Abs. 1 BGB.

141 Der **Pflichtteilsergänzungsanspruch** nimmt den **Rang von § 38 InsO** und nicht etwa denjenigen von § 327 Abs. 1 Nr. 1 InsO ein. Methodisch ergibt sich das bereits daraus, dass der Pflichtteilsergänzungsanspruch, der gegenüber dem Pflichtteilsanspruch ein selbstständiger anderer Anspruch ist,[167] in § 327 InsO nicht aufgeführt ist und § 327 InsO als Ausnahmevorschrift gegenüber § 38 InsO eng auszulegen und nicht analogiefähig ist. Vom Ergebnis her betrachtet muss es aber auch so sein, denn das Erbrecht will durch den Ergänzungsanspruch den

162) *Lange* in: MünchKomm-BGB, § 2325 Rz. 15 m. w. N.

163) *Gehrlein* in: MünchKomm-InsO, 3. Aufl., § 92 Rz. 9 m. w. N.

164) *Gehrlein* in: MünchKomm-InsO, 3. Aufl., § 92 Rz. 9 m. w. N.

165) *Gehrlein* in: MünchKomm-InsO, 3. Aufl., § 92 Rz. 9 m. w. N.

166) BGH, Urt. v. 5.4.2000 – IV ZR 145/98, ZEV 2020, 274; *Lange* in: MünchKomm-BGB, § 2325 Rz. 15 m. w. N.

167) BGH, Urt. v. 9.3.1988 – IVa ZR 272/86, BGHZ 103, 333 = MDR 1988, 567; BGH, Urt. v. 21.3.1973 – IV ZR 157/71, NJW 1973, 995 = MDR 1973, 750.

Pflichtteilsergänzungsberechtigten gegenüber dem Erben und dem Beschenkten privilegieren. Da der Erbe im Nachlassinsolvenzverfahren den Überschuss erhält (§ 199 InsO), also an letzter Stelle der Verteilung der Masse steht, der Beschenkte nach Herausgabe des Geschenks oder Wertersatz an die Masse einen Anspruch im Rang von § 39 Abs. 1 Satz 1 Nr. 4 InsO erhält (entweder direkt oder im Falle der Anfechtung nach § 134 InsO aus § 143 Abs. 1 InsO), muss der Pflichtteilsergänzungsberechtigte vor § 39 InsO stehen, damit nicht die – sinnvolle – erbrechtliche Wertung durch die insolvenzrechtliche Verteilung wieder zunichte gemacht wird. Wollte man das anders sehen, erhielte der Beschenkte im Ergebnis das zurück, was er auf den Ergänzungsanspruch hin an die Masse gezahlt hat und der Pflichtteilsergänzungsberechtigte, dessen Anspruch über § 92 InsO zur Masse gezogen wurde, ginge leer aus.

5. Haftung des Nachlasspflegers für Befriedigung von Nachlassverbindlichkeiten

Befriedigt der Nachlasspfleger noch Nachlassverbindlichkeiten, nachdem er erkannt hat, dass der Nachlass zahlungsunfähig oder überschuldet ist, haftet er für entsprechende Abflüsse aus dem Nachlass auf **Schadenersatz** gemäß § 826 BGB.[168] Dieser Anspruch steht neben den Anfechtungsansprüchen aus § 133 Abs. 1 InsO (siehe dazu Rz. 748, 754 ff.). Ergänzend kommen Ansprüche nach den Grundsätzen der Drittschadensliquidation in Betracht. 142

Deliktische Ansprüche werden nämlich durch das Fehlen erbrechtlicher Anspruchsgrundlagen **nicht verdrängt**. Wenn auch noch h. M. ist, dass dem Nachlasspfleger gegenüber den Nachlassgläubigern keine Insolvenzantragspflicht obliegt (siehe dazu ausführlich Rz. 79, dem entgegentretend nun aber zu Recht LG Hamburg Urteil vom 20.9.2021[169]), bedeutet das nicht, dass der Nachlasspfleger einen „Freifahrtschein“ hätte, den vorhandenen Nachlass beliebig an ihm genehme Nachlassgläubiger willkürlich zu verteilen. Wenn er den Insolvenzantrag nicht stellen will, dann muss er den vorhandenen Nachlass zumindest zusammenhalten, nicht aber nach „Gutsherrenart“ auskehren. Bei solcher Vorgehensweise kommt Haftung nach § 826 BGB in Betracht. Das gilt – wie noch zu zeigen ist – insbesondere dann, wenn der Nachlasspfleger nicht andere Nachlassverbindlichkeiten befriedigt, sondern eigene Vergütungsforderungen. 143

Nach § 826 BGB ist derjenige dem anderen zum Ersatz des Schadens verpflichtet, der dem anderen in einer **gegen die guten Sitten** verstoßenden Weise **vorsätzlich** Schaden zugefügt hat. **Schaden** in diesem Sinne bedeutet jede nachteilige Einwirkung auf die Vermögenslage oder Beeinträchtigung eines rechtlich 144

168) Ausf. dazu *Roth*, ZInsO 2013, 1567; *Roth*, Rpfleger 2019, 495.

169) LG Hamburg, Urt. v. 20.9.2021 – 304 O 407/20, ZVI 2022, 286 = NZI 2022, 401 m. zust. Anm. *Fridgen*.

anerkannten Interesses.[170] Eine derartige nachteilige Einwirkung auf die Vermögenslage ist in Bezug auf die Forderungen der Nachlassgläubiger in verschiedener Hinsicht denkbar, sei es dadurch, dass Nachlassmittel verwendet werden, um andere Gläubiger zu befriedigen, sei es dadurch, dass zum Nachlass gehörende Gegenstände untergehen, oder sei es dadurch, dass für Nachlasssicherung und Nachlassverwaltung übergebührliche Kosten entstehen. Objektiv sittenwidrig ist nach der allgemeinhin verwendeten Definition eine Handlung, die nach Inhalt oder Gesamtcharakter gegen das Anstandsgefühl aller billig und gerecht Denkenden verstößt. Maßgeblich ist dafür insbesondere, welche Ziele und Zwecke der Handelnde verfolgt hat. Eine besonders relevante Fallgruppe bildet diejenige des **Missbrauchs formaler Rechtspositionen.**[171] Subjektiv ist das **Bewusstsein um die Sittenwidrigkeit** des eigenen Verhaltens **nicht erforderlich.**

145 Hinsichtlich des erforderlichen Vorsatzes reicht **bedingter Vorsatz** aus.[172] Für das Vorliegen des Schädigungsvorsatzes i. S. des § 826 BGB ist nämlich nur das Bewusstsein erforderlich, dass das Handeln den schädigenden Erfolg haben wird.[173] Der Vorsatz braucht sich nicht auf den genauen Kausalverlauf und den Umfang des Schadens erstrecken; er muss lediglich die Schadensfolgen sowie Richtung und Art des Schadens umfassen.[174] Für die Bejahung des Schädigungsvorsatzes reicht es aus, dass der Ersatzpflichtige den dem Ersatzberechtigten entstandenen Schaden zumindest in der Form des bedingten Vorsatzes zugefügt hat.

146 Besonders offensichtlich kann Haftung gegeben sein, wenn der Nachlasspfleger trotz erkannter Zahlungsunfähigkeit und/oder Überschuldung des Nachlasses einzelne Nachlassgläubiger aus Mitteln des Nachlasses befriedigt, andere aber nicht. Selbst aus dem (streitigen, und nicht überzeugenden) Fehlen der Insolvenzantragspflicht des § 1980 BGB (siehe dazu Rz. 78) kann nämlich noch **kein Recht** abgeleitet werden, den **Nachlass beliebig an Gläubiger herausgeben zu dürfen.** Vielmehr trifft den Nachlasspfleger die Pflicht, bei **unklarer Vermögenslage** das vorhandene Nachlassvermögen zusammenzuhalten, ein Aufgebotsverfahren (§ 2061 BGB) durchzuführen und bis zu dessen Abschluss keine Nachlassverbindlichkeiten zu befriedigen. Befriedigt der Nachlasspfleger gleichwohl einzelne Nachlassgläubiger, obwohl er weiß, dass sich dadurch die Befriedigungsquoten der übrigen Nachlassgläubiger relativ verschlechtern oder verschlechtern können, dann handelt er jedenfalls mit bedingtem Vorsatz hin-

---

170) Grüneberg-*Sprau*, BGB, § 826 Rz. 3.

171) Dazu ausf. Grüneberg-*Sprau*, BGB, § 826 Rz. 5.

172) BGH, Urt. v. 14.6.2000 – VIII ZR 218/99, NJW 2000, 2896 = MDR 2000, 1191; OLG Schleswig, Urt. v. 24.1.1991 – 2 U 44/90, WM 1990, 1369; *Katzenmeier* in: NK-BGB, 2. Aufl., § 826 Rz. 7.

173) BGH, Urt. v. 14.6.2000 – VIII ZR 218/99, NJW 2000, 2896 = MDR 2000, 1191.

174) BGH, Urt. v. 14.6.2000 – VIII ZR 218/99, NJW 2000, 2896 = MDR 2000, 1191.

sichtlich einer Schädigung der übrigen Nachlassgläubiger. Da die Bevorzugung derjenigen Gläubiger, die mit besserer Quote befriedigt werden, objektiv willkürlich sein dürfte (und jedenfalls nicht mit Blick auf Rangvorrechte begründet werden kann, die im Fall einer Insolvenzeröffnung entstünden, ist bei einer Gesamtschau auch von Sittenwidrigkeit auszugehen.

Aber auch die **Ausnutzung der eigenen Amtsführungsbefugnisse zur Schöpfung eigener Vergütungsansprüche** kann nach diesen Maßstäben sittenwidrig sein. Die Aufgabe des Nachlasspflegers besteht in der Regel in der Sicherung des Nachlasses (und das auch nur „soweit ein Bedürfnis besteht“, § 1960 Abs. 1 BGB) und der Ermittlung der Erben.[175)] Wird der Nachlasspfleger über den durch seine Bestellung angeordneten Wirkungskreis hinaus tätig (wie häufig bei der Verwertung, die regelmäßig nicht zum Wirkungskreis des Nachlasspflegers gehört) und verwendet darauf Zeit, so ist ihm diese Zeit nicht aus dem Nachlass zu vergüten, weil dem der Einwand der in Schädigungsabsicht sittenwidrig herbeigeführten Vergütungsansprüche entgegensteht. Sittenwidrig herbeigeführt sind solche Vergütungsansprüche vor allem deswegen, weil der Nachlasspfleger in solchen Fällen seine tatsächliche Möglichkeit, Zeit aufzuwenden, missbraucht, um eigene persönliche Ansprüche zulasten Dritter (nämlich der am Nachlass materiell berechtigten Nachlassgläubiger und Erben) zu generieren. Dazu zählen insbesondere auch die vom Beklagten entwickelten Tätigkeiten, den Nachlass außerhalb eines Insolvenzverfahrens nach Abzug aller Verfahrenskosten zu quotieren. Eine solche Aufgabenstellung lässt sich mit dem Gesetz und den durch den Beschluss des Amtsgerichts Göttingen erlangten Befugnissen nicht herleiten. Vielmehr stellt dieses Verhalten ein bewusstes Übertreten des eingeräumten Aufgabenbereiches dar. 147

Gleiches muss auch für **Vergütungsansprüche** gelten, die der Nachlasspfleger durch Aufwendung von Zeit noch generiert, nachdem ihm die Durchführung eines Insolvenzverfahrens als unausweichlich erscheinen muss. Denn wenn ein Insolvenzverfahren durchgeführt werden muss, dann entstehen i. R. dieses Insolvenzverfahrens **Verfahrenskosten** (§ 54 InsO: Gerichtskosten, Verwaltervergütung und Ähnliches). Der Insolvenzverwalter hat – unabhängig von der Höhe seines Zeitaufwandes – den gesamten Nachlass zu sichern, zu verwalten (§§ 148, 159 InsO) und zu verwerten. Seine Vergütung steigt nicht, wenn der Zeitaufwand sich erhöht, denn die Vergütung des Insolvenzverwalters richtet sich (entgegen der Vergütung des Nachlasspflegers) nach der Höhe der Insolvenzmasse. Weder aus Sicht der Nachlassgläubiger, noch aus Sicht der Erben gibt es ein erkennbares Interesse daran, dass zudem der Nachlasspfleger Zeit auf diese Tätigkeiten entfaltet und es mithin zu einer gleichsam doppelten Vergütung für die Nachlasssicherung, Nachlassverwaltung und Nachlassverwertung aus dem Nachlass kommt (nämlich einmal für den Insolvenzverwalter und 148

175) KG Berlin, Beschl. v. 13.11.1970 – 1 W 7814/70.

einmal für den Nachlasspfleger), wenn doch die Tätigkeit ohne zusätzliche Vergütung durch einen Insolvenzverwalter zu erledigen wäre. Somit ist die Tätigkeit des Nachlasspflegers ab dem Zeitpunkt der erkannten Insolvenzreife für die Erben und die Nachlassgläubiger nutzlos, ja sogar offensichtlich kontraindiziert. Sie dient allein den individuellen Vermögensinteressen des Nachlasspflegers und ist damit objektiv sittenwidrig.

149 **Einzig für die Tätigkeit der Ermittlung der Erben besteht** auch bei eingetretener Zahlungsunfähigkeit und/oder Überschuldung und **sogar noch im eröffneten Insolvenzverfahren ein Anspruch des Nachlasspflegers gegen die Masse.** Unterlässt der Nachlasspfleger die entsprechend gebührlichen Anstrengungen, erhöht sich dadurch regelmäßig der Aufwand für Verwaltung des Nachlasses. Häufig liegen die Fälle so, dass der Nachlasspfleger, hätte er die Erbenermittlung zügig und intensiv vorangetrieben, schnell festgestellt hätte, dass in Ansehung der offensichtlichen Überschuldung des Nachlasses kein anderer Erbe als der Fiskus jemals die Erbschaft annehmen würde und hätte dies pflichtgemäß dem Nachlassgericht mitteilen müssen. Dann aber hätte das Nachlassgericht unverzüglich feststellen müssen, dass ein anderer Erbe als der Fiskus nicht vorhanden ist (§ 1964 BGB), der dann der Insolvenzantragspflicht des § 1980 BGB unterliegt. Das aber hätte dazu geführt, dass das Amt des Nachlasspflegers beendet gewesen wäre, er also keine Vergütungsansprüche mehr hätte generieren können. Das versuchen Nachlasspfleger in praxi oft zu vermeiden.

150 Die **pflichtwidrige Unterlassung der Erbenermittlung** stellt sich also als rein eigennütziges Verhalten des Fremdvermögenstreuhänders dar und ist somit sittenwidrig. Zutreffender Weise hat das OLG Frankfurt am Main entschieden, dass das Nachlassgericht bei der Ausübung des Ermessens, welche Ermittlungen es zur Feststellung der Erben anzustellen hat bzw. durch den Nachlasspfleger anstellen lässt, „insbesondere den Wert des Nachlasses zu berücksichtigen"[176] hat. Weiter führt das OLG Frankfurt am Main zutreffend aus: **„So sind keine weitreichenden Ermittlungen geboten, wenn der Nachlass wertlos oder überschuldet ist."**[177]

151 Auch ist das **Nachlassgericht** grundsätzlich zur Feststellung des **Fiskuserbrechtes** verpflichtet und darf diese Feststellung nicht schlicht unterlassen.[178] Es kann daher durchaus als **Amtspflichtverletzung** angesehen werden, wenn das Nachlassgericht in einem solchen Fall nicht „unverzüglich" das Fiskuserbrecht feststellt, sondern stattdessen den Nachlasspfleger Monate oder gar Jahre tätig sein lässt. Daraus erwachsen ohne größere rechtliche Hürden Amtshaftungsansprüche.

176) OLG Frankfurt/M., Beschl. v. 22.12.2017 – 21 W 83/17.

177) OLG Frankfurt/M., Beschl. v. 22.12.2017 – 21 W 83/17; ähnlich OLG München, Beschl. v. 5.5.2011 – 31 Wx 164/11, FamRZ 2011, 1618; Staudinger-*Mešina*, BGB, § 1964 Rz. 5.

178) OLG München, Beschl. v. 5.5.2011 – 31 Wx 164/11, FamRZ 2011, 1618.

Dem steht es nicht entgegen, dass der Nachlasspfleger **selbst nicht nach § 1980 BGB haften soll**[179] (dazu und zu Zweifeln an der Richtigkeit dieser Auffassung siehe Rz. 79). Aber selbst wenn man eine Antragspflicht des Nachlasspflegers aus § 1980 BGB nicht annimmt, scheidet die **Haftung aus § 826 BGB** nicht dadurch aus, denn Anknüpfungspunkt für die Schadenersatzverpflichtung ist hier nicht ein Unterlassen der Insolvenzantragstellung, sondern einerseits das weitere aktive Tätigsein des Nachlasspflegers (obwohl es vermeidbar wäre), wodurch durch aktives Tun Vergütungsansprüche generiert werden (sollen) und andererseits die Zahlung auf die Vergütungsansprüche aus dem Nachlass. 152

Soweit der Nachlasspfleger bei überschuldetem bzw. zahlungsunfähigem Nachlass seine Vergütung noch aus dem Nachlass zahlt, liegt neben der **Anfechtbarkeit** (siehe unten Rz. 754, 767) bzw. Haftung aufgrund der **Leistungsmittlerrechtsprechung** die Sittenwidrigkeit der Zahlung aus dem Nachlass offenkundig auch aus dem Eigeninteresse: Nur auf diesem Wege kann der Nachlasspfleger einen erhöhten Stundensatz realisieren. Zahlt er die Vergütung nämlich nicht aus dem Nachlass, kann er gegen die Staatskasse nur einen Betrag i. H. von 39,00 € pro Stunde geltend machen (§ 4 Abs. 1 VBVG i. V. mit §§ 1915 Abs. 1 Satz 1, § 1836 Abs. 1 BGB i. V. mit § 1 Abs. 2 VBVG). Bei Festsetzung gegen den Nachlass und Entnahme aus dem Nachlass sind Stundensätze von rund 100,00 € üblich. Eine solche Privilegierung gegenüber anderen Gläubigern des Nachlasses lässt sich aber aus nichts heraus rechtfertigen. 153

6. Unpfändbare Gegenstände

Problematisch ist die Frage, in wie weit zum Nachlass gehörende Gegenstände aufgrund von Pfändungsschutzvorschriften nicht in die Insolvenzmasse fallen, vgl. § 36 InsO. Nach noch überwiegender – und auch hier noch in der Erstauflage vertretener – Auffassung kommt es in Bezug auf den Pfändungsschutz nach § 811 ZPO auf die Person des Erben an.[180] Diese Auffassung stützt sich – am Wortlaut des § 36 InsO haftend – darauf, dass eine Ausnahme zu § 36 InsO für das Nachlassinsolvenzverfahren nicht normiert und eine teleologische Reduktion von § 36 InsO für den Bereich des Nachlassinsolvenzverfahrens zu weitgehend sei. Diese Auffassung verkennt allerdings die Natur des Nachlassinsolvenzverfahrens als **Sonderinsolvenzverfahren** nach § 11 Abs. 2 Nr. 2 InsO. Diese Auffassung beachtet nämlich nicht, dass das Nachlassinsolvenzverfahren nicht ein Insolvenzverfahren über das Vermögen des Erben, sondern eines „insolvenzrechtlich zusammengestellten“ Sondervermögens ist. Wie auch im Üb- 154

---

179) BGH, Urt. v. 8.12.2004 – IV ZR 199/03, ZVI 2005, 21 = ZEV 2005, 109.

180) Jaeger-*Weber*, KO, § 214 Rz. 33; *Kuhn/Uhlenbruck*, KO, § 214 Rz. 2; *Schmidt-Kessel*, WM 2003, 2086 (Fn. 2); *Wiester* in: MünchAHB Erbrecht, § 25 Rz. 33; *Döbereiner* in: Gottwald, Insolvenzrechts-Hdb., § 113 Rz. 2; *Siegmann* in: MünchKomm-InsO, Anh. § 315 Rz. 10; *Schallenberg/Rafiqpoor* in: FK-InsO, Vor §§ 315 Rz. 23.

rigen die insolvenzrechtlichen Vorschriften, die den Schuldnerbegriff verwenden oder auf den Schuldner abstellen, für das Nachlassinsolvenzverfahren jeweils speziell interpretiert werden müssen, je nachdem, ob sie das haftende Vermögen meinen oder denjenigen, der für das Vermögen zum Handeln berufen ist (siehe dazu ausführlich Rz. 180 ff.), **muss auch § 36 InsO für das Nachlassinsolvenzverfahren besonders interpretiert werden**. Es kann daher nicht am Wortlaut der Norm festgehalten werden, ohne die Besonderheit eines **„schuldnerlosen"** Sonderinsolvenzverfahrens zu berücksichtigen.

155 Deswegen greifen die aus ergebnisorientierten Gründen vorgebrachten **Zweifel an der noch überwiegenden Auffassung** durch. Diese am Ergebnis orientierten Zweifel stützen sich darauf, dass den Nachlassgläubigern die nach der bisher überwiegenden Auffassung im Nachlassinsolvenzverfahren als unpfändbar anzusehenden Gegenstände außerhalb des Insolvenzverfahrens sehr wohl zur Befriedigung zur Verfügung stünden. Kommt es zur Abweisung des Eröffnungsantrages oder zur Einstellung des Verfahrens mangels Masse, §§ 26, 207 Abs. 1 InsO, so muss der Erbe im Falle der Erhebung der Dürftigkeitseinrede den Nachlassgläubigern **auch die unpfändbaren Gegenstände herausgeben.**[181] Gleiches gilt für die **Bereicherungshaftung** nach Durchführung des Insolvenzverfahrens gemäß § 1989 BGB.[182] Außerdem könnte es nach der am Wortlaut haftenden, noch überwiegenden Auffassung dazu kommen, dass den Nachlassgläubigern auch solche Gegenstände nicht als Haftungssubstrat zur Verfügung stehen, die in der Person des Erblassers pfändbar gewesen wären (vgl. vor allem § 811 Abs. 1 Nr. 4, 5 ZPO). Gleichzeitig ist die Schutzwürdigkeit des Erben nicht erkennbar, bei unzureichendem Nachlass zum Nachlass gehörende Gegenstände für sich und seinen Lebensunterhalt nutzen zu dürfen, weil ihm diese Gegenstände ohne den Erbfall auch nicht zur Verfügung gestanden hätten und das gesamte Erblasservermögen ab Eröffnung des Nachlassinsolvenzverfahrens ausschließlich zur Gläubigerbefriedigung bestimmt ist. Daher sind die zum Nachlass gehörenden Gegenstände unabhängig davon, ob sie in Ansehung des Erben unpfändbar wären – wenn es um ein Insolvenzverfahren über sein Vermögen und nicht ein Sondervermögen über den Nachlass ginge – dem Insolvenzbeschlag des Nachlassinsolvenzverfahrens unterworfen. Dass dieses Ergebnis richtig ist, zeigt sich auch daran, dass im Fall einer Erbengemeinschaft Pfändungsschutz ohnehin völlig ausscheidet und es für die Frage des den Gläubigern des Erblassers haftenden Vermögens kaum darauf ankommen kann, ob er von einer Person oder einer Personenmehrheit beerbt worden ist.

156 **Neuerwerb** des Erben, den dieser nach Eröffnung des Insolvenzverfahrens erwirbt, ist unter keinen Umständen Bestandteil der Insolvenzmasse, weil er allein das Eigenvermögen des Erben betrifft.

181) *Siegmann* in: MünchKomm-BGB, § 1990 Rz. 13 m. w. N.

182) *Siegmann* in: MünchKomm-InsO, Anh. § 315 Rz. 10.

7. Unbeschränkbare Erbenhaftung (§ 2013 BGB)

In bestimmten Fällen haftet der Erbe unbeschränkbar mit seinem Eigenvermögen für die Nachlassverbindlichkeiten, § 2013 BGB.[183] Dies ist im Wesentlichen dann der Fall, wenn der Erbe ein **Inventar** nicht ordnungsgemäß oder nicht fristgemäß errichtet hat (§§ 1994, 2005 BGB). Die Haftung umfasst dann das Einstehenmüssen für sämtliche Nachlassverbindlichkeiten mit dem Eigenvermögen des Erben, ungeachtet der Eröffnung des Nachlassinsolvenzverfahrens. Diese umfassende persönliche Haftung des Erben hat der **Nachlassinsolvenzverwalter** geltend zu machen. Dies ergibt sich aus einer Analogie zu § 93 InsO; den gleichen Rechtsgedanken, nämlich dass die Inanspruchnahme eines gesonderten Vermögens im Interesse sämtlicher Insolvenzgläubiger nur durch den Insolvenzverwalter erfolgen soll, findet man auch in § 334 InsO und § 1978 Abs. 2 InsO, so dass man, wenn man will, auch eine Gesamtanalogie bilden kann. 157

Die Vorschrift des § 1993 BGB berechtigt den Erben dazu, ein Inventar, welches legaldefiniert wird als **Verzeichnis des Nachlasses**, einzureichen. In der Praxis ist es jedoch der Regelfall, dass der Erbe nicht auf freiwilliger Basis das Inventar errichtet, sondern gemäß § 1994 Abs. 1 Satz 1 BGB nach einem Antrag eines Nachlassgläubigers durch das Nachlassgericht zur Errichtung des Inventars aufgefordert wird. Ihm wird in diesem Zusammenhang eine Frist zur Errichtung bestimmt. Lässt er diese Frist fruchtlos verstreichen oder errichtet er das Inventar nicht ordnungsgemäß, so haftet er gemäß § 1994 Abs. 1 Satz 2 BGB (i. V. mit § 2013 BGB) **unbeschränkt** für die Nachlassverbindlichkeiten. 158

Der Inventarerrichtung geht die Anfertigung bzw. Abfassung voraus, welche als **Aufnahme des Inventars** bezeichnet wird. Die Aufnahme des Inventars muss die Voraussetzungen der §§ 2002 bis 2004 BGB erfüllen. Sie kann unter Hinzuziehung einer zuständigen Behörde, eines zuständigen Beamten oder eines Notars erfolgen (§ 2002 BGB). Alternativ kann der Erbe einen Antrag stellen, das Inventar durch einen vom Nachlassgericht zu beauftragenden Notar erstellen zu lassen (§ 2003 BGB). Befindet sich bereits ein den Bestimmungen der §§ 2002, 2003 BGB genügendes Inventar beim Nachlassgericht, so ist es ausreichend, dass der Erbe vor Ablauf der Frist gegenüber dem Nachlassgericht erklärt, dass er auf dieses Inventar Bezug nimmt (§ 2004 BGB). Ein reines privates Inventar entfaltet folglich keine Wirkung. 159

Gemäß § 1993 BGB wird das Inventar durch **Einreichung** beim Nachlassgericht errichtet. Die bloße Aufnahme ist nicht ausreichend. Aus § 2010 BGB ergibt sich, dass ein verschlossenes Inventar unzulässig ist.[184] 160

---

183) Ausf. zum Inventar *Gerhardt* in: Roth/Gerhardt, Praxishdb. Erbenhaftungsbeschränkung, S. 210 ff.

184) Staudinger-*Dobler*, BGB, § 1993 Rz. 21; *Küpper* in: MünchKomm-BGB, § 2010 Rz. 4.

161 Ein privates Verzeichnis des Erben ist ebenfalls nicht ausreichend. Vielmehr muss der Erbe ein den Erfordernissen des **§ 2002 BGB** entsprechendes **Verzeichnis** einreichen, das er amtlich aufnehmen lässt i. S. des § 2003 BGB. Alternativ kann er gemäß § 2004 BGB auf ein solches, bereits beim Nachlassgericht befindliches, Verzeichnis Bezug nehmen.

162 Die **Inventarfrist** wird in § 1994 BGB als die dem Erben vom Nachlassgericht auf Antrag eines Nachlassgläubigers zur Errichtung eines Inventars bestimmte Frist definiert. Es handelt sich um keine gesetzliche, sondern um eine **richterliche Frist.**[185] Im Gegensatz zu § 1993 BGB, der die Berechtigung des Erben, ein Inventar zu errichten, beinhaltet, handelt es sich bei § 1994 BGB um die sog. **„Inventarpflicht"**.[186] Tatsächlich kann der Erbe allerdings mit keinen Mitteln zur Errichtung des Inventars verpflichtet werden. Stellt ein Nachlassgläubiger den Antrag nach § 1994 BGB, handelt sich bei der Inventarisierung um eine Obliegenheit des Erben. **Antragsberechtigt** sind alle Nachlassgläubiger i. S. des § 1967 BGB, insbesondere Vermächtnisnehmer, Pflichtteilsberechtigte und Pfändungsgläubiger von Nachlassverbindlichkeiten und Nachlasserbengläubiger.[187]

163 Nach wohl h. M. sind auch die **nach §§ 1973, 1974 BGB ausgeschlossenen Gläubiger antragsberechtigt.**[188] Dem ist zuzustimmen, da das Gesetz keinerlei Einschränkungen hinsichtlich dieser Gläubigergruppe vornimmt, vielmehr ergibt sich bereits aus § 1994 Abs. 2 Satz 2 BGB, dass es den Antrag nicht unzulässig macht, wenn die Forderung gar nicht besteht, der Antrag also durch einen Nicht-Gläubiger gestellt wird. Als wesensgleiches Minus muss dann auch die Gläubigerforderung mit einbezogen werden, die von der Haftungsbeschränkung nicht umfasst wäre. Im Übrigen haben auch die ausgeschlossenen Gläubiger ein Interesse daran, Auskunft über den Bestand des Nachlasses und umgekehrt die Zugehörigkeit von einzelnen Gegenständen zum Eigenvermögen des Erblassers zu erlangen.[189]

164 Das **Rechtsschutzbedürfnis** muss nicht nachgewiesen werden.[190]

165 Die **Fristbestimmung** ist gemäß § 2000 BGB in den folgenden Fällen unwirksam:

- Während der Dauer einer Nachlassverwaltung, § 2000 Satz 2 BGB,
- während der Dauer eines Nachlassinsolvenzverfahrens, § 2002 Satz 2 BGB,

185) *Odersky* in: NK-BGB, 5. Aufl., § 1994 Rz. 1.

186) Staudinger-*Dobler*, BGB, § 1994 Rz. 1.

187) *Küpper* in: MünchKomm-BGB, § 1994 Rz. 2; OLG Schleswig, Beschl. v. 4.10.2013 – 3 Wx 11/12, ZEV 2014, 33.

188) Damrau/Tanck-*Gottwald*, PK Erbrecht, § 1994 Rz. 4.

189) *Gerhardt* in: Roth/Gerhardt, Praxishdb. Erbenhaftungsbeschränkung, S. 222.

190) *Gerhardt* in: Roth/Gerhardt, Praxishdb. Erbenhaftungsbeschränkung, S. 222.

- wenn das Nachlassinsolvenzverfahren durch Verteilung der Masse oder durch einen Insolvenzplan beendet ist,
- gegenüber einem Nachlasspfleger oder Nachlassverwalter, § 2012 BGB,
- gegenüber einem Testamentsvollstrecker,[191)]
- gegenüber dem Fiskus als gesetzlichem Erben, § 2011 BGB,
- wenn eine nicht antragsberechtigte Person den Antrag stellt (Nachlassverwalter und Nachlassinsolvenzverwalter, § 2000 Satz 2 BGB,
- wenn bereits ein ordnungsgemäßes Inventar errichtet ist.[192)]

Die Forderung muss gemäß § 1994 Abs. 2 Satz 1 BGB **glaubhaft** gemacht werden. **166** Ist das Nachlassgericht bei Fristbestimmung zu Unrecht davon ausgegangen, dass die Forderung besteht, so bleibt die Fristbestimmung gemäß § 2002 Abs. 2 Satz 2 BGB wirksam.[193)]

Die Antragstellung unterliegt **keiner Antragsfrist**; allerdings kann der Antrag **167** nach fünf Jahren wegen §§ 1974 Abs. 1, 2013 Abs. 1 Satz 2 BGB praktisch bedeutungslos werden.[194)] Weder hindert ein Streit über die **Erbenstellung** des Antragsgegners die Fristbestimmung, noch hängt die Fristbestimmung von der Erteilung eines Erbscheins ab.[195)] Eine Aussetzung des Verfahrens bis zur rechtskräftigen Entscheidung über die Erbenstellung scheidet aus.[196)] Errichtet der Erbe nach Antragstellung in dem guten, aber falschen, **Glauben, kein Erbe zu sein**, kein Inventar, so geht dies zu seinen Lasten.

Gemäß § 1995 Abs. 1 Satz 1 BGB soll die **Inventarfrist** mindestens einen Mo- **168** nat, längstens aber drei Monate betragen. Verstößt das Nachlassgericht gegen die Sollvorschrift, so wird die Fristsetzung nicht unwirksam, gewährt aber die befristete Beschwerde gemäß §§ 58, 59, 63 FamFG.[197)] Die Frist beginnt mit Zustellung des Gerichtsbeschlusses, jedoch frühestens mit der Annahme der Erbschaft, § 1995 Abs. 2 BGB. Die Hemmungsvorschriften des allgemeinen Verjährungsrechts (§ 210 BGB) werden über § 1997 BGB für anwendbar erklärt. Für den Tod des Erben vor Fristablauf gilt § 1998 BGB. Die Inventarfrist läuft also auch dann ab, wenn der Erbe des Erben keine Kenntnis von der Fristbestimmung hat. Für diese Fälle kann sich der Erbeserbe auf § 1996 Abs. 1 BGB berufen.[198)]

---

191) *Küpper* in: MünchKomm-BGB, § 1994 Rz. 5.

192) Erman-*Horn*, BGB, § 1994 Rz. 5.

193) *Gerhardt* in: Roth/Gerhardt, Praxishdb. Erbenhaftungsbeschränkung, S. 222.

194) *Gerhardt* in: Roth/Gerhardt, Praxishdb. Erbenhaftungsbeschränkung, S. 225; Erman-*Horn*, BGB, § 1994, Rz. 2.

195) Staudinger-*Dobler*, BGB, § 1994 Rz. 13.

196) BayObLG RJA 3, 176, 177 ff.

197) Erman-*Horn*, BGB, § 1995 Rz. 1.

198) Erman-*Horn*, BGB, § 1998 Rz. 1.

169 Das Nachlassgericht kann eine wirksame Fristbestimmung nicht zurücknehmen, aber auf Antrag des Erben die Frist verlängern, § 1995 Abs. 3 BGB. Bei der Fristverlängerung ist das Nachlassgericht weder an den Antrag noch an die Höchstfrist des § 1995 Abs. 1 BGB gebunden.[199] Der Antrag auf Fristverlängerung kann mehrmals hintereinander gestellt werden, muss dann aber jeweils vor Ablauf der zuletzt gesetzten Frist beim Nachlassgericht eingehen.[200]

170 Hat der Erbe die Frist **unverschuldet**[201] **versäumt**, gewährt **§ 1996 BGB** dem Erben eine Art **„Wiedereinsetzung in den vorherigen Stand“**.[202] Der Antrag des Erben muss rechtzeitig, also innerhalb von zwei Wochen nach Beseitigung des Hindernisses und spätestens vor Ablauf eines Jahres nach dem Ende der ursprünglichen Inventarfrist, gestellt werden, § 1996 Abs. 2 BGB.

171 Gemäß § 2000 Satz 1 BGB wird die Fristbestimmung eines Inventars unwirksam, wenn die **Nachlassverwaltung** angeordnet wurde oder das **Nachlassinsolvenzverfahren** eröffnet wurde. Die haftungsbeschränkende Wirkung der Inventaraufnahme wird im Hinblick auf diese beiden Verfahren überflüssig.[203] Wird die Eröffnung des Nachlassinsolvenzverfahrens gemäß § 26 InsO mangels Masse abgelehnt, gilt dies nicht mehr, so dass der Erbe unbeschränkt haftet, wenn er die Frist versäumt.[204]

172 Setzt das Nachlassgericht eine Frist zur Inventarerstellung und **läuft diese fruchtlos ab**, so kann ein nach Ablauf dieser Frist gestellter Antrag auf Eröffnung Nachlassinsolvenzverfahrens eine **Haftungsbeschränkung nicht mehr herbeiführen**.[205] Wird der Erbe wegen einer Nachlassverbindlichkeit durch einen Nachlassgläubiger in Anspruch genommen, so kann das auf Antrag des Erben eröffnete Nachlassinsolvenzverfahren nicht gemäß § 240 ZPO unterbrochen werden.[206] Da der Erbe das Inventar nicht fristgerecht errichtet hat, haftet er den Nachlassgläubigern gegenüber unbeschränkt. Der Eröffnung des Nachlassinsolvenzverfahrens steht gemäß § 316 Abs. 1 InsO nicht entgegen, dass der Erbe unbeschränkt haftet. Aus § 2013 Abs. 1 Satz 1 BGB ergibt sich, dass die Haftungsbeschränkungen der §§ 1975, 1989 BGB nicht mehr gelten, wenn der Erbe unbeschränkt für Nachlassverbindlichkeiten haftet. Korrespondierend dazu kann eine Unterbrechung des Verfahrens gemäß § 240 ZPO nicht

199) OLG Düsseldorf, Beschl. v. 17.1.1997 – 3 Wx 423/95, FamRZ 1997, 846.

200) BayObLG, Beschl. v. 26.5.1992 – BReg 1 Z 71/91, FamRZ 1992, 1326.

201) In der früheren Gesetzesfassung bis zum 15.12.2004: „durch höhere Gewalt“, heute nur noch „unverschuldet“, so dass die Anforderungen entschärft wurden.

202) RG, Urt. v. 19.3.1903 – VI 414/02, RGZ 54, 149, 151 ff.

203) *Gerhardt* in: Roth/Gerhardt, Praxishdb. Erbenhaftungsbeschränkung, S. 225; Erman-*Horn*, BGB, § 2000 Rz. 1.

204) *Gerhardt* in: Roth/Gerhardt, Praxishdb. Erbenhaftungsbeschränkung, S. 225.

205) LG Karlsruhe, Beschl. v. 21.2.2014 – 2 CT 19/13, ZErb 2014, 170.

206) LG Karlsruhe, Beschl. v. 21.2.2014 – 2 CT 19/13, ZErb 2014, 170.

eintreten, der Nachlassgläubiger kann den Erben weiterhin außerhalb des Nachlassinsolvenzverfahrens in Anspruch nehmen.

Der notwendige **Inhalt des Inventars** ergibt sich aus § 2001 BGB. Es sollen demnach die bei Eintritt des Erbfalls vorhandenen Nachlassgegenstände und Verbindlichkeiten vollständig angegeben werden. Zudem soll eine Beschreibung der Nachlassgegenstände sowie – soweit erforderlich – die Angabe des Wertes enthalten sein. Es handelt sich jeweils um Sollvorschriften, die lediglich den Charakter von Ordnungsvorschriften haben.[207] 173

Im Inventar sollen **alle Nachlassgegenstände**, also die Aktivpositionen angegeben werden, wobei der Stichtag der Todestag ist. Veränderungen, die sich nach dem Erbfall ergeben haben, müssen grundsätzlich außer Acht bleiben, können aber zur Erfüllung der Rechenschaftsablegung des Erben gemäß §§ 1978, 1991 BGB ebenfalls aufgenommen werden; die Vermutung des § 2009 BGB umfasst diese dann allerdings nicht.[208] Unabhängig davon, ob Gesellschaftsanteile an Personengesellschaften frei vererblich sind oder vielmehr im Wege der Sondernachfolge auf den Erben übergehen, sind diese Anteile mit aufzunehmen.[209] Eine Ausnahme ergibt sich nur dann, wenn der Anteil mit dem Tod des Erblassers untergeht, weil die Gesellschaft ausschließlich von den verbleibenden Gesellschaftern fortgesetzt wird – in diesem Fall ist der Abfindungsanspruch des Erben einzustellen.[210] 174

Der Erbe verliert die Möglichkeit der Haftungsbeschränkung, wenn er absichtlich eine erhebliche **Unvollständigkeit** der im Inventar enthaltenen **Nachlassgegenstände** herbeiführt, § 2005 Abs. 1 Satz 1 Alt. 1 BGB. Hierbei ist nicht erforderlich, dass es dem Erben gerade darauf ankommt, die Nachlassgläubiger mit diesem Verhalten zu schädigen, es ist ausreichend, wenn ihn andere Beweggründe dazu antreiben (bspw. um Miterben oder andere Personen zu benachteiligen oder zu täuschen, oder um Erbschaftsteuer zu „sparen“)[211]. **Fehler in der Wertangabe** sind nicht ausreichend, da es sich bei § 2001 Abs. 1 BGB um eine reine Ordnungsvorschrift handelt.[212] Hat der Erbe nur im geringen Umstand Gegenstände nicht aufgenommen oder hat er einen nicht vorhandenen Nachlassgegenstand aufgenommen, so liegt keine Inventaruntreue i. S. des § 2005 Abs. 1 Satz 1 Alt 1. BGB vor. 175

Nimmt der Erbe eine **nicht bestehende Nachlassverbindlichkeit** in das Inventar mit auf und handelt er hierbei mit der Absicht, die Nachlassgläubiger zu 176

207) *Gerhardt* in: Roth/Gerhardt, Praxishdb. Erbenhaftungsbeschränkung, S. 227.

208) *Gerhardt* in: Roth/Gerhardt, Praxishdb. Erbenhaftungsbeschränkung, S. 227.

209) *Gerhardt* in: Roth/Gerhardt, Praxishdb. Erbenhaftungsbeschränkung, S. 227.

210) *Gerhardt* in: Roth/Gerhardt, Praxishdb. Erbenhaftungsbeschränkung, S. 227.

211) *Gerhardt* in: Roth/Gerhardt, Praxishdb. Erbenhaftungsbeschränkung, S. 228.

212) *Gerhardt* in: Roth/Gerhardt, Praxishdb. Erbenhaftungsbeschränkung, S. 228.

benachteiligen, so liegt gemäß § 2005 Abs. 1 Satz 1 Alt. 2 BGB ebenfalls Inventaruntreue vor.[213] Zwar sind die Nachlassverbindlichkeiten nicht notwendiger Bestandteil des Inventars und werden auch nicht von der Vermutung des § 2009 BGB umfasst. Sanktioniert wird allerdings, dass der Erbe das Vertrauen der Nachlassgläubiger durch die Aufnahme nicht bestehender Verbindlichkeiten insofern täuscht, als dass er eine höhere Verschuldung des Nachlasses vorspiegelt.[214]

8. Zusammenfassung

177 Somit lässt sich der Umfang der Insolvenzmasse im Nachlassinsolvenzverfahren wie folgt zusammenfassen.

178 Zur Insolvenzmasse gehören:

- Alle vom Erblasser hinterlassenen Aktivgegenstände (Sachen sowie Rechte), die zur Zeit der Eröffnung noch unterscheidbar im Vermögen des Erben vorhanden sind;
- bei Erbengemeinschaft, Vor- und Nacherbschaft und Testamentsvollstreckung Surrogate für aus dem Nachlass veräußerte Gegenstände;
- Herausgabeansprüche gemäß §§ 1978 Abs. 1, 667 BGB;
- Zinsansprüche gemäß §§ 1978 Abs. 1, 668 BGB;
- Schadensersatzansprüche gemäß § 1980 Abs. 1 Satz 2 BGB;
- Schadensersatzansprüche wegen Pflichtverletzung bei der Verwaltung des Nachlasses gemäß § 1978 Abs. 1 BGB i. V. mit § 280 Abs. 1 BGB;
- Ansprüche gegen den Erben aus unbeschränkter Erbenhaftung gemäß § 93 InsO analog;
- Insolvenzanfechtungsansprüche;
- Zuflüsse aus Nutzungen von Massegegenständen nach Eröffnung des Insolvenzverfahrens über den Nachlass;
- Ansprüche auf Ersatz der gesamten Nachlassverbindlichkeiten, § 2013 BGB.

179 **Nicht** zur Insolvenzmasse gehören jedoch:

- Bei Alleinerbschaft Surrogate für vom Erben veräußerte Nachlassgegenstände;
- Gegenstände, die aus der Person des Erben heraus betrachtet unpfändbar sind (§ 36 InsO i. V. mit § 811 ZPO);
- Arbeitseinkommen und sonstiger Erwerb des Erben in der Zeit nach der Eröffnung des Insolvenzverfahrens über den Nachlass.

---

213) *Gerhardt* in: Roth/Gerhardt, Praxishdb. Erbenhaftungsbeschränkung, S. 228.

214) *Gerhardt* in: Roth/Gerhardt, Praxishdb. Erbenhaftungsbeschränkung, S. 228.

IV. Beteiligte im Nachlassinsolvenzverfahren

1. Schuldner

Es ist keineswegs eindeutig, wer im Nachlassinsolvenzverfahren „der Schuldner“ ist. Es ist noch nicht einmal eindeutig, dass es hier überhaupt „den Schuldner“ gibt. 180

Unter der Geltung der KO wurde der Erbe soweit ersichtlich allgemein anerkanntermaßen für den Schuldner des Nachlasskonkursverfahrens gehalten.[215] Geprägt war diese Ansicht durch eine Entscheidung des Reichsgerichts.[216] Das RG entschied, Gemeinschuldner im Nachlasskonkurs seien der Erbe oder die Erben als Träger der in der Masse vereinten Vermögenswerte und Nachlassverbindlichkeiten. Diese Ansicht wurde später vom BGH bestätigt.[217] 181

Mit Einführung der InsO kam Unruhe in diese gefestigte Auffassung. Grund hierfür ist die **Begründung des RegE zur InsO** vom 15.4.1992. Hier heißt es: „Schuldner i. S. der §§ 21 und 22 dieses Entwurfs [Anm.: heute §§ 17 und 18 InsO] ist hier der Nachlass“.[218] Dem folgte das **LG Göttingen** in einer Entscheidung aus dem Jahr 2000.[219] Mehr oder weniger unreflektiert wird diese Formulierung – ohne dass es entscheidungserheblich auf eine Differenzierung angekommen wäre – auch von der höchstrichterlichen Rechtsprechung adaptiert.[220] Auch wird vertreten, Schuldner sei im Nachlassinsolvenzverfahren der Erblasser.[221] 182

Die **Literatur und weite Teile der Rechtsprechung** haben sich mit der doch recht klaren Formulierung des RegE nicht inhaltlich auseinandergesetzt. Die Begründung wird teilweise schlicht als „irreführend“[222] oder „missverständlich“[223] abgetan. *Marotzke* sieht in der Aussage nur den Wunsch, zum Ausdruck zu bringen, „dass bei der Prüfung der (bestehenden oder drohenden) Zahlungsunfähigkeit lediglich die im Nachlass vorhandenen flüssigen Mittel zu berücksichtigen“ sind.[224] 183

---

215) *Kuhn/Uhlenbruck*, KO, § 214 Rz. 6; *Kilger/K. Schmidt*, KO, § 214 Rz. 3A; *Hess*, KO, § 214 Rz. 15; Jaeger-*Weber*, KO, § 214 Rz. 7; *Mohrbutter/Mohrbutter*, Hdb. der Konkurs- und Vergleichsverwaltung, Rz. 1125; *Hanisch* in: FS Henckel, S. 371.

216) RG, Entsch. v. 7.4.1913 – 603/12 IV., JW 1913, 752 f.

217) BGH, Urt. v. 16.5.1969 – V ZR 86/68, NJW 1969, 1349.

218) Begr. RegE InsO z. § 363, BT-Drucks. 12/2443, S. 231.

219) Vgl. LG Göttingen, Beschl. v. 10.10.2000 – 10 T 128/00, ZInsO 2000, 319 = Rpfleger 2001, 95.

220) BGH, Urt. v. 28.11.2019 – IX ZR 239/18, Rz. 14, BGHZ 224, 177 = ZVI 2020, 141.

221) Braun-*Herzig*, InsO, § 32 Rz. 12; *Marotzke* in: HK-InsO, Vor §§ 315 ff. Rz. 7: „Hilfsweise kann aber u. U. der Erblasser [als Schuldner] in Betracht kommen“.

222) *Schallenberg/Rafiqpoor* in: FK-InsO, Vor §§ 315 ff. Rz. 29.

223) *Hüsemann*, Das Nachlassinsolvenzverfahren, S. 26.

224) *Marotzke* in: HK-InsO, Vor §§ 315 ff. Rz. 8.

184 In der Besprechung des Urteils des LG Göttingen[225] wird angemerkt, dass das Gericht ohne ein Wort der Erklärung eine mehr als 100 Jahre alte Rechtstradition unterbreche. Es sei mit der Begründung des RegE nur auf die „Selbstverständlichkeit hingewiesen, dass es im Nachlassinsolvenzverfahren bei der Prüfung der Insolvenzgründe nur auf die flüssigen Mittel des Nachlasses und nicht auf das Eigenvermögen des Erben ankommt".[226] Die Literatur sieht somit unisono den Erben als Schuldner des Nachlassinsolvenzverfahrens an.[227]

185 Dem gegenüber deutet das **OLG Köln** in seiner Entscheidung vom 14.4.2005 das tatsächlich zutreffende Verständnis des Erben im Nachlassinsolvenzverfahren an: Er nehme „als Träger der in der Masse vereinten Vermögenswerte und Nachlassverbindlichkeiten die verfahrensrechtliche Stellung eines Schuldners"[228] ein. Dieses Verständnis liegt anders als die Gleichsetzung von Erbe und Schuldner. Die dem zugrunde liegende, feinsinnige Differenzierung wirkt sich an vielen Stellen aus. Wie bspw. sollte man erklären, dass ein Testamentsvollstrecker auskunfts- und mitwirkungspflichtig i. S. der §§ 97, 98 InsO ist, wenn doch Schuldner im Nachlassinsolvenzverfahren der Erbe ist, der eine natürliche Person ist, die zweifelsohne in der Lage ist, Auskünfte zu erteilen? Wenn der Erbe Schuldner wäre, dann ließe sich die Analogie zu § 101 InsO, die weithin vertreten wird,[229] nur schwer halten.

186 Ausgangspunkt der **Bestimmung der Schuldnerstellung** im Nachlassinsolvenzverfahren muss der Wortlaut des Gesetzes sein. Dieses trifft allerdings keine Aussage. Auch systematische Erwägungen führen kaum weiter. Die für das Nachlassinsolvenzverfahren relevanten Normen befinden sich im 10. Teil der InsO „Besondere Arten des Insolvenzverfahrens". Diese speziellen Regelungen werden durch die vorangestellten allgemeinen Vorschriften ergänzt. Auch in den voranstehenden, allgemeinen Teilen der InsO existiert keine Vorschrift, die den Schuldnerbegriff beschreibt. Jedoch findet sich in § 11 Abs. 2 Nr. 2 InsO die Festlegung, dass das Insolvenzverfahren „über" einen Nachlass geführt werden kann. Dies beschreibt den **Nachlass** als Haftungssubstrat, also

225) *Siegmann*, Rpfleger 2001, 260 ff. (Anm. zu LG Göttingen, Beschl. v. 10.10.2000 – 10 T 128/00, ZInsO 2000, 319 = Rpfleger 2001, 95).

226) *Siegmann*, Rpfleger 2001, 260, 261 (Anm. zu LG Göttingen, Beschl. v. 10.10.2000 – 10 T 128/00, ZInsO 2000, 319 = Rpfleger 2001, 95).

227) *Marotzke* in: HK-InsO, Vor §§ 315 ff. Rz. 7; *Schallenberg/Rafiqpoor* in: FK-InsO, Vor §§ 315 ff. Rz. 29; *Hanisch* in: FS Henckel, S. 377; *Siegmann/Scheuing* in: MünchKomm-InsO, Anh. § 315 Rz. 1; Andres/Leithaus-*Andres*, InsO, Vorb. vor §§ 315–331 Rz. 3; *Böhm* in: HambKomm-InsO, Vor §§ 315 ff. Rz. 13; Uhlenbruck-*Lüer/Weidmüller*, InsO, § 315 Rz. 10; *Haarmeyer/Wutzke/Förster*, Hdb. InsO, S. 731; Braun-*Bauch*, InsO, § 315 Rz. 3; *Frege/Keller/Riedel*, Insolvenzrecht, Teil 7, Kap. 2 Rz. 18; *Hüsemann*, Das Nachlassinsolvenzverfahren, S. 26; *Bork*, Einführung in das Insolvenzrecht, Rz. 493.

228) OLG Köln, Beschl. v. 14.4.2005 – 2 Wx 43/04, ZVI 2005, 315 = ZInsO 2005, 825.

229) *Stephan* in: MünchKomm-InsO, § 101 Rz. 15; Jaeger-*Schilken*, InsO, § 101 Rz. 12; *Schröder* in: HambKomm-InsO, § 20 Rz. 8.

als **Verfahrensobjekt** und nicht als Rechtssubjekt. Rechtssubjektivität kommt dem Nachlass im deutschen Recht nicht zu. Dass der Nachlass das Verfahrensobjekt ist, ist übrigens allgemein unbestritten; das Eigenvermögen des Erben ist nach allgemeiner Auffassung nämlich nicht vom Insolvenzverfahren über den Nachlass betroffen.

Aus der fehlenden Subjektqualität des Nachlasses wird sodann in der Literatur unbesehen auf die Schuldnerschaft des Erben geschlossen. Sehe man den Erben nicht als Schuldner an, so fehle es im Nachlassinsolvenzverfahren an einem Rechtssubjekt, gegen welches sich der Eröffnungsantrag richte; das Nachlassinsolvenzverfahren könne daher einen Schuldner nicht entbehren.[230] **187**

Die **Gleichsetzung von Schuldner und Erbe** erzeugt allerdings auch für die Vertreter dieser Auffassung **nicht unerhebliche Schwierigkeiten**. Probleme bereitet diese Ansicht bereits bei der Beurteilung der **Eröffnungsgründe**. Der Insolvenzgrund entsteht nämlich nicht in der Person des Erben. Wäre man konsequent, so müsste ein Nachlassinsolvenzverfahren zur Eröffnung gelangen, wenn der Erbe insolvent wäre. Stattdessen wird hier der Kunstgriff unternommen, dass im Zeitpunkt der Beurteilung der Eröffnungsgründe allein auf das in diesem Zeitpunkt noch vorhandene Nachlassvermögen abgestellt wird, obwohl in diesem Zeitpunkt noch keine Separation stattgefunden hat, also der Nachlass noch mit dem Eigenvermögen des Erben verbunden ist. Von der Literatur wird diese widersprüchliche Situation als unbeachtlich betrachtet. Es sei nicht entscheidend, dass der Insolvenzgrund nicht in der Person des Erben entstanden ist.[231] Begründet wird dies damit, dass dem Erben allein aus der Zuweisung der Schuldnerrolle keine materiellen oder immateriellen Nachteile entstehen.[232] Die staatsbürgerlichen Rechte des Erben würden durch das Nachlassverfahren nicht berührt, da sich die Nachlassinsolvenz anders als in der Eigeninsolvenz nicht auf seine Person beziehe.[233] Diese Argumentation vermag den Widerspruch jedoch nicht aufzulösen. Vielmehr verstärkt sie ihn. Den Erben persönlich als Schuldner anzusehen, jedoch gleichzeitig zu konstatieren, dass das Nachlassinsolvenzverfahren sich nicht auf seine Person beziehe, überzeugt nicht. Im Ergebnis mag es weitgehend zutreffen, dass ihm keine (rechtlichen!) Nachteile erwachsen, da ihn bürgerlich-rechtliche Beschränkungen wie bspw. § 773 Abs. 1 Nr. 3 BGB oder auch der Verlust des Rechts, ehrenamtlicher Richter zu sein (§ 33 Nr. 5 GVG) nicht treffen, dogmatisch ist diese Vorgehensweise jedoch wenig überzeugend. **188**

---

230) *Schallenberg/Rafiqpoor* in: FK-InsO, Vor §§ 315 ff. Rz. 29; Uhlenbruck-*Lüer/Weidmüller*, InsO, § 315 Rz. 11; *Kuhn/Uhlenbruck*, KO, § 214 Rz. 6.

231) Uhlenbruck-*Lüer/Weidmüller*, InsO, § 315 Rz. 11; *Hanisch* in: FS Henckel, S. 377.

232) *Schallenberg/Rafiqpoor* in: FK-InsO, Vor §§ 315 ff. Rz. 30.

233) *Kuhn/Uhlenbruck*, KO, § 214 Rz. 6; Uhlenbruck-*Lüer/Weidmüller*, InsO, § 315 Rz. 11.

189 Das Argument, das Nachlassinsolvenzverfahren könne einen Schuldner nicht entbehren, überzeugt indes auch nur vordergründig, solange man besondere Nachlassgestaltungen außer Betracht lässt. Es trifft nämlich nicht zu, dass das Nachlassinsolvenzverfahren einen Schuldner braucht; es trifft vielmehr zu, dass es eine **natürliche Person braucht**, die **die verfahrensmäßigen Rechte und Pflichten eines Schuldners wahrnimmt**. Darunter sind diejenigen Rechte und Pflichten zu verstehen, die nicht den gläubigerseitigen Interessen entsprechen. Diese natürliche Person kann jedoch keineswegs mit dem Erben oder der Erbengemeinschaft gleichgesetzt werden.

190 **Das zeigt sich an den Fällen der Nachlasspflegschaft und der Testamentsvollstreckung.** Bei der Nachlasspflegschaft lässt sich noch eine gewisse Parallelität zwischen den Interessen des Erben und den durch den Nachlasspfleger zu verfolgenden Interessen feststellen, so dass hier der Erbe in Ansehung der insolvenzverfahrensmäßigen Rechte und Pflichten unschwer zumindest teilweise durch den Nachlasspfleger ersetzt werden könnte. Bei der Testamentsvollstreckung ist dies jedoch grundlegend anders: Die Testamentsvollstreckung verfolgt den Zweck, den Erblasserwillen über den Tod des Erblassers hinaus umzusetzen.[234] Die Interessen, die der Testamentsvollstrecker zu verfolgen hat, können den Interessen des Erben diametral widersprechen. Die Testamentsvollstreckung kann zwar auch dem Schutz des Erben dienen, etwa wenn der Zugriff des Erben auf Nachlassgegenstände unterbunden werden soll, um ihm selbst diese zu erhalten.[235] Die Testamentsvollstreckung kann aber auch den Interessen Dritter dienen, die i. R. der Testamentsvollstreckung Gegenstände aus dem Nachlass erhalten sollen.[236] Gleichwohl wird der Testamentsvollstrecker zu Recht ausdrücklich[237] nicht als Schuldner im Nachlassinsolvenzverfahren angesehen. Als Anknüpfungspunkt für die Schuldnerstellung des Erben taugt also auch seine grundsätzliche Rechtsstellung nicht, die üblicherweise darin besteht, die den Nachlass betreffenden, den Gläubigerinteressen entgegenstehenden Interessen geltend zu machen, denn sonst müsste konsequenterweise auch der Testamentsvollstrecker in die Schuldnerrolle eintreten können. Einziger verbleibender Anknüpfungspunkt für die Schuldnerstellung des Erben könnte danach nur noch die Rechtsträgerschaft in Ansehung des Nachlasses sein. Welchen Nutzen das aber bringen sollte, bleibt völlig dunkel. Im Gegenteil: Dieses Postulat schafft nur Verwirrung.

---

234) *Hausmann/Hohloch*, Hdb. des Erbrechts, S. 1363, Rz. 1.

235) So bspw. bei Zugehörigkeit eines Erben zu einer Sekte, OLG Düsseldorf v. 2.3.1988 – 3 Wx 290/87, NJW 1988, 2615.

236) *Muscheler*, Haftungsordnung der Testamentsvollstreckung, S. 7 – Interesse, dass der Nachlass zumindest in dem Umfang erhalten bleibt, den er im Zeitpunkt des Erbfalls hatte.

237) *Frege/Keller/Riedel*, Insolvenzrecht, Teil 7, Kap. 2 Rz. 25.

Tatsache ist, dass die **InsO** den **Schuldnerbegriff** in einer Vielzahl von Vorschriften verwendet, ihm dabei aber stets **eine von zwei Bedeutungen zumisst**, ohne deutlich zum Ausdruck zu bringen, welche der beiden Bedeutungen im jeweiligen Fall gemeint ist: 191

- Es gibt **zum einen** die Normen, die sich bei Verwendung des Schuldnerbegriffs auf das **Haftungssubstrat** des Insolvenzverfahrens, nämlich das schuldnerische Vermögen beziehen. Dies sind besonders offensichtlich die Vorschriften, die die Eröffnungsgründe regeln, §§ 17 Abs. 2, 18 Abs. 2, 19 Abs. 2 InsO sowie § 35 Abs. 1 InsO.
- **Zum anderen** gibt es Vorschriften, die einer **natürlichen Person** die den Gläubigerinteressen entgegenlaufenden Rechte und den Gläubigerinteressen dienenden **Pflichten** auferlegen oder sonst an **Handlungen** anknüpfen, wenn sie den Schuldnerbegriff verwenden. Das sind bspw. Vorschriften, die die Anhörung des Schuldners normieren (§ 10 InsO), dem Schuldner Rechtsmittel gegen Entscheidungen des Insolvenzgerichtes eröffnen (z. B. § 34 InsO) oder seine Auskunfts- und Mitwirkungspflichten statuieren (§§ 97, 98 InsO). Schließlich zählen zu dieser Gruppe von Normen auch diejenigen, die auf Rechtshandlungen des Schuldners abstellen, wie bspw. § 81 Abs. 1 InsO oder § 133 InsO.

Alle diese Vorschriften, die nicht das schuldnerische Vermögen meinen, sondern diejenige Person, die die Interessen der Vermögensmasse gegenüber den Gläubigern wahrnimmt, **müssen im Nachlassinsolvenzverfahren** entsprechend ihrem Sinn und Zweck nach **interpretiert werden**. Soweit **keine Nachlasspflegschaft und auch keine Testamentsvollstreckung** angeordnet sind, berechtigen und verpflichten sie grundsätzlich den Erben als denjenigen, der in Ansehung des Nachlassvermögens die den Gläubigerinteressen entgegenlaufenden Interessen wahrnimmt. 192

Soweit allerdings Nachlasspflegschaft oder Testamentsvollstreckung angeordnet sind, stehen die aus diesen Normen resultierenden Rechte grundsätzlich dem Nachlasspfleger oder dem Testamentsvollstrecker zu (so bspw. im Fall der Testamentsvollstreckung das Insolvenzplanvorlagerecht (siehe ausführlich Rz. 679) oder das Antragsrecht gemäß §§ 212, 213 InsO); die aus solchen Normen resultierenden Pflichten treffen teilweise nur den Nachlasspfleger oder Testamentsvollstrecker, teilweise von ihrem Sinn und Zweck her aber zusätzlich den Erben (z. B. §§ 97, 98 InsO). Daher ist auch der Eröffnungsbeschluss gemäß § 30 Abs. 2 InsO sowohl dem Nachlasspfleger oder Testamentsvollstrecker als auch dem Erben zuzustellen. 193

Da der Erbe somit keineswegs zwangsläufig derjenige ist, der im Nachlassinsolvenzverfahren sämtliche Rechte wahrnehmen kann, die sonst dem Schuldner 194 zustehen, geht das letzte in der Literatur verwendete Argument für die Gleichsetzung von Erbe und Schuldner ebenfalls ins Leere.[238)]

195 **Im Ergebnis** ist also festzustellen, dass es „den Schuldner“ im Nachlassinsolvenzverfahren nicht gibt. Vielmehr sind die den Schuldnerbegriff verwendenden Normen der InsO für das Nachlassinsolvenzverfahren jeweils zu interpretieren, je nachdem, ob sie die haftende Vermögensmasse meinen oder eine handlungsfähige, also natürliche Person. Man mag anstelle des Schuldners von derjenigen Person sprechen, die die verfahrensmäßige Stellung eines Schuldners einnimmt.[239)]

2. Gläubiger

196 Am Insolvenzverfahren beteiligt sind die Nachlassgläubiger, § 325 InsO.[240)]

a) Aussonderungsberechtigte

197 Aussonderungsberechtigte sind **keine Insolvenzgläubiger**. Aussonderungsberechtigt ist gemäß § 47 InsO, wer aufgrund eines dinglichen oder persönlichen Rechts geltend machen kann, dass ein Gegenstand nicht zur Insolvenzmasse gehört. Sein Anspruch auf Aussonderung des Gegenstandes bestimmt sich nach den Gesetzen, die auch außerhalb des Insolvenzverfahrens gelten. Bei Aussonderungsgegenständen handelt es sich somit um massefremde Gegenstände, die der Insolvenzverwalter an den Berechtigten herauszugeben hat. Aussonderungsberechtigte werden vollständig durch Herausgabe des ihnen gebührenden Gegenstandes befriedigt; sie nehmen an einer Verteilung der Insolvenzmasse nicht teil.

198 Wichtigste Aussonderungsgegenstände sind **im Eigentum Dritter** stehende Sachen und **treuhänderisch verwaltete Gegenstände**. Soweit der Erblasser bspw. die Kaution eines Mieters einer in seinem Eigentum stehenden Wohnung separat von seinem sonstigen Vermögen angelegt und verwaltet hatte, besteht insoweit ein Aussonderungsanspruch des Mieters. Bei Treuhandverhältnissen ist Voraussetzung, dass der Gegenstand dem Erblasser oder später dem Verwalter der Erbschaft aus dem Vermögen des Treugebers überlassen wurde und dabei vereinbart worden ist, dass dieser Gegenstand nicht vermögensmäßig übergehen, sondern im Vermögen des Treugebers bleiben sollte.[241)]

---

238) So aber *Böhm* in: HambKomm-InsO, Vor §§ 315 ff. Rz. 13; Uhlenbruck-*Lüer/Weidmüller*, InsO, § 315 Rz. 12.

239) So auch OLG Köln, Beschl. v. 14.4.2005 – 2 Wx 43/04, ZVI 2005, 315 = ZInsO 2005, 825.

240) Nerlich/Römermann-*Riering*, InsO, § 325 Rz. 2; Braun-*Bauch*, InsO, § 325 Rz. 1; *Häsemeyer*, Insolvenzrecht, Rz. 33.30.

241) *Smid*, Praxishdb. Insolvenzrecht, § 2 Rz. 68.

Zu den Aussonderungsberechtigten gehören auch **Lieferanten**, die Ware unter Eigentumsvorbehalt geliefert haben. 199

Der Insolvenzverwalter ist zur **Verwertung** eines Aussonderungsgegenstandes nicht berechtigt. Erfolgt gleichwohl eine Veräußerung, so steht dem Aussonderungsberechtigten gemäß § 48 InsO ein **Ersatzaussonderungsanspruch** zu. Dieser ist auf Abtretung des Rechts auf die Gegenleistung gerichtet, soweit sie noch unterscheidbar in der Insolvenzmasse vorhanden ist. 200

b) Absonderungsberechtigte

Als Absonderungsberechtigte werden Gläubiger bezeichnet, die für ihre gegen den Nachlass gerichtete Forderung eine Sicherheit beanspruchen können. Die absonderungsberechtigten Gläubiger werden insofern **vorrangig befriedigt**, als sie gemäß §§ 49, 50 Abs. 1, 51 InsO und §§ 28 Abs. 2, 165, 166 ff., § 173 InsO zur abgesonderten Befriedigung aus dem Sicherungsgegenstand berechtigt sind. Die wichtigsten Absonderungsrechte sind 201

- Grundpfandrechte an zum Nachlass gehörenden Gegenständen (§ 49 InsO),
- Pfandrechte an zum Nachlass gehörenden Gegenständen (§ 50 Abs. 1 InsO),
- sicherungsübereignete Gegenstände (§ 51 Nr. 1 InsO) und
- Zurückbehaltungsrechte (§ 51 Nr. 2 und 3 InsO).

Absonderungsrechte, die in der **Zeit zwischen dem Erbfall und der Eröffnung** des Insolvenzverfahrens über den Nachlass im Wege der Zwangsvollstreckung erworben worden sind, verlieren mit der Eröffnung des Nachlassinsolvenzverfahrens ihre Wirkung, § 321 InsO. Die hieraus resultierende **Rückschlagsperre** geht über die im allgemeinen Insolvenzverfahren anzuwendende einmonatige Rückschlagsperre des § 88 InsO weit hinaus. 202

c) Ungesicherte Insolvenzgläubiger

Die Gruppe der ungesicherten Insolvenzgläubiger bildet im Wesentlichen diejenige Gläubigergruppe, die das Insolvenzverfahren am stärksten determiniert, da die Verwaltung und Verwertung des Insolvenzmasse vorrangig ihren Interessen dient. Insolvenzgläubiger sind im Nachlassinsolvenzverfahren die Gläubiger von Nachlassverbindlichkeiten i. S. von § 325 InsO bzw. § 1967 Abs. 2 BGB. Zu den Einzelheiten siehe Rz. 430 ff. Insolvenzgläubiger können im Nachlassinsolvenzverfahren unterschiedlichen Rang einnehmen. Zu der Rechtstellung der Insolvenzgläubiger im Einzelnen siehe unten Rz. 452 ff. 203

3. Insolvenzverwalter

Der Insolvenzverwalter übt ein **fremdnütziges, privates Amt** aus.[242] Er verwaltet und verwertet die Insolvenzmasse, § 80 InsO. Verwaltung und Verwer- 204

242) *Smid*, Praxishdb. Insolvenzrecht, § 9 Rz. 12.

tung der Insolvenzmasse durch den Insolvenzverwalter erfolgen im Interesse der Gesamtgläubigerschaft. Die Insolvenzmasse ist für den Insolvenzverwalter Fremdvermögen. Der Insolvenzverwalter hat sein Amt persönlich wahrzunehmen; die Verwalterbestellung ist höchstpersönlich. Um die Praxis der Auswahl von Insolvenzverwaltern besteht eine gewisse Diskussion,[243] die im Nachlassinsolvenzverfahren zusätzlich besondere Implikationen erfährt. Zum Insolvenzverwalter kann nur eine natürliche Person bestellt werden, § 56 InsO.

205 Diese natürliche Person hat auch in großen Insolvenzverfahren den Kernbereich der Insolvenzverwaltertätigkeit persönlich wahrzunehmen, was allerdings nicht ausschließt, dass **qualifizierte Hilfspersonen** zur Ausführung der durch den Insolvenzverwalter vorgegebenen Leitlinien und grundlegenden Entscheidungen herangezogen werden und dass bspw. Schreibarbeiten auf nachgeordnete Hilfskräfte verlagert werden. Die **Verantwortung für die Verfahrensführung** trägt in jedem Falle der Insolvenzverwalter selbst, auch wenn er sich bestimmter Hilfspersonen bedient. Welche Entscheidungen im Einzelnen zu denjenigen gehören, die in den Kernbereich der Tätigkeit des Insolvenzverwalters fallen und daher von ihm höchstpersönlich wahrzunehmen sind, hängt von der Bedeutung und Tragweite ab und ist im Einzelnen und auch nicht immer einheitlich zu beantworten.[244] Für das Nachlassinsolvenzverfahren muss aber gelten, dass nur Personen geeignet sind, das Insolvenzverwalteramt zu übernehmen, die zumindest die wesentlichen **erbrechtlichen Kenntnisse** besitzen, denn die Verfahrenspraxis zeigt, dass in mehr als 50 % aller Nachlassinsolvenzverfahren erbrechtliche Ansprüche zu realisieren sind.

206 Die **Verwalterbestellung** erfolgt als Teil des Eröffnungsbeschlusses und wird öffentlich bekannt gemacht (§§ 27 Abs. 1 Satz 1, 30 Abs. 1 InsO). Dem Insolvenzverwalter wird nach § 56 Abs. 2 InsO die **Bestallungsurkunde** als Legitimationsnachweis ausgestellt und übergeben. Die Bestallungsurkunde hat der Insolvenzverwalter bei Beendigung seines Amtes zurückzugeben. Nur aufgrund der Bestallungsurkunde kann der Insolvenzverwalter sein gegenwärtiges Amt nachweisen; daher muss bspw. bei einer notariellen Beurkundung nicht nur der Eröffnungsbeschluss vorliegen, sondern auch das Original der Bestallungsurkunde.

207 Der Insolvenzverwalter ist neben der Verwaltung und Verwertung der Insolvenzmasse auch mit weiten Teilen der **organisatorischen Abwicklung** des Insolvenzverfahrens betraut. Er führt die Insolvenztabelle, führt die Prüfung der zur Insolvenztabelle angemeldeten Forderungen durch und führt das Massegegenstandsverzeichnis (§ 151 InsO) und das Inventar (§ 153 InsO). Er hat die

---

243) BVerfG, Beschl. v. 12.7.2006 – 1 BvR 1469/05, ZVI 2006, 508 = ZIP 2006, 1954; OLG Koblenz, Beschl. v. 12.5.2005 – 12 VA 1/04, ZVI 2005, 376 = ZInsO 2005, 718; KG Berlin, Beschl. v. 11.1.2006 – 16 VA 5/05, ZVI 2006, 254 = ZIP 2006, 294.

244) Ausf. hierzu: *Smid*, Praxishdb. Insolvenzrecht, § 9 Rz. 13 ff.

handels- und steuerrechtlichen Pflichten zur Buchführung und zur Rechnungslegung wahrzunehmen, soweit sie zum Nachlass gehörende Gegenstände betreffen. Der Insolvenzverwalter darf sich zur Erfüllung seiner Pflichten auch **externer Dritter** bedienen, wie bspw. Steuerberatern und Sachverständiger bezüglich bestimmter Vermögensgegenstände der Insolvenzmasse. Soweit hierfür Kosten anfallen, sind diese grundsätzlich durch die Insolvenzmasse zu tragen.

Der Insolvenzverwalter untersteht der **Aufsicht** des Insolvenzgerichts, § 58 InsO. 208
Funktional zuständig ist hierfür während des Eröffnungsverfahrens der Insolvenzrichter, im eröffneten Insolvenzverfahren der Insolvenzrechtspfleger, soweit nicht der Richter die entsprechende Aufgabe an sich zieht.[245] Die Aufsicht übt das Insolvenzgericht üblicherweise dadurch aus, dass es sich von dem Insolvenzverwalter in regelmäßigen Abständen Berichte vorlegen lässt, in denen er ausführlich seine bisherige Tätigkeit in dem jeweiligen Verfahren darzustellen hat und erörtert, welche Tätigkeit noch auszuführen sind und wie lange dies voraussichtlich noch dauern wird. In großen und aufwendigen Verfahren kann das Insolvenzgericht auch einen Sachverständigen mit der Prüfung dieser Berichte beauftragen, um der Aufsichtsverpflichtung ordnungsgemäß nachkommen zu können.[246]

Kommt der Insolvenzverwalter seinen **Pflichten gegenüber dem Insolvenzge-** 209
richt nicht nach, so kann das Insolvenzgericht gemäß § 58 Abs. 2 InsO nach vorheriger Androhung Zwangsgelder i. H. von bis zu 25.000,00 € festsetzen. Sofern auch hierdurch eine ordnungsgemäße Verwaltung und Verwertung der Insolvenzmasse durch den Insolvenzverwalter nicht sichergestellt werden kann oder aufgrund mangelnder Berichterstattung zumindest Zweifel hieran nicht ausgeräumt werden können, kann das Insolvenzgericht den Insolvenzverwalter gemäß § 59 InsO aus wichtigem Grund entlassen. Allerdings setzt die **Entlassung** nicht unbedingt voraus, dass zuvor Zwangsgelder gegenüber dem Insolvenzverwalter verhängt worden wären. Ein wichtiger Grund, der zur Entlassung führen kann, kann bspw. auch völlig unvorhergesehen eintreten. Dies ist etwa der Fall, wenn der Insolvenzverwalter Massegegenstände veruntreut. In einem solchen Fall ist die Entlassung freilich ohne weitere Ankündigung oder sonstige Zwangsmaßnahmen sofort zulässig. Der Insolvenzverwalter ist den übrigen Beteiligten des Insolvenzverfahrens für seine Amtsführung auch persönlich verantwortlich. Er haftet nach den Vorschriften der §§ 60, 61 InsO, falls er ihm nach der InsO obliegende Pflichten verletzt oder aber bspw. Masseverbindlichkeiten begründet, die aus der Masse nicht befriedigt werden können. Daneben gibt es eine Reihe weiterer Haftungsvorschriften.[247]

---

245) *Smid*, Praxishdb. Insolvenzrecht, § 9 Rz. 96.

246) *Smid*, Praxishdb. Insolvenzrecht, § 9 Rz. 97.

247) Hierzu im Einzelnen: BGH, Urt. v. 14.4.1987 – IX ZR 260/86, BGHZ 100, 346 = Rpfleger 1987, 382; *Schoppmeyer* in: MünchKomm-InsO, § 60 Rz. 72–88.

210 Der Insolvenzverwalter übernimmt auch öffentlich-rechtliche Verantwortlichkeiten. Dies betrifft zum Einen die **steuerrechtlichen Pflichten** aus der Masseverwaltung, zum Anderen **polizei- und ordnungsrechtliche Verantwortlichkeiten** wie vor allem die Bereiche des Umweltrechtes, wenn altlastenbelastete Grundstücke in der Insolvenzmasse befindlich sind und die Bereiche des Gaststätten-, Gewerbe- und sonstigen Gefahrenabwehrrechts.

211 Der Insolvenzverwalter ist allerdings **keine allgemeine Auskunftsstelle** für die am Insolvenzverfahren beteiligten Personen. Soweit sich Gläubiger über den Sachstand des Insolvenzverfahrens informieren möchten, können sie bei dem Insolvenzgericht **Akteneinsicht** nehmen. Da der Insolvenzverwalter in regelmäßigen Abständen an das Insolvenzgericht zu berichten hat, ist dem Informationsbedürfnis der Insolvenzgläubiger auf diese Weise hinreichend Rechnung getragen. Der Insolvenzverwalter ist nicht verpflichtet, darüber hinaus gegenüber jedem einzelnen Insolvenzgläubiger irgendwelche Sachstandsmitteilungen abzugeben. Der vielfache Hinweis, gerade von Anwälten, die Insolvenzgläubiger vertreten, auf Standesrecht oder angebliche Gebote der Höflichkeit ist freilich nachvollziehbar. Andererseits führt die Erteilung von Sachstandsmitteilungen an Insolvenzgläubiger aufseiten des Insolvenzverwalters zu einer praktisch nicht beherrschbaren Administration und kann daher in aller Regel nicht stattfinden. Auch gegenüber dem Erben, Testamentsvollstrecker, oder Nachlasspfleger ist der Insolvenzverwalter nicht zur Auskunftserteilung verpflichtet.

212 Der Insolvenzverwalter über den Nachlass ist berechtigt, die **Erteilung eines Erbscheins** zu **beantragen**.[248)]

V. Eröffnungsgründe

213 Die Konkursordnung kannte in § 215 KO nur einen Eröffnungsgrund im Nachlasskonkursverfahren, nämlich die Überschuldung des Nachlasses. Diese Tatsache beruhte auf der Ansicht, dass der Nachlass als abgeschlossene Vermögensmasse angesehen wurde, die keine Erwerbsfähigkeit mehr besitze. Der Gesetzgeber der Insolvenzordnung erkannte jedoch, dass durch für oder gegen den Erblasser anhängige Zivilprozesse oder Kursschwankungen von Wertpapieren, die zum Nachlass gehören, Veränderungen des Nachlasses entstehen können. Besonders deutlich wird dies, wenn ein Unternehmen zum Nachlass gehört, das fortgeführt wird. Der Nachlass stellt daher eben keine statische abgeschlossene Vermögensmasse dar.[249)]

---

248) *Bregulla-Weber* in: MünchAHB Erbrecht, § 51 Rz. 19.

249) Vgl. Begr. RegE InsO, BT-Drucks. 12/2443, S. 230 ff.

1. Zahlungsunfähigkeit

Gemäß § 320 InsO ist daher im geltenden Recht auch die Zahlungsunfähigkeit des Nachlasses Eröffnungsgrund.[250] § 320 InsO verweist damit auf den allgemeinen Eröffnungsgrund der Zahlungsunfähigkeit in § 17 InsO. Allerdings ergeben sich gegenüber der Beurteilung der Zahlungsunfähigkeit im Allgemeinen gewisse **nachlassinsolvenzspezifische Besonderheiten.** Im RegE zur InsO heißt es zwar, dass i. R. der Zahlungsunfähigkeit und der drohenden Zahlungsunfähigkeit nur die im Nachlass vorhanden flüssigen Mittel zu berücksichtigen seien.[251] Was hierunter zu verstehen ist, bleibt allerdings vage; ein zu enges Verständnis verbietet sich. Im Einzelnen gilt für die Zahlungsunfähigkeit des Nachlasses Folgendes: 214

Der **Begriff der Zahlungsunfähigkeit** ist in § 17 Abs. 2 Satz 1 InsO legaldefiniert. Zahlungsunfähigkeit liegt danach vor, wenn der Schuldner nicht in der Lage ist, die fälligen Zahlungspflichten zu erfüllen. Von Zahlungsunfähigkeit kann gemäß § 17 Abs. 2 Satz 2 InsO insbesondere ausgegangen werden, wenn der Schuldner seine Zahlungen eingestellt hat. Die Zahlungseinstellung ist hierbei nur ein Indiz für die Zahlungsunfähigkeit, kein selbstständiger Eröffnungsgrund.[252] Für das Nachlassinsolvenzverfahren ist der hier verwendete Schuldnerbegriff durch den Nachlass als Vermögensmasse zu ersetzen. 215

Soweit keine Zahlungseinstellung vorliegt, muss das Vorliegen der Zahlungsunfähigkeit anhand einer **Gegenüberstellung der fälligen Verbindlichkeiten und der liquiden finanziellen Mittel** beurteilt werden. Die **Fälligkeit** der Verbindlichkeiten richtet sich nach allgemeinen bürgerlich-rechtlichen Vorschriften, insbesondere § 271 BGB.[253] Nicht fällig sind gestundete Schulden. Eine Stundung kann als vertragliche Vereinbarung ausdrücklich oder konkludent vereinbart werden. Der Annahme einer konkludenten Stundung ist allerdings mit Vorsicht zu begegnen.[254] Nach neuerer Rechtsprechung sind auch nicht ernstlich eingeforderte Forderungen keine i. R. der Beurteilung der Zahlungsunfähigkeit zu berücksichtigenden Verbindlichkeiten;[255] man spricht von sog. **Stillhalteabkommen.** Eine faktische Stundung, die schlicht durch Nichtbefriedigung einer Verbindlichkeit und faktische Aussichtslosigkeit des Prozess- und Vollstreckungsweges erzwungen wird, begründet allerdings kein Stillhalteabkommen,[256] mit der Folge, dass solche Verbindlichkeiten in Ansatz zu bringen 216

---

250) Ausf. dazu *Roth*, ZInsO 2009, 2265 ff.

251) Begr. RegE InsO, BT-Drucks. 12/2443, S. 231.

252) *Bork*, Einführung in das Insolvenzrecht, Rz. 85.

253) *Kirchof* in: HK-InsO, § 17 Rz. 9.

254) *Schmerbach* in: FK-InsO, § 17 Rz. 14.

255) BGH, Urt. v. 20.12.2007 – IX ZR 93/06, ZInsO 2008, 273, 275 = ZBB 2008, 192.

256) BGH, Urt. v. 14.2.2008 – IX ZR 38/04, ZInsO 2008, 378 = ZBB 2008, 193.

sind. **Streitige Verbindlichkeiten** sind mit dem Grad der Wahrscheinlichkeit ihres Bestehens zu berücksichtigen.[257]

217 **Eigenverbindlichkeiten des Erben** sind für die Zahlungsunfähigkeit des Nachlasses unbeachtlich. **Nachlasserbenschulden** allerdings, die zugleich Verbindlichkeiten des Nachlasses und des Erben selbst darstellen, sind in den Liquiditätsstatus bezüglich des Nachlasses einzustellen. Auch Verbindlichkeiten gegenüber Gläubigern, die im Falle der Eröffnung des Insolvenzverfahrens über den Nachlass nur **nachrangig** zu befriedigen sind (§§ 39, 327 InsO), sind zu berücksichtigen. Die **Drei-Monats-Einrede** gemäß § 2014 BGB schiebt die Fälligkeit der Nachlassverbindlichkeiten nicht auf. In dem Liquiditätsstatus sind die fälligen Nachlassverbindlichkeiten daher auch dann aufzunehmen, wenn sich der Erbe auf die Dreimonatseinrede beruft.

218 Auf der anderen Seite sind die liquiden Mittel des Nachlasses in den **Liquiditätsstatus** einzustellen. Für die Beurteilung der Zahlungsunfähigkeit ist **Geldilliquidität maßgeblich.**[258] Liquide sind nur solche Mittel, die entweder in Form von Bargeld oder Kontoguthaben frei verfügbar sind, oder die sich innerhalb kürzester Zeit zu Bargeld machen lassen.[259] Als angemessen kurzer Zeitraum können drei Wochen gelten.[260] Dabei kommt es nicht darauf an, ob es sich um Gegenstände des Umlauf- oder Anlagevermögens handelt. Kann ein zum Nachlass gehörendes Grundstück voraussichtlich innerhalb von drei Wochen veräußert und ein Kaufpreis vereinnahmt werden, so darf dieser bei der stichtagsbezogenen Beurteilung der Zahlungsunfähigkeit des Nachlasses schon berücksichtigt werden, obwohl er noch gar nicht geflossen ist. Soweit der voraussichtliche Erlös aus einer Veräußerung allerdings nicht feststeht, ist im Zweifel ein niedrigerer Ansatz vorzunehmen. Zu den liquiden Mitteln zählen auch Forderungen, die dem Nachlass zustehen, wenn davon auszugehen ist, dass sie innerhalb von drei Wochen realisiert werden können. Zu solchen Forderungen zählen auch Ansprüche gegen den Erben, soweit sie zur Zeit der Beurteilung der Zahlungsunfähigkeit bereits bestehen. Nicht dazu zählen allerdings Ansprüche, die dem Nachlass erst durch die Eröffnung des Insolvenzverfahrens entstehen, wie bspw. Herausgabe- und Ersatzansprüche gemäß § 1978 Abs. 1 BGB, Ansprüche wegen verspäteter Insolvenzantragstellung gemäß § 1980 Abs. 1 Satz 2 BGB und Anfechtungsansprüche.

219 Liegt **unbeschränkbare Erbenhaftung (§ 2013 BGB)** vor, so kann das liquide Eigenvermögen des Erben als Liquidität des Nachlasses behandelt werden. Dies gilt allerdings nur dann, wenn der Erbe auch bereit und in der Lage ist, sein Eigenvermögen innerhalb von drei Wochen freiwillig zur Verfügung zu stellen

257) Ausf. hierzu *A. Schmidt/Roth*, ZInsO 2006, 236 ff.

258) *Schmerbach* in: FK-InsO, § 17 Rz. 31.

259) BGH, Urt. v. 3.12.1998 – IX ZR 313/97, NZI 1999, 70 = ZBB 1999, 45.

260) Vgl. BGH, Urt. v. 24.5.2005 – IX ZR 123/04, ZInsO 2005, 807, 809 = ZBB 2006, 42.

und das in einer Weise dokumentiert, dass der unbeschränkte Vollstreckungszugriff der Nachlassgläubiger auf das Erbenvermögen dauerhaft gesichert ist. Insoweit muss auf die faktische Möglichkeit des Nachlasses abgestellt werden, auf die Mittel des Erben zum Zwecke der Befriedigung der Nachlassgläubiger zuzugreifen. Sofern es etwa einem Testamentsvollstrecker, Nachlasspfleger oder Nachlassinsolvenzverwalter verwehrt ist, auf diese Mittel zuzugreifen, können sie bei der Beurteilung der Zahlungsunfähigkeit auch nicht in Ansatz gebracht werden. **Kredite und andere Liquiditätszuführungen von dritter Seite** sind nur dann zu berücksichtigen, wenn sie voraussichtlich innerhalb von drei Wochen bereit gestellt werden und explizit dem Nachlass zur Verfügung gestellt werden, nicht jedoch, wenn sie dem Eigenvermögen des Erben zuzuordnen sind und die Verwendung der daraus frei werdenden liquiden Mittel dem Belieben des Erben obliegt.

Ergibt sich bei einer derartigen Gegenüberstellung, dass die fälligen Verbind- 220
lichkeiten die vorhandenen und **kurzfristig erreichbaren liquiden Mittel übersteigen**, so ist grundsätzlich von **Zahlungsunfähigkeit** des Nachlasses auszugehen. **Geringfügige Deckungslücken** sind dabei allerdings unbeachtlich. Die Rechtsprechung lässt eine Deckungslücke von bis zu 10 % grundsätzlich zu, es sei denn, es ist absehbar, dass diese auf Dauer nicht geschlossen werden kann; gleichzeitig führt auch eine Deckungslücke von mehr als 10 % nicht zur Zahlungsunfähigkeit, wenn ausnahmsweise mit an Sicherheit grenzender Wahrscheinlichkeit davon ausgegangen werden kann, dass diese demnächst vollständig beseitigt wird.[261)] In solchen Fällen wird von **Zahlungsstockung** gesprochen, die keinen Insolvenzeröffnungsgrund darstellt. Liegen die vorübergehenden Zahlungsschwierigkeiten bspw. darin, dass der Erbschein noch nicht ausgestellt wurde und der Erblasser keine postmortale Vollmacht besitzt, so ist die Ursache für die Zahlungsschwierigkeiten nicht in einem Mangel an Zahlungsmitteln zu sehen, sondern schlicht im Tode des Erblassers und Formalitäten bei der Bewältigung der Rechtsnachfolge.[262)] Auch andere Ursachen wie etwa Krankheit oder Überbelastung des Erben führen nicht zur Zahlungsunfähigkeit des Nachlasses, nur weil dadurch Zahlungsverzögerungen eintreten.

Schwierigkeiten bereitet die Beurteilung der **Zahlungsunfähigkeit des Nach-** 221
lasses beim Alleinerben, wenn keine Nachlassverwaltung, Nachlasspflegschaft oder Testamentsvollstreckung angeordnet ist und die zum Nachlass gehörenden Gegenstände mit dem Eigenvermögen des Erben derart vermischt sind, dass eine klare Zuordnung nicht möglich ist. Für die Frage, welche Mittel zur Beurteilung der Zahlungsunfähigkeit herangezogen werden, kann dann nur auf die fiktive Insolvenzmasse abgestellt werden, die sich nach Eröffnung des Insol-

---

261) BGH, Urt. v. 24.5.2005 – IX ZR 123/04, ZInsO 2005, 807, 809 = ZBB 2006, 42.

262) So im Fall des AG Mannheim, Urt. v. 2.2.2007 – 3 C 196/06, ZIP 2007, 2119 = ZBB 2007, 512.

venzverfahrens über den Nachlass ergibt mit Ausnahme der erst durch die Eröffnung entstehenden Ansprüche wie § 1978 Abs. 1 BGB und § 1980 Abs. 1 Satz 2 BGB. Welche Gegenstände im Einzelnen zur Insolvenzmasse gehören, wenn der Nachlass mit dem Eigenvermögen des Erben verschmolzen ist, ist durchaus nicht unproblematisch (siehe insoweit die Ausführungen bei Rz. 108 ff.). Im Wesentlichen sind dies die Gegenstände, die in noch unveränderter Form vom Erblasser her herrühren. Soweit Kontoguthaben des Erblassers oder Nutzungen aus Nachlassgegenständen Eingang **in den sonstigen Finanzkreislauf des Erben** gefunden haben, **scheidet ihre Berücksichtigung als Liquidität des Nachlasses aus.** Gleichzeitig sind dann allerdings auch Aufwendungsersatzansprüche des Erben nach § 1978 Abs. 3 i. V. mit § 670 BGB außer Betracht zu lassen.

222 Zahlungsunfähigkeit ist stets **objektiv** zu beurteilen. Es kommt nicht darauf an, ob es dem Erben, Testamentsvollstrecker, Nachlasspfleger oder Nachlassverwalter bewusst ist, dass die Zahlungsunfähigkeit eingetreten ist. Liegt objektiv keine Zahlungsunfähigkeit vor, befriedigt der zur Handlung für den Nachlass berufene Erbe, Testamentsvollstrecker, Nachlasspfleger oder Nachlassverwalter aber dennoch bestimmte oder alle Nachlassverbindlichkeiten nicht, so liegt bloße Zahlungsunwilligkeit vor, die keinen Eröffnungsgrund darstellt.[263)]

223 Die Beurteilung der Zahlungsunfähigkeit erfolgt **stichtagsbezogen**. Zur Eröffnung des Insolvenzverfahrens wegen Zahlungsunfähigkeit muss diese zur Zeit der Eröffnung des Insolvenzverfahrens gegeben sein; spätere Veränderungen bleiben ohne Berücksichtigung.

2. Drohende Zahlungsunfähigkeit

224 Die drohende Zahlungsunfähigkeit ist gemäß § 320 Satz 2 InsO nur dann Eröffnungsgrund, wenn der Erbe, der Nachlassverwalter, der Nachlasspfleger oder ein Testamentsvollstrecker, dem die Verwaltung des Nachlasses zusteht, die Eröffnung beantragt. Dies gilt auch dann, wenn einer von mehreren Miterben Insolvenzantrag stellt.[264)] Hat ausschließlich ein Nachlassgläubiger den Antrag auf Eröffnung des Insolvenzverfahrens über den Nachlass gestellt, so kann das Insolvenzverfahren bei nur drohender Zahlungsunfähigkeit nicht eröffnet werden. Gemäß § 1980 Abs. 1 BGB besteht bei lediglich drohender Zahlungsunfähigkeit auch keine Antragspflicht des Erben.

225 Nach der Legaldefinition in § 18 Abs. 2 InsO droht der Zahlungsunfähigkeit des Nachlasses, wenn er voraussichtlich nicht in der Lage sein wird, die bestehenden Zahlungspflichten im Zeitpunkt der Fälligkeit zu erfüllen. Im Gegen-

263) *Kirchhof* in: HK-InsO, § 17 Rz. 12 f.; *Bork*, Einführung in das Insolvenzrecht, Rz. 102.

264) Zutreffend *Siegmann* in: MünchKomm-InsO, § 317 Rz. 3; *Döbereiner* in: Gottwald, Insolvenzrechts-Hdb., § 113 Rz. 5 – m. Hinweisen zu abweichenden Auffassungen; *Böhm* in: HambKomm-InsO, § 317 Rz. 3.

satz zu der bereits eingetretenen Zahlungsunfähigkeit werden hier auch diejenigen Zahlungspflichten des Nachlasses mit betrachtet, die zwar schon bestehen aber **noch nicht fällig** sind. Es wird also auf eine **Zeitraumilliquidität** und nicht auf eine Zeitpunktilliquidität abgestellt.[265] Die Formulierung „voraussichtlich" ist so auszulegen, dass der Eintritt der Zahlungsunfähigkeit wahrscheinlicher sein muss als deren Vermeidung.[266] Die Wahrscheinlichkeit für den Eintritt der Zahlungsunfähigkeit müsste demnach bei über 50 % liegen. Eine genaue Berechnung dürfte in der Praxis jedoch schwerfallen, so dass davon auszugehen ist, dass die Indizien für eine drohende Zahlungsunfähigkeit umso deutlicher sein müssen, je weiter der Zeitpunkt des vermeintlichen Eintritts der Zahlungsunfähigkeit in der Zukunft liegt.[267] Hierfür braucht es eine **Prognose**. Um drohende Zahlungsunfähigkeit festzustellen, muss also ein Liquiditätsplan aufgestellt werden, in dem die Finanzlage des Nachlasses und alle bestehenden Schulden unabhängig von ihrer Fälligkeit aufgeführt werden.[268] Als äußerste Grenze für den **Prognosezeitraum** ist der Zeitpunkt des Fälligwerdens der letzten gegenwärtig bestehenden Verbindlichkeit anzusehen.[269] Handelt es sich auch um Dauerschuldverhältnisse wie bspw. langfristige Kredite, so kann sich der Prognosezeitraum u. U. auf Jahrzehnte hinaus erstrecken.

3. Überschuldung

Gemäß § 320 Satz 1 InsO ist auch die Überschuldung Eröffnungsgrund im **226**
Nachlassinsolvenzverfahren. Überschuldung ist i. S. von § 19 Abs. 1 InsO zu verstehen, wobei es für das Nachlassinsolvenzverfahren darauf ankommt, ob die zum Nachlass gehörenden Aktiva die Nachlassverbindlichkeiten i. S. von § 325 InsO übersteigen oder nicht.

Die **Aktiva** sind grundsätzlich mit ihrem Zerschlagungswert, d. h. mit voraus- **227**
sichtlichen Einzelverkaufswerten, anzusetzen. Gehört ein **Unternehmen** zum Nachlass, so sind Fortführungswerte zugrunde zu legen, wenn eine positive Fortführungsprognose besteht, § 19 Abs. 2 Satz 2 InsO.[270] Zu berücksichtigende Aktiva sind zunächst die vom Erblasser herrührenden positiven Vermögensgegenstände, soweit sie noch nicht veräußert worden sind. Sind sie veräußert worden, so treten die Surrogate in bestimmten Situationen im Wege dinglicher **Surrogation** an die Stelle des weggegebenen Vermögensgegenstandes.

265) *Hüsemann*, Das Nachlassinsolvenzverfahren, S. 55.

266) *Pape/Reichelt/Schultz/Voigt-Salus*, Insolvenzrecht, Kap. 17 Rz. 23; *Obermüller/Hess*, InsO, Rz. 92.

267) Jaeger-*Müller*, InsO, § 18 Rz. 14.

268) *Obermüller/Hess*, InsO, Rz. 95.

269) Jaeger-*Müller*, InsO, § 18 Rz. 7; *Kirchhof* in: HK-InsO, § 18 Rz. 8.

270) *Marotzke* in: HK-InsO, § 320 Rz. 3; Graf-Schlicker-*Busch*, InsO, § 320 Rz. 4; *Häsemeyer*, Insolvenzrecht, Rz. 33.27; anders noch *Roth*, ZInsO 2009, 2265.

Dies sind insbesondere die Fälle der Vor- und Nacherbschaft (§ 2111 BGB) und der Miterbengemeinschaft (§ 2041 BGB). Aber auch in den Fällen, in denen der Nachlass einen abgeschlossenen Vermögenskreis bildet, wie dies etwa in den Fällen der Testamentsvollstreckung, der Nachlasspflegschaft und der Nachlassverwaltung der Fall zu sein hat, sind die Surrogate Bestandteil des Nachlasses. Für die Fälle der Alleinerbschaft gilt dies nur, wenn der Erbe den Nachlass strikt von seinem Eigenvermögen getrennt gehalten hat und die Surrogate erkennbar dieser Vermögenssphäre zugeordnet hat. Andernfalls fallen bei der Alleinerbschaft veräußerte Gegenstände auf Aktivseite aus dem Nachlass heraus und Surrogate treten nicht an ihre Stelle (siehe dazu ausführlich oben Rz. 114 ff.)

228 Des Weiteren sind die **nach dem Todesfall in das Sondervermögen Nachlass gelangten Gegenstände** zu aktivieren. Entscheidend für ihre Nachlasszugehörigkeit ist ihre tatsächliche Vermögenszuordnung. Hat bspw. ein Mieter der zum Nachlass gehörenden Wohnung Mietzins entrichtet, so kommt es für die Nachlasszugehörigkeit des entsprechenden Geldbetrages darauf an, wohin er tatsächlich gelangt ist. Hat etwa eine Erbengemeinschaft oder ein Testamentsvollstrecker ein **Nachlasskonto** eingerichtet und die Mieten hierauf eingezogen, so sind die entsprechenden Beträge Bestandteil des Nachlasses geworden. Sind die Mieten trotz Bestehens einer Erbengemeinschaft **an einen Miterben gezahlt** worden, so gilt dies nicht. Die Mieterträge sind dann mit dem Eigenvermögen des Miterben vermischt worden. Die entsprechenden Beträge sind dann **nicht Bestandteil des Nachlasses.** Die Zuordnung von Gegenständen zum Sondervermögen Nachlass kann auch gewillkürt erfolgen. So ist es ohne weiteres möglich, dass ein Miterbe einen Gegenstand aus seinem Eigenvermögen dem Sondervermögen Nachlass zuführt. Dies ist bspw. der Fall, wenn der Miterbe dem Nachlass Barmittel zur Tilgung von Nachlassverbindlichkeiten zur Verfügung stellt und gegenüber den übrigen Miterben auf sein Recht zur Rückforderung verzichtet (denn dann wäre es Darlehen und nicht Vermögenszuführung).

229 Alle Gegenstände sind mit ihren **Verkehrswerten** einzustellen. Soweit sich ein Unternehmen im Nachlass befindet, sind die zum Unternehmen gehörenden Gegenstände mit Fortführungswerten anzusetzen, wenn für das Unternehmen eine positive Fortführungsprognose besteht. Ist dies nicht der Fall, so sind Zerschlagungswerte anzusetzen. Insoweit ergeben sich gegenüber sonstigen Regelinsolvenzverfahren keine Besonderheiten.

230 **Die Ansprüche aus §§ 1978, 1980 BGB können im Überschuldungsstatus nicht aktiviert werden**, da sie erst mit der Eröffnung des Insolvenzverfahrens über den Nachlass entstehen. Gleiches gilt für Ansprüche des Erblassers, die gegen den Erben gerichtet waren und durch den Tod im Wege der Konfusion erloschen sind. Da die Nachlassgläubiger außerhalb von Nachlassverwaltung und Nachlassinsolvenz (vgl. § 1976 BGB) auf solche Ansprüche des Nachlasses nicht zugreifen können, müssen sie dem Gläubigerzugriff erschlossen werden, wenn

der übrige Nachlass nicht ausreicht, um alle Nachlassverbindlichkeiten zu befriedigen. Dies ist nur dann möglich, wenn die entsprechenden Ansprüche in der Überschuldungsbilanz nicht aktiviert werden.

Soweit eine **unbeschränkbare Erbenhaftung gemäß § 2013 BGB** besteht, muss 231
das **Eigenvermögen** des oder der Erben mit in die Betrachtung einbezogen werden.[271)] Die Gegenauffassung[272)] erscheint demgegenüber zu schematisch. Ihr ist freilich zuzugeben, dass auch im Fall der Alleinerbschaft aus insolvenzrechtlicher Sicht eine Separierung von Eigenvermögen des Erben und Nachlass als Sondervermögen i. S. von § 11 Abs. 2 Nr. 2 InsO stattfindet und dies auch schon im Stadium vor Insolvenzantragstellung anzunehmen ist, um etwa die Insolvenzgründe zu beurteilen. Die Eröffnung eines solchen Insolvenzverfahrens brächte jedoch nicht mehr hervor, als dass die Nachlassgläubiger gleichermaßen den Nachlass und den Erben in Anspruch nehmen könnten und der Nachlassinsolvenzverwalter gleichzeitig den Erben nach § 93 InsO auf die Gesamtverbindlichkeiten des Nachlasses in Anspruch nehmen müsste. Kein Gläubiger hätte daraus einen Vorteil, jedenfalls dann nicht, wenn das Eigenvermögen des Erben die gesamten Nachlassverbindlichkeiten deckt.

Reicht es indessen nicht aus, dann kann jeder Nachlassgläubiger wegen der Un- 232
beschränkbarkeit der Erbenhaftung die **Eröffnung des Insolvenzverfahrens über das Vermögen** (also das Eigenvermögen) **des Erben** beantragen, um seinen Anspruch zu realisieren. Es gibt weder einen Grund dafür, die Nachlassgläubiger gegenüber den Eigengläubigern des Erben dadurch zu privilegieren, dass man ihnen die Nachlassaktiva prioritär haftungsrechtlich zuweist, noch gibt es umgekehrt einen Grund dafür die Eigengläubiger des Erben dahingehend zu privilegieren, dass sie durch Sonderung des Nachlasses in Form eines Nachlassinsolvenzverfahrens vor einem Zugriff der Nachlassgläubiger auf das Eigenvermögen des Erben geschützt würden, Denn durch den Ausschluss der Erbenhaftungsbeschränkung (§§ 2013, 1975 BGB) werden Nachlassgläubiger und sonstige Gläubiger des Erben gleichgestellt. Teleologisch sollte man daher den Fall der unbeschränkbaren Erbenhaftung im Wege der Reduktion aus dem Grundsatz der Separation von Eigenvermögen und Nachlass ausnehmen.

Wollen die **Erben oder Dritte eine Überschuldung des Nachlasses ausräu-** 233
men, so können sie **dem Nachlass Gegenstände zuwenden oder sich zur Erfüllung der Nachlassverbindlichkeiten verpflichten.** Ähnlich einer Patronatserklärung bei juristischen Personen ist eine solche Einstandsverpflichtung eines Dritten insoweit im Überschuldungsstatus des Nachlasses zu berücksichtigen, wie die Leistungsfähigkeit und Einstandsverpflichtung des Dritten reicht.

---

271) Ausf. dazu *Roth*, ZInsO 2009, 2265 ff.

272) *Siegmann/Scheuing* in: MünchKomm-InsO, § 320 Rz. 4.

234 Als **Passiva**[273] sind zunächst die **Insolvenzforderungen** im Rang des § 38 InsO und die **Masseverbindlichkeiten** des § 324 InsO zu berücksichtigen. **Ansprüche eines Erben** sind jedenfalls bei angeordneter Testamentsvollstreckung, Nachlassverwaltung, Nachlasspflegschaft, Vor- und Nacherbschaft und im Falle ungeteilter Erbengemeinschaft zu passivieren.

235 Wenn sich der Nachlass allerdings in der Hand eines **Alleinerben** befindet, keine Nachlassverwaltung, Nachlasspflegschaft oder Testamentsvollstreckung angeordnet ist und die zum Nachlass gehörenden Gegenstände mit dem Eigenvermögen des Erben derart **vermischt** sind, dass sich der Nachlass vom Eigenvermögen kaum trennen lässt, dann kommt es für die Frage der Passivierung darauf an, ob der **Erbe sie tatsächlich im Falle anschließender Separation ersetzt verlangen würde.** Gerade bei einem Gläubigerantrag darf nämlich nicht die grundsätzliche Ersatzpflicht des Nachlasses gegenüber dem Erben der Auslöser dafür sein, dass es zur Annahme der Überschuldung kommt. Dem Interesse der Gesamtgläubigerschaft ist nämlich hinreichend Rechnung getragen, wenn deren Forderungen gänzlich bedient werden. Dass daneben noch Forderungen des Erben gegen den Nachlass bestehen können, ist für sie unerheblich. Der Erbe mag aus Pietäts- oder sonstigen privaten Gründen bereit sein, seine Aufwendungsersatzansprüche unbefriedigt zu lassen. Die Aufwendungsersatzansprüche des Erben können daher nur dann passiviert werden, wenn der Erbe erklärt, auf sie im Falle einer Eröffnung des Nachlassinsolvenzverfahrens zu bestehen bzw. den Insolvenzantrag über den Nachlass selbst stellt, ohne zugleich auf seine Aufwendungsersatzansprüche zu verzichten.

236 Nachlassverbindlichkeiten, die im Insolvenzverfahren nur **nachrangig gemäß § 39 InsO** zu befriedigen wären, sind im Überschuldungsstatus bezüglich eines Nachlasses zu passivieren.[274] Dies erklärt sich daraus, dass im Nachlassinsolvenzverfahren eine weitere Gläubigergruppe besteht, deren Rang gegenüber denjenigen Gläubigern aus § 39 InsO nachrangig ist. Nach den in § 39 InsO genannten Verbindlichkeiten werden nämlich die nach § 327 InsO nachrangigen Verbindlichkeiten befriedigt. Dies sind Pflichtteilsansprüche, Vermächtnisse und Auflagen. Die in den Rang des § 39 InsO tretenden Verbindlichkeiten sind außerhalb des Insolvenzverfahrens vollwertige und durchsetzbare Forderungen. Der Erbe kann und darf sie sehr wohl aus Nachlassmitteln erfüllen.

237 **Zu passivieren** sind aber zudem sogar diejenigen Nachlassverbindlichkeiten, die im Insolvenzverfahren den **Rang des § 327 InsO** einnehmen würden, also **Pflichtteilsansprüche, Vermächtnisse** und **Auflagen.** Wollte man diese aus der

273) Ausf. dazu *Roth*, ZInsO 2009, 2265 ff.

274) *Holzer* in: KPB, InsO, § 320 Rz. 4; *Uhlenbruck*, KTS 1994, 169, 173; *Siegmann/Scheuing* in: MünchKomm-InsO, § 320 Rz. 4; *Kirchhof* in: HK-InsO, § 19 Rz. 23; Nerlich/Römermann-*Mönning*, InsO, § 19 Rz. 38; a. A. Haarmeyer/Wutzke/Förster, Hdb. InsO, Kap. 10 Rz. 100; *Lutter*, ZIP 1999, 641, 645.

Beurteilung der Überschuldung herauslassen, so könnte die fatale Situation eintreten, dass ein Nachlassinsolvenzverfahren so lange mangels Eröffnungsgrundes nicht zur Eröffnung gelangen kann, bis der Erbe Verbindlichkeiten im Rang des § 327 InsO befriedigt hat. Er wäre dazu ohne weiteres berechtigt, auch wenn er zumindest in Bezug auf Auflagenberechtigte und Vermächtnisnehmer die Einrede des § 1992 BGB erheben könnte. Eine Pflicht des Erben, außerhalb des Insolvenzverfahrens bereits die vom Insolvenzrechtsgesetzgeber statuierte Befriedigungsreihenfolge der §§ 38, 39, 327 InsO einzuhalten, gibt es nämlich nicht. Wollte man die nach § 327 InsO nachrangigen Verbindlichkeiten aus der Überschuldungsbilanz herausnehmen, so müssten die nicht nachrangigen Insolvenzgläubiger zuwarten, bis der Erbe an nachrangige Insolvenzgläubiger Leistungen erbringt (die dann gemäß § 322 InsO im Insolvenzverfahren wieder angefochten werden müssten), um erst danach ein Insolvenzverfahren zur Eröffnung bringen zu können. Das ergibt keinen Sinn.

Gegen die Passivierungspflicht wird vorgebracht, dass diese Forderungen 238
aufgrund ihrer Nachrangigkeit nicht in Konkurrenz mit den anderen Insolvenzforderungen treten und daher die insolvenzrechtliche Überschuldungssituation nicht auslösen könnten.[275)] Das ist indessen zu kurz gegriffen. Außerhalb des Insolvenzverfahrens sind nämlich die nachrangigen Verbindlichkeiten des Nachlasses vollwertige und durchsetzbare Forderungen. Der Erbe kann und darf sie sehr wohl aus Nachlassmitteln erfüllen, wenngleich er auch berechtigt wäre, die Einrede gemäß § 1992 BGB zu erheben. Zutreffend weist *Siegmann* darauf hin, dass § 1980 Abs. 1 Satz 3 BGB für den Fall, dass eine rechnerische Überschuldung sich lediglich wegen der Berücksichtigung von Auflagen und Vermächtnissen ergibt, die Insolvenzantragspflicht des § 1980 Abs. 1 Satz 1 BGB entfallen lässt, nicht aber die Überschuldung selbst. Denn den **nicht nachrangigen Nachlassinsolvenzgläubigern** muss über das Nachlassinsolvenzverfahren eine **Möglichkeit** offengehalten werden, die Befriedigung der nachrangigen Nachlassgläubiger durch den Erben (wozu dieser berechtigt ist) **zu vereiteln**, bzw. innerhalb eines Nachlassinsolvenzverfahrens gemäß § 322 InsO rückgängig machen zu lassen. Anders können die gesetzgeberischen Wertungen der durch die InsO geschaffenen Befriedigungsreihenfolge nicht verwirklicht werden. Folglich gehören zu den i. R. eines Überschuldungsstatus bezüglich des Nachlasses zu berücksichtigenden Verbindlichkeiten auch alle nachrangigen Verbindlichkeiten.[276)] Auch die Ansprüche ausgeschlossener und säumiger Gläubiger finden Berücksichtigung.

---

275) *Hausmann/Hohloch*, Hdb. des Erbrechts, S. 1534, Rz. 121.

276) Ebenso *Holzer* in: KPB, InsO, § 320 Rz. 4; *Uhlenbruck*, KTS 1994, 169, 173; *Siegmann/Scheuing* in: MünchKomm-InsO, § 320 Rz. 4; *Kirchhof* in: HK-InsO, § 19 Rz. 23; Nerlich/Römermann-*Mönning*, InsO, § 19 Rz. 38.

239 Folglich gehören zu den i. R. eines Überschuldungsstatus bezüglich des Nachlasses zu berücksichtigenden Verbindlichkeiten auch alle nachrangigen Verbindlichkeiten.[277] **Daran ändert auch § 19 Abs. 2 Satz 2 InsO nichts.** Da im Nachlassinsolvenzverfahren die Gläubiger im Rang des § 327 InsO existieren, gibt es nämlich eine Gläubigergruppe, die den durch Vereinbarung in den Rang nach den Gläubigern gemäß § 39 Abs. 1 Satz 1 Nr. 1 bis 5 InsO nachfolgt. Nur wenn Gläubiger im Nachlassinsolvenzverfahren durch Vereinbarung in den Rang hinter die Gläubiger im Rang des § 327 Abs. 1 Nr. 2 InsO zurücktritt, ist seine Forderung nicht mehr zu passivieren.

240 **Aufschiebend bedingte** Forderungen sind abweichend von § 2313 Abs. 1 BGB zu berücksichtigen, arg. §§ 77 Abs. 3 Nr. 1, 191 InsO.[278] Eine vom Erblasser angeordnete Wertberechnung für die Pflichtteilsberechnung (§ 2311 Abs. 2 BGB) ist auch im Insolvenzverfahren unbeachtlich.[279]

VI. Vorläufige Sicherungsmaßnahmen

241 Wie im Regelinsolvenzverfahren können auch im Eröffnungsverfahren über einen Nachlass vorläufige Sicherungsmaßnahmen ergriffen werden.

1. Bestellung eines vorläufigen Insolvenzverwalters

242 Das Insolvenzgericht kann insbesondere zum Zwecke der Sicherung der Masse einen vorläufigen Insolvenzverwalter bestellen (§§ 21, 22 InsO). Dabei kommt sowohl die Bestellung eines vorläufigen Insolvenzverwalters mit **Zustimmungsvorbehalt** (§ 21 Abs. 2 Satz 1 Nr. 2 Alt. 2 InsO) in Betracht, als auch die Anordnung eines **allgemeinen Verfügungsverbotes** (§ 21 Abs. 2 Satz 1 Nr. 2 Alt. 1 InsO). In ersterem Fall bezeichnet man den vorläufigen Insolvenzverwalter als sog. schwachen Insolvenzverwalter, in letzterem als starken vorläufigen Insolvenzverwalter. § 21 Abs. 1 InsO stellt allerdings eine Generalklausel dar.[280] Das Insolvenzgericht ist danach darin frei, jedwede Maßnahme zu ergreifen, die erforderlich erscheint, um eine nachteilige Veränderung der Vermögenslage des Nachlasses zu verhindern. Die Aufzählung in § 21 Abs. 2 Satz 1 InsO ist demgegenüber lediglich eine Konkretisierung dieser generellen Befugnis. Dort sind lediglich die standardmäßigen Maßnahmen aufgeführt.[281] Welche Maßnahmen das Insolvenzgericht trifft, hat es nach pflichtgemäßem

---

277) Ebenso *Holzer* in: KPB, InsO, § 320 Rz. 4; *Uhlenbruck*, KTS 1994, 169, 173; *Siegmann/Scheuing* in: MünchKomm-InsO, § 320 Rz. 4; *Kirchhof* in: HK-InsO, § 19 Rz. 23; Nerlich/Römermann-*Mönning*, InsO, § 19 Rz. 38.

278) *Siegmann/Scheuing* in: MünchKomm-InsO, § 320 Rz. 4.

279) *Siegmann/Scheuing* in: MünchKomm-InsO, § 320 Rz. 4.

280) *Schröder* in: HambKomm-InsO, § 21 Rz. 2.

281) *Bork*, Einführung in das Insolvenzrecht, Rz. 132; *Kirchhof* in: HK-InsO, § 21 Rz. 7.

Ermessen zu entscheiden.[282] Die Wahl der Maßnahmen hat dem **Verhältnismäßigkeitsprinzip** zu entsprechen.[283] Daher empfiehlt es sich gerade im Nachlassinsolvenzverfahren wegen der oft unklaren Vermögensverhältnisse zumindest bei Eröffnungsanträgen von Gläubigern, zunächst nur einen **Sachverständigen** gemäß § 5 InsO zu bestellen und ihn zu beauftragen, zu ermitteln, ob Sicherungsmaßnahmen erforderlich erscheinen oder nicht. Dies entspricht im Übrigen gängiger Praxis. Soweit ein Gläubiger den Antrag auf Eröffnung des Insolvenzverfahrens über einen Nachlass stellt, der durch einen Testamentsvollstrecker, Nachlassverwalter oder Nachlasspfleger verwaltet wird, ist besondere Vorsicht bei der Anordnung von vorläufigen Sicherungsmaßnahmen geboten. Dies gilt jedenfalls dann, wenn die den Nachlass verwaltende Person geschäftsmäßig Nachlässe verwaltet, da von solchen Personen angenommen werden darf, dass sie ihre Pflichten ordnungsgemäß erfüllen und insbesondere ihren Insolvenzantragspflichten nachkommen.

Gemäß § 21 Abs. 2 Satz 1 Nr. 1 InsO gelten maßgebliche Vorschriften, die für 243
den Insolvenzverwalter im eröffneten Verfahren gelten, für den vorläufigen Insolvenzverwalter entsprechend. Dies betrifft insbesondere die Vorschriften über Bestellung, Aufsicht und Entlassung sowie Haftung und Vergütung. Zum vorläufigen Insolvenzverwalter hat das Insolvenzgericht – und zwar funktional der Richter – gemäß § 56 InsO eine **geeignete Person** zu bestimmen. Seit längerem wird viel um die Frage der Verwalterauswahl gestritten.[284] Dies hat seinen Grund vor allem darin, dass sich zunehmend Personen um Bestellungen als Insolvenzverwalter bei den Insolvenzgerichten bewerben. Die Diskussion kann an dieser Stelle nicht vertieft werden. Jedenfalls aber sollte maßgebliches Kriterium für die Bestellung eines (vorläufigen) Insolvenzverwalters in Nachlassinsolvenzverfahren **neben den üblichen Kriterien** wie Ortsansässigkeit, Bewährtheit, Kanzleiinfrastruktur und persönliche Eignung sein, ob er mit der **speziellen Materie des Nachlassinsolvenz- und Erbrechtes** umzugehen weiß. Schon die Begutachtung der Insolvenzeröffnungsgründe erfordert im Nachlassinsolvenzverfahren vertiefte Kenntnisse der nachlassinsolvenzspezifischen Ansprüche. Freilich gilt dies erst recht für deren Durchsetzung im eröffneten Verfahren. Zudem ist darauf zu achten, dass im Einzelfall nicht **besondere Gründe gegen die Bestellung** einer bestimmten Person sprechen. Dies ist z. B. der Fall, wenn eine Person den Erblasser bezüglich seiner Nachlassregelung beraten hat oder durch diese Person eine Beratung der Erben, Pflichtteilsberechtigten oder Vermächtnisnehmer erfolgt ist. Maßgeblich für die Frage der Verhinderung ist, ob der vorläufige Insolvenzverwalter objektiv betrachtet in der

---

282) BGH, Beschl. v. 1.12.2005 – IX ZB 208/05, ZIP 2005, 2333 = ZInsO 2006, 267, 268; *Schröder* in: HambKomm-InsO, § 21 Rz. 24.

283) *Kirchhof* in: HK-InsO, § 21 Rz. 9; *Schröder* in: HambKomm-InsO, § 21 Rz. 22; vgl. auch BGH, Beschl. v. 1.12.2005 – IX ZB 208/05, ZIP 2005, 2333, 2334 = ZInsO 2006, 267.

284) *Uhlenbruck* in: Kölner Schrift zur InsO, S. 325, 328; *Schick*, NJW 1991, 1328 ff.

Lage dazu ist, seine Tätigkeit neutral und im Interesse der Gläubigergesamtheit auszuüben. Der vorläufige Insolvenzverwalter ist von sich aus verpflichtet, dem Insolvenzgericht etwaige in seiner Person bestehende Hinderungsgründe **anzuzeigen.**[285] Geschieht dies erst nachdem die Bestellung bereits erfolgt ist, so ist der vorläufige Insolvenzverwalter zu entlassen und an seiner Stelle eine andere Person zu bestellen. Ein vorläufiger Sonderinsolvenzverwalter ist in diesen Fällen nicht zu bestimmen. Dies ist nur dann der Fall, wenn der bestellte vorläufige Insolvenzverwalter in Bezug auf bestimmte Fragen oder während einer vorübergehenden, aber nicht unerheblichen Zeitdauer zur Wahrnehmung seiner Funktion nicht imstande ist.

244 Das Insolvenzgericht führt gemäß § 58 InsO – ebenfalls funktional durch den Richter – die **Aufsicht** über den vorläufigen Insolvenzverwalter. Der vorläufige Insolvenzverwalter wird regelmäßig angehalten, in regelmäßigen Abständen Zwischenbericht über seine Amtsführung zu erteilen. Die Aufsicht beschränkt sich auf eine reine Rechtsaufsicht. Ob und inwieweit Handlungen des vorläufigen Insolvenzverwalters zweckmäßig sind, kann und darf das Insolvenzgericht nicht überprüfen.[286] Dies bedeutet allerdings nicht, dass das Insolvenzgericht nicht gegen eindeutig masseschädigende Handlungen des vorläufigen Insolvenzverwalters einschreiten dürfte. Es hat im Gegenteil sogar einen vorläufigen Sonderinsolvenzverwalter zu bestellen, wenn ihm erkennbar wird, dass der Insolvenzmasse Schadensersatzansprüche gegen den vorläufigen Insolvenzverwalter entstanden sein könnten. Die Wahrnehmung der Aufsicht erfolgt von Amts wegen. Gläubiger und andere Verfahrensbeteiligte können Aufsichtsmaßnahmen zwar anregen, nicht aber durchsetzen. Auch eine Beschwerde ist gegen unterlassene Aufsichtsnahmen nicht gegeben,[287] weil die Beschwerde gemäß § 6 InsO nur in den durch das Gesetz vorgesehenen Fällen gegeben ist. Lediglich Amtshaftungsansprüche können in Betracht kommen, wenn die unterlassene oder fehlerhafte Ausübung der Aufsicht zu einem Schaden geführt hat.

a) Befugnisse eines schwachen vorläufigen Insolvenzverwalters

245 Die Bestellung eines schwachen vorläufigen Insolvenzverwalters gemäß § 21 Abs. 2 Satz 1 Nr. 1 InsO stellt in der Praxis den Regelfall dar.

246 Da das Gesetz die Befugnisse des schwachen vorläufigen Insolvenzverwalters im Einzelnen nicht definiert, hat das Insolvenzgericht die Befugnisse des vorläufigen Insolvenzverwalters in diesem Fall gemäß § 22 Abs. 2 InsO selbst **durch Beschluss festzulegen**. Insbesondere hat es eine Anordnung dazu zu treffen,

285) *Frind* in: HambKomm-InsO, § 56 Rz. 17.

286) *Kuhn/Uhlenbruck*, KO, § 83 Rz. 6; *Kilger/K. Schmidt*, KO, § 83 Rz. 1, *Hess*, InsO, § 58 Rz. 25.

287) BGH, Beschl. v. 28.6.2006 – VII ZB 161/05, ZVI 2006, 347 = NZI 2006, 593.

wie mit einem ggf. zum Nachlass gehörenden Geschäftsbetrieb umzugehen ist. Regelmäßig wird hier die Anordnung getroffen, dass der vorläufige Insolvenzverwalter den Geschäftsbetrieb einstweilen gemäß § 22 Abs. 1 Nr. 2 InsO fortzuführen habe, wenn nicht das Insolvenzgericht zum Zwecke der Vermeidung einer Verminderung der Insolvenzmasse einer Stilllegung zustimmt.

Die **Sicherung der Insolvenzmasse** wird vor allem dadurch bewirkt, dass zugleich gemäß § 21 Abs. 2 Satz 1 Nr. 2 Alt. 2 InsO angeordnet wird, dass Verfügungen nur noch mit Zustimmung des vorläufigen Insolvenzverwalters wirksam sind. Diese Anordnung bewirkt gemäß § 24 Abs. 1 i. V. mit § 81 InsO eine absolute Unwirksamkeit von Verfügungen, die gegen die nach § 21 Abs. 2 Satz 1 Nr. 2 Alt. 2 InsO erlassene Verfügungsbeschränkung verstoßen. Solche Verfügungen sind gemäß § 134 BGB nichtig. Verfügung ist jedes Rechtsgeschäft, durch das ein Gegenstand auf einen Dritten übertragen, belastet, aufgehoben oder in seinem Inhalt verändert wird.[288] Trifft der **Nachlassverwalter, Testamentsvollstrecker, Nachlasspfleger oder Erbe** entgegen der Verfügungsbeschränkung eine Verfügung, so kann der vorläufige Insolvenzverwalter sie allerdings analog § 185 Abs. 2 BGB genehmigen.[289] Dies kommt insbesondere dann in Betracht, wenn die Verfügung zu einem Vorteil für die Insolvenzmasse führt. 247

Verpflichtungsgeschäfte werden von § 81 InsO nicht erfasst.[290] Geht also der Nachlassverwalter, Testamentsvollstrecker, Nachlasspfleger oder Erbe ohne Zustimmung des schwachen vorläufigen Insolvenzverwalters Verpflichtungsgeschäfte ein, die den Nachlass betreffen, so sind diese uneingeschränkt wirksam. Dies führt allerdings nicht dazu, dass der Dritte durch die eingegangene Verpflichtung irgendeine besondere Befriedigungsmöglichkeit erhielte. Soweit zur Erfüllung der eingegangenen Verpflichtung nämlich wiederum eine Verfügung über Gegenstände erforderlich wäre, die zum Nachlass gehören, ist hierfür die Zustimmung des vorläufigen Insolvenzverwalters nötig. 248

Der vorläufige Insolvenzverwalter hat die Insolvenzmasse zu sichern. Der Sicherungsauftrag gibt ihm auch das Recht, ein **Hinterlegungskonto** bei einer Bank einzurichten und Guthaben sowie Forderungen, die zum Nachlass gehören, auf dieses Konto einzuziehen. Diese Befugnis steht ihm auch ohne zusätzliche, klarstellende Anordnung des Insolvenzgerichtes zu. In der Praxis wird allerdings gleichwohl regelmäßig ausdrücklich angeordnet, dass Dritten verboten werde, an den Schuldner zu leisten und der vorläufige Insolvenzverwalter er- 249

288) *Brox/Walker*, AT BGB, Rz. 104.

289) Jaeger-*Windel*, InsO, § 81 Rz. 30.

290) *Kuleisa* in: HambKomm-InsO, § 81 Rz. 5; *Hess*, InsO, § 81 Rz. 11; *Vuia* in: MünchKomm-InsO, § 81 Rz. 5; Uhlenbruck-*Mock*, InsO, § 81 Rz. 3; *Häsemeyer*, Insolvenzrecht, Rz. 10.02; *Kayser* in: HK-InsO, § 81 Rz. 6; Jaeger-*Windel*, InsO, § 81 Rz. 7, 8; **a. A.** Jaeger-*Henkel*, InsO, § 38 Rz. 83; offenlassend: *Eckardt* in: Kölner Schrift zur InsO, S. 743.

mächtigt werde, **Guthaben und Forderungen einzuziehen.** Der schwache vorläufige Insolvenzverwalter erhält dadurch Zugriff auf Hinterlegungskonten, die ein Nachlassverwalter, Nachlasspfleger oder Testamentsvollstrecker für den Nachlass angelegt hat.

250 Die Verfügungsbeschränkung umfasst grundsätzlich nur Vermögen, das vom Insolvenzbeschlag umfasst ist. Beschlagsfreies Vermögen i. S. von § 36 InsO wird nicht erfasst. Dies dürfte allerdings in Nachlassinsolvenzverfahren kaum eine Bedeutung haben.

251 Das Insolvenzgericht kann dem schwachen vorläufigen Insolvenzverwalter – gleichzeitig mit dessen Bestellung oder aber nachträglich – punktuelle Verfügungsbefugnisse einräumen.[291)] Hierzu sind besondere **Einzelermächtigungen** erforderlich. So kann das Insolvenzgericht dem vorläufigen Insolvenzverwalter bspw. das Recht geben, bestimmte zum Nachlass gehörende Gegenstände zu veräußern, Rechtsgeschäfte abzuschließen oder Dauerschuldverhältnisse einzugehen. Dabei ist besonders auf eine konkrete Bezeichnung derjenigen Gegenstände zu achten, auf die sich die Einzelermächtigung bezieht. Eine solche punktuelle Verfügungsbefugnis korrespondiert mit einem entsprechenden Verfügungsverbot zulasten des Nachlassverwalters, Testamentsvollstreckers, Nachlasspflegers oder Erben. Unzulässig ist es allerdings, den Rahmen der eingeräumten Befugnis dem vorläufigen Insolvenzverwalter anheimzustellen, ihn also etwa zu ermächtigen, alle Handlungen vorzunehmen, die er für erforderlich hält.[292)] Eine solche Ermächtigung stellt nicht hinreichend klar, inwieweit der vorläufige Insolvenzverwalter Verfügungsbefugnis erhält und ist deswegen unwirksam.

b) Befugnisse eines starken vorläufigen Insolvenzverwalters

252 In weiten Teilen decken sich die Aufgaben und Funktionen des schwachen vorläufigen Insolvenzverwalters mit denen des starken vorläufigen Insolvenzverwalters. Unterschiede ergeben sich nur dort, wo sich aus dem Übergang der Verwaltungs- und Verfügungsbefugnis (§ 80 InsO) Besonderheiten ergeben. Die Verwaltungs- und Verfügungsbefugnis bezüglich der zum Nachlass gehörenden Gegenstände geht in dem Moment von dem Erben, Testamentsvollstrecker, Nachlasspfleger oder Nachlassverwalter auf den vorläufigen Insolvenzverwalter über, in dem ein **allgemeines Verfügungsverbot** angeordnet wird, §§ 21 Abs. 2 Satz 1 Nr. 2, 22 Abs. 1 InsO. Die Rechtsstellung des starken vorläufigen Insolvenzverwalters bestimmt sich im Wesentlichen nach **§ 22 Abs. 1 InsO**. Der starke vorläufige Insolvenzverwalter hat vor allem den Nachlass in

291) Sog. Einzelermächtigung, BGH, Urt. v. 18.7.2002 – IX ZR 195/01, BGHZ 151, 353 = ZVI 2002, 250; *Schröder* in: HambKomm-InsO, § 22 Rz. 90, vgl. § 1 Rz. 44; **a. A.** Jaeger-*Gerhardt*, InsO, § 22 Rz. 131; *Pape/Uhlenbruck*, ZIP 2005, 417, 419.

292) BGH, Beschl. v. 11.1.2007 – IX ZB 271/04, ZInsO 2007, 267, 268 = ZVI 2007, 359.

Besitz zu nehmen und zu sichern und ein zum Nachlass gehörendes Unternehmen fortzuführen, wenn nicht das Insolvenzgericht einer Stilllegung zustimmt, § 22 Abs. 1 Nr. 2 InsO. **Dauerschuldverhältnisse** kann der starke vorläufige Insolvenzverwalter beenden. Begründet der starke vorläufige Insolvenzverwalter Verbindlichkeiten, so sind diese ab der Eröffnung des Insolvenzverfahrens Masseverbindlichkeiten, § 55 Abs. 2 InsO.

Zur **Anfechtung** von Rechtshandlungen, die vor seiner Bestellung erfolgt sind, 253
ist auch der starke vorläufige Insolvenzverwalter jedoch nicht berechtigt, weil die Anfechtungsansprüche erst mit der Eröffnung des Insolvenzverfahrens entstehen (§ 129 InsO). Auch **Verwertungshandlungen** darf der starke vorläufige Insolvenzverwalter nicht durchführen, obwohl er aufgrund seiner Verfügungsbefugnis rechtlich wirksam über zum Nachlass gehörende Vermögensgegenstände Verfügungen treffen kann.

c) Haftung des vorläufigen Insolvenzverwalters

Über den Verweis in § 21 Abs. 2 Satz 1 Nr. 1 InsO ist auch § 60 InsO auf den 254
vorläufigen Insolvenzverwalter anzuwenden.[293] Danach haftet der vorläufige Insolvenzverwalter für die Verletzung sog. **insolvenzspezifischer Pflichten.**[294] Hierunter sind alle besonderen Pflichten zu verstehen, die dem Insolvenzverwalter auf der Grundlage insolvenzrechtlicher Bestimmungen **gegenüber Verfahrensbeteiligten** obliegen.[295] Verfahrensbeteiligte in diesem Sinne sind Erben, Vermächtnisnehmer, Pflichtteilsberechtigte, Testamentsvollstrecker, Nachlassverwalter, Nachlasspfleger, Aus- und Absonderungsberechtigte, Massegläubiger und Insolvenzgläubiger.[296]

Die Pflichtverletzung muss zur Entstehung eines **Schadens** geführt haben; in 255
der Regel wird es sich um einen Quotenschaden handeln. Darunter versteht man einen Schaden, der in der Schmälerung der Insolvenzmasse oder in der unterbliebenen Anreicherung der Insolvenzmasse besteht, wodurch letztlich alle an der Insolvenzmasse wirtschaftlich Berechtigten geschädigt worden sind.[297]

Auch **§ 61 InsO** ist aufgrund der Verweisung in § 21 Abs. 2 Satz 1 Nr. 1 InsO auf 256
den vorläufigen Insolvenzverwalter anzuwenden.[298] Diese Haftungsnorm ist nur für den starken vorläufigen Insolvenzverwalter bzw. den vorläufigen Insolvenz-

---

293) Jaeger-*Gerhardt*, InsO, § 60 Rz. 19; *Hess*, InsO, § 60 Rz. 11.

294) Begr. RegE InsO z. § 71, BT-Drucks. 12/2443; *Uhlenbruck* in: Kölner Schrift zur InsO, S. 325, 368; *Hess*, InsO, § 60 Rz. 10; *Weitzmann* in: HambKomm-InsO, § 60 Rz. 1.

295) BGH, Urt. v. 17.1.1985 – IX ZR 59/84, BGHZ 93, 278 = WM 1985, 470.

296) BGH, Urt. v. 4.12.1986 – IX ZR 47/86, BGHZ 99, 151 = ZIP 1987, 115; *Lohmann* in: HK-InsO, § 60 Rz. 5; weite Auslegung durch st. Rspr.: RG, Urt. v. 7.11.1935 – VI 188/35, RGZ 149, 182; materiell-rechtlicher Beteiligtenbegriff: *Weitzmann* in: HambKomm-InsO, § 60 Rz. 6.

297) Braun-*Kroth*, InsO, § 92 Rz. 8.

298) Uhlenbruck-*Sinz*, InsO, § 61 Rz. 22.

verwalter, auf den punktuelle Verfügungsbefugnisse übergegangen sind, von Bedeutung. Danach hat der vorläufige Insolvenzverwalter für den Schaden einzustehen, der einem Dritten entsteht, weil eine Masseverbindlichkeit nicht erfüllt werden kann. Masseverbindlichkeiten gemäß § 55 InsO entstehen erst mit Verfahrenseröffnung. Die Haftung kann allerdings auch eintreten, wenn das Insolvenzverfahren erst gar nicht eröffnet werden kann, sondern mangels Masse abgewiesen wird. In diesem Fall sind die Sicherungsmaßnahmen gemäß § 25 Abs. 1 InsO aufzuheben und die Masseverbindlichkeiten gemäß § 25 Abs. 2 InsO zu berichtigen. Für mangels Masse ausstehende Verbindlichkeiten können Haftungsansprüche nach § 61 InsO gegeben sein. Eine Haftung wegen der besonderen **Nachlassmasseverbindlichkeiten** gemäß § 324 InsO scheidet in aller Regel aus, weil der vorläufige Insolvenzverwalter sie **nicht selbst** i. S. von § 25 Abs. 2 InsO begründet hat.

257 Dem vorläufigen Insolvenzverwalter steht bei einer Inanspruchnahme wegen Nichtbegleichung von Masseverbindlichkeiten der **Entlastungsbeweis** gemäß § 61 Satz 2 InsO offen. Er kann sich exkulpieren, wenn er bei Begründung der Masseverbindlichkeit nicht hat erkennen können, dass der Nachlass zur Begleichung der Masseverbindlichkeit voraussichtlich nicht ausreichen wird. Gerade im Anfangsstadium eines vorläufigen Insolvenzverfahrens ist die Vermögenslage oft unklar; gleichwohl müssen u. U. erhebliche Masseverbindlichkeiten begründet werden. Die Exkulpation erfolgt in solchen Fällen bereits dadurch, dass der vorläufige Verwalter in groben Zügen darlegt, aufgrund welcher Annahmen er von einem hinreichenden Massebestand ausgegangen ist. Häufig wird es sich um **Bewertungsfragen** handeln. Sind im Nachlass bspw. Immobilien vorhanden und ist es nicht von vornherein aufgrund der Höhe der dinglichen Belastungen ausgeschlossen, dass eine freie Masse generiert werden kann, so kann und muss der vorläufige Insolvenzverwalter freilich einen Sachverständigen mit der Bewertung beauftragen, ohne dass dadurch gleich eine Haftung ausgelöst wird, wenn sich herausstellt, dass eine freie Masse nicht zu generieren ist, obwohl dem Nachlass Kosten für den Sachverständigen entstanden sind. Für die Exkulpation genügt es in solchen Fällen, wenn der vorläufige Insolvenzverwalter eine eigene, überschlägige und nachvollziehbare Bewertung vorlegt, aus der sich ergibt, dass eine hinreichende freie Masse zu erwarten ist. Gleiches gilt natürlich auch für die Bewertung anderer Nachlassgegenstände.

258 Geht der vorläufige Insolvenzverwalter Masseverbindlichkeiten ein, um einen im Nachlass befindlichen **Geschäftsbetrieb fortzuführen**, fehlt es bereits an der für eine Haftung zwingend notwendigen Rechtswidrigkeit, weil der vorläufige Insolvenzverwalter gemäß § 22 Abs. 1 Satz 2 Nr. 2 InsO verpflichtet ist, den Geschäftsbetrieb fortzuführen.[299] Es wäre mit dem Insolvenzverfahrens-

299) So zu Recht auch *Kirchhof*, ZInsO 1999, 365, 366; *Wiester*, ZInsO 1998, 99, 100; *Schröder* in: HambKomm-InsO, § 22 Rz. 57; **a. A.** OLG Brandenburg, Urt. v. 3.7.2003 – 8 U 58/02, NZI 2003, 552, 553.

zweck einer möglichst optimalen Gläubigerbefriedigung unvereinbar, wenn der vorläufige Insolvenzverwalter, dem im Nachlassinsolvenzverfahren noch nicht einmal mehr die zentrale Auskunftsperson – nämlich der Erblasser – zur Verfügung steht, zunächst einmal von der Begründung von Masseverbindlichkeiten absehen müsste, um nicht seine Haftung zu riskieren. Die hierdurch eintretende Stockung der Betriebsfortführung könnte den Geschäftsbetrieb nämlich in seinem Bestand gefährden, was wiederum der klaren Anweisung in § 22 Abs. 1 Satz 2 Nr. 2 InsO zuwiderliefe und die Befriedigungschancen der Insolvenzgläubiger nachteilig beeinflussen könnte. Der vorläufige Insolvenzverwalter sollte zu seinem eigenen Schutz jeweils bei Begründung von Masseverbindlichkeiten einen Vermögensstatus dokumentieren, um im Falle seiner Haftungsinanspruchnahme den Exkulpationsbeweis antreten zu können.

Von den speziellen Haftungsnormen der §§ 60, 61 InsO unberührt ist freilich 259
die **Haftung nach allgemeinen Rechtsvorschriften**, bspw. bei Inanspruchnahme persönlichen Vertrauens i. R. persönlicher Zusagen, § 311 Abs. 3 BGB.

Die Haftung ist stets auf das **negative Interesse** beschränkt.[300] 260

d) Vergütung des vorläufigen Insolvenzverwalters

Der vorläufige Insolvenzverwalter erhält für seine Tätigkeit eine Vergütung aus 261
dem Nachlass, § 21 Abs. 2 Satz 1 Nr. 1 i. V. mit § 63 InsO. Auf der Grundlage von § 65 InsO ist hierzu die Insolvenzrechtliche Vergütungsverordnung (InsVV) ergangen. Die Tätigkeit des vorläufigen Insolvenzverwalters wird gemäß §§ 10 f. InsVV besonders vergütet. Der vorläufige Insolvenzverwalter erhält gemäß § 63 Abs. 3 InsO in der Regel 25 % der Vergütung des Insolvenzverwalters gemäß § 2 InsVV.

Grundlage für die Bemessung der Vergütung ist allerdings nicht die Masse, 262
auf die sich die Schlussrechnung bezieht, sondern vielmehr das Vermögen, auf das sich die Tätigkeit des vorläufigen Insolvenzverwalters während des Eröffnungsverfahrens erstreckt hat. Durch die Formulierung der Verordnung wird deutlich, dass die Vergütung des vorläufigen Insolvenzverwalters durch einen Bruchteil der Insolvenzverwaltervergütung zu ermitteln ist und in der Regel 25 % hiervon beträgt, wodurch Abweichungen nach oben oder nach unten zugelassen werden. Es muss ebenso wie im Falle der Vergütung des Insolvenzverwalters eine für jeden Einzelfall angemessene Vergütung festgesetzt werden.

Besondere **Umstände des Einzelfalles**, die ein Abweichen nach oben oder nach 263
unten rechtfertigen oder als geboten erscheinen lassen, müssen berücksichtigt

300) BGH, Urt. v. 25.1.2007 – IX ZR 216/05, ZVI 2007, 375 = DZWIR 2007, 295; *Lohmann* in: HK-InsO, § 60 Rz. 40.

werden.[301] Unabhängig von der Verweisung auf die Regelvergütung des Insolvenzverwalters sind auch Zu- und Abschläge (§ 3 InsVV) zu berücksichtigen.

264 Für die Ermittlung der Vergütung des vorläufigen Insolvenzverwalters ist demgemäß zunächst die voraussichtliche **Regelvergütung des Insolvenzverwalters** gemäß § 2 InsVV zu ermitteln. Allerdings ist insoweit nicht auf die Berechnungsgrundlage gemäß § 1 InsVV zurückzugreifen, sondern es ist das Vermögen zu ermitteln, ggf. zu bewerten und zu beziffern, auf das sich die Verwaltungs-, Sicherungs- und Ermittlungsaufgaben des vorläufigen Verwalters bezogen haben bzw. im Falle der Anordnung eines allgemeinen Verfügungsverbotes, die Verfügungsbefugnis des vorläufigen Insolvenzverwalters gereicht hat.

265 Zugrunde zu legen ist also auch nicht die Insolvenzmasse i. S. des § 35 InsO, sondern vielmehr das **zur Zeit der vorläufigen Verwaltung vorhandene und insbesondere auch im Besitz des vorläufigen Insolvenzverwalters befindliche Vermögen.**[302] So können bspw. Gegenstände, die vollständig im Eigentum Dritter stehen und an denen der Erblasser keine anderen Rechte als den bloßen Besitz hatte, von der Sicherungs- und Verwaltungsaufgabe des Verwalters umfasst sein.[303] Andererseits kann sich die Vergütung des vorläufigen Insolvenzverwalters nur auf das tatsächlich verwaltete oder ermittelte Vermögen beziehen und nicht etwa auf Gegenstände, die dem vorläufigen Insolvenzverwalter verbogen geblieben sind, so dass sich seine Verwaltungstätigkeit hierauf nicht beziehen konnte.[304]

266 Unbeachtlich ist, zu welchem **Zeitpunkt** und für welchen Zeitraum bestimmte Gegenstände der Sicherungs- und Verwaltungsfunktion des vorläufigen Insolvenzverwalters unterworfen waren.[305] Gegenstände, die erst im Verlaufe der vorläufigen Insolvenzverwaltung in das schuldnerische Vermögen gelangt sind oder solche Gegenstände, die bereits vor Beendigung der vorläufigen Insolvenzverwaltung wieder aus dem schuldnerischen Vermögen heraus geraten sind, sind gleichwohl solche, die in die Berechnungsgrundlage für die Vergütung des vorläufigen Insolvenzverwalters einzugehen haben.[306]

267 **Aus- und Absonderungsgegenstände** werden gemäß § 11 Abs. 1 Satz 2 InsVV in die Berechnungsgrundlage eingerechnet, wenn die Befassung des vorläufigen Insolvenzverwalters mit ihnen „erheblich" war. Für die Berücksichtigung von

---

301) *Homann*, Vergütung, S. 199.

302) Vgl. *Büttner* in: HambKomm-InsO, § 11 InsVV Rz. 46.

303) Vgl. BGH, Beschl. v. 8.7.2004 – IX ZB 589/02, ZInsO 2004, 909 = MDR 2004, 1201 – entscheidend ist Zugehörigkeit zur „Istmasse"; BGH, Beschl. v. 24.7.2003 – IX ZB 607/02, ZInsO, 2003, 790 = ZIP 2003, 1757; *Peters* in: MünchKomm-InsO, § 35 Rz. 155.

304) LG Mönchengladbach, Beschl. v. 27.4.2006 – 5 T 22/06, ZInsO 2006, 646 = NZI 2006, 533 – für unbekannte Forderungen; vgl. *Haarmeyer/Mock*, InsVV, § 11 Rz. 1.

305) *Haarmeyer/Mock*, InsVV, § 11 Rz. 37.

306) *Haarmeyer/Mock*, InsVV, § 11 Rz. 37.

Forderungen des Nachlasses gilt, dass diese in die Berechnungsgrundlage nur einbezogen werden, soweit ihr voraussichtlicher Realisierungswert reicht. Sind sie uneinbringlich, wertlos oder nicht durchsetzbar, so sind sie nicht mit ihrem Nominalwert anzusetzen, sondern lediglich mit einem Bruchteil hiervon.[307] Ein Firmenwert oder der Name der Firma erhöht die Berechnungsgrundlage, wenn ihm ein messbarer Wert zukommt.

Für die Bemessung der Vergütung des vorläufigen Insolvenzverwalters kommt es grundsätzlich nicht auf Umstände an, die sich nach Beendigung des Eröffnungsverfahrens ergeben haben.[308] 268

Aufgrund der dieserart gebildeten Berechnungsgrundlage wird sodann die **fiktive Insolvenzverwaltervergütung** ermittelt. In einem weiteren Schritt ist sodann der **Bruchteil** zu bilden, wobei der Regelbruchteil gemäß § 63 Abs. 3 InsO bei 25 % liegt. 269

Als **Regelfall eines vorläufigen Nachlassinsolvenzverfahrens** dürften folgende Eckdaten gelten: 270

- kein Geschäftsbetrieb,
- ausschließlich Sicherung und Verwaltung des Nachlasses,
- höchstens eine Immobilie,
- konstruktive und umfassend informierte Auskunftspersonen (Erben, Nachlassverwalter, Testamentsvollstrecker, Nachlasspfleger und Ähnliches),
- vorhandenes und vollständiges Inventar der Nachlassgegenstände,
- abgewickelte Beerdigung,
- bei alleinstehendem Erblasser aufgelöster Hausstand,
- überschaubare Verfahrensdauer von vier bis max. acht Wochen.

Zu- und Abschläge zu der Vergütung des vorläufigen Insolvenzverwalters sind vorzunehmen, wenn sich die Ausgestaltung der Tätigkeit des vorläufigen Insolvenzverwalters im konkreten Fall anders gestaltet als im Regelfall. Dabei ist zu berücksichtigen, dass § 63 Abs. 3 InsO den Regelbruchteil von 25 % für das Regelinsolvenzverfahren vorsieht, nicht aber im Speziellen für das Nachlassinsolvenzverfahren. Zwar ist nicht jedes Nachlassinsolvenzverfahren per se aufwendiger als ein Regelinsolvenzverfahren, gleichwohl darf aber nicht verkannt werden, dass **Nachlassinsolvenzverfahren häufig einen vergleichsweise größeren Ermittlungs- und Sicherungsaufwand** mit sich bringen, weil die zentrale Auskunftsperson – der Erblasser – nicht mehr zur Verfügung steht und andere Personen wie etwa der Erbe oder Nachlassverwalter nur unzureichend über die zum Nachlass gehörenden Gegenstände Bescheid wissen. Dieser gleichsam 271

307) BGH, Beschl. v. 14.12.2005 – IX ZB 256/04, BGHZ 165, 266 = ZIP 2006, 621.

308) BGH, Beschl. v. 14.12.2005 – IX ZB 256/04, BGHZ 165, 266 = ZIP 2006, 621.

nachlassinsolvenzverfahrenstypische Umstand ist bei der Bemessung der Erhöhungsfaktoren **zu berücksichtigen**. Zuschläge sind demnach je nach den Gegebenheiten des Einzelfalles für folgende Umstände zu gewähren:

- außergewöhnlich hohe Gläubigerzahl,
- fehlende, uninformierte oder unkooperative Auskunftsperson,
- fortzuführender Geschäftsbetrieb im Nachlass,
- Sanierungsbemühungen/Verhandlungen bezüglich einer übertragenden Sanierung,
- Mitarbeiter des im Nachlass befindlichen Geschäftsbetriebes,
- Insolvenzgeldvorfinanzierungen,
- unvollständige Buchhaltung,
- Immobilienverwaltung von mehr als einem Objekt,
- Haushaltsauflösung,
- Ermittlungen im Ausland.

272 Die genaue Bestimmung des **Erhöhungssatzes** kann nur anhand der konkreten Umstände des Einzelfalles erfolgen und hat sich nach der von dem vorläufigen Insolvenzverwalter darzulegenden konkreten Mehrbelastung, der Erhöhung seines Haftungsrisikos oder dem Einsatz spezieller einschlägiger Sach- und Fachkunde zu richten.

273 Aufgrund verfassungsrechtlicher Vorgaben hat der vorläufige Insolvenzverwalter auch dann Anspruch auf eine angemessene Vergütung, wenn die von ihm verwaltete Masse 0,00 € beträgt.[309] Sodann kann freilich nicht auf die Vergütung nach § 2 InsVV zurückgegriffen werden. Der in § 2 Abs. 2 InsVV festgelegte **Mindestvergütungssatz** beträgt 1.400,00 €. Hinzu kommt ggf. die Erhöhung aufgrund der Anzahl der beteiligten Gläubiger, § 2 Abs. 2 InsVV.

274 Der vorläufige Insolvenzverwalter kann für den **Einsatz besonderer Sachkunde** eine gesonderte Vergütung verlangen. Insoweit ist § 5 InsVV analog anzuwenden.

275 Zudem ist für den vorläufigen Insolvenzverwalter eine **Auslagenpauschale** gemäß § 8 Abs. 3 InsVV festzusetzen. Der vorläufige Insolvenzverwalter kann statt dessen unter den in § 8 InsVV genannten Voraussetzungen auch die tatsächlich entstandenen Auslagen ersetzt verlangen.

276 Wird das Insolvenzverfahren eröffnet, so zählen die durch das Gericht festzusetzende Vergütung und die Auslagen des vorläufigen Insolvenzverwalters zu den **Kosten des Verfahrens**, § 54 InsO. Gleiches gilt für die darauf entfallende **Umsatzsteuer**. Der Insolvenzverwalter ist sodann nach Festsetzung der Vergü-

309) BGH stellte die Verfassungswidrigkeit am 15.1.2004 fest, BGH, Beschl. v. 15.1.2004 – IX ZB 96/03, ZInsO 2004, 257, 259 = ZVI 2004, 133.

tung des vorläufigen Insolvenzverwalters zur Entnahme aus der Insolvenzmasse berechtigt.

Kommt es nicht zur Eröffnung des Nachlassinsolvenzverfahrens, so setzt das Insolvenzgericht die Vergütung und die Auslagen einschließlich Umsatzsteuer gegenüber demjenigen fest, der danach für die Verwaltung des Nachlasses zuständig ist. Dies ist entweder der Erbe bzw. die Erbengemeinschaft oder aber ein eingesetzter Testamentsvollstrecker bzw. der Nachlasspfleger. Soweit nicht unbeschränkte Erbenhaftung besteht, haften diese Personen nur mit dem Nachlass für die Kosten der vorläufigen Insolvenzverwaltung. Hatte der vorläufige Insolvenzverwalter Insolvenzmasse verwaltet, insbesondere ein Guthaben auf einem von ihm geführten Hinterlegungskonto gebildet, so darf er die festgesetzten Beträge aus der verwalteten Masse entnehmen. Zur Absicherung des Vergütungsanspruchs des vorläufigen Insolvenzverwalters hat das Insolvenzgericht dem vorläufigen Verwalter gemäß § 25 Abs. 1 Satz 1 InsO vor Aufhebung der Sicherungsmaßnahmen die Möglichkeit zu geben, die festgesetzten Beträge aus dem Vermögen des Insolvenzschuldners zu entnehmen. 277

Bei der Kostentragungslast für die vorläufige Insolvenzverwaltung aufseiten des Nachlasses bleibt es auch, wenn ein Insolvenzgläubiger **seinen Fremdinsolvenzantrag zurücknimmt**. Zwar hat grundsätzlich der den Antrag zurücknehmende Insolvenzgläubiger gemäß § 4 InsO i. V. mit § 269 Abs. 3 Satz 2 ZPO die Kosten des Verfahrens zu tragen. Dies gilt allerdings nach überwiegender Auffassung nicht für die Kosten der vorläufigen Insolvenzverwaltung.[310] Dies soll sich daraus ergeben, dass die Vergütung des vorläufigen Insolvenzverwalters gemäß § 50 Abs. 1 Satz 2 GKG nicht zu den Gerichtskosten des Verfahrens gehört.[311] Dieses Ergebnis dürfte jedoch bei tiefer gehender Betrachtung nicht angemessen sein, weil der Schuldner sodann auf den Regressweg gegenüber dem antragstellenden Gläubiger verwiesen wird und seinen ihm durch die gegen ihn erfolgte Festsetzung der Kosten der vorläufigen Insolvenzverwaltung entstandenen Schaden gegen den Gläubiger durchprozessieren müsste. Lediglich für den Fall der Erledigungserklärung sind dem Nachlass die Kosten für die Vergütung des vorläufigen Insolvenzverwalters i. R. von § 91a ZPO aufzuerlegen. 278

Reicht der Nachlass nicht aus, um die Vergütungs- und Auslagenansprüche des vorläufigen Insolvenzverwalters zu decken, fällt der vorläufige Insolvenzverwalter mit seinem über die vorhandene Masse hinausgehenden Vergütungsanspruch aus. Eine **Haftung der Staatskasse** hat die Rechtsprechung bisher **abgelehnt.**[312] 279

310) OLG Celle, Beschl. v. 8.3.2000 – 2 W 23/00, ZIP 2000, 706 = MDR 2000, 1031.

311) BGH, Beschl. v. 26.1.2006 – IX ZB 231/04, ZIP 2006, 431 = ZInsO 2006, 204.

312) BGH, Beschl. v. 22.1.2004 – IX ZB 123/03, ZVI 2004, 200 = ZIP 2004, 571.

280 Die Vergütungsansprüche des vorläufigen Insolvenzverwalters **entstehen** bereits mit dem **Tätigwerden** des vorläufigen Insolvenzverwalters. Einer Festsetzung durch das Gericht bedarf es für die Entstehung nicht. Durch die Festsetzung seitens des Gerichtes erfolgt lediglich eine Konkretisierung des Anspruches und es wird die Erlaubnis zur Entnahme erteilt. Die Fälligkeit des Anspruches tritt mit Beendigung der Tätigkeit des vorläufigen Insolvenzverwalters ein.

2. Einstellung und Untersagung von Zwangsvollstreckungsmaßnahmen

281 Nach § 21 Abs. 2 Satz 1 Nr. 3 InsO können während des Eröffnungsverfahrens Maßnahmen der Zwangsvollstreckung in das bewegliche Nachlassvermögen untersagt bzw. einstweilen eingestellt werden. Die Einstellung erfolgt, wenn Zwangsvollstreckungsmaßnahmen bereits begonnen haben. Untersagung bzw. Einstellung von Zwangsvollstreckungsmaßnahmen haben vor allem den Zweck, das im Falle einer Eröffnung des Insolvenzverfahrens zur Masse gehörende Vermögen vorläufig zusammenzuhalten, um ggf. eine überlegte, günstige Verwertungsmöglichkeit zu finden bzw. die Fortführung eines zum Nachlass gehörenden Unternehmens zu ermöglichen. Die Anordnung kann auf **bestimmte Gegenstände** beschränkt werden, sollte aber regelmäßig auf den gesamten Nachlass bezogen werden. Denkbar wäre auch, die Anordnung auf Vollstreckungsmaßnahmen eines oder mehrerer **bestimmter Gläubiger** zu beschränken. Die einstweilige Einstellung bewirkt einen **Verfahrensstillstand**; eine bereits erfolgte Pfändung bleibt jedoch bestehen, nur die Versteigerung findet nicht statt.[313)]

282 In Bezug auf unbewegliche Gegenstände kann das Vollstreckungsgericht auf Antrag des vorläufigen Insolvenzverwalters die **Zwangsversteigerung** gemäß § 30d Abs. 4 ZVG **einstellen.** Dafür ist es nicht erforderlich, dass die Verwaltungs- und Verfügungsbefugnis auf den vorläufigen Insolvenzverwalter übertragen worden ist.

3. Auskunfts- und Mitwirkungspflichten im Eröffnungsverfahren

283 Im Eröffnungsverfahren sind die im eröffneten Verfahren auskunfts- und mitwirkungspflichtigen Personen ebenfalls bereits zur Erteilung von Auskünften und Mitwirkung verpflichtet, § 20 Abs. 1 InsO. Für den Umfang und die Sanktionen bei Nichtbefolgung der Auskunfts- und Mitwirkungspflichten gelten die Ausführungen unter Rz. 308 ff. entsprechend.

4. Vorläufige Postsperre

284 Das Insolvenzgericht kann auch im vorläufigen Nachlassinsolvenzverfahren eine vorläufige Postsperre anordnen, § 21 Abs. 2 Satz 1 Nr. 4 InsO. Kraft dortiger

313) *Schmerbach* in: FK-InsO, § 21 Rz. 199.

Verweisung sind die §§ 99, 101 Abs. 1 Satz 1 InsO entsprechend anzuwenden. Die Ausführungen unter Rz. 314 gelten für die vorläufige Postsperre entsprechend.

VII. Auskunfts- und Mitwirkungspflichten und Postsperre

1. Auskunfts- und Mitwirkungsverpflichtete

285 § 97 Abs. 1 Satz 1 InsO bestimmt, dass der **Schuldner** verpflichtet ist, Auskunft über alle das Verfahren betreffenden Verhältnisse Auskunft zu erteilen. Wer im Nachlassinsolvenzverfahren Schuldner ist, ist jedoch unklar (siehe oben Rz. 180 ff.). Soweit Vorschriften der InsO, die auch für das „normale" Regelinsolvenzverfahren gelten, auf das Nachlassinsolvenzverfahren anzuwenden sind, muss der Schuldnerbegriff teleologisch modifiziert werden. Er kann einerseits den Nachlass als solchen treffen, andererseits aber auch den Rechtsträger des Nachlasses oder aber den über den Nachlass Verfügungsberechtigten, also einen Testamentsvollstrecker, Nachlasspfleger oder Nachlassverwalter. Die Auskunfts- und Mitwirkungspflichten des § 97 InsO können vom Sinn und Zweck her nur den **Erben**[314)] und etwaige **sonst verfügungsbefugten Personen** treffen.

286 Der **Nachlass als Sondervermögen** kann selbst freilich keine Auskunft geben. Der Nachlass ist mit einer Kapitalgesellschaft vergleichbar, die selbst auch keine Auskunft erteilen kann. Anstelle der Kapitalgesellschaften sind deren Organe auskunftspflichtig, § 101 InsO. § 101 InsO nennt jedoch weder den Nachlass, noch den Erben, Testamentsvollstrecker, Nachlasspfleger oder Nachlassverwalter. Zwar ist der Nachlass keine natürliche Person, gleichwohl hat er aber auch kein Vertretungs- oder Aufsichtsorgan und auch keine persönlich haftenden Gesellschafter, so dass **§ 101 InsO auf den Nachlass nicht direkt angewendet** werden kann. Es handelt sich dabei aber um eine **planwidrige Lücke** des Gesetzgebers, die im Wege der **Analogie** zu schließen ist. Die Vorschriften über das Nachlassinsolvenzverfahren beinhalten keinerlei Regelungen bezüglich der Auskunfts- und Mitwirkungspflichten der Beteiligten. Freilich bedarf es aber auch im Insolvenzverfahren über einen Nachlass der Erteilung von Auskünften über die Vermögensverhältnisse und u. U. auch der Mitwirkung bei der Sicherung und Verwaltung des Nachlasses. Der Gesetzgeber hat nicht erkannt – oder zumindest nicht hinreichend gewürdigt – dass das Nachlassinsolvenzverfahren einen dem Schuldner in einem üblichen Regelinsolvenzverfahren vergleichbaren Beteiligten nicht kennt. Üblicherweise ist der Schuldner nämlich zugleich Rechtsträger des insolvenzbefangenen Vermögens und taugliche Auskunftsperson. Soweit der Erbe bekannt ist und kein Testamentsvollstrecker und kein Nachlassverwalter bestellt ist, ist der Erbe gleichzeitig Rechtsträger des insol-

314) *Wiester* in: MünchAHB Erbrecht, 5. Aufl., § 25 Rz. 117.

venzbefangenen Vermögens und taugliche Auskunftsperson. Ihn treffen damit die Auskunfts- und Mitwirkungspflichten des § 97 InsO.

287 Für die Fälle, in denen **Rechtsträger** des insolvenzbefangenen Vermögens und taugliche **Auskunftsperson auseinanderfallen**, ist § 101 InsO normiert und somit bestimmt worden, dass dann anstelle des Rechtsträgers der zur Auskunft fähige, über das Vermögen des Rechtsträgers Verfügungsbefugte zur Erteilung der erforderlichen Auskünfte und entsprechenden Mitwirkung verpflichtet ist. Dieser Gedanke lässt sich zwanglos **auf das Nachlassinsolvenzverfahren übertragen**, so dass die Auskunfts- und Mitwirkungspflichten aus § 97 InsO analog § 101 InsO den **Nachlassverwalter**, Nachlasspfleger und **Testamentsvollstrecker** treffen.[315] Davon unberührt bleibt die Auskunfts- und Mitwirkungsverpflichtung des Erben. Diese besteht aufgrund seiner Rechtsträgerschaft unabhängig von etwaigen Auskunfts- und Mitwirkungspflichten der eben genannten Personen. Wenn auch der Erbe nicht verfügungsbefugt ist, wenn ein Nachlasspfleger, Nachlassverwalter oder Testamentsvollstrecker bestellt ist, so ist er doch zumindest fähig, Auskünfte zu erteilen. Er ist daher nicht einer Kapitalgesellschaft vergleichbar, für die Organe handeln müssten. Ihn **entlasten die Auskunfts- und Mitwirkungspflichten anderer** verfügungsbefugter Personen mithin **nicht**.

288 Keine Aussage trifft die InsO auch zu der Frage, ob ein **Betreuer** (§ 1814 BGB) des Erblassers zur Erteilung von Auskünften und Mitwirkung im Insolvenzverfahren verpflichtet ist. **Dies ist analog § 101 Abs. 1 Satz 2 InsO zu bejahen**, sofern die Beendigung der Betreuung **nicht mehr als zwei Jahre** vor dem Antrag auf Eröffnung des Insolvenzverfahrens über den Nachlass liegt. Der Betreuer hat umfassende Kenntnisse über die Vermögens- und sonstigen rechtlichen Verhältnisse des Betreuten. Er ist zur gerichtlichen und außergerichtlichen Vertretung des Betreuten berechtigt. Ihm kommt daher zu Lebzeiten des Erblassers eine Rechtsmacht zu, die derjenigen eines Organs einer Kapitalgesellschaft vergleichbar ist. Mit dem Tod des Betreuten endet das Betreuungsverhältnis ipso iure. Gleiches gilt auch für den Zeitpunkt der Todeserklärung. Der Betreuer hat bei Beendigung seines Amtes zwar gegenüber dem Vormundschaftsgericht einen Rechenschaftsbericht abzugeben. Dies ändert jedoch nichts daran, dass er ähnlich einem aus einer Kapitalgesellschaft ausgeschiedenen Organ über die rechtlichen und tatsächlichen Verhältnisse des Vermögens, das er verwaltet hat, umfassend informiert ist. Für solche Personen hat der Gesetzgeber die wertende Entscheidung getroffen, dass sie für Zwecke der Durchführung eines effektiven Insolvenzverfahrens auch trotz der Beendigung ihrer rechtlichen Stellung zu dem von ihnen verwalteten Vermögen während eines Zeitraumes von zwei Jahren auskunfts- und mitwirkungspflichtig bleiben.[316]

---

315) Im Ergebnis ebenso *Stephan* in: MünchKomm-InsO, § 101 Rz. 15; Jaeger-*Schilken*, InsO, § 101 Rz. 12; *Schröder* in: HambKomm-InsO, § 20 Rz. 8.

316) Jaeger-*Schilken*, InsO, § 101 Rz. 23.

Diese Wertung lässt sich im Einklang mit dem Sinn und Zweck der Bestimmung zwanglos auf den Betreuer übertragen und ist damit analog anzuwenden.

289 Dies gilt auch für einen **Betreuer**, der bereits vor dem Tod des Erblassers entlassen worden ist oder der in Folge Wegfalls der Betreuungsvoraussetzungen aus der Betreuung ausgeschieden ist. Entscheidend kommt es lediglich darauf an, dass die Entlassung nicht mehr als zwei Jahre vor dem Antrag auf Eröffnung des Insolvenzverfahrens über den Nachlass des Betreuten erfolgt ist.

290 Gleiches gilt auch für Testamentsvollstrecker, Nachlasspfleger und Nachlassverwalter, deren Amt **weniger als zwei Jahre vor dem Antrag** auf Eröffnung des Insolvenzverfahrens über den Nachlass geendet hat.

291 Die **Auskunftspflicht trifft auch diejenigen Personen, die an sich Erbe geworden wären**, die Erbschaft aber **ausgeschlagen** haben. Auch deren Auskunftspflicht ist **analog § 101 Abs. 1 Satz 2 InsO** zu bejahen,[317] sofern die Ausschlagung nicht **mehr als zwei Jahre** vor dem Antrag auf Eröffnung des Insolvenzverfahrens über den Nachlass liegt. Dies ergibt sich aus der tatsächlichen Beziehung solcher Personen zum Nachlass und ihrer üblicherweise gegebenen faktischen Möglichkeit, auf Nachlassgegenstände Einfluss zu nehmen. Sie sind somit ebenfalls mit den in § 101 InsO genannten Personen vergleichbar. Wollte man die Auskunftspflicht des Erben nach seiner Ausschlagung verneinen, so könnte sich der Erbe in vielen Fällen ohne weiteres seiner Auskunftspflicht entziehen. Gerade in den Fällen, in denen Erben kurz nach dem Erbfall Vermögensgegenstände vereinnahmt oder veräußert haben oder bspw. Lebensversicherungsguthaben ausgezahlt erhalten haben, ist eine geordnete Abwicklung des Insolvenzverfahrens ohne eine umfassende Auskunftsverpflichtung der Erben oft unmöglich, und zwar unabhängig davon, ob im Anschluss an solche Vorkommnisse eine Ausschlagung erfolgt ist oder nicht.

292 **Nicht zum Kreis der Auskunftsverpflichteten** gehören **Pflichtteilsberechtigte**, **Vermächtnisnehmer** und **Berechtigte aus Auflagen**, weil sie weder Rechtsträger des Nachlasses sind, noch umfassend zur Verfügung über den Nachlass befugt sind. Ihnen obliegt es daher auch nicht, sich über die Vermögensverhältnisse des Nachlasses ins Bild zu setzen.

293 Die Auskunftspflichtigen haben die erforderlichen Auskünfte **persönlich zu erfüllen**. Eine Stellvertretung ist nicht zulässig, auch nicht die anwaltliche Vertretung. Ausnahmsweise kann die Erteilung von Auskünften durch Dritte, bspw. einen Anwalt des Auskunftspflichtigen genügen, wenn der Auskunftsbe-

317) So auch *Schönenberg-Wessel/Schultz* in: Uricher, Erbrecht, § 10 Rz. 75; ebenso ohne ausf. Begr. AG Freiburg, Beschl. v. 11.1.2019 – 8 IN 263/18, NZI 2019, 566, bestätigt durch LG Freiburg, Beschl. v. 13.3.2019 – 3 T 39/19, juris.

rechtigte sich mit der Erteilung der Auskunft durch den Dritten bereit erklärt.[318)]

294 Die Auskunftspflicht ist auf die möglicherweise zur Insolvenzmasse gehörenden Gegenstände beschränkt.[319)] Der Erbe braucht grundsätzlich **keine Auskünfte über sein Eigenvermögen** zu erteilen.[320)] Sofern allerdings Zweifel bestehen, ob bestimmte Gegenstände oder Vorgänge den Nachlass betreffen, kann sich der Auskunftsverpflichtete nicht darauf berufen, diese Gegenstände oder Vorgänge beträfen nicht den Nachlass.[321)] Bestehen solche Zweifel, so erstreckt sich die Auskunftspflicht auch hierauf, weil es zu den Aufgaben des Insolvenzverwalters gehört, diese Zweifel auszuräumen und alle den Nachlass betreffenden Umstände zu ermitteln, wobei wiederum der Auskunfts- und Mitwirkungspflichtige mitzuwirken hat. Die Auskunftspflicht umfasst auch Rechtshandlungen, die möglicherweise zur Anfechtung durch den Insolvenzverwalter Anlass geben und Schenkungen des Erblassers.

295 Ein **Zeugnisverweigerungsrecht** gemäß § 383 Abs. 1 Nr. 3 ZPO steht dem Angehörigen des Erblassers nicht zu.[322)] Der Erblasser ist nämlich nicht Partei des Nachlassinsolvenzverfahrens.

2. Auskunfts- und Mitwirkungsberechtigte

296 Die Auskunfts- und Mitwirkungspflichten bestehen gegenüber dem **Insolvenzgericht**, dem **Insolvenzverwalter** und dem **Gläubigerausschuss**. Sofern das Insolvenzgericht dies ausdrücklich anordnet, bestehen die Auskunfts- und Mitwirkungspflichten auch gegenüber der **Gläubigerversammlung**, § 97 Abs. 1 InsO. Für diese Anordnung des Insolvenzgerichts ist ein Antrag nicht erforderlich; die Anordnung kann von Amts wegen erfolgen.[323)]

3. Inhalt und Umfang der Auskunftspflicht

297 Die **Auskunftspflicht** ist **umfassend**. Sie umfasst alle Informationen, die für die Durchführung des Insolvenzverfahrens dienlich sein könnten. Vor allem hat der Auskunftsverpflichtete erschöpfend Auskunft über die Vermögensverhältnisse des Nachlasses zu erteilen, unabhängig davon, ob es **im Inland oder**

---

318) *Stephan* in: MünchKomm-InsO, § 97 Rz. 33; *Kuhn/Uhlenbruck*, KO, § 100 Rz. 1, 3; *Kilger/K. Schmidt*, KO, § 100 Rz. 1.

319) *Kayser* in: HK-InsO, § 97 Rz. 11; *Schönenberg-Wessel/Schultz* in: Uricher, Erbrecht, § 10 Rz. 76.

320) *Schönenberg-Wessel/Schultz* in: Uricher, Erbrecht, § 10 Rz. 76.; Hess-*Wienberg*, InsO, § 97 Rz. 22 – mit der Einschränkung, dass kein Anfechtungsanspruch besteht.

321) *Schönenberg-Wessel/Schultz* in: Uricher, Erbrecht, § 10 Rz. 76.

322) AG Freiburg, Beschl. v. 11.1.2019 – 8 IN 263/18, NZI 2019, 566, bestätigt durch LG Freiburg, Beschl. v. 13.3.2019 – 3 T 39/19, juris.

323) *App* in: FK-InsO, § 97 Rz. 5; *Kayser* in: HK-InsO, § 97 Rz. 22.

im Ausland belegen ist. Sind Anhaltspunkte für Auslandsvermögen vorhanden, so kann der Insolvenzverwalter von dem Auskunftsverpflichteten auch verlangen, ihm bezüglich dieser Gegenstände umfassende **Vollmachten zu erteilen.**[324] Zur Erteilung einer umfassenden Auskunft gehört es, mitzuteilen, wo sich welche Nachlassgegenstände befinden, wie ihre rechtlichen und tatsächlichen Verhältnisse liegen und welche Verwaltungserfordernisse und -möglichkeiten bestehen. Der Auskunftsverpflichtete hat auch mitzuteilen, wo sich **Unterlagen** befinden (könnten), die über die Verhältnisse des Nachlasses Aufschluss geben könnten, ob ihm letztwillige Verfügungen des Erblassers bekannt sind oder nicht und welche anderen Personen ggf. als Auskunftspersonen in Frage kommen könnten, unabhängig davon, ob diese Personen nach §§ 97, 101 InsO zum Kreis der Auskunftsverpflichteten gehören oder nicht.

Sind **Forderungen** im Nachlass vorhanden, so haben die Auskunftsverpflichteten Grund und Bestand der Forderungen zu erläutern und durch geeignete Unterlagen zu belegen. Auch in Bezug auf **Aus- und Absonderungsgegenstände** haben die Auskunftsverpflichteten die für den Insolvenzverwalter nötigen Informationen zu erteilen. Im Rahmen der Auskunftserteilung können die Auskunftsberechtigten auch verlangen, dass der Auskunftsverpflichtete **Listen und Verzeichnisse** erstellt[325] und für ihn erreichbare Informationen beschafft, wenn er selbst nicht darüber verfügt und die Informationsbeschaffung für den Insolvenzverwalter mit unverhältnismäßigen Schwierigkeiten verbunden wäre. Das kann z. B. der Fall sein, wenn Auskünfte bei ausländischen Behörden eingeholt werden müssen und der Insolvenzverwalter im Gegensatz zum Auskunftsverpflichteten der dortigen Amtssprache nicht mächtig ist. Die Auskunftspflicht kann sich auch auf persönliche Daten Dritter erstrecken, bspw. bei einer im Nachlass befindlichen Arztpraxis, wenn die Patienten- und Behandlungsunterlagen zum Zwecke der Erstellung der Honorarabrechnungen benötigt werden. 298

Die Auskunftsverpflichteten haben gemäß § 97 Abs. 1 Satz 2 InsO auch dann Auskunft zu erteilen, wenn sie sich dadurch strafrechtlich belasten müssen. Die dadurch eintretende Zwangslage hat der Auskunftsverpflichtete hinzunehmen; auch in diesem Fall kann seine Auskunftserteilung mit Zwangsmitteln durchgesetzt werden. Dies ist verfassungsrechtlich nicht zu beanstanden,[326] weil Auskünfte, die der Auskunftsverpflichtete aufgrund seiner Auskunftsverpflichtung erteilt in einem Strafverfahren oder in einem Ordnungswidrigkeitsverfahren nicht gegen ihn verwendet werden dürfen, § 97 Abs. 1 Satz 3 InsO. 299

---

324) *App* in: FK-InsO, § 97 Rz. 15; *Kayser* in: HK-InsO, § 97 Rz. 30; *Hanisch*, ZIP 1983, 1289; BGH, Beschl. v. 18.9.2003 – IX ZB 75/03, ZVI 2003, 666 = ZIP 2003, 2123.

325) BGH, Beschl. v. 19.1.2006 – IX ZB 14/03, ZInsO 2006, 264; *App* in: FK-InsO, § 97 Rz. 13.

326) BVerfG, Beschl. v. 13.1.1981 – 1 BvR 116/77, BVerfGE 56, 37 = NJW 1981, 1431 ff.

300 Der Auskunftsverpflichtete hat keinen Erstattungsanspruch, wenn ihm für die Erteilung der Auskunft Kosten entstehen sollten.[327)]

4. Inhalt und Umfang der Mitwirkungspflicht

301 Wenn auch Auskunfts- und Mitwirkungspflichten i. S. von § 97 InsO fließend ineinanderübergehen, normiert § 97 Abs. 2 InsO gleichwohl über die Auskunftspflicht hinaus die Pflicht der Mitwirkungspflichtigen, den Insolvenzverwalter bei der Erfüllung seiner Aufgaben zu unterstützen. Auch die Mitwirkungspflichten sind weit zu verstehen, was sich bereits an der weiten Gesetzesformulierung zeigt. Der Insolvenzverwalter darf dem Mitwirkungspflichtigen zwar nicht seinen eigenen Aufgabenkreis übertragen. Er kann aber eine weitreichende **Unterstützungstätigkeit verlangen.**[328)] Insbesondere kann er von dem Mitwirkungsverpflichteten verlangen, dass er ein **Inventar** des Nachlasses erstellt und vermerkt, wo welche Gegenstände verblieben sind, soweit man diese Tätigkeit nicht ohnehin zu den Auskunftspflichten zählt.[329)]

302 **Wesentliche Mitwirkungspflichten** betreffen den Bereich der Ermittlung des Nachlasses und auch dessen Verwertung. Befindet sich bspw. ein vermietetes Mehrfamilienhaus im Nachlass und sind die Mietverhältnisse und der Verbleib von Mieterkautionen unklar, so kann der Insolvenzverwalter von einem Mitwirkungspflichtigen verlangen, dass er sich mit den Mietern ins Benehmen setzt und von diesen Ablichtungen der Mietverträge und Auskunft darüber besorgt, wohin sie wann welche Kaution geleistet haben. Dies mag vom Umfang und Aufwand her verwundern, wenn man den Kreis der Mitwirkungsverpflichteten bedenkt. Eine Mitwirkungspflicht diesen Umfanges träfe wohl zweifelsohne jeden Schuldner i. R. eines Insolvenzverfahrens über sein persönliches Vermögen. Hiervon sind Abstriche für den Fall des Nachlassinsolvenzverfahrens jedoch in keiner Weise geboten. Ein Testamentsvollstrecker, Erbe oder Nachlasspfleger kann sich daher genauso wenig darauf berufen, ihm lägen keine Mietverträge oder Kenntnisse über Kautionen vor, wie dies ein Schuldner i. R. eines Insolvenzverfahrens über sein persönliches Vermögen kann. Nötigenfalls muss er sich die erforderlichen Informationen auch mit Hilfe Dritter beschaffen.

303 **Gehört ein Unternehmen zum Nachlass,** so treffen die Mitwirkungsverpflichteten umfassende Verpflichtungen i. R. der Betriebsfortführung. Gerade dann, wenn ein Unternehmen durch den Erben, Testamentsvollstrecker oder Nachlassverwalter in der Zeit zwischen Tode des Erblassers und Insolvenzantragstellung fortgeführt worden ist, ist der Insolvenzverwalter zumindest während eines Übergangszeitraumes darauf angewiesen, dass diese Person den Geschäfts-

327) *App* in: FK-InsO, § 97 Rz. 17; LG Köln, Beschl. v. 17.2.2004 – 19 T 262/03, ZVI 2004, 193.

328) *Stephan* in: MünchKomm-InsO, § 97 Rz. 42.

329) Vgl. für Mitwirkungspflicht: *Kayser* in HK-InsO, § 97 Rz. 29; *Stephan* in: MünchKomm-InsO, § 97 Rz. 43.

betrieb auch nach Eröffnung des Insolvenzverfahrens gemeinsam mit dem Insolvenzverwalter **fortführt.**

Besondere Relevanz hat die Mitwirkungsverpflichtung i. R. von Betriebsfortführungen dann, wenn der Erbe auch über die nötige **Fachqualifikation** verfügt, um den im Nachlass befindlichen Geschäftsbetrieb fortzuführen, bspw. bei der Fortführung einer Arztpraxis. **Mitwirkung** darf allerdings nicht mit der **Erbringung einer Arbeitsleistung** zugunsten der Masse gleichgesetzt werden. Da die Mitwirkung i. S. von § 97 Abs. 2 InsO **unentgeltlich** zu erbringen ist, kann von dem Mitwirkungsverpflichteten nicht verlangt werden, dass er einem Arbeitnehmer gleich für die Insolvenzmasse arbeitet.[330] Dies gilt auch dann, wenn der Insolvenzverwalter sich bereit erklärt, eine Vergütung zu zahlen. Die Mitwirkungsleistungen müssen daher **zumutbar** und insbesondere vom zeitlichen Umfang her für einen anderweitig in einem festen Arbeitsverhältnis stehenden Menschen tatsächlich **möglich** sein. Dem Mitwirkungsverpflichteten zumutbar sind alle diejenigen Unterstützungs- und Mitwirkungshandlungen, die ein Tätigwerden erfordern, das die Erwerbstätigkeit des Mitwirkungsverpflichteten nicht substantiell beeinträchtigt. Kommt es hierüber zu Streit zwischen dem Mitwirkungsverpflichteten und dem Insolvenzverwalter, so trifft das Insolvenzgericht i. R. eines etwaigen Verfahrens gemäß § 98 Abs. 2 InsO die Entscheidung. In einem solchen Verfahren hat der Insolvenzverwalter darzulegen, dass die geforderten Unterstützungs- und Mitwirkungshandlungen das Maß des Zumutbaren nicht überschreiten, während es dem Mitwirkungsverpflichteten obliegt, die Umstände darzutun, die ihm die Erfüllung der geforderten Handlungen unzumutbar machen.[331] 304

5. Erreichbarkeit

Die Auskunfts- und Mitwirkungsverpflichteten sind gemäß § 97 Abs. 3 InsO auf Anordnung des Insolvenzgerichtes verpflichtet, sich **jederzeit** zur Verfügung zu stellen, um ihre Auskunfts- und Mitwirkungsverpflichtungen zu erfüllen. Die gerichtliche Anordnung darf allerdings nur **orts- und zeitbezogen** ergehen[332] und darf nicht bloß beinhalten, der Auskunfts- und Mitwirkungsverpflichtete müsse sich jederzeit zur Verfügung halten. Anordnungen, die **längere Zeiträume** umfassen, sind zulässig, soweit sie nicht unverhältnismäßig sind. Auch gegen einen Rechtsanwalt, der vor Eröffnung als Nachlassverwalter oder Testamentsvollstrecker für den Nachlass tätig war, kann eine Anordnung nach § 97 Abs. 3 InsO ergehen. Dies kann geboten sein, wenn die Anwesenheit des Rechtsanwaltes in der Gläubigerversammlung erforderlich ist, der Rechtsanwalt 305

330) *Stephan* in: MünchKomm-InsO, § 97 Rz. 45; *App* in: FK-InsO, § 97 Rz. 19.

331) *Stephan* in: MünchKomm-InsO, § 97 Rz. 45.

332) *App* in: FK-InsO, § 97 Rz. 21; LG Göttingen, Beschl. v. 21.8.2000 – 10 T 105/00, ZIP 2000, 2174 = ZInsO 2001, 44.

aber durch anderweitige (Gerichts-)termine zu der Zeit, zu der die Gläubigerversammlung stattfinden soll, verhindert ist. Die Anordnung nach § 97 Abs. 3 InsO geht der anderweitigen Terminierung unabhängig von der zeitlichen Reihenfolge der Terminsbestimmung vor, so dass der andere Termin **nötigenfalls zu verlegen** ist. Dies ergibt sich zum einen daraus, dass der Termin zur Gläubigerversammlung öffentlich bekannt gemacht ist, so dass seine Verlegung mit verhältnismäßig großem Aufwand verbunden ist, zum anderen aber auch daraus, dass von einer Verlegung der Gläubigerversammlung eine Vielzahl anderer Beteiligter betroffen ist.

306 Eine **Anordnung** nach § 97 Abs. 3 InsO ist gemäß § 6 InsO **unanfechtbar**.

6. Unterlassungspflichten

307 Die Auskunfts- und Mitwirkungspflichtigen haben alle Handlungen zu unterlassen, die die Erfüllung ihrer Auskunfts- und Mitwirkungspflichten beeinträchtigen, § 97 Abs. 3 Satz 2 InsO. Darunter fällt die Verpflichtung, die Vernichtung von Unterlagen zu unterlassen, die Auskunft über Nachlassgegenstände geben können (bspw. Kontoauszüge oder Vertragsdokumente des Erblassers), keine Nachlassgegenstände beiseitezuschaffen und andere Auskunftspersonen nicht zu beeinflussen oder gar von der Erteilung von Auskünften abzuhalten oder sie anzuhalten, unwahre Auskünfte zu erteilen.[333)] Macht der Auskunfts- und Mitwirkungspflichtige Anstalten, gegen seine Unterlassungspflichten zu verstoßen, kann dies gemäß § 98 Abs. 2 Nr. 3 InsO zur Anordnung vorbeugender Haft führen.

7. Eidesstattliche Versicherung

308 Das Insolvenzgericht kann anordnen, dass Auskunfts- und Mitwirkungspflichtige die von ihnen erteilten Auskünfte an Eides Statt versichern, sofern dies erforderlich erscheint, um wahrheitsgemäße und vollständige Auskünfte zu erhalten, § 98 Abs. 1 InsO. Erforderlich ist die Versicherung an Eides Statt nicht nur dann, wenn sich Zweifel an der Richtigkeit der erteilten Auskünfte aufdrängen, sondern vielmehr schon dann, wenn die betreffende Auskunft **von einiger Bedeutung** für das Insolvenzverfahren ist.[334)] Insbesondere dann, wenn ein Auskunftsverpflichteter selbst widersprüchliche Auskünfte erteilt oder sich seine Angaben denjenigen anderer Personen oder der Aktenlage widersprechen, ist die Versicherung seiner Angaben an Eides Statt geboten. Auch dann, wenn ein Auskunftsverpflichteter behauptet, keine Angaben machen zu können oder nicht über die verlangten Unterlagen zu verfügen, ist die Anordnung der

333) Jaeger-*Schilken*, InsO, § 97 Rz. 37; *Stephan* in: MünchKomm-InsO, § 97 Rz. 54; *Wendler* in: HambKomm-InsO, § 97 Rz. 23.

334) *App* in: FK-InsO, § 98 Rz. 5; *Kayser* in: HK-InsO, § 98 Rz. 4, 5; Braun-*Lojowsky*, InsO, § 98 Rz. 2.

Versicherung an Eides Statt angebracht. Gerade im Nachlassinsolvenzverfahren behaupten Beteiligte erfahrungsgemäß relativ häufig, nichts zu wissen und auch keine relevanten Unterlagen zu besitzen, die Aufschlüsse über den Nachlass geben könnten. Wegen der mit der Abgabe der Versicherung an Eides Statt verbundenen Strafdrohung (§§ 156, 163 StGB) führt die Anordnung zur Abgabe der Versicherung mitunter zum Erfolg.

Die Versicherung an Eides Statt hat alle aber auch ausschließlich den Nachlass 309
betreffenden Umstände zu umfassen. Der Auskunftsverpflichtete braucht dagegen nichts an Eides Statt zu versichern, was nicht in den Umfang seiner Auskunftspflicht gemäß § 97 Abs. 1 InsO fällt.

Die Abgabe der Versicherung an Eides Statt kann mehrmals von derselben aus- 310
kunftspflichtigen Person verlangt werden.[335] Dies gilt insbesondere dann, wenn seit der letzten Versicherung neue Fragen oder Erkenntnisse aufgetaucht sind, die eine erneute Auskunftserteilung nötig erscheinen lassen.

8. Vorführung und Verhaftung

Unter den in § 98 Abs. 2 InsO aufgeführten Voraussetzungen kann das Insol- 311
venzgericht nach § 97 InsO Auskunftspflichte zwangsweise vorführen und nach Anhörung in Haft nehmen lassen. Vorführung und Verhaftung dienen zur Erfüllung der in § 97 InsO statuierten Auskunfts- und Mitwirkungspflichten. Die Vorführung erfolgt durch einen Gerichtsvollzieher oder Justizbeamten. Die Anordnung von Haft kann nur durch den Richter erfolgen (§ 4 Satz 2 RPflG). Bei Anordnung der Haft wird ein Haftbefehl erlassen. Der Haftbefehl muss bei der Verhaftung vorgezeigt und auf Verlangen abschriftlich mitgeteilt werden (§ 909 Satz 2 ZPO). Der Haftbefehl gestattet alle zur Verhaftung erforderlichen Maßnahmen. Dies gilt auch für den Vorführungsbefehl. Insbesondere darf auf der Grundlage des Haftbefehles auch die Wohnung des zu Verhaftenden betreten werden.

Als **Gründe** für die Anordnung der Vorführung bzw. der Verhaftung kommen 312
insbesondere Fluchtvorbereitungen des Auskunftsverpflichteten oder dessen Versuch, zur Insolvenzmasse gehörende Gegenstände beiseite zu schaffen, in Betracht. Aber auch bereits die Nichterfüllung der gesetzlichen Auskunftsverpflichtungen, die Verweigerung zur Abgabe einer eidesstattlichen Versicherung oder auch völlig unzureichende Auskünfte können den Erlass der entsprechenden Anordnung rechtfertigen.[336]

335) *App* in: FK-InsO, § 98 Rz. 5; *Kayser* in: HK-InsO, § 98 Rz. 1.

336) OLG Celle, Beschl. v. 10.1.2001 – 2 W 1/01, NZI 2001, 149 = ZInsO 2001, 144; LG Köln, Beschl. v. 17.2.2004 – 19 T 262/03, ZVI 2004, 193.

9. Beendigung von Zwangsmaßnahmen

313 Zwangsmaßnahmen sind zu beenden, wenn keine Auskunfts- oder Mitwirkungspflichten mehr gegen den Widerstand des Auskunfts- oder Mitwirkungspflichtigen durchgesetzt werden müssen. Dies ist vor allem dann der Fall, wenn dieser in Folge der angeordneten Zwangsmaßnahmen seiner **Auskunfts- und Mitwirkungspflicht nachkommt**. Es gilt allerdings gleichermaßen, wenn der Insolvenzverwalter oder das Insolvenzgericht die nötigen Auskünfte **von dritter Seite** erhalten hat, so dass Insolvenzverwalter und Insolvenzgericht auf die Auskunftserteilung durch den Verhafteten nicht mehr angewiesen sind. In jedem Fall ist die Höchstdauer der Haft gemäß § 913 ZPO sechs Monate. Das Insolvenzgericht ist während dieser Zeit ständig verpflichtet, vom Amts wegen zu prüfen, ob der Grund für die Anordnung fortbesteht.

10. Postsperre

314 Um für die Gläubiger nachteilige Rechtshandlungen aufzuklären oder zu verhindern, kann das Insolvenzgericht eine Postsperre anordnen, § 99 Abs. 1 InsO. Die Postsperre bewirkt, dass die in dem Beschluss benannten Postbeförderungsunternehmen demjenigen, gegen den sie angeordnet ist, **keine Poststücke mehr zuleiten** dürfen, sondern diese dem **Insolvenzverwalter zu übergeben** haben. Der Insolvenzverwalter ist berechtigt, diese Poststücke zu öffnen und deren Inhalt zur Kenntnis zu nehmen, § 99 Abs. 2 InsO. Darin liegt ein Eingriff in das Grundrecht aus Art. 10 Abs. 1 GG. Das Zitiergebot ist durch § 102 InsO gewahrt. Verfassungsrechtliche Bedenken bestehen nicht.[337] Die Postsperre umfasst zwar regelmäßig nur Postsendungen; das Insolvenzgericht kann allerdings auch Emails in seine Anordnung mit einbeziehen. Der Beschluss hat dann den Netzbetreiber und die Emailadresse zu enthalten, auf die sich die Postsperre beziehen soll.[338]

315 Der Insolvenzverwalter hat diejenigen Poststücke, die nicht die Insolvenzmasse betreffen, an den Erben bzw. Nachlassverwalter, Nachlasspfleger oder Testamentsvollstrecker **herauszugeben**. Bezüglich der übrigen Poststücke hat er die **Einsichtnahme** zu gestatten, sofern dadurch nicht die Sicherung oder Verwertung der Insolvenzmasse gefährdet wird.

316 Die Postsperre darf **nicht routinemäßig** angeordnet werden.[339] Vielmehr ist erforderlich, dass konkrete Anhaltspunkte dafür vorliegen, dass eine Gefährdung der Sicherung oder Verwertung der Insolvenzmasse besteht. Dafür reicht

337) BVerfG, Beschl. v. 6.11.2000 – 1 BvR 1746/00, NZI 2001, 132 = ZIP 2000, 2311; *Kayser* in: HK-InsO, § 99 Rz. 3 – verfassungsrechtlich unbedenklich, weil es den Grundrechten der Gläubiger auf effektive Justizgewährung angemessen Rechnung trägt; Uhlenbruck-*Zipperer*, InsO, § 99 Rz. 2.

338) *Kayser* in: HK-InsO, § 99 Rz. 8.

339) *Landfermann* in: Kölner Schrift zur InsO, S. 159, 190.

es allerdings aus, dass der Insolvenzverwalter von den zur Verfügung stehenden Auskunftspersonen keine oder nur unzureichende Informationen erhält. Es ist nicht der konkrete Verdacht erforderlich, dass Auskunftspersonen die Vermögensverhältnisse des Nachlasses vorsätzlich zu verschleiern suchen. Die Anordnung muss allerdings dem **Verhältnismäßigkeitsprinzip** gerecht werden, d. h. es hat eine Abwägung stattzufinden zwischen dem Recht des Betroffenen auf Wahrung des Brief- und Postgeheimnisses und dem Interesse der Insolvenzgläubiger an einer möglichst umfassenden und effektiven Sicherung und Erhaltung der Insolvenzmasse.[340] In die Verhältnismäßigkeitserwägungen ist die Tatsache mit einzubeziehen, dass die Postsperre ein besonders effektives Mittel zur Ermittlung der Vermögensverhältnisse des Nachlasses ist.

Die Postsperre kann im Nachlassinsolvenzverfahren sowohl 317

- gegen den Erben bzw. jeden Miterben, als auch
- den Vertreter einer Erbengemeinschaft,
- den Testamentsvollstrecker,
- den Nachlasspfleger oder
- den Nachlassverwalter angeordnet werden.[341]

Dies ergibt sich jedenfalls aus einer Analogie zu § 101 Abs. 1 InsO. Da die InsO 318 **keine ausdrückliche Regelung** dazu trifft, wer eigentlich im Nachlassinsolvenzverfahren zur Erteilung von Auskünften bzw. zur Mitwirkung verpflichtet ist, geschweige denn, wer Schuldner des Nachlassinsolvenzverfahrens sein soll, muss nach tragfähigen Parallelen gesucht werden. Der **Nachlass** ist selbst **kein Rechtssubjekt**. Er hat seinen Rechtsträger. Dies ist der Erbe bzw. die Erbengemeinschaft. Ist kein Nachlassverwalter, Nachlasspfleger oder Testamentsvollstrecker bestellt, so ist der Erbe bzw. ist die Erbengemeinschaft für alle Rechtsvorgänge zuständig, die den Nachlass betreffen. Eines Rückgriffes auf § 101 InsO bedarf es in diesen Fällen gar nicht, weil sich die Mitwirkungspflichten des Erben bzw. der Erbengemeinschaft hier bereits aus der Rechtsträgerschaft ergeben. Gegen denjenigen, der auskunfts- und mitwirkungspflichtig ist, muss eine Postsperre gerichtet sein können, weil diese zum Ziel hat, von der auskunfts- bzw. mitwirkungspflichtigen Person gerade diejenigen Informationen zu erhalten, die sie dem Insolvenzgericht bzw. dem Insolvenzverwalter rechtswidrig vorenthält.

Weniger eindeutig ist die Lage, wenn ein **Nachlassverwalter, Nachlasspfleger** 319 **oder Testamentsvollstrecker** bestellt ist. In diesen Fällen gleicht die Situation derjenigen einer juristischen Person, die wie der Nachlass als Sondervermögen

340) So auch *App* in: FK-InsO, § 99 Rz. 11; *Landfermann* in: Kölner Schrift zur InsO, S. 159, 190.

341) *Siegmann/Scheuing* in: MünchKomm-InsO, Anh. § 315 Rz. 3; Nerlich/Römermann-*Kruth*, InsO, § 99 Rz. 8 – auch bei Sendungen an den Erblasser.

selbst auch nicht handeln kann, sondern durch ihre Organe vertreten werden muss. Für diesen Fall sieht **§ 101 Abs. 1 InsO** vor, dass die Mitglieder des Vertretungsorgans auskunfts- und mitwirkungspflichtig sind, bzw. sich eine Postsperre gegen sie richten kann. Zwar nennt § 101 Abs. 1 InsO diejenigen Personen, die für den Nachlass zu handeln berufen sind, nicht explizit. Wegen der **vergleichbaren Lage** ist jedoch § 101 Abs. 1 InsO entsprechend auf Nachlassverwalter, Nachlasspfleger und Testamentsvollstrecker anzuwenden, so dass sich auch gegen sie eine Postsperre richten kann.

320 Bei Testamentsvollstreckern, Nachlassverwaltern und Nachlasspflegern, die **geschäftsmäßig** der Verwaltung von Nachlässen nachgehen, ist jedoch eine gewisse Zurückhaltung angebracht, weil davon auszugehen ist, dass sie ihren Aufgaben pflichtgemäß nachkommen, wozu es auch gehört, in dem Insolvenzverfahren nach bestem Wissen mitzuwirken. Auch ist bei diesen Personen in der Regel **Neutralität zu vermuten**, was nicht der Fall sein muss etwa bei einem Testamentsvollstrecker, den der Erblasser selbst bestimmt hat und der nicht geschäftsmäßig der Verwaltung von Nachlässen nachgeht. Zudem muss bei geschäftsmäßigen Verwaltern berücksichtigt werden, dass diese i. R. ihrer Geschäftstätigkeit auch in vielen anderen Angelegenheiten Postsendungen erhalten, die nichts mit dem anhängigen Insolvenzverfahren zu tun haben. Zwar bestehen keine durchgreifenden rechtlichen Bedenken dagegen, dass ein Insolvenzverwalter auch Poststücke öffnet, die an einen als Rechtsanwalt zugelassenen Testamentsvollstrecker in anderen Angelegenheiten als dem anhängigen Nachlassinsolvenzverfahren gerichtet sind. In solchen Fällen ist allerdings in die Ermessensentscheidung des Insolvenzgerichtes die Überlegung mit einzubeziehen, dass die Postsperre zu einer erheblichen Verlängerung der Postlaufzeit führen kann und infolge dessen **Fristsachen** in anderen Angelegenheiten den Rechtsanwalt verspätet erreichen können, was erhebliche Gefahren für die Fristwahrung mit sich bringen kann. Gleichwohl kann auch die Anordnung einer Postsperre gegen einen als Rechtsanwalt tätigen Testamentsvollstrecker oder Nachlassverwalter geboten sein, wenn er seinen insolvenzverfahrensmäßigen Pflichten nicht nachkommt und nur auf diese Weise hinreichende Aufschlüsse über die Vermögensverhältnisse des Nachlasses gewonnen werden können.

321 Dadurch wird allerdings der **Erbe** keineswegs entlastet. Gegen ihn kann sich gleichermaßen **kumulativ** eine Postsperre richten. Unter Umständen stellt sich lediglich die Frage des Auswahlermessens dahingehend, gegen welche von mehreren Personen die Postsperre zu richten ist. Es ist allerdings nicht von vornherein ermessensfehlerhaft, die Postsperre sowohl gegen den Erben als auch gegen den Testamentsvollstrecker und den Nachlassverwalter zu richten.

322 Gegen die Anordnung der vorläufigen Postsperre steht dem Betroffenen das Recht der **sofortigen Beschwerde** zu, § 99 Abs. 3 InsO.

Die **Postsperre ist aufzuheben**, wenn die Besorgnis entfällt, dass die Vermögensverhältnisse des Nachlasses verschleiert werden. Dafür ist es keineswegs notwendig, dass diese umfassend und abschließend festgestellt worden sind. Vielmehr ist ausschlaggebend, dass nicht mehr zu befürchten ist, dass derjenige, gegen den die Postsperre angeordnet ist, dem Insolvenzgericht oder dem Insolvenzverwalter wichtige Informationen vorenthält.[342] Dies kann sich insbesondere daraus ergeben, dass die Mitwirkungsbereitschaft unter Beweis gestellt worden ist.[343] 323

VIII. Insolvenzeröffnungsgutachten

Im Verfahren über den Antrag auf Eröffnung des Insolvenzverfahrens über einen 324
Nachlass wird regelmäßig ein **Sachverständiger** gemäß § 5 Abs. 1 InsO bestellt, der ein Gutachten darüber erstatten soll, ob die **Eröffnungsgründe** der §§ 17–19 InsO gegeben sind und ob eine die Verfahrenskosten i. S. der §§ 54, 26 InsO **deckende Insolvenzmasse** vorhanden ist.

Der Sachverständige muss zur Erfüllung dieses Gutachtensauftrages die Ver- 325
mögensverhältnisse des Nachlasses vollumfänglich ermitteln. Er hat dabei insbesondere festzustellen, welche Vermögensgegenstände sich im Zeitpunkt des Todesfalles im Vermögen des Erblassers befanden und welches Schicksal sie danach genommen haben. Er hat den Verbleib dieser Nachlassgegenstände aufzuklären und eingehend zu ermitteln, ob und ggf. in welchem Umfang und gegen welche Personen Ansprüche bspw. aus der Verwaltung des Nachlasses oder wegen zu später Insolvenzantragstellung resultieren können. Seine Erkenntnisse hat der Sachverständige in einem abschließenden Gutachten zusammenzufassen, das er schließlich dem Insolvenzgericht übergibt. Das Gutachten sollte mit einer Anregung enden, wie das Insolvenzgericht aus Sicht des Sachverständigen über den Antrag entscheiden sollte.

IX. Entscheidung des Insolvenzgerichtes über den Eröffnungsantrag

Während des **Eröffnungsverfahrens**, d. h. in der Zeit zwischen Insolvenzan- 326
tragstellung und Entscheidung des Insolvenzgerichts über den Antrag, hat das Insolvenzgericht die Voraussetzungen der Eröffnung des Insolvenzverfahrens **von Amts wegen** zu ermitteln. Das Insolvenzverfahren kann nur dann eröffnet werden, wenn ein Eröffnungsgrund (§§ 17–19 InsO) gegeben ist und eine die Verfahrenskosten (§ 54 InsO) deckende Insolvenzmasse vorhanden ist.

Erfolgt bis zur Entscheidung des Insolvenzgerichts über den Antrag weder eine 327
Rücknahme noch eine Erledigungserklärung, so trifft das Insolvenzgericht sei-

342) *Kayser* in: HK-InsO, § 99 Rz. 41.

343) Jaeger-*Schilken*, InsO, § 99 Rz. 32 – auch als Grund: Insolvenzverwalter hat die Ermittlung der Masse erfolgreich abgeschlossen.

ne Entscheidung über den Antrag. Liegt ein Eröffnungsgrund vor und sind die **Verfahrenskosten** gedeckt, so hat das Insolvenzgericht das Insolvenzverfahren zu eröffnen. Fehlt es an der Verfahrenskostendeckung, so ist der Antrag mangels einer die Verfahrenskosten deckenden Masse abzuweisen, § 26 InsO.

328 Die Kosten sind in diesem Fall **Nachlasserbenschulden** und damit sowohl Nachlassverbindlichkeiten als auch Eigenschulden des Erben. Dies gilt sowohl für die Gerichtskosten einschließlich der Auslagen für einen vom Insolvenzgericht gemäß § 5 InsO bestellten Sachverständigen, als auch für die Vergütung und Auslagen eines vorläufigen Insolvenzverwalters.

329 Schließlich kann der Antrag auch als **unzulässig** abzuweisen sein, wenn es an den Zulassungsvoraussetzungen fehlt oder es kann die Abweisung als **unbegründet** erfolgen, wenn sich herausstellt, dass kein Eröffnungsgrund gegeben ist. In diesen Fällen trägt der Antragsteller die Gerichtskosten und die Auslagen des Gerichts; die Vergütung und Auslagen eines vorläufigen Insolvenzverwalters sind dann Nachlasserbenschulden und somit sowohl Nachlassverbindlichkeiten als auch Eigenschulden des Erben.

1. Rücknahme des Eröffnungsantrages und Erledigungserklärung

330 Im Verlaufe des Eröffnungsverfahrens kann der Antragsteller seinen Insolvenzantrag **jederzeit und unbeschränkt zurücknehmen**, § 13 Abs. 2 InsO. Im Falle der Rücknahme des Insolvenzantrages ist § 269 Abs. 3 Satz 2 ZPO anzuwenden. Die **Kosten** des Eröffnungsverfahrens trägt dann der Antragsteller. Mit der Rücknahme des Antrages hat die insolvenzrichterliche Tätigkeit sofort zu enden;[344] weitere Ermittlungen des Insolvenzgerichtes sind ebenso unzulässig, wie weitere Ermittlungen des vom Gericht bestellten Sachverständigen.

331 Der Antragsteller kann seinen Eröffnungsantrag allerdings auch für **erledigt erklären.** Obwohl diese Möglichkeit in der InsO nicht ausdrücklich neben der Möglichkeit der Rücknahme vorgesehen ist, ist die Erledigungserklärung im Insolvenzeröffnungsverfahren weitestgehend anerkannt.[345] Der Antrag erledigt sich in der Praxis häufig dadurch, dass der antragstellende Gläubiger befriedigt wird, so dass sein Antrag unzulässig wird. Die Erledigungserklärung führt anders als die Rücknahme des Insolvenzantrages in aller Regel zur Kostentragungspflicht aufseiten des Nachlasses. Nach h. M. ergibt sich die Kosten-

---

344) *Schmahl/Vuia* in: MünchKomm-InsO, § 13 Rz. 122 f.

345) BGH, Urt. v. 22.11.2001 – VII ZR 405/00, NJW 2002, 680 = MDR 2002, 473; OLG Celle, Beschl. v. 10.1.2001 – 2 W 1/01, NZI 2001, 149, 150 = ZInsO 2001, 144; LG Bonn, Beschl. v. 8.1.2001 – 2 T 58/00, ZIP 2001, 342, 344 f. = NZI 2001, 488; OLG Köln, Beschl. v. 28.3.2001 – 2 W 39/01, NZI 2001, 318, 319 = ZIP 2001, 1018; *Uhlenbruck*, KTS 1986, 541, 545; Zöller-*Vollkommer*, ZPO, § 91a Rz. 7, 58; Nerlich/Römermann-*Mönning*, InsO, § 13 Rz. 116 ff.; **a. A.** AG Kleve, Beschl. v. 25.2.2000 – 34 IN 93/99, DZWIR 2000, 215.

folge aus § 91a ZPO;[346] wenn man das Eröffnungsverfahren richtigerweise verfassungskonform als Verfahren der freiwilligen Gerichtsbarkeit versteht, dann ergibt sich die Kostenfolge aus § 81 Abs. 1 FamFG.[347] Der Unterschied einer Anwendung von § 91a ZPO und § 81 Abs. 1 FamFG zeigt sich vor allem darin, dass nach § 91a ZPO nur der bisherige Sach- und Streitstand in die Ermessensentscheidung des Gerichts Eingang findet, während bei § 81 Abs. 1 FamFG auch andere Aspekte wie etwa die individuelle Leistungsfähigkeit der Beteiligten Einfluss auf die Kostenentscheidung haben. Die beiden Auffassungen gelangen aber im Wesentlichen zu gleichen Ergebnissen. Dem Nachlass sind die Kosten aufzuerlegen, wenn die Erledigungserklärung eines Nachlassgläubigers hinsichtlich seines Eröffnungsantrages erfolgt, nachdem er hinsichtlich seiner dem Antrag zugrunde liegenden Forderung befriedigt wurde, wenn der Antrag zunächst zulässig und voraussichtlich auch begründet war. Die Kosten sind **Nachlasserbenschulden** und somit sowohl Verbindlichkeiten des Nachlasses, als auch Eigenverbindlichkeiten des Erben.

Die Erledigung des Antrages hat das Insolvenzgericht durch **Beschluss** festzu- 332
stellen; etwaige **Sicherungsanordnungen** sind aufzuheben. Vor der Aufhebung von Sicherungsanordnungen hat das Insolvenzgericht dem vorläufigen Insolvenzverwalter allerdings gemäß § 25 Abs. 2 InsO Gelegenheit zu geben, die Kosten des Verfahrens und die von ihm begründeten Verbindlichkeiten zu befriedigen. § 25 Abs. 2 InsO gilt nicht nur für den vorläufigen starken Insolvenzverwalter, sondern für den vorläufigen schwachen Insolvenzverwalter entsprechend.[348]

2. Abweisung mangels Masse

Die Durchführung des Nachlassinsolvenzverfahrens verursacht Kosten. Das 333
Insolvenzgericht hat den Antrag auf Eröffnung des Insolvenzverfahrens über den Nachlass nach § 26 Abs. 1 InsO mangels Masse abzuweisen, wenn die Verfahrenskosten aus dem in die Insolvenzmasse fallenden Nachlassvermögen voraussichtlich nicht gedeckt werden können. Die Eröffnung erfolgt nur, wenn die Kosten für das gesamte Insolvenzverfahren voraussichtlich gedeckt sein werden. § 30 Abs. 1 RegE InsO, wonach es ausreichen sollte, dass die Kosten lediglich bis zum Berichtstermin (§ 29 Abs. 1 InsO) gedeckt seien, hat in den Gesetzestext der InsO keinen Eingang gefunden. Dies ist durchaus zu begrüßen, denn andernfalls müsste eine Vielzahl von Insolvenzverfahren eröffnet werden, von

346) BGH, Urt. v. 20.11.2001 – IX ZR 48/01, BGHZ 149, 178, 181 = ZIP 2002, 87; BGH, Beschl. v. 11.11.2004 – IX ZB 258/03, ZVI 2005, 125, 126 = NJW RR 2005, 418, 419.

347) *Roth*, Interessenwiderstreit im Insolvenzeröffnungsverfahren, S. 175 ff.

348) Mit Einschränkungen, *Kirchhof* in: HK-InsO, § 25 Rz. 9; *Haarmeyer/Schildt* in: MünchKomm-InsO, § 25 Rz. 7; *Schmerbach* in: FK-InsO, § 25 Rz. 18; offengelassen bei BGH, Urt. v. 22.2.2007 – IX ZR 2/06, NZI 2007, 338 = ZIP 2007, 827; **a. A.** *Schröder* in: HambKomm-InsO, § 25 Rz. 10.

denen bereits mit hoher Wahrscheinlichkeit anzunehmen wäre, dass sie alsbald ergebnislos wieder eingestellt werden müssen.

334 Diejenigen Kosten, die gedeckt sein müssen, um zur Verfahrenseröffnung gelangen zu können, bestimmt § 54 InsO abschließend. Es sind dies die **Gerichtskosten, sowie Vergütungen und Auslagen** des vorläufigen Insolvenzverwalters, Insolvenzverwalters des eröffneten Verfahrens und der Mitglieder des Gläubigerausschusses, sofern ein solcher gebildet werden sollte. Relevant sind allerdings nur solche Kosten, für die die Insolvenzmasse Kostenschuldner ist. Soweit **ausschließlich Gläubiger oder andere Beteiligte** Kostenschuldner sind, zählen die Gerichtskosten nicht zu den Verfahrenskosten i. S. von § 54 InsO.

335 Welche **Gerichtskosten** anfallen, bestimmt Anlage 1 zu § 3 Abs. 2 GKG, Teil 2 des Kostenverzeichnisses, Hauptabschnitt 3 (Insolvenzverfahren). Die Kosten sind **unterschiedlich** je nachdem, ob das Insolvenzverfahren auf Antrag des Schuldners oder eines Gläubigers durchgeführt wird. Die für die Antragstellung des Schuldners geltenden Gebührensätze kommen im Nachlassinsolvenzverfahren zur Anwendung, wenn der Antrag durch den oder einen von mehreren Erben, einen bestellten Nachlassverwalter oder Nachlasspfleger oder durch einen oder mehrere Testamentsvollstrecker gestellt worden ist. Unabhängig von dem Streit um den Schuldnerbegriff im Nachlassinsolvenzverfahren (siehe oben Rz. 180 ff.) kommt es für die Anwendung der Gebührensätze darauf an, welchem „Lager“ der Antragsteller angehört, ob er also eine Forderung gegen den Nachlass besitzt (dann gelten die Gläubigerantragsgebührensätze) oder ob er zur Vermögenssorge für den Nachlass berufen ist (dann gelten die Schuldnerantragsgebührensätze). In letzterem Fall ist der Nachlass grundsätzlich Kostenschuldner.

a) Kosten im Eröffnungsverfahren

336 Für das Eröffnungsverfahren fällt eine 0,5fache Gerichtsgebühr an (Nr. 2310 KV), bei Gläubigeranträgen mindestens jedoch 198,00 € (Nr. 2311 KV). Kostenschuldner ist bei Eröffnung des Insolvenzverfahrens die Insolvenzmasse, § 23 Abs. 3 GKG; dies gilt auch beim Gläubigerantrag. Hier tritt die Kostenschuld des Gläubigers nach § 23 Abs. 1 Satz 1 GKG lediglich neben die Kostenschuld der Masse, verdrängt diese aber nicht.[349] Mehrere Kostenschuldner haften gemäß § 31 Abs. 1 GKG als **Gesamtschuldner**. Die Kosten des Eröffnungsverfahrens bleiben auch dann Verfahrenskosten i. S. von § 54 Nr. 1 InsO, wenn ein Gläubiger sie im Eröffnungszeitpunkt bereits gezahlt hat. In diesem Fall ist sein gegen die Insolvenzmasse gerichteter Erstattungsanspruch Bestandteil der Verfahrenskosten.[350]

---

349) *Hefermehl* in: MünchKomm-InsO, § 54 Rz. 12; *Bornemann* in: FK-InsO, § 54 Rz. 7.

350) OLG Hamburg, Entsch. v. 30.7.1967 – 11 U 84/65, KTS 1968, 54, 57; *Hefermehl* in: MünchKomm-InsO, § 54 Rz. 12; Jaeger-*Henckel*, InsO, § 54 Rz. 9.

Die **Berechnung der Gebühren** erfolgt für das Eröffnungsverfahren beim Gläubigerantrag nach der Höhe der Forderung des Gläubigers (höchstens jedoch dem Wert der Insolvenzmasse, § 58 Abs. 2 GKG), beim Schuldnerantrag nach der Höhe der Insolvenzmasse, wobei allerdings der Wert von Absonderungsgegenständen abzuziehen ist, § 58 Abs. 1 Satz GKG. 337

Die Insolvenzmasse ist auch Kostenschuldner für die **Auslagen des Gerichts.** 338
Zu den Auslagen zählt insbesondere die Entschädigung eines Sachverständigen, der im Eröffnungsverfahren gemäß § 5 Abs. 1 InsO mit der Ermittlung der Eröffnungsgründe beauftragt worden ist. Auch die Zustellungs- und Bekanntmachungskosten (Nr. 9002, 9004 KV) zählen zu den Auslagen.

Vergütung und Auslagen des vorläufigen Insolvenzverwalters zählen nicht 339
zu den Gerichtskosten und stellen auch nicht einen Bestandteil der Auslagen des Gerichts dar. Sie sind jedoch ebenfalls Verfahrenskosten, § 54 Nr. 2 InsO. Das gilt für ihren gesamten Umfang einschließlich etwaiger Erhöhungstatbestände. Die auf die Vergütung und Auslagen des vorläufigen Insolvenzverwalters zu entrichtende Umsatzsteuer (§ 7 InsVV) ist dann für die Insolvenzmasse neutral, also nicht bei der Ermittlung der Verfahrenskostendeckung zu berücksichtigen, wenn die Masse insoweit Vorsteuererstattung erhält. Dies ist allerdings nur dann der Fall, wenn ein Unternehmen zum Nachlass gehört. Ist dies nicht der Fall, oder ist mit einer Vorsteuererstattung nicht zu rechnen, weil die Finanzverwaltung zur Verrechnung berechtigt ist, so ist auch die auf Vergütung und Auslagen des vorläufigen Insolvenzverwalters entfallende Umsatzsteuer bei der Ermittlung der Verfahrenskostendeckung zu berücksichtigen.

b) Kosten im eröffneten Insolvenzverfahren

Die Durchführung des eröffneten Insolvenzverfahrens löst eine 2,5-fache Ge- 340
richtsgebühr aus (Nr. 2320 KV). Die Gebühren ermäßigen sich auf 0,5 bzw. 1,5, wenn das Verfahren eingestellt wird (Nr. 2321 und 2322 KV).

Für die Frage der Verfahrenskostendeckung irrelevant sind die zusätzlichen 341
Gebühren für die Prüfung von **nachträglich angemeldeten Forderungen** (22,00 € je Gläubiger, Nr. 2340 KV) sowie für Verfahren über Beschwerden (Nr. 2360 ff. KV). Die Gebühren für die Prüfung nachträglich angemeldeter Forderungen hat der Gläubiger zu tragen; sie belasten daher nicht die Masse. Etwa angekündigte Beschwerden gegen den Eröffnungsbeschluss bleiben ohne Berücksichtigung.

Vergütung und Auslagen des **Insolvenzverwalters** sind Verfahrenskosten ge- 342
mäß § 54 Nr. 2 InsO. Die hierauf zu entrichtende **Umsatzsteuer** ist bei der Ermittlung der Verfahrenskosten außer Ansatz zu lassen, wenn die Insolvenzmasse mit entsprechender Vorsteuererstattung zu rechnen hat. Gleiches gilt auch für die Vergütung und die Auslagen der Gläubigerausschussmitglieder.

c) Ermittlung der Verfahrenskostendeckung

343 Das Insolvenzgericht ermittelt die Frage der Verfahrenskostendeckung von Amts wegen.[351] Da § 26 InsO ausdrücklich auf die „voraussichtliche" Deckung der Verfahrenskosten abstellt, ist es nicht erforderlich, dass im Zeitpunkt der Entscheidung des Insolvenzgerichtes über den Insolvenzantrag bereits eine die Verfahrenskosten deckende liquide Masse in Form von Bargeld oder Kontoguthaben vorhanden ist. Auch muss das Gericht nicht davon überzeugt sein, dass die Verfahrenskosten gedeckt sind; es reicht aus, wenn **mit überwiegender Wahrscheinlichkeit** davon ausgegangen werden kann, dass die Verfahrenskosten gedeckt werden können.[352] Das Gericht kann sich zur Ermittlung der Verfahrenskostendeckung eines Sachverständigen gemäß § 5 Abs. 1 InsO bedienen; allerdings entbindet dies das Gericht nicht davon, sich selbst Klarheit über die Frage der Verfahrenskostendeckung zu machen. Insbesondere im rechtlichen Bereich hat sich das Gericht eine eigene Rechtsauffassung zu bilden und unter keinen Umständen schlicht die Rechtsausführungen des Sachverständigen zu übernehmen.

344 Zum Zwecke der Ermittlung der Verfahrenskostendeckung ist zunächst entsprechend den vorstehenden Ausführungen festzustellen, wie hoch die Kosten i. S. von § 54 InsO sind. **Sonstige Masseverbindlichkeiten** i. S. von §§ 55, 324 InsO sind keine Kosten i. S. von § 54 InsO und daher bei der Frage der Verfahrenskostendeckung auch nicht zu beachten.[353]

345 Den voraussichtlichen Verfahrenskosten ist die zu ihrer Deckung zur Verfügung stehende Insolvenzmasse gegenüberzustellen. Erforderlich ist eine **Prognose**, welche Geldbeträge aus diesen Gegenständen vermutlich erlöst werden können. Wertlose oder unerreichbare Gegenstände sind außer Betracht zu lassen. Verwertbare Gegenstände sind mit ihrem mutmaßlichen Verwertungserlös anzusetzen. Unerheblich sind dabei Anschaffungspreise oder Buchwerte. Auch ist nicht den „üblichen" Verkehrswert abzustellen, sondern allein auf den **mutmaßlichen Verwertungserlös**. Zum Nachlass gehörende Forderungen sind mit ihrem wahrscheinlichen Realisierungswert zu berücksichtigen.[354] Forderungen, die auf dem Prozesswege geltend zu machen sind, sind mit einem das Prozessrisiko widerspiegelnden **Abschlag** anzusetzen; bestehen Bedenken an der Leistungsfähigkeit des Anspruchsgegners, ist auch hierfür ein angemessener Abschlag vorzunehmen.

351) AG Göttingen, Beschl. v. 9.12.2003 – 74 IN 84/01, ZInsO 2003, 1156; LG Arnsberg, Beschl. v. 7.5.2002 – 6 T 212/02, ZVI 2002, 278 = ZInsO 2002, 680; *Pape* in: KPB, InsO, § 26 Rz. 3.

352) BGH, Beschl. v. 5.4.2006 – IX ZB 144/05, NZI 2006, 404, 405 = ZVI 2006, 460; LG Erfurt, Beschl. v. 22.1.2001 – 7a T 195/00, ZInsO 2001, 473; *Haarmeyer/Schildt* in: MünchKomm-InsO, § 26 Rz. 16.

353) Begr. RegE InsO, BT-Drucks. 12/2443, S. 118.

354) *Haarmeyer/Schildt* in: MünchKomm-InsO, § 26 Rz. 21.

Aussonderungsgegenstände sind nicht zu berücksichtigen, weil sie nicht zum Nachlass gehören, sondern dem Eigentümer herauszugeben sind, ohne dass der Masse hierfür eine Kompensation zustehen würde. **Absonderungsgut** ist in Höhe des Betrages anzusetzen, der voraussichtlich bei seiner Veräußerung in die Masse fließt. Erfasst das Absonderungsrecht den vollen Wert des Absonderungsgegenstandes, so sind die Feststellungs- und Verwertungskostenpauschalen nach §§ 170, 171 InsO anzusetzen. Liegt die Valuta des Drittrechtes unter dem Wert des Absonderungsgegenstandes, so ist der zu erwartende Erlös anzusetzen, soweit er nicht an den Absonderungsberechtigten ausgekehrt werden muss. Zu berücksichtigen sind zudem etwaige Anfechtungsansprüche, die der Insolvenzmasse nach Verfahrenseröffnung zustehen, wobei auch hier angemessene Abschläge für Prozessrisiken und Bedenken bezüglich der Leistungsfähigkeit des Drittschuldners vorzunehmen sind. 346

Auch **Haftungsansprüche** gegen Erben, Nachlassverwalter, Nachlasspfleger und Testamentsvollstrecker sowie bereicherungsrechtliche Ansprüche gegen Dritte sind anzusetzen. 347

Gegenstände, die **zwischen dem Todesfall und der Eröffnung** des Insolvenzverfahrens zum Nachlass gelangt sind, sind genauso Massebestandteil und damit für die Verfahrenskostendeckung heranzuziehen, wie der Nachlass im Todeszeitpunkt. 348

Neuerwerb (§ 35 InsO), der erst nach Verfahrenseröffnung zu erwarten ist, ist ebenfalls zu berücksichtigen, soweit in einigermaßen **überschaubarem Zeitrahmen** mit dem Zufluss gerechnet werden kann. Mehrheitlich wird hierzu vertreten, dass auch Massezuflüsse, die erst nach mehr als zwei Jahren erfolgen werden, zu berücksichtigen sind.[355] Andererseits werden kürzere Zeiträume vertreten, bspw. sechs[356] oder zwölf Monate[357]. Grundsätzlich sollten dem gegenüber auch zu späterer Zeit erfolgende Zuflüsse berücksichtigt werden. Auch ein Zeitraum von mehr als zwei Jahren sollte nicht beanstandet werden. Dies gilt insbesondere für das Nachlassinsolvenzverfahren. Es liegt im Interesse keines Beteiligten, einen Nachlass der geordneten Abwicklung i. R. eines Insolvenzverfahrens vorzuenthalten. Ohne Verfahrenseröffnung würde der Nachlass nämlich der Vermischung mit dem Eigenvermögen des Erben anheimgegeben. Unter Umständen müsste dann nach mehreren Jahren, wenn die zur Verfahrenseröffnung ausreichenden Zuflüsse erfolgt sind, ein Insolvenzverfahren durchgeführt werden. Die Separation ist jedoch nach dieser Zeit regelmäßig sehr viel schwieriger, als wenn das Nachlassinsolvenzverfahren zu einem frühe- 349

355) AG Hamburg, Beschl. v. 2.2.2000 – 67c IN 157/99, NZI 2000, 140; LG Leipzig, Beschl. v. 15.5.2002 – 12 T 1606/02, ZInsO 2002, 576; *Schmerbach* in: FK-InsO, § 26 Rz. 27.

356) *Kirchhof* in: HK-InsO, § 26 Rz. 8: bei mehr als sechs Monaten sei eine Zustimmung des Insolvenzverwalters erforderlich.

357) *Haarmeyer*, ZInsO 2001, 103.

ren Zeitpunkt eröffnet wird. Einziger Nachteil einer Eröffnung unter solchen Umständen ist, dass die Verfahrenskosten erst später beglichen werden können und der Insolvenzverwalter bspw. keinen Vorschuss auf seine Vergütung und seine Auslagen erhalten kann. Dies ist jedoch im Interesse einer geordneten Abwicklung des Nachlasses hinzunehmen. Verzögert sich das Verfahren übergebührlich, kann der dem Insolvenzverwalter hieraus entstehende Nachteil durch Festsetzung einer Erhöhung seiner Vergütung gemäß § 3 InsVV angemessen ausgeglichen werden.

d) Vorschussleistung

350 **Jedermann** – auch am Verfahren sonst nicht beteiligten Dritten[358] – steht es frei, einen Vorschuss für die Kosten des Insolvenzverfahrens zu leisten. Einzige **Ausnahme** bildet der (voraussichtlich) zukünftige **Insolvenzverwalter**,[359] da er durch die Vorschussleistung seine Unabhängigkeit beeinträchtigen würde. Zulässig ist aber die Vorschussleistung für jeden (Mit-)Erben, den Testamentsvollstrecker, Nachlasspfleger oder Nachlassverwalter, jeweils aus seinem eigenen, nicht zum Nachlass gehörenden Vermögen.

351 Durch die Vorschussleistung kann die Deckung der Verfahrenskosten herbeigeführt und so eine Abweisung mangels Masse vermieden werden. Dieser Erfolg wird bereits erreicht, wenn zu einer ohnehin bereits vorhandenen Insolvenzmasse derjenige Betrag zugeschossen wird, der zur Deckung der Verfahrenskosten fehlt. Die bloße **Verpflichtungserklärung** zur Leistung eines Vorschusses kann genügen, wenn der danach Vorschusspflichtige leistungsfähig ist.[360]

352 Die Leistung eines Vorschusses bietet sich für einen **Nachlassgläubiger** an, wenn durch die Eröffnung des Insolvenzverfahrens Vermögenswerte als Haftungssubstrat erschlossen werden, die bereits aus dem Nachlass heraus gelangt sind, bspw. durch Auseinandersetzung oder Erfüllung von Vermächtnissen. Außerhalb eines Insolvenzverfahrens kann häufig nämlich nicht in Gegenstände vorgegangen werden, die zwar ursprünglich im Nachlass vorhanden waren, dann aber in das Vermögen Dritter gelangt sind. Für den **Erben** kann es interessant sein, den Vorschuss für die Eröffnung des Insolvenzverfahrens zu stellen, um in den Genuss der Beschränkung der Erbenhaftung auf die Nachlassverbindlichkeiten gemäß § 1975 BGB zu kommen. Die Haftung des Erben für die Nachlassverbindlichkeiten wird nach dieser Vorschrift nämlich nur durch die Eröffnung des Insolvenzverfahrens über den Nachlass auf den Nachlass beschränkt, nicht durch die Abweisung eines Insolvenzantrages mangels Masse.

---

358) *Haarmeyer/Schildt* in: MünchKomm-InsO, § 26 Rz. 27; *Schmerbach* in: FK-InsO, § 26 Rz. 34.

359) *Haarmeyer/Schildt* in: MünchKomm-InsO, § 26 Rz. 27.

360) BGH, Beschl. v. 5.8.2002 – IX ZB 51/02, NZI 2002, 601 = ZInsO 2002, 818; *Obermüller*, Insolvenzrecht in der Bankpraxis, Rz. 1.506.

e) Stundung der Verfahrenskosten und Prozesskostenhilfe

Die Verfahrenskostenstundung gemäß § 4a InsO kommt für das Nachlassinsolvenzverfahren nicht in Betracht.[361] § 4a InsO ist **nur für das Insolvenzverfahren natürlicher Personen** bestimmt, die Restschuldbefreiung gemäß § 287 InsO erlangen können. Für das allgemeine Regelinsolvenzverfahren, bei dem der Schuldner keine natürliche Person ist, ist weitestgehend anerkannt, dass dem Schuldner für einen Insolvenzantrag keine Prozesskostenhilfe gewährt werden kann.[362] Unter der Geltung der KO konnte der Gemeinschuldner nach allgemeiner Auffassung keine Prozesskostenhilfe erhalten, weil die bei fehlendem Schuldnervermögen bestehende Massearmut nach § 107 Abs. 1 KO zur Abweisung des Eröffnungsantrags und nach § 204 Abs. 1 KO zur Einstellung des Verfahrens führte, sofern nicht ein kostendeckender Vorschuss eingezahlt wurde.[363] Es ergab wegen des alleinigen Zwecks des Konkursverfahrens, das Vermögen des Gemeinschuldners gleichmäßig unter die Gläubiger zu verteilen, keinen Sinn, dem Gemeinschuldner die aus seinem Vermögen nicht zu deckenden Massekosten mit Hilfe staatlicher Mittel zur Verfügung zu stellen; denn er hatte an der Durchführung des Verfahrens kein Interesse.[364] Der BGH hielt die Gewährung von Prozesskostenhilfe sogar unter der Geltung der InsO für eine natürliche Person, die die Erlangung der Restschuldbefreiung anstrebte, vor Einführung der Verfahrenskostenstundung durch § 4a InsO offenbar für unzulässig.[365] Der Gesetzgeber hat diese für manche natürlichen Personen missliche Lage dadurch beseitigt, dass er die Möglichkeit der Verfahrenskostenstundung eingeführt hat. Da er dies nur für das Insolvenzverfahren über das Vermögen natürlicher Personen vorgesehen hat, weil diese andernfalls u. U. keine Restschuldbefreiung erlangen können, ist eine Übertragung der Verfahrenskostenstundung auf andere Insolvenzverfahren nicht möglich. 353

Dem **Erben kann** allerdings für ein Nachlassinsolvenzantragsverfahren u. U. **Prozesskostenhilfe zu gewähren sein.**[366] Dem **LG Fulda** ist insbesondere darin zuzustimmen, dass die Rechtsverfolgung des Erben, der einen Antrag auf Eröffnung des Nachlassinsolvenzverfahrens stellen möchte, **regelmäßig nicht mutwillig** ist. Die Möglichkeit einer Inventarerrichtung gemäß §§ 1993 ff. BGB ist kein vergleichbar taugliches Mittel zur Erreichung der Haftungsbeschränkung des Erben, wie es die Durchführung eines Insolvenzverfahrens über den 354

---

361) *Thien*, ErbR 2022, 771, 74.

362) *Schmerbach* in: FK-InsO, § 4 Rz. 10; Uhlenbruck-*Pape*, InsO, § 4 Rz. 23; *Kirchhof* in: HK-InsO, § 4 Rz. 9; *Ganter* in: MünchKomm-InsO, § 4 Rz. 17a.

363) *Uhlenbruck*, ZIP 1982, 288, 289; *Kuhn/Uhlenbruck*, KO, § 6 Rz. 31e; *Kilger/K. Schmidt*, KO, § 72 Rz. 4.

364) BGH, Beschl. v. 16.3.2000 – IX ZB 2/00, NZI 2000, 260 = ZIP 200, 755.

365) BGH, Beschl. v. 16.3.2000 – IX ZB 2/00, NZI 2000, 260 = ZIP 200, 755.

366) LG Fulda, Beschl. v. 13.10.2006 – 3 T 266/06, ZVI 2007, 129; ebenso LG Göttingen, Beschl. v. 10.10.2000 – 10 T 128/00, ZInsO 2000, 319 = Rpfleger 2001, 95.

Nachlass darstellt. Auch sind vertiefte erbrechtliche Kenntnisse Voraussetzung dafür, die möglichen Wege zur Erreichung einer Haftungsbeschränkung des Erben zu erkennen und abzuwägen. Abzulehnen ist allerdings die Auffassung des LG Fulda, wonach die **Beiordnung eines Verfahrensbevollmächtigten** nicht erforderlich sein soll, weil das Insolvenzgericht dem Erben auf der Grundlage seiner Amtsermittlungspflicht die korrekte Beantwortung der ihm gestellten Fragen und die Erstellung der Vermögensaufstellung ermögliche und der Erbe daher anwaltlicher Hilfe im Insolvenzantragsverfahren nicht bedürfe.[367] Die Beiordnung eines Verfahrensbevollmächtigten kann auch nicht daran geknüpft werden, dass in dem Insolvenzantragsverfahren konkrete Schwierigkeiten zu erwarten sind.[368] Vor dem Hintergrund der Vermeidung einer Haftung aus § 1980 Abs. 1 BGB ist dem Erben an einem ordnungsgemäßen Antragsverfahren gelegen; keinesfalls darf er riskieren, dass das Insolvenzgericht den Insolvenzeröffnungsantrag aufgrund unzureichender Darlegung des Insolvenzeröffnungsgrundes als unzulässig abweist. Dem Erben ist zuzugestehen, dass er mit den an ihn gestellten Anforderungen i. R. eines Insolvenzantragsverfahrens trotz Amtsermittlungspflicht des Insolvenzgerichtes überfordert ist, zumal die Amtsermittlungspflicht einen zulässigen Insolvenzantrag voraussetzt.[369] Dass in einem Verfahren der Sachverhalt von Amts wegen aufgeklärt wird, ist kein Grund, die Beiordnung eines Anwalts abzulehnen.[370]

355 Nicht nachvollziehbar ist die Auffassung des **LG Kassel**[371], wonach Prozesskostenhilfe deswegen nicht gewährt werden könne, weil die Vorschrift des § 4a InsO die Prozesskostenhilfevorschriften der §§ 114 ff. ZPO verdrängen sollen mit der Folge, dass – da im Nachlassinsolvenzverfahren Restschuldbefreiung nicht erreicht werden könne – im Nachlassinsolvenzverfahren mangels Vorliegen der Voraussetzungen des § 4a InsO **Prozesskostenhilfe generell nicht in Betracht** kommt. Diese Auffassung ist schon methodisch verfehlt, weil sie verkennt, dass die Kostenstundung nach § 4a InsO zugleich einen speziellen, aber auch **anderen Regelungsgehalt hat als die Prozesskostenhilfe** und eben als Spezialvorschrift nur den Fall des Insolvenzantrages einer natürlichen Person erfasst, also auch nur insoweit verdrängende Wirkung entfalten kann. Zudem verkennt diese Auffassung völlig die Systematik des Rechts der Erbenhaftungsbeschränkung. § 1980 Abs. 1 BGB erlegt dem Erben im Interesse der Nachlassgläubiger die **Pflicht** zur Insolvenzantragstellung auf. Es ist nicht sinnvoll zu begründen, dass der Erbe, der dem gesetzlichen Gebot folgend in (auch) frem-

367) LG Fulda, Beschl. v. 13.10.2006 – 3 T 266/06, ZVI 2007, 129.

368) So aber LG Fulda, Beschl. v. 13.10.2006 – 3 T 266/06, ZVI 2007, 129.

369) Vgl. LG Göttingen, Beschl. v. 10.10.2000 – 10 T 128/00, ZInsO 2000, 319 = Rpfleger 2001, 95.

370) OLG Düsseldorf, Beschl. v. 12.2.2003 – 9 WF 3/03, AGS 2003, 258.

371) LG Kassel, Beschl. v. 25.6.2014 • 3 T 170/14, ZVI 2014, 396 = NZI 2014, 697; dem folgend AG Coburg, Beschl. v. 12.8.2016 • IN 217/16, NZI 2016, 949 = ZEV 2017, 41.

dem Interesse einen Insolvenzantrag stellen will, sich aber einen Rechtsbeistand nicht leisten kann, ohne Rechtsberatung gestellt wird, weil die Beiordnung (§ 121 Abs. 2 ZPO) eines Rechtsanwalts nicht in Betracht kommen soll. Außerdem kann diese Auffassung einen anderen Widerspruch nicht erklären: Wenn es um eine erbrechtliche Beratung im Zusammenhang mit der Errichtung eines Inventars, der Ausschlagung,[372)] einem Antrag auf Nachlassverwaltung, die Einrede der Dürftigkeit (§ 1991 BGB) o. Ä. Maßnahmen der Erbenhaftungsbeschränkung geht, käme eine Verdrängung der Prozesskostenhilfe durch § 4a InsO wohl offenkundig nicht in Betracht. Dass alle diese anderen Maßnahmen der Erbenhaftungsbeschränkung prozesskostenhilfefähig und der Beiordnung eines Anwalts zugänglich sein sollen, während die den Gläubigerschutz am effektivsten gewährleistende Maßnahme der Insolvenzantragstellung dem Erben aus Kostengründen verwehrt sind soll, ist sinnvoll nicht zu begründen.

Auch die Begründung des **AG Göttingen**[373)], die für eine generelle Ablehnung 356
von Prozesskostenhilfe für das Nachlassinsolvenzverfahren ins Feld geführt wird trägt nicht: Das AG Göttingen erkennt zwar noch im Grundsatz zutreffend, dass die Regelungen über die Bewilligung von Stundung §§ 4a ff. InsO nicht abschließend sind und die Bewilligung von Prozesskostenhilfe gemäß § 4 InsO i. V. mit § 114 ZPO in Betracht kommt. Das AG Göttingen meint dann aber, den Erben könne **keine Kostenschuld** treffen, so dass er der Prozesskostenhilfe nicht bedürfe, denn wenn das Verfahren eröffnet werde seien die Kosten **aus der Masse** zu tragen, wenn der Antrag mangels Masse abgewiesen werde, treffe die Kostentragungslast nicht den Erben, sondern den Nachlass. Letzteres ist aber unzutreffend, weil es sich bei allen durch den Insolvenzantrag ausgelösten Kosten (einschließlich der Gerichtskosten und der Auslagen) um **Nachlassverwaltungsschulden** handelt, die bürgerlich-rechtlich eine Doppelnatur haben, nämlich sowohl Nachlassverbindlichkeiten sind als auch Eigenschulden des Erben (siehe dazu Rz. 441 ff., 588). Die Gerichtskasse kann also bei Abweisung mangels Masse die Kosten nicht nur in den Nachlass, sondern auch in das Eigenvermögen des Erben vollstrecken. Im Übrigen verkennt diese Auffassung auch, dass es durchaus rechtlichen Beistandes bedürfen kann, überhaupt einen zulässigen Nachlassinsolvenzantrag zu stellen, so dass die Beiordnung eines Rechtsanwalts nach § 121 Abs. 2 ZPO notwendig sein kann.

Wenn Prozesskostenhilfe für das Antragsverfahren gewährt ist, dann umfasst 357
dies **auch die Kosten für den** durch das Insolvenzgericht bestellten **Sachverständigen** (§ 5 InsO) und eines **vorläufigen Insolvenzverwalters**, weil dessen Vergütungsansprüche andernfalls als Nachlassverwaltungskosten dem Erben zur Last fielen, obwohl sie ohne seinen Einfluss i. R. des Antragsverfahrens durch das Insolvenzgericht ausgelöst werden (müssen).

---

372) OLG Düsseldorf, Beschl. v. 12.2.2003 – 9 WF 3/03, AGS 2003, 258.

373) AG Göttingen, Beschl. v. 9.5.2017 – 74 IN 79/17, ZVI 2017, 395 = NZI 2017, 575.

358 Auch der **Insolvenzgläubiger** kann für seinen Insolvenzeröffnungsantrag Prozesskostenhilfe erhalten. Dies gilt nach zutreffender Auffassung allerdings im Ergebnis **nur für das Eröffnungsverfahren**, nicht für die Kosten des eröffneten Insolvenzverfahrens.[374] Die Gewährung von Prozesskostenhilfe setzt nämlich voraus, dass die Rechtsverfolgung nicht mutwillig ist (§ 114 ZPO). Mutwillig ist die Rechtsverfolgung vor allem dann, wenn eine vernünftige wirtschaftlich denkende Partei ihre Rechte nicht in gleicher Weise wahrnehmen würde, weil die Rechtsverfolgung entweder wirtschaftlich aussichtslos ist oder es einfachere und kostengünstigere Wege zur Erreichung des Rechtsschutzzieles gibt.[375] Aufgrund dieser Voraussetzungen dürfte Prozesskostenhilfe auch für den Insolvenzgläubiger zumindest für das eröffnete Verfahren in aller Regel ausscheiden: Können die Kosten des Verfahrens voraussichtlich aus dem Nachlass nicht gedeckt werden, so hat der Insolvenzgläubiger überhaupt keine Befriedigung durch das Insolvenzverfahren zu erwarten; mangels Befriedigungsaussicht ist die Rechtsverfolgung dann mutwillig.[376] Hat der Insolvenzgläubiger die Möglichkeit, sich im Wege der Einzelzwangsvollstreckung Befriedigung zu verschaffen, weil der Nachlass nicht unzureichend ist, so scheidet Prozesskostenhilfe ebenfalls aus, weil die Einzelzwangsvollstreckung eine einfachere und vor allem kostengünstigere Rechtsverfolgung darstellt als das Insolvenzverfahren.

f) Rechtsfolgen der Abweisung mangels Masse

359 Die Abweisung des Insolvenzeröffnungsantrages erfolgt durch Beschluss, wenn der Nachlass nicht ausreicht, um die Kosten des Verfahrens zu decken. Der Beschluss ist dem Antragsteller förmlich zuzustellen. In dem Beschluss ist zugleich über die Kostentragung zu entscheiden. Zur Kostentragungslast siehe sogleich unten Rz. 369.

360 Gegen den Abweisungsbeschluss steht dem Erben, Testamentsvollstrecker, Nachlassverwalter und Nachlasspfleger sowie dem Antragsteller gemäß § 34 Abs. 1 InsO das Recht der **sofortigen Beschwerde** zu. Bis zur Rechtskraft des Abweisungsbeschlusses kann der Antragsteller seinen **Eröffnungsantrag zurücknehmen**, § 13 Abs. 2 InsO. Ist der Abweisungsbeschluss rechtskräftig, so wird der Nachlass in das **Schuldnerverzeichnis** aufgenommen, § 26 Abs. 2 Satz 1 InsO. Für die Erteilung von Auskünften aus dem Schuldnerverzeichnis gilt § 915b ZPO, für die Erteilung von Abdrucken und Listen gelten §§ 915d–915f ZPO und §§ 2 ff. Schuldnerverzeichnisverordnung (SchuVVO).

---

374) *Schmerbach* in: FK-InsO, § 13 Rz. 77.

375) OLG Dresden, Beschl. v. 23.12.2003 – 8 W 0781/03, 8 W 781/03, NJW-RR 2004, 1078 = JurBüro 2004, 147; *Baumbach/Lauterbach/Albers/Hartmann*, Zivilprozessordnung, § 114 Rz. 107.

376) BGH, Beschl. v. 8.7.2004 – IX ZB 565/02, ZVI 2004, 474 = NJW 2004, 3620; *Ganter* in: MünchKomm-InsO, § 4 Rz. 24.

Auch nach der Abweisung mangels Masse kann ein **weiterer Insolvenzeröffnungsantrag** statthaft sein. Dies gilt sogar für denselben Antragsteller. Allerdings muss glaubhaft gemacht werden, dass der Nachlass entgegen der früheren Abweisungsentscheidung doch über Vermögen verfügt, das die Verfahrenskosten decken kann oder dass nachträglich Gegenstände in den Nachlass hineingelangt sind[377] oder dass nunmehr ein Kostenvorschuss eingezahlt werden wird[378]. Antragspflichten bestehen jedoch nach einmaliger Abweisung mangels Masse nicht mehr, selbst wenn sich nachträglich herausstellt, dass doch hinreichendes zum Nachlass gehörendes Vermögen vorhanden ist. Da gerade im Nachlassinsolvenzverfahren Nachlassgegenstände wegen Fehlens einer gut informierten Auskunftsperson oft erst spät ermittelt werden können, ist bei der Abweisung des Antrages auf Eröffnung eines Nachlassinsolvenzverfahrens besondere Vorsicht und lückenlose Ermittlung der Vermögensverhältnisse zu verlangen. 361

g) Kostentragung bei Abweisung mangels Masse

Hinsichtlich der Kostentragung bei der Abweisung des Nachlassinsolvenzantrages mangels Masse ist zu differenzieren: 362

Den Erben trifft gemäß § 1980 Abs. 1 Satz 1 BGB grundsätzlich die **Pflicht zur unverzüglichen Stellung eines Insolvenzantrages**, nachdem der Erbe von Zahlungsunfähigkeit und/oder Überschuldung des Nachlasses Kenntnis erlangt hat. Von dieser Antragspflicht gibt es allerdings **Ausnahmen**. Allgemeine Auffassung ist, dass etwa **vorläufige Erben** – also diejenigen, die als Erben in Betracht kommen, aber noch ausschlagen können – keine Antragspflicht trifft.[379] Hintergrund dafür ist, dass von einem vorläufigen Erben, der noch nicht weiß, ob er in die Pflichten des Erben eintritt oder nicht, nicht erwartet werden kann, dass er rechtsfürsorgerisch für die Nachlassgläubiger irgendetwas tut. 363

Eine weitere Ausnahme von der Antragspflicht, die allgemein anerkannt ist, ist der Fall, dass **Dürftigkeit des Nachlasses** i. S. von § 1990 BGB vorliegt. Der Erbe eines dürftigen Nachlasses kann vielmehr jedem einzelnen Nachlassgläubiger gegenüber die Dürftigkeitseinrede nach § 1990 BGB einwenden, wofür er den Gläubigern den Restnachlass herauszugeben hat. Das Erbrecht hält hier also für dürftige Nachlässe eine bilaterale, inter partes bestehende Regelung für das Rechtsverhältnis zwischen Erbe und Nachlassgläubiger bereit. Dass insoweit die Antragspflicht des § 1980 BGB entfällt, weil die Nachlassgläubiger im Fall 364

377) BGH, Beschl. v. 5.8.2002 – IX ZB 51/02, NZI 2002, 601 = ZInsO 2002, 818; *Haarmeyer/Schildt* in: MünchKomm-InsO, § 26 Rz. 41.

378) BGH, Beschl. v. 5.8.2002 – IX ZB 51/02, NZI 2002, 601 = ZInsO 2002, 818.

379) BGH, Urt. v. 8.12.2004 – IV ZR 199/03, ZVI 2005, 21 = ZEV 2005, 109; Staudinger-*Marotzke*, BGB, § 1980 Rz. 15; Grüneberg-*Weidlich*, BGB, § 1980 Rz. 3.

dürftigen Nachlasses an der Durchführung eines Insolvenzverfahrens kein Rechtschutzinteresse haben, ist allgemein anerkannt.[380)]

365 Wenn der Erbe eines dürftigen Nachlasses keine Antragspflicht nach § 1980 BGB hat, dann stellt er einen etwaigen Insolvenzantrag nicht seiner Antragspflicht folgend im Interesse der Nachlassgläubiger, sondern er sucht sein **Eigenvermögen** mit Hilfe einer inter omnes wirkenden Entscheidung des Insolvenzgerichtes zu **schützen**, um die Haftungsbeschränkung des § 1990 Abs. 1 BGB auszulösen, ohne dies inter partes jedem einzelnen Nachlassgläubiger gegenüber vortragen und belegen zu müssen. Wer für sich die Vorzüge dieser inter omnes wirkenden Entscheidung des Insolvenzgerichtes zum Schutz seines Eigenvermögens in Anspruch nimmt, der handelt **nicht im wohlverstandenen Interesse der Nachlassgläubiger** aufgrund einer ihn treffenden Antragspflicht, sondern er handelt, um mehr Rechtssicherheit für sein Eigenvermögen zu erhalten. Bei dieser Sachlage sind die **Kosten** der Durchführung des Insolvenzverfahrens nicht dem ohnehin bereits dürftigen Nachlass und damit den Nachlassgläubigern, an die der Erbe bei redlicher Vorgehensweise den Restnachlass herauszugeben gehabt hätte (§ 1991 BGB), aufzuerlegen, sondern **dem Eigenvermögen des Erben**, damit der Nachlass nicht noch in Ansehung seiner letzten ohnehin nicht ausreichenden Mittel zulasten der Nachlassgläubiger ausgezehrt wird. Da dies den Regelfall darstellt, kann man durchaus den Grundsatz postulieren, dass die Kosten bei einem mangels Masse abgewiesenen Nachlassinsolvenzeröffnungsantrag eines (Mit-)Erben dem Antragsteller in dessen Eigenvermögen aufzuerlegen sind.

366 Genau dahingehend hat das **AG Hannover** entschieden.[381)] Dies ergänzend ist aber klarzustellen, dass die dortige Entscheidung nicht Fälle meint, in denen die Insolvenzantragspflicht aus der Sicht des Erben wahrscheinlich ist, er also zur Herbeiführung der Separation altruistisch für die Nachlassgläubiger den Insolvenzeröffnungsantrag stellen muss (§ 1980 Abs. 1 InsO). Dann wird der Erbe nicht zum Schutz seiner Eigenvermögensinteressen, sondern im Interesse der Nachlassgläubiger tätig, wenn er den Nachlassinsolvenzantrag stellt. Er betätigt sich somit – wie es § 1978 Abs. 1 BGB i. V. mit Auftragsrecht verlangt – als Geschäftsbesorger für die Nachlassgläubiger. In einem solchen Fall – was freilich der Erbe nachzuweisen hat – sind die Kosten reine Nachlassverbindlichkeiten, also durch das Insolvenzgericht dem (antragstellenden) Erben aufzuerlegen. Diese Differenzierung hat das **LG Düsseldorf** in einer instruktiven Entscheidung[382)] nachvollzogen.

380) Vgl. statt Vieler: *Siegmann* in: MünchKomm-BGB, § 1980 Rz. 4.

381) AG Hannover, Beschl. v. 18.9.2020 – 903 IN 155/20 – 9, ZVI 2021, 84 = ErbR 2021, 901.

382) LG Düsseldorf, Beschl. v. 26.2.2021 – 25 T 71/21.

3. Abweisung aus anderen Gründen

Der Insolvenzeröffnungsantrag ist auch dann abzuweisen, wenn er unzulässig oder unbegründet ist. **Unzulässig** ist der Antrag insbesondere dann, wenn der Antragsteller nicht antragsberechtigt ist oder der antragstellende Gläubiger seine Forderung nicht glaubhaft macht. Auch örtliche Unzuständigkeit des Insolvenzgerichtes, bei dem der Antrag gestellt wurde, führt zur Unzulässigkeit. 367

Unbegründet ist der Antrag, wenn kein Eröffnungsgrund (§ 320 i. V. mit §§ 17–19 InsO) vorliegt. Dabei ist zu beachten, dass der Eröffnungsgrund der drohenden Zahlungsunfähigkeit nur dann zur Begründetheit des Antrages führen kann, wenn der Antrag durch den Erben, den Testamentsvollstrecker, den Nachlassverwalter oder den Nachlasspfleger gestellt worden ist, § 320 Satz 2 InsO. Wird der Antrag als unzulässig oder unbegründet zurückgewiesen, so trägt der Antragsteller die Kosten des Verfahrens, § 4 InsO i. V. mit § 91 ZPO. 368

4. Eröffnung des Insolvenzverfahrens

a) Eröffnungsbeschluss

Das Insolvenzverfahren wird durch das Insolvenzgericht über die Sondervermögensmasse Nachlass eröffnet, wenn 369

- der Eröffnungsantrag zulässig ist,
- ein Eröffnungsgrund vorliegt und
- eine die Verfahrenskosten deckende Masse im Nachlass vorhanden ist.

Die Eröffnung erfolgt durch **Beschluss**, § 27 Abs. 2 InsO, der sofort öffentlich bekannt zu machen ist, § 30 Abs. 1 Satz 1 InsO. Der Eröffnungsbeschluss enthält zwingend die genaue **Bezeichnung des Erblassers** und den Hinweis darauf, dass das Insolvenzverfahren „über den Nachlass" des Erblassers eröffnet werde. Dadurch wird klargestellt, welche Sondervermögensmasse vom Insolvenzbeschlag umfasst ist. Der Erblasser ist hinreichend genau zu bezeichnen. Entsprechend § 27 Abs. 2 Nr. 1 InsO sind dessen Name, Vorname, Geburtsjahr, letzte Wohnungsanschrift und ggf. einzelkaufmännische Firma anzugeben, die er verwendet hat sowie deren Registerbezeichnung. Sind mehrere Firmen betroffen, so sind alle Firmen aufzuführen. Sinnvoll aber nicht zwingend erforderlich ist die Angabe des Sterbedatums bzw. der Todeserklärung. 370

Da nirgends im Gesetz vorgesehen ist die Angabe der **Erben** bzw. des **Nachlasspflegers, Nachlassverwalters oder Testamentsvollstreckers** nicht notwendige Angabe im Eröffnungsbeschluss. Gleichwohl ist deren Bezeichnung im Eröffnungsbeschluss sinnvoll und hilft dem Insolvenzverwalter in der Praxis, die Handhabung des Verfahrens zu beschleunigen. 371

Außerdem hat der Eröffnungsbeschluss den Namen und die Anschrift des **Insolvenzverwalters** sowie die **Stunde der Eröffnung** zu enthalten, § 27 Abs. 2 Nr. 2, 3 InsO. 372

373 Gemäß § 28 InsO sind die **Gläubiger** zudem im Eröffnungsbeschluss **aufzufordern**, ihre Forderungen anzumelden und dem Insolvenzverwalter mitzuteilen, welche Sicherungsrechte ihnen an Nachlassgegenständen zustehen. Personen, die **Verpflichtungen gegenüber dem Nachlass** haben, sind im Eröffnungsbeschluss gemäß § 28 Abs. 3 InsO aufzufordern, nicht mehr an den Nachlass zu leisten, sondern nur noch **an den Insolvenzverwalter**. In der Praxis treten immer wieder Schwierigkeiten auf, weil Dritten oft unklar ist, wie die rechtliche Stellung des Insolvenzverwalters gegenüber Testamentsvollstreckern oder Nachlasspflegern ist. Hilfreich ist daher ein ergänzender Hinweis, dass die Verwaltungs- und Verfügungsbefugnis bezüglich des Nachlasses *vom Testamentsvollstrecker bzw. Nachlasspfleger* auf den Insolvenzverwalter übergeht. Zudem erfolgen im Eröffnungsbeschluss die **Terminsbestimmungen** gemäß § 29 InsO.

374 Der Eröffnungsbeschluss muss **begründet** werden. § 329 ZPO ist über § 4 InsO anzuwenden.[383)] Die Begründung muss den verfassungsrechtlichen Anforderungen genügen.[384)] Formelhafte Begründungssätze genügen nicht; in der Begründung muss sich das Insolvenzgericht mit den Besonderheiten des Einzelfalles auseinandersetzen und darlegen, woraus sich das Vorliegen des Eröffnungsgrundes ergibt.[385)] Aus diesem Grund muss der Eröffnungsgrund auch im Eröffnungsbeschluss angegeben werden;[386)] andernfalls wäre eine Überprüfung der Chancen eines Rechtsmittels gegen diesen Beschluss mit weitreichenden Folgen praktisch gar nicht möglich. Die Zweifel von *Smid*, ob ein Eröffnungsbeschluss ohne Angabe des Eröffnungsgrundes noch verfassungsgemäß ist, sind mehr als begründet.

375 **Nicht** in den Eröffnungsbeschluss aufzunehmen ist der **Antragsteller**,[387)] weil das Insolvenzverfahren kein streitiges Verfahren ist.

376 Auch wenn der **Schuldner** eines Insolvenzeröffnungsverfahrens vor der Eröffnung **verstirbt**, kann nur ein Nachlassinsolvenzverfahren eröffnet werden.[388)] In diesem Fall ist der Tod von Amts wegen zu berücksichtigen. Einer Antragsänderung durch den Antragsteller bedarf es nicht.

377 Die Eröffnung des Nachlassinsolvenzverfahrens wird durch **Unterzeichnung** des Eröffnungsbeschlusses durch den Richter bewirkt.[389)] Ohne Unterschrift

---

383) BGH, Urt. v. 23.10.1997 – IX ZR 249/96, NJW 1998, 609, 610 = ZIP 1997, 2126; *Smid*, Praxishdb. InsR, § 6 Rz. 6.

384) Hierzu insbesondere BVerfG, Beschl. v. 1.2.1978 – 1 BvR 426/77, BVerfGE 47, 182, 189 = NJW 1978, 989; BVerfG, Beschl. v. 15.4.1980 – 1 BvR 1365/78, BVerfGE 54, 43, 46; BVerfG, Beschl. v. 21.10.1981 – 1 BvR 1024/79, BVerfGE 58, 353, 357 = NJW 1982, 30.

385) *Smid*, Praxishdb. InsR, § 6 Rz. 6.

386) *Smid*, Praxishdb. InsR, § 6 Rz. 6; *Schmerbach* in: FK-InsO, § 27 Rz. 41.

387) *Busch* in: MünchKomm-InsO, §§ 27–29 Rz. 27; *Schmerbach* in: FK-InsO, § 27 Rz. 41; Uhlenbruck-*Zipperer*, InsO, § 27 Rz. 4.

388) *Busch* in: MünchKomm-InsO, §§ 27–29 Rz. 21.

389) BGH, Urt. v. 12.6.1968 – VIII ZR 92/66, BGHZ 50, 242, 245 = NJW 1968, 2106; *Schmerbach* in: FK-InsO, § 30 Rz. 6; *Smid*, Praxishdb. InsR, § 6 Rz. 11.

kann der Beschluss keine Wirkung entfalten, auch dann nicht, wenn die Unterschrift nur versehentlich unterblieben ist.

Wirksam wird der Beschluss mit seiner **Verkündung.**[390)] Wird der Eröffnungsbeschluss nicht verkündet, so tritt die Wirksamkeit ein, sobald der Beschluss kein Gerichtsinternum mehr ist. Dies ist erst dann der Fall, wenn der Beschluss von der Geschäftsstelle des Insolvenzgerichtes in den Ausgang gegeben worden ist,[391)] im Einverständnis mit dem Insolvenzrichter dem Insolvenzverwalter,[392)] einem Gläubiger, dem Erben, Testamentsvollstrecker, Nachlassverwalter oder Nachlasspfleger mitgeteilt wird oder anderen Behörden übersandt wird. 378

b) Auswahl des Insolvenzverwalters

Die Verwalterauswahl richtet sich auch im Nachlassinsolvenzverfahren nach 379
§ 56 InsO. Das Insolvenzgericht hat eine geeignete Person zum Nachlassinsolvenzverwalter zu bestellen. Die Anforderungen an die Geeignetheit von Personen unterscheiden sich für das Nachlassinsolvenzverfahren aber durchaus von den allgemeinen Anforderungen, die an Insolvenzverwalter zu stellen sind. In Regelinsolvenzverfahren, in denen bspw. eine Betriebsfortführung zu organisieren ist, kommen als Insolvenzverwalter nur Personen mit juristischem und betriebswirtschaftlichem Sachverstand und einschlägiger Erfahrung in Betracht. Auch die Kanzleigröße und die Ressourcen, über die der Insolvenzverwalter verfügt, sind in die Verwalterauswahl für das konkrete Insolvenzverfahrens einzubeziehen.[393)] Solche Qualifikationen sind für das Nachlassinsolvenzverfahren nur dann erforderlich, wenn sich ein Unternehmen im Nachlass befindet oder zumindest befand oder Unternehmensbeteiligungen vorhanden sind, zu deren Verwertung betriebswirtschaftlicher Sachverstand nötig ist.

Vor allem kommt es aber für einen Insolvenzverwalter im Nachlassinsolvenz- 380
verfahren darauf an, dass er über **fundierte nachlassinsolvenzspezifische Kenntnisse** und zumindest **gute erbrechtliche Kenntnisse** verfügt. Erfahrungsgemäß werden nämlich in Nachlassinsolvenzverfahren oft die spezifischen Ansprüche aus unbeschränkter Erbenhaftung, Herausgabeverpflichtungen oder Er-

---

390) *Schmerbach* in: FK-InsO, § 30 Rz. 7.

391) BGH, Urt. v. 1.3.1982 – VIII ZR 75/81, BGHZ 83, 158 = ZIP 1982, 464, 465; BGH, Beschl. v. 13.6.2006 – IX ZB 88/05, ZVI 2006, 565, 566; *Schmerbach* in: FK-InsO, § 30 Rz. 7.

392) LG Karlsruhe, Beschl. v. 2.8.2002 – 11 T 31/02, NZI 2002, 608, 609 = NJW-RR 2002, 1627.

393) Um die Verwalterauswahl ist in jüngerer Zeit eine heftige Diskussion entstanden: vgl. *Vallender*, NZI 2017, 641; *Kruth*, DStR 2017, 669; *Werres*, BayVBl 2008, 134 ff.; *Frind*, NZI 2008, 518 ff.; *Sabel/Wimmer*, ZIP 2008, 2097 ff.; *Graeber*, DZWIR, 2005, 177 ff.; *Smid*, DZWIR 2004, 359 ff. (Urteilsanm.); BVerfG, Beschl. v. 12.7.2006 – 1 BvR 1469/05, ZVI 2006, 508 = ZIP 2006, 1954; OLG Koblenz, Beschl. v. 12.5.2005 – 12 VA 1/04, ZVI 2005, 376 = ZInsO 2005, 718; KG Berlin, Beschl. v. 11.1.2006 – 16 VA 5/05, ZVI 2006, 254 = ZIP 2006, 294.

satzhaftung gemäß § 1978 Abs. 1 BGB nur unzureichend ermittelt, weil diese als exotisch empfundene Materie zu selten gebraucht wird, um tatsächlich fundierte Erfahrung sammeln zu können. Gerade in größeren Nachlassinsolvenzverfahren mit vielen Beteiligten und einem längeren Zeitraum zwischen Erbfall und Eröffnung des Insolvenzverfahrens ist eine ordnungsgemäße Bearbeitung von Nachlassinsolvenzverfahren ohne solche Erfahrung jedoch nicht möglich. Außerdem bedarf es im Nachlassinsolvenzverfahrens einigen Fingerspitzengefühls im Umgang mit den Beteiligten, insbesondere mit Angehörigen des Erblassers. Auch wenn diesen gegenüber beträchtliche Ansprüche geltend gemacht werden müssen, ist gleichwohl eine gewisse Vorsicht mit allzu forscher Vorgehensweise angebracht. Geeignet i. S. von § 56 InsO sind daher im Nachlassinsolvenzverfahren nur solche Personen, die in dieser Materie über hinreichende Qualifikationen und über die für diese Sondersituation **angemessene Persönlichkeit** verfügen.

381 Geeignet sind solche Personen **nicht**, die mit dem Erblasser **in irgendeiner Verbindung standen**. Wer den Erblasser anwaltlich beraten hat, kann später nicht zum Insolvenzverwalter bestellt werden. Gleiches gilt für den Erben. Auch wer zum Testamentsvollstrecker, Nachlasspfleger oder Nachlassverwalter für einen Nachlass bestellt war, ist keine geeignete Person i. S. von § 56 InsO, um bezüglich desselben Nachlasses zum Insolvenzverwalter bestellt zu werden. Solchen Personen fehlt die nötige **Neutralität**. Es gehört zu den Pflichten des Insolvenzverwalters, die Amtsführung von Testamentsvollstreckern, Nachlasspflegern und Nachlassverwaltern kritisch zu überprüfen und festzustellen, ob dem Nachlas gegenüber solchen Personen etwaige Ansprüche zustehen. Damit ist es nicht vereinbar, eine solche Person zum Insolvenzverwalter zu bestellen.

382 Die Gegenmeinung, die einen Nachlassverwalter auch als Insolvenzverwalter zulassen will, wenn dieser unbefangener Dritter war und keine Anhaltspunkte für eine Interessenkollision vorliegen,[394] verkennt, dass solche Anhaltspunkte für das Insolvenzgericht in aller Regel gar nicht gegeben sein können, weil es hierzu einer **intensiven Prüfung der gesamten Amtsführung** bedarf. Im Eröffnungsverfahren ist es gerade Aufgabe des Sachverständigen, solche Ansprüche zu suchen; damit ist es unvereinbar, diejenige Person, gegen die diese Ansprüche gerichtet sein können zum Sachverständigen zu ernennen. Allein die **Besorgnis der fehlenden Unabhängigkeit** verbietet es also, solche vorbefassten Personen zum Sachverständigen oder Insolvenzverwalter über den Nachlass zu bestellen. Es ist auch überhaupt kein Nutzen solcher Praxis erkennbar. Jedes Insolvenzgericht wird mehrere Personen kennen, die über die hinreichenden Qualifikationen zur Durchführung eines Nachlassinsolvenzverfahrens verfügen. Da dem Insolvenzverwalter unabhängig von früheren Vergütungen als Nach-

394) *Binz/Hess*, Der Insolvenzverwalter, Rz. 905; *Siegmann/Scheuing* in: MünchKomm-InsO, Anh. § 315 Rz. 38.

lasspfleger, Nachlassverwalter oder Testamentsvollstrecker die gleichen Vergütungen aus dem Nachlass zustehen, wie einem mit dem Nachlass bisher nicht befassten Insolvenzverwalter, ist nicht einmal eine Kostenersparnis gegeben, die den Gläubigern zugutekäme. Außerdem werden der **Nachlasspfleger und der Testamentsvollstrecker i. R. des Insolvenzverfahrens** gerade in ihrer entsprechenden **Amtsfunktion** benötigt, um Rechte wahrzunehmen, die den Gläubigerinteressen entgegenlaufen, wie bspw. Interessen der unbekannten Erben bei der Festsetzung der Vergütung für den Insolvenzverwalter, die durch den Nachlasspfleger wahrzunehmen sind oder der Wille des Erblassers, der durch Vorlage eines Insolvenzplanes erreicht werden kann, wozu dann der Testamentsvollstrecker berufen wäre. Die Funktionen von Nachlasspflegern und Testamentsvollstreckern erübrigen sich keineswegs mit der Eröffnung des Insolvenzverfahrens über den Nachlass; ihre „Gleichschaltung" mit der im Gläubigerinteresse vollstreckenden Person des Insolvenzverwalters erscheint geradezu beängstigend.

c) Auswirkung auf die Ämter von Testamentsvollstreckern, Nachlassverwaltern und Nachlasspflegern

Mit der Eröffnung des Insolvenzverfahrens über den Nachlass **endet das Amt** 383
eines **Nachlassverwalters**, § 1988 BGB, weil dessen Funktion völlig vom Insolvenzverwalter übernommen wird.[395]

Die Ämter eines **Nachlasspflegers** oder **Testamentsvollstreckers enden hinge-** 384
gen nicht mit der Eröffnung des Insolvenzverfahrens über den Nachlass.[396] Nachlasspfleger und Testamentsvollstrecker nehmen im Insolvenzverfahren über den Nachlass die den Gläubigerinteressen entgegenstehenden Rechte wahr.[397] Die in der Verwirklichung der Vollstreckung ihrer Forderungen liegenden Interessen der Gläubiger hingegen nimmt der Insolvenzverwalter wahr.

5. Eröffnung masseunzulänglicher Verfahren

Das masseunzulängliche Verfahren hat für das Nachlassinsolvenzverfahren er- 385
hebliche Bedeutung, weil hier durch § 324 InsO eine Vielzahl von Nachlassverbindlichkeiten zu Masseverbindlichkeiten erhoben werden. Es kommt dadurch durchaus nicht selten vor, dass in einem Nachlassinsolvenzverfahren bereits ab Eröffnung Masseunzulänglichkeit vorliegt. Bei kleineren Nachlässen können schon die Kosten der Beerdigung des Erblassers, die gemäß § 324 Abs. 1 Nr. 2 InsO zu den Masseverbindlichkeiten gehören, dazu führen, dass die Anzeige gemäß § 208 InsO erfolgen muss. Bei größeren Nachlässen sind es eher die Auf-

395) *Hanisch* in: FS Henckel, S. 369, 378.

396) OLG Stuttgart, Beschl. v. 23.4.2012 – 8 W 136/12, ZIP 2012, 2222 = NZI 2012, 864; *Hanisch* in: FS Henckel, S. 369, 378.

397) OLG Stuttgart, Beschl. v. 23.4.2012 – 8 W 136/12, ZIP 2012, 2222 = NZI 2012, 864; *Hanisch* in: FS Henckel, S. 369, 378.

wendungsersatzansprüche des Erben (§ 324 Abs. 1 Nr. 1 InsO) und die Verbindlichkeiten aus von Nachlassverwaltern und Testamentsvollstreckern vorgenommenen Rechtsgeschäften (§ 324 Abs. 1 Nr. 1 InsO), aufgrund derer Masseunzulänglichkeit bereits ab Eröffnung vorliegt.

386 **Trotz anfänglicher Masseunzulänglichkeit** ist das Nachlassinsolvenzverfahren **zu eröffnen**, wenn die **Kosten** des Verfahrens (§ 54 InsO) **gedeckt sind**. Das Insolvenzverfahren verfolgt dann nicht – wie üblicherweise – den Zweck, die Insolvenzgläubiger im Range des § 38 InsO zu befriedigen, sondern es dient dann anfänglich dem Zweck der **quotal gleichen Befriedigung** der Massegläubiger.

387 Der Insolvenzverwalter ist in anfänglich masseunzulänglichen Verfahren gut beraten, die Masseunzulänglichkeit **unmittelbar nach Eröffnung anzuzeigen**. Im Falle einer verspäteten Anzeige der Masseunzulänglichkeit drohen dem Insolvenzverwalter nämlich erhebliche **Haftungsrisiken**, weil § 209 Abs. 1 InsO hinsichtlich der Rechtsstellung zwischen durch das Gesetz oktroyierten Masseverbindlichkeiten nach § 324 InsO und solchen, die der Insolvenzverwalter begründet hat (§ 55 InsO) nicht differenziert. Infolgedessen sind im masseunzulänglichen Verfahren die Gläubiger nach § 55 InsO und die Gläubiger nach § 324 InsO gleichberechtigt, solange der Insolvenzverwalter nicht durch Anzeige der Masseunzulänglichkeit für die von ihm neu gegründeten Masseverbindlichkeiten nach § 55 InsO den Vorrang aus § 209 Abs. 1 Nr. 2 InsO herbeigeführt hat. Gemäß § 61 InsO haftet der Insolvenzverwalter gegenüber einem Massegläubiger auf Schadensersatz, wenn die Insolvenzmasse die Masseverbindlichkeit nicht voll erfüllen kann.

388 Dies gilt lediglich dann nicht, wenn der Insolvenzverwalter beweisen kann,[398] dass er bei Begründung der Masseverbindlichkeit **nicht hat erkennen können**, dass die Masse zur Befriedigung der Masseverbindlichkeit nicht ausreichen wird, § 61 Satz 2 InsO. Geht der Insolvenzverwalter nach Eröffnung des Insolvenzverfahrens Verbindlichkeiten ein und hat er dabei nicht erkannt, dass bereits Masseunzulänglichkeit eingetreten ist, so reicht die insgesamt zur Verfügung stehende Masse nicht aus, um sowohl die bestehenden Masseverbindlichkeiten als auch die durch den Insolvenzverwalter neu begründete Verbindlichkeit zu befriedigen. Zeigt der Insolvenzverwalter die Masseunzulänglichkeit dann (verspätet) an, so gerät der **Massegläubiger**, dessen Forderung durch den Insolvenzverwalter begründet worden ist, gemeinsam mit den übrigen Massegläubigern in den **Nachrang** (§ 209 Abs. 1 Nr. 3 InsO) und kann nicht mehr voll befriedigt werden. Ihm steht gemäß § 61 InsO ein **Schadensersatzanspruch gegen den Insolvenzverwalter** zu, denn der Insolvenzverwalter hätte die bei Eröff-

398) Vgl. auch die grundlegende Entscheidung zur Haftung des Insolvenzverwalters wegen Nichtbefriedigung von Masseverbindlichkeiten BGH, Urt. v. 6.5.2004 – IX ZR 48/03, BGHZ 159, 104 = ZVI 2004, 345.

nung des Insolvenzverfahrens bereits vorhandenen Gläubiger schon vor **Begründung der weiteren Masseverbindlichkeit** durch Anzeige der Masseunzulänglichkeit in den Nachrang bringen müssen. Zahlt der Insolvenzverwalter in dieser Situation auf die von ihm begründete Masseverbindlichkeit aus der Insolvenzmasse voll und zeigt er erst dann die Masseunzulänglichkeit an, so haftet er gegenüber den Altmassegläubigern ebenfalls auf den für sie eingetretenen **Quotenschaden**. Zahlt er trotz angezeigter Masseunzulänglichkeit an denjenigen Massegläubiger, dessen Forderung er begründet hat, so durchbricht er die Befriedigungsreihenfolge des § 209 Abs. 1 InsO und schädigt dadurch die mit diesem Massegläubiger gleichrangig zu befriedigenden übrigen Massegläubiger; der Insolvenzverwalter haftet diesen gegenüber dann wegen Verletzung einer insolvenzspezifischen Pflicht nach § 60 InsO auf Ersatz ihres Quotenschadens.[399]

Er kann sich dann nicht dadurch entlasten, dass dieser Quotenverlust **auch bei rechtzeitiger Anzeige der Masseunzulänglichkeit** eingetreten wäre, weil dieses die durch § 209 Abs. 1 Nr. 3 InsO bewusst herbeigeführte Gleichstellung aller vor Anzeige der Masseunzulänglichkeit vorhandenen Massegläubiger beseitigen und einen umgekehrten Prioritätsgrundsatz schaffen würde, wobei Masseverbindlichkeiten nach dem Zeitpunkt ihrer Entstehung befriedigt werden würden, beginnend mit der jüngsten Forderung. 389

Zur Vermeidung der eigenen Haftung hat sich der Insolvenzverwalter daher zu dem frühestmöglichen Zeitpunkt Klarheit darüber zu verschaffen, welche Masseverbindlichkeiten bestehen. Ist er vor Eröffnung des Insolvenzverfahrens zum Sachverständigen bestellt worden, so sollte sein **Eröffnungsgutachten** ausführlich dazu Stellung nehmen, welche Masseverbindlichkeiten nach seinem Kenntnisstand ab der Eröffnung bereits bestehen. Er sollte auch ausdrücklich darlegen, ob nach **den in diesem Zeitpunkt vorhandenen Erkenntnissen** ab der Eröffnung Masseunzulänglichkeit besteht oder nicht. Nur so kann der Insolvenzverwalter nach Eröffnung halbwegs davon ausgehen, den Entlastungsbeweis gemäß § 61 Satz 2 InsO führen zu können. Fehlen in dem Eröffnungsgutachten entsprechende Ausführungen, so wird man nämlich zumindest im Regelfall davon ausgehen dürfen, dass sich der Insolvenzverwalter pflichtwidrig keine Gedanken um die Frage der Masseunzulänglichkeit gemacht hat. 390

X. Verbindlichkeiten

Die Begrifflichkeiten bezüglich der Verbindlichkeiten, die im Zusammenhang mit dem Nachlass bzw. dem Erbfall stehen können, sind mitunter uneinheitlich oder werden unscharf verwendet. Terminologisch ist von § 1967 Abs. 2 BGB auszugehen, wonach zu den **Nachlassverbindlichkeiten** sowohl die Schulden zählen, die von dem Erblasser herrühren, als auch die den Erben aufgrund sei- 391

399) *Schoppmeyer* in: MünchKomm-InsO, § 60 Rz. 47.

ner Erbenstellung treffenden Verpflichtungen, insbesondere solche aus Pflichtteilsrechten, Vermächtnissen und Auflagen. Zu den Nachlassverbindlichkeiten gehören aber nach wohl allgemeiner Meinung auch die in § 1967 Abs. 2 BGB nicht ausdrücklich erwähnten sog. **Nachlasserbenschulden.**[400] Darunter versteht man Verbindlichkeiten, die nach dem Erbfall durch oder bei Verwaltung des Nachlasses entstehen.[401]

392 Auch die InsO verwendet den durch § 1967 Abs. 2 BGB definierten Begriff der Nachlassverbindlichkeiten in § 325 InsO und bestimmt, dass im Nachlassinsolvenzverfahren nur Nachlassverbindlichkeiten geltend gemacht werden können. Die bürgerlich-rechtliche Bestimmung der Nachlassverbindlichkeiten wird ergänzt durch insolvenzrechtliche Bestimmungen darüber, wie die Nachlassverbindlichkeiten insolvenz(verfahrens)rechtlich zu behandeln sind, also insbesondere, welche Nachlassverbindlichkeiten als **Masseverbindlichkeiten** i. S. von § 55 InsO zu behandeln (und damit vorrangig) sind und welche dem gegenüber als bloße **Insolvenzforderungen** i. S. von § 38 InsO oder gar als nachrangige Insolvenzforderungen i. S. von § 39 InsO zu behandeln sind. Gar nicht in das Nachlassinsolvenzverfahren einbezogen sind die **reinen Erbenschulden,** also die eigenen Schulden des Erben, die in seiner Person selbst begründet worden sind.

1. Masseverbindlichkeiten

393 Für das Regelinsolvenzverfahren bestimmen §§ 54, 55 InsO, welche Verbindlichkeiten als Masseverbindlichkeiten zu behandeln sind. Im Nachlassinsolvenzverfahren werden die §§ 54, 55 InsO durch § 324 InsO ergänzt, keineswegs aber verdrängt.

394 Masseverbindlichkeiten sind vor der Verteilung der Insolvenzmasse an die Insolvenzgläubiger durch den Insolvenzverwalter aus der Masse vollständig zu befriedigen. Ihnen kommt daher Vorrang vor den Insolvenzgläubigern zu. Abgesehen von den Fällen der Massearmut werden Masseverbindlichkeiten vollständig erfüllt, bevor an die Insolvenzgläubiger eine Quote ausgeschüttet werden kann.

a) Masseverbindlichkeiten gemäß § 55 InsO

395 Gemäß § 55 Abs. 1 Nr. 1 InsO sind Masseverbindlichkeiten solche Verbindlichkeiten, die durch Handlungen des Insolvenzverwalters oder in anderer Weise aus der Verwaltung, Verwertung und Verteilung der Insolvenzmasse begründet

---

400) Damrau/Tanck-*Gottwald*, PK Erbrecht, § 1967 Rz. 26; *Löhring* in: Frieser, Kompaktkommentar Erbrecht, § 1967 Rz. 10.

401) „Ordnungsgemäßer Verwaltung": BGH, Urt. v. 10.2.1960 – V ZR 39/58, BGHZ 32, 60, 65 = NJW 1960, 959; BayObLG, Beschl. v. 23.12.1999 – 1Z BR 204/98, ZEV 150, 151; Damrau/Tanck-*Gottwald*, PK Erbrecht, § 1967 Rz. 26.

werden, ohne zu den Kosten gemäß § 54 InsO zu gehören. Es muss sich hier um Verbindlichkeiten handeln, die nach Eröffnung des Insolvenzverfahrens begründet worden sind. Zur Verwirklichung der Alt. 1 muss eine **Handlung des Insolvenzverwalters** vorliegen, die er in seiner Eigenschaft als Insolvenzverwalter vorgenommen hat.[402] Unerheblich ist, ob es sich um rechtsgeschäftliche Handlungen oder Realakte handelt.

Entscheidend kommt es aber darauf an, dass der **Bezug zur Insolvenzmasse** 396
klar und eindeutig hervortritt. Zweifel gehen zulasten des Gläubigers, der sich auf die Einstandspflicht der Insolvenzmasse beruft. Häufig entstehen Masseverbindlichkeiten durch Handlung des Insolvenzverwalters durch **Verträge** über die Veräußerung von Massegegenständen. Durch einen Kaufvertrag, den der Insolvenzverwalter über einen Massegegenstand schließt, erwirbt der Käufer einen gegen die Insolvenzmasse gerichteten Eigentumsverschaffungsanspruch. Auch Dienstverträge, die der Insolvenzverwalter mit Wirkung für und gegen die Masse mit Hilfskräften wie bspw. Steuerberatern, Verwertungsgesellschaften oder besonderen Sachverständigen schließt, führen zur Entstehung von Masseverbindlichkeiten. Im Rahmen einer **Betriebsfortführung** kauft der Insolvenzverwalter Waren und ggf. Dienstleistungen ein; die Lieferanten und Dienstleister erwerben dann Ansprüche gegen die Insolvenzmasse. Auch kann der Insolvenzverwalter Dauerschuldverhältnisse begründen, bspw. Massegegenstände vermieten oder Arbeitsverträge abschließen.

Zu Masseverbindlichkeiten werden sämtliche Ansprüche aus solchen Vertrags- 397
verhältnissen, also sowohl die **Primär- als auch die Sekundäransprüche**.

Masseverbindlichkeiten entstehen gemäß § 55 Abs. 1 Nr. 2 InsO aus gegensei- 398
tigen Verträgen, wenn der Insolvenzverwalter **deren Erfüllung wählt** (§§ 103 ff. InsO) oder die Erfüllung aus anderen Gründen auch nach Eröffnung des Insolvenzverfahrens erfolgen muss. Letzteres ist vor allem während des Kündigungsauslaufes bei Dauerschuldverhältnissen der Fall, die nicht automatisch mit Verfahrenseröffnung enden oder dem Wahlrecht des § 103 InsO unterfallen. Dies gilt vor allem gemäß § 113 InsO für **Dienstverhältnisse**, bei denen der Schuldner der Dienstberechtigte ist und gemäß § 109 InsO für **Miet- und Pachtverhältnisse**, bei denen der Schuldner der Mieter oder Pächter ist. Selbst wenn der Insolvenzverwalter solche Dauerschuldverhältnisse unmittelbar nach Verfahrenseröffnung kündigt, bleibt der Anspruch des Vertragspartners auf die Gegenleistung Masseverbindlichkeit. Verbindlichkeiten aus Verträgen, die unter § 103 InsO fallen, sind nur dann und erst ab dem Zeitpunkt Masseverbindlichkeiten, wenn der Insolvenzverwalter die Erfüllung wählt.

Gemäß § 55 Abs. 1 Nr. 3 InsO sind Masseverbindlichkeiten auch solche Ver- 399
bindlichkeiten, die aus einer **ungerechtfertigten Bereicherung** der Insolvenz-

---

402) *Jarchow* in: HambKomm-InsO, § 55 Rz. 4, 4a; Uhlenbruck-*Sinz*, InsO, § 55 Rz. 7.

masse resultieren. Es muss sich um Ansprüche i. S. von §§ 812 ff. BGB handeln, die erst **nach Eröffnung des Insolvenzverfahrens** entstanden sind. Dies bedeutet, dass die Masse erst nach der Eröffnung des Insolvenzverfahrens bereichert worden sein darf.[403] Eine teleologische Extension auf Bereicherungsansprüche, die in der Zeit der vorläufigen Insolvenzverwaltung bereits entstanden sind, ist nicht geboten und verbietet sich.[404]

400 Ein vorläufiger Insolvenzverwalter kann Masseverbindlichkeiten nur dann begründen, wenn dem Schuldner ein allgemeines Verfügungsverbot auferlegt worden und die **Verfügungsbefugnis gemäß § 22 InsO auf den vorläufigen Insolvenzverwalter übergegangen ist** oder aber soweit der schwache vorläufige Insolvenzverwalter durch **Einzelermächtigung** des Insolvenzgerichtes punktuell zur Begründung von Masseverbindlichkeiten ermächtigt worden ist, § 55 Abs. 2 InsO. Die vorstehenden Ausführungen bezüglich der Handlungen des Insolvenzverwalters gelten für den (partiell) mit Verfügungsbefugnis ausgestatteten vorläufigen Insolvenzverwalter entsprechend.

b) Masseverbindlichkeiten gemäß § 324 InsO

401 Für das Nachlassinsolvenzverfahren werden in § 324 InsO weitere Masseverbindlichkeiten statuiert. Grundgedanke der Erweiterung der Massegläubiger gegenüber dem Regelinsolvenzverfahren ist, dass zwischen dem Tod des Erblassers und der Eröffnung des Insolvenzverfahrens über den Nachlass ein oft erheblicher Zeitraum liegen kann. Dieser zeitliche Verzug soll nach der gesetzgeberischen Intention, die hinter § 324 InsO steckt, so weit wie möglich rückgängig gemacht werden; Vorteile, die dem Nachlass in der Zwischenzeit erwachsen sind, sollen auch aus dem Nachlass kompensiert werden.[405]

aa) Aufwendungsersatzansprüche des Erben

402 **Erbe i. S. von § 324 Abs. 1 Nr. 1 InsO** ist nicht nur der Alleinerbe, sondern auch jeder Miterbe, der Vor- und Nacherbe, der vorläufige Erbe und sogar der Scheinerbe.

403 **Aufwendungen**, die dem Erben gemäß §§ 1978 Abs. 3, 1979 BGB aus dem Nachlass zu ersetzen sind, sind gemäß § 324 Abs. 1 Nr. 1 InsO Masseverbindlichkeiten. § 1978 Abs. 3 BGB nimmt sowohl § 670 BGB als auch § 683 BGB in Bezug. Bis zur Annahme der Erbschaft ist § 683 BGB einschlägig; der Erbe kann also bis zur Annahme der Erbschaft nur dann Ersatz verlangen, wenn die Übernahme der Geschäftsführung dem Interesse der Nachlassgläubiger ent-

---

403) BGH, Urt. v. 24.6.2003 – IX ZR 228/02, NZI 2003, 537, 539 = ZIP 2003, 1554.

404) Jaeger-*Henckel*, InsO, § 55 Rz. 79; **a. A.** OLG Stuttgart, Urt. v. 13.2.1981 – 2 U 132/80, ZIP 1981, 252, 253.

405) Vgl. Begr. RegE InsO, BT-Drucks. 12/2443 S. 231.

sprach. Lag die Übernahme der Geschäftsführung nicht im Interesse der Nachlassgläubiger, so bleibt dem Erben nur ein bereicherungsrechtlicher Anspruch gemäß § 684 BGB. Erst nach der Annahme der Erbschaft gilt § 670 BGB. Die Voraussetzung eines Aufwendungsersatzanspruches gemäß § 670 BGB, dass der Beauftragte die Aufwendung nach den Umständen hat für erforderlich halten dürfen, wird für Aufwendungen, die der Erbe getätigt hat, durch § 1979 BGB dahingehend konkretisiert, dass der Ersatzanspruch nur dann besteht, wenn der Erbe davon ausgehen durfte, dass der Nachlass zur Befriedigung sämtlicher Nachlassgläubiger ausreichen wird. Dann müssen die Nachlassgläubiger, für die der Erbe den Nachlass vor der Eröffnung des Insolvenzverfahrens verwaltet hat, die Befriedigung eines Nachlassgläubigers gegen sich gelten lassen, i. e. dem Erben diejenigen Aufwendungen aus der Masse ersetzen, die er nach diesem Maßstab hat tätigen dürfen.

Der **Aufwendungsersatzanspruch** des Erben setzt voraus, dass er tatsächlich 404
Aufwendungen getätigt hat. Dies ist unzweifelhaft der Fall, wenn der Erbe eine Erblasserschuld befriedigt hat. Aber auch dann, wenn der Erbe eine Verpflichtung eingegangen ist, kann es sich um eine Aufwendung für den Nachlass handeln, bspw. bei der Beauftragung eines Steuerberaters. In solchen Fällen kann der Erbe Befreiung von der Verbindlichkeit im Rang einer Masseverbindlichkeit verlangen, § 257 BGB. Entscheidend kommt es auf die Abgrenzung an, ob der Erbe eine Nachlassverbindlichkeit oder eine Eigenverbindlichkeit begründet hat.[406] Um eine Nachlassverbindlichkeit kann es sich per se nur dann handeln, wenn die eingegangene Verbindlichkeit in einem sachlichen Zusammenhang mit dem Nachlass steht. Hat der Erbe bspw. einen Steuerberater mit der Erstellung einer Steuererklärung für Einkommensteuer des Erblassers aus Veranlagungszeiträumen, die vor dessen Tod liegen, beauftragt, so handelt es sich in Ansehung des Steuerberaterhonorars offensichtlich um eine Nachlassverbindlichkeit, weil der Nachlass auch Einkommensteuerschuldner ist. Anders ist es freilich, wenn er den Steuerberater mit der Erstellung seiner eigenen Einkommensteuererklärung für Veranlagungszeiträume vor dem Erbfall beauftragt.

Für den Aufwendungsersatzanspruch ist es allerdings unerheblich, ob der Erbe 405
mit den Nachlassmitteln **„großzügig"** umgegangen ist oder **„verschwenderisch"** war. Ob eine Aufwendung zu ersetzen ist oder nicht, richtet sich nach den allgemeinen Vorschriften der Geschäftsführung ohne Auftrag bzw. des Auftragsrechtes; eine ungeschriebene Einschränkung des Aufwendungsersatzanspruches für den Fall der Nachlassinsolvenz lässt sich dem Gesetz nicht entnehmen und ist auch sonst nicht gerechtfertigt.[407] Jedenfalls lässt sich eine solche Einschränkung nicht aus der Tatsache ableiten, dass Aufwendungsersatzansprü-

406) *Klinck* in: jurisPK-BGB, § 1978 Rz. 18; vgl. Staudinger-*Marotzke*, BGB, § 1967 Rz. 38.

407) Anders offenbar *Schallenberg/Rafiqpoor* in: FK-InsO, § 324 Rz. 6 ff.

che aus §§ 1978, 1979 BGB zu Masseverbindlichkeiten werden, denn dies würde die Beurteilung, ob eine Masseverbindlichkeit vorliegt oder nicht, einer reinen Wertung unterwerfen, die der Gesetzgeber offensichtlich nicht gewollt hat, weil er schlicht auf das Recht der Geschäftsführung ohne Auftrag bzw. das Auftragsrecht verwiesen hat. Erst recht kann für die Begründung einer zum Aufwendungsersatzanspruch führenden Begründung einer Nachlassverbindlichkeit nicht verlangt werden, dass der Erbe i. S. des Offenkundigkeitsprinzips in entsprechender Anwendung von § 164 Abs. 2 BGB darauf hingewiesen hat, für den Nachlass handeln zu wollen.[408)]

406 Masseverbindlichkeit ist über § 324 Abs. 1 Nr. 1 InsO auch ein **Freistellungsanspruch** aus §§ 1978 Abs. 3 i. V. mit §§ 670, 257 BGB. Soweit der Erbe im Interesse des Nachlasses eine Verbindlichkeit eingegangen ist, für die er auch nach Eröffnung des Insolvenzverfahrens im Außenverhältnis persönlich haftet, kann er mithin von dem Insolvenzverwalter Freistellung verlangen.

407 Streitig ist, ob ein Aufwendungsersatzanspruch des Erben gemäß § 685 BGB ausgeschlossen sein kann.[409)] Zutreffend ist es, § 685 BGB auch für den Aufwendungsersatzanspruch des Erben anzuwenden. § 1978 Abs. 3 BGB verweist nämlich auf das Recht der Geschäftsführung ohne Auftrag insgesamt, nicht lediglich auf § 683 BGB. Die Beweislast für die Schenkungsabsicht tragen allerdings die Nachlassgläubiger bzw. der Insolvenzverwalter.[410)]

408 Für die **eigene Tätigkeit bzw. den damit verbundenen Arbeitsaufwand** kann der Erbe keine Vergütung verlangen, weil die Ausführung eines Auftrages in Ermangelung anderer Vereinbarungen unentgeltlich erfolgt, § 662 BGB. Zwar verweist § 1978 BGB nicht ausdrücklich auf das gesamte Auftragsrecht, sondern lediglich in dessen Abs. 1 auf die Verantwortlichkeit des Beauftragten bzw. in dessen Abs. 3 auf den Aufwendungsersatzanspruch des Beauftragten. Gleichwohl ist der gesamte Zeitraum, während dessen der Erbe den Nachlass verwaltet hat, als Durchführung eines Auftrages anzusehen, so dass auch § 662 BGB Anwendung findet.[411)] Eine Ausnahme ist lediglich entsprechend § 1835 Abs. 3 BGB anzuerkennen, wenn der Erbe berufsmäßig der Verwaltung von Nachlässen oder besonderen Gegenständen nachgeht, die im konkreten Fall Nachlassbestandteil sind. So ist dem Erben eines Nachlasses, zu dem vermietete Immobilien gehören, analog § 1835 Abs. 3 BGB ein Vergütungsanspruch zuzubilligen, wenn er berufsmäßig auch andere Immobilien verwaltet; gleiches gilt für den

---

408) Vgl. *Schallenberg/Rafiqpoor* in: FK-InsO, § 324 Rz. 8.

409) Gegen die Anwendbarkeit von § 685 BGB für das Nachlassinsolvenzverfahren Staudinger-*Marotzke*, BGB, § 1978 Rz. 26; *Joachim*, Die Haftung des Erben für Nachlassverbindlichkeiten, Rz. 138; für die Anwendbarkeit *Küpper* in: MünchKomm-BGB, § 1978 Rz. 13.

410) Grüneberg-*Retzlaff*, BGB, § 685 Rz. 2.

411) Im Ergebnis ebenso BGH, Urt. v. 29.4.1993 – IX ZR 215/92, ZIP 1993, 930 = NJW 1993, 1851.

Erben, der berufsmäßig geschäftsleitende Tätigkeiten ausführt, wenn zum Nachlass ein Unternehmen gehört oder wenn der Erbe die zum Nachlass gehörende freiberufliche Praxis des Erblassers weiterführt, weil er selbst dieselbe freiberufliche Qualifikation trägt wie der Erblasser. Gleichermaßen ist dem Fiskus, der Erbe geworden ist, weil ein anderer Erbe als der Fiskus nicht vorhanden ist (§ 1964 BGB) ein Anspruch auf Ersatz seiner **Verwaltungskosten** zuzubilligen.[412] Außerhalb der Analogie zu § 1835 Abs. 3 BGB ist ein Vergütungsanspruch nicht anzuerkennen, auch nicht für die Ersparung von Aufwendungen, die der Nachlass möglicherweise gehabt hätte, wenn der Erbe mit der Verwaltung einen Dritten beauftragt hätte.

Problematisch ist die Frage, ob dem (Mit-)Erben die **Kosten für einen Erbschein** im Rang einer Masseverbindlichkeit gemäß § 324 Abs. 1 Nr. 1 InsO zu erstatten sind. Grundsätzlich liegt die Erbscheinserteilung nämlich im subjektiven Interesse der Person, die sich für erbberechtigt hält und zu deren Gunsten die beantragte Erbscheinserteilung bewilligt wurde.[413] Ob man daraus schließen muss, dass es sich bei den für die Erteilung anfallenden Kosten „ausschließlich um Eigenverbindlichkeiten des Erben" handelt, sei dahingestellt. Jedenfalls handelt es sich um **Nachlassverwaltungsschulden**, weil die Kosten im Zusammenhang mit der Verwaltung des Nachlasses angefallen sind. Zuzustimmen ist dem BGH aber wiederum darin, dass die Kosten für die Erteilung des Erbscheins in der **Erbengemeinschaft** nicht über das Recht der GoA von den anderen Miterben (anteilig) ersetzt verlangt werden können, denn das würde voraussetzen, dass die anderen Miterben Aufwendungen ersparen, was grundsätzlich nicht der Fall ist, weil man einen Nachlass (in der Regel) auch ohne Erbschein abwickeln kann. 409

Für die Frage, ob diese Kosten im Nachlassinsolvenzverfahren **als Masseverbindlichkeiten anzusehen sind oder nicht**, gelten allerdings etwas andere Maßstäbe. Hier geht es, wenn ein Aufwendungsersatzanspruch im Rang von § 324 Abs. 1 Nr. 1 InsO geltend gemacht wird, um die Frage, ob der Erbschein im Interesse der Nachlassgläubiger zu beantragen war, denn diese sind Geschäftsherrn i. R. des § 1978 Abs. 1 BGB. Üblicherweise wird das nicht der Fall sein, denn auch hier wird man annehmen müssen, dass der Erbe den Nachlass verwalten kann, ohne einen Erbschein zu besitzen. Es gibt davon aber Ausnahmen: Wenn die Verwaltung oder gar die Sicherung des Nachlasses ohne Erbschein erschwert oder verzögert würde (z. B. Auslandsvermögen), dann liegt es im Interesse der Nachlassgläubiger, dass der Erbe sich den Erbschein besorgt. Auch gibt es Insolvenzgerichte, die – zu Unrecht – die Vorlage eines Erbscheines verlangen, damit der Erbe einen zulässigen Nachlassinsolvenzantrag stellen kann (weil nur so die Erbenstellung glaubhaft gemacht werden könne). 410

412) Ausf. *Roth*, ZEV 2021, 7.

413) BGH, Urt. v. 7.10.2020 – IV ZR 69/20, Rz. 20, NJW 2021, 157 = FamRZ 2020, 2033.

Wenn also solche Umstände dazu führen, dass die Erbscheinserteilung im Interesse der Nachlassgläubiger geboten ist, dann liegt eine Masseverbindlichkeit i. S. von § 324 Abs. 1 Nr. 1 InsO vor. Allerdings ist zu bedenken, dass zusätzlich die **Voraussetzung des § 1979 BGB** erfüllt sein muss, der Erbe muss also in dem Zeitpunkt, in dem er die Kosten für die Erbscheinserteilung ausgelöst hat, redlicherweise davon ausgegangen sein, dass der Nachlass zur Befriedigung sämtlicher Verbindlichkeiten ausreichen werde. Andernfalls ist der Sorgfaltsmaßstab des § 1979 BGB nicht eingehalten, so dass § 324 Abs. 1 Nr. 1 InsO ausscheidet.

411 Aufwendungsersatzansprüche nach § 324 Abs. 1 Nr. 1 InsO **zugunsten anderer Personen** als den Erben kommen nicht in Betracht. Schlägt der Erbe nach Eröffnung aus oder ficht seine Annahme an, so verliert er rückwirkend den Rang des Massegläubigers.

bb) Beerdigungskosten und Kosten der Todeserklärung

412 Die Kosten der Beerdigung gehören gemäß § 324 Abs. 1 Nr. 2 InsO im Nachlassinsolvenzverfahren zu den Masseverbindlichkeiten. Nach wohl allgemeiner Auffassung sind von der Vorschrift die Kosten einer „standesgemäßen" Beerdigung umfasst;[414] § 224 Nr. 4 KO hatte dies ausdrücklich normiert, mit der Neufassung sollte keine inhaltliche Änderung einhergehen.

413 Ersatzfähig ist demgemäß nicht nur die einfachste und kostengünstigste Bestattung. Es hat eine Bewertung anhand der Lebensstellung des Erblassers[415] und der Leistungsfähigkeit des Nachlasses zu erfolgen. Auch der Wille des Erblassers ist angemessen zu berücksichtigen. Insbesondere ist die Wahl der Bestattungsart, die der Erblasser getroffen hat, hinzunehmen. Hat er bspw. eine See-[416] oder Weltraumbestattung in seinem Testament niedergelegt, dann sind die hierfür anfallenden Kosten als Masseverbindlichkeiten anzuerkennen, auch wenn sie erheblich höher liegen, als diejenigen einer Erd- oder Feuerbestattung. In letzteren Fällen gehört ein angemessenes Grabdenkmal zu den Bestattungskosten. Auch die Kosten einer angemessenen Bewirtung i. R. der Trauerfeier, der Schaltung von Todesanzeigen und von Danksagungskarten sind als Teil der Beerdigungskosten anzusehen.[417] Die Kosten der Pflege der Grabstätte hingegen sind nach zutreffen-

---

414) *Schallenberg/Rafiqpoor* in: FK-InsO, § 324 Rz. 12; *Marotzke* in: HK-InsO, § 324 Rz. 2; *Siegmann/Scheuing* in: MünchKomm-InsO, § 324 Rz. 4; Nerlich/Römermann-*Weiß*, InsO, § 324 Rz. 6; Uhlenbruck-*Lüer/Weidmüller*, InsO, § 324 Rz. 3 – inhaltliche Änderung nicht beabsichtigt, Terminologie lediglich an das BGB angepasst.

415) *Siegmann/Scheuing* in: MünchKomm-InsO, § 324 Rz. 5.

416) *Siegmann/Scheuing* in: MünchKomm-InsO, § 324 Rz. 5.

417) So auch *Schallenberg/Rafiqpoor* in: FK-InsO, § 324 Rz. 13; *Siegmann/Scheuing* in: MünchKomm-InsO, § 324 Rz. 4, 5; Staudinger-*Marotzke*, BGB, § 1968 Rz. 5 ff.; Uhlenbruck-*Lüer/Weidmüller*, InsO,§ 324 Rz. 3.

der h. M. nicht Masseverbindlichkeit i. S. von § 324 Abs. 1 Nr. 2 InsO.[418] Gleiches gilt für die Reisekosten der Trauergäste, es sei denn, dass es einem nahen Angehörigen aus Gründen der Bedürftigkeit ohne Kostenübernahme eines Dritten nicht möglich wäre, an der Trauerfeier teilzunehmen.[419]

Für die Anwendbarkeit von § 324 Abs. 1 Nr. 2 InsO ist es unerheblich, ob die Beerdigung vor Eröffnung des Insolvenzverfahrens bereits stattgefunden hat oder noch bevorsteht. **414**

Hat der **Erbe die Kosten der Bestattung bereits vor Eröffnung** des Nachlassinsolvenzverfahrens an die betreffenden Gläubiger (Pietät, Friedhofsverwaltung etc.) **bezahlt**, dann tritt er gemäß § 326 Abs. 2 InsO an die Stelle des befriedigten Gläubigers, nimmt also dann mit seiner Forderung auf Ersatz der übernommenen Bestattungskosten den Rang von § 324 Abs. 1 Nr. 2 InsO ein. **Hat allerdings ein Dritter, der nicht Erbe geworden ist,** die Bestattungskosten an die mit der Bestattung beauftragten Personen **gezahlt**, dann nimmt er mit seinem entsprechenden Aufwendungsersatz- oder Bereicherungsanspruch diesen Rang nicht ein, sondern ist vielmehr mit diesem Anspruch Insolvenzgläubiger im Rang von § 38 InsO. Eine **Masseforderung kann sein Erstattungsanspruch nicht** nach § 324 Abs. 1 Nr. 2 InsO sein,[420] weil es sich der Rechtsnatur dieses Anspruchs nach um einen Aufwendungsersatzanspruch oder Bereicherungsanspruch wegen der Befreiung des Nachlasses von einer Verbindlichkeit handelt und nicht um „Kosten der Bestattung", also den primären Anspruch des Leistungserbingers (Pietät, Friedhofsverwaltung etc.). **415**

Die entsprechende Privilegierung des Erben aus § 326 Abs. 2 InsO ist auch auf **Dritte** nicht analog anwendbar. Dies gilt auch dann, wenn der Dritte nach entsprechenden landesgesetzlichen Vorschriften bestattungspflichtig war.[421] Aus der Erstattungspflicht geht nämlich keine mit der Erbenstellung vergleichbare Rechtsstellung hervor, die eine entsprechende Analogie rechtfertigen könnte. Dem Dritten (Nichterben) steht zwar gemäß § 1968 BGB ein Erstattungsanspruch gegen den Erben zu; § 1968 BGB stellt insoweit Anspruchsgrundlage dar.[422] Da infolge der Eröffnung des Nachlassinsolvenzverfahrens der Erbe aber nur beschränkt auf den Nachlass haftet und von dieser Haftungsbeschränkung auch seine Haftung nach § 1968 BGB gegenüber dem Nichterben erfasst ist, kommt die (analoge) Annahme einer Masseverbindlichkeit für diesen Ersatzanspruch nicht in Betracht. Abgesehen davon wäre es auch teleologisch nicht nachvollziehbar, dass ein Nichterbe, den das Gesetz eben nicht nach § 326 Abs. 2 **416**

418) *Schallenberg/Rafiqpoor* in: FK-InsO, § 324 Rz. 13; BGH, Urt. v. 20.9.1973 – III ZR 148/71, BGHZ 61, 239 = NJW 1973, 2103; Uhlenbruck-*Lüer/Weidmüller*, InsO, § 324 Rz. 3.

419) Staudinger-*Marotzke*, BGB, § 1968 Rz. 8.

420) Anders die 1. Auflage.

421) Vgl. etwa § 13 Abs. 3 Friedhofs- und Bestattungsgesetz (FBG) Hessen.

422) *Küpper* in: MünchKomm-BGB, § 1968 Rz. 3.

InsO privilegiert, anderen Gläubigern des Nachlasses gegenüber in Vorrang gesetzt würde. Die Rangprivilegierungen des §§ 324 Abs. 1 InsO sind gesetzliche Ausnahmevorschriften von dem Grundsatz, dass alle Insolvenzgläubiger (§ 38 InsO: Gläubiger, denen im Zeitpunkt der Insolvenzeröffnung ein Vermögensanspruch zusteht) quotal gleichzubehandeln sind. Soweit der Erbe diesen Anspruch des Nichterben befriedigt, könnte ihm theoretisch ein Aufwendungsersatzanspruch im Rang von § 324 Abs. 1 Nr. 1 InsO zustehen; praktisch wird das aber kaum jemals der Fall sein, weil der Maßstab des § 1979 InsO in solchen Fällen nicht eingehalten sein wird.

417 Hat der Erbe ein **Bestattungsunternehmen** beauftragt und ist die Forderung des Bestattungsunternehmens im Eröffnungszeitpunkt noch nicht befriedigt, dann steht dem Bestatter eine Masseverbindlichkeit gemäß § 324 Abs. 1 Nr. 2 InsO zu, und gleichzeitig steht dem Erben ein Befreiungsanspruch (§ 257 BGB) gegenüber dem Nachlass zu, der den Rang von § 324 Abs. 1 Nr. 1 InsO einnimmt, sofern § 1979 BGB nicht entgegensteht.

418 Die **Kosten einer Todeserklärung** sind gemäß § 324 Abs. 1 Nr. 3 InsO Masseverbindlichkeit, wenn diese gemäß § 34 Abs. 2 Verschollenheitsgesetz dem Nachlass auferlegt sind. Soweit die Kosten durch Beschluss gemäß § 34 Abs. 1 Verschollenheitsgesetz einem Dritten auferlegt wurden, sind diese aufgrund des ausdrücklichen Wortlautes von § 324 Abs. 1 Nr. 3 InsO nicht Masseverbindlichkeit.

cc) Kosten gemäß § 324 Abs. 1 Nr. 4 InsO

419 Für die in § 324 Abs. 1 Nr. 4 InsO aufgeführten Kosten hat weitgehend der Erbe einzustehen. Deswegen sind sie im Nachlassinsolvenzverfahren Masseverbindlichkeit. Im Einzelnen handelt es sich um folgende Kosten:

- Kosten der Eröffnung einer Verfügung des Erblassers von Todes wegen (§§ 2260 ff., 2300 BGB),
- Kosten der gerichtlichen Sicherung des Nachlasses (§ 1960 BGB); hiervon umfasst sind nicht nur die in § 1960 Abs. 2 BGB ausdrücklich genannten Sicherungsmittel, sondern auch weitergehende Kosten bspw. zur Ermittlung von Nachlassgegenständen oder deren Veräußerung, soweit notwendig,
- Kosten des Aufgebots der Nachlassgläubiger (§§ 1970, 989 ff. BGB),
- Kosten der Inventarerrichtung (§§ 1993 ff. BGB),
- Kosten einer Nachlasspflegschaft (§ 1960 BGB) und einer Nachlassverwaltung (§§ 1981 ff. BGB)[423]; nicht nur die Kosten einer Nachlasspflegschaft bezüglich des gesamten Nachlasses zählen hiernach zu den Masseverbindlichkeiten, sondern auch die Kosten einer Nachlasspflegschaft bezüglich eines einzelnen Erbteils.

423) BGH, Beschl. v. 15.12.2005 – IX ZA 3/04, FamRZ 2006, 411.

dd) Verbindlichkeiten aus den von einem Nachlasspfleger oder Nachlassverwalter oder Testamentsvollstrecker vorgenommenen Rechtsgeschäften

§ 324 Abs. 1 Nr. 5 InsO erfasst nicht nur Verbindlichkeiten, die von einem Nachlasspfleger oder einem Testamentsvollstrecker begründet worden sind, sondern auch solche, die ein **Nachlassverwalter** begründet hat.[424] Die Nachlassverwaltung ist Unterbegriff der Nachlasspflegschaft und daher nach allgemeiner Meinung von der Vorschrift mit umfasst[425] 420

Der **Begriff der „Rechtsgeschäfte“** i. S. von § 324 Abs. 1 Nr. 5 InsO wird von der Rechtsprechung weit verstanden. Der BGH hat auch Wechselverpflichtungen, die der Testamentsvollstrecker eingegangen ist, zu den Masseverbindlichkeiten gezählt; auch der **Bereicherungsanspruch** eines Gläubigers des Nachlasses, der auf Aufforderung des Nachlasspflegers ohne Rechtsgrund eine Leistung in den Nachlass erbracht hat, soll nach der Ansicht des BGH eine Masseverbindlichkeit begründen.[426] **Steuerforderungen**, die aus Rechtsgeschäften der genannten Personen zulasten des Nachlasses entstehen, sind ebenfalls Masseverbindlichkeiten.[427] 421

Einschränkend soll allerdings eine Masseverbindlichkeit wiederum dann nicht anzunehmen sein, wenn die Verbindlichkeit nicht durch ordnungsgemäße Verwaltung des Nachlasses entstanden ist[428] und zwar unabhängig davon, ob der Gläubiger hat erkennen können, dass der Nachlasspfleger, Nachlassverwalter oder Testamentsvollstrecker außerhalb des Rahmens der ordnungsgemäßen Verwaltung gehandelt hat.[429] Neben der Entstehungsgeschichte[430] wird als Argumentation herangezogen, eine nicht ordnungsgemäße Verwaltung des Nachlasses liege nicht im Interesse der Nachlassgläubiger und könne daher nicht zu einer Privilegierung in Form von Masseverbindlichkeiten führen.[431] Diese Einschränkung ist allerdings **mit** dem insoweit **klaren Wortlaut des § 324 Abs. 1 Nr. 5 InsO nicht zu vereinbaren**. Auch aus Gründen des Ver- 422

---

424) *Siegmann/Scheuing* in: MünchKomm-InsO, § 324 Rz. 9.

425) *Schallenberg/Rafiqpoor* in: FK-InsO, § 324 Rz. 17.

426) BGH, Urt. v. 14.5.1985 – IX ZR 142/84, BGHZ 94, 312 = ZIP 1985, 815.

427) Jaeger-*Jaeger/Weber*, KO, § 224 Rz. 14; *Henckel*, JZ 1986, 697 (Urteilsanm.); *Muscheler*, Die Haftungsordnung der Testamentsvollstreckung, S. 142; *Siegmann/Scheuing* in: MünchKomm-InsO, § 324 Rz. 10.

428) BGH, Urt. v. 14.5.1985 – IX ZR 142/84, BGHZ 94, 312 = ZIP 1985, 815; *Siegmann* in: MünchKomm-InsO, § 324 Rz. 10; *Muscheler*, Die Haftungsordnung der Testamentsvollstreckung, S. 149 f.; **a. A.** Braun-*Bauch*, InsO, § 324 Rz. 7; Andres/Leithaus-*Andres*, InsO, § 324 Rz. 7.

429) *Siegmann/Scheuing* in: MünchKomm-InsO, § 324 Rz. 10.

430) *Muscheler*, Die Haftungsordnung der Testamentsvollstreckung, S. 149 f.; zust. *Siegmann/Scheuing* in: MünchKomm-InsO, § 324 Rz. 10.

431) RG, Urt. v. 21.1.1905 – I 412/04, RGZ 60, 30, 31.

kehrsschutzes ist die Restriktion auf Verbindlichkeiten, die aus der ordnungsgemäßen Verwaltung des Nachlasses resultieren abzulehnen, wenn es nicht für den Vertragspartner erkennbar war, dass der Nachlasspfleger, Nachlassverwalter oder Testamentsvollstrecker seine Verwaltungsbefugnis überschritt.[432] Soweit kraft Gesetzes für die Vornahme eines Rechtsgeschäftes eine nachlassgerichtliche Genehmigung erforderlich ist (z. B. §§ 1821, 1822, 1915 BGB), so hat sich der Vertragspartner allerdings zu vergewissern, dass diese Genehmigung vorliegt.

423 **Andererseits** sind Zweifel angebracht, ob der Begriff des Rechtsgeschäftes in der eben dargestellten weiten Auslegung verstanden werden darf. Einigkeit besteht offenbar noch insoweit, als dass **Ansprüche Dritter aus deliktischen Handlungen** eines Nachlasspflegers, Nachlassverwalters oder Testamentsvollstreckers nicht zu Masseverbindlichkeiten führen.[433] Der Rechtsprechung ist allerdings entgegenzutreten, soweit auch Ansprüche einbezogen werden, die **nicht aus einem Rechtsgeschäft resultieren.** Bereicherungsrechtliche Ansprüche entstehen kraft Gesetzes; sie bewirken auch bei weitester Dehnung des Begriffs des Rechtsgeschäftes keine Verbindlichkeiten aus Rechtsgeschäft. Wollte man sie dennoch mit Verweis auf die Teleologie von § 324 Abs. 1 Nr. 5 InsO unter die Norm fassen, so überginge man die eindeutige gesetzliche Differenzierung zwischen § 324 Abs. 1 Nr. 5 InsO und § 55 Abs. 1 Nr. 1 InsO. In letzterer Vorschrift hat der Gesetzgeber alle durch Handlung des Insolvenzverwalters und sogar „in anderer Weise“ begründete Verbindlichkeiten zu Masseverbindlichkeiten erhoben. Wäre dies auch für Verbindlichkeiten aus nicht rechtsgeschäftlichen Handlungen des Nachlassverwalters, Nachlasspflegers oder Testamentsvollstreckers gewollt gewesen, so hätte in § 324 Abs. 1 Nr. 5 InsO schlicht eine dem Wortlaut des § 55 Abs. 1 Nr. 1 InsO entsprechende Formulierung gewählt werden müssen. Im Übrigen greifen auch die Überlegungen des BGH zu einer teleologischen Extension nicht. Der BGH führte zur Vorgängerregelung des § 324 Abs. 1 Nr. 5 InsO, nämlich § 224 Abs. 1 Nr. 5 KO aus, ihr liege der Gedanke zugrunde, dass die Berechtigten aus Geschäften, die ein Nachlasspfleger oder Testamentsvollstrecker in ordnungsmäßiger Verwaltung des Nachlasses auch im Interesse der Nachlassgläubiger vorgenommen hat, nicht auf die Konkursquote verwiesen werden dürften.[434] Dahinter steht, wie der BGH weiter ausführt, die Überlegung, dass der Nachlasspfleger als gesetzlicher Vertreter des Erben handele. Dies ist zwar für sich genommen richtig, besagt aber für die hier zu entscheidende Frage nichts, denn der Bereicherungs-

---

432) So auch: Andres/Leithaus-*Andres*, InsO, § 324 Rz. 7; Braun-*Bauch*, InsO, § 324 Rz. 7; *Schallenberg/Rafiqpoor* in: FK-InsO, § 324 Rz. 18; **a. A.** Nerlich/Römermann-*Weiß*, InsO, § 324 Rz. 9; Uhlenbruck-*Lüer/Weidmüller*, InsO, § 324 Rz. 6; *Böhm* in: HambKomm-InsO, § 324 Rz. 7.

433) *Siegmann/Scheuing* in: MünchKomm-InsO, § 324 Rz. 10.

434) BGH, Urt. v. 14.5.1985 – IX ZR 142/84, BGHZ 94, 312 = ZIP 1985, 815.

anspruch würde nicht in den Rang einer Masseverbindlichkeit erhoben, wenn ihn der Erbe selbst begründet hätte,[435] indem er den Gläubiger zu einer Leistung ohne Rechtsgrund aufgefordert und die Leistung für den Nachlass entgegengenommen hätte. Der Bereicherungsanspruch stellt nämlich für den Erben keine Aufwendung dar, weil es sich nicht um ein eigenes, von ihm aufgebrachtes Vermögensopfer handelt, wenn er für den Nachlass rechtsgrundlos eine Leistung annimmt.[436] Warum Anderes gelten soll, wenn nicht der Erbe selbst, sondern sein gesetzlicher Vertreter gehandelt hat, bleibt dunkel.

Im Ergebnis ist also festzustellen, dass § 324 Abs. 1 Nr. 5 InsO ausschließlich 424
solche Verbindlichkeiten erfasst, die ***aus*** einem Rechtsgeschäft resultieren, das ein Nachlasspfleger, Nachlassverwalter oder Testamentsvollstrecker i. R. seiner Verwaltungstätigkeit mit Wirkung für und gegen den Nachlass eingegangen ist. Verbindlichkeiten, die andere Personen eingegangen sind, bspw. der Erbe, der Erblasser oder ein Scheinerbe werden ebenso wenig erfasst, wie Verbindlichkeiten, die ein Nachlasspfleger, Nachlassverwalter oder Testamentsvollstrecker in anderer Weise als durch Rechtsgeschäft begründet hat, also bspw. lediglich *in Folge* oder *aufgrund* eines Rechtsgeschäftes, durch Entgegennahme einer rechtsgrundlosen Bereicherung oder in deliktischer Weise.

ee) Geschäftsführungskosten der Nachlassverwalter, Nachlasspfleger und Testamentsvollstrecker

Grundsätzlich haftet der Erbe für die Kosten einer Nachlasspflegschaft, Nach- 425
lassverwaltung oder Testamentsvollstreckung. Er kann auch gegenüber einem Erben haften, der die Erbschaft ausgeschlagen hat, wenn dieser den Nachlass zumindest eine Zeitlang verwaltet hat. Die dem Erben hierdurch entstehenden Kosten werden gemäß § 324 Abs. 1 Nr. 6 InsO Masseverbindlichkeiten, soweit die Geschäftsführung im Interesse der Nachlassgläubiger liegt und daher ihnen gegenüber gerechtfertigt ist. Da die Vergütung und Auslagen des Nachlasspflegers und Nachlassverwalters bereits gemäß § 324 Abs. 1 Nr. 4 InsO zu den Masseverbindlichkeiten zählen, hat Nr. 6 insbesondere für die **Testamentsvollstreckung** Bedeutung. Unabhängig von testamentarischen Verfügungen des Erblassers erfasst Nr. 6 nur die angemessene Testamentsvollstreckervergütung.[437] Darüber hinaus gehende Verfügungen des Erblassers führen zu Ansprüchen des Testamentsvollstreckers, die lediglich den Rang eines gemäß § 327 Abs. 1 Nr. 2 InsO nachrangigen Vermächtnisses einnehmen.[438] Würde man weiterge-

---

435) So auch *Siegmann/Scheuing* in: MünchKomm-InsO, § 324 Rz. 11.

436) *Kilger*, EWIR 1985, 505, 506 (Urteilsanm.).

437) Zur steuerlichen Behandlung unangemessen hoher Testamentsvollstreckervergütungen vgl. BFH, Urt. v. 2.2.2005 – II R 18/03, BStBl. II 2005, 489 = NJW 2005, 1967.

438) Uhlenbruck-*Lüer/Weidmüller*, InsO, § 324 Rz. 7; *Dauner-Lieb*, Unternehmen in Sondervermögen, S. 233; *Zimmermann*, ZEV 2001, 334, 339; *Siegmann/Scheuing* in: MünchKomm-InsO, § 324 Rz. 12; *Schallenberg/Rafiqpoor* in: FK-InsO, § 324 Rz. 22.

hende Testamentsvollstreckervergütungen als Masseverbindlichkeiten ansehen,[439] so hätte der Erblasser die Möglichkeit, über den Umweg der Testamentsvollstreckung den Gleichbehandlungsgrundsatz auszuhebeln.

426 Dem **Kanzleiabwickler** ist in Ansehung seiner Vergütungsansprüche eine Masseforderung in analoger Anwendung von § 324 Abs. 1 Nr. 6 InsO zuzubilligen.[440] Zwar ist der Kanzleiabwickler nicht ausdrücklich in der Norm aufgeführt. Gleichwohl ist eine Analogie gerechtfertigt. Der Kanzleiabwickler nimmt eine Verwaltungstätigkeit enormen Umfanges wahr, die regelmäßig über den Aufwand hinausgehen dürfte, den ein Nachlasspfleger zu betreiben hat. Zudem liegt dessen Tätigkeit im besonderen Interesse der Nachlassgläubiger, weil dem Nachlass ohne Abwicklung hohe Schäden drohen können. Ein entgegenstehender Wille der Nachlassgläubiger wäre im Übrigen nach § 679 BGB unbeachtlich, weil die Kanzleiabwicklung im öffentlichen Interesse liegt. Dem steht nicht entgegen, dass der BGH die Vergütung des Kanzleiabwicklers im Regelinsolvenzverfahren, also im Insolvenzverfahren über das Vermögen eines lebenden Schuldners, nicht in analoger Anwendung von § 324 InsO in den Rang von Masseverbindlichkeiten erhebt.[441] Dem BGH ist vielmehr ausdrücklich darin zuzustimmen, dass eine Analogiebildung von speziellen Vorschriften des Nachlassinsolvenzverfahrens auf allgemeine Regelinsolvenzverfahren nicht in Betracht kommt. Wenn aber i. R. eines Nachlassinsolvenzverfahrens ein Kanzleiabwickler tätig ist, dann ist dieser in der Abwicklung von Nachlassgegenständen tätig, so dass seine Tätigkeit die Arbeit des sonst für den Nachlass Handelnden (also etwa Erben, Testamentsvollstrecker, Nachlasspfleger, Nachlassverwalter oder auch Nachlassinsolvenzverwalter) um diesen entsprechenden Aufgabenbereich entlastet, was der Nachlassabwicklung dient. Hier bedarf es zum Zwecke der genannten Analogiebildung nicht einer Analogie zwischen Nachlassinsolvenz und allgemeiner Regelinsolvenz, sondern es bedarf vielmehr der Bildung einer Analogie zwischen der im Nachlassinsolvenzverfahren privilegierten „Verbindlichkeit, die für den Erben gegenüber einem Nachlasspfleger oder Testamentsvollstrecker […] entstanden ist" hin zu einer Verbindlichkeit, die für den Erben (als Nachlassverbindlichkeit) gegenüber einem Kanzleiabwickler entsteht. Diese Analogie muss gebildet werden.

439) So aber *Weißler*, Das Nachlaßverfahren, II., S. 270.

440) LG Hamburg, Urt. v. 15.4.1994 – 328 O 480/93, NJW 1994, 1883; Staudinger-*Marotzke*, BGB, § 1967 Rz. 38; *Böhm* in: HambKomm-InsO, § 324 Rz. 8; BGH, Urt. v. 23.6.2005 – IX ZR 139/04, ZVI 2005, 506 = NZI 2005, 681, m. zust. Anm. *Biehl*, NJ 2005, 555; *Siegmann/Scheuing* in: MünchKomm-InsO, § 324 Rz. 12; *Schallenberg/Rafiqpoor* in: FK-InsO, § 324 Rz. 23.

441) BGH, Urt. v. 28.11.2019 – IX ZR 239/18, Rz. 14, BGHZ 224, 177 = ZVI 2020, 141.

c) Rechtsstellung der Massegläubiger

Massegläubiger können Befriedigung unmittelbar aus der Insolvenzmasse verlangen. Vom Grundsatz her steht ihnen die Insolvenzmasse rechtlich gegenüber wie ein nicht insolventer Schuldner. Massegläubiger müssen ihre Forderung nicht zur Insolvenztabelle anmelden, sondern sie machen sie schlicht gegenüber dem Insolvenzverwalter geltend.[442] Die Geltendmachung muss allerdings **vor der Schlussverteilung** erfolgen, da Massegläubiger sonst Gefahr laufen, gemäß § 206 Nr. 2 InsO ausgeschlossen zu werden. 427

Massegläubiger sind in der Durchsetzung ihrer Forderungen gegen die Insolvenzmasse – von den Fällen der Masseunzulänglichkeit abgesehen – keinen Beschränkungen unterworfen. Sie können ihre Forderungen daher auch gerichtlich geltend machen. Nach Ablauf der Vollstreckungssperre des § 90 Abs. 1 InsO können Massegläubiger auch gegen die Insolvenzmasse vollstrecken. Auch die Aufrechnung ist ihnen – wiederum abgesehen von den Fällen der Masseunzulänglichkeit – nicht verwehrt. 428

Da Massegläubiger keine Insolvenzgläubiger sind, sind sie auch nicht berechtigt, an **Gläubigerversammlungen** teilzunehmen. 429

2. Insolvenzforderungen

Verbindlichkeiten, die im Zusammenhang mit dem Nachlass stehen und nicht Masseverbindlichkeiten im vorbeschriebenen Sinne sind, sind Insolvenzforderungen. Diese können unterschiedliche Entstehungsgründe haben und sind dem entsprechend entweder Insolvenzforderungen im Rang von § 38 InsO, oder sie sind nachrangig i. S. von § 39 InsO oder gar § 327 InsO. Soweit das Gesetz keine ausdrückliche Anordnung trifft, hat die Insolvenzforderung den Rang von § 38 InsO. 430

a) Erblasserschulden

Insolvenzforderungen sind zunächst diejenigen Nachlassverbindlichkeiten, die nicht zu Masseverbindlichkeiten erhoben sind und vom Erblasser herrühren. Unter Schulden, die vom Erblasser herrühren, versteht § 1967 Abs. 2 BGB Verbindlichkeiten, die in der Person des Erblassers **vor dessen Tod begründet** waren. Diese Verbindlichkeiten werden auch **Erblasserschulden** genannt.[443] Ausgenommen sind von den Erblasserschulden allerdings solche Verbindlichkeiten, die nicht **vererblich** sind. Welche Passivansprüche vererblich sind und 431

---

442) *Siegmann/Scheuing* in: MünchKomm-InsO, § 324 Rz. 14.

443) So etwa *Küpper* in: MünchKomm-BGB, § 1967 Rz. 5; *Hanisch* in: FS Henckel, S. 369, 380; Grüneberg-*Weidlich*, BGB, § 1967 Rz. 2; Damrau/Tanck-*Gottwald*, PK Erbrecht, § 1967 Rz. 6 (aber hier: Verbindlichkeiten, die schon vor dem Eintritt des Erbfalls in der Person des Erblassers entstanden sind und solche, die zwar erst nach dem Erbfall voll entstehen, aber deren wesentliche Entstehungsgrundlagen schon vor dem Erbfall gesetzt waren).

welche mit dem Tode des Verpflichteten untergehen, richtet sich nach den allgemeinen Rechtsvorschriften. **Höchstpersönliche Verpflichtungen** des Erblassers wie bspw. die Dienstleistungsverpflichtung gemäß § 613 BGB sind nicht vererblich und mithin auch keine Nachlassverbindlichkeiten. Anders ist dies bezüglich der aus einem **Dienstverhältnis** heraus bestehenden vermögensrechtlichen Verbindlichkeiten, wie bspw. der Pflicht zur Herausgabe des Erlangten. Als Erblasserschulden kommen nicht nur privatrechtliche Verbindlichkeiten des Erblassers in Betracht, sondern auch **öffentlich-rechtliche Verpflichtungen**, vorausgesetzt, sie sind vererblich.

432 Hinsichtlich privatrechtlicher Verbindlichkeiten ist es unerheblich, aus welchem Rechtsgrund sie bestehen, seien sie **vertraglicher oder gesetzlicher Natur**. Zu den Erblasserschulden zählen u. a. Verbindlichkeiten aus unerlaubter Handlung, auch dann wenn der Schaden erst nach dem Erbfall eintritt,[444)] Rückforderungsansprüche aus § 528 Abs. 1 BGB bei Verarmung des Schenkers,[445)] die auf den Erben übergegangene Haftung des Erblassers für eine künftige Inanspruchnahme (bspw. aus Bürgschaft)[446)] sowie die Verpflichtung zur **Abgabe von Willenserklärungen** oder Auskunftserteilungen[447)] und die Kosten einer für den Erblasser angeordneten Betreuung.[448)]

433 **Unterhaltsverpflichtungen** gemäß § 1360a Abs. 3 BGB gegenüber dem Ehegatten, gemäß § 1615 BGB gegenüber Verwandten, gemäß § 1615a BGB gegenüber dem nichtehelichen Kind und gemäß § 5 Abs. 1 LPartG gegenüber dem Lebenspartner sind nur vererblich, soweit sie auf Erfüllung oder auf Schadensersatz wegen Nichterfüllung für die Vergangenheit oder auf im Voraus zu bewirkende, im Zeitpunkt des Todesfalles bereits fällige Leistungen gerichtet sind.[449)] Unterhaltsansprüche geschiedener Ehegatten bleiben jedoch gemäß § 1586b BGB ebenso vom Todeseintritt unberührt, wie auch Unterhaltsansprüche der Lebenspartner nach Aufhebung der Lebenspartnerschaft, § 16 LPartG.

434 Bei **Geldstrafen**, Geldbußen und auch Zwangsgeldern handelt es sich zwar grundsätzlich um Erblasserschulden. Diese Sanktionen sind jedoch auf die Person des Täters bzw. des Betroffenen zugeschnitten, es darf daher gemäß § 459c Abs. 3 StPO nicht in den Nachlass vollstreckt werden.

---

444) BGH, Urt. v. 28.10.1986 – VI ZR 254/85, NJW 1987, 1013 = VersR 1987, 159.

445) BGH, Urt. v. 7.6.1991 – V ZR 214/89, NJW 1991, 2558 = FamRZ 1991, 1288.

446) BGH, Urt. v. 30.6.1976 – VIII ZR 52/75, WM 1976, 808 = MDR 1976, 1013.

447) RG HRR 22 Nr. 569.

448) LG Koblenz, Beschl. v. 31.1.1997 – 2 T 33/97, FamRZ 1997, 968 = Rpfleger 1997, 260.

449) *Küpper* in: MünchKomm-BGB, § 1967 Rz. 6.

b) Erbfallschulden (Verbindlichkeiten aufgrund des Erbfalles)

Verbindlichkeiten aufgrund des Erbfalles sind alle Verbindlichkeiten, die **aus Anlass des Erbfalles oder durch dessen Abwicklung** entstehen. Sie werden auch als Erbfallschulden bezeichnet.[450] Insolvenzforderungen sind Erbfallschulden nur, wenn sie nicht nach § 324 Abs. 1 Nr. 2, 3, 4, 6 InsO Masseverbindlichkeiten sind. Zu den Erbfallschulden zählen insbesondere die in § 1967 Abs. 2 BGB und in § 327 Abs. 1 InsO erwähnten Verbindlichkeiten gegenüber Pflichtteilsberechtigten, Vermächtnisnehmern und Auflageberechtigten, der Ausbildungsanspruch des Stiefabkömmlings nach § 1371 Abs. 4 BGB und die Unterhaltsverpflichtung gegenüber der Mutter des erbberechtigten nasciturus gemäß § 1963 BGB. 435

Des Weiteren gehören Unterhaltsansprüche der werdenden Mutter eines Erben gemäß § 1963 BGB, der Dreißigste gemäß § 1969 BGB, der gesetzliche Voraus des überlebenden Ehegatten gemäß § 1932 BGB sowie Zugewinnausgleichsforderungen gemäß § 1371 BGB[451] zu den Erbfallschulden. 436

Umstritten ist die Rechtsnatur der **Erbschaftsteuer**. Zutreffender Auffassung zu Folge gehört auch sie zu den Erbfallschulden. Auch Einkommensteuer- oder Umsatzsteuerschulden, die durch Handlung des Insolvenzverwalters nach Eröffnung des Insolvenzverfahrens begründet werden, zählen zu den Erbfallschulden (siehe dazu ausführlich unten Rz. 448 ff.). 437

Auch der **Pflichtteilsergänzungsanspruch** nimmt den Rang von § 38 InsO und nicht etwa denjenigen von § 327 Abs. 1 Nr. 1 InsO ein (siehe dazu ausführlich unten Rz. 455 ff.). 438

c) Nachlasserbenschulden

Unter Nachlasserbenschulden versteht man Verbindlichkeiten, die **zugleich Nachlassverbindlichkeiten** sind und **Eigenschulden** des Erben.[452] Sie ergeben sich vor allem aus einer Verwaltung des Nachlasses (vor allem im Falle einer Betriebsfortführung), wenn der Erbe nicht bei Eingehung jeder Verbindlichkeit vereinbart, dass dem Gläubiger nur der Nachlass haften solle, was praktisch wohl kaum möglich sein wird. 439

Abgrenzungsschwierigkeiten zwischen Eigenschulden des Erben und Nachlasserbenschulden ergeben sich oft, wenn der Nachlass nach dem Tod des Erblassers für einen gewissen Zeitraum **verwaltet worden ist**, ohne dass sofort auch die Eröffnung des Insolvenzverfahrens erfolgte. Unproblematisch sind die Vergütungs- und Auslagenansprüche der mit der Verwaltung betrauten Personen wie Nachlassverwalter, Nachlasspfleger und Testamentsvollstrecker; diese 440

---

450) Damrau/Tanck-*Gottwald*, PK Erbrecht, § 1967 Rz. 22; *Hanisch* in: FS Henckel, S. 369, 380.

451) *Lange/Kuchinke*, Erbrecht, § 47, S. 1199.

452) *Hanisch* in: FS Henckel, S. 369, 380.

sind Nachlassverbindlichkeiten und sogar Masseverbindlichkeiten (§ 324 Abs. 1 Nr. 4, 6 InsO). Die von einem **Nachlassverwalter**, Nachlasspfleger oder Testamentsvollstrecker begründeten Verbindlichkeiten sind in aller Regel Masseverbindlichkeiten, wenn sie überhaupt Nachlassverbindlichkeiten sind.

441 Hat allerdings der **Erbe, vorläufige Erbe oder Scheinerbe i. R. der Verwaltung** des Nachlasses Verbindlichkeiten begründet, so kann die Abgrenzung, ob es sich dabei um reine Eigenschulden des Erben oder auch um Nachlassverbindlichkeiten handelt, schwierig sein. Je stärker dabei der Bezug zum Nachlass und dessen Verwaltung ist, desto eher ist eine Verbindlichkeit des Nachlasses anzunehmen. Dies ist offenkundig der Fall, wenn der Erbe eine zum Nachlass gehörende Wohnung vermietet in Ansehung der Verpflichtung zur Überlassung der Mietsache. Es ist ebenso offenkundig, wenn der Erbe eine zum Nachlass gehörende Forderung gegen den Schuldner einklagt; zu den Nachlassverbindlichkeiten gehören in diesem Fall die aus der Prozessführung resultierenden Kosten.[453] Aber auch wenn der Erbe wegen einer Erblasserschuld **verklagt wird**, gehören die hieraus resultierenden Kosten zu den Nachlassverbindlichkeiten. Vom Grundsatz her gehören auch Verbindlichkeiten, die der Erbe i. R. der Fortführung eines zum Nachlass gehörenden Unternehmens eingeht, zu den Nachlassverbindlichkeiten. Da die Nachlasserbenschulden sowohl Eigenschulden des Erben als auch Nachlassverbindlichkeiten begründen, können deren Gläubiger ihre Forderungen sowohl gegen den Erben bzw. in dessen Eigenvermögen geltend machen, als auch gegen den Nachlass.[454] Führt der Erbe ein **zum Nachlass gehörendes Unternehmen** fort, so ist er daher gut beraten, bei der Eingehung von Verbindlichkeiten auf eine rechtsgeschäftliche Beschränkung seiner Haftung auf das Nachlassvermögen zu achten. Eine solche rechtsgeschäftliche Beschränkung ist anzuerkennen und führt dazu, dass ausschließlich der Nachlass einzustehen hat, nicht aber der Erbe mit seinem Eigenvermögen.

442 Der verwaltungsgerichtlichen Judikatur zufolge sollen **öffentlich-rechtliche Abgabenschulden**, die sich aus der Eigentümerstellung des Erben an einem zum Nachlass gehörenden Grundstück ergeben, reine Eigenschulden des Erben sein.[455] Diese Judikatur mag zwar öffentlich-rechtlich betrachtet vordergründig schlüssig erscheinen, ist aber mit den zentralen Prinzipien des Nachlassinsolvenzverfahrens nicht vereinbar. Nach dem OVG Weimar soll eine **Abwasserbeitragsschuld**, die nach dem Tod des Erblassers entsteht, nicht Nachlassverbindlichkeit, sondern eine eigene Verbindlichkeit des Erben sein, weil die Abgabenschuld aufgrund eines öffentlich-rechtlichen Schuldverhältnisses ent-

453) *Siegmann/Scheuing* in: MünchKomm-InsO, § 325 Rz. 9.

454) *Siegmann/Scheuing* in: MünchKomm-InsO, § 325 Rz. 9.

455) OVG Thüringen, Beschl. v. 9.4.2009 – 4 EO 592/05, FamRZ 2009, 1866; OVG Nordrhein-Westfalen, Beschl. v. 27.2.2001 – 9 B 157/01, NVwZ-RR 2001, 596; OVG Niedersachsen, Beschl. v. 6.3.2008 – 9 ME 149/08, juris.

steht, das nicht im Erbfall, sondern in der – aufgrund des Erbfalls eingetretenen – **Eigentümerstellung** des Erben an einem Grundstück wurzelt.[456] Mit der gleichen Argumentation der Anknüpfung an die Eigentümerstellung des Erben gelangt das OVG Lüneburg zur Qualifikation von **Niederschlagswassergebühren** als Eigenschulden des Erben.[457] Das OVG Weimar ist dabei der Auffassung, es komme letztlich gar nicht darauf an, ob es sich um eine reine Eigenschuld des Erben oder um eine Nachlasserbenschuld handele, weil der Erbe in beiden Fällen mit seinem Eigenvermögen hafte, ohne die Haftungsbeschränkung des § 1975 BGB für sich in Anspruch nehmen zu können.

Letzteres trifft indessen nicht zu. Die **Doppelnatur der Nachlasserbenschulden** als Nachlassverbindlichkeiten und Eigenschulden des Erben erklärt sich nämlich aus **Verkehrsschutzgesichtspunkten** heraus zum Schutze derjenigen Dritten, die mit einem Erben kontrahieren, ohne dabei erkennen zu können, dass dieser in Verwaltung und für einen – evtl. noch nicht einmal separierten – Nachlass handeln will. Ein solcher Dritter soll darauf vertrauen dürfen, den Erben als Vertragspartner und Schuldner seiner Forderungen zu haben, nicht einen mehr oder weniger konturlosen Nachlass. Dies zeigt, dass Nachlasserbenschulden in aller Regel eine Handlung des Erben voraussetzen. In diese Richtung geht auch der BFH, der eine Nachlasserbenschuld dann nicht annimmt, wenn die Entstehung einer Verbindlichkeit noch vom Erblasser derart ins Werk gesetzt worden ist, dass sie der Erbe nicht hat verhindern können.[458] Dann handelt es sich um eine reine Nachlassverbindlichkeit und nicht (auch) um eine Eigenverbindlichkeit des Erben. 443

Von den eben genannten Verkehrsschutzgesichtspunkten abgesehen sind Gläubiger von Forderungen, die im Zusammenhang mit dem Nachlass stehen oder sonst nicht in der Eigenvermögenssphäre des Erben wurzeln, Nachlassverbindlichkeiten und sollen im Fall der Eröffnung des Insolvenzverfahrens über den Nachlass dem insolvenzrechtlichen **Gleichbehandlungsgebot** unterworfen werden. Privilegierungen der Nachlassverwaltungsschulden vor den Erblasserschulden oder umgekehrt sind im Insolvenzverfahren nicht vorgesehen. Das Insolvenzverfahren bemüht sich hingegen, die Wirkungen der Eröffnung des Insolvenzverfahrens so gut es geht so nahe wie möglich auf den Zeitpunkt der Erbschaft zurückzubeziehen. Die zum Nachlass gehörenden Gegenstände bilden die Insolvenzmasse. Soweit eine **Separation** bislang nicht stattgefunden hatte, wird sie mit der Eröffnung des Insolvenzverfahrens herbeigeführt. Der Erbe ist zur Herausgabe aller zum Nachlass gehörenden Gegenstände an den Insolvenzverwalter verpflichtet; er hat für Überführungen von zum Nachlass gehörenden Gegenständen gemäß §§ 1978 Abs. 1, 667 BGB 444

456) OVG Thüringen, Beschl. v. 9.4.2009 – 4 EO 592/05, FamRZ 2009, 1866.

457) OVG Niedersachsen, Beschl. v. 6.3.2008 – 9 ME 149/08, juris.

458) BFH, Urt. v. 11.8.1998 – VII R 118/95, BFHE 186, 328, 337 f. = BStBl. II 1998, 705.

Wertersatz zu leisten. Nach § 668 BGB hat er sogar Zinsen zu entrichten. In Bezug auf Grundstücke hat der Erbe freilich auch erhaltenen Mietzins an den Nachlassinsolvenzverwalter herauszugeben, wenn er die eingegangenen Mieterträge nicht ohnehin von seinem Eigenvermögen getrennt gehalten hatte. Als Kehrseite davon müssen auch die in Bezug auf die zum Nachlass gehörenden Gegenstände entstandenen Verbindlichkeiten Nachlassverbindlichkeiten sein. Soweit nicht aufseiten eines Nachlassgläubigers ein schutzwürdiger Vertrauenstatbestand dahingehend entstanden ist, dass ihm der Erbe mit seinem Eigenvermögen haftet, handelt es sich um reine Nachlassverbindlichkeiten, nicht (auch) um Eigenschulden des Erben. Das ist vor allem in Bezug auf **„oktroyierte" Schulden** der Fall, die ohne jedes Zutun des Erben entstehen, wie bspw. Grundsteuern und öffentliche Abgaben bezüglich zum Nachlass gehörender Grundstücke.

445 **Nur bei diesem Verständnis von Nachlassverwaltungsschulden kann der Erbe** die von § 1975 BGB **intendierte Haftungsbegrenzung** und den Schutz seines Eigenvermögens **erreichen.** Wollte man dies anders sehen, so würde der Schutzmechanismus des § 1975 BGB wirkungslos. Der Erbe wäre zur Vermeidung der Haftung seines Eigenvermögens gezwungen, übereilig Insolvenzantrag zu stellen, denn ab Eröffnung des Insolvenzverfahrens über den Nachlass sind die Grundsteuern und öffentlichen Abgaben, die aufgrund eines zum Nachlass gehörenden Grundstücks entstehen, nach wohl allgemeiner Auffassung Masse- und somit Nachlassverbindlichkeiten, also nicht Verbindlichkeiten des Eigenvermögens des Erben. Diese zivilrechtliche Einordnung der in Bezug auf Nachlassgegenstände entstehenden Verpflichtungen kann nicht dadurch durchbrochen werden, dass in Bezug auf öffentlich-rechtliche Abgaben auf den Entstehungsgrund „Schuldverhältnis aufgrund der Eigentümerstellung" abgestellt wird, denn dann müssten öffentlich-rechtliche Abgaben im eröffneten Nachlassinsolvenzverfahren aus dem gleichen Grund zumindest auch Eigenschulden des Erben sein, weil er auch während des eröffneten Insolvenzverfahrens über den Nachlass seine Eigentümerstellung bezüglich der zum Nachlass gehörenden Grundstücke nicht verliert. Entsprechend sind öffentliche Abgaben aus einem Grundstück während der Nachlassverwaltung keine Eigenschulden des Erben, sondern reine Nachlassverbindlichkeiten, die nur im Nachlassverwaltungsverfahren geltend gemacht werden können.[459]

446 Nahezu unlösbar wird die Zuordnung, wenn die **Zeiträume länger** werden und **Gegenstände aus dem Nachlass veräußert**, dafür aber andere an deren Stelle erworben wurden. Gehört zum Nachlass bspw. ein **Kraftfahrzeug**, so gehört die dafür zu entrichtende Kraftfahrzeugsteuer zu den Nachlassverbindlichkeiten. Gleiches gilt für die laufenden Unterhaltungskosten wie bspw. die Mietgebühr für einen Stellplatz. Verauslagt der Erbe solche Kosten, so steht ihm eine Masse-

459) A. A. OVG Thüringen, Beschl. v. 9.4.2009 – 4 EO 592/05, FamRZ 2009, 1866.

forderung gemäß § 324 Abs. 1 Nr. 1 InsO zu. Hat er das Kraftfahrzeug allerdings selbst genutzt und dadurch Treibstoff verbraucht, so sind die hierfür anfallenden Kosten nicht Nachlassverbindlichkeiten, es sei denn, der Erbe hätte das Kraftfahrzeug ausschließlich im Interesse des Nachlasses benutzt, bspw., um zum Nachlass gehörende Gegenstände zu inspizieren. Dem Nachlass erwüchse aus privaten, im Eigeninteresse des Erben liegenden Nutzungen umgekehrt sogar ein Nutzungsersatzanspruch gegen den Erben, der im Falle der Eröffnung des Insolvenzverwalters durch diesen gegenüber dem Erben geltend zu machen ist. Hat der Erbe das Kraftfahrzeug veräußert, so findet allerdings in Ansehung des Erlöses keine dingliche Surrogation statt (siehe hierzu ausführlich oben Rz. 114 ff.). Hat der Erbe diesen wiederum verwendet, um ein anderes Kraftfahrzeug zu erwerben, dann hat dieses Eingang in sein Eigenvermögen gefunden. Somit sind die für dieses neue Kraftfahrzeug entstehenden laufenden Lasten wie Kraftfahrzeugsteuer, Stellplatzmiete usw. keine Nachlassverbindlichkeiten in Form von Nachlasserbenschulden, sondern ausschließlich Eigenschulden des Erben.

Je mehr der Nachlass im Laufe der Zeit mit dem Eigenvermögen des Erben fak- 447 tisch vermischt wird und je mehr Gegenstände des Nachlasses veräußert oder ersetzt werden, desto schwieriger gestaltet sich die **Abgrenzung** im Insolvenzverfahren. Zweifel daran, ob eine Verbindlichkeit zulasten den Nachlasses begründet worden ist oder nicht, gehen dabei zulasten des **Gläubigers**. Diesen trifft die **Beweislast**.

d) Steuerverbindlichkeiten

Das **Steuerschuldverhältnis** geht im Ganzen auf den Erben über, § 45 AO. 448

Steuerschulden, die **bereits in der Person des Erblassers entstanden** waren, 449
sind Erblasserschulden. Insoweit ergeben sich keine Besonderheiten gegenüber obigen Ausführungen. Diese können durch die Finanzverwaltung i. R. des Insolvenzverfahrens über den Nachlass als Insolvenzforderung im Rang des § 38 InsO geltend gemacht werden. Um welche Steuerart es sich dabei handelt, ist unerheblich. Aber auch wenn die Steuerschuld erst nach dem Tod des Erblassers entsteht, handelt es sich um eine Erblasserschuld, wenn der zur Besteuerung führende Sachverhalt bereits von dem Erblasser vor dessen Tod vollständig verwirklicht worden ist. Dies ist bspw. bei der Einkommensteuer für dasjenige Kalenderjahr der Fall, in das der Tod fällt. Denn die **Einkommensteuer entsteht mit dem Ende des Veranlagungszeitraumes.** Dieser entspricht dem Kalenderjahr und zwar auch dann, wenn der Steuerpflichtige im Laufe des Kalenderjahres verstirbt.[460] Aufgrund des Todes ergibt sich lediglich ein verkürz-

460) *L. Schmidt-Kulosa*, EStG, § 25 Rz. 15 m. w. N.

ter Ermittlungszeitraum, nicht jedoch eine Verkürzung des Veranlagungszeitraumes oder eine vorgezogene Entstehung der Steuer.[461)]

450 Nach der Rechtsprechung des BFH sind einkommensteuerrechtliche Ansprüche des Finanzamtes, die **infolge der Veräußerung** eines zum Nachlass des Erblassers gehörenden Gegenstandes entstehen oder aus Erträgen des Nachlassvermögens resultieren, **gegen den Erben** als dessen **Eigenschuld** und nicht gegen den Nachlass gerichtet, weil allein der Erbe nach dem Tode des Erblassers den **Tatbestand der Einkünfteerzielung** verwirklicht, während der Nachlass als solcher weder Einkommensteuer- noch Körperschaftsteuersubjekt ist.[462)] Allerdings billigt der BFH dem Erben zu, dass er die Haftung auf den Nachlass beschränken kann; dies gilt zumindest dann, wenn die Steuer **ohne sein Zutun entstanden** ist, bspw. weil der Erblasser selbst einen Geschehensablauf in Gang gesetzt hat, der die Steuer auslöst und den der Erbe rechtlich nicht hatte aufhalten können.[463)] Für solche einkommensteuerrechtliche Ansprüche hat der BFH **ausdrücklich anerkannt**, dass es sich um **Nachlassverbindlichkeiten** handelt. Unerheblich ist es dabei, ob der Erblasser den Geschehensablauf bereits selbst unabänderbar in Gang gesetzt hat oder ob die steuerliche Folge auf andere Weise ohne Zutun des Erben eingetreten ist. Dies kann bspw. dann der Fall sein, wenn der Insolvenzverwalter einen zum Nachlass gehörenden Gegenstand veräußert. Da der Insolvenzverwalter gemäß § 80 InsO den Erben von jeder Verfügungsmöglichkeit über den Nachlass ausschließt, ist auch hier eine Verbindlichkeit des Nachlasses für die daraus resultierenden Steuern anzunehmen. Solche Nachlassverbindlichkeiten nehmen den Rang des § 38 InsO ein.

451 Resultiert die Steuerschuld jedoch aus der **von dem Erben vorgenommenen Verwaltung oder Veräußerung** von Nachlassgegenständen, so wird der Erbe selbst Steuerschuldner. Insoweit liegt allerdings auch eine Nachlassverbindlichkeit vor, wenn auch der Erbe selbst Steuerschuldner ist, weil der **Nachlass selbst kein Rechtssubjekt** ist und deswegen nicht Steuerschuldner sein kann. Die Situation ist nicht anders zu beurteilen als im Zivilrecht, wenn also der Erbe eine eindeutig auf den Nachlass bezogene Verpflichtung eingeht. Es ist nicht erkennbar, warum im Steuerrecht Anderes gelten sollte. Die dem BFH offenbar nicht plausibel anmutende Konstruktion der Doppelverpflichtung (einerseits des Erben selbst und andererseits des Nachlasses) erfordert auch in Bezug auf zivilrechtliche Verpflichtungen, die der Erbe begründet, eine gewisse Abstraktion. Denn auch für solche Verpflichtungen muss der Nachlass als ein **mit Aktiv- und Passivpositionen ausgestattetes Sondervermögen** angesehen werden, obwohl der Erbe sein Rechtsträger ist. Dass die entsprechend notwendige

---

461) Herrmann/Heuer/Raupach-*Münch*, EStG/KStG, § 25 EStG Rz. 18.

462) BFH, Urt. v. 5.6.1991 – XI R 26/89, BFHE 164, 546 = FamRZ 1992, 178; BFH, Urt. v. 11.8.1998 – VII R 118/95, BFHE 186, 328 = BStBl. II 1998, 705.

463) BFH, Urt. v. 11.8.1998 – VII R 118/95, BFHE 186, 328 = BStBl. II 1998, 705.

rechtliche Verselbständigung aber dem gesetzlichen Leitbild zumindest für den Fall der Insolvenzeröffnung entspricht, zeigt § 11 Abs. 2 Nr. 2 InsO, vor allem aber § 326 InsO.

3. Nachrangige Forderungen

Bestimmte Forderungen werden durch § 327 InsO in den Nachrang des § 39 InsO, also hinter die Forderungen aus § 38 InsO zurückgestellt. Sie gelangen erst zur (quotalen) Befriedigung, wenn sämtliche Masseverbindlichkeiten befriedigt sind und auch die Gläubiger im Rang von § 38 InsO eine vollständige Befriedigung erfahren haben. Die nachrangigen Insolvenzforderungen unterliegen ebenso wie die „normalen“ Insolvenzforderungen dem **Anmeldungsverfahren**, sind also bei dem Insolvenzverwalter anzumelden und von ihm zu prüfen. Die Anmeldung kann allerdings gemäß § 174 Abs. 3 InsO erst erfolgen, wenn das Insolvenzgericht gesondert zur Anmeldung nachrangiger Forderungen auffordert. Ohne diese Aufforderung sind nachrangige Insolvenzforderungen durch den Insolvenzverwalter zu bestreiten, wenn sie gleichwohl angemeldet worden sind. **452**

Auch im Nachlassinsolvenzverfahren sind nachrangige Insolvenzforderungen die in § 39 Abs. 1 InsO genannten Verbindlichkeiten. § 39 InsO wird keineswegs durch § 327 InsO verdrängt, sondern vielmehr ergänzt. Demnach sind auch im Nachlassinsolvenzverfahren vor allem die seit der Eröffnung des Insolvenzverfahrens **laufenden Zinsen auf Forderungen** der Insolvenzgläubiger im Rang von § 38 InsO nachrangige Insolvenzforderungen (§ 39 Satz 1 Abs. 1 Nr. 1 InsO) sowie auch die **Kosten der Insolvenzgläubiger**, die ihnen durch eine Teilnahme am Insolvenzverfahren entstanden sind (§ 39 Abs. 1 Satz 1 Nr. 2 InsO). Die Forderungen gemäß **§ 39 InsO gehen den Forderungen aus § 327 InsO** sogar **vor**, so dass die Forderungen aus § 327 InsO erst dann zur Befriedigung gelangen, wenn die Forderungen aus § 39 InsO vollständig befriedigt worden sind. Auch Forderungen mit vereinbartem Nachrang gemäß § 39 Abs. 2 InsO gehen den Forderungen aus § 327 InsO vor. **453**

Nachrangig ist gemäß § 327 Abs. 1 Nr. 1 InsO der Anspruch des Pflichtteilsberechtigten auf den Pflichtteil gemäß §§ 2303 ff. BGB. Der **Pflichtteilsanspruch** entsteht, wenn ein an sich Erbberechtigter durch letztwillige Verfügung des Erblassers von jeglicher Erbfolge ausgenommen wurde, ohne dass der Pflichtteil gemäß §§ 2333–2337 BGB entzogen wurde. Der Pflichtteilsanspruch kann überhaupt nur dann entstanden sein, wenn im Berechnungszeitpunkt, also dem Todeszeitpunkt (§ 2311 BGB), bei Außerachtlassung von Vermächtnissen und Auflagen die Nachlassaktiva die Schulden überstiegen. Wer in welcher Höhe einen Pflichtteilsanspruch besitzt, richtet sich abschließend nach den Vorschriften des bürgerlichen Rechts. § 327 Abs. 1 Nr. 1 InsO erfasst jedoch nicht solche Ansprüche, die sich lediglich nach den für die Berechnung des Pflichtteils geltenden Vorschriften berechnen, ohne selbst Pflichtteilsansprüche zu sein, also etwa Ansprüche nach § 1586b BGB. Das Pflicht- **454** teilsvermächtnis ist gemäß § 327 Abs. 2 Satz 1 InsO dem Pflichtteilsanspruch gleichgestellt. Dies gilt allerdings nur bis zur Höhe des Pflichtteils. Der darüber hinausgehende Betrag ist als Vermächtnis im Rang des § 327 Abs. 1 Nr. 2 InsO zu behandeln.

455 Der **Pflichtteilsergänzungsanspruch** nimmt nicht den Rang von § 327 Abs. 1 Nr. 1 InsO, **sondern denjenigen von § 38 InsO** ein. Methodisch ergibt sich das bereits daraus, dass der Pflichtteilsergänzungsanspruch, der gegenüber dem Pflichtteilsanspruch ein selbstständiger anderer Anspruch ist,[464] in § 327 InsO nicht aufgeführt ist und § 327 InsO als Ausnahmevorschrift gegenüber § 38 InsO **eng auszulegen und nicht analogiefähig** ist. Vom Ergebnis her betrachtet muss es aber auch so sein, denn das Erbrecht will durch den Ergänzungsanspruch den Pflichtteilsergänzungsberechtigten gegenüber dem Erben und dem Beschenkten privilegieren. Da der Erbe im Nachlassinsolvenzverfahren den **Überschuss** erhält (§ 199 InsO), also an letzter Stelle der Verteilung der Masse steht, der Beschenkte nach Herausgabe des Geschenks oder Wertersatz an die Masse einen Anspruch im Rang von § 39 Abs. 1 Satz 1 Nr. 4 InsO erhält (entweder direkt oder im Falle der Anfechtung nach § 134 InsO aus § 143 Abs. 1 InsO), muss der Pflichtteilsergänzungsberechtigte vor § 39 InsO stehen, damit nicht die – sinnvolle – erbrechtliche Wertung durch die insolvenzrechtliche Verteilung wieder zunichtegemacht wird. Wollte man das anders sehen, erhielte der Beschenkte im Ergebnis das zurück, was er auf den Ergänzungsanspruch hin an die Masse gezahlt hat und der Pflichtteilsergänzungsberechtigte, dessen Anspruch über § 92 InsO zur Masse gezogen wurde, ginge leer aus.

456 Im Rang nach den Ansprüchen der Pflichtteilsberechtigten stehen die Ansprüche aus **Vermächtnissen** und Auflagen, § 327 Abs. 1 Nr. 2 InsO. Auch die sog. gesetzlichen Vermächtnisse gemäß §§ 1932, 1969 BGB fallen unter die Vorschrift.[465] Ausgenommen sind allerdings das Untervermächtnis (§ 2147 BGB) und das Nachvermächtnis.

457 **Auflagen** sind nur dann (nachrangige) Insolvenzforderungen, wenn der Begünstigte auf ihre Vollziehung klagen könnte.

458 Den Vermächtnissen und Auflagen gleichzustellen sind auch das Recht des Ehegatten auf den **Voraus** nach § 1932 ff. BGB und das Recht des **Dreißigsten** nach § 1969 BGB.[466]

459 Freilich nicht unter § 327 Abs. 1 Nr. 2 InsO fallen solche Vermächtnisse und Auflagen, mit denen der **Erblasser selbst** aus einem anderen Erbfall **beschwert war**; diese haben den Rang einer Insolvenzforderung im Rang des § 38 InsO.

---

464) BGH, Urt. v. 9.3.1988 – IVa ZR 272/86, BGHZ 103, 333 = MDR 1988, 567; BGH, Urt. v. 21.3.1973 – IV ZR 157/71, NJW 1973, 995 = MDR 1973, 750.

465) *Schallenberg/Rafiqpoor* in: FK-InsO, § 327 Rz. 7.

466) So auch *Schallenberg/Rafiqpoor* in: FK-InsO, § 327 Rz. 9.

Die vormals in § 327 Abs. 1 Nr. 3 InsO enthaltene Regelung bezüglich des **Erbersatzberechtigten** ist obsolet und daher inzwischen aufgehoben worden.[467] 460

4. Ansprüche des Erben gegen den Erblasser

Durch den Erbfall übernimmt der Erbe im Wege der Universalsukzession das 461
gesamte Vermögen des Erblassers und wird Rechtsträger der im Nachlass befindlichen Vermögensgegenstände, § 1922 BGB. Hat der Erblasser im Zeitpunkt des Erbfalles eigene Ansprüche gegen den Erblasser, so findet im Zeitpunkt des Todes eine **Vereinigung von Forderung und Schuld** in der Hand des Erben statt, weil er im Wege der Universalsukzession auch die ihm selbst gegenüber bestehende Verbindlichkeit des Erblassers übernimmt. Die eintretende Konfusion beseitigt sowohl Forderung als auch Verbindlichkeit.

Die **Eröffnung** des Nachlassinsolvenzverfahrens bewirkt eine Änderung der 462
Vermögenszuordnung der Nachlassgegenstände. Die zum Nachlass gehörenden Gegenstände werden der **Verfügungsbefugnis des Erben wieder entzogen** und der Verfügungsbefugnis des Insolvenzverwalters unterstellt. Es kommt zu einer Trennung des Eigenvermögens des Erben und des zum Nachlass gehörenden Vermögens, sog. separatio bonorum (Separation).[468] Gemäß § 1976 BGB wird die im Zeitpunkt des Erbfalles eingetretene **Konfusion rückwirkend beseitigt**;[469] der Erbe kann seine ihm unmittelbar vor dem Erbanfall gegen den Erblasser zustehenden Ansprüche im Insolvenzverfahren gegen die Insolvenzmasse geltend machen, § 326 Abs. 1 InsO. Aus welchem Rechtsgrund die Forderung des Erblassers resultiert ist für die rückwirkende Beseitigung der Konfusion unerheblich. Auch ist es ohne Bedeutung, ob der Erbe beschränkt haftet oder nicht.[470] **Aufrechnungserklärungen** von Eigengläubigern des Erben gegen nachlasszugehörige Forderungen werden rückwirkend unwirksam, ebenso wie Aufrechnungserklärungen von Nachlassgläubigern gegen zum Eigenvermögen gehörende Forderungen des Erben (§ 1977 BGB).[471]

Gemäß § 326 Abs. 2 InsO tritt der Erbe an die Stelle eines Nachlassgläubigers, 463
dessen **Forderung** er **befriedigt** hat, wenn er noch nicht unbeschränkt haftet und ihm nicht ohnehin ein Aufwendungsersatzanspruch gemäß § 1979 BGB zusteht, der über § 324 Abs. 1 Nr. 1 InsO i. V. m. § 1979 BGB bereits eine Masseverbindlichkeit darstellt. Er übernimmt also im Wege der cessio legis die Forderung des von ihm befriedigten Gläubigers und kann diese im Nachlassin-

467) Vgl. hierzu ausf. *Marotzke* in: HK-InsO, § 327 Rz. 12 ff.

468) *Schlüter*, Erbrecht, § 31 Rz. 90.

469) Vgl. *Siegmann/Scheuing* in: MünchKomm-InsO, Anh. § 315 Rz. 30.

470) *Schallenberg/Rafiqpoor* in: FK-InsO, § 326 Rz. 2; *Siegmann/Scheuing* in: MünchKomm-InsO, § 326 Rz. 2.

471) *Wiester* in: MünchAHB Erbrecht, § 25 Rz. 49.

solvenzverfahren **in genau derjenigen Weise geltend machen, wie** es **der Gläubiger** ohne die zwischenzeitliche Befriedigung hätte tun können.

464 **Streitig** ist, ob dies unabhängig davon gilt, ob der Erbe den Gläubiger **mit eigenen Mitteln oder mit Mitteln des Nachlasses** befriedigt hat.[472)] Da der Insolvenzmasse gegen den Erben gemäß § 1978 Abs. 1 BGB ein Anspruch auf Rückführung solcher Mittel in den Nachlass zusteht, die der Erbe aus dem Nachlass pflichtwidrig zur Befriedigung einzelner Nachlassgläubiger verwendet hat, könnte man in der Tat annehmen, der Erbe sei in Höhe der zur Befriedigung aufgewendeten Beträge selbst wirtschaftlich beschwert und sei daher berechtigt, die von dem Gläubiger übernommenen Rechte in der vormals dem Gläubiger zustehenden Weise geltend zu machen. Da jedoch unklar sein kann, ob der Erbe tatsächlich gemäß § 1978 Abs. 1 BGB in Anspruch genommen wird und er seiner Ersatzpflicht auch nachkommt, der Höhe nach niedriger liegen kann als der tatsächlich an den Gläubiger bezahlte Betrag, bestünde die Gefahr, dass sich der Erbe durch die Geltendmachung des auf ihn übergegangenen Anspruchs gemäß § 326 Abs. 2 InsO bereichert, er also einen Ersatz für Ausgaben erhalten könnte, für die gar nicht er, sondern bereits der Nachlass selbst die Aufwendungen getragen hat. Daher **muss für einen Anspruch des Erben aus übergegangenem Recht** gemäß § 326 Abs. 2 InsO **verlangt werden**, dass der **Erbe** auch tatsächlich den wirtschaftlichen Nachteil der **Befriedigung des Gläubigers getragen hat**; dies ist nur dann der Fall, wenn er den Gläubiger aus eigenen Mitteln befriedigt hat oder soweit er den der Insolvenzmasse zustehenden Ersatzanspruch aus § 1978 Abs. 1 BGB bereits durch Zahlung an die Masse ausgeglichen hat.[473)] Ist dies der Fall, tritt der Erbe an die Stelle des vormaligen Nachlassgläubigers. Auf ihn gehen auch alle Nebenrechte über, die dem Nachlassgläubiger vor dessen Befriedigung zustanden, §§ 412, 401 BGB.[474)]

465 Dem Erben können auch **Aus- und Absonderungsrechte** zustehen.[475)] Hatte der Erbe bspw. zur Sicherung seiner gegenüber dem Erblasser bestehenden Forderung einen Gegenstand übereignet bekommen, so nimmt er im Nachlassinsolvenzverfahren als absonderungsberechtigter Gläubiger teil. Auch der Untergang von dinglichen Belastungen, der durch das in Folge des Erbfalles eingetretene Zusammenfallen von Eigentum und Belastung eingetreten ist, die sog. Konsolidation, wird durch § 1976 BGB ex tunc beseitigt. Hatte der Erbe bspw. vor dem Tod des Erblassers ein Nießbrauchsrecht an einem im Eigentum des

---

472) So *Schallenberg/Rafiqpoor* in: FK-InsO, § 326 Rz. 6; Uhlenbruck-*Lüer/Weidmüller*, InsO, § 326 Rz. 4; Einzelheiten bei Jaeger-*Weber*, KO, § 225 Rz. 4, 9.

473) So zutr. *Marotzke* in: HK-InsO, § 326 Rz. 4; *Siegmann/Scheuing* in: MünchKomm-InsO, § 326 Rz. 6.

474) *Schallenberg/Rafiqpoor* in: FK-InsO, § 326 Rz. 6; *Siegmann/Scheuing* in: MünchKomm-InsO, § 326 Rz. 6.

475) *Schallenberg/Rafiqpoor* in: FK-InsO, § 326 Rz. 3.

Erblassers stehenden Grundstück, so ist der Erbe auch dem Insolvenzverwalter über den Nachlass gegenüber nießbrauchsberechtigt.

5. Masseunzulänglichkeit und Massearmut

Im Verlauf des Insolvenzverfahrens kann sich herausstellen, dass die Insolvenzmasse nicht ausreicht, um die Masseverbindlichkeiten zu tilgen. Man spricht dann von **Masseunzulänglichkeit.** Die zentralen Vorschriften für das masseunzulängliche Verfahren finden sich in §§ 208–211 InsO. 466

Reicht die Masse nicht einmal aus, um die **Kosten des Insolvenzverfahrens** (§ 54 InsO) zu decken, so spricht man von Massearmut. Liegt Massearmut vor, so ist das Insolvenzverfahren gemäß § 207 InsO einzustellen.[476] Die **vorhandene Insolvenzmasse** ist in diesem Falle gemäß § 207 Abs. 3 InsO **zu verteilen.** Der **Insolvenzverwalter** ist zur Verwertung der Insolvenzmasse **nicht mehr verpflichtet,** weil mangels Kostendeckung noch nicht einmal seine Vergütung gedeckt werden kann. Auch zur Verwaltung anderer Gegenstände als Barmittel ist er nicht mehr verpflichtet. 467

Die Einstellung unterbleibt lediglich dann, wenn ein **ausreichender Verfahrenskostenzuschuss** vorgeschossen wird, § 207 Abs. 1 Satz 2 InsO. Die weitere im Gesetz genannte Ausnahme von der generell anzuordnenden Einstellung, nämlich Fälle der Verfahrenskostenstundung gemäß § 4a InsO, hat für das Insolvenzverfahren über einen Nachlass keine Bedeutung, weil § 4a InsO hier nicht zur Anwendung gelangt. 468

Wird das Verfahren eingestellt, so wird das unverwertete Vermögen an den zur Verfügung über den Nachlass Berechtigten zurückgegeben.[477] Dies ist der Erbe oder – soweit vorhanden – der Testamentsvollstrecker oder Nachlasspfleger. **Rechtsstreite,** die in Folge der Eröffnung des Insolvenzverfahrens gemäß § 240 ZPO unterbrochen worden waren, werden fortgesetzt, weil die Unterbrechung mit der Einstellung endet. Aktivrechtsstreite, die der Insolvenzverwalter selbst rechtshängig gemacht hat, werden durch die Einstellung gemäß §§ 239, 242 InsO unterbrochen, weil die Prozessführungsbefugnis entfällt.[478] 469

Ist das Verfahren **lediglich masseunzulänglich,** so hat der Insolvenzverwalter gegenüber dem Insolvenzgericht die **Masseunzulänglichkeit** gemäß § 208 Abs. 1 InsO **anzuzeigen.** Die Anzeige der Masseunzulänglichkeit hat der Insolvenzverwalter anzuzeigen, sobald sie eingetreten ist; er ist zur Anzeige aber auch schon dann berechtigt, wenn die Masseunzulänglichkeit erst einzutreten droht.[479] Ihm bleibt somit ein gewisser Zeitraum. Die Anzeige der Masseunzulänglich- 470

---

476) *Kübler* in: Kölner Schrift zur InsO, S. 967, 971; Uhlenbruck-*Ries*, InsO, § 207 Rz. 1.

477) Vgl. Staudinger-*Marotzke*, BGB, § 1986 Rz. 2.

478) *Kießner* in: FK-InsO, § 207 Rz. 37.

479) *Kübler* in: Kölner Schrift zur InsO, S. 967, 974; Uhlenbruck-*Ries*, InsO, § 208 Rz. 3.

keit wird öffentlich bekannt gemacht, § 208 Abs. 2 InsO. Anders als bei der Massearmut bleibt der **Insolvenzverwalter zu Verwaltung und Verwertung** der Insolvenzmasse **verpflichtet**. Dem Insolvenzgericht steht keine Überprüfungspflicht oder -möglichkeit zu. Die Anzeige der Masseunzulänglichkeit bewirkt eine **Änderung der Befriedigungsreihenfolge**. Diese wird durch § 209 Abs. 1 InsO festgelegt. An erster Stelle stehen die Verfahrenskosten; danach folgen diejenigen Masseverbindlichkeiten, die nach der Anzeige der Masseunzulänglichkeit erst begründet werden (sog. Neumasseverbindlichkeiten), schließlich folgen die übrigen Masseverbindlichkeiten, also solche, die bereits vor Anzeige der Masseunzulänglichkeit begründet worden waren (sog. Altmasseverbindlichkeiten). Verbindlichkeiten der Insolvenzmasse aus Dauerschuldverhältnisse sind gemäß § 209 Abs. 2 Nr. 2 InsO Neumasseverbindlichkeiten für die Zeit nach dem ersten Termin, zu dem der Insolvenzverwalter nach der Anzeige der Masseunzulänglichkeit kündigen konnte bzw. soweit er die Gegenleistung in Anspruch genommen hat, § 209 Abs. 2 Nr. 2 InsO. Masseverbindlichkeiten gemäß § 324 Abs. 1 Nr. 1–6 InsO nehmen dabei gemäß § 324 Abs. 2 InsO den Rang des § 209 Abs. 1 Nr. 3 InsO ein. Sie werden dadurch den Masseverbindlichkeiten aus § 55 InsO gleichgestellt und nehmen mit diesen gleichen Rang ein.

471 Die **Vollstreckung** in die Insolvenzmasse ist wegen einer **Altmasseverbindlichkeit** nach Anzeige der Masseunzulänglichkeit gemäß § 210 InsO unzulässig. Eine Leistungsklage gegen den Insolvenzverwalter ist nicht mehr möglich; ihr fehlt das Rechtsschutzbedürfnis.[480)]

472 Da durch § 324 InsO eine Vielzahl von Nachlassverbindlichkeiten zu Masseverbindlichkeiten erhoben werden, hat das masseunzulängliche Verfahren für das Nachlassinsolvenzverfahren erhebliche Bedeutung. Es kommt dadurch durchaus **nicht selten** vor, dass in einem **Nachlassinsolvenzverfahren bereits ab Eröffnung Masseunzulänglichkeit** vorliegt. Die Anzeige der Masseunzulänglichkeit hat dann unmittelbar nach der Eröffnung des Insolvenzverfahrens zu erfolgen. Unterlässt der Insolvenzverwalter die Anzeige, drohen ihm erhebliche Haftungsrisiken.

6. Verjährung von Ansprüchen gegen den Nachlass

473 Ansprüche, die sich gegen den Nachlass richten, unterliegen zwar grundsätzlich allgemeinen Verjährungsvorschriften. Es ist aber die Ablaufhemmung gemäß § 211 BGB zu beachten. Danach verjähren die gegen den Nachlass gerichteten Ansprüche nicht vor Ablauf von sechs Monaten ab der Annahme der Erbschaft, Eröffnung des Insolvenzverfahrens über den Nachlass oder der Bestellung eines Vertreters, der für den Nachlass handeln kann. Solche Vertreter

480) *Siegmann/Scheuing* in: MünchKomm-InsO, § 324 Rz. 13; BGH, Urt. v. 3.4.2003 – IX ZR 101/02, BGHZ 154, 358, 363 = ZVI 2003, 468.

sind Testamentsvollstrecker, Nachlasspfleger, Nachlassverwalter und Abwesenheitspfleger (§ 1911 BGB).[481]

474 **Scheidet ein Vertreter** in diesem Sinne **vor Ablauf der Sechs-Monats-Frist aus**, etwa weil er entlassen wird, so tritt wiederum Ablaufhemmung ein. Durch Bestellung eines neuen Vertreters oder Eröffnung des Insolvenzverfahrens über den Nachlass beginnt eine neue, Sechs-Monats-Frist zu laufen.[482] Sind mehrere Erben vorhanden, so ist die Erbschaft erst i. S. von § 211 BGB angenommen, wenn alle Erben die Erbschaft angenommen haben. Ist nach allgemeinen Verjährungsvorschriften eine kürzere Verjährungsfrist als sechs Monate bestimmt, so tritt die kürzere Frist an Stelle der sechsmonatigen Frist gemäß § 211 Satz 1, Satz 2 BGB.

XI. Masseverwaltung und -verwertung

1. Übergang der Verwaltungs- und Verfügungsbefugnis

475 Mit der Eröffnung des Insolvenzverfahrens geht das Recht des Erben, die zum Nachlass gehörenden Gegenstände zu verwalten, Nutzungen aus ihnen zu ziehen und über sie zu verfügen gemäß § 80 Abs. 1 InsO auf den Insolvenzverwalter über.[483] Ist über den Nachlass die Nachlasspflegschaft, Nachlassverwaltung oder Testamentsvollstreckung angeordnet, so geht die Verwaltungs- und Verfügungsbefugnis von dem Nachlasspfleger, Nachlassverwalter oder Testamentsvollstrecker vollumfänglich auf den Insolvenzverwalter über.[484]

476 § 80 Abs. 1 InsO stellt eine der zentralen Normen des Insolvenzverfahrens dar. Durch diese Vorschrift wird gewährleistet, dass der Insolvenzverwalter umfassend in die Lage versetzt wird, die Insolvenzmasse **in Besitz zu nehmen, zu verwalten** und **zu verwerten**. Dies darf allerdings nicht zu der Verwechslung führen, dass nunmehr der Insolvenzverwalter Rechtsträger der Vermögensgegenstände werde. **Rechtsträger** des Nachlasses ist der **Erbe** oder die Erben. Nach heute nahezu allgemeinem Verständnis ist der Insolvenzverwalter **Partei kraft Amtes, nicht Vertreter des Schuldners.**[485] Für den Insolvenzverwalter stellt die Insolvenzmasse Fremdvermögen dar. Er darf diese auf keinen Fall mit seinem eigenen Vermögen vermischen.

477 Zur Verwaltung der Insolvenzmasse gehört auch die **Fortführung eines Betriebes**, wenn ein solcher vorhanden ist. Der Insolvenzverwalter hat dann alle Maßnahmen zu ergreifen, die zur Fortführung des Betriebes erforderlich sind.

---

481) *Grothe* in: MünchKomm-BGB, § 211 Rz. 5.

482) *Grothe* in: MünchKomm-BGB, § 211 Rz. 5.

483) *Rugullis*, ZEV 2007, 156, 157.

484) Vgl. BFH, Urt. v. 27.9.2006 – IV R 39/05, IV R 40/05, DStRE 2007, 275, 276.

485) *Rugullis*, ZEV 2007, 156, 158.

478 **Verfügungen**, die der Erbe, Nachlasspfleger, Nachlassverwalter oder Testamentsvollstrecker **nach der Eröffnung des Insolvenzverfahrens** über zum Nachlass gehörende Gegenstände trifft, sind gemäß § 81 Abs. 1 InsO **unwirksam**. Richtiger Auffassung zufolge ist die Unwirksamkeit absolut.[486)] Sie wirkt nicht lediglich gegenüber den Insolvenzgläubigern oder dem Insolvenzverwalter. Sie hat vielmehr überhaupt keine rechtliche Wirkung. Es bedarf folglich weder einer feststellenden oder gestaltenden Klage noch eines entsprechenden Beschlusses des Gerichtes. Eine Feststellungsklage mit dem Ziel, die Unwirksamkeit einer bestimmten Verfügung festgestellt zu erhalten, scheitert in aller Regel am fehlenden Feststellungsinteresse, zumindest jedoch dem fehlenden Rechtsschutzbedürfnis. Anders kann dies nur dann sein, wenn etwa der **Zeitpunkt der Verfügung in Frage steht** und folglich darüber gestritten wird, ob denn Unwirksamkeit gemäß § 81 InsO vorliegt oder nicht.

479 Hat der Erbe, Nachlasspfleger, Nachlassverwalter oder Testamentsvollstrecker nach Eröffnung des Insolvenzverfahrens noch über einen zum Nachlass gehörenden Vermögensgegenstand verfügt und die Sache übergeben, so konnte das **Eigentum** wegen § 81 InsO nicht auf den Erwerber übergehen, so dass der Insolvenzverwalter gemäß **§ 985 BGB** die **Herausgabe** verlangen kann.

480 Der Insolvenzverwalter kann allerdings eine gemäß § 81 InsO **unwirksame Verfügung genehmigen**. Dadurch tritt eine **ex-tunc-Wirksamkeit** der getroffenen Verfügung ein. Hieran wird deutlich, dass Unwirksamkeit gemäß § 81 InsO keinesfalls gleichgesetzt werden darf mit Nichtigkeit. Auf die unwirksame Verfügung ist § 185 BGB analog anzuwenden. Allerdings kann der Erwerber eines Grundstücks gemäß § 81 InsO, § 892 BGB **gutgläubig** Eigentum erwerben, wenn die Verfügungsbeschränkung im Grundbuch nicht eingetragen war. Da die Verfügungsbeschränkung gemäß §§ 80, 81 InsO eintragungsfähig ist, darf sich der Erwerber im Falle der Nichteintragung auf das Nichtbestehen einer solchen Verfügungsbeschränkung verlassen. Allerdings schadet es dem Erwerber, wenn er die Unrichtigkeit kennt.

481 Hinsichtlich **beweglicher Sachen** besteht **kein Gutglaubensschutz**. § 932 ff. BGB sind in soweit nicht anwendbar.[487)] Grund hierfür ist, dass sich der Schutz des guten Glaubens gemäß § 932 ff. BGB nur auf die Eigentümerstellung des Verfügenden bezieht, nicht aber auf dessen Verfügungsberechtigung.

2. Beidseitig unerfüllte Verträge

482 § 103 InsO ist eine der zentralen Gestaltungsvorschriften des Insolvenzverfahrens. Hiernach hat der Insolvenzverwalter die Möglichkeit, einen gegenseitigen

486) *Landfermann* in: Kölner Schrift zur InsO, S. 159, 163, Rz. 7.

487) *Gerhardt* in: Kölner Schrift zur InsO, S. 193, 213, Rz. 40; leicht abweichend *App* in: FK-InsO, § 81 Rz. 37 ff.

Vertrag, der den Nachlass betrifft und der zur Zeit der Eröffnung des Nachlassinsolvenzverfahrens beidseitig nicht vollständig erfüllt ist, mit Mitteln des Nachlasses zu **erfüllen oder** die Erfüllung **abzulehnen**. Die Erfüllungswahl steht dem Insolvenzverwalter nur dann offen, wenn ein **gegenseitiger Vertrag** i. S. der §§ 320 ff. BGB im Zeitpunkt der Insolvenzeröffnung **von keiner der Vertragsparteien vollständig erfüllt** ist. Hat auch nur eine der Vertragsparteien vollständig erfüllt, so ist § 103 InsO nicht anwendbar.

Mit der Eröffnung des Insolvenzverfahrens geht das beidseitig nicht vollständig 483
erfüllte Vertragsverhältnis in einen **Schwebezustand** über. Der Gläubiger kann die Vertragserfüllung zunächst nicht verlangen und kann auch ihm gebührende Ansprüche gegen die Insolvenzmasse nicht durchsetzen. Wählt der Insolvenzverwalter die Erfüllung, so kann er von dem anderen Teil ebenfalls die Erfüllung des Vertrages verlangen. Lehnt der Verwalter die Erfüllung ab, so hat der andere Teil endgültig keinen Anspruch gegen die Insolvenzmasse, sondern kann seine Forderung nur als bloßer Insolvenzgläubiger zur Insolvenztabelle anmelden (§ 38 InsO). Nur dann, wenn der Insolvenzverwalter die Erfüllung des Vertrages wählt, sind die Forderungen des Vertragspartners **Masseforderungen** und können gegen die Insolvenzmasse durchgesetzt werden.

Ist **vollständige Erfüllung** aus dem (späteren) Nachlass bereits **vor Insolvenz-** 484
eröffnung durch den Erblasser oder nach dem Erbfall durch den Erben, Nachlasspfleger, Nachlassverwalter oder Testamentsvollstrecker geleistet worden, so steht der Insolvenzmasse auch ohne Erfüllungswahl des Insolvenzverwalters der **ungeschmälerte Leistungsanspruch** gegen den Vertragspartner zu. Dies gilt auch dann, wenn der Vertragspartner nicht mit Mitteln des **Nachlasses** befriedigt worden ist, bspw., weil der Erbe eine von dem Erblasser eingegangene Verpflichtung mit **Eigenmitteln** befriedigt hat und nicht etwa mit Nachlassmitteln. Der Anspruch auf die Gegenleistung steht dann gleichwohl der Insolvenzmasse zu; dem Erben steht allenfalls ein **Aufwendungsersatzanspruch** gemäß §§ 1978 Abs. 3, 670 BGB zu.

Hat der Vertragspartner bereits vollständig geleistet, bevor das Insolvenzver- 485
fahren eröffnet wurde, so erhält er ohnehin nur eine **Insolvenzforderung** i. S. des § 38 InsO. Die Vorleistung bleibt in diesem Falle bei der Insolvenzmasse. Selbst wenn der Insolvenzverwalter **irrig in der Annahme**, dass der Vertragspartner noch nicht vollständig geleistet habe, die Erfüllung wählt, ist diese unbeachtlich, wenn der Vertragspartner entgegen der Annahme des Insolvenzverwalters vorher bereits vollständig geleistet hat.[488] Die Erklärung der **Erfüllungswahl** ist in diesen Fällen schlicht ein Nullum.

488) In diesem Fall ist § 103 InsO nicht anwendbar vgl. Nerlich/Römermann-*Balthasar*, InsO, § 103 Rz. 27.

486 Das **Wahlrecht** gemäß § 103 InsO entsteht **erst mit der Eröffnung** des Insolvenzverfahrens und steht ausschließlich dem im eröffneten Verfahren bestellten Insolvenzverwalter zu. Eine Ausdehnung dieser Befugnis auf das Eröffnungsverfahren scheidet aus. Inzwischen ist die dogmatische Einordnung der Erfüllungswahl weitgehend geklärt. Nachdem der BGH ursprünglich die sog. Erlöschenstheorie vertreten hatte, nach der mit der Insolvenzeröffnung die noch nicht vollständig erfüllten gegenseitigen Verträge bzw. die aus ihnen resultierenden Leistungspflichten erloschen und durch die Erfüllungswahl des Insolvenzverwalters wieder aufleben sollten,[489] ist der BGH inzwischen der von der Literatur seit langem mehrheitlich vertretenen **Theorie der gehemmten Durchsetzbarkeit** beigetreten.[490] Danach gehen die beiderseitigen Ansprüche nicht unter, sondern verlieren gemäß § 320 BGB ihre Durchsetzbarkeit. Wählt der Insolvenzverwalter die Erfüllung, so erlangen die beiderseitigen Leistungsverpflichtungen ihre Durchsetzbarkeit wieder zurück. Ihr Umfang richtet sich nach den vertraglichen Vereinbarungen. Lediglich in Ansehung einer etwaigen Vertragsstrafevereinbarung sind ggf. angemessene Abstriche zu machen, wenn diese unmittelbar nach Insolvenzeröffnung verwirkt worden wäre. Denn es ist dem Insolvenzverwalter aus Sinn und Zweck der Vorschrift des § 103 InsO heraus nicht zumutbar, nur wegen des Vorliegens einer Vertragsstrafevereinbarung die Ablehnung der Erfüllung zu wählen.

487 Der Insolvenzverwalter kann seine Entscheidung auch **erst nach einem erheblichen Zeitraum**, sogar nach Jahren, treffen. Dies verstößt grundsätzlich nicht gegen Treu und Glauben. Allerdings räumt das Gesetz dem Vertragspartner die Möglichkeit ein, den Insolvenzverwalter **aufzufordern**, das Wahlrecht auszuüben (§ 103 Abs. 2 Satz 2 InsO). Im Anschluss an diese Aufforderung hat der Insolvenzverwalter nur einen den Umständen nach angemessenen Zeitraum, um über die Wahl zu entscheiden. Entscheidet sich der Insolvenzverwalter nicht in einem angemessenen Zeitraum, so ist sein Schweigen als Ablehnung der Erfüllung zu würdigen.

a) Besonderheiten beim Kaufvertrag

488 Als Faustformel kann gelten, dass der Kaufvertrag nur dann beiderseitig voll erfüllt worden ist, wenn der Käufer den Kaufpreis vollständig gezahlt hat und der Verkäufer dem Käufer das Eigentum an einer mangelfreien und vertragsgemäßen Kaufsache übertragen hat.[491] Jede Abweichung hiervon führt in der Regel zu einem zumindest einseitig nicht vollständig erfüllten Vertrag. Nur wenn der

489) BGH, Urt. v. 20.12.1988 – IX ZR 50/88, BGHZ 106, 236 = ZIP 1989, 171.

490) BGH, Urt. v. 25.4.2002 – IX ZR 313/99, BGHZ 150, 353 = ZIP 2002, 1093; BGH, Urt. v. 27.5.2003 – IX ZR 51/02, BGHZ 155, 87 = ZIP 2003, 1208.

491) Staudinger-*Beckmann*, BGB, § 433 Rz. 1.

Vertrag **von beiden Seiten nicht vollständig erfüllt** ist, besteht für den Insolvenzverwalter die Möglichkeit der Erfüllungswahl.

Nach diesen Grundsätzen ist Erfüllung der Kaufpreiszahlungsverpflichtung nicht eingetreten, wenn lediglich eine **Anzahlung** geleistet worden ist. Die Leistung einer mangelfreien Sache ist stets Voraussetzung für die Erfüllung der Verkäuferpflicht.[492] Beim Versendungskauf erfolgt Erfüllung der Verkäuferpflicht nicht durch Ablieferung der Ware bei einer Versendungs- oder Transportperson, sondern erst mit Anlieferung beim Käufer,[493] weil erst in diesem Zeitpunkt das Eigentum auf den Käufer übergehen kann. **489**

Zeichnet sich die Krise ab, greift § 323 Abs. 4 BGB. Bis zum Insolvenzantrag kann der Gläubiger **mit der Begründung des Vermögensverfalls zurücktreten.**[494] Im Eröffnungsverfahren kann dieses Rücktrittsrecht nur noch ausgeübt werden, wenn der Gläubiger darlegen kann, dass der Insolvenzverwalter zumindest mit an Sicherheit grenzender Wahrscheinlichkeit nicht die Vertragserfüllung wählen wird.[495] Im eröffneten Insolvenzverfahren wird § 323 BGB durch die §§ 103 ff. InsO als lex specialis verdrängt, wenn der Gläubiger die Insolvenz als Rücktrittsgrund heranziehen will.[496] **490**

b) Besonderheiten beim Werkvertrag

Auch beim Werkvertrag ist die Erfüllung der eigenen Pflichten des Werkunternehmers erst dann anzunehmen, wenn **sämtliche Mängel beseitigt** sind. Nachlassinsolvenzverfahren über den Nachlass von Erblassern, die als Einzelunternehmer im Baugewerbe tätig waren, gehören zu den sehr anspruchsvollen Insolvenzverfahren. Die Erfüllungswahl bezüglich der nicht vollständig abgewickelten Bauvorhaben kann wegen des Fehlens der zentralen Auskunftsperson erhebliche Risiken in sich bergen. Selbst dann, wenn ein Bauvorhaben bereits fertiggestellt ist und nur noch **Restforderungen geltend zu machen** sind, muss der Insolvenzverwalter genau abwägen, ob er die Restforderungen geltend macht oder nicht. Einige Stimmen in der Literatur sehen in der Geltendmachung der Restforderung zugleich eine konkludente Erfüllungswahl, was zur Folge hätte, dass der Insolvenzverwalter aus der Insolvenzmasse **Gewährleistungsansprüche** als Masseverbindlichkeiten erfüllen müsste.[497] Diese Annahme ist jedoch praxisfern. Ein Insolvenzverwalter verfügt regelmäßig und im Besonderen im Nachlassinsolvenzverfahren nur über eine begrenzte Sachverhaltskenntnis. Bei **491**

---

492) Staudinger-*Beckmann*, BGB, § 433 Rz. 89.

493) Staudinger-*Beckmann*, BGB, § 433 Rz. 75.

494) Vgl. Soergel-*Gsell*, BGB, § 323 Rz. 138.

495) *Wegener* in: FK-InsO, § 103 Rz. 74.

496) *Wegener* in: FK-InsO, § 103 Rz. 74.

497) So *Wegener* in: FK-InsO, § 103 Rz. 75; OLG Celle, Urt. v. 28.10.1987 – 3 U 11/87, ZIP 1988, 384 = NJW-RR 1988, 1145.

aller Sorgfalt und intensiven Aufklärungsbemühungen wird es ihm in vielen Fällen nicht gelingen, ein objektives Bild über das Bestehen von Restwerklohnforderungen zu erhalten. Daher liegt in der Geltendmachung dieser Ansprüche, die sich aus Vertrag oder Rechnungen ergeben, **keine konkludente Erfüllungswahl.**[498] Auch der BGH ist bei der Annahme konkludenter Erfüllungswahl zurückhaltend.[499] Als Auslegungsgrundsatz der Erklärung des Insolvenzverwalters gelten §§ 133, 157 BGB. Es empfiehlt sich jedoch, sicherheitshalber bei der Geltendmachung ausstehenden Werklohnes für die bereits erbrachten Leistungen ausdrücklich darauf hinzuweisen, dass mit der Einforderung keine Erfüllungswahl verbunden ist.

c) Besonderheiten beim Lebensversicherungsvertrag

492 Beim Lebensversicherungsvertrag steht die regelmäßig wiederkehrende Leistungserbringungspflicht des Versicherungsnehmers im Gegenseitigkeitsverhältnis zu der Pflicht des Versicherungsunternehmens, die vom Versicherungsnehmer eingezahlten Gelder ordnungsgemäß in Empfang zu nehmen, zu verwalten und am Ende der Versicherungslaufzeit in Form der vereinbarten oder besonders errechneten Lebensversicherungssumme wieder auszuzahlen. Solange nicht sämtliche Zahlungen durch den Versicherungsnehmer erbracht sind und die Versicherungssumme nicht vollständig ausgezahlt ist, liegt ein beidseitig nicht vollständig erfülltes Vertragsverhältnis vor.[500]

493 Sofern nicht eine unwiderrufliche Bezugsberechtigung zugunsten eines Dritten eingeräumt worden ist, gehört der **wirtschaftliche Wert** der Lebensversicherung zur Insolvenzmasse des Versicherungsnehmers. Der Insolvenzverwalter hat die Möglichkeit der Erfüllungswahl gemäß § 103 InsO. Lehnt er die Erfüllung ab, so ist der **Rückkaufswert** zur Insolvenzmasse zu ziehen. Will er gegenüber dem Rückkaufswert zusätzlich einen Mehrwert generieren, so muss er die Erfüllung wählen. Er hat dann die Möglichkeit, die noch offenen Zahlungen aus der Masse zu zahlen, um am Ende der Laufzeit die Versicherungssumme zugunsten der Masse zu erhalten oder er kann die Lebensversicherung auch an einen **Finanzdienstleister** verkaufen. Spezialisierte Unternehmen sind in Abhängigkeit von Versicherungssumme und Restlaufzeit oftmals bereit dazu, gegenüber dem bereits aufgelaufenen Rückkaufswert erhebliche Zuschläge zu zahlen.

---

498) *Schmitz*, EWIR 2000, 641, 642 (Urteilsanm.); a. A. OLG Celle, Urt. v. 23.5.2000 – 16 U 208/99, dazu EWIR 2000, 641 *(Schmitz)*.

499) BGH, Urt. v. 8.1.1998 – IX ZR 131/97, NJW 1998, 992 = ZIP 1998, 298; ähnlich restriktiv OLG Stuttgart, Urt. v. 22.2.2005 – 10 U 242/04, ZVI 2005, 211 = ZIP 2005, 588; OLG Dresden, Urt. v. 24.1.2002 – 13 U 2215/01, ZIP 2002, 815.

500) Vgl. BGH, Urt. v. 4.3.1993 – IX ZR 169/92, NJW 1993, 1994 = ZIP 1993, 600.

d) Besonderheiten bei Fixgeschäften und Finanzleistungen

Für Fixgeschäfte und Finanzleistungen stellt § 104 InsO eine Spezialnorm zur Verfügung. Sie schließt die Möglichkeit des Insolvenzverwalters, die Erfüllung des beiderseits unerfüllten Vertragsverhältnisses zu wählen, aus. Kraft Gesetzes **kommt es mit der Eröffnung** des Insolvenzverfahrens **zu einer Saldierung** und damit zu einer Ausgleichsforderung zwischen Gläubiger und Schuldner. Die Saldierung erfolgt gemäß § 104 Abs. 3 InsO in der Weise, dass einer der Vertragsparteien der Unterschiedsbetrag zwischen dem von den Parteien vereinbarten Preis und dem Markt- oder Börsenpreis, der zu einem von den Parteien vereinbarten Zeitpunkt **spätestens jedoch am fünften Werktag** nach der Eröffnung des Insolvenzverfahrens am Erfüllungsort für einen Vertag mit der vereinbarten Erfüllungszeit maßgeblich ist, zusteht, wobei jedoch in Ermangelung einer Vereinbarung der zweiten Tag nach der Eröffnung des Insolvenzverfahrens maßgeblich ist. Steht danach dem Gläubiger eine Ausgleichsforderung zu, so ist diese lediglich Insolvenzforderung (§ 104 Abs. 3 Satz 3 InsO), steht der Insolvenzmasse eine Forderung zu, so hat der Insolvenzverwalter diese gegenüber dem Gläubiger geltend zu machen. 494

Sinn und Zweck der Vorschrift ist es, **Spekulationen** des Insolvenzverwalters **auf Marktentwicklungen zu verhindern**. Die uneingeschränkte Anwendbarkeit von § 103 InsO auf Fixgeschäfte und Finanzleistungen, die einen ständig wechselnden Markt- oder Börsenpreis haben, würde i. V. mit der Möglichkeit des Vertragspartners, von dem Insolvenzverwalter kurz nach Eröffnung des Insolvenzverfahrens eine Entscheidung über die Ausübung des Wahlrechtes zu verlangen, dazu führen, dass der Insolvenzverwalter für die Insolvenzmasse Marktrisiken in Kauf nehmen müsste. Dies wird durch § 104 InsO verhindert. Voraussetzung ist, dass Vertragsgegenstand die Lieferung von Waren ist, die einen Markt- oder Börsenpreis haben und dass Lieferzeitpunkte fest vereinbart sind. Waren, die einen Markt- oder Börsenpreis haben, sind in § 11 Abs. 1 BörsG aufgeführt. Für § 104 Abs. 1 InsO ist es jedoch nicht erforderlich, dass jeweils täglich ein Marktpreis ermittelt wird. Vielmehr ist es ausreichend, wenn der Preis objektiv ermittelbar ist.[501)] Auch die Ermittlung von Durchschnittskursen verschiedener Börsen kann eine taugliche Preisermittlung darstellen. 495

§ 104 InsO gilt nicht nur für Waren, sondern auch für **Finanzleistungen**. Zu Finanzleistungen gehört insbesondere die Lieferung von Edelmetallen (vgl. § 340c HGB). In der Praxis häufig sind auch Verträge über die Lieferung von Wertpapieren oder Geldbeträgen in **ausländischer Währung**. Nicht selten werden Kreditverträge in Schweizer Franken oder US $ mehrere Monate oder gar Jahre im Voraus als Absicherungsgeschäft abgeschlossen. Ist durch eine zwischenzeitlich eingetretene der Insolvenzmasse günstige Wertentwicklung bereits ein 496

---

501) *Ahrendt* in: HambKomm-InsO, § 104 Rz. 4; Graf-Schlicker-*Bornemann*, InsO, § 104 Rz. 2; Nerlich/Römermann-*Balthasar*, InsO, § 104 Rz. 15.

innerer Wert dieses Kredites entstanden, so ist dieser zur Insolvenzmasse zu ziehen.

e) Besonderheiten bei teilbaren Leistungen

497 Für teilbare Leistungen stellt § 105 InsO eine wichtige Ergänzung zu § 103 InsO dar. § 103 InsO führt nämlich isoliert betrachtet stets zu dem Problem, dass der Insolvenzverwalter im Fall der Erfüllungswahl auch solche Leistungen an den Vertragspartner bezahlen müsste, die dem schuldnerischen Vermögen bereits vor der Eröffnung des Insolvenzverfahrens zugeflossen sind, aber noch nicht bezahlt wurden.

498 Da der Insolvenzverwalter hinsichtlich solcher Leistungen oft zum einen im Informationsnotstand ist und zum anderen die Gleichbehandlung aller Gläubiger unzureichend verwirklicht wäre, wenn der Insolvenzverwalter von einem Vertragspartner nur deshalb die Erfüllung offenstehender Pflichten nicht verlangen könnte, weil dieser aus der Zeit vor der Eröffnung des Insolvenzverfahrens Ansprüche gegen den Nachlass hat, schafft § 105 InsO eine weitere Zäsur. § 105 InsO folgt dem Grundgedanken, dass der Insolvenzverwalter stets **nur solche Forderungen** eines Vertragspartners **aus der Insolvenzmasse zu befriedigen haben soll, für die er auch die Gegenleistung erhält**, nicht mehr aber auch nicht weniger. Für diejenigen Leistungen, für die er bereit ist, seinerseits einem Gläubiger aus der Insolvenzmasse die vereinbarte Gegenleistung zu erbringen, soll er seinerseits die Gegenleistung verlangen dürfen.

499 Dieser Grundgedanke wird in § 105 InsO jedoch nicht allumfassend verwirklicht, sondern nur in Ansehung solcher Verträge, die teilbare Leistungen zum Gegenstand haben. Während die Rechtsprechung ursprünglich von einer restriktiven Auslegung des Teilbarkeitsbegriffes ausgegangen war, ist sie nunmehr zu einer **recht extensiven Auslegung** übergegangen.[502)] Es ist danach ausreichend, dass die Teilleistungen **in sich abgrenzbare Leistungen** darstellen und sich insbesondere **eigenständig bewerten** lassen. Nach der neueren Rechtsprechung sind kaum noch Leistungen denkbar, die nicht teilbar sind. Insbesondere sind Bauleistungen aller Art immer teilbar.[503)] Dauerschuldverhältnisse und Sukzessivlieferungsverträge sind stets Verträge i. S. des § 105 InsO. Bei diesen sind allerdings auch noch die Spezialvorschriften, insbesondere § 110 InsO zu beachten.

---

502) BGH, Urt. v. 25.4.2002 – IX ZR 313/99, BGHZ 150, 353 = ZIP 2002, 1093; BGH, Urt. v. 4.5.1995 – IX ZR 256/93, BGHZ 129, 336, 340 = ZIP 1995, 926; BGH, Urt. v. 22.2.2001 – IX ZR 191/98, BGHZ 147, 28, 34 = ZIP 2001, 1380.

503) BGH, Urt. v. 4.5.1995 – IX ZR 256/93, BGHZ 129, 336, 344 f. = ZIP 1995, 926.

f) Besonderheiten bei Grundstückskaufverträgen

Grundsätzlich unterliegen auch Grundstücksgeschäfte des Insolvenzschuldners 500
der Regelung des § 103 InsO, wenn diese beiderseits nicht vollständig erfüllt sind. Ist allerdings der Eigentumsverschaffungsanspruch des Vertragspartners vorgemerkt durch Eintragung einer **Vormerkung** im Grundbuch, so kann der Gläubiger gleichwohl für seinen Anspruch **Befriedigung** aus der Insolvenzmasse **verlangen** (§ 106 Abs. 1 InsO). Insoweit ist die Möglichkeit des Insolvenzverwalters, die Ablehnung der Erfüllung gemäß § 103 InsO zu wählen, ausgeschlossen. Der Insolvenzverwalter sollte jedoch stets überprüfen, ob die Vormerkung auch tatsächlich noch besteht, da sie **akzessorisch** ist. Der Gläubiger kann nicht aufgrund einer im Grundbuch eingetragenen Vormerkung Eigentumsübertragung an dem Grundstück verlangen, wenn der **schuldrechtliche Anspruch** auf Übertragung des Eigentums untergegangen ist. Entscheidend ist auch, dass die Vormerkung freilich **vor der Eröffnung des Insolvenzverfahrens** in das Grundbuch eingetragen worden sein muss. Gemäß § 91 Abs. 1 InsO können nach Eröffnung des Insolvenzverfahrens nämlich an Massegegenständen keine Rechte mehr begründet werden. Lediglich §§ 91 Abs. 2, 140 Abs. 2 Satz 2 InsO vermögen diesen Grundsatz zu durchbrechen. Eine Vormerkung kann demnach auch noch nach Verfahrenseröffnung eingetragen werden, wenn der **Eintragungsantrag** vor der Eröffnung gestellt wurde. Insoweit findet § 878 BGB wegen § 91 Abs. 2 InsO Anwendung.

Ist die Vormerkung wirksam im Grundbuch eingetragen worden, so muss der 501
Insolvenzverwalter dem Vertragspartner das Eigentum an dem Grundstück übertragen. Die Erfüllung ist **Masseverbindlichkeit.** Allerdings geht der aus der Vormerkung resultierende und von § 106 InsO gewährte Anspruch des Vertragspartners auch nicht weiter. Insbesondere resultiert hieraus **nicht** die Verpflichtung der Insolvenzmasse, das Grundstück **lastenfrei** zu stellen.[504] Auch die Erfüllung anderer vertraglicher Pflichten, die aus dem **Kaufvertrag** zwischen den Vertragspartner und dem Nachlass heraus resultieren, sind keineswegs Masseverbindlichkeiten.[505] Das gilt vor allem für **Nebenpflichten** wie etwa Räumung, Sanierung oder Baufertigstellung.

g) Besonderheiten bei Miet- und Dienstverhältnissen

Miet- und Pachtverhältnisse über unbewegliche Gegenstände und Dienstver- 502
hältnisse bestehen mit Wirkung für die Insolvenzmasse fort (§ 108 Abs. 1 InsO). Für bewegliche Gegenstände gilt hingegen das allgemeine Wahlrecht des Insolvenzverwalters aus § 103 InsO. Die Wirkungen für und gegen die Masse für die Zeit nach der Eröffnung haben genau denselben Inhalt, wie die Wirkungen aus

504) BGH, Beschl. v. 22.9.1994 – V ZR 236/93, NJW 1994, 3231 = ZIP 2004, 1705; OLG Koblenz, Urt. v. 12.11.1980 – 1 U 278/80, VersR 1982, 250.

505) Vgl. BGH, Urt. v. 22.1.2009 – IX ZR 66/07, ZVI 2009, 155 = ZIP 2009, 428.

dem Vertragsverhältnis vor der Zeit der Eröffnung. Dies bedeutet insbesondere, dass ein bereits vor der Eröffnung des Insolvenzverfahrens gekündigter oder aufgehobener Vertrag nicht mit Wirkung für und gegen die Insolvenzmasse fortbestehen oder wieder aufleben kann. Forderungen aus dem Schuldverhältnis, die dem Vertragspartner aus der Zeit vor der Eröffnung des Insolvenzverfahrens zustehen, kann er nunmehr allerdings nur noch als **Insolvenzgläubiger** geltend machen (§ 108 Abs. 2 InsO). Der Insolvenzverwalter braucht keine Leistungen aus der Masse zu erbringen, wenn er nicht die vertraglich vereinbarte **Gegenleistung** für genau diese Leistung von dem Vertragspartner in die Masse erhält. Dies zeigt sich insbesondere an **Schönheits-, Abwicklungs- und Räumungskosten** in der Insolvenz des Mieters. Der Vermieter hat in diesen Fällen keinen Anspruch gegen den Insolvenzverwalter darauf, dass dieser gemietete Räumlichkeiten am Ende der Mietzeit oder nach Kündigung geräumt zurückgibt[506] oder gar Schönheitsreparaturen ausführt[507]. Dies ergibt sich daraus, dass diese Ansprüche des Vermieters nicht im unmittelbaren Gegenseitigkeitsverhältnis aus dem Mietvertrag stehen. Unmittelbare Ansprüche, die im Gegenseitigkeitsverhältnis stehen, sind vielmehr lediglich die **Überlassung** der Mietsache und die Entrichtung des **Mietzinses.**

503 **Nutzt** der Insolvenzverwalter den Mietgegenstand jedoch für einen nicht unerheblichen Zeitraum **nach der Eröffnung des Insolvenzverfahrens** weiter, so ist zu differenzieren: Solche Abnutzungen und Schädigungen der Mietsache, die in die Zeit nach der Eröffnung des Insolvenzverfahrens fallen, sind bei Beendigung des Mietverhältnisses mit Mitteln der Masse zu beseitigen. Bei der Räumung wird dies besonders deutlich: Der Insolvenzverwalter hat bei Beendigung des Mietverhältnisses diejenigen Gegenstände von dem Mietgrundstück zu räumen, die er zum Zwecke der Fortführung und Nutzung des Grundstücks auf das Grundstück hinauf geschafft hat und die folglich die notwendig werdenden Räumungskosten aufseiten des Vermieters erhöht haben.[508] Der Vermieter braucht es nicht hinzunehmen, dass der Insolvenzverwalter ein Gewerbegrundstück zum Zwecke des Betriebs einer Kfz-Werkstatt nach der Eröffnung des Insolvenzverfahrens nutzt und sodann Schrott, Altöl und anderen Abfall, der in der Zeit nach der Eröffnung des Insolvenzverfahrens angefallen ist, bei Rückgabe des Grundstücks dort belässt. Solche Gegenstände hat der Insolvenzverwalter entsprechend zu räumen.

504 Der Insolvenzverwalter hat die Möglichkeit, sich bei einem Miet- oder Pachtverhältnis über einen unbeweglichen Gegenstand, das der Schuldner als Mieter oder Pächter eingegangen war, zu kündigen, **ohne** dass er dabei Rücksicht auf die **vereinbarte Vertragsdauer** nehmen müsste (§ 109 Abs. 1 Satz 1 InsO). Die

506) LG Hannover, Urt. v. 3.6.1987 – 11 S 94/87, ZIP 1988, 116.

507) Blersch/Goetsch/Haas-*Goetsch*, InsR, § 109 InsO Rz. 22.

508) BGH, Beschl. v. 17.4.2008 – IX ZR 144/07, Grundeigentum 2008, 865.

Kündigungsfrist beträgt seit Inkrafttreten des Gesetzes zur Vereinfachung des Insolvenzverfahrens vom 13.4.2007[509] nur noch **drei Monate**. Zuvor war die gesetzliche Kündigungsfrist maßgeblich. Die Kündigung kann während des gesamten Insolvenzverfahrens mit der gesetzlichen Frist ausgesprochen werden. Eine Pflicht, die Kündigung zum erstmöglichen Termin auszusprechen, besteht nicht.

Wegen eines **Verzuges mit der Entrichtung der Miete oder Pacht**, der in der 505
Zeit **vor dem Eröffnungsantrag** eingetreten ist, kann der Vermieter nach dem Antrag auf Eröffnung des Nachlassinsolvenzverfahrens nicht mehr kündigen (§ 112 InsO). Die Vorschrift bezieht sich sowohl auf unbewegliche als auch auf bewegliche Gegenstände. Voraussetzung der **Kündigungssperre** nach § 112 InsO ist, dass im Zeitpunkt des Eröffnungsantrages ein noch ungekündigtes Mietverhältnis vorliegt. Freilich muss der Vertrag auch wirksam sein und darf nicht aus anderen Gründen unwirksam oder nichtig sein. Durch die Kündigungssperre wird erreicht, dass mit dem Eingang des Eröffnungsantrages bei dem Gericht der status quo des Mietvertragsverhältnisses eingefroren wird. Selbst wenn vor diesem Antrag die Voraussetzungen für eine Kündigung seitens des Vermieters wegen Verzuges gegeben gewesen wären, so beginnt ab dem Eröffnungsantrag eine neue Zeitrechnung. Allerdings läuft während des Eröffnungsverfahrens erneut „die Uhr". Tritt **nach dem Eröffnungsantrag erneut ein Verzug** von mehr als zwei Monaten ein, so kann der Vermieter wegen dieses Verzuges kündigen. Es ist in diesen Fällen allerdings erforderlich, dass der zweimonatige Verzug gerechnet ab dem Zeitpunkt des Eröffnungsantrages eintritt. Die Kündigung kann nicht auch nur teilweise auf Zeiträume vor dem Eröffnungsantrag gestützt werden.[510]

Für **Vertragsverhältnisse über Wohnräume eines Schuldners** enthält § 109 506
Abs. 1 Satz 2 InsO eine **Sonderregelung**. Danach ist die Kündigung ausgeschlossen; der Insolvenzverwalter kann statt der Kündigung eine Erklärung gegenüber dem Vermieter abgeben, dass Ansprüche die nach Ablauf der Kündigungsfrist gemäß § 109 Abs. 1 Satz 1 Halbs. 2 InsO fällig werden, nicht im Insolvenzverfahren geltend gemacht werden können. § 109 Abs. 1 Satz 2 InsO ist auch im Nachlassinsolvenzverfahren anzuwenden, steht aber neben einem eventuellen Kündigungsrecht des Insolvenzverwalters aus § 564 BGB.

Nach § 564 Satz 2 BGB sind der Erbe und der Vermieter berechtigt, das Miet- 507
verhältnis, das zwischen dem Vermieter und dem Erben fortgesetzt wird, innerhalb eines Monats **außerordentlich zu kündigen**. Maßgeblich ist die gesetzliche Kündigungsfrist, die in § 573c Abs. 1 BGB geregelt ist. Das Kündi-

509) Gesetz zur Vereinfachung des Insolvenzverfahrens, v 13.4.2007, BGBl. I 2007, 509.

510) Streitig, vgl. OLG Köln, Beschl. v. 2.12.2002 – 15 W 93/02, ZIP 2003, 543 = NZI 2003, 149; LG Karlsruhe, Urt. v. 13.2.2003 – 5 S 149/02, ZIP 2003, 677; Nerlich/Römermann-*Balthasar*, InsO, § 112 Rz. 13.

gungsrecht steht im Falle der Eröffnung des Insolvenzverfahrens nicht mehr dem Erben zu, sondern dem Insolvenzverwalter.[511)] Die **Monatsfrist** beginnt für den Insolvenzverwalter analog § 211 BGB erst mit seiner Bestellung zu laufen.[512)] Will der Vermieter gemäß § 564 BGB kündigen, so ist die Kündigung ab Eröffnung des Insolvenzverfahrens gegenüber dem Insolvenzverwalter zu erklären.

508 § 564 BGB berechtigt den Insolvenzverwalter jedoch nicht zur Kündigung, wenn an Stelle des Erblassers ein **Eintrittsberechtigter** i. S. von § 563 BGB in das Mietverhältnis eingetreten ist. Gilt der Eintritt allerdings gemäß § 563 Abs. 3 BGB später als nicht erfolgt, lebt das Kündigungsrecht auf. Die Monatsfrist ist dann ab dem Zeitpunkt zu bestimmen, zu dem der Insolvenzverwalter von der Erklärung der Eintrittsberechtigten gemäß § 563 Abs. 3 BGB Kenntnis erlangt.[513)] Der Insolvenzverwalter ist auch dann nicht zur Kündigung gemäß § 564 BGB berechtigt, wenn neben dem Erblasser noch andere, nicht eintrittsberechtigte Personen als Mitmieter an dem Mietverhältnis beteiligt sind. Es ist heftig streitig, ob dem Erben bei Vorhandensein von Mitmietern ein Kündigungsrecht zustehen soll oder nicht oder ob sämtliche Mieter bei Tod eines Mitmieters gemeinsam mit dem Erben berechtigt sein sollen, das Mietverhältnis zu kündigen.[514)] Ein solches Kündigungsrecht kann nicht anerkannt werden, weil dadurch das berechtigte Interesse des Vermieters an einer Fortsetzung des Mietverhältnisses unberücksichtigt bliebe.

509 Der Insolvenzverwalter kann sich über diese außerhalb des Insolvenzverfahrens nach bürgerlichem Recht geltende Beschränkung des Kündigungsrechtes über die **Ausübung seiner Gestaltungsrechte nach § 109 Abs. 1 InsO** hinwegsetzen. § 109 Abs. 1 Satz 2 InsO ist auch im Nachlassinsolvenzverfahren anwendbar. Einerseits spricht zwar der Zweck der Regelung zunächst dagegen. Dieser besteht darin, zu verhindern, dass der Insolvenzverwalter über das Vermögen einer natürlichen Person das Recht und unter Masseschutzgesichtspunkten sogar die Pflicht hat, ein Wohnraummietverhältnis des Schuldners zu kündigen, wodurch dieser gezwungen wäre, innerhalb der kurzen Frist des § 109 Abs. 1 Satz 1 Halbs. 2 InsO einen neuen Mietvertrag abzuschließen, möglicherweise

---

511) *Häublein* in: MünchKomm-BGB, § 564 Rz. 10; Staudinger-*Rolfs*, BGB, § 564 Rz. 11; Grüneberg-*Weidenkaff*, BGB, § 564 Rz. 7; Erman-*Jendrek*, BGB, § 564 Rz. 8.

512) Ebenso für den vergleichbaren Fall der Testamentsvollstreckung *Häublein* in: MünchKomm-BGB, § 564 Rz. 11.

513) Vgl. Grüneberg-*Weidenkaff*, BGB, § 563 Rz. 20; Staudinger-*Rolfs*, BGB, § 563 Rz. 39.

514) Für gemeinsame Kündigungsmöglichkeit der verbleibenden Mitmieter mit den Erben *Häublein* in: MünchKomm-BGB, § 564 Rz. 22; *Lammel*, Wohnraummietrecht, § 564 BGB Rz. 13; OLG Naumburg, Urt. v. 19.4.2000 – 6 U 202/99, NZM 2002, 166, 167 = NJW-RR 2002, 298; gegen ein Kündigungsrecht des Erben aber: LG Köln, Urt. v. 19.12.2000 – 12 S 203/00, ZMR 2001, 457; *Derleder* in: Rüßmann, Alternativkommentar BGB, § 569 a. F. Rz. 1; *Eckert* in: GS Sonnenschein, S. 313, 318; Grüneberg-*Weidenkaff*, BGB, § 564 Rz. 6; Staudinger-*Rolfs*, BGB, § 564 Rz. 6.

sogar obdachlos würde. In der Gesetzesbegründung heißt es, die Erklärung des Verwalters beende den Mietvertrag nicht, vielmehr werde er vom Schuldner fortgesetzt. Daran wird deutlich, dass der Gesetzgeber den Fall des Nachlassinsolvenzverfahrens nicht im Blick hatte. Eine Fortsetzung des Mietverhältnisses in der insolvenzfreien Vermögenssphäre des Schuldners ergibt für das Nachlassinsolvenzverfahren keinen Sinn, weil der **Erblasser keinen Wohnbedarf mehr** hat. Andererseits ist die Anwendbarkeit von § 109 Abs. 1 Satz 2 InsO für das Nachlassinsolvenzverfahren auch nicht ausgeschlossen. Für die Insolvenzmasse ergeben sich im Fall der Kündigung gemäß § 109 Abs. 1 Satz 1 InsO und der Erklärung gemäß § 109 Abs. 1 Satz 2 InsO die gleichen Rechtsfolgen. Es wäre also für die Insolvenzmasse nicht günstiger, § 109 Abs. 1 Satz 2 InsO aus teleologischen Gründen nicht anzuwenden. Umgekehrt könnte die teleologische Reduktion zum Verlust des Mietverhältnisses für Mitmieter führen, weil die Kündigung des Insolvenzverwalters nach § 109 Abs. 1 InsO nach ganz überwiegender Auffassung geeignet ist, das gesamte Mietverhältnis auch mit Wirkung für und gegen die Mitmieter zu erfassen.[515] Aus diesem Grund ist die Reduktion von § 109 Abs. 1 Satz 2 InsO nicht angezeigt.

Der **Insolvenzverwalter** hat also **zur Enthaftung der Insolvenzmasse aus dem** 510
Mietverhältnis des Erblassers verschiedene Möglichkeiten: Handelt es sich um ein Mietverhältnis, an dem nur der Erblasser als Mieter beteiligt war, so kann er gemäß § 564 BGB unter Einhaltung der gesetzlichen Kündigungsfristen kündigen; alternativ steht ihm die Enthaftungserklärung gemäß § 109 Abs. 1 Satz 2 InsO zur Verfügung. Die Kündigung wirkt mit gesetzlicher Kündigungsfrist; die Enthaftungserklärung wirkt ebenfalls mit gesetzlicher Kündigungsfrist, längstens jedoch mit einer Frist von drei Monaten zum Monatsende. Sind neben dem Erblasser andere Mieter an dem Mietverhältnis beteiligt, so kann der Insolvenzverwalter nicht nach § 564 BGB kündigen. Ihm bleibt nur die Enthaftungserklärung gemäß § 109 Abs. 1 Satz 2 InsO. Der Vorteil einer Kündigung gegenüber der Enthaftungserklärung wird vor allem an einem etwaigen Kautionsrückzahlungsanspruch deutlich: Kündigt der Insolvenzverwalter, steht der Insolvenzmasse der Kautionsrückzahlungsanspruch gegen den Vermieter zu. Im Fall der Enthaftungserklärung gemäß § 109 Abs. 1 Satz 2 InsO steht der Kautionsrückzahlungsanspruch dem Schuldner zu,[516] bzw. für den Fall des Nachlassinsolvenzverfahrens dem Erben, mit dem das Mietverhältnis fortgesetzt wird. Dem ist auch für das Nachlassinsolvenzverfahren zuzustimmen, denn der Insolvenzverwalter kann zur Insolvenzmasse nichts beanspruchen, worüber

515) OLG Celle, Urt. v. 15.2.1974 – 2 U 62/73, MDR 1974, 673 = NJW 1974, 2012; Braun-*Fehl-Weileder*, InsO, § 109 Rz. 27; Nerlich/Römermann-*Balthasar*, InsO, § 109 Rz. 10; *Wegener* in: FK-InsO, § 109 Rz. 11 f.

516) So *Hain*, ZInsO 2007, 192, 197; *Wegener* in: FK-InsO, § 109 Rz. 16; Begr. RegE InsO-ÄndG, BT-Drucks. 14/5680, S. 27.

er seine Verwaltungsbefugnis aufgegeben hat. Dies ist durch die Enthaftungserklärung geschehen.

511 **Ist der Erblasser Vermieter oder Verpächter eines unbeweglichen Gegenstandes** gewesen und hat er über seine Mietforderungen für die Zukunft verfügt, bspw. indem er sie zur Sicherung eines Darlehens **an einen Dritten abgetreten** hat, so ist diese Verfügung nur wirksam, soweit sie sich auf die Miete für den Monat bezieht, in den die Eröffnung fällt, bzw. wenn die Eröffnung des Nachlassinsolvenzverfahrens nach dem 15. Tag eines Monats erfolgt, auch für den folgenden Kalendermonat, § 110 Abs. 1 InsO. Gleiches gilt auch, wenn die Verfügung nach dem Tod des Erblassers durch den Nachlasspfleger, Nachlassverwalter oder Testamentsvollstrecker erfolgt ist. Nach § 110 Abs. 2 InsO stehen Verfügungen des Schuldners etwa auch Pfändungen seitens der Gläubiger i. R. einer **Zwangsvollstreckungsmaßnahme** gleich. Dies bezieht sich jedoch nur auf die Pfändung der Mieten aufgrund eines persönlichen Titels.[517] Zwangsvollstreckungsmaßnahmen der Grundpfandgläubiger aus ihrem dinglichen Recht, die im Wege der Zwangsversteigerung oder Zwangsverwaltung geltend gemacht worden sind, haben auch im Insolvenzverfahren bestand.[518] So ist etwa die Anordnung der Zwangsverwaltung auch dann gegen die Masse wirksam, wenn sie bereits vor der Eröffnung des Insolvenzverfahrens angeordnet worden ist.

h) Besonderheiten bei Aufträgen und Geschäftsbesorgungsverträgen

512 Aufträge und Geschäftsbesorgungsverträge **erlöschen** nach §§ 115, 116 InsO mit der Eröffnung des Insolvenzverfahrens. Besondere Bedeutung hat § 116 InsO, weil **Bank- und Giroverträge** Geschäftsbesorgungsverträge sind und somit viele Insolvenzverfahren betreffen. Zwischen Bank und Kunden bestehen in der Regel mehrere Verträge. Zum einen wird ein allgemeiner Bankvertrag geschlossen, der den Charakter eines Rahmenvertrages hat und bspw. die Eröffnung eines Girokontos regelt. Dieser Rahmenvertrag endet mit der Eröffnung des Insolvenzverfahrens.[519] Davon sind die **Überweisungsverträge** zu unterscheiden, die nach § 116 Satz 3 InsO fortgelten.

513 Durch die Beendigung des allgemeinen Bankvertrages endet in der Insolvenz des Kunden auch das **Kontokorrent.** Der Insolvenzverwalter ist stets angehalten, bei der Bank einen gesonderten Saldenabschluss auf den Zeitpunkt der Eröffnung des Insolvenzverfahrens zu beantragen. Ab diesem Zeitpunkt sind Verrechnungen durch die Bank nicht mehr möglich, da das Kontokorrentverhält-

517) *Wegener* in: FK-InsO, § 110 Rz. 13.

518) BGH, Beschl. v. 13.7.2006 – IX ZB 301/04, ZVI 2006, 448 = ZIP 2006, 1554; Graf-Schlicker-*Breitenbücher*, InsO, § 110 Rz. 5.

519) So schon BGH, Urt. v. 5.11.1953 – IV ZR 95/53, BGHZ 11, 37 = NJW 1954, 190.

nis nicht mehr besteht.[520] Durch das Erlöschen des Kontokorrentvertrages kann die Bank auch Stornierungen nicht mehr vornehmen.

3. Verwertung freier Masse in Form beweglicher Gegenstände

Der Insolvenzverwalter hat gemäß § 159 InsO **im Anschluss an den Berichtstermin** unverzüglich mit der Verwertung des zum Nachlass gehörenden Vermögens zu beginnen, soweit nicht Beschlüsse der Gläubigerversammlung entgegenstehen. Unter Verwertung ist die Umsetzung der zur Masse gehörenden Gegenstände in Geld zu verstehen.[521] Welche **Art und Weise der Verwertung** der Insolvenzverwalter wählt, ist ihm weitgehend selbst überlassen, wenn nicht die Gläubigerversammlung eine bestimmte Art der Verwertung bestimmt hat. Die primäre Verwertungsform ist die **freihändige Veräußerung**, also der Verkauf. Hierzu bedarf der Insolvenzverwalter von den Fällen des § 160 Abs. 2 InsO abgesehen, keiner Zustimmung oder sonstiger Mitwirkung Dritter, weil die Verfügungsbefugnis gemäß § 80 InsO mit Verfahrenseröffnung auf ihn übergegangen ist. Statt der freihändigen Veräußerung kann der Insolvenzverwalter die Verwertung auch bspw. durch **private Versteigerung oder Zwangsversteigerung** betreiben. Auch die **Einräumung von Nutzungsrechten** gegen Entgelt kann eine Form der Verwertung sein. Forderungen werden durch ihre Einziehung verwertet; der Insolvenzverwalter hat Guthaben, die zum Nachlass gehören, beizuziehen und Ansprüche jeder Art zu realisieren. 514

Der Insolvenzverwalter darf sich zum Zwecke der Verwertung solcher **Hilfspersonen** bedienen, die über besondere Sachkunde oder erforderliche Kapazitäten verfügen. Er darf zu diesem Zwecke Veräußerungsvollmachten an Dritte erteilen. Die Einschaltung Dritter ist insbesondere dann geboten, wenn der Insolvenzverwalter dadurch einen höheren Verwertungserlös erzielen kann, weil er das Fachwissen der Hilfspersonen ausnutzen und sich besondere Absatzchancen erschließen kann. Von einem Insolvenzverwalter kann nicht erwartet werden, dass er komplizierte Produktionsmaschinen oder Grundstücke in gleicher Weise einem Käufer zuführen kann, wie dies Personen können, die sich in diesen Bereichen auf An- und Verkauf von Gegenständen spezialisiert haben. Sofern **Kosten** für die Einschaltung solcher Verwerter anfallen, sind diese als Masseverbindlichkeiten von der Insolvenzmasse zu tragen. Üblicherweise arbeiten Verwerter auf Erfolgshonorarbasis, so dass der Insolvenzmasse schließlich nur der Erlös nach Abzug entsprechender Verwertungskosten zufließt. Als bedenklich hat es zu gelten, wenn Insolvenzverwalter mit der Verwertung von zur Insolvenzmasse gehörenden Gegenständen **Verwertungsgesellschaften** be- 515

---

520) BGH, Urt. v. 13.11.1990 – XI ZR 217/89, NJW 1991, 1286, 1287 = ZIP 1991, 155; OLG Celle, Urt. v. 6.1.1999 – 14a (6) U 48/97, NZI 2000, 181; *Obermüller*, Insolvenzrecht in der Bankpraxis, Rz. 2.55; *Marotzke* in: HK-InsO, § 116 Rz. 5.

521) *Flessner* in: HK-InsO, § 159 Rz. 2.

auftragen, an denen sie **selbst direkt oder indirekt beteiligt** sind oder von denen sie auf andere Weise persönlich monetär profitieren.[522] Solche Beauftragungen können nur dann als zulässig erachtet werden, wenn die Gläubigerversammlung gemäß § 160 Abs. 1 InsO zugestimmt hat.[523]

516 Der Insolvenzverwalter ist gehalten, eine **möglichst günstige Verwertung** vorzunehmen. Er handelt aber keineswegs pflichtwidrig, wenn er nicht die bestmögliche Verwertung durchgeführt hat. Oft ergeben sich kurzfristige Verwertungsmöglichkeiten; es liegt im Interesse der Insolvenzmasse, solche Gelegenheiten nicht zu verpassen, nur weil es ggf. zu einem späteren Zeitpunkt eine etwas günstigere Verwertungsoption geben könnte. Der Insolvenzverwalter hat eine weitgehend freie Ermessensentscheidung bezüglich der einzelnen Verwertungsmöglichkeiten zu treffen und dabei zwischen einer möglichst zeitnahen Verwertung und einem möglichst hohen Verwertungserlös abzuwägen. Im Interesse einer zuverlässigen und zeitnahen Verwertung ist dem Insolvenzverwalter jedwede Spekulation versagt.

517 Der Insolvenzverwalter hat das **gesamte zum Nachlass gehörende Vermögen** zu verwerten. Dies schließt sowohl im Inland als auch im **Ausland** belegenes Vermögen ein. Bei der Verwertung von Auslandsvermögen kann der Insolvenzverwalter auf die Schwierigkeit stoßen, dass der deutsche Insolvenzeröffnungsbeschluss im Ausland nicht als hinreichende Legitimation für eine Veräußerung anerkannt wird. Der Insolvenzverwalter kann in diesem Fall von demjenigen, der ohne Eröffnung des Insolvenzverfahrens zur Verfügung über die zum Nachlass gehörenden Gegenstände befugt wäre, verlangen, dass er ihm eine entsprechende **Verwertungsvollmacht** erteilt.[524] Dies ist üblicherweise der Erbe, ggf. aber auch ein Testamentsvollstrecker oder Nachlasspfleger. War vor der Eröffnung des Insolvenzverfahrens die Nachlassverwaltung angeordnet, so hat der Erbe die Vollmacht auszustellen, weil die Nachlassverwaltung und damit auch das Amt des Nachlassverwalters mit der Eröffnung des Insolvenzverfahrens endeten.

518 Gehört zum Nachlass eine **Freiberuflerpraxis**, so erstreckt sich das Verwertungsrecht des Insolvenzverwalters vom Grundsatz her auch hierauf. Problematisch ist allerdings, dass die Praxisunterlagen, die für die Führung der Praxis dringend erforderlich sind, in vielen Fällen einem strafbewehrten **Berufsgeheimnis** unterliegen (§§ 203, 204 StGB). Dies gilt insbesondere für die Praxis eines Arztes, Rechtsanwalts, Steuerberaters oder Wirtschaftsprüfers. Hier gehen die **berufsrechtlichen Regelungen** denjenigen der InsO vor mit der Folge, dass sich der Insolvenzverwalter i. R. der Verwertung der Praxis nicht über die berufsrechtlichen Regelungen hinwegsetzen darf.

---

522) *Wegener* in: FK-InsO, § 159 Rz. 9.

523) Nerlich/Römermann-*Balthasar*, InsO, § 159 Rz. 8.

524) Andres/Leithaus-*Andres*, InsO, § 159 Rz. 19.

Verstirbt ein aktiv **selbständiger Rechtsanwalt**, so bestellt die zuständige Rechtsanwaltskammer gemäß § 55 Abs. 1 BRAO einen Abwickler. Werden unterschiedliche Personen zum Nachlassinsolvenzverwalter und **Kanzleiabwickler** bestellt, so kann der Abwickler die für die Abwicklung der Kanzlei benötigten Gegenstände und Unterlagen von dem Insolvenzverwalter herausverlangen, obwohl sie vom Insolvenzbeschlag erfasst werden.[525] Zwischen Insolvenzverwalter und Kanzleiabwickler ist eine enge Abstimmung dringend erforderlich. Dem Abwickler stehen in Ansehung der Mandatsbearbeitung diejenigen Rechte zu, die dem Rechtsanwalt vor dessen Tod zustanden. Der Abwickler wickelt die **schwebenden Mandate** des verstorbenen Rechtsanwaltes ab; er gilt als von den Mandanten bevollmächtigt, § 55 Abs. 2 BRAO. Der Abwickler darf mit den Mandatsakten des Rechtsanwaltes umgehen, ohne dabei das Berufsgeheimnis zu verletzen. Dies gilt nicht für den Insolvenzverwalter, und zwar nicht einmal dann, wenn er selbst als Rechtsanwalt zugelassen ist, es sei denn, die Mandanten hätten dem ausdrücklich zugestimmt. 519

Da die **offenen Honorarforderungen** eines verstorbenen Rechtsanwaltes kaum ohne Durchsicht der Mandatsakten ermittelt und geltend gemacht werden können, ist der Nachlassinsolvenzverwalter diesbezüglich auf die Unterstützung des Kanzleiabwicklers dringend angewiesen. Der **Abwickler** ist grundsätzlich gemäß § 55 Abs. 3 BRAO **berechtigt**, die Honorarforderungen des verstorbenen Rechtsanwaltes im eigenen Namen auf Rechnung der Erben **geltend zu machen**. Dies gilt im Insolvenzverfahren über den Nachlass des Rechtsanwaltes mit der Modifikation, dass der Abwickler die Honorarforderungen zwar gleichfalls im eigenen Namen geltend macht, allerdings ausschließlich **auf Rechnung des Nachlassinsolvenzverwalters.** 520

Für den Fall eines Insolvenzverfahrens über das Vermögen eines (nicht verstorbenen) seine anwaltliche Tätigkeit während des Insolvenzverfahrens fortsetzenden Rechtsanwaltes wird überwiegend zu Recht vertreten, dieser dürfe ohne Zustimmung des Insolvenzverwalters auch aus den dem Berufsgeheimnis unterliegenden Unterlagen **keinen wirtschaftlichen Nutzen ziehen oder sie gar in irgendeiner Weise verwerten.**[526] Gleiches gilt für den Fall des Nachlassinsolvenzverfahrens in Bezug auf die **Erben**. Jedweder wirtschaftliche Nutzen aus der Kanzlei, der Verwendung des Mandantenstammes und sonstiger immaterieller Rechts steht ausschließlich der Insolvenzmasse zu. Der Abwickler hat dem Insolvenzverwalter auch die nötige Unterstützung zu geben, wenn dieser die Kanzlei insgesamt an einen Dritten veräußern möchte. Vor allem ist der Insolvenzverwalter nicht auf eine Zustimmung des Abwicklers zur Veräu- 521

525) OLG Köln, Urt. v. 30.11.2006 – 6 U 220/06, OLG Report Köln 2007, 422; *Franke/Böhme*, AnwBl. 2004, 339, 341.

526) *Peters* in: MünchKomm-InsO, § 35 Rz. 171; *Schick*, NJW 1990, 2359, 2361.

ßerung der Kanzlei im Ganzen angewiesen.[527] Davon unberührt ist freilich die Notwendigkeit der Zustimmung der Mandanten, wenn deren Mandatsakten im Zusammenhang mit der Veräußerung der Kanzlei an einen anderen Rechtsanwalt übergeben werden sollen. Umgekehrt hat der Abwickler das Berufsgeheimnis als höherwertiges, persönlichkeitsbezogenes Recht auch gegenüber dem Insolvenzverwalter des Nachlasses des früheren Rechtsanwalts zu wahren.[528] In Bezug auf die Fortführung laufender Mandatsverhältnisse einschließlich der Einziehung und Auskehrung von Fremdgeldern ist er keinen Weisungen des Insolvenzverwalters unterworfen und darf von diesem nicht in seiner Tätigkeit beeinträchtigt werden.[529]

522 Nur dem Nachlassinsolvenzverwalter gegenüber ist der **Abwickler** berechtigt und verpflichtet, Rechnung über seine Abwicklungstätigkeit zu legen. Der Insolvenzverwalter kann von dem Abwickler gemäß § 667 BGB i. V. mit §§ 55 Abs. 3 Satz 1, 53 Abs. 9 Satz 2 BRAO und § 80 InsO **Herausgabe des aus der Abwicklung Erlangten verlangen**, weil dies gemäß § 35 InsO Bestandteil der Insolvenzmasse ist.[530] Das vom Kanzleiabwickler während der Dauer der Abwicklung verwaltete Guthaben auf seinem Abwicklungskonto dient der umfassenden Ausführung des Auftrags i. S. von § 667 Alt. 1 BGB. Der nach § 55 BRAO bestellte Abwickler hat das vorhandene Barvermögen in Besitz zu nehmen, um daraus die Kosten für die **vorläufige Aufrechterhaltung des Kanzleibetriebs** zu bestreiten; Fremdgeld muss er an die Berechtigten auskehren.[531] Vereinnahmt der Insolvenzverwalter Beträge, die Honorarforderungen der abzuwickelnden Kanzlei darstellen, so hat er diese grundsätzlich an den Kanzleiabwickler herauszugeben.[532]

523 Es ist hinzunehmen, dass der Kanzleiabwickler somit eine **von der Insolvenzmasse getrennte Sondermasse verwaltet** und nicht an die insolvenzrechtlichen Befriedigungsgrundsätze gebunden ist. Dadurch handelt der Abwickler nicht pflichtwidrig, wenn er eine Forderung eines Gläubigers aus dem von ihm verwalteten Sondervermögen bezahlt, obwohl diese im Insolvenzverfahren über den Nachlass nur den Rang einer einfachen Insolvenzforderung i. S. von § 38 InsO einnehmen würde. Der Grund hierfür liegt darin, dass die öffentliche Bestellung eines Kanzleiabwicklers zum Schutz der Mandanten erfolgt, für die im Interesse der Rechtssicherheit die reibungslose Fortführung der laufenden Angelegenheiten sichergestellt werden soll, und in diesem Zusammenhang auch

527) *Peters* in: MünchKomm-InsO, § 35 Rz. 173.

528) OLG Köln, Urt. v. 30.11.2006 – 6 U 220/06, OLG Report Köln 2007, 422.

529) OLG Köln, Urt. v. 30.11.2006 – 6 U 220/06, OLG Report Köln 2007, 422.

530) BGH, Urt. v. 23.6.2005 – IX ZR 139/04, ZVI 2005, 506 = NZI 2005, 681.

531) Weyland-*Nöker*, BRAO, 11. Aufl., § 55 Rz. 19.

532) LG Aachen, Urt. v. 27.3.2009 – 8 O 480/08, ZInsO 2009, 875.

zur Wahrung des Ansehens der Anwaltschaft.[533] Daran ändert sich nichts durch die Eröffnung des Insolvenzverfahrens über den Nachlass des früheren Rechtsanwalts. Die öffentlichen Pflichten des Kanzleiabwicklers enden nicht mit Eröffnung des Insolvenzverfahrens über den Nachlass des ehemaligen Kanzleiinhabers. Insbesondere besteht nach wie vor das öffentliche Bedürfnis, im Interesse der Rechtssicherheit des Mandanten und zur Wahrung des Ansehens der Anwaltschaft die schwebenden Angelegenheiten **ordnungsgemäß zu Ende zu führen.**[534]

Die **Aufgabe des Insolvenzverwalters** zielt **dagegen auf Sicherstellung der gleichmäßigen Befriedigung** aller Gläubigerinteressen. Der Bestand des Vermögens, das der Insolvenzverwalter zu diesem Zweck zu verwalten und zu verwerten hat, richtet sich nach den zugrunde liegenden Rechtsverhältnissen. Diese ändern sich durch die Insolvenzeröffnung grundsätzlich nicht. Sofern zu dem Vermögen ein schuldrechtlicher Zahlungsanspruch gehört, kann der Insolvenzverwalter diesen zugunsten der Insolvenzmasse nach den allgemeinen Regeln einziehen. Er erlangt insoweit aber in Ermangelung besonderer Vorschriften keine Rechtsstellung, die über diejenige des Anspruchsinhabers außerhalb des Insolvenzverfahrens hinausgeht.[535] Weder aus den Regelungen der InsO noch aus denen der BRAO lässt sich eine Verdrängung der Rechte des Abwicklers oder eine Einschränkung seiner Vermögensverwaltungsbefugnisse für den Insolvenzfall entnehmen. Die **beiden Aufgabenbereiche des Abwicklers und des Insolvenzverwalters** sind vielmehr dergestalt **abzugrenzen**, dass zwei isolierte Sondermassen verwaltet werden. 524

Mit dem Ende der Abwicklung wird der Anspruch des Insolvenzverwalters aus § 55 Abs. 2 BRAO, § 667 BGB auf Herausgabe des von dem Kanzleiabwickler Erlangten fällig.[536] Eine frühere Fälligkeit kommt lediglich dann in Betracht, wenn der Abwickler Überschüsse erwirtschaftet, die offensichtlich nicht mehr für die weitere Abwicklung benötigt werden, § 271 Abs. 1 Alt. 2 BGB. Der Abwickler ist zur Aufrechnung mit dem ihm zustehenden Vergütungsanspruch aus §§ 55 Abs. 3, 53 Abs. 10 Satz 4 BRAO berechtigt, solange die Abwicklung nicht beendet ist.[537] 525

Stirbt ein selbständig tätiger **Steuerberater**, dessen Steuerberatungspraxis anschließend in seinen Nachlass fällt, über den das Insolvenzverfahren eröffnet wird, so stellen sich nahezu dieselben Probleme wie im Fall eines Rechtsanwaltes, 526

---

533) Weyland-*Nöker*, BRAO, 11. Aufl., § 55 Rz. 2; *Franke/Böhme*, AnwBl. 2004, 339; LG Aachen, Urt. v. 27.3.2009 – 8 O 480/08, ZInsO 2009, 875.

534) LG Rostock, Urt. v. 13.12.2001 – 4 O 180/00, NJW-RR 2002, 846.

535) LG Rostock, Urt. v. 13.12.2001 – 4 O 180/00, NJW-RR 2002, 846.

536) BGH, Urt. v. 23.6.2005 – IX ZR 139/04, ZVI 2005, 506 = NZI 2005, 681; LG Aachen, Urt. v. 27.3.2009 – 8 O 480/08, ZInsO 2009, 875.

537) BGH, Urt. v. 23.6.2005 – IX ZR 139/04, ZVI 2005, 506 = NZI 2005, 681.

dessen Kanzlei in ein Nachlassinsolvenzverfahren fällt.[538] Auf die vorstehenden Ausführungen (siehe Rz. 519 ff.) kann daher weitgehend verwiesen werden. Die zuständige Steuerberaterkammer bestellt von den Fällen des § 71 StBerG abgesehen gemäß § 70 Abs. 1 StBerG einen **Praxisabwickler.** Dessen Rechte und Pflichten entsprechen weitgehend denjenigen eines Kanzleiabwicklers i. S. von § 55 BRAO. Auch der Praxisabwickler verwaltet ein von der Insolvenzmasse verschiedenes Sondervermögen; er hat am Ende der Abwicklung das von ihm Erlangte gemäß § 667 BGB an den Nachlassinsolvenzverwalter herauszugeben.[539]

527 Befindet sich eine **Arztpraxis** im Nachlass, so ist der Insolvenzverwalter nicht berechtigt, die Praxis selbst fortzuführen, wenn er nicht selbst über die entsprechende Berufszulassung verfügt.[540] Dem Insolvenzverwalter steht allerdings das ausschließliche Recht zu, wirtschaftlichen Nutzen aus der Praxis und auch den dem Berufsgeheimnis liegenden Patientenakten und der Patientenkartei zu ziehen.

528 Soweit dem Freiberufler im Todeszeitpunkt Ansprüche gegen ein berufsständisches **Versorgungswerk** zustanden, so fallen diese in vollem Umfange in die Insolvenzmasse. Dies gilt allerdings nicht für die Hinterbliebenenrenten. Zwar ist der Deckungsstock für die **Hinterbliebenenrente** aus den Beiträgen des insolventen verstorbenen Mitglieds gebildet; dies ändert aber nichts daran, dass nach dem Tod des Mitglieds die Hinterbliebenenrente originär in der Person der Witwe oder des Witwers bzw. der Waisen als Hinterbliebenen entsteht. Hinterbliebenenrenten sind somit trotz Eröffnung des Insolvenzverfahrens über den Nachlass des verstorbenen Mitglieds direkt an die Hinterbliebenen auszuzahlen und fallen nicht in die Insolvenzmasse.[541]

4. Verwertung von beweglichen Absonderungsgegenständen

529 Die Verwertung von beweglichen Gegenständen, an denen Absonderungsrechte bestehen, ist in §§ 166 ff. InsO geregelt. Absonderungsberechtigt sind solche Gläubiger, die an Gegenständen, die zum Nachlass gehören, dingliche Sicherheiten für ihre Forderungen erlangt haben. **Absonderungsrechte**, die zwischen dem Erbfall und der Eröffnung des Insolvenzverfahrens über den Nachlass im Wege der Zwangsvollstreckung erworben worden sind, verlieren allerdings mit Eröffnung des Insolvenzverfahrens über den Nachlass ihre Wirksamkeit, § 321 InsO. Absonderungsberechtigte können nach Maßgabe von §§ 49, 50, 51, 166 ff., 173 InsO **Befriedigung aus dem Gegenstand**, an dem ihnen das Absonderungsrecht zusteht, verlangen. Das Absonderungsrecht führt damit zu einer Besser-

538) Ausf. hierzu *Ueberfeldt*, DStR 2008, 2386, 2388.

539) Ausf. hierzu *Ueberfeldt*, DStR 2008, 2386, 2388.

540) *Peters* in: MünchKomm-InsO, § 35 Rz. 174.

541) *Esser/Prossliner*, NZI 2002, 647.

stellung der Absonderungsberechtigten gegenüber den bloßen Insolvenzgläubigern im Range des § 38 InsO. An der Schlussverteilung können Absonderungsberechtigte nur teilnehmen, wenn sie entweder auf ihr Absonderungsrecht verzichten oder aber einen Ausfall nachweisen, der ihnen nach Verwertung des Sicherungsgegenstandes noch verblieben ist. Zur abgesonderten Befriedigung berechtigen insbesondere

- ein rechtsgeschäftliches oder durch Zwangsvollstreckung erlangtes Pfändungspfandrecht (§ 50 Abs. 1 InsO),
- die Sicherungsübereignung (§ 51 Nr. 1 InsO),
- der verlängerte oder erweiterte Eigentumsvorbehalt[542] und
- Zurückbehaltungsrechte (§ 51 Nr. 2, 3 InsO).

Die **Verwertung** beweglicher Sachen, an denen Absonderungsrechte bestehen, 530
ist dem Insolvenzverwalter dann gestattet, wenn er sie in Besitz hat. Streitig ist, ob der unmittelbare Besitz, also die tatsächliche Sachherrschaft erforderlich ist,[543] oder ob der mittelbare Besitz ausreicht.[544] Zutreffender Weise muss der mittelbare Besitz ausreichen. Hat der Insolvenzverwalter den Besitz nicht inne, weil der absonderungsberechtigte Gläubiger die Sache vor der Inbesitznahme durch den (vorläufigen) Insolvenzverwalter an sich genommen hat, so ist die Inbesitznahme durch den Gläubiger u. U. anfechtbar, allerdings nicht mit der alleinigen Begründung, der Insolvenzmasse sei die Feststellungskostenpauschale gemäß §§ 170, 171 InsO entgangen.[545] Das Verwertungsrecht des Insolvenzverwalters schließt zugleich den Zugriff der absonderungsberechtigten Gläubiger auf die Sachen aus. Insbesondere i. R. von Unternehmensfortführungen kann auf diese Weise sichergestellt werden, dass das Unternehmensganze zunächst erhalten, und im Ganzen möglichst optimal veräußert werden kann.

Auch **Forderungen**, an denen Absonderungsrechte bestehen, darf der Insol- 531
venzverwalter einziehen oder in anderer Weise verwerten, § 166 Abs. 2 InsO. Für das Verwertungsrecht ist es unerheblich, ob der Absonderungsberechtigte das ihm zustehende Recht gegenüber dem Anspruchsgegner offengelegt hat oder nicht.

Will der Insolvenzverwalter einen **Absonderungsgegenstand veräußern**, so muss 532
er dem Absonderungsberechtigten gemäß § 168 InsO **vorab mitzuteilen**, auf

542) *Smid*, Praxishdb. InsR, § 2 Rz. 45 m. w. N., Rz. 54 ff.

543) Uhlenbruck-*Brinkmann*, InsO, § 166 Rz. 4.

544) *Smid*, Praxishdb. InsR, § 25 Rz. 23 m. w. N.; BGH, Urt. v. 16.2.2006 – IX ZR 26/05, NZI 2006, 342 = ZIP 2006, 81.

545) BGH, Urt. v. 23.9.2004 – IX ZR 25/03, ZVI 2005, 136 = ZIP 2005, 40; BGH, Urt. v. 20.11.2003 – IX ZR 259/02, ZIP 2004, 42 = NZI 2004, 137.

welche Weise, d. h. zu welchen genauen Konditionen der Gegenstand veräußert werden soll.[546] Unbedingt notwendig ist die Mitteilung,

- welcher Absonderungsgegenstand veräußert werden soll,
- wann ein entsprechender Vertrag geschlossen werden soll,
- wie hoch der Verwertungserlös ist,
- welche Zahlungsmodalitäten vereinbart werden sollen (sofortige Fälligkeit, Ratenzahlung o. ä.) und
- zu welchem Zeitpunkt die Verwertung stattfinden soll;
- die Angabe des vorgesehenen Kaufinteressenten ist nicht zwingend erforderlich.[547]

533 Der Gläubiger hat dann die Möglichkeit, **binnen einer Woche** auf eine für ihn **günstigere Möglichkeit** der Verwertung **hinzuweisen**. Die Wochenfrist ist keine Ausschlussfrist.[548] Vielmehr kommt es darauf an, dass der Hinweis des Gläubigers so rechtzeitig erfolgt, dass der Insolvenzverwalter der günstigeren Verwertungsmöglichkeit noch ohne größeren Aufwand, insbesondere ohne zusätzliche Kostenverursachung nachkommen kann; nur dann kann der Hinweis als rechtzeitig i. S. von § 168 Abs. 2 InsO angesehen werden.[549] Der Hinweis des Gläubigers muss die günstigere Verwertungsmöglichkeit umfassend darlegen; der Insolvenzverwalter muss dadurch in die Lage versetzt werden, die Konditionen mit den von ihm mitgeteilten Konditionen zu vergleichen. Der Absonderungsberechtigte muss die Verwertungsmöglichkeit auf **konkret belegen**, d. h. insbesondere einen Interessenten benennen. Der bloße Hinweis auf marktübliche Verkehrswerte, Gutachten oder allgemeine Schätzungen reicht nicht aus.[550]

534 Hat der **Insolvenzverwalter** in der Zwischenzeit eine **andere Verwertungsmöglichkeit aufgetan, die noch günstiger ist** als diejenige, auf die der Absonderungsberechtigte hingewiesen hat, so verliert der Hinweis des Gläubigers seine Bedeutung. Der Insolvenzverwalter kann diese von ihm gefundene noch günstigere Verwertungsmöglichkeit wählen; er braucht dem Absonderungsberechtigten dann keine neue Mitteilung zu machen.[551] Der Gläubiger ist inso-

---

546) Zum Inhalt der Mitteilungspflicht ausf. *Gundlach/Frenzel/Schmidt*, DZWiR 2001, 18 ff.; *Kern* in: MünchKomm-InsO, § 168 Rz. 21.

547) Blersch/Goetsch/Haas-*Breutigam*, InsR, § 168 InsO Rz. 4, *Landfermann* in: HK-InsO, § 168 Rz. 4; *Kern* in: MünchKomm-InsO, § 168 Rz. 21; **a. A.** *Klasmeyer/Elsner/Ringstmeier* in: Kölner Schrift zur InsO, S. 1083, 1089, Rz. 23.

548) Nerlich/Römermann-*Becker*, InsO, § 168 Rz. 13.

549) Vgl. auch Uhlenbruck-*Brinkmann*, InsO, § 168 Rz. 20.

550) Uhlenbruck-*Brinkmann*, InsO, § 168 Rz. 14.

551) LG Neubrandenburg, Urt. v. 1.3.2006 – 2 O 237/05, ZInsO 2006, 381, 382 = ZIP 2006, 1143; Nerlich/Römermann-*Becker*, InsO, § 168 Rz. 46; *Haas/Scholl*, NZI 2002, 642, 643; **a. A.** *Wegener* in: FK-InsO, § 168 Rz. 11.

weit nicht schutzbedürftig. Die Mitteilungspflicht des Insolvenzverwalters aus § 168 Abs. 1 InsO will den Gläubiger davor schützen, dass der Insolvenzverwalter einen Absonderungsgegenstand zu Konditionen verwertet, die nicht dem entsprechen, wozu der Absonderungsberechtigte selbst imstande gewesen wäre. Gerade bei sehr speziellen Gegenständen sind branchenangehörige Absonderungsberechtigte oftmals in der Lage, zu sehr viel besseren Konditionen zu verwerten, als es branchenexterne Insolvenzverwalter können. Dem Schutzbedürfnis des Gläubigers ist allerdings genüge getan, wenn er einmalig die Möglichkeit hatte, auf ihm bekannte Verwertungsmöglichkeiten hinzuweisen. § 168 Abs. 1 InsO bezweckt hingegen nicht, dass der Absonderungsberechtigte sozusagen mit den Verwertungsmöglichkeiten des Insolvenzverwalters „mitbieten" kann und diese laufend ein wenig verbessert. Dieses Prozedere könnte die Verwertung ungebührlich in die Länge ziehen, verursacht unnötigen Verwaltungsaufwand und würde den Gläubiger geradezu dazu einladen, nicht auf ihm bekannte bestmögliche Verwertungsmöglichkeiten hinzuweisen, sondern von seinem Selbsteintrittsrecht gemäß § 168 Abs. 3 InsO zu geringfügig besseren Konditionen Gebrauch zu machen und durch Weiterveräußerung ein eigenes Differenzgeschäft vorzunehmen. Dadurch gingen der Insolvenzmasse zumindest Feststellungs- und Verwertungskostenbeteiligungen gemäß §§ 170, 171 InsO verloren. Erneuter Mitteilung an den Gläubiger bedarf es also nicht.

Als Verwertungsalternative **kann der Gläubiger auch vorschlagen, den Gegenstand** zu den von dem Insolvenzverwalter mitgeteilten oder besseren Konditionen **selbst zu übernehmen**, § 168 Abs. 3 InsO. Hierbei handelt es sich um eine Sonderform der Freigabe.[552] In diesem Selbsteintrittsfall ist der Absonderungsgläubiger berechtigt, seine aus der Übernahme des Gegenstandes resultierende Zahlungsverpflichtung mit seiner Forderung auf Auskehrung des Verwertungserlöses zu verrechnen. Der Insolvenzverwalter ist allerdings nicht verpflichtet, diejenige Verwertungsform zu wählen, auf die der Absonderungsberechtigte hinweist. Er hat den Absonderungsberechtigten lediglich gemäß § 168 Abs. 2 InsO so zu stellen, wie dieser stünde, wenn er diese Möglichkeit wahrgenommen hätte. Dadurch ist der Insolvenzverwalter allerdings nicht völlig frei darin, für die Masse schlechtere Verwertungen vorzunehmen. Gibt es für eine schlechtere Verwertungsalternative nämlich keinen tauglichen Grund, riskiert der Insolvenzverwalter seine persönliche Haftung gemäß § 60 InsO wegen Verletzung einer insolvenzspezifischen Pflicht. 535

Während des Zeitraumes zwischen dem Berichtstermin und der Verwertung des Absonderungsgegenstandes hat die Insolvenzmasse **Zinsen an den Absonderungsberechtigten zu zahlen**, § 169 Satz 1 InsO. War der Gläubiger bereits im Eröffnungsverfahren durch insolvenzgerichtliche Anordnung daran gehindert, sein Sicherungsgut zu verwerten, so beginnt der Zinslauf spätestens drei 536

552) *Smid*, Praxishdb. InsR, § 25 Rz. 31.

Monate nach dieser Anordnung, § 169 Satz 2 InsO. Die Zinszahlungspflicht ist **Masseverbindlichkeit**.

537 **Streitig ist**, ob die Zinszahlungspflicht voraussetzt, dass der Insolvenzverwalter eine sich ihm **konkret bietende Verwertungsmöglichkeit nicht genutzt** hat. Eine Auffassung verneint dies[553] mit Hinblick auf die verschuldensunabhängige Formulierung von § 169 InsO und darauf, dass die Zinszahlungspflicht das Pendant zur alleinigen Verwertungsbefugnis aufseiten des Insolvenzverwalters ist. Die Gegenauffassung verweist darauf, dass die Masse nicht Zinsen bezahlen könne, wenn sich ihr keine reale Verwertungsmöglichkeit biete, da sonst die ungesicherten Insolvenzgläubiger zugunsten der dinglich gesicherten absonderungsberechtigten Gläubiger Nachteile erleiden.[554] Der **BGH** hat in zwei grundlegenden Entscheidungen eine zustimmungswürdige, differenzierte Auffassung entwickelt.[555] Die **Zinszahlungspflicht** ist danach vom Grundsatz her **verschuldensunabhängig**. Die Insolvenzmasse hat jedoch nicht für die Werthaltigkeit des Sicherungsgutes einzustehen, da § 169 InsO dem Absonderungsberechtigten – entsprechend der amtlichen Überschrift zu dieser Vorschrift – nur „Schutz [...] vor einer Verzögerung der Verwertung" gewähren soll. Diese **Schutzbedürftigkeit entfällt** ausnahmsweise, wenn auch der Gläubiger selbst im Falle einer eigenen Verwertung seine gesicherten Ansprüche nicht früher hätte verwirklichen können.

538 Für die **Werthaltigkeit** von Forderungen ist deren **Einbringlichkeit entscheidend**: Vermag der Drittschuldner gar nichts zu zahlen, ist die Forderung **wertlos**. Zahlt er nur mit erheblicher Verzögerung, mindert sich der Wert der Forderung entsprechend um den Nutzungswert des Geldes. Dieses Risiko aus der Sphäre des Drittschuldners trifft bei der Sicherungsabtretung den Sicherungsgeber – unabhängig von seiner Insolvenz – und den Sicherungsnehmer gleichermaßen. Fällt eine sicherungshalber abgetretene Forderung wirtschaftlich völlig aus, so ist sie auch nicht zu verzinsen. Ob und wann eine Forderung beigetrieben werden kann, lässt sich meist nur feststellen, wenn Beitreibungsversuche unternommen werden. Dieses Risiko hätte der Sicherungsnehmer ohne die Beschlagnahme der Forderung zugunsten der Insolvenzmasse genauso zu tragen. Es wird vom Normzweck des § 169 InsO nicht erfasst.

539 Kann eine abgetretene Forderung **nur mit Verzögerung beigetrieben werden**, gilt nichts anderes. Auch dies ist kein insolvenzspezifisches Risiko. Der Entzug der Verwertungsbefugnis des Sicherungsnehmers, gegen dessen Nachteile § 169 InsO ihn schützen soll, hätte darauf nur Einfluss, wenn jener die Forde-

553) So *Flöther* in: KPB, InsO, § 169 Rz. 4; Uhlenbruck-*Brinkmann*, InsO, § 169 Rz. 3; *Landfermann* in: HK-InsO, § 169 Rz. 6; *Hellmich*, ZInsO 2005, 678, 679.

554) So Nerlich/Römermann-*Becker*, InsO, § 169 Rz. 16.

555) BGH, Urt. v. 20.2.2003 – IX ZR 81/02, ZBB 2003, 221 = NZI 2003, 259 – abgetretene Forderung; BGH, Urt. v. 16.2.2006 – IX ZR 26/05, NZI 2006, 342 = ZIP 2006, 81.

rung früher hätte eintreiben können als der Insolvenzverwalter. Ist eine frühere Zahlung nicht zu erlangen, beginnt die Verzinsungspflicht nicht bereits mit dem Berichtstermin, sondern erst mit dem Ablauf des Tages, an dem der Erlös eingeht. Auf diese Weise lässt sich die Minderung des Werts der sicherungsweise abgetretenen Forderung zuverlässig und leicht erfassen.

Für **sicherungsübereignete Sachen** gilt Entsprechendes: Sind diese gar nicht 540
verwertungsfähig, entfällt ein Zinsanspruch nach § 169 InsO gänzlich. Verzögert sich die Verwertung aus Gründen, die sich unmittelbar aus der Beschaffenheit des Gutes ergeben, sind für den Zeitraum der hierdurch bedingten Verzögerung keine Zinsen geschuldet. Eine Verzinsungspflicht nach § 169 InsO scheidet deshalb insoweit aus, als auch der Gläubiger die Sache nicht schneller hätte verwerten können als der Insolvenzverwalter. Hätte der Gläubiger den Gegenstand bei eigener Verwertungsbefugnis erst zu einem bestimmten Zeitpunkt zwischen dem Berichtstermin und dem Datum der tatsächlichen Verwertung durch den Insolvenzverwalter veräußern können, beginnt die Verzinsungspflicht mit diesem Zeitpunkt. Bei Sicherungsgut, das der Insolvenzverwalter nicht selbst verwertet, sondern zu einem späteren Zeitpunkt als dem Berichtstermin an den Gläubiger freigibt, besteht kein Zinsanspruch, soweit dem Gläubiger auch bei unverzüglicher Freigabe keine frühere Verwertung möglich gewesen wäre. Die Verpflichtung des Insolvenzverwalters zur Zinszahlung ab dem Berichtstermin entfällt somit, soweit die Verwertung sich aus Gründen verzögert, die nicht insolvenzspezifischer Natur sind.[556)] Die Darlegungs- und Beweislast für die Umstände, die einen Zinsanspruch des Gläubigers ausschließen, trägt der Insolvenzverwalter; ihm kommt die Beweiserleichterung des § 287 ZPO zugute.[557)]

Die Insolvenzmasse hat Zinsen in der „geschuldeten" Höhe zu tragen. Maß- 541
geblich ist primär die vertragliche Vereinbarung, die zwischen dem Absonderungsberechtigten und dem Erblasser, Erben, Testamentsvollstrecker, Nachlasspfleger oder Nachlassverwalter vor Eröffnung des Insolvenzverfahrens über den Nachlass getroffen worden ist. Fehlt es in der vertraglichen Vereinbarung an der Festlegung eines Zinssatzes, so ist nicht der Verzugszinssatz maßgeblich, sondern in Anlehnung an den gesetzlichen Zinssatz des § 246 BGB eine Verzinsung von 4 % anzunehmen.[558)] Zu verzinsen ist der nach Abzug der Feststellungs- und Verwertungskosten an den Absonderungsberechtigten herauszugebende Verwertungserlös, soweit er ihm gebührt. Nur dann, wenn dieser höher liegt als die gesicherte Forderung, so deckt sich der herauszugebende Verwertungserlös mit der Nominalforderung, so dass eine Verzinsung der Nominalforderung erfolgt.

556) BGH, Urt. v. 16.2.2006 – IX ZR 26/05, NZI 2006, 342 = ZIP 2006, 81.
557) BGH, Urt. v. 16.2.2006 – IX ZR 26/05, NZI 2006, 342 = ZIP 2006, 81.
558) BGH, Urt. v. 16.2.2006 – IX ZR 26/05, NZI 2006, 342 = ZIP 2006, 81.

542 Da allerdings die **Zinszahlungen laufend** zu erfolgen haben und damit auch bereits vor der Verwertung Zahlungen erfolgen, muss der voraussichtliche herauszugebende Verwertungserlös zunächst geschätzt werden. Nach der **Verwertung muss dann eine Abrechnung erstellt werden.** Ein sich daraus ergebender Anspruch zugunsten des absonderungsberechtigten Gläubigers bzw. zugunsten der Insolvenzmasse kann geltend gemacht werden. Zuviel gezahlte Zinsen können von dem unzureichend gesicherten Gläubiger zurückgefordert werden.

543 **Verwertet** der Insolvenzverwalter den Absonderungsgegenstand, so hat er dem Absonderungsberechtigten den **Erlös abzüglich der Feststellungs- und Verwertungskosten gemäß §§ 170, 171 InsO herauszugeben,** § 170 Abs. 1 Satz2 InsO. Dabei handelt es sich um eine Masseverbindlichkeit gemäß § 55 Abs. 1 Nr. 1 InsO. Hintergrund der Kostenbeitragspflicht des absonderungsberechtigten Gläubigers ist die Tatsache, dass Prüfung, Verwahrung, Verwaltung und Verwertung des Absonderungsgutes Zeit- und Kostenaufwand mit sich bringen; dafür soll der Absonderungsberechtigte in angemessener Weise Kompensation leisten. Für die **Kosten der Feststellung** steht der Insolvenzmasse **pauschal** ein Betrag i. H. von **4 %** des Verwertungserlöses zu, § 171 Abs. 1 InsO; zusätzlich fällt eine **Verwertungskostenpauschale** Betrag i. H. von **5 %** an, § 171 Abs. 2 Satz 1 InsO, es sei denn, die tatsächlichen Verwertungskosten lagen erheblich höher oder erheblich niedriger. Dann sind die tatsächlichen Kosten als Verwertungskosten in Ansatz zu bringen.

544 Unterliegt die Verwertung des Absonderungsgegenstandes der **Umsatzsteuer**, so hat der Insolvenzverwalter auch diese einzubehalten, weil die Insolvenzmasse sie an die Finanzverwaltung abzuführen hat. Den an den Gläubiger hiernach abzuführenden Nettoverwertungserlös hat der Insolvenzverwalter zu ermitteln, was bei der Verwertung von Sachgesamtheiten mit mehreren Sicherungsnehmern durchaus aufwendig sein kann.[559]

545 Vor Einführung von § 21 Abs. 2 Satz 1 Nr. 5 InsO erfolgte die Kostenbeteiligung des Absonderungsberechtigten nur dann, wenn die Verwertung im eröffneten Insolvenzverfahren stattfand. Nunmehr fallen die Feststellungs- und Verwertungskostenbeteiligungen auch dann an, wenn der Insolvenzverwalter eine zur Sicherung eines Anspruchs abgetretene Forderung im Eröffnungsverfahren aufgrund der gerichtlichen Ermächtigung gemäß **§ 21 Abs. 2 Satz 1 Nr. 5 InsO** einzieht. Die Vorschrift ist **nicht auf die Verwertung beweglicher Sachen auszudehnen.** Auch stehen der Insolvenzmasse keine Kostenbeiträge zu, wenn der vorläufige Insolvenzverwalter eine solche Forderung einzieht, ohne hierdurch nach § 21 Abs. 2 Satz 1 Nr. 5 InsO ermächtigt zu sein.

546 **Verwertungsvereinbarungen** zwischen dem Insolvenzverwalter und dem absonderungsberechtigten Gläubiger sind zulässig. Sie haben Vorrang vor der ge-

---

559) Vgl. Uhlenbruck-*Brinkmann*, InsO, § 170 Rz. 1; *Hess*, InsO, § 170 Rz. 4.

setzlichen Regelung. Der Vereinbarung zugänglich ist nicht nur die Höhe des Kostenbeitrages, sondern auch der Zahlungszeitpunkt. Der Insolvenzverwalter hat jedoch zu beachten, dass der Insolvenzmasse nach der gesetzlichen Regelung in jedem Falle mindestens 4 % Feststellungskostenpauschale zustehen, § 171 Abs. 1 InsO. Eine Kostenbeteiligung des Absonderungsberechtigten, die kraft Vereinbarung unter 4 % liegt, dürfte daher in den meisten Fällen eine Pflichtwidrigkeit des Insolvenzverwalters darstellen und zu seiner Haftung gemäß § 60 InsO führen. Vertragliche Vereinbarungen, die vor Insolvenzantragstellung etwa zwischen dem Erblasser und dem Gläubiger geschlossen worden sind und die Kostenbeteiligung für einen eventuellen Insolvenzfall regeln, sind unwirksam. §§ 170, 171 InsO gelten **nicht für Aussonderungsgegenstände**. Soweit der Insolvenzverwalter einen Gegenstand veräußert, an dem ihm nicht gemäß § 166 InsO ein Verwertungsrecht zustand, hat er dem Gläubiger den vollen Erlös herauszugeben. § 48 InsO ist anzuwenden. Zieht der Absonderungsberechtigte umgekehrt die ihm sicherungsweise abgetretene Forderung selbst ein, obwohl das Einziehungsrecht dem (vorläufigen) Insolvenzverwalter zustand, hat er die Feststellungskostenpauschale gemäß § 171 Abs. 1 InsO an die Insolvenzmasse abzuführen, nicht jedoch die Verwertungspauschale nach § 171 Abs. 2 Satz 1 InsO.[560)] Hat der wegen sicherungsübereigneter Gegenstände zur abgesonderten Befriedigung berechtigte Gläubiger das Sicherungsgut vor Eröffnung des Insolvenzverfahrens in Besitz genommen, aber erst nach der Eröffnung verwertet, hat er in Höhe der wegen der Lieferung des Sicherungsguts an ihn angefallenen Umsatzsteuerschuld aus dem Verwertungserlös einen Betrag in dieser Höhe in analoger Anwendung von § 13b Abs. 1 Nr. 2 UStG, §§ 170 Abs. 2, 171 Abs. 2 Satz 3 InsO an die Masse abzuführen.[561)]

Kommt es zum **Streit** darüber, **ob ein Absonderungsrecht überhaupt besteht** 547
oder über die Verpflichtung des Insolvenzverwalters zur Erlösherausgabe, so kann der Absonderungsberechtigte seinen Zahlungsanspruch vor dem Prozessgericht im Wege der allgemeinen Leistungsklage verfolgen.[562)]

Die **Zinszahlungspflicht** aus § 169 Satz 1 InsO **endet** erst mit der Herausgabe 548
des Verwertungserlöses an den Absonderungsberechtigten, denn der Schutzzweck des § 169 InsO beschränkt sich nicht allein darauf, den Insolvenzverwalter zur möglichst schnellen Verwertungshandlung zu zwingen.[563)] Vielmehr soll umfassend derjenige Nachteil des Gläubigers ersetzt werden, der diesem durch den Verlust des eigenen Verwertungsrechts entsteht. Hätte dieser selbst das Sicherungsgut verwertet, so könnte er damit zugleich über den Erlös verfü-

560) BGH, Urt. v. 20.11.2003 – IX ZR 259/02, ZIP 2004, 42 = NZI 2004, 137.

561) BGH, Urt. v. 29.3.2007 – IX ZR 27/06 – NZI 2007, 394 = ZIP 2007, 1126.

562) *Smid*, Praxishdb. InsR, § 25 Rz. 25.

563) BGH, Urt. v. 20.2.2003 – IX ZR 81/02, ZBB 2003, 221 = NZI 2003, 259; Nerlich/Römermann-*Becker*, InsO, § 169 Rz. 31; Uhlenbruck-*Brinkmann*, InsO, § 169 Rz. 9.

gen. Verzögert dagegen der Insolvenzverwalter – entgegen § 170 Abs. 1 Satz 2 InsO – die Weiterleitung des Erlöses an den Gläubiger, so wird dieser im Ergebnis in derselben Weise benachteiligt, wie wenn die Verwertungshandlung selbst hinausgeschoben würde.

5. Verwaltung und Verwertung von Immobilien

549 Es gehört zu den vordringlichen Pflichten des Insolvenzverwalters, sich unmittelbar nach seiner Bestellung umfassende Kenntnis darüber zu verschaffen, ob Grundbesitz zum Nachlass gehört. In diesem Fall hat er sofort gemäß § 32 Abs. 2 InsO bei dem zuständigen **Grundbuchamt** den Antrag zu stellen, einen **Insolvenzsperrvermerk** einzutragen, der die eingetretene Verfügungsbeschränkung beinhaltet. Die Praxis zeigt, dass die meisten Grundbuchämter dem Antrag des Insolvenzverwalters, den Insolvenzsperrvermerk anzubringen bei gleichzeitiger Übersendung einer einfachen Ablichtung des Eröffnungsbeschlusses nachkommen. Gegebenenfalls stellt das Grundbuchamt durch Rückfrage bei dem Insolvenzgericht eigene Ermittlungen an, um die für die Eintragung erforderliche Sicherheit zu erhalten. Es zeigt sich allerdings, dass es auch Grundbuchämter gibt, die auf Übersendung einer beglaubigten Ablichtung des Eröffnungsbeschlusses bestehen und auf diese Weise die Eintragung des Insolvenzsperrvermerkes verzögern oder gar ein Ersuchen des Insolvenzgerichts verlangen. Sofern dem Insolvenzverwalter solche regionalen Gepflogenheiten bekannt sind, bietet es sich an, das Insolvenzgericht unmittelbar um Übersendung einer Ablichtung des Eröffnungsbeschlusses zu bitten und gleichfalls anzuregen, dass das Insolvenzgericht selbst das zuständige Grundbuchamt um Eintragung des Insolvenzvermerkes ersucht.

550 Der Insolvenzsperrvermerk ist **in Abteilung II des Grundbuches einzutragen** und zwar unabhängig davon, ob das Grundstück bereits auf den Erben als Rechtsnachfolger des Erblassers umgeschrieben worden ist oder nicht. § 13 Abs. 1 GBO setzt grundsätzlich einen Antrag desjenigen, dessen Recht durch die Eintragung betroffen wird oder desjenigen, zu dessen Gunsten die Eintragung erfolgen voraus. § 19 GBO verlangt die **Bewilligung** desjenigen, dessen Recht von der Eintragung betroffen wird. **Betroffener** i. S. der GBO ist derjenige, der durch die Eintragung einen Verlust erleidet (formelles Konsensprinzip) und demnach nicht nur wirtschaftlich, sondern auch rechtlich beeinträchtigt wird oder zumindest nachteilig berührt werden kann.[564)] Der Erbe ist allerdings nicht mehr Betroffener in diesem Sinne, sobald die Verfügungsbeschränkungen des § 80 InsO eingreifen und die Separation des Nachlasses stattfindet. Ab diesem Zeitpunkt wird der Grundbesitz als Nachlassbestandteil nämlich dem (wirtschaftlichen) Vermögen des Erben entzogen und dem Haftungsverband der Nachlassgläubiger zugeordnet. Der Erbe hat ab diesem Zeitpunkt das Eigen-

564) Meikel-*Böttcher*, GBO, § 19 Rz. 4, 34 ff.

tum lediglich noch als formale Hülle inne, weil er Rechtsträger ist. Jedweder Nutzen, der aus dem Eigentum resultiert, ist hingegen den Nachlassgläubigern zugeordnet. Vor allem geht das Grundstück durch die Eintragung des Erben als Eigentümer nicht in das Eigenvermögen des Erben über, sondern es bleibt Bestandteil des Nachlasses. Einer Bewilligung des Erben zur Eintragung des Insolvenzsperrvermerks bedarf es daher nicht.

Dies gilt erst recht für das Eintragungsersuchen des Insolvenzgerichts ge- 551
mäß § 32 Abs. 2 Satz 1 InsO. Hier hat das Grundbuchamt den Insolvenzsperrvermerk gemäß § 38 GBO anzubringen, ohne dass es einen Antrages oder einer Bewilligung bedürfte. Da die ersuchende Behörde, also das Insolvenzgericht, die Pflicht trifft, die Rechtmäßigkeit des Ersuchens zu prüfen,[565] hat das Grundbuchamt diese Prüfung nicht anzustellen.[566] Insbesondere ist das Grundbuchamt nicht berechtigt oder gar verpflichtet, der materiell-rechtlichen Beurteilung nachzugehen, ob das Grundstück zum Nachlass gehört oder nicht. Diese Prüfungspflicht obliegt allein dem Insolvenzgericht. Die Voreintragung des Erben i. S. von § 39 GBO ist nicht erforderlich; der Sperrvermerk ist auch dann einzutragen, wenn die Rechtsnachfolge noch nicht im Grundbuch eingetragen ist.[567]

Gleiche Maßstäbe gelten auch für **dingliche Belastungen oder Auflassungen,** 552
die der Insolvenzverwalter einräumt. Er allein ist als für den Nachlass Verfügungsberechtigter dazu befugt, für den Nachlass nachteilige Eintragungen gemäß § 19 GBO zu bewilligen.[568] Einer Bewilligung des Erben oder seiner Voreintragung bedarf es zur Eintragung von Verfügungen, die der Nachlassinsolvenzverwalter getroffen hat, nicht. Der Insolvenzverwalter über den Nachlass ist berechtigt, die Erteilung eines Erbscheins zu beantragen.[569]

Die **freihändige Verwertung**, d. h. der Verkauf einer Immobilie, stößt jedoch 553
zumeist auf das praktische Problem, dass der **Grundbesitz dinglich belastet** ist. Zur lastenfreien Übertragung auf einen Käufer ist der Insolvenzverwalter dann auf die Mitwirkungsbereitschaft aller dinglich gesicherten Grundpfandrechtsinhaber angewiesen. Nur wenn diese entsprechende Löschungsbewilligungen hinsichtlich ihrer eingetragenen Rechte erteilen, kann der Insolvenzverwalter lastenfrei übertragen. Da der Grundbesitz im Nachlassinsolvenzverfahren zumeist über dem Verkehrswert dinglich belastet ist, können einige oder alle Grundpfandrechtsinhaber aus dem Verkaufserlös nicht voll befriedigt wer-

---

565) BGH, Beschl. v. 13.1.1956 – V ZB 49/55, BGHZ 19, 355, 358 = NJW 1956, 463; *Holzer/Kramer*, Grundbuchrecht, 5. Teil Rz. 175.

566) Meikel-*Roth*, GBO, § 38 Rz. 14; OLG Frankfurt/M., Entsch. v. 6.6.1974 – 20 W 298/74, Rpfleger 1974, 436.

567) OLG Düsseldorf, Urt. v. 18.3.1998 – 3 Wx 14/98, ZIP 1998, 870 = Rpfleger 1998, 334; Braun-*Herzig*, InsO, § 32 Rz. 12.

568) *Reetz* in: BeckOK-GBO, § 13 Rz. 59.

569) *Bregulla-Weber* in: MünchAHB Erbrecht, § 51 Rz. 19.

den. **Übliche Praxis** ist es in solchen Fällen, dass der Insolvenzverwalter mit den Grundpfandrechtsinhabern deren **jeweilige Beteiligungen an einem Verkaufserlös aushandelt**, wobei solche Gläubiger, die im Fall der Zwangsversteigerung aller Wahrscheinlichkeit nach ausfallen würden, in der Regel mit einer „Lästigkeitsprämie" einverstanden sind, die sich an der Höhe der durch die freihändige Veräußerung eingesparten Zwangsversteigerungskosten orientiert. Verweigert ein nachrangiger Grundpfandgläubiger eine Löschungsbewilligung, obwohl offensichtlich ist, dass er im Falle einer Zwangsversteigerung ausfallen wird, so kann dieses Verhalten einen Schadensersatzanspruch auslösen, wenn der Grundpfandrechtsinhaber dadurch die Gewährung von Sondervorteilen an sich erreichen will, weil diese Haltung rechtsmissbräuchlich ist.[570] Da der Insolvenzverwalter bei freihändiger Veräußerung regelmäßig zumindest ein gewisses Gewährleistungsrisiko für die Insolvenzmasse in Kauf nehmen muss, hat er darauf zu achten, dass auch der Insolvenzmasse aus der freihändigen Veräußerung ein Anteil am Verkaufserlös zufließt. Diesen Anteil muss er allerdings mit den Grundpfandrechtsinhabern aushandeln, weil gesetzliche Regelungen insoweit fehlen; insbesondere sind die Feststellungs- und Verwertungskostenpauschalen gemäß §§ 170, 171 InsO nicht einschlägig, da diese nur für bewegliche Sachen zum Tragen kommen. Üblich ist in der Praxis **eine Beteiligung der Insolvenzmasse von etwa 5 % des Verkaufserlöses**, wobei sich der Prozentsatz vor allem nach dem mit der Veräußerung verbundenen Risiko, den Kosten, der Höhe des Verkaufserlöses und der Höhe der aufseiten des Grundpfandrechtsinhabers eingesparten Zwangsversteigerungskosten richten sollte. Grundpfandrechtsinhaber sind frei darin, das Gewährleistungsrisiko der Insolvenzmasse zu minimieren oder gar auszuschließen, indem sie dem Insolvenzverwalter insoweit eine Freistellungserklärung abgeben, die nötigenfalls mit einer Bankbürgschaft hinterlegt ist. Eine Massebeteiligung von **3 %** dürfte allerdings die **absolute Untergrenze** darstellen.

554 Der Insolvenzverwalter ist allerdings **nicht** dazu **verpflichtet**, eine **Immobilie freihändig zu veräußern**, selbst wenn die Gelegenheit dazu besteht und die Grundpfandrechtsinhaber bereit dazu sind, die notwendigen Löschungsbewilligungen zu erteilen. In jedem Fall hat er das Risiko, das die Insolvenzmasse durch die Veräußerung eingeht mit dem aus dem Verkauf an die Insolvenzmasse fließenden Anteil am Verkaufserlös abzuwägen. Keinesfalls ist er verpflichtet, einen Verkauf durchzuführen, der nur den Absonderungsberechtigten nutzt. Die freihändige Veräußerung eines Grundstückes stellt gemäß § 160 Abs. 2 Nr. 1 InsO eine **besonders bedeutsame Rechtshandlung** dar, so dass die **Zustimmung der Gläubigerversammlung bzw. des Gläubigerausschusses** erforderlich ist. Ohne die entsprechende Zustimmung vorgenommene Veräußerungen sind allerdings gemäß § 164 InsO gleichwohl wirksam.

570) OLG Köln, Urt. v. 12.6.1995 – 16 U 102/94, ZIP 1995, 1668 = WM 1995, 1801.

Der Insolvenzverwalter ist gemäß § 165 InsO statt der freihändigen Veräußerung auch berechtigt, die **Zwangsversteigerung des Grundbesitzes** zu betreiben. Dafür hat er einen Antrag nach § 172 ZVG zu stellen und seine Bestellung und die Massezugehörigkeit des Grundstückes nachzuweisen. Dafür genügt der Insolvenzsperrvermerk im Grundbuch. Der Antrag des Insolvenzverwalters bewirkt gemäß § 173 ZVG keine Beschlagnahme. Der Insolvenzverwalter bleibt also zur Verfügung über das Grundstück, das Zubehör und die Erzeugnisse und Bestandteile berechtigt. Vom Grundsatz her betreibt der Insolvenzverwalter die Zwangsversteigerung aus der Rangklasse 5 nach § 10 ZVG. Er nimmt die Stellung eines persönlichen Gläubigers des Erblassers ein. Dies gilt allerdings dann nicht, wenn die Versteigerung einen beweglichen Gegenstand umfasst und deswegen ein Anspruch auf Feststellungskosten besteht. In diesem Fall hat der Insolvenzverwalter die Möglichkeit, auf Antrag gemäß § 174a ZVG aus dem Rang des § 10 Abs. 1 Nr. 1a ZVG vorzugehen. Der Insolvenzverwalter kann hinsichtlich der Erstattungsansprüche aus § 10 Abs. 1 Nr. 1a ZVG verlangen, dass das Grundstück mit der Abweichung ausgeboten wird, dass nur die den Ansprüchen der Rangklasse Nr. 1 a vorgehenden Rechte bei der Feststellung des geringsten Gebotes zu berücksichtigen sind. Das Grundstück wird dann in der Weise ausgeboten, dass im geringsten Gebot neben den Kosten des Verfahrens (§ 109 Abs. 1 ZVG) nur die Ansprüche der Rangklasse des § 10 Abs. 1 Nr. 1 ZVG berücksichtigt werden. Der Insolvenzverwalter kann den Antrag gemäß § 174a ZVG bis zum Schluss der Verhandlung über den Zuschlag stellen.[571)] Hierdurch kann es zu Doppelausgeboten kommen.[572)] 555

Der Insolvenzverwalter hat bei **Nichterreichen des Mindestgebotes** kein Recht, Antrag auf Zuschlagsversagung zu stellen; dies ist den zur Befriedigung aus dem Grundstück berechtigten Gläubigern vorbehalten. Der Insolvenzverwalter kann lediglich seinen Versteigerungsantrag zurücknehmen. Im Verteilungsverfahren fließen die Feststellungskosten gemäß § 10 Abs. 1 Nr. 1a ZVG sowie diejenigen Beträge, die sonst den Erben zuzuteilen wären, in die Insolvenzmasse. 556

Der **Erbe** kann gemäß § 175 Abs. 1 ZVG die **Zwangsversteigerung** eines zum Nachlass gehörenden Grundstücks beantragen, wenn er die Erbschaft angenommen hat, nicht unbeschränkt haftet und ein Nachlassgläubiger für seine Forderung ein Recht auf Befriedigung aus dem Grundstück hat. Während des Nachlassinsolvenzeröffnungsverfahrens soll die Zwangsversteigerung nicht angeordnet werden, § 178 Abs. 1 ZVG. **Wird das Insolvenzverfahren über den Nachlass eröffnet**, so gilt der Insolvenzverwalter in Ansehung eines Versteigerungsantrages als Antragsteller. Dieser kann den Antrag zurücknehmen.[573)] 557

571) Stöber-*Gojowczyk*, ZVG, § 174a Rz. 2.3; *Wegener* in: FK-InsO, § 165 Rz. 5.

572) Vgl. Stöber-*Gojowczyk*, ZVG, § 174a Rz. 2.4.

573) Stöber-*Gojowczyk*, ZVG, § 178 Rz. 2.3.

Dies gilt allerdings dann nicht, wenn der Versteigerungsantrag vor dem Erbfall durch einen Gläubiger des Erblassers gestellt worden war.

XII. Haftungsansprüche gegen den Erben

1. Nebeneinander erbrechtlicher und handelsrechtlicher Erbenhaftung

558 Die handelsrechtliche Haftung des Erben steht neben der erbrechtlichen Haftung. Die handelsrechtliche Erbenhaftung hat eigene Voraussetzungen und eigene Beschränkungsmechanismen. Es ist deswegen im Grundsatz möglich, dass der Erbe gegenüber Gläubigern des Erblassers oder des Nachlasses nur nach bürgerlich-rechtlichen Vorschriften haftet, nicht aber nach handelsrechtlichen und umgekehrt. Sind also die Voraussetzungen einer handelsrechtlichen Erbenhaftung gegeben, ist im Nachlassinsolvenzverfahren stets die unabhängig von der erbrechtlichen Haftung möglicherweise bestehende handelsrechtliche Haftung zu prüfen.

2. Handelsrechtliche Haftung des Erben bei Unternehmen im Nachlass (§§ 25, 27 HGB)

559 Die handelsrechtliche Haftung des Erben wird im Nachlassinsolvenzverfahren genauso wie die erbrechtliche (§ 1978 Abs. 1 BGB) **durch den Nachlassinsolvenzverwalter geltend gemacht.**

560 **Zentralnorm** der handelsrechtlichen Erbenhaftung ist **§ 27 HGB**. Die Vorschrift verweist auf **§ 25 HGB** und nimmt damit die **Haftung des Firmenübernehmers** in Bezug. § 25 HGB erweitert die Haftung für im Unternehmen begründete Verbindlichkeiten auf den Firmenfortführer. § 27 HGB stellt demgegenüber im Normalfall nicht die Erweiterung des den Gläubigern haftenden Vermögens auf eine neue Vermögensmasse dar, weil derjenige, der ein Unternehmen erbt und fortführt, gegenüber den Gläubigern bereits aufgrund der bürgerlich-rechtlichen Universalsukzession (§ 1922 Abs. 1 BGB) voll haftet. Den Gläubigern, deren Forderungen im Unternehmen wurzeln, haftet also auch nach dem Erbfall das Vermögen weiter, das der Erblasser hinterlassen hat. Die handelsrechtliche Haftung will allerdings solche Gläubiger dadurch privilegieren, dass **ihnen gegenüber die erbrechtlichen Haftungsbeschränkungsmechanismen unter bestimmten Voraussetzungen nicht greifen**. Damit ist allerdings gleichzeitig verbunden, dass diesen Gläubigern, deren Forderungen vor dem Erbfall im Unternehmen des Erblassers begründet worden sind, u. U. nicht nur das vom Erblasser herrührende Aktivvermögen haftet, sondern **sogar das Eigenvermögen des Erben**, das dieser bereits vor dem Erbfall besessen hat. Es kommt dann zu einer Erweiterung des den Geschäftsgläubigern des Erblassers haftenden Vermögens. Im Ergebnis läuft dies auf eine **doppelte Privilegierung der Geschäftsgläubiger** des Erblassers hinaus, die dann, wenn bürgerlich-rechtliche Erben Haftungsbeschränkungsmechanismen eingreifen, nicht nur alleine

auf das vom Erblasser herrührende Aktivvermögen zugreifen können, sondern zudem auch auf das Eigenvermögen des Erben.

Die eben aufgezeigte Konsequenz ist bei der Beurteilung einer **Reihe von Streitfragen** zu berücksichtigen, die **im Zusammenhang mit der handelsrechtlichen Erbenhaftung** seit langem ungeklärt sind. Hält man sich jeweils vor Augen, dass die handelsrechtliche Haftung in der Lage dazu ist, das den Eigengläubigern des Erben haftende Haftungssubstrat zu schmälern, obwohl erbrechtliche Haftungsbeschränkungen eingreifen, dann ist bei einem großzügigen Verständnis der handelsrechtlichen Erbenhaftung Vorsicht geboten. Es ist dann jeweils danach zu fragen, ob den Gläubigern des Erblassers dieses weitere Vermögen aus Verkehrsschutzgesichtspunkten oder anderen schützenswerten Gründen heraus zuteil werden soll. 561

a) Tatbestandsmerkmale

aa) Handelsgeschäft

Die handelsrechtliche Erbenhaftung zunächst voraus, dass der Erblasser ein **einzelkaufmännisches Unternehmen** i. S. der §§ 1 ff. HGB betrieben hat. Eine Eintragung des Unternehmens im Handelsregister ist dann nicht erforderlich, wenn es sich um ein Handelsunternehmen i. S. von § 1 HGB handelt. Bei Unternehmen i. S. der §§ 2, 3 HGB ist Eintragung im Handelsregister notwendig. 562

Hat der Erblasser nicht selbst ein Einzelunternehmen betrieben, sondern war er lediglich **an einer Personengesellschaft oder Kapitalgesellschaft gesellschaftsrechtlich beteiligt**, so ist **§ 27 HGB nicht anwendbar.** Lediglich in dem Ausnahmefall, dass ein Kommanditist den Gesellschaftsanteil des einzigen Komplementärs erbt, so dass es zu einer Vereinigung aller Geschäftsanteile in seiner Hand kommt, ist § 27 HGB analog anzuwenden.[574)] 563

bb) Freiberufliche und andere nichtgewerbliche Tätigkeiten

Eine **entsprechende Anwendung** der handelsrechtlichen Haftung aus §§ 27, 25 HGB auf nichtkaufmännische Tätigkeiten, also insbesondere freiberufliche, **kommt nicht in Betracht.**[575)] Die Verortung der entsprechenden Haftungsvorschriften im Handelsrecht legt bereits nahe, dass eine Analogie ausscheidet. Gleichwohl werden zum Teil gute Gründe dafür vorgebracht, die handelsrechtliche Haftung auf freiberufliche und andere nichtkaufmännische Tätigkeiten zu erstrecken.[576)] Dagegen spricht aber vor allem, dass solche unternehmerischen Aktivitäten nicht ins Handelsregister eingetragen werden können, so dass dem 564

574) BGH, Urt. v. 10.12.1990 – II ZR 256/89, BGHZ 113, 132 = ZIP 1991, 96.

575) *Thiessen* in: MünchKomm-HGB, § 27 Rz. 41 ff.

576) *K. Schmidt*, Handelsrecht, § 8 Rz. 133.

Erben auch die Haftungsbeschränkungsmöglichkeit gemäß § 27 Abs. 1 i. V. mit § 25 Abs. 2 HGB nicht offensteht.

cc) Fortführung des Handelsgeschäfts

565 War der Erblasser Inhaber eines Handelsgeschäfts, dann tritt mit dem Tod des Erblassers regelmäßig automatisch die Fortführung des Handelsgeschäfts durch den Erben ein. Das ergibt sich bereits aus der bürgerlich-rechtlichen **Universalsukzession.** Da sämtliche Aktiva, Passiva und auch laufende Rechtsbeziehungen auf den Erben übergehen, kann kein Zweifel daran bestehen, dass eine Fortführung durch den Erben bereits kraft Gesetzes eintritt. Wie auch der Anfall der Erbschaft willensunabhängig erfolgt, tritt auch die Fortführung des Handelsgeschäftes willensunabhängig ein[577] und ist die handelsrechtliche Haftung für den Erben zunächst unausweichlich. Der Erbe kann allerdings der Fortführung des Handelsgeschäfts durch eine **willensgetragene tatsächliche Einstellungshandlung** ein Ende bereiten mit der Folge, dass die handelsrechtliche Haftung ausgeschlossen wird (siehe dazu unten Rz. 591 ff.).

dd) Erbenstellung

566 Haftung nach §§ 27 Abs. 1, 25 HGB setzt weiter voraus, dass bürgerlich-rechtliche **Erbenstellung** gegeben ist. Wer wirksam ausgeschlagen hat, gerät nicht in die handelsrechtliche Erbenhaftung. Die **vorübergehende Fortführung** des Handelsgeschäfts schließt auch nicht das Recht zur Ausschlagung aus (so ausdrücklich § 27 Abs. 2 Satz 3 HGB). Die **Ausschlagungsfrist** beträgt sechs Wochen (§ 1944 Abs. 1 BGB) und ist damit kürzer als die dreimonatige Frist des § 27 HGB. Allerdings beginnt die Ausschlagungsfrist erst mit dem Zeitpunkt, in welchem der Erbe von dem Anfall und dem Grunde der Berufung Kenntnis erlangt. Ist der Erbe durch Verfügung von Todes wegen berufen, beginnt die Frist nicht vor Bekanntgabe der Verfügung von Todes wegen durch das Nachlassgericht. Die Ausschlagungsfrist beträgt sechs Monate, wenn der Erblasser seinen letzten Wohnsitz nur im **Ausland** gehabt hat oder wenn sich der Erbe bei dem Beginn der Frist im Ausland aufhält (§ 1944 Abs. 3 BGB).

567 Erfolgt die Ausschlagung wirksam, dann kann infolgedessen ein anderer als Nächstberufener Erbe werden. Die Rechtsfolgen des § 27 HGB treffen dann diesen. Die **Haftung des nächstberufenen Erben** erstreckt sich dann nicht nur auf die Erblasserschulden (dazu siehe auch Rz. 431), sondern auch auf die Verbindlichkeiten, die der zunächst (vorläufig) zum Erben Berufene begründet hat.[578]

---

577) *Thiessen* in: MünchKomm-HGB, § 27 Rz. 15.

578) BGH, Urt. v. 10.2.1960 – V ZR 39/58, BGHZ 32, 60 = NJW 1960, 959.

Die Haftung nach § 27 HGB trifft auch **Vor- und Nacherben**. Die durch den Vorerben begründeten Verbindlichkeiten sind „frühere Geschäftsverbindlichkeiten" i. S. der Norm, so dass der Nacherbe für diese einzustehen hat, wenn er in die handelsrechtliche Erbenhaftung gemäß § 27 HGB gerät.[579] **568**

Die Haftung nach § 27 HGB trifft auch den **Scheinerben** und sogar den nur **vermeintlichen Erben**, der sich die Erbenstellung anmaßt oder irrig davon ausgeht, Erbe geworden zu sein und in dieser Eigenschaft in Handelsgeschäft tätig wird. Seine Haftung ergibt sich dann zwar nicht direkt aus § 27 HGB i. V. mit § 25 HGB, sondern aus einer entsprechenden Analogie.[580] Da § 27 HGB im wesentlichen dem Schutz der Geschäftskreise dient, muss es für die Haftung des vermeintlichen Erben darauf ankommen, ob die beteiligten Verkehrskreise aufgrund des Verhaltens des vermeintlichen Erben davon ausgehen durften, dass dieser Erbe geworden ist. Dann nämlich müssen sie auf die Eigenhaftung vertrauen dürfen, die § 27 HGB auslösen möchte. **569**

ee) Fortführung durch Dritte

(1) Fortführung durch gesetzliche Vertreter oder beauftragte Dritte

Eine Fortführung des Handelsgeschäfts liegt auch dann vor, wenn der Erbe nicht selbst tätig wird, sondern etwa durch einen **gesetzlichen Vertreter** vertreten wird oder einen anderen **rechtsgeschäftlich mit der Fortführung des Handelsgeschäfts beauftragt.**[581] Ist allerdings ein Minderjähriger Erbe und führt dessen gesetzlicher Vertreter das Handelsgeschäft fort, reicht die Haftung des **Minderjährigen** gemäß § 1629a Abs. 1 BGB nicht über das Vermögen hinaus, das er bei Eintritt der Volljährigkeit besitzt. Die Vorschrift hat verfassungsrechtlichen Hintergrund.[582] Die Haftungsbeschränkung des Minderjährigen Erben entfällt allerdings gemäß § 1629a Abs. 2 BGB dann, wenn der Erbe das Handelsgeschäft nicht binnen drei Monaten nach Eintritt der Volljährigkeit einstellt. **570**

(2) Fortführung durch Nachlassinsolvenzverwalter

Wird das Handelsgeschäft durch einen **über den Nachlass bestellten Insolvenzverwalter** fortgeführt, trifft den Erben die Haftung nach § 27 HGB nicht, wenn er den Antrag auf Eröffnung des Insolvenzverfahrens über den Nachlass innerhalb der Drei-Monats-Frist[583] gestellt hat. In diesem Fall ist ihm auch eine **571**

---

579) BGH, Urt. v. 10.2.1960 – V ZR 39/58, BGHZ 32, 60 = NJW 1960, 959.

580) *Thiessen* in: MünchKomm-HGB, § 27 Rz. 12–14.

581) So bereits RG, Urt. v. 18.3.1931 – V 198/30, RGZ 132, 138, 144; BGH, Urt. v. 24.9.1959 – II ZR 46/59, BGHZ 30, 391, 395 = NJW 1959, 2114.

582) BVerfG, Beschl. v. 13.5.1986 – 1 BvR 1542/84, BVerfGE 72, 155 = ZIP 1986, 975.

583) So auch *Thiessen* in: MünchKomm-HGB, § 27 Rz. 17.

Fortführung des Handelsgeschäfts durch den Nachlassinsolvenzverwalter nicht zuzurechnen.[584] Dies ergibt sich allerdings nicht bereits aus der Amtsstellung des Nachlassinsolvenzverwalters als Partei kraft Amtes und es ergibt sich auch nicht daraus, dass die Amtstätigkeit des Nachlassinsolvenzverwalters zwingend auf Abwicklung und Einstellung ausgerichtet ist. Es kann nach heutigem Verständnis eines Insolvenzverfahrens nicht mehr davon ausgegangen werden, dass es sich dabei zwingend um ein Abwicklungs- oder Liquidationsverfahren handeln müsste. Vielmehr kann auch eine **sanierende Fortführung** in einem Insolvenzverfahren – sogar durch den Erben – intendiert sein, so dass weder die Insolvenzantragstellung noch das Tätigwerden eines Insolvenzverwalters die Einstellung eines Geschäftsbetriebes ersetzen.

572 Allerdings kann dem **Erben** eine Fortführung durch den Nachlassinsolvenzverwalter deswegen **nicht zugerechnet werden**, weil er **auf das Handeln des Insolvenzverwalters keinen Einfluss hat**. Die Entscheidung über die Fortführung des Handelsgeschäfts obliegt der Gläubigerversammlung (§ 157 InsO). Deren Entscheidung und die Konsequenzen daraus können aber nicht dem Erben zugerechnet werden. Auch wäre handelsrechtliche Erbenhaftung in diesem Fall nicht interessengerecht, weil den Erben durch die infolge der Insolvenzeröffnung eintretende **Separation** des Nachlasses vom Eigenvermögen des Erben bereits das Haftungssubstrat exklusiv zugewiesen wird, das vom Erblasser herrührt, so dass sie in ihren Befriedigungsaussichten nicht schlechtergestellt werden, als sie zu Lebzeiten des Erblassers standen. Für eine Erweiterung des Haftungssubstrates – die ggf. zulasten der Eigengläubiger des Erben ginge – besteht in diesem Fall weder eine Veranlassung, noch ein Bedürfnis.

573 Stellt allerdings nicht der Erbe **innerhalb der Drei-Monats-Frist** den Insolvenzeröffnungsantrag, sondern wird innerhalb der Drei-Monats-Frist lediglich ein **Fremdantrag eines Gläubigers** gestellt, ersetzt das die Einstellungsentscheidung des Erben nicht und führt nicht zu einem Ausschluss der handelsrechtlichen Erbenhaftung. Das Gesetz verlangt von dem Erben selbst die Einstellungsentscheidung, die in einem durch einen Gläubiger gestellten Insolvenzantrag nicht erblickt werden kann.

(3) Fortführung durch Nachlasspfleger oder Nachlassverwalter

574 Weniger eindeutig ist die Lage bei einer Fortführung durch einen Nachlasspfleger oder Nachlassverwalter. Der Nachlasspfleger ist **gesetzlicher Vertreter** des unbekannten Erben.[585] Er wird in dieser Eigenschaft und nicht etwa als Vertreter des Nachlasses bzw. treuhänderischer Amtsperson tätig und hat dabei

584) BGH, Urt. v. 27.3.1961 – II ZR 294/59, BGHZ 35, 13 = NJW 1961, 1304; Hopt-*Merkt*, HGB, § 27 Rz. 3; *Thiessen* in: MünchKomm-HGB, § 27 Rz. 17.

585) *Leipold* in: MünchKomm-BGB, § 1960 Rz. 37–38 – m. Ausführungen zu abweichenden Auffassungen; BGH, Urt. v. 8.12.2004 – IV ZR 199/03, ZVI 2005, 21 = ZEV 2005, 109.

die Hauptaufgabe, der Sicherung und Erhaltung des Nachlasses für den wirklichen Erben nachzukommen.[586] Dabei hat er nach außen grundsätzlich unbeschränkte Vertretungsmacht und Verfügungsbefugnis für den (noch) unbekannten Erben.[587] Entgegen einer zu Recht viel kritisierten Entscheidung des BGH[588] (siehe dazu ausführlich Rz. 77 f.), der jüngst das LG Hamburg in seinem Urteil vom 20.9.2021[589] zu Recht entgegengetreten ist, ist eine verspätete Insolvenzantragstellung durch den Nachlasspfleger dem Erben zuzurechnen.

Die **gleiche Zurechnung** führt in Bezug auf die **Fortführung eines Handelsgeschäfts** durch den Nachlasspfleger dazu, dass auch die Haftung nach § 27 HGB den Erben trifft. Dass dies für den (zunächst unbekannten) Erben zu schwerwiegenden Nachteilen führen kann, hat mehrere Literaturstimmen zu der Auffassung gebracht, der Nachlasspfleger könne diese Haftung dem Erben nicht „aufbürden“.[590] Dies lässt sich aber nach oben Dargestelltem nicht begründen. Es haftet also der Erbe auch dann über § 27 HGB für die Geschäftsverbindlichkeiten, wenn nicht er selbst, sondern der Nachlasspfleger den Geschäftsbetrieb fortgeführt hat. Im **Innenverhältnis** haftet der Nachlasspfleger gegenüber dem Erben freilich, wenn die Fortführung **pflichtwidrig** war. Wird der Erbe für solche Verbindlichkeiten in Anspruch genommen, kann er von dem Nachlasspfleger Freistellung (§ 257 Satz 1 BGB) verlangen. Vollkommen haftungsfrei ist der (potentielle) Erbe freilich dann, wenn er ausschlägt. 575

Diese für eine Fortführung durch den Nachlasspfleger eintretende Rechtsfolge greift auch dann Platz, wenn die Fortführung durch einen **Nachlassverwalter** erfolgt ist.[591] Die Nachlassverwaltung ist lediglich eine Sonderform der Nachlasspflegschaft, woraus sich keine abweichende Beurteilung ergibt. 576

(4) Vermächtnisnehmer

Ein Vermächtnisnehmer kann den Tatbestand des § 27 HGB nicht erfüllen, wenn er nicht etwa als Vorausvermächtnisnehmer zugleich zumindest Miterbe geworden ist. Der Vermächtnisnehmer erhält das Handelsgeschäft aufgrund vom Erbfall losgelösten Übertragungsaktes durch den Erben, der damit die Vermächtnisanordnung des Erblassers erfüllt. Bis zur Erfüllung der Vermächtnisanordnung führt also zwangsläufig der Erbe, der aufgrund der mit dem Erbfall eingetretenen Universalsukzession Inhaber (auch) des Handelsgeschäftes 577

586) BGH, Urt. v. 8.12.2004 – IV ZR 199/03, ZVI 2005, 21 = ZEV 2005, 109.

587) BGH, Urt. v. 8.12.2004 – IV ZR 199/03, ZVI 2005, 21 = ZEV 2005, 109.

588) BGH, Urt. v. 8.12.2004 – IV ZR 199/03, ZVI 2005, 21 = ZEV 2005, 109.

589) LG Hamburg, Urt. v. 20.9.2021 – 304 O 407/20, ZVI 2022, 286 = NZI 2022, 401.

590) *Leipold* in: MünchKomm-BGB, § 1960 Rz. 65; im Ergebnis ebenso *Johannsen*, FamRZ 1980, 1074, 1076; *Krabbenhöft*, Rpfleger 1957, 158, 162.

591) A. A. *Pfeuffer* 2. Aufl., S. 309, der aus der Nachlasssonderung ableitet, dass die Fortführung des Handelsgeschäftes dem Erben nicht zuzurechnen sei.

geworden ist, dasselbe fort. Somit treffen den Erben die Rechtsfolgen des § 27 HGB in vollem Umfange, wenn er nicht innerhalb von drei Monaten zur Einstellung des Handelsgeschäftes gelangt (§ 27 Abs. 2 HGB).

578 Die **Einstellung** im wörtlichen Sinne, dass also das Handelsgeschäft zum Erliegen gebracht wird, **kommt regelmäßig aber nicht in Betracht**, weil dies der **Vermächtnisanordnung zuwiderliefe**. Da der Erbe aber nicht ausweglos in die Fortführungshaftung gemäß §§ 27, 25 HGB gebracht werden kann, muss die **Übertragung des Handelsgeschäftes** auf den Vermächtnisnehmer **als Einstellungshandlung des Erben** i. S. von § 27 Abs. 2 Satz 1 HGB verstanden werden. Die Übertragung des Handelsgeschäfts vom Erben auf den Vermächtnisnehmer stellt einen Übertragungsakt durch Rechtsgeschäft unter Lebenden dar, so dass § 25 HGB direkt anwendbar ist.[592] Somit können Erbe und Vermächtnisnehmer auch einen **Haftungsausschluss** gemäß § 25 Abs. 2 HGB vereinbaren und zur Eintragung ins Handelsregister bringen. Die Folge ist dann, dass der Erbe wegen der Anwendbarkeit von § 27 Abs. 2 HGB nicht (handelsrechtlich) haftet und der Vermächtnisnehmer ebenfalls nicht.[593] Die erbrechtliche Einstandspflicht des Erben für die Nachlassverbindlichkeiten (§§ 1922, 1967 BGB), zu denen freilich auch die im Handelsgeschäft begründeten Verbindlichkeiten gehören, bleibt davon unberührt. Will der Erbe auch diese vermeiden, muss er die **handelsrechtlichen Haftungsbeschränkungsmechanismen in Gang setzen**, insbesondere das Aufgebotsverfahren oder § 1975 BGB.

ff) Fortführung der Firma

579 Die handelsrechtliche Haftung gemäß § 27 HGB erfordert es, dass der Erbe das Handelsgeschäft des Erblassers **unter der bisherigen Firma fortführt**, denn § 27 Abs. 1 HGB ist Rechtsgrundverweisung auf § 25 Abs. 1 HGB,[594] was sowohl Wortlaut als auch Entstehungsgeschichte ergeben.[595]

580 Zwar wäre mit der Annahme einer Rechtsfolgenverweisung keine „unvertretbare Haftungsausweitung" verbunden;[596] es lässt sich aber auch keine sachliche Rechtfertigung dafür erkennen, die durch Wortlaut und Entstehungsgeschichte indizierte Annahme einer Rechtsgrundverweisung einzuschränken. Entscheidend für die (neben die erbrechtliche Haftung tretende) handelsrechtliche Haftung des Erben für die im Handelsgeschäft begründeten Verbindlichkeiten des Erblassers muss doch sein, dass die entsprechenden Gläubiger nach dem Erbfall

592) Ebenroth/Boujong/Joost/Strohn-*Reuschele*, HGB, § 27 Rz. 9.

593) *Thiessen* in: MünchKomm-HGB, § 27 Rz. 22.

594) H. M., so etwa *Thiessen* in: MünchKomm-HGB, § 27 Rz. 24–25 m. w. N.; *Canaris*, HGB, § 7 Rz. 109; Hopt-*Merkt*, HGB, § 27 Rz. 3; **a. A.** *K. Schmidt*, ZHR 157 (1993) 600, 611 f., 615; *Lieb* in: FS Börner, S. 747, 760 f.

595) Dazu ausf. *Thiessen* in: MünchKomm-HGB, § 27 Rz. 24–25.

596) *Thiessen* in: MünchKomm-HGB, § 27 Rz. 25.

darauf vertrauen können dürfen, dass der Erbe ihnen gegenüber unabhängig von der erbrechtlichen Haftung (§§ 1922, 1967 BGB) einstehen wird. Den geschäftlichen Gläubigern – insbesondere solchen, die in laufender Geschäftsbeziehung stehen – wäre es kaum zuzumuten, sich über einen u. U. mehrjährigen Zeitraum ständig vergewissern zu müssen, dass der Erbe nicht erbrechtliche Haftungsbeschränkungen wie ein Aufgebotsverfahren oder Nachlassverwaltung bzw. Nachlassinsolvenzverfahren (§ 1975 BGB) in Gang gesetzt hat. Deswegen muss für sie nach überschaubarer Zeit klar sein, ob sie unabhängig von erbrechtlichen Haftungsbeschränkungen mit der Einstandspflicht des Erben mit dessen Eigenvermögen rechnen können. § 27 Abs. 2 HGB bestimmt diesen Zeitraum auf drei Monate; stellt der Erbe innerhalb dieses Zeitraumes ein, wird das den Geschäftsgläubigern offenbar, so dass sie nicht benachteiligt werden, wenn ihnen (handelsrechtlich) nicht das Eigenvermögen des Erben als Haftungssubstrat zukommt, sondern sie wie alle anderen Gläubiger auch nur erbrechtlich auf das Eigenvermögen und natürlich auf den Nachlass zugreifen können.

Wie die **Einstellung** des Geschäftsbetriebes für die Gläubiger die **Distanzierung** 581
des Erben vom Handelsgeschäft offenbar macht, tritt aber **auch die Änderung der Firma** entsprechend nach außen. Dagegen, dies einer Einstellung gleichzustellen, sprechen also keine schützenswerten Bedürfnisse der Geschäftsgläubiger. Entscheidend muss aber sein, dass die Firmenänderung – unter vollständiger Aufgabe der bisherigen Firma – innerhalb eines Zeitraumes von drei Monaten erfolgt. Zu streng wäre es, dem Erben abzuverlangen, die Firmenänderung unverzüglich vorzunehmen, ihm also keine dreimonatige Bedenk- und Prüfungsfrist einräumen will. Da der Erbe bis zum Ablauf der Drei-Monats-Frist keine schutzwürdige Rechtsposition dahingehend innehat, dass ihm außer dem Nachlass auch das Eigenvermögen des Erben haftet, weil der Erbe jederzeit die Einstellungsentscheidung gemäß § 27 Abs. 2 HGB treffen kann, ist er nicht nachteilig betroffen, wenn der Erbe die haftungsausschließende Wirkung nicht durch Einstellung, sondern durch Firmenänderung herbeiführt. Es ist auch kein Nutzen des Gläubigers erkennbar, wenn der Erbe statt der Firmenänderung den Geschäftsbetrieb vollständig einstellen müsste, um die handelsrechtliche Haftung zu vermeiden.

Auch methodisch lässt sich die Drei-Monats-Frist für die Firmenänderung be- 582
gründen: § 27 Abs. 1 und 2 HGB stehen insoweit nicht nur aufgrund ihrer systematischen Stellung, sondern auch ihrem Anwendungsbereiche **nach im Verhältnis der Spezialität gegenüber § 25 HGB**, als sie den Sonderfall einer durch Erbfall eintretenden Übertragung des Handelsgeschäftes auf einen Rechtsnachfolger regeln. Diese Spezialität erstreckt sich aus teleologischen Gründen gerade auch auf die Dreimonatsfrist, weil die Spezialvorschrift nur so dem Umstand Rechnung tragen kann, dass derjenige, der aufgrund Erbfalls Übernehmer eines Handelsgeschäftes wird, anders als ein rechtsgeschäftlicher Übernehmer u. U.

gar keine Vorbereitungszeit hat und den Geschäftsbetrieb wie er steht und liegt übernehmen muss, ohne irgendetwas über ihn zu wissen.

583 Der Erbe kann also seine handelsrechtliche Haftung für die im Handelsgeschäft begründeten Nachlassverbindlichkeiten schon alleine dadurch ausschließen, dass er die bisherige Firma nicht fortführt, sondern innerhalb von drei Monaten ändert.[597)]

584 Um eine **Firmenfortführung auszuschließen**, muss die bisherige Firma entweder völlig aufgegeben werden, oder sie muss im Auftritt am Markt so stark **verändert** oder in den Hintergrund gedrängt werden, dass die beteiligten Verkehrskreise nicht vom Fortbestand des bisherigen Handelsgeschäfts ausgehen dürfen. Es reicht keinesfalls ein bloßer **Nachfolgezusatz**. Auch farbliche Änderungen, grafische Überarbeitungen oder Umformulierungen reichen für sich genommen nicht. Eine Firmenfortführung liegt umgekehrt gesprochen schon dann vor, wenn der prägende Teil der alten Firma beibehalten wird.[598)]

585 Die Einzelfallkasuistik ist insoweit umfangreich.[599)] **Im Zweifel ist Firmenfortführung zu bejahen**, denn es ist alleine Entscheidung und damit Sache des Erben, die Voraussetzungen seiner ansonsten eintretenden handelsrechtlichen Haftung für die im Geschäftsbetrieb begründeten Nachlassverbindlichkeiten herbeizuführen. Er alleine hat es in der Hand, sich durch Änderung der Firma so deutlich von dem Handelsgeschäft des Erblassers zu distanzieren, dass Irrtümer aufseiten der Nachlassgläubiger ausgeschlossen werden, damit diese ihre Schlüsse und Konsequenzen ziehen und ihre Befriedigung zügig nach erbrechtlichen Vorschriften suchen können, wofür zum Teil Fristen laufen, vgl. etwa § 319 InsO. Es ist den im Handelsgeschäft angesiedelten Nachlassgläubigern nicht zumutbar, trotz Vertrauens auf eingetretene handelsrechtliche Eigenhaftung des Erben auch über die Drei-Monats-Frist hinaus weiter fortlaufend prüfen zu müssen, ob der Erbe die erbrechtlichen Haftungsbeschränkungsmechanismen wie das Aufgebotsverfahren, Nachlassverwaltung oder Nachlassinsolvenz doch irgendwann in Gang bringt und sie sich dann wegen einer großzügigen Annahme einer Firmenänderung trotz vermeintlicher Firmenfortführung nicht handelsrechtlich an den Erben halten können.

b) Reichweite der handelsrechtlichen Erbenhaftung

aa) Frühere Geschäftsverbindlichkeiten

586 Die handelsrechtliche Erbenhaftung beschränkt sich auf die **im Handelsgeschäft begründeten Verbindlichkeiten**. Erforderlich ist dafür ein Bezug zum

597) So zu Recht *Thiessen* in: MünchKomm-HGB, § 27 Rz. 28; ebenso RG, Entsch. v. 2.12.1903 – Rep. I. 293/03, RGZ 56, 196, 199; *Canaris*, HGB, § 7 Rz. 110.

598) BGH, Urt. v. 24.9.2008 – VIII ZR 192/06, ZIP 2008, 2116 = NJW-RR 2009, 820.

599) Vgl. dazu die Nachw. bei *Thiessen* in: MünchKomm-HGB, § 25 Rz. 57–62.

Handelsgeschäft, wobei nicht nur unmittelbar dem Handelsgeschäft dienende Verpflichtungen einbezogen sind wie etwa der Wareneinkauf oder die Löhne und Gehälter von Mitarbeitern, sondern auch sonstige aus dem Handelsgeschäft resultierende Verbindlichkeiten wie etwa **Gewährleistungsansprüche** gegenüber Kunden, **Darlehensrückzahlungsansprüche** aus betrieblichen Krediten, Altlastenbeseitigungsverpflichtungen und bestimmte **Steuerschulden.** In Bezug auf letztere ist allerdings zu differenzieren: Während die Umsatzsteuer und die Gewerbesteuer „Geschäftsverbindlichkeiten" sind, so dass sie nicht zuletzt wegen § 75 AO von der handelsrechtlichen Haftung umfasst sind, gilt dies **nicht für die Personensteuern wie die Körperschaftsteuer**[600] und dementsprechend auch die Einkommensteuer. Beiträge zur gesetzlichen **Sozialversicherung** sind in Ermangelung einer § 75 AO entsprechenden Ermächtigungsgrundlage nicht von §§ 27, 25 HGB umfasst.[601] Für die Einstandsverpflichtung des Erben ist unerheblich, ob er die Verbindlichkeit innerhalb des ihm zugebilligten Prüfungszeitraumes von drei Monaten (§ 27 Abs. 2 HGB) erkannt hat oder hätte erkennen können. Seine Einstandsverpflichtung ist verschuldensunabhängig.

In zeitlicher Hinsicht ist für die handelsrechtliche Haftung des Erben erforder- **587**
lich, dass die fragliche Verbindlichkeit **vor dem Erbfall begründet** worden ist.[602] Nicht erforderlich ist hingegen, dass die Verbindlichkeit unbedingt, einredefrei, fällig oder sonst durchsetzbar geworden ist, bevor das Handelsgeschäft durch Erbfall auf den Erben übergegangen ist.

bb) Nachlasserbenschulden/Nachlassverwaltungsschulden

Besondere Schwierigkeiten ergeben sich in Bezug auf die Nachlasserbenschulden **588**
(siehe dazu ausführlich oben Rz. 441 ff.). Die diesbezügliche **Terminologie** ist uneinheitlich. Mitunter wird statt des Begriffs Nachlasserbenschulden der Begriff Nachlassverwaltungsschulden verwendet; teilweise werden beide nebeneinander verwendet und zwischen ihnen differenziert. Da Voraussetzungen und Auswirkungen der gemeinten Schulden sich jedoch nicht unterscheiden, ist eine Differenzierung entbehrlich. Gemeint sind jedenfalls solche Verbindlichkeiten, die nicht in der Person des Erblassers bestanden haben, sondern **erst nach dem Tod entstanden sind und mit dem Nachlass in einer untrennbaren Beziehung stehen** – zumeist durch Verwaltung der Nachlassgegenstände, woraus der Begriff Nachlassverwaltungsschuld resultiert. Solche Verbindlichkeiten haben in Bezug auf das für sie haftende Vermögen eine Doppelnatur, denn sie sind

600) BFH, Urt. v. 6.4.2016 – I R 19/14, BFH/NV 2016, 1491.

601) LSG Rheinland-Pfalz, Urt. v. 13.8.2008 – L 4 R 366/07, NZS 2009, 574, 576 = ZIP 2008, 2023; BayLSG, Beschl. v. 28.1.2011 – L 5 R 848/10, DStR 2011, 2010, 2012 = ZIP 2011, 1380.

602) *Thiessen* in: MünchKomm-HGB, § 25 Rz. 69.

zugleich Nachlassverbindlichkeiten und Eigenschulden des Erben.[603] Letztes erklärt sich aus Gründen des Verkehrsschutzes, denn der Vertragspartner des Erben hat regelmäßig den Erben als Kontrahenten vor sich und kann nicht erkennen, dass dieser für einen Nachlass handelt. Der Gläubiger muss sich also darauf verlassen können, dass sich der Erbe selbst verpflichtet und kann nicht auf ein „Sondervermögen Nachlass" verwiesen werden.

589 **Die Doppelnatur der Verbindlichkeiten erfordert feinsinnige Prüfungen, wenn es später zu einer Rückabwicklung oder Separation** von Nachlass und Eigenvermögen des Erben **kommen muss**, etwa weil ein Nachlassinsolvenzverfahren eröffnet wird. Die sich stellenden Probleme sind zwar praktisch nicht unlösbar, aber sie werden schnell ungeheuer komplex. Vom Grundgedanken her muss den vom Erblasser herrührenden Gläubigern der vom Erblasser herrührende Aktivnachlass zugutekommen. Den Eigengläubigern des Erben muss sein Privatvermögen zugutekommen; zu diesen müssen jedoch diejenigen Gläubiger in Konkurrenz treten können, die im Zeitpunkt des Kontrahierens mit dem Erben nicht erkennen konnten und mussten, auf ein „Sondervermögen Nachlass" beschränkt zu werden. Diese Konkurrenz müssen die (bisherigen, sonstigen) Eigengläubiger des Erben hinnehmen; immerhin haben sie sich diesen Schuldner ausgesucht. Schon das zu bewerkstelligen ist eine profunde Aufgabe.

590 **Noch komplexer** wird die Aufgabe der Zuweisung der Haftungssubstrate, wenn man die **Aufteilung der Aktiva** hinzunimmt: Führt eine Erbengemeinschaft ein Handelsgeschäft fort, dann erfasst die Surrogationsvorschrift des § 2041 BGB Ersatzgegenstände, so dass Verkaufserlöse und Neuerwerbe dem Nachlass zuzuordnen sind. Für einen Alleinerben gibt es keine entsprechende Vorschrift und eine analoge Anwendung wird zu Recht überwiegend abgelehnt (siehe dazu Rz. 116 ff.). Die Folge ist, dass Ersatzgegenstände dinglich in das Eigenvermögen des Erben übergehen, also nicht mehr Nachlassbestandteile sind, so dass sie dem den Eigengläubigern des Erben haftenden Vermögen zugehören, nicht mehr dem Nachlass. Den Nachlassgläubigern bleiben hingegen nur aus dieser Überführung in das Eigenvermögen resultierende schuldrechtliche Ansprüche gegen das Eigenvermögen, etwa §§ 1978 Abs. 1, 662, 667 BGB. „Das Handelsgeschäft" als solches, also eine verselbständigte Sachgesamtheit mitsamt allen dem Handelsgeschäft dienenden Aktiva wie Forderungen, Waren, Vorräte usw. gibt es nicht; je mehr Zeit zwischen Erbfall und Separation vergeht, desto mehr wird das Handelsgeschäft so zu einer Ansammlung von Vermögensgegenständen, die unterschiedlichen Haftungsverbänden angehören. Noch unübersichtlicher wird die Lage, wenn man sich dann auch noch die Frage stellt, ob und ggf. wie insolvenzrechtliche Anfechtungen durchgeführt werden können, wenn Mittel einer Vermögensmasse zur Befriedigung einer Verbindlichkeit verwendet werden, die im Fall früh- oder rechtzeitiger Insolvenzeröff-

603) *Hanisch* in: FS Henckel, S. 369, 380.

nung einer anderen Haftungsmasse zugeordnet worden wäre. Hier sind **etliche Fallkonstellationen denkbar.** Zur Veranschaulichung:

Beispiel 1

Der Alleinerbe verwendet Kontoguthaben, das vom Erblasser herrührt, dazu, eine Verbindlichkeit zu befriedigen, die er in Fortführung des Handelsgeschäftes begründet hat. Später kommt es zur Eröffnung eines Insolvenzverfahrens über den Nachlass und eines Insolvenzverfahrens über das Vermögen des Erben.

Das Problem: *Die Begründung der Verbindlichkeit hat ggf. zumindest wirtschaftlich korrespondierend zu einem Vermögensgewinn geführt. Dieser ist aber dinglich – in Ermangelung einer Surrogationsvorschrift – in das Eigenvermögen des Erben, nicht in den Nachlass gelangt. Würden jetzt idealiter gleichzeitig Insolvenzverfahren über den Nachlass und über das Eigenvermögen des Erben eröffnet, dann würde die Benachteiligung der Erblassergläubiger offenbar. Zwar ist das vom Erblasser herrührende Kontoguthaben verwendet worden, um eine Nachlasserbenschuld, also eine Nachlassverbindlichkeit zu befriedigen. Aber die Doppelnatur und die fehlende Surrogation führen dennoch wirtschaftlich zur Benachteiligung der Nachlassgläubiger zugunsten der (Privat-)Gläubiger des Erben. Dieses unstimmige Ergebnis kann sich in gewissen Grenzen über die Insolvenzanfechtung korrigieren lassen, wobei die Doppelnatur der Schuld in der Regel dazu führt, dass nur § 130 InsO einschlägig ist, so dass die Anfechtbarkeit doch zeitlich und auch von den übrigen Voraussetzungen her sehr begrenzt ist. Erfolgt die Befriedigung, so lange dem Erben noch die Dreimonatseinrede (§ 2014 BGB) zusteht, ist § 131 InsO einschlägig. Etwaige schuldrechtliche Ansprüche des Nachlassinsolvenzverwalters gemäß §§ 1978 Abs. 1, 662, 667 BGB haben keine Aussonderungskraft, so dass sie nur zur Insolvenztabelle angemeldet werden können. Dieses Ergebnis mag, insbesondere wenn es derartiger Vorgänge eine Vielzahl gab, unbefriedigend erscheinen. Aber es ist de lege lata nicht zu ändern.*

Beispiel 2

Der Alleinerbe verwendet ein Guthaben, das nach dem Erbfall im Handelsgeschäft generiert worden ist, dazu, eine von dem Erben begründete Verbindlichkeit zu befriedigen.

Das Problem: *Der Fall scheint auf den ersten Blick kaum problematisch. Bei genauerem Hinsehen ist er jedoch kaum mehr dogmatisch beherrschbar: Das Guthaben ist nicht, wie man auf den ersten Blick erwarten würde, Nachlassbestandteil, sondern es ist in Ermangelung einer Surrogationsvorschrift Bestandteil des Eigenvermögens des Erben. Dem Nachlass stünde lediglich für den Fall einer Separation – etwa durch Nachlassinsolvenzeröffnung – ein Herausgabeanspruch nach §§ 1978 Abs. 1, 662, 667 BGB zu. Wird nun dieses Guthaben verwendet, um eine Nachlasserbenschuld zu befriedigen, dann tilgt der Erbe mit Mitteln aus seinem Eigenvermögen eine Verbindlichkeit, für die sowohl er selbst mit seinem Eigenvermögen einzustehen hat, als auch der Nachlass. Dogmatisch ist das kaum noch zu ziselieren: Zwischen Eigenvermögen und Nachlass bestand eine Art Gesamtschuld in Bezug auf die Nachlasserbenschuld. Das Guthaben gehörte zum Eigenvermögen; für den – noch fiktiven – Fall einer Separation bestand ein Herausgabeanspruch des Nach-*

lasses. Somit wird man die Befriedigung der gemeinsamen Schuld von Eigenvermögen und Nachlass durch die aus dem Eigenvermögen herrührenden Mittel als im Innenverhältnis (§ 426 BGB) zwischen den noch nicht getrennten Vermögensmassen eintretende – vorweggenommene – Erfüllung des Herausgabeanspruchs ansehen müssen. Kommt es also später zur Eröffnung eines Insolvenzverfahrens über den Nachlass, so hat der Nachlassinsolvenzverwalter keinen Herausgabeanspruch mehr insoweit, als der Erbe solche Mittel für die Befriedigung von Nachlasserbenschulden verwendet hat. Hat der Erbe allerdings den Insolvenzantrag verspätet gestellt („unverzüglich", § 1980 Abs. 1 BGB), dann stellt der Untergang des Herausgabeanspruchs durch Erfüllung dieserart einen ersatzpflichtigen Schaden i. S. von § 1980 Abs. 1 Satz 2 BGB dar.

c) Haftungsausschluss

aa) Liquidation

591 Die unbeschränkte Haftung nach § 25 Abs. 1 HGB tritt nicht ein, wenn die Fortführung des Geschäfts vor dem Ablaufe von drei Monaten nach dem Zeitpunkt, in welchem der Erbe von dem Anfalle der Erbschaft Kenntnis erlangt hat, eingestellt wird. Der Grundfall der Einstellung ist die **Liquidation.**

592 Problematisch ist, dass sich eine Liquidation **in der Regel nicht innerhalb von drei Monaten abschließen lässt.** Zudem räumt das Gesetz dem Erben die Drei-Monats-Frist als Überlegens- und Prüfungsfrist ein, innerhalb derer der Erbe zunächst einmal die ergebnisoffene Möglichkeit haben muss, zu prüfen, ob es wirtschaftlich und für ihn auch tatsächlich möglich ist, das Handelsgeschäft fortzuführen. Zu bedenken ist, dass der Erbe vollkommen unvorbereitet in die Lage geraten sein kann, Inhaber des Handelsgeschäfts zu sein und dessen Vermögens-, Rechts- und tatsächlichen Verhältnisse gar nicht kennt. Er braucht also den Drei-Monats-Zeitraum, um überhaupt eine Grundlage dafür zu schaffen, sich zwischen Fortführung und Einstellung entscheiden zu können. Andererseits muss aus Sicht der geschäftlichen Gläubiger des Erblassers alsbald Klarheit darüber herrschen, ob ihnen neben dem vom Erblasser herrührenden Aktivvermögen auch das Eigenvermögen des Erben haftet, ohne das der Erbe ihnen gegenüber die erbrechtlichen Haftungsbeschränkungen (insbesondere § 1975 BGB) entgegenhalten kann und zu ihren Gunsten muss die Separation des vom Erblasser herrührenden Aktivvermögens vom Eigenvermögen des Erben für den Fall rein tatsächlich noch möglich sein, dass der Erbe Haftungsbeschränkungen in Anspruch nehmen will.

593 Die Separation wird aber gerade bei einem dynamischen Handelsgeschäft immer schwieriger, je mehr Zeit zwischen Erbfall und Separation vergeht. Es muss also vom Erben verlangt werden, dass **er innerhalb der Drei-Monats-Frist** gegenüber den Geschäftsgläubigern **klar zum Ausdruck bringt, ob er fortführen oder einstellen will,** hingegen **nicht, dass er die Einstellung innerhalb des Drei-Monats-Zeitraums auch abschließend bewerkstelligt.** Als deutlichste Form

der Kundgebung sind die haftungsbeschränkende **Eintragung ins Handelsregister** gemäß § 25 Abs. 2 HGB und die Beendigung der Führung der Firma (siehe Rz. 579 ff.) zu sehen, wenn auch beide nicht eine Einstellung i. S. von § 27 Abs. 2 HGB darstellen, sondern hier die handelsrechtliche Haftung aus Gründen des Tatbestandsfortfalls ausgeschlossen wird. An diesen Haftungsbeschränkungsformen kann aber Umfang und Offenkundigkeit der Einstellungshandlung gemessen werden. Es ist demnach erforderlich, dass **für einen interessierten Dritten**, der sich am Ende des Drei-Monats-Zeitraums Gewissheit über den Vorbehalt der Haftungsbeschränkung verschaffen will, unschwer erkennbar ist, ob der Erbe fortführen oder einstellen will.[604)]

Zur **Einstellung des Handelsgeschäfts** gehört vor allem, dass **Dauerschuldverhältnisse** – zum nächstmöglichen Zeitpunkt – gekündigt werden und dass **werbende Aktivitäten**, die sich in die Zukunft richten, unterlassen werden. Wareneinkauf muss nicht vollkommen eingestellt, aber auf einen Umfang reduziert werden, der lediglich eine Ausproduktion zulässt, nicht aber für eine Fortführung im bisherigen Umfange geeignet ist. Kunden und Lieferanten sind über die Einstellungsentscheidung und das voraussichtliche Ende des Liquidationsprozesses zu informieren. 594

Auf dem **Briefpapier** muss der Zusatz „i. L." oder „in Liquidation" verwendet werden. Auch bei anderen Außenauftritten wie etwa Visitenkarten und auf der **Homepage** des Handelsgeschäftes ist der Hinweis deutlich anzubringen. Die Ankündigung eines Räumungsverkaufs oder anderer auf Beendigung abzielender Maßnahmen ist sinnvoll, aber nicht notwendig. 595

Besondere Bedeutung kommt der **Abmeldung des Gewerbes** zu: Gemäß § 14 Abs. 1 Satz 2 Nr. 3 GewO besteht die Pflicht, ein Gewerbe abzumelden, wenn es aufgegeben wird. Unter Aufgabe wird die dauerhafte Einstellung verstanden.[605)] Die Anzeige hat **gleichzeitig** mit der Betriebsaufgabe zu erfolgen,[606)] worunter nicht die vollständige Einstellung sämtlicher geschäftlicher Aktivitäten zu verstehen ist. Ein sich daran anschließender angemessener Zeitraum umfasst die bei der restlichen Abwicklung des Gewerbes und benötigte Zeit.[607)] Für die Anzeige wird dem Inhaber des Gewerbes zwar grundsätzlich eine „angemessene" Frist eingeräumt;[608)] diese bezieht sich aber lediglich darauf, dass 596

604) Vgl. Landmann/Rohmer-*Marcks*, GewO, § 14 Rz. 48: „Die Aufgabe des Betriebes wird sich üblicherweise in objektiven, für die Behörde nachvollziehbaren Fakten dokumentieren, in erster Linie also in der Kündigung des Geschäftslokals und der Mitarbeiter, dem Ausverkauf der Ware, der Schließung des Geschäftslokals, die spiegelbildlich den vorbereitenden Handlungen beim Beginn [...] entsprechen."

605) Landmann/Rohmer-*Marcks*, GewO, § 14 Rz. 48.

606) Landmann/Rohmer-*Marcks*, GewO, § 14 Rz. 48a.

607) Landmann/Rohmer-*Marcks*, GewO, § 14 Rz. 48a.

608) *Leisner* in: BeckOK-GewO,§ 14 Rz. 75.

der Gewerbetreibende ohne schuldhaftes Zögern handelt.[609] Beim Tod eines Gewerbetreibenden besteht für die Erben eine Anzeigepflicht,[610] ebenfalls ohne schuldhaftes Zögern. Da der Inhaberwechsel für den neuen Inhaber eine anzeigepflichtige Aufnahme eines Gewerbebetriebs darstellt,[611] muss der Erbe innerhalb der Drei-Monats-Frist jedenfalls gewerberechtlich offenbaren, ob er einstellen oder fortführen will: In ersterem Fall meldet er nur ab, in letzterem Fall meldet er zusätzlich neu an. Der Anzeige der Erben gegenüber der für die Führung des Gewerberegisters zuständigen Behörde kommt somit starke Indizwirkung zu.

597 In der Praxis ergeben sich immer wieder Fälle, in denen eine Einstellungsentscheidung **„halbherzig"** verlautbart wird. In solchen Fällen muss der Grundsatz gelten, dass ein Verhalten des Erblassers, das **Zweifel an der Einstellungsentscheidung** bestehen lässt, zulasten des Erben gehen muss, denn es ist seine Sache, die für ihn günstige Rechtsfolge des Ausschlusses handelsrechtlicher Haftung gegenüber den geschäftlichen Nachlassgläubigern auszuschließen. Kündigt der Erbe bspw. die Mitarbeiter, unterlässt weiteren Wareneinkauf und bietet Kunden Warenbestände verbilligt an, verwendet aber kurz vor und nach Ablauf des Drei-Monats-Zeitraums noch Briefpapier ohne den Zusatz „i. L.", dann bleiben solche Zweifel, die zulasten des Erben gehen müssen.

598 Soweit ersichtlich weitgehend unerörtert ist die Frage, ob der Erbe seine **Einstellungsentscheidung rückgängig** machen kann. Das ist auch weniger ein dogmatisches Problem als mehr eine in der Praxis auftretende Erscheinung, die sich im Tatsächlichen abspielt und dann schwierige Fragen aufwirft. Es kommt durchaus vor, dass dem Erben kurz nach dem Tod des Erblassers die Fortführung des Handelsgeschäftes zunächst einmal aussichtslos erscheint, weil der Wissensträger weggefallen ist, sich dann aber herausstellt, dass Kunden doch wieder anfragen und sich Fortführungsaussichten ergeben. Hat der Erbe in dieser Lage zunächst den Einstellungsentschluss gefasst und auch entsprechende Maßnahmen ergriffen, kann es vorkommen, dass er sich angesichts neuer Auftragseingänge oder anderer positiver Entwicklungen umentschließt. In einem solchen Fall wäre es rechtsmissbräuchlich, wenn sich der Erbe den geschäftlichen Gläubigern des Erblassers gegenüber auf seine Einstellungsentscheidung beriefe. Der Erbe muss sich dann behandeln lassen, wie wenn er sich von vornherein für die Fortführung entschieden hätte. Wollte man das anders sehen, bestünden zulasten der Nachlassgläubiger allzu große Missbrauchsmöglichkeiten. Es muss auch hier bei dem Grundsatz bleiben, dass es Sache des Erben ist, die

609) OLG Düsseldorf, Beschl. v. 28.1.1998 – 5 Ss (OWi) 11/98 – (OWi) 13/98 I, GewArch 1998, 240, 242 = NVwZ-RR 1998, 494; *Leisner* in: BeckOK-GewO, § 14 Rz. 75.

610) Erbs/Kohlhaas-*Ambs/Lutz*, GewO, § 14 Rz. 20.

611) Erbs/Kohlhaas-*Ambs/Lutz*, GewO, § 14 Rz. 20.

handelsrechtliche Erbenhaftung auszuschließen und deswegen Zweifel zu seinen Lasten gehen.

bb) Veräußerung

Nach überwiegender und zutreffender Ansicht ist die Veräußerung des Handelsgeschäfts durch den Erben der Einstellung **gleichzusetzen.**[612] 599

Diese Ansicht überzeugt, weil es im Spannungsfeld zwischen den Interessen 600 der Nachlassgläubiger daran, ihnen den Nachlass als vom Eigenvermögen des Erben separiertes Haftungssubstrat zu erhalten und dem Interesse des Erben, nicht mit seinem Eigenvermögen für für ihn unüberschaubare geschäftliche Risiken einstehen zu müssen, alleine darauf ankommt, dass für die Gläubiger innerhalb von drei Monaten Klarheit herrscht (siehe dazu ausführlich oben Rz. 591 ff.). Diese Klarheit kann der Erbe auch dadurch herstellen, dass er das Handelsgeschäft verkauft.

Wie bei der Liquidation ist aber auch hier zu verlangen, dass er die **Veräußerung innerhalb von drei Monaten so nach außen kundtut**, dass interessierte 601 Dritte, insbesondere aber die Nachlassgläubiger von der Veräußerung und damit von der Distanzierung des Erben vom geerbten Handelsgeschäft unschwer Kenntnis erlangen können. Auch hier gilt – wie bei der Liquidation – dass nicht innerhalb von drei Monaten der komplette Verkaufs- und Übergabeprozess abgeschlossen sein muss. Es ist etwa unschädlich, wenn der Erbe auch nach Verkauf und Übergabe noch für eine gewisse Zeit im Handelsgeschäft mitarbeitet, um dem Käufer die Übernahme zu erleichtern. Es muss dann allerdings nach außen überall offenkundig sein, dass der Erbe nicht mehr Inhaber des Handelsgeschäftes ist, sondern nunmehr der Erwerber. Zweifel gehen zulasten des Erben.

Die Veräußerung führt indessen nur dazu, dass der Erbe nicht in die durch erbrechtliche Beschränkungsmechanismen nicht mehr beschränkbare handels- 602 rechtliche Haftung mit seinem Eigenvermögen für die im Handelsgeschäft begründeten Verbindlichkeiten gerät. Die Veräußerung stellt eine **Fortführung unter Lebenden** dar, auf die **§ 25 HGB uneingeschränkt anwendbar** ist. Führt also der Erwerber das Handelsgeschäft unter der bisherigen Firma fort, haftet dieser nach § 25 HGB uneingeschränkt. Die zugunsten des Eigenvermögens des Erben eintretende Haftungsbeschränkung kommt ihm nicht zugute. Anwendbar ist allerdings **§ 25 Abs. 2 HGB**, so dass der Übernehmer seine Haftung auf diesem Wege **beschränken kann**, indem der Haftungsausschluss vereinbart und in das Handelsregister eingetragen wird.

Entscheidend ist im Zusammenspiel mit § 27 Abs. 2 Satz 1 HGB aber, dass der 603 **Antrag auf Eintragung** des Haftungsausschlusses in das Handelsregister **in-**

612) *Thiessen* in: MünchKomm-HGB, § 27 Rz. 50 m. w. N.; *K. Schmidt* NJW 1985, 2785.

nerhalb von drei Monaten gestellt wird. Die zeitliche Begrenzung ergibt sich wiederum aus dem Spannungsfeld zwischen Nachlassgläubiger-, Erben- und hier auch Übernehmerinteressen (siehe zu diesem Spannungsfeld oben Rz. 591 ff.). Dogmatisch stellt die insoweit speziellere Vorschrift des § 27 Abs. 2 HGB eine Begrenzung des Anwendungsbereichs von § 25 Abs. 2 HGB dar (siehe ausführlich oben Rz. 559 ff.). Die für die Nachlassgläubiger eintretende Lage ist in diesem Fall reichlich brisant, so dass unbedingt verlangt werden muss, dass sie innerhalb von drei Monaten völlige Klarheit darüber haben, dass ihnen der Erbe wegen § 27 Abs. 2 HGB nicht mit seinem Eigenvermögen haftet, der Übernehmer aber auch nur mit dem zum Handelsgeschäft gehörenden Vermögen wegen § 25 Abs. 2 HGB. Die Gläubiger können in dieser Lage einen halbwegs adäquaten Schutz ihres Befriedigungsinteresses nur dadurch erreichen, dass sie für eine möglichst umgehende Separation des Nachlasses vom Eigenvermögen des Erben sorgen und nötigenfalls durch ein Nachlassinsolvenzverfahren die Durchsetzung der (Verkaufs-)Erlösherausgabe zu ihren Gunsten bewirken (§ 1978 Abs. 1 BGB i. V. mit §§ 662, 667 BGB).

604 Die **Veräußerung kann auch treuhänderisch erfolgen.** Da sich die Treuhand nur aus dem Innenverhältnis zwischen Treuhänder und Treugeber ergibt, führt sie – jedenfalls wenn sie im Rechtsverkehr im Außenverhältnis nicht sichtbar wird – zur angestrebten Haftungsbeschränkung.[613)]

cc) Verpachtung

605 Auch die Verpachtung des Handelsgeschäftes ist der Einstellung i. S. von § 27 Abs. 2 Satz 1 HGB **gleichzusetzen.**[614)] Auch hier gilt, dass die Verpachtung innerhalb des Drei-Monats-Zeitraumes derart nach außen kundgetan worden sein muss, dass interessierte Dritte, insbesondere aber die geschäftlichen Nachlassgläubiger unschwer innerhalb des Drei-Monats-Zeitraumes von der Verpachtung Kenntnis nehmen können. Zweifel gehen zulasten des Erben.

dd) Einbringung des Handelsgeschäfts in eine Gesellschaft

606 Da entscheidend für den angemessenen Ausgleich der Interessen der geschäftlichen Gläubiger des Erblassers an einem Erhalt ihrer Haftungsmasse zum Zwecke ihrer Befriedigung mit dem Interesse des Erben, nicht mit dem Eigenvermögen für – für ihn möglicherweise völlig unüberschaubare – Verbindlichkeiten einstehen zu müssen, ist, dass der Erbe den Geschäftsgläubigern innerhalb von drei Monaten (§ 27 Abs. 2 HGB) klar zum Ausdruck bringt, wenn er nicht mit seinem Eigenvermögen einstehen will (siehe dazu oben ausführlich Rz. 591 ff.), kommt auch die Einbringung des Handelsgeschäftes bzw. eine

613) Ausf. *Roth* in: Roth/Gerhardt, Hdb. Erbenhaftungsbeschränkung, S. 322 ff., 252 f.

614) *Thiessen* in: MünchKomm-HGB, § 27 Rz. 51 m. w. N.; *Bömeke* in: BeckOK-HGB, § 27 Rz. 26.

Ausgliederung in Betracht. **Auch diese Formen sind der Einstellung** i. S. von § 27 Abs. 2 HGB **gleichzusetzen,**[615] wobei auch hier freilich zu verlangen ist, dass diese Vorgänge innerhalb von drei Monaten zweifelsfrei nach außen kommuniziert werden. Zweifel gehen zulasten des Erben.

Für Einbringung, Ausgliederung oder Umgründung kommen als **Zielrechts-** 607
träger sowohl Personen- als auch Kapitalgesellschaften in Betracht, an denen der Erbe allein oder mit weiteren Gesellschaftern beteiligt ist. Auch in solchen Fällen liegt ein Wechsel des Rechtsträgers vor, der das Unternehmen führt, so dass der Fall nicht anders zu beurteilen ist als die Veräußerung (dazu siehe oben Rz. 599 ff.).

Fristgemäße Einbringung, Ausgliederung (§§ 152 ff. UmwG) oder Umgrün- 608
dung führen indessen nur dazu, dass der Erbe nicht in die durch erbrechtliche Beschränkungsmechanismen nicht mehr beschränkbare handelsrechtliche Haftung mit seinem Eigenvermögen für die im Handelsgeschäft begründeten Verbindlichkeiten gerät. **Auf den Vorgang ist § 25 HGB direkt anwendbar.** Führt also die Gesellschaft, die das Handelsgeschäft fortführt, dieses unter der bisherigen Firma fort, haftet diese nach § 25 HGB uneingeschränkt. Die zugunsten des Eigenvermögens des Erben eintretende Haftungsbeschränkung kommt ihr nicht zugute. Anwendbar ist allerdings **§ 25 Abs. 2 HGB,** so dass die fortführende Gesellschaft ihre Haftung auf diesem Wege **beschränken** kann, indem der Haftungsausschluss vereinbart und in das Handelsregister eingetragen wird. Entscheidend ist im Zusammenspiel mit § 27 Abs. 2 Satz 1 HGB aber, dass der Antrag auf Eintragung des Haftungsausschlusses in das Handelsregister innerhalb von drei Monaten gestellt wird (zur Begründung und weiterführend siehe oben Rz. 559 ff.).

ee) Einbringung des Handelsgeschäfts in eigenes Einzelunternehmen des Erben

Führt der Erbe ein eigenes Handelsunternehmen, und bringt er das geerbte 609
Handelsunternehmen in sein eigenes ein, dann liegt **kein Fall des § 27 Abs. 2 HGB** vor. In diesem Fall distanziert sich der Erbe nicht nach außen offenkundig von dem geerbten Handelsgeschäft, sondern er bringt seinen Fortführungswillen zum Ausdruck. **Für den Eintritt der handelsrechtlichen Erbenhaftung** ist dann allerdings – wie auch sonst – notwendig, dass der Erbe das geerbte Handelsgeschäft **unter der bisherigen Firma fortführt.**

ff) Erbschaftskauf und Treuhandverkauf

Da die Veräußerung des Handelsgeschäftes zur Haftungsbeschränkung führt, 610
kann die Haftungsbeschränkung auf der Grundlage geeigneter Treuhandverträ-

615) *Thiessen* in: MünchKomm-HGB, § 27 Rz. 52 m. w. N.

ge bzw. eines Erbschaftskaufs herbeigeführt werden. Da sich die Treuhand nur aus dem Innenverhältnis zwischen Treuhänder und Treugeber ergibt, führt sie – jedenfalls wenn sie im Rechtsverkehr im Außenverhältnis nicht sichtbar wird – zur angestrebten Haftungsbeschränkung.[616)]

3. Haftung des Nachlasspflegers

611 Der Nachlasspfleger **haftet grundsätzlich** den unbekannten Erben gegenüber für **Pflichtverletzungen** i. R. seiner Amtsführung. Solche Ansprüche sind Nachlassbestandteile, werden also im eröffneten Nachlassinsolvenzverfahren durch den Nachlassinsolvenzverwalter zugunsten der Insolvenzmasse geltend gemacht.

612 Fraglich und in Teilen sehr streitig ist, ob und ggf. inwieweit der Nachlasspfleger in die Haftung genommen werden kann, wenn er den Nachlass **nach Eintritt von Zahlungsunfähigkeit und/oder Überschuldung** weiterverwaltet, vermindert oder sonst verschlechtert.

613 Nach Auffassung des **BGH**[617)] soll sich aus dem Umstand, dass der Nachlasspfleger gesetzlicher Vertreter der unbekannten Erben ist, nicht ableiten lassen, dass dem Erben seine Beteiligung bei der Frage, ob und ggf. wann Insolvenzantrag zu stellen ist, über §§ 166 Abs. 1, 278 BGB zuzurechnen ist. Der BGH begründet diese Auffassung damit, beide Zurechnungsnormen setzten voraus, dass der Dritte – Vertreter bzw. Gehilfe – im Pflichtenkreis des Schuldners gegenüber seinem Gläubiger eingesetzt ist. Das sei hier indes nicht der Fall. Der Nachlasspfleger habe deswegen nicht die dem Erben den Nachlassgläubigern gegenüber obliegende Aufgabe, rechtzeitig Insolvenzantrag zu stellen, wahrzunehmen.[618)] Er sei auch nicht aus einer vom Erben abgeleiteten oder eigenen Pflichtenstellung den Nachlassgläubigern gegenüber dazu verpflichtet, deren Interessen zu wahren.

614 Diese **Beschränkung des Pflichtenkreises des Nachlasspflegers überzeugt indessen nicht**, weil sie der **praktischen Realität nicht gerecht wird.** Nachlasspfleger beschränken sich in der Praxis nämlich nur in den seltensten Fällen darauf, den Nachlass zu sichern und in vollem Umfange zu erhalten. Die Praxis sieht vielmehr so aus, dass Nachlasspfleger regelmäßig mit vorhandenen Mitteln nach und nach Nachlassgläubiger befriedigen, bis der Nachlass aufgebraucht ist, so dass übrige Nachlassgläubiger leer ausgehen. Damit wird die Sicherungsaufgabe überschritten; man versucht dieses der Sicherung zuwiderlaufende Handeln damit zu rechtfertigen, dass man durch die Befriedigung der Nachlassverbindlichkeit den Nachlass von Kosten einer drohenden gerichtlichen Inanspruchnahme freigehalten habe.[619)]

---

616) Ausf. *Roth* in: Roth/Gerhardt, Hdb. Erbenhaftungsbeschränkung, S. 307 ff., 322 ff., 252 f.

617) BGH, Urt. v. 8.12.2004 – IV ZR 199/03, ZVI 2005, 21 = ZEV 2005, 109.

618) BGH, Urt. v. 8.12.2004 – IV ZR 199/03, ZVI 2005, 21 = ZEV 2005, 109.

619) *Leipold* in: MünchKomm-InsO, § 1960 Rz. 67.

Dieses Verhalten kann freilich Haftung nach § 826 BGB auslösen[620] und es kann auch, da die dem Erben gegenüber bestehende Pflicht zur Sicherung sämtlicher vorhandener Nachlassgegenstände dadurch verletzt wird, Schadenersatzansprüche gemäß § 280 Abs. 1 BGB auslösen, die im Fall eines Insolvenzverfahrens durch den Nachlassinsolvenzverwalter zur Insolvenzmasse geltend zu machen sind (§ 1978 Abs. 2 BGB, § 93 InsO analog)[621].

Die eben genannte **Auffassung der BGH überzeugt auch dogmatisch nicht**, 615 weil sie das durch das Gesetz fein austarierte **Gleichgewicht zwischen Schutz der Erben- und Gläubigerinteressen im System der Erbenhaftung** für den Sonderfall der Nachlasspflegschaft einseitig zulasten der Gläubiger verschiebt. Das **Erbenhaftungssystem** sieht als **Normalfall** Universalsukzession auf einen (bekannten) Erben vor (§ 1922 Abs. 1 BGB) mit unbeschränkter Haftung für die Nachlassverbindlichkeiten (§ 1967 Abs. 1 BGB). Der Erbe erhält also im Normalfall alle Aktiva des Erblassers und muss für die Passiva (auch) mit seinem Eigenvermögen einstehen.

Das Gesetz stellt dem Erben nun **Mechanismen** zur Verfügung, die er in Gang 616 setzen kann, **um Abweichungen von diesem Normalfall herbeizuführen.** Von der Ausschlagung abgesehen ist **die weitestgehende Abweichung vom Normalfall die Insolvenzeröffnung über den Nachlass**, die einerseits die Separation des Nachlasses vom Eigenvermögen des Erben herbeiführt, dem Erben die Verwaltungs- und Verfügungsbefugnis über den Nachlass vollkommen entzieht (§ 80 InsO) und den Nachlass so für den ausschließlichen Zugriff der Nachlassgläubiger sichert, während andererseits genau deswegen die Haftung des Erben mit seinem Eigenvermögen für Nachlassverbindlichkeiten ausgeschlossen wird (§ 1975 BGB). Diese Gestaltung schafft auch wieder einen **angemessenen Ausgleich zwischen Erben- und Gläubigerinteressen**, denn weder hat der Erbe etwas aus dem Nachlass zu bekommen, noch haben die Nachlassgläubiger etwas aus dem Eigenvermögen des Erben zu bekommen. Damit dieses Gleichgewicht nicht durch den Erben zu seinen Gunsten verschoben werden kann, statuiert § 1980 BGB nicht nur die Insolvenzantragspflicht des Erben, sondern stellt auch noch eine der schärfsten Schadensersatzhaftungen zugunsten der Gläubiger auf deren Waagschale: Die Insolvenzantragstellung muss

- erstens unverzüglich erfolgen (§ 1980 Abs. 1 Satz 1 BGB),
- zweitens wird die Insolvenzantragspflicht sogar durch auf Fahrlässigkeit beruhende Unkenntnis von der Zahlungsunfähigkeit oder der Überschuldung des Nachlasses ausgelöst (§ 1980 Abs. 2 Satz 1 BGB) und

620) *Roth*, Rpfleger 2019, 495.

621) *Roth*, Rpfleger 2019, 495.

- drittens wird die Fahrlässigkeit sogar vermutet, wenn Anlass besteht, von unbekannten Nachlassverbindlichkeiten auszugehen und der Erbe dennoch ein Aufgebotsverfahren nicht betreibt (§ 1980 Abs. 2 Satz 2 BGB).

617 Durch diese äußerst früh einsetzende und an niedrige Voraussetzungen geknüpfte Haftung des Erben mit seinem Eigenvermögen stellt das Gesetz sicher, dass der Erbe, der die Haftungsbeschränkung des § 1975 BGB für sich in Anspruch nehmen will, den Gläubigern zumindest wertmäßig das Haftungssubstrat i. R. eines Insolvenzverfahrens zur Verfügung stellt, das ihnen zur Verfügung gestanden hätte, wenn zu Lebzeiten des Erblassers oder spätestens im Todeszeitpunkt ein Insolvenzverfahren betrieben worden wäre. **§ 1980 BGB hat damit vor allem eine sichernde, werterhaltende Funktion.** Verändert der Erbe nämlich den Nachlass nicht, dann trifft ihn selbst bei Verletzung der Insolvenzantragspflicht keine Haftung mit seinem Eigenvermögen, weil den Nachlassgläubigern kein Schaden entstehen kann. Daran wird deutlich, dass die **Haftungsprivilegierung** aus § 1975 BGB nur ***soweit*** zum Zuge kommt, wie die Sicherung des Nachlasses für die Gläubiger stattfindet. Die Abwicklung des Nachlasses i. R. eines Nachlassinsolvenzverfahrens ist zwar nicht der oben geschilderte Normalfall, aber es ist ein in ein Gleichgewicht zwischen Erben- und Gläubigerinteressen gebrachtes Abwicklungsverfahren.

618 Nun kann diese bereits vom Normalfall abweichende Abwicklungsform eine weitere Sonderheit dadurch erfahren, dass der Erbe unbekannt ist und „für denjenigen, welcher Erbe wird" ein **Nachlasspfleger** bestellt wird (§ 1960 Abs. 2 BGB). Diese Formulierung legt das zutreffende und heute weitgehend allgemein zugrunde gelegte Verständnis nahe, dass der Nachlasspfleger gesetzlicher Vertreter der unbekannten Erben ist.[622] Eine Beschränkung des Pflichtenkreises dieses gesetzlichen Vertreters auf einen Teil des dem (noch nicht bekannten) Erben obliegenden Pflichtenheftes lässt sich dem Gesetz entnehmen. Die soeben dargestellte **Auffassung des BGH**, dass der Pflichtenkreis des Nachlasspflegers sich nicht auf die Insolvenzantragspflicht des Erben erstrecken soll,[623] ist also nicht nur nicht dem Gesetz zu entnehmen, sondern sie **stört auch das Schutzgleichgewicht zwischen Erben- und Gläubigerinteressen**, weil die Haftungsbeschränkung nach § 1975 BGB wie dargelegt nur wegen des Korrelats einer scharfen Schadensersatzhaftung für nicht frühzeitige Insolvenzantragstellung einen angemessenen Interessenausgleich schafft. Es wäre also der unbekannte, durch einen Nachlasspfleger vertretene Erbe gegenüber dem bekannten Erben zulasten der Nachlassgläubiger privilegiert, wenn sein gesetzlicher Vertreter bar jeder Insolvenzantragspflicht den Nachlass verwalten und sogar einzelne Verbindlichkeiten zulasten anderer Gläubiger befriedigen könnte, während dieses Verhalten bei dem bekannten Erben dessen Haftung

622) *Leipold* in: MünchKomm-BGB, § 1960 Rz. 37–38.

623) BGH, Urt. v. 8.12.2004 – IV ZR 199/03, ZVI 2005, 21 = ZEV 2005, 109.

nach § 1980 Abs. 1 Satz 2 BGB auslösen und somit das Gleichgewicht in der Waage halten würde. Dass die durch den BGH angenommene Beschränkung des Pflichtenkreises des Nachlasspflegers auf Nachlasssicherung für den Erben beschränkt sein soll, dem Institut der Nachlasspflegschaft keineswegs inne wohnt, zeigt sich übrigens auch an § 1961 BGB: Die Nachlasspflegschaft ist auch auf Antrag eines Nachlassgläubigers anzuordnen, wenn ein Nachlassgläubiger einen Anspruch gerichtlich gegen den Nachlass geltend machen will.

All dies zusammengenommen ergibt sich also, 619

- dass der Erbe, der die Haftungsprivilegierung des § 1975 BGB für sich in Anspruch nehmen will, dem Sicherungsgebot aus § 1980 BGB nachkommen und ggf. für unzureichende Erhaltung des Nachlasses scharf haften muss,
- dass der für einen unbekannten Erben bestellte Nachlasspfleger sein gesetzlicher Vertreter ist und Sicherungsaufgaben hat,
- dass eine Beschränkung des Pflichtenkreises des Nachlasspflegers dergestalt, dass er die dem Erben den Gläubigern gegenüber obliegenden Pflichten nicht wahrzunehmen habe, dem Gesetz nicht zu entnehmen ist und zudem auch noch das Gleichgewicht zwischen Schutz der Erben- und Gläubigerinteressen stört.

Lediglich am Rande sei noch erwähnt, dass die Erwägung des BGH, die Nach- 620
lassgläubiger seien nicht schutzlos gestellt, wenn der Nachlasspfleger nicht die Pflicht zur Insolvenzantragstellung habe, weil sie gegen den Nachlasspfleger den Auskunftsanspruch gemäß § 2012 Abs. 1 Satz 2 BGB geltend machen und ggf. selbst Antrag auf Eröffnung des Nachlassinsolvenzverfahrens stellen könnten,[624] jedenfalls dann nicht weiterhilft, wenn einer von mehreren Erbprätendenten die Erbschaft angenommen hat, weil dann gegen den Gläubiger die Antragsfrist des § 319 InsO läuft. Nach Ablauf der Zwei-Jahres-Frist kann nicht einmal mehr der Gläubiger einen zulässigen Insolvenzantrag stellen; der Nachlasspfleger könnte den Nachlass komplett (anderweitig) verteilen und dem Nachlassgläubiger haftete dafür niemand, wenn nur der Nachlasspfleger dem Erbprätendenten die Zahlungsunfähigkeit verheimlicht.

Im Ergebnis bedeutet dies, dass **die Verletzung der Insolvenzantragspflicht** 621
durch den Nachlasspfleger dem Erben gemäß §§ 166 Abs. 1 Satz 1, 278 BGB zuzurechnen ist, weil der Nachlasspfleger im gesamten Pflichtenkreis des Erben umfassend für diesen tätig wird. Weiter bedeutet das, dass **der Nachlasspfleger dem Erben dafür regresspflichtig ist**, so dass der **Nachlassinsolvenzverwalter** den Erben gemäß § 1980 Abs. 1 Satz 2 BGB in Anspruch nehmen und dessen Freistellungs- bzw. Ersatzanspruch gegen den Nachlasspfleger **pfänden kann.**

---

624) BGH, Urt. v. 8.12.2004 – IV ZR 199/03, unter II. 2. c) a. E., ZVI 2005, 21 = ZEV 2005, 109.

4. Europäische Nachlassinsolvenzverfahren, Europäisches Nachlasszeugnis

622 Dem Nachlassinsolvenzverwalter kann nach nunmehr kaum noch bestrittener Auffassung ebenfalls ein Nachlasszeugnis ausgestellt werden, um i. R. eines **Nachlassinsolvenzverfahrens in einem anderen Mitgliedstaat** das zum Nachlass gehörende, dort liegende Vermögen zu verwalten und darüber zu verfügen.[625)]

623 Zweifelhaft erschien früher die Antragsbefugnis bzw. die Fähigkeit des Nachlassinsolvenzverwalters, als zur Verwaltung des Nachlasses berufene Person bescheinigt zu werden, deshalb, weil das Institut der Nachlassinsolvenz in den Anwendungsbereich der EuInsVO fällt. Art. 76 EuErbVO bestimmt, dass die EuErbVO die EuInsVO „unberührt" lässt.[626)] Man könnte meinen, dass die Regelungen der EuInsVO den Regelungen der EuErbVO insoweit vorgehen, dass das Europäische Nachlasszeugnis als Institut der Regelungen der EuErbVO immer dann keine Anwendung finden kann, wenn der Anwendungsbereich der EuInsVO überhaupt eröffnet ist. Eine **Literaturmeinung** bejahte genau dies.[627)] Die Nachlassinsolvenz falle in den Anwendungsbereich der EuInsVO, so dass dieses Verfahren gemäß Art. 76 EuErbVO vorrangig gegenüber der EuInsVO und damit auch einem separaten Regime von Zuständigkeitsregelungen unterliegen soll. Die Anwendung der Bestimmungen zum Europäischen Nachlasszeugnis könne zu „Friktionen" mit den Regelungen der EuInsVO führen, so dass die Ausstellung des Zeugnisses für den Nachlassinsolvenzverwalter abzulehnen sei.

624 Dieser Auffassung kann indes nicht gefolgt werden, wie das **OLG Frankfurt am Main** in einer äußerst instruktiven Entscheidung ausgeführt hat.[628)] Sie lässt sich weder durch den Wortlaut von Art. 76 EuErbVO noch durch den Telos der Vorschrift stützen. Dort wird nicht etwa die Unanwendbarkeit der EuErbVO angeordnet. Der Wortlaut spricht lediglich von **„unberührt lassen"**. Ob die sog. Unberührtheitsklausel lediglich deklaratorischen Charakter hat, ein Nebeneinander der Vorschriften bezweckt oder von einem Vorrangverhältnis ausgeht, ist anhand der juristischen Auslegungsmethoden zu untersuchen.[629)] Nach dem Telos der Norm ist die Verwendung des Wortes „unberührt" so zu verstehen, dass insolvenzrechtliche Regelungen dann „berührt" wären, wenn das ihnen unterliegende Nachlassinsolvenzverfahren durch ein parallel laufendes erbrechtliches Verfahren beeinträchtigt, also in ihrer Reichweite oder Rechtsdurchsetzung zumindest in Zweifel gezogen würde. Die englische amtliche Sprachfassung des Art. 76 EuErbVO unterstützt diese Auslegung.

---

625) Ausf. A. Schmidt-*Roth*, EuInsVO, Europäische Nachlassinsolvenzverfahren.

626) Burandt/Rojahn-*Burandt/Schmuck*, Erbrecht, Art. 76 EuErbVO Rz. 1.

627) Dutta/Weber-*Fornasier*, Int. Erbrecht, Art. 63 EuErbVO Rz. 19.

628) OLG Frankfurt/M., Beschl. v. 9.2.2021 – 21 W 151/20, ZVI 2021, 436 = NZI 2021, 558.

629) *Barczak*, JuS 2015, 969, 973.

Es ist auch **nicht ersichtlich**, dass **die Anwendung der Vorschriften** betreffend das Europäische Nachlasszeugnis im Falle der Nachlassinsolvenz **zu „Friktionen" führt**. Ganz **im Gegenteil** führt gerade die Nichtanwendung dieser Vorschriften zu Problemen bei der Abwicklung von Nachlassinsolvenzverfahren mit ausländischen Bezügen. Denn das Europäische Nachlasszeugnis ist gerade in solchen Mitgliedstaaten, die eine Nachlassabwicklung i. R. insolvenzrechtlicher Vorschriften **nicht kennen, außerordentlich hilfreich**, weist es doch den hiesigen Insolvenzverwalter verbindlich für alle Mitgliedstaaten als Verwaltungs- und Verfügungsberechtigten aus. 625

Diese **universelle Wirkung des Europäischen Nachlasszeugnisses** ist – obwohl ein erst recht junges Rechtsinstitut – auch **im europäischen Ausland bereits weithin bekannt**. Selbst dann, wenn nach Art. 4 EuErbVO ein Gericht oder ein Notar in einem anderen Mitgliedstaat für die Ausstellung des Europäischen Nachlasszeugnisses zuständig ist, haben Praxiserfahrungen inzwischen gezeigt, dass es dort gar nicht so problematisch ist, für einen in Deutschland bestellten Nachlassinsolvenzverwalter ein Europäisches Nachlasszeugnis zu erhalten – denn diese ständig mit der Ausstellung der Nachlasszeugnisse befassten Stellen kennen das in Deutschland geltende insolvenzrechtliche Regime für die Abwicklung insuffizienter Nachlässe inzwischen mitunter. 626

Einzig **problematisch** kann es werden, **wenn eine andere Person als der Nachlassinsolvenzverwalter** bei dem nach Art. 4 EuInsVO zuständigen ausländischen Gericht oder Notar ein Europäisches Nachlasszeugnis **beantragt**, das ihn **als Berechtigten ausweist**. Erhält er das Nachlasszeugnis mit diesem Inhalt, löst das weitreichenden Gutglaubensschutz und Vermutungswirkungen (Art. 69 Abs. 2–4 EuErbVO) aus.[630] Es ist soweit ersichtlich bisher gänzlich unerörtert, ob sich dieser **Gutglaubensschutz gegenüber einem Insolvenzverwalter durchsetzen kann** und deswegen etwa derjenige, der dem Erben etwas schuldete und aufgrund eines Europäischen Nachlasszeugnisses an den dort als Berechtigten ausgewiesenen Erben gezahlt hat, mit Erfüllungswirkung leisten konnte. Gemäß § 82 InsO wird das anzunehmen sein, wenn der Leistende die Eröffnung des Nachlassinsolvenzverfahrens in Deutschland nicht kannte. Unabhängig davon ließe sich dieses Problem, dass ggf. ein Europäisches Nachlasszeugnis ausgestellt ist, das einen anderen als den deutschen Nachlassinsolvenzverwalter als Berechtigten ausweist, nicht dadurch lösen, dass man die Vorschriften über das Europäische Nachlasszeugnis als durch die Insolvenzeröffnung suspendiert betrachtet: Denn erstens kann das Europäische Nachlasszeugnis bereits vor der Insolvenzeröffnung ausgestellt sein und weist dann freilich eine nun nicht mehr berechtigte Person aus und zum zweiten ist es **Sache des Nachlassinsolvenzverwalters, unverzüglich** nach seiner Bestellung das für die Ausstellung des Europäischen Nachlasszeugnisses zuständige Gericht bzw. 627

630) Ausf. *Schmitz*, RNotZ 2017, 269, 284 f.

den zuständigen Notar über seine Bestellung und die Rechtsfolgen seiner Bestellung **in Kenntnis zu setzen**. Kommt er dieser Pflicht nach, ist die Gefahr gering, dass für einen anderen als Berechtigten ein Europäisches Nachlasszeugnis ausgestellt wird, denn Art. 67 Abs. 1 Satz 3 EuErbVO hindert Einwände gegen die Ausstellung die Erteilung des Zeugnisses, was nach zutreffender h. M. auch für Einwände im Ausstellungsverfahren gilt.[631] Wird dennoch für einen anderen als Berechtigten ein Europäisches Nachlasszeugnis ausgestellt, so ist gegen die Entscheidung das **Rechtsmittel der Beschwerde** gegeben (§ 43 Abs. 1 Satz 1 IntErbRVG[632] i. V. mit § 33 Nr. 1 FamFG). Die Beschwerde ist bei dem Nachlassgericht einzureichen, Beschwerdegericht ist das Oberlandesgericht. Die Beschwerdeberechtigung ergibt sich aus § 43 Abs. 2 IntErbRVG. Nach § 44 IntErbRVG ist die Rechtsbeschwerde statthaft, wenn sie das Beschwerdegericht zugelassen hat.

628 Diese Auffassung bezüglich der Berechtigung des Nachlassinsolvenzverwalters wird zudem gestützt durch einen **Vergleich betreffend die Berechtigung des Nachlasspflegers**: Das OLG Schleswig-Holstein hat in seinem Beschluss vom 2.2.2018 – 3 Wx 4/18 dem Nachlasspfleger Antragsberechtigung i. S. der EuErbVO für die Ausstellung eines Europäischen Nachlasszeugnisses zuerkannt. In dem der Entscheidung zugrunde liegenden Sachverhalt hatte ein Nachlasspfleger beim Amtsgericht die Ausstellung eines Europäischen Nachlasszeugnisses beantragt, um Konten des Erblassers bei einer ausländischen Bank abwickeln zu können. Das Amtsgericht hat die Zeugnisausstellung verweigert, weil der Nachlasspfleger nicht ausdrücklich als Antragsberechtigter i. S. des Art. 65 Abs. 1 i. V. mit Art. 63 Abs. 1 EuErbVO genannt werde und die Aufzählung abschließend sei. Das Oberlandesgericht hat der Beschwerdeführerin im Beschwerdeverfahren stattgegeben. Der Nachlasspfleger sei zwar nicht ausdrücklich als Antragsberechtigter in der EuErbVO genannt, sondern nur der Nachlassverwalter. Nach dem Sinn und Zweck der Norm sei darunter aber auch der deutsche Nachlasspfleger zu verstehen. Maßgeblich für die Antragsberechtigung sei, ob dem Antragsteller Verwaltungsbefugnisse im Hinblick auf das Erbe eingeräumt werden. Dies sei bei dem Nachlasspfleger der Fall. Auch er benötigt für die Ausübung seines Amtes ggf. einen unionsrechtlichen Nachweis seiner Rechtsstellung.[633]

629 **Das Gleiche muss auch für den Nachlassinsolvenzverwalter gelten**. Dieser hat die Verwaltungs- und Verfügungsbefugnis für den Nachlass inne (§ 80 Abs. 1 InsO). Auch hier besteht nach dem bereits Erwähnten ein Bedürfnis für einen

---

631) *Schmitz*, RNotZ 2017, 269, 281 f.; Dutta/Weber*Fornasier*, Int. Erbrecht, Art. 67 EuErbVO Rz. 5; *Dutta* in: MünchKomm-BGB, Art. 67 EuErbVO Rz. 5.

632) Gesetz zum Internationalen Erbrecht und zur Änderung von Vorschriften zum Erbschein sowie zur Änderung sonstiger Vorschriften (Internationales Erbrechtsverfahrensgesetz), v. 29.6.2015, BGBl. I 2015, 1042.

633) OLG Schleswig, Beschl. v. 2.2.2018 – 3 Wx 4/18, ZEV 2018, 340 = MDR 2018, 1006.

unionsrechtlichen Nachweis seiner Rechtsstellung. Im Ergebnis kann folglich auch der Nachlassinsolvenzverwalter das Europäische Nachlasszeugnis zum Nachweis seiner Rechtsstellung verwenden. Der Nachlassinsolvenzverwalter kann somit das **Formblatt** als „Nachlassverwalter im unionsrechtlichen Sinne" ausfüllen und sein Kreuz bei Punkt 4.4 (Befugnisse des Nachlassverwalters) setzen. Bei der Angabe der Befugnisse und ggf. der Vermögenswerte, auf die sich die Befugnisse beziehen, ist zu vermerken, dass das Zeugnis **zum Zwecke der Nachlassinsolvenzverwaltung** benötigt wird.

5. Prozessrechtsverhältnisse des Nachlasses

Da dem Erben dem Nachlasspfleger, Nachlassverwalter und Testamentsvoll- 630
strecker mit der Eröffnung des Insolvenzverfahrens gemäß § 80 Abs. 1 InsO die Möglichkeit genommen wird, den Nachlass zu verwalten, bedarf es einer Regelung, wie mit Prozessrechtsverhältnissen umgegangen werden soll, die sich auf den Nachlass beziehen. §§ 85, 86 InsO regeln dementsprechend das Schicksal von **Aktiv- und Passivprozessen.**

Beide Formen von Prozessrechtsverhältnissen werden durch die Eröffnung des 631
Insolvenzverfahrens gemäß § 240 ZPO zunächst unterbrochen, sofern sie sich auf zum Nachlass gehörende Gegenstände beziehen.[634)] Hat ein Gläubiger gegen den Erben eine Nachlasserbenschuld eingeklagt, so findet eine Unterbrechung, soweit sich das Klagebegehren gegen das Eigenvermögen des Erben richtet, nicht statt. Die Verfahrensunterbrechung tritt kraft Gesetzes ein. Es bedarf keiner hierauf gerichteten Prozesshandlung des Insolvenzverwalters oder des Gegners. Die Unterbrechungswirkung ist von Amts wegen zu berücksichtigen.[635)] Die Unterbrechungswirkung erfasst nicht nur den reinen Klagerechtsstreit, sondern nahezu **sämtliche zivilgerichtliche Verfahren** unter Einschluss des Mahnverfahrens, des Kostenfestsetzungsverfahrens und einstweiliger Verfügungsverfahren. Auch **arbeitsgerichtliche Verfahren, verwaltungsgerichtliche, finanzgerichtliche** und **sozialgerichtliche** Rechtsstreitigkeiten werden unterbrochen. Die Unterbrechung bezieht sich allerdings **nicht auf nichtvermögensrechtliche Streitigkeiten**, da diese die Insolvenzmasse nicht betreffen.[636)]

Tritt Unterbrechung ein, so können **während der Dauer der Unterbrechung** 632
keinerlei wirksame Verfahrenshandlungen eintreten. Insbesondere ist damit der **Lauf jeder Frist beendet**. Die Beendigung des Fristlaufs hat Unterbrechungswirkung mit der Folge, dass bei Fortgang des Prozesses ein erneuter, vollständiger Fristlauf in Gang kommt (§ 249 Abs. 1 ZPO). Während der Un-

---

634) OLG Köln, Urt. v. 23.9.2002 – 2 U 79/02, ZVI 2002, 416 = NJW-RR 2003, 47; *Wiester* in: MünchAHB Erbrecht, § 25 Rz. 51.

635) Zöller-*Greger*, ZPO, § 240 Rz. 3; *Gehrlein* in: MünchKomm-ZPO, § 240 Rz. 7.

636) Zöller-*Greger*, ZPO, § 240 Rz. 8; Blersch/Goetsch/Haas-*v. Olshausen* InsR, § 85 InsO Rz. 2.

terbrechung sind sämtliche Verfahrenshandlungen ohne Wirkung. Findet etwa ohne Wissen des Insolvenzverwalters trotz der Unterbrechung eine mündliche Verhandlung statt, so sind deren Ergebnisse schlicht bedeutungslos.[637)] Anträge, die in dieser Verhandlung gestellt werden, gelten als nicht gestellt. Unstreitigstellungen oder Vergleiche, die in dieser Verhandlung stattgefunden haben, haben keine Wirkung.[638)]

633 Selbst wenn das Gericht in Unkenntnis der Unterbrechung eine Entscheidung fällt, hat diese Entscheidung **keinerlei Wirkung**. Allerdings ist ein Urteil, dass das Gericht in Unkenntnis der Eröffnung des Insolvenzverfahrens erlassen hat, **nicht nichtig**. Vielmehr kann der Verstoß gegen § 240 ZPO von jeder Partei mit dem allgemein zulässigen Rechtsmittel geltend gemacht werden.[639)] Für dieses Rechtsmittel gilt gleichfalls, dass eine Frist hierfür wegen § 249 Abs. 1 ZPO nicht in Gang kommen kann. Die Unterbrechungswirkung des § 240 ZPO endet erst mit der Aufnahme des Rechtsstreits – gleich durch wen -, nicht schon mit der Ablehnung durch den Insolvenzverwalter.[640)]

634 Der **Insolvenzverwalter** hat i. R. pflichtgemäßen Ermessens zu entscheiden, ob er den unterbrochenen Prozess **aufnehmen will oder nicht**. Die Ermessensentscheidung hat sich dabei an den Erfolgsaussichten des Rechtsstreits zu orientieren. Weder sollte der Insolvenzverwalter einen aussichtslosen Rechtsstreit aufnehmen, da dadurch die Insolvenzmasse mit unnötigen Prozesskosten belastet werden könnte, wenn der Erbe nicht unbeschränkt haftet (§ 2013 BGB), noch sollte der Insolvenzverwalter einen aussichtsreichen Rechtsstreit nicht aufnehmen, da hierdurch eine Freigabe der streitbefangenen Vermögensgegenstände entstünde mit der Folge, dass der entsprechende Vermögenswert für die Insolvenzmasse endgültig verloren wäre. Im einen wie auch anderen Fall droht dem Insolvenzverwalter ein persönliches Haftungsrisiko. Allerdings ist dem Insolvenzverwalter zuzugestehen, dass er eine freie Einschätzung der Prozessaussichten vornimmt, die freilich nur summarischen Charakter haben kann und insbesondere nicht über die Erkenntnismöglichkeiten gerichtlicher Beweiserhebung verfügt. Dem Insolvenzverwalter ist also zuzubilligen, dass er sich in einem **recht weiten Bewertungsspielraum** befindet.

635 Die Aufnahme des unterbrochenen Prozesses ist eine **Prozesshandlung** und hat **unmittelbare Gestaltungswirkung**. Der Insolvenzverwalter nimmt den Prozess in der Lage auf, in der dieser sich im Zeitpunkt des Eintritts der Unterbrechung befunden hat. **Frühere Prozesshandlungen** des Schuldners muss er sich zurechnen lassen,[641)] es sei denn, diese wären ihrerseits anfechtbar. Ins-

---

637) Blersch/Goetsch/Haas-*v. Olshausen*, InsR, § 85 InsO Rz. 4 (Fn. 30).

638) Vgl. Blersch/Goetsch/Haas-*v. Olshausen*, InsR, § 85 InsO Rz. 4.

639) *Gehrlein* in: MünchKomm-ZPO, § 240 Rz. 7; Zöller-*Greger*, ZPO, § 240 Rz. 3.

640) *Gehrlein* in: MünchKomm-ZPO, § 240 Rz. 24.

641) *Uhlenbruck-Mock*, InsO, § 85 Rz. 52.

besondere kann dem Insolvenzverwalter die Rüge verspäteten Vorbringens kaum entgegengehalten werden, da nachlässige Prozessführung und unterlassenes Vorbringen des Insolvenzschuldners ebenfalls in aller Regel der Insolvenzanfechtung unterfällt.

Gewinnt der Insolvenzverwalter einen aufgenommenen **Aktivrechtsstreit**, so kann er für die Insolvenzmasse vollstrecken. Verliert er den aufgenommenen Prozess, hat die Insolvenzmasse die Kosten des gesamten Rechtsstreites zu tragen. Dies gilt auch für die Kosten, die vor der Aufnahme des Rechtsstreites entstanden sind. Diese sind Masseverbindlichkeiten i. S. von § 55 Abs. 1 Nr. 1 InsO. **636**

Möchte der Insolvenzverwalter den Rechtsstreit nicht aufnehmen, so kann er die Aufnahme ablehnen. Die Ablehnung geschieht durch Erklärung gegenüber dem Prozessgegner oder gegenüber dem Erben, Nachlasspfleger oder Testamentsvollstrecker. In der Literatur wird zum Teil vertreten, die Ablehnungserklärung könne nicht gegenüber dem Gericht abgegeben werden.[642] Dies ist jedoch unzutreffend.[643] Da das Prozessgericht dem Prozessgegner die Ablehnungserklärung des Insolvenzverwalters zu übermitteln hat (genauso wie es jeden Schriftsatz einer Partei dem Gegner übermitteln muss), ist spätestens in diesem Zeitpunkt gewährleistet, das sämtliche am Verfahren Beteiligte von der Entscheidung des Insolvenzverwalters Kenntnis erlangen. Sie haben danach die Möglichkeit, ohne Beteiligung des Insolvenzverwalters über den Fortgang des Prozesses zu befinden. Einer ausdrücklichen **Ablehnungserklärung steht es gleich, wenn der Insolvenzverwalter den streitbefangenen Gegenstand aus der Insolvenzmasse freigibt.**[644] Die Ablehnungserklärung hat rechtlich die gleiche Wirkung wie die Freigabeerklärung. Der streitbefangene Gegenstand wird in jedem Fall aus der Insolvenzmasse freigegeben mit der Folge, dass der Insolvenzbeschlag aufgehoben wird und die Verfügungsberechtigung in Ansehung dieses Gegenstandes an den Erben zurückfällt. **637**

Ist ein Nachlasspfleger bestellt, so fällt die Verfügungsberechtigung an ihn; gleiches gilt für einen Testamentsvollstrecker. Gemäß § 85 Abs. 2 InsO können sowohl der Erbe, Nachlasspfleger oder Testamentsvollstrecker als auch der Gegner den Rechtsstreit aufnehmen. Unterliegt der Erbe in dem Rechtsstreit nach dessen Aufnahme, so hat der Nachlass dem Erben die Kosten gemäß § 1978 Abs. 3 BGB i. V. mit § 324 Abs. 1 Nr. 1 InsO als Masseverbindlichkeit zu erstatten, falls der Erbe nicht unbeschränkt haftet (§ 2013 BGB).[645] **638**

Das Gesetz bestimmt keine Frist, innerhalb derer der Insolvenzverwalter über Aufnahme oder Ablehnung der Aufnahme des Rechtsstreits zu entscheiden **639**

---

642) Blersch/Goetsch/Haas-*v. Olshausen*, InsR, § 85 InsO Rz. 13.

643) *Gehrlein* in: MünchKomm-ZPO, § 240 Rz. 31.

644) Vgl. BGH, Urt. v. 21.4.2005 – IX ZR 281/03, ZVI 2005, 492 = ZInsO 2005, 594; Uhlenbruck-*Mock*, InsO, § 85 Rz. 43.

645) RG, Urt. v. 26.3.1917 – IV 398/16, RGZ 90, 91, 94; *App* in: FK-InsO, § 85 Rz. 44.

hat. Gleichwohl ist von ihm zu verlangen, dass er binnen einer den Umständen **nach angemessenen Überlegungsfrist** seine Entscheidung trifft und diese den Beteiligten mitteilt. In einfach gelagerten Fällen wird man dem Insolvenzverwalter eine Überlegungsfrist von vier bis sechs Wochen einräumen müssen, in schwieriger gelagerten Fällen, insbesondere wenn bereits Vorinstanzen abgeschlossen worden sind oder komplizierte Beweiserhebungen anstehen, auch Fristen von zwei bis drei Monaten. Entscheidet sich der Insolvenzverwalter binnen dieser Frist nicht, so hat der Prozessgegner nach § 85 Abs. 1 Satz 2 InsO i. V. mit § 239 Abs. 2 ZPO die Möglichkeit, den Insolvenzverwalter zur Aufnahme und zur Verhandlung der Hauptsache zu laden.[646]

640 **Passivprozesse** kann der Insolvenzverwalter **nur unter bestimmten weiteren Voraussetzungen** aufnehmen (§ 86 InsO). Allerdings hat in diesen Fällen auch der Gegner die Möglichkeit, von sich aus – auch gegen den Willen des Insolvenzverwalters – den Rechtsstreit aufzunehmen. Dies sind insbesondere die Fälle, in denen über die Aussonderung eines Gegenstandes aus der Insolvenzmasse, die abgesonderte Befriedigung oder eine Masseverbindlichkeit (auch § 324 InsO) gestritten wird oder soweit der Insolvenzverwalter die streitgegenständliche, von dem Gläubiger zur Insolvenztabelle angemeldete Forderung bestreitet, §§ 179 Abs. 1, 180 Abs. 2 InsO. Der Kostentragungslast der Insolvenzmasse kann der Insolvenzverwalter durch ein sofortiges Anerkenntnis entgehen. Aus § 86 Abs. 2 InsO darf allerdings nicht geschlossen werden, dass in diesem Fall stets eine Insolvenzforderung des Gegners in Bezug auf die Kosten des Rechtsstreits entstehen würde.[647] Vielmehr entscheidet das Gericht i. R. der Kostengrundentscheidung nach § 93 ZPO darüber, ob der Prozessgegner überhaupt einen Kostenerstattungsanspruch hat oder nicht. Nur wenn dies der Fall ist, kann er diesen zur Insolvenztabelle anmelden. Gegen den Erben kann der Insolvenzgläubiger den Prozess gemäß § 184 Abs. 1 InsO nur dann aufnehmen, wenn dieser der Feststellung der Forderung zum Insolvenztabelle im Prüfungstermin widerspricht.[648]

641 Der Erbe hat nach der Eröffnung des Insolvenzverfahrens über den Nachlass auch kein **Beschwerderecht** mehr hinsichtlich der **Festsetzung der Vergütung** für den Nachlasspfleger,[649] den Nachlassverwalter oder den Testamentsvollstrecker. Das Beschwerderecht steht nach Eröffnung des Insolvenzverfahrens ausschließlich dem Insolvenzverwalter zu.

646) Jaeger-*Windel*, InsO, § 85 Rz. 155; Vgl. Zöller-*Greger*, ZPO, § 239 Rz. 16.

647) *Kuleisa* in: HambKomm-InsO, § 86 Rz. 21.

648) BGH, Urt. v. 15.10.2004 – V ZR 100/04, ZVI 2005, 84 = NJW-RR 2005, 241.

649) OLG Köln, Beschl. v. 14.4.2005 – 2 Wx 43/04, ZVI 2005, 315 = ZInsO 2005, 825.

Sofern ein Dritter als Massegläubiger **Ansprüche gegen die Insolvenzmasse** 642 des Nachlassinsolvenzverfahrens geltend machen will, ist eine entsprechende Klage gegen den Insolvenzverwalter zu richten.[650)]

6. Freigabe von Nachlassgegenständen

Es ist inzwischen weitestgehend anerkannt, dass der Insolvenzverwalter Ge- 643 genstände, die gemäß § 35 InsO zur Insolvenzmasse gehören, freigeben kann.[651)] Die Freigabe hat die Folge, dass der Gegenstand seine Massezugehörigkeit verliert; der **Insolvenzbeschlag wird aufgehoben.** Eine ausdrückliche Norm, die die Freigabe gestattet, enthält die InsO nicht. Allerdings wird die Freigabe in § 32 Abs. 3 Satz 1 InsO vorausgesetzt.

Die Freigabe erfolgt **durch einseitige empfangsbedürftige Willenserklärung** 644 des Insolvenzverwalters. Sie ist gegenüber demjenigen abzugeben, der die verfahrensmäßigen Rechte des Schuldners wahrnimmt, also im Regelfall der Erbe, ggf. aber auch der Nachlasspfleger bzw. der Testamentsvollstrecker. Durch die Freigabe fällt die Verwaltungs- und Verfügungsbefugnis bezüglich des betroffenen Gegenstandes wieder an den Erben bzw. – wenn ein solcher bestellt ist – an den Nachlasspfleger oder den Testamentsvollstrecker zurück. Die Freigabe beendet die Zugehörigkeit des Gegenstandes zur Insolvenzmasse, aber **nicht dessen Zugehörigkeit zum Nachlass,** so dass er im Grundsatz weiter für Nachlassverbindlichkeiten haftet. Der Gegenstand geht nicht etwa in das Eigenvermögen des Erben über. Nachlassinsolvenzgläubiger im Rang des § 38 InsO und nachrangige Insolvenzgläubiger im Rang von §§ 39, 327 InsO können allerdings gemäß § 87 InsO **nicht in den freigegebenen Gegenstand vollstrecken,** solange das Insolvenzverfahren über den Nachlass nicht beendet ist. Erst nach der Aufhebung des Insolvenzverfahrens ist der Zugriff gemäß § 201 InsO wieder eröffnet.

Da der freigegebene Gegenstand Nachlass bleibt und nicht etwa in das insol- 645 venzfreie Eigenvermögen des Erben übergeht, **hat der Erbe den Gegenstand ordnungsgemäß zu verwalten.** Für seine Verwaltung ist er den Insolvenzgläubigern nach Aufhebung des Insolvenzverfahrens analog § 1978 BGB i. V. mit dem **Auftragsrecht** verantwortlich. Er haftet für pflichtwidrig schlechte Verwaltung nach den Grundsätzen des Auftragsrechts; insbesondere kommt eine Schadensersatzpflicht gemäß § 280 BGB in Betracht. Sofern laufende Lasten aus dem freigegebenen Gegenstand resultieren, bspw. Grundsteuer oder Hausgeld für eine vom Insolvenzverwalter freigegebene Wohnung, entsteht keine Haftung mit dem Eigenvermögen des Erben, sondern vielmehr nur eine Haftung mit dem aus dem freigegebenen Gegenstand resultierenden Vermögen, al-

650) *Wiester* in: MünchAHB Erbrecht, § 25 Rz. 54.

651) BGH, Beschl. v. 14.12.2000 – IX ZB 105/00, BGHZ 146, 165 = ZInsO 2001, 165, 167; *Schumacher* in: FK-InsO, § 35 Rz. 22; *Vuia* in: MünchKomm-InsO, § 80 Rz. 65 ff.

so der Substanz des freigegebenen Gegenstandes selbst und etwaigen Nutzungen wie Mieteinnahmen. Dem Erben steht einer **Inanspruchnahme seines Eigenvermögens** die Einrede analog §§ 1990, 1991 BGB zu. **Nutzungen und Früchte** aus dem freigegebenen Gegenstand muss der Erbe für einen späteren Zugriff der Insolvenzgläubiger von seinem Eigenvermögen separieren, weil er sie ggf. gemäß §§ 1990, 1991 BGB an die Gläubiger herauszugeben hat.

646 Wegen der notwendig werdenden Verwaltung des freigegebenen Gegenstandes kann der Erbe (neben dem über den Nachlass angeordneten Insolvenzverfahren) die **Nachlassverwaltung des freigegebenen Gegenstandes beantragen**. Auch die **Eröffnung eines (weiteren) Insolvenzverfahrens** kann in Ansehung des freigegebenen Gegenstandes auf Antrag des Erben oder des Nachlassverwalters in Betracht kommen, wobei die Verfahrenskostendeckung freilich problematisch sein kann. Allerdings kommt Vorschussleistung in Betracht. Eine solche zweite Insolvenz bezüglich zum Nachlass gehörender Gegenstände mag ungewöhnlich erscheinen, ist allerdings für das sonstige Regelinsolvenzverfahren allgemein anerkannt und kommt in Folge der gesetzlichen Einführung der Freigabebefugnis des Insolvenzverwalters bezüglich eines Gewerbebetriebes gemäß § 35 Abs. 2 InsO zunehmend häufiger vor. Dass ein Bedürfnis nach ordnungsgemäßer Verwaltung und ggf. Nachlassverwaltung bzw. Nachlassinsolvenz eines freigegebenen Gegenstandes besteht, ist leicht einsichtig, wenn man sich vor Augen hält, dass vormals wertlose Nachlassgegenstände während des Insolvenzverfahrens durchaus an Wert gewinnen können (bspw. ein vormals wertloser Acker wird zu Bauland). Der entstehende Wert ist den Nachlassgläubigern, nicht dem Erben zuzuweisen; dies ergibt sich aus §§ 1990, 1991 BGB.

647 War vor der Eröffnung des Insolvenzverfahrens ein **Nachlassverwalter** bestellt, so **endete dessen Amt** mit der Eröffnung des Insolvenzverfahrens. Ihm gegenüber kann somit keine **Freigabeerklärung** mehr abgegeben werden. Freizugeben ist in diesem Fall gegenüber dem Erben. Ist nach wie vor ein **Nachlasspfleger oder Testamentsvollstrecker bestellt**, so geht die Verwaltungs- und Verfügungsbefugnis in Ansehung des freigegebenen Gegenstandes auf diesen über.

648 Bisweilen wird zwischen der **echten, unechten und modifizierten Freigabe** unterschieden:

- Bei der **unechten Freigabe** erklärt der Insolvenzverwalter gegenüber einem Berechtigten, keine Rechte an einem bestimmten Gegenstand zu haben. Dies betrifft insbesondere Aussonderungsberechtigte. Sofern der Insolvenzverwalter zu ihren Gunsten einen im Nachlass befindlichen Gegenstand „freigibt“, handelt es sich in Wahrheit gar nicht um eine Freigabe, sondern nur um die deklaratorische Erklärung, keine Rechte an dem Gegenstand geltend machen zu wollen.

- Die **echte Freigabe** hingegen hat die eingangs beschriebene konstitutive Bedeutung, dass der zunächst gegebene Insolvenzbeschlag aufgehoben werde. Die echte Freigabe kommt in der Regel in Betracht, wenn ein Gegenstand nicht gewinnbringend für die Masse genutzt oder verwertet werden kann. In solchen Fällen kann den Insolvenzverwalter sogar eine Pflicht zur Freigabe treffen.[652] Dies gilt vor allem dann, wenn die Masse im Zusammenhang mit einem unverwertbaren Gegenstand dauernd mit Kosten belastet wird, wie dies bspw. bei wertausschöpfend belasteten, aber nicht vermietbaren Wohnungen der Fall ist. Da hier Grundsteuern und Hausgelder auflaufen, der Insolvenzmasse aber keine entsprechenden Einnahmen zufließen, hat der Insolvenzverwalter die Wohnung freizugeben, wenn nicht mit einem Massezufluss aus der Verwertung zu rechnen ist. Die Freigabe kann sich nicht nur auf Sachen, sondern auch auf Forderungen beziehen. Insbesondere dann, wenn die Durchsetzung einer Forderung mit hohen Kostenrisiken verbunden ist, kann eine Freigabe angezeigt sein.
- Schließlich kann der Insolvenzverwalter einen Gegenstand auch gegen Erbringung einer **Gegenleistung** freigeben. So ist es ohne weiteres zulässig, wenn der Insolvenzverwalter mit dem Erben vereinbart, dass dieser einen bestimmten Gegenstand gegen Entgelt aus der Masse erhält. Insbesondere bei Hausrat oder einer im Nachlass befindlichen Immobilie besteht oft ein Interesse der Erben daran, diese Gegenstände selbst zu erhalten und nicht der Verwertung durch den Insolvenzverwalter anheim zu geben. Man spricht in solchen Fällen von **„erkaufter" oder modifizierter Freigabe**. Die modifizierte Freigabe kann auch in der Form erfolgen, dass dem Erben gestattet wird, einen zur Masse gehörenden Gegenstand im eigenen Namen zu verwerten und aus seinem Erlös einen Teil an die Masse abzuführen. Auf diese Weise kann der Erbe bspw. Forderungen des Erblassers gegen Dritte durchsetzen.

Weitgehend anerkannt ist inzwischen auch, dass der Insolvenzverwalter sich **649** durch die Freigabe seiner **öffentlich-rechtlichen Störerhaftung entziehen** kann. Dies betrifft vor allem mit Altlasten behaftete Grundstücke. Nach der Freigabe kann der Insolvenzverwalter nicht mehr gemäß § 4 Abs. 3 Satz 1 BBodSchG für die Sanierung in Anspruch genommen werden.[653] Die Verantwortlichkeit als Zustandsstörer trifft ab der Freigabe wieder den Erben bzw. den Testamentsvollstrecker oder Nachlasspfleger.

Sind bei Beendigung des Insolvenzverfahrens noch unverwertete Gegenstände **650** vorhanden und kommt es gleichwohl zur Aufhebung des Insolvenzverfahrens, so liegt darin eine **faktische Freigabe** der noch vorhandenen Nachlassgegenstände. Wird der Erbe von einem Nachlassgläubiger nach Aufhebung des Insolvenzverfahrens in Anspruch genommen, so steht ihm die Erschöpfungseinrede

652) *Schumacher* in: FK-InsO, § 35 Rz. 62 ff.

653) BVerwG, Urt. v. 23.9.2004 – 7 C 22/03, ZInsO 2004, 1206 = ZIP 2004, 2145.

gemäß § 1989 BGB zu. Er hat den faktisch freigegebenen Gegenstand dann gemäß § 1973 Abs. 2 BGB an den Insolvenzgläubiger herauszugeben.

7. Verjährung von Ansprüchen des Nachlasses

651 Zum Nachlass gehörende Ansprüche unterliegen zwar grundsätzlich allgemeinen Verjährungsvorschriften. Es ist aber die **Ablaufhemmung gemäß § 211 BGB** zu beachten. Danach verjähren die zum Nachlass gehörenden Ansprüche nicht vor Ablauf von sechs Monaten ab der Annahme der Erbschaft, Eröffnung des Insolvenzverfahrens über den Nachlass oder der Bestellung eines Vertreters, der für den Nachlass handeln kann. Solche Vertreter sind Testamentsvollstrecker, Nachlasspfleger, Nachlassverwalter und Abwesenheitspfleger (§ 1911 BGB).[654] Scheidet ein Vertreter in diesem Sinne vor Ablauf der Sechs-Monats-Frist aus, etwa weil er entlassen wird, so tritt wiederum Ablaufhemmung ein. Durch Bestellung eines neuen Vertreters oder Eröffnung des Insolvenzverfahrens über den Nachlass beginnt eine neue, vollständige Sechs-Monats-Frist zu laufen.[655] Sind mehrere Erben vorhanden, so ist die Erbschaft erst i. S. von § 211 BGB angenommen, wenn alle Erben die Erbschaft angenommen haben. Ist nach allgemeinen Verjährungsvorschriften eine kürzere Verjährungsfrist als sechs Monate bestimmt, so tritt die kürzere Frist an Stelle der sechsmonatigen Frist gemäß § 211 Satz 1, Satz 2 BGB.

XIII. Steuerliche Aspekte

1. Steuerliche Pflichten des Insolvenzverwalters

652 Nach Eröffnung des Insolvenzverfahrens vollzieht sich die Geltendmachung von steuerlichen Ansprüchen nach den Regeln der InsO. Das Steuerrecht bestimmt die Anspruchsgrundlage sowie die Höhe des Anspruchs; das Insolvenzrecht regelt Form und Umfang seiner Geltendmachung.[656] Im Insolvenzverfahren über das Vermögen einer (lebenden) natürlichen Person hat der Insolvenzverwalter die **steuerlichen Pflichten des Schuldners wahrzunehmen**, § 80 InsO i. V. mit § 34 AO. Er hat vor allem die notwendigen Steuererklärungen und Voranmeldungen anstelle des Schuldners abzugeben und ggf. zu berichtigen (§§ 149–153 AO). Dies gilt grundsätzlich auch für Erklärungen, die sich auf Sachverhalte vor Eröffnung beziehen[657] bzw. vor Eröffnung unrichtig abgegeben worden sind.

653 Gemäß § 155 Abs. 1 InsO geht die **handels- und steuerrechtliche Pflicht** des Schuldners **zur Buchführung und Bilanzierung** auf den Insolvenzverwalter

654) *Grothe* in: MünchKomm-BGB, § 211 Rz. 5.

655) *Grothe* in: MünchKomm-BGB, § 211 Rz. 5.

656) *Farr*, Besteuerung in der Insolvenz, Rz. 20, 46.

657) *Farr*, Besteuerung in der Insolvenz, Rz. 63; Koenig-*Koenig*, AO, § 34 Rz. 30.

über. Gleichwohl bleibt der Schuldner auch nach der Eröffnung des Insolvenzverfahrens Steuerschuldner (§ 43 AO) und Steuerpflichtiger (§ 33 AO). Dem Schuldner sind auch die Besteuerungsgrundlagen nach § 39 AO zuzurechnen. Die Einkommensteuer ist je nach Fallgruppe insolvenzrechtlich zu qualifizieren und entsprechend für verschiedene Besteuerungsabschnitte geltend zu machen. Steuerforderungen sind bloße **Insolvenzforderungen, Masseverbindlichkeiten oder insolvenzfreie Forderungen**, je nachdem, ob sie bereits bei Verfahrenseröffnung begründet waren (§ 38 InsO), durch die Insolvenzverwaltung nach Verfahrenseröffnung begründet worden sind (§ 55 Abs. 1 Nr. 1 InsO) oder aber auf einer insolvenzfreien Tätigkeit beruhen. Die Einzelheiten der Aufteilung sind dabei diffizil und in Teilen höchst streitig.

Im Nachlassinsolvenzverfahren liegen die Dinge sehr viel weniger kompli- 654
ziert. Der **Nachlass** als solcher ist **weder Einkommensteuer- noch Körperschaftsteuersubjekt.**[658] Daher sind einkommensteuerrechtliche Ansprüche des Finanzamtes, die infolge der Veräußerung eines zum Nachlass des Erblassers gehörenden Gegenstandes entstehen oder aus Erträgen des Nachlassvermögens resultieren, gegen den Erben und nicht gegen den Nachlass zu richten,[659] weil allein der Erbe nach dem Tode des Erblassers den Tatbestand der Einkünfteerzielung verwirklicht.[660]

Wird ein im Wege der Erbfolge von dem Erben unentgeltlich übernommener Be- 655
trieb veräußert bzw. aufgegeben, so **verwirklicht der Erbe den Gewinnrealisierungstatbestand** des § 16 Abs. 1 Nr. 1 bzw. Abs. 3 EStG. Der Erbe wird mit dem Erbfall zwangsläufig gewerbetreibender Unternehmer, so dass ihm die bis zur Weiterveräußerung aus dem Betrieb anfallenden Einkünfte als seine eigenen gewerblichen Einkünfte zuzurechnen sind. Alle Geschäftsvorfälle nach dem Tode des Erblassers bis zur Veräußerung des Betriebs wie auch die Veräußerung selbst bzw. die Betriebsaufgabe gehen auf die Tätigkeit des Erben zurück, der als Rechtsnachfolger des Erblassers den Einkunftstatbestand selbst verwirklicht. Entsprechendes gilt für die Veräußerung des Anteils eines Gesellschafters, der als **Mitunternehmer** des Betriebs i. S. des § 15 Abs. 1 Nr. 2 EStG anzusehen ist (§ 16 Abs. 1 Nr. 2 EStG). Somit ist der Erbe als Steuerschuldner zutreffender Adressat des entsprechenden Einkommensteuerbescheids im Festsetzungsverfahren.

Die Steuerschuldnerschaft des Erben sagt indessen noch nichts darüber aus, ob 656
der Erbe die Forderung auch mit eigenen Mitteln zu erfüllen hat oder das Finanzamt als Gläubiger auf den Nachlass verweisen darf. Zwar gehört die Steuerschuld in Ansehung der erst nach dem Tode des Erblassers verwirklichten Besteuerungsgrundlagen **nicht zur Erbschaft**, weil der Erbe originärer Steuer-

658) BFH, Urt. v. 5.6.1991 – XI R 26/89, BFHE 164, 546 = FamRZ 1992, 178; BFH, Urt. v. 11.8.1998 – VII R 118/95, BFHE 186, 328 = BStBl. II 1998, 705; ausf. *Roth*, ZVI 2014, 45.

659) Ausf. *Roth*, ZVI 2014, 45.

660) BFH, Urt. v. 11.8.1998 – VII R 118/95, BFHE 186, 328 = BStBl. II 1998, 705.

schuldner wird. Das schließt aber nicht aus, dass die Steuer gleichwohl lediglich aus dem Nachlass zu entrichten ist. Maßgeblich hierfür ist letztlich, welche Qualität dieser Einkommensteuerschuld beizumessen ist. Der **BFH differenziert dabei danach**, ob die nach Eröffnung des Nachlassinsolvenzverfahrens entstandene Einkommensteuerschuld durch **Handlung des Erben** oder Insolvenzverwalters **oder ohne deren Zutun** angefallen ist.[661] Ist die Entstehung der Steuerschuld bereits durch den Erblasser zu dessen Lebzeiten unvermeidlich in Gang gesetzt worden und daher ohne jedes Zutun des Erben oder des Insolvenzverwalters nach dem Tod entstanden, so liegt eine reine Nachlassverbindlichkeit vor, nicht jedoch (auch) eine Eigenschuld des Erben. Die zivilrechtlichen Haftungsbeschränkungsmöglichkeiten erlauben es daher dem Erben in diesen Fällen, seine Haftung auf den Nachlass zu beschränken, was bedeutet, dass der Erbe nach Eröffnung des Insolvenzverfahrens über den Nachlass wegen § 1975 BGB von den Fällen unbeschränkbarer Haftung abgesehen, nicht für die derart entstandene Einkommensteuer mit seinem Eigenvermögen aufzukommen hat. Offengelassen hat der BFH zuletzt, wie mit Einkommensteuerschulden umzugehen ist, die durch Handlung des Erben oder Insolvenzverwalters ausgelöst werden.[662]

657 Nach der bisherigen Rechtsprechung, die zu Fällen der Nachlassverwaltung ergangen ist[663] aber auf das Nachlassinsolvenzverfahren gleichermaßen anzuwenden ist,[664] gehört die **Einkommensteuer** aufgrund von Einkünften, die der Erbe nach dem Tode des Erblassers aus dem Nachlass erzielt, **weder zu den Erblasser- noch zu den Erbfallschulden.** Sie wird, da der Erbe den Tatbestand der Einkünfteerzielung verwirklicht und er selbst als Steuerschuldner die erzielten Einkünfte zu versteuern hat, entweder als **Eigenschuld des Erben oder als sog. Nachlasserbenschuld** angesehen. Nachlasserbenschulden entstehen aus Rechtshandlungen des Erben anlässlich des Erbfalls. Hierzu gehört auch die Verwaltung des Nachlasses, wie etwa die Fortführung eines zum Nachlass gehörenden Unternehmens. Da der Nachlasserbenschuld aber nach h. M. eine Doppelstellung (doppelter Haftungsgrund) als Nachlassverbindlichkeit und als Eigenschuld des Erben beigemessen wird, kann der Gläubiger sie wahlweise entweder als Eigenschuld des Erben oder als Nachlassverbindlichkeit durchsetzen. Unabhängig von der exakten Einordnung der betreffenden Einkommensteuerschuld ist daher – nach dieser früheren Rechtsprechung – letztlich die Haftung des Erben für die Inanspruchnahme hinsichtlich der Eigenschuld nicht beschränkbar. **Es liegt keine Nachlassverbindlichkeit vor.**

661) BFH, Urt. v. 11.8.1998 – VII R 118/95, BFHE 186, 328 = BStBl. II 1998, 705.

662) BFH, Urt. v. 11.8.1998 – VII R 118/95, BFHE 186, 328 = BStBl. II 1998, 705.

663) BFH, Urt. v. 5.6.1991 – XI R 26/89, BFHE 164, 546 = FamRZ 1992, 178; BFH, Urt. v. 28.4.1992 – VII R 33/91, BFHE 168, 206 = NJW 1993, 350.

664) BFH, Urt. v. 11.8.1998 – VII R 118/95, BFHE 186, 328 = BStBl. II 1998, 705.

Nunmehr hat sich der **BFH** gegenüber der in der Literatur geäußerten **Kritik**[665] an seiner **bisherigen Rechtsprechung**, wonach eine Beschränkung der Erbenhaftung zumindest dann nicht möglich sein soll, wenn die Steuerschuld in Folge einer Handlung des Erben oder des Insolvenzverwalters bzw. Nachlassverwalters entstanden ist, offen gezeigt und dieser zugebilligt, dass sie sich mit „beachtlichen Gründen" gegen die bisherige Rechtsprechung wendet. Diese Kritik ist indessen völlig berechtigt. Welches Haftungssubstrat für Verbindlichkeiten des Erblassers bzw. Verbindlichkeiten aus der späteren Verwaltung – oder weiter gefasst – Verbindlichkeiten, die im Zusammenhang mit dem Nachlass entstehen, einzustehen hat, richtet sich nach dem Zivilrecht und nicht nach dem Steuerrecht.[666] Dies entspricht **§ 45 Abs. 2 AO**; die Norm begründet nämlich **keine von der zivilrechtlichen Haftung abweichende Zuordnung des Steueranspruchs** zu einem anderen Haftungssubstrat. 658

Zwar kann der **Nachlass** selbst keine Einkünfte erzielen, weil er **nicht Einkommensteuersubjekt** sein kann. Gleichwohl können bei ihm bspw. aus einer Unternehmensfortführung Einkünften vergleichbare Vermögensmehrungen eintreten. Das Zivilrecht hat durch Eröffnung des **Nachlassinsolvenzverfahrens** die **Zuordnung des dieserart gebildeten Vermögens** abschließend dahingehend getroffen, dass diese Überschüsse allein der Gläubigergesamtheit zustehen. Damit korrespondierende Verbindlichkeiten deklariert die InsO als **Masseverbindlichkeiten** (§ 55 InsO), die folglich entsprechend von der Gläubigergesamtheit zu tragen sind. Durch die Zuordnung der Einkommensteuerschuld zur Insolvenzmasse wird steuerrechtlich nichts anderes verwirklicht, als der Grundsatz der Steuergerechtigkeit und Leistungsfähigkeit. Zur Leistung der mit den durch den Insolvenzverwalter erzielten Einkünften korrespondierenden Einkommensteuer ist grundsätzlich die durch die Einkünfte gemehrte Insolvenzmasse imstande. Nur der Insolvenzverwalter hat darüber hinaus die Verwaltungs- und Verfügungsbefugnis in Ansehung der zum Nachlass gehörenden Gegenstände (§ 80 InsO); er ist daher auch allein imstande, einkommensteuerrechtlich relevante Vorgänge auszulösen. 659

Lediglich **in Ausnahmefällen** wird die Insolvenzmasse nicht entsprechend vermehrt sein, wenn steuerrechtlich Einkünfte mit Mitteln des Nachlasses erzielt worden sind. In solchen Fällen ist die Finanzverwaltung auf den Rang als Insolvenzgläubiger zu verweisen. Diese Ausnahmefälle können aber nicht Anlass dafür sein, die zivilrechtliche Vermögenszuordnung, die durch § 45 Abs. 2 AO 660

665) Vor allem *Siegmann*, Steuerrechtsprechung in Karteiform, AO 1977, § 45, Rechtsspruch 8, S. 1 ff. (Anm. zu BFH, Urt. v. 28.4.1992 – VII R 33/91, BFHE 168, 206 = NJW 1993, 350]); *M. Siegmann/G. Siegmann*, StVj 1993, 337, 344; *Welzel*, DStZ 1993, 425 ff.; *Fichtelmann*, INF 1975, 1431 f.; *Paus*, DStZ 1993, 82 f.; *Depping*, DStR 1993, 1246 ff.

666) Hierzu auch *Siegmann*, Steuerrechtsprechung in Karteiform, AO 1977, § 45, Rechtsspruch 8, S. 2 (Anm. zu BFH, Urt. v. 28.4.1992 – VII R 33/91, BFHE 168, 206 = NJW 1993, 350]); *M. Siegmann/G. Siegmann*, StVj 1993, 337, 344 f.

gerade noch unterstrichen wird, aufzulösen und den Erben unbeschränkt für die Einkommensteuer haften zu lassen. **Daher muss es zur Anwendung der Schutzmöglichkeiten des Erben nach dem bürgerlichen Recht kommen,** insbesondere zur **Zubilligung der beschränkten Erbenhaftung.** Einkommensteuerschulden des Erben sind demgemäß als **Erbfallschulden** zu klassifizieren, soweit sie auf Einkünften beruhen, die durch den Nachlassverwalter oder den Nachlassinsolvenzverwalter in seiner Funktion erzielt oder realisiert wurden.[667)]

661 Die Beschränkung der Erbenhaftung ist vom Erben nicht im Steuerfestsetzungsverfahren oder gegen das Leistungsgebot, sondern **erst im Zwangsvollstreckungsverfahren einwendungsweise geltend zu machen,** § 265 AO i. V. mit § 781 ZPO.[668)] Wie dies im Einzelnen zu geschehen hat, ist für die Verwaltungsvollstreckung nicht ausdrücklich geregelt. Da weder § 780 ZPO noch § 785 ZPO entsprechende Anwendung finden (vgl. § 265 AO) und andere Rechtsbehelfe nicht vorgesehen sind, dürfte zur Geltendmachung der Einrede eine formlose Erklärung des Vollstreckungsschuldners gegenüber der Vollstreckungsbehörde genügen.[669)] Jedenfalls reicht es aus, wenn der Erbe einen Rechtsbehelf gegen die Zwangsvollstreckungsmaßnahme einlegt und sich dabei auf die Beschränkung seiner Haftung beruft.[670)]

662 **Entsprechendes gilt** auch **für** die **Umsatzsteuer.** Unternehmer im umsatzsteuerlichen Sinne ist der Erbe.[671)] Führt der Insolvenzverwalter über den Nachlass ein im Nachlass befindliches Unternehmen fort, so ist der Erbe als Umsatzsteuerschuldner i. S. von § 13 UStG anzusehen. Durch den Übergang der Verwaltungs- und Verfügungsbefugnis auf den Insolvenzverwalter nach § 80 InsO ist es ab Insolvenzeröffnung ausschließlich die Pflicht des Insolvenzverwalters, Umsatzsteuererklärungen abzugeben (§ 34 Abs. 3 AO); dies betrifft auch den Veranlagungszeitraum, in den die Insolvenzeröffnung fällt.[672)] Der Insolvenzverwalter begründet insoweit **Erbfallschulden.** Gleichzeitig begründet der Insolvenzverwalter i. R. der Unternehmensfortführung in Ansehung der Umsatzsteuerschuld Masseverbindlichkeiten gemäß § 55 Abs. 1 Nr. 1 InsO.[673)] Kommt der Insolvenzverwalter seiner Pflicht, die Umsatzsteuer aus der Insolvenzmasse

---

667) So auch *Welzel*, DStZ 1993, 425, 429; *Fichtelmann*, INF 1975, 1431.

668) BFH, Beschl. v. 24.6.1981 – I B 18/81, BStBl. II 1981, 729 = BFHE 133, 494; BFH, Urt. v. 11.8.1998 – VII R 118/95, BFHE 186, 328 = BStBl. II 1998, 705.

669) BFH, Urt. v. 11.8.1998 – VII R 118/95, BFHE 186, 328 = BStBl. II 1998, 705; Hübschmann/Hepp/Spitaler-*Müller-Eiselt*, AO/FGO, § 265 AO 1977 Rz. 23 m. w. N.

670) BFH, Urt. v. 11.8.1998 – VII R 118/95, BFHE 186, 328 = BStBl. II 1998, 705.

671) Im allgemeinen Regelinsolvenzverfahren über das Vermögen einer natürlichen Person der Schuldner, BFH, Urt. v. 16.7.1987 – V R 80/82, BStBl. II 1987, 691 = ZIP 1987, 1130, 1132; BFH, Urt. v. 14.5.1998 – V R 74/97, BStBl. II 1998, 634 = ZIP 1998, 2012; BFH, Urt. v. 28.6.2000 – V R 45/99, BStBl. II 2000, 703 = ZIP 2000, 2120, 2121.

672) *Schüppen/Schlösser* in: MünchKomm-InsO, Insolvenzsteuerrecht Rz. 267–269.

673) BFH, Urt. v. 29.1.2009 – V R 64/07, BStBl. II 2009, 682 = DZWIR 2009, 239.

abzuführen nicht nach, so kann die Finanzverwaltung grundsätzlich auf den Erben als Steuerschuldner zugreifen. Dieser kann sich allerdings im Vollstreckungsverfahren auf die Beschränkung seiner Erbenhaftung berufen, sofern er nicht unbeschränkbar haftet.

2. Geltendmachung von Erbschaftsteuer innerhalb und außerhalb des Nachlassinsolvenzverfahrens

Die Frage, ob die vom Erben geschuldete Erbschaftsteuer eine Nachlassverbindlichkeit i. S. des § 1967 Abs. 2 BGB darstellt oder als reine Eigenschuld des Erben zu qualifizieren ist, ist in Rechtsprechung[674)] und Literatur[675)] umstritten. Der BFH hat zu Recht entschieden,[676)] dass die vom Erben als Gesamtrechtsnachfolger aufgrund Erbanfalls geschuldete **Erbschaftsteuer** eine **Nachlassverbindlichkeit** ist, die vom Finanzamt als Nachlassinsolvenzforderung im Nachlassinsolvenzverfahren geltend gemacht werden kann. **663**

Teilweise wird dagegen Auffassung vertreten, bei der Erbschaftsteuer handele es sich stets um eine originäre Eigenschuld des Erben, die keine Nachlassverbindlichkeit i. S. von § 1967 Abs. 2 BGB, § 325 InsO darstelle und daher im Insolvenzverfahren gar keine Berücksichtigung finde. Diese Auffassung geht auf eine Entscheidung des Reichsgerichts zurück.[677)] Die Erbschaftsteuer ist danach keine eigentliche Nachlassverbindlichkeit, denn sie treffe den Erben persönlich mit seinem ganzen Vermögen. Der Erbe sei Schuldner und Haftender in einer Person. Die nach § 20 Abs. 3 ErbStG[678)] angeordnete Haftung des Nachlasses stelle lediglich eine Sicherungsmaßnahme zugunsten des Fiskus dar. Das Reichsgericht bekräftigte seine Entscheidung mit dem Verweis auf §§ 2378 Abs. 1, 2379 Satz 3 BGB. Sofern die Erbschaftsteuer eine Nachlassverbindlichkeit darstelle, bedürfe es neben der Regelung des § 2378 Abs. 1 BGB nicht des gesonderten Hinweises in § 2379 Satz 3 BGB. **664**

Dieser Auffassung ist zunächst das **OLG Hamm** gefolgt.[679)] Entscheidend stellt das OLG Hamm darauf ab, dass der Nachlass nicht schon mit der Erbschaftsteuer belastet auf den Erben übergeht. Aus der Tatsache, dass die Erbschafts- **665**

674) BFH, Urt. v. 18.6.1986 – II R 38/84, BFHE 146, 519 = NJW 1987, 1039; BFH, Urt. v. 28.4.1992 – VII R 33/91, BFHE 168, 206 = NJW 1993, 350; BFH, Urt. v. 11.8.1998 – VII R 118/95, BFHE 186, 328 = BStBl. II 1998, 705.

675) *Küpper* in: MünchKomm-BGB, § 1967 Rz. 17; Grüneberg-*Weidlich*, BGB, § 1967 Rz. 7; *Kuhn/Uhlenbruck*, KO, § 226 Rz. 3; Blersch/Goetsch/Haas-*Goetsch*, InsR, § 325 InsO Rz. 5; *Hausmann/Hohloch*, Hdb. des Erbrechts, S. 1492, Rz. 11; *Schönert*, BWNotZ 2008, 81, 84; *Graf*, ZEV 2000, 125, 126.

676) BFH, Urt. v. 20.1.2016 – II R 34/14, ZVI 2016, 418 = NZI 2016, 411.

677) RG, Urt. v. 15.11.1943 – III 77/43, RStBl. 1944, 131 f.

678) § 15 Abs. 3 ErbStG a. F.

679) OLG Hamm, Beschl. v. 3.7.1990 – 15 W 493/89, MittBayNot 1990, 360 f. = MDR 1990, 1014.

teuer der Nachlassabwicklung auch nachfolgen könne, wie § 9 Abs. 1 Nr. 1a–1i ErbStG belege, folge, dass sie zudem nicht zur Abwicklung des Nachlasses gehöre. Zudem sei die Regelung des § 20 Abs. 3 ErbStG, die explizit die Haftung des Nachlasses für die Erbschaftsteuerschuld konstituiere, unnötig, wenn die Erbschaftsteuer bereits ohnehin eine Nachlassverbindlichkeit sei. Um seine empfänger- und nicht nachlassbezogene Sichtweise zu untermauern, ergänzt das OLG Hamm, dass die Höhe der Erbschaftsteuerschuld vom Verwandtschaftsgrad des Erben gegenüber dem Erblasser abhängig sei und somit im Ergebnis eine den Erben persönlich treffende Schuld darstelle.

666 Auch das **OLG Düsseldorf**[680)] und das **OLG Frankfurt am Main**[681)] sind dieser Auffassung gefolgt. Schließlich haben sich Teile der Literatur dieser Auffassung angeschlossen.[682)] Entscheidend wird überwiegend darauf abgestellt, dass der Erbe nicht für die Steuerschuld der anderen Erwerber von Todes wegen aufzukommen habe. Dies sei Indiz dafür, dass der Nachlass nicht bereits mit der Erbschaftsteuer belastet auf den Erben übergehe, sondern dass die Erbschaftsteuer individuell, der Höhe nach abhängig vom Verwandtschaftsgrad, an jeden einzelnen Erbanfall anknüpft. Ein Beleg für die empfängerbezogene Ansicht wird in der Regelung des § 2311 BGB gesehen. Dort bleibt bei der Berechnung des pflichtteilsbezogenen Nachlasses die Erbschaftsteuer außer Ansatz.

667 **Dem sind** das **OLG Köln**[683)] und das **OLG Naumburg**[684)], vor allem aber weite Teile der Literatur[685)], der **BFH**[686)] und das **Hessische FG**[687)] zu Recht **entgegengetreten.**

668 Diese vorzugswürdige Auffassung erkennt die Erbschaftsteuer als Nachlassverbindlichkeit in Form der Erbfallschuld. Zutreffend wird die Tatsache, dass die Höhe der Erbschaftsteuer sich nach Verwandtschaftsgrad richtet, als Zu-

680) OLG Düsseldorf, Urt. v. 18.12.1998 – 7 U 72/98, FamRZ 1999, 1465.

681) OLG Frankfurt/M., Beschl. v. 13.2.2003 – 20 W 35/02, juris.

682) *Siegmann/Scheuing* in: MünchKomm-InsO, § 325 Rz. 8; *Küpper* in: MünchKomm-BGB, § 1967 Rz. 17; *Schallenberg/Rafiqpoor* in: FK-InsO, § 325 Rz. 9; Staudinger-*Marotzke*, BGB, § 1967 Rz. 33; *Meincke/Hannes/Holtz*, ErbStG, § 20 Rz. 12.

683) OLG Köln, Beschl. v. 7.5.2001 – 2 Wx 6/01, MDR 2001, 1320 = Rpfleger 2001, 459.

684) OLG Naumburg, Urt. v. 20.10.2006 – 10 U 33/06, ZEV 2007, 381 = FamRZ 2007, 1047.

685) Erman-*Horn*, BGB, § 1967 Rz. 6; Grüneberg-*Weidlich*, BGB, § 1967 Rz. 7; Soergel-*Stein*, BGB, § 1967 Rz. 7; Blersch/Goetsch/Haas-*Goetsch*, InsR, § 325 InsO Rz. 5; Koenig-*Koenig*, AO, § 45 Rz. 24; Troll/Gebel/Jülicher/Gottschalk-*Gebel*, ErbStG, § 20 Rz. 50; *Hausmann/Hohloch*, Hdb. des Erbrechts, S. 1492, Rz. 11; *Lange/Kuchinke*, Lehrbuch des Erbrechts, § 47 III. 2 b), IV. δ); *Schönert*, BWNotZ 2008, 81, 84; Hübschmann/Hepp/Spitaler-*Boeker*, AO/FGO, § 45 AO Rz. 64; *Brox/Walker*, Erbrecht, Rz. 656; *Kruse* in: Tipke/Kruse, AO/FGO, § 45 AO Rz. 27.

686) BFH, Urt. v. 18.6.1986 – II R 38/84, BFHE 146, 519 = NJW 1987, 1039; BFH, Urt. v. 28.4.1992 – VII R 33/91, BFHE 168, 206 = NJW 1993, 350 f.; BFH, Urt. v. 11.8.1998 – VII R 118/95, BFHE 186, 328 = BStBl. II 1998, 705.

687) FG Hessen, Beschl. v. 9.4.2009 – 1 V 115/09.

ordnungskriterium abgelehnt. Da die Erbschaftsteuer gemäß § 9 Abs. 1 Nr. 1 ErbStG mit dem Tode des Erblassers entsteht und nicht erst im Steuerfestsetzungsverfahren, ist sie eine durch den Erbfall anfallende Verbindlichkeit, mithin eine Erbfallschuld.

Die der **Gegenauffassung** folgenden Entscheidungen des OLG Hamm[688] und des OLG Frankfurt am Main[689] sind **primär kostenrechtlich motiviert** und lassen den Gesamtzusammenhang aus dem Blick. Das OLG Frankfurt am Main gesteht denn auch offen ein, dass es zu unnötigen zeitlichen Verzögerungen und erheblichem Mehraufwand kommen würde, wenn sich das Kostenrecht[690] „[...] mit Rechtsfragen aus dem allgemein als schwierig angesehenen, unübersichtlichen und häufigen Änderungen unterliegenden Steuerrecht [...]" belastet sähe. Mit dieser zielorientierten Betrachtungsweise lässt sich zweifelsohne die streitige materielle Rechtsfrage, ob die Erbschaftsteuer Nachlassverbindlichkeit ist oder nicht, wirklich nicht banalisieren. 669

Bezieht man den Gesamtzusammenhang ein, so muss festgestellt werden, dass § 20 ErbStG von dem Regelfall ausgeht, dass sich die **Erbschaftsteuer auf einen Teil des Nachlasses** (§ 19 Abs. 1 ErbStG) **beläuft** und aus diesem gedeckt werden kann. § 20 ErbStG regelt die Steuerschuldnerschaft. Es ist nicht verwunderlich, dass das Steuerrecht (für den Normalfall eines positiven Nachlasses) gleichsam aus Gründen der Verwaltungsvereinfachung in Ansehung der Erbschaftsteuer sowohl auf den Erwerber Zugriff nimmt, als auch auf den Nachlass. Vor allem für die Fälle eines ungeteilten Nachlasses in einer Erbengemeinschaft wird der Fiskus durch § 20 Abs. 1 ErbStG davon entlastet, eine u. U. problematische Vollstreckung in diesen Nachlass ausbringen zu müssen. Ohne eine steuerrechtliche Vorschrift, die eine Steuerschuldnerschaft des Erben begründet, könnte die Vollstreckung der Erbschaftsteuer wegen § 2059 Abs. 1 BGB höchst problematisch sein, bspw. bei im Ausland belegenem Nachlass. 670

Dadurch soll aber nicht **für die „missglückten" Fälle**, in denen trotz (später) unzureichendem Nachlass Erbschaftsteuer angefallen ist, über die zivilrechtlichen Haftungsvorschriften hinaus für den Steuergläubiger mit dem Eigenvermögen des Erben ein zusätzliches Haftungssubstrat erschlossen werden. Ein solcher „missglückter" Fall lag der Entscheidung des Hessischen FG vom 9.4.2009[691] zugrunde. Hier hatte die Erbin Unternehmensbeteiligungen geerbt. Diese hatten im Zeitpunkt des Erbfalles einen relativ hohen Wert, so dass Erbschaftsteuer in nicht erheblicher Größenordnung anfiel. Etwa zwei Jahre später musste sie die 671

688) OLG Hamm, Beschl. v. 3.7.1990 – 15 W 493/89, MittBayNot 1990, 360 f. = MDR 1990, 1014.

689) OLG Frankfurt/M., Beschl. v. 13.2.2003 – 20 W 35/02, juris.

690) Dem Beschluss lag die Frage zugrunde, ob die Erbschaftsteuer i. R. des § 107 Abs. 2 Satz 1 KostO in Ansatz gebracht werden kann.

691) FG Hessen, Beschl. v. 9.4.2009 – 1 V 115/09.

inzwischen im Wert deutlich gefallenen Beteiligungen veräußern, wodurch sie nur einen verhältnismäßig niedrigen Erlös erzielte. Der Erlös reichte bei weitem nicht aus, um die angefallene Erbschaftsteuer zu zahlen. Über den Nachlass wurde das Insolvenzverfahren eröffnet. Hieran zeigt sich deutlich, dass die Haftungsverwirklichung der Finanzverwaltung in Ansehung der Erbschaftsteuer **nach zivilrechtlichen Grundsätzen zu erfolgen hat und § 20 Abs. 1 ErbStG keine vom Schicksal des Nachlasses losgelöste Haftung der Erben begründen kann.** Da die Erbschaftsteuer durch den Tod des Erblassers ausgelöst worden ist und grundsätzlich einen Teil der (positiven) Erbschaft ausmacht, muss der Nachlass als solcher neben der Befriedigung der sonstigen Nachlassverbindlichkeiten zur Befriedigung der Erbschaftsteuerschuld verwendet werden; nur der Überschuss gebührt dem Erben. Wenn zwischen dem Todeszeitpunkt und der abschließenden Befriedigung der Verbindlichkeiten, die vom Erblasser herrühren oder durch den Tod entstanden sind, ein Wertverfall des Nachlasses eintritt, so gebietet es der fundamentale Grundsatz des Insolvenzverfahrens – nämlich der Grundsatz der Gläubigergleichbehandlung – dass alle Gläubiger aus dem unzureichenden Haftungssubstrat quotal befriedigt werden müssen; Vorrechte sind nur dann anzuerkennen, wenn der Gesetzgeber die quotale Befriedigung ausdrücklich durchbricht. Das ist in Ansehung der das Verfahren vereinfachenden Norm des § 20 ErbStG sicher nicht der Fall. Dem Hessischen FG ist daher darin zuzustimmen, dass die Finanzverwaltung im dort zu entscheidenden Fall auf das Nachlassinsolvenzverfahren zu verweisen und die Erbschaftsteuer als Nachlassverbindlichkeit nach Eröffnung des Nachlassinsolvenzverfahrens ausschließlich dort geltend zu machen war, weil es sich bei der Erbschaftsteuer nicht um eine Eigenverbindlichkeit des Erben, sondern lediglich um eine Nachlassverbindlichkeit handelt. Dem Erben steht vor allem auch in Ansehung der Erbschaftsteuer die Möglichkeit offen, seine Haftung auf den Nachlass zu beschränken.[692)]

672 **Sofern der Erbe es zu vertreten hat**, dass der Nachlass nicht ausreicht, um die Nachlassverbindlichkeiten zu befriedigen, **stellt ausschließlich das Zivilrecht die dafür nötigen Sanktionen zur Verfügung**. Vor allem kann bei einem nach dem Erbfall eintretendem Wertverfall der zum Nachlass gehörenden Gegenstände eine Haftung des Erben gemäß § 1980 Abs. 1 Satz 2 BGB gegeben sein. Diese Haftung hat der Gesamtgläubigerschaft zugute zu kommen und darf nicht auf dem Umweg über § 20 ErbStG einseitig zugunsten der Finanzverwaltung einen außerhalb des Insolvenzverfahrens erfolgenden Zugriff des Steuergläubigers auf das Eigenvermögen des Erben zulassen. Die Anwendung des zivilrechtlichen Instrumentariums der Haftung des Erben führt schließlich auch in Ansehung der Erbschaftsteuer zu sachgerechten Ergebnissen. Hat der Erbe den Wertverfall bspw. nicht erkennen können, so ist es nicht unangebracht, ihn

692) FG Hessen, Beschl. v. 9.4.2009 – 1 V 115/09.

haftungsfrei zu lassen, wenn der Nachlass in einem Nachlassinsolvenzverfahren quotal an die Gläubiger verteilt wird.

XIV. Insolvenzplan

1. Anwendbarkeit des Insolvenzplanverfahrens in der Nachlassinsolvenz

Auch im Nachlassinsolvenzverfahren kann ein Insolvenzplanverfahren gemäß 673
§§ 217 ff. InsO durchgeführt werden.[693] Dies ergibt sich aus dem insoweit klaren Wortlaut des § 1989 BGB. Von praktischem Nutzen kann das Insolvenzplanverfahren im Nachlassinsolvenzverfahren insbesondere bei der beabsichtigten Fortführung eines Erblasserunternehmens sein.

2. Zweck des Planverfahrens

Das Insolvenzrecht ist maßgeblich vom Gedanken der höchstmöglichen Be- 674
friedigung aller am Verfahren beteiligten Gläubiger geprägt. Gleichzeitig herrscht im Insolvenzverfahren der Grundsatz der **Gläubigerautonomie**, weil es sich um ein Vollstreckungsverfahren handelt. Den Gläubigern sollen durch die InsO möglichst vielfältige Möglichkeiten an die Hand gegeben werden, die Haftung des Schuldnervermögens zu verwirklichen. Dabei kann die Haftungsverwirklichung oftmals durch Zerschlagung des schuldnerischen Vermögens wesentlich schlechter erfolgen, als durch **Erhaltung des Haftungsverbandes**.

Angesprochen sind damit vor allem Haftungsmassen, in denen ein Unterneh- 675
men enthalten ist. Zwar kann auch ohne Insolvenzplanverfahren eine Erhaltung des Unternehmensganzen und ggf. Sanierung im Insolvenzverfahren erfolgen, wodurch eine **Veräußerung** des Geschäftsbetriebes möglich ist. Der Verkauf eines Unternehmens ist jedoch oftmals in der Drucksituation eines Insolvenzverfahrens weniger optimal als die Neuaufstellung des Unternehmens mit anschließender **Partizipation der Insolvenzgläubiger am zukünftigen wirtschaftlichen Erfolg.** Die Gläubiger sollen daher in einem Insolvenzverfahren darüber entscheiden dürfen, wie mit dem schuldnerischen Vermögen verfahren wird. Diesem Bedürfnis entspricht es, den Gläubigern ein Verfahren zur Verwirklichung ihrer Haftung zu ermöglichen, das vom gesetzlichen Regelverfahren abweicht.[694] In entfernter Anlehnung an Chapter 11 des U. S. Bankruptcy Code sind daher in den §§ 217 ff. InsO die Verfahrensfragen des Insolvenzplanverfahrens geregelt, das in § 1 InsO als gleichwertiges Instrument zur Verwirklichung der Gläubigerbefriedigung genannt wird.

Gemäß § 219 InsO gliedert sich der Insolvenzplan in **einen darstellenden und** 676
einen gestaltenden Teil, was die Information aller Beteiligten gewährleisten

693) Vgl. *Siegmann/Scheuing* in: MünchKomm-InsO, Vorb. vor §§ 315–331 Rz. 10; *Wiester* in: MünchAHB Erbrecht, § 25 Rz. 67.

694) Vgl. *Bork*, Einführung in das Insolvenzrecht, Rz. 368 ff.; *Reischl*, Insolvenzrecht, Rz. 812 ff.

soll, so dass letztere für ihre Entscheidung über die Annahme des vorgeschlagenen Insolvenzplans eine klare Grundlage erhalten, auf der sie dann ihre Entscheidung treffen können.[695] Der darstellende Teil legt dabei das Konzept dar, welches dem Plan zugrunde liegt, während im gestaltenden Teil die geplante Änderung der Rechtsstellung der Beteiligten erläutert wird.

3. Vorteile des Planverfahrens

677 Die Vorteile des Planverfahrens liegen vor allem in seiner Flexibilität gegenüber den starren Vorgaben des Regelverfahrens. So können im Planverfahren bspw. im Vergleich zum Regelverfahren Vorrechte **gesicherter Gläubiger** abgeändert werden, wenn alle Beteiligten davon profitieren.[696] Darüber hinaus fördert die Einteilung in **Gruppen** die Einigung von Gläubigern mit ähnlichen Interessen, außerdem wird durch das sog. **Obstruktionsverbot** die Blockade des gesamten Verfahrens durch einzelne renitente Störer verhindert.[697]

4. Die Rechtsnatur des Insolvenzplans

678 Die Rechtsnatur des Insolvenzplans ist umstritten. Man könnte an eine Art Verwertungsvertrag der Gläubigergemeinschaft denken. Aufgrund der zusätzlich gemäß § 247 InsO erforderlichen Zustimmung des Schuldners muss der Insolvenzplan nach h. M. jedoch als zwischen der Gläubigergemeinschaft und dem Schuldner abgeschlossener Vertrag angesehen werden.[698] Hiergegen wird eingewandt, dass aufgrund der Tatsache, dass auch solche Gläubiger an den Plan gebunden sein können, die ihm nicht zugestimmt haben, kein Vertrag vorliegen könne, weswegen es sich um ein Institut eigener Art handle.[699] Auch weist der Insolvenzplan aufgrund der Tatsache, dass er verfahrensrechtlichen Vorgaben folgt, vom Gericht zu bestätigen ist und gemäß § 257 InsO einen Vollstreckungstitel darstellt, in prozessualer Sicht große Ähnlichkeit zum Prozessvergleich im Zivilprozess auf.[700] Letztendlich erzielen die unterschiedlichen Auffassungen jedoch praktisch keine divergierenden Ergebnisse.

5. Planvorlagerecht

679 Das Planvorlagerecht gemäß § 218 Abs. 1 InsO steht dem **Erben**, dem Insolvenzverwalter und – soweit ein solcher bestellt ist – auch dem **Nachlasspfleger**

695) *Bork*, Einführung in das Insolvenzrecht, Rz. 375 ff.

696) *Foerste*, Insolvenzrecht, Rz. 472.

697) *Foerste*, Insolvenzrecht, Rz. 472.

698) *Eidenmüller* in: MünchKomm-InsO, § 217 Rz. 13; *Jaffé* in: FK-InsO, § 217 Rz. 53; *Reischl*, Insolvenzrecht, Rz. 815.

699) *Becker*, Insolvenzrecht, Rz. 1610; *Foerste*, Insolvenzrecht, Rz. 474.

700) *Reischl*, Insolvenzrecht, Rz. 816.

zu.[701] Für den **Nachlasspfleger** ergibt sich das Planvorlagerecht daraus, dass er im Nachlassinsolvenzverfahren die **verfahrensmäßigen Rechte eines Insolvenzschuldners** anstelle des (unbekannten) Erben wahrnimmt.[702]

Dem **Testamentsvollstrecker** steht das Planvorlagerecht zu, allerdings nur dann, wenn er gemäß § 2205 Satz 1 BGB zur Verwaltung des Nachlasses berechtigt ist.[703] Der Testamentsvollstrecker verliert durch die Eröffnung des Insolvenzverfahrens nämlich nur seine Verwaltungs- und Verfügungsbefugnis, bleibt aber ansonsten und auch nach der Aufhebung des Insolvenzverfahrens gemäß § 2203 BGB dazu berufen, die letztwilligen Verfügungen des Erblassers zur Ausführung zu bringen. Hierfür kann die Herbeiführung eines Insolvenzplanes u. U. nicht nur nützlich, sondern sogar notwendig sein. Gegen das Planvorlagerecht des Testamentsvollstreckers spricht auch nicht, dass diesem an keiner Stelle der Insolvenzordnung über § 218 InsO hinaus ein solches ausdrücklich eingeräumt ist. Vielmehr ergibt es sich daraus, dass der Testamentsvollstrecker weithin berechtigt ist, die durch die InsO verfahrensmäßig dem Schuldner zugewiesenen Rechte wahrzunehmen. Ist der Testamentsvollstrecker zur Verwaltung des Nachlasses berufen, steht den **Erben** allerdings kein Planvorlagerecht mehr zu, da die Planvorlage gerade Ausfluss der Verwaltungsbefugnis ist und eine Planvorlage des Erben die Verwaltungsvollstreckung des Testamentsvollstreckers unterlaufen würde. **Miterben** sind nur gemeinsam zur Planvorlage berechtigt.[704] **680**

Sind **mehrere** Testamentsvollstrecker bestellt, so sind auch sie nur zur gemeinsamen Vorlage eines Insolvenzplanes berechtigt. Besteht zwischen mehreren Testamentsvollstreckern keine Einigkeit, so ist gemäß § 2224 Abs. 1 BGB das Nachlassgericht dazu berufen, über die Meinungsverschiedenheit zu entscheiden. Gleiches gilt für mehrere Nachlasspfleger (§ 1915 Abs. 1 BGB i. V. mit §§ 1797 Abs. 1, 1962 BGB). **681**

6. Darstellender Teil des Insolvenzplanes

Gemäß § 220 Abs. 2 InsO soll der darstellende Teil alle Angaben zu **Grundlagen und Auswirkungen** des Plans enthalten, die **für die Entscheidung der Gläubiger** und für die abschließende Prüfung des Insolvenzgerichts **erheblich** sind. Darunter fallen etwa umfassende Informationen über den Erblasser, seinen Nachlass und ggf. Angaben zu einem im Nachlass befindlichen Unternehmen, **682**

---

701) *Wiester* in MünchAHB Erbrecht, § 25 Rz. 68 (dort Fn. 108); **a. A.** – Planvorlagerecht nur des Erben und des Insolvenzverwalters, nicht aber des Nachlasspflegers und des Testamentsvollstreckers – *Siegmann/Scheuing* in: MünchKomm-InsO, § 317 Rz. 4, Vorb. vor §§ 315–331 Rz. 10.

702) Vgl. BGH, Beschl. v. 12.7.2007 – IX ZB 82/04, ZVI 2007, 612 = ZEV 2007, 587.

703) *Wiester* in MünchAHB Erbrecht, § 25 Rz. 68 (dort Fn. 108).

704) Nerlich/Römermann-*Weiß*, InsO, § 315 Rz. 56; *Siegmann/Scheuing* in: MünchKomm-InsO, Vorb. vor §§ 315–331 Rz. 10.

also insbesondere dessen bisherige Entwicklung, finanz- und leistungswirtschaftliche Verhältnisse und Entwicklungspotenziale. Zudem sind die Gründe der Insolvenz zu analysieren. Gerade im Nachlassinsolvenzverfahren liegen die Gründe, die zur Insolvenz des Nachlasses geführt haben, nämlich oft im außerbetrieblichen Bereich. Gerade dann, wenn ein Unternehmen stark auf die Person des Erblassers zugeschnitten war, gelingt des den Nachfolgern oft nicht, die Fortführung nahtlos an die Tätigkeit des Erblassers anzuknüpfen. Sofern aus der Insolvenz heraus diesbezüglich Perspektiven erschlossen worden sind, sind diese zu erläutern. Soweit die Sanierung des Unternehmens erforderlich ist, sollte ein Maßnahmenkatalog erstellt werden, den der Insolvenzverwalter seit der Eröffnung bereits in Angriff genommen hat und der in der Folgezeit weiterzuführen ist. Außerdem beinhaltet der darstellende Teil regelmäßig eine Vergleichsrechnung, in der beziffert wird welche Befriedigung die Gläubiger ohne den Insolvenzplan zu erwarten hätten.[705]

7. Gestaltender Teil des Insolvenzplanes

683 Gemäß § 221 InsO wird im gestaltenden Teil festgelegt, **wie die Rechtsstellungen der Beteiligten durch den Plan geändert werden sollen**. Beteiligte in diesem Sinne sind

- die absonderungsberechtigten Gläubiger,
- die Insolvenzgläubiger und
- der Erbe (vgl. § 217 InsO).

684 Folglich können durch einen Insolvenzplan weder die Rechte **Aussonderungsberechtigter** noch die der **Massegläubiger** verändert werden, ebenso wenig wie die **Rechte Dritter**, wobei es diesen jeweils freisteht einen freiwilligen Beitrag zu leisten.[706]

685 Nach § 222 InsO sind die Beteiligten in **Gruppen** einzuteilen, soweit Gläubiger unterschiedlicher Rechtsstellungen betroffen sind. Die Gläubigergleichbehandlung muss nur insoweit völlig verwirklicht werden, als nicht sachliche Gründe für eine Differenzierung sprechen. Die Gruppen sind also so zu bilden, dass sich die in ihnen befindlichen Gläubiger nach sachlichen Kriterien unterscheiden lassen. Als Differenzierungskriterien kommen insbesondere Art und Höhe der Forderungen, Sicherheiten, persönliche Beziehungen der Gläubiger zum Erblasser oder der Rechtsgrund der Forderungen (Vertrag oder Delikt) in Betracht. Auch die Bildung gesonderter Gruppen für öffentlich-rechtliche Gläubiger wie etwa die Bundesagentur für Arbeit, Sozialversicherungsträger und die Finanzverwaltung ist zulässig. **Innerhalb der Gruppen ist eine Ungleichbe-**

705) *Bork*, Einführung in das Insolvenzrecht, Rz. 370.

706) *Foerste*, Insolvenzrecht, Rz. 479; *Bork*, Einführung in das Insolvenzrecht, Rz. 375.

handlung unzulässig, es sei denn alle betroffenen Beteiligten stimmen zu, vgl. § 226 Abs. 1, 2 InsO.[707)]

Zu den **nachrangigen Verbindlichkeiten**, die nach § 225 Abs. 1 InsO als erlassen gelten, soweit im Insolvenzplan nichts anderes bestimmt ist, gehören im Nachlassinsolvenzverfahren insbesondere die Verbindlichkeiten gegenüber **Pflichtteilsberechtigten** und aus den vom Erblasser angeordneten **Vermächtnissen und Auflagen** (§ 327 Abs. 1, 2 InsO).[708)] § 225 Abs. 3 InsO findet in Bezug auf einen Insolvenzplan im Nachlassinsolvenzverfahren nur eingeschränkte Anwendung. Ausgeschlossen sind Einschränkungen oder gar der Ausschluss der in § 39 Abs. 1 Satz 1 Nr. 3 InsO erwähnten „Nebenfolgen einer Straftat oder Ordnungswidrigkeit, die zu einer Geldzahlung verpflichten". Die in § 39 Abs. 1 Satz 1 Nr. 3 InsO aufgeführten **Geldstrafen**, Geldbußen, Ordnungsgelder und Zwangsgelder können im Insolvenzplanverfahren über einen Nachlass aufgrund ihrer **Höchstpersönlichkeit** ohnehin nicht geltend gemacht werden.[709)] **686**

Die häufigsten Abweichungen des Insolvenzplans vom gesetzlichen Regelverfahren finden sich in den **Befriedigungsregeln**; hier werden meist Teilverzichte oder Stundungen der Insolvenzforderungen i. S. des § 224 InsO vorgesehen.[710)] **687**

8. Erbauseinandersetzung/Nachlassteilung

Soweit ersichtlich bisher nicht diskutiert ist die Frage, ob i. R. des gestaltenden Teils des Insolvenzplanes auch die Auseinandersetzung einer Erbengemeinschaft erfolgen kann (vgl. § 2042 BGB). Auf den ersten Blick scheint dagegen zu sprechen, dass die Erben(gemeinschaft) im Insolvenzverfahren nur den Überschuss erhält (§ 199 InsO); ihr kommt diesbezüglich die **Schuldnerrolle** zu. Man könnte daher annehmen, dass den Gläubigern die Legitimität fehlt, im Wege der durch sie zu treffenden Regelungen i. R. eines Insolvenzplanes auf das Innenverhältnis der Miterben untereinander einzuwirken, da dieses Innenverhältnis der Miterben erst dann zu regeln ist, wenn die Gläubiger befriedigt sind. Bei genauerer Betrachtung und Berücksichtigung des vollstreckungsrechtlichen Charakters des Insolvenzverfahrens wird man jedoch zu dem Ergebnis kommen müssen, dass die Rechtsmacht der Gläubiger im Insolvenzverfahren zumindest i. R. eines **Insolvenzplanes** so umfassend ist, dass sie über den gesamten ihnen haftenden Vermögensbestand Insolvenzmasse verfügen können, **ohne durch das Innenverhältnis der Erben beschränkt zu sein**. Die vollstreckungsrechtliche Befugnis der Gläubiger derogiert dadurch die Befugnis der Erben zur Auseinandersetzung gemäß § 2042 BGB. **688**

---

707) *Bork*, Einführung in das Insolvenzrecht, Rz. 376; *Foerste*, Insolvenzrecht, Rz. 484.

708) *Siegmann/Scheuing* in: MünchKomm-InsO, Vorb. vor §§ 315–331 Rz. 10.

709) *Siegmann/Scheuing* in: MünchKomm-InsO, Vorb. vor §§ 315–331 Rz. 10.

710) *Reischl*, Insolvenzrecht, Rz. 829.

689 Aus erbrechtlicher Sicht mag diese weitreichende Befugnis der Nachlassgläubiger „übergriffig“ zu sein. Entscheidend ist aber, dass mit Eröffnung des Insolvenzverfahrens über den Nachlass, die (drohende) Zahlungsunfähigkeit und/oder Überschuldung des Nachlasses voraussetzt, eine **vollständige Überantwortung des Nachlasses an einen Fremd-Vermögensverwalter**, nämlich den von dem Insolvenzgericht im Gläubigerinteresse eingesetzten Insolvenzverwalter, erfolgt. Eine Beschränkung der Verwaltungs- und Verfügungsbefugnis des Insolvenzverwalters kennt die InsO nicht – auch nicht bei reinen Illiquiditätsinsolvenzen, bei denen von vornherein feststeht, dass keine Überschuldung, sondern nur Zahlungsunfähigkeit vorliegt, also die vollständige Gläubigerbefriedigung nicht in Frage steht. Genauso wie die Verwaltungs- und Verfügungsbefugnis des Insolvenzverwalters auch in solchen Insolvenzverfahren nicht beschränkt ist, ist auch das **Recht der Gläubigerorgane** nicht beschränkt, über die zur Insolvenzmasse gehörenden Gegenstände zu entscheiden. Gläubiger entscheiden, ob sie einen bestimmten Anspruch verfolgen wollen oder nicht. Sie entscheiden, ob ein Gegenstand auf eine bestimmte Weise verwertet werden soll. Sie dürften auch berechtigt sein, darüber zu entscheiden, ob ein Gegenstand durch den Insolvenzverwalter freigegeben werden soll oder nicht. Des insolvenzrechtlichen Regimes kann sich der Schuldner nur durch einen Antrag nach § 212 InsO entledigen. Das aber setzt voraus, dass Zahlungsunfähigkeit, drohende Zahlungsunfähigkeit und Überschuldung nicht (mehr) vorliegen. Auch das zeigt: Der Schuldner erhält die Befugnis zur Einwirkung auf Massegegenstände, wozu neben der Verwertung auch die Verteilung auf Miterben gehört, nur und erst dann zurück, wenn *zuvor* die Eröffnungsgründe beseitigt sind.

690 Es gibt also während des eröffneten Nachlassinsolvenzverfahrens **keine wie auch immer geartete Rechtszuständigkeit der Miterben**, auf die **Nachlassgegenstände** bzw. deren Rechtsgüterzuordnung **Einfluss zu nehmen**. Man wird den Insolvenzgläubigern, die i. R. eines Insolvenzplanverfahrens in aller Regel zumindest auf einen kleinen Prozentsatz ihrer Forderungen verzichten, daher die Befugnis nicht absprechen können, die nach ihrer quotalen Befriedigung in der Masse noch befindlichen Gegenstände **diesem oder jenem Miterben zuzuweisen**. Dabei sind sie m. E. auch nicht an die erbrechtliche Lage gebunden, können also Zuweisungen an Miterben (die Insolvenzverfahrensbeteiligte sind) treffen, die von den Erbquoten abweichen.

9. Durchführung des Planverfahrens

691 Der Insolvenzplan ist nach § 244 InsO angenommen, wenn sämtliche Gruppen zustimmen und innerhalb jeder Gruppe Kopf- und Summenmehrheit („doppelte Mehrheit“) erreicht ist.[711)] Um jedoch ein Scheitern eines wirtschaftlich sinnvollen Planes am Widerstand einzelner Gläubiger zu verhindern, besteht gemäß

711) *Reischl*, Insolvenzrecht, Rz. 854; Uhlenbruck-*Lüer/Streit*, InsO, § 244 Rz. 2.

§ 245 InsO ein **Obstruktionsverbot**. Falls in einer Gruppe die erforderliche Mehrheit nicht zu Stande kommt, gilt die Zustimmung gleichwohl als erteilt, wenn die Gläubiger der betreffenden Gruppe durch den Plan nicht schlechter gestellt werden, als sie ohne den Plan stünden (sog. Werterhaltungsprinzip) und wenn diese Gläubiger angemessen am Erlös teilhaben sollen (sog. Gleichbehandlungsgrundsatz).[712)]

Des Weiteren muss nach § 245 Abs. 1 Nr. 3 InsO die **Mehrzahl der Gruppen** 692 dem Plan tatsächlich **zugestimmt** haben. Zuletzt ist auch eine Zustimmung des Erben erforderlich, wobei eine fehlende Zustimmung jedoch gemäß § 247 Abs. 2 InsO unbeachtlich sein kann. Fehlt die Zustimmung allerdings bzw. ist das Fehlen lediglich nach § 247 Abs. 2 InsO unbeachtlich, so kann der Insolvenzplan eine Haftung des Erben mit dessen Eigenvermögen nicht konstituieren. Dem Erben bleibt in diesem Fall die Erschöpfungseinrede gemäß § 1989 BGB.

Die **nachrangigen Gläubiger** i. S. des § 327 Abs. 1 Nr. 1, 2 InsO (also Pflicht- 693 teilsberechtigte, Vermächtnisnehmer und Auflagenberechtigte) sind der bei der Beschlussfassung über den Plan eingeschränkt. Ihre Zustimmung zum Insolvenzplan gilt gemäß § 246 Nr. 2 InsO als erteilt, wenn sie keine größeren Einschränkungen hinnehmen müssen als nicht nachrangige Gläubiger, weil sie in der Befriedigungsreihenfolge nach den nachrangigen Gläubigern im Rang des § 39 Abs. 1 InsO folgen.

Das **Recht des Schuldners**, dem Insolvenzplan zu **widersprechen**, steht im 694 Nachlassinsolvenzverfahren grundsätzlich dem **Erben** zu. Sind mehrere Miterben vorhanden, so führt bereits der Widerspruch eines der Miterben dazu, dass die Fiktion des § 247 Abs. 1 InsO nicht eintritt.[713)] Sollte der Erbe selbst Nachlassgläubiger sein (vgl. § 326 InsO), so schränkt dies seine Stimmberechtigung nicht ein, seine Stimme und Forderung sind bei der Abstimmung über den Insolvenzplan voll zu berücksichtigen. Ist ein **Nachlasspfleger** oder **Testamentsvollstrecker** bestellt, so steht diesem das Widerspruchsrecht gemäß § 247 Abs. 1 InsO zu. Besteht zwischen mehreren Testamentsvollstreckern keine Einigkeit, so entscheidet gemäß § 2224 Abs. 1 BGB das Nachlassgericht über die Meinungsverschiedenheit. Gleiches gilt für mehrere Nachlasspfleger (§ 1915 Abs. 1 BGB i. V. mit §§ 1797 Abs. 1, 1962 BGB).

Ist die Zustimmung zum Plan erfolgt, muss er noch durch das **Insolvenzge-** 695 **richt** gemäß § 248 InsO **bestätigt** werden, wobei hier insbesondere § 249 InsO als Hinderungsgrund zu beachten ist. Falls der Plan vor Bestätigung bestimmte **Bedingungen** vorsieht, darf eine Bestätigung bis zur Erfüllung dieser Bedingungen nicht erfolgen. Außerdem ist aus Gründen des **Minderheitenschutzes** § 251 InsO zu beachten. Die Bestätigung eines Insolvenzplanes ist zu versagen,

712) *Bork*, Einführung in das Insolvenzrecht, Rz. 392 ff.; *Foerste*, Insolvenzrecht, Rz. 503.
713) *Siegmann/Scheuing* in: MünchKomm-InsO, Vorb. vor §§ 315–331 Rz. 10.

wenn der Gläubiger ihm rechtzeitig widersprochen hat und er durch den Plan **voraussichtlich schlechtergestellt** wird, als er ohne den Plan stünde.

696 **Stirbt ein Schuldner während des eröffneten Verbraucher- oder Regelinsolvenzverfahrens**, so berührt dies ein in diesem Insolvenzverfahren durchgeführtes Insolvenzplanverfahren nicht.[714] Ist der Insolvenzplan im Zeitpunkt des Todes schon angenommen und bestätigt, so treffen den Erben die von dem Schuldner im Insolvenzplan übernommenen Verpflichtungen gemäß § 1967 Abs. 2 BGB, was ihm die Möglichkeit der Haftungsbeschränkung auf den Nachlass ermöglicht.[715] Der Erbe ist in diesem Fall nicht auf die Schuldbefreiung gemäß § 227 Abs. 1 InsO angewiesen. Stimmt der Erbe einem Insolvenzplan gemäß § 247 Abs. 1 InsO zu, so treffen ihn die aus dem Plan resultierenden Pflichten selbst. Er haftet dann mit seinem Eigenvermögen für deren Erfüllung, wenn der Insolvenzplan insoweit keinen Vorbehalt enthält.[716]

10. Die Wirkungen der Zustimmung

697 Sobald der Bestätigungsbeschluss **rechtskräftig** ist, treten gemäß § 254 InsO die im gestaltenden Teil des Plans **festgelegten Wirkungen für und gegen alle Beteiligten** ein. Dies betrifft vor allem die Forderungen der Gläubiger, im Plan vorgesehene Verpflichtungen und die für Verfügungen nötigen Willenserklärungen. Des Weiteren muss der Insolvenzverwalter die unstreitigen Masseansprüche berichtigen und für die streitigen Sicherheit leisten (§ 258 Abs. 2 InsO).

698 Anschließend beschließt das Insolvenzgericht gemäß § 258 Abs. 1 InsO die **Aufhebung des Insolvenzverfahrens**. Die Aufhebung und der Grund der Aufhebung sind gemäß § 258 Abs. 3 InsO öffentlich bekannt zu machen. Damit erlöschen die Ämter des Insolvenzverwalters und der Mitglieder des Gläubigerausschusses. Das Recht, über die zum Nachlass gehörenden Gegenstände zu verfügen, fällt grundsätzlich an den Erben zurück. Soweit Testamentsvollstreckung angeordnet ist, fällt die Verwaltungs- und Verfügungsbefugnis an den Testamentsvollstrecker zurück. Ist ein Nachlasspfleger bestellt, so erhält dieser die Verwaltungsbefugnis in Ansehung des Nachlasses.

11. Die Erfüllung des Plans

699 Der Erbe bzw. der Testamentsvollstrecker oder Nachlasspfleger hat für die Erfüllung der im Insolvenzplan geregelten Ansprüche Sorge zu tragen. Tritt bei der Erfüllung des Plans, d. h. insbesondere bei der Befriedigung der Insolvenzgläubiger, ein **erheblicher Rückstand** ein, so entfallen in Anbetracht des be-

714) *Nöll*, Der Tod des Schuldners in: der Insolvenz, Rz. 476; *Siegmann/Scheuing* in: MünchKomm-InsO, Vorb. vor §§ 315–331 Rz. 10; *Reischl*, Insolvenzrecht, Rz. 906; **a. A.** *Messner*, ZVI 2004, 433, 440.

715) *Siegmann/Scheuing* in: MünchKomm-InsO, Vorb. vor §§ 315–331 Rz. 10.

716) *Siegmann/Scheuing* in: MünchKomm-InsO, Vorb. vor §§ 315–331 Rz. 10.

troffenen Gläubigers die im Insolvenzplan vorgesehenen geregelten Stundungen und Forderungserlasse, § 255 Abs. 1, 2 InsO.

§ 260 InsO eröffnet die Möglichkeit, im gestaltenden Teil des Plans die Erfüllung 700
des Insolvenzplans auf Kosten des Erben (vgl. § 269 InsO) zu **überwachen**, was sich insbesondere anbietet, wenn ein Unternehmen fortgeführt und die Gläubiger aus den Erträgen befriedigt werden sollen.[717] Falls der Plan nichts anderes vorsieht, so ist die Überwachung gemäß § 261 InsO Aufgabe des **Insolvenzverwalters.** Seine Befugnisse bestehen lediglich in einer beobachtenden Kontrolle, zu besonderen Eingriffen ist er grundsätzlich nicht befugt.[718] Sollte er zu dem Schluss kommen, dass der Plan nicht ordnungsgemäß erfüllt wird, trifft ihn eine **Anzeigepflicht** gemäß § 262 InsO. Soweit der Insolvenzplan Zustimmungserfordernisse gemäß § 263 InsO statuiert hat, gelten §§ 81 Abs. 1, 82 InsO für Rechtshandlungen, denen der Insolvenzverwalter nicht zugestimmt hat, entsprechend. Wegen der Frage der Haftung der Erben nach Bestätigung des Insolvenzplans gemäß § 248 InsO und der sich anschließenden Aufhebung des Verfahrens nach § 258 InsO siehe ausführlich unten Rz. 901 ff.

XV. Anfechtung

1. Funktion und Rechtsnatur des Insolvenzanfechtungsrechts

Das Insolvenzanfechtungsrecht ergänzt die Vorschriften über die Bildung, Er- 701
haltung und Sicherung der Insolvenzaktivmasse gemäß §§ 80 ff. InsO. Es besteht insbesondere eine wichtige Ergänzungsfunktion zwischen §§ 88, 321 InsO (**Rückschlagsperre**) und dem Anfechtungsrecht. Das Anfechtungsrecht dient vor allem der Rückgängigmachung von Vermögensverschiebungen, die der Insolvenzschuldner vor der Insolvenzantragstellung vorgenommen hat und die der Gesetzgeber im Interesse der Gesamtgläubigerschaft nicht hinnimmt.

Den Anfechtungstatbeständen ist der Umstand gemeinsam, dass mit ihnen 702
Rechtshandlungen rückgängig gemacht werden sollen, die **zugunsten spezieller Personen oder Personengruppen in unmittelbarer zeitlicher Nähe mit der Krise** des Insolvenzschuldners stehen. Diese unmittelbare zeitliche Nähe kann sich auch bis zu einem Zeitraum **von zehn Jahren** ausdehnen (§ 133 InsO). Die Insolvenzanfechtung ist das zentrale Instrument, um die Gleichbehandlung aller Gläubiger und die unbillige Bevorzugung einzelner Personen zu verhindern.

Das Anfechtungsrecht hat sich in den vergangenen Jahren zu einem der **kom-** 703
plexesten und wirtschaftlich wichtigsten Themenkreise des Insolvenzverfahrens entwickelt. Nicht wenige Insolvenzverfahren können nur aufgrund gegebener Anfechtungsansprüche überhaupt zur Insolvenzeröffnung gebracht werden. Es ist eine ständig zu beobachtende Praxis, dass Insolvenzschuldner

717) *Bork*, Einführung in das Insolvenzrecht, Rz. 407.

718) *Foerste*, Insolvenzrecht, Rz. 521.

wesentliche Teile ihres Vermögens im unmittelbaren Zusammenhang mit der Krise auf Dritte übertragen.

704 Aus diesem Grund ist die effektive Anwendung eines modernen Anfechtungsrechts unabdingbar für die Verwirklichung der Ordnungs- und Gleichbehandlungsfunktion des Insolvenzrechtes. Die Insolvenzanfechtung ist ohne jede Ausnahme **erst nach der Eröffnung eines Insolvenzverfahrens** möglich. Im Vorfeld der Eröffnung kann ein gemäß § 5 InsO bestellter Sachverständiger oder ein vorläufiger Insolvenzverwalter lediglich mit einem (späteren) Anfechtungsgegner Gespräche oder Verhandlungen über den Anfechtungsgegenstand führen, aber niemals die Anfechtung selbst erklären. Vor der Eröffnung des Insolvenzverfahrens besteht daher keine Möglichkeit, gegenüber dem (späteren) Anfechtungsgegner irgendwelche rechtlich wirksamen Maßnahmen zu ergreifen. Nach der Eröffnung kann der Insolvenzverwalter die Anfechtung gemäß §§ 129 ff. InsO erklären.

705 Der Insolvenzverwalter hat zur **Ermittlung und Durchsetzung** der der Insolvenzmasse zustehenden Anfechtungsansprüche erhebliche Ermittlungen durchzuführen. Er hat dafür insbesondere die zurückliegenden anfechtungsrelevanten Zeiträume auf möglicherweise gläubigerbenachteiligende Rechtshandlungen zu überprüfen.

706 Über die **Rechtsnatur** des Anfechtungsrechtes wird seit Jahrzehnten heftig gestritten.[719)] Der Theorienstreit, ob eine Anfechtung dinglich wirken könne oder nicht, kann getrost als überwunden angesehen werden. Nach der dinglichen Theorie sollte ein auf einen Dritten übertragenes Eigentum automatisch durch Erklärung der Anfechtung eigentumsrechtlich wieder an den insolventen Rechtsträger zurückfallen. Mit der InsO einzig vereinbar ist dagegen die schuldrechtliche Theorie, die einen schuldrechtlichen Anspruch auf Rückgewähr des anfechtbar weggegebenen Vermögensgegenstandes entstehen lässt (§ 143 InsO). Auf diese Weise fehlt der Anfechtung die rechtsgestaltende Wirkung, die ihr bspw. im allgemeinen bürgerlichen Recht beigelegt wird. Die Anfechtung i. S. der InsO ist vielmehr ein Anfechtungsanspruch, der kraft Gesetzes besteht (nicht erst durch eine gestaltende Erklärung des Insolvenzverwalters) und geltend gemacht werden kann. Der **BGH** hat die **schuldrechtliche Theorie haftungsrechtlich modifiziert**, indem er – unter Verzicht auf eine klare dogmatische Einordnung – ein Aussonderungsrecht in der Insolvenz des Anfechtungsgegners angenommen hat.[720)] In der Tat sprechen gute Gründe für den haftungsrechtlichen Ansatz, wonach ein anfechtbar veräußerter Gegenstand haftungs-

719) Vgl. Uhlenbruck-*Borries/Hirte*, InsO, § 129 Rz. 3 ff., 133 ff.

720) BGH, Urt. v. 23.10.2003 – IX ZR 252/01, ZIP 2003, 2307, 2310 = ZVI 2003, 657.

rechtlich-dinglich zur Insolvenzmasse gehört, hinsichtlich der übrigen Funktionen des subjektiven Rechts jedoch zum Anfechtungsgegner.[721)]

2. Verhältnis des Insolvenzanfechtungsrechts zur Gläubigeranfechtung nach dem Anfechtungsgesetz

Neben dem Insolvenzanfechtungsrecht steht das Anfechtungsrecht des Anfechtungsgesetzes (AnfG). Dieses dient dem Ziel, einem einzelnen Gläubiger, der im Wege der Einzelzwangsvollstreckung gegen einen Schuldner vorgehen kann, wegen eines bestimmten titulierten Anspruchs zusätzliche Vollstreckungsobjekte zu verschaffen. Hinsichtlich der Voraussetzungen der Anfechtungstatbestände decken sich die Normen der Insolvenzanfechtung und des Anfechtungsgesetzes teilweise, aber nicht vollständig. Freilich sind insbesondere die Tatbestände der §§ 130, 131 und 132 InsO, die auf den Zeitpunkt des Insolvenzantrages oder der Krise des Insolvenzschuldners abstellen, in der Gläubigeranfechtung nach dem Anfechtungsgesetz nicht zu finden. 707

Insbesondere besteht aber ein **struktureller Unterschied**. Der Empfänger des anfechtbar gegebenen Gegenstandes hat nach dem AnfG die Zwangsvollstreckung in das Vermögensstück so zu dulden, als gehöre es noch dem Schuldner.[722)] Dem gegenüber ist der Gegenstand bei der Anfechtung nach §§ 129 ff. InsO im Interesse der Gläubigergesamtheit **an die Insolvenzmasse zurückzugewähren**, da die Masse durch den Insolvenzverwalter treuhänderisch verwaltet wird und schließlich einer gleichmäßigen Befriedigung der Insolvenzgläubiger zugeführt wird. 708

Entscheidend wird das Verhältnis der **Gläubigeranfechtung** nach dem AnfG zu dem Anfechtungsrecht der InsO allerdings dadurch geprägt, dass die Gläubigeranfechtung **spätestens mit der Eröffnung des Insolvenzverfahrens ausgeschlossen** ist. Vollstreckungsrechtlich hat nämlich mit Insolvenzeröffnung der Insolvenzverwalter das ausschließliche Zugriffsrecht auf Anfechtungsgegenstände. Hintergrund hierfür ist, dass die Durchsetzung eines Anfechtungsanspruchs im Wege der Gläubigeranfechtung nach dem AnfG nach der Eröffnung des Insolvenzverfahrens im Ergebnis ohnehin eine inkongruente Befriedigung darstellen würde, die ihrerseits durch den Insolvenzverwalter gemäß § 131 InsO anfechtbar wäre. Dieses führt im Ergebnis dazu, dass spätestens mit der Eröffnung des Insolvenzverfahrens eine Zentralisation des Anfechtungsrechtes bei dem Insolvenzverwalter vorliegt. 709

---

721) Ausf. Uhlenbruck-*Borries/Hirte*, InsO, § 129 Rz. 136.

722) BGH, Urt. v. 13.7.1995 – IX ZR 81/94, NJW 1995, 2846, 2848 = ZIP 1995, 1364; *Dauernheim* in: FK-InsO, § 129 Rz. 16.

3. Anfechtung und Rückschlagsperre (§§ 88, 321 InsO)

710 Während im Insolvenzverfahren über das Vermögen natürlicher oder juristischer Personen gemäß § 88 InsO nur Sicherungen, die ein Gläubiger im letzten Monat vor dem Antrag auf Eröffnung des Insolvenzverfahrens durch Zwangsvollstreckung erlangt hat, mit der Eröffnung des Insolvenzverfahrens unwirksam werden, gewähren gemäß § 321 InsO im Insolvenzverfahren über einen Nachlass alle Maßnahmen der Zwangsvollstreckung, die nach dem Erbfall in Nachlassgegenstände erfolgt sind, **kein Recht auf abgesonderte Befriedigung**.

711 Diese sog. **Rückschlagsperre geht damit dem Insolvenzanfechtungsrecht** vor. Einer Anfechtung bedarf es in Fällen des § 321 InsO nicht mehr. Der Insolvenzverwalter kann die Unwirksamkeit vielmehr voraussetzen und braucht sie nicht geltend zu machen. Die Rückschlagsperre führt bei der Vollstreckung in das bewegliche Vermögen zum **Erlöschen des Pfändungspfandrechtes**. Die öffentlich-rechtliche Verstrickung fällt dagegen nicht ipso jure weg.[723)] Bei drohender Verwertung eines Nachlassgegenstandes steht dem Insolvenzverwalter die **Vollstreckungserinnerung** gemäß § 766 ZPO offen.[724)]

712 Ist eine **Zwangssicherungshypothek** bezüglich eines zum Nachlass gehörenden Grundstücks eingetragen worden, so kann der Insolvenzverwalter deren Löschung beantragen.[725)] Dies gilt allerdings nur dann, wenn das Grundstück für die Insolvenzmasse nicht ohnehin wertlos ist, weil es bereits über Wert belastet und nicht zu erwarten ist, dass durch Vereinbarung einer Massebeteiligung aus der Veräußerung ein Zufluss zur Insolvenzmasse erfolgen wird.[726)] Ist die Hypothek auf Betreiben des Insolvenzverwalters gelöscht worden, bis zum Abschluss des Insolvenzverfahrens gleichwohl aber keine Verwertung des Grundstücks zugunsten der Insolvenzmasse erfolgt, so muss die Hypothek wieder eingetragen werden.[727)] Dem Gläubiger steht in diesem Fall gegen den Insolvenzverwalter oder nach Freigabe des Grundstücks oder Aufhebung des Insolvenzverfahrens gegen den Erben (oder falls ein solcher bestellt ist gegen den Testamentsvollstrecker oder Nachlasspfleger) ein **Grundbuchberichtigungsanspruch** gemäß § 894 BGB zu.[728)]

723) BGH, Urt. v. 8.11.1979 – VII ZR 67/78, ZIP 1980, 23, 24 = NJW 1980, 345.

724) *Schallenberg/Rafiqpoor* in: FK-InsO, § 321 Rz. 18.

725) *Schallenberg/Rafiqpoor* in: FK-InsO, § 321 Rz. 18.

726) RG, Urt. v. 29.4.1938 – VII 233/37, RGZ 157, 294, 296.

727) *Schallenberg/Rafiqpoor* in: FK-InsO, § 321 Rz. 18.

728) Vgl. hierzu OLG Celle, Beschl. v. 18.5.1976 – 4 W 21/76, KTS 1977, 47, 48.

4. Anfechtungsvoraussetzungen

a) Die Rechtshandlung

713 Stets im Auge zu behalten ist die Regelungssystematik der §§ 129 ff. InsO. Die **Voraussetzungen des § 129 InsO müssen immer erfüllt sein**, damit eine Anfechtung nach den §§ 130 ff. InsO möglich ist. Erforderlich ist demnach jedenfalls eine Rechtshandlung, die vor der Eröffnung des Insolvenzverfahrens vorgenommen worden ist und die Insolvenzgläubiger benachteiligt.

714 Die Rechtsprechung zu der Frage, wann eine Rechtshandlung vorliegt und wann nicht, ist ausufernd. Vom Grundsatz her sind alle Willensbetätigungen, an die das Gesetz rechtliche Wirkungen knüpft, ohne dass sie gewollt sein müssen, Rechtshandlungen.[729)] Erfasst sind sowohl dingliche als auch schuldrechtliche Rechthandlungen und gemäß § 129 Abs. 2 InsO auch Unterlassungen.

715 Der Anfechtbarkeit unterliegen **auch Prozesshandlungen**. Danach sind etwa Anerkenntnisse, Geständnisse oder der Klageverzicht anfechtbar. Gleiches gilt für eine Klage- oder Rechtsmittelrücknahme.[730)] Auch **Unterlassungen**, die prozessbeendende Wirkung haben, können anfechtbar sein. Dies betrifft z. B. den Verzicht oder die unterlassene Rüge von Verfahrensverletzungen, das Nichtbestreiten von Tatsachen (§ 138 Abs. 13 ZPO), das Unterlassen rechtzeitigen Vortragens von Angriffs- und Verteidigungsmitteln mit der Folge der Präklusion oder das Unterlassen eines Widerspruchs gegen einen Mahnbescheid.[731)] Da auch die Schaffung einer **Aufrechnungslage** ein anfechtbares Rechtsgeschäft darstellt, kann es durchaus sinnvoll sein, die Entstehung eines Titels gegen den Nachlass zu beseitigen, um seitens der Insolvenzmasse nicht mit der Aufrechnung konfrontiert zu sein, wenn Ansprüche der Insolvenzmasse gegen einen Drittschuldner, der gleichzeitig als Gläubiger auftritt, geltend gemacht werden sollen.

716 Zudem können **geschäftsähnliche Handlungen und Realakte** Gegenstand der Anfechtung sein. Dies ist insbesondere dann der Fall, wenn sie unmittelbar einen rechtlichen Erfolg zeigen. Hierzu gehören etwa **Mängelrügen** und Mahnungen.[732)] In Verbindung mit § 129 Abs. 2 InsO ist deren Unterlassen anfechtbar. Gleiches gilt für den **Einbau** von Gegenständen in eine fremde Sache oder eine Verarbeitung i. S. von § 950 BGB, wodurch das Eigentum an den eingebauten Gegenständen oder den verarbeiteten Sachen auf einen Dritten übergegangen ist.[733)]

---

729) BGH, Urt. v. 15.10.1975 – VIII ZR 62/74, WM 1975, 1182, 1184 = MDR 1976, 221.

730) *Rogge* in: HambKomm-InsO, § 129 Rz. 11; Jaeger-*Henckel*, InsO, § 129 Rz. 10.

731) Mahnbescheid: RG, Urt. v. 5.5.1942 – I 25/41, RGZ 169, 161, 163.

732) *Rogge* in: HambKomm-InsO, § 129 Rz. 9; Uhlenbruck-*Borries/Hirte*, InsO, § 129 Rz. 62.

733) Uhlenbruck-*Borries/Hirte*, InsO, § 129 Rz. 62; Jaeger-*Henckel*, InsO, § 129 Rz. 220.

717 Gemäß § 140 Abs. 1 InsO gilt eine Rechtshandlung als **in dem Zeitpunkt als vorgenommen, in dem ihre rechtlichen Wirkungen eintreten.** Dies ist bei schuldrechtlichen Rechtsgeschäften stets der Zeitpunkt, in dem das Rechtsgeschäft abgeschlossen wird. Bei Verfügungsgeschäften tritt die rechtliche Wirkung aber erst dann ein, wenn sämtliche an die Rechtsänderung geknüpften Voraussetzungen erfüllt sind. **Unterlassungen** entfalten ihre rechtliche Wirkung erst dann, wenn die Handlung nicht mehr möglich ist und die Rechtsfolgen durch sie nicht mehr abgewendet werden können.

718 In bestimmten Fällen ist eine Anfechtung auch gegen den **Rechtsnachfolger** des Anfechtungsgegners möglich (§ 145 InsO).

b) Die Gläubigerbenachteiligung

719 Die Anfechtbarkeit setzt **stets auch** die **Gläubigerbenachteiligung** voraus. Diese ist objektiv zu bemessen. Entscheidend ist, dass die zur Befriedigung der Insolvenzgläubiger zur Verfügung stehende Insolvenzmasse verkürzt worden ist oder die Passivmasse vergrößert worden ist, also Gläubiger hinzu getreten sind, die ohne die Rechtshandlung nicht zu berücksichtigen wären.

720 **Benachteiligung** kann sowohl in rechtlicher, als auch in tatsächlicher Hinsicht gegeben sein. Demnach ist eine Benachteiligung nicht nur dann gegeben, wenn sich die Rechtsgüterzuordnung ändert, sondern auch bereits dann, wenn lediglich faktische Verhältnisse, wie etwa der **Besitz** geändert, worden sind. Demnach ist auch die **Erschwerung** der Verwertung oder die Verzögerung der Verwertbarkeit eine gläubigerbenachteiligende Rechtshandlung.

721 Benachteiligend können stets nur Rechthandlungen sein, die die **Insolvenzmasse** (§ 35 InsO) **betreffen.** Es kann daher nicht gläubigerbenachteiligend sein, wenn eine Befriedigung einzelner Gläubiger außerhalb des Insolvenzverfahrens aus Drittvermögen stattgefunden hat. Hat der **Erbe** einen Nachlassgläubiger mit **Eigenmitteln** befriedigt, so ist darin allerdings eine Gläubigerbenachteiligung zu sehen, wenn der befriedigte Anspruch des Nachlassgläubigers im Insolvenzverfahren über den Nachlass **nicht den Rang einer Masseverbindlichkeit** eingenommen hätte. Dem Erben steht nämlich hinsichtlich seiner Aufwendung, die er für die Befriedigung des Nachlassgläubigers getätigt hat, gemäß § 324 Abs. 1 Nr. 1 InsO grundsätzlich ein Aufwendungsersatzanspruch als Masseforderung zu. Soweit die Forderung des Nachlassgläubigers im Rang schlechterstand als die nun entstandene Forderung des Erben, sind die Gläubiger in ihrer Gesamtheit schlechtergestellt.

722 **Gläubigerbenachteiligend** kann nur eine **Rechtshandlung** sein, die **kausal** zu einer Benachteiligung der Gläubiger geführt hat.[734)] Der Kausalitätszusammenhang ist unabdingbar. Vorhersehbarkeit des Eintritts der Benachteiligung im

734) Braun-*de Bra*, InsO, § 129 Rz. 35.

Zeitpunkt der Vornahme der Rechtshandlung ist dabei jedoch nicht erforderlich. Entscheidend ist vielmehr, dass ein **äquivalenter Zusammenhang** zwischen der Rechtshandlung und der Benachteiligung im Nachhinein nachgewiesen werden kann.[735)] Hypothetische Geschehensabläufe bleiben außer Betracht.[736)] Eine unmittelbare Benachteiligung ist nicht erforderlich. Vielmehr reichen auch sich **mittelbare** auswirkende Nachteile aus.[737)] Demnach ist es ausreichend, dass zu der Rechtshandlung weitere Rechtshandlungen, Umstände oder Maßnahmen beigetragen haben, um die Benachteiligung auszulösen. So ist eine mittelbare Benachteiligung z. B. dann anzunehmen, wenn der Wert eines veräußerten Gegenstandes nachträglich angestiegen ist, wie es bspw. der Fall ist, wenn Ackerland veräußert worden ist, das kurze Zeit später in Folge einer Umwidmung in Bauland zu einem höheren Preis hätte veräußert werden können.[738)]

c) Rechtshandlung eines vorläufigen Insolvenzverwalters

Inzwischen abschließend geklärt ist, dass der Anfechtung auch solche Rechtshandlungen unterliegen, die ein vorläufiger Insolvenzverwalter ausgeführt hat.[739)] Dies gilt auch dann, wenn die gleiche natürliche Person, die später zum Insolvenzverwalter bestellt wurde, zuvor auch das Amt des vorläufigen Insolvenzverwalters wahrgenommen hat.[740)] Lediglich in Ausnahmefällen kann dem Insolvenzverwalter die Anfechtung einer Rechtshandlung, der er zuvor in seiner Eigenschaft als vorläufiger schwacher Insolvenzverwalter zugestimmt hatte, versagt sein, wenn nämlich durch ihn ein **schutzwürdiger Vertrauenstatbestand** geschaffen wurde. 723

Hierzu hat der BGH eine **Grundsatzentscheidung**[741)] getroffen. Danach schafft der schwache vorläufige Insolvenzverwalter einen schutzwürdigen Vertrauenstatbestand aufseiten eines Gläubigers, wenn er **vorbehaltlos** einer Leistung des Schuldners auf Altverbindlichkeiten zustimmt, wenn diese im Zusammenhang mit noch zu erbringenden Leistungen des Vertragspartners steht; anders verhält es sich dann, wenn der vorläufige Verwalter einen entsprechenden Vorbehalt bei der Vornahme der Erfüllungshandlung macht. In einem solchen Fall ist das Vertrauen des Vertragspartners nicht schutzwürdig. Stimmt der schwache vorläufige Insolvenzverwalter einer Erfüllungshandlung des Schuldners zu, die 724

---

735) „Adäquanztheorie" BGH, Urt. v. 9.12.1999 – IX ZR 102/97, BGHZ 143, 246 = ZIP 2000, 238, 241.

736) BGH, Urt. v. 9.6.2006 – IX ZR 152/03, ZIP 2005, 1243, 1244 = ZVI 2005, 359; Graf-Schlicker-*Huber*, InsO, § 129 Rz. 21.

737) Braun-*de Bra*, InsO, § 129 Rz. 24; Graf-Schlicker-*Huber*, InsO, § 129 Rz. 20.

738) Vgl. BGH, Urt. v. 12.11.1992 – IX ZR 237/91, ZIP 1993, 271, 274 = MDR 1993, 439.

739) BGH, Urt. v. 13.3.2003 – IX ZR 64/02, NZI 2003, 315 = ZInsO 2003, 417 – „Saudi Arabien".

740) BGH, Urt. v. 13.3.2003 – IX ZR 64/02, NZI 2003, 315 = ZInsO 2003, 417 – „Saudi Arabien".

741) BGH, Urt. v. 9.12.2004 – IX ZR 108/04, NZI 2005, 218 = ZInsO, 2005, 88.

nicht im Zusammenhang mit einem neuen Vertragsschluss steht, ist der Vertragspartner in aller Regel nicht schutzwürdig. Ein Vertrauenstatbestand ist insbesondere dann zu verneinen, wenn der vorläufige Insolvenzverwalter unter dem Druck eines Gläubigers zum Zwecke der Fortführung des Unternehmens Altforderungen eines Gläubigers befriedigt, um von diesem die für die Fortführung erforderlichen Leistungen auch in der Folgezeit zu erhalten.[742)]

d) Ausschluss der Anfechtung

725 Anfechtbar sind nur Rechtshandlungen, die **entweder rechtlich wirksam sind oder sich faktisch erschwerend auf die Verwertung der Insolvenzmasse auswirken.** Ist eine Rechtshandlung bereits nach allgemeinen zivilrechtlichen Vorschriften nichtig, etwa weil sie gegen ein gesetzliches Verbot verstößt (§ 134 BGB), sittenwidrig ist (§ 138 BGB), von einem Geschäftsunfähigen vorgenommen wurde (§ 105, 106 ff. BGB), ein Schein- oder Scherzgeschäft darstellt oder formnichtig ist (§ 125 BGB), dann scheidet Anfechtung nach insolvenzrechtlichen Vorschriften aus. Ausgeschlossen ist auch die Anfechtung bei allen **höchstpersönlichen Rechtsgeschäften**, also insbesondere etwa der Ausschlagung einer Erbschaft oder eines Vermächtnisses (vgl. § 83 Abs. 1 Satz 1 InsO), der Verzicht auf gesetzliche Erb- oder Pflichtteilsrechte vor Eintritt der Voraussetzungen nach § 852 ZPO und das Unterlassen der Geltendmachung eines Pflichteilanspruchs i. S. von § 852 ZPO.[743)]

726 Bedarf es zur Herbeiführung der Nichtigkeit noch der **gestaltenden Willenserklärung**, wie dies etwa im Falle der Anfechtung nach §§ 119, 123 BGB der Fall ist, so steht das Recht zur Erklärung der einen oder der anderen Anfechtung dem Insolvenzverwalter frei.

727 Die zentrale **Einschränkung** der Anfechtungsvorschriften enthält **§ 142 InsO.** Von den Fällen der Anfechtung nach §§ 131,[744)] 133 InsO abgesehen ist die Anfechtung ausgeschlossen, wenn der Schuldner für seine Leistung **unmittelbar eine gleichwertige Gegenleistung erhalten** hat. Voraussetzung dafür ist jedoch, dass Leistung und Gegenleistung einander gleichwertig sind. Dies ist nur dann der Fall, wenn der objektive Wert beider Leistungen gleich ist. Dabei kommt es lediglich auf den **Wert der Leistung**, nicht auch auf deren Art an. Dadurch ist An- und Verkauf von Waren oder der Verkauf von Forderungen – auch mit Abschlägen – durchaus möglich. Hinzu kommt, dass die ausgetauschten Leistungen in unmittelbarem Zusammenhang stehen müssen. Der Sicher-

---

742) OLG Celle, Urt. v. 12.12.2002 – 13 U 56/02, ZIP 2003, 412 = NZI 2003, 95; ausf. zur Begleichung von Altforderungen vgl. *A. Schmidt/Roth*, ZInsO 2006, 236 ff.

743) BGH, Urt. v. 6.5.1997 – IX ZR 147/96, NJW 1997, 2384 = ZIP 1997, 1302.

744) St. Rspr. seit BGH, Urt. v. 30.9.1993 – IX ZR 227/92, BGHZ 123, 320, 324 = ZIP 1993, 1653; BGH, Urt. v. 19.12.2002 – IX ZR 377/99, WM 2003, 524, 528 = NZI 2003, 253; *Rogge* in: HambKomm-InsO, § 142 Rz. 4.

heit halber sollten sie bestenfalls **Zug um Zug** ausgetauscht werden. Da dies mitunter jedoch nicht möglich ist, hat die Rechtsprechung hier insoweit Zugeständnisse entwickelt, dass ein **Zeitraum von etwa zwei Wochen** noch als unmittelbarer Zusammenhang angesehen werden kann.[745)] Es gibt hierfür jedoch keine starre Regel. Vielmehr wird nach den Umständen des Einzelfalles aufgrund einer „wirtschaftlichen Einheitsbetrachtung"[746)] zu entscheiden sein.

e) Anfechtungsberechtigung

Zur Anfechtung ist grundsätzlich der **Insolvenzverwalter** berechtigt. Nur ihm 728
obliegt es, die Ansprüche der Masse gegen den Anfechtungsgegner geltend zu machen. Das Anfechtungsrecht besteht nur, sobald und solange ein Insolvenzverfahren eröffnet ist. So kommt es erst gar nicht zur Entstehung, wenn ein Insolvenzverfahren mangels Masse (§ 26 InsO) erst gar nicht eröffnet worden ist. Es endet aber entsprechend auch, wenn das Verfahren nach Eröffnung mangels Masse eingestellt wird (§ 207 InsO).

Die Anfechtungsberechtigung entfällt nicht nach Anzeige der **Masseunzu-** 729
länglichkeit.[747)]

f) Verjährung

Der Anfechtungsanspruch verjährt **innerhalb von drei Jahren ab der Eröffnung** 730
des Insolvenzverfahrens. Die Anfechtungsfrist kann nur durch Klage, Widerklage und andere in § 204 Abs. 1 BGB genannte Rechtshandlungen gewahrt werden. Mit der Einreichung eines Antrages auf Gewährung von **Prozesskostenhilfe** kann die Verjährung gemäß § 204 Abs. Nr. 14 BGB gehemmt werden, wenn der Antrag ordnungsgemäß und vollständig ist und nach Entscheidung über den Prozesskostenhilfeantrag innerhalb angemessener Frist Klage eingereicht wird. Auch die Zustellung eines **Mahnbescheides** hemmt die Frist gemäß § 204 Abs. 1 Nr. 3 BGB. Durch **höhere Gewalt** kann die Verjährung gemäß § 206 BGB gehemmt sein.

Im **Nachlassinsolvenzverfahren** ist die **sechsmonatige Ablaufhemmung** ge- 731
mäß § 211 BGB zu beachten.

5. Die Anfechtungstatbestände im Einzelnen

a) Kongruente Deckung (§ 130 InsO)

Anfechtbar ist eine Rechtshandlung gemäß § 130 InsO, wenn sie eine kon- 732
gruente Deckung darstellt und die besonderen in § 130 InsO bezeichneten

---

745) BGH, Urt. v. 21.5.1980 – VIII ZR 40/79, NJW 1980, 1961 = ZIP 1980, 518.

746) Uhlenbruck-*Borries/Hirte*, InsO, § 142 Rz. 17 f.

747) Braun-*Ludwig*, InsO, § 208 Rz. 31; *Weitzmann* in: HambKomm-InsO, § 208 Rz. 16.

Voraussetzungen erfüllt. Als kongruente Deckung wird eine Rechtshandlung bezeichnet, die einem Insolvenzgläubiger eine Sicherung oder Befriedigung gewährt hat, auf die er im Zeitpunkt der Sicherung oder Befriedigung **tatsächlich einen Rechtsanspruch hat.**

733 **Befriedigung** ist jede Erfüllung eines materiell-rechtlichen Anspruchs, sei es durch Zahlung in Geld, Erfüllung wie geschuldet oder Erfüllungssurrogate. **Sicherung** ist jede Einräumung einer Rechtsposition, die zwar den Leistungsanspruch fortbestehen lässt, zur Verbesserung der wirtschaftlichen oder rechtlichen Chancen der Durchsetzbarkeit des Leistungsanspruchs jedoch weitere Rechtspositionen einräumt, insbesondere dingliche und oft akzessorische, wie etwa die Vormerkung, das Pfandrecht oder die Sicherungszession.[748)]

734 Bei der erfüllten oder gesicherten Forderung muss es sich um eine **Insolvenzforderung** i. S. des § 38 InsO oder § 39 InsO handeln. Für Insolvenzforderungen im Rang des § 327 InsO gilt § 322 InsO. Bei Sicherungen oder Befriedigungen von Forderungen, die nach § 324 InsO **Masseverbindlichkeiten** darstellen, ist ein Anfechtungsrecht bei kongruenter Deckung nur dann anzuerkennen, wenn ein Fall der zumindest drohenden Masseunzulänglichkeit gegeben ist, da der Insolvenzverwalter sonst den in Folge der Anfechtung an die Masse zurückzugewährenden Gegenstand sofort wieder an den Gläubiger herausgeben müsste (dolo facit qui petit quod statim redditurus est).[749)]

735 Wegen der Abgrenzung zwischen einer kongruenten und einer inkongruenten Deckung sei auf die folgenden Darstellungen zur inkongruenten Deckung verwiesen.

736 Anfechtung gemäß § 130 InsO kommt zudem nur dann in Betracht, wenn der Nachlass oder vor dessen Tod der Erblasser zur Zeit der Rechtshandlung **zahlungsunfähig** war. Die **drohende Zahlungsunfähigkeit oder die Überschuldung reichen nicht aus.** Die Anfechtung gemäß § 130 Abs. 1 Nr. 1 InsO setzt voraus, dass der Nachlass bzw. der Erblasser **zur Zeit der Handlung** zahlungsunfähig war und der Gläubiger zu dieser Zeit die Zahlungsunfähigkeit kannte. Dafür reicht es gemäß § 130 Abs. 2 InsO aus, dass der Gläubiger **Kenntnis** von den die Zahlungsunfähigkeit indizierenden Umständen hatte oder sich so verhalten hat, wie sich ein Vertragspartner üblicherweise verhält, wenn er mutmaßt, sich mit einem nicht länger zuverlässigen Vertragspartner in Rechtsbeziehung zu befinden. Ersterer Fall ist etwa dann gegeben, wenn es dem Gläubiger bekannt ist, dass der Insolvenzschuldner seine Zahlungen gegenüber nahezu sämtlichen Gläubigern eingestellt hat oder wenn bekannt wird, dass Bürgen des Schuldners in Anspruch genommen werden oder sich Zwangsvollstreckungen häufen. Anfechtung gemäß § 130 Abs. 1 Nr. 2 InsO ist möglich, wenn die

748) Vgl.: Braun-*de Bra*, InsO, § 130 Rz. 8, 9; *Rogge* in: HambKomm-InsO, § 130 Rz. 7.

749) Vgl. BGH, Beschl. v. 15.12.2005 – IX ZA 3/04, FamRZ 2006, 411.

Rechtshandlung nach dem Eröffnungsantrag vorgenommen worden ist und wenn der Gläubiger zur Zeit der Handlung die Zahlungsunfähigkeit oder den Eröffnungsantrag kannte.

Beide Varianten der Anfechtung bei kongruenter Deckung stellen auf den Terminus der Zahlungsunfähigkeit ab. Hinsichtlich der Voraussetzungen der Zahlungsunfähigkeit sei auf die ausführliche Darstellung zu § 17 Abs. 1 InsO verwiesen (siehe Rz. 214 ff.). Die dortigen Grundsätze sind für die Zahlungsunfähigkeit i. S. des § 130 InsO uneingeschränkt anzuwenden. 737

Der Insolvenzverwalter hat die Zahlungsunfähigkeit zur Zeit der Handlung zu ermitteln und **darzulegen.** Er hat dafür retrospektiv den für die Ermittlung der Zahlungsunfähigkeit erforderlichen **Finanz- und Liquiditätsplan** aufzustellen und zwar stichtagsbezogen auf den Tag der Rechtshandlung. 738

b) Inkongruente Deckung (§ 131 InsO)

Eine inkongruente Deckung ist eine Rechtshandlung, die einem Insolvenzgläubiger eine Sicherung oder Befriedigung gewährt oder ermöglicht hat, die er **nicht oder nicht in der Art oder nicht zu der Zeit zu beanspruchen hatte.** Eine inkongruente Deckung unterliegt der Anfechtbarkeit, wenn die weiteren Voraussetzungen von § 131 Abs. 1 Nr. 1–3 InsO vorliegen. **Sicherungen oder Befriedigungen**, die ein Gläubiger im Wege der Zwangsvollstreckung erlangt hat, sind im Drei-Monats-Zeitraum stets inkongruent. Auch **Leistungen**, die **zur Abwendung einer Vollstreckungshandlung oder zur Beseitigung eines Insolvenzantrages** erbracht werden, sind inkongruent.[750] Kongruent ist wegen § 16 Abs. 2 AnfG allerdings die Deckung, die aufgrund eines Anfechtungsanspruchs erlangt worden ist. 739

Schwierigkeiten bereitet oft die **Abgrenzung** zwischen kongruenten und inkongruenten Deckungen. Häufig scheinen Leistungen auf den ersten Blick kongruent zu sein, erweisen sich jedoch bei genauerem Hinsehen als inkongruent. Da es auf die **Kenntnis des Insolvenzschuldners oder des Anfechtungsgegners** von der Inkongruenz nicht ankommt, sind insbesondere bei komplexeren Vertragsverhältnissen die Leistungsansprüche des Gläubigers genau zu überprüfen. 740

Inkongruente Deckungen gewähren z. B. folgende Rechtshandlungen: 741

- Leistung auf Forderungen, denen eine dauernde Einrede entgegenstand (bspw. Verjährung);
- Leistung auf nicht fällige Forderungen;
- Leistung auf unvollkommene Forderungen (Spiel, Wette);

---

750) Vgl. BGH, Urt. v. 11.4.2002 – IX ZR 211/01, ZIP 2002, 1159, 1160 f. = NZI 2002, 378; BGH, Urt. v. 17.7.2003 – IX ZR 215/02, ZIP 2003, 1900, 1902 = NZI 2004, 87.

- heilende Erfüllung eines formungültigen Vertrages (etwa § 311b Abs. 1 Satz 2 BGB, § 766 Satz 2 BGB);
- Rückführung des debitorischen Saldos eines Kontos durch Überweisungseingänge, wenn der Bank ein Anspruch auf Rückführung des Debet-Saldos nicht zustand;
- Leistung eines Erfüllungssurrogates;
- nach Vertragsschluss gewährte Sicherheiten;
- Sicherungen oder Befriedigungen, die im Wege der Zwangsvollstreckung erfolgt sind.

742 Gemäß § 131 Abs. 1 Nr. 1 InsO sind zunächst alle Rechtshandlungen anfechtbar, die **inkongruente Deckungen verschafft** haben und **innerhalb eines Zeitraumes von einem Monat vor dem Antrag** auf Eröffnung des Insolvenzverfahrens oder nach diesem Antrag vorgenommen worden sind. Es kommt hierbei weder auf objektive Umstände wie etwa das Vorliegen von Zahlungsunfähigkeit oder Überschuldung im Zeitpunkt der Rechtshandlung, noch kommt es auf subjektive Voraussetzungen an, wie etwa die Kenntnis des Gläubigers von der Krise des Erblassers oder Nachlasses.

743 Soweit im Zeitpunkt der Rechtshandlung **objektiv Zahlungsunfähigkeit** des Nachlasses bzw. des Erblassers vorlag, so ist eine inkongruente Deckung anfechtbar, wenn sie innerhalb von drei Monaten vor Stellung des Insolvenzantrags erfolgt ist, § 131 Abs. 1 Nr. 2 InsO. Die Darlegung der Zahlungsunfähigkeit anhand eines Finanz- und Liquiditätsplanes obliegt dem Insolvenzverwalter. Unabhängig vom Vorliegen der objektiven Voraussetzungen der Zahlungsunfähigkeit ist eine inkongruente Deckung anfechtbar, wenn sie innerhalb des Drei-Monats-Zeitraumes vor dem Eröffnungsantrag vorgenommen worden ist und dem Gläubiger zur Zeit der Handlung bekannt war, dass sie die Insolvenzgläubiger benachteilige. Der positiven Kenntnis stehen hier wie auch bei § 130 Abs. 2 InsO gemäß § 131 Abs. 2 InsO solche Umstände gleich, die zwingend auf die Benachteiligung von Insolvenzgläubigern schließen lassen.

744 Der Tatbestand des § 131 Abs. 1 Nr. 3 InsO setzt voraus, dass **dem Anfechtungsgegner zur Zeit der Rechtshandlung bekannt** war, dass diese die späteren **Insolvenzgläubiger benachteiligt**. Hierfür muss dem Gläubiger bekannt gewesen sein, dass sich die Befriedigungsmöglichkeiten der späteren Insolvenzgläubiger ohne die Rechtshandlung günstiger gestaltet hätten.[751)] Da das Gesetz positive Kenntnis verlangt oder nach § 131 Abs. 2 Satz 1 InsO zumindest die Kenntnis von Umständen, die zwingend auf die Benachteiligung schließen lassen, ist es erforderlich, dass der Anfechtungsgegner über die Vermögensver-

---

751) *Häsemeyer*, Insolvenzrecht, Rz. 21.64.

hältnisse des Schuldners und insbesondere über dessen Liquiditätsausstattung informiert war.

c) Unmittelbar nachteilige Rechtshandlungen (§ 132 InsO)

745 § 132 InsO setzt voraus, dass der Erbe, Testamentsvollstrecker, Nachlasspfleger oder Nachlassverwalter **ein auf den Nachlass bezogenes Rechtsgeschäft** eingegangen ist. Erfasst sind auch Rechtshandlungen des **Erblassers**, die dieser zu Lebzeiten in Bezug auf sein Vermögen vorgenommen hat, auch wenn es zu diesem Zeitpunkt den Nachlass als solchen noch gar nicht gab. **Rechtshandlungen der Gläubiger oder sonstiger Dritter** können nicht nach § 132 InsO anfechtbar sein, wenn sie nicht zu einem solchen Rechtsgeschäft geführt haben. Die Vorschrift erfasst sowohl mehrseitige Rechtsgeschäfte, als auch einseitige.[752] Auf geschäftsähnliche Handlungen findet die Norm keine Anwendung.[753] Das Rechtsgeschäft muss **unmittelbar benachteiligende Wirkung** für die Insolvenzgläubiger haben. Unmittelbarkeit ist gegeben, wenn die Benachteiligung allein durch das Rechtsgeschäft und nicht erst durch spätere Ereignisse bewirkt worden ist. Benachteiligend ist dieses Rechtsgeschäft, wenn hierdurch die den Insolvenzgläubigern zur Verfügung stehende Insolvenzmasse geschmälert oder die Passivmasse vermehrt worden ist.

746 § 132 InsO hatte nach Einführung der InsO zunächst neben den übrigen Anfechtungstatbeständen kaum einen eigenen praxisrelevanten Anwendungsbereich. Besondere Bedeutung erlangte dieser Anfechtungstatbestand jedoch, nachdem der BGH die **Anfechtbarkeit der Leistung eines vorläufigen Insolvenzverwalters auf eine Altforderung** grundsätzlich bejaht hatte.[754] Der BGH hat dem späteren Insolvenzverwalter die Möglichkeit eingeräumt, eine vorangegangene Zahlungszusage, die dieser als vorläufiger schwacher Insolvenzverwalter erteilt hatte, anzufechten. Der BGH führt aus, es sei in diesen Fällen regelmäßig der Anfechtungstatbestand des § 132 InsO gegeben. Es liege nämlich „in der Zahlungsabrede selbst eine unmittelbare Benachteiligung der Insolvenzgläubiger, weil der entsprechende Gläubiger auf seiner Altforderung als Insolvenzgläubiger sonst nur die Quote hätte erhalten können“.

747 Den unmittelbar benachteiligenden Rechtsgeschäften sind gemäß § 132 Abs. 2 InsO **Rechtshandlungen** gleichgestellt, durch die der Schuldner ein **Recht verliert** oder **nicht mehr geltend machen kann** oder durch die ein **vermögensrechtlicher Anspruch** gegen ihn erhalten oder durchsetzbar wird, wobei hier

---

752) *Henckel* in: Kölner Schrift zur InsO, S. 813, 832, Rz. 43.

753) Vgl. *Henckel* in: Kölner Schrift zur InsO, S. 813, 832, Rz. 45.

754) BGH, Urt. v. 13.3.2003 – IX ZR 64/02, NZI 2003, 315 = ZInsO 2003, 417 – „Saudi Arabien“.

auch mittelbare Benachteiligungen ausreichen. § 132 Abs. 2 InsO ist auch auf Unterlassungen anzuwenden.[755]

d) Vorsätzliche Benachteiligung (§ 133 InsO)

748 Anfechtbar ist gemäß § 133 InsO eine Rechtshandlung, die der Schuldner **in den letzten zehn Jahren vor dem Antrag** auf Eröffnung des Insolvenzverfahrens oder nach diesem Antrag mit dem Vorsatz, seine Gläubiger zu benachteiligen, vorgenommen hat, wenn der andere Teil zur Zeit der Handlung den Vorsatz des Schuldners kannte. Der Zehn-Jahres-Zeitraum wird gemäß § 133 Abs. 2 InsO **auf vier Jahre verkürzt**, wenn die Rechtshandlung dem anderen Teil eine Sicherung oder Befriedigung gewährt oder ermöglicht hat. Voraussetzung ist also im Allgemeinen eine schuldnerseitige Rechtshandlung.

749 Für das **Nachlassinsolvenzverfahren** heißt dies, dass eine **Rechtshandlung des Erblassers, Erben, Testamentsvollstreckers, Nachlasspflegers oder Nachlassverwalters** vorliegen muss. Erfasst sind auch Rechtshandlungen des Erblassers, die dieser zu Lebzeiten in Bezug auf sein Vermögen vorgenommen hat, auch wenn es zu diesem Zeitpunkt den Nachlass als solchen noch gar nicht gab. Rechtshandlungen von **Dritten** wie bspw. Gläubigern führen hingegen nicht zur Anfechtbarkeit gemäß § 133 InsO. Daraus folgt, dass Vollstreckungsmaßnahmen grundsätzlich nicht nach § 133 InsO angefochten werden können, wenn und soweit sie nicht durch eine für die Nachlassmasse handelnde Person durch eigene Tätigkeit unterstützt oder gefördert hat.

750 Hat der Erblasser, Erbe, Testamentsvollstrecker, Nachlasspfleger oder Nachlassverwalter dagegen eine **Vollstreckungsmaßnahme**, gegen die er sich hätte zur Wehr setzen können, hingenommen ohne sich in angemessener Weise zur Wehr zu setzen, kommt eine Anfechtung in Betracht. Aus diesem Grund kann eine Pfändung oder die Eintragung einer Sicherungshypothek nach § 133 InsO anfechtbar sein. Gleichwohl wird man dieses Unterlassen im Hinblick auf § 129 Abs. 2 InsO einem aktiven Tun nur dann gleichstellen können, wenn die Vornahme der unterlassenen Rechtshandlung Rechtswirkung in dem Sinne gehabt hätte, dass sie die Befriedigung des Gläubigers verhindert hätte.[756]

751 Die Anfechtung nach § 133 InsO setzt des Weiteren voraus, dass aufseiten der für den Nachlass handelnden Person die Absicht bestand, Nachlassgläubiger zu benachteiligen. **Bedingter Vorsatz reicht aus.** Da sich der Benachteiligungsvorsatz in der Praxis kaum beweisen lässt, haben Literatur und Rechtsprechung **Beweisanzeichen** entwickelt, bei deren Vorliegen allgemein von Benachteiligungsvorsatz auszugehen ist. Wichtiges Beweisanzeichen für den Benachteiligungs-

755) *Häsemeyer*, Insolvenzrecht, Rz. 21.74; *Henckel* in Kölner Schrift zur InsO, S. 813, 833, Rz. 45.

756) So auch *Bork*, ZIP 2004, 1684, 1685; **a. A.** *Rendels*, ZIP 2004, 1289, 1293.

vorsatz ist das Vorliegen einer **inkongruenten Deckung**, weil allgemein nicht davon ausgegangen wird, dass jemand freiwillig und ohne jede Verpflichtung einem Dritten eine Leistung erbringt, auf die der Dritte keinen Anspruch hat. Leistungen zur Abwendung eines angedrohten oder gar bereits gestellten Insolvenzantrages sind nach der Rechtsprechung stets, d. h. auch außerhalb der Krise als inkongruent anzusehen.[757)] Hintergrund ist, dass ein Insolvenzantrag nie zur Befriedigung eines einzelnen Gläubigers dienen soll, da er von der Rechtsordnung hierfür nicht vorgesehen ist. Während man dem einzelnen Gläubiger noch zubilligen muss, dass er sich i. R. von Einzelzwangsvollstreckungsmaßnahmen befriedigt und diese Befriedigung von der Rechtsordnung auch zu seinen Gunsten als billiges Mittel vorgehalten wird, ist dies bei der Insolvenzantragstellung nicht der Fall. Die **Drohung mit einem Insolvenzantrag** oder gar die Insolvenzantragstellung zur Durchsetzung einer Individualforderung ist aus diesem Grunde nie insolvenzfest, wenn es zu einem späteren Insolvenzverfahren kommen sollte. Auf eine Befriedigung in dieser Art hat der Gläubiger stets keinen Anspruch.

Andere Beweisanzeichen sind das **unlautere Zusammenwirken** zwischen dem 752
Erblasser, Erben, Testamentsvollstrecker, Nachlasspfleger oder Nachlassverwalter mit einem Gläubiger[758)] oder das **Verschleudern oder Verschenken** von Gegenständen. Im Fall der Schenkung besteht zwar eine Konkurrenz mit § 134 InsO. Da die Anfechtungstatbestände jedoch nebeneinander bestehen, sind unentgeltliche Zuwendungen an Dritte nicht aus dem Bereich des § 133 InsO ausgenommen. Vielmehr ist auch die unentgeltliche Verfügung nach § 133 InsO anfechtbar.

Zudem setzt die Anfechtung nach § 133 InsO auch die **Kenntnis des Anfech-** 753
tungsgegners von dem Benachteiligungsvorsatz voraus. Diese Kenntnis muss im Zeitpunkt der anzufechtenden Rechtshandlung vorliegen, der sich nach § 140 InsO bestimmt.[759)] Der Nachweis kann über die Vermutungsregel des § 133 Abs. 1 Satz 2 InsO geführt werden. Es reicht demnach aus, dass der Anfechtungsgegner die drohende Zahlungsunfähigkeit des Schuldners und die Gläubigerbenachteiligung kannte. Aus diesen beiden Komponenten lässt sich in der Tat regelmäßig auf das Vorliegen eines Benachteiligungsvorsatzes schließen. Aber auch der Nachweis der Kenntnis von der drohenden Zahlungsunfähigkeit stößt in der Praxis auf erhebliche Schwierigkeiten, so dass es weitergehend ausreichen muss, dass der Gläubiger die Umstände kennt, die ihrerseits auf die drohende Zahlungsunfähigkeit schließen lassen.[760)] Hatte der Gläubiger zum

757) BGH, Urt. v. 18.12.2003 – IX ZR 199/02, ZVI 2004, 98 = ZIP 2004, 319.

758) Hierzu *Bork*, ZIP 2004, 1684, 1691 m. w. N.

759) BGH, Urt. v. 13.5.2004 – IX ZR 190/03, ZIP 2004, 1512, 1513 = ZVI 2004, 392; *Bork*, ZIP 2004, 1684, 1692.

760) *Häsemeyer*, Insolvenzrecht, Rz. 21.83.

Zeitpunkt der Rechtshandlung bspw. umfassenden Einblick in die Finanz- und Liquiditätslage des Erblasservermögens bzw. des Nachlasses, so kann er sich den die Zahlungsunfähigkeit ergebenden Umständen nicht blind verschließen. Die Anforderungen an die Kenntnis von den Umständen, die auf Zahlungsunfähigkeit schließen lassen, dürfen jedoch nicht all zu hoch gesteckt werden.

754 Besondere Bedeutung erlangt § 133 InsO im Nachlassinsolvenzverfahren in Ansehung etwaiger **Vergütungen** eines Nachlasspflegers, Nachlassverwalters oder Testamentsvollstreckers, die dieser vor Eröffnung des Insolvenzverfahrens bereits aus dem Nachlass erhalten hat. Diese Vergütungen stellen zwar nach der Eröffnung des Nachlassinsolvenzverfahrens Masseverbindlichkeiten dar (§ 324 Abs. 1 Nr. 4, 6 InsO). Sofern im Nachlassinsolvenzverfahren allerdings **Masseunzulänglichkeit** gemäß § 208 InsO vorliegt, unterliegt eine erhaltene Vergütung der Anfechtung. Der Aufrechnung durch den Testamentsvollstrecker, Nachlasspfleger oder Testamentsvollstrecker steht dann § 96 Abs. 1 Nr. 3 InsO entgegen, weil die Vergütungsansprüche gemäß § 324 Abs. 2 InsO nach Anzeige der Masseunzulänglichkeit in den Rang von Altmasseverbindlichkeiten gemäß § 209 Abs. 1 Nr. 3 zurücktreten. Nach Anzeige der Masseunzulänglichkeit gilt für die Aufrechnung gegen Forderungen, die der Masse zustehen, § 96 InsO entsprechend.[761)] Da der Testamentsvollstrecker, Nachlasspfleger oder Nachlassverwalter, der aus dem Nachlass Vergütungen für seine Tätigkeit erhalten hat, **regelmäßig einen genauen Überblick** über die Vermögensverhältnisse des Nachlasses hat, dürfte bei diesen Personen regelmäßig Benachteiligungsvorsatz und Kenntnis vom Benachteiligungsvorsatz gegeben sein.

755 Auch bei der Inkongruenz oder bei kollusivem Zusammenwirken in unlauterer Weise ist in der Regel nicht nur **Benachteiligungsabsicht zu unterstellen**, sondern auch die **Kenntnis des Gläubigers von der drohenden Zahlungsunfähigkeit**, wenn nicht irgendwelche Anhaltspunkte dafür ersichtlich sind, dass das Verhalten des Schuldners auch anders motiviert sein könnte. Insofern ist aufseiten des Gläubigers zu unterstellen, dass dieser nicht angenommen hat, eine Leistung, die er nicht zu beanspruchen hatte oder die er zumindest nicht zu dieser Zeit oder nicht in dieser Art beanspruchen konnte, durchsetzen zu dürfen.

e) Unentgeltliche Leistung (§ 134 InsO)

756 Am offensichtlichsten den Gläubigerinteressen zuwiderlaufend ist eine Leistung, die mit Mitteln des zum Nachlass gehörenden Vermögens an einen Dritten erbracht worden ist, ohne dass dem zum Nachlass gehörenden Vermögen hierfür eine Gegenleistung zugeflossen wäre. Solche unentgeltlichen Leistun-

---

761) BGH, Urt. v. 18.5.1995 – IX ZR 189/94, NJW 1995, 2783 = ZIP 1995, 1204; BGH, Urt. v. 3.4.2003 – IX ZR 101/02, BGHZ 154, 358 = ZVI 2003, 468; *Lohmann/Reichelt* in: MünchKomm-InsO, § 96 Rz. 32; BFH, Urt. v. 4.3.2008 – VII R 10/06, BFHE 220, 295 = BStBl. II 2008, 506; *Kießner* in: FK-InsO, § 209 Rz. 52.

gen sind gemäß § 134 Abs. 1 InsO anfechtbar, wenn sie **weniger als vier Jahre vor dem Antrag** auf Eröffnung des Insolvenzverfahrens über den Nachlass vorgenommen worden sind. Unerheblich ist es dabei, ob der Erblasser die unentgeltliche Leistung noch **vor seinem Tod** aus seinem Vermögen vorgenommen hat **oder** ob sie **nach dessen Tod** durch den Erben, Testamentsvollstrecker, Nachlasspfleger oder Nachlassverwalter vorgenommen worden sind.

Der **Begriff der Leistung** ist weit auszulegen. Er erfasst alle Zuwendungen aus 757
dem zum Nachlass gehörenden Vermögen. Subjektive Voraussetzungen sind nicht erforderlich. Unter den Begriff der Leistung fallen dingliche Verfügungen, Gebrauchsüberlassungen, Besitzrechtsübertragungen, aber auch rechtsgeschäftsähnliche Handlungen wie Verbindung, Vermischung oder Verarbeitung (§§ 946 ff. BGB). Freilich sind auch schuldrechtliche Rechtsgeschäfte erfasst, klassischerweise Schenkungen. Daneben umfasst der Begriff auch **Unterlassungen**, wenn diese bei näherer Betrachtung einer schenkweisen Zuwendung an eine dritte Person gleichkommen.

Unentgeltlich ist die Leistung, wenn ihr keine, auch nur mittelbare, Gegenleis- 758
tung gegenübersteht, wenn also eine Minderung des zum Nachlass gehörenden Vermögens stattfindet, ohne dass eine wie auch immer geartete Gegenleistung erbracht wird. Die Unentgeltlichkeit ist wirtschaftlich zu betrachten. Hat ein weggegebener Vermögensgegenstand überhaupt keinen Wert, so sind die Gläubiger nicht benachteiligt und die Weggabe ist auch nicht unentgeltlich.[762)] Die **Gläubigerbenachteiligung folgt** regelmäßig bereits **aus der Unentgeltlichkeit** der Leistung.[763)] Daher ist im Zweifel von Werthaltigkeit auszugehen.

Ein weites Problemfeld tut sich jedoch dort auf, wo zwar eine Gegenleistung in 759
das zum Nachlass gehörende Vermögen gelangt ist, diese **Gegenleistung** aber **nicht wertäquivalent** ist. Insoweit stellen insbesondere die gemischten Schenkungen ein Problemfeld dar. Sind die ausgetauschten Leistungen teilbar, so lässt sich das Geschäft ggf. noch in **einen unentgeltlichen und in einen entgeltlichen Teil** aufteilen, was zur Anfechtbarkeit nur des unentgeltlichen Teils führt. In der Regel ist dies jedoch nicht der Fall. Dann ist die durch den Erblasser, Erben, Testamentsvollstrecker, Nachlasspfleger oder Nachlassverwalter erbrachte Leistung als unentgeltlich anzusehen und somit anfechtbar,[764)] während dem Anfechtungsgegner in Ansehung der von ihm in das zum Nachlass gehörende Vermögen erbrachten Gegenleistung nur dann eine Masseforderung zusteht, wenn diese in der Insolvenzmasse noch unterscheidbar vorhanden ist oder die Masse um den Wert der Gegenleistung bereichert ist. Sonst hat der

---

762) LG Hamburg, Urt. v. 9.5.2001 – 8 U 8/01, NZI 2001, 424, 425 = ZIP 2001, 1332; vgl. KG Berlin, Urt. v. 11.10.1996 – 7 U 8440/95, KGR Berlin 1997, 16.

763) BGH, Urt. v. 3.3.2005 – IX ZR 441/00, BGHZ 162, 283 = ZVI 2005, 269; *Rogge* in HambKomm-InsO, § 134 Rz. 35; Jaeger-*Henckel*, InsO, § 134 Rz. 6.

764) Vgl. Uhlenbruck-*Borries/Hirte*, InsO, § 134 Rz. 34, 34a.

Anfechtungsgegner lediglich eine Insolvenzforderung i. S. des § 38 InsO (§ 144 Abs. 2 InsO); die Aufrechnung ist ihm insoweit wegen § 96 Abs. 1 Nr. 3 InsO verwehrt.

760 **Gegenleistung** für die Leistung des Schuldners ist stets nur eine solche Leistung, die der Vertragspartner erbracht hat, und die im mehr oder weniger unmittelbaren Verhältnis zur Leistung des Schuldners steht. Dass aus anderen Vertragsverhältnissen oder aus anderen Umständen, die mit dem konkreten Leistungsaustausch nichts zu tun haben, Leistungen des Gläubigers an den Schuldner geflossen sind, bleibt unbeachtlich. Hinsichtlich des Wertes der Gegenleistung ist stets auf ihren objektiven Wert abzustellen, den die Vertragsparteien bei vernünftiger wirtschaftlicher Betrachtung im Zeitpunkt des Leistungsaustauschs bzw. des verpflichtenden Geschäftes zugrunde zu legen hatten. Es kommt allein auf eine **ex-ante-Betrachtung** an. Ist die Ausgleichsforderung, die der Schuldner bspw. abgetreten bekommen hat nach Abschluss des zum Leistungsaustausch verpflichtenden Geschäftes wertlos geworden, so kann keine unentgeltliche Leistung des Schuldners angenommen werden.

761 Obwohl der Tatbestand keine subjektive Komponente enthält und insbesondere keine Benachteiligungsabsicht verlangt, spielt das **Vorstellungsbild der Parteien** über den Wert von Leistung und Gegenleistung im Zeitpunkt des leistungsaustauschenden Geschäftes sehr wohl eine Rolle. Denn bei der **Bewertung** der Leistung und der Gegenleistung steht den Parteien ein Bewertungsspielraum zu. Dabei ist es insbesondere hinzunehmen, wenn Gegenstände unter ihrem objektiven Verkehrswert veräußert werden, bspw. um dringend benötigte Liquidität zu generieren. Dies ist weder eine unentgeltliche Leistung noch eine gemischte Schenkung. Es handelt sich hierbei vielmehr um eine möglicherweise **aus wirtschaftlicher Sicht** sogar vernünftige, existenzerhaltende Maßnahme. Lediglich dann, wenn ein krasses Missverhältnis zwischen der Leistung und der Gegenleistung besteht und hierfür objektive Gründe nicht ausgemacht werden können oder bei Vorliegen eines Irrtums des für den Nachlass Handelnden über den Wert der Gegenleistung ist Unentgeltlichkeit anzunehmen.

762 Erhebliche praktische Relevanz haben Zuwendungen in Form von **Lebensversicherungen**. Häufig werden hierbei Dritten, vor allem Ehegatten, **Bezugsrechte** eingeräumt. Wird das **Widerrufsrecht** bereits **bei Vertragsschluss** unwiderruflich eingeräumt, so erfolgt bereits in diesem Zeitpunkt eine unentgeltliche Leistung an den Bezugsberechtigten. Dieser Zeitpunkt liegt allerdings **zumeist mehr als vier Jahre vor dem Antrag** auf Eröffnung des Insolvenzverfahrens über den Nachlass, so dass die Anfechtung der Einräumung des Bezugsrechtes ausscheidet. Sind allerdings **im Vier-Jahres-Zeitraum noch Prämien auf den Lebensversicherungsvertrag geleistet** worden, so sind diese unentgeltliche Leistungen an den Bezugsberechtigten, weil ihm aus dem Versicherungsvertrag kein Anspruch darauf zusteht, dass der Versicherungsnehmer die Prämien auch entrichtet. In solchen Fällen können daher die innerhalb von vier

Jahren vor dem Antrag auf Eröffnung des Insolvenzverfahrens über den Nachlass gezahlten Prämien angefochten werden. Im Falle eines widerruflichen Bezugsrechtes erlangt der Bezugsberechtigte erst im Todeszeitpunkt eine gesicherte Rechtsstellung. Da der Bezugsberechtigte für den Erwerb dieser gesicherten Rechtsstellung keine Gegenleistung zu erbringen hat, liegt eine unentgeltliche Leistung gemäß § 134 InsO vor.[765] Soweit der Tod weniger als vier Jahre vor dem Eröffnungsantrag liegt, steht die Versicherungssumme einschließlich einer eventuellen Überschussbeteiligung somit in Folge der Anfechtung nach § 134 InsO der Insolvenzmasse zu.

Soweit die Versicherungssumme noch nicht an den Bezugsberechtigten **ausgezahlt** ist, wird dieser Anspruch dadurch rechtlich realisiert, dass ein Anspruch auf Abtretung gegen den Begünstigten geltend gemacht wird. Ist die Versicherungssumme bereits an den Bezugsberechtigten ausgezahlt, so hat der Begünstigte den erhaltenen Betrag an die Insolvenzmasse zurückzugewähren. Ihm stehen Zurückbehaltungsrechte oder aufrechenbare Gegenansprüche grundsätzlich nicht zu.[766] Auch der **Entreicherungseinwand** scheidet jedenfalls dann aus, wenn der Bezugsberechtigte ausgeschlagen hat, weil er durch die Ausschlagung regelmäßig zu erkennen gegeben hat, dass er von der Unzulänglichkeit des Nachlasses Kenntnis hatte.[767] 763

f) Erfüllung von Pflichtteilsansprüchen, Vermächtnissen und Auflagen

Eine wesentliche Erweiterung der Anfechtungsvorschriften findet sich für das Nachlassinsolvenzverfahren in § 322 InsO. Durch diese Norm wird die Erfüllung eines Pflichtteilsanspruchs, Vermächtnisses oder einer Auflage durch den Erben aus dem Nachlass **einer unentgeltlichen Leistung i. S. von § 134 InsO gleichgestellt**. Hintergrund hiervon ist, dass Pflichtteilsansprüche, Vermächtnisse und Auflagen im Nachlassinsolvenzverfahren nur als nachrangige Verbindlichkeiten gemäß § 327 InsO geltend gemacht werden können, so dass deren Erfüllung im Interesse der vorrangigen Nachlassgläubiger rückgängig gemacht werden soll. Zu den Vermächtnissen zählen auch die sog. gesetzlichen Vermächtnisse wie der Voraus des Ehegatten (§ 1932 BGB) und der Dreißigste (§ 1969 BGB). Allerdings kann in Bezug auf diese § 134 Abs. 2 InsO einschlägig sein. 764

Die Erfüllung der genannten Ansprüche muss **aus dem Nachlass** erfolgt sein. Als Erfüllung sind auch Leistungen an Erfüllung statt (§ 364 BGB) und die wirksame Hinterlegung nach §§ 372 ff. BGB anzusehen. Auch Erfüllung im Wege der Zwangsvollstreckung kann eine Rechtshandlung des Erben i. S. der Be- 765

765) BGH, Urt. v. 23.10.2003 – IX ZR 252/01, ZIP 2003, 2307 = ZVI 2003, 657.

766) AG Gießen, Urt, v. 19.6.2023 – 7 O 14/22.

767) AG Gießen, Urt, v. 19.6.2023 – 7 O 14/22.

stimmung sein (§ 141 InsO). Sofern der Erbe die erfassten Ansprüche nicht mit Mitteln des Nachlasses, sondern mit Mittel aus seinem **Eigenvermögen** erfüllt hat, ist § 322 InsO gleichwohl anwendbar, wenn ihm daraus gemäß der §§ 1978 Abs. 3, 1979 BGB ein Erstattungsanspruch gegen die Masse erwachsen ist, § 324 Abs. 1 Nr. 1 InsO.[768] Besteht kein Ersatzanspruch des Erben, fehlt es an der Beeinträchtigung der Masse und deshalb an den Voraussetzungen für die Entstehung eines Anspruchs nach § 322 InsO.

766 § 322 InsO kommt auch dann zur Anwendung, wenn ein **Testamentsvollstrecker, Nachlasspfleger oder Nachlassverwalter** die Erfüllung vorgenommen hat; auch ein **Vor- oder Nacherbe** ist erfasst.

g) Anfechtung der Zahlung der Nachlasspflegervergütung und anderer Masseverbindlichkeiten

767 Der Anfechtung unterliegen auch solche Zahlungen auf Nachlassverbindlichkeiten, die im eröffneten Nachlassinsolvenzverfahren gemäß § 324 InsO Masseverbindlichkeiten darstellen. Der in der Praxis **häufigste Anwendungsfall** dieser Art der Anfechtung ist die Zahlung der **Nachlasspflegervergütung** (zumeist kurz oder unmittelbar) vor Insolvenzantragstellung durch den Nachlasspfleger. Dieser besondere Fall bedarf der gesonderten Würdigung, denn seine **Anfechtbarkeit ergibt sich sogar unter zwei unterschiedlichen Gesichtspunkten**. Dass aber bereits die Zahlung auf jedwede Nachlassverbindlichkeit der Insolvenzanfechtung unterliegt, selbst wenn sie im eröffneten Nachlassinsolvenzverfahren Masseverbindlichkeit ist – und zwar sogar unabhängig vom Eintritt der Masseunzulänglichkeit im Nachlassinsolvenzverfahren – und dieser Anfechtung nicht etwa der Einwand des dolo agit qui petit, quod statim redditurus est entgegengehalten werden kann, bedarf tiefer gehender Begründung. Da sich die Anfechtung in diesen Fälle regelmäßig nach § 133 InsO richtet, werden folgend dessen Voraussetzungen in diesem Zusammenhang näher gewürdigt.

aa) Anfechtbarkeit der Zahlung aus dem Nachlass gemäß § 133 Abs. 1 InsO

(1) Gläubigerbenachteiligung i. S. von § 129 Abs. 1 InsO

768 Das für die Anfechtung erforderliche Merkmal der Gläubigerbenachteiligung (§ 129 InsO) bedeutet – nur –, dass die angefochtene Rechtshandlung die **Befriedigungsaussichten** der Gesamtvollstreckungs-(Insolvenz-)Gläubiger im Allgemeinen verkürzt hat. Dies ist auf der Grundlage des gesetzlich vorgesehenen, regelmäßigen Ablaufs des Gesamtvollstreckungs-(Insolvenz-)Verfahrens zu beurteilen. Dagegen wird nicht zugleich vorausgesetzt, dass von jeder einzelnen Anfechtung im Ergebnis nur Insolvenzgläubiger, nicht jedoch **Masse-**

768) *Marotzke* in: HK-InsO, § 322 Rz. 3; Andres/Leithaus-*Andres*, InsO, § 322 Rz. 6.

gläubiger „profitieren“. Vielmehr dient das an die Anzeige der Masseunzulänglichkeit anschließende Verfahren (vgl. § 208 Abs. 3 InsO) mittelbar den Interessen sämtlicher Gläubiger; die vorrangige Befriedigung der Massegläubiger ist nur als Vorstufe zu einer potentiellen späteren Berücksichtigung auch der Insolvenzgläubiger gedacht. Durch einen völligen Ausfall bleiben diese erst recht benachteiligt. Zudem widerspräche es dem Grundsatz der insolvenzrechtlichen Gleichbehandlung aller Insolvenzgläubiger und damit dem Anfechtungszweck, einzelne anfechtbar begünstigte Insolvenzgläubiger nur deshalb besserzustellen, weil das Schuldnervermögen sogar bis zur Bedeutungslosigkeit vermindert worden ist.[769)]

(2) Besondere Voraussetzungen von § 133 InsO

Zahlungen durch denjenigen, der über den Nachlass die Verwaltungs- und Ver- **769**
fügungsgewalt inne hat an einen Nachlassgläubiger sind zunächst **Rechtshandlungen des Schuldners** i. S. von § 133 Abs. 1 InsO.[770)] Das ergibt sich daraus, dass zwar der Nachlass selbst nicht Schuldner ist, wohl aber derjenige, der die Verwaltung des Nachlasses ausübt, im Nachlassinsolvenzverfahren die Schuldnerrolle einnimmt (siehe ausführlich oben Rz. 180 ff.). Dass die Überweisung vom Nachlass(ander)konto eines Nachlasspflegers, Testamentsvollstreckers oder Erben eine Rechtshandlung darstellt, ist hingegen problemlos, denn Rechtshandlungen sind alle Willensbetätigungen, an die das Gesetz rechtliche Wirkungen knüpft, ohne dass diese gewollt sein müssen. Es kann sich dabei um Willenserklärungen als Teil eines dinglichen oder obligatorischen Rechtsgeschäfts, um auf einen tatsächlichen Erfolg gerichtete Rechtshandlungen oder Unterlassungen auf materiell-rechtlichem Gebiet oder um Handlungen und Unterlassungen auf prozessrechtlichen Gebiet handeln.[771)]

Die Anfechtung wegen vorsätzlicher Benachteiligung der Gläubiger nach § 133 **770**
Abs. 1 InsO setzt zudem voraus, dass der Anfechtungsgegner zur Zeit der angefochtenen Handlung **den Vorsatz des Schuldners, seine Gläubiger zu benachteiligen, kannte**. Diese Kenntnis wird nach § 133 Abs. 1 Satz 2 InsO **vermutet**, wenn der Anfechtungsgegner wusste, dass die Zahlungsunfähigkeit des Schuldners drohte und dass die jeweilige Handlung die Gläubiger benachteiligte. Die subjektiven Tatbestandsmerkmale der Vorsatzanfechtung können – weil es sich um innere, dem Beweis nur eingeschränkt zugängliche Tatsachen handelt – meist nur mittelbar **aus objektiven Tatsachen hergeleitet** werden. Soweit dabei Rechtsbegriffe wie die Zahlungsunfähigkeit betroffen sind, muss deren Kenntnis außerdem oft aus der Kenntnis von Anknüpfungstatsachen erschlossen werden. Der Kenntnis von der (drohenden) Zahlungsunfähigkeit steht auch i. R. des

---

769) BGH, Urt. v. 19.7.2001 – IX ZR 36/99, ZIP 2001, 1641 = NZI 2002, 585.

770) Vgl. Pape/Uhländer-*Bornheimer*, InsR, § 129 InsO Rz. 32 m. w. N.

771) *Dauernheim* in FK-InsO, § 129 Rz. 21.

§ 133 Abs. 1 InsO die Kenntnis von Umständen gleich, die zwingend auf eine drohende oder bereits eingetretene Zahlungsunfähigkeit hinweisen.[772] Es genügt daher, dass der Anfechtungsgegner die tatsächlichen Umstände kennt, aus denen bei zutreffender rechtlicher Bewertung die (drohende) Zahlungsunfähigkeit zweifelsfrei folgt.[773]

771 Dabei darf aber nicht übersehen werden, dass solche Tatsachen nur mehr oder weniger gewichtige **Beweisanzeichen** darstellen, die eine Gesamtwürdigung nicht entbehrlich machen und nicht schematisch i. S. einer vom anderen Teil zu widerlegenden Vermutung angewandt werden dürfen. Die subjektiven Voraussetzungen der Vorsatzanfechtung hat der Tatrichter gemäß § 286 ZPO unter Würdigung aller maßgeblichen Umstände des Einzelfalls auf der Grundlage des Gesamtergebnisses der Verhandlung und einer etwaigen Beweisaufnahme zu prüfen.[774] Regelmäßig werden die fraglichen Nachlassverbindlichkeiten aus dem Nachlass erst lange nach Fälligkeit, nach Mahnung oder gar Klage- oder Vollstreckungsandrohung oder sogar nach der ausdrücklichen Offenbarung der Zahlungsunfähigkeit oder der Überschuldung durch den Nachlasspfleger oder den Erben gegenüber dem Gläubiger gezahlt. Mitunter findet sogar eine **„kalte Insolvenzabwicklung“** dergestalt statt, dass an Gläubiger Teilzahlungen geleistet werden mit der Begründung, der Nachlass reiche für die Befriedigung aller Gläubiger nicht aus. Für den Sonderfall der Befriedigung der Nachlasspflegervergütung ist der Gläubigerbenachteiligungsvorsatz immanent, denn der Nachlasspfleger nimmt insoweit eine Doppelrolle ein: Er ist Gläubiger des Nachlasspflegervergütungsanspruchs in Person (also mit seinem persönlichen Vermögen) und er nimmt als Verwaltungsbefugter für den Nachlass die Schuldnerrolle ein (siehe dazu oben Rz. 180 ff.). Er kann sich als Gläubiger offenkundig nicht darauf berufen, nicht gewusst zu haben, was er in der Schuldnerrolle wusste.

(3) Besonderer Umstand: Masseverbindlichkeit

772 **Zudem ist es unschädlich, wenn die beglichene Nachlassverbindlichkeit** im Nachlassinsolvenzverfahren **Masseverbindlichkeit wäre**, wie dies z. B. bei der Nachlasspflegervergütung der Fall ist. Zunächst muss einmal klargestellt werden, dass sich der Vorrang bestimmter Verbindlichkeiten gegenüber anderen nur aus der InsO ergibt und die Insolvenzeröffnung über den Nachlass voraussetzt.

---

772) BGH, Urt. v. 24.5.2007 – IX ZR 97/06, Rz. 25, ZIP 2007, 1511, 1513 = WM 2007, 1579; BGH, Urt. v. 20.11.2008 – IX ZR 188/07, Rz. 10, ZIP 2009, 189, 190 = ZVI 2009, 73 m. w. N.

773) BGH, Urt. v. 19.2.2009 – IX ZR 62/08, Rz. 13, ZIP 2009, 526, 527 = ZVI 2009, 152 m. w. N.

774) BGH, Urt. v. 12.7.2007 – IX ZR 235/03, Rz. 21, ZIP 2007, 2084, 2087 = NZI 2007, 718; vgl. *Fischer*, NZI 2008, 588, 593; *Schoppmeyer*, ZIP 2009, 600, 605; *Ganter*, WM 2009, 1441, 1443.

Das bürgerliche Recht kennt einen solchen Vorrang nicht. Die **Selektion vorrangig zu befriedigender Verbindlichkeiten vor oder ohne Insolvenzeröffnung durch Nachlasspfleger oder Erben ist deswegen unzulässig** und stellt eine Benachteiligung der hintangestellten Gläubiger dar und kann auch nicht damit gerechtfertigt werden, im Insolvenzverfahren wären diese Gläubiger nachrangig. Das gilt sogar für die Gläubiger von Ansprüchen im Rang von § 327 InsO, also Pflichtteilsberechtigte, Vollzugsberechtigte aus Auflagen und Vermächtnisnehmer. Auch diese haben ohne Insolvenzeröffnung mit anderen Nachlassgläubigern gleichwertige und gleichrangige Ansprüche. Die Insolvenzanfechtung richtet sich nicht nur gegen Gläubiger, deren befriedigte oder besicherte Forderungen im Insolvenzverfahren Insolvenzforderungen im Rang von § 38 InsO sind, wie es der Wortlaut von §§ 129 ff. InsO nahelegen könnte. Seit der Grundsatzentscheidung des BGH[775)] ist vielmehr allgemein anerkannt, dass die Insolvenzanfechtungsvorschriften entsprechend auf solche Gläubiger anzuwenden sind, deren befriedigte oder besicherte Forderungen im Insolvenzverfahren als Masseverbindlichkeiten den Rang von § 55 InsO (oder gleichrangig § 324 InsO) einnehmen.[776)] Diese Rechtsprechung gilt auch unter der Geltung der InsO fort:

Unter Geltung der **KO war für bestimmte Masseverbindlichkeiten**, die – das sei hier vorweggenommen – denen entsprechen, die im hier interessierenden Kontext entstehen, **allgemein anerkannt, dass ihre Begleichung der Anfechtung unterliegt**. Dieses darf wie folgt näher in Erinnerung gerufen werden: 773

Voraussetzung einer Konkursanfechtung (§ 30 KO) war es, dass die angefochtene Rechtshandlung einem Konkursgläubiger Sicherung oder Befriedigung gewährt hatte. Während die bis 1974 geltende Fassung der KO nur solche Masseschulden kannte, die nach Konkurseröffnung entstanden waren (§ 59 Nr. 1–3 KO a. F.), wurden durch die Neufassung der KO in § 59 Abs. 1 Nr. 3 KO n. F. Rangvorrechte der Gestalt geschaffen, dass auch vor Eröffnung des Konkursverfahrens entstandene Ansprüche den Rang von Masseschulden einnehmen konnten (diese wurden im Unterschied zu den bis dato bekannten Masseschulden nun **„unechte Masseschulden"** genannt). Während für die Masseschulden der a. F. der KO allgemein angenommen wurde, dass diese nicht anfechtbar seien, hatte sich der BGH in seiner damaligen Grundsatzentscheidung vom 10.12.1980[777)] mit der Frage zu befassen, ob die vor Insolvenzeröffnung entstandenen Verbindlichkeiten der Anfechtung auch dann unterlägen, wenn sie – im Falle ihrer Nichtbegleichung bis zur Konkurseröffnung – nach Konkurser- 774

775) BGH, Urt. v. 10.12.1980 – VIII ZR 327/79, ZIP 1981, 132 = NJW 1981, 824.

776) Vorangehende Rspr. bestätigend BGH, Urt. v. 11.6.1992 – IX ZR 147/91, ZIP 1992, 1008 = NJW 1992, 2485, m. zust. Nachw. im Schrifttum; ebenso z. B. OLG Dresden, Urt. v. 16.4.1997 – 12 U 20/97, ZIP 1997, 1036; OLG Köln, Urt. v. 16.12.1992 – 13 U 160/92, NJW-RR 1993, 928.

777) BGH, Urt. v. 10.12.1980 – VIII ZR 327/79, ZIP 1981, 132 = NJW 1981, 824.

öffnung den Rang von Masseschulden eingenommen hätten, also die sog. **unechten Masseschulden**. Der BGH hat das bejaht; in der Folge hat sich ihm die Literatur angeschlossen. Die **Begründung** ist folgende:

775 Konkursgläubiger war nach § 3 Abs. 1 KO jeder persönliche Gläubiger des Gemeinschuldners, der zur Zeit der Eröffnung des Konkursverfahrens einen begründeten Vermögensanspruch hatte. Dies traf nach der Feststellung des BGH auch auf solche Gläubiger zu, die nach Konkurseröffnung Massegläubiger wurden, wenn nur ihre Ansprüche vor Konkurseröffnung entstanden waren. Und das ist ohne Zweifel richtig: Die Frage, welchen Rang ein Anspruch i. R. der Befriedigungsreihenfolge einnimmt, hat nichts mit der Frage zu tun, ob sich der Gläubiger unter die Begriffsdefinition des Konkursgläubigers subsummieren lässt. Eine erste wichtige Feststellung ergibt also folgendes: **Ein Gläubiger kann auch dann, wenn er Inhaber einer Masseforderung ist, zugleich Konkursgläubiger sein** – dann nämlich, wenn sein Anspruch vor Eröffnung entstanden ist. Mit dieser Feststellung war das Anfechtungsrecht, das die Befriedigung eines Konkursgläubigers erforderte, bereits vom Wortlaut her erschlossen.

776 Sodann hat der BGH die **Gesetzgebungsmaterialien** hinsichtlich dieser Masseschulden der Neufassung der KO ausgewertet und sich mit Wertungsfragen befasst. Er gelangte zu dem Ergebnis, dass eine Anfechtbarkeit solcher Zahlungen anzunehmen sei, wenn nur diese Konkursgläubiger benachteiligte. Da Konkursgläubiger alle Gläubiger vorkonkurslicher Ansprüche waren, konnten auch solche in Betracht kommen, die nach Konkurseröffnung Masseforderungen hatten. Ausdrücklich stellte der BGH zudem fest, dass es nicht darauf ankommt, ob in der kritischen Zeit vor Konkurseröffnung bereits erkennbar war, dass die Masse später nicht zur Befriedigung aller Massegläubiger ausreichen würde, denn es gehe um die Anfechtbarkeit von vor Konkurseröffnung vorgenommenen Rechtshandlungen; zu diesem Zeitpunkt gebe es weder eine Konkursmasse noch Massegläubiger. Im Übrigen stehe der Gläubiger einer Masseforderung einem jeden anderen Konkursgläubiger insoweit gleich, als seine Forderung vor Konkurseröffnung entstanden sei.

777 Diese Rechtsprechung hat nicht nur der BGH später bestätigt,[778] sondern ihr sind die Rechtsprechung[779] soweit ersichtlich einheitlich und weite Teile der Literatur,[780] wenn nicht die gesamte damalige Literatur, gefolgt. Dabei findet sich insbesondere in den eben zitierten Entscheidungen des OLG Dresden und

778) BGH, Urt. v. 11.6.1992 – IX ZR 147/91, ZIP 1992, 1008 = NJW 1992, 2485.

779) OLG Dresden, Urt. v. 16.4.1997 – 12 U 20/97, ZIP 1997, 1036 – zur Parallelproblematik im Gesamtvollstreckungsverfahren; OLG Köln, Urt. v. 16.12.1992 – 13 U 160/92, NJW-RR 1993, 928.

780) *Baur/Stürner*, Zwangsvollstreckungs-, Konkurs- und Vergleichsrecht, Bd. II, 12. Aufl., Rz. 18.38, S. 245; Jaeger-*Henckel*, KO, 9. Aufl., § 30 Rz. 138; *Kilger*, KO, 15. Aufl., § 30 Rz. 27; *Uhlenbruck*, KO, 10. Aufl., Rz. 35; *Hess/Kropshofer*, KO, 3. Aufl., § 29 Rz. 17.

des OLG Köln ergänzende und überzeugende Argumentation, warum die Rechtsprechung des BGH zutreffend war.

Die **frühen Kommentierungen der InsO** ließen diese allgemeine konkursordnungsrechtliche Auffassung in der Folge weitgehend „unter den Tisch fallen“: Man war der Auffassung, die Rechtsprechung des BGH zu den unechten Masseschulden sei obsolet geworden, weil die Insolvenzordnung die Rangvorrechte abgeschafft hatte.781) Solche vor Insolvenzeröffnung entstandenen, aber nach Insolvenzeröffnung als Masseverbindlichkeiten anzusehenden Verbindlichkeiten hielt man für nicht mehr gegeben. Die meisten frühen Kommentierungen zur InsO enthielten dann nicht einmal mehr Ausführungen zur Anfechtbarkeit der Begleichung von Masseverbindlichkeiten, obwohl die zur KO vorliegenden Vorauflagen sich der Rechtsprechung des BGH angeschlossen hatten. Aus dieser Lage heraus judizierte der BGH dann im Jahre 2005 i. R. eines Prozesskostenhilfeverfahrens782) ohne nähere Befassung mit dem Problem der „Unechtheit“ der Masseverbindlichkeit – und ohne zu erkennen, dass er damit **von seiner bisherigen Rechtsprechung zu unechten Masseschulden abwich** – dass die Entnahme einer Nachlasspflegervergütung aus der Insolvenzmasse nicht anfechtbar sei, da sie Masseverbindlichkeit nach **§ 324 Abs. 1 Nr. 4 InsO** ist. Dabei handelt es sich ganz eindeutig um eine unechte Masseschuld i. S. der früheren, **niemals aufgegebenen, sondern nur „vergessenen“ Rechtsprechung des BGH**, denn die Vergütungsansprüche des Nachlasspflegers entstanden vor Insolvenzeröffnung und werden nur aufgrund des spezialgesetzlichen Rangvorrechtes in § 324 Abs. 1 Nr. 4 InsO nach Insolvenzeröffnung als Masseverbindlichkeiten behandelt. Der BGH begründete seine Auffassung damit, ein Massegläubiger sei kein Insolvenzgläubiger. Das aber widerspricht – unerkannter Maßen – der früheren Rechtsprechung des BGH – und es überzeugt nicht: Wie unter der Konkursordnung ist der Gläubiger, der eine Forderung vor Insolvenzeröffnung erworben hat, Insolvenzgläubiger, und zwar ungeachtet der Frage, in welchem Rang er befriedigt werden kann. Das ergibt sich heute aus dem **Wortlaut von § 38 InsO** in genau gleicher Weise wie früher aus dem Wortlaut von § 3 Abs. 1 KO. Die Prozesskostenhilfeentscheidung ist allerdings nicht geeignet, zu unterstellen, der BGH habe seine in Revisionsverfahren entwickelte Rechtsprechung, die tragend und entscheidungserheblich gewesen war, mit einem Federstreich und unkommentiert aufgeben wollen. 778

Klar unechte Masseverbindlichkeiten, die also der Anfechtbarkeit unterliegen, sind regelmäßig die Masseverbindlichkeiten gemäß § 324 InsO, weil es sich dabei um solche Verbindlichkeiten handelt, die vor Insolvenzeröffnung und ohne Zutun des (späteren) Insolvenzverwalters entstanden sind. Diese **entsprechen exakt den unechten Masseverbindlichkeiten**, die durch die Neufassung der 779

781) Vgl. *Hefermehl* in: MünchKomm-InsO, 1. Aufl., § 55 Rz. 7.

782) BGH, Beschl. v. 15.12.2005 – IX ZA 3/04, FamRZ 2006, 411.

KO in § 59 Abs. 1 Nr. 3 KO n. F. eingeführt worden waren, für die also der BGH die Anfechtbarkeit mit Zustimmung der übrigen Rechtsprechung und der Literatur bejaht hat. Lediglich solche Masseverbindlichkeiten, die den Rang nach § 324 InsO einnehmen, aber nach Insolvenzeröffnung entstehen, sind auszugrenzen.

780 Nach vorgenannter höchstrichterlicher Rechtsprechung kommt es nicht einmal darauf an, **ob die Masse zur Befriedigung aller Massegläubiger nicht ausreicht** – also Masseunzulänglichkeit besteht. **Es reicht vielmehr aus, dass ein Anfechtungstatbestand – wie etwa § 133 InsO – gegeben ist.** Dass dem Anfechtungsgegner in solchen Fällen der Einwand des dolo agit, qui petit, quod statim redditurus est nicht zusteht, ist damit zu begründen, dass im Zeitpunkt der Anfechtung und auch der letzten mündlichen Verhandlung im entsprechenden Rechtsstreit regelmäßig noch gar nicht endgültig feststeht (oder feststehen kann), welche (Massegläubiger) schlussendlich vorhanden sind, denn auch während des Insolvenzverfahrens können weitere Masseverbindlichkeiten i. S. von § 324 InsO entstehen. Dass dem Anfechtungsgegner irgendwann ein Teil oder gar das Gesamte des in Folge der Anfechtung zurückgegebenen Vermögenswerts wieder zufließt, ist jeder Anfechtung immanent und entspricht dem gesetzlichen Leitbild (§ 144 Abs. 1 InsO), berechtigt also nach allgemeiner Auffassung nicht zu vorgenanntem Einwand.

781 Die Anfechtung entfällt auch nicht etwa dann, wenn im Verfahren **Masseunzulänglichkeit** (§ 208 InsO) **angezeigt** worden ist. Der BGH[783)] hat nach früherem Recht, jedoch zugleich mit ausdrücklicher Bezugnahme auf § 208 InsO und Literaturstimmen zu §§ 129 ff. InsO entschieden, eine Benachteiligung speziell der Insolvenzgläubiger i. S. von § 10 GesO entfalle nicht bereits deswegen, weil der Verwalter mittlerweile die Masseunzulänglichkeit angezeigt habe und demnach nur Massegläubiger mit einer (ggf. quotalen) Befriedigung rechnen könnten. Er hat im Zuge seiner Beschlüsse vom 27.9.2007[784)] und vom 9.10.2008[785)], jeweils zur Frage der Bewilligung von Prozesskostenhilfe, diese Aussage bestätigt. Die Anzeige der Masseunzulänglichkeit sei für die Anfechtung grundsätzlich bedeutungslos.[786)] Die Anfechtungsberechtigung des Insolvenzverwalters entfällt nicht nach Anzeige der Masseunzulänglichkeit nach § 208 InsO.

782 Dass bei unzureichendem Haftungssubstrat Befriedigungsränge und Vorrechte nur durch den **Gesetzgeber** geschaffen werden dürfen, **nicht aber durch Rich-**

783) BGH, Urt. v. 19.7.2001 – IX ZR 36/99, ZIP 2001, 1641 = NZI 2002, 585.

784) BGH, Beschl. v. 27.9.2007 – IX ZB 172/06, NZI 2008, 98 = ZIP 2007, 2187.

785) BGH, Beschl. v. 9.10.2008 – IX ZB 147/07, NZI 2008, 431 = ZIP 2008, 944.

786) Ebenso LG Hamburg, Urt. 16.3.2001 – 303 O 310/00, ZIP 2001, 711, 713 = NZI 2001, 29; *Ahrendt/Struck* ZInsO 2000, 264, 266; *Pape*, ZIP 2001, 901; vgl. auch *A. Schmidt*, NZI 2000, 442, 443.

terrecht, hat das BVerfG i. Ü. eindrucksvoll dargelegt. Eine durch Analogiebildung oder Richterrecht gebildete Bevorrechtigung verstößt danach gegen das Rechtsstaatsprinzip und ist deswegen verfassungswidrig (siehe ausführlich unten Rz. 792 ff.). Schon allein deswegen verbietet es sich, ohne Insolvenzeröffnung (durch die das Rangvorrecht aus § 324 InsO erst zur Anwendung gelangt) Vorrechte für Nachlasspfleger zu schaffen, die das bürgerliche Recht bzw. erbrecht nicht gesetzlich vorgesehen hat. Die Nichtanfechtbarkeit solcher verfassungswidriger Befriedigungen dadurch zu legalisieren, dass man die Anfechtbarkeit verneint, muss somit ebenfalls als Verstoß gegen das Rechtsstaatsprinzip als verfassungswidrig angesehen werden.

bb) Anspruch aus § 143 Abs. 1 InsO gegen den Nachlasspfleger nach den Grundsätzen der neuen „Leistungsmittler-Rechtsprechung" des BGH

783 Darüber hinaus besteht auch ein Anspruch gegen den **Nachlasspfleger**, wenn er nach Erlangung der Kenntnis von der Zahlungsunfähigkeit des Nachlasses ihm überlassene Geldbeträge an bestimmte, bevorzugt zu befriedigende Gläubiger des Nachlasses weitergeleitet hat. Verwirrender Weise ergibt sich dieser Anspruch ebenfalls aus § 143 Abs. 1 InsO, ebenfalls fußend auf einer Anfechtung nach § 133 Abs. 1 InsO. Es handelt sich jedoch der Stoßrichtung nach um einen vollkommen anderen Anspruch. Er ergibt sich daraus, dass der Nachlasspfleger als „Leistungsmittler" i. S. der jüngsten Rechtsprechung des BGH anzusehen ist und der Leistungsmittler nach dieser Rechtsprechung selbst und persönlich – also nicht mit Mitteln der von ihm verwalteten Fremdvermögensmasse – aus diesen Normen haftet. Der Nachlasspfleger wird üblicherweise mit dem Wirkungskreis „Sicherung und Verwaltung des Nachlasses" bestellt. Daher ist er Verwalter fremden Vermögens i. R. einer Treuhänderstellung.

784 Die Anfechtung gegen den Gläubiger (der in Bezug auf die Nachlasspflegervergütung der Nachlasspfleger ist) – siehe dazu oben Rz. 748 – schließt nach der jüngeren Rechtsprechung des BGH die **Vorsatzanfechtung** gegen einen die Zahlung vermittelnden Verwaltungstreuhänder des Schuldners nicht aus,[787] und setzt sie aber auch nicht voraus, sondern steht davon selbständig und unabhängig[788].

785 Nach dieser jüngsten höchstrichterlichen Rechtsprechung ist der zahlungsvermittelnde Verwaltungstreuhänder **nicht schutzwürdig**, weil er sich Masseverkürzungen zurechnen lassen muss, die er als Verwalter schuldnerischen Vermögens zugelassen oder ermöglicht hat, nachdem er Kenntnis davon erlangt hat, dass der Schuldner (hier der „Nachlass" als Schuldner aller Nachlassverbindlichkeiten) zahlungsunfähig ist oder droht zahlungsunfähig zu werden, so

787) BGH, Urt. v. 26.4.2012 – IX ZR 74/11, BGHZ 193, 129 = NZI 2012, 453; weiterentwickelt in BGH, Urt. v. 24.1.2013 – IX ZR 11/12, ZVI 2013, 109 = NZI 2013, 249; fortgeführt in BGH, Urt. v. 25.4.2013 • IX ZR 235/12, ZIP 2013, 1127 = NZI 2013, 583.

788) BGH, Urt. v. 24.1.2013 • IX ZR 11/12, ZVI 2013, 109 = NZI 2013, 249.

dass die von ihm vermittelten Zahlungen an Gläubiger objektiv andere Gläubiger benachteiligen. Der Verwaltungstreuhänder muss sich nach dieser höchstrichterlichen Rechtsprechung auch den **Gläubigerbenachteiligungsvorsatz** zurechnen lassen. Er handelt trotz seines Treuhandauftrages – und damit verbunden sogar entsprechenden Weisungen seines Treugebers – auch **schuldhaft** i. S. von § 989 BGB. Denn durch die Ausführung einer vorsätzlich gläubigerbenachteiligenden Weisung, die der Verwaltungstreuhänder als solche erkennt, wird er anfechtungsrechtlich nicht entschuldigt.

786 Der uneigennützige Verwaltungstreuhänder ist unter diesen Umständen **gesamtschuldnerisch mit dem Empfänger** der mittelbaren Zuwendung zur Rückgewähr der weggegebenen Gelder verpflichtet.[789] Hat der Nachlasspfleger also eine andere Nachlassverbindlichkeit als seinen eigenen Vergütungsanspruch befriedigt, dann haftet er dafür unter dem Gesichtspunkt der Leistungsmittlerrechtsprechung gesamtschuldnerisch mit dem befriedigten Gläubiger auf Rückgewähr. Ist gegen den Gläubiger ein Anfechtungsanspruch nicht gegeben, etwa weil er den Benachteiligungsvorsatz i. S. von § 133 Abs. 1 InsO nicht erkennen konnte, dann haftet der Nachlasspfleger allein. Hat der Nachlasspfleger seinen eigenen Vergütungsanspruch befriedigt, dann hat er in Folge der Anfechtung Rückzahlung aus der Anfechtung „in Reinkultur" gemäß obigen Ausführungen (siehe Rz. 748) zu leisten und haftet selbst auf dem gleichen Betrag nach der Leistungsmittler-Rechtsprechung. Die beiden Ansprüche des Insolvenzverwalters, die im Grundsatz verschieden sind und eine Gesamtschuldnerschaft begründen, fallen in diesem Sonderfall schlicht zusammen.

787 Im **Innenverhältnis zwischen dem Gläubiger und dem Leistungsmittler** schuldet der Empfänger nach § 426 Abs. 1 BGB die Rückgewähr des mittelbar an ihn geleisteten Geldes allein. Diese Regressmöglichkeit mildert das anfechtungsrechtliche Haftungsrisiko eines nach § 133 Abs. 1 InsO bösgläubigen Verwaltungstreuhänders des Schuldners in interessengerechter Weise. Muss der Empfänger einer mittelbaren Leistung aufgrund des Gesamtschuldnerausgleichs das Erlangte an den mithaftenden Anfechtungsgegner herausgeben, so lebt nach Wortlaut und Sinn von § 144 Abs. 1 InsO seine Forderung gegen die Insolvenzmasse ebenso wieder auf, als wenn er den Rückgewähranspruch der Masse gemäß § 143 Abs. 1 InsO selber erfüllt hätte.

788 **Kennt der Anfechtungsgegner die Zahlungsunfähigkeit des Schuldners** oder ist er über einen gegen den Schuldner gestellten Insolvenzeröffnungsantrag unterrichtet, so weiß er auch, dass Leistungen aus dessen Vermögen die Befriedigungsmöglichkeit anderer Gläubiger vereiteln oder zumindest erschweren und verzögern. Mithin ist der Anfechtungsgegner zugleich regelmäßig über den Benachteiligungsvorsatz im Bilde.[790] Der Nachlasspfleger kann sich also **vor**

---

789) BGH, Urt. v. 29.11.2007 – IX ZR 121/06, Rz. 25 f., BGHZ 174, 314 = ZVI 2008, 264.

790) BGH, Urt. v. 10.2.2005 – IX ZR 211/02, BGHZ 162, 143, 153 = ZVI 2005, 204.

seiner Inanspruchnahme als Leistungsmittler dadurch einigermaßen **schützen,** dass er den Nachlassgläubiger vor der Befriedigung **bösgläubig** i. S. von § 133 Abs. 1 InsO macht oder besser noch die Befriedigung unterlässt, falls der Nachlass unzureichend ist und stattdessen Antrag auf Eröffnung des Insolvenzverfahrens stellt. Mindestens kann man verlangen, dass er sich vor jeder Befriedigung eines Nachlassgläubigers in zweifelhaften Fällen Klarheit über den Bestand der Verbindlichkeiten dadurch verschafft, dass er das Aufgebotsverfahren (§ 2061 BGB) betreibt.

Der **Leistungsmittler erkennt den Benachteiligungsvorsatz des Schuldners,** 789
wenn er bei Ausführung von Zahlungsaufträgen nicht nur über dessen Zahlungsunfähigkeit unterrichtet ist, sondern im Zuge der Verfolgung von Sonderinteressen in eine von dem Schuldner angestrebte Gläubigerbenachteiligung eingebunden ist. In einem solchen Fall ist der Leistungsmittler nicht mehr als reine Zahlstelle anzusehen. Bereits der historische Gesetzgeber hat es als Selbstverständlichkeit betont, dass **kollusive Vorgehensweisen** der Vorsatzanfechtung unterliegen.[791] Im Fall eines kollusiven Zusammenwirkens mit dem Schuldner hat der Leistungsmittler – anders als bei der rein technischen Durchführung von Zahlungsvorgängen[792] – Kenntnis von dem Benachteiligungsvorsatz des Schuldners.

cc) Keine unangemessene Benachteiligung des Nachlasspflegers wegen der Anfechtung seiner Vergütung

Der Nachlasspfleger wird durch die Anfechtung der Zahlung seiner Vergütung 790
auch nicht unangemessen benachteiligt, insbesondere nicht um **berechtigte Vergütung für von ihm geleistete Arbeit** gebracht. Er ist **keineswegs schutzlos** gestellt ist, wenn er seine Vergütung vor Insolvenzantragstellung nicht aus dem Nachlass bezahlt. Üblicherweise ist der Nachlasspfleger damit beauftragt, die Erben zu ermitteln. Er hat es also in der Hand, durch eine zügige Erbenermittlung den eigenen Zeitaufwand in Grenzen zu halten. Stellt er fest, dass andere Erben als der Fiskus nicht in Betracht kommen, hat er dies dem Nachlassgericht mitzuteilen, das dann unverzüglich und ohne Ermessensspielraum feststellen muss, dass ein anderer Erbe als der Fiskus nicht vorhanden ist (§ 1964 BGB), wodurch die Nachlasspflegschaft endet und die Insolvenzantragspflicht des Fiskus entsteht (§ 1980 Abs. 1 BGB).

Kann seine Vergütung aus dem Nachlass nicht bezahlt werden, weil dadurch 791
andere **Massegläubiger** (denen der Gesetzgeber den gleichen insolvenzrechtlichen Schutzstatus eingeräumt hat wie dem Nachlasspfleger, § 324 InsO) **benachteiligt würden,** wird er für seine Tätigkeit **aus der Staatskasse vergütet.**

791) *Hahn*, Materialien zur KO, S. 121, 130 f.

792) Vgl. BGH, Urt. v. 29.11.2007 – IX ZR 121/06, Rz. 37 f., BGHZ 174, 314 = ZVI 2008, 264.

Dies gilt sogar dann, **wenn später** im Insolvenzverfahren **mit einer Zahlung aus dem Nachlass zu rechnen** ist, weil dem Nachlasspfleger das Zuwarten nicht zugemutet werden kann.[793] Die Staatskasse kann dann für ihre Auslagen **Rückgriff** im Insolvenzverfahren nehmen (§ 1836e BGB) und nimmt dort den Rang eines Massegläubigers ein (§ 324 Abs. 1 Nr. 4 InsO). Wenn der dem Nachlasspfleger aus der Staatskasse gewährte Stundensatz unter dem liegt, den das Nachlassgericht für den Nachlasspfleger festgesetzt hat, dann kann der Nachlasspfleger seinen **(ergänzenden) Vergütungsanspruch**, den er nicht gegenüber der Staatskasse geltend machen kann, als Massegläubiger im Rang von § 324 Abs. 1 Nr. 4 InsO geltend machen – und wird dort regelmäßig Befriedigung finden, wenn er den Nachlass nicht zuvor – pflichtwidrig – an andere Nachlassgläubiger verteilt hat. So schließt sich der Kreis.

dd) Verfassungswidrigkeit gesetzlich nicht geregelter Rangvorrechte

792 Zudem ist eine gerichtliche Maßnahme, die darauf gerichtet ist, dem Nachlasspfleger vor anderen Nachlassgläubigern außerhalb eines Insolvenzverfahrens ein Rangvorrecht einzuräumen, verfassungswidrig, weil sie einen **Verstoß gegen das Rechtsstaatsprinzip** darstellt. Als solche Maßnahme ist nicht nur ein Beschluss oder ein Urteil zu betrachten, sondern auch die Duldung des Rechtspflegers, der es unbeanstandet lässt, wenn der Nachlasspfleger seine Vergütung dem Nachlass entnimmt und damit die übrigen Nachlassgläubiger faktisch im Rang zurücksetzt.

793 **Maßgeblich sind insoweit zwei grundlegende Entscheidungen des BVerfG:**

- Das BVerfG hatte in seiner Entscheidung vom 5.11.1982 – 1 BvR 796/81 zunächst darüber zu entscheiden, ob in der KO gesetzlich geregelte Rangvorrechte der Sozialversicherung mit der Verfassung vereinbar seien, insbesondere mit Art. 3 Abs. 1, Art. 14 Abs. 1 Satz 1 und Art. 20 Abs. 1 GG. Da die Forderungen aller Gläubiger den Schutz des Art. 14 Abs. 1 GG genießen, haben Staat und Gerichte die gesetzlichen Inhalts- und Schrankenbestimmungen der Forderungsrechte zu beachten und im Zusammenhang mit der (zwangsweisen) Durchsetzung von Forderungen den Gläubigern Gleichberechtigung zu Teil werden zu lassen (Art. 3 Abs. 1 GG). Das BVerfG hat die in der KO (§ 61 KO) geregelten Rangvorrechte als verfassungskonform angesehen. Maßgeblich war, dass es verfassungsrechtlich nicht zu beanstanden ist, wenn der Gesetzgeber bestimmte Gläubigerforderungen i. R. des „Gesamtvollstreckungsverfahrens“ Insolvenzverfahren gegenüber anderen privilegiert. Solange der Gesetzgeber diese Privilegierungen i. R. des Vollstreckungsverfahrens ausdrücklich und klar vornimmt, greift er damit in die ansonsten gleichzubehandelnden Rechte der übrigen Gläubiger ein, was

793) Vgl. die instruktive Entscheidung OLG Schleswig, Beschl. v. 24.3.2014 – 3 Wx 84/13, ZVI 2014, 392 = NZI 2014, 712.

seinem Gestaltungsspielraum überantwortet ist, weil er damit Inhalts- und Schrankenbestimmungen vornimmt. Das BVerfG hat daher dort geurteilt, dass diese durch den Gesetzgeber geregelte Privilegierung die Grenzen einer zulässigen Inhaltsbestimmung des Eigentums nach Art. 14 Abs. 1 Satz 2 GG nicht überschreite, insbesondere auch sachlich gerechtfertigt sei.

- Das BVerfG hat dann allerdings kurze Zeit später die Frage zu beantworten gehabt, ob ein **Rangvorrecht**, das nicht ausdrücklich gesetzlich geregelt ist, **durch richterrechtliche Rechtsfortbildung geschaffen werden darf.** Der Verfassungsbeschwerde lag eine Entscheidung des BAG zugrunde, in der das BAG Sozialplanabfindungen den bevorrechtigten Konkursforderungen des § 61 Abs. 1 Nr. 1 KO im Wege der Analogiebildung – mehr oder weniger aus teleologischen Gründen – gleichgestellt hatte. Das BVerfG hat eine solche richterrechtliche Rechtsfortbildung als **Verstoß gegen das Rechtsstaatsprinzip und damit verfassungswidrig beurteilt.**[794] Wie dort die Regelung in § 61 KO die gesetzlich legitimierten Bevorrechtigungen statuiert hat, statuiert heute die InsO ein geschlossenes System an durch den Gesetzgeber legitimierten Bevorrechtigungen zulasten anderer Gläubiger. Das Erbrecht hingegen enthält solche Privilegierungen nicht. Die insolvenzrechtlichen, gesetzlich geregelten Rangvorrechte greifen aber erst und nur dann ein, wenn das Insolvenzverfahren eröffnet ist. Ohne Insolvenzeröffnung dürfen Gerichte also keine Bevorrechtigungen tolerieren oder gar gestatten.

6. Rechtsfolgen der Anfechtung (§ 143 InsO)

Nach § 143 Abs. 1 Satz 1 InsO steht der Insolvenzmasse ein schuldrechtlicher Anspruch auf Rückgewähr des durch die anfechtbare Handlung aus dem Vermögen des Erblassers bzw. dem Nachlass herausgelangten Gegenstandes zu. Damit ist der früher in der Diskussion befindlichen dinglichen Wirkung der Anfechtung der Boden entzogen. Durch die Anfechtung findet keinesfalls unmittelbar ein dinglicher Rückfall des anfechtbar aus dem Vermögen hinausgelangten Gegenstandes in die Insolvenzmasse statt, sondern vielmehr entsteht hier lediglich bei der Insolvenzmasse ein **schuldrechtlicher Anspruch** auf Rückgewähr an diese. 794

Vom Grundsatz her ist genau das, was aus dem Vermögen des Erblassers bzw. dem Nachlass hinausgelangt ist, an die Insolvenzmasse zurückzugewähren. Die Rückgewähr hat **ungeschmälert** zu erfolgen, andererseits aber auch ohne dass der Insolvenzmasse ein **Mehrwert** zustünde, der ausschließlich in der Person des Anfechtungsgegners eintreten konnte.[795] Der Anspruch ist grundsätzlich auf Rückgewähr des Erlangten an die Insolvenzmasse gerichtet, auf **Wertersatz** 795

794) BVerfG, Beschl. v. 19.10.1983 – 2 BvR 485/80, 2 BvR 486/80, BVerfGE 65, 182 = ZIP 1984, 78.

795) BGH, Urt. v. 27.2.1992 – IX ZR 79/91, ZIP 1992, 493, 494 = NJW 1992, 1829.

hingegen **nur dann**, wenn das Erlangte sich nicht mehr im Vermögen des Anfechtungsgegners befindet. Solange dies der Fall ist, hat der Insolvenzverwalter keine Möglichkeit, von dem Anfechtungsgegner Wertersatz zu verlangen.[796)]

796 Scheidet eine Rückgewähr genau des Gegenstandes, den der Schuldner dem Anfechtungsgegner zugewendet hat, aus, etwa weil dieser Gegenstand untergegangen ist, haftet der Anfechtungsgegner gemäß § 143 Abs. 1 Satz 2 InsO i. V. mit §§ 819, 818 Abs. 4, 292 Abs. 1, 989 BGB auf **Schadensersatz**. Der **Entreicherungseinwand** gemäß § 818 Abs. 3 BGB kann dem Insolvenzverwalter nicht entgegengehalten werden, da § 143 Abs. 1 InsO schon keinen bereicherungsrechtlicher Rückgewähranspruch darstellt und somit § 818 Abs. 3 BGB auf ihn nicht angewendet werden kann.[797)] Anderes gilt nur für **unentgeltliche Leistungen**, da § 143 Abs. 2 InsO die Möglichkeit der Entreicherungseinrede ausdrücklich eröffnet. Für den Umfang der Schadensersatzpflicht sind §§ 249 bis 254 BGB anzuwenden. Gezogene **Nutzungen** hat der Anfechtungsgegner gemäß § 100 BGB herauszugeben. Für schuldhaft nicht gezogene Nutzungen hat er Schadensersatz zu leisten.

797 Der Anfechtungsanspruch ist **frei verfügbar und abtretbar**.[798)] Abtretbar und damit auch pfändbar ist freilich nicht das Anfechtungs-„stamm“-recht an sich, sondern vielmehr der **gegen den Anfechtungsgegner gerichtete Rückgewähr- bzw. Herausgabeanspruch**. Insoweit ist die früher h. M., die von einer Unübertragbarkeit des Anfechtungsanspruchs ausging, möglicherweise nur missverständlich gewesen und hat in Wirklichkeit den durch die Eröffnung des Insolvenzverfahrens bedingten Anspruch gegen den Anfechtungsgegner gemeint. Dieser ist der Anfechtung freilich nur ausgesetzt, wenn das Insolvenzverfahren eröffnet ist. Der Insolvenzverwalter kann sein Anfechtungsrecht jedoch in der Weise verwerten, dass er **einem Dritten das Recht einräumt**, den von dem Anfechtungsgegner eigentlich an die Masse herauszugebenden Gegenstand nunmehr an den Dritten herauszugeben. Zudem steht es dem Insolvenzverwalter frei, sich mit dem Anfechtungsgegner zu vergleichen, also etwa gegen Zahlung einer Abstandsleistung an die Insolvenzmasse gegenüber dem Anfechtungsgegner auf den Rückgewähranspruch zu verzichten.

798 Hat die Anfechtung einer **Rechtshandlung** stattgefunden, die der **Erblasser** vorgenommen hat oder die gegenüber dem Erblasser vorgenommen worden ist, so darf der in Folge der Anfechtung zur Insolvenzmasse zurückgelangte Gegenstand nicht dazu verwendet werden, **nachrangige Gläubiger** i. S. von § 327

---

796) Graf-Schlicker-*Huber*, InsO, § 143 Rz. 19 ff.; *Rogge* in: HambKomm-InsO, § 143 Rz. 57.

797) Graf-Schlicker-*Huber*, InsO, § 143 Rz. 20; Uhlenbruck-*Hirte*, InsO, § 143 Rz. 20.

798) *Kreft* in: HK-InsO, § 129 Rz. 111; Uhlenbruck-*Borries/Hirte*, InsO, § 129 Rz. 25, § 143 Rz. 4; *Kreft*, ZInsO 1999, 370, 372; *Kayser/Freudenberg* in: MünchKomm-InsO, § 129 Rz. 214 **a. A.** BGH, Urt. v. 10.2.1982 – VIII ZR 158/80, ZIP 1982, 467 = NJW 1982, 1765; *Kilger/K. Schmidt*, KO, § 37 Rz. 1 c); Jaeger-*Henckel*, KO, § 37 Rz. 83.

Abs. 1 InsO (Pflichtteilsberechtigte, Vermächtnisnehmer und Auflagenbegünstigte) zu befriedigen, § 328 InsO. Diese Gegenstände sollen vielmehr ausschließlich zur Befriedigung der übrigen Nachlassgläubiger verwendet werden. Bleibt danach ein Rest übrig, so ist dieser den betroffenen Anfechtungsgegnern **anteilig zurückzuerstatten**[799] und nicht an den Erben herauszugeben. Der Anfechtungsgegner kann die fehlende Notwendigkeit seiner Rückgewähr zur Befriedigung der nicht gemäß § 327 Abs. 1 InsO nachrangigen Gläubiger bereits im Anfechtungsprozess geltend machen. Da der Insolvenzverwalter die Gläubigerbenachteiligung als Voraussetzung des Anfechtungsanspruchs (§ 129 InsO) beweisen muss, muss er im Fall der Anfechtung einer vom Erblasser vorgenommenen oder ihm gegenüber vorgenommenen Rechtshandlung beweisen, dass die Benachteiligung der nicht gemäß § 327 Abs. 1 InsO nachrangigen Gläubiger vorliegt.[800]

Streitig ist nach wie vor, **wie der Rückgewähranspruch im Insolvenzverfahren** 799
über das Vermögen des Anfechtungsgegners zu behandeln ist. Behandelt man den Rückgewähranspruch konsequent als rein schuldrechtlich, so müsste in der Insolvenz des Anfechtungsgegners eine bloße Insolvenzforderung zu berücksichtigen sein.[801] Der BGH hat sich hingegen – zumindest wertungsmäßig zutreffend – dahingehend entschieden, dass dem Insolvenzverwalter wegen des Rückgewähranspruchs in der Insolvenz des Anfechtungsgegners ein **Aussonderungsrecht** zustehe.[802] Damit hat er sich von einer rein schuldrechtlichen Rechtsnatur des Anfechtungsschuldverhältnisses abgewandt und einen mehr haftungsrechtlichen Standpunkt mit dinglichem Einschlag angenommen.

Schließlich ist die **Aufrechnung** der Rückgewährschuld mit einer Insolvenz- 800
forderung gemäß § 96 Abs. 1 Nr. 3 InsO unzulässig. Allerdings kann dem Anfechtungsgegner gemäß § 144 Abs. 2 Satz 1 InsO ein **Zurückbehaltungsrecht** zustehen. Gewährt der Empfänger der anfechtbaren Leistung das Erlangte zurück, so **lebt seine Forderung wieder auf** (§ 144 Abs. 1 InsO). Ist die Gegenleistung in der Insolvenzmasse noch unterscheidbar vorhanden, so hat die Masse diese an den Anfechtungsgegner herauszugeben. Insofern besteht eine Masseverbindlichkeit. Gleiches gilt, soweit die Masse um den Wert der Gegenleistung bereichert ist. Darüber hinaus hat der Anfechtungsgegner lediglich eine **Insolvenzforderung** i. S. des § 38 InsO (§ 144 Abs. 2 InsO).

799) *Schallenberg/Rafiqpoor* in: FK-InsO, § 328 Rz. 3.

800) *Schallenberg/Rafiqpoor* in: FK-InsO, § 328 Rz. 4.

801) *Dauernheim* in: FK-InsO, § 129 Rz. 6.

802) BGH, Urt. v. 23.10.2003 – IX ZR 252/01, ZIP 2003, 2307, 2310 = ZVI 2003, 657.

XVI. Vergütung des Insolvenzverwalters

1. Berechnungsgrundlage

801 Ausgangspunkt für die Festsetzung der Insolvenzverwaltervergütung ist die Berechnungsgrundlage (§ 1 InsVV). Diese richtet sich nach dem Wert der Insolvenzmasse, auf die sich die Schlussrechnung bezieht. Die Schlussrechnung (§ 66 InsO) stellt nämlich die Summe aller vom Insolvenzverwalter erzielten Einnahmen bzw. Verwertungserlöse dar und bildet somit einen Bezugspunkt für die wirtschaftliche Bedeutung der Angelegenheit. Fallen allerdings **nach Schlussrechnungslegung** weitere Beträge an, die der Insolvenzmasse zufließen, so sind diese nachträglich zu berücksichtigen.[803)] Dies gilt insbesondere für **Steuererstattungsansprüche** und insbesondere für die Vorsteuererstattung auf die Insolvenzverwaltervergütung.[804)]

802 Hinzuzusetzen sind gemäß § 1 Abs. 2 Nr. 1 InsVV **Gegenstände, die mit Absonderungsrechten belastet waren**, wenn sie durch den Insolvenzverwalter verwertet wurden. In diesem Fall hat der Insolvenzverwalter nämlich mitunter einen erheblichen Aufwand betreiben müssen, um eine ordnungsgemäße Abwicklung des schuldnerischen Vermögens zu gewährleisten, ohne dass sich die Tätigkeit des Verwalters in entsprechender Weise auf eine Erhöhung der Insolvenzmasse ausgewirkt hätte, weil der Verwertungserlös zu einem erheblichen Anteil an den Absonderungsberechtigten geflossen ist. Allerdings ist der Mehrbetrag der Vergütung, der sich durch Berücksichtigung von Absonderungsgegenständen ergibt, **auf 50 %** des an die Masse **als Feststellungskosten geflossenen Betrages** (gemäß § 171 Abs. 1 InsO 4 % des Verwertungserlöses) **begrenzt**, § 1 Abs. 2 Nr. 1 Satz 2 InsVV. Die Kappung führt dazu, dass bei Berücksichtigung von Absonderungsrechten eine **reichlich komplizierte Vergleichsrechnung** angestellt werden muss, um festzustellen, wie hoch die Vergütung bei Außerachtlassung der Absonderungsgegenstände und bei voller Berücksichtigung ihres Wertes wäre, um sodann die Deckelung zu ermitteln.[805)]

803 Von der als Berechnungsgrundlage zu berücksichtigenden Masse sind die **Kosten des Insolvenzverfahrens und die sonstigen Masseverbindlichkeiten grundsätzlich nicht abzusetzen** (§ 1 Abs. 2 Nr. 4 InsVV). Ausnahmen hiervon gelten lediglich für solche Beträge, die der Verwalter nach § 5 InsVV für den **Einsatz besonderer Sachkunde** erhalten hat und für den speziellen Fall der Unternehmensfortführung für die i. R. der Fortführung angefallenen Masseverbindlichkeiten. Hat es eine Unternehmensfortführung jedoch nicht gege-

803) BGH, Beschl. v. 26.1.2006 – IX ZB 183/04, ZVI 2006, 129 = ZIP 2006, 486.

804) BGH, Beschl. v. 25.10.2007 – IX ZB 147/06, ZVI 2008, 88 = ZInsO 2007, 1347; LG Stralsund, Beschl. v. 23.7.2007 – 2 T 87/07, ZInsO 2007, 1045; *Büttner* in: HambKomm-InsO, § 1 InsVV Rz. 2.

805) Vgl. hierzu das sehr hilfreiche Berechnungsbeispiel von *Lorenz* in: FK-InsO, § 1 InsVV Rz. 24.

ben, so sind Masseverbindlichkeiten nicht von der Berechnungsgrundlage abzusetzen, auch wenn sie einen erheblichen Umfang ausmachen. Dies hat für die Vergütung des Insolvenzverwalters im Nachlassinsolvenzverfahren eine besondere Bedeutung, weil hier sehr häufig große Teile der Masse wegen der Vielzahl der Masseverbindlichkeiten (§ 324 InsO) keinen Eingang in die Schlussverteilung finden. Im Nachlassinsolvenzverfahren tritt genau aus diesem Grund relativ **häufig Masseunzulänglichkeit** ein.

2. Regelvergütung

Die Höhe der Regelvergütung richtet sich nach § 2 InsVV. Die **Regelvergütung** ist eine Staffelvergütung. Unabhängig von der Höhe der Masse insgesamt erhält der Insolvenzverwalter 804

- von den ersten 35.000,00 € der Insolvenzmasse 40 %,
- von dem Mehrbetrag bis zu 70.000,00 € 26 %,
- von dem Mehrbetrag bis zu 350.000,00 € 7,5 %,
- von dem Mehrbetrag bis zu 700.000,00 € 3,3 %,
- von dem Mehrbetrag bis 35.000.000,00 € 2,2 %,
- von dem Mehrbetrag bis zu 70.000.000,00 € 1,1 %,
- von dem Mehrbetrag bis zu 350.000.000,00 € 0,5 %,
- von dem Mehrbetrag bis zu 700.000.000,00 € 0,4 % und
- von dem darüber hinaus gehenden Betrag 0,2 %.

In Verfahren mit niedrigen Massebeständen sichert § 2 Abs. 2 InsVV dem In- 805
solvenzverwalter eine **Mindestvergütung**. § 2 Abs. 2 InsVV greift im Nachlassinsolvenzverfahren stets, weil dieses immer als Regelinsolvenzverfahren zu betreiben ist. Die Mindestvergütung beträgt 1.400,00 €. Der Mindestbetrag i. H. von 1.000,00 € kommt zur Anwendung, wenn in dem Insolvenzverfahren nicht mehr als zehn Gläubiger ihre Forderung angemeldet haben. Bei elf bis 30 Gläubigern wird die Vergütung je angefangene fünf Gläubiger um 210,00 € erhöht. Ab dem 31. Gläubiger erhöht sich die Vergütung je angefangene fünf Gläubiger um 140,00 €. Die Regelung über die Mindestvergütung enthält **keine Deckelung**. Dadurch kann auch in masselosen Verfahren eine verhältnismäßig hohe Vergütung zustande kommen, wenn nur eine Vielzahl von Gläubigern Forderungen angemeldet haben. Dies ist sachlich auch angemessen, weil mit der Entgegennahme der Forderungsanmeldungen, der Erfassung in der Insolvenztabelle und der Prüfung der Forderungen ein erheblicher Aufwand verbunden ist.

806 Allerdings zeigt die Formulierung des § 2 Abs. 2 InsVV deutlich, dass es sich auch hierbei um eine **Regelmindestvergütung** handelt.[806] Auch hinsichtlich der Mindestvergütung ist auf die Besonderheiten des Einzelfalles einzugehen. Sind in einem Insolvenzverfahren besondere Schwierigkeiten aufgetreten, so ist eine **Abweichung** von der Regelvergütung in jedem Falle angemessen. Auch wird bei einer Betriebsfortführung regelmäßig eine Erhöhung der Mindestvergütung festgesetzt.

807 Eine angemessene Mindestvergütung, die den personellen, sachlichen und persönlichen Aufwand des Insolvenzverwalters angemessen vergütet, ist verfassungsrechtlich zwingend. Insbesondere die Neuregelungen zum 1.1.2004, mit der die Vergütungen zum Teil erheblich erhöht wurden, war durch die Rechtsprechung des BGH und des BVerfG erzwungen worden.[807] Die derzeitigen Regelungen dürften insbesondere im Hinblick auf ihre Flexibilität und die Möglichkeiten der Berücksichtigung besonderer Situationen in Einzelfällen auf jeden Fall verfassungsrechtlichen Anforderungen genügen.

3. Zu- und Abschläge

808 § 2 InsVV, der die regelmäßige Vergütung des Insolvenzverwalters festlegt, wird durch § 3 InsVV ergänzt, der Zu- und Abschläge zu der Regelvergütung bestimmt.

809 Die häufigsten Fälle von **Zuschlägen** sind besonders aufwendige Bearbeitung von Aus- und Absonderungsrechten, die Unternehmensfortführung und die Abwicklung von Arbeitsverhältnissen, insbesondere das Ausstellen von Insolvenzgeldbescheinigungen und die Insolvenzgeldvorfinanzierung.

810 Die **Abschläge** gemäß § 3 Abs. 2 InsVV haben in der Praxis kaum eine Bedeutung. Insbesondere wirkt es sich in der Regel nicht aus, dass der Insolvenzverwalter im Verfahren als **vorläufiger Insolvenzverwalter** tätig war (§ 3 Abs. 2 lit. a InsVV). Dies hat seinen Grund darin, dass die Vergütung des vorläufigen Insolvenzverwalters ohnehin nur einen Bruchteil der Vergütung des Insolvenzverwalters darstellt und dieser für die Übernahme des besonderen Amtes, das ebenfalls mit erheblicher Zeit- und Arbeitsbelastung verbunden ist, in der Regel ohnehin am unteren Rand der Angemessenheit liegt.

811 Das System der Zu- und Abschläge gemäß § 3 InsVV stellt ein flexibles System zur Findung einer angemessen Vergütung in jedem Einzelfall dar. **Keinesfalls** sind die katalogartig **aufgeführten Fälle von Zu- und Abschlägen** in § 3 InsVV

806) „Mindestvergütung" Graf-Schlicker-*Wipperfürth*, InsO, § 2 InsVV Rz. 6; *Büttner* in: HambKomm-InsO, § 2 InsVV Rz. 12.

807) BGH, Beschl. v. 15.1.2004 – IX ZB 96/03, ZInsO 2004, 257 = ZVI 2004, 133; BGH, Beschl. v. 15.1.2004 – IX ZB 46/03, ZVI 2004, 132 = ZIP 2004, 424; BVerfG, Beschl. v. 31.8.2005 – 1 BvR 700/05, ZIP 2005, 1694, 1697 = ZVI 2005, 558.

abschließend.[808] Rechtsprechung und Literatur haben eine Vielzahl weiterer Kriterien entwickelt, anhand derer Zu- und Abschläge im Einzelfall vorgenommen werden können. Entscheidend ist lediglich, dass das konkrete Insolvenzverfahren außergewöhnliche Umstände aufweist, die **von dem Durchschnitt der Insolvenzverfahren** abweichen.

Dies ist bei **Nachlassinsolvenzverfahren** besonders **häufig der Fall**, weil der 812
Insolvenzverwalter hier regelmäßig mit besonderen Ermittlungsschwierigkeiten konfrontiert ist, da die zentrale Auskunftsperson, der Erblasser, nicht mehr zur Verfügung steht. Zwar ist nicht jedes Nachlassinsolvenzverfahren per se aufwendiger als ein anderes Regelinsolvenzverfahren. Gleichwohl darf aber nicht verkannt werden, dass die zur Verfügung stehenden Ermittlungsmöglichkeiten wie etwa Befragung des Erben oder Nachlassverwalters regelmäßig weniger zuverlässig und effektiv zu einer umfassenden Ermittlung der Insolvenzmasse und ihrer Inbesitznahme führen, so dass der Insolvenzverwalter im Nachlassinsolvenzverfahren durch Befragung von Dritten wie etwa Verwandten, Nachbarn, Geschäftspartnern usw. des Erblassers auch „Ermittlungen ins Blaue hinein" anstellen muss, die oft ergebnislos verlaufen. Dieser gleichsam nachlassinsolvenzverfahrenstypische Umstand ist bei der Bemessung der Erhöhungsfaktoren zu berücksichtigen.

4. Zusätzliche Vergütungen und Honorare des Insolvenzverwalters

Die Vergütung nach §§ 2, 3 InsVV deckt grundsätzlich sämtliche Verwaltungs- 813
kosten des Insolvenzverwalters ab (§ 4 InsVV). Zu dem **Verwaltungsaufwand** gehören neben den allgemeinen Bürokosten wie Miete, Kosten der Ausstattung, Strom und Ähnliches insbesondere die Personalkosten.

Von diesem Grundsatz ausgehend können jedoch bestimmte Leistungen, die 814
der Insolvenzverwalter **unmittelbar für die Masse** in Anspruch nimmt, auf Kosten und Rechnung der Masse ausgeführt werden. So ist es dem Insolvenzverwalter unbenommen, bspw. i. R. der Fortführung eines Unternehmens n**eue Mitarbeiter einzustellen**, die freilich ausschließlich auf Rechnung der Masse beschäftigt werden. Dies gilt auch dann, wenn es sich um Mitarbeiter der Verwaltung handelt, die hauptsächlich im Rechnungs- und Buchhaltungswesen beschäftigt sind, das im Grunde genommen ebenfalls zu den Aufgaben des Insolvenzverwalters gehört. Es haben sich bestimmte Bereiche entwickelt, in denen der Insolvenzverwalter grundsätzlich ganz oder teilweise auf aus der Masse zu vergütende Hilfskräfte zurückgreifen darf. Im Einzelnen sind **insbesondere folgende Bereiche** hervorgetreten:

808) *Büttner* in: HambKomm-InsO, § 3 InsVV Rz. 2.

a) Buchhaltung und Bilanzierung

815 Sofern ein Insolvenzverfahren eine Buchhaltung und Bilanzierung erfordert, kann der Insolvenzverwalter diese Tätigkeitsbereiche grundsätzlich auf Kosten der Masse von Externen bearbeiten lassen. Dies gilt insbesondere dann, wenn der Schuldner zuvor diese Tätigkeiten bereits ebenfalls von einem Drittunternehmen hatte ausführen lassen. Zur Buchhaltung und Bilanzierung gehört es auch, die Buchhaltung aus der Zeit vor der Eröffnung des Insolvenzverfahrens durch geschultes Personal sichten und ggf. berichtigen zu lassen. Führt der Insolvenzverwalter diese Tätigkeiten mit eigenem Personal aus, so ist dies jedenfalls vergütungserhöhend zu berücksichtigen.

b) Steuerangelegenheiten

816 Die Erstellung von Steuererklärungen, die Durchführung von Einspruchs- und Klageverfahren und sonstige Steuerangelegenheiten sind grundsätzlich solche Tätigkeiten, die der Insolvenzverwalter durch externe Dritte auf Kosten der Masse durchführen lassen kann. Auch hier gilt: Führt der Insolvenzverwalter solche Tätigkeiten selbst mit eigenem Personal durch, so sind diese Tätigkeiten vergütungserhöhend zu berücksichtigen.

c) Beitreibung von Forderungen

817 Die Beitreibung von Forderungen gehört grundsätzlich zur **originären Tätigkeit** des Insolvenzverwalters. Da das Insolvenzgericht bei der Auswahl des Insolvenzverwalters regelmäßig eine geschäftserfahrene Person auswählen wird, die über die Möglichkeiten des Einzugs von Forderungen verfügt, kann dieser Tätigkeitsbereich weder auf Dritte übertragen werden, noch führt die Selbstausführung durch den Insolvenzverwalter zu einer Vergütungserhöhung. Führt der Insolvenzverwalter diese Tätigkeiten gleichwohl nicht selbst aus, sondern beauftragt er zulasten der Masse einen Dritten, so hat er entsprechende Abschläge von seiner Vergütung hinzunehmen. Anderes gilt lediglich dann, wenn der Forderungseinzug in einem bestimmten Verfahren einen **außergewöhnlichen Umfang** annimmt oder auf **außergewöhnliche Schwierigkeiten** trifft. Dies kann bspw. dann der Fall sein, wenn kurz nach Eröffnung des Insolvenzverfahrens in einer **Vielzahl von Forderungen**, die ihrem Grunde nach noch überprüft werden müssen (bspw. Bauforderungen) Verjährung einzutreten droht. Auch wenn die Forderungen streitig sind und die Einschaltung eines Rechtsanwaltes erforderlich ist, der die Forderungen gerichtlich geltend macht, darf der Verwalter Externe einschalten. Dies führt dann nicht zu einem Abschlag von seiner Vergütung. Ebenfalls kann eine Übertragung auf Dritte erfolgen, wenn Vollstreckungen im **Ausland** durchzuführen sind, da der Insolvenzverwalter über derartige personelle Kapazitäten grundsätzlich nicht zu verfügen braucht.

d) Verwertung von Massegegenständen

Die Verwertung von Massegegenständen darf der Insolvenzverwalter regelmäßig durch **externe Verwertungsgesellschaften** durchführen lassen. Er muss hierfür auch keine Abschläge von seiner Vergütung hinnehmen. Der Insolvenzverwalter verfügt regelmäßig nicht über die speziellen Kenntnisse des Immobilienmarktes, des Gebrauchtmaschinenmarktes, des Gebrauchtautomobilmarktes oder Ähnlicher, so dass es hier regelmäßig der Einschaltung eines externen Dritten bedarf. 818

e) Haftpflichtversicherung

§ 4 Abs. 3 InsVV ermöglicht es ausdrücklich, dass der Insolvenzverwalter zur Abdeckung besonderer Risiken eines Insolvenzverfahrens eine Individualhaftpflichtversicherung abschließt. Der Abschluss dieser Versicherung darf grundsätzlich auf Kosten der Masse erfolgen, wenn in dem Insolvenzverfahren **besondere, verfahrensspezifische Risiken** zu entstehen drohen. Überdurchschnittliche Risiken ergeben sich insbesondere bei Betriebsfortführungen, bei der Beurteilung gesellschaftsrechtlicher Verhältnisse oder bei der Beurteilung gewerblicher Schutzrechte. Auch im Grundstücksbereich können besondere Risiken entstehen. 819

Besondere Honorare erhält der Insolvenzverwalter, wenn er als **Rechtsanwalt** zugelassen ist und Tätigkeiten ausführt, für die ein nicht als Rechtsanwalt zugelassener Insolvenzverwalter **üblicherweise** einen Rechtsanwalt **hätte einschalten müssen** (§ 5 InsVV). Gleiches gilt für Wirtschaftsprüfer oder **Steuerberater** in Ansehung von ihnen ausgeführter Buchhaltungs- oder Bilanzierungstätigkeiten. Die besonderen Honorare sind für sämtliche Angelegenheiten jeweils einzeln nach den für die Vergütung von Rechtsanwälten, Wirtschaftsprüfern oder Steuerberatern geltenden gesetzlichen Vorschriften zu bemessen. Die Erstattungsfähigkeit von Honoraren eines Rechtsanwaltes ist nicht auf Zivilrechtstreite beschränkt, sondern gilt **auch für Arbeits-, Verwaltungs-, Finanz- und Sozialgerichtsstreitigkeiten**. Ein gesondertes Honorar steht dem Rechtsanwalt aber auch dann zu, wenn nicht eine prozessuale Auseinandersetzung entstanden ist, sondern der Rechtsanwalt im Bereich der Verhandlung oder Bearbeitung komplizierter **Verträge** tätig geworden ist. Dies gilt insbesondere bei komplexen Rechtsverhältnissen, etwa dem Unternehmenskaufvertrag oder bei besonderen Grundstückskonstellationen. Bei Grundstückskaufverträgen ist jedoch zu verlangen, dass die vertragsgestaltende Tätigkeit des Rechtsanwaltes über das bloße Studieren eines von einem Notar entworfenen Grundstückskaufvertrages hinausgeht und der Anwalt selbst im Interesse der Masse vertragsgestaltend eingreift. Der BGH hat dies für Erbbaurechte grundsätzlich angenommen, da der Insolvenzverwalter hierzu zusätzlich zu den Verkaufsverhandlungen mit dem Kaufinteressenten für das Erbbaurecht mit dem Grundstückseigentümer 820 über eine Übertragung des Erbbaurechtes Verhandlungen führen und ggf. Verträge schließen müsse.[809)]

821 Nicht zu beanstanden ist auch, wenn der Insolvenzverwalter bestimmte Tätigkeiten die für die Masse auszuführen sind, wie etwa Buchhaltung, Bilanzierung, Steuerberatung und Ähnliches an **Gesellschaften** vergibt, **an denen er selbst beteiligt ist.**[810)] Er sollte dies lediglich gegenüber dem Insolvenzgericht offenlegen.

822 Schließlich erhält der Insolvenzverwalter Ersatz seiner **Auslagen** (§ 8 Abs. 1, 3 InsVV). Der Insolvenzverwalter kann wählen, ob er die ihm tatsächlich entstandenen Auslagen gesondert aufzählen und deren Festsetzung beantragen möchte, oder ob er gemäß § 8 Abs. 3 InsVV einen **Pauschalsatz** verlangt. Dieser beträgt im ersten Jahr 15 %, danach 10 % der Regelvergütung, höchstens jedoch 350,00 € je angefangenen Monat der Dauer der Tätigkeit des Insolvenzverwalters. Der Pauschalsatz darf insgesamt 30 % der Regelvergütung nicht überschreiten. Die Pauschalsätze sind zwingend. Weder dem Insolvenzverwalter noch dem Insolvenzgericht steht ein Ermessen bei der Bestimmung der Pauschalsätze zu. Die Begrenzung auf 30 % der Regelvergütung ist absolut. Auch sie ist nicht veränderbar.

823 Zusätzlich zur Vergütung und zur Erstattung von Auslagen erhält der Insolvenzverwalter die gesetzliche **Umsatzsteuer** festgesetzt (§ 7 InsVV).

5. Vergütung im übergeleiteten Nachlassinsolvenzverfahren

824 **Stirbt der Schuldner während eines eröffneten Verbraucherinsolvenz- oder sonstigen Kleininsolvenzverfahrens**, so ist das Insolvenzverfahren in ein Nachlassinsolvenzverfahren überzuleiten (ausführlich hierzu siehe unten § 5 [*Roth*]). Die Überleitung erfolgt ohne Unterbrechung und **von Amts wegen**. Wird der bisherige Treuhänder des Verbraucherinsolvenzverfahrens auch zum Insolvenzverwalter im Nachlassinsolvenzverfahren bestellt, so richtet sich seine Vergütung für das gesamte Insolvenzverfahren nach den Vorschriften über die Vergütung eines Insolvenzverwalters im Regelinsolvenzverfahren. Vorstehende Ausführungen für die Vergütung des Nachlassinsolvenzverwalters gelten dementsprechend uneingeschränkt.

825 Aus der Überleitung des Verbraucherinsolvenzverfahrens ohne Unterbrechung darf jedoch nicht der Schluss gezogen werden, dass der **bisherige Treuhänder** im Verbraucherinsolvenzverfahren automatisch die Vergütung eines Nachlassinsolvenzverwalters beanspruchen könnte. Die Ernennung eines Treuhänders im Eröffnungsbeschluss verlautbart die allgemeinverbindliche Einstufung des Verfahrens als vereinfachtes Insolvenzverfahren. Infolge der Rechtskraft des Eröffnungsbeschlusses wird bindend festgestellt, dass der Treuhänder den Be-

---

809) BGH, Beschl. v. 11.11.2004 – IX ZB 48/04, NZI 2005, 103, 104 = ZVI 2005, 152.

810) BGH, Urt. v. 24.1.1991 – IX ZR 250/89, BGHZ 113, 262 = ZIP 1991, 324.

schränkungen des § 313 Abs. 2 und 3 InsO unterliegt und die Gläubiger die dort genannten besonderen Rechte haben. Der Hoheitsakt der Bestellung eines Treuhänders kann nur in dem dafür vorgesehenen Verfahren beseitigt werden und bleibt, solange dies nicht geschehen ist, wirksam. Wird demnach der bisherige Treuhänder von dem Insolvenzgericht nach dem Tod des Schuldners nicht zum Nachlassinsolvenzverwalter ernannt, kann er lediglich die Vergütung eines Treuhänders im Verbraucherinsolvenzverfahren beanspruchen; eine den Regelsatz übersteigende Vergütung des Treuhänders kommt nur dann in Betracht, wenn er nach dem Tod des Schuldners Tätigkeiten entfaltet, die typischerweise in den Aufgabenbereich eines Nachlassinsolvenzverwalters fallen.[811]

6. Festsetzung der Vergütung

Die Festsetzung von Vergütung und Auslagen des Insolvenzverwalters erfolgt **auf Antrag** durch das Insolvenzgericht. Der Antrag kann erst gestellt werden, wenn die Vergütung **fällig** ist.[812] Fällig sind die Vergütung und der Anspruch auf Erstattung der Auslagen erst dann, wenn die Tätigkeit im Insolvenzverfahren **abgeschlossen** ist.[813] Die Festsetzung sollte im unmittelbaren Zusammenhang mit der **Schlussrechnung** erfolgen, um eine arbeitsaufwendige erneute Befassung mit der Angelegenheit zu vermeiden. 826

Der Antrag auf Festsetzung der Vergütung hat einen **konkreten Betrag** zu beziffern. Nicht zulässig ist ein Antrag, der die Vergütung in das Ermessen des Gerichtes stellt. Die Berechnung hat konkret und nachvollziehbar anhand der insolvenzrechtlichen Vergütungsverordnung (InsVV) zu erfolgen, d. h. es sind die Berechnungsgrundlage, die Regelvergütung, die vorgenommenen Zu- und Abschläge und die festzusetzenden Auslagen anzugeben. Zudem sind detailliert diejenigen Beträge anzugeben, die der Insolvenzverwalter für den Einsatz besonderer Sachkunde gemäß § 5 InsVV der Masse entnommen hat. Beantragte **Zu- und Abschläge** sowie die Entnahmen für den Einsatz besonderer Sachkunde sind besonders zu begründen. Die Umsatzsteuer ist zu errechnen, zu beantragen und ggf. darzulegen. 827

Auf den Antrag hin setzt das Gericht die Vergütung des Insolvenzverwalters fest. Der **Festsetzungsbeschluss** ist zu begründen.[814] Die Begründung muss sich mit dem individuellen Sachverhalt auseinandersetzen und eine rechtliche Würdigung enthalten.[815] Der Festsetzungsbeschluss ist öffentlich bekannt zu machen. 828

---

811) BGH, Beschl. v. 21.2.2008 – IX ZB 62/05, ZVI 2008, 183 = NZI 2008, 382.

812) Blersch/Goetsch/Haas-*Blersch*, InsR, Vorb. InsVV Rz. 48.

813) *Stephan* in: MünchKomm-InsO, § 63 Rz. 24.

814) *Büttner* in: HambKomm-InsO, § 8 InsVV Rz. 25: § 4 i. V. mit § 329 ZPO.

815) BGH, Beschl. v. 11.5.2006 – IX ZB 249/04, ZVI 2006, 409 = ZInsO 2006, 643; *Nowak*, NZI 2006, 467 (Urteilsanm.).

829 Durch die öffentliche **Bekanntmachung** beginnen die **Rechtsmittelfristen** zu laufen. Gemäß § 64 Abs. 3 Satz 1 InsO steht dem Insolvenzverwalter, dem Erben, Testamentsvollstrecker, Nachlasspfleger und jedem Insolvenzgläubiger die sofortige Beschwerde gemäß § 6 Abs. 1 InsO offen. Die sofortige Beschwerde setzt gemäß § 64 Abs. 3 Satz 2 InsO i. V. mit § 567 Abs. 2 ZPO eine Beschwer von mindestens 200,00 € voraus. Hieran kann insbesondere die sofortige Beschwerde eines Insolvenzgläubigers scheitern, da dieser geltend machen muss, im Falle der richtigen Festsetzung der Vergütung eine Quote i. H. von mindestens einem Mehrbetrag von 200,00 € zu erhalten. Unter den Voraussetzungen der §§ 574 ff. ZPO ist auch die Rechtsbeschwerde zulässig (§ 7 InsO).

830 Sobald der Festsetzungsbeschluss ergangen ist, ist der Insolvenzverwalter berechtigt, die festgesetzten Beträge **aus der Masse zu entnehmen**. Wird der Beschluss allerdings nachträglich abgeändert, so ist der Verwalter bei vorheriger Entnahme eines zu hohen Betrages zur Zurückerstattung an die Masse verpflichtet.

831 **Rechtskraft** des Festsetzungsbeschlusses tritt ein, wenn die Rechtsbehelfsfristen abgelaufen sind.[816)] Die festgesetzten Ansprüche des Insolvenzverwalters unterliegen der 30-jährigen **Verjährung**, da es sich um titulierte Ansprüche i. S. des § 197 Abs. 1 Nr. 3 BGB handelt. Nicht festgesetzte Vergütungsansprüche unterliegen der regelmäßigen dreijährigen Verjährung gemäß § 195 BGB.

XVII. Befriedigung der Insolvenzgläubiger

1. Forderungsanmeldung

832 Insolvenzgläubiger können ihre Forderungen beim Insolvenzverwalter zur **Insolvenztabelle** anmelden, § 174 Abs. 1 InsO. Entgegen der insoweit unklaren Gesetzesformulierung besteht **keine Pflicht** der Insolvenzgläubiger zur Anmeldung zur Tabelle. Die Anmeldung ist ihnen vielmehr freigestellt. Die Anmeldung ist allerdings Voraussetzung dafür, dass der Insolvenzgläubiger an der Verteilung der Insolvenzmasse teilnehmen und damit zumindest eine quotale Befriedigung seiner Forderung erhalten kann.

833 Anzumelden sind nur Forderungen, die als **Insolvenzforderungen** den **Rang des § 38 InsO** einnehmen. Von der Möglichkeit einer Anmeldung **ausgenommen** sind **Aussonderungsrechte** (§ 47 InsO), weil die Aussonderung durch Herausgabe des Aussonderungsgutes erfolgt.

834 Gläubiger **nachrangiger Insolvenzforderungen** im Rang des § 39 InsO dürfen ihre Forderungen erst dann anmelden, wenn das Insolvenzgericht hierzu besonders **auffordert** (§ 174 Abs. 3 InsO). Nachrangige Forderungen haben wegen des umfangreichen Katalogs des § 327 InsO, der für das Nachlassinsolvenzverfahren die Pflichtteilsansprüche, Vermächtnisse und Auflagen zu nach-

816) *Haarmeyer/Mock*, InsVV, § 8 Rz. 31.

rangigen Verbindlichkeiten statuiert, besondere Bedeutung. Geht die **Anmeldung** einer nachrangigen Forderung beim Insolvenzverwalter ein, ohne dass ein Hinweis auf die Nachrangigkeit in der Anmeldung enthalten ist, so ist die Forderung in die Insolvenztabelle aufzunehmen und zu bestreiten. Geht eine Anmeldung einer als nachrangig bezeichneten Forderung bei dem Insolvenzverwalter ein, obwohl es an einer Aufforderung nach § 174 Abs. 3 InsO an die nachrangigen Gläubiger fehlt, so kann die Forderung gar nicht in die Tabelle aufgenommen werden.[817]

Gar nicht anmeldungsfähig sind auch Masseverbindlichkeiten (§§ 53, 55 InsO). 835
Diese sind gegenüber dem Insolvenzverwalter geltend zu machen und in vollem Umfange, also nicht nur mit der Quote, zu befriedigen. Auch im Fall der Masseunzulänglichkeit erfolgt keine Forderungsanmeldung durch Massegläubiger.

Unschädlich ist für die Anmeldung, dass eine Insolvenzforderung im Zeit- 836
punkt der Insolvenzeröffnung **noch nicht fällig** (§ 41 InsO) **oder auflösend bedingt** ist (§ 43 InsO). Auch **aufschiebend bedingte** Forderungen werden zumindest im Prüfungsverfahren wie unbedingte Forderungen behandelt. Unerheblich ist es auch, wenn neben der Insolvenzmasse Dritte als Gesamtschuldner gegenüber einem Insolvenzgläubiger haften. Solange und soweit der Insolvenzgläubiger nicht befriedigt ist, kann er den vollen Forderungsbetrag auch zur Insolvenztabelle anmelden und festgestellt erhalten.

Im Eröffnungsbeschluss wird eine **Frist** bestimmt, binnen derer Insolvenzgläu- 837
biger ihre Forderungen anmelden sollen (§ 28 Abs. 1 InsO). Die Anmeldungsfrist ist jedoch keine Ausschlussfrist. Für Anmeldungen, die nach der Anmeldungsfrist erst bei dem Insolvenzverwalter eingehen, gilt § 177 InsO. Dem Insolvenzgläubiger droht bei verspäteter Anmeldung lediglich, mit einer Gerichtsgebühr i. H. von 15,00 € (Nr. 2340 KV) in Anspruch genommen zu werden, wenn dieserhalb ein besonderer Prüfungstermin anberaumt werden muss.

Die Anmeldung muss **schriftlich** erfolgen, § 174 Abs. 1 Satz 1 InsO. Dem 838
Schriftformerfordernis genügt eine Anmeldung per Telefax. Die Anmeldung mittels eines elektronischen Dokuments, wozu auch eine **E-Mail** gehört, ist nur dann zulässig, wenn der Insolvenzverwalter dieser Form der Übermittlung ausdrücklich zugestimmt hat, § 174 Abs. 4 InsO. Fehlt es an der ausdrücklichen Zustimmung des Insolvenzverwalters, so ist die Anmeldung schlicht unbeachtlich und darf nicht in die Insolvenztabelle aufgenommen werden. Eine **Anmeldung beim Insolvenzgericht ist nicht zulässig.** Formularzwang besteht für die Anmeldung nicht.

Die Anmeldung hat **in deutscher Sprache** zu erfolgen, denn Gerichtssprache 839
ist deutsch (§ 184 GVG) und die Anmeldung ist für ein gerichtliches Verfahren bestimmt. Einzige Ausnahme stellen Anmeldungen von Gläubigern dar, die in

817) *Kießner* in: FK-InsO, § 174 Rz. 44.

anderen Vertragsstaaten des **EU-Übereinkommens über Insolvenzverfahren** vom 29.5.2000 ansässig sind. Gemäß Art. 42 des Übereinkommens ist eine Anmeldung in der Sprache zulässig, die dort Gerichtssprache ist, wo der Gläubiger ansässig ist; Voraussetzung ist lediglich, dass ein solches zur Anmeldung bestimmtes Dokument mit den Worten „Anmeldung einer Forderung" in deutscher Sprache überschrieben ist. Der Gläubiger ist verpflichtet, auf Verlangen in angemessener Frist eine deutsche Übersetzung beizubringen.

840 Die Forderungsanmeldung muss eine **genaue Bezeichnung des Insolvenzverfahrens** beinhalten, in dem die Forderung angemeldet werden soll. Zweifel gehen zulasten des Gläubigers. Zudem sind der **Gläubiger** exakt (d. h. mit vollständiger Firmierung und Vertretungsberechtigung sowie vollständiger Adresse) und Grund und Betrag der Forderung anzugeben. **Grund und Betrag** sind derart schlüssig darzulegen, dass eine Prüfung des geltend gemachten materiellrechtlichen Anspruches ohne weiteres, insbesondere ohne weitere Nachforschungen des Insolvenzverwalters erfolgen kann. Der Gläubiger ist allerdings nicht verpflichtet, Rechtsausführungen zum Bestand seiner Forderung vorzubringen; es genügt, wenn er die den Anspruch begründenden Umstände substantiiert darlegt.

841 Der Anmeldung sind **Urkunden** in Ablichtung beizufügen (§ 174 Abs. 1 Satz 2 InsO), wenn sich aus ihnen die Forderung ergibt oder wenn sie dazu dienen, den Vortrag des Gläubigers zu untermauern. Urkunden in diesem Sinne sind alle Dokumente, also Verträge, Quittungen, Belege, Gesprächsprotokolle etc.

842 Kann der Insolvenzverwalter die Forderung auf der Grundlage der Anmeldung und der ergänzenden, durch den Gläubiger eingereichten Urkunden prüfen und gelangt er zu dem Ergebnis, dass dem Gläubiger die Forderung gegen den Nachlass auch zusteht, so stellt er die Forderung im **Prüfungstermin** zur Insolvenztabelle fest. Ist die Forderung anhand des Vortrags des Gläubigers hingegen **nicht sicher prüffähig** oder fehlen erforderliche Urkunden, so hat der Insolvenzverwalter die Forderung im Prüfungstermin **zu bestreiten**. Auch **teilweise Feststellung** nebst Bestreiten i. Ü. ist zulässig.

843 Soweit die Forderung festgestellt ist, nimmt der Gläubiger an der **Verteilung** (§ 187 ff. InsO) teil. Soweit die Forderung **bestritten** ist, steht es dem Gläubiger frei, ihre Feststellung durch **Klage** gemäß § 179 InsO zu betreiben. Obsiegt der Gläubiger in dem Feststellungsrechtsstreit, erfolgt die Feststellung zur Tabelle. Allerdings trägt der Gläubiger gleichwohl das Kostenrisiko, wenn sein Vortrag für die Prüfung der Forderung vor der Prüfung im Prüfungstermin unzureichend war bzw. erforderliche Urkunden nicht vorgelegt worden waren.[818] Der **Insolvenzverwalter** ist **nicht verpflichtet**, einen Gläubiger, dessen Forderung er nicht festzustellen vermag, vor dem Prüfungstermin auf diesen Um-

818) OLG Stuttgart, Beschl. v. 29.4.2008 – 10 W 21/08, ZVI 2008, 336 = ZInsO 2008, 627.

stand **hinzuweisen oder ihn gar aufzufordern**, ergänzende Unterlagen vorzulegen.[819] Erst recht ist der Insolvenzverwalter nicht verpflichtet, die Buchhaltung oder gar die sonstigen Geschäftsunterlagen des Schuldners zu durchforsten, um die angemeldete Forderung zu verifizieren. Die Prüfung hat allein anhand der durch den Gläubiger selbst eingereichten Unterlagen zu erfolgen.

Der **Betrag** der angemeldeten Forderung ist in Euro anzugeben. Forderungen in **ausländischer Währung** sind auf den Tag der Eröffnung des Insolvenzverfahrens in Euro umzurechnen. Forderungen, die **nicht auf Geldleistung gerichtet** sind, sind mit dem Wert der vom Nachlass geschuldeten Leistung zu beziffern. Die Bewertung der geschuldeten Leistung ist in diesem Falle nachvollziehbar und für den Insolvenzverwalter prüfbar zu substantiieren. 844

Dem Gläubiger steht es innerhalb der Anmeldungsfrist frei, seine Anmeldung jederzeit zu **ergänzen** und näher zu **erläutern**. Dies betrifft sowohl den Betrag der angemeldeten Forderung als auch die Begründung. 845

Die wirksame Anmeldung einer Insolvenzforderung **hemmt** deren **Verjährung** (§ 204 Abs. 1 Nr. 10 BGB), wenn die Anmeldung ordnungsgemäß substantiiert, nach Insolvenzeröffnung und vor Verjährungseintritt bei dem Insolvenzverwalter eingeht. 846

2. Berichtstermin

In der Regel findet vor dem Insolvenzgericht ein Berichtstermin (§ 156 InsO) statt. Dies gilt nicht, wenn gemäß § 5 Abs. 3 InsO das **schriftliche Verfahren** angeordnet ist. Das schriftliche Verfahren kann auch im Nachlassinsolvenzverfahren zur Anwendung kommen. Der Berichtstermin soll gemäß § 29 InsO nicht mehr als sechs Wochen nach der Eröffnung des Insolvenzverfahrens liegen; er darf nicht später als drei Monate nach der Eröffnung anberaumt werden. 847

Die **Einberufung** einer **Gläubigerversammlung** zur Durchführung des Berichtstermins erfolgt durch das Insolvenzgericht im Wege öffentlicher **Bekanntmachung**. Die Terminsbestimmung wird den Insolvenzgläubigern und dem Erben bzw. dem Testamentsvollstrecker oder Nachlasspfleger gemäß § 30 Abs. 2 InsO **gesondert zugestellt**. Neben Ort und Zeit des Termins hat das Insolvenzgericht die Tagesordnung des Berichtstermins zu veröffentlichen. Alle sachdienlichen Beschlüsse des konkreten Verfahrens sollten auf die Tagesordnung gesetzt werden. Die Tagesordnung kann bis zum Termin innerhalb der Ladungsfrist von drei Tagen (§ 217 ZPO) geändert und ergänzt werden.[820] 848

Der **Berichtstermin** ist **nicht öffentlich**. Zur Teilnahme sind nur das Gericht, der Insolvenzverwalter, die Insolvenzgläubiger, die Mitglieder des Gläubiger- 849

---

819) OLG Stuttgart, Beschl. v. 29.4.2008 – 10 W 21/08, ZVI 2008, 336 = ZInsO 2008, 627; *Kießner* in: FK-InsO, § 174 Rz. 19.

820) *Wegener* in: FK-InsO, § 156 Rz. 3.

ausschusses, der oder die Erben, Testamentsvollstrecker, Nachlasspfleger, die Mitglieder des Betriebsrates, die Mitglieder des Sprecherausschusses der leitenden Angestellten und ggf. berufsständische Vertreter berechtigt. Die Presse kann ohne ausdrücklichen Beschluss der Gläubigerversammlung nicht zugelassen werden; § 175 Abs. 2 GVG ist nicht anwendbar.[821)]

850 Im Berichtstermin hat der **Insolvenzverwalter** persönlich über die wirtschaftliche Lage des Nachlasses und ihre Ursache zu **berichten.** Er hat zu erläutern, welchen Umfang die **Insolvenzmasse** hat, welche Gegenstände er bereits in Besitz genommen hat bzw. in Besitz nehmen wird, welche **Verwertungshandlungen** er vorzunehmen gedenkt, wie die **letztwilligen Verfügungen** des Erblassers lauten und nicht zuletzt, wie mit einem im Nachlass befindlichen Unternehmen umzugehen sei. Darüber hinaus hat der Insolvenzverwalter über alle für das konkrete Insolvenzverfahren **maßgeblichen Besonderheiten** zu berichten, die für die Gläubiger von Bedeutung sein können. Er hat auch zu etwa von im angestellten **Ermittlungen** im Ausland, **Anfechtungsansprüchen** und sogar strafrechtlich relevanten Sachverhalten Bericht zu erstatten, wenn dies im Einzelfall der Sache nach angemessen erscheint.

851 Betreibt der Insolvenzverwalter ein **zum Nachlass gehörendes Unternehmen** fort, so hat er ausführlich zu den geschäftlichen Aktivitäten sowohl im Vorfeld der Insolvenz, als auch unter seiner Führung zu berichten. Dabei hat er vor allem die Fortführungschancen zu erörtern, ein betriebswirtschaftlich tragfähiges Konzept für eine von ihm beabsichtigte Fortführung vorzulegen und die Möglichkeiten eines Insolvenzplanes darzulegen. Schließlich soll der Insolvenzverwalter eine Prognose zu den Befriedigungsaussichten der Insolvenzgläubiger abgeben.

852 Den **Gläubigern** ist i. R. des Berichtstermins die Gelegenheit zu geben, **ergänzende Fragen** an den Insolvenzverwalter zu stellen. Der Insolvenzverwalter ist verpflichtet, den Gläubigern entsprechende Auskünfte zu erteilen.[822)]

853 Im Anschluss an den Bericht und die ergänzenden Auskünfte des Insolvenzverwalters fasst die **Gläubigerversammlung** die **verfahrensleitenden Beschlüssen.** Die Gläubigerversammlung bestimmt zunächst über die **Person des Insolvenzverwalters** (§ 57 InsO). Zwar hat der Insolvenzrichter bereits bei Eröffnung des Insolvenzverfahrens eine Person zum Insolvenzverwalter bestellt. Da aber im Insolvenzverfahren Gläubigerautonomie herrscht, steht es den Gläubigern frei, an dessen Stelle eine andere Person zum Insolvenzverwalter zu wählen. Dafür ist allerdings über die Summenmehrheit nach § 76 Abs. 2 InsO hinaus die Mehrheit an Köpfen gemäß § 57 InsO erforderlich.

854 Des Weiteren beschließt die Gläubigerversammlung im Berichtstermin darüber, ob ein **Gläubigerausschuss** eingesetzt werden soll oder nicht und bestimmt

---

821) *Wegener* in: FK-InsO, § 156 Rz. 4.

822) *Wegener* in: FK-InsO, § 156 Rz. 13; Uhlenbruck-*Zipperer*, InsO, § 156 Rz. 14.

ggf. dessen **Mitglieder** (§ 68 InsO). Häufig ist auch über Anträge des Insolvenzverwalters zu befinden, ihm zu gestatten, **besonders bedeutsame Rechtshandlungen** i. S. von §§ 160–163 InsO vorzunehmen.

Auch die Beschlussfassung darüber, ob ein im Nachlass befindliches **Unternehmen fortzuführen oder stillzulegen** ist, obliegt der Gläubigerversammlung. Dem Insolvenzverwalter steht dabei lediglich die Möglichkeit offen, der Gläubigerversammlung eine Empfehlung zu geben. Folgt die Gläubigerversammlung seiner Empfehlung nicht, so hat er sich dem Willen der Gläubigerversammlung zu beugen und deren Beschluss Folge zu leisten. Allerdings folgt daraus nicht unbedingt, dass die Stilllegung sofort und ohne Ausproduktion zu erfolgen hat. Ein solcher Beschluss ist vielmehr als Richtungsweiser der Gläubigerversammlung zu verstehen und gegen eine dauerhafte Betriebsfortführung, übertragende Sanierung und einen Insolvenzplan gerichtet. 855

Schließlich entscheidet die Gläubigerversammlung darüber, ob dem Erben oder einem anderen Beteiligten **Unterhalt** gemäß § 100 InsO aus der Insolvenzmasse gewährt werde. Dies kann insbesondere dann angemessen sein, wenn der Erbe durch das Insolvenzverfahren in eine Notlage geraten ist oder dem Insolvenzverwalter dabei tatkräftig zur Seite steht, ein im Nachlass befindliches Unternehmen fortzuführen. 856

Liegt im Berichtstermin ein **Insolvenzplan** vor, so entscheidet die Gläubigerversammlung auch über diesen. 857

Der Berichtstermin ist **abgesehen von der Möglichkeit einer Akteneinsicht** bei Gericht **die einzige Möglichkeit für die Insolvenzgläubiger, Informationen** über den Sachstand des Insolvenzverfahrens **zu erlangen.** Der Insolvenzverwalter ist nur dem Insolvenzgericht, der Gläubigerversammlung und dem Gläubigerausschuss gegenüber auskunftspflichtig, nicht aber gegenüber einem einzelnen Gläubiger.[823] Sachstandsanfragen einzelner Gläubiger darf der Insolvenzverwalter unbeantwortet lassen. 858

In der Praxis wird der Berichtstermin häufig **mit dem Prüfungstermin** (§ 176 InsO) **verbunden.** Es wird dann zunächst der Berichtstermin abgehalten und die eben genannten Beschlüsse gefasst. Anschließend findet die Forderungsprüfung statt. 859

3. Prüfungstermin

Von den Fällen des schriftlichen Verfahrens (§ 5 Abs. 2 InsO) abgesehen findet vor dem Insolvenzgericht ein Termin statt, in dem die von Insolvenzgläubigern angemeldeten Forderungen geprüft werden (§ 176 InsO). Der Prüfungstermin soll gemäß § 29 Abs. 1 Nr. 2 InsO so bestimmt werden, dass zwischen dem **Ende der Anmeldefrist** und dem Prüfungstermin mindestens eine Woche und höchstens zwei Monate liegen. 860

823) BGH, Urt. v. 29.11.1973 – VII ZR 2/73, BGHZ 62, 1, 3 = NJW 1974, 238.

861 Vor dem Prüfungstermin ist die **Insolvenztabelle**, in die der Insolvenzverwalter die angemeldeten Forderungen eingetragen hat, in der Geschäftsstelle des Insolvenzgerichtes **niederzulegen**, § 175 Abs. 1 InsO). Die Beteiligten des Insolvenzverfahrens haben dann die Möglichkeit, in die Tabelle **Einsicht** zu nehmen.

862 Der Prüfungstermin ist **nicht öffentlich. Teilnahmeberechtigt** sind das Insolvenzgericht, der Insolvenzverwalter, der oder die Erben, Nachlasspfleger und Testamentsvollstrecker sowie die Insolvenzgläubiger. Der Insolvenzverwalter muss am Prüfungstermin teilnehmen; ist er nicht anwesend, kann die Forderungsprüfung nicht durchgeführt werden. Die Forderungsprüfung kann nur im Prüfungstermin stattfinden; sie gehört zu den **höchstpersönlichen Verwaltertätigkeiten**. Eine Vertretung des Insolvenzverwalters ist nicht zulässig.[824)]

863 Im Prüfungstermin werden die angemeldeten Forderungen sowohl **in materiell-rechtlicher als auch in formell-rechtlicher Hinsicht** geprüft. Die Prüfung erstreckt sich auch auf den **Rang** der Forderung, also insbesondere darauf, ob der Forderung der Rang des § 38 InsO zukommt, oder ob sie nachrangig ist. Soweit eine Forderung unbegründet ist oder durch den Gläubiger nicht in ausreichender Weise substantiiert dargelegt worden ist, hat der Insolvenzverwalter sie zur Vermeidung seiner eigenen Haftung zu **bestreiten**. Dies gilt für jedweden **Durchsetzbarkeitsmangel**, der in Ansehung einer Forderung besteht. Auch Forderungen, die zur Zeit der Anmeldung bereits verjährt waren, muss der Insolvenzverwalter bestreiten.

864 Neben dem Insolvenzverwalter ist **jeder Insolvenzgläubiger berechtigt**, den **von den übrigen Insolvenzgläubigern angemeldeten Forderungen zu widersprechen**. Auch die nachrangigen Insolvenzgläubiger wie etwa Pflichtteilsberechtigte und Vermächtnisnehmer (§ 327 InsO) sind berechtigt, Forderungen auch der nicht nachrangigen Insolvenzgläubiger zu widersprechen. Dies gilt sogar dann, wenn eine **Aufforderung zur Anmeldung** an die nachrangigen Insolvenzgläubiger (§ 174 Abs. 3 InsO) **noch gar nicht ergangen** ist, weil die Feststellung einer nicht nachrangigen Insolvenzforderung zur Insolvenztabelle die Befriedigungsaussichten der nachrangigen Insolvenzgläubiger schmälert.[825)] Ein Insolvenzgläubiger ist auch dann berechtigt, **Widerspruch** gegen angemeldete Forderungen **anderer Insolvenzgläubiger** zu erheben, wenn die von ihm selbst angemeldete Forderung bestritten ist, es sei denn, das Nichtbestehen seiner Forderung ist rechtskräftig festgestellt.

865 Der Widerspruch des Insolvenzverwalters oder eines Insolvenzgläubigers **hindert** die **Feststellung** der Forderung zur Tabelle. Wird der Widerspruch nicht rechtzeitig beseitigt, so wird die Forderung bei der Verteilung der Insolvenzmasse nicht berücksichtigt. Diese Wirkung kommt dem Widerspruch eines nach-

---

824) So zu Recht *Kießner* in: FK-InsO, § 176 Rz. 5; *Irschlinger* in: HK-InsO, § 176 Rz. 2.

825) Graf-Schlicker-*Graf-Schlicker*, InsO, § 176 Rz. 11.

rangigen Insolvenzgläubigers allerdings nur dann zu, wenn die nachrangigen Insolvenzgläubiger bis zum Abschluss des Insolvenzverfahrens gemäß § 174 Abs. 3 InsO zur Anmeldung ihrer Forderungen aufgefordert worden sind.[826)]

Auch die **Erben, Testamentsvollstrecker und Nachlasspfleger** sind **berechtigt, angemeldeten Forderungen zu widersprechen.** Besteht eine **Erbengemeinschaft,** so kann auch nur diese den Widerspruch erheben. Zulässig ist dabei, dass ein Erbe die Erbengemeinschaft vertritt, wenn die Vertretungsberechtigung entsprechend nachgewiesen wird. Sind **mehrere Testamentsvollstrecker** bestellt, so können sie nur gemeinsam Widerspruch gegen angemeldete Forderungen erheben. Zulässig ist aber, dass ein Testamentsvollstrecker zugleich für sich selbst und aufgrund wirksamer Bevollmächtigung für die weiteren Testamentsvollstrecker Widerspruch erhebt. Die Vollmacht muss dann im Prüfungstermin vorgelegt werden. Besteht zwischen mehreren Testamentsvollstreckern keine Einigkeit, so ist gemäß § 2224 Abs. 1 BGB das Nachlassgericht dazu berufen, über die Meinungsverschiedenheit zu entscheiden. Kann eine Entscheidung des Nachlassgerichts in der Kürze der während des Prüfungstermins zur Verfügung stehenden Zeit nicht beigebracht werden, so kann kein wirksamer Widerspruch erfolgen. Gleiches gilt für die Meinungsverschiedenheit zwischen mehreren Nachlasspflegern (§ 1915 Abs. 1 BGB i. V. mit §§ 1797 Abs. 1, 1962 BGB). 866

Die **Wirkung eines Widerspruchs durch Erben, Testamentsvollstrecker oder Nachlasspfleger** unterscheidet sich jedoch erheblich von denjenigen des Widerspruchs des Insolvenzverwalters oder eines Insolvenzgläubigers. Trotz ihres Widerspruchs nimmt die Forderung nämlich an der Verteilung teil, wenn nicht zugleich auch der Insolvenzverwalter oder ein Insolvenzgläubiger Widerspruch erhoben habt. Die Wirkung des Widerspruchs eines Erben, Testamentsvollstreckers oder Nachlasspflegers zeigt sich erst nach der Aufhebung des Insolvenzverfahrens. Ist der Widerspruch nicht vorher beseitigt worden, kann der Gläubiger nicht aus der Tabelle vollstrecken; der Eintragung in die Insolvenztabelle kommt durch den Widerspruch keine Titelfunktion zu, § 201 Abs. 2 InsO. 867

Widersprüche gegen die angemeldeten Forderungen können abgesehen von den Fällen des schriftlichen Verfahrens (§ 5 Abs. 2 InsO) **nur mündlich** im Termin erhoben werden. Schriftliche Einreichungen vor oder in dem Prüfungstermin sind unbeachtlich.[827)] 868

Der (ehemalige) **Betreuer des Erblassers** ist weder zur Teilnahme am Prüfungstermin berechtigt, noch steht ihm das Recht zu, Forderungen zu bestreiten, weil das Betreuungsverhältnis und damit auch sein Amt **mit dem Tod** des Betreuten **endet.** Gleiches gilt für einen Nachlassverwalter, weil dessen Amt mit der Eröffnung des Insolvenzverfahrens über den Nachlass endet. 869

---

826) *Kießner* in: FK-InsO, § 176 Rz. 15.

827) *Irschlinger* in: HK-InsO, § 176 Rz. 5; *Kießner* in: FK-InsO, § 176 Rz. 12; **a. A.** Nerlich/Römermann-*Becker*, InsO, § 176 Rz. 21.

870 Nicht zum Widerspruch berechtigt ist auch das Insolvenzgericht.

871 **Nach Ablauf der Anmeldefrist** erst bei dem Insolvenzverwalter eingegangene Anmeldungen können im Prüfungstermin mitgeprüft werden. Dies gilt dann nicht, wenn der Insolvenzverwalter oder ein Insolvenzgläubiger der Prüfung insoweit widerspricht, § 177 Abs. 1 Satz 2 InsO. Dabei steht es dem Insolvenzverwalter und den Insolvenzgläubigern frei, der Prüfung aller oder auch nur einzelner nachträglich angemeldeter Forderungen zu widersprechen. Liegt ein entsprechender Widerspruch vor, so hat das Insolvenzgericht einen besonderen Prüfungstermin zu bestimmen, in dem die Prüfung dann erfolgt.

872 Die **Änderung** einer Forderungsanmeldung ist **möglich**. Erfolgt die Änderung vor der Niederlegung der Insolvenztabelle, so wird die geänderte Anmeldung im Prüfungstermin geprüft. Erfolgt die Änderung erst danach aber noch vor der Durchführung des Prüfungstermins, so findet § 177 InsO Anwendung, § 177 Abs. 1 Satz 3 InsO. Ist die Forderung hingegen vor der Änderung der Anmeldung bereits im Prüfungstermin geprüft worden, kommt es darauf an, wie dort das Prüfungsergebnis ausgefallen ist. Soweit die Forderung im Prüfungstermin durch den Insolvenzverwalter oder einen Insolvenzgläubiger bestritten worden ist, bleibt dem Gläubiger nur, gegen den Widerspruch vorzugehen, notfalls also gemäß § 179 InsO Klage zu erheben, wenn derjenige, der den Widerspruch erhoben hat, nicht bereit ist, seinen Widerspruch zurückzunehmen. Soweit die Forderung im Prüfungstermin festgestellt worden ist und nunmehr eine weitergehende, insbesondere betragsmäßig erweiterte Forderung geltend gemacht wird, liegt der Sache nach eine neue Forderungsanmeldung vor, für die sich das Verfahren nach § 177 InsO richtet. Besteht die Änderung der Anmeldung in einem Wechsel des **Forderungsinhabers**, ist die Tabelle entsprechend zu **berichtigen**, wenn der Forderungsübergang unstreitig ist. Ist der Forderungsübergang hingegen streitig, muss er entsprechend § 727 Abs. 1 ZPO mittels öffentlicher Urkunde nachgewiesen werden. Auch die vollumfängliche Rücknahme einer bereits festgestellten Forderung ist möglich.[828] Dem steht die Rechtskraftwirkung der Eintragung der Insolvenztabelle aus § 178 Abs. 3 InsO nicht entgegen, da diese Eintragung lediglich gegenüber dem Insolvenzverwalter und den Insolvenzgläubigern wie ein rechtskräftiges Urteil wirkt.

4. Gläubigermitwirkung

873 Die Gläubiger haben insbesondere i. R. von Gläubigerversammlungen umfangreiche Befugnisse, auf den Verlauf des Insolvenzverfahrens Einfluss zu nehmen. Von zentraler Bedeutung sind die **Kompetenzen** der Gläubigerversammlung

- einen anderen Insolvenzverwalter zu wählen (§ 57 InsO),

828) So zutr. *Kießner* in: FK-InsO, § 177 Rz. 34 f.

- über die Fortführung eines zum Nachlass gehörenden Unternehmens zu entscheiden (§ 157 InsO),
- dem Insolvenzverwalter gestatten oder versagen zu können,
- Grundstücke zu veräußern oder
- Rechtsstreite von wesentlicher Bedeutung zu führen (§ 160 Abs. 2 InsO) und
- über einen Insolvenzplan zu entscheiden (§ 235 Abs. 1 InsO).

Daneben finden sich in der InsO eine **Reihe weiterer Befugnisse** der Gläubigerversammlung. Insgesamt untersteht das gesamte Insolvenzverfahren dem Primat der Gläubigerautonomie. Daher kann die Gläubigerversammlung weitestgehend über den Ablauf des Insolvenzverfahrens entscheiden. 874

Die Gläubigerversammlung ist das **oberste Organ** der Gläubiger. Sie wird durch das Insolvenzgericht einberufen, § 74 Abs. 1 Satz 1 InsO. Zur **Teilnahme** an Gläubigerversammlungen sind neben dem Insolvenzgericht, dem Insolvenzverwalter, den Insolvenzgläubigern die Mitglieder des Gläubigerausschusses, die Erben, Testamentsvollstrecker und Nachlasspfleger berechtigt. Der (ehemalige) Betreuer des Erblassers ist nicht zur Teilnahme berechtigt, weil das Betreuungsverhältnis und damit auch sein Amt mit dem Tod des Betreuten endet. Gleiches gilt für einen Nachlassverwalter, weil dessen Amt mit der Eröffnung des Insolvenzverfahrens über den Nachlass endet. 875

Die **Einberufung** einer Gläubigerversammlung durch das Insolvenzgericht kann jederzeit während des laufenden Insolvenzverfahrens erfolgen, wenn es zweckdienlich erscheint. Die Einberufung erfolgt gemäß § 74 Abs. 2 InsO durch öffentliche Bekanntmachung. Die **Ladungsfrist** beträgt gemäß § 4 InsO i. V. mit § 217 ZPO zwar drei Tage. Da aber die Ladung zwingend öffentlich bekannt zu machen ist und die Bekanntmachung gemäß § 9 Abs. 2 Satz 3 erst als bewirkt gilt, wenn nach dem Tag der Veröffentlichung zwei weitere Tage verstrichen sind, ist faktisch eine sechstägige Frist gegeben. Eine Gläubigerversammlung muss **zwingend** einberufen werden, wenn dies von einer der in § 75 InsO benannten Personen bzw. Personengruppen beantragt wird. 876

Die Ladung zur Gläubigerversammlung hat eine **Tagesordnung** zu enthalten. Die einzelnen Tagesordnungspunkte müssen dabei hinreichend aussagekräftig und präzise formuliert sein. Die bloße Angabe von insolvenzrechtlichen Normen, die den Gegenstand der zu treffenden Entscheidung betreffen, ist nicht ausreichend.[829)] 877

Fehlt es an einer ordnungsgemäßen Ladung, sind Beschlüsse der Gläubigerversammlung nichtig.[830)] Dies soll nach offenbar allgemeiner Auffassung dann 878

---

829) BGH, Beschl. v. 20.3.2008 – IX ZB 104/07, NZI 2008, 430 = WM 2008, 1036; *Kind* in: FK-InsO, § 74 Rz. 8.

830) Nerlich/Römermann-*Weiß*, InsO, § 74 Rz. 9; Uhlenbruck-*Knof*, InsO, § 74 Rz. 15; *Ehricke/Ahrens* in: MünchKomm-InsO, § 74 Rz. 45.

nicht gelten, wenn „alle Beteiligten“ trotz nicht ordnungsgemäßer Ladung bei der Gläubigerversammlung anwesend sind.[831] Indessen wird man diese Ausnahme nur dann zulassen können, wenn feststeht, dass andere Personen als die in der Gläubigerversammlung Anwesenden von dem Insolvenzverfahren nicht betroffen sein können, weil bspw. bekannt ist, dass nur ein begrenzter Gläubigerkreis vorhanden ist. Sind aber Zweifel darüber vorhanden, ob bereits alle Insolvenzgläubiger bekannt sind, so bleibt es bei der Nichtigkeitsfolge. Solche Zweifel bestehen in der Regel auch nach Abschluss des Prüfungsverfahrens, weil auch Insolvenzgläubiger, die bis zum Abschluss des Prüfungsverfahrens keine Forderungen angemeldet haben, zur Teilnahme am Insolvenzverfahren berechtigt sind und ihre Forderungen nachträglich anmelden können (§ 177 InsO).

879 Die Gläubigerversammlung wird gemäß § 76 Abs. 1 InsO durch das **Insolvenzgericht** geleitet. Das Insolvenzgericht hat somit die Sitzungspolizei (§§ 175 ff. GVG) inne und führt über die Versammlung ein **Protokoll**.

880 **Beschlüsse** kann die Gläubigerversammlung nur dann fassen, wenn sie **beschlussfähig** ist. Dafür reicht bereits ein nicht nachrangiger Insolvenzgläubiger aus, unabhängig davon, wie viele Gläubiger sonst noch vorhanden sind und wie hoch seine Forderung ist. Festgestellte Forderungen gewähren Stimmrecht, genauso wie noch nicht geprüfte und daher nicht bestrittene Forderungen. Angemeldete Forderungen, gegen die ein **Widerspruch** seitens des Insolvenzverwalters oder eines (stimmberechtigten) Insolvenzgläubigers erhoben worden ist, gewähren nur dann ein Stimmrecht, wenn sich der Insolvenzverwalter und die anwesenden Insolvenzgläubiger auf ein Stimmrecht in einer bestimmten Höhe einigen oder wenn das Insolvenzgericht ein solches durch Beschluss gewährt (§ 77 Abs. 2 InsO).

881 **Absonderungsberechtigte** Gläubiger nehmen mit dem Wert ihres Absonderungsrechtes an der Abstimmung teil. Insoweit muss regelmäßig eine Prognoseentscheidung getroffen werden, was der Gesetzgeber offenbar hingenommen hat. Das Insolvenzgericht hat in das Protokoll der Gläubigerversammlung aufzunehmen, welche Gläubiger erschienen sind und mit welchen Stimmrechten sie an der Gläubigerversammlung teilnehmen.

882 Kommt es zur **Abstimmung** mehrerer Gläubiger, so kommt ein Beschluss zustande, wenn die Summe der Forderungsbeträge der zustimmenden Gläubiger mehr als die Hälfte der Summe der abstimmenden Gläubiger beträgt, § 177 Abs. 2 InsO. Bei Stimmengleichheit kommt ein Beschluss somit nicht zustande. **Enthaltungen** gelten nicht als Stimmabgabe.[832]

---

831) *Kübler* in: KPB, InsO, § 74 Rz. 15; Nerlich/Römermann-*Weiß*, InsO, § 74 Rz. 9; zweifelnd offenbar *Ehricke/Ahrens* in: MünchKomm-InsO, § 74 Rz. 45.

832) *Riedel* in: HK-InsO, § 76 Rz. 9; *Schmitt* in: FK-InsO, § 76 Rz. 14.

Rechtsmittel gegen Beschlüsse der Gläubigerversammlung sieht die InsO nicht vor. Allerdings hat das Insolvenzgericht auf Antrag einen Beschluss der Gläubigerversammlung aufzuheben, wenn er dem **gemeinsamen Interesse der Insolvenzgläubiger widerspricht**, § 78 InsO. Unter dem gemeinsamen Interesse der Insolvenzgläubiger ist die bestmögliche Befriedigung der Insolvenzgläubiger im Rang des § 38 InsO, in Ausnahmefällen auch des § 39 InsO zu verstehen. Diesem Interesse widersprechen Beschlüsse, die einzelne Gläubiger bevorzugen oder die Masse insgesamt gefährden. Häufiger anzutreffen sind Entscheidungen, die besonders **einzelnen Absonderungsberechtigten nutzen**, bspw. dann, wenn die Stilllegung eines zum Nachlass gehörenden Unternehmens beschlossen wird, wodurch ein Absonderungsberechtigter die Möglichkeit erhält, auf das Absonderungsgut zuzugreifen, weil der Insolvenzverwalter von der Nutzungsbefugnis gemäß § 172 InsO keinen Gebrauch mehr machen kann. Solche Interessen der Absonderungsberechtigten nutzen nicht dem gemeinsamen Interesse der Insolvenzgläubiger. Der Antrag auf Aufhebung eines Beschlusses der Gläubigerversammlung muss in der Gläubigerversammlung selbst gestellt werden.[833] Das Antragsrecht kommt auch einem Gläubiger zu, dessen Forderung bestritten und dem aus diesem Grund kein Stimmrecht gewährt worden ist.[834] 883

Die Gläubigerversammlung entscheidet darüber, ob ein **Gläubigerausschuss** (§ 68 InsO) eingesetzt werden soll oder nicht und bestimmt ggf. dessen Mitglieder. Die Möglichkeit, einen Gläubigerausschuss zu bestimmen, besteht während des gesamten Insolvenzverfahrens und nicht nur im ersten Berichtstermin. Allerdings kann die Gläubigerversammlung **weder** einen einmal eingesetzten Gläubigerausschuss **wieder beseitigen**, noch dessen **Beschlüsse ersetzen**. Auch kann sie die einmal in den Gläubigerausschuss gewählten **Mitglieder** nicht wieder abberufen oder durch andere ersetzen.[835] Der Wortlaut des § 68 Abs. 2 InsO beschränkt die Befugnis der Gläubigerversammlung zur Abwahl von Gläubigerausschussmitgliedern klar und eindeutig auf solche, die einem durch das Insolvenzgericht bestimmten vorläufigen Gläubigerausschuss angehören. Dies hat seinen guten Grund, denn sonst könnten unterschiedliche Anwesenheiten bei Gläubigerversammlungen die Arbeit des Gläubigerausschusses konterkarieren und gerade in größeren Verfahren dessen Arbeit durch mangelnde Kontinuität gefährden. 884

Der **Gläubigerausschuss unterstützt den Insolvenzverwalter** und hat **Überwachungsaufgaben**, § 69 InsO. Der Gläubigerausschuss ist durch den Insolvenzverwalter fortlaufend über den Fortgang des Insolvenzverfahrens zu unterrichten und zu wesentlichen Fragen zurate zu ziehen. Den Gläubigeraus- 885

833) *Schmitt* in: FK-InsO, § 78 Rz. 10.

834) *Schmitt* in: FK-InsO, § 78 Rz. 10; vgl. *Riedel* in: HK-InsO, § 78 Rz. 4.

835) *Schmid-Burgk* in: MünchKomm-InsO, § 68 Rz. 11; *Riedel* in: HK-InsO, § 68 Rz. 5.

schussmitgliedern obliegt sogar die Pflicht, sich permanent über den Gang des Insolvenzverfahrens zu informieren (§ 69 Satz 2 InsO). Sie haben das Recht, hierzu auch die den Nachlass betreffenden Unterlagen sowie die Kontounterlagen des Insolvenzverwalters einzusehen. Die Gläubigerausschussmitglieder sind zur höchstpersönlichen Mitwirkung im Gläubigerausschuss verpflichtet. Eine **Stellvertretung** ist ausgeschlossen. Dadurch wird allerdings das Recht des Gläubigerausschusses, **sachverständige Dritte** zurate zu ziehen (bspw. Buchprüfer) nicht beeinträchtigt. Soweit der Gläubigerausschuss als Kollegium tätig werden muss, entscheidet er nach **Kopfmehrheit**.

886 Die Mitglieder des Gläubigerausschusses haben einen Anspruch auf **Vergütung** für ihre Tätigkeit und auf Erstattung ihrer **Auslagen**, § 73 InsO. Gemäß § 17 InsVV wird die Vergütung nach Zeitaufwand bemessen, wobei Stundensätze zwischen 35,00 € und 95,00 € zugrunde zu legen sind. Die konkrete Höhe des Stundensatzes innerhalb dieser Bandbreite hat anhand der besonderen Umstände des Insolvenzverfahrens zu erfolgen und sich nach dem Umfang der Tätigkeit, der erforderlichen Qualifikation, den tatsächlichen und rechtlichen Schwierigkeiten und den Haftungsrisiken zu richten.[836)]

5. Schlussrechnung und Schlusstermin

887 Der Insolvenzverwalter hat das Insolvenzverfahren in einem nach Größe und Umfang des Verfahrens **angemessenen Zeitraum zum Abschluss zu bringen**. Regelmäßig sollte dies nach zwei bis drei Jahren Verfahrensdauer der Fall sein können. Dies gilt lediglich dann nicht, wenn es sachliche Gründe dafür gibt, dass eine Verfahrensbeendigung noch nicht erfolgen kann, bspw. weil der Insolvenzverwalter Rechtsstreite führen muss, die trotz aller ihm möglichen Beschleunigung nicht zum Ende gelangen.

888 Ist das Insolvenzverfahren **abschlussreif**, so legt der Insolvenzverwalter Schlussrechnung (§ 66 InsO). Eine der Schlussrechnung inhaltlich vergleichbare Rechnungslegung hat auch zu erfolgen, wenn das Amt des Insolvenzverwalters vor Abschlussreife des Insolvenzverfahrens endet, bspw. durch **Entlassung** oder Wahl eines anderen Insolvenzverwalters. Lediglich bei Beendigung des Verwalteramtes durch Tod des Insolvenzverwalters unterbleibt eine Schlussrechnung; die Erben sind lediglich verpflichtet, dem Insolvenzgericht die Kontounterlagen der Hinterlegungskonten des Insolvenzverwalters nebst zugehörigen Belegen herauszugeben.[837)]

889 Die Schlussrechnung unterliegt keinem zwingend vorgeschriebenen **Aufbau**. In der Praxis unterscheiden sich die von Insolvenzverwaltern vorgelegten Schlussrechnungen zwar recht stark. Entscheidend ist dabei aber, dass die gesamte Tä-

---

836) *Schmitt* in: FK-InsO, § 73 Rz. 3; Jaeger-*Gerhardt*, InsO, § 73 Rz. 9.

837) *Kind* in: FK-InsO, § 66 Rz. 3; Jaeger-*Eckhardt*, InsO, § 66 Rz. 36.

tigkeit des Insolvenzverwalters berichtet und dokumentiert wird. Es reicht nicht aus, wenn der Insolvenzverwalter lediglich die Einnahmen und Ausgaben auf seinem Hinterlegungskonto erläutert und die auf die Insolvenzgläubiger entfallende Quote mitteilt. Eine Schlussrechnung i. S. von **§ 66 InsO** hat vielmehr zwei Elemente zu enthalten: einen rechnerischen Teil, in dem Einnahmen und Ausgaben gegenübergestellt werden und einen darstellenden Teil, in dem die gesamte Tätigkeit des Insolvenzverwalters textlich dargestellt wird.[838]

Der Insolvenzverwalter hat ausführlich zu berichten, 890

- **welche Maßnahmen** er zum Zwecke der Ermittlung und Inbesitznahme der Insolvenzmasse getroffen hat,
- **welche Verwaltungs- und Verwertungsmaßnahmen** er unternommen hat, ob es
- **außergewöhnliche Besonderheiten** bei der Verfahrensabwicklung gab oder nicht,
- ob **Absonderungs- und Aussonderungsgut** vorhanden war und wie mit diesem umgegangen wurde und
- ob zur Zeit der Beendigung des Insolvenzverfahrens noch **Massegegenstände** vorhanden sein werden, über deren Schicksal eine Gläubigerversammlung zu entscheiden hat.

Gerade für das **Nachlassinsolvenzverfahren** ist eine **besonders ausführliche** 891 **Schlussberichterstattung** des Insolvenzverwalters zu fordern, weil hier oft verfahrensbegleitende Dritte fehlen, die für eine gewisse Einflussnahme und Kontrolle des Insolvenzverwalters sorgen können. Während nämlich im Regelinsolvenzverfahren üblicherweise zumindest der Schuldner das Insolvenzverfahren begleitet und als informierte Auskunftsperson zur Verfügung steht, **fehlt im Nachlassinsolvenzverfahren die eigentlich zentrale Auskunftsperson**, nämlich der Erblasser. Hier ist der Insolvenzverwalter auf Dritte angewiesen, die die Vermögensverhältnisse des Nachlasses nur mehr oder weniger gut selbst ermittelt haben. Die Schlussrechnung hat im Nachlassinsolvenzverfahren daher Aufschluss darüber zu geben, inwieweit sichergestellt ist, dass der Nachlass umfassend festgestellt worden ist und sämtliche zum Insolvenzmasse gehörenden Gegenstände auch in den Besitz des Insolvenzverwalters gelangt sind.

Mit der Schlussrechnung hat der Insolvenzverwalter dem Insolvenzgericht ein 892 **Schlussverzeichnis** (§ 188 InsO) und die Kontoauszüge seines Hinterlegungskontos sowie die zu den Buchungen gehörenden Belege zu übergeben.

Dem **Insolvenzgericht** kommt als Ausfluss seiner Aufsichtspflichten (§ 58 InsO) 893 die Aufgabe zu, die durch den Insolvenzverwalter erstellte **Schlussrechnung zu prüfen.** Die Prüfung erfolgt in formeller und materieller Hinsicht. Die formelle

838) *Kind* in: FK-InsO, § 66 Rz. 9 f.

Prüfung durch das Insolvenzgericht bezieht sich darauf, festzustellen, ob sämtliche Belege vorhanden sind und der Bericht des Insolvenzverwalters Inhalt und Umfang seiner Verwaltungstätigkeit erschöpfend wiedergibt. Die materielle Prüfung beinhaltet die Prüfung der Rechtmäßigkeit des Verwalterhandelns. Dazu gehört es, festzustellen, ob der Insolvenzverwalter die gebotenen Maßnahmen zur Ermittlung und Inbesitznahme der Insolvenzmasse ergriffen hat, ob er sämtliche zur Verfügung stehenden Ermittlungsmöglichkeiten ausgeschöpft hat und ob er zeitnah und ohne verschwenderische Ausgaben zu verursachen die Verwertung betrieben hat.

894 Eine Prüfung der **Zweckmäßigkeit** bestimmter Handlungen des Insolvenzverwalters gehört hingegen nicht zur Prüfungskompetenz des Insolvenzgerichts. Das Insolvenzgericht hat also nicht zu prüfen, ob der Insolvenzverwalter bestmöglich verwertet hat oder ob sich ihm auch nur günstigere Verwertungsmöglichkeiten hätten bieten können. Lediglich dann, wenn bspw. erkennbar ist, dass der Insolvenzverwalter ohne ersichtlichen Grund von mehreren ihm bekannten Verwertungsmöglichkeiten nicht die beste Verwertungsalternative gewählt hat, kann der Bereich der materiell fehlerhaften Verfahrensführung betroffen sein.

895 Ist ein **Gläubigerausschuss** bestellt, so ist diesem die Schlussrechnung zum Zwecke der Prüfung zuzuleiten, § 66 Abs. 2 Satz 2 InsO.

896 Kann das Insolvenzgericht die Schlussrechnung des Insolvenzverwalters aufgrund ihrer Komplexität nicht selbst prüfen, so darf es mit der Prüfung gemäß § 5 InsO einen **Sachverständigen** beauftragen.[839)] Die Beauftragung von Sachverständigen darf jedoch keinesfalls routinemäßig in jedem Verfahren oder aufgrund allgemeiner Arbeitsüberlastung des Insolvenzgerichtes erfolgen, weil die Insolvenzmasse durch die Beauftragung eines Sachverständigen mit **zusätzlichen Kosten** (§ 54 InsO) belastet wird, wodurch die Befriedigungschancen der Insolvenzgläubiger abnehmen und im äußersten Fall sogar die Vergütung des Insolvenzverwalters gefährdet werden kann.[840)] Die Beauftragung des Sachverständigen ist wegen der damit verbundenen zusätzlichen Kosten nur dann zulässig, wenn die Prüfung des rechnerischen Teils der Schlussrechnung eine fachliche Kompetenz voraussetzt, die bei dem Insolvenzgericht nicht vorhanden sein kann, sondern über die bspw. nur Wirtschaftsprüfer oder ggf. andere Insolvenzverwalter verfügen. Die Prüfung des textlichen Teils einschließlich der Prüfung der Rechtmäßigkeit der Verwaltertätigkeit hat in jedem Fall dem - Insolvenzgericht vorbehalten zu bleiben,[841)] weil die Einholung von Gutachten

839) *Kind* in: FK-InsO, § 66 Rz. 18; Jaeger-*Eckardt*, InsO, § 66 Rz. 39.

840) Vgl. zu der heftigen Diskussion um die Recht- und Verfassungsmäßigkeit der Bestellung eines Sachverständigen zum Zwecke der Schlussrechnungsprüfung vgl. statt Vieler *Vierhaus*, ZInsO 2008, 521.

841) *Kind* in: FK-InsO, § 66 Rz. 18; Jaeger-*Eckhardt*, InsO, § 66 Rz. 40.

zur Beurteilung von Rechtsfragen durch das Gericht kaum erforderlich sein dürfte.

Gelangt das Insolvenzgericht zu dem Ergebnis, dass Schlussrechnung und Verwaltertätigkeit vollumfänglich **ordnungsgemäß** sind, bringt es einen **entsprechenden Vermerk** auf der Schlussrechnung an und legt die Schlussrechnung sodann unter Beifügung der Belege zur **Einsichtnahme** der Beteiligten aus, § 66 Abs. 2 InsO. Das Insolvenzgericht beraumt eine **Gläubigerversammlung** an, in der die Schlussrechnung erörtert wird. Diese darf frühestens drei Wochen nach der Auslegung der Schlussrechnung zur Einsicht der Beteiligten stattfinden. Im Rahmen ihres Schlusstermins (§ 197 InsO) erörtert die Gläubigerversammlung die Schlussrechnung des Insolvenzverwalters. Der Insolvenzverwalter ist verpflichtet, den Verfahrensgang und die Verwertungserfolge sowie die voraussichtliche Befriedigungsquote auch **mündlich zu erläutern** und Nachfragen der Insolvenzgläubiger zu beantworten. Die Insolvenzgläubiger können darüber hinaus **Einwendungen** gegen das Schlussverzeichnis erheben, § 197 Abs. 1 Nr. 2 InsO. Solche Einwendungen sind nur beachtlich, wenn sie mündlich in der Gläubigerversammlung erhoben werden; schriftliche Einwendungen hingegen sind unerheblich. Zur Erhebung von Einwendungen sind alle Insolvenzgläubiger berechtigt, die Forderungen zur Insolvenztabelle angemeldet haben. Eine Anmeldung von Forderungen erst im Schlusstermin ist grundsätzlich allerdings zulässig.[842] Über die Einwendung entscheidet das Insolvenzgericht im Schlusstermin durch Beschluss, gegen den die sofortige Beschwerde statthaft ist (§ 197 Abs. 3 i. V. mit § 194 Abs. 3 Satz 2 InsO). 897

Schließlich entscheidet die Gläubigerversammlung im Schlusstermin darüber, wie mit **massezugehörigen aber unverwertbaren Gegenständen** verfahren werden soll. Da der Insolvenzverwalter wertlose Gegenstände in der Regel bereits vor dem Schlusstermin freigegeben hat, sind zum Zeitpunkt des Schlusstermins allerdings in der Regel keine unverwertbaren Gegenstände mehr vorhanden. Unverwertbar in diesem Sinne sind aber auch Gegenstände, die zur Zeit des Schlusstermins noch nicht verwertbar sind, deren Verwertbarkeit allerdings später eintreten wird, wie dies bspw. bei nicht fälligen und nicht veräußerbaren Forderungen der Fall ist. Insoweit kommt die **Nachtragsverteilung** in Betracht.[843] 898

6. Verteilung

An den Schlusstermin schließt sich die Schlussverteilung an. Nachdem die Kosten des Verfahrens i. S. von § 54 InsO berichtigt sind, wird die verbleibende Insolvenzmasse an die Insolvenzgläubiger verteilt. 899

842) *Kießner* in: FK-InsO, § 197 Rz. 18.

843) *Smid*, Praxishdb. InsR, § 27 Rz. 7.

7. Überschuss (§ 199 InsO)

900 Verbleibt nach der Schlussverteilung an die Gläubiger ein Überschuss, so ist dieser an denjenigen herauszugeben, der die Verwaltungsbefugnis bzgl. der Nachlassgegenstände innehat. Dies ist der **Nachlasspfleger oder der Testamentsvollstrecker**, wenn ein solcher im Amt ist, andernfalls der **Erbe**. Liegt eine Erbengemeinschaft ohne Testamentsvollstreckung vor, so hat die Herausgabe der Nachlassgegenstände durch den Nachlassinsolvenzverwalter **an alle Erben gemeinsam** zu erfolgen (§§ 2039, 432 Abs. 1 Satz 1 BGB).[844] Dem steht die Pflicht der Miterben gegenüber, die Leistung gemeinschaftlich anzunehmen.[845] Kommt auch nur einer der Miterben dieser Pflicht nicht nach, so hat dies den Annahmeverzug sämtlicher Miterben zur Folge, so dass der Insolvenzverwalter dann zur Hinterlegung berechtigt ist.[846] Davon unabhängig kann der Insolvenzverwalter aber auch an die Miterben **nach ihren Erbquoten anteilig auskehren**, denn der Insolvenzverwalter steht den Miterben gegenüber nicht in einem Schuldner-Gläubiger-Verhältnis, sondern er handelt als Partei kraft Amtes bzgl. der von ihm verwalteten, aber in der Rechtsträgerschaft der (Mit-)Erben stehenden Gegenstände.

XVIII. Beendigung des Insolvenzverfahrens

901 Das Insolvenzverfahren endet regelmäßig durch **Aufhebung** gemäß § 200 InsO. Dies ist der Fall, wenn die Schlussverteilung vollzogen worden ist. Die InsO sieht aber auch die Beendigung

- im Wege der **Einstellung mangels Masse** (§ 207 InsO),
- nach **Anzeige der Masseunzulänglichkeit** (§ 211 InsO),
- wegen **Wegfalls des Eröffnungsgrundes** (§ 212 InsO) und
- **mit Zustimmung der Gläubiger** (§ 213 InsO) vor.

1. Aufhebung des Insolvenzverfahrens

902 Sobald die Schlussverteilung vollzogen ist, hebt das Insolvenzgericht das Insolvenzverfahren durch Beschluss gemäß § 200 Abs. 1 InsO auf. Der Beschluss wird öffentlich **bekannt gemacht**. Die Schlussverteilung ist vollzogen, wenn die Insolvenzquote an alle Insolvenzgläubiger **ausgeschüttet** ist **bzw.** die **Hinterlegung** zurückzubehaltender Beträge (§ 198 InsO) erfolgt ist.[847] Auch wenn eine Zahlung an einen Gläubiger nicht erfolgen kann, weil er bspw. keine Bankverbindung mitgeteilt hat, muss die Hinterlegung erfolgt sein, bevor die

844) AG Friedberg, Beschl. v. 11.8.2023 – 60 IN 52/21.

845) AG Friedberg, Beschl. v. 11.8.2023 – 60 IN 52/21.

846) AG Friedberg, Beschl. v. 11.8.2023 – 60 IN 52/21.

847) *Kießner* in: FK-InsO, § 200 Rz. 1; *Uhlenbruck-Wegener*, InsO, § 200 Rz. 2.

Schlussverteilung als vollzogen betrachtet werden kann. Soweit **Einwendungen** gegen das Schlussverzeichnis erhoben worden waren, kann die Aufhebung erst erfolgen, wenn über die Einwendungen rechtskräftig entschieden worden ist. Mit der Rechtskraft des Aufhebungsbeschlusses werden Einwendungen von Gläubigern gegenstandslos.[848)]

Durch die Aufhebung des Nachlassinsolvenzverfahrens erhält grundsätzlich 903 der Erbe die **Verfügungsberechtigung** über den Nachlass zurück. Ist ein Testamentsvollstrecker oder ein Nachlasspfleger noch im Amt, so fällt diesem die Verfügungsberechtigung zu.[849)] Die **Nachlassverwaltung** lebt allerdings nicht wieder auf; sie ist **mit der Eröffnung des Insolvenzverfahrens endgültig beendet** worden. Es spricht allerdings nichts dagegen, dass der Erbe auch nach Aufhebung des Insolvenzverfahrens (erneut) die Nachlassverwaltung **beantragt**. Hierfür kann es durchaus ein berechtigtes Interesse geben. Dies ist z. B. dann anzunehmen, wenn der Insolvenzverwalter zum Nachlass gehörende Gegenstände nicht verwertet hat. Mit solchen Gegenständen in Zusammenhang stehende laufende Kosten belasten nach der Aufhebung des Insolvenzverfahrens über den Nachlass nämlich den Erben. Dies gilt vor allem für **Grundsteuern** bei Grundstücken.

Dem Insolvenzverwalter kann allerdings ein **begrenzter Vermögensbeschlag** 904 aufrecht erhalten werden, um später eine **Nachtragsverteilung** durchführen zu können. Dies setzt voraus, dass bezüglich bestimmter Gegenstände die Nachtragsverteilung durch die Gläubigerversammlung im Schlusstermin beschlossen worden ist (§ 197 Abs. 1 Satz 2 Nr. 3 InsO). Die Nachtragsverteilung kommt auch in den Fällen des § 203 InsO zur Anwendung.

Mit der Aufhebung des Nachlassinsolvenzverfahrens **endet der Vollstreckungsschutz des § 89 InsO**. 905 Insolvenzgläubiger, deren Forderungen zur Insolvenztabelle festgestellt und gegen die kein Widerspruch erfolgt ist, können somit aus der Eintragung ihrer Forderung in die Insolvenztabelle nach der Aufhebung wie aus einem rechtskräftigen Titel in den Nachlass vollstrecken, § 201 Abs. 1 InsO. Der Vollstreckungsschutz bleibt jedoch für solche Gegenstände erhalten, die für eine Nachtragsverteilung vorgesehen sind.[850)]

Sind bei Beendigung des Insolvenzverfahrens noch unverwertete Gegenstände 906 vorhanden und kommt es gleichwohl zur Aufhebung des Insolvenzverfahrens, so liegt darin eine **faktische Freigabe** der noch vorhandenen Nachlassgegenstände durch den Insolvenzverwalter. Wird der Erbe von einem Nachlassgläubiger nach Aufhebung des Insolvenzverfahrens in Anspruch genommen, so steht ihm die **Erschöpfungseinrede** gemäß § 1989 BGB zu. Er hat den faktisch frei-

---

848) OLG Frankfurt/M., Beschl. v. 2.9.1991 – 20 W 267/91, ZIP 1991, 1365 = NJW-RR 1992, 487.

849) *Mohrbutter/Mohrbutter*, Hdb. der Konkurs- und Vergleichsverwaltung, Rz. 1128.

850) *Kießner* in: FK-InsO, § 201 Rz. 8.

gegebenen Gegenstand dann gemäß § 1973 Abs. 2 BGB an den Insolvenzgläubiger herauszugeben.

907 Freilich können auch **Massegläubiger**, die nicht voll befriedigt worden sind, in den nach Aufhebung des Insolvenzverfahrens verbliebenen Nachlass **vollstrecken.**[851)] Sie haben allerdings keine Eintragung ihrer Forderung in die Insolvenztabelle erhalten, so dass sie sich zuerst einen **Titel** verschaffen müssen. Nicht überzeugend ist es, das Haftungssubstrat der unbefriedigten Massegläubiger auf die von dem Insolvenzverwalter verwaltete und nicht verteilte Insolvenzmasse zu beschränken.[852)] Ob dies für die Nachhaftung natürlicher Personen überzeugt, ist hier nicht zu entscheiden. Jedenfalls für das Nachlassinsolvenzverfahren kann diese Beschränkung nicht gelten, denn das Haftungssubstrat ist hier die Sondervermögensmasse Nachlass; das **Eigenvermögen des Erben** ist davon separiert. Diese Sondervermögensmasse haftet dem Massegläubiger vollkommen unabhängig davon, ob sie von einem Insolvenzverwalter oder nach der Aufhebung des Insolvenzverfahrens von dem Erben, einem Testamentsvollstrecker, einem Nachlasspfleger oder einem Nachlassverwalter verwaltet wird. Die Haftungsbegrenzung zugunsten natürlicher Personen in der Schuldnerrolle lässt sich damit begründen, dass diese Personen nicht nach der Aufhebung des Insolvenzverfahrens mit der Haftung ihres insolvenzfreien Vermögens für Verbindlichkeiten herangezogen werden sollen, die der Insolvenzverwalter begründet hat. Dem liegt der Gedanke eines berechtigten Schutzinteresses der insolvenzfreien Vermögenssphäre solcher Schuldner zugrunde. Ein solches Schutzbedürfnis greift im Nachlassinsolvenzverfahren allerdings nicht Platz, so dass nach der Aufhebung des Nachlassinsolvenzverfahrens ein **unbeschränkter Vollstreckungszugriff auch der unbefriedigten Massegläubiger in den gesamten Nachlass** anzunehmen ist. Etwas Anderes ergibt sich auch nicht daraus, dass unbefriedigte Massegläubiger u. U. den Insolvenzverwalter gemäß § 61 InsO in Haftung nehmen können.[853)] Diese Option ist nämlich wegen der Exkulpationsmöglichkeit des Insolvenzverwalters aus § 61 Satz 2 InsO oftmals wenig Wert.

908 Verfahrensrechtlich bewirkt die Aufhebung des Insolvenzverfahrens die **Beendigung der Unterbrechung anhängiger Rechtsstreite** und **behördlicher Verfahren**, die durch § 240 ZPO unterbrochen waren, soweit der Rechtsstreit oder das behördliche Verfahren nicht Gegenstände betrifft, für die eine Nachtrags-

851) Allgemein: für das Regelinsolvenzverfahren wie hier *Kießner* in: FK-InsO, § 201 Rz. 4.

852) So aber *Hintzen* in: MünchKomm-InsO, § 201 Rz. 16: Die Haftungsbeschränkung soll sich daraus ergeben, dass der Schuldner auf Masseverbindlichkeiten keinen Einfluss hat, weil sie allein durch den Insolvenzverwalter begründet werden und sich die Handlungsbefugnisse des Insolvenzverwalters auf das zur Insolvenzmasse gehörende Vermögen beschränken; ähnlich Nerlich/Römermann-*Westphal*, InsO, § 201 Rz. 7; offenbar auch *Kießner* in: FK-InsO, § 201 Rz. 5; **a. A.** *Häsemeyer*, InsR, Rz. 25.30; *Herchen* in: HambKomm-InsO, § 201 Rz. 6.

853) So aber offenbar *Kießner* in: FK-InsO, § 201 Rz. 5.

verteilung vorgesehen ist. Die Prozessführungsbefugnis fällt an den Erben, Nachlasspfleger oder Testamentsvollstrecker zurück.

2. Einstellung des Insolvenzverfahrens

a) Einstellung mangels Masse

Das Nachlassinsolvenzverfahren muss nach § 207 Abs. 1 InsO eingestellt werden, wenn sich nach Eröffnung herausstellt, dass die zur Verfügung stehende Masse nicht ausreicht, um die Kosten des Verfahrens gemäß § 54 InsO zu decken.[854] Zwar ist der Insolvenzantrag mangels Masse abzuweisen, wenn bereits im Zeitpunkt der Eröffnungsentscheidung davon auszugehen ist, dass eine die Verfahrenskosten deckende Masse nicht vorhanden ist. § 207 InsO deckt aber diejenigen Fälle ab, in denen sich die **Prognose**, die im Zeitpunkt der Verfahrenseröffnung zu treffen ist, **nachträglich als falsch herausstellt**. Häufigster Fall dürfte die zu optimistische Bewertung von Gegenständen sind, die zur Insolvenzmasse gehören, seien es nun Sachen oder Rechte. Mit der in § 207 InsO verwendeten Terminologie „Kosten des Verfahrens" ist es nicht vereinbar, § 207 InsO bereits dann zur Anwendung zu bringen, wenn zwar die Kosten i. S. von § 54 InsO gedeckt sind, nicht aber obendrein die sog. **unausweichlichen Verwaltungskosten**. 909

Hierüber ist **heftiger Streit** entbrannt. Unter den unausweichlichen Verwaltungskosten werden Kosten der Verwaltung der Insolvenzmasse verstanden, denen sich der Insolvenzverwalter nicht entziehen kann. Gemeint sind bspw. die Kosten für **Energie- und andere Versorgungsleistungen** für einen in der Insolvenzmasse befindlichen Geschäftsbetrieb, **Versicherung** von massezugehörigen Gebäuden oder Bewachung im Freien lagernder Massegegenstände. Das Problem stellt sich nicht, soweit der Insolvenzverwalter etwaige **Kosten als Auslagen** gemäß §§ 64 InsO, 8 Abs. 1 InsVV geltend machen kann, denn seine Auslagen stellen Kosten des Verfahrens i. S. von § 54 Nr. 2 InsO dar. Voraussetzung dafür ist allerdings, dass der Insolvenzverwalter nicht nur eine Verpflichtung in seiner Funktion als Verwalter der Masse hat, sondern eine persönliche, wie dies etwa bei der Erfüllung der handels- und steuerrechtlichen Pflichten der Fall ist.[855] Hier kann der Insolvenzverwalter externe Dritte auch im eigenen Namen mit der Wahrnehmung dieser Pflichten beauftragen, so dass die daraus resultierenden Kosten ihn persönlich treffen und mithin Auslagen sind.[856] Der Ansatz einiger Vertreter in Literatur und Rechtsprechung, den Auslagenbegriff zu erweitern und hierunter auch originäre Masseverbindlich- 910

---

854) Zu den Verfahrenskosten vgl. ausf. oben S. 85 ff.

855) Blersch/Goetsch/Haas-*Breutigam*, InsR, § 207 InsO Rz. 6; AG Duisburg, Beschl. v. 27.4.2003 – 62 IN 241/02, ZInsO 2003, 863, 864 = ZVI 2003, 305; *Kießner* in: FK-InsO, § 207 Rz. 9.

856) *Kießner* in: FK-InsO, § 207 Rz. 9.

keiten zu fassen,[857] mit dem Argument, der Verwalter könne auf sie aus seinem eigenen Vermögen gleichsam als Dritter leisten und habe dann einen Aufwendungsersatzanspruch, der unter die Auslagen falle, ist abzulehnen. Dieser Ansatz würde einer **Vermögensvermischung zwischen Insolvenzmasse und persönlichem Vermögen** des Insolvenzverwalters Tür und Tor öffnen und damit jedwede Manipulation bspw. der Masseunzulänglichkeit ermöglichen. Der Insolvenzverwalter könnte dann mit seinem eigenen Vermögen beliebige Masseverbindlichkeiten begleichen und sie somit **quasi in den Rang der Verfahrenskosten erheben**. Dieser Ansatz geht somit klar zu weit.

911 Zutreffend ist, dass dies den Insolvenzverwalter in ein **Dilemma** bringen kann, wenn die Masse nicht über die notwendigen Mittel zur ordnungsgemäßen Verwaltung verfügt. In der Praxis stellt sich allerdings entgegen der Auffassung von *Kießner* kein „unlösbarer Konflikt“.[858] Eine **konsequente und beherzte Ausschöpfung der Möglichkeiten**, die Freigabe und masseunzulängliches Verfahren bieten, dürfte in aller Regel dafür sorgen, dass kein unauflösbarer Konflikt besteht, der durch die von *Kießner* geforderte verfassungskonforme weite Auslegung des Verfahrenskostenbegriffs beseitigt werden müsste. Immobilien, die sich aufgrund eines Mangels an jedweden Mitteln nicht versichern lassen, sind **freizugeben**. Sind Mittel zu erwarten, besteht die Möglichkeit, den Fälligkeitstermin hinreichend hinauszuschieben. Ist ein Geschäftsbetrieb vorhanden, der auf Energie- und sonstige Versorgungsleistungen angewiesen ist, so ist dieser **stillzulegen**, wenn nicht innerhalb der Fälligkeiten für hinreichende liquide Masse gesorgt werden kann. Stellt sich erst nach Inanspruchnahme bestimmter Versorgungsleistungen heraus, dass der Geschäftsbetrieb entgegen der gründlichen Prognoseberechnung des Insolvenzverwalters keinen Überschuss erzielt hat und können die Kosten für die Versorgungsleistungen somit nicht gedeckt werden, so hat die Anzeige der Masseunzulänglichkeit zu erfolgen. Der Insolvenzverwalter wird sich gemäß § 61 Satz 2 InsO exkulpieren können, wenn er kunstgerecht gearbeitet hat.

912 § 207 InsO erfasst **nicht die Fälle der Masseunzulänglichkeit**, in denen lediglich zu wenig Masse vorhanden ist, um die Verbindlichkeiten gegenüber den Massegläubigern zu befriedigen, **die Verfahrenskosten jedenfalls aber gedeckt sind**; in solchen Fällen ist nach §§ 208 ff. InsO zu verfahren (siehe hierzu oben Rz. 466 ff.).

857) *Wienberg/Voigt*, ZIP 1999, 1662, 1667; *Förster*, ZInsO 2002, 736 (Urteilsanm.); *Keller*, EWiR 2002, 957, 957 (Urteilsanm.); LG Kassel, Beschl. v. 25.9.2002 – 3 T 360/02, ZVI 2002, 387 = ZInsO 2002, 1040; LG Essen, Beschl. v. 6.6.2003 – 5 T 115/03, ZVI 2003, 431 = ZInsO 2003, 625; LG Dresden, Beschl. v. 27.5.2003 – 5-T-0710/02, ZInsO 2003, 665, 666 = ZVI 2004, 141.

858) *Kießner* in: FK-InsO, § 207 Rz. 11.

Die Einstellung gemäß § 207 InsO erfolgt regelmäßig **auf einen Hinweis des Insolvenzverwalters** hin. Im Anschluss an diesen Hinweis beraumt das Insolvenzgericht eine **Gläubigerversammlung** an, § 207 Abs. 2 InsO. Der Insolvenzverwalter und die Massegläubiger sind anzuhören. Jedermann außer dem Insolvenzverwalter[859)] hat das Recht, einen Einschuss in die Insolvenzmasse zu leisten. Die Einstellung unterbleibt, wenn der Einschuss hoch genug ist, damit die Verfahrenskosten nunmehr gedeckt werden können. Ein **geleisteter Vorschuss** ist als gesondert zu verwahrende Sondermasse zu behandeln. Er ist zweckgebunden an die Verwendung zur Deckung der Verfahrenskosten. Tritt in einem späteren Verfahrensstadium die Deckung der Verfahrenskostendeckung aus der Insolvenzmasse selbst ein, so ist der Vorschuss zurückzuzahlen.[860)] 913

Steht die Einstellung des Insolvenzverfahrens bevor, so hat der Insolvenzverwalter die **vorhandenen Barmittel** auf die Verfahrenskosten zu bezahlen. § 210 InsO ist entsprechend anzuwenden.[861)] Der Insolvenzverwalter ist nicht mehr zur Verwertung von Massegegenständen verpflichtet. Auch Verwaltungsaufwand braucht er nicht mehr zu treiben. Soweit er allerdings noch **Verwertungsmaßnahmen** durchführen möchte, ist er dazu legitimiert.[862)] Das Amt des Insolvenzverwalters endet indessen erst mit der Einstellung des Verfahrens. 914

b) Einstellung nach Anzeige der Masseunzulänglichkeit

Ist Masseunzulänglichkeit eingetreten und hat der Insolvenzverwalter dies dem Insolvenzgericht gemäß § 208 InsO angezeigt, so hat er die vorhandene Insolvenzmasse **zunächst zur Befriedigung der Verfahrenskosten** und **sodann zur** (quotalen) **Befriedigung der Massegläubiger** zu verwenden. Er bleibt weiterhin zur Verwaltung und restlichen Verwertung der Insolvenzmasse verpflichtet. Dies ist der Sache nach angemessen, weil seine Vergütung gesichert ist. Sobald der Insolvenzverwalter ordnungsgemäß über seine Verwaltung Rechnung gelegt und die Insolvenzmasse vollständig verwertet hat, ergeht der Einstellungsbeschluss des Insolvenzgerichts. Dieser ist unanfechtbar.[863)] 915

---

859) Die Leistung von Verfahrenskostenzuschüssen durch den Insolvenzverwalter gefährdet dessen Neutralität und gebotene Distanz; wie hier Nerlich/Römermann-*Westphal*, InsO, § 207 Rz. 21; Blersch/Goetsch/Haas-*Breutigam*, InsR, § 207 InsO Rz. 13; *Pape* in: KPB, InsO, § 207 Rz. 19; **a. A.** *Kießner* in: FK-InsO, § 207 Rz. 27.

860) OLG Frankfurt/M., Urt. v. 6.2.1986 – 3 U 263/84, ZIP 1986, 931; *Kießner* in: FK-InsO, § 207 Rz. 27.

861) BGH, Urt. v. 13.4.2006 – IX ZR 22/05, ZVI 2006, 303 = NZI 2006, 392; BGH, Beschl. v. 21.9.2006 – IX ZB 11/04, ZVI 2007, 200 = NZI 2006, 697.

862) *Kießner* in: FK-InsO, § 207 Rz. 35.

863) BGH, Beschl. v. 25.1.2007 – IX ZB 234/05, ZVI 2007, 320 = ZInsO 2007, 263.

c) Einstellung wegen Wegfalls des Eröffnungsgrundes

916 § 212 InsO gilt auch im Nachlassinsolvenzverfahren. Dieses ist somit einzustellen, wenn die Eröffnungsgründe nicht (mehr) vorliegen. Die Einstellung kann nur erfolgen, wenn sämtliche Eröffnungsgründe, insbesondere auch der der drohenden Zahlungsunfähigkeit (§ 18 InsO) fehlen. **Unerheblich ist es, welcher Eröffnungsgrund zur Eröffnung geführt hat.** Im Zeitpunkt der Einstellungsentscheidung darf kein Zweifel daran bestehen, dass sämtliche Eröffnungsgründe fehlen.[864] Es spielt dabei keine Rolle, ob bereits im Zeitpunkt der Eröffnung des Insolvenzverfahrens aus ex-post-Betrachtung bereits **gar kein Eröffnungsgrund vorgelegen hat** (die Eröffnung also eigentlich erst gar nicht hätte erfolgen dürfen) oder ob die Eröffnungsgründe erst im Laufe des Insolvenzverfahrens hinweggefallen sind. Gerade im Nachlassinsolvenzverfahren tauchen nach Eröffnung mitunter Vermögensgegenstände auf, die zum Nachlass gehören. Diese können dann zum Wegfall der Eröffnungsgründe führen. Allerdings ist zu beachten, dass die Verfahrenskosten i. S. von § 54 InsO durch die Einstellung nicht wegfallen. Die Einstellung mangels Eröffnungsgrundes kann daher nur erfolgen, **wenn nach Berichtigung sämtlicher Kosten des Verfahrens immer noch kein Eröffnungsgrund gegeben** ist.

917 Die Einstellung nach § 212 InsO erfolgt nur **auf Antrag.** Antragsberechtigt sind der Erbe, Testamentsvollstrecker und der Nachlasspfleger. Sind mehrere Erben vorhanden, so können sie den Antrag nur gemeinsam stellen. Gleiches gilt für Testamentsvollstrecker und Nachlasspfleger. Bei Meinungsverschiedenheiten zwischen den Nachlasspflegern bzw. Testamentsvollstreckern ist gemäß §§ 1797, 1915, 1962 BGB bzw. § 2224 BGB die Entscheidung des Nachlassgerichtes erforderlich. Der Antragsteller hat das Fehlen des Eröffnungsgrundes im Antragszeitpunkt glaubhaft zu machen. Fehlt die Glaubhaftmachung, so ist der Antrag unzulässig. Für die Glaubhaftmachung gilt § 4 InsO i. V. mit § 294 ZPO. Wird der Antrag abgelehnt, steht dem Antragsteller das Recht der sofortigen Beschwerde gemäß § 216 InsO zu.

d) Einstellung mit Zustimmung der Gläubiger

918 Das Nachlassinsolvenzverfahren ist auf Antrag auch dann einzustellen, wenn nach Ablauf der Anmeldefrist **sämtliche Gläubiger**, die Forderungen angemeldet haben, der Einstellung **zustimmen,** § 213 InsO. Die Zustimmung muss unwiderruflich und unbedingt erfolgen. Da die Zustimmung zur Einstellung des Insolvenzverfahrens Prozesshandlung ist, ist sie nicht anfechtbar.[865] **Ein Verzicht der Gläubiger auf die angemeldete Forderung selbst ist jedoch nicht erforderlich.** Die Zustimmungserklärungen sind dem Insolvenzgericht – nicht

---

864) *Kießner* in: FK-InsO, § 212 Rz. 9; offengelassen bei BGH, Beschl. v. 6.2.2003 – IX ZB 287/02, ZInsO 2003, 216.

865) Nerlich/Römermann-*Westphal*, InsO, § 213 Rz. 8.

notwendiger Weise durch den Antragsteller – beizubringen, d. h. dass das Insolvenzgericht keine eigenen Aktivitäten zur Herbeischaffung der Zustimmungserklärungen entfaltet.

Die Zustimmung der **Gläubiger bestrittener Forderungen** ist nur dann erfor- 919
derlich, wenn das Insolvenzgericht sie durch Beschluss nach freiem Ermessen für erforderlich erklärt, § 213 Abs. 1 Satz 2 InsO. Diese Regelung scheint Ausdruck eines Dilemmas des Gesetzgebers zu sein: Einerseits gebietet es die Gläubigerautonomie, das Insolvenzverfahren in jedem Verfahrensstadium durch einheitliche Entscheidung der Gläubiger zu beenden, andererseits kann es innerhalb der Gläubigerschaft unterschiedliche Interessen und auch Inhaber zweifelhafter Ansprüche geben. Zu einfach wäre es, stets nur die Zustimmung der Gläubiger festgestellter Forderungen zu verlangen, denn dann könnte die Entscheidung gemäß § 213 InsO durch gezielte Widersprüche manipuliert werden. So aber steht das Insolvenzgericht vor dem Problem, i. R. seiner Ermessensentscheidung eine Beurteilung darüber treffen zu müssen, **ob denn der Widerspruch voraussichtlich berechtigt ist oder nicht.** Ist er unberechtigt, dann ist die Zustimmung des betreffenden Gläubigers erforderlich; ist der Widerspruch berechtigt, dann eben nicht. Hier kann nur eine summarische Prüfung gefordert werden, weil dem Insolvenzgericht nicht die materiell-rechtliche Prüfung von Forderungen überantwortet werden darf. Im Zweifel wird das Insolvenzgericht die Zustimmung auch des Gläubigers einer bestrittenen Forderung verlangen müssen, weil es kaum lebensnaher Betrachtung entspricht, dass Gläubiger willkürliche Forderungen anmelden, während es gerade dann, wenn die Einstellung mit Zustimmung der Gläubiger im Raume steht, zu taktischem Bestreiten kommen kann. Es ist als zulässig zu erachten, dass das Insolvenzgericht das Zustimmungserfordernis daran knüpft, dass der betreffende Gläubiger innerhalb einer bestimmten Frist Feststellungsklage erhebt.

Ähnliches gilt für die absonderungsberechtigten Gläubiger. Auch hier ent- 920
scheidet das Insolvenzgericht nach freiem Ermessen, ob deren Zustimmung erforderlich ist oder nicht. Hier hat sich die Ermessensentscheidung daran zu orientieren, inwieweit der Gläubiger bei Verwertung seines Absonderungsgutes mit einem Ausfall zu rechnen hat. Ist davon auszugehen, dass er aus dem Absonderungsgut voll befriedigt werden wird, so ist seine Zustimmung entbehrlich; anders verhält es sich, wenn ein deutlicher Ausfall zu erwarten ist.

Auch im **masseunzulänglichen Verfahren** (§ 208 InsO) kommt die Einstel- 921
lung gemäß § 213 InsO in Betracht. In diesem Fall ist zusätzlich zu der Zustimmung aller Gläubiger unbestrittener Insolvenzforderungen, ggf. der Gläubiger bestrittener Forderungen und der Absonderungsberechtigten die Zustimmung der Massegläubiger erforderlich. § 214 Abs. 3 InsO findet in diesem Fall keine Anwendung.

922 Vor dem Ablauf der Anmeldefrist wird das Nachlassinsolvenzverfahren auf Antrag des Erben, Testamentsvollstreckers oder Nachlasspflegers eingestellt, wenn die Zustimmung aller bekannten Gläubiger vorliegt, § 213 Abs. 2 InsO.

923 Wird der Antrag abgelehnt, steht dem Antragsteller das Recht der sofortigen Beschwerde gemäß § 216 InsO zu.

924 Die **Erschöpfungseinrede** gemäß § 1989 BGB steht dem Erben im Fall der Aufhebung gemäß § 213 InsO nicht zu (siehe Rz. 925).

e) Wirkungen der Einstellung

925 Der Beschluss, durch den das Nachlassinsolvenzverfahren eingestellt wird, ist gemäß § 215 InsO öffentlich bekannt zu machen. Durch die Einstellung des Nachlassinsolvenzverfahrens fällt die Verfügungsberechtigung über den Nachlass grundsätzlich an den Erben zurück. Ist ein Testamentsvollstrecker oder ein Nachlasspfleger noch im Amt, so fällt diesem die Verfügungsberechtigung zu. Die **Nachlassverwaltung** lebt allerdings nicht wieder auf; sie ist mit der Eröffnung des Insolvenzverfahrens endgültig beendet worden (siehe hierzu obige Ausführung zu den Folgen der Aufhebung des Insolvenzverfahrens Rz. 902).

§ 2
Nachlassverwaltung

Übersicht

I. Anlass für die Anordnung der Nachlassverwaltung ... 1
II. Antragserfordernis ... 7
III. Antragsberechtigung ... 8
1. Erbe ... 8
2. Miterben ... 17
3. Nacherbe ... 27
4. Testamentsvollstrecker ... 30
5. Erbschaftskäufer ... 31
6. Ehegatte bei Gütergemeinschaft ... 32
7. Nachlasspfleger ... 33
8. Insolvenzverwalter über das Vermögen des Erben ... 36
9. Gläubiger ... 37
IV. Entscheidung des Nachlassgerichts ... 49
1. Kostenvorschuss ... 49
2. Beschluss ... 52
3. Wirksamwerden der Nachlassverwaltung ... 53
4. Rechtsmittel ... 56
V. Auswahl des Nachlassverwalters ... 59
VI. Stellung des Nachlassverwalters ... 67
1. Partei kraft Amtes ... 67
2. Prozessuale Stellung des Nachlassverwalters ... 68
VII. Übergang der Verfügungsbefugnis auf den Nachlassverwalter ... 76
1. Unwirksamkeit von Verfügungen des Erben über Nachlassgegenstände ... 76
2. Gutgläubiger Erwerb ... 80
3. Rückforderung der Gegenleistung bei unwirksamer Verfügung ... 87
4. Erfüllung von Nachlassforderungen nach Anordnung der Nachlassverwaltung ... 88
5. Erlöschen von Aufträgen und Vollmachten des Erblassers und des Erben ... 92
6. Zwangsvollstreckung während der Nachlassverwaltung ... 93
   a) Zwangsvollstreckung in den Nachlass ... 93
   aa) Zwangsvollstreckung von Nachlassgläubigern ... 93
   bb) Zwangsvollstreckung durch Eigengläubiger des Erben ... 97
   b) Zwangsvollstreckung durch Nachlassgläubiger in das Eigenvermögen des Erben ... 100
VIII. Umfang der Nachlassverwaltung ... 102
1. Gesamter Nachlass ... 102
2. Nachlassverwaltung bei Unternehmen ... 106
   a) Anteile an einer Kapitalgesellschaft ... 106
   b) Einzelkaufmännisches Unternehmen ... 108
   c) Anteile an einer Personengesellschaft ... 113
3. Konfusion, Konsolidation, Aufrechnung ... 121
IX. Aufgaben des Nachlassverwalters ... 124
1. Inbesitznahme des Nachlasses ... 125
2. Eintragung der Nachlassverwaltung in das Grundbuch ... 132
3. Wirtschaftliche Verwaltung des Nachlasses ... 135
4. Rechtsgeschäfte des Nachlassverwalters mit dem Erben ... 137
5. Keine Insichgeschäfte des Nachlassverwalters ... 138
6. Weitere Pflichten des Nachlassverwalters ... 139
7. Erstellung des Nachlassverzeichnisses, Zulänglichkeitsprüfung ... 147
   a) Nachlassverzeichnis ... 147
   b) Zulänglichkeitsprüfung ... 150

c) Unzulänglichkeit des Nachlasses ... 155
8. Berichtigung der Nachlassverbindlichkeiten ... 157
9. Verwertung von Nachlassgegenständen ... 160
a) Zweckmäßigkeitserwägungen ... 160
b) Zustimmungserfordernis des Nachlassgerichts ... 164
aa) Zustimmungsbedürftige Geschäfte ... 164
bb) Anhörung der Betroffenen ... 167
cc) Allgemeine Ermächtigung durch das Nachlassgericht ... 168
dd) Genehmigung durch das Nachlassgericht ... 172
10. Steuerliche Pflichten des Nachlassverwalters ... 180
a) Erbschaftsteuer ... 180
b) Einkommensteuer ... 184
X. Überwachung des Nachlassverwalters durch das Nachlassgericht ... 188
XI. Entlassung des Nachlassverwalters ... 194
XII. Beendigung der Nachlassverwaltung ... 200
1. Gründe für die Beendigung der Nachlassverwaltung ... 200
2. Beschluss des Nachlassgerichts ... 209
3. Haftung des Erben nach Aufhebung der Nachlassverwaltung ... 211
4. Herausgabe des Nachlasses ... 216
XIII. Honorar des Nachlassverwalters ... 222
1. Allgemeines ... 222
2. Höhe und Berechnung der Vergütung ... 223
3. Festsetzung der Vergütung ... 232
4. Rechtsmittel gegen den Festsetzungsbeschluss ... 238
5. Ersatz von Aufwendungen des Nachlassverwalters ... 240
6. Gerichtskosten ... 245
7. Vergütung und Aufwendungen des Nachlassverwalters in der Nachlassinsolvenz und bei Unzulänglichkeit des Nachlasses ... 246
XIV. Haftung des Nachlassverwalters ... 248
1. Gesetzliches Schuldverhältnis ... 248
2. Pflichtverletzung des Nachlassverwalters ... 250
3. Ersatzfähiger Schaden ... 256
4. Geltendmachung der Schadensersatzansprüche gegen den Nachlassverwalter ... 257

Literatur: *Börner*, Das System der Erbenhaftung – Teil 3, JuS 1968, 108; *Fromm*, Nachlassverwaltung: Eine Bedrohung für mittelständische Unternehmen im Nachlass, ZEV 2006, 298; *Gleumes/Lauk*, Aktuelle Entwicklung bei der Vergütung des berufsmäßigen Nachlasspflegers, ErbR 2014, 316; *Graf*, Möglichkeiten der Haftungsbeschränkung für Nachlassverbindlichkeiten, ZEV 2000, 125; *Harsdorf-Gebhardt*, Aktuelle Rechtsprechung des BGH zum Erbrecht – Teil 2: Von Auskunftserteilung bis Nachlassinsolvenz, ErbR 2019, 210; *Joachim/Janzen*, Gehören Erbschaftsteuerschulden zu den Nachlassverbindlichkeiten i. S. v. § 1967 Abs. 2 BGB?, ZEV 2018, 74; *Lüke*, Haftungsrecht überdacht – Überlegungen zur Systematik der Insolvenzverwalterhaftung, ZIP 2005, 1113; *Marotzke*, Antrag auf Erteilung eines Erbscheins und Nachlasspflegschaft, ZEV 2005, 111; *Nöll*, Nachlassverwaltung als Sanierungsinstrument bei todesfallbedingten Unternehmenskrisen, ZEV 2017, 247; *Nöll*, Nachlassverwaltung vs. Nachlasspflegschaft: das bessere Verfahren bei Erbausschlagung und Erbprätendentenstreit, ZEV 2015, 612; *Prange*, Miterbe und Nachlassverwalter in Personalunion?, MDR 1994, 235; *Reihlen*, Kann ein Miterbe Nachlassverwalter werden?, MDR 1989, 603; *Roth*, Umfang der Insolvenzmasse im Nachlassinsolvenzverfahren, ZInsO 2010, 118; *Rugullis*, Nachlassverwaltung und Nachlassinsolvenzverfahren – ein verfahrensrechtlicher Vergleich, ZEV 2007, 117; *Storz*, Unter welchen Voraussetzungen können Nachlassgläubiger bei Vorhandensein eines verwaltenden Testamentsvollstreckers die Nachlassverwaltung beantragen?, ZEV 2010, 549; *Zimmermann*, Die Regelung der Nachlasspflegschaft ab dem Jahr 2023, ZEV 2022, 580; *Zimmermann*,

Das neue Nachlassverfahren nach dem FamFG, ZEV 2009, 53; *Zimmermann*, Probleme der Nachlassverwaltervergütung, ZEV 2007, 519; *Zimmermann*, Die Auswahl von Testamentsvollstreckern, Nachlasspflegern und Nachlassverwaltern durch das Nachlassgericht, ZEV 2007, 313.

I. Anlass für die Anordnung der Nachlassverwaltung

1 Neben der Nachlassinsolvenz bietet die Nachlassverwaltung (§§ 1975 ff. BGB) dem Erben die einzige Möglichkeit, den Nachlass von seinem Eigenvermögen zu separieren und gegenüber der Gesamtheit der Nachlassgläubiger seine Haftung auf den Nachlass zu beschränken. Die Nachlassverwaltung ist gemäß § 1975 BGB eine Nachlasspflegschaft zum Zweck der Befriedigung der Nachlassgläubiger. Ihr Ziel ist die **vollständige Befriedigung der Gläubiger**, während es bei der Nachlassinsolvenz zur gleichmäßigen, aber nur anteiligen Befriedigung der Gläubiger kommt. Als Mittel der Haftungsbeschränkung kommt die Nachlassverwaltung für den Erben in Betracht, wenn der Nachlass **unübersichtlich** ist, über dessen Überschuldung aber noch keine Aussage getroffen werden kann. Ist dem Erben dagegen die Überschuldung oder Zahlungsunfähigkeit des Nachlasses bereits bekannt, ist er gemäß § 1980 Abs. 1 Satz 1 BGB verpflichtet, die Nachlassinsolvenz unverzüglich zu beantragen. Eine entsprechende Obliegenheit des Erben, bei Unübersichtlichkeit des Nachlasses die Nachlassverwaltung zu beantragen, besteht allerdings nicht.

2 Eine Überschuldung des Nachlasses hindert nicht die Anordnung der Nachlassverwaltung durch das Nachlassgericht.[1] Der Nachlassverwalter ist dann allerdings gehalten, unverzüglich das Nachlassinsolvenzverfahren zu beantragen. War in einem solchen Fall für den Erben die Überschuldung des Nachlasses bei Beantragung der Nachlassverwaltung bereits erkennbar, haftet er den Nachlassgläubigern gemäß § 1980 Abs. 1 Satz 2 BGB auf Schadensersatz. Der Schaden liegt dann u. a. in den durch die Nachlassverwaltung ausgelösten Kosten.

3 Der Erbe kann die Nachlassverwaltung auch wählen, wenn er **lästige Auseinandersetzungen mit Nachlassgläubigern** im Hinblick auf sein **Eigenvermögen** vermeiden möchte. So ist denkbar, dass sich der Nachlass aufgrund seiner Zusammensetzung für Vollstreckungsmaßnahmen von Nachlassgläubigern weniger eignet als das Eigenvermögen des Erben, z. B. weil sich im Nachlass nur ein schwer verwertbares Grundstück befindet. Mit der Anordnung der Nachlassverwaltung kann der Erbe in einem solchen Fall die Nachlassgläubiger auf den Nachlass verweisen und so sein Eigenvermögen vor deren Zugriff schützen.[2]

4 Der Erbe kann die Nachlassverwaltung sogar auch dann beantragen, wenn er sich aus **Bequemlichkeit** nicht um den Nachlass kümmern möchte.[3]

1) *Küpper* in: MünchKomm-BGB, § 1981 Rz. 2; Staudinger-*Dobler*, BGB, § 1981 Rz 8.

2) *Rugullis*, ZEV 2007, 117, 118.

3) Staudinger-*Dobler*, BGB, § 1981 Rz. 13; **a. A.** Grüneberg-*Weidlich*, BGB, § 1981 Rz. 1.

5 Zu beachten ist allerdings, dass die Nachlassverwaltung grundsätzlich erst nach ihrer **vollständigen Durchführung** aufgehoben werden kann. Nach Anordnung der Nachlassverwaltung durch das Nachlassgericht kann der Antrag **nicht mehr zurückgenommen werden.** Die Rücknahme des Antrages ist nur nach Maßgabe von § 22 FamFG möglich.[4]

6 **Nachlassgläubiger** können die Anordnung der Nachlassverwaltung **beantragen,** wenn Grund zu der Annahme besteht, dass die Befriedigung der Nachlassgläubiger aus dem Nachlass durch das Verhalten oder die Vermögenslage des Erben gefährdet ist (§ 1981 Abs. 2 Satz 1 BGB). Das ist z. B. gegeben, wenn Eigengläubiger des Erben in den Nachlass vollstrecken und den Nachlass so schmälern, dass die Befriedigung der Nachlassgläubiger hieraus nicht mehr gewährleistet ist.

II. Antragserfordernis

7 Die Nachlassverwaltung wird, wie das Insolvenzverfahren, nicht von Amts wegen eingeleitet, sondern setzt einen entsprechenden Antrag voraus. **Zuständig** für die Anordnung der Nachlassverwaltung ist das Nachlassgericht am letzten Wohnsitz des Erblassers (§§ 1981, 1962 BGB, § 23a Abs. 1 Nr. 2 GVG, §§ 342 Abs. 1 Nr. 8, 343 FamFG). Funktionell ist der Rechtspfleger zuständig (§§ 3 Nr. 2 lit. c, 16 Abs. 1 Nr. 1 RPflG).

III. Antragsberechtigung

1. Erbe

8 Der Erbe ist berechtigt, die Nachlassverwaltung zu beantragen (§ 1981 Abs. 1 BGB). In diesem Fall ist sie ohne weitere Voraussetzungen anzuordnen. Der Erbe braucht daher seinen Antrag **nicht zu begründen.**[5] Er muss bei der Antragstellung seine **Erbenstellung** darlegen und glaubhaft machen durch Vorlage eines Erbscheins oder einer letztwilligen Verfügung.[6]

9 Auch der **Erbeserbe** ist berechtigt, die Nachlassverwaltung über den Nachlass des Erblassers zu beantragen. Die Möglichkeit, haftungsbeschränkende Maßnahmen zu veranlassen, stellt eine Vermögensposition dar, die der (erste) Erbe weitervererben kann.[7]

10 **Anlass** für einen Antrag des Erben ist in der Regel die Unübersichtlichkeit des Nachlasses und die damit nicht auszuschließende Möglichkeit einer Überschuldung des Nachlasses.

---

4) Grüneberg-*Weidlich*, BGB, § 1981 Rz. 2.

5) *Gottwald* in: Damrau/Tanck, PK Erbrecht, § 1981 Rz. 4.

6) Grüneberg-*Weidlich*, BGB, § 1981 Rz. 1.

7) OLG Jena, Beschl. v. 10.9.2008 – 9 W 395/08, ZEV 2009, 33 = FamRZ 2009, 1096.

Der Erbe ist **nicht mehr berechtigt**, die Anordnung der Nachlassverwaltung zu beantragen, wenn er gegenüber sämtlichen Nachlassgläubigern unbeschränkt für Nachlassverbindlichkeiten haftet (§ 2013 Abs. 1 Satz 2 Halbs. 2 BGB). Eine unbeschränkte Haftung des Erben besteht auch, wenn er auf die Beschränkung seiner Haftung auf den Nachlass verzichtet hat. Ordnet das Nachlassgericht trotz der eingetretenen unbeschränkten Haftung des Erben die Nachlassverwaltung an, wird dadurch seine Haftung auf den Nachlass nicht beschränkt. Die Absonderungswirkung zugunsten der Nachlassgläubiger tritt in diesem Fall dennoch ein.[8] Eine Beschwerde gegen die auf Anordnung des Erben erfolgte Nachlassverwaltung ist auch in diesem Fall unzulässig (§ 359 Abs. 1 FamFG). Nach § 48 Abs. 1 Satz 1 FamFG könnte der Beschluss über die Anordnung der Nachlassverwaltung nur aufgehoben werden, wenn sich die Sach- und Rechtslage nachträglich wesentlich geändert hat. 11

Das Recht des Erben, die Nachlassverwaltung zu beantragen, ist nicht dadurch ausgeschlossen, dass er nur einzelnen Nachlassgläubigern gegenüber unbeschränkt haftet, weil er z. B. den Vorbehalt gemäß § 780 Abs. 1 ZPO nicht mehr geltend machen kann (§ 2013 Abs. 2 BGB). Er kann dadurch zumindest **gegenüber den übrigen Gläubigern** die Beschränkung seiner Haftung herbeiführen. 12

Das Antragsrecht des Erben ist **zeitlich nicht befristet.** Er kann die Nachlassverwaltung selbst dann noch beantragen, wenn er den Nachlass und sein Eigenvermögen bereits so vermischt hat, dass die Errichtung eines Inventars nicht mehr möglich ist.[9] 13

Der Antrag des Erben setzt nicht voraus, dass dieser die **Erbschaft** bereits **angenommen** hat (§ 316 Abs. 1 InsO analog).[10] In dem Antrag auf Nachlassverwaltung liegt in der Regel auch noch keine Annahme der Erbschaft. Es handelt sich um eine Fürsorgemaßnahme, die auch während der Überlegungszeit des Erben geboten sein kann.[11] **Schlägt** der Erbe allerdings die Erbschaft **später aus,** muss die angeordnete Nachlassverwaltung wieder aufgehoben werden, wenn der nächstberufene Erbe nicht damit einverstanden ist.[12] 14

Nach zutreffender Ansicht ist auch der **Erbprätendent** berechtigt, die Nachlassverwaltung zu beantragen.[13] Im Fall der Nachlassinsolvenz ist der Erbe trotz eines schwebenden Erbprätendentenstreits und einer deswegen angeordneten Nachlasspflegschaft gemäß § 1980 BGB verpflichtet, Insolvenzantrag zu stel- 15

8) Erman-*Horn*, BGB, § 1981 Rz. 2.

9) Staudinger-*Dobler*, BGB, § 1981 Rz. 10.

10) Erman-*Horn*, BGB, § 1981 Rz. 2; *Lohmann* in: BeckOK-BGB § 1981 Rz. 2; str., **a. A.** Staudinger-*Dobler*, BGB, § 1981 Rz. 11; *Muscheler*, Erbrecht, Rz. 3547.

11) Grüneberg-*Weidlich*, BGB, § 1943 Rz. 2; differenzierend *Gottwald* in: Damrau/Tanck, PK Erbrecht, § 1981 Rz. 4.

12) Vgl. Staudinger-*Dobler*, BGB, § 1981 Rz. 11.

13) *Nöll*, ZEV 2015, 612.

len.[14] Dann sollte er auch in der Lage sein, die Nachlassverwaltung zu beantragen. Wie bei der Einleitung eines Insolvenzverfahrens dürfte der Erbprätendent allerdings Schwierigkeiten haben, sein Antragsrecht gegenüber dem Nachlassgericht **nachzuweisen**. Ob hierfür die Glaubhaftmachung des bestrittenen Erbrechts durch Vorlage eines den Antragsteller als Erben ausweisendes Testaments und eines entsprechenden Erbscheinantrages ausreicht, erscheint fraglich.[15] Wenn allerdings sämtliche in Betracht kommenden Erbprätendenten einen Antrag auf Anordnung der Nachlassverwaltung stellen, dürfte der Antrag zulässig sein.

16 Der Antrag des Erben auf Anordnung der Nachlassverwaltung **unterliegt nicht der Gläubigeranfechtung** gemäß § 3 Abs. 1 Satz 1 AnfG. Die ordnungsgemäße Verwaltung des Nachlasses liegt im Interesse der Gläubiger.[16]

2. Miterben

17 Mehrere Miterben sind nur **gemeinsam** berechtigt, die Nachlassverwaltung zu beantragen, solange der Nachlass noch nicht auseinandergesetzt ist (§ 2062 BGB); zur Frage der Auseinandersetzung der Erbengemeinschaft siehe § 4 Rz. 456 [*Pfeuffer*]. Der Antrag auf Nachlassverwaltung ist keine Verwaltungsmaßnahme, die gemäß §§ 2038 Abs. 2, 745 BGB von den Miterben durch Stimmenmehrheit beschlossen werden kann.[17]

18 Bis zur Teilung des Nachlasses kann der einzelne Miterbe gemäß § 2059 Abs. 1 Satz 1 BGB seine Haftung auf den Nachlass beschränken. Die Miterben sind gemäß § 2046 Abs. 1 Satz 1 BGB gehalten, zunächst die **Nachlassverbindlichkeiten** zu berichtigen. Wenn der **Nachlass geteilt** ist, entfällt für die Erben sowohl das Haftungsbeschränkungsrecht gemäß § 2059 Abs. 1 Satz 1 BGB als auch die Möglichkeit, die Nachlassverwaltung zu beantragen (§ 2062 Halbs. 2 BGB).

19 Nach überwiegender Auffassung kann wegen § 2062 Halbs. 2 BGB auch ein **Nachlassgläubiger** nach der Teilung des Nachlasses nicht mehr die Nachlassverwaltung beantragen.[18] Zur Begründung wird ausgeführt, für den Nachlassgläubiger bestehe in diesem Fall keine weitergehende Gefahr, da bei einer Nachlassverwaltung der Nachlass regelmäßig zur Befriedigung ausreiche.[19] Die Teilung des Nachlasses hindere den Gläubiger nicht, später die Eröffnung des Nachlassinsolvenzverfahrens zu beantragen (§ 316 Abs. 2 InsO). Wenn der Nachlassgläubiger nach der voreiligen Teilung des Nachlasses allerdings feststellt, dass die Befriedigung der Nachlassgläubiger aus dem Nachlass gefährdet wird (§ 1981

---

14) BGH, Urt. v. 8.12.2004 – IV ZR 199/03, ZVI 2005, 21 = ZEV 2005, 109.

15) Vgl. hierzu für den Insolvenzantrag *Marotzke*, ZEV 2005, 111.

16) Grüneberg-*Weidlich*, BGB, § 1981 Rz. 1.

17) Grüneberg-*Weidlich*, BGB, § 2062 Rz. 1; *Lohmann* in: BeckOK-BGB, § 2062 Rz. 2.

18) *Fest* in: MünchKomm-BGB, § 2062 Rz. 9; Grüneberg-*Weidlich*, BGB, § 2062 Rz. 2; *Lohmann* in: BeckOK-BGB, § 2026 Rz. 4.

19) *Schallenberg*/*Rafiqpoor* in: FK-InsO, § 316 Rz. 5.

Abs. 2 Satz 1 BGB), wäre er bei Anwendung des § 2062 Halbs. 2 BGB damit gezwungen abzuwarten, bis die Voraussetzungen zur Eröffnung des Nachlassinsolvenzverfahrens vorliegen, um dann eine ordnungsgemäße Verwaltung des Nachlasses durch den Insolvenzverwalter herbeizuführen. Es ist aber nicht einzusehen, dass die Nachlassgläubiger nach einer vorzeitigen, gegen § 2046 BGB verstoßenden Auseinandersetzung der Miterben und der sich anschließenden Gefährdung der Befriedigung ihrer Forderungen, sozusagen tatenlos zusehen müssen, um dann im Nachlassinsolvenzverfahren die Nachlassteilung wieder rückgängig zu machen. § 2062 Halbs. 2 BGB sollte daher teleologisch reduziert werden und das Antragsrecht der Nachlassgläubiger für die Nachlassverwaltung nicht ausschließen.[20]

Die Frage der Teilung des Nachlasses i. S. von § 2062 Halbs. 2 BGB stellt sich 20
auch, wenn der Erblasser **Gesellschafter einer Personenhandelsgesellschaft** war und diese Gesellschafterstellung im Wege der Sondererbfolge in mehrere Gesellschaftsanteile zerfällt. Der Gesellschaftsvertrag einer Personengesellschaft kann vorsehen, dass bei Tod eines Gesellschafters dessen Erben in die Gesellschaft nachrücken (einfache Nachfolgeklausel).[21] Eine Erbengemeinschaft kann nicht Gesellschafterin einer werbend tätigen Gesellschaft sein.[22] Die einzelnen Erben werden in diesem Fall entsprechend ihrer Anteile Mitglieder der Gesellschaft im Zeitpunkt des Todes des Erblassers im Wege der Sondererbfolge. Es kommt also zu einer automatischen Aufteilung des vererbten Gesellschaftsanteils. In diesem Fall kommt § 2062 Halbs. 2 BGB nicht zur Anwendung. Vielmehr hat jeder Erbe das Recht, alleine die Nachlassverwaltung herbeizuführen (siehe hierzu auch § 4 Rz. 461 [*Pfeuffer*]).[23]

Umstritten ist die Rechtslage, wenn **einer der Miterben** gegenüber allen Nach- 21
lassgläubigern unbeschränkt haftet und **das Recht, die Anordnung der Nachlassverwaltung zu beantragen, verloren hat** (§ 2013 Abs. 1 Satz 1 Halbs. 2 BGB). Nach einer, wohl überwiegenden, Auffassung können die Miterben in diesem Fall die Nachlassverwaltung nicht mehr erreichen.[24] Begründet wird dies vor allem mit dem Wortlaut der §§ 2062, 2013 Abs. 1 Satz 1 Halbs. 2 BGB. Das Erfordernis der gemeinschaftlichen Antragstellung besteht aber nur, weil die Nachlassverwaltung die Grundlagen der Erbengemeinschaft und die Verfügungsmacht über die Nachlassgegenstände berührt, nicht aber wegen der Haftung der Miterben gegenüber den Nachlassgläubigern. Die übrigen Miterben sollen aber hinsichtlich der Haftung keinen Nachteil daraus haben, dass ein Miterbe den Nachlassgläubigern gegenüber bereits unbeschränkt haftet. Sie können in diesem Fall

20) So auch Staudinger-*Marotzke*, BGB, § 2062 Rz. 18.

21) Vgl. Grüneberg-*Sprau*, BGB, § 727 Rz. 2.

22) *Muscheler*, Erbrecht, Rz. 868 m. w. N.

23) Grüneberg-*Weidlich*, BGB, § 2062 Rz. 2; *Fest* in: MünchKomm-BGB, § 2062 Rz. 11.

24) *Fest* in: MünchKomm-BGB, § 2062 Rz. 3; Grüneberg-*Weidlich*, BGB, § 2062 Rz. 1.

gemeinschaftlich mit dem unbeschränkt haftenden Miterben die Nachlassverwaltung beantragen.[25] Haften alle Miterben bereits unbeschränkt, dann ist der Antrag auf Anordnung der Nachlassverwaltung allerdings unzulässig.[26]

22 Die gemäß § 2062 Halbs. 1 **erforderliche Zustimmung** aller Miterben muss noch **im Zeitpunkt der Entscheidung über den Antrag** auf Anordnung der Nachlassverwaltung vorliegen.[27] Nach Anordnung der Nachlassverwaltung kann jeder Miterbe alleine die **Aufhebung** der Nachlassverwaltung wegen Zweckerreichung bei dem Nachlassgericht beantragen.[28]

23 Hat ein Miterbe seinen **Erbteil auf einen Dritten übertragen** (§ 2033 Abs. 1 BGB), geht damit auch das Recht auf Beteiligung an der Verwaltung der Erbengemeinschaft auf diesen über. An der Beantragung der Nachlassverwaltung muss deshalb der Erbteilserwerber, nicht der veräußernde Miterbe, mitwirken.[29] Ist der Erbteil eines Miterben gemäß § 859 Abs. 2 ZPO gepfändet, bedarf der Antrag auf Nachlassverwaltung der Mitwirkung des Pfändungsgläubigers.[30]

24 Die Nachlassverwaltung ist auch möglich, wenn sich sämtliche Erbteile **in der Hand eines der Miterben vereinigen.**[31] In diesem Fall stellt sich die Lage wie bei einem Alleinerben dar, bei dem die Nachlassverwaltung auch zulässig ist.

25 Über einen **Erbteil** kann die Nachlassverwaltung nicht angeordnet werden.[32]

26 Der **Miterbe**, der **selbst Nachlassgläubiger** ist, kann in seiner Eigenschaft als Gläubiger bei Vorliegen der Voraussetzungen des § 1981 Abs. 2 BGB die Nachlassverwaltung beantragen.[33] Er kann allerdings nicht in seiner Eigenschaft als Gläubiger des Nachlasses die Nachlassverwaltung beantragen um die fehlende Mitwirkungsbereitschaft oder die Passivität einzelner Miterben zu überwinden, wenn von diesem Verhalten keine konkrete Gefährdung des Nachlasses ausgeht.[34]

---

25) Staudinger-*Marotzke*, BGB, § 2062 Rz. 12; *Muscheler*, Die Haftungsordnung der Testamentsvollstreckung, S. 114 ff.; *Börner*, JuS 1968, 108, 110; **a. A.** *Fest* in: MünchKomm-BGB, § 2062 Rz. 3.

26) Staudinger-*Marotzke*, BGB, § 2062 Rz. 13.

27) KG Berlin, Entsch. v. 19.11.1931 – 1 b X 726/31, JW 1932, 1389, 1390; Staudinger-*Marotzke*, BGB, § 2062 Rz. 14.

28) Erman-*Bayer*, BGB, § 2062 Rz. 4; BGH, Beschl. v. 5.7.2017 – IV ZB 6/17, ZEV 2017, 513 = Rpfleger 2017, 628.

29) Staudinger-*Marotzke*, BGB, § 2062 Rz. 8.

30) Staudinger-*Marotzke*, BGB, § 2062 Rz. 9; *Syrbe* in: Damrau/Tanck, PK Erbrecht, § 2062 Rz. 3.

31) Grüneberg-*Weidlich*, BGB, § 2062 Rz. 2; Erman-*Bayer*, BGB, § 2062 Rz. 2.

32) Grüneberg-*Weidlich*, BGB, § 2062 Rz. 1.

33) *Syrbe* in: Damrau/Tanck, PK Erbrecht, § 2062 Rz. 6; *Herzog*, Die Erbenhaftung, § 8 Rz. 4.

34) OLG Düsseldorf, Beschl. v. 22.3.2012 – I-3 Wx 24/12, ZEV 2012, 319 = FamRZ 2012, 1421.

3. Nacherbe

Der Nacherbe haftet ab dem **Eintritt des Nacherbfalls** für Nachlassverbindlichkeiten (§ 2144 Abs. 1 BGB); zur Haftung des Nacherben siehe näher § 4 Rz. 501 [*Pfeuffer*]. Ab diesem Zeitpunkt ist er auch berechtigt, den Antrag auf Nachlassverwaltung zu stellen.[35] Bestand die Nachlassverwaltung bereits bei dem Eintritt des Nacherbfalls, ist danach zu unterscheiden, auf wessen Antrag sie angeordnet wurde. Hatte der Vorerbe die Nachlassverwaltung beantragt, ist sie nach Eintritt des Nacherbfalls von dem Nachlassgericht aufzuheben.[36] Der Nacherbe kann den Antrag auf Anordnung der Verwaltung aber jederzeit ohne zeitliche Beschränkung erneut stellen. 27

Die **Nachlassgläubiger** haben ab Eintritt des Nacherbfalls wieder die Möglichkeit zur Antragstellung **innerhalb von zwei Jahren** (vgl. § 1981 Abs. 2 Satz 2 BGB). Die Frist beginnt mit der Annahme der Nacherbschaft. Der Nacherbe kann nach ganz überwiegender Auffassung auch bereits vor dem Eintritt des Nacherbfalls die Annahme der Nacherbschaft erklären.[37] In diesem Fall läuft die Frist für die Gläubiger zur Beantragung der Nachlassverwaltung mit dem Eintritt des Nacherbfalls. 28

Hatten die Nachlassgläubiger während der Vorerbschaft bereits die Nachlassverwaltung beantragt, wird sie nur fortgesetzt, wenn die Gründe des § 1981 Abs. 2 Satz 1 BGB auch in der Person des Nacherben erfüllt sind.[38] 29

4. Testamentsvollstrecker

Der verwaltende Testamentsvollstrecker ist analog § 317 Abs. 1 InsO neben dem Erben berechtigt, die Anordnung der Nachlassverwaltung zu beantragen.[39] Dieses Antragsrecht entspricht der Stellung des Testamentsvollstreckers gegenüber den Nachlassgläubigern. Dem steht nicht entgegen, dass er mit der Herbeiführung einer anderen Verwaltung eigentlich seiner ihm selbst obliegenden Verwaltungspflicht zuwiderhandelt.[40] Zwar führt die Übertragung der Verwaltungsfunktion des Testamentsvollstreckers zu einer Aufspaltung der Zuordnung des Nachlasses zwischen dem Erben und dem Testamentsvollstrecker. Der Nachlass wird ein **von dem Testamentsvollstrecker verwaltetes Sondervermögen.**[41] Die Testamentsvollstreckung an sich führt aber nicht zu einer Beschränkung der Haftung des Erben gegenüber den Nachlassgläubigern auf den Nachlass. Eine solche 30

---

35) Erman-*Horn*, BGB, § 1981 Rz. 3.

36) Staudinger-*Avenarius*, BGB, § 2144 Rz. 9; **a. A.** Staudinger-*Dobler*, BGB, § 1988 Rz. 14.

37) Staudinger-*Avenarius*, BGB, § 2142 Rz. 14; Grüneberg-*Weidlich*, BGB § 2142 Rz. 6; BayObLG, Entsch. v. 5.8.1966 – Breg. 1 a Z 35/66, BayObLGZ 1966, 271, 274.

38) Grüneberg-*Weidlich*, BGB, § 2144 Rz. 3; Staudinger-*Avenarius*, BGB, § 2144 Rz. 9.

39) Erman-*Horn*, BGB, § 1981 Rz. 3.

40) *Küpper* in: MünchKomm-BGB, § 1981 Rz. 4.

41) *Zimmermann* in: MünchKomm-BGB, § 2205 Rz. 3.

Beschränkung kann bzw. muss der Erbe mit den zulässigen Mitteln herbeiführen. Der Erbe bleibt neben dem Testamentsvollstrecker berechtigt, die Nachlassverwaltung zu beantragen (§ 317 Abs. 3 InsO analog)[42]. Besteht allerdings Grund zu der Annahme, dass der Erbe die Nachlassverwaltung beantragt, um den ihm nicht genehmen Testamentsvollstrecker **durch einen Nachlassverwalter „auszuschalten"**, ist das Rechtsschutzinteresse des Erben besonders sorgfältig zu prüfen.[43]

5. Erbschaftskäufer

31 Der Erbschaftskäufer haftet gemäß § 2382 Abs. 1 BGB gegenüber den Nachlassgläubigern (siehe hierzu näher § 4 Rz. 491 [*Pfeuffer*]). **Für ihn gelten die Vorschriften über die Haftung des Erben** (§ 2383 Abs. 1 Satz 1 BGB). Der Erbschaftskäufer kann daher die Haftungsbeschränkung selbst herbeiführen und die Nachlassverwaltung beantragen.[44] Neben ihm ist analog § 330 Abs. 2 Satz 1 und 2 InsO auch der Erbe wie ein Nachlassgläubiger zur Antragstellung befugt.[45] Der Erbe haftet weiter für die Nachlassverbindlichkeiten (§ 2382 Abs. 1 Satz 1 BGB). Er kann daher die Nachlassverwaltung beantragen, wenn der Käufer ihm gegenüber zur Berichtigung der Nachlassverbindlichkeiten verpflichtet ist, was der Regelfall ist (§ 2378 Abs. 1 BGB). Im Fall einer sonstigen Nachlassverbindlichkeit, z. B. eines Pflichtteilsanspruchs oder Vermächtnisses (vgl. § 2376 Abs. 1 BGB) kann er ebenfalls die Nachlassverwaltung beantragen, wenn er noch nicht unbeschränkt haftet.[46]

6. Ehegatte bei Gütergemeinschaft

32 Gehört der Nachlass zum Gesamtgut einer Gütergemeinschaft (§ 1416 BGB), kann der Ehegatte, der das Gesamtgut alleine oder gemeinsam mit dem Erblasser verwaltet hat, analog § 318 InsO die Nachlassverwaltung beantragen, auch wenn er nicht Erbe geworden ist.[47]

7. Nachlasspfleger

33 Der Nachlasspfleger, der gemäß §§ 1960, 1961 BGB bestellt wurde, ist nach überwiegender Auffassung **nicht befugt**, die Anordnung der Nachlassverwaltung zu beantragen. Zur Begründung wird angeführt, zu den Aufgaben des Nachlasspfle-

42) *Küpper* in: MünchKomm-BGB, § 1981 Rz. 4.

43) *Muscheler*, Die Haftungsordnung der Testamentsvollstreckung, S. 129 ff.

44) Grüneberg-*Weidlich*, BGB, § 2383 Rz. 1.

45) Erman-*Horn*, BGB, § 1981 Rz. 3.

46) Staudinger-*Marotzke*, BGB, § 1981 Rz. 14; vgl. auch *Schallenberg/Rafiqpoor* in: FK-InsO, § 330 Rz. 7 ff.

47) Erman-*Horn*, BGB, § 1981 Rz. 3.

gers gehöre nicht die Herbeiführung der Haftungsbeschränkung des Erben oder die Befriedigung der Gläubiger.[48)]

Der Nachlasspfleger ist allerdings gemäß § 317 Abs. 1 InsO zur Stellung des **Insolvenzantrages** berechtigt. Die Antragstellung geschieht dabei nicht im Interesse der Gläubiger, sondern des unbekannten Erben.[49)] Er schützt damit das **Eigenvermögen des Erben** vor dem möglichen Zugriff der Nachlassgläubiger. Es gehört stets zu den Pflichten des Nachlasspflegers, den Nachlass zu verwalten und zu erhalten und die **Vermögensinteressen des noch festzustellenden Erben wahrzunehmen**. Er hat dem Erben gegenüber dafür Sorge zu tragen, dass die einzelnen Nachlassgläubiger nur nach den Kräften des Nachlasses entsprechend der Haftung des Erben für die Nachlassverbindlichkeiten befriedigt werden.[50)] Unterlässt der Nachlasspfleger schuldhaft die Stellung des Insolvenzantrages, haftet er gegenüber dem Erben aus gesetzlichem Schuldverhältnis auf Schadensersatz.[51)] **Gegenüber den Gläubigern** besteht allerdings keine Haftung des Nachlasspflegers gemäß § 1980 Abs. 1 Satz 1, 2 BGB (zur Haftung des Erben und des Nachlasspflegers bei Verletzung der Verpflichtung aus § 1980 Abs. 1 Satz 1 BGB siehe § 3 Rz. 77 [*Pfeuffer*]).[52)] 34

Wenn der Nachlasspfleger gegenüber dem unbekannten Erben verpflichtet ist, dessen **Vermögensinteressen wahrzunehmen, muss er auch berechtigt sein**, aus seiner Stellung als gesetzlicher Vertreter des Erben heraus und **in analoger Anwendung des § 317 Abs. 1 InsO die Nachlassverwaltung zu beantragen.**[53)] Nur durch die Anordnung der Nachlassverwaltung wird der Nachlass separiert und das Eigenvermögen des Erben vor dem Zugriff der Nachlassgläubiger geschützt. Die reine Nachlasspflegschaft lässt die Haftung des Erben für Nachlassverbindlichkeiten mit seinem Eigenvermögen unberührt. Insoweit kann auch nicht davon gesprochen werden, dass die Zwecke der Nachlassverwaltung, die dem Erben dienen, bereits durch die Nachlasspflegschaft erfüllt werden können.[54)] Das ist allenfalls der Fall, wenn die Erben völlig unbekannt sind und daher auch keine Gefahr besteht, dass Nachlassgläubiger in das ebenfalls unbekannte Privatvermögen vollstrecken. Sind die möglichen Erben bekannt, besteht aber Unklarheit wer Erbe geworden ist, weil z. B. Zweifel an der Wirksamkeit einer Aus- 35

---

48) *Küpper* in: MünchKomm-BGB, § 1981 Rz. 4; Staudinger-*Dobler*, BGB, § 1981 Rz. 14; *Lohmann* in: BeckOK-BGB, § 1981 Rz. 4; Grüneberg-*Weidlich*, BGB, § 1981 Rz. 1.

49) *Schallenberg/Rafiqpoor* in: FK-InsO, § 317 Rz. 19.

50) Staudinger-*Mesina*, BGB, § 1960 Rz. 46.

51) *Schallenberg/Rafiqpoor* in: FK-InsO, § 317 Rz. 20; Grüneberg-*Weidlich*, BGB, § 1960 Rz. 13.

52) Soergel-*Stein*, BGB, § 1980 Rz. 8; BGH, Urt. v. 8.12.2004 – IV ZR 199/03, ZVI 2005, 21 = ZEV 2005, 109.

53) Soergel-*Stein*, BGB, § 1981 Rz. 4; **a. A.** BayObLG, Beschl. v. 28.6.1976 – Breg. 1 Z 27/76, BayObLGZ 1976, 167, 172 f. = FamRZ 1977, 487; Staudinger-*Mesina*, BGB, § 1960 Rz. 46; *Lang/Kuchinke*, Erbrecht, § 48 Rz. 24; *Lohmann* in: BeckOK-BGB, § 1981 Rz. 4; Grüneberg-*Weidlich*, BGB, § 1981 Rz. 1; *Küpper* in: MünchKomm-BGB, § 1981 Rz. 4.

54) So Staudinger-*Mesina*, BGB, § 1960 Rz. 46.

schlagung bestehen, kann das Interesse des Erben, insbesondere bei einem unübersichtlichen Nachlass, dahin gehen, die Nachlassverwaltung zu beantragen, um sein Eigenvermögen von vornherein vor Klagen und dem Zugriff von Nachlassgläubigern zu schützen. Der Nachlasspfleger muss als gesetzlicher Vertreter des Erben in einem solchen Fall berechtigt sein, die Nachlassverwaltung zu beantragen. Auch wenn **von mehreren Erben einzelne bekannt sind**, muss der Nachlasspfleger, der einen Erbteil verwaltet, wegen § 2062 BGB in der Lage sein, zusammen mit den übrigen Miterben die Nachlassverwaltung zu beantragen und so die Haftung auf den Nachlass zu beschränken.[55] Voraussetzung für das Antragsrecht des Nachlasspflegers ist nur, dass dies von der ihm **von dem Nachlassgericht übertragenen Aufgabenstellung** umfasst ist.

8. Insolvenzverwalter über das Vermögen des Erben

36 Ist über das Eigenvermögen des Erben das Insolvenzverfahren eröffnet, hat der Erbe nicht mehr das Recht, die Nachlassverwaltung oder das Nachlassinsolvenzverfahren zu beantragen. Dieses **Antragsrecht** geht mit der Eröffnung des Insolvenzverfahrens auf den Insolvenzverwalter über, der die vermögensrechtlichen Belange des Schuldnervermögens wahrzunehmen hat.[56] Der Insolvenzverwalter kann mit der Beantragung der Nachlassverwaltung bei einem unübersichtlichen Nachlass, bei dem die Überschuldung als möglich erscheint, verhindern, dass die Nachlassgläubiger im sog. Gesamtinsolvenzverfahren ggf. zulasten der Quote der Eigengläubiger des Erben befriedigt werden.

9. Gläubiger

37 Jeder Nachlassgläubiger ist berechtigt, die Nachlassverwaltung zu beantragen, wenn Grund zu der Annahme besteht, dass die **Befriedigung der Nachlassgläubiger aus dem Nachlass durch das Verhalten oder die Vermögenslage des Erben gefährdet wird** (§ 1981 Abs. 2 Satz 1 BGB). Nachlassgläubiger in diesem Sinne sind **auch Pflichtteils-, Vermächtnis- und Auflagengläubiger.**[57] Auch die in einem bereits durchgeführten **Aufgebotsverfahren** ausgeschlossenen (§ 1973 Abs. 1 Satz 1 BGB) oder ihnen gleichstehende Gläubiger (§ 1974 Abs. 1 BGB) können die Nachlassverwaltung beantragen.[58]

38 Eine Gefährdung gemäß § 1981 Abs. 2 Satz 1 BGB besteht nur, wenn die **Gesamtheit der Nachlassgläubiger** von dem Verhalten oder der schlechten Vermö-

55) *Hillebrand*, Die Nachlassverwaltung, S. 32; *Wiester* in: MünchAHB Erbrecht, § 24 Rz. 19.

56) OLG Köln, Urt. v. 2.2.2005 – 2 U 72/04, ZVI 5005, 213 = ZEV 2005, 307, 309, m. Anm. *Marotzke*; *Küpper* in: MünchKomm-BGB, § 1981 Rz. 2; Erman-*Horn*, BGB, § 1981 Rz. 2, der auch dem Erben das Recht zur Antragstellung einräumt; nach Auffassung von Staudinger-*Dobler*, BGB, § 1981 Rz. 9, steht dem Insolvenzverwalter kein Recht zu, die Nachlassverwaltung zu beantragen, s. hierzu auch § 5 Rz. 8 [*Roth*].

57) *Gottwald* in: Damrau/Tanck, PK Erbrecht, § 1981 Rz. 7.

58) Staudinger-*Dobler*, BGB, § 1981 Rz. 18.

genslage des Erben **betroffen** ist.[59] Die Gefährdung einer einzelnen Forderung reicht nicht aus. Nach dem OLG Düsseldorf kann der Antrag auf Anordnung der Nachlassverwaltung nicht gestellt werden, wenn die Gefährdung deswegen ausgeschlossen ist, weil **einstweiliger Rechtsschutz** (in Form des Arrests) zu erlangen ist.[60] Es erscheint aber nicht überzeugend, dass sich ein Gläubiger immer vorrangig um einstweiligen Rechtsschutz bemühen muss, wenn alle Nachlassgläubiger gleichermaßen durch die Veräußerung eines Nachlassgegenstandes gefährdet sind.[61]

Ist nur ein Nachlassgläubiger vorhanden, kann dieser die Nachlassverwaltung beantragen.[62] 39

Die **Befriedigung** aller Gläubiger kann **gefährdet** sein, wenn der Erbe den Nachlass verschleudert, vorzeitig einzelne Gläubiger befriedigt, Eigengläubiger des Erben in Nachlassgegenstände vollstrecken, Nachlassgegenstände, z. B. ein Gebäude, zu verwahrlosen drohen, oder sich der Erbe um den Nachlass nicht kümmert. Die bloße Veräußerung eines Nachlassgegenstandes reicht für eine Gefährdung i. S. von § 1981 BGB nicht aus.[63] Veräußert der Erbe die zum Nachlass gehörende Immobilie, die den einzigen wesentlichen Nachlassbestandteil von Wert ausmacht, liegt nach dem OLG Düsseldorf eine Gefährdung der Gläubiger i. S. von § 1981 Abs. 2 BGB vor, wenn der Erbe eine Sicherheitsleistung zugunsten der Gläubiger verweigert.[64] 40

Das **Verhalten eines verwaltenden Testamentsvollstreckers** steht bei der Frage, ob Gläubiger gefährdet werden, dem des Erben gleich.[65] Der verwaltende Testamentsvollstrecker verdrängt als verlängerter Arm des Erblassers den Erben bei der Verwaltung des Nachlasses. Sein Verhalten wirkt wie ein entsprechendes Verhalten des Erben. Nach anderer Auffassung kann dem Erben das Verhalten des verwaltenden Testamentsvollstreckers nicht zugerechnet werden. Nur wenn der Erbe selbst schuldhaft handelt, weil er gegen den Testamentsvollstrecker nichts unternimmt, z. B. dessen Entlassung beantragt, liege eine Gefährdung i. S. von § 1981 Abs. 2 Satz 1 BGB vor.[66] 41

---

59) *Lohmann* in: BeckOK-BGB, § 1981 Rz. 6.

60) OLG Düsseldorf, Beschl. v. 15.11.2018 – I-3 Wx 175/18, ErbR 2019, 227 = FamRZ 2019, 917.

61) So auch *Glaser*, ErbR 2019, 229 ff. (Urteilsanm.)

62) Staudinger-*Dobler*, BGB, § 1981 Rz. 19.

63) *Küpper* in: MünchKomm-BGB, § 1981 Rz. 6.

64) OLG Düsseldorf, Beschl. v. 15.11.2018 – I-3 Wx 175/18, ErbR 2019, 227 = FamRZ 2019, 917.

65) Staudinger-*Dobler*, BGB, § 1981 Rz. 23; *Storz*, ZEV 2010, 549.

66) Erman-*Horn*, BGB, § 1981 Rz. 5; Grüneberg-*Weidlich*, BGB, § 1981 Rz. 3; *Küpper* in: MünchKomm-BGB, § 1981 Rz. 6.

42 Eine **Vermögensgefährdung** i. S. von § 1981 Abs. 2 Satz 1 BGB liegt auch vor, wenn Eigengläubiger des Erben auf den Nachlass zugreifen bzw. zuzugreifen drohen.[67] Bei **Miterben** müssen die Voraussetzungen des § 1981 Abs. 2 Satz 1 BGB in der Person mindestens eines Miterben erfüllt sein.[68] Nicht erforderlich ist, dass über das Eigenvermögen des Erben bereits das Insolvenzverfahren eröffnet wurde.

43 Befindet sich nur der Nachlass in einer **schlechten Vermögenslage, reicht** dies für den Antrag des Nachlassgläubigers **nicht aus.**[69] In diesem Fall ist vielmehr an einen Antrag auf Eröffnung des Nachlassinsolvenzverfahrens zu denken.

44 Der Antrag des Nachlassgläubigers setzt nicht voraus, dass der Erbe die Erbschaft bereits **angenommen** hat.[70] Allerdings muss die Nachlassverwaltung später aufgehoben werden, wenn sich herausstellt, dass die Voraussetzungen des § 1981 Abs. 2 Satz 1 BGB bei dem endgültigen Erben nicht vorliegen.

45 Die Antragsberechtigung der Nachlassgläubiger besteht auch dann, wenn der Erbe **bereits unbeschränkt** gemäß § 2013 Abs. 1 BGB **haftet.** Die unbeschränkte Haftung schließt nur das Recht des Erben aus, die Nachlassverwaltung zu beantragen. Mit der Nachlassverwaltung bei unbeschränkter Haftung des Erben hindern die Nachlassgläubiger die Eigengläubiger des Erben am Zugriff auf den Nachlass.[71]

46 Die Gefährdung i. S. von § 1981 Abs. 2 Satz 1 BGB kann der Erbe durch entsprechende **Sicherheitsleistung** beseitigen.[72]

47 Der antragstellende Gläubiger muss seine Forderung und die Gläubigergefährdung **glaubhaft machen** (§ 31 Abs. 1 FamFG).[73] Unabhängig davon besteht bei dem Nachlassgericht der **Amtsermittlungsgrundsatz** (§ 26 FamFG). Der Gläubiger muss dem Nachlassgericht aber zumindest konkrete Anhaltspunkte für eine Gläubigergefährdung mitteilen.

48 Das Antragsrecht der Nachlassgläubiger ist **befristet.** Sie müssen den Antrag auf Nachlassverwaltung innerhalb von **zwei Jahren** seit Annahme der Erbschaft stellen (§ 1981 Abs. 2 Satz 2 BGB).

---

67) *Busch*, Die Haftung des Erben, Rz. 144.

68) Staudinger-*Dobler*, BGB, § 1981 Rz. 22; *Gottwald* in: Damrau/Tanck, PK Erbrecht, § 1981 Rz. 10.

69) Erman-*Horn*, BGB, § 1981 Rz. 5.

70) *Küpper* in: MünchKomm-BGB, § 198 Rz. 5.

71) Staudinger-*Dobler*, BGB, § 1981 Rz. 16; Erman-*Horn*, BGB, § 1981 Rz. 4.

72) Grüneberg-*Weidlich*, BGB, § 1981 Rz. 4.

73) Grüneberg-*Weidlich*, BGB, § 1981 Rz. 4.

IV. Entscheidung des Nachlassgerichts

1. Kostenvorschuss

Nach § 1982 BGB kann die Anordnung der Nachlassverwaltung abgelehnt werden, wenn eine den Kosten entsprechende Masse nicht vorhanden ist. Die Kosten der Nachlassverwaltung bestimmen sich nach den entstehenden **Gebühren und Auslagen** (GNotKG KV Nr. 12310 ff., 31000, § 1983 BGB) und der **Vergütung** des Nachlassverwalters (§ 1987 BGB); zur Vergütung des Nachlassverwalters siehe Rz. 222. Soweit die Gebührenvorschriften auf den Wert des Nachlasses abstellen, bestimmt dieser sich nach dessen **Bruttowert** (§§ 64 Abs. 1, 38 GNotKG). Zu den Aktiva gehören auch die Ersatzansprüche der Nachlassgläubiger gegen den Erben gemäß §§ 1978–1980 BGB (§ 1978 Abs. 2 BGB) und auch wiederaufgelebte Ansprüche gegen den Erben (siehe hierzu ausführlich § 3 Rz. 1 [*Pfeuffer*]). 49

Eine die Kosten deckende Masse i. S. von § 1982 BGB liegt vor, wenn die Verwertung der Nachlassgegenstände einen **nicht nur unerheblichen Überschuss über die Masse** erwarten lässt.[74] § 1982 BGB liegt, wie § 26 Abs. 1 Satz 1 InsO, der Kostendeckungsgrundsatz zugrunde. Auch wenn die Kosten des Nachlassverwaltungsverfahrens gedeckt sind, aber einen unverhältnismäßig großen Teil der Masse in Anspruch nehmen, stellt dies für das Nachlassgericht keinen Grund i. S. von § 1982 BGB dar, die Anordnung der Nachlassverwaltung abzulehnen.[75] Stellt sich das Fehlen einer kostendeckenden Masse erst im Laufe des Verfahrens heraus, kann die Nachlassverwaltung gemäß § 1988 Abs. 2 BGB aufgehoben werden.[76] 50

Die Abweisung des Antrages gemäß § 1982 BGB oder die Aufhebung der Nachlassverwaltung gemäß § 1988 Abs. 2 BGB kann durch einen entsprechenden **Kostenvorschuss** des Antragstellers verhindert werden (§ 26 Abs. 1 Satz 1 InsO analog).[77] Gegen eine Vorschussleistung spricht allerdings in der Regel, dass die Nachlassverwaltung der **vollständigen Befriedigung der Gläubiger** dient. Der Nachlassverwalter darf nur die Nachlassverbindlichkeiten befriedigen, wenn er annehmen darf, dass der Nachlass zur Befriedigung aller Nachlassverbindlichkeiten ausreichen wird (§§ 1985 Abs. 2, 1979 BGB). Reicht der Nachlass nicht einmal für die zu erwartenden Kosten aus, ist die vollständige Erfüllung der Nachlassverbindlichkeiten in aller Regel nicht möglich. In diesem Fall liegt es nahe, **Antrag auf Eröffnung des Nachlassinsolvenzverfahrens** zu stellen, statt einen Kostenvorschuss für das Nachlassverwaltungsverfahren zu leisten. 51

---

74) *Küpper* in: MünchKomm-BGB, § 1981 Rz. 1.

75) Staudinger-*Dobler*, BGB, § 1982 Rz. 3; Soergel-*Stein*, BGB, § 1982 Rz. 2.

76) *Gottwald* in: Damrau/Tanck, PK Erbrecht, § 1982 Rz. 3.

77) KG Berlin, Beschl. v. 29.11.2005 – 1 W 180/03, MDR 2006, 694 = Rpfleger 2006, 194; Grüneberg-*Weidlich*, BGB, § 1982 Rz. 1.

2. Beschluss

52 Die Nachlassverwaltung wird durch einen Beschluss des Nachlassgerichts angeordnet (§ 359 Abs. 1 FamFG). In analoger Anwendung des § 13 Abs. 2 InsO kann der Antrag auf Nachlassverwaltung bis zu deren Anordnung oder der rechtskräftigen Abweisung des **Antrages wieder zurückgenommen** werden.[78)]

3. Wirksamwerden der Nachlassverwaltung

53 Die Anordnung der Nachlassverwaltung wird mit der **Bekanntmachung** an den Erben oder den Testamentsvollstrecker wirksam (§ 40 Abs. 1 FamFG).[79)] Ist für die unbekannten Erben ein **Nachlasspfleger** bestellt, muss auch ihm die Anordnung bekannt gemacht werden.[80)] Nach a. A. sollen die Wirkungen der Nachlassverwaltung bereits mit der Absetzung des die Nachlassverwaltung anordnenden Gerichtsbeschlusses eintreten, in analoger Anwendung des § 27 Abs. 3 InsO.[81)]

54 In § 1983 BGB ist die **Veröffentlichung** der Anordnung der Nachlassverwaltung vorgesehen. Sie ist keine Wirksamkeitsvoraussetzung für die Nachlassverwaltung. Der **Zeitpunkt** der Veröffentlichung ist allerdings von Bedeutung für die Frage, ob ein Nachlassschuldner noch mit befreiender Wirkung an den Erben leisten kann. Nach § 1984 Abs. 1 Satz 2 BGB i. V. mit § 82 Abs. 1 Satz 2 InsO wird vermutet, dass der Schuldner, der vor der öffentlichen Bekanntmachung an den Erben geleistet hat, die Anordnung des Nachlassverwaltungsverfahrens nicht gekannt hat.

55 Die Anordnung der Nachlassverwaltung wird gemäß § 34 ErbStG, § 7 Abs. 1 Nr. 5 ErbStDVO auch dem örtlich zuständigen **Finanzamt** angezeigt.

4. Rechtsmittel

56 Wird die Nachlassverwaltung auf **Antrag des Erben** angeordnet, ist der Beschluss des Nachlassgerichts nicht anfechtbar (§ 359 Abs. 1 FamFG). Auch dem Testamentsvollstrecker steht in diesem Fall kein Beschwerderecht zu.[82)] Hat das Nachlassgericht entgegen § 2062 Halbs. 2 BGB auf Antrag nur eines Miterben die Nachlassverwaltung angeordnet, steht die Beschwerde nur den übrigen Miterben zu.[83)]

57 Gegen die Entscheidung des Nachlassgerichts, auf **Antrag eines Nachlassgläubigers** die Nachlassverwaltung anzuordnen, ist die Beschwerde statthaft (§ 359

---

78) Staudinger-*Dobler*, BGB, § 1981 Rz. 2.

79) H. M.; *Gottwald* in: Damrau/Tanck, PK Erbrecht, § 1983 Rz. 3.

80) BayObLG, Beschl. v. 28.6.1976 – BReg. 1 Z 27/76, BayObLGZ 1976, 167 = FamRZ 1977, 487.

81) Staudinger-*Dobler*, BGB, § 1984 Rz. 2.

82) Staudinger-*Dobler*, BGB, § 1981 Rz. 35.

83) Staudinger-*Dobler*, BGB, § 1981 Rz. 36; umstritten ist, ob in diesem Fall auch ein Gläubiger beschwerdeberechtigt ist.

Abs. 2 FamFG). Beschwerdeberechtigt sind der Erbe, jeder einzelne Miterbe oder der verwaltende Testamentsvollstrecker. Die Beschwerde kann nur darauf gestützt werden, dass die Voraussetzungen für die Anordnung der Nachlassverwaltung zur Zeit der Anordnung nicht vorgelegen haben

Lehnt das Nachlassgericht die Anordnung der Nachlassverwaltung **ab**, steht dem Antragsteller die Beschwerde gemäß § 59 Abs. 1, 2 FamFG zu. Miterben können die Beschwerde nur gemeinschaftlich einlegen.[84] 58

V. Auswahl des Nachlassverwalters

Zum Nachlassverwalter kann jede geeignete Person bestellt werden (§§ 1975, 1885, 1888, 1816 Abs. 1 BGB). Deren Auswahl hat nach **pflichtgemäßem Ermessen** zu erfolgen.[85] Der Nachlassverwalter hat bei seiner Tätigkeit sowohl die Interessen der Nachlassgläubiger als auch die des Erben wahrzunehmen. Die Hauptaufgabe des Nachlassverwalters besteht in der Berichtigung der Nachlassverbindlichkeiten. Er muss zur Erfüllung dieser Aufgabe in der Regel eine vorherige rechtliche Überprüfung der Forderungen vornehmen. Der Nachlassverwalter muss auch prüfen, ob der Erbe bis zur Anordnung der Nachlassverwaltung den Nachlass ordnungsgemäß verwaltet hat und ggf. Ansprüche gemäß § 1978 Abs. 1 BGB geltend machen. Bei der Verwaltung eines komplexen Nachlasses sollte er über entsprechende **Bürokapazitäten** verfügen.[86] Befindet sich in dem Nachlass ein Unternehmen, sind **betriebswirtschaftliche Kenntnisse** erforderlich. Der Nachlassverwalter hat die Verpflichtung zur Insolvenzanmeldung gemäß §§ 1985 Abs. 2 Satz 2, 1980 Abs. 1 Satz 1 BGB. Er muss daher auch in der Lage sein, Nachlassgegenstände zu bewerten, um eine **mögliche Überschuldung rechtzeitig festzustellen.** Im Umgang mit Angehörigen und Erben, vor allem auch einer untereinander zerstrittenen Erbengemeinschaft, sind sowohl **Einfühlungsvermögen** als auch **Durchsetzungsstärke** erforderlich. 59

Zum Nachlassverwalter sollten daher in aller Regel nur Personen bestellt werden, die über 60

- fundierte juristische Kenntnisse,
- besondere Kenntnisse im Erbrecht und
- den im Einzelfall erforderlichen betriebswirtschaftlichen Hintergrund verfügen und
- auch charakterlich geeignet sind.

---

84) *Küpper* in: MünchKomm-BGB, § 1981 Rz. 9.

85) Hierzu auch *Zimmermann*, ZEV 2007, 313; die Auswahlvorschriften des Betreuungsrechts, Wünsche des Betreuten, Vorrang von Verwandten usw. gelten nicht, *Zimmermann*, ZEV 2022, 580.

86) *Siebert* in: Siebert, Nachlasspflegschaft, Rz. 1306.

61 Die Gefahr möglicher **Interessenkollisionen** ist strengstens zu beachten. Zum Nachlassverwalter kann nur eine unbedingt unbefangene Person ernannt werden.[87] Der Alleinerbe kann wegen der Notwendigkeit der Trennung von Eigenvermögen und Nachlass und des sich daraus ergebenden Interessenkonflikts nicht zum Nachlassverwalter bestellt werden.[88]

62 Ob ein Miterbe zum Nachlassverwalter ernannt werden kann, ist umstritten. Wenn ein Nachlassgläubiger die Nachlassverwaltung beantragt, ist die Bestellung des Miterben ausgeschlossen, da Voraussetzung für den Antrag des Gläubigers gerade die Gefährdung des Nachlasses durch das Verhalten oder die Vermögenslage der Erben ist (§ 1981 Abs. 2 BGB). Nach einer Auffassung soll bei Anordnung der Nachlassverwaltung auf Antrag der Erben ein Miterbe zum Nachlassverwalter bestellt werden können.[89] Die Anordnung der Nachlassverwaltung ist bei der Erbengemeinschaft nur auf Antrag aller Miterben möglich. (§ 2062 BGB). Die Miterben werden die Nachlassverwaltung nur beantragen, wenn der Nachlass unübersichtlich oder nach allem Anschein überschuldet ist, sie sich also alle mit der Verwaltung des Nachlasses in gewisser Weise überfordert sehen. Dann erscheint es aber widersprüchlich, wenn nun einer dieser Miterben, der dem Antrag zugestimmt hat, sich zum Nachlassverwalter bestellen lässt. Das Interesse des Miterben geht bei der Nachlassverwaltung dahin, die Haftung auf den Nachlass zu beschränken. Wenn aber die Überschuldung noch nicht feststeht, ist jeder Miterbe auch daran interessiert, (noch) möglichst viel aus dem Nachlass zu erhalten. Dies kollidiert mit dem Zweck der Nachlassverwaltung, der Befriedigung der Nachlassgläubiger. Als Miterbe steht der Nachlassverwalter auch immer in einem möglichen Interessenkonflikt mit den anderen Erben. Interessenkonflikte mit Pflichtteilsberechtigten über die Höhe von Pflichtteilsergänzungsansprüchen und deren Haftung hierfür (§§ 2325, 2329 BGB), sind ebenfalls nicht auszuschließen. Ein Miterbe kann daher auch bei einem gemeinschaftlichen Antrag der Miterben nicht als Nachlassverwalter bestellt werden. Der Umstand, dass der Miterbe als Nachlassverwalter gemäß §§ 1985 Abs. 2, 1885, 1888, 1826 BGB für mögliche schuldhafte Pflichtverletzungen haftet, kann nicht als Argument für die Bestellung eines Miterben zum Nachlassverwalter herangezogen werden. Der nicht auszuschließende Interessenkonflikt des Miterben schließt bereits dessen Geeignetheit für das Amt aus.

63 Nach überwiegender Auffassung kann auch der verwaltende **Testamentsvollstrecker** zum Nachlassverwalter bestellt werden.[90] Aber auch in diesem Fall ist

87) *Küpper* in: MünchKomm-BGB, § 1981 Rz. 8.

88) Staudinger-*Dobler*, BGB, § 1981 Rz. 29; *Küpper* in: MünchKomm-BGB, § 1981 Rz. 8; **a. A.** *Klingelhöffer*, Vermögensverwaltung in Nachlasssachen, S. 102.

89) *Reihlen*, MDR 1989, 603; *Prange*, MDR 1994, 235.

90) Staudinger-*Dobler*, BGB, § 1981 Rz. 30; *Küpper* in: MünchKomm-BGB, § 1981 Rz. 8; Grüneberg-*Weidlich*, BGB, § 1981 Rz. 5.

eine **Interessenkollision** nicht auszuschließen. Der Nachlassverwalter hat die bisherige Verwaltung des Nachlasses durch den Testamentsvollstrecker zu überprüfen und mögliche Ansprüche gemäß § 2219 Abs. 1 BGB gegen ihn geltend zu machen. Eine objektive Überprüfung ist bei Bestellung des Testamentsvollstreckers zum Nachlassverwalter nicht gewährleistet. Man könnte argumentieren, dass eine Bestellung des Testamentsvollstreckers zum Nachlassverwalter möglich ist, wenn keine Anhaltspunkte für eine Interessenkollision bei dem Testamentsvollstrecker vorliegen. Das setzt jedoch eine umfassende Überprüfung dessen bisheriger Tätigkeit durch das **Nachlassgericht** vor dessen Bestellung voraus. Dem Nachlassgericht werden regelmäßig dafür entsprechende Anhaltspunkte fehlen. Es kann eine abschließende Prüfung möglicher Ansprüche auch nicht vornehmen. Für eine Bestellung des Testamentsvollstreckers spricht auch nicht das Argument einer möglichen **Ersparnis von Kosten** für den Nachlass. Die Vergütung des Nachlassverwalters ist unabhängig von der vorherigen Vergütung, die ihm als Testamentsvollstrecker zusteht. Gegen die Bestellung des Testamentsvollstreckers spricht auch, dass sein Amt mit der Anordnung der Nachlassverwaltung nicht automatisch endet. Er verliert lediglich die **Verwaltungs- und Verfügungsbefugnis, die nach Beendigung der Nachlassverwaltung aber wieder auflebt.**[91] Er ist aber weiter befugt, wenn er sein Amt als Testamentsvollstrecker nicht mit der Anordnung der Nachlassverwaltung niederlegt, den Nachlassverwalter zu überwachen und Mängel der Nachlassverwaltung bei dem Nachlassgericht anzuzeigen.[92] Die Besorgnis der fehlenden Unabhängigkeit schließt daher die Bestellung des Testamentsvollstreckers zum Nachlassverwalter aus (so auch für das Amt des Insolvenzverwalters, siehe § 1 Rz. 381 [*Roth*]).

Auch bei einem **Nachlassgläubiger** oder dessen Vertreter als Nachlassverwalter **64**
besteht die Gefahr von Interessenskonflikten zwischen ihm, den anderen Gläubigern und dem Erben. Er kann daher nicht zum Nachlassverwalter bestellt werden.[93]

In analoger Anwendung von § 56 InsO kommen **nur natürliche Personen** als **65**
Nachlassverwalter in Betracht.[94] Der Erbe oder der Nachlassgläubiger, die die Nachlassverwaltung beantragen, haben keinen **Anspruch auf Bestellung einer bestimmten Person.**

Das Amt des Nachlassverwalters ist **kein öffentliches Amt.** Der zum Nachlass- **66**
verwalter Ernannte ist daher nicht zur Übernahme des Amts verpflichtet, da die

---

91) *Küpper* in: MünchKomm-BGB, § 1984 Rz. 2.

92) *Schaub* in: Bengel/Reimann/Holtz/Röhl, Hdb. der Testamentsvollstreckung, § 4 Rz. 278.

93) Soergel-*Stein*, BGB, § 1985 Rz. 2; so wohl auch *Hillebrand*, Die Nachlassverwaltung, S. 22, 23; **a. A.** Staudinger-*Dobler*, BGB, § 1981 Rz. 31, der die Bestellung des Gläubigers für möglich hält, aber zur Vorsicht im Hinblick auf mögliche Interessenkonflikte rät.

94) *Wiester* in: MünchAHB Erbrecht, § 24 Rz. 86; so im Ergebnis auch *Zimmermann*, ZEV 2022, 580, 582.

Nachlassverwaltung im privaten Interesse liegt (§ 1885 BGB).[95] Ab dem 1.1.2023 erfolgt die Bestellung des Nachlassverwalters mit der Bekanntgabe des Bestellungsbeschlusses an den Nachlassverwalter (§ 287 Abs. 1 FamFG, § 1888 BGB). Eine persönliche Verpflichtung des berufsmäßigen Nachlasspflegers gibt es ab dem 1.1.2023 nicht mehr. Der Nachlassverwalter erhält eine **Bestellungsurkunde** (§ 290 FamFG).

VI. Stellung des Nachlassverwalters

1. Partei kraft Amtes

67 Der Nachlassverwalter ist amtlich bestellter Verwalter eines Sondervermögens, vergleichbar dem Insolvenzverwalter,[96] und nicht gesetzlicher Vertreter des Erben wie der Nachlasspfleger. Der Erbe bleibt Rechtsträger des Nachlassvermögens und Schuldner der Nachlassverbindlichkeiten.[97]

2. Prozessuale Stellung des Nachlassverwalters

68 Mit der Anordnung der Nachlassverwaltung verliert der Erbe für alle den Nachlass betreffenden vermögensrechtlichen Streitigkeiten die Prozessführungsbefugnis. Ein Anspruch, der sich gegen den Nachlass richtet, kann nur noch **gegen den Nachlassverwalter** geltend gemacht werden (§ 1984 Abs. 1 Satz 3 BGB). Der Nachlassverwalter ist also **alleine aktiv und passiv legitimiert**. Er kann den Erben jedoch ermächtigen, im Wege der **gewillkürten Prozessstandschaft** im eigenen Namen einen Aktivprozess für den Nachlass zu führen.[98]

69 Die Klage eines Nachlassgläubigers gegen den Erben ist unzulässig.[99] Eine Ausnahme besteht dann, wenn der Nachlassgläubiger die unbeschränkte Haftung des Erben mit seinem **Eigenvermögen** (§ 2013 BGB) geltend macht.[100] Der Nachlassgläubiger kann bei unbeschränkter Erbenhaftung auch gegen den Nachlassverwalter klagen und noch während der Nachlassverwaltung den Titel auf den Erben in analoger Anwendung von § 728 Abs. 2 Satz 2 Halbs. 2 ZPO umschreiben lassen.[101]

70 Die Prozessführungsbefugnis des Erben entfällt auch nicht für **nichtvermögensrechtliche Streitigkeiten**. Der Nachlassverwalter kann z. B. nicht wegen höchstpersönlicher Rechtsbeziehungen des Erben klagen, z. B. wenn es um die Frage

95) Grüneberg-*Weidlich*, BGB, § 1981 Rz. 5; *Siebert*, Nachlasspflegschaft, Rz. 1305.

96) Staudinger-*Dobler*, BGB, § 1985 Rz. 2; *Gottwald* in: Damrau/Tanck, PK Erbrecht, § 1985 Rz. 2.

97) *Wiester* in: MünchAHB Erbrecht, § 24 Rz. 30.

98) Grüneberg-*Weidlich*, BGB, § 1984 Rz. 3.

99) OLG Celle, Urt. v. 20.5.2009 – 9 U 159/08, ZErb 2009, 267 = MDR 2009, 989.

100) Erman-*Horn*, BGB, § 1984 Rz. 8.

101) Staudinger-*Dobler*, BGB, § 1984 Rz. 24.

geht, ob er Erbe mit dem Erbfall Gesellschafter einer Personengesellschaft geworden ist.[102)]

Der **Pflichtteilsberechtigte** kann auch nach Anordnung der Nachlassverwaltung oder Eröffnung des Nachlassinsolvenzverfahrens gegen den Erben auf **Auskunft** gemäß § 2314 BGB klagen.[103)] Die Auskunftspflicht des Erben nach § 2314 BGB besteht neben der Auskunftspflicht des Nachlassverwalters aus § 2012 Abs. 2 und 1 Satz 2 BGB.[104)] 71

Der Nachlassverwalter führt einen Rechtsstreit nicht als Vertreter des Erben, sondern **im eigenen Namen** als „Nachlassverwalter über den Nachlass des am [...] in [...] (letzter Wohnsitz) verstorbenen Erblassers". Soweit ihm die **Kosten** des Rechtsstreits auferlegt werden, handelt es sich allerdings nicht um eine persönliche Schuld des Verwalters, sondern um eine Nachlassverbindlichkeit.[105)] Im Nachlassinsolvenzverfahren stellen diese Kosten Massekosten dar (§ 324 Abs. 1 Nr. 6 InsO).[106)] Der Nachlassverwalter muss nicht den **Vorbehalt** der beschränkten Erbenhaftung in das Urteil aufnehmen lassen (§ 780 Abs. 2 ZPO). 72

Wird die Nachlassverwaltung **während eines laufenden Prozesses beendet**, treten die Erben ohne weitere Maßnahmen an Stelle des Nachlassverwalters in den anhängigen Prozess ein.[107)] War die Klage des Nachlassverwalters gegen den Erben selbst gerichtet, endet das Verfahren wegen des Verbots des Insichprozesses von selbst.[108)] Der Erbe kann in diesem Fall in entsprechender Anwendung von § 239 ZPO durch deklaratorischen Beschluss feststellen lassen, dass der Rechtsstreit beendet ist.[109)] 73

In einem von dem Nachlassverwalter geführten Rechtsstreit kann der Erbe **Zeuge** sein.[110)] Für einen **Vergleich** über eine Nachlassforderung bedarf der Nachlassverwalter der Zustimmung des Nachlassgerichts (§§ 1975, 1885, 1888, 1854 Nr. 6 BGB), es sei denn, der Gegenstand übersteigt nicht den Wert von 6.000,00 € oder der Vergleich beruht auf einem schriftlichen oder protokollierten Vorschlag des Gerichts. 74

Ist im Zeitpunkt der Anordnung der Nachlassverwaltung **bereits ein Rechtsstreit über den Nachlass anhängig**, kann dieser von dem Nachlassverwalter weitergeführt werden. Dabei wird der Rechtsstreit zunächst kraft Gesetzes unter- 75

---

102) Erman-*Horn*, BGB, § 1984 Rz. 8.

103) Grüneberg-*Weidlich*, BGB, § 2314 Rz. 4; Erman-*Horn*, BGB, § 1984 Rz. 8.

104) OLG Celle, Entsch. v. 26.1.1960 – 10 U 108/59, MDR 1960, 402.

105) *Gottwald* in: Damrau/Tanck, PK Erbrecht, § 1985 Rz. 2.

106) Staudinger-*Dobler*, BGB, § 1984 Rz. 25.

107) BGH, Urt. v. 22.1.1964 – V ZR 25/62, BGHZ 41, 30 = WM 1964, 267; *Küpper* in: MünchKomm-BGB, § 1988 Rz. 6.

108) BGH, Beschl. v. 16.12.2010 – Xa ZR 81/09, ZEV 2011, 201 = FamRZ 2011, 288.

109) BGH, Beschl. v. 7.3.2018 – IV ZR 238/17, ZEV 2018, 393 = ErbR 2018, 586.

110) Staudinger-*Dobler*, BGB, § 1985 Rz. 4.

brochen (§ 241 Abs. 3, 1 ZPO), wenn keine Vertretung durch einen Prozessbevollmächtigten stattfand. Fand eine Vertretung statt, kann auf Antrag des Bevollmächtigten die Aussetzung des Verfahrens angeordnet werden (§ 246 Abs. 1 ZPO).

VII. Übergang der Verfügungsbefugnis auf den Nachlassverwalter

1. Unwirksamkeit von Verfügungen des Erben über Nachlassgegenstände

76 Mit der Anordnung der Nachlassverwaltung verliert der Erbe gemäß § 1984 Abs. 1 Satz 1 BGB die Befugnis, den Nachlass zu verwalten und über diesen zu verfügen und geht auf den Nachlassverwalter über. Verfügungen des Erben über Nachlassgegenstände nach Anordnung der Nachlassverwaltung sind gemäß § 1984 Abs. 1 Satz 2 BGB i. V. mit § 81 Abs. 1 Satz 1 InsO **unwirksam,** wenn und soweit sie den Zweck der Nachlassverwaltung vereiteln. Die Unwirksamkeit besteht für und gegen jeden und nicht nur im Verhältnis zu den Nachlassgläubigern.[111)] Diese Verfügungsbeschränkung tritt kraft Gesetzes **unmittelbar und sofort** ein.[112)]

77 Die **Übertragung des Erbteils** gemäß § 2033 BGB durch den jeweiligen Erben bleibt allerdings weiterhin möglich.[113)]

78 Die mit der Nachlassverwaltung eintretende Separierung des Nachlasses führt dazu, dass der Erbe **rückwirkend als Verwalter fremden Vermögens** behandelt wird. Er haftet daher grundsätzlich für seine bis dahin vorgenommene Verwaltung des Nachlasses.[114)] Der Verlust der Verfügungsmacht des Erben gemäß § 1984 Abs. 1 Satz 1 BGB **wirkt aber nicht zurück.** Wenn der Erbe vor Anordnung der Nachlassverwaltung über einen Nachlassgegenstand wirksam verfügt hat, bleibt die Verfügung auch danach weiter wirksam.[115)]

79 Auch die **Verwaltungs- und Verfügungsbefugnis des Testamentsvollstreckers endet** mit Anordnung der Nachlassverwaltung. Die Nachlassverwaltung führt nicht zur Beendigung des Amts des Testamentsvollstreckers. Dessen Befugnisse leben wieder auf mit Beendigung der Nachlassverwaltung.[116)]

2. Gutgläubiger Erwerb

80 Ein gutgläubiger Erwerb kommt bei einer Verfügung des Erben über bewegliche Sachen nach Anordnung der Nachlassverwaltung grundsätzlich **nicht in Be-**

---

111) BGH, Urt. v. 9.11.1966 – V ZR 176/63, BGHZ 46, 221 = NJW 1967, 568; *Gottwald* in: Damrau/Tanck, PK Erbrecht, § 1984 Rz. 5.

112) Grüneberg-*Weidlich*, BGB, § 1984 Rz. 2.

113) Grüneberg-*Weidlich*, BGB, § 1984 Rz. 1.

114) Vgl. *Gottwald* in: Damrau/Tanck, PK Erbrecht, § 1975 Rz. 11.

115) *Muscheler*, Erbrecht, Rz. 3566.

116) *Küpper* in: MünchKomm-BGB, § 1984 Rz. 2.

tracht.[117] § 1984 Abs. 1 Satz 2 BGB i. V. mit § 81 Abs. 1 Satz 2 InsO verweisen nur auf §§ 892, 893 BGB, nicht jedoch auf §§ 135 Abs. 2, 932 ff. BGB, §§ 1032, 1207 BGB oder § 16 WG.

Nach überwiegender Auffassung ist ein gutgläubiger Erwerb von dem Erben als Nichtberechtigtem allerdings möglich, wenn dem Erwerber die **Zugehörigkeit** des Gegenstands **zum Nachlass** ohne grobe Fahrlässigkeit **unbekannt** geblieben ist.[118] § 81 InsO richtet sich nur gegen die Unkenntnis vom Bestehen und Umfang des Insolvenzbeschlags, während die Nachlassverwaltung in erster Linie auf die Trennung zweier Vermögensmassen gerichtet ist.[119] Ist dem Erwerber bei dem Erwerb von dem Erben allerdings bekannt, dass es sich um einen Nachlassgegenstand handelt, kann er sich dementsprechend nicht darauf berufen, dass er von der Anordnung der Nachlassverwaltung keine Kenntnis hatte. Ein gutgläubiger Erwerb scheidet in diesem Fall aus. 81

Der **Zweiterwerber**, der einen Gegenstand von demjenigen erwirbt, der ihn zuvor von dem Erben unwirksam erworben hatte (Ersterwerber), kann gemäß §§ 932 ff. BGB von dem Ersterwerber gutgläubig erwerben.[120] Der gutgläubige Zweiterwerb ist allerdings ausgeschlossen, wenn dem Nachlassverwalter zuvor der Gegenstand i. S. von § 935 Abs. 1 BGB abhandengekommen ist, was voraussetzt, dass der Nachlassverwalter an dem Gegenstand bereits unmittelbaren Besitz ergriffen hatte. Der Nachlassverwalter erlangt allerdings nicht bereits mit der Anordnung der Nachlassverwaltung Besitz an den Nachlassgegenständen, sondern erst mit der Herausgabe an ihn.[121] 82

Ein gutgläubiger Erwerb von dem Erben gemäß §§ 2366, 2367 BGB ist nicht möglich.[122] Aus dem Erbschein ist nicht ersichtlich, ob Nachlassverwaltung angeordnet wurde, da diese grundsätzlich **nicht auf dem Erbschein vermerkt** wird. 83

Der gutgläubige Erwerb von **Grundstücken und Rechten an Grundstücken** von dem Erben nach Anordnung der Nachlassverwaltung ist gemäß §§ 1984 Abs. 1 Satz 2 BGB, 81 Abs. 1 Satz 2 InsO, 892, 893 BGB **möglich**, wenn die Nachlassverwaltung nicht im Grundbuch eingetragen und dem Erwerber auch nicht bekannt ist. 84

Hatte der Erbe gemäß § 1984 Abs. 1 Satz 2 BGB, § 81 Abs. 1 Satz 1. InsO unwirksam verfügt, kann der Nachlassverwalter gemäß § 185 Abs. 2 Satz 1 BGB die **Verfügung genehmigen**. Die gleiche Wirkung tritt ein, wenn der Nach- 85

117) Soergel-*Stein*, BGB, § 1984 Rz. 4; *Gottwald* in: Damrau/Tanck, PK Erbrecht, § 1984 Rz. 8.

118) *Gottwald* in: Damrau/Tanck, PK Erbrecht, § 1984 Rz. 9; *Küpper* in: MünchKomm-BGB, § 1984 Rz. 3; **a. A.** Staudinger-*Dobler*, BGB, § 1984 Rz. 15; *Hillebrand*, Die Nachlassverwaltung, S. 56; *Wiester* in: MünchAHB Erbrecht, § 24 Rz. 30.

119) *Küpper* in: MünchKomm-BGB, § 1984 Rz. 3.

120) Erman-*Horn*, BGB, § 1984 Rz. 5.

121) *Gottwald* in: Damrau/Tanck, PK Erbrecht, § 1984 Rz. 9.

122) *Hillebrand*, Die Nachlassverwaltung, S. 53.

lassverwalter den Gegenstand freigibt.[123] Wird die Nachlassverwaltung aufgehoben und hatte der Nachlassverwalter nicht über den Gegenstand verfügt, wird eine frühere unwirksame Verfügung des Erben ebenfalls wirksam analog § 185 Abs. 2 Satz 1 BGB.

86 Ist über den Nachlass eines **Vorerben** die Nachlassverwaltung angeordnet, gilt für den Nachlassverwalter § 2115 Satz 2 BGB analog.[124] Zwar kann der Nachlassverwalter grundsätzlich nicht mehr Verfügungsmacht haben als der Erbe, aber wegen der Vergleichbarkeit der Rechtsstellung des Nachlassverwalters mit der des Insolvenzverwalters findet für den Nachlassverwalter § 2115 Satz 2 BGB entsprechende Anwendung.[125] Verfügungen des Nachlassverwalters, die ausschließlich der Befriedigung von Nachlassgläubigern dienen, sind daher uneingeschränkt wirksam.

3. Rückforderung der Gegenleistung bei unwirksamer Verfügung

87 Ist eine Verfügung des Erben gemäß § 1984 Abs. 1 Satz 2 BGB, § 81 Abs. 1 Satz 1 InsO unwirksam und steht dem Nachlassverwalter ein entsprechender Rückgabeanspruch zu, kann derjenige, der von dem Erben unwirksam erworben hat, die Gegenleistung aus dem Nachlass zurückverlangen, soweit dieser noch **bereichert** ist (§ 81 Abs. 1 Satz 3 InsO). Die Beschränkung auf die noch vorhandene Bereicherung gilt auch für andere Rückforderungsansprüche wie z. B. §§ 323, 346 BGB. Stünde dem Vertragspartner des Erben hinsichtlich der von ihm erbrachten Gegenleistung ein **Aussonderungsrecht** zu (§ 47 InsO), kann er dies auch gegenüber dem Nachlassverwalter geltend machen.[126]

4. Erfüllung von Nachlassforderungen nach Anordnung der Nachlassverwaltung

88 Leistet ein Nachlassschuldner nach Anordnung der Nachlassverwaltung an den Erben, richtet sich die Frage der Erfüllung (§ 362 BGB) nach § 1984 Abs. 1 Satz 2 BGB, § 82 InsO. Erfolgte die Leistung des Schuldners vor der Bekanntmachung der Nachlassverwaltung, wird vermutet, dass er die Nachlassverwaltung nicht kannte (§ 82 Satz 2 InsO). Der Schuldner wird von der Verbindlichkeit befreit, wenn ihm die Kenntnis von der Nachlassverwaltung nicht nachgewiesen werden kann.

89 Hat der Schuldner nach der Veröffentlichung der Nachlassverwaltung an den Erben geleistet, wird er von der Verpflichtung zur Leistung befreit, wenn er zur

123) Staudinger-*Dobler*, BGB, § 1984 Rz. 10.

124) OLG Braunschweig, Beschl. v. 11.4.1988 – 2 W 20/88, OLGZ 88, 392; Grüneberg-*Weidlich*, BGB, § 2115 Rz. 5; Staudinger-*Dobler*, BGB, § 1984 Rz. 6.

125) Staudinger-*Dobler*, BGB, § 1984 Rz. 6.

126) Staudinger-*Dobler*, BGB, § 1984 Rz. 17.

Zeit der Leistung die Anordnung der Nachlassverwaltung nicht kannte (§ 82 Satz 1 InsO). Der Schuldner trägt in diesem Fall die Beweislast für seine Unkenntnis.[127)]

Leistet der Schuldner an den Erben auf ein Recht, das im Grundbuch eingetragen ist, gilt § 1984 Abs. 1 Satz 2 BGB, § 81 Abs. 1 Satz 2 InsO i. V. mit § 893 BGB. Der Schutz des guten Glaubens und die Beweislast richten sich in diesem Fall alleine nach § 892 BGB.[128)] 90

Hat der Schuldner nach keiner dieser Alternativen mit Erfüllungswirkung geleistet, wird er nach h. M. dennoch von der Verpflichtung frei, wenn das Geleistete in den Nachlass gelangt ist.[129)] Der Schuldner trägt hierfür die Beweislast. 91

5. Erlöschen von Aufträgen und Vollmachten des Erblassers und des Erben

Hatte der Erblasser oder der Erbe vor Anordnung der Nachlassverwaltung einen Auftrag an einen Dritten bezüglich des von der Nachlassverwaltung betroffenen Vermögens erteilt, **erlischt** dieser Auftrag mit Anordnung der Nachlassverwaltung (§§ 115 Abs. 1, 116 InsO analog). Gemäß § 168 Satz 1 BGB erlischt im Zuge dessen auch eine in diesem Zusammenhang erteilte Vollmacht.[130)] Nach Maßgabe von **§ 115 Abs. 2 und 3 InsO** analog kann der Auftrag und damit auch die Vollmacht **als weiter fortbestehend gelten**. Eine isolierte Vollmacht betreffend den Nachlass erlischt analog § 117 Abs. 1 InsO.[131)] 92

6. Zwangsvollstreckung während der Nachlassverwaltung

a) Zwangsvollstreckung in den Nachlass

aa) Zwangsvollstreckung von Nachlassgläubigern

Die Vollstreckung in den Nachlass ist für Nachlassgläubiger auch nach Anordnung der Nachlassverwaltung möglich. Soweit Nachlassgläubiger vor Anordnung der Nachlassverwaltung Vollstreckungsmaßnahmen in Nachlassgegenstände durchgeführt haben, bleiben diese, anders als im Fall der Eröffnung des Nachlassinsolvenzverfahrens (vgl. § 321 InsO), bestehen. 93

Die Zwangsvollstreckung eines Nachlassgläubigers in den Nachlass, die vor der Anordnung der Nachlassverwaltung begonnen hatte, bleibt davon unberührt und wird fortgesetzt. Eine Umschreibung des Titels auf den Nachlassverwalter ist nicht erforderlich. § 750 Abs. 1 Satz 1 ZPO stellt nur auf den Beginn der Zwangs- 94

127) *Kuleisa* in: HambKomm-InsR, § 82 InsO Rz. 28.

128) Staudinger-*Dobler*, BGB, § 1984 Rz. 18.

129) Soergel-*Stein*, BGB, § 1984 Rz. 5; Staudinger-*Dobler*, BGB, § 1984 Rz. 19.

130) Grüneberg-*Weidlich*, BGB, § 1984 Rz. 2.

131) *Wiester* in: MünchAHB Erbrecht, § 24 Rz. 34.

vollstreckung ab und greift nicht ein, wenn die begonnene Zwangsvollstreckung lediglich fortgesetzt werden soll.[132)]

95 Will der Nachlassgläubiger aus einem Titel gegen den Erblasser oder den Erben nach Anordnung der Nachlassverwaltung in den Nachlass vollstrecken, muss er den Titel wegen § 750 Abs. 1 Satz 1 ZPO zunächst auf den Nachlassverwalter umschreiben lassen. Dies ergibt sich aus der analogen Anwendung der §§ 748 Abs. 1, 749 ZPO und § 727 ZPO.[133)] Nach anderer Auffassung benötigt der Nachlassgläubiger für die Vollstreckung in den Nachlass nach Anordnung der Zwangsverwaltung keine vollstreckbare Ausfertigung gegen den Nachlassverwalter.[134)] Begründet wird dies mit der Rechtsnatur der Nachlassverwaltung als besondere Art der Nachlasspflegschaft.[135)] Der Nachlassverwalter ist aber, anders als der Nachlasspfleger, nicht gesetzlicher Vertreter des Erben, sondern Partei kraft Amtes. Der Erbe hat seine Verfügungsbefugnis an den Nachlassverwalter verloren. Insoweit ist die Rechtslage mit der bei der Testamentsvollstreckung oder der Nachlassinsolvenz vergleichbar. Durch das Erfordernis der Titelumschreibung wird auch das Risiko, dass Eigengläubiger des Erben in den Nachlass vollstrecken (vgl. § 1984 Abs. 2 BGB), weitgehend reduziert.

96 Ist ein Urteil gegen den Nachlassverwalter ergangen und die Nachlassverwaltung anschließend aufgehoben worden, muss der Titel auf den Erben analog § 727 ZPO umgeschrieben werden.[136)] Hatte der Nachlassgläubiger die Zwangsvollstreckung gegen den Nachlassverwalter bereits begonnen, kann sie nach Beendigung der Verwaltung gegen den Erben in den Nachlassrest ohne Titelumschreibung fortgesetzt werden.[137)] Der Erbe kann in diesem Fall eine Haftungsbeschränkung auch ohne Vorbehalt geltend machen (§ 780 Abs. 2 ZPO).

bb) Zwangsvollstreckung durch Eigengläubiger des Erben

97 Zwangsvollstreckungen und Arreste (§§ 916 ff. ZPO) von Eigengläubigern des Erben in den Nachlass sind nach Anordnung der Nachlassverwaltung **ausgeschlossen** (§ 1984 Abs. 2 BGB). Unerheblich ist dabei, ob der Erbe bereits unbeschränkbar haftet. Die Eigengläubiger sind auf den Überschuss beschränkt, der sich nach Befriedigung der Nachlassgläubiger ergibt.[138)] Allerdings können die Eigengläubiger den **Anspruch des Erben** gegen den Nachlassverwalter **auf Herausgabe des Nachlasses** gemäß § 1986 Abs. 1 BGB pfänden.

---

132) Staudinger-*Dobler*, BGB, § 1984 Rz. 26.

133) Staudinger-*Dobler*, BGB, § 1984, Rz. 27; *Gottwald* in: Damrau/Tanck, PK Erbrecht, § 1984 Rz. 16; *Lohmann* in: BeckOK-BGB, § 1984 Rz. 7.

134) Grüneberg-*Weidlich*, BGB, § 1984 Rz. 4; Erman-*Horn*, BGB, § 1984 Rz. 10.

135) Vgl. die Hinweise bei Staudinger-*Dobler*, BGB, § 1984 Rz. 27.

136) *Küpper* in: MünchKomm-BGB, § 1984 Rz. 9.

137) Staudinger-*Dobler*, BGB, § 1984 Rz. 25.

138) *Küpper* in: MünchKomm-BGB, § 1984 Rz. 11.

Ist eine Vollstreckungsmaßnahme eines Eigengläubigers des Erben in den Nachlass **bereits vor Anordnung der Nachlassverwaltung erfolgt**, kann der Nachlassverwalter mit der Klage gemäß §§ 784 Abs. 2, 785, 767 ZPO deren Aufhebung verlangen. Eine Fortsetzung der Vollstreckung ist nicht allein wegen § 1984 Abs. 2 BGB ausgeschlossen.[139] Zwar ist die Beschränkung des § 1984 Abs. 2 BGB von Amts wegen zu beachten.[140] Dies würde bedeuten, dass, wie im Fall des § 89 InsO, ein Vollstreckungshindernis besteht, das bei Fortsetzung der Vollstreckung mit der Erinnerung gemäß § 766 ZPO geltend zu machen wäre. § 784 Abs. 2 ZPO sieht allerdings für die Geltendmachung des § 1984 Abs. 2 BGB als Rechtsbehelf die Vollstreckungsabwehrklage vor. § 766 ZPO ist daneben ausgeschlossen.[141] 98

Vollstreckt der Eigengläubiger erstmals nach Inkrafttreten der Nachlassverwaltung in den Nachlass, ohne dass der Titel auf den Nachlassverwalter umgeschrieben ist, kann dieser die **Vollstreckung mit der Erinnerung gemäß § 766 ZPO unterbinden.**[142] Es liegt dann bereits ein Verstoß gegen § 750 Abs. 1 Satz 1 ZPO vor. Soweit nach anderer Auffassung auch für diesen Fall nur die Vollstreckungsabwehrklage des Nachlassverwalters gemäß §§ 784 Abs. 2, 767 ZPO als Rechtsbehelf vorgesehen wird, liegt dem die Annahme zugrunde, dass der Nachlassverwalter wie ein Nachlasspfleger, also als Vertreter des Erben zu behandeln und daher eine **Umschreibung des Titels** nicht erforderlich ist.[143] 99

b) Zwangsvollstreckung durch Nachlassgläubiger in das Eigenvermögen des Erben

Durch die Anordnung der Nachlassverwaltung wird das Eigenvermögen des Erben von dem Nachlass getrennt (§ 1975 BGB). Der Erbe, der noch nicht unbeschränkt für die Nachlassverbindlichkeiten haftet, muss die Vollstreckung durch Nachlassgläubiger in sein Eigenvermögen nicht mehr hinnehmen. Er kann gegen Vollstreckungsmaßnahmen in sein Eigenvermögen die **Abwehrklage** gemäß §§ 785, 784 Abs. 1, 781, 767 ZPO erheben, wenn für ihn ein Vorbehalt gemäß § 780 Abs. 1 ZPO in dem Urteil besteht. 100

Wenn der Erbe für die Nachlassverbindlichkeiten bereits unbeschränkt haftet, wird der Nachlassgläubiger während der Nachlassverwaltung seine **Klage gegen den Nachlassverwalter** erheben. Nach entsprechender Verurteilung kann der Nachlassgläubiger dann sowohl in den Nachlass als auch gegen den Erben voll- 101

139) So Staudinger-*Dobler*, BGB, § 1984 Rz. 29.

140) Staudinger-*Dobler*, BGB, § 1984 Rz. 28.

141) Erman-*Horn*, BGB, § 1984 Rz. 9.

142) *Küpper* in: MünchKomm-BGB, § 1984 Rz. 11.

143) *Küpper* in: MünchKomm-BGB, § 1984 Rz. 11.

strecken. Für die Vollstreckung in das Privatvermögen des Erben ist hierzu die **Umschreibung des Titels** analog § 728 Abs. 2 ZPO erforderlich.[144)]

VIII. Umfang der Nachlassverwaltung

1. Gesamter Nachlass

102 Die Nachlassverwaltung umfasst den gesamten Nachlass. Ausgenommen hiervon sind **Gegenstände ohne Verkehrswert** und nach überwiegender Auffassung auch **unpfändbares Vermögen** i. S. von § 811 ZPO (§ 36 InsO analog).[145)] Die Frage der Unpfändbarkeit beurteilt sich dabei nach der Person des Erben und nicht des Erblassers.[146)] Diese Auffassung ist insoweit nicht unproblematisch, als sie sich in Widerspruch zur Rechtslage bei der Dürftigkeitseinrede (§ 1990 BGB) setzt. Beruft sich der Erbe auf die Dürftigkeitseinrede, ist er nach allgemeiner Meinung verpflichtet, auch unpfändbare Gegenstände aus dem Nachlass an die Nachlassgläubiger herauszugeben.[147)] Auch die in Folge der Nachlassverwaltung eingetretene Separation der Vermögensmassen lässt es fraglich erscheinen, hinsichtlich der Pfändbarkeit von Nachlassgegenständen auf den Erben abzustellen. **§ 36 InsO** ist aber auf das Nachlassinsolvenzverfahren anwendbar (siehe hierzu oben § 1 Rz. 154 [*Roth*]). Die Nachlassgläubiger sind im Nachlassverwaltungsverfahren grundsätzlich nicht schutzwürdiger als im Nachlassinsolvenzverfahren. § 36 InsO gilt daher auch im Nachlassverwaltungsverfahren entsprechend.[148)]

103 Der Nachlassverwaltung unterliegen nicht die **höchstpersönlichen Rechtsbeziehungen des Erblassers**, höchstpersönliche Rechte sowie Gegenstände ohne Verkehrswert.[149)]

104 Ist auf den Erben gemäß § 1952 BGB das **Recht zur Annahme oder Ausschlagung einer Erbschaft** übergegangen, kann dieses nur von dem Erben, nicht dem Nachlassverwalter ausgeübt werden (§ 83 Abs. 1 InsO analog).[150)] Befindet sich im Nachlass ein **Pflichtteilsanspruch**, unterfällt dieser der Nachlassverwaltung. Der Nachlassverwalter ist bei dessen Geltendmachung allerdings auf die Mit-

---

144) Staudinger-*Dobler*, BGB, § 1984 Rz. 24.

145) *Gottwald* in: Damrau/Tanck, PK Erbrecht, § 1985 Rz. 6; Staudinger-*Dobler*, BGB, § 1985 Rz. 19; **a. A.** Soergel-*Stein*, BGB, § 1985 Rz. 8.

146) *Gottwald* in: Damrau/Tanck, PK Erbrecht, § 1985 Rz. 6; *Küpper* in: MünchKomm-BGB, § 1985 Rz. 4.

147) Grüneberg-*Weidlich*, BGB, § 1990 Rz. 6; *Küpper* in: MünchKomm-BGB, § 1990 Rz. 13.

148) Vgl. *Hillebrand*, Die Nachlassverwaltung, S. 103.

149) *Gottwald* in: Damrau/Tanck, PK Erbrecht, § 1985 Rz. 6.

150) Staudinger-*Dobler*, BGB, § 1985 Rz. 19.

wirkung des Erben angewiesen. Der Erbe seinerseits ist nicht verpflichtet, den Pflichtteil geltend zu machen.[151)]

Als zu dem Nachlass gehörend gelten auch die **Ansprüche der Nachlassgläubiger gegen den Erben** wegen nicht ordnungsgemäßer Verwaltung des Nachlasses (§ 1978 Abs. 1, 2 BGB); siehe hierzu näher § 3 Rz. 13 ff. [*Pfeuffer*]. 105

2. Nachlassverwaltung bei Unternehmen

a) Anteile an einer Kapitalgesellschaft

Anteile an einer GmbH oder einer AG sind gesetzlich unbeschränkbar vererblich. Sie unterliegen im vollen Umfang der Nachlassverwaltung.[152)] Der Nachlassverwalter übt die **Rechte des Erben als Gesellschafter** umfassend aus. Ihm obliegen insbesondere die Durchführung von Gesellschafterversammlungen, die Beschlussfassung in der Gesellschaft und damit auch die operative Ausrichtung des Unternehmens.[153)] Dem **Geschäftsführer** einer im Nachlass befindlichen GmbH darf der Nachlassverwalter nicht freie Hand lassen unter dem Hinweis, er sei nur „Verwalter". Ein Sonderkündigungsrecht zur außerordentlichen Kündigung gegenüber dem Geschäftsführer der im Nachlass befindlichen GmbH steht dem Nachlassverwalter dabei nicht zu.[154)] 106

Befindet sich im Nachlass eine **insolvente führungslose juristische Person** oder Gesellschaft i. S. von § 15 Abs. 1, 3 InsO, ist der Nachlassverwalter berechtigt, den Insolvenzantrag gemäß § 15 Abs. 1 Satz 2 InsO zu stellen.[155)] 107

b) Einzelkaufmännisches Unternehmen

Fällt ein einzelkaufmännisches Unternehmen in den Nachlass, ist der Nachlassverwalter zu dessen **eigenständiger Fortführung** berechtigt.[156)] Das Firmenvermögen ist insoweit Teil des Gesamtvermögens des Erblassers ohne jegliche Besonderheit. Soweit i. R. der Fortführung des Betriebes der Nachlassverwalter **neue Verbindlichkeiten** begründet, darf er diese aus Nachlassmitteln vorrangig erfüllen. Aus § 324 Abs. 1 Nr. 5 InsO ergibt sich, dass der Nachlassverwalter die Kompetenz hat, **Masseverbindlichkeiten** zu begründen.[157)] Erzielte Gewinne fallen in den Nachlass. 108

---

151) BGH, Urt. v. 6.5.1997 – IX ZR 147/96, NJW 1997, 2384 = FamRZ 1997, 1001; BGH, Beschl. v. 25.6.2009 – IX ZB 196/08, ZVI 2009, 424 = ZEV 2009, 469; *Küpper* in: MünchKomm-BGB, § 1985 Rz. 4.

152) Grüneberg-*Weidlich*, BGB, § 1985 Rz. 4.

153) *Fromm*, ZEV 2006, 298; s. hierzu auch allgemein *Nöll*, ZEV 2017, 247 ff.

154) OLG Celle, Urt. v. 27.8.2017 – 9 U 17/17, ZEV 2018, 26.

155) Staudinger-*Dobler*, BGB, § 1985 Rz. 25.

156) *Küpper* in: MünchKomm-BGB, § 1985 Rz. 5; *Hillebrand*, Die Nachlassverwaltung, S. 104 ff.

157) Vgl. *Nöll*, ZEV 2017, 247, 249.

109 Der Nachlassverwalter sollte bei Geschäften mit Dritten **offenlegen**, dass er in seiner **Eigenschaft als Nachlassverwalter** handelt. In diesem Fall verpflichtet er den Nachlass. Legt er seine Rechtsstellung nicht offen, haftet der Nachlassverwalter persönlich. Die **§§ 27, 25 HGB** gelten nicht bei der Fortführung der Firma durch den Nachlassverwalter.[158)] In der Fortführung durch den Nachlassverwalter liegt keine Fortführung durch den Erben. Sie ist dem Erben daher nicht zurechenbar.[159)]

110 Wenn zunächst der **Erbe** das geerbte Unternehmen bis zur Anordnung der Nachlassverwaltung fortgeführt hat, kann dieses als Folge der **Fortführung** seine Identität verändert haben. Die Geschäftsführung des Erben ändert immer mehr den **Charakter des Unternehmens.** Eine **dingliche Surrogation** findet bei Geschäften des Alleinerben, anders als bei der Miterbengemeinschaft (§ 2041 BGB), nicht statt (zur dinglichen Surrogation siehe ausführlich § 1 Rz. 109 [*Roth*] und § 3 Rz. 28 [*Pfeuffer*]).[160)] § 2041 BGB ist nach überwiegender Auffassung auch nicht entsprechend auf den Alleinerben anwendbar.[161)] Hat sich also die Identität des Unternehmens aufgrund der Fortführung durch den Erben verändert, wird das Unternehmen von der Nachlassverwaltung **nicht mehr erfasst.**[162)] Der Nachlassverwalter hat in diesem Fall allerdings noch den Anspruch auf die betrieblichen Nachlassgrundstücke, die vom Erblasser stammende Einrichtung und die Waren und Forderungen, die im Zeitpunkt des Erbfalls vorhanden waren.[163)] Hinzu kommen noch Ansprüche aus § 1978 BGB, insbesondere auch für den Goodwill des Betriebes.

111 **Führen Miterben das ererbte Handelsgeschäft fort**, gilt der Grundsatz der dinglichen Surrogation gemäß § 2041 BGB. Miterben können in ungeteilter Erbengemeinschaft ein Handelsgeschäft zeitlich unbeschränkt fortführen. Die Gründung einer Personenhandelsgesellschaft ist dafür nicht erforderlich.[164)] Alleine in der Fortführung des Erwerbsgeschäfts ist noch kein Abschluss eines Gesellschaftsvertrages zu sehen.[165)] Die Miterben haften für die vor dem Erbfall entstandenen Verbindlichkeiten persönlich nach Maßgabe von §§ 27, 25 HGB (zu Möglichkeiten der Haftungsbeschränkung siehe § 4 Rz. 275 ff. [*Pfeuffer*]). Sie können ihre persönliche Haftung allerdings nach § 27 Abs. 2 HGB **auf den Nachlass beschränken.** Für **neu eingegangene Verbindlichkeiten** haften die Erben gemäß § 128 HGB analog mit ihrem Eigenvermögen, wenn sie nicht durch Ver-

158) Hopt-*Merkt*, HGB, § 27 Rz. 3; str.

159) *Geitner*, Der Erbe in der Insolvenz, S. 147; Hopt-*Merkt*, HGB, § 27 Rz. 3.

160) Vgl. *Roth*, ZInsO 2010, 118, 120.

161) BGH, Urt. v. 13.7.1989 – IX ZR 227/87, FamRZ 1989, 1070 = NJW-RR 1989, 1226; *Küpper* in: MünchKomm-BGB § 1978 Rz. 6; **a. A.** Staudinger-*Dobler*, BGB, § 1985 Rz. 8.

162) *Wiester* in: MünchAHB Erbrecht, § 24 Rz. 51.

163) *Küpper* in: MünchKomm-BGB, § 1985 Rz. 5.

164) Grüneberg-*Weidlich*, BGB, § 2032 Rz. 4.

165) BGH, Urt. v. 8.10.1984 – II ZR 223/83, BGHZ 92, 259 = FamRZ 1985, 173.

einbarung mit dem Geschäftspartner die Haftung auf den Nachlass beschränkt haben.[166] Wegen der bei der Erbengemeinschaft geltenden dinglichen Surrogation kann der Nachlassverwalter von den Miterben auch die **Herausgabe** der Gegenstände verlangen, die diese in Folge der Weiterführung des ererbten Geschäfts erworben haben.

Anders verhält es sich, wenn die Miterben eine **oHG gegründet** haben, um das 112
ererbte Geschäft fortzuführen. In diesem Fall ist das Geschäft nicht mehr im Nachlass. Der Nachlassverwalter kann in diesem Fall allerdings die noch vorhandenen ursprünglichen Nachlassgegenstände wie Betriebsgrundstücke, Warenvorräte oder Forderungen herausverlangen.[167] Zusätzlich stehen ihm Ansprüche aus § 1978 Abs. 1 BGB auf **Wertersatz** wegen nicht mehr vorhandener Nachlassgegenstände zu.

c) Anteile an einer Personengesellschaft

Befindet sich im Nachlass der Anteil an einer Personengesellschaft, dann unter- 113
liegen der Nachlassverwaltung nur die vermögenswerten Rechtspositionen des Gesellschafters wie **der Gewinn- oder der Abfindungsanspruch**. Bei einer Personengesellschaft darf den übrigen Gesellschaftern gegen den Willen der anderen Gesellschafter kein neuer Quasi-Gesellschafter aufgezwungen werden.[168] Dem Nachlassverwalter stehen daher keine Befugnisse zu, die die **Rechtsstellung** des Erben in seiner Eigenschaft **als Gesellschafter** unmittelbar berühren, wie z. B. das Stimmrecht in der Gesellschafterversammlung oder das Recht zur Geschäftsführung.[169] Möglich ist allerdings, dass der Erbe und die übrigen Gesellschafter dem Nachlassverwalter eine weitergehende Verwaltungsbefugnis einräumen.

Die Befugnis, den Verbleib in der Gesellschaft von der Einräumung einer **Kom-** 114
manditistenstellung abhängig zu machen (§ 139 HGB), verbleibt als höchstpersönliches Recht weiter bei dem Erben.[170] Auch das Kündigungsrecht gemäß §§ 723, 724 BGB a. F. (§ 725 BGB n. F.) und § 132 HGB a. F./n. F. steht dem Nachlassverwalter ohne Zustimmung des Erben nicht zu.[171]

Der Nachlassverwalter ist nicht berechtigt, den Gesellschaftsanteil des Erben 115
an der Personengesellschaft **an Dritte** zu **übertragen.**[172]

---

166) Grüneberg-*Weidlich*, BGB, § 2032 Rz. 6.

167) *Küpper* in: MünchKomm-BGB, § 1985 Rz. 7.

168) *Wiester* in: MünchAHB Erbrecht, § 24 Rz. 51.

169) Staudinger-*Dobler*, BGB, § 1985 Rz. 20; Soergel-*Stein*, BGB, § 1985 Rz. 6; *Küpper* in: MünchKomm-BGB, § 1985 Rz. 6; **a. A.** *Fromm*, ZEV 2006, 298, 299, wonach der Nachlassverwalter alle Erbenrechte am Gesellschaftsanteil zu verwalten hat.

170) Erman-*Horn*, BGB, § 1985 Rz. 3; *Fromm*, ZEV 2006, 298.

171) *Küpper* in: MünchKomm-BGB, § 1985 Rz. 6; Staudinger-*Dobler*, BGB, § 1985 Rz. 21.

172) *Küpper* in: MünchKomm-BGB, § 1985 Rz. 6; *Wiester* in: MünchAHB Erbrecht, § 24 Rz. 51; **a. A.** *Fromm*, ZEV 2006, 298, 299, der eine Verfügung zulässt, wenn dies im Interesse der Gesellschaftsgläubiger erforderlich ist.

116 Nach überwiegender Auffassung steht dem Nachlassverwalter das Recht zu, die **Gesellschaft zu kündigen** analog § 725 BGB a. F. (§ 726 BGB n. F), § 135 HGB a. F. (§ 133 HGB n. F.), wenn das übrige Nachlassvermögen nicht zur Befriedigung der Nachlassgläubiger ausreicht.[173] Durch diese Kündigung werden die Befugnisse des Nachlassverwalters nicht erweitert. Der Erbe behält in diesem Fall die erlangten Mitgliedschaftsrechte auch im Liquidationsstadium.[174]

117 Der Gesellschaftsanteil des Erben wird von der Nachlassverwaltung auch erfasst, wenn dieser über eine sog. **qualifizierte Nachfolgeklausel** im Wege der Sondererbfolge auf nur einen von mehreren Miterben übergeht. Der Nachlassverwalter verwaltet in diesem Fall die Vermögensrechte des einzelnen Erben aus dem Gesellschaftsanteil.[175]

118 Wird die Personengesellschaft **durch den Tod eines Gesellschafters aufgelöst** und gerät dadurch in das Liquidationsstadium, kann der Nachlassverwalter die Gesellschafterrechte des Erben in vollem Umfang ausüben.[176] In einem solchen Fall könnte der Erbe allerdings an der Entscheidung mitwirken, dass die noch als Abwicklungsgesellschaft bestehende Gesellschaft wieder als werbende Gesellschaft fortgeführt werden soll. Diese Entscheidung des Erben bedarf der Zustimmung des Nachlassverwalters.[177]

119 § 728 Abs. 2 BGB a. F. (§ 730 Abs. 2 BGB n. F.) und § 131 Abs. 3 Nr. 2 HGB a. F. (§ 130 Abs. 1 Nr. 3 HGB n. F.), wonach durch die Insolvenz eines Gesellschafters die Gesellschaft aufgelöst wird bzw. der betreffende Gesellschafter aus der Gesellschaft ausscheidet, sind auf die Nachlassverwaltung **nicht entsprechend anwendbar**. Anders als bei der Nachlassinsolvenz wird bei der Nachlassverwaltung davon ausgegangen, dass der Nachlass für die Befriedigung der Gläubiger ausreicht. Damit ist nicht von vornherein anzunehmen, dass die Verwertung des Gesellschaftsanteils für die Befriedigung der Gläubiger erforderlich ist.[178]

120 Auch ein **Kommanditanteil** kann der Nachlassverwaltung unterliegen.[179]

3. Konfusion, Konsolidation, Aufrechnung

121 Die Nachlassverwaltung führt zur **rückwirkenden Absonderung** des Nachlasses vom Eigenvermögen des Erben. Die von dem Erben bis zum Wirksamwerden

173) Staudinger-*Dobler*, BGB, § 1985 Rz. 21; *Küpper* in: MünchKomm-BGB, § 1985 Rz. 6; Soergel-*Stein*, BGB, § 1985 Rz. 6.

174) Küpper in: MünchKomm-BGB, § 1985 Rz. 6.

175) Vgl. *Küpper* in: MünchKomm-BGB, § 1985 Rz. 7.

176) *Küpper* in: MünchKomm-BGB, § 1985 Rz. 6; BGH, Beschl. v. 13.7.2017 – V ZB 136/16, NJW 2017, 3715 = NZI 2017, 993.

177) Staudinger-*Dobler*, BGB, § 1985 Rz. 22.

178) Staudinger-*Dobler*, BGB, § 1985 Rz. 20.

179) Hopt-*Roth*, HGB, § 177 Rz. 5.

der Nachlassverwaltung getroffenen Verfügungen bleiben wirksam, er verliert seine Verfügungsbefugnis nicht rückwirkend.

Soweit durch den Erbfall infolge Vereinigung von Schuldner- und Gläubiger- 122
stellung ein Anspruch bzw. eine Verbindlichkeit erloschen ist (Konfusion bzw. Konsolidation), gilt dies gemäß § 1976 BGB rückwirkend als nicht erfolgt.

Vor der Nachlassverwaltung erklärte **Aufrechnungen** von Forderungen, die Eigen- 123
gläubiger und das Eigenvermögen auf der einen und Nachlassforderungen und Nachlassgläubiger auf der anderen Seite, also beide Vermögensbereiche betreffen, werden aufgrund der Vermögensseparierung rückwirkend nach Maßgabe von § 1977 BGB unwirksam (zu §§ 1976 und 1977 BGB siehe näher § 3 Rz. 1 ff. [*Pfeuffer*]).

IX. Aufgaben des Nachlassverwalters

Der Nachlassverwalter hat gemäß § 1985 Abs. 1 BGB den Nachlass zu verwalten 124
und die Nachlassverbindlichkeiten aus dem Nachlass zu berichtigen. Er hat den Nachlass nach den Regeln einer ordnungsgemäßen Vermögensverwaltung zu verwalten und führt das Amt unabhängig und eigenverantwortlich. Der Nachlassverwalter nimmt dabei die Belange der Gläubiger und der Erben wahr.[180] In reinen Zweckmäßigkeitsfragen unterliegt er keinen Weisungen des Nachlassgerichts. Der Nachlassverwalter ist nach seinem Ermessen berechtigt, den Nachlass zu veräußern, wenn dies zur Tilgung der Nachlassverbindlichkeiten erforderlich ist. Er wird sich bei der Verwaltung in der Regel mit dem Erben abstimmen, **entscheidet** aber grundsätzlich **eigenverantwortlich** und ist an Vorstellungen des Erben nicht gebunden.[181]

1. Inbesitznahme des Nachlasses

Der Nachlassverwalter hat den Nachlass alsbald nach der Anordnung der Nach- 125
lassverwaltung in Besitz zu nehmen, was aus dem Umkehrschluss zu § 1986 Abs. 1 BGB gefolgert wird.

Weigert sich der Erbe, dem Nachlassverwalter den Besitz an sämtlichen Nach- 126
lassgegenständen einzuräumen, muss er gegen den Erben auf Herausgabe klagen.[182] Der die Nachlassverwaltung anordnende Beschluss stellt keinen Herausgabetitel gegenüber dem Erben i. S. von § 794 Nr. 3 ZPO dar.[183] Es fehlt an einem vollstreckbaren Inhalt. Die Gegenauffassung stützt sich auf § 148 Abs. 2 InsO

---

180) Grüneberg-*Weidlich*, BGB, § 1975 Rz. 2; *Küpper* in: MünchKomm-BGB, § 1985 Rz. 10, 11.

181) Grüneberg-*Weidlich*, BGB, § 1985 Rz. 4.

182) *Gottwald* in: Damrau/Tanck, PK Erbrecht, § 1985 Rz. 5; *Küpper* in: MünchKomm-BGB, § 1985 Rz. 3.

183) *Gottwald* in: Damrau/Tanck, PK Erbrecht, § 1985 Rz. 5; Grüneberg-*Weidlich*, BGB, § 1985 Rz. 3; Soergel-*Stein*, BGB, § 1985 Rz. 9; *Küpper* in: MünchKomm-BGB, § 1985 Rz. 3.

analog und lässt den Anordnungsbeschluss als **Titel** des Nachlassverwalters gegen den Erben zumindest in den Fällen ausreichen, in denen die Zugehörigkeit des Gegenstands zum Nachlass nicht streitig ist.[184] Die überzeugenderen Gründe sprechen dafür, den Anordnungsbeschluss nicht als Herausgabetitel gegen den Erben ausreichen zu lassen. § 148 Abs. 2 InsO ist wegen der Verschiedenheit von Nachlassinsolvenz und Nachlassverwaltung nicht auf die Nachlassverwaltung entsprechend anzuwenden. Wenn der Nachlassverwalter gezwungen wird, seinen Herausgabeanspruch gegen den Erben gerichtlich durchzusetzen, wird es selten unstreitig sein, welche Gegenstände zum Nachlass gehören. Es begegnet auch Bedenken, einen Vollstreckungstitel im Wege der Analogie zu schaffen. Der Nachlassverwalter muss daher seinen Herausgabeanspruch gegen den Erben (§§ 1978 Abs. 1, 667 BGB) im Wege der Herausgabeklage durchsetzen. Kooperiert der Erbe nicht mit dem Nachlassverwalter und steht nicht fest, welche Gegenstände zum Nachlass gehören, steht dem Nachlassverwalter gegen ihn ein Anspruch auf Auskunft, Vorlage eines Nachlassbestandsverzeichnisses und ggf. auf eidesstattliche Versicherung zu (§§ 1978 Abs. 1 Satz 1, 666, 259, 260, 261 BGB).

127 Der Nachlassverwalter kann den Erben auch nicht durch **Zwangsmaßnahmen** des Nachlassgerichts gemäß § 35 Abs. 4 FamFG zwingen, Nachlassgegenstände herauszugeben. § 35 FamFG setzt die Befugnis des Nachlassgerichts voraus, jemandem eine Verpflichtung aufzuerlegen. Aus Entscheidungen in **Angelegenheiten der freiwilligen Gerichtsbarkeit** findet eine Zwangsvollstreckung nach den Vorschriften der ZPO nur in den gesetzlich bestimmten Fällen statt. Die Vorschriften über die Nachlassverwaltung sehen diese Möglichkeit nicht vor.[185]

128 Dem Erben steht gegenüber dem Herausgabeanspruch des Nachlassverwalters nach überwiegender Auffassung **kein Zurückbehaltungsrecht** wegen seiner Ansprüche auf Ersatz von Aufwendungen aus §§ 1978 Abs. 1 Satz 2, 1979 BGB zu.[186] Der Nachlassverwalter ist auf den Besitz an den Nachlassgegenständen angewiesen, um die Nachlassgläubiger zu befriedigen. Auch die Wertung des § 323 InsO spricht gegen ein Zurückbehaltungsrecht des Erben.

129 Der Nachlassverwalter kann auch von einem **Testamentsvollstrecker** die Herausgabe der Nachlassgegenstände verlangen. Die Nachlassverwaltung führt nicht zu einer Beendigung des Amts des Testamentsvollstreckers. Während der Nachlassverwaltung **ruht** das Verwaltungs- und Verfügungsrecht des Testamentsvollstreckers lediglich.[187]

---

184) Vgl. hierzu *Lohmann* in: BeckOK-BGB, § 1985 Rz. 3.

185) Bumiller/Harders/Schwamb-*Bumiller*, FamFG, § 35 Rz. 3.

186) Grüneberg-*Weidlich*, BGB, § 1978 Rz. 5; Soergel-*Stein*, BGB, § 1978 Rz. 9; Erman-*Horn*, BGB, § 1985 Rz. 2; differenzierend Staudinger-*Dobler*, BGB, § 1978 Rz. 31 – unter Hinweis auf § 324 Abs. 1 Nr. 1, Abs. 2 InsO.

187) Staudinger-*Dobler*, BGB, § 1985 Rz. 18.

Bei der Sichtung des Nachlasses hat der Nachlassverwalter auch zu beachten, ob ihm Nachlassgegenstände vorenthalten werden und ggf. **entsprechende Ermittlungen** anzustellen. 130

In den meisten Fällen wird der Nachlassverwalter nicht unmittelbaren Besitz ergreifen und die Nachlassgegenstände in dieser Besitzform verwahren. Er wird vielmehr den Nachlass sichten, in Form eines **Nachlassverzeichnisses** erfassen und die Nachlassgegenstände bei dem Erben belassen, wenn dieser bereit ist, diese zu verwahren und von einer ausreichenden Sicherung der Nachlassgegenstände bei dem Erben auszugehen ist. Bei **Gebäuden** muss sich der Nachlassverwalter die Zutrittsmöglichkeit verschaffen und diese vor fremdem Zugriff sichern. 131

2. Eintragung der Nachlassverwaltung in das Grundbuch

Wenn in dem Nachlass Grundstücke vorhanden sind, wird das Nachlassgericht den Anordnungsbeschluss auch dem Grundbuchamt übersenden. Umstritten ist, ob das Nachlassgericht hierzu von Amts wegen verpflichtet ist oder ob alleine der eingesetzte Nachlassverwalter die Eintragung der Nachlassverwaltung veranlassen kann.[188] In analoger Anwendung von § 32 Abs. 2 InsO ist das Nachlassgericht berechtigt und verpflichtet, das Grundbuchamt um die Eintragung zu ersuchen.[189] Auch wenn man das Nachlassgericht nicht für berechtigt hält, die Eintragung zu veranlassen, ist eine dennoch erfolgte Eintragung wirksam.[190] Eingetragen wird nur die Nachlassverwaltung an sich, nicht der Name des Nachlassverwalters. 132

Der Nachlassverwalter hat sicherzustellen, dass die Nachlassverwaltung als Verfügungsbeschränkung in **Abteilung II des Grundbuchs** des jeweiligen Grundstücks eingetragen wird. Hat das Nachlassgericht die Eintragung noch nicht veranlasst, hat er einen schriftlichen Antrag an das Grundbuchamt zu richten (§ 13 GBO). Wegen § 22 Abs. 1 Satz 2 GBO bedarf der Nachlassverwalter für die Eintragung der Nachlassverwaltung keiner Bewilligung. Die **Voreintragung des Erben** ist **nicht erforderlich** (näher für den Insolvenzvermerk im Grundbuch siehe unter § 1 Rz. 549 ff. [*Roth*]). Gegenüber dem Grundbuchamt legitimiert sich der Nachlassverwalter mit seiner **Bestallungsurkunde** (§ 29 Abs. 1 Satz 2 GBO). 133

Der Erbe, der sich die **gebührenfreie Umschreibung** des Grundbuchs sichern will (Nr. 14110 KV-GNotKG), muss, auch bei Anordnung der Nachlassverwaltung, innerhalb von zwei Jahren seit dem Erbfall seine Eintragung als Eigentümer in das Grundbuch beantragen. 134

---

188) Vgl. Schöner/Stöber, Grundbuchrecht, Rz. 3135.

189) Staudinger-*Dobler*, BGB, § 1984 Rz. 13; nach **a. A.** soll das Nachlassgericht zwar berechtigt, aber nicht verpflichtet sein, die Eintragung der Nachlassverwaltung im Grundbuch zu veranlassen, Erman-*Horn*, BGB, § 1983 Rz. 2; Grüneberg-*Weidlich*, BGB, § 1983 Rz. 2.

190) Grüneberg-*Weidlich*, BGB, § 1983 Rz. 2.

3. Wirtschaftliche Verwaltung des Nachlasses

135 Geld ist auf ein **Treuhandkonto** des Nachlassverwalters einzuzahlen. Der Nachlassverwalter hat den Nachlass zunächst in seinem Bestand zu erhalten und ihn nach den Regeln einer **wirtschaftlichen Vermögensverwaltung** zu vermehren.[191] Er hat Geldbeträge, die nicht sofort an die Nachlassgläubiger ausgeschüttet werden können, verzinslich anzulegen. Eine mündelsichere Anlage ist gemäß § 1841 BGB nicht erforderlich. Die §§ 1807 ff., 1814 BGB a. F. waren auf den Nachlassverwalter nicht anwendbar. Zweck der Nachlassverwaltung ist die Befriedigung der Gläubiger, während die Vormundschaft auf die Erhaltung des Vermögensstamms des Mündels abzielt. Für § 1812 BGB a. F. hat der BGH die Anwendbarkeit auf den Nachlassverwalter ausdrücklich abgelehnt. Zur Begründung führt er aus, dass die Kontrolle des Nachlassverwalters durch das Nachlassgericht auch bei Nichtanwendbarkeit des § 1812 a. F. gewährleistet ist.[192] Dementsprechend dürften die §§ 1838, 1839, 1844, 1845, 1848, 1849 BGB nicht auf den Nachlassverwalter anwendbar sein.

136 Der Nachlassverwalter war bisher zu **Schenkungen** nur i. R. des § 1804 BGB a. F. befugt. Seit 1.1.2023 gelten §§ 1888 Abs. 1, 1854 Nr. 8 BGB. Der Nachlassverwalter bedarf zu einer Schenkung oder unentgeltlichen Zuwendung der Genehmigung des Nachlassgerichts. Eine Ausnahme hiervon besteht lediglich bei Gelegenheitsgeschenken oder Schenkungen, die nach den Lebensverhältnissen des Erben angemessen sind.[193]

4. Rechtsgeschäfte des Nachlassverwalters mit dem Erben

137 Der Erbe bleibt weiter Eigentümer des Nachlasses. Er kann durch Rechtsgeschäft mit dem Nachlassverwalter Gegenstände aus dem Nachlass gegen Entgelt erwerben. In diesem Fall überträgt der Nachlassverwalter nicht das Eigentum auf den Erben, denn dieser ist bereits Eigentümer. Der Nachlassverwalter gibt vielmehr den Nachlassgegenstand durch einseitige empfangsbedürftige Willenserklärung gegenüber dem Erben frei (zur vergleichbaren sog. modifizierten Freigabe im Insolvenzrecht siehe § 1 Rz. 643 [*Roth*]).

5. Keine Insichgeschäfte des Nachlassverwalters

138 Der Nachlassverwalter kann gemäß §§ 1888, 1824 Abs. 2, 181 BGB keine Insichgeschäfte vornehmen. Für diesen Fall ist ein **Ergänzungspfleger** gemäß § 1809 BGB zu bestellen, eine Genehmigung des Erben reicht nicht aus.

---

191) *Wiester* in: MünchAHB Erbrecht, § 24 Rz. 62; *Küpper* in: MünchKomm-BGB, § 1985 Rz. 2.

192) BGH, Urt. v. 9.12.2022 – V ZR 68/22, ZEV 2023, 303 = ErbR 2023, 361.

193) Vgl. hierzu auch *Zimmermann*, ZEV 2022, 580.

6. Weitere Pflichten des Nachlassverwalters

Der Nachlassverwalter ist verpflichtet, den Nachlass gegen Gefahren abzusichern und mögliche **Versicherungen** abzuschließen. Er hat auch dafür Sorge zu tragen, dass von einem Gebäude **keine Gefahren für Dritte** ausgehen. 139

Befindet sich im Nachlass ein **Unternehmen**, hat der Nachlassverwalter eine Prognose anzustellen, ob das Unternehmen weiterhin fortführungsfähig und in der Lage ist, Erträge für den Nachlass zu erwirtschaften. Soweit er nicht aus eigener Sachkunde eine entsprechende Beurteilung anstellen kann, muss er sachverständige Hilfe heranziehen. Der Nachlassverwalter ist im Zweifel verpflichtet, das Unternehmen analog § 22 InsO fortzuführen.[194] § 1847 BGB ist in diesem Zusammenhang zu beachten. Eine Verwertung des Unternehmens soll erst durchgeführt werden, wenn feststeht, dass dies zur Berichtigung der Nachlassverbindlichkeiten erforderlich ist. Soweit der Erblasser **Vollmachten** über den Tod hinaus erteilt hatte, erlöschen diese analog § 117 InsO mit Anordnung der Nachlassverwaltung. Ebenso erlöschen **Aufträge und Geschäftsbesorgungsverträge** analog §§ 115, 116 InsO.[195] Der Nachlassverwalter sollte aber, auch im Hinblick auf § 117 Abs. 2 InsO, ihm bekannt gewordene Vollmachten sicherheitshalber ausdrücklich widerrufen. 140

Bestehende **Dauerschuldverhältnisse** muss der Nachlassverwalter kündigen, wenn sich diese schädlich auf den Nachlass auswirken. Die Kündigung ist nur nach zivilrechtlichen Grundsätzen möglich. Dem Nachlassverwalter steht kein Kündigungsrecht wie dem Insolvenzverwalter gemäß §§ 109, 113 InsO zu. 141

Ist der Erbe bedürftig und der Nachlass hinreichend, muss ihm der Nachlassverwalter in analoger Anwendung des § 100 InsO **Notunterhalt** bezahlen. Die Zustimmung des Nachlassgerichts ist dafür erforderlich.[196] 142

Der Nachlassverwalter ist verpflichtet, **Forderungen** des Nachlasses **einzuziehen**, soweit dies zur Befriedigung der Nachlassgläubiger erforderlich ist. Hierzu gehören auch Forderungen gegen den Erben wegen nicht ordnungsgemäßer Verwaltung des Nachlasses bis zur Anordnung der Nachlassverwaltung (§ 1978 Abs. 1, 2 BGB); hierzu näher siehe § 3 Rz. 13 ff. [*Pfeuffer*]. 143

Umstritten ist, ob dem Nachlassverwalter das **Anfechtungsrecht** gemäß §§ 3–5 AnfG zusteht, wenn der Erbe bereits Nachlassgläubiger befriedigt hat. Mit der wohl überwiegenden Auffassung ist davon auszugehen, dass dieses Anfechtungsrecht zum Nachlass gehört und der Nachlassverwalter zur Anfechtung berechtigt ist.[197] Ist die Nachlassverwaltung angeordnet, ist nur der Nachlassverwal- 144

194) *Wiester* in: MünchAHB Erbrecht, § 24 Rz. 64; *Nöll*, ZEV 2015, 612, 615.

195) Staudinger-*Dobler*, BGB, § 1984 Rz. 4.

196) Grüneberg-*Weidlich*, BGB, § 1985 Rz. 8.

197) Erman-*Horn*, BGB, § 1979 Rz. 5; Grüneberg-*Weidlich*, BGB, § 1979 Rz. 4; Soergel-*Stein*, BGB, § 1979 Rz. 4.

ter zur Anfechtung berechtigt.[198] Das ergibt sich aus der analogen Anwendung des § 129 InsO, der eine Bündelung der Anfechtungsrechte in der Person des Verwalters vorsieht.[199] Nur in den Fällen der §§ 1990, 1992 BGB kann das Anfechtungsrecht durch die einzelnen Nachlassgläubiger ausgeübt werden. Nach a. A. besteht kein eigenes Anfechtungsrecht des Nachlassverwalters, da die Anfechtung nach dem AnfG einen Titel voraussetze und keine Vorschrift existiere, die das Anfechtungsrecht dem Nachlass zuordne.[200]

145 Der Nachlassverwalter ist verpflichtet, den Nachlass zu erhalten und nach Möglichkeit zu mehren. Zu diesem Zweck ist er auch berechtigt, **Verpflichtungen** zulasten des Nachlasses einzugehen und auch **Darlehen** aufzunehmen.

146 Die Auseinandersetzung des Nachlasses bei einer **Erbengemeinschaft** gehört nicht zu den Aufgaben des Nachlassverwalters. Auch eine gerichtliche Auseinandersetzung gemäß § 363 FamFG ist während des Bestehens der Nachlassverwaltung nicht möglich.[201]

7. Erstellung des Nachlassverzeichnisses, Zulänglichkeitsprüfung

a) Nachlassverzeichnis

147 Der Nachlassverwalter hat den Nachlass zu sichten und sich einen Überblick über den Nachlass zu verschaffen. Er ist gemäß §§ 1975, 1885, 1888, 1835 BGB verpflichtet, ein Nachlassverzeichnis zu erstellen. Dabei sind die **Nachlassaktiva und -passiva vollständig zu erfassen und zu bewerten.**[202] Der Nachlassverwalter kann bei der Erstellung des Verzeichnisses gemäß § 1835 Abs. 3 BGB einen **Sachverständigen**, insbesondere bei der Bewertung von Nachlassgegenständen, hinzuziehen. Er muss auch klären, ob vor dem Wirksamwerden der Nachlassverwaltung oder auch bereits vor dem Todesfall dem Nachlass **Gegenstände entzogen wurden.** Diese Vermögenswerte sind als Forderungen in das Nachlassverzeichnis aufzunehmen. Belege müssen dem Nachlassverzeichnis nicht beigefügt werden, das Nachlassgericht kann sie aber anfordern.[203]

148 Der Nachlassverwalter hat **eigene Ermittlungen** anzustellen. Zu diesem Zweck muss er den Erben, Angehörige und auch Vertragspartner befragen. Gegenüber dem Erben besteht ein Auskunftsanspruch des Nachlassverwalters über den Bestand des Nachlasses und die mit Nachlassgegenständen getätigten Geschäfte (§§ 1978, 666 BGB). **Weigert sich der Erbe**, die Auskünfte zu erteilen, ist der

---

198) *Gottwald* in: Damrau/Tanck, PK Erbrecht, § 1979 Rz. 9; *Küpper* in: MünchKomm-BGB, § 1979 Rz. 7.

199) *Küpper* in: MünchKomm-BGB, § 1979 Rz. 7.

200) Staudinger-*Dobler*, BGB, § 1979 Rz. 20.

201) Staudinger-*Dobler*, BGB, § 1985 Rz. 11.

202) *Wiester* in: MünchAHB Erbrecht, § 24 Rz. 66.

203) *Sonnenberg* in: Siebert, Nachlasspflegschaft, Rz. 949.

Nachlassverwalter gehalten, den Auskunftsanspruch im **Klageweg** durchzusetzen. Der Nachlassverwalter kann von dem Erben auch gemäß § 260 BGB verlangen, dass er die Richtigkeit seiner Angaben an Eides statt versichert.

Er hat das Nachlassverzeichnis **bei dem Nachlassgericht einzureichen** (§§ 1975, 1888, 1835 Abs. 1 BGB). Dessen Richtigkeit und Vollständigkeit ist zu versichern (§ 1835 Abs. 1 Satz 1 BGB). Eine Inventarfrist gemäß §§ 1993 ff. BGB kann dem Nachlassverwalter von den Nachlassgläubigern nicht bestimmt werden, er ist allerdings ihnen gegenüber zur Auskunft verpflichtet (§ 2012 Abs. 2 i. V. mit Abs. 1 Satz 1 und 2 BGB). Eine dem Erben gesetzte **Inventarfrist** wird gemäß § 2000 Satz 1 BGB mit Anordnung der Nachlassverwaltung unwirksam. 149

b) Zulänglichkeitsprüfung

Bevor der Nachlassverwalter beginnt, Nachlassverbindlichkeiten zu erfüllen, muss er zunächst eine eingehende Zulänglichkeitsprüfung vornehmen. Grundlage hierfür ist das von ihm erstellte Nachlassverzeichnis. 150

Erst wenn der Nachlassverwalter feststellt, dass der Nachlass zur Berichtigung sämtlicher Nachlassverbindlichkeiten ausreicht, ist er berechtigt, Zahlungen an Nachlassgläubiger zu leisten.[204] Er kann sich zunächst gegenüber den Nachlassgläubigern auf die **Drei-Monats-Einrede** gemäß § 2014 BGB berufen. Die Frist beginnt mit seiner Bestellung (§ 2017 BGB). 151

Um die Nachlassverbindlichkeiten festzustellen, hat der Nachlassverwalter grundsätzlich ein **Aufgebotsverfahren** gemäß §§ 1970 BGB, 454 ff. FamFG einzuleiten, und zwar auch dann, wenn kein Hinweis auf unbekannte Nachlassverbindlichkeiten besteht.[205] Nur wenn sich aus den dem Nachlassverwalter vorliegenden Informationen ergibt, dass der Nachlass bereits überschuldet oder zahlungsunfähig ist, entfällt diese Obliegenheit. Dann ist der Nachlassverwalter verpflichtet, Insolvenzantrag zu stellen. Ein Aufgebotsverfahren ist von dem Nachlassverwalter auch nicht durchzuführen, wenn die **Verfahrenskosten** dem Bestand des Nachlasses gegenüber unverhältnismäßig groß sind (vgl. § 1980 Abs. 2 Satz 2 BGB). Bis zum Abschluss des Gläubigeraufgebotsverfahrens steht dem Nachlassverwalter gegenüber den Nachlassgläubigern die Einrede des § 2015 Abs. 1 BGB zu. Das Aufgebotsverfahren ist, um diese Einrede zu erhalten, **innerhalb eines Jahres** nach Anordnung der Nachlassverwaltung zu beantragen (§§ 2015 Abs. 1, 2017, 1975 BGB). Gegen Zwangsvollstreckungsmaßnahmen kann der Nachlassverwalter diese Einrede nach Maßgabe des § 782 ZPO durchsetzen. Mit der Durchführung des Aufgebotsverfahren verschafft sich der Nachlassver- 152

---

204) BGH, Urt. v. 11.7.1984 – IVa ZR 23/83, NJW 1985, 140 = Rpfleger 1984, 416; Staudinger-*Dobler*, BGB, § 1985 Rz. 28.

205) *Wiester* in: MünchAHB Erbrecht, § 24 Rz. 69; *Hillebrand*, Die Nachlassverwaltung, S. 86 f; **a. A.** Staudinger-*Dobler*, BGB, § 1985 Rz. 31: das Aufgebotsverfahren ist nur erforderlich, wenn Grund zur Annahme von weiteren Nachlassverbindlichkeiten besteht.

walter die weitestgehende Gewissheit über den Stand der Nachlassverbindlichkeiten.

153 Zu beachten ist allerdings § 1971 BGB, wonach **dinglich gesicherte Gläubiger** nicht über das Gläubigeraufgebot ausgeschlossen werden. In diesem Zusammenhang ist § 175 Abs. 1 Satz 2 ZVG relevant. Da das Aufgebot der Nachlassgläubiger gegenüber den dinglich gesicherten Gläubigern versagt (§ 1971 BGB), kann der Nachlassverwalter die Haftung des Nachlasses über das Nachlassgrundstück hinaus erst dann bestimmen, wenn feststeht, ob und in welcher Höhe der an einem Nachlassgrundstück dinglich besicherte Gläubiger einen Ausfall erleidet. Dies festzustellen ist der Zweck des Verfahrens gemäß § 175 ZVG.[206] Der Nachlassverwalter ist gemäß § 175 Abs. 1 Satz 2 ZVG, § 455 Abs. 2 FamFG, § 1975 BGB zur Antragstellung berechtigt.[207]

154 Als Nachlasspfleger kann der Nachlassverwalter das Aufgebotsverfahren auch beantragen, wenn der **Erbe bereits unbeschränkt haftet.**[208]

c) Unzulänglichkeit des Nachlasses

155 Stellt der Nachlassverwalter fest, dass der Nachlass überschuldet oder zahlungsunfähig ist, hat er unverzüglich Insolvenzantrag zu stellen (§§ 1985 Abs. 2 Satz 2, 1980 Abs. 1 Satz 1 BGB). Die **Dürftigkeitseinrede** gemäß § 1990 BGB steht dem Nachlassverwalter nicht zu.[209] Eine Verpflichtung zum Insolvenzantrag besteht nicht, wenn die Überschuldung des Nachlasses auf Vermächtnissen oder Auflagen beruht (§§ 1985 Abs. 2 Satz 2, 1980 Abs. 1 Satz 2 BGB). Der Nachlassverwalter kann in diesem Fall die Einrede gemäß § 1992 BGB erheben.[210]

156 Stellt der Nachlassverwalter fest, dass die vorhandene **Masse nicht** einmal zur Deckung der Kosten des Insolvenzverfahrens **ausreicht** (§ 26 InsO), ist er nach h. M. **nicht verpflichtet Insolvenzantrag zu stellen.**[211] Der Nachlassverwalter kann in diesem Fall Aufhebung der Nachlassverwaltung verlangen gemäß § 1988 Abs. 2 BGB. Die Nachlassgläubiger werden dann auf den Nachlassrest verwiesen (§ 1990 Abs. 1 BGB).[212] Reicht der Nachlass aus, um die Kosten der Nachlassverwaltung zu decken, nicht aber mehr die zusätzlichen Kosten eines anschließenden Nachlassinsolvenzverfahrens, kann der Nachlassverwalter nicht die Auf-

---

206) Dassler/Schiffhauer-*Rellermeyer*, ZVG, § 175 Rz. 1.

207) Dassler/Schiffhauer-*Rellermeyer*, ZVG, § 175 Rz. 5.

208) Staudinger-*Dobler*, BGB, § 1985 Rz. 31; *Küpper* in: MünchKomm-BGB, § 1985 Rz. 8; *Hillebrand*, Die Nachlassverwaltung, S. 87.

209) *Küpper* in: MünchKomm-BGB, § 1985 Rz. 8; **a. A.** Staudinger-*Dobler*, BGB, § 1985 Rz. 29.

210) Erman-*Horn*, BGB, § 1985 Rz. 5.

211) Staudinger-*Dobler*, BGB, § 1985 Rz. 29; **a. A.** Grüneberg-*Weidlich*, BGB, § 1985 Rz. 8.

212) *Wiester* in: MünchAHB Erbrecht, § 24 Rz. 53.

hebung der Verwaltung verlangen. Die Nachlassverwaltung ist in diesem Fall weiterzuführen, da sie auch gemäß § 1982 BGB nicht abgelehnt werden könnte.[213]

8. Berichtigung der Nachlassverbindlichkeiten

Hat der Nachlassverwalter die Zulänglichkeitsprüfung abgeschlossen und darf er annehmen, dass der Nachlass zur Erfüllung sämtlicher Nachlassverbindlichkeiten ausreicht, kann er die Nachlassverbindlichkeiten erfüllen (§§ 1985 Abs. 2, 1979 BGB). Er darf Zahlungen auf Nachlassverbindlichkeiten nur nach **sorgfältiger Prüfung** leisten. Wenn der Nachlassverwalter Forderungen gegen den Nachlass bestreitet, darf er sie nicht erfüllen. Er muss das **Prozessrisiko abwägen** und kann sich ggf. mit dem Gläubiger vergleichsweise einigen. 157

Eine bestimmte **Reihenfolge** ist **bei der Befriedigung** der Gläubiger, anders als bei dem Nachlassinsolvenzverfahren, nicht vorgesehen, da man davon ausgeht, dass der Nachlass zur Befriedigung aller Nachlassgläubiger ausreicht. Sicherheitshalber sollte der Nachlassverwalter die Verbindlichkeiten aus Vermächtnissen und Auflagen erst nach den übrigen Verbindlichkeiten befriedigen.[214] Die **Aufwendungen** des Nachlassverwalters und des Erben können vorwegberichtigt werden. Die **Kosten** des Nachlassverwaltungsverfahrens sind ebenfalls vorwegzuberichtigen und die Nachlassverbindlichkeiten aus der bereinigten Teilungsmasse zu erfüllen.[215] Zu den von dem Nachlassverwalter zu erfüllenden Nachlassverbindlichkeiten gehören auch öffentlich-rechtliche **Abgabenschulden**, die sich während der Verwaltung aus einem zum Nachlass gehörenden Grundstück ergeben (siehe hierzu § 1 Rz. 442 [*Roth*]). 158

Bei der Befriedigung von ausgeschlossenen Nachlassgläubigern (siehe hierzu im Einzelnen § 4 Rz. 216 ff. [*Pfeuffer*]), §§ 1973 Abs. 1, 1974 Abs. 1 BGB, hat der Nachlassverwalter die **Wertung von § 328 Abs. 2 InsO** zu beachten. Gegenüber **ausgeschlossenen Gläubigern** haftet der Erbe nur mit dem Nachlass, soweit er **noch bereichert ist** (§ 1973 Abs. 2 BGB). Er ist ihnen gegenüber nicht gemäß §§ 1978–1980 BGB für die Verwaltung des Nachlasses verantwortlich.[216] Ansprüche gegen den Erben wegen nicht ordnungsgemäßer Verwaltung des Nachlasses aus § 1978 Abs. 1 BGB gelten als zum Nachlass gehörig (§ 1978 Abs. 2 BGB) und sind von dem Nachlassverwalter gegenüber diesem durchzusetzen. Leistet der Erbe in Erfüllung einer solchen Forderung an den Nachlassverwalter, darf dieser, um die Wertung des § 1973 Abs. 2 BGB nicht zu umgehen, den vereinnahmten Betrag in analoger Anwendung von § 328 Abs. 2 InsO nur insoweit an die ausgeschlossenen Gläubiger auskehren, als der Erbe noch bereichert ist. 159

213) Staudinger-*Dobler*, BGB, § 1985 Rz. 30.

214) *Wiester* in: MünchAHB Erbrecht, § 24 Rz. 75.

215) *Wiester* in: MünchAHB Erbrecht, § 24 Rz. 75.

216) Staudinger-*Kunz*, BGB, § 1973 Rz. 52; Soergel-*Stein*, BGB, § 1973 Rz. 4.

9. Verwertung von Nachlassgegenständen

a) Zweckmäßigkeitserwägungen

160 Soweit es zur Befriedigung der Nachlassgläubiger erforderlich ist, muss der Nachlassverwalter Nachlassgegenstände verwerten. Er unterliegt dabei keinen Weisungen des Nachlassgerichts, des Erben oder der Gläubiger. Es gelten reine Zweckmäßigkeitserwägungen. Wenn die Befriedigung der Nachlassgläubiger nicht beeinträchtigt wird, **kann** sich der Nachlassverwalter **mit dem Erben abstimmen**, welche Nachlassgegenstände verwertet werden sollen.

161 Die **Art und Weise der Verwertung** steht im Ermessen des Nachlassverwalters. Die Verwertung der Nachlassgegenstände erfolgt durch freihändige Veräußerung oder im Wege der öffentlichen Versteigerung (§ 383 Abs. 3 BGB). Der Nachlassverwalter kann gemäß § 175 Abs. 1 Satz 1, 2 ZVG auch die Zwangsversteigerung eines Nachlassgrundstücks betreiben. Der **Zeitpunkt** der Verwertung steht ebenfalls im pflichtgemäßen Ermessen des Nachlassverwalters. Er hat grundsätzlich die Nachlassgläubiger so schnell wie möglich zu befriedigen.[217] Beabsichtigt der Nachlassverwalter, erforderliche Verwertungsmaßnahmen aufzuschieben, bedarf er dafür eines sachlichen Grundes, wie z. B. das Abwarten einer besseren Konjunkturlage bei dem Verkauf von Aktien. In entsprechender Anwendung von § 104 InsO wird man in solchen Fällen aber nur einen kurzfristigen Aufschub von Verwertungsmaßnahmen hinnehmen können.

162 Zweckmäßigkeitserwägungen des Nachlassverwalters können ergeben, zunächst die **Früchte eines Nachlassgegenstandes**, z. B. Mieterträge, zur Befriedigung der Gläubiger heranzuziehen. **Veräußert der Nachlassverwalter ein Unternehmen**, führt dies nicht zu einer Haftung des Erben gemäß § 27 HGB oder des Erwerbers gemäß § 25 HGB.[218] Der Nachlassverwalter hat nicht, wie der Insolvenzverwalter gemäß § 166 InsO, eine eigene Verwertungskompetenz. Nachlassgegenstände, an denen **Sicherungsrechte Dritter** bestehen, können von ihm nur insoweit verwertet werden, als es diese Sicherungsrechte zulassen.

163 Bei Rechtsgeschäften über Nachlassgegenstände muss der Nachlassverwalter **offenlegen**, dass er für den Nachlass handelt und nur dieser als Haftungsgrundlage zur Verfügung steht. Ansonsten haftet er persönlich.

b) Zustimmungserfordernis des Nachlassgerichts

aa) Zustimmungsbedürftige Geschäfte

164 Der Nachlassverwalter kann nicht nach seinem freien Ermessen Rechtsgeschäfte über den Nachlass abschließen. Er bedarf gemäß §§ 1975, 1885, 1888 BGB für eine Reihe von Geschäften der nachlassgerichtlichen Genehmigung gemäß §§ 1850 ff.

---

217) *Hillebrand*, Die Nachlassverwaltung, S. 93.

218) *Küpper* in: MünchKomm-BGB, § 1985 Rz. 5; BGH, Urt. v. 11.4.1988 – II ZR 313/87, NJW 1988, 1912, 1913 = Rpfleger 1984, 416.

BGB. Gemäß § 1962 BGB tritt an die Stelle des Betreuungsgerichts das Nachlassgericht.

Die Regelungen in §§ 1850 ff. BGB betreffen Rechtsgeschäfte, die für den Nachlass **bedeutsam und gefährlich** sind, wie die Veräußerung von Grundstücken (§ 1850 BGB), die Veräußerung des gesamten Nachlasses oder eines Miterbenanteils (§ 1851 Nr. 2 und Nr. 3 BGB, die Veräußerung eines nachlasszugehörigen Unternehmens (§ 1852 Nr. 1 BGB) oder den Abschluss eines Vergleichs (§ 1854 Nr. 6 BGB). 165

§ 1849 BGB ist auf den Nachlassverwalter nicht anwendbar.[219] Für § 1812 BGB a. F. hatte der BGH entschieden, dass die Vorschrift auf den Nachlassverwalter nicht anwendbar ist.[220] Nachlassverwalter und Vormund haben verschiedene Aufgabenstellungen. Sie haben zwar beide die Verpflichtung, den Vermögensstamm des Mündels bzw. des Nachlasses für den Erben zu erhalten und ihn grundsätzlich nicht anzugreifen. Aufgabe des Nachlassverwalters ist es aber, die Nachlassgläubiger zu befriedigen. Hierzu muss er regelmäßig den Vermögensstamm des Nachlasses angreifen, indem er Nachlassgegenstände verwertet. Die Anwendbarkeit von § 1849 BGB würde die Nachlassverwaltung erschweren und zu Verzögerungen führen. 166

bb) Anhörung der Betroffenen

Das Nachlassgericht hat bei seiner Entscheidung über die Erteilung der Genehmigung den Erben zu beteiligen (§ 7 Abs. 2 Nr. 1 FamFG).[221] Der Beschluss, der die Genehmigung des Rechtsgeschäfts zum Gegenstand hat, wird erst mit dessen **Rechtskraft** wirksam (§ 40 Abs. 2 Satz 1 FamFG). Die Rechtskraft des Beschlusses tritt nicht ein, bevor die Frist für die Einlegung des zulässigen Rechtsmittels abgelaufen ist (§ 45 Satz 1 FamFG). Dem Erben ist der Beschluss **bekannt zu geben** (§ 41 Abs. 3 FamFG). Er kann als materiell Beschwerter gegen den Beschluss **Beschwerde** einlegen (§§ 58 Abs. 1, 59 Abs. 1 FamFG). Die Beschwerdefrist beträgt zwei Wochen (§ 63 Abs. 2 FamFG). 167

cc) Allgemeine Ermächtigung durch das Nachlassgericht

§ 1860 Abs. 1 BGB sieht vor, dass sich der Nachlasspfleger für Geschäfte gemäß § 1841, 1845, 1848 und § 1849 Abs. 1 Satz 1 Nr. 1 und 2 sowie Satz 2 BGB ganz befreien lassen kann, wenn der Wert des Vermögens des Nachlasses ohne die Berücksichtigung von Immobilien und Verbindlichkeiten **6.000,00 € nicht überschreitet.** 168

---

219) Vgl. Grüneberg-*Weidlich*, BGB, § 1985 Rz. 2.

220) BGH, Urt. v. 9.12.2022 – V ZR 68/22, ZEV 2023, 303 = ErbR 2023, 361.

221) Staudinger-*Dobler*, BGB, § 1985 Rz. 33.

169 Das Nachlassgericht kann den Nachlasspfleger von den Beschränkungen des §§ 1848, 1849 Abs. 1 Satz 1 Nr. 1 und 2 sowie Satz 2 und nach den § 1854 Nr. 2 bis 5 BGB **befreien**, wenn mit der Vermögensverwaltung der Betrieb eines Erwerbsgeschäfts verbunden ist oder besondere Gründe der Vermögensverwaltung dies erfordern.

170 Nach § 1860 Abs. 3 kann das Nachlassgericht den Nachlasspfleger auf dessen Antrag hin von den Beschränkungen nach § 1845 Abs. 2, den §§ 1848 und 1849 Abs. 1 Satz 1 Nr. 1 und 2 sowie Satz 2 befreien, wenn ein **Wertpapierdepot** im Nachlass häufige Wertpapiergeschäfte erfordert und der Nachlassverwalter über hinreichende Kapitalmarktkenntnis und Erfahrung verfügt.

171 Wenn man davon ausgeht, dass die in § 1860 BGB aufgeführten Vorschriften auf den Nachlassverwalter anwendbar sind, dann kann sich der Nachlassverwalter die entsprechenden Befreiungen erteilen lassen.

dd) Genehmigung durch das Nachlassgericht

172 Das Nachlassgericht erteilt die Genehmigung durch Beschluss (§ 38 Abs. 1 FamFG).

173 Schließt der Nachlassverwalter einen Vertrag ohne die erforderliche nachlassgerichtliche Genehmigung ab, ist der Vertrag zunächst gemäß §§ 1975, 1885, 1888, 1856 Abs. 1 Satz 1 BGB **schwebend unwirksam**. Die Genehmigung des Nachlassgerichts wird gegenüber dem Nachlassverwalter erteilt (§ 1855 BGB). Der Nachlassverwalter ist nicht verpflichtet, von der erteilten Genehmigung Gebrauch zu machen.[222)] Die Genehmigung des Nachlassgerichts wird dem Vertragspartner gegenüber erst dann wirksam, wenn sie ihm vom dem Nachlassverwalter mitgeteilt wird (§ 1856 Abs. 1 Satz 2 BGB).

174 In einem **Grundstückskaufvertrag** des Nachlassverwalters ist eine **Klausel**, wonach die Genehmigung des Nachlassgerichts mit Eingang bei dem Notar als wirksam erteilt gelten soll, unwirksam. Durch diese Klausel wird die nochmalige Entscheidungsmöglichkeit des Nachlassverwalters, von der Genehmigung tatsächlich Gebrauch zu machen, umgangen. Der Nachlassverwalter kann allerdings den Notar oder einen sonstigen Dritten **bevollmächtigen**, in seinem Namen die Genehmigung des Nachlassgerichts entgegenzunehmen und sie in seinem Namen dem Vertragspartner mitzuteilen und der Vertragspartner kann seinerseits den Notar ermächtigen, diese Mitteilung für ihn entgegenzunehmen (sog. Doppelvollmacht).[223)]

222) *Kadelbach* in: BeckOK-BGB, § 1829 Rz. 2.

223) BayOblG, Beschl. v. 29.10.1997 – 3Z BR 196/97, MittBayNot 1998, 107 = FamRZ 1998, 1325; OLG Hamm, Beschl. v. 31.8.2016 – 15 W 308/16, FamRZ 2017, 480 = NotBZ 2017, 155; BGH, Beschl. v. 2.12.2015 – XII ZB 283/15, FamRZ 2016, 296 = FuR 2016, 164; *Kersten* in: Würzburger Notarhandbuch, Teil 1, Kap. 4 Rz. 503.

Es ist sinnvoll, mit dem Nachlassgericht im Vorfeld des Abschlusses eines Vertrages dessen **Genehmigungsfähigkeit abzuklären**. Regelmäßig wird das Nachlassgericht aber erst den vorherigen Abschluss des Vertrages verlangen, um bei der Genehmigung den vollständigen Wortlaut des Vertrages zu kennen. 175

Das Gericht kann auch ein sog. **Negativattest** ausstellen, wenn es zu dem Ergebnis kommt, das Rechtsgeschäft bedürfe keiner Genehmigung. Dies stellt aber keine konkludente Genehmigung des Rechtsgeschäfts dar und steht dem auch nicht gleich, da eine Überprüfung der Interessen des Erben nicht stattgefunden hat.[224] In Zweifelsfällen sollte besser eine, die Genehmigungsbedürftigkeit unterstellende, **vorsorgliche Genehmigung** eingeholt werden.[225] 176

Bei **einseitigen Rechtsgeschäften** des Nachlassverwalters ist gemäß § 1858 Abs. 1 BGB die vorherige Zustimmung des Nachlassgerichts erforderlich. Fehlt sie, ist das Rechtsgeschäft unwirksam, die Genehmigung ist nicht nachholbar.[226] 177

Die Genehmigung des Nachlassgerichts ist zu erteilen, wenn das Geschäft einer **wirtschaftlichen Vermögensverwaltung entspricht.**[227] Es kommt vor, besonders in gesellschaftsrechtlichen Angelegenheiten, dass nachlassgerichtliche Genehmigungen mit wirtschaftlich weitreichenden Folgen **unter hohem Zeitdruck** eingeholt werden müssen. Auch wenn in solchen Fällen alle Erben mit dem von dem Nachlassverwalter getätigten Geschäft einverstanden sind, besteht weiter das Zustimmungserfordernis durch das Nachlassgericht. Sind allerdings sowohl **alle Erben als auch alle Gläubiger** mit einem Geschäft des Nachlassverwalters **einverstanden**, besteht für das Nachlassgericht in aller Regel kein Grund, der unternehmerischen Maßnahme zu widersprechen.[228] Der Nachlassrichter ist **nicht durch das Spruchrichterprivileg** des § 839 Abs. 2 BGB **geschützt**, es droht also eine Staatshaftung für Pflichtverletzungen des Nachlassgerichts. Diese kann von den Gläubigern oder dem Erben drohen, deren Interessenwahrung das Nachlassgericht zu überwachen hat. Sind diese Personen alle mit der beabsichtigten Maßnahme des Nachlassverwalters einverstanden, droht diese Haftung nicht. Ein eigenes substanzielles Prüfungsrecht steht dem Nachlassgericht in diesem Fall nicht mehr zu.[229] Es muss dann das Rechtsgeschäft des Nachlassverwalters genehmigen. 178

Gegen die **Verweigerung der Genehmigung** kann der Nachlassverwalter mit der Beschwerde gemäß § 58 Abs. 1 FamFG vorgehen. Die Genehmigung des Nach- 179

224) BGH, Urt. v. 30.11.1965 – V ZR 58/63, BGHZ 44, 325 = MDR 1966, 227.

225) **A. A.** Grüneberg-*Götz*, BGB, § 1855 Rz. 12, wonach eine solche vorsorgliche Genehmigung unzulässig ist.

226) Grüneberg-*Götz*, BGB, § 1858 Rz. 2.

227) OLG Frankfurt/M., Beschl. v. 19.11.1998 – 6 UF 262/98, NJW-RR 1999, 1236 = DB 1999, 739.

228) *Fromm* ZEV 2006, 298, 299.

229) *Fromm* ZEV 2006, 298, 299.

lassgerichts ist immer zu versagen, wenn der Verwalter das **Nachlassinsolvenzverfahren** beantragen muss.[230)]

10. Steuerliche Pflichten des Nachlassverwalters

a) Erbschaftsteuer

180 Der Nachlassverwalter ist gemäß § 31 Abs. 5 Satz 1 ErbStG, § 34 Abs. 3 AO zur Abgabe der **Erbschaftsteuererklärung** verpflichtet. Die Erben sind, soweit die Erklärungspflicht des Nachlassverwalters reicht, nicht zur Abgabe der Erbschaftsteuererklärung verpflichtet.[231)] Das Finanzamt kann allerdings verlangen, dass die Steuererklärung von einem oder mehreren Erben mitunterschrieben wird (§ 31 Abs. 5 Satz 2 ErbStG).

181 Die **Bekanntgabe** des Erbschaftsteuerbescheides erfolgt im Fall des § 31 Abs. 5 ErbStG gegenüber dem Nachlassverwalter (§ 32 Abs. 1 Satz 1 ErbStG). Dieser ist auch verpflichtet, für die **Bezahlung der Erbschaftsteuer** zu sorgen (§ 32 Abs. 1 Satz 2 ErbStG). Bei der Erbschaftsteuer handelt es sich als Erbfallschuld um eine **Nachlassverbindlichkeit.**[232)] Die Erbschaftsteuer stellt eine Verbindlichkeit des Erben dar. Gemäß § 20 Abs. 3 ErbStG **haftet der Nachlass bis zu dessen Auseinandersetzung** für die Steuer der am Erbfall Beteiligten. Durch die Mithaft des Nachlasses liegt ein Fall der Gesamtschuld vor (§ 43 AO).

182 Der Nachlassverwalter ist verpflichtet, die Erbschaftsteuerschuld des Erben und ggf. auch des **Vermächtnisnehmers** und des **Pflichtteilsberechtigten** zu berichtigen. Bei der Erfüllung der Vermächtnisse oder Pflichtteilsansprüche sollte der Nachlassverwalter entsprechende Einbehalte vornehmen oder sicherstellen, dass die Erbschaftsteuer von dem Vermächtnisnehmer oder Pflichtteilsberechtigten getragen wird.

183 Verletzt der Nachlassverwalter seine steuerlichen Verpflichtungen vorsätzlich oder grob fahrlässig, haftet er gemäß **§ 69 AO** persönlich.

b) Einkommensteuer

184 Der Nachlassverwalter hat die Steuerschulden des Erblassers als Nachlassverbindlichkeiten zu erfüllen (§§ 45 Abs. 1 Satz 1, 34 Abs. 3 AO). Die Haftung für diese Verbindlichkeiten ist auf den Nachlass beschränkt (§ 45 Abs. 2 Satz 1

---

230) Soergel-*Stein*, BGB, § 1985 Rz. 3; Staudinger-*Dobler*, BGB, § 1985 Rz. 33; OLG Stuttgart, Beschl. v. 22.5.1984 – 8 W 165/84, OLGZ 1984, 304 = Rpfleger 1984, 416.

231) *Meincke/Hannes/Holtz*, ErbStG, § 31 Rz. 12 ff.

232) BFH, Urt. v. 20.1.2016 – II R 34/14, ZVI 2016, 418 = ZEV 2016, 343; BFH, Urt. v. 4.6.2019 – VII R 16/18, ZEV 2019, 603 = FamRZ 2019, 1891; Grüneberg-*Weidlich*, BGB, § 1967 Rz. 7; str, **a. A.** Erman-*Horn*, BGB, § 1967 Rz. 6a m. w. N.; OLG Hamm, Beschl. v. 3.7.1990 – 15 W 493/89, MDR 1990, 1014 = Rpfleger 1990, 463; *Joachim/Janzen*, ZEV 2018, 74; zum Meinungsstreit s. näher § 1 Rz. 663.

AO). Soweit noch eine Steuererklärung des Erblassers aussteht, hat der Nachlassverwalter diese gegenüber dem Finanzamt abzugeben.

Einkommensteuerliche Ansprüche, die **während der Nachlassverwaltung** durch Veräußerung von Nachlassgegenständen oder aus Erträgen des Nachlassvermögens entstanden sind, sind gegen den Erben und nicht gegen den Nachlass zu richten. Der Nachlass ist weder Einkommensteuer- noch Körperschaftsteuersubjekt. Dies gilt auch im Fall der Anordnung der Nachlassverwaltung.[233] Für die Anwendbarkeit von § 45 Abs. 2 Satz 1 AO und damit die Möglichkeit, die Haftung auf den Nachlass zu beschränken, kommt es alleine darauf an, ob eine Nachlassverbindlichkeit vorliegt. Alleine der Umstand, dass der Nachlass kein Einkommensteuersubjekt ist, führt nicht dazu, bereits das Vorliegen der Nachlassverbindlichkeit abzulehnen. Aus § 45 Abs. 2 Satz 1 AO ergeben sich auch keine Anhaltspunkte dafür, dass der Fiskus bessergestellt werden soll. Vielmehr ergibt sich aus dieser Vorschrift, dass der Erbe die **Haftungsbeschränkungsmöglichkeiten** des § 1975 BGB **auch gegenüber dem Fiskus** geltend machen kann.[234] 185

Der **BFH** nahm eine **Nachlassverbindlichkeit** i. S. von § 45 Abs. 2 AO an, mit der Folge, dass sich der Erbe auf eine Beschränkung der Erbenhaftung berufen könne, wenn der Erblasser durch eine Rechtshandlung einen Geschehensablauf in Gang gesetzt hatte, kraft dessen es, nach dem Erbfall und nach der Eröffnung des Nachlassinsolvenzverfahrens, zwangsläufig, ohne irgendein Handeln des Erben oder des Nachlassinsolvenzverwalters zur Verwirklichung des Steuertatbestandes gekommen ist.[235] Als Nachlassverbindlichkeiten gelten nicht nur die von dem Erblasser herrührenden Schulden (**Erblasserschulden**), sondern auch die den Erben als solchen treffenden Verbindlichkeiten (**Erbfallschulden**).[236] Wird durch die Tätigkeit des Nachlassverwalters eine Steuerschuld verursacht, handelt es sich um eine Nachlassverbindlichkeit in Form einer Erbfallschuld, für die sich der Erbe auf die Beschränkung der Erbenhaftung (§ 1975 BGB) berufen kann.[237] 186

Da der Nachlass als Steuersubjekt nicht anerkannt ist, bleibt der **Erbe weiter alleine steuerpflichtig**. Der **Nachlassverwalter** hat für die seine Verwaltung betreffenden Einnahmen eine **Teil-Einkommensteuererklärung** abzugeben (§ 34 Abs. 3 AO), die von dem Finanzamt i. R. der Veranlagung in die Einkommensteuererklärung des Erben integriert wird.[238] Nach a. A. hat der Nachlassver- 187

233) BFH, Urt. v. 10.11.2015 – VII R 35/13, ZEV 2016, 340, 341 = ErbStB 2016, 135.

234) BFH, Urt. v. 10.11.2015 – VII R 35/13, ZEV 2016, 340, 342 = ErbStB 2016, 135.

235) BFH, Urt. v. 11.8.1998 – VII R 118/95, BFHE 186, 328 = ZEV 1998, 441, 445; BFH, Urt. v. 11.7.2019 – II R 36/16, ErbStB 2020, 35 = ErbR 2020, 213.

236) BFH, Urt. v. 10.11.2015 – VII R 35/13, ZEV 2016, 340, 342 = ErbStB 2016, 135.

237) BFH, Urt. v. 10.11.2015 – VII R 35/13, ZEV 2016, 340, 342 = ErbStB 2016, 135.

238) *Wiester* in: MünchAHB Erbrecht, § 24 Rz. 73.

walter dem Erben die entsprechenden Unterlagen zur Verfügung zu stellen, der dann eine einheitliche Steuererklärung abgibt.[239]

X. Überwachung des Nachlassverwalters durch das Nachlassgericht

188 Das Nachlassgericht hat über die gesamte Tätigkeit des Nachlassverwalters Aufsicht zu führen (§§ 1975, 1960, 1885, 1888 Abs. 1, 1861, 1862 Abs. 1 Abs. 2, 1962 BGB). Das Gericht schreitet nur gegen **Pflichtwidrigkeiten** des Nachlassverwalters ein, in reinen Zweckmäßigkeitsfragen darf es ihm keine Anweisungen erteilen.[240] Der Nachlassverwalter hat dem Nachlassgericht jederzeit auf Verlangen **Auskunft** über seine gesamte Verwaltungstätigkeit zu geben (§§ 1975, 1960, 1885, 1888 Abs. 1, 1864 ff. BGB).

189 Er hat zu Beginn seiner Tätigkeit den Nachlass in einem **Nachlassverzeichnis** zu erfassen und mit dessen Überreichung einen **ersten Bericht** zu erstatten (§ 1835 BGB). Es handelt sich dabei nicht um ein Inventar i. S. von §§ 1993 ff. BGB.

190 Dauert die Nachlassverwaltung länger als ein Jahr, hat der Nachlassverwalter unaufgefordert **mindestens einmal jährlich Bericht zu erstatten und Rechnung zu legen** in Form einer aus sich heraus verständlichen Zusammenstellung der Einnahmen und Ausgaben sowie der Darstellung der Bestandsveränderungen hinsichtlich des eingereichten Nachlassverzeichnisses, unter Beifügung der Belege (§§ 1975, 1960, 1885, 1888 Abs. 1, 1865 Abs. 1, 2 BGB).

191 Das Nachlassgericht hat gemäß § 1866 Abs. 1 BGB die von dem Nachlassverwalter eingereichten Rechnungen zu **überprüfen** und ggf. auf **Ergänzungen und Berichtigungen** hinzuwirken. Es hat den Nachlassverwalter, wenn erforderlich unter Androhung von Zwangsgeld, zur Erfüllung seiner Berichts- und Rechnungslegungspflichten anzuhalten und gegen Pflichtwidrigkeiten einzuschreiten (§ 1862 Abs. 3 BGB).

192 Bei Beendigung der Nachlassverwaltung hat der Nachlassverwalter dem Nachlassgericht über seine Verwaltung eine **Schlussrechnung** zu erstellen (§§ 1975, 1960, 1885, 1888 Abs. 1, 1873 BGB). Das Nachlassgericht vermittelt mit dem Erben oder einem verwaltenden Testamentsvollstrecker die Abnahme der Schlussrechnung (§§ 1975, 1960, 1885, 1888 Abs. 1, 1873 Abs. 1 BGB).

---

239) *Möhring/Beisswingert/Klingelhöffer*, Vermögensverwaltung in Vormundschafts- und Nachlasssachen, S. 241.

240) OLG Frankfurt/M., Beschl. v. 5.1.1998 – 20 W 431/96, 20 W 456/96, ZEV 1998, 263, 264 = Rpfleger 1998, 200; OLG Celle, Beschl. v. 21.7.2016 – 6 W 92/16, 6 W 107/16, ErbR 2017, 280, 281 = ZEV 2017, 95; Staudinger-*Dobler*, BGB, § 1985 Rz. 36.

Wird die Nachlassverwaltung durch die Eröffnung des Nachlassinsolvenzverfahrens beendet (§ 1988 Abs. 1 BGB), ist die Schlussrechnung vom Nachlassinsolvenzverwalter abzunehmen.[241] 193

XI. Entlassung des Nachlassverwalters

Das **Nachlassgericht** hat den Nachlassverwalter zu entlassen, wenn die Fortführung des Amtes die Interessen des Erben und/oder der Gläubiger gefährden würde (§§ 1975, 1885, 1888 Abs. 1, 1868 Abs. 1 BGB). Der Grund für die Entlassung kann in der Ungeeignetheit des Nachlassverwalters oder in dessen pflichtwidrigem Verhalten liegen.[242] Auf ein Verschulden des Nachlassverwalters kommt es dabei nicht an.[243] Die Entlassung des Nachlassverwalters ist in der Regel gerechtfertigt, wenn er beharrlich und langandauernd das Nachlassverzeichnis nicht vorlegt oder wenn er keine Rechnungslegung vornimmt.[244] Der **Erbe** kann den **Antrag auf Entlassung** des Nachlassverwalters stellen. 194

Nach Auffassung des OLG Karlsruhe kann auch ein **Nachlassgläubiger** die Entlassung des Nachlassverwalters bei dem Nachlassgericht beantragen.[245] Mit der überwiegenden Meinung ist ein entsprechendes Antragsrecht des Gläubigers aber **abzulehnen.**[246] Zwar ist der Nachlassverwalter gemäß § 1985 Abs. 2 Satz 1 BGB den Nachlassgläubigern für die Verwaltung des Nachlasses verantwortlich. Ein Vergleich mit dem Insolvenzverfahren zeigt, dass dort nur die Gläubigerversammlung oder ein Gläubigerausschuss die Entlassung des Insolvenzverwalters beantragen können (§ 59 Abs. 1 InsO). Dem einzelnen Gläubiger steht das Antragsrecht im Insolvenzverfahren nicht zu. Zwar besteht in der Nachlassverwaltung kein der Gläubigerversammlung entsprechendes Organ. Anders als im Nachlassinsolvenzverfahren kann der Nachlassgläubiger aber in den Nachlass vollstrecken, wenn der Nachlassverwalter seine Forderung nicht befriedigt. Das Interesse des Nachlassgläubigers, auf die Person des Nachlassverwalters Einfluss zu nehmen, ist daher bei der Nachlassverwaltung in der Regel geringer als im Nachlassinsol- 195

---

241) BayObLG, Beschl. v. 24.4.1972 – BReg. 1 Z 84/71, BayObLGZ 1972, 156, 159 = MDR 1972, 692.

242) Staudinger-*Dobler*, BGB, § 1985 Rz. 36; zu den Voraussetzungen der Aufhebung der Nachlassverwaltung, bzw. zur Entlassung des Nachlassverwalters s. OLG Celle, Beschl. v. 21.7.2016 – 6 W 92/16, 6 W 107/16, ErbR 2017, 280 = ZEV 2017, 95.

243) Grüneberg-*Götz*, BGB, § 1868 Rz. 2; BayObLG, Beschl. v. 7.7.1989 – BReg. 3 Z 54/89, FamRZ 90, 205, 207; BayObLG, Beschl. v. 28.3.1991 – BReg. 3 Z 107/90, FamRZ 91, 1353 = Rpfleger 1991, 367.

244) Staudinger-*Dobler*, BGB, § 1985 Rz. 36; Soergel-*Stein*, BGB, § 1985 Rz. 4.

245) OLG Karlsruhe, Beschl. v. 11.4.1989 – 4 W 128/88, NJW-RR 1989, 1095; so auch Erman-*Horn*, BGB, § 1985 Rz. 2a.

246) OLG Frankfurt/M., Beschl. v. 5.1.1998 – 20 W 431/96, 20 W 456/96, ZEV 1998, 263, 264 = Rpfleger 1998, 200; Staudinger-*Dobler*, BGB, § 1985 Rz. 36; Soergel-*Stein*, BGB, § 1985 Rz. 3.

venzverfahren.[247] Der Ablauf der Nachlassverwaltung würde auch erschwert, wenn jedem Gläubiger ein eigenes Antragsrecht auf Entlassung des Nachlassverwalters zustehen würde.

196 Der einzelne Nachlassgläubiger kann das Nachlassgericht **lediglich auf Pflichtwidrigkeiten oder die Ungeeignetheit des Nachlassverwalters hinweisen** und dessen Entlassung anregen. Unterlässt es das Nachlassgericht, den Hinweisen des Gläubigers nachzugehen, können dem einzelnen Gläubiger Amtshaftungsansprüche gemäß § 839 BGB wegen pflichtwidrigen Nichteingreifens des Nachlassgerichts zustehen. Lehnt das Nachlassgericht den Antrag des einzelnen Nachlassgläubigers auf Entlassung des Nachlassverwalters ab, steht diesem gegen den ablehnenden Beschluss des Nachlassgerichts kein Beschwerderecht zu.[248]

197 Beantragen **alle Nachlassgläubiger** wegen Vorliegens eines wichtigen Grundes die Entlassung des Nachlassverwalters, sollte ihnen in analoger Anwendung von § 59 Abs. 1 Satz 2 InsO ein Antragsrecht eingeräumt werden. Gegen einen ablehnenden Beschluss des Nachlassgerichts können in analoger Anwendung des § 59 Abs. 2 Satz 2 InsO die einzelnen Nachlassgläubiger Beschwerde einlegen.

198 Auch dem verwaltenden **Testamentsvollstrecker** steht das Recht zu, die Entlassung des Nachlassverwalters zu beantragen. Die Testamentsvollstreckung wird durch die Anordnung der Nachlassverwaltung nicht beendet, sondern bleibt bestehen. Nur das Verwaltungs- und Verfügungsrecht des Nachlassverwalters geht dem des Testamentsvollstreckers vor.[249] Der Testamentsvollstrecker kann in die Nachlassverwaltung eingreifen und – wie der Erbe – durch Anträge bei dem Nachlassgericht auf die Beseitigung von Mängeln drängen.[250]

199 Das Amt des Nachlassverwalters endet auch mit dessen Tod (§§ 1975, 1885, 1888 Abs. 1, 1869 BGB).

XII. Beendigung der Nachlassverwaltung

1. Gründe für die Beendigung der Nachlassverwaltung

200 Die Nachlassverwaltung endet mit der Eröffnung des **Nachlassinsolvenzverfahrens** (§ 1988 Abs. 1 BGB). Die Beendigung tritt in diesem Fall kraft Gesetzes ein, es bedarf keines Aufhebungsbeschlusses.[251]

201 In allen anderen Fällen ist ein **Beschluss des Nachlassgerichts** über die Aufhebung der Nachlassverwaltung erforderlich, wenn ein entsprechender Grund vor-

247) Vgl. Staudinger-*Dobler*, BGB, § 1985 Rz. 36.

248) OLG Frankfurt/M., Beschl. v. 5.1.1998 – 20 W 431/96, 20 W 456/96, ZEV 1998, 263, 264 = Rpfleger 1998, 200; Staudinger-*Dobler*, BGB, § 1985 Rz. 36.

249) *Küpper* in: MünchKomm-BGB, 1984 Rz. 2; Staudinger-*Dobler*, BGB, § 1984 Rz. 4.

250) *Hillebrand*, Die Nachlassverwaltung, S. 71 m. w. N.

251) Grüneberg-*Weidlich*, BGB, § 1988 Rz. 1.

liegt. Weder der Nachlassgläubiger noch der Erbe können die Aufhebung der angeordneten Nachlassverwaltung durch Rücknahme ihres Antrages erreichen.[252)]

202 Die Nachlassverwaltung kann gemäß § 1988 Abs. 2 BGB aufgehoben werden, wenn eine die **Kosten des Verfahrens deckende Masse nicht vorhanden** ist. Allerdings kann durch Vorschuss eines entsprechenden Geldbetrages die Aufhebung abgewendet werden.[253)] Ist der Nachlass überschuldet und decken die vorhandenen Aktiva zwar die Kosten der Nachlassverwaltung, nicht aber mehr die Kosten des eigentlich durchzuführenden Nachlassinsolvenzverfahrens, kommt eine Aufhebung der Nachlassverwaltung nicht in Betracht.[254)] In einem solchen Fall könnte auch die Anordnung des Nachlassverwaltungsverfahrens nicht gemäß § 1982 BGB abgelehnt werden. Der Nachlassverwalter muss das Amt weiterführen und die Nachlassverbindlichkeiten unter Beachtung von § 1991 Abs. 4 BGB berichtigen.[255)] Die ihm zustehende Vergütung (§ 1987 BGB) und seine Auslagen kann der Nachlassverwalter vorab entnehmen.

203 Die Nachlassverwaltung wird aufgehoben, wenn **alle bekannten Nachlassgläubiger befriedigt sind** und damit der Zweck der Nachlassverwaltung weggefallen ist (§§ 1975, 1885, 1886 Abs. 2, BGB). Ist aus dem Nachlass eine **Rentenverpflichtung** zu erfüllen, kann gegen den Widerspruch des Rentenberechtigten die Nachlassverwaltung nur aufgehoben werden, wenn die Erfüllung der Verpflichtung in geeigneter Weise sichergestellt ist.[256)]

204 **Umstritten** ist, ob die Aufhebung der Nachlassverwaltung **von Amts wegen** erfolgen kann. Aus § 48 Abs. 1 Satz 2 FamFG ergibt sich nicht, dass die Nachlassverwaltung **bei Zweckerreichung** nur auf Antrag aufgehoben werden kann. Nach einer Auffassung muss im Fall der Zweckerreichung kein Antrag auf Aufhebung der Nachlassverwaltung gestellt werden. Die Nachlassverwaltung könne auch von Amts wegen aufgehoben werden, z. B. auf **Anregung des Nachlassverwalters.**[257)] Nach a. A. kann die Aufhebung der Nachlassverwaltung nur auf Antrag des Beteiligten erfolgen, der die Anordnung der Nachlassverwaltung beantragt hatte.[258)] Diese Auffassung wird allerdings von dem BGH abgelehnt. Eine Aufhebung der Nachlassverwaltung ist möglich, wenn Zweckerreichung durch Befriedigung aller Nachlassgläubiger eingetreten ist und ein Miterbe als an der

252) Grüneberg-*Weidlich*, BGB, § 1988 Rz. 4.

253) Grüneberg-*Weidlich*, BGB, § 1988 Rz. 3.

254) Staudinger-*Dobler*, BGB, § 1988 Rz. 30; **a. A.** OLG Stuttgart, Beschl. v. 22.5.1984 – 8 W 165/84, OLGZ 1984, 304, 306 = Rpfleger 1984, 416; *Küpper* in: MünchKomm-BGB, § 1985 Rz. 8.

255) Staudinger-*Dobler*, BGB, § 1985 Rz. 30.

256) OLG Hamm, Beschl. v. 25.5.2010 – I-15 W 28/10, ZErb 2010, 271 = FamRZ 2011, 64.

257) OLG Düsseldorf, Beschl. v. 8.8.2016 – I-3 Wx 38/16, ZEV 2016, 701 = ErbR 2016, 711; *Küpper*, ZEV 2016, 702 (Urteilsanm.); *Grau*, ZEV 2017, 96 (Urteilsanm.).

258) OLG Köln, Beschl. v. 3.11.2014 – 2 Wx 315/14, ZEV 2015, 245 = ZErb 2015, 62.

Nachlassverwaltung materiell Beteiligter einen entsprechenden Antrag gestellt hat.[259] Die Frage, ob eine Aufhebung der Nachlassverwaltung bei Zweckerreichung von Amts wegen in Betracht kommt, lässt der BGH dabei ausdrücklich offen.[260]

205 Eine Aufhebung der Nachlassverwaltung erfolgt auch, wenn **sämtliche Erben und Nachlassgläubiger** der Aufhebung zustimmen.

206 **Schlägt der Erbe**, der die Nachlassverwaltung beantragt hat, die Erbschaft **nachträglich aus**, wird die Nachlassverwaltung ebenfalls aufgehoben. Hatte ein Gläubiger die Nachlassverwaltung beantragt, bleibt diese in einem solchen Fall nur bestehen, wenn die Voraussetzungen von § 1981 Abs. 2 Satz 1 BGB auch bei dem neuen Erben vorliegen.[261]

207 Wurde die Nachlassverwaltung auf Antrag des **Vorerben** angeordnet endet die Nachlassverwaltung mit Eintritt des Nacherbfalls.[262] Der Nacherbe kann aber erneut den Antrag auf Nachlassverwaltung stellen, um seine Haftung zu beschränken. Er unterliegt dabei keiner zeitlichen Beschränkung. Hatte ein Nachlassgläubiger während der Vorerbschaft die Nachlassverwaltung beantragt, dauert sie über den Nacherbfall hinaus fort, wenn die Gründe des § 1981 Abs. 2 Satz 1 BGB auch auf den Nacherben zutreffen.[263]

208 Sowohl der Erbe als auch die Nachlassgläubiger können die Aufhebung der Nachlassverwaltung beantragen.

2. Beschluss des Nachlassgerichts

209 Das Nachlassgericht entscheidet über die Aufhebung der Nachlassverwaltung von Amts wegen durch Beschluss (§ 38 FamFG). Mit der Zustellung des Beschlusses endet das Amt des Nachlassverwalters.[264] Dem Nachlassverwalter steht gegen den Aufhebungsbeschluss kein **Rechtsmittel** zu.[265] Die Erben und die Gläubiger können gegen den Aufhebungsbeschluss Beschwerde einlegen. Hebt das Beschwerdegericht die Entscheidung des Nachlassgerichts auf und **ordnet es erneut die Nachlassverwaltung an**, muss der Nachlassverwalter neu ausgewählt und verpflichtet werden.[266]

---

259) BGH, Beschl. v. 5.7.2017 – IV ZB 6/17, ZEV 2017, 513, 514 = Rpfleger 2017, 628; so auch *Harsdorf-Gebhardt*, ErbR 2019, 210, 211

260) BGH, Beschl. v. 5.7.2017 – IV ZB 6/17, ZEV 2017, 513, 515 = Rpfleger 2017, 628.

261) Erman-*Horn*, BGB, § 1981 Rz. 4; Staudinger-*Dobler*, BGB, § 1988 Rz. 13.

262) Staudinger-*Avenarius*, BGB, § 2144 Rz. 9; Grüneberg-*Weidlich*, BGB, § 1988 Rz. 2; *Lieder* in: MünchKomm-BGB, § 2144 Rz. 8 **a. A.** Staudinger-*Dobler*, BGB, § 1988 Rz. 14.

263) Erman-*Schmidt*, BGB, § 2144 Rz. 2; Staudinger-*Avenarius*, BGB, § 2144 Rz. 9; *Lieder* in: MünchKomm-BGB, § 2144 Rz. 9.

264) Grüneberg-*Weidlich*, BGB, § 1988 Rz. 3.

265) Grüneberg-*Weidlich*, BGB, § 1988 Rz. 3.

266) Grüneberg-*Weidlich*, BGB, § 1988 Rz. 3.

Das Nachlassgericht ist in analoger Anwendung von §§ 200 Abs. 2 Satz 3, 32 Abs. 2 Satz 1 InsO von Amts wegen verpflichtet, das Grundbuchamt um die **Löschung des Nachlassverwaltungsvermerks** zu ersuchen.[267] Der Löschungsantrag kann auch von dem Erben gestellt werden (§ 22 GBO). Der Nachlassverwalter kann nach Beendigung seines Amtes die Löschung des Nachlassverwaltungsvermerks nicht mehr beantragen.[268] 210

3. Haftung des Erben nach Aufhebung der Nachlassverwaltung

Die Haftung des Erben für Nachlassverbindlichkeiten bleibt auch nach Beendigung der Nachlassverwaltung **auf den Nachlass beschränkt**. Ihm steht weiter die Einrede analog § 1990 BGB zu. Der Erbe kann die Gläubiger auf den noch vorhandenen Nachlassrest verweisen, auch wenn der Nachlass nicht dürftig ist.[269] Er darf darauf vertrauen, nach Abschluss der amtlichen Abwicklung einen schuldenfreien Nachlass zu erhalten. Ist das nicht der Fall, so darf der Erbe nicht gezwungen sein, erneut die Nachlassverwaltung zu beantragen, um seine Haftung zu beschränken.[270] Dies gilt zumindest, wenn eine Nachlassverwaltung durchgeführt wurde. Wird die **Nachlassverwaltung aufgehoben**, weil etwa kein ordnungsgemäßer Antrag vorlag, dann greift § 1990 BGB analog nicht ein. Der Erbe muss dann die Nachlassverwaltung ggf. neu beantragen, um die Beschränkung seiner Haftung zu erreichen. 211

Stellt der Erbe nach Aufhebung der Nachlassverwaltung fest, dass der Nachlass entgegen früherer Annahme **doch überschuldet** ist, weil sich ein bis dahin nicht bekannter Gläubiger meldet, so ist er verpflichtet, das Nachlassinsolvenzverfahren zu beantragen.[271] Er bleibt den Gläubigern auch nach Aufhebung der Nachlassverwaltung weiter gemäß §§ 1978 bis 1980 BGB für die ordnungsgemäße Verwaltung des Nachlasses verantwortlich.[272] 212

War die Anordnung der Nachlassverwaltung **mangels Masse** von dem Nachlassgericht abgelehnt worden (§ 1982 BGB), kann sich der Erbe auf §§ 1990–1992 BGB berufen.[273] 213

---

267) Staudinger-*Dobler*, BGB, § 1988 Rz. 19.

268) **A. A.** *Küpper* in: MünchKomm-BGB, § 1988 Rz. 6.

269) *Küpper* in: MünchKomm-BGB, § 1986 Rz. 6; *Herzog*, Die Erbenhaftung, § 8 Rz. 34; BGH, Urt. v. 17.12.1953 – IV ZR 101/53, NJW 1954, 635 = JZ 1954, 332; **a. A.** Staudinger-*Dobler*, BGB, § 1986 Rz. 10; *Hillebrand*, Die Nachlassverwaltung, S. 44; *Muscheler*, Erbrecht, Rz. 3626, die einen erneuten Antrag auf Nachlassverwaltung für erforderlich halten.

270) Soergel-*Stein*, BGB, § 1975 Rz. 13.

271) *Küpper* in: MünchKomm-BGB, § 1986 Rz. 6.

272) *Küpper* in: MünchKomm-BGB, § 1986 Rz. 6.

273) Grüneberg-*Weidlich*, BGB, § 1982 Rz. 1.

214 Eine bindende Erklärung des Nachlassverwalters bezüglich eines **Grundstücksgeschäfts** wird nicht durch die Beendigung der Nachlassverwaltung unwirksam. § 878 BGB findet auf den Nachlassverwalter entsprechende Anwendung.[274)]

215 Die Nachlassgläubiger können nach Durchführung des Nachlassverwaltungsverfahrens dem Erben eine **Inventarfrist** gemäß § 1994 Abs. 1 Satz 1 BGB setzen. § 2000 Satz 3 BGB gilt nicht wenn die Nachlassverwaltung beendet ist.[275)] Der Erbe kann sich dabei auf das **Verzeichnis des Nachlassverwalters** berufen (§ 2004 BGB).

4. Herausgabe des Nachlasses

216 Der Nachlassverwalter darf dem Erben den Nachlass erst dann herausgeben, wenn **alle Nachlassverbindlichkeiten erfüllt** sind (§ 1986 Abs. 1 BGB). Ist eine Verbindlichkeit **streitig oder vorübergehend nicht ausführbar**, darf die Herausgabe des Nachlasses nur erfolgen, wenn dem Gläubiger Sicherheit geleistet ist (§ 1986 Abs. 2 Satz 1 BGB). Eine Nachlassverbindlichkeit gilt als streitig in diesem Sinne, wenn sie der Nachlassverwalter bestreitet. Auf den Erben kommt es dabei nicht an.

217 Die Herausgabe von beweglichen und unbeweglichen Gegenständen an den Erben erfolgt durch **Einräumung des unmittelbaren Besitzes**. Besteht eine Erbengemeinschaft, hat die Herausgabe an alle Erben zu erfolgen (§ 2039 BGB). Ist **Testamentsvollstreckung** angeordnet und besteht diese weiter, ist der Nachlass an den Testamentsvollstrecker herauszugeben. Der Nachlassverwalter hat an den Erben sämtliche, den Nachlass betreffende Unterlagen und Belege herauszugeben.

218 Soweit noch nicht durch das Nachlassgericht veranlasst, kann der Erbe die **Löschung der Nachlassverwaltung** im Grundbuch beantragen (§§ 894 BGB, 22 Satz 2 GBO).

219 Der Anspruch des Erben auf Auskehrung des Nachlasses gemäß § 1986 Abs. 1 BGB wird erst **fällig** mit förmlicher Aufhebung der Nachlassverwaltung.[276)] Soweit der Nachlassverwalter die ihm zustehende **Vergütung** noch nicht aus dem Nachlass entnommen hat, steht ihm insoweit ein Zurückbehaltungsrecht gegen den Erben zu.[277)]

220 Endet die Nachlassverwaltung durch **Nachlassinsolvenz** (§ 1988 Abs. 1 BGB), erfolgt die Herausgabe an den Insolvenzverwalter. Nach § 323 InsO steht dem Nachlassverwalter in diesem Fall wegen seines Honorars kein Zurückbehaltungsrecht zu.

---

274) Grüneberg-*Herrler*, BGB, § 878 Rz. 11; Schöner/Stöber, Grundbuchrecht, Rz. 124; str.

275) Staudinger-*Dobler*, BGB, § 2000 Rz. 7; Grüneberg-*Weidlich*, BGB, § 2000 Rz. 1; *Graf*, ZEV 2000, 125, 129.

276) *Wiester* in: MünchAHB Erbrecht, § 24 Rz. 95.

277) *Wiester* in: MünchAHB Erbrecht, § 24 Rz. 79.

Voraussetzung für § 1986 BGB ist nicht, dass die Nachlassverwaltung bereits förmlich aufgehoben wurde. Wird dem Nachlassverwalter vor der förmlichen Aufhebung ein **neuer Gläubiger** bekannt, muss er den bereits an den Erben übertragenen Nachlass zurückfordern und das Verfahren fortsetzen.[278)] 221

XIII. Honorar des Nachlassverwalters

1. Allgemeines

§ 1975 BGB verweist auf die Vorschriften über die Nachlasspflegschaft. Der 222
ehrenamtliche Nachlasspfleger führt das Amt grundsätzlich unentgeltlich (§§ 1960, 1885, 1888 Abs. 1, 1876 Satz 1 BGB). Wenn der Umfang oder die Schwierigkeit der Aufgaben des Nachlasspflegers es rechtfertigen, erhält dieser ein Entgelt (§§ 1960, 1885, 1888 Abs. 1, 1876 Satz 2 BGB). Die Vergütung des **beruflichen Nachlasspflegers** bestimmt sich gemäß § 1888 Abs. 2 BGB nach dem Vormünder- und Betreuervergütungsgesetz (VBVG). **§ 1987 BGB** sieht dagegen für den Nachlassverwalter **immer eine angemessene Vergütung** vor. Grund für diese gesetzgeberische Differenzierung ist, dass die Nachlassverwaltung mehr dem Privatinteresse des Erben dient, während die Nachlasspflegschaft eher im öffentlichen Interesse liegt.[279)] Der vom Gericht benannte Nachlassverwalter ist nicht verpflichtet, das Amt zu übernehmen (§ 1885 BGB). Da eine freiwillige Übernahme eines solchen Amts nur gegen eine angemessene Vergütung erwartet werden kann, war es geboten, für den Nachlassverwalter, wie auch für den Insolvenzverwalter oder auch den Testamentsvollstrecker, eine Vergütung vorzusehen.[280)] § 1987 BGB regelt die Vergütung des Nachlassverwalters dem Grund und der Höhe nach eigenständig und geht der allgemeinen Regelung in § 1888 Abs. 2 BGB vor.[281)]

2. Höhe und Berechnung der Vergütung

§ 1987 BGB sieht für den Nachlassverwalter eine angemessene Vergütung vor. 223
Die Vergütung des Nachlassverwalters wird von dem Nachlassgericht **nach billigem Ermessen** festgesetzt. Umstritten ist, ob die Frage der Nachlassverwaltervergütung alleine über § 1987 BGB zu lösen ist, oder ob zusätzlich auf die **Regelungen der Pflegschaft** zurückgegriffen werden muss. Die wohl überwiegende Auffassung und vor allem die Rechtsprechung ziehen für die Ermittlung der

278) Staudinger-*Dobler*, BGB, § 1986 Rz. 7.

279) *Küpper* in: MünchKomm-BGB, § 1987 Rz. 1; Staudinger-*Dobler*, BGB, § 1987 Rz. 1.

280) Staudinger-*Dobler*, BGB, § 1987 Rz. 1; Soergel-*Stein*, BGB, § 1987 Rz. 1; *Küpper* in: MünchKomm-BGB, § 1987 Rz. 1.

281) Grüneberg-*Weidlich*, BGB, § 1987 Rz. 1; OLG Brandenburg, Beschl. v. 18.7.2022 – 3 W 97/21, ErbR 2022, 1026 = ZEV 2023, 152.

Vergütung § 1888 Abs. 2 BGB heran.[282] Zur Begründung wird ausgeführt, dass § 1975 BGB die Nachlassverwaltung ausdrücklich als Nachlasspflegschaft bezeichne und daher auch die Vorschriften über die Vergütung des Nachlasspflegers anzuwenden seien. Als Pflegling sei der Nachlass anzusehen, nicht der Erbe oder der antragstellende Gläubiger. § 1987 BGB habe nur die Funktion klarzustellen, dass die Nachlassverwaltung kein unentgeltliches Ehrenamt sei, es komme nicht darauf an, ob ein Verwalter berufsmäßig arbeite oder nicht.[283] Nach dieser Auffassung wird für die Tätigkeit des Nachlassverwalters, die nach dem **1.1.2023** erbracht wird, ein **Zeithonorar** festgesetzt. § 1888 Abs. 2 BGB sieht i. V. mit § 3 Abs. 1 Nr. 2 VBVG einen **Stundensatz** von 39,00 € netto vor, wenn der Nachlassverwalter über **besondere Kenntnis** verfügt, die er bei der Führung der Verwaltung einsetzen kann und die er durch eine abgeschlossene Hochschulausbildung oder eine vergleichbare abgeschlossene Ausbildung erworben hat.

224 Das Nachlassgericht kann allerdings die Höhe des Stundensatzes variabel **nach den Umständen des Einzelfalles** bestimmen, ohne an die in § 3 VBVG festgelegten Stundensätze gebunden zu sein.[284] **Kriterien** für die Höhe der Stundensätze sind neben der Qualifikation des Nachlassverwalters der Umfang und die Schwierigkeit der Nachlassverwaltung (§ 1888 Abs. 2 Satz 2 BGB). Auch die Dauer und der Erfolg der Nachlassverwaltung sollen bei der Bemessung der Vergütung eine Rolle spielen.[285] Die Sätze des VBVG sind dabei **Mindestsätze**, die nicht unterschritten werden dürfen.[286] Für anwaltliche Berufsnachlasspfleger und vergleichbare Berufsgruppen hat die **Rechtsprechung** mittlerweile Nettostundensätze **zwischen 65,00 € und 130,00 €** anerkannt.[287] Ein Stundensatz von netto 150,00 € wurde von dem OLG Saarbrücken für einen Nachlassverwalter als nicht mehr angemessen angesehen.[288] Zur Begründung führte das Gericht aus, dass die Arbeitszeiten eines Nachlassverwalters nach einem einheitlichen Stundensatz berechnet werden. Der Nachlassverwalter könne daher auch solche Verrichtungen mit dem insgesamt angemessenen Stundensatz berechnen, die bei isolierter

---

282) OLG München, Beschl. v. 8.3.2006 – 33 Wx 131/05, 33 Wx 132/05, RPfleger 2006, 405; OLG Zweibrücken, Beschl. v. 15.3.2007 – 3 W 19/07, ZEV 2007, 528 = FamRZ 2007, 1191; *Zimmermann*, ZEV 2007, 519; Erman-*Horn*, BGB, § 1987 Rz. 2; *Gottwald* in: Damrau/Tanck, PK Erbrecht, § 1987 Rz. 3; Grüneberg-*Weidlich*, BGB, § 1987 Rz. 2; *Wiester* in: MünchAHB Erbrecht, § 24 Rz. 82.

283) *Zimmermann*, ZEV 2007, 519, 529; OLG Saarbrücken, Beschl. v. 2.9.2014 – 5 W 44/14, ZEV 2015, 305 = Rpfleger 2015, 341.

284) Grüneberg-*Weidlich*, BGB, § 1987 Rz. 2.

285) *Wiester* in: MünchAHB Erbrecht, § 24 Rz. 82.

286) *Gottwald* in: Damrau, PK Erbrecht, § 1987 Rz. 3 m. w. N.

287) *Gleumes/Lauk*, ErbR 2014, 316, 317 m. w. N.; vgl. auch OLG Brandenburg, Beschl. v. 18.7.2022 – 3 W 97/21, ErbR 2022, 1026 = ZEV 2023, 152, und OLG Celle, Beschl. v. 18.3.2021 – 6 W 27/21, ZErb 2021, 483 = ZEV 2021, 750, die jeweils 65,00 € je Stunde als angemessen ansahen.

288) OLG Saarbrücken, Beschl. v. 2.9.2014 – 5 W 44/14, ZEV 2015, 305 = Rpfleger 2015, 341.

Betrachtung nur einen niedrigeren Stundensatz rechtfertigen würden.[289] Das OLG Zweibrücken hielt in dem von ihm entschiedenen Fall einen Stundensatz von netto 125,00 € für angemessen. Das OLG Schleswig gewährte einem Nachlassverwalter mit nutzbaren Kenntnissen, der kein Rechtsanwalt war, bei mittlerem Schwierigkeitsgrad der Nachlassverwaltung einen Stundensatz von netto 67,00 €.[290]

Entgegen der h. M. bestimmt sich die Vergütung des Nachlassverwalters nur nach § 1987 BGB. § 1987 BGB regelt sowohl, dass jedem Nachlassverwalter eine Vergütung zusteht, also das „Ob" der Vergütung, als auch die Höhe der Vergütung.[291] Die Vorschriften über die Vergütung von Nachlasspflegern können nicht herangezogen werden. Nach diesen Vorschriften würde sich die Vergütung des Nachlassverwalters nur richten, wenn § 1987 BGB nicht eine eigenständige Regelung treffen würde.[292] 225

Die Tätigkeit des Nachlassverwalters ist **eher mit der des Insolvenzverwalters vergleichbar**, als der eines Betreuers. Ein Betreuer betreut eine Person nicht nur in vermögensmäßiger, sondern auch in persönlicher Hinsicht. Insoweit ist es gerechtfertigt, die Tätigkeit des Betreuers nach Stunden zu vergüten. Der Nachlassverwalter hat eine bestimmte Vermögensmasse zu verwalten und zu verteilen. Wie bei einem Insolvenzverwalter muss bei seiner Vergütung der **Wert des Vermögens** eine wichtige Rolle spielen.[293] Der Nachlassverwalter ist, wie der Insolvenzverwalter, in einem Amt tätig, das in vielen Fällen nicht in Stunden gemessen werden kann. Wenn sich in dem Nachlass ein **Unternehmen** befindet, das von dem Erblasser geführt wurde, muss sich der Nachlassverwalter in die Besonderheiten des Unternehmens einarbeiten, um beurteilen zu können, ob und wie das Unternehmen weiter zu führen ist. Eine unternehmerische Tätigkeit des Nachlassverwalters kann nur schwer nach einzelnen Stunden abgerechnet werden. Auch wenn man die Kriterien des § 1888 Abs. 2 Satz 2 BGB (Fachkenntnisse, Umfang und Schwierigkeit) zur Auslegung des Begriffes der angemessenen Vergütung bei § 1987 BGB heranzieht, ergibt sich, dass ein **reines Abstellen auf den tatsächlichen Zeitaufwand nicht zulässig** ist.[294] Die letztlich anfallenden und abzurechnenden Stunden hängen in hohem Maß von der Erfahrung und der individuellen Arbeitsweise des Nachlassverwalters ab. 226

Der Nachlassverwalter sollte daher nicht auf der Basis der abgerechneten Stunden, sondern **auf der Basis des von ihm verwalteten Aktivnachlasses**, also ohne 227

289) OLG Hamm, Beschl. v. 10.2.2004 – 15 W 41/03, WKRS 2004, 15443.

290) OLG Schleswig, Beschl. v. 6.6.2016 – 3 Wx 12/16, ZErb 2016, 298 = Rpfleger 2017, 34.

291) Staudinger-*Dobler*, BGB, § 1987 Rz. 3; *Sonnenberg* in: Siebert, Nachlasspflegschaft, Rz. 1339.

292) *Fromm*, ZEV 2006, 298, 300.

293) Staudinger-*Dobler*, BGB, § 1987 Rz. 4.

294) Staudinger-*Dobler*, BGB, § 1987 Rz. 6.

Abzug der Nachlassverbindlichkeiten, vergütet werden.[295] Als Orientierungsgröße haben sich in der Praxis 3–5 % der Aktivmasse bei kleineren Nachlässen und 1–2 % bei größeren Nachlässen herausgebildet.[296] Wann in diesem Zusammenhang von einem größeren Nachlass in diesem Sinn gesprochen werden kann, wird von der Rechtsprechung nicht einheitlich beurteilt. Von einem **größeren Nachlass** ist nach zutreffender Ansicht bei einem **Aktivnachlass von 0,5 Mio. € bis 5 Mio. €** auszugehen.[297] Die Prozentsätze können erhöht werden, wenn dies mit Rücksicht auf Art, Dauer und Umfang der Tätigkeit als angemessen erscheint.[298] Bei der Bemessung der Vergütung sind **neben dem Wert** der Nachlassmasse

- die nutzbaren **Kenntnisse** des Nachlassverwalters,
- der Umfang und die **Schwierigkeit** der Geschäftsführung,
- die **Dauer** der Verwaltung,
- die **Bedeutung und Tragweite** der Verwaltungsgeschäfte,
- das Maß der Verantwortung sowie
- der **Erfolg** der Tätigkeit

heranzuziehen und nach Billigkeitsgesichtspunkten abzuwägen.[299]

228 Der Nachlassverwalter hat die Aufgabe, den Nachlass optimal zu verwalten und ihn vor der Insolvenz zu bewahren. Er darf daher, was die Vergütung betrifft, grundsätzlich **nicht schlechter als ein Insolvenzverwalter** behandelt werden.[300] Nach allgemeiner Auffassung ist die zu § 65 InsO ergangene InsVV auf den Nachlassverwalter weder unmittelbar noch analog anwendbar.[301] Zur Begründung wird angeführt, dass die angemessene Vergütung i. R. des § 1987 BGB unter Berücksichtigung aller Umstände festzusetzen ist.[302] Die InsVV könne aber für eine

295) *Küpper* in: MünchKomm-BGB, § 1987 Rz. 2; Soergel-*Stein*, BGB, § 1987 Rz. 2.

296) *Küpper* in: MünchKomm-BGB, § 1987 Rz. 2.

297) Vgl. BayObLG, Beschl. v. 20.9.1993 – 1Z BR 19/93, ZEV 1994, 249 = FamRZ 1994, 266; Staudinger-*Mesina*, BGB, § 1960 Rz. 34b.

298) Soergel-*Stein*, BGB, § 1987 Rz. 2.

299) Staudinger-*Dobler*, BGB, § 1987 Rz. 7.

300) So auch *Fromm*, ZEV 2006, 298, 300.

301) *Küpper* in: MünchKomm-BGB, § 1987 Rz. 2; Staudinger-*Dobler*, BGB, § 1987 Rz. 8; *Gottwald* in: Damrau/Tanck, PK Erbrecht, § 1987 Rz. 3; BayObLG, Beschl. v. 24.4.1972 – BReg. 1 Z 84/71, BayObLGZ 1972, 156 = MDR 1972, 692; BayObLG, Beschl. v. 12.6.1985 – BReg. 1 Z 34/85, Rpfleger 1985, 402 = JurBüro 1986, 90.

302) BayObLG, Beschl. v. 10.2.1953 – BReg. 2 Z 273/52, BayObLGZ 1953, 50, 53; BayObLG, Beschl. v. 24.4.1972 – BReg. 1 Z 84/71, BayObLGZ 1972, 156, 160 = MDR 1972, 692.

vergleichende Betrachtung mit herangezogen werden,[303] wodurch auch ein Missverhältnis der beiden Vergütungen vermieden werden soll.[304]

Die angemessene Vergütung des Nachlassverwalters gemäß § 1987 BGB sollte nach diesseitiger Auffassung auf der Grundlage der **InsVV** ermittelt werden. Die InsVV und die hierzu ergangene Rechtsprechung bieten die erforderlichen Differenzierungsmöglichkeiten, was den Umfang, die Dauer und die Schwierigkeit der Verwaltung betrifft. Mit der Orientierung an der verwalteten Aktivmasse trägt sie auch dem Haftungsrisiko des Nachlassverwalters Rechnung. Der Nachlassverwalter hat, anders als der Insolvenzverwalter, allerdings keine (Insolvenz-) Tabelle zu führen, keine Aus- und Absonderungsrechte zu beachten und auch nicht an Gläubigerversammlungen teilzunehmen. Daher sollte von der Vergütung, die sich aus der Berechnung nach der InsVV ergibt, **grundsätzlich** ein **Abschlag** vorgenommen werden (zur Insolvenzverwaltervergütung siehe § 1 Rz. 801 ff. [*Roth*]). Als Größenordnung hierfür erscheinen in der Regel 30 % angemessen. 229

Der Erbe und der Nachlassverwalter können die Vergütung **nicht wirksam vereinbaren.** Der Anspruch auf Vergütung entsteht als gesetzlicher Anspruch der Führung eines öffentlichen Amts und beruht nicht auf einem privaten Rechtsverhältnis, das die Beteiligten einvernehmlich regeln können.[305] 230

Dem Nachlassverwalter steht **keine Vergütung** zu, wenn er schuldhaft überhaupt nicht tätig wird oder wenn er sich der Untreue schuldig macht.[306] Hat der Nachlassverwalter **Pflichtverletzungen** begangen, haben diese keine Reduzierung der Vergütung zur Folge.[307] Über mögliche **Schadensersatzansprüche** des Erben oder der Gläubiger gegen den Verwalter entscheidet dann das Prozessgericht.[308] 231

3. Festsetzung der Vergütung

Die Vergütung des Nachlassverwalters wird von dem Nachlassgericht festgesetzt (§§ 1975, 1962, 1960 BGB, 340 Nr. 1, 168 Abs. 5 i. V. mit Abs. 1–4 FamFG). **Funktionell zuständig** ist der Rechtspfleger (§§ 3 Nr. 2 lit. c, 16 Abs. 1 Nr. 1 RPflG). Der Nachlassverwalter hat die Festsetzung seiner Vergütung zu beantragen und die seine Vergütung rechtfertigenden Umstände darzulegen. Er sollte 232

303) *Küpper* in: MünchKomm-BGB, § 1987 Rz. 2; BayObLG, Beschl. v. 24.4.1972 – BReg. 1 Z 84/71, BayObLGZ 1972, 156, 160 = MDR 1972, 692 – zur Vergütung von Konkursverwaltern.

304) *Hillebrand*, Die Nachlassverwaltung, S. 134; *Küpper* in: MünchKomm-BGB, § 1987 Rz. 2.

305) OLG Celle, Beschl. v. 30.5.2011 – 6 W 120/11, ZErb 2011, 246 = ZEV 2011, 647; zur Wirksamkeit einer nach Aufhebung der Nachlasspflegschaft zwischen dem Erben und dem Nachlasspfleger getroffenen Abrede OLG Düsseldorf, Beschl. v. 19.2.2014 – I-3 Wx 292/11, ZErb 2014, 136 = Rpfleger 2014, 518.

306) Staudinger-*Dobler*, BGB, § 1987 Rz. 6.

307) *Küpper* in: MünchKomm-BGB, § 1987 Rz. 2.

308) Soergel-*Stein*, BGB, § 1987 Rz. 2.

in dem Vergütungsantrag auch klarstellen, ob in der beantragten Vergütung die Mehrwertsteuer enthalten ist. Das Nachlassgericht ist **an den Antrag des Nachlassverwalters nicht gebunden**. Daher erfolgt auch keine teilweise Abweisung, wenn das Gericht hinter dem Antrag des Nachlassverwalters zurückbleibt.[309] Das Gericht hat den Erben vor der Festsetzung **anzuhören** (§ 168 Abs. 4 FamFG).

233 Bringt der **Erbe Einwendungen** gegen den Vergütungsanspruch vor, wie z. B. dem Nachlassverwalter stehe kein Vergütungsanspruch zu, weil er verzichtet habe, oder weil er bereits erfüllt sei, ist dies von dem Rechtspfleger zu berücksichtigen.[310] Mögliche Schadensersatzansprüche gegen den Verwalter wegen Pflichtverletzungen sind von dem Rechtspfleger bei der Festsetzung der Vergütung dagegen nicht zu beachten.[311] Der Erbe muss solche Einwendungen gegen den Vergütungsanspruch, die der Rechtspfleger nicht berücksichtigt, im Wege der **Vollstreckungsgegenklage** vor dem Prozessgericht geltend machen.[312] Der Festsetzungsbeschluss stellt einen Titel dar (§§ 86, 95 FamFG).[313]

234 Das Nachlassgericht kann **Teilvergütungen** auch nach Zeiträumen festsetzen.[314] Die endgültige Festsetzung der Vergütung erfolgt nach Aufhebung der Nachlassverwaltung.

235 Der Vergütungsanspruch des Nachlassverwalters stellt eine **Nachlassverbindlichkeit** dar.[315] Der Nachlassverwalter kann die festgesetzte Vergütung nach Rechtskraft des Festsetzungsbeschlusses dem Nachlass entnehmen.[316] Ist die Vergütung noch nicht festgesetzt, steht dem Nachlassverwalter ein Zurückbehaltungsrecht gemäß § 273 BGB wegen seines Vergütungsanspruches gegen den Erben zu.[317]

236 Wenn die Nachlassverwaltung **mangels Masse aufgehoben** wurde, wird die Vergütung **gegen den Erben festgesetzt**. Der Erbe kann sich dann im Festsetzungsverfahren auf die Dürftigkeit des Nachlasses berufen (§ 1990 Abs. 1 BGB).[318] Das Nachlassgericht muss in seinem Festsetzungsbeschluss die Haftungsbeschränkung dementsprechend berücksichtigen.[319] Die Staatskasse haftet für die

---

309) BayObLG, Beschl. v. 12.6.1985 – BReg. 1 Z 34/85, Rpfleger 1985, 402, 403 = JurBüro 1986, 90.

310) *Küpper* in: MünchKomm-BGB, § 1987 Rz. 2; **a. A.** Soergel-*Stein*, BGB, § 1987 Rz. 2, 5; Grüneberg-*Weidlich*, BGB, § 1987 Rz. 1.

311) OLG Brandenburg, Beschl. v. 18.7.2022 – 3 W 97/21, ErbR 2022, 1026, 1029 = ZEV 2023, 152.

312) *Küpper* in: MünchKomm-BGB, § 1987 Rz. 3.

313) *Zimmermann*, ZEV 2009, 53, 57.

314) Soergel-*Stein*, BGB, § 1987 Rz. 2; Grüneberg-*Weidlich*, BGB, § 1987 Rz. 2.

315) *Zimmermann*, ZEV 2007, 519, 520.

316) *Küpper* in: MünchKomm-BGB, § 1987 Rz. 5.

317) Staudinger-*Dobler*, BGB, § 1987 Rz. 15.

318) OLG München, Beschl. v. 8.3.2006 – 33 Wx 131/05, 33 Wx 132/05, RPfleger 2006, 405.

319) *Zimmermann*, ZEV 2007, 519, 520.

Kosten der Nachlassverwaltung nicht subsidiär.[320] § 1987 BGB setzt als selbstverständlich voraus, dass der Nachlassverwalter seine Vergütung **aus dem Nachlass** erhält[321] Eine analoge Anwendung der Vorschriften, die dem Vormund eines mittellosen Mündels entsprechend einem Nachlasspfleger einen Vergütungsanspruch gegen die Staatskasse geben, kommt beim Nachlassverwalter nicht in Betracht.[322] § 63 Abs. 2 InsO ist ebenfalls nicht analog anwendbar.[323] Der Nachlassverwalter ist daher gehalten, sich rechtzeitig ein Bild von der Zahlungsfähigkeit des Nachlasses zu verschaffen.

Die **Ausschlussfrist** des § 1888 Abs. 2 Satz 2, § 2 Abs. 2 VBVG für die Geltend- 237
machung des Vergütungs- und auch des Aufwendungsersatzanspruchs von 15 Monaten gilt nicht für den Nachlassverwalter.[324] § 1987 BGB regelt den Vergütungsanspruch des Nachlassverwalters abschließend. Sinn der Ausschlussfrist ist der Schutz der Staatskasse, die aber nicht für die Vergütung des Nachlassverwalters haftet.[325]

4. Rechtsmittel gegen den Festsetzungsbeschluss

Gegen den die Vergütung des Nachlassverwalters festsetzenden Beschluss ist 238
die **Beschwerde** möglich, wenn der Wert des Beschwerdegegenstandes 600,00 € übersteigt oder das Nachlassgericht die Beschwerde zugelassen hat (§§ 58 Abs. 1, 61 Abs. 1 und 2 FamFG). **Beschwerdeberechtigt** sind der Nachlassverwalter, der Erbe, der Testamentsvollstrecker und auch die Nachlassgläubiger, wenn die festgesetzte Vergütung deren Befriedigung beeinträchtigt.[326] Folgt auf die Nachlassverwaltung ein Nachlassinsolvenzverfahren, ist nur dieser statt des Erben und der Gläubiger zur Beschwerde berechtigt.[327] Auch derjenige, der dem Nachlassverwalter kraft Vereinbarung haftet, ist beschwerdeberechtigt.[328]

Macht der Erbe vor dem Prozessgericht **Einwendungen** gegen den festgesetz- 239
ten Vergütungsanspruch geltend, ist dieses an die Entscheidung des Nachlassgerichts über die Höhe der Vergütung gebunden.[329]

---

320) Grüneberg-*Weidlich*, BGB, § 1987 Rz. 1.

321) Staudinger-*Dobler*, BGB, § 1987 Rz. 18; **a. A.** *Zimmermann*, ZEV 2007, 519, 520.

322) BGH, Beschl. v. 14.3.2018 – IV ZB 16/17, Rz. 16, ErbR 2018, 338 = ZEV 2018, 394.

323) KG Berlin, Beschl. v. 29.11.2005 – 1 W 180/03, MDR 2006, 694 = Rpfleger 2006, 194.

324) BGH, Beschl. v. 14.3.2018 – IV ZB 16/17, ErbR 2018, 338 = ZEV 2018, 394.

325) Staudinger-*Dobler*, BGB, § 1987 Rz. 14.

326) Grüneberg-*Weidlich*, BGB, § 1987 Rz. 1.

327) Vgl. OLG Köln, Beschl. v. 14.4.2005 – 2 Wx 43/04, ZVI 2005, 315 = ZInsO 2005, 825; BayObLG, Beschl. v. 12.6.1985 – BReg. 1 Z 34/85, Rpfleger 1985, 402, 403 = JurBüro 1986, 90.

328) *Küpper* in: MünchKomm-BGB, § 1987 Rz. 3.

329) Soergel-*Stein*, BGB, § 1987 Rz. 5.

5. Ersatz von Aufwendungen des Nachlassverwalters

240 Der Nachlassverwalter kann Erstattung seiner Aufwendungen verlangen, die er für erforderlich halten durfte (§§ 1975, 1885, 1888 Abs. 1, 1877 Abs. 1, 670 BGB). Hierunter fallen u. a. **Reisekosten** und die Kosten für die Beschaffung eines Erbscheins. **Bürokosten** des Verwalters stellen Aufwendungen dar, wenn sie in seiner Vergütung noch nicht berücksichtigt sind und nachweisbar der Verwaltung des Nachlasses zugeordnet werden können.[330)] Lassen sich die für die Verwaltung angefallenen Bürokosten nicht exakt ermitteln, können diese bei der Bemessung der Vergütung berücksichtigt werden.[331)]

241 Nach der hier vertretenen Auffassung, wonach sich die Vergütung des Nachlassverwalters grundsätzlich in analoger Anwendung der InsVV berechnet, sind mit der Vergütung auch die **allgemeinen Geschäftsunkosten** abgegolten (§ 4 Abs. 1 Satz 1 InsVV analog). Besondere Kosten sind als Auslagen zu erstatten (§ 4 Abs. 2 InsVV analog). Die Kosten einer **Vermögensschadenshaftpflichtversicherung** kann der Nachlassverwalter grundsätzlich als Aufwendung geltend machen (§ 1877 Abs. 2 BGB). In analoger Anwendung des § 4 Abs. 3 Satz 1 InsVV sind die Kosten einer zusätzlichen Versicherung als Auslagen zu erstatten, wenn die Verwaltung mit einem besonderen Haftungsrisiko verbunden ist.

242 Ein Rechtsanwalt, der als Nachlassverwalter einen **Rechtsstreit** führt und sich dabei selbst vertritt, kann die Gebühren nach dem RVG als Aufwendungen geltend machen (§§ 1975, 1885, 1888 Abs. 1, 1877 Abs. 3 BGB, § 8 Abs. 3 InsVV analog).

243 Die Aufwendungen des Nachlassverwalters können **nicht gerichtlich festgesetzt** werden.[332)] § 168 Abs. 1 Nr. 1 FamFG sieht nur eine Festsetzung der Aufwendungen vor, wenn sie aus der Staatskasse zu ersetzen sind. Eine Festsetzung der Aufwendungen des Nachlassverwalters durch das Nachlassgericht in analoger Anwendung von § 8 Abs. 1 Satz 1 InsVV kommt daher nicht in Betracht.

244 Der Nachlassverwalter kann vielmehr die Aufwendungen dem Nachlass ohne entsprechende vorherige gerichtliche Entscheidung **entnehmen. Streitigkeiten** über die von dem Nachlassverwalter geltend gemachten Aufwendungen entscheidet das Prozessgericht.[333)] Die Festsetzung einer „Pauschalvergütung“ durch das Nachlassgericht, die die Vergütung einschließlich eventueller Aufwendungen

---

330) BayObLG, Beschl. v. 12.6.1985 – BReg. 1 Z 34/85, Rpfleger 1985, 402, 403 = JurBüro 1986, 90.

331) BayObLG, Beschl. v. 12.6.1985 – BReg. 1 Z 34/85, Rpfleger 1985, 402, 403 = JurBüro 1986, 90.

332) *Küpper* in: MünchKomm-BGB, § 1987 Rz. 4.

333) Soergel-*Stein*, BGB, § 1987 Rz. 4.

umfasst, ist daher unzulässig.[334] Für die Aufwendungen des Nachlassverwalters haftet nur der Nachlass, nicht auch – subsidiär – die Staatskasse.[335]

6. Gerichtskosten

Für die Anordnung der Nachlassverwaltung fällt gemäß Nr. 12310 KV-GNotKG eine 0,5 Gebühr an. Bemessungsgrundlage ist der Bruttowert des Nachlasses (§§ 64, 38 GNotKG). **245**

7. Vergütung und Aufwendungen des Nachlassverwalters in der Nachlassinsolvenz und bei Unzulänglichkeit des Nachlasses

Der Anspruch des Nachlassverwalters auf seine Vergütung und Ersatz seiner Aufwendungen stellt im Nachlassinsolvenzverfahren eine Masseverbindlichkeit gemäß § 324 Abs. 1 Nr. 4, 6 InsO dar. **246**

Ein Nachlassverwalter kann wegen seines Vergütungsanspruchs nicht gegenüber dem Insolvenzverwalter aufrechnen oder ein Zurückbehaltungsrecht geltend machen, wenn Masseunzulänglichkeit vorliegt.[336] **247**

XIV. Haftung des Nachlassverwalters

1. Gesetzliches Schuldverhältnis

Zwischen dem Nachlassverwalter und dem Erben besteht ein gesetzliches Schuldverhältnis (§§ 1975, 1885, 1888 Abs. 1, 1794 Abs. 1 BGB).[337] Der Nachlassverwalter haftet für jedes Verschulden gegenüber dem Erben auf Schadensersatz mit seinem Eigenvermögen. Gegenüber den Nachlassgläubigern haftet er persönlich wie ein Beauftragter (§ 1985 Abs. 2 Satz 1 BGB).[338] Ein **Schadensersatzanspruch** gegen den Nachlassverwalter fällt in den Nachlass, für den Anspruch der Gläubiger ist dies in §§ 1985 Abs. 2 Satz 2, 1978 Abs. 2 BGB angeordnet.[339] **248**

Der Nachlassverwalter haftet auch für sein **deliktisches Handeln** gemäß §§ 823 ff. BGB persönlich. Das deliktische Handeln des Nachlassverwalters ist dem Nach- **249**

---

334) Staudinger-*Dobler*, BGB, § 1987 Rz. 9; *Küpper* in: MünchKomm-BGB, § 1987 Rz. 4.

335) *Gottwald* in: Damrau/Tanck, PK Erbrecht, § 1987 Rz. 11; *Küpper* in: MünchKomm-BGB, § 1987 Rz. 4; Soergel-*Stein*, BGB, § 1987 Rz. 4; im Ergebnis auch KG Berlin, Beschl. v. 29.11.2005 – 1 W 180/03, MDR 2006, 694 = Rpfleger 2006, 194.

336) *Schallenberg/Rafiqpoor* in: FK-InsO, § 324 Rz. 9; *Küpper* in: MünchKomm-BGB, § 1987 Rz. 5.

337) Soergel-*Stein*, BGB, § 1985 Rz. 13.

338) *Hillebrand*, Die Nachlassverwaltung, S. 140; *Küpper* in: MünchKomm-BGB, § 1985 Rz. 12; OLG Frankfurt/M., Beschl. v. 5.1.1998 – 20 W 431/96, 20 W 456/96, ZEV 1998, 263, 264 = Rpfleger 1998, 200.

339) Staudinger-*Dobler*, BGB, § 1985 Rz. 42.

lass über § 31 BGB analog zurechenbar.[340] Verletzt z. B. der Nachlassverwalter bezüglich eines zum Nachlass gehörenden Grundstücks die **Verkehrssicherungspflicht** und kommt dadurch ein Dritter zu Schaden, ist das Verschulden des Nachlassverwalters dem Nachlass zurechenbar. Es besteht dann eine gleichstufige Verpflichtung von Nachlass und Verwalter i. S. einer Gesamtschuld. Insoweit ist die Rechtslage zum Insolvenzverwalter vergleichbar.

2. Pflichtverletzung des Nachlassverwalters

250 Der Nachlassverwalter ist zur ordnungsgemäßen Verwaltung des Nachlasses verpflichtet. Eine Pflichtverletzung des Nachlassverwalters kann in der Berichtigung von Nachlassverbindlichkeiten aus einem unzureichenden Nachlass liegen. Der Nachlassverwalter darf gemäß §§ 1985 Abs. 2 Satz 2, 1979 BGB **Zahlungen aus dem Nachlass** an Nachlassgläubiger nur leisten, wenn er den Umständen nach annehmen darf, dass der Nachlass zur Berichtigung aller Nachlassverbindlichkeiten ausreicht. Er hat daher sorgfältig zu prüfen, welche Nachlassverbindlichkeiten vorhanden sind und in Zukunft noch entstehen können, sowie festzustellen, welche Nachlassaktiva bestehen und welcher Erlös aus deren Verwertung erzielt werden kann. Er hat zur Ermittlung der Nachlassverbindlichkeiten im Regelfall das **Gläubigeraufgebotsverfahren** durchzuführen. Ohne ein solches Vorgehen, dessen Einzelheiten je nach den Umständen des Einzelfalls beurteilt werden, darf der Nachlassverwalter nicht von der Zulänglichkeit des Nachlasses ausgehen.[341] Leistet er dennoch an die Nachlassgläubiger, ist er den benachteiligten Nachlassgläubigern zum Schadensersatz verpflichtet.

251 Den Nachlassverwalter trifft die **Darlegungs- und Beweislast** dafür, dass er von der Zulänglichkeit des Nachlasses ausgehen durfte.[342] Er ist grundsätzlich verpflichtet, sich gegenüber den Nachlassgläubigern auf die **Einreden** gemäß §§ 2014, 2015 BGB zu berufen.

252 Hat der Nachlassverwalter ein **Unternehmen** des Erblassers im Namen des Nachlasses fortgeführt und reicht der Nachlass nicht aus, um die sich daraus ergebenden Verbindlichkeiten zu tilgen, ist er den Nachlassgläubigern ebenfalls gemäß § 1985 Abs. 2 Satz 1 BGB verantwortlich.[343] Der Nachlassverwalter haftet, wenn er **vermeintliche, nicht bestehende Nachlassverbindlichkeiten** erfüllt. Bevor er Zahlungen an Gläubiger erbringt, hat er gewissenhaft zu prüfen, ob die geltend gemachte Nachlassforderung tatsächlich auch besteht.

---

340) Bejahend für den Insolvenzverwalter: *Schöpflin* in: BeckOK-BGB, § 31 Rz. 3; Grüneberg-*Ellenberger*, BGB, § 31 Rz. 3; Erman-*Westermann*, BGB, § 31 Rz. 2; *Lüke*, ZIP 2005, 1113, 1116; **a. A.** *Küpper* in: MünchKomm-BGB, § 1985 Rz. 12; *Muscheler*, Die Haftungsordnung der Testamentsvollstreckung, S. 244.

341) BGH, Urt. v. 11.7.1984 – IVa ZR 23/83, NJW 1985, 140 = Rpfleger 1984, 416.

342) BGH, Urt. v. 11.7.1984 – IVa ZR 23/83, NJW 1985, 140 = Rpfleger 1984, 416.

343) *Küpper* in: MünchKomm-BGB, § 1985 Rz. 12.

Der Nachlassverwalter handelt auch pflichtwidrig, wenn er Nachlassgegenstände **nicht in wirtschaftlicher Weise verwertet.** 253

Er ist verpflichtet, die **Nachlassinsolvenz** zu beantragen (§§ 1985 Abs. 2 Satz 2, 1980 BGB), sobald er Kenntnis von der Zahlungsunfähigkeit oder der Überschuldung des Nachlasses erlangt. Der Nachlassverwalter hat aber die Möglichkeit, mit den Gläubigern eine **vergleichsweise Einigung** herbeizuführen, um die Insolvenz abzuwenden. Ein solcher Vergleich bedarf der **Genehmigung** des Nachlassgerichts (§§ 1975, 1885, 1888 Abs. 1, 1854 Nr. 6 BGB). Der Verwalter läuft dabei aber Gefahr, einem **unbekannt gebliebenen Nachlassgläubiger**, der nicht an dem Vergleich beteiligt war, persönlich zu haften.[344)] 254

Eine Pflichtverletzung des Nachlassverwalters liegt auch vor, wenn er den **Nachlass zu früh an den Erben herausgibt** (§ 1986 BGB). 255

3. Ersatzfähiger Schaden

Der Erbe und die Gläubiger sind im Wege des Schadensersatzanspruchs so zu stellen, wie wenn der Nachlassverwalter **ordnungsgemäß gehandelt hätte.** Bei einem Verstoß gegen § 1979 BGB sind den Gläubigern daher nicht sämtliche, zur Schuldentilgung verwendeten Beträge zu erstatten. Bei der Berechnung des Ersatzanspruchs ist das Ergebnis eines Nachlassinsolvenzverfahrens, soweit es sich nach dem Stand der letzten mündlichen Verhandlung übersehen lässt, zugrunde zu legen. Ein Schadensersatz kommt nur insoweit in Betracht, soweit die Gläubiger **weniger erhalten haben**, als sie erlangt haben würden, wenn die vorzeitigen Zahlungen unterblieben wären.[345)] 256

4. Geltendmachung der Schadensersatzansprüche gegen den Nachlassverwalter

Die Schadensersatzansprüche gegen den Verwalter gehören zum Nachlass (§§ 1985 Abs. 2 Satz 2, 1978 Abs. 2 BGB). Während noch bestehender Nachlassverwaltung können sie nur von einem neuen Nachlassverwalter oder einem Ergänzungspfleger (§ 1809 BGB) geltend gemacht werden.[346)] 257

Schließt sich an die Nachlassverwaltung ein Nachlassinsolvenzverfahren an, obliegt die Geltendmachung alleine dem Insolvenzverwalter. Wird die Nachlassverwaltung aufgehoben, können die Nachlassgläubiger und auch der Erbe ihre Ansprüche gegen den ehemaligen Nachlassverwalter selbst geltend machen.[347)] 258

---

344) *Küpper* in: MünchKomm-BGB § 1985 Rz. 11.

345) BGH, Urt. v. 11.7.1984 – IVa ZR 23/83, NJW 1985, 140, 141 = Rpfleger 1984, 416.

346) Staudinger-*Dobler*, BGB, § 1985 Rz. 41; *Hillebrand*, Die Nachlassverwaltung, S. 140.

347) Staudinger-*Dobler*, BGB, § 1985 Rz. 41.

§ 3
Nachlassspezifische Ansprüche

Übersicht

I. Rückgängigmachung von Konfusion und Konsolidation ... 1
II. Aufrechnung ... 5
III. Ansprüche der Gläubiger gegen den Erben ... 13
1. Einführung ... 13
2. Haftung des Erben vor der Annahme der Erbschaft ... 17
3. Haftung ab der Annahme der Erbschaft ... 25
a) Herausgabe gemäß §§ 1978 Abs. 1 Satz 1, 667 BGB ... 26
aa) Surrogation ... 28
bb) Herausgabe eines Unternehmens ... 33
b) Schadensersatz aus §§ 1978 Abs. 1, 280 BGB ... 36
aa) Erfüllung von Nachlassverbindlichkeiten ... 36
bb) Nichterhebung der Einreden gemäß §§ 2014, 2015 BGB ... 43
cc) Weitere Fälle von Pflichtverletzungen ... 45
dd) Verschulden ... 53
(1) Vor- und Nacherbschaft ... 55
(2) Erbschaftskauf ... 56
ee) Umfang des Schadensersatzanspruchs ... 58
c) Anspruch auf Herausgabe von Nutzungen ... 59
d) Auskunfts- und Rechenschaftspflicht ... 61
e) Schadensersatz wegen Verletzung der Insolvenzantragspflicht (§ 1980 BGB) ... 63
aa) Antragspflicht des Erben ... 63
bb) Überschuldung und Zahlungsunfähigkeit ... 73
cc) Unverzügliche Antragstellung ... 75
dd) Verschulden ... 76
(1) Nachlasspflegschaft ... 77
(2) Testamentsvollstreckung ... 89
(3) Miterben ... 92
ee) Umfang des Anspruchs gemäß § 1980 Abs. 1 Satz 2 BGB ... 93
ff) Beweislast ... 95
f) Geltendmachung der Ansprüche gemäß §§ 1978, 1980 BGB ... 96
IV. Ansprüche des Erben auf Ersatz von Aufwendungen ... 102
V. Vergütung des Erben für die Verwaltung des Nachlasses ... 107
VI. Zurückbehaltungsrecht des Erben ... 109
VII. Verjährung ... 110

Literatur: *Krug*, Die dingliche Surrogation bei der Miterbengemeinschaft – ein Kunstgriff des Gesetzes zur Werterhaltung des Nachlasses, ZEV 1999, 381; *Marotzke*, Die insolvente GmbH im Erbgang, ErbR 2010, 115; *Marotzke*, Antrag auf Erteilung eines Erbscheins und Nachlasspflegschaft, ZEV 2005, 111; *Nöll*, Die massenhafte Abwicklung überschuldeter Nachlässe durch Rechtspfleger und Fiskalerben, ZInsO, 2012, 814; *Östhold*, Das Haftungsregime des § 1978 Abs. 1 S. 1 BGB, ZEV 2015, 444; *Roth*, Geltendmachung der Verwaltungskosten des Fiskuserben im Nachlassinsolvenzverfahren, ZEV 2021, 7; *Roth*, Nachlasspflegschaft bei insolventen Nachlässen – ein Minenfeld!, Rpfleger 2019, 495; *Roth*, Haftung von Nachlasspflegern und Amtshaftung bei Missbrauch der Nachlasspflegschaft, ZInsO 2013, 1567; *Roth*, Umfang der Insolvenzmasse im Nachlassinsolvenzverfahren, ZInsO 2010, 118; *Weiß*, Der rechtzeitige Insolvenzantrag des Nachlasspflegers: Wieso dieser jedenfalls mitunter sehr sinnvoll ist, ZErb 2021, 168; *Zimmermann*, Vermögensverwaltung durch Nachlasspfleger und Betreuer, ZEV 2014, 76.

I. Rückgängigmachung von Konfusion und Konsolidation

1 Die Anordnung der Nachlassverwaltung und die Eröffnung des Nachlassinsolvenzverfahrens führen **rückwirkend** auf den Zeitpunkt des Erbfalls zur **Absonderung des Nachlasses** vom Eigenvermögen des Erben. § 1976 BGB sieht dementsprechend vor, dass die durch Konfusion und Konsolidation erloschenen Rechte nicht als erloschen gelten. Soweit ein **Sicherungsrecht** für eine solche Forderung bestanden hat, lebt es ebenfalls wieder auf.[1)] War der Erbe Inhaber einer Hypothek am Grundstück des Erblassers, entsteht aus der eigentlich bestehenden Eigentümergrundschuld gemäß § 1976 BGB wieder eine forderungsbekleidete Fremdhypothek. Der Erbe kann als Gläubiger die Zwangsversteigerung beantragen. § 1197 BGB wird durch § 1976 BGB ausgeschaltet.[2)]

2 § 1976 BGB ist **nicht** auf **Verfügungen** anwendbar, die der Erbe nach dem Erbfall **über ein nachlasszugehöriges Recht** getroffen hat.[3)] So stellt die **Bewilligung der Löschung einer Eigentümergrundschuld**, die infolge des Zusammenfallens der Gläubiger und Schuldnerstellung des Erben bezüglich einer hypothekarisch gesicherten Forderung entstanden ist, eine Verfügung des Erben dar.[4)] Lebt die durch Hypothek gesicherte Forderung gemäß § 1976 BGB wieder auf, gilt dies nicht für die mittlerweile gelöschte Hypothek. Diese muss dann neu bestellt werden, da der Erbe mittlerweile mit der Bewilligung der Löschung über das Recht verfügt hat.[5)]

3 Waren der **Erblasser und der Erbe Miteigentümer eines Gegenstands**, endet die Bruchteilsgemeinschaft, wenn nur noch ein Eigentümer vorhanden ist. Nach überwiegender Auffassung gilt auch in diesem Fall § 1976 BGB entsprechend, so dass die Bruchteilsgemeinschaft rückwirkend wieder entsteht.[6)]

4 § 1976 BGB findet auch Anwendung auf **Anteile an Personengesellschaften.**[7)] Dies gilt auch dann, wenn sich infolge des Erbfalls sämtliche Anteile der Gesellschaft in der Person des Erben vereinigt haben und die Gesellschaft dadurch eigentlich erloschen wäre. In Anwendung von § 1976 BGB gilt die Gesellschaft

---

1) Staudinger-*Dobler*, BGB, § 1976 Rz 4.

2) Grüneberg-*Weidlich*, BGB, § 1976 Rz. 2; Staudinger-*Dobler*, BGB, § 1976 Rz. 4.

3) *Küpper* in: MünchKomm-BGB, § 1976 Rz. 9.

4) *Hillebrand*, Die Nachlassverwaltung, S. 61.

5) *Hillebrand*, Die Nachlassverwaltung, S. 61; **a. A.** *Küpper* in: MünchKomm-BGB § 1976 Rz. 5; Staudinger-*Dobler*, BGB, § 1976 Rz. 4: Die Hypothek entsteht gemäß § 1976 BGB wieder. Ist aber zwischenzeitlich ein anderes Grundpfandrecht bestellt worden, kann die Hypothek nur im Rang dahinter eingetragen werden. Anders soll dies nach *Dobler* sein, wenn auf den Rang des gelöschten Grundpfandrechts bereits ein voreingetragenes Grundpfandrecht infolge der Löschung nachgerückt war.

6) Grüneberg-*Weidlich*, BGB, § 1976 Rz. 3.

7) H. M.; *Hillebrand*, Die Nachlassverwaltung, S. 63; *Wiester* in: MünchAHB Erbrecht, § 24 Rz. 35.

als fortbestehend.[8] Nach a. A. greift § 1976 BGB in diesem Fall nicht ein. Dem Erben verbleibe der geerbte Gesellschaftsanteil und dem Nachlass stehe ein Abfindungsanspruch gemäß § 738 BGB zu.[9]

II. Aufrechnung

5 Mit der Anordnung der Nachlassverwaltung wird der Nachlass vom Eigenvermögen des Erben separiert. § 1977 BGB ordnet die Unwirksamkeit von Aufrechnungen an, die **Forderungen der jeweils anderen Vermögensmasse** betreffen.

6 Die Aufrechnung eines Nachlassgläubigers vor der Anordnung der Nachlassverwaltung gegen eine **nicht zum Nachlass gehörende (Eigen-)Forderung** des Erben ist unwirksam, wenn sie ohne Zustimmung des Erben erfolgte (§ 1977 Abs. 1 BGB). Der Erbe wird so vor dem Verlust der beschränkten Haftung für Nachlassverbindlichkeiten mit seinem Eigenvermögen geschützt. Hat der Erbe der Aufrechnung zugestimmt, bleibt sie wirksam. Begründet wird dies damit, dass der Erbe zum einen über eine zu seinem Eigenvermögen gehörende Forderung frei verfügen kann. Zum anderen kann er auch gegenüber dem Nachlassgläubiger auf den Schutz der beschränkten Erbenhaftung **verzichten.**[10] Wegen der weitreichenden Folgen für den Erben muss dieser der Aufrechnung ausdrücklich zustimmen. In einer bloßen widerspruchslosen Entgegennahme der Aufrechnungserklärung des Nachlassgläubigers kann daher noch keine Zustimmung gemäß § 1977 Abs. 1 BGB gesehen werden.

7 Auch die **Aufrechnung** eines **Eigengläubigers** des Erben **gegenüber einer Nachlassforderung vor Anordnung der Nachlassverwaltung** ist **unwirksam** (§ 1977 Abs. 2 BGB). Umstritten ist im Hinblick auf die Verweisung auf § 1977 Abs. 1 BGB, ob auch in diesem Fall die Aufrechnung wirksam bleibt, wenn der Erbe dieser zugestimmt hat. Nach zutreffender Auffassung ist die Zustimmung des Erben im Fall des § 1977 Abs. 2 BGB ohne Wirkung.[11] Der Zweck der §§ 1975 ff. BGB geht dahin, die Haftung des Erben für Nachlassverbindlichkeiten auf den Nachlass zu beschränken. Dem Erben soll allerdings nicht ermöglicht werden, über die Zustimmung zu einer Aufrechnung den Nachlass für die Begleichung einer privaten Verbindlichkeit heranzuziehen und den Nachlass so zu schmälern.[12] Nach a. A. ist die Zustimmung des Erben i. R. des § 1977 Abs. 2 BGB stets beachtlich.[13] Mit der Zustimmung verfüge der Erbe über die Nachlassforderung.

---

8) *Hillebrand*, Die Nachlassverwaltung, S. 63, 64; Staudinger-*Dobler*, BGB, § 1976 Rz. 9.

9) *Küpper* in: MünchKomm-BGB, § 1976 Rz. 7.

10) *Hillebrand*, Die Nachlassverwaltung, S. 66.

11) *Küpper* in: MünchKomm-BGB, § 1977 Rz. 6.

12) Grüneberg-*Weidlich*, BGB, § 1977 Rz. 4.

13) *Hillebrand*, Die Nachlassverwaltung, S. 66; Staudinger-*Dobler*, BGB, § 1977 Rz. 9.

Verfügungen des Erben vor Anordnung der Nachlassverwaltung blieben jedoch stets wirksam.[14)]

8 **Haftet der Erbe unbeschränkt**, kann er sich gemäß § 2013 Abs. 1 Satz 1 BGB nicht auf § 1977 Abs. 1 BGB berufen. Zum Schutz der Nachlassgläubiger bleibt § 1977 Abs. 2 BGB in diesem Fall trotz § 2013 Abs. 1 Satz 1 BGB anwendbar.[15)]

9 **Haftet der Erbe einzelnen Nachlassgläubigern gegenüber unbeschränkt**, ordnet § 2013 Abs. 2 BGB an, dass § 1977 BGB weiterhin anwendbar bleibt. Dies bezieht sich nur auf die Regelungen in § 1977 Abs. 2 BGB. Der durch die unbeschränkte Erbenhaftung begünstigte Nachlassgläubiger kann mit seiner Forderung gegen eine Eigenforderung des Erben wirksam aufrechnen. Ansonsten würden die Nachlassgläubiger gerade durch eine zu ihren Gunsten geschaffene Rechtslage benachteiligt werden.[16)]

10 Nach Anordnung der Nachlassverwaltung oder der Eröffnung des Nachlassinsolvenzverfahrens kann ein Nachlassgläubiger seine Forderung nur noch **gegenüber dem Nachlassverwalter bzw. Nachlassinsolvenzverwalter geltend machen**. Die Aufrechnung gegen eine Eigenforderung des Erben ist nicht möglich. Auch ein Eigengläubiger des Erben kann nicht mehr gegen eine Nachlassforderung aufrechnen.

11 Macht der Nachlassgläubiger nach Anordnung der Nachlassverwaltung oder der Eröffnung des Nachlassinsolvenzverfahrens gegenüber dem Erben eine Nachlassverbindlichkeit geltend, kann der Erbe **mit einer ihm zustehenden Eigenforderung** gegen den Gläubiger **aufrechnen**.[17)] Ihm steht dann gegen die Masse ein Anspruch gemäß §§ 1978 Abs. 3, 683, 670, 1979 BGB, § 326 Abs. 2 InsO zu.

12 Wegen § 1984 Abs. 1 Satz 1 BGB, § 80 Abs. 1 InsO kann der Erbe mit Nachlassforderungen nach Anordnung der Nachlassverwaltung oder Eröffnung des Nachlassinsolvenzverfahrens nicht gegen Forderungen seiner Eigengläubiger aufrechnen.

III. Ansprüche der Gläubiger gegen den Erben

1. Einführung

13 Wird die Nachlassverwaltung angeordnet oder das Nachlassinsolvenzverfahren eröffnet, ist der Erbe den Nachlassgläubigern für die **bisherige Verwaltung des Nachlasses** ab der Annahme wie ein von ihnen Beauftragter verantwortlich (§ 1978 Abs. 1 Satz 1 BGB). Für die Zeit vor der Annahme der Erbschaft haftet er nach den Vorschriften über die Geschäftsführung ohne Auftrag (§ 1978 Abs. 1 Satz 2

---

14) *Hillebrand*, Die Nachlassverwaltung, S. 66.

15) *Küpper* in: MünchKomm-BGB, § 1977 Rz. 7.

16) Grüneberg-*Weidlich*, BGB, § 1977 Rz. 5.

17) Soergel-*Stein*, BGB, § 1977 Rz. 2, 7; Grüneberg-*Weidlich*, BGB, § 1977 Rz. 3.

BGB). Die sich aus § 1978 Abs. 1 BGB ergebenden Ansprüche gelten als zu dem Nachlass gehörig (§ 1978 Abs. 2 BGB) und können demgemäß nicht von den Nachlassgläubigern direkt gegen den Erben geltend gemacht werden. Erhebt der Erbe die Dürftigkeitseinrede (§ 1990 Abs. 1 BGB) oder Überschwerungseinrede, kommt es also nicht zur Durchführung einer Nachlassverwaltung oder eines Nachlassinsolvenzverfahrens, dann können die Gläubiger die Ansprüche allerdings gegen den Erben gemäß §§ 1991 Abs. 1, 1978 Abs. 1 BGB direkt geltend machen. § 1978 BGB kommt nur zur Anwendung, wenn der Erbe gegenüber den Nachlassgläubigern **noch nicht unbeschränkt haftet** (§ 2013 Abs. 1 Satz 1 BGB).

Der **unbeschränkt haftende Erbe** ist demgemäß im Fall der Nachlassverwal- 14
tung oder Nachlassinsolvenz weder zur Rechenschaft verpflichtet, noch haftet er für die ordnungsgemäße Verwaltung des Nachlasses. Ihm steht auch kein Aufwendungsersatzanspruch gemäß § 1978 Abs. 3 BGB zu. Der Anspruch des Nachlassverwalters und Insolvenzverwalters gegen den Erben auf Herausgabe des Nachlasses aus §§ 1978 Abs. 1, 667 BGB besteht auch bei dessen unbeschränkter Haftung.[18] Haftet der Erbe nur **gegenüber einzelnen Gläubigern** unbeschränkt, dann bleibt § 1978 BGB weiterhin anwendbar (§ 2013 Abs. 2 BGB).

Gegenüber **ausgeschlossenen oder säumigen Nachlassgläubigern** ist die Haf- 15
tung des Erben nur auf die Bereicherung beschränkt (§§ 1973 Abs. 1 Satz 1, Abs. 2, 1974 Abs. 1 BGB), die §§ 1978–1980 BGB kommen nicht zur Anwendung.

Für **Verfügungen vor dem Erbfall**, die erst nach dem Erbfall wirksam werden, 16
ggf. durch Konvaleszenz gemäß § 185 Abs. 2 Satz 1 BGB, ist der Erbe nicht gemäß § 1978 Abs. 1 BGB verantwortlich.

2. Haftung des Erben vor der Annahme der Erbschaft

Vor der Annahme der Erbschaft ist der Erbe zur **Fürsorge für den Nachlass** be- 17
rechtigt, aber nicht verpflichtet.[19] Unterlässt er Fürsorgemaßnahmen, ist er weder gegenüber den Nachlassgläubigern, noch, im Fall der Ausschlagung, dem nach ihm berufenen Erben verantwortlich.[20] Der Erbe ist allerdings verpflichtet, vor der Annahme der Erbschaft **Vollstreckungsmaßnahmen** von Eigengläubigern in den Nachlass abzuwenden (vgl. § 778 Abs. 2 ZPO). Lässt er die Vollstreckungsmaßnahme zu, haftet er nach den Grundsätzen des **Bereicherungsrechts** in Höhe des Wertes der Verbindlichkeit, von der er befreit wurde.[21] Daneben kann ein Anspruch auf **Schadensersatz** gemäß § 678 BGB bestehen.[22] Zu denken ist in

18) *Küpper* in: MünchKomm-BGB, § 1978 Rz. 2.

19) Erman-*Horn*, BGB, § 1978 Rz. 2.

20) Staudinger-*Dobler*, BGB, § 1978 Rz. 4.

21) Staudinger-*Dobler*, BGB, § 1978 Rz. 7; *Gottwald* in: Damrau/Tanck, PK Erbrecht, § 1978 Rz. 3.

22) Erman-*Horn*, BGB, § 1978 Rz. 2; *Küpper* in: MünchKomm-BGB, § 1978 Rz. 3.

diesem Fall auch an eine Anfechtung durch den Nachlassinsolvenzverwalter wegen inkongruenter Deckung gemäß § 131 InsO.[23]

18 Voraussetzung für die Haftung gemäß § 1978 Abs. 1 Satz 2 BGB i. V. mit den Vorschriften über die **Geschäftsführung ohne Auftrag** ist, dass der Erbe die Erbschaft später angenommen hat. Die Haftung des vorläufigen Erben, der die Erbschaft nicht angenommen oder nach der Annahme wieder ausgeschlagen hat, richtet sich gemäß § 1959 Abs. 1 BGB aber ebenfalls nach den Vorschriften über die Geschäftsführung ohne Auftrag.

19 Führt der Erbe vor der Annahme der Erbschaft freiwillig Geschäfte für den Nachlass, ist er den Nachlassgläubigern wie ein Geschäftsführer ohne Auftrag (§§ 677 ff. BGB) verantwortlich. Die **§§ 677 ff. BGB** sind nur entsprechend anwendbar. Dabei genügt es, wenn der Erbe sein Handeln am objektiven Interesse der Gesamtheit der Nachlassgläubiger ausrichtet, er ist nicht gehalten, auf den wirklichen oder mutmaßlichen Willen einzelner Nachlassgläubiger abzustellen.[24] Berücksichtigt der Erbe nur den Willen eines einzelnen Gläubigers, ist er diesem gegenüber allerdings entlastet.[25]

20 Die **Besorgung erbschaftlicher Geschäfte** i. S. von § 1978 Abs. 1 Satz 2 BGB und § 1959 Abs. 1 Satz 2 BGB umfasst alle Handlungen des (vorläufigen) Erben, die sich auf den Nachlass beziehen. Darunter fallen tatsächliche Handlungen, wie z. B. Reparaturarbeiten, Verpflichtungsgeschäfte, die mit Nachlassgegenständen zu erfüllen sind und Verfügungen über Nachlassgegenstände.[26] Auch die Erfüllung von Nachlassverbindlichkeiten stellt ein erbschaftliches Geschäft in diesem Sinne dar.

21 Zu beachten ist, ob die Geschäftsführung nicht bereits zu einer **Annahme der Erbschaft** (§ 1943 BGB) geführt hat. Als Annahme durch schlüssiges Verhalten sind z. B. die Veräußerung eines Nachlassgegenstandes[27] oder das Anbieten eines Nachlassgrundstücks über einen Makler[28] zu werten. Eine Verfügung über Nachlassgegenstände ist noch nicht als Annahme zu verstehen, wenn sie vorgenommen wurde, um dem Erben die Mittel für die Beerdigungskosten zu beschaffen.[29] Verfügt der Erbe über einen Nachlassgegenstand in der Annahme, der Gegenstand gehöre nicht zum Nachlass, kann dennoch eine konkludente Annahme der Erbschaft vorliegen, da auf den **objektiven Erklärungswert** abzustellen ist.[30] Der Erbe hat in diesem Fall aber dann ggf. die Möglichkeit der Anfechtung der An-

---

23) Staudinger-*Dobler*, BGB, § 1978 Rz. 7.

24) *Küpper* in: MünchKomm-BGB, § 1978 Rz. 3; *Lohmann* in: BeckOK-BGB, § 1978 Rz. 3.

25) Staudinger-*Dobler*, BGB, § 1978 Rz. 5.

26) *Leipold* in: MünchKomm-BGB, § 1959 Rz. 3.

27) BayObLG, Beschl. v. 9.10.1987 – BReg 1 Z 55/87, FamRZ 1988, 213.

28) OLG Oldenburg, Urt. v. 20.9.1994 – 5 U 72/94, NJW-RR 1995, 141 = FamRZ 1995, 574.

29) Staudinger-*Otte*, BGB, § 1943 Rz. 9.

30) Staudinger-*Otte*, BGB, § 1943 Rz. 8.

nahme gemäß §§ 119 Abs. 1, 1954 ff. BGB. Ergreift der Erbe lediglich gebotene Fürsorgemaßnahmen für den Nachlass, wird darin regelmäßig noch keine Annahme der Erbschaft zu sehen sein.[31]

Der Erbe ist den Gläubigern gemäß §§ 1978 Abs. 1 Satz 2, 681, 666, 259 BGB zur **Rechenschaft** verpflichtet. Er haftet gemäß § 678 BGB für den Schaden, den die Gläubiger dadurch erleiden, dass die Geschäfte nicht entsprechend ihrem Interesse geführt wurden. Mit Ausnahme von Notfällen (§ 680 BGB) haftet der Erbe dabei für jedes Verschulden.[32] 22

Schlägt der **vorläufige Erbe** die Erbschaft aus, haftet er nur **gegenüber dem endgültigen Erben**, nicht gegenüber den Nachlassgläubigern. Dieser Anspruch wird aber dann Nachlassbestandteil. 23

Ansprüche gegen den vorläufigen Erben gehören zum Nachlass und sind im Fall der Nachlassinsolvenz von dem Nachlassinsolvenzverwalter geltend zu machen.[33] 24

3. Haftung ab der Annahme der Erbschaft

Ab dem Zeitpunkt der Annahme der Erbschaft wird der Erbe behandelt, als habe er den Nachlass im Auftrag der Gläubiger verwaltet. Der Erbe hat darauf zu achten, dass der Nachlass **nicht zum Nachteil der Nachlassgläubiger verkürzt wird**. Die Vorschriften über den Auftrag geltend entsprechend, anwendbar sind insbesondere die §§ 664 Abs. 1 Satz 2 und 3, 666, 667 und 668 BGB. Nicht anwendbar sind die Vorschriften des Auftragsrechts, soweit sie die Übernahme der Geschäftsbesorgung durch einen Auftrag voraussetzen, also §§ 662, 663, 664 Abs. 1 Satz 1, 665, 669, 671–674 BGB. 25

a) Herausgabe gemäß §§ 1978 Abs. 1 Satz 1, 667 BGB

Der Erbe ist verpflichtet, die in seinem Besitz befindlichen Nachlassgegenstände an den Nachlassverwalter und den Nachlassinsolvenzverwalter herauszugeben. Hat der Erbe Nachlassgelder zu persönlichen Zwecken entnommen, muss er diese ohne Rücksicht auf Verschulden ersetzen und herausgeben (§ 667 BGB).[34] Diese Geldbeträge sind von dem Erben auch **zu verzinsen** (§§ 1978 Abs. 1, 668 BGB). 26

Der Nachlassinsolvenzverwalter kann gemäß § 148 Abs. 2 InsO aufgrund einer vollstreckbaren Ausfertigung des Eröffnungsbeschlusses die Herausgabe der Nachlassgegenstände, die sich im Gewahrsam des Schuldners befinden, im Wege der Zwangsvollstreckung **durchsetzen**. Der Nachlassverwalter hingegen muss die Herausgabe der Nachlassgegenstände im Klageweg gegenüber dem Erben geltend machen (siehe hierzu § 2 Rz. 126 [*Pfeuffer*]). 27

---

31) Grüneberg-*Weidlich*, BGB, § 1943 Rz. 2.

32) *Küpper* in: MünchKomm-BGB, § 1978 Rz. 3.

33) Staudinger-*Mesina*, BGB, § 1959 Rz. 26.

34) BGH, Beschl. v. 13.3.2008 – IX ZR 13/05, ZEV 2008, 237 = BeckRS 2008, 5530.

aa) Surrogation

28 Der Erbe hat gemäß §§ 1978 Abs. 1, 667 BGB alles, was er **aus der Verwaltung erlangt** hat, an den Nachlassverwalter oder Nachlassinsolvenzverwalter herauszugeben. Für **verbrauchte Sachen** muss er Schadensersatz gemäß §§ 667, 280 BGB leisten.[35] Gegenstände, die ohne ein Zutun des Erben an die Stelle von Nachlassgegenständen gelangt sind, gehören zum Nachlass und sind herauszugeben.[36] Hierzu zählen z. B. eine **Versicherungssumme** für einen zerstörten Nachlassgegenstand oder der **Schadensersatzanspruch** gegen einen Dritten wegen der Beschädigung eines Nachlassgegenstands. Zum Nachlass gehört auch ein **Ersatzanspruch** des Erben gegen den Testamentsvollstrecker gemäß § 2219 Abs. 1 BGB[37] sowie der **Anspruch des Erben gegen den vorläufigen Erben** (§ 1959 BGB). Diese Gegenstände und Ansprüche, die ohne Zutun des Erben entstanden sind, also nicht auf einer Verwaltungshandlung des Erben beruhen, gehören, auch wenn keine ausdrückliche Surrogationsvorschrift besteht, zum Nachlass.[38] Der Anspruch wegen eines **zerstörten Nachlassgegenstandes** kann daher direkt von dem Nachlassverwalter oder Nachlassinsolvenzverwalter geltend gemacht werden; es bedarf keiner vorherigen Abtretung durch den Erben.

29 Anders verhält es sich, wenn der Erbe **rechtsgeschäftlich** mit Nachlassmitteln etwas erwirbt (zur Surrogation siehe § 1 Rz. 109 ff. [*Roth*]). Eine dingliche Surrogation erfolgt nicht, die §§ 2019 Abs. 1, 2111 Abs. 1 BGB sind nicht entsprechend anwendbar.[39] Hat der Erbe etwas mit Nachlassmitteln angeschafft, muss er es nicht herausgeben, sondern dafür **Ersatz leisten** (§ 280 BGB). Die mit dem Verkauf eines Nachlassgegenstandes erworbene Kaufpreisforderung muss der Erbe an den Verwalter abtreten.[40] Ein durch Rechtsgeschäft erworbene Gegenstand oder Anspruch wird nach überwiegender Auffassung aber Nachlassbestandteil, wenn der Erbe den Willen hatte, für den Nachlass zu erwerben.[41] Das gilt allerdings nur, wenn dieser Wille dem Vertragspartner erkennbar war. Insoweit können die Regeln der Stellvertretung entsprechend herangezogen werden.[42] War

35) Staudinger-*Dobler*, BGB, § 1978 Rz. 15; Grüneberg-*Grüneberg*, BGB, § 667 Rz. 9.

36) *Gottwald* in: Damrau/Tanck, PK Erbrecht, § 1978 Rz. 6.

37) RG, Urt. v. 3.11.1932 – IV 295/32, RGZ 138, 132; *Küpper* in: MünchKomm-BGB, § 1978 Rz. 6.

38) Staudinger-*Dobler*, BGB, § 1978 Rz. 15; *Küpper* in: MünchKomm-BGB, § 1978 Rz. 6; BGH, Urt. v. 9.11.1966 – V ZR 176/63, BGHZ 46, 221, 230 = NJW 1967, 568.

39) Erman-*Horn*, BGB, § 1978 Rz. 3a; *Klook*, Die überschuldete Erbschaft, S. 189; vgl. BGH, Urt. v. 13.7.1989 – IX ZR 227/87, NJW-RR 1989, 1226 ff. = FamRZ 1989, 1070.

40) Soergel-*Stein*, BGB, § 1978 Rz. 4; *Küpper* in: MünchKomm-BGB, § 1978 Rz. 6.

41) Grüneberg-*Weidlich*, BGB, § 1978 Rz. 3; *Küpper* in: MünchKomm-BGB, § 1978 Rz. 6; *Gottwald* in: Damrau/Tanck, Praxiskommentar Erbrecht, § 1978 Rz. 6; Erman-*Horn*, BGB, § 1978 Rz. 3a; **a. A.** Soergel-*Stein*, BGB, § 1978 Rz. 4.

42) Staudinger-*Dobler*, BGB, § 1978 Rz. 17; *Klook*, Die überschuldete Erbschaft, S. 190 f.; **a. A.** *Küpper* in: MünchKomm-BGB, § 1978 Rz. 6; *Geitner*, Der Erbe in der Insolvenz, S. 86, die den inneren Willen, für den Nachlass zu handeln, ausreichen lassen.

dieser Wille nicht erkennbar, muss sich der Verwalter das aus dem Rechtsgeschäft stammende Surrogat gemäß § 667 BGB nicht herausgeben lassen, da es nicht zum Nachlass gehört. Im Fall der Insolvenz des Erben steht ihm kein Aussonderungsrecht zu.

Für die **Erbengemeinschaft** sieht § 2041 Satz 1 BGB eine dingliche Surrogation auch für Gegenstände vor, die durch ein Rechtsgeschäft erworben wurden, das sich auf den Nachlass bezieht. § 2041 BGB hat den Zweck, den Wert des Nachlassvermögens als Gesamthandsvermögen für die Miterben und die Gläubiger zu erhalten.[43] Die Anwendbarkeit von § 2041 Satz 1 BGB für die Erbengemeinschaft i. R. des § 1978 BGB wird mit der Begründung verneint, die Surrogationsvorschriften dienten nicht dem Interesse der Nachlassgläubiger, sondern allein dem Interesse der am Nachlass Berechtigten.[44] Dem ist entgegenzuhalten, dass nach § 2046 BGB die Nachlassgläubiger vor der Auseinandersetzung der Miterben zu befriedigen sind und damit die Surrogation daher zunächst den Gläubigern zugutekommt. Bis zur Auseinandersetzung des Nachlasses bleibt den Gläubigern bei der Erbengemeinschaft nur der Zugriff auf den Nachlass als Haftungsmasse. § 2041 BGB dient daher **auch dem Schutz der Gläubiger.**[45] Wendete man § 2041 BGB nicht i. R. des § 1978 BGB an, käme man auch zu verschiedenen Nachlassmassen. Im Innenverhältnis der Erben wäre das Surrogat im Nachlass, während im Verhältnis zu den Nachlassgläubigern nur ein Ersatzanspruch gegen einen oder mehrere Erben Nachlassbestandteil wäre (§ 1978 Abs. 2 BGB). 30

Lässt man die Anwendung von § 2041 Satz 1 BGB zu, steht dem Nachlassverwalter ein Herausgabeanspruch und dem Nachlassinsolvenzverwalter im Fall der Erbeninsolvenz ein Aussonderungsrecht zu. Für die Erbengemeinschaft bleibt es mithin bei der Anwendbarkeit des § 2041 BGB auch i. R. von § 1978 BGB. Eine Anwendung von § 2041 BGB über die Erbengemeinschaft hinaus auf den Alleinerben ist allerdings abzulehnen.[46] Die Fälle der Surrogation sind im Gesetz als Sonderfälle ausdrücklich geregelt. Eine Analogie ist nicht möglich.[47] Im Hinblick auf den bestehenden Meinungsstreit sollte der Nachlassverwalter oder Nachlassinsolvenzverwalter sich die Surrogate abtreten bzw. übertragen lassen. 31

Kann der Erbe einen Nachlassgegenstand nicht mehr gemäß § 667 BGB an den Nachlassverwalter oder Nachlassinsolvenzverwalter herausgeben, haftet er gemäß 32

43) BGH, Urt. v. 30.10.1986 – IX ZR 126/85, NJW 1987, 434, 435 = MDR 1987, 316; Grüneberg-*Weidlich*, BGB, § 2041 Rz. 1.

44) *Muscheler*, Die Haftungsordnung der Testamentsvollstreckung, S. 271.

45) Staudinger-*Dobler*, BGB, § 1978 Rz. 17; *Geitner*, Der Erbe in der Insolvenz, S. 80; *Krug*, ZEV 1999, 381, 382.

46) Staudinger-*Dobler*, BGB, § 1978 Rz. 16 f.; *Roth*, ZInsO 2010, 118, 120.

47) *Geitner*, Der Erbe in der Insolvenz, S. 83; *Muscheler*, Die Haftungsordnung der Testamentsvollstreckung, S. 349 ff.

§ 280 BGB wegen **schuldhafter Verletzung seiner Verwalterpflichten.**[48] Bei dem Verkauf der Erbschaft findet hinsichtlich des Entgelts keine dingliche Surrogation statt.[49]

bb) Herausgabe eines Unternehmens

33 Hat der Erbe ein im Nachlass befindliches **Unternehmen fortgeführt**, kann die Frage, was gemäß §§ 1978 Abs. 1, 667 BGB herauszugeben ist, erhebliche Schwierigkeiten bereiten. Das fortgeführte Unternehmen kann **in das Eigenvermögen des (Allein-)Erben hineinwachsen.** Wird das Unternehmen von einer Erbengemeinschaft weitergeführt, gilt § 2041 BGB. Nach überwiegender Auffassung kann auch ein Einzelunternehmen von einer Erbengemeinschaft zeitlich unbegrenzt fortgeführt werden.[50] Wegen § 2041 BGB wächst das Unternehmen auch durch eine länger andauernde Geschäftsfortführung nicht aus dem Nachlass heraus.[51]

34 Der Zeitpunkt, zu dem bei einem Alleinerben das Unternehmen in dessen Eigenvermögen wächst, kann nicht exakt festgelegt werden. Weder die Frist des § 27 Abs. 2 HGB noch eine Neufirmierung entscheiden über die Zugehörigkeit zum Nachlass. **Indizien** für einen Übergang sind aber eine Änderung des Unternehmensgegenstandes, des Sitzes, der Firma oder des Unternehmenszuschnitts.[52]

35 **Herauszugeben sind** dann die bei dem Erbfall vorhandene Einrichtung, seit dem Erbfall noch vorhandene Warenbestände sowie das ursprüngliche Betriebsgrundstück. Weiter hat der Erbe die bis zur Umwandlung in ein eigenes Unternehmen erzielten Gewinne, abzüglich Unternehmerlohn, herauszugeben.[53]

b) Schadensersatz aus §§ 1978 Abs. 1, 280 BGB

aa) Erfüllung von Nachlassverbindlichkeiten

36 Der Erbe kann grundsätzlich die Nachlassgläubiger **in beliebiger Reihenfolge** befriedigen bzw. deren Vollstreckungsmaßnahmen in den Nachlass dulden, so lange er den Umständen nach annehmen durfte, dass der Nachlass zur Berichtigung der Nachlassverbindlichkeiten ausreicht (§ 1979 BGB). § 1979 BGB findet nur Anwendung, wenn der Erbe **noch nicht unbeschränkbar haftet** (§ 2013

---

48) BGH, Urt. v. 13.7.1989 – IX ZR 227/87, NJW-RR 1989, 1226, 1227 = FamRZ 1989, 1070; Erman-*Horn*, BGB, § 1978 Rz. 3; *Geitner*, Der Erbe in der Insolvenz, S. 86.

49) Staudinger-*Dobler*, BGB, § 1978 Rz. 18.

50) BGH, Urt. v. 21.5.1955 – IV ZR 7/55, BGHZ 17, 299, 302 = NJW 1955, 1227; BGH, Urt. v. 8.10.1984 – II ZR 223/83, BGHZ 92, 259 = ZIP 1984, 1469; Grüneberg-*Weidlich*, BGB, § 2032 Rz. 4.

51) *Geitner*, Der Erbe in der Insolvenz, S. 163; *Böhm* in: HambKomm-InsO, Vorb. §§ 315 ff. Rz. 7.

52) *Küpper* in: MünchKomm-BGB, § 1978 Rz. 7.

53) *Küpper* in: MünchKomm-BGB, § 1978 Rz. 7.

Abs. 1 BGB). Der Erbe ist nur dann berechtigt, die Zulänglichkeit des Nachlasses anzunehmen, wenn er die ihm zu Gebote stehenden Mittel zur Feststellung der Nachlassaktiva und -Passiva erschöpft hat, vor allem wenn er ein **Inventar** errichtet (§§ 1993, 2009 BGB) und auch unter den Voraussetzungen des § 1980 Abs. 2 Satz 2 BGB das **Aufgebotsverfahren** beantragt hat.[54]

37 Es ist daher im jeweiligen Einzelfall zu beurteilen, ob ein **guter Glaube** des Nachlassverbindlichkeiten erfüllenden Erben oder auch des Nachlasspflegers oder Testamentsvollstreckers vorliegt. Der Erbe trägt für seinen guten Glauben die **Beweislast.**[55] Die nur allgemeine Befürchtung, es könnten noch weitere unbekannte Verbindlichkeiten, die nicht von dem Nachlassvermögen gedeckt seien, vorliegen, berechtigt den Erben noch nicht zur Zahlungsverweigerung gegenüber den Gläubigern.[56] Der Erbe muss bei der Befriedigung der Gläubiger grundsätzlich nicht die in der InsO geltende Rangfolge beachten.[57] Bei der Prüfung der Zulänglichkeit des Nachlasses muss der Erbe Vermächtnisse und **Auflagen** und auch **ausgeschlossene Gläubiger** nicht berücksichtigen, sofern er beabsichtigt, eine Nachlassverbindlichkeit zu erfüllen, die diesen gegenüber im Nachlassinsolvenzverfahren bevorrechtigt ist.[58] Das ergibt sich aus §§ 1980 Abs. 1 Satz 3, 1973, 1974, 1989 BGB. Nach überwiegender Auffassung besteht eine Insolvenzantragspflicht nicht gegenüber ausgeschlossenen (§ 1973 Abs. 1 Satz 1 BGB) oder ihnen gleichgestellten Gläubigern (§ 1974 BGB).[59] Wenn diese nachrangigen Verbindlichkeiten im Insolvenzverfahren erst nach den anderen zu erfüllen sind, kann es dem Erben nicht verwehrt sein, unter Berücksichtigung dieser Rangfolge Nachlassverbindlichkeiten zu erfüllen.[60] Dies setzt allerdings voraus, dass eine Überschuldung ohne die Berücksichtigung der nachrangigen Forderungen nicht vorliegt. Das Risiko einer fahrlässigen Fehleinschätzung liegt insoweit bei dem Erben.

38 Berichtigt der Erbe eine Nachlassverbindlichkeit, obwohl die Voraussetzungen des § 1979 BGB nicht vorliegen, haftet er gegenüber den benachteiligten Nachlassgläubigern gemäß §§ 1978 Abs. 1, 280 BGB auf **Schadensersatz.** Die **Erfüllungswirkung** bleibt allerdings weiter bestehen. Im Fall der Nachlassinsolvenz können Anfechtungsrechte des Insolvenzverwalters gemäß §§ 129 ff. InsO bestehen, insbesondere wenn Vermächtnisse, Auflagen oder Pflichtteilsansprüche

54) Staudinger-*Dobler*, BGB, § 1979 Rz. 5.

55) BGH, Urt. v. 11.7.1984 – IVa ZR 23/83, NJW 1985, 140 = MDR 1985, 213; Grüneberg-*Weidlich*, BGB, § 1979 Rz. 2.

56) Staudinger-*Dobler*, BGB, § 1979 Rz. 5; *Küpper* in: MünchKomm-BGB, § 1979 Rz. 3.

57) Grüneberg-*Weidlich*, BGB, § 1991 Rz. 3.

58) *Küpper* in: MünchKomm-BGB, § 1979 Rz. 3; Soergel-*Stein*, BGB, § 1979 Rz. 2.

59) Erman-*Horn*, BGB, § 1980 Rz. 2; Soergel-*Stein*, BGB, § 1980 Rz. 2; **a. A.** Staudinger-*Dobler*, BGB, § 1980 Rz. 3.

60) Soergel-*Stein*, BGB, § 1979 Rz. 2.

erfüllt wurden (siehe hierzu § 1 Rz. 764 [*Roth*]). Außerhalb des Insolvenzverfahrens kann eine Anfechtungsmöglichkeit nach dem AnfG vorliegen, insbesondere gemäß § 5 AnfG (zum Anfechtungsrecht des Nachlassverwalters nach dem AnfG siehe § 2 Rz. 144 [*Pfeuffer*]).

39 Auch gegenüber **Vermächtnisnehmern und Auflagenbegünstigten** ist eine Haftung gemäß §§ 1979, 1978 BGB denkbar. Der Erbe haftet allerdings wegen eines Ausfalls dieser Gläubiger nur, wenn er eine Nachlassverbindlichkeit erfüllt hat, die ihnen im Nachlassinsolvenzverfahren gleich- oder nachgeordnet sind. Dies beurteilt sich nach §§ 1992 Satz 1, 1991 Abs. 4 BGB, § 327 Abs. 1 Nr. 2 und Abs. 2 InsO und §§ 1973 Abs. 1, 1974 Abs. 1, Abs. 2 BGB, § 327 Abs. 3 InsO.[61]

40 Gegenüber einem **ausgeschlossenen Gläubiger** (§§ 1973, 1974 BGB) gilt dieser Grundsatz ebenfalls. Wie ausgeführt, hat der Erbe die ausgeschlossenen Gläubiger bei § 1979 BGB nicht zu beachten. Hat der Erbe aber eine Nachlassverbindlichkeit erfüllt, die im Rang noch hinter einer bereits geltend gemachten ausgeschlossenen Forderungen steht (vgl. § 1973 Abs. 1 Satz 2 BGB, § 327 Abs. 3 Satz 1 und 2 InsO), z. B. ein Vermächtnis oder einen Pflichtteilsanspruch, und dabei insoweit die Voraussetzungen des § 1979 nicht beachtet, dann besteht ein Anspruch gemäß §§ 1978 Abs. 1, 280 BGB. Den ausgeschlossenen Gläubigern haftet er allerdings nur nach **Bereicherungsrecht** (§ 1973 Abs. 2 BGB). Da er ab der Geltendmachung der ausgeschlossenen Forderung von dieser Kenntnis hat, haftet er gemäß §§ 819 Abs. 1, 818 Abs. 4 BGB ab dem Zeitpunkt der Kenntnis. Der ausgeschlossene Gläubiger hat insoweit im Fall des Insolvenzverfahrens einen Anspruch auf das, was der Erbe aufgrund der §§ 1978 bis 1980 BGB zur Masse zu ersetzen hat (§ 328 Abs. 2 InsO).

41 Liegt ein **rechtskräftiger Titel** über eine Nachlassverbindlichkeit vor, ist der Erbe nicht berechtigt, diese Verbindlichkeit ohne Prüfung des Vorliegens der Voraussetzungen des § 1979 BGB zu berichtigen.[62] Anders als im Fall von §§ 1973 Abs. 2, 1989 und 1991 Abs. 3 BGB ist die rechtskräftige Verurteilung bei § 1979 BGB nicht der Befriedigung gleichgestellt.[63] Der Erbe sollte bei Zweifeln über die Zulänglichkeit des Nachlasses die Erfüllung verweigern und die Nachlassverwaltung oder das Nachlassinsolvenzverfahren beantragen.

42 Lagen die Voraussetzungen des § 1979 BGB vor und hat der Erbe mit Nachlassmitteln die Nachlassverbindlichkeiten erfüllt, kann er nicht mehr auf Rückerstattung in den Nachlass in Anspruch genommen werden.

---

61) Soergel-*Stein*, BGB, § 1979 Rz. 2.

62) *Küpper* in: MünchKomm-BGB, § 1979 Rz. 3; Soergel-*Stein*, BGB, § 1979 Rz. 2.

63) *Küpper* in: MünchKomm-BGB, § 1979 Rz. 3.

bb) Nichterhebung der Einreden gemäß §§ 2014, 2015 BGB

Der Erbe ist nicht grundsätzlich verpflichtet, ein Aufgebotsverfahren gemäß §§ 1970 BGB, 454 ff. FamFG durchzuführen. Hat er allerdings Grund zu der Annahme, dass **weitere Nachlassverbindlichkeiten** vorhanden sein könnten, **muss er ein Aufgebotsverfahren beantragen.**[64] Während des Aufgebotsverfahrens kann und muss er den Nachlassgläubigern die Einrede gemäß § 2015 Abs. 1 Satz 1 BGB entgegenhalten. Die Einrede besteht allerdings nur, wenn der Erbe den Antrag auf Durchführung des Aufgebotsverfahrens **innerhalb eines Jahres** nach der Annahme der Erbschaft gestellt hat. Leistet der Erbe trotz Bestehens der Einrede gemäß § 2015 Abs. 1 BGB an einen Gläubiger, haftet er auf Schadensersatz gemäß §§ 1978 Abs. 1, 280 BGB.[65] 43

Der Erbe ist auch grundsätzlich verpflichtet, sich auf die Einrede gemäß § 2014 BGB zu berufen. Erfüllt er innerhalb der Drei-Monats-Frist des § 2014 BGB eine Nachlassverbindlichkeit, obwohl er sich noch keinen umfassenden Überblick über den Nachlass verschafft hat, und stellt sich später heraus, dass der Nachlass überschuldet ist, liegt keine ordnungsgemäße Nachlassverwaltung vor und der Erbe haftet gemäß § 1978 BGB.[66] 44

cc) Weitere Fälle von Pflichtverletzungen

Der Erbe verletzt seine Pflicht zur ordnungsgemäßen Verwaltung des Nachlasses, wenn er **Erhaltungsmaßnahmen** für den Nachlass **unterlässt** oder Nachlassgegenstände nicht ordnungsgemäß **versichert** oder auch Versicherungsverträge nicht ordnungsgemäß erfüllt, so dass der Versicherungsschutz entfällt.[67] 45

Er ist verpflichtet, den Nachlass wirtschaftlich zu verwalten. Verfügt er nicht über die **erforderlichen Spezialkenntnisse**, z. B. wenn sich im Nachlass Wertpapiere befinden oder ein Kunstwerk, dessen Wert der Erbe nicht einschätzen kann, muss er einen **Experten** beauftragen und die dadurch entstehenden Aufwendungen gemäß § 1978 Abs. 3 BGB geltend machen. Allerdings kann er sich nicht in jedem Fall teuren Spezialwissens bedienen. Er ist gehalten, sorgfältig abzuwägen, ob im Hinblick auf die bekannten Vermögenswerte und die Schwierigkeit der Nachlassverwaltung die Kosten für die Hinzuziehung von Experten noch **verhältnismäßig** ist.[68] Ist die Einschaltung eines Experten unverhältnismäßig, liegt keine Pflichtverletzung vor. Im Zweifel sollte der Erbe von der Möglichkeit Gebrauch machen, die Nachlassverwaltung zu beantragen. 46

---

64) Grüneberg-*Weidlich*, BGB, § 1980 Rz. 6.

65) Staudinger-*Dobler*, BGB, Vorb. §§ 2014–2017 Rz. 2, § 1978 Rz. 22.

66) Staudinger-*Dobler*, BGB, Vorb. §§ 2014–2017 Rz. 2. *Joachim*, Die Haftung des Erben für Nachlassverbindlichkeiten, Rz. 145.

67) Vgl. *Küpper* in: MünchKomm-BGB, § 1978 Rz. 10.

68) *Klook*, Die überschuldete Erbschaft, S. 400.

47 Veräußert der Erbe einen Nachlassgegenstand, den er nicht benötigt und bei dem auch die Gefahr des **altersbedingten Wertverlusts** besteht, z. B. bei einem Kraftfahrzeug, ist er gehalten, einen marktgerechten Preis zu erzielen. Verkauft er ohne besondere Dringlichkeit den Nachlassgegenstand unter seinem Wert und ohne sich zuvor in zumutbarer Weise, durch Beratung oder Preisvergleich zu informieren, handelt er fahrlässig.[69)] Befindet sich im Nachlass ein **Aktiendepot**, ist der Erbe gehalten, bei drohenden erheblichen Kursverlusten Aktien zu verkaufen.

48 Der Erbe muss einen im Nachlass befindlichen Kredit mit einer **hohen Zinslast** soweit wie möglich zurückführen, wenn ausreichende Nachlassmittel vorhanden sind. Anders verhält es sich, wenn die Kreditaufnahme zur Verwaltung des Nachlasses erforderlich ist, weil nicht ausreichend erforderliche liquide Mittel zur Verfügung stehen. Gegebenenfalls besteht eine Verpflichtung zur Umschuldung von Krediten.[70)] Der Erbe ist allerdings nicht verpflichtet, eigene Mittel zur Ablösung von Nachlasskrediten einzusetzen.

49 Er ist auch nach der Annahme der Erbschaft verpflichtet, der **Zwangsvollstreckung von Eigengläubigern** in den Nachlass entgegenzutreten, indem er die Einreden gemäß §§ 2014, 2015 BGB im Wege der Vollstreckungsabwehrklage geltend macht (§§ 783, 782, 785, 767 ZPO). Ist der Nachlass dürftig, kann und muss der Erbe gemäß § 784 Abs. 2 ZPO analog gegen die Vollstreckung durch Eigengläubiger vorgehen.[71)] § 1979 BGB schützt den Erben nicht bei der Befriedigung von Eigengläubigern.[72)]

50 **Befindet sich im Nachlass eine weitere Erbschaft oder eine Vermächtnisforderung**, kann der Erbe frei entscheiden, ob er annimmt oder ausschlägt. Eine Schadensersatzpflicht kann dadurch gegenüber den Gläubigern nicht ausgelöst werden. Das ergibt sich aus der entsprechenden Anwendung von § 83 Abs. 1 InsO.[73)] Der Erbe haftet auch, wenn er der Aufrechnung eines Eigengläubigers gegen eine Nachlassforderung zustimmte (vgl. § 1977 Abs. 1 BGB) oder selbst aufrechnete. Er ist verpflichtet, Nutzungen, die er nach den Regeln einer ordnungsgemäßen Wirtschaft ziehen kann, zu ziehen, also z. B. eine im Nachlass befindliche Eigentumswohnung zu vermieten, wenn er sie nicht selbst nutzt.

51 Befand sich im Nachlass ein Unternehmen, darf der Erbe, der das Unternehmen fortführt, vertretbare **unternehmerische Risiken** eingehen.[74)] Führt der Erbe

---

69) Vgl. *Klook*, Die überschuldete Erbschaft, S. 350 f.

70) Soergel-*Stein*, BGB, § 1978 Rz. 5; *Klook*, Die überschuldete Erbschaft, S. 380 ff.

71) *Klook*, Die überschuldete Erbschaft, S. 375; Erman-*Horn*, BGB, § 1990 Rz. 12; Grüneberg-*Weidlich*, BGB, § 1990 Rz. 5; *Lohmann* in: BeckOK-BGB, § 1990 Rz. 10; *Küpper* in: MünchKomm-BGB, § 1990 Rz. 7; **a. A.** Staudinger-*Dobler*, BGB, § 1990 Rz. 28.

72) Staudinger-*Dobler*, BGB, § 1978 Rz. 23.

73) Staudinger-*Dobler*, BGB, § 1978 Rz. 24; *Gottwald* in: Damrau/Tanck, PK Erbrecht, § 1978 Rz. 7.

74) OLG Düsseldorf, Urt. v. 29.3.1996 – 7 U 45/95, ZEV 1996, 466, 467 = FamRZ 1996, 1302; Staudinger-*Dobler*, BGB, § 1978 Rz. 12.

allerdings ein überschuldetes Unternehmen weiter, führt dies zu einer Ersatzpflicht.[75] Befinden sich im Nachlass **Geschäftsanteile** einer GmbH und war der Erblasser auch deren alleiniger Geschäftsführer, wird die Gesellschaft durch den Erbfall führungslos. Ist die GmbH selbst überschuldet oder zahlungsunfähig, kann der Erbe als Rechtsnachfolger des Gesellschafters in den Geschäftsanteil gemäß § 15a Abs. 3 InsO verpflichtet sein, die Eröffnung des Insolvenzverfahrens über das Vermögen der GmbH zu beantragen. Bei dieser Insolvenzantragspflicht sowie die aus ihrer Verletzung resultierende Verpflichtung zum Schadensersatz handelt es sich um Eigenverbindlichkeiten des Erben. Der Erbe kann seine Haftung für diese Verbindlichkeiten nicht auf den Nachlass beschränken.[76]

§ 1978 Abs. 1 und 2 BGB umfasst nur die Schadensersatzansprüche, die **auf einer Schädigung des Nachlasses beruhen**, nicht aber die Ansprüche auf Schadensersatz, die den einzelnen Gläubigern wegen der Verletzung ihrer Forderungen gegen den einzelnen Erben zustehen.[77] Für diese Pflichtverletzungen haftet der Erbe gegenüber dem jeweiligen Gläubiger persönlich.[78] 52

dd) Verschulden

Der Erbe hat gemäß § 276 BGB **Vorsatz und Fahrlässigkeit** zu vertreten.[79] Er haftet für das Verschulden von **Erfüllungsgehilfen** gemäß § 278 BGB (§ 664 Abs. 1 Satz 3 BGB). Überträgt der Erbe die Ausführung von Verwaltungsmaßnahmen auf einen Dritten, haftet er nur für ein bei der Übertragung vorliegendes Verschulden (§ 664 Abs. 1 Satz 2 BGB).[80] Entsteht dem Erben dadurch ein Ersatzanspruch gegen den beauftragten Substituten, hat er ihn gemäß § 667 BGB an den Verwalter abzutreten.[81] 53

Ein Verschulden des **gesetzlichen Vertreters** hat der Erbe gemäß § 278 BGB zu vertreten. Nach überwiegender Auffassung sind gesetzlicher Vertreter in diesem Zusammenhang auch der Testamentsvollstrecker und der Nachlasspfleger.[82] Für deren Verschulden haftet der Erbe nur mit dem Nachlass, da sie den Erben 54

---

75) *Küpper* in: MünchKomm-BGB, § 1978 Rz. 10.

76) *Marotzke*, ErbR 2010, 115 ff.

77) *Küpper* in: MünchKomm-BGB, § 1978 Rz. 10.

78) Erman-*Horn*, BGB, § 1978 Rz. 7.

79) H. M.; Staudinger-*Dobler*, BGB, § 1978 Rz. 12; *Gottwald* in: Damrau/Tanck, PK Erbrecht, § 1978 Rz. 8; **a. A.** Soergel-*Stein*, BGB, § 1978 Rz. 5: Der Erbe muss nur für die Sorgfalt einstehen, die er in eigenen Angelegenheiten anzuwenden pflegt (§ 277 BGB); zum Haftungsregime des § 1978 BGB kritisch: *Osthold*, ZEV 2015, 444 ff.; *Osthold*, Erben und Haftung, S. 48 ff.

80) Staudinger-*Dobler*, BGB, § 1978 Rz. 12; Erman-*Horn*, BGB, § 1978 Rz. 4.

81) Vgl. Grüneberg-*Grüneberg*, BGB, § 664 Rz. 4.

82) Staudinger-*Dobler*, BGB, § 1978 Rz. 13; *Küpper* in: MünchKomm-BGB, § 1978 Rz. 11; *Lohmann* in: BeckOK-BGB, § 1978 Rz. 5; **a. A.** *Muscheler*, Erbrecht, Rz. 3122 – für den Nachlasspfleger.

nur als solchen und nicht auch als Inhaber seines Eigenvermögens vertreten.[83] Nachlassverwalter und Nachlassinsolvenzverwalter haften den Gläubigern gegenüber unmittelbar (§ 1985 Abs. 2 BGB, §§ 60 ff. InsO).

(1) Vor- und Nacherbschaft

55 Der Vorerbe haftet für die Verwaltung des Nachlasses gegenüber den Nachlassgläubigern nach §§ 2145 Abs. 2, 1991 Abs. 1, 1978 BGB. Die Haftungsmilderung gemäß § 2131 BGB, wonach der Vorerbe nur für die Sorgfalt in eigenen Angelegenheiten einzustehen hat, gilt nur im Verhältnis zu dem Nacherben, nicht gegenüber den Nachlassgläubigern. Wenn dem Nacherben wegen mangelhafter Verwaltung des Nachlasses gegen den Vorerben Ansprüche gemäß §§ 2130–2134 BGB bzw. § 2138 BGB zustehen, gehören diese in der Hand des Nacherben zum Nachlass und verdrängen insoweit die Haftung des Vorerben.[84]

(2) Erbschaftskauf

56 Hat der Erbe die Erbschaft verkauft (§§ 2371 ff. BGB), haften er und der Verkäufer für die Nachlassverbindlichkeiten (§ 2382 Abs. 1 BGB).

57 Der **Käufer**, der die Erbschaft nach dem Kauf verwaltet, haftet für die Verletzung von Verwaltungspflichten gemäß §§ 1978 ff. BGB. Der Verkäufer bleibt weiter Erbe. Er hat weiterhin ein eigenes Verschulden während seiner Verwaltungszeit zu vertreten. Der Käufer haftet nicht für die früheren Pflichtverletzungen des Erben. Der Erbe hat aber andererseits für schuldhafte Pflichtverletzungen des Käufers bei der Verwaltung des Nachlasses einzustehen.[85] Begründet wird dies damit, dass der Erbe im Verhältnis zu den Nachlassgläubigern nicht berechtigt ist, den Nachlass zu veräußern.[86] Dem Erbe sei es zwar nicht verboten, einzelne Maßnahmen auf Dritte zu delegieren, er dürfe aber seine Einflussmöglichkeit nicht durch die Veräußerung des Nachlasses auf einen Dritten beenden. Der Erbe haftet demgemäß für Pflichtverletzungen des Käufers gemäß §§ 1978 Abs. 1, 280 BGB.[87]

ee) Umfang des Schadensersatzanspruchs

58 Der Erbe hat i. R. des Anspruchs aus §§ 1978 Abs. 1, 280 BGB die Gläubiger so zu stellen, wie wenn er die **Pflichtverletzung nicht begangen hätte** (§ 249 BGB).

83) Erman-*Horn*, BGB, § 1978 Rz. 4; Grüneberg-*Weidlich*, BGB, § 1978 Rz. 3; *Küpper* in: MünchKomm-BGB, § 1978 Rz. 11; *Lohmann* in: BeckOK-BGB, § 1978 Rz. 5; *Kaltwasser*, Der überschuldete Nachlass, S. 103.

84) Staudinger-*Avenarius*, BGB, § 2145 Rz. 2.

85) *Muscheler*, Die Haftungsordnung der Testamentsvollstreckung, S. 221.

86) Staudinger-*Dobler*, BGB, § 1978 Rz. 12.

87) Staudinger-*Dobler*, BGB, § 1978 Rz. 12; *Muscheler*, Die Haftungsordnung der Testamentsvollstreckung, S. 221.

Hat der Erbe Zahlungen aus dem Nachlass geleistet, hat er den gesamten, dem Nachlass entnommenen Betrag aus seinem Eigenvermögen zu erstatten.[88)]

c) Anspruch auf Herausgabe von Nutzungen

Der Erbe hat gemäß §§ 1978 Abs. 1, 667 BGB die aus den Nachlassgegenständen 59
gezogenen Nutzungen herauszugeben, d. h. für die von ihm erlangten Gebrauchsvorteile (§ 100 BGB) **Ersatz zu leisten.**

Nutzte der Erbe einen **PKW** des Erblassers für seine privaten Zwecke, also nicht 60
für die reine Nachlassverwaltung, berechnet sich der dafür zu leistende Nutzungsersatz, ausgehend von der Wertverzehrtheorie, indem der Wert des Fahrzeugs im Zeitpunkt des Erbfalls mit der voraussichtlichen Restfahrleistung ins Verhältnis gesetzt und mit der tatsächlichen Fahrleistung multipliziert wird.[89)] Bewohnt der Erbe ein **Eigenheim**, das sich im Nachlass befindet, bemisst sich der zu ersetzende Gebrauchsvorteil nach dem objektiven Mietwert des Gebäudes.[90)] Das gilt auch dann, wenn das Eigenheim eine Größe aufweist, die über dem bisher üblichen Lebensstandard des Erben liegt. Unterlässt es der Erbe, Nutzungen zu ziehen, handelt er pflichtwidrig und haftet gemäß §§ 1978 Abs. 1, 280 BGB auf Schadensersatz.

d) Auskunfts- und Rechenschaftspflicht

Der Erbe ist dem **Nachlassverwalter** und dem **Nachlassinsolvenzverwalter** zur 61
Auskunft und Rechnungslegung verpflichtet (§§ 1978 Abs. 1, 666, 259, 260 BGB). Bei Vorliegen der gesetzlichen Voraussetzungen ist der Erbe auch verpflichtet, die Richtigkeit seiner Auskunft **an Eides statt zu versichern.** Die Verpflichtung zur Auskunftserteilung besteht erst ab der Anordnung der Nachlassverwaltung oder der Eröffnung des Nachlassinsolvenzverfahrens.[91)] Allerdings ist eine Auskunftspflicht des Schuldners im Nachlassinsolvenzeröffnungsverfahren gemäß § 20 Abs. 1 Satz 1 InsO und gemäß § 97 InsO im Nachlassinsolvenzverfahren vorgesehen. Insoweit ist im Nachlassinsolvenzverfahren die Auskunftsverpflichtung gemäß § 666 BGB von untergeordneter Bedeutung (zu § 97 InsO siehe § 1 Rz. 285 [*Roth*]).

---

88) Staudinger-*Dobler*, BGB, § 1978 Rz. 16; **a. A.** OLG Düsseldorf, Urt. v. 5.3.1999 – 7 U 149/98, ZEV 2000, 236, 237 = FamRZ 2000, 1332, m. Anm. *Küpper*: Der Erbe hat den Schaden in der Höhe zu ersetzen, als die Befriedigungsquote der Gläubiger durch seine pflichtwidrige Handlung reduziert wurde.

89) BGH, Urt. v. 17.5.1995 – VIII ZR 70/94, NJW 1995, 2159, 2161 = ZIP 1995, 1082; *Küpper* in: MünchKomm-BGB, § 1978 Rz. 8.

90) *Klook*, Die überschuldete Erbschaft, S. 254; *Küpper* in: MünchKomm-BGB § 1978 Rz. 8.

91) Staudinger-*Dobler*, BGB, § 1978 Rz. 14.

62 Erhebt der Erbe die Dürftigkeits- oder Überschwerungseinrede (§§ 1990, 1992 BGB), besteht gegenüber den Gläubigern die Auskunftsverpflichtung (§§ 1991 Abs. 1, 1978 Abs. 1 BGB).

e) Schadensersatz wegen Verletzung der Insolvenzantragspflicht (§ 1980 BGB)

aa) Antragspflicht des Erben

63 Der Erbe ist verpflichtet, **unverzüglich** (§ 121 BGB) die Eröffnung des Nachlassinsolvenzverfahrens zu beantragen, wenn er von der Zahlungsunfähigkeit oder Überschuldung des Nachlasses Kenntnis erlangt (§ 1980 Abs. 1 Satz 1 BGB). Die Berechtigung des Erben das Nachlassinsolvenzverfahren zu beantragen, ergibt sich aus § 317 Abs. 1 InsO. Es handelt sich nicht um eine einklagbare Verpflichtung, sondern um eine Obliegenheit, deren schuldhafte Verletzung Ansprüche auf Schadensersatz zur Folge hat.

64 Erbe i. S. von § 1980 BGB ist nur der endgültige Erbe. Der nur **vorläufige Erbe** braucht sich nicht um den Nachlass zu kümmern.[92] Hat der Erbe aber freiwillig vor der Annahme nachlassbezogene Geschäfte geführt, insbesondere Nachlassverbindlichkeiten erfüllt, dann besteht die Verpflichtung gemäß § 1980 Abs. 1 Satz 1 BGB.[93] Dafür spricht insbesondere, dass er auch bereits vor der Annahme der Erbschaft zur Antragstellung berechtigt ist (§ 316 Abs. 1 InsO). Nach a. A. trifft den vorläufigen Erben keine Verpflichtung gemäß § 1980 BGB, er soll aber zum Schadensersatz gemäß § 1978 Abs. 1 Satz 2 BGB verpflichtet sein, wenn er entgegen § 1979 BGB Nachlassverbindlichkeiten erfüllt.[94]

65 Hat der Erbe die Erbschaft angenommen, wird aber seine **Erbenstellung** von dritter Seite **in Zweifel gezogen**, verbleibt es dennoch grundsätzlich bei der Verpflichtung gemäß § 1980 Abs. 1 Satz 1 BGB. Dies soll selbst dann gelten, wenn die Nachlasspflegschaft wegen des schwebenden Erbprätendentenstreits angeordnet ist.[95]

66 Eine Antragspflicht des Erben gemäß § 1980 Abs. 1 Satz 1 BGB besteht nicht, wenn er allgemein **unbeschränkbar haftet** (§ 2013 Abs. 1 Satz 1 BGB). Es bleibt hingegen bei der Antragspflicht, wenn der Erbe nur einzelnen Gläubigern gegenüber unbeschränkbar haftet (§ 2013 Abs. 2 BGB).

---

92) BGH, Urt. v. 8.12.2004 – IV ZR 199/03, ZVI 2005, 21 = ZEV 2005, 109; Staudinger-*Dobler*, BGB, § 1980 Rz. 15.

93) Soergel-*Stein*, BGB, § 1980 Rz. 5.

94) Staudinger-*Dobler*, BGB, § 1980 Rz. 15.

95) BGH, Urt. v. 8.12.2004 – IV ZR 199/03, ZVI 2005, 21 = ZEV 2005, 109; Grüneberg-*Weidlich*, BGB, § 1980 Rz. 3; zu den möglichen Schwierigkeiten, die Erbenstellung und damit die Antragsberechtigung gegenüber dem Insolvenzgericht glaubhaft zu machen, vgl. *Marotzke*, ZEV 2005, 111, 112.

Ist die **Nachlassverwaltung angeordnet**, ist der Erbe weiterhin berechtigt, das **Nachlassinsolvenzverfahren** zu beantragen. Da aber der Nachlassverwalter gemäß § 1985 Abs. 2 Satz 1 und 2 BGB für die Verwaltung des Nachlasses verantwortlich ist und diesen auch die Verpflichtung gemäß § 1980 BGB trifft, ist der Erbe seinerseits nicht mehr zur Antragstellung verpflichtet. Hatte der Erbe aber den Nachlassverwalter schuldhaft über den Nachlassbestand falsch informiert, bleibt er weiter verpflichtet, sein Antragsrecht auszuüben.[96] 67

Die Verpflichtung des Erben, Nachlassinsolvenzantrag zu stellen, besteht auch nach Ablauf von zwei Jahren, wenn das Antragsrecht der Gläubiger erloschen ist (vgl. § 319 InsO).[97] 68

Gibt es für die Nachlassinsolvenz **keinen inländischen Gerichtsstand**, hatte der Erblasser also im Zeitpunkt des Erbfalls weder im Inland seinen allgemeinen Gerichtsstand noch eine selbstständige wirtschaftliche Tätigkeit ausgeübt (§ 315 InsO), entfällt für den Erben die Verpflichtung Nachlassinsolvenz zu beantragen.[98] Die in ihrem Geltungsbereich vorrangige EuInsVO gilt auch für die Nachlassinsolvenz (Art. 76 EuErbVO). Eine Antragspflicht besteht nur, wenn deutsches Recht Insolvenzstatut ist, weil der Erbe den Mittelpunkt seiner hauptsächlichen Interessen im Inland hatte (Art. 3 Abs. 1 EuInsVO). Da die Antragspflicht gemäß § 1980 BGB erbrechtlicher Natur ist, muss daneben auf den Erbfall das deutsche Erbrecht anwendbar sein.[99] Zwar besteht die Möglichkeit, i. R. der Art. 3 Abs. 2, 27 EuInsVO und außerhalb des Geltungsbereichs der EuInsVO gemäß § 354 InsO unter gewissen Voraussetzungen ein Partikularinsolvenzverfahren einzuleiten. Daraus kann eine Insolvenzantragspflicht des Erben allerdings nicht abgeleitet werden.[100] 69

Mit **Zustimmung aller Nachlassgläubiger** kann dem Erben die Insolvenzantragspflicht erlassen werden. Ob alle Gläubiger mitgewirkt haben, lässt sich über das Aufgebotsverfahren (§§ 1970 ff. BGB, §§ 454 ff. FamFG) feststellen. Gegenüber den im Aufgebotsverfahren ausgeschlossenen Gläubigern (§§ 1973 Abs. 1 Satz 1, 1974 Abs. 1 Satz 1 BGB) besteht keine Verpflichtung gemäß § 1980 BGB.[101] 70

Ist der **Nachlass dürftig**, entfällt ebenfalls die Verpflichtung des Erben, die Eröffnung des Nachlassinsolvenzverfahrens zu beantragen. Das gilt auch dann, wenn der Erbe die Nachlassinsolvenz selbst herbeigeführt hat.[102] Zu prüfen ist in sol- 71

96) Soergel-*Stein*, BGB, § 1980 Rz. 5; Erman-*Horn*, BGB, § 1980 Rz. 7.

97) Staudinger-*Dobler*, BGB, § 1980 Rz. 8; **a. A.** wohl Soergel-*Stein*, BGB, § 1980 Rz. 5.

98) Soergel-*Stein*, BGB, § 1980 Rz. 5; zweifelnd Staudinger-*Dobler*, BGB, § 1980 Rz. 5.

99) *Küpper* in: MünchKomm-BGB, § 1980 Rz. 4.

100) *Küpper* in: MünchKomm-BGB, § 1980 Rz. 4.

101) H. M.; Erman-*Horn*, BGB, § 1980 Rz. 2; Soergel-*Stein*, BGB, § 1980 Rz. 2; **a. A.** Staudinger-*Dobler*, BGB, § 1980 Rz. 3.

102) Staudinger-*Dobler*, BGB, § 1980 Rz. 7.

chen Fällen allerdings zunächst immer, ob nicht Ansprüche gemäß §§ 1978–1980 BGB gegen den Erben bereits entstanden sind und daher der Nachlass nicht mehr dürftig ist (§ 1978 Abs. 2 BGB).

72 Das während der Corona-Pandemie geltende **COVInsAG** enthielt keine Regelung zur Antragspflicht des Erben gemäß § 1980 BGB. Eine Aussetzung der Antragspflicht kam daher für die Nachlassinsolvenz nicht in Betracht.[103]

bb) Überschuldung und Zahlungsunfähigkeit

73 Überschuldung liegt gemäß § 19 Abs. 2 Satz 1 InsO vor, wenn das Nachlassvermögen die Nachlassverbindlichkeiten nicht deckt. Zahlungsunfähigkeit ist gegeben, wenn der Erbe nicht in der Lage ist, aus dem Nachlass fällige Nachlassverbindlichkeiten zu erfüllen (§ 17 Abs. 2 Satz 1 InsO); zur Überschuldung und Zahlungsunfähigkeit siehe § 1 Rz. 213 ff. [*Roth*].

74 Bei der Feststellung der Zulänglichkeit des Nachlasses bleiben die **Verbindlichkeiten aus Vermächtnissen und Auflagen** außer Betracht (§ 1980 Abs. 1 Satz 3 BGB). Pflichtteilsansprüche sind allerdings zu berücksichtigen, obwohl sie im Insolvenzverfahren nachrangig sind (§ 327 Abs. 1 Nr. 1 InsO).[104] **Forderungen** von Gläubigern, die im **Aufgebotsverfahren** ausgeschlossen oder ihnen gleichgestellt sind, bleiben bei der Feststellung der Zulänglichkeit des Nachlasses i. R. des § 1980 BGB ebenfalls unberücksichtigt.[105] Wegen ihres Rangs in der Insolvenz (§ 327 Abs. 3 InsO) kann ihnen aus der unterlassenen Anmeldung kein Schaden entstehen.

cc) Unverzügliche Antragstellung

75 Der Erbe ist gemäß § 1980 Abs. 1 Satz 1 BGB verpflichtet, das Nachlassinsolvenzverfahren unverzüglich zu beantragen, also ohne schuldhaftes Zögern (§ 121 BGB). Ob dies der Fall ist, ist stets im Einzelfall zu beurteilen. Ein nicht übermäßiges Zuwarten kann durch die begründete Erwartung des Erben, er werde zu einer Einigung mit den Nachlassgläubigern gelangen, gerechtfertigt sein.[106]

dd) Verschulden

76 Der Erbe haftet gemäß § 1980 Abs. 1 Satz 2 BGB auf Schadensersatz, wenn er von der Überschuldung oder der Zahlungsunfähigkeit **Kenntnis erlangt oder infolge Fahrlässigkeit nicht erlangt hat** (§ 1980 Abs. 2 Satz 1 BGB). Er handelt insbesondere fahrlässig, wenn er das Aufgebot der Gläubiger nicht beantragt, obwohl er Grund zu der Annahme hat, dass unbekannte Nachlassverbindlich-

---

103) *Küpper* in: MünchKomm-BGB, § 1980 Rz. 5.

104) Grüneberg-*Weidlich*, BGB, § 1980 Rz. 5.

105) H. M.; *Küpper* in: MünchKomm-BGB, § 1980 Rz. 6; Soergel-*Stein*, BGB, § 1980 Rz. 2.

106) Staudinger-*Dobler*, BGB, § 1980 Rz. 13.

keiten vorhanden sind (§ 1980 Abs. 2 Satz 2 BGB). Der Erbe ist nicht verpflichtet, das **Aufgebotsverfahren** einzuleiten, wenn die **Kosten** des Verfahrens im Verhältnis zu dem Bestand des Nachlasses unverhältnismäßig groß sind (§ 1980 Abs. 2 Satz 2 Halbs. 2 BGB). In diesem Fall muss er sich auf andere Weise über den Bestand des Nachlasses informieren, etwa durch Inventarerrichtung (§ 1993 BGB) oder als Miterbe durch ein privates Aufgebot (§ 2061 BGB).

(1) Nachlasspflegschaft

Der Erbe ist zur Stellung des Insolvenzantrages auch verpflichtet, wenn, z. B. wegen eines Erbprätendentenstreits, eine Nachlasspflegschaft angeordnet ist.[107)] Der Nachlasspfleger selbst ist gegenüber den Gläubigern nicht gemäß § 1980 Abs. 1 Satz 1 BGB verpflichtet.[108)] Eine entsprechende Verpflichtung ist nur für die Nachlassverwaltung als besonderen Fall der Nachlasspflegschaft vorgesehen (§ 1985 Abs. 2 Satz 2 BGB). Im Fall der Nachlasspflegschaft bleibt **alleine der Erbe** ab der Annahme der Erbschaft persönlich aus § 1980 Abs. 1 Satz 1 BGB gegenüber den Nachlassgläubigern **verpflichtet.**[109)] 77

Die **Befriedigung der Nachlassgläubiger** ist nicht Aufgabe des Nachlasspflegers, er hat lediglich die Interessen des endgültigen Erben zu wahren.[110)] Im Verhältnis zu dem Erben kann der Nachlasspfleger verpflichtet sein, die Eröffnung des Nachlassinsolvenzverfahrens zu beantragen, um eine Verkürzung des Nachlasses und damit einen Schaden des Erben abzuwenden.[111)] Allerdings wird der Erbe regelmäßig keinen Vermögensschaden haben, wenn der Nachlasspfleger bei einem überschuldeten Nachlass die Verpflichtung aus § 1980 BGB nicht erfüllt.[112)] Der durch die Vertiefung der Verschuldung eintretende Schaden tritt nicht bei dem Erben, sondern bei den Nachlassgläubigern ein. Für die Vermögenslage des Erben ist es nicht relevant, wie hoch der Nachlass überschuldet ist, wenn er gemäß § 1975 BGB die Haftung auf den Nachlass beschränken kann. 78

Es fragt sich, **welche Ansprüche sich** für die Nachlassgläubiger **ergeben**, wenn der Nachlasspfleger Kenntnis von der Überschuldung des Nachlasses hat und **dennoch Nachlassverbindlichkeiten erfüllt** oder weitere Nachlassverbindlichkeiten begründet. Der Nachlasspfleger ist **gesetzlicher Vertreter des Erben,**[113)] so dass an eine Zurechnung des Verschuldens gemäß § 278 BGB an den Erben 79

107) BGH, Urt. v. 8.12.2004 – IV ZR 199/03, ZVI 2005, 21 = ZEV 2005, 109.

108) *Küpper* in: MünchKomm-BGB, § 1980 Rz. 12; Soergel-*Stein*, BGB, § 1980 Rz. 9; *Weiß*, ZErb 2021, 168.

109) BGH, Urt. v. 8.12.2004 – IV ZR 199/03, ZVI 2005, 21 = ZEV 2005, 109.

110) Staudinger-*Mesina*, BGB, § 1960 Rz. 44, 54.

111) BGH, Urt. v. 8.12.2004 – IV ZR 199/03, ZVI 2005, 21 = ZEV 2005, 109.

112) *Muscheler*, Erbrecht, Rz. 3124, 3125; Staudinger-*Dobler*, BGB, § 1980 Rz. 20; *Poertzgen*, Organhaftung wegen Insolvenzverschleppung, S. 137 f.; *Roth*, ZInsO 2013, 1567.

113) Grüneberg-*Weidlich*, BGB, § 1960 Rz. 11.

zu denken ist. Nach der Rechtsprechung des BGH wird aus dem Umstand heraus, dass der Nachlasspfleger nur gegenüber dem Erben zur Antragstellung gemäß § 1980 Abs. 1 Satz 1 BGB verpflichtet ist, gegenüber den Gläubigern eine Pflichtenstellung nicht begründet. Der Nachlasspfleger werde insoweit gegenüber den Gläubigern gerade nicht wie ein Vertreter des Erben tätig. Wenn die Erfüllung der Verpflichtung aus § 1980 BGB nicht im Aufgabenbereich des Nachlasspflegers liege, könne deren Nichterfüllung durch ihn nicht dem Erben schaden.[114] Eine **Zurechnung** an den Erben gemäß § 278 BGB mit der Folge einer persönlichen Haftung des Erben **scheide mithin aus.**

80 Nachlassgläubiger könnten mithin **nicht darauf vertrauen**, dass Nachlasspfleger bezogen auf die Stellung des Insolvenzantrages **in ihrem Interesse tätig** werden. Sie könnten vielmehr aus der Anordnung der Pflegschaft entnehmen, dass die Erfüllung der Antragspflicht aus § 1980 Abs. 1 Satz 1 BGB nicht gewährleistet sei, ihrerseits gegenüber dem Nachlasspfleger ihren **Auskunftsanspruch** (§ 2012 Abs. 1 Satz 2 BGB) geltend machen und ggf. selbst Insolvenzantrag stellen.

81 *Nöll* bejaht eine **entsprechende Anwendung des § 1985 Abs. 2 BGB** auf den Nachlasspfleger bei einem überschuldeten Nachlass.[115] Er begründet dies damit, dass bei einem überschuldeten Nachlass ausschließlich die Nachlassgläubiger ein Interesse an nachlassgerichtlichen Sicherungsmaßnahmen haben, da die Mittel des Nachlasses als Haftungssubstrat zur Befriedigung ihrer Ansprüche dienen. Faktisch handele es sich nicht um eine Nachlasspflegschaft, sondern **vielmehr um eine Nachlassverwaltung**. Mit der Erweiterung des Wirkungskreises des Nachlasspflegers um die Ermächtigung, Nachlassverbindlichkeiten zu befriedigen und den Nachlass abzuwickeln, werde die angeordnete Nachlasspflegschaft zumindest nach dem Wortlaut des § 1975 BGB zu einer Nachlassverwaltung.[116]

82 Nach Auffassung von *Poertzgen* ist auf den Nachlasspfleger **§ 1980 BGB entsprechend anwendbar**. Wenn der Erbe gemäß § 1980 BGB verpflichtet ist, den Insolvenzantrag zu stellen, dann muss dies in gleicher Weise für den ihn vertretenden Nachlasspfleger gelten.[117]

83 *Kaltwasser* nimmt im Fall der Befriedigung von Forderungen durch den Nachlasspfleger unter Verstoß gegen § 1979 BGB eine Haftung des Erben gemäß § 1978 Abs. 1 Satz 2 BGB an. Das Verschulden des Nachlasspflegers als gesetzlicher Vertreter sei ihm gemäß § 278 BGB zurechenbar. Der Schaden des Erben bestehe darin, dass er gegenüber den Nachlassgläubigern für die durch die Handlungen des Nachlasspflegers entstandenen Schäden hafte. Dem Erben stehe gegen den Nachlasspfleger ein entsprechender Freistellungsanspruch zu.[118] Diese Auf-

---

114) BGH, Urt. v. 8.12.2004 – IV ZR 199/03, ZVI 2005, 21 = ZEV 2005, 109.

115) *Nöll*, ZInsO 2012, 814 ff.

116) *Nöll*, ZInsO, 2012, 814.

117) *Poertzgen*, Organhaftung wegen Insolvenzverschleppung, S. 140.

118) *Kaltwasser*, Der überschuldete Nachlass, S. 141, 143.

fassung verkennt allerdings, dass bei schuldhaftem Verhalten des Nachlasspflegers die Haftung des Erben auf den Nachlass beschränkt werden kann.[119] Dem Erben selbst ist für sein Privatvermögen kein Schaden entstanden. Aufgrund der Begrenzung der Haftung auf den Nachlass ist der Schaden ausschließlich bei den Nachlassgläubigern entstanden.

Überzeugend erscheint die Auffassung von *Muscheler*, in **entsprechender Anwendung der Grundsätze der Drittschadensliquidation** einen unmittelbaren Anspruch gegen den Nachlasspfleger anzunehmen, wenn dieser in Kenntnis der Überschuldung des Nachlasses Nachlassverbindlichkeiten erfüllt oder begründet.[120] Es ist zwar grundsätzlich nicht Aufgabe des Nachlasspflegers Ansprüche von Nachlassgläubigern zu befriedigen.[121] Dem Nachlasspfleger kann es aber, selbst wenn es nicht seine Aufgabe ist, im Interesse der Sicherung des Nachlasses im Einzelfall ausnahmsweise gestattet sein, klarliegende und eindeutige Nachlassverbindlichkeiten zu erfüllen, um Schäden oder unnötige Prozesse und Kosten zu vermeiden.[122] Anerkannt ist, dass der Nachlasspfleger bei der Erfüllung von solchen Nachlassverbindlichkeiten darauf zu achten hat, dass **der Nachlass zur Befriedigung aller Gläubiger ausreicht.**[123] Auch im Fall des § 1961 BGB darf sich der Pfleger selbst bei einer rechtskräftigen Verurteilung nicht damit begnügen, nur den Nachlassgläubiger zu befriedigen. Vielmehr hat er zuvor zu prüfen, ob der Nachlass für die Erfüllung aller Nachlassverbindlichkeiten ausreicht.[124] Ansonsten bestünde die **Gefahr der Begünstigung bestimmter Gläubiger.**[125] 84

Es besteht mithin **Übereinstimmung dahingehend**, dass der Nachlasspfleger bei der Erfüllung von Nachlassverbindlichkeiten, selbst im Fall einer rechtskräftigen Verurteilung, stets § 1979 BGB zu beachten hat. Auch aus dem Umstand, dass dem Nachlasspfleger die **Einreden** gemäß §§ 2017, 2014, 2015 BGB zustehen, ergibt sich, dass der Nachlasspfleger nicht ohne Rücksicht auf die übrigen Gläubiger Nachlassverbindlichkeiten beliebig erfüllen darf. Eine entsprechende Verpflichtung soll nach h. M. allerdings nur **gegenüber dem Erben**, nicht jedoch gegenüber den Nachlassgläubigern bestehen. Dem Erben entsteht bei einem Verstoß gegen diese Verpflichtung bei einem überschuldeten Nachlass und der Begrenzung der Haftung auf den Nachlass jedoch kein Schaden, da der Nachlasspfleger durch sein Handeln nur den Nachlass belasten kann. Das bedeutet, 85

119) Grüneberg-*Weidlich*, BGB, § 1978 Rz. 3; *Küpper* in: MünchKomm-BGB, § 1978 Rz. 11.

120) *Muscheler*, Erbrecht, Rz. 3124.

121) Staudinger-*Mesina*, BGB, § 1960 Rz. 44.

122) OLG Nürnberg, Endurt. v. 29.11.2016 – 6 U 2145/15, BeckRS 2016, 122391 = ZEV 2017, 478; *Zimmermann*, ZEV 2014, 76, 79, der annimmt, dass der Nachlasspfleger generell Nachlassgläubiger befriedigen kann.

123) *Zimmermann*, ZEV 2014, 76, 79.

124) Staudinger-*Mesina*, BGB, § 1961 Rz. 12.

125) *Kaltwasser*, Der überschuldete Nachlass, S. 117.

dass genau für den Fall, den § 1979 BGB regeln will, nämlich die Überschuldungssituation, **keine Haftung** – weder die persönliche Haftung des Erben noch die des Nachlasspflegers – besteht. Dann müsste man aber konsequenterweise generell jegliche Verpflichtung des Nachlasspflegers, die Zulänglichkeit des Nachlasses vor der Erfüllung von Nachlassverbindlichkeiten zu prüfen, ablehnen. Denn entweder reicht der Nachlass aus, um alle Gläubiger zu befriedigen, dann ist die Nichtbeachtung des § 1979 BGB ohne Konsequenzen. Ist aber der Nachlass überschuldet und erfüllt der Nachlasspfleger ohne die Zulänglichkeit des Nachlasses überprüft zu haben, Nachlassverbindlichkeiten, dann besteht nach h. M. weder eine persönliche Haftung des Erben noch eine Haftung des Nachlasspflegers gegenüber den Nachlassgläubigern. Es gehört allerdings zu den Verpflichtungen des Nachlasspflegers gegenüber dem Erben bei der Erfüllung von Nachlassverbindlichkeiten die §§ 1979, 1980 BGB zu beachten.[126)] Verstößt der Nachlasspfleger dagegen, soll ihm aus dem Umstand, dass der Schaden nicht bei dem Erben, mit dem ein gesetzliches Schuldverhältnis besteht, sondern bei einem Dritten, nämlich den Gläubigern entstanden ist, kein Vorteil entstehen. Dieses **Haftungsvakuum** ist durch die entsprechende Anwendung der Grundsätze der **Drittschadensliquidation** zu lösen.[127)]

86 Die Vorschriften über die Nachlasspflegschaft und die entsprechend anwendbaren Grundsätze der Drittschadensliquidation[128)] lassen eine **deliktische Haftung** des Nachlasspflegers gegenüber den Nachlassgläubigern unberührt. Stellt der Nachlasspfleger fest, dass der Nachlass überschuldet ist und erfüllt oder begründet er dennoch weiterhin Nachlassverbindlichkeiten, haftet er gegenüber den Nachlassgläubigern gemäß § 826 BGB. Ausreichend für die Haftung aus § 826 BGB ist der **bedingte Vorsatz**, der gegeben ist, wenn der Schädiger Art und Richtung des Schadens vorausgesehen und billigend in Kauf genommen hat.[129)] Erfüllt oder begründet der Nachlasspfleger Nachlassverbindlichkeiten, ohne sich über den Bestand des Nachlasses, insbesondere der Nachlassverbindlichkeiten, einen umfassenden Überblick verschafft zu haben, haftet er dementsprechend gemäß § 826 BGB gegenüber den Nachlassgläubigern auf Schadensersatz.[130)]

87 Neben den zivilrechtlichen Ansprüchen kommt auch noch ein **Anspruch aus insolvenzrechtlicher Anfechtung** gemäß §§ 143 Abs. 1, 133 Abs. 1 InsO gegen den Nachlasspfleger in Betracht, wenn dieser nach Erlangung der Kenntnis von der Zahlungsunfähigkeit des Nachlasses Zahlungen an bestimmte, bevorzugt

---

126) *Schallenberg/Rafiqpoor* in: FK-InsO, § 317 Rz. 16, 17; *Küpper* in: MünchKomm-BGB, § 1980 Rz. 12.

127) *Muscheler*, Erbrecht, Rz. 3124; *Weiß*, ZErb 2021, 168, 169.

128) Vgl. Grüneberg-*Grüneberg*, BGB, Vorb. § 249 Rz. 106.

129) BGH, Urt. v. 26.6.2001 – IX ZR 209/98, BGHZ 175, 182 = ZIP 2001, 1376; BGH, Urt. v. 11.11.2003 – VI ZR 371/02, NJW 2004, 446, 448 = NZI 2004, 134; Grüneberg-*Sprau*, BGB, § 826 Rz. 10.

130) *Roth*, ZInsO 2013, 1567; *Roth*, Rpfleger 2019, 495, 496.

zu befriedigende Nachlassgläubiger geleistet hat. Hierzu siehe die Ausführungen bei § 1 Rz. 783 [*Roth*].

Nach dem **LG Hamburg** haftet der Nachlasspfleger gemäß §§ 1915, 1833 BGB a. F., wenn er Kenntnis von der Überschuldung des Nachlasses hat und seine Tätigkeit fortsetzt, ohne Antrag auf Eröffnung des Nachlassinsolvenzverfahrens zu stellen. Die **Vergütung**, die der Nachlasspfleger für seine Tätigkeit nach Kenntnis von der Überschuldung erhält, hat er den (unbekannten) Erben bzw. dem Nachlassinsolvenzverwalter im Wege des Schadensersatzes zu ersetzen.[131] **88**

(2) Testamentsvollstreckung

Eine **dem Nachlasspfleger vergleichbare Haftungslage** besteht bei Anordnung der Verwaltungstestamentsvollstreckung. Der Testamentsvollstrecker haftet gegenüber dem Erben für die nicht ordnungsgemäße Verwaltung des Nachlasses gemäß § 2219 Abs. 1 BGB. Er ist im Innenverhältnis zu dem Erben verpflichtet, bei Vorliegen der Voraussetzungen des § 1980 Abs. 1 Satz 1 BGB Insolvenzantrag zu stellen.[132] Den Nachlassgläubigern gegenüber ist der Testamentsvollstrecker nicht gemäß § 1980 BGB verpflichtet.[133] Der **Erbe** wird im Verhältnis zu den Nachlassgläubigern durch die Existenz der Testamentsvollstreckung **nicht von seiner Antragspflicht befreit.**[134] Er muss von seinem Recht, von dem Testamentsvollstrecker Auskunft über den Bestand des Nachlasses zu verlangen (§ 2215 Abs. 1 BGB) Gebrauch machen, um eine mögliche Haftung aus § 1980 Abs. 1 Satz 2 BGB zu vermeiden. 89

Kommt der Testamentsvollstrecker seiner Pflicht zur Antragstellung nicht nach oder erfüllt er unter Verstoß gegen § 1979 BGB Nachlassverbindlichkeiten, ist **dem Erben diese Pflichtverletzung zurechenbar** gemäß § 278 BGB. Der Erbe haftet aber insoweit nur **beschränkt auf den Nachlass.**[135] Bei einem überschuldeten Nachlass hat dies zur Folge, dass der Nachlass gegenüber sich selbst haften würde. Die §§ 1978 ff. BGB sollen gerade eine persönliche Haftung des Erben außerhalb des Nachlasses begründen, die von dem Nachlassverwalter oder Nachlassinsolvenzverwalter geltend gemacht wird (§ 1978 Abs. 2 BGB). Wie im Fall der Nachlasspflegschaft sollte diese Schutzlücke durch die Anwendung der Grundsätze der Drittschadensliquidation gelöst werden.[136] 90

131) LG Hamburg, Urt. v. 20.9.2021 – 304 O 407/20, ZVI 2022, 286 = ZErb 2022, 158; zur Nachlasspflegschaft bei insolventen Nachlässen ausf.: *Roth*, Rpfleger 2019, 495 ff.

132) *Lohmann* in: BeckOK-BGB, § 1980 Rz. 3; Staudinger-*Dobler*, BGB, § 1980 Rz. 20.

133) Soergel-*Stein*, BGB, § 1980 Rz. 9.

134) *Gottwald* in: Damrau/Tanck, PK Erbrecht, § 1980 Rz. 3; *Küpper* in: MünchKomm-BGB, § 1980 Rz. 13; *Muscheler*, Die Haftungsordnung der Testamentsvollstreckung, S. 231.

135) *Küpper* in: MünchKomm-BGB, § 1980 Rz. 13.

136) *Muscheler*, Die Haftungsordnung der Testamentsvollstreckung, S. 230 ff.

91 Daneben kommt gegenüber den Nachlassgläubigern auch eine **deliktische Haftung** in Betracht.[137] Der Testamentsvollstrecker haftet daher, wie auch der Nachlasspfleger, gemäß § 826 BGB, wenn er in Kenntnis der Überschuldung oder Zahlungsunfähigkeit, oder wissend, dass der Nachlassbestand noch nicht hinreichend geklärt ist, den Nachlass schmälert, indem er Nachlassverbindlichkeiten erfüllt oder neue Nachlassverbindlichkeiten begründet.

(3) Miterben

92 Bei einer Erbengemeinschaft ist **jeder Miterbe** berechtigt, das Nachlassinsolvenzverfahren zu beantragen. Wenn keiner der Miterben den Antrag stellt oder einzelne Miterben durch ihr passives Verhalten das Verfahren verzögern, haften diejenigen Miterben, denen ein Verschulden vorgeworfen werden kann, gesamtschuldnerisch gemäß § 1980 Abs. 1 Satz 2 BGB.[138]

ee) Umfang des Anspruchs gemäß § 1980 Abs. 1 Satz 2 BGB

93 Der Schadensersatzanspruch gemäß § 1980 Abs. 1 Satz 2 BGB umfasst den Schaden, der den Gläubigern dadurch entstanden ist, dass der Insolvenzantrag nicht rechtzeitig gestellt wurde. Die Gläubiger sind daher so zu stellen, wie wenn der Erbe unverzüglich, nachdem er die Überschuldung oder Zahlungsunfähigkeit zumindest erkennen konnte, das Nachlassinsolvenzverfahren beantragt hätte. Es muss dazu eine **hypothetische Insolvenzquote** ermittelt werden, für den Fall, dass der Insolvenzantrag rechtzeitig gestellt worden wäre. Haben die Gläubiger wegen der verspäteten Insolvenzantragstellung eine geringere Quote erhalten, ist darin der Schaden der Gläubiger zu sehen.

94 Die **bloße Verzögerung** des Insolvenzantrages wird in der Regel noch nicht zu einem Schaden führen. Für Verfügungen und Maßnahmen des Erben ergibt sich die Ersatzpflicht bereits aus §§ 1978 Abs. 1, 280 BGB. Ein Schaden i. S. von § 1980 Abs. 1 Satz 2 BGB kann in der Regel daher nur eintreten, wenn Nachlassgläubiger in der Zwischenzeit in den Nachlass vollstreckt haben oder durch unnötige Prozesse und Zwangsvollstreckungen Kosten entstanden sind.[139]

ff) Beweislast

95 Die Nachlassgläubiger tragen die Beweislast für die Überschuldung des Nachlasses, die Kenntnis oder fahrlässige Unkenntnis des Erben und die Höhe des entstandenen Schadens.[140] Hat das Gläubigeraufgebot nicht stattgefunden, müssen die Gläubiger nur beweisen, dass Grund zu der Annahme bestand, dass noch

137) Grüneberg-*Weidlich*, BGB, § 2219 Rz. 3.
138) Staudinger-*Dobler*, BGB, § 1980 Rz. 16.
139) *Küpper* in: MünchKomm-BGB, § 1980 Rz. 11.
140) Soergel-*Stein*, BGB, § 1980 Rz. 7.

weitere Gläubiger vorhanden seien. Der Erbe ist dann gehalten, seinerseits nachzuweisen, dass er durch das Aufgebot keine Kenntnis von der Überschuldung oder Zahlungsunfähigkeit erlangt hätte oder dass die Kosten des Aufgebots unverhältnismäßig hoch gewesen wären.[141]

f) Geltendmachung der Ansprüche gemäß §§ 1978, 1980 BGB

Die Ersatzansprüche gemäß § 1978 und auch § 1980 BGB sollen die Gesamtheit der Nachlassgläubiger sichern und stehen dem Nachlass zu (§ 1978 Abs. 2 BGB). Sie werden von dem Nachlassverwalter oder Nachlassinsolvenzverwalter geltend gemacht (§ 1985 Abs. 1 BGB, § 80 Abs. 1 InsO). Die Ansprüche richten sich gegen das **Eigenvermögen der Erben** oder auch der **gesamtschuldnerisch haftenden Miterben**, und zwar auch bereits vor der Nachlassteilung.[142] 96

Bei der **Inanspruchnahme des Nachlasspflegers oder des Testamentsvollstreckers** in entsprechender Anwendung der Drittschadensliquidation richtet sich der Anspruch unmittelbar gegen diese. 97

Die **Zuordnung der Ansprüche zu dem Nachlass** erhöht den Wert des Nachlasses, was relevant wird den Fällen von §§ 1982, 1988, 1990 BGB und §§ 26, 207 InsO. Bestehen gegen einen Nachlasspfleger oder Testamentsvollstrecker **unmittelbare Ansprüche der Nachlassgläubiger** aus § 826 BGB im Zusammenhang mit der Verwaltung des Nachlasses, können diese im Fall der Nachlassinsolvenz nur von dem Nachlassinsolvenzverwalter geltend gemacht werden (§ 92 Satz 1 InsO). Es handelt sich um einen Schaden, den die Nachlassgläubiger gemeinschaftlich durch die Verminderung der Nachlassinsolvenzmasse erlitten haben (Gesamtschaden). 98

Gegenüber einem **ausgeschlossenen** (§ 1973 Abs. 1 Satz 1 BGB) oder **säumigen Gläubiger** (§ 1974 Abs. 1 Satz 1 BGB) haftet der Erbe nur in Höhe seiner Bereicherung. Im Nachlassinsolvenzverfahren kann das, was der Erbe gemäß §§ 1978 bis 1980 BGB zur Masse zu ersetzen hat, von diesen Gläubigern nur insoweit beansprucht werden, als der Erbe noch bereichert ist (§ 328 Abs. 2 InsO). Diesen Gläubigern gegenüber gelten die §§ 1978 bis 1980 BGB nicht, der Erbe haftet ihnen gegenüber nur nach Bereicherungsrecht und zwar auch für die Zeit vor Erlass des Ausschlussurteils.[143] Die ausgeschlossenen Forderungen sind gleichwohl in den Überschuldungsstatus einzustellen.[144] Ihr Rang bestimmt sich nach § 327 Abs. 3 InsO. 99

Bei **Anordnung der Nachlassverwaltung** findet § 328 Abs. 2 InsO entsprechende Anwendung (siehe hierzu § 2 Rz. 158 [*Pfeuffer*]). 100

141) Staudinger-*Dobler*, BGB, § 1980 Rz. 18.

142) Erman-*Horn*, BGB, § 1978 Rz. 5.

143) Staudinger-*Kunz*, BGB, § 1973 Rz. 22.

144) *Schallenberg/Rafiqpoor* in: FK-InsO, § 320 Rz. 14, 16.

101 Die Ansprüche gemäß § 1978 Abs. 1 BGB werden nicht dadurch ausgeschlossen, dass sie **auf einer anfechtbaren Handlung beruhen.**[145] In den Fällen der §§ 1990, 1992 BGB können die Ersatzansprüche aus §§ 1978 ff. BGB von den einzelnen Nachlassgläubigern unmittelbar gegenüber dem Erben geltend gemacht werden.[146] Ein ausgefallener Nachlassgläubiger kann nach Aufhebung des Nachlassinsolvenzverfahrens oder der Nachlassverwaltung wegen bislang noch nicht geltend gemachter Ansprüche aus §§ 1978–1980 BGB direkt gegen den Erben vorgehen.[147]

IV. Ansprüche des Erben auf Ersatz von Aufwendungen

102 Hat der Erbe aus seinem Eigenvermögen vor der Annahme der Erbschaft Aufwendungen **für den Nachlass** getätigt, steht ihm ein Anspruch auf Ersatz der Aufwendungen aus §§ 683, 670 BGB zu, wenn die Aufwendung dem **Interesse** und dem **mutmaßlichen Willen der Nachlassgläubiger** entsprach und auch erforderlich war, ansonsten nach §§ 684 Satz 1, 812 BGB. Der Nachlassverwalter kann die **Geschäftsführung des Erben genehmigen** (§ 684 Satz 2 BGB). Nach der Annahme der Erbschaft richtet sich der Anspruch nach § 670 BGB. Es ist darauf abzustellen, ob der Erbe die Aufwendung für erforderlich halten durfte. Hatte der Erbe nicht die Absicht, von den Nachlassgläubigern Ersatz zu verlangen, z. B. hinsichtlich der von ihm getragenen Beerdigungskosten, besteht gemäß § 685 Abs. 1 BGB kein Aufwendungsersatzanspruch.[148]

103 Dem Erben, der **aus eigenen Mitteln** unter den Voraussetzungen des § 1979 BGB eine Nachlassverbindlichkeit getilgt hat, steht gegen den Nachlass ein Anspruch auf Ersatz seiner Aufwendungen zu. Das gilt auch, wenn es sich um eine gemäß §§ 1973, 1974 BGB ausgeschlossene Verbindlichkeit oder um eine nachrangige Verbindlichkeit gemäß § 327 Abs. 1 InsO handelt.[149] Der Erbe ist wegen seines Aufwendungsersatzanspruchs in der Nachlassinsolvenz **Massegläubiger** gemäß § 324 Abs. 1 Nr. 1 InsO ohne Rücksicht darauf, welchen Rang die befriedigte Forderung in der Insolvenz gehabt hätte.[150] Bestanden für die erfüllten Nachlassverbindlichkeiten **akzessorische Sicherheiten**, erlöschen diese mit der von dem Erben berichtigten Forderung. Eine auf einem Nachlassgrundstück be-

---

145) *Wiester* in: MünchAHB Erbrecht, § 25 Rz. 122.

146) BGH, Urt. v. 13.7.1989 – IX ZR 227/87, NJW-RR 1989, 1226, 1228 = FamRZ 1989, 1070; Erman-*Horn*, BGB, § 1978 Rz. 6; Staudinger-*Dobler*, BGB, § 1991 Rz. 10 ff.; *Küpper* in: MünchKomm-BGB, § 1991 Rz. 7.

147) Staudinger-*Dobler*, BGB, § 1978 Rz. 36.

148) *Küpper* in: MünchKomm-BGB, § 1978 Rz. 13; **a. A.** Staudinger-*Dobler*, BGB, § 1978 Rz. 26.

149) Staudinger-*Dobler*, BGB, § 1979 Rz. 12; *Küpper* in: MünchKomm-BGB, § 1979 Rz. 4.

150) *Küpper* in: MünchKomm-BGB, § 1979 Rz. 4.

stehende Hypothek wird zur Eigentümergrundschuld, die dem Nachlass zusteht.[151)]

Hatte der Erbe aus seinem eigenen Vermögen geleistet und waren die **Voraussetzungen des § 1979 BGB dabei nicht erfüllt**, steht ihm nur ein Anspruch aus §§ 1978 Abs. 3, 684, 812 BGB zu. Das gilt insbesondere im Fall der Nachlassverwaltung. Nach überwiegender Auffassung findet § 326 Abs. 2 InsO keine entsprechende Anwendung im Fall der Nachlassverwaltung.[152)] Im Nachlassinsolvenzverfahren tritt der Erbe gemäß § 326 Abs. 2 InsO an die Stelle des Gläubigers, dessen Forderung er erfüllt hat. Er kann dabei die volle Forderung geltend machen, auch wenn er den Gläubiger aufgrund einer entsprechenden Vereinbarung mit einem geringeren Betrag abgefunden hat. 104

Der Erbe kann verlangen, dass der von ihm aufgewandte Betrag **verzinst** wird (§ 256 BGB). 105

Ist der Erbe zur Verwaltung des Nachlasses eine **eigene Verbindlichkeit eingegangen**, z. B. durch Beauftragung von Erhaltungsmaßnahmen an einem Nachlassgebäude, haftet er für diese Verbindlichkeit persönlich, wenn er nicht von vornherein gegenüber seinem Vertragspartner die Haftung auf den Nachlass beschränkt hat. Eine Nachlassverbindlichkeit liegt in diesem Fall auch gleichzeitig vor, wenn der Erbe die Verbindlichkeit aus Sicht eines sorgfältigen Verwalters in ordnungsgemäßer Verwaltung des Nachlasses eingegangen ist. Nicht erforderlich ist, dass der Erbe die Beziehung zu dem Nachlass für seinen Vertragspartner erkennbar macht.[153)] Dem Erben steht für die Verbindlichkeiten, die er in ordnungsgemäßer Verwaltung des Nachlasses eingegangen ist, ein **Anspruch gegen den Nachlass** auf Befreiung von der Verbindlichkeit zu (§§ 670, 257 BGB).[154)] Der **Gläubiger** kann wahlweise **sowohl den Nachlass als auch das Eigenvermögen des Erben** in Anspruch nehmen. Im Nachlassinsolvenzverfahren stellt die Forderung des Gläubigers eine Insolvenzforderung dar (§ 325 InsO), während der Erbe seinen Aufwendungsersatzanspruch (§§ 1978 Abs. 3, 670 BGB) bei Erfüllung der Forderung aus seinem Eigenvermögen als Forderung gegen die Masse geltend machen kann (§ 324 Abs. 1 Nr. 1 InsO). Ist der Erbe zahlungsunfähig, kann der Gläubiger den Befreiungsanspruch des Erben gegen den Nachlass pfänden und sich überweisen lassen. 106

151) *Küpper* in: MünchKomm-BGB, § 1979 Rz. 4; Soergel-*Stein*, BGB, § 1979 Rz. 3; **a. A.** Staudinger-*Dobler*, BGB, § 1979 Rz. 10.

152) Soergel-*Stein*, BGB, § 1979 Rz. 4; *Küpper* in: MünchKomm-BGB, § 1979 Rz. 5; **a. A.** Staudinger-*Dobler*, BGB, § 1979 Rz. 15.

153) Staudinger-*Kunz*, BGB, § 1967 Rz. 166.

154) *Küpper* in: MünchKomm-BGB, § 1978 Rz. 13.

V. Vergütung des Erben für die Verwaltung des Nachlasses

107 Dem Erben steht kein Anspruch auf Vergütung für die Verwaltung des Nachlasses zu (§ 662 BGB).[155] Ihm ist jedoch eine Vergütung zuzubilligen, wenn er das **Unternehmen** des Erblassers gewerblich oder berufsmäßig fortgeführt hat. Das ergibt sich aus einer analogen Anwendung von § 1835 BGB a. F. (§ 1877 Abs. 3 BGB n. F.).[156]

108 Der Erbe kann wählen, ob er die Führung des Unternehmens einem Geschäftsführer überträgt oder diese Aufgabe selbst übernimmt. Wenn er sich entscheidet, die Unternehmensführung selbst zu übernehmen, muss er seine Leistung nicht unentgeltlich erbringen. Ihm steht ein Anspruch auf den **Unternehmerlohn** zu.[157] Umstritten ist, ob dem **Fiskuserben** ein Anspruch auf Ersatz der Kosten für die Verwaltung des Nachlasses zuzubilligen ist.[158]

VI. Zurückbehaltungsrecht des Erben

109 Dem Erben steht wegen seiner Ansprüche gemäß §§ 1978 Abs. 3, 1979 BGB kein Zurückbehaltungsrecht gegen den Nachlassinsolvenzverwalter zu (§ 323 InsO). Auch bei der Nachlassverwaltung besteht kein diesbezügliches Zurückbehaltungsrecht des Erben gegenüber dem Nachlassverwalter.[159] Das gilt auch dann, wenn der Nachlassverwalter gegen den Erben Ansprüche aus § 1978 Abs. 1 BGB erhebt.[160] Eine **Aufrechnung** des Erben mit seinem Anspruch auf Ersatz von Aufwendungen gegenüber dem Anspruch auf Schadensersatz ist allerdings **möglich.**[161]

VII. Verjährung

110 Bei den Ansprüchen aus § 1978 BGB handelt es sich im Grunde um Ansprüche aus §§ 662 ff. und 677 ff. BGB und daher nicht um erbrechtliche Ansprüche i. S. von § 197 Abs. 1 Nr. 2 BGB a. F. Die Verjährung richtet sich deshalb nach §§ 195, 199 BGB und beträgt drei Jahre.[162]

111 Gleiches gilt für den Anspruch § 1980 Abs. 1 Satz 2 BGB.[163]

155) BGH, Urt. v. 29.4.1993 – IX ZR 215/92, NJW 1993, 1851, 1853 = ZIP 1993, 930.

156) Staudinger-*Dobler*, BGB, § 1978 Rz. 26.

157) *Küpper* in: MünchKomm-BGB, § 1978 Rz. 15.

158) Bejahend *Küpper* in: MünchKomm-BGB, § 1978 Rz. 15; hierzu näher auch *Roth*, ZEV 2021, 7.

159) *Gottwald* in: Damrau/Tanck, PK Erbrecht, § 1978 Rz. 12; *Küpper* in: MünchKomm-BGB, § 1978 Rz. 16; **a. A.** Staudinger-*Dobler*, BGB, § 1978 Rz. 31.

160) *Küpper* in: MünchKomm-BGB, § 1978 Rz. 16.

161) *Küpper* in: MünchKomm-BGB, § 1978 Rz. 16.

162) Staudinger-*Dobler*, BGB, § 1978 Rz. 42; *Gottwald* in: Damrau/Tanck, PK Erbrecht, § 1978 Rz. 13.

163) *Gottwald* in: Damrau/Tanck, PK Erbrecht, § 1980 Rz. 12.

§ 4
Beschränkung der Erbenhaftung

Übersicht

I. Allgemeines ... 1
II. Ausschlagung ... 4
1. Allgemeines ... 4
2. Wirkung der Ausschlagung ... 9
3. Erklärung und Form der Ausschlagung ... 16
   a) Zuständigkeit ... 16
   b) Form der Ausschlagung ... 23
   c) Erklärung der Ausschlagung ... 29
4. Kosten ... 41
5. Ausschlagungsfrist ... 44
6. Verlust des Ausschlagungsrechts durch Annahme der Erbschaft ... 51
7. Anfechtung der Erbschaftsannahme und der Ausschlagung ... 56
   a) Anfechtung der Annahme ... 56
   aa) Anfechtung der Annahme gemäß § 119 Abs. 2 BGB ... 61
   bb) Anfechtung der Annahme gemäß § 119 Abs. 1 BGB ... 68
   b) Anfechtung der Ausschlagung ... 71
   c) Kausalität ... 76
   d) Form der Anfechtung ... 77
   e) Anfechtungsfrist ... 79
   f) Anfechtungsberechtigung ... 84
   g) Anfechtung der Anfechtung ... 85
III. Keine Haftung vor Annahme der Erbschaft ... 86
IV. Inventarerrichtung und endgültig unbeschränkbare Haftung ... 92
1. Allgemeines ... 92
2. Freiwillige Errichtung des Inventars durch den Erben ... 93
3. Fristbestimmung zur Errichtung des Inventars auf Antrag eines Nachlassgläubigers ... 97
   a) Antragsberechtigung ... 97
   b) Frist ... 104
   c) Folge der Fristversäumnis ... 107
   d) Fristsetzung zur Ergänzung des Inventars ... 111
   e) Rechtsbehelfe ... 112
4. Form, Arten und Kosten der Errichtung des Inventars ... 114
   a) Aufnahme des Inventars durch den Erben (§ 2002 BGB) ... 114
   b) Amtliche Aufnahme des Inventars (§ 2003 BGB) ... 117
   c) Bezugnahme auf ein vorhandenes Inventar (§ 2004 BGB) ... 122
   d) Kosten ... 125
5. Inhalt des Inventars ... 131
6. Wirkung des fristgerecht errichteten Inventars ... 141
7. Eidesstattliche Versicherung der Vollständigkeit des Inventars ... 147
8. Risiko der unbeschränkten Haftung des Erben im Zusammenhang mit der Inventarerrichtung ... 154
   a) Inventarvergehen gemäß § 2005 Abs. 1 BGB ... 154
   aa) Unvollständiges Inventar (§ 2005 Abs. 1 Satz 1 Halbs. 1 BGB) ... 158
   bb) Aufnahme einer nicht bestehenden Nachlassverbindlichkeit (§ 2005 Abs. 1 Satz 1 Halbs. 2 BGB) ... 159
   cc) Verweigerung oder absichtliche erhebliche Verzögerung der Auskunft (§ 2005 Abs. 1 Satz 2 BGB) ... 160
   b) Verweigerung der eidesstattlichen Versicherung (§ 2006 Abs. 1 BGB) ... 162
   c) Folgen der unbeschränkten Haftung des Erben ... 164
   aa) Verlust der Einreden gemäß §§ 1973, 1974 BGB ... 165
   bb) Nachlassverwaltung und Nachlassinsolvenz ... 167

cc) Weitere Folgen der unbeschränkten Haftung ... 174
dd) Verlust der Haftungsbeschränkung gegenüber einzelnen Gläubigern (§ 2013 Abs. 2 BGB) ... 178
V. Aufgebotsverfahren ... 180
1. Antragsberechtigung ... 181
2. Zuständigkeit, Verfahren ... 189
3. Kosten des Aufgebotsverfahrens ... 200
4. Die vom Aufgebot betroffenen Nachlassgläubiger ... 202
5. Vom Aufgebotsverfahren nicht betroffene Gläubiger ... 206
a) Dinglich gesicherte Gläubiger ... 207
b) Entstehung der Forderung nach der öffentlichen Bekanntmachung des Aufgebotes ... 210
c) Unbeschränkte Erbenhaftung ... 211
d) Nachlassbezogene Gläubiger (§ 1972 BGB) ... 212
6. Wirkung des Aufgebotsverfahrens, Ausschließungseinrede ... 216
a) Haftung nach Bereicherungsgrundsätzen ... 217
b) Materielle Wirkung der Ausschließung ... 220
c) Umfang des Leistungsverweigerungsrechts und der Haftung des Nachlasses ... 223
aa) Ermittlung des Umfanges des Nachlassüberschusses ... 226
bb) Zeitpunkt der Bestimmung des Umfangs gemäß § 1973 Abs. 2 Satz 1 BGB ... 229
d) Haftung von Miterben ... 230
e) Persönliche Haftung des Erben ... 231
aa) Haftung gemäß §§ 819 Abs. 1, 818 Abs. 4 BGB ... 231
bb) Haftung des Erben wegen Unvollständigkeit des Gläubigerverzeichnisses ... 235
f) Herausgabe zur Vollstreckung ... 236
g) Geltendmachung der Ausschluss- und Erschöpfungseinrede ... 241
h) Beweislast ... 245
7. Die Verschweigungseinrede gemäß § 1974 BGB ... 247
a) Voraussetzungen der Einrede gemäß § 1974 Abs. 1 BGB ... 248
b) Die Wirkung der Verschweigung ... 254
VI. Schonungseinreden ... 259
1. Drei-Monats-Einrede (§ 2014 BGB) ... 259
2. Einrede der Durchführung des Aufgebotsverfahrens (§ 2015 Abs. 1 BGB) ... 262
3. Materielle und prozessuale Wirkung der Schonungseinreden gemäß §§ 2014, 2015 BGB ... 263
VII. Gegenständlich beschränkte Haftung ... 265
VIII. Haftung in Höhe des Nachlasswertes ... 266
IX. Haftungsbeschränkung bei Minderjährigen ... 268
X. Haftungsbeschränkung bei dem Handelsgeschäft eines Einzelkaufmanns ... 275
XI. Haftungsbeschränkung des Erben bei einem Anteil an einer Personenhandelsgesellschaft ... 279
1. Offene Handelsgesellschaft (oHG) ... 279
2. Beerbung des Kommanditisten ... 285
3. Haftung der Erben des Gesellschafters für Verbindlichkeiten der Gesellschaft bürgerlichen Rechts (GbR) ... 287
XII. Erschöpfungseinrede (§ 1989 BGB) nach Durchführung des Nachlassinsolvenzverfahrens ... 296
1. Allgemeines ... 296
2. Beendigung des Nachlassinsolvenzverfahrens durch Verteilung der Masse ... 300

3. Beendigung des Nachlassinsolvenzverfahrens durch Insolvenzplan ... 306
4. § 1989 BGB gegenüber Massegläubigern ... 311
5. Haftung nach Bereicherungsgrundsätzen ... 312
6. Freigabe von Nachlassgegenständen durch den Insolvenzverwalter ... 313
XIII. Dürftigkeitseinrede gemäß § 1990 BGB ... 316
1. Allgemeines ... 316
2. Dürftigkeit ... 318
3. Geltendmachung der Dürftigkeitseinrede ... 322
4. Unzulänglichkeitseinrede ... 332
5. Erschöpfungseinrede ... 335
XIV. Überschwerungseinrede gemäß § 1992 BGB ... 340
1. Allgemeines ... 340
2. Überschuldung des Nachlasses ... 342
3. Geltendmachung der Einrede gemäß § 1992 BGB ... 346
4. Beschränkung der Haftung auf den Nachlasssaldo ... 347
5. Aufrechnung des Vermächtnisnehmers/Auflagenbegünstigten bei Erhebung der Einrede gemäß § 1992 BGB ... 348
XV. Durchführung der Haftungsbeschränkung gemäß §§ 1990 und 1992 BGB ... 349
1. Zwangsvollstreckung ... 349
a) Erfordernis des Vorbehalts der Erbenhaftung ... 349
b) Vollstreckung von Nachlassgläubigern in das Eigenvermögen des Erben ... 351
c) Vollstreckung von Eigengläubigern in den Nachlass ... 356
2. Haftung des Nachlasses ... 358
a) Duldung der Zwangsvollstreckung ... 358
b) Freiwillige Herausgabe an die Gläubiger ... 359
c) Abwendung der Herausgabe durch Zahlung des Wertes (§ 1992 Satz 2 BGB) ... 361
3. Berechnung des Nachlasswertes ... 364
a) Anwendbarkeit von § 1980 BGB ... 364
b) Schadensersatzansprüche ... 365
c) Surrogate ... 368
d) Aufwendungen des Erben ... 370
e) Aufrechnung ... 374
f) Aufhebung von Konfusion und Konsolidation ... 376
4. Reihenfolge der Gläubigerbefriedigung ... 377
XVI. Internationales Erbrecht ... 383
1. Haftung für Nachlassverbindlichkeiten, Beschränkung der Haftung ... 383
2. Internationales Nachlassverfahrensrecht ... 395
a) Nachlassverwaltung ... 401
b) Nachlassinsolvenz ... 404
XVII. Fiskus als Erbe ... 414
1. Gesetzliches Erbrecht ... 414
2. Gewillkürtes Erbrecht ... 421
XVIII. Haftung von Miterben für Nachlassverbindlichkeiten ... 422
1. Allgemeines ... 422
2. Gemeinschaftliche Nachlassverbindlichkeiten ... 426
3. Haftung vor der Annahme der Erbschaft ... 433
4. Haftung für Nachlassverbindlichkeiten ab Annahme der Erbschaft bis zur Teilung des Nachlasses ... 434
a) Gesamtschuldklage ... 436
b) Gesamthandsklage ... 437
5. Miterbe als Nachlassgläubiger ... 440
6. Innenverhältnis der Miterben ... 441
7. Geltendmachung und Rechtsfolgen des Leistungsverweigerungsrechts gemäß § 2059 Abs. 1 Satz 1 BGB ... 447

8. Nachlassteilung gemäß § 2059 Abs. 1 Satz 1 BGB 456
a) Übertragung einzelner Nachlassgegenstände 458
b) Personengesellschaftsanteil als Nachlassbestandteil 461
c) Keine Auseinandersetzung der Erbengemeinschaft auf Dauer 463
d) Miterben und Testamentsvollstreckung 464
9. Die Haftung der Miterben nach der Teilung 465
a) Allgemeines 465
b) Teilschuldnerische Haftung des Miterben 468
aa) § 2060 Nr. 1 BGB 471
bb) § 2060 Nr. 2 BGB 474
cc) § 2060 Nr. 3 BGB 476
dd) Privataufgebot gemäß § 2061 BGB 480
10. Die Haftung des Miterben nach der Abschichtung 485
XIX. Haftung des Erbschaftskäufers 491
1. Gesamtschuldnerische Haftung von Erbe und Käufer 491
2. Haftungsbeschränkung 492
3. Nachlassinsolvenz und Nachlassverwaltung 493
4. Vorbehalt der Erbenhaftung 495
5. Haftung des Erbteilskäufers 496
XX. Die Haftung des Vor- und Nacherben 501
1. Allgemeines 501
2. Vollstreckung in den Nachlass des Vorerben 504
3. Beschränkung der Haftung 505
4. Inventarerrichtung und Aufgebotsverfahren 507
5. Nachlassverwaltung 509
6. Nachlassinsolvenz 510
7. Haftung des Vorerben nach Eintritt des Nacherbfalls 511

Literatur: *Behnke*, Das neue Minderjährigenhaftungsbeschränkungsgesetz, NJW 1998, 3078; *Bredemeyer/Tews*, Erbteilung durch dingliche Abschichtung, ZEV 2012, 352; *Busch*, Im Dschungel der Nachlassinsolvenz – Kosten und Nutzen für den Erben, (2. Teil) ErbR 2012, 358; *Damm*, Glanz und Elend des notariellen Nachlassverzeichnisses, notar 2016, 219; *Dörner*, Erbauseinandersetzung und Bestellung eines Minderjährigenpflegers nach Inkrafttreten der EuErbVO, ZEV 2016, 117; *Eberl/Borges*, Die Rechtsnatur der Erbengemeinschaft nach dem Urteil des BGH vom 29.01.2001 zur Rechtsfähigkeit der (Außen-) GbR, ZEV 2002, 125; *Hartmann*, Die Einrede der Dürftigkeit des Nachlasses im Steuerrecht, ZEV 2009, 324; *Holtz/Stalleiken*, Aktuelle Entwicklungen im Steuerrecht, ErbR 2016, 493; *Ivo*, Erbausschlagung – Systematik und Haftungsfallen, ErbR 2018, 674; *Joachim/Janzen*, Gehören Erbschaftsteuerschulden zu den Nachlassverbindlichkeiten i. S. v. § 1967 Abs. 2 BGB?, ZEV 2018, 74; *Jünemann*, Praktische Konsequenzen der Abschichtung von Miterben, ZEV 2012, 65; *Keim*, Noch einmal: Die Anfechtbarkeit lenkender Erbausschlagungen, ErbR 2022, 978; *Keim*, Unterschätzte Risiken bei lenkenden Erbausschlagungen werthaltiger Nachlässe, ZEV 2020, 393; *Knütel*, § 822 BGB und die Schwächen unentgeltlichen Erwerbs, NJW 1989, 2504; *Kroiß*, Die Ausschlagung der Erbschaft vor dem zuständigen Gericht, ZErB 2020, 48; *Krug*, Das neue Nachlassinsolvenzrecht, ZErb 1999, 7; *Küpper*, Haftung und Bindung des Nacherben aus der Nachlassverwaltung des Vorerben: erläutert am Abschluss eines Leihvertrages über eine Nachlassimmobilie, ZEV 2017, 61; *Lange/Kretschmann*, Haftungsfragen bei der Nachfolge von Todes wegen in eine GbR nach dem MoPeG – der neue § 724 BGB, NZG 2023, 351; *Leipold*, Die internationale Zuständigkeit für die Ausschlagung der Erbschaft nach EuErbVO und IntErbRVG, ZEV 2015, 553; *Leipold/Holtwiesche*, Die Erbausschlagung eines im Ausland lebenden Erben unter Berücksichtigung der ErbVO, ZEV 2016, 29; *Ludyga*, Das gesetzliche Erbrecht des Fiskus gem. § 1936 BGB, ZEV 2023, 409; *Mankowski*, Fragen um die konkurrierende Empfangszuständigkeit nach Art. 13 EuErbVO: Rechtsschutz und Drittstaatenfall, ErbR 2020, 548; *Mayer*, Fiskuserbrecht und Erbenermittlung: Probleme des „erbenlosen Nachlasses“, ZEV

2010, 445; *Neukirchen*, Der Vorbehalt der beschränkten Erbenhaftung in notariellen Vollstreckungstiteln, RNotZ 2016, 228; *Osthold*, Instrumente im Recht der Erbenhaftung (Teil 2): Das Aufgebotsverfahren, eine öffentliche Verheimlichung?, ErbR 2016, 670; *Osthold*, Das Haftungsregime des § 1978 Abs. 1 S. 1 BGB, ZEV 2015, 444; *Pranzo*, Praktische Auswirkungen des MoPeG auf die Vermögens- und Unternehmensnachfolge, ZErb 2022, 425; *Pyhrr*, Der Aufgebotsbeschluss zum Ausschluss der Nachlassgläubiger, ErbR 2023, 582; *Roth*, Umfang der Insolvenzmasse im Nachlassinsolvenzverfahren, ZInsO 2010, 118; *Rust*, Erkenntnisverfahren oder Zwangsvollstreckungsverfahren – Die gerichtliche Prüfung der beschränkten Erbenhaftung, ErbR 2021, 642; *Sämisch*, Die analoge Anwendung der §§ 93, 334 InsO auf den unbeschränkt haftenden Erben im Nachlassinsolvenzverfahren, ZInsO 2014, 25; *Schmidt/Kottke*, Grenzüberschreitende Erbausschlagung, ErbR 2021, 10; *Schönenberg-Wessel*, Das Nachlassverzeichnis – Wissen worum es geht!, ErbR 2020, 386; *Thien*, Das Nachlassinsolvenzverfahren in der Praxis, ErbR 2022, 771; *Trappe*, Erfolgreich anfechten – oder: „The Art of Storytelling“: Aktuelle Rechtsprechung zur Anfechtung von Annahme und Ausschlagung der Erbschaft, ErbR 2017, 458; *Ulmer*, Gesellschafternachfolge und Erbrecht, ZGR 1972, 324; *Weidlich*, Die neuere Rechtsprechung zum notariellen Nachlassverzeichnis: eine kritische Bestandsaufnahme, ZEV 2017, 241; *Westermann*, Haftung für Nachlaßschulden bei Beerbung eines Personengesellschafters durch eine Erbengemeinschaft, AcP 173 (1973) 24; *Zimmer*, Ermittlungen des Notars außerhalb seines Amtsbereichs oder Amtsbezirks bei der Erstellung eines Nachlassverzeichnisses, ZErb 2012, 5; *Zimmermann*, Die Nachlasssachen im elektronischen Bundesanzeiger, ZErB 2020, 41; *Zimmermann*, Das private Gläubigeraufgebot durch Miterben (§ 2061 BGB), ZErb 2011, 259.

I. Allgemeines

Nach dem BGB haftet der Erbe für Nachlassverbindlichkeiten mit seinem Ver- 1
mögen, d. h. seinem Eigenvermögen und dem Nachlass, unbeschränkt, aber beschränkbar. Der Erbe hat also die Möglichkeit, seine Haftung auf den Nachlass zu beschränken. Er muss dazu in der Regel eine **Separation** der beiden Vermögensmassen herbeiführen, was durch die Nachlassverwaltung oder die Eröffnung des Nachlassinsolvenzverfahrens geschieht (§ 1975 BGB). Fehlt eine die Kosten dieser Verfahren deckende Masse, besteht über die sog. **Dürftigkeitseinrede** die Möglichkeit der Haftungsbeschränkung auf den Nachlass (§ 1990 BGB). Der Erbe kann auch ein Aufgebotsverfahren durchführen (§§ 1970 ff. BGB). Dies hat zur Folge, dass der Erbe den Gläubigern, die ihre Forderung in dem Aufgebotsverfahren nicht angemeldet haben, entgegenhalten kann, dass sich seine Haftung ihnen gegenüber **auf den Überschuss aus dem Nachlass beschränkt** (§ 1973 Abs. 1 Satz 1 BGB). Gleiches gilt für Gläubiger, die ihre Forderung erst mehr als fünf Jahre nach dem Erbfall gegenüber dem Erben geltend gemacht haben (§ 1974 Abs. 1 BGB). Ist der Nachlass durch **Vermächtnisse oder Auflagen** überschuldet, steht dem Erben die Überschwerungseinrede zu (§ 1992 BGB).

Die Errichtung eines **Inventars** (§§ 1993 ff. BGB) hat **keine haftungsbeschrän- 2
kende Wirkung**. Sie stellt für den Erben ein Mittel dar, sich die Haftungsbeschränkung zu erhalten. **Miterben** können bis zur Teilung des Nachlasses durch Erhebung der Einrede gemäß § 2059 Abs. 1 BGB ihre Haftung auf den Nachlass beschränken. **Vor der Annahme** der Erbschaft können gegen den Erben Nachlassverbindlichkeiten nicht gerichtlich geltend gemacht werden (§ 1958 BGB).

Da die Sichtung des Nachlasses und die Feststellung der Nachlassverbindlichkeiten oft mit erheblichen Schwierigkeiten verbunden sind, gibt § 2014 BGB dem Erben die Möglichkeit, **in den ersten drei Monaten** die Erfüllung von Nachlassverbindlichkeiten zu verweigern.

3 Führt der Erbe ein **Aufgebotsverfahren** zur Ermittlung der Nachlassverbindlichkeiten innerhalb eines Jahres nach der Annahme der Erbschaft durch, steht ihm die Einrede gemäß § 2015 Abs. 1 BGB zu. Der Erbe kann die Erbschaft auch **ausschlagen** (§§ 1942 ff. BGB) und so die Haftung für Nachlassverbindlichkeiten völlig ausschließen.

II. Ausschlagung

1. Allgemeines

4 Der Erbe kann die Erbschaft ausschlagen (§ 1942 Abs. 1 BGB). Die Ausschlagung **beseitigt das Erbrecht rückwirkend** auf den Zeitpunkt des Erbfalls (§ 1953 Abs. 1 BGB). Ist der Nachlass überschuldet, stellt die Ausschlagung den sichersten Weg dar, nicht für Nachlassverbindlichkeiten haften zu müssen. Rein persönliche Motive können einen Erben veranlassen, sich trotz feststehender Überschuldung gegen eine Ausschlagung zu entscheiden.

5 Der Weg der Ausschlagung sollte allerdings nicht vorschnell gewählt werden. Bestehen zwar erhebliche **Nachlassverbindlichkeiten**, steht aber noch nicht fest, dass der Nachlass überschuldet ist, weil etwa die Bewertung von Nachlassgegenständen mit Schwierigkeiten verbunden ist, sollte von einer Ausschlagung abgesehen und eher die Anordnung der Nachlassverwaltung in Betracht gezogen werden. Der Erbe sollte genau prüfen, ob die Nachlassverbindlichkeiten überhaupt noch durchsetzbar sind und ob die Nachlassgläubiger auch beabsichtigen, diese tatsächlich durchzusetzen.

6 Auch kann es sich für den Erben bei der Entscheidung über die Ausschlagung der Erbschaft bei einem überschuldeten Nachlass empfehlen, den möglichen Ablauf und die Folgen eines **Nachlassinsolvenzverfahrens** für sein Privatvermögen **vorwegzunehmen**. Schlägt der Erbe wegen Überschuldung des Nachlasses aus, ist damit zu rechnen, dass dies auch die weiteren berufenen Erben tun werden und es spätestens nach Anordnung der Nachlasspflegschaft oder der Feststellung des Fiskuserbrechts zum Antrag auf Eröffnung des Nachlassinsolvenzverfahrens kommt.

7 Von Bedeutung sind dann vor allem mögliche **Anfechtungsrechte des Insolvenzverwalters** gemäß §§ 129 ff. InsO. Hatte der Erblasser noch zu Lebzeiten dem Erben z. B. innerhalb der Frist gemäß § 134 InsO einen Vermögensgegenstand unentgeltlich zugewandt, ist dieser Erwerb anfechtbar und der Gegenstand an den Insolvenzverwalter zurückzugewähren. In diesem Fall sollte der Erbe, je nach Höhe der Überschuldung des Nachlasses und der Höhe der lebzeitigen unentgeltlichen Zuwendung des Erblassers, abwägen, ob es ggf. sinnvoller ist, die

überschuldete **Erbschaft anzunehmen** und die Nachlassverbindlichkeiten **aus seinem privaten Vermögen auszugleichen**, als auszuschlagen und später im Zuge der Insolvenzanfechtung den gesamten von dem Erblasser geschenkten Gegenstand an einen Insolvenzverwalter herausgeben zu müssen.

Zu berücksichtigen ist auch, dass der Erbe **mit der Ausschlagung das Recht** zur Beantragung des **Nachlassinsolvenzverfahrens verliert.**[1] 8

2. Wirkung der Ausschlagung

Mit der rechtswirksam erklärten Ausschlagung fällt die Erbschaft an denjenigen an, der berufen sein würde, wenn der Ausschlagende zum Zeitpunkt des Erbfalls nicht gelebt hätte (§ 1953 Abs. 2 BGB). 9

Neuer Erbe wird im Fall der gewillkürten Erbfolge der **Ersatzerbe**, wenn der Erblasser einen solchen bestimmt hat (§ 2096 BGB). Ist kein Ersatzerbe vorhanden oder besteht die gesetzliche Erbfolge, wird der Erbe der **nächstberufene gesetzliche Erbe.** 10

Hat der Erblasser **mehrere Erben eingesetzt** und schlägt einer der Miterben aus, wächst dessen Erbteil den übrigen Miterben an, wenn nicht der Erblasser die Anwachsung ausgeschlossen hat (§ 2094 Abs. 1, 3 BGB). Bei überschuldeten Nachlässen wird in vielen Fällen auch der nächstberufene Erbe seinerseits die Ausschlagung erklären. Der **Fiskus** als Zwangserbe (§ 1936 Abs. 1 BGB) kann die Erbschaft nicht ausschlagen (§ 1942 Abs. 2 BGB). 11

Die Erbschaft kann nur **einheitlich angenommen oder ausgeschlagen werden**, eine Beschränkung auf einen Teil des Nachlasses ist nicht möglich (§ 1950 BGB). Es ist daher nicht möglich, durch die Ausschlagung den Erhalt einzelner Gegenstände herbeizuführen oder die Erbquote zu verändern. 12

Eine Ausnahme sieht **§ 11 Satz 1 HöfeO** vor. Der Erbe kann den Anfall des Hofes ausschlagen, ohne zugleich die Erbschaft bzgl. des übrigen Vermögens ausschlagen zu müssen. Diese Differenzierung ergibt sich daraus, dass der Hof nach der HöfeO und der Rest des Vermögens nach dem BGB vererbt werden.[2] 13

Nur wenn der Erbe zu mehreren, auf **verschiedenen** Berufungsgründen beruhenden **Erbteilen** berufen ist, kann er gemäß § 1951 Abs. 1 BGB für jeden Erbteil gesondert die Ausschlagung erklären. Das ist z. B. der Fall, wenn der Erbe **aufgrund Testaments und gesetzlicher Erbfolge** berufen wird. 14

Das Recht, die Erbschaft auszuschlagen, ist **vererblich**. Gemäß § 1952 Abs. 3 BGB kann von mehreren **Erben des Erben** jeder den seinem Erbteil entsprechenden Teil der Erbschaft ausschlagen. Damit haben die Miterben, die den ausschlagungsberechtigten Erben beerben, die Möglichkeit der Teilausschlagung. Nach 15

1) BGH, Beschl. v. 19.5.2011 – IX ZB 74/10, ZEV 2011, 544 = ZVI 2011, 367.

2) *Muscheler/Schewe* in: Groll/Steiner, Praxishdb. Erbrechtsberatung, Rz. 22.81.

mittlerweile überwiegender Ansicht ist die Rechtsfolge der Teilausschlagung durch einen Miterbeserben, dass der Erbanteil des ausschlagenden Miterbeserben **bei den annehmenden Erbeserben anwächst**. In entsprechender Anwendung von § 1953 Abs. 2 BGB ist es dann so anzusehen, als ob der Erbe nur von den nichtausschlagenden Miterbeserben beerbt worden wäre.[3)]

3. Erklärung und Form der Ausschlagung

a) Zuständigkeit

16 Die Ausschlagung ist von dem Erben gegenüber dem gemäß § 343 FamFG **zuständigen Nachlassgericht** zu erklären (§ 1945 Abs. 1 BGB). Nachlassgericht ist das Amtsgericht (§ 23a Abs. 1 Nr. 2, Abs. 2 Nr. 2 GVG).

17 Bei Anwendbarkeit der **HöfeO**, muss die isolierte Ausschlagung des Hofanfalls gegenüber dem Landwirtschaftsgericht erklärt werden (§ 11 HöfeO).

18 In Fällen mit **Auslandsberührung** bestimmt das Erbstatut das für die Ausschlagung der Erbschaft anwendbare Recht. Für Erbfälle ab dem 17.8.2015 geltend die Vorschriften der EuErbVO und des IntErbRVG. Das nach der EuErbVO anwendbare materielle Erbrecht ist auch für die Annahme und die Ausschlagung der Erbschaft maßgebend.[4)] Die internationale Zuständigkeit deutscher Nachlassgerichte ergibt sich aus Art. 4 und Art. 10 EuErbVO. Wenn der Erblasser im Zeitpunkt seines Todes seinen letzten gewöhnlichen Aufenthalt in Deutschland hatte, sind die deutschen Nachlassgerichte für die Entgegennahme der Ausschlagung zuständig. Hatte der Erblasser seinen letzten gewöhnlichen Aufenthalt in einem Mitgliedstaat, sind dessen Gerichte international zuständig.

19 Hatte der Erblasser seinen letzten gewöhnlichen Aufenthalt in einem **Drittstaat**, sind die deutschen Nachlassgerichte international zuständig, wenn sich Nachlassvermögen in Deutschland befindet und der Erblasser deutscher Staatsangehöriger war oder seinen gewöhnlichen Aufenthalt in Deutschland hatte, sofern die Änderung des gewöhnlichen Aufenthalts im Zeitpunkt der Anrufung des Gerichts nicht länger als fünf Jahre zurückliegt (Art. 10 Abs. 1 EuErbVO). Besteht in keinem Mitgliedstaat eine Zuständigkeit gemäß Art. 10 Abs. 1 EuErbVO, sind die Gerichte eines Mitgliedstaates hinsichtlich des dort belegenen Nachlasses zuständig.

20 Steht fest, dass ein deutsches Nachlassgericht international zuständig ist, bestimmt sich die **örtliche Zuständigkeit** nach § 343 FamFG. Gemäß § 343 Abs. 1 FamFG ist zuständig das Gericht, in dessen Bezirk der Erblasser im Zeitpunkt seines Todes seinen gewöhnlichen Aufenthalt hatte. Wenn der Erblasser im Zeitpunkt

---

3) OLG Hamm, Beschl. v. 13.4.2018 – 10 W 89/17, ErbR 2018, 526 = FamRZ 2018, 1786; Grüneberg-*Weidlich*, BGB, § 1952 Rz. 3.

4) Kommt es aufgrund der Regelungen des internationalen Privatrechts zu einer Nachlassspaltung, so kann jeder Nachlass gesondert angenommen oder ausgeschlagen werden, *Gerhardt* in: Roth/Gerhardt, Praxishdb. Erbenhaftungsbeschränkung, S. 43.

seines Todes **keinen gewöhnlichen Aufenthalt im Inland** hatte, ist das Gericht zuständig, in dessen Bezirk der Erblasser seinen letzten gewöhnlichen Aufenthalt im Inland hatte (§ 343 Abs. 2 FamFG).

Ist eine Zuständigkeit gemäß § 343 Abs. 1 und 2 FamFG nicht gegeben, ist das **AG Berlin-Schöneberg** in Berlin zuständig, wenn der Erblasser Deutscher ist oder sich Nachlassgegenstände im Inland befinden. Das AG Berlin-Schöneberg kann die Sache aus wichtigem Grund an ein anderes Nachlassgericht verweisen. 21

Nach § 344 Abs. 7 Satz 1 FamFG kann die Ausschlagung oder die Anfechtung der Ausschlagung auch vor dem Nachlassgericht, **in dessen Bezirk die erklärende Person ihren gewöhnlichen Aufenthalt hat**, erklärt werden. Die Niederschrift oder die Urschrift der Erklärung in öffentlich beglaubigter Form ist von diesem Gericht an das zuständige Nachlassgericht zu übersenden. 22

b) Form der Ausschlagung

Die Erklärung der Ausschlagung ist entweder **zur Niederschrift** des Nachlassgerichts **oder in öffentlich beglaubigter, d. h. notariell beglaubigter, Form** abzugeben. Zuständig für die Beurkundung bei dem Nachlassgericht ist der Rechtspfleger (§ 3 Nr. 1 f. RPflG). Ein Anwaltsschriftsatz genügt nicht. Die Ausschlagungserklärung muss vielmehr **im Original** als amtsempfangsbedürftige Willenserklärung bei dem zuständigen Nachlassgericht eingehen. Deshalb sind auch weder ein Telefax noch eine elektronische Übermittlung durch den Notar ausreichend. Ebenso wenig genügt die Übermittlung einer pdf-Datei der notariell beglaubigten Ausschlagung über das besondere elektronische Anwaltspostfach.[5] 23

Das **Nachlassgericht** prüft nur, ob es für die Ausschlagung **örtlich zuständig** ist und ob die **Form gewahrt** wurde. Auf Antrag erteilt es auch eine **Bestätigung** über den Eingang und den Inhalt der Ausschlagungserklärung. Ob die Ausschlagung tatsächlich wirksam war, ist dann ggf. in anderen Verfahren zu klären. Nimmt ein örtlich **unzuständiges Gericht** die Ausschlagungserklärung entgegen, ohne den Erklärenden auf die Unzuständigkeit hinzuweisen, und geht die Erklärung bei dem zuständigen Gericht erst nach Fristablauf ein, dann ist dennoch der Zeitpunkt des Eingangs bei dem örtlich unzuständigen Gericht für die Frage der Einhaltung der Anfechtungsfrist maßgebend.[6] Wenn das Gericht den Ausschlagenden auf seine örtliche Unzuständigkeit hinweist, dann muss dieser versuchen, die Erklärung noch rechtzeitig bei dem zuständigen Gericht abzugeben.[7] 24

Für **internationale Erbfälle regelt Art. 28 EuErbVO** die Erklärung der Ausschlagung der Erbschaft. Nach Art. 28 lit. a EuErbVO richtet sich die Form der 25

5) Grüneberg-*Weidlich*, BGB, § 1945 Rz. 3; OLG Bamberg, Beschl. v. 21.3.2022 – 2 W 35/21, ErbR 2022, 597 = NJW 2022, 2054.
6) *Kroiß*, ZErb 2020, 48, 49.
7) *Kroiß*, ZErb 2020, 48, 49.

Ausschlagungserklärung nach dem Recht des Mitgliedstaates, in dem sich der Erblasser gewöhnlich aufhielt oder das er wirksam gewählt hatte (Art. 21, 22 EuErbVO). Art. 28 lit. b EuErbVO erklärt für die Ausschlagung **das Ortsrecht** desjenigen Mitgliedstaates für anwendbar, in welchem der die Ausschlagung erklärende Erbe seinen gewöhnlichen Aufenthalt hat. Die Art. 13 und 28 EuErbVO sind nach dem EuGH dahingehend auszulegen, dass eine von einem Erben vor einem Gericht des Mitgliedstaates seines gewöhnlichen Aufenthalts abgegebene Erklärung über die Ausschlagung der Erbschaft als **hinsichtlich ihrer Form** wirksam gilt, wenn die vor diesem Gericht geltenden Formerfordernisse eingehalten worden sind, ohne dass es für diese Wirksamkeit erforderlich wäre, dass sie die Formerfordernisse erfüllt, die nach dem auf die Rechtsnachfolge von Todes wegen anzuwendenden Recht beachtet werden müssen.[8] Hinsichtlich der für die Ausschlagungserklärung zu beachtenden Frist ist auf das auf den Erbfall anwendbare materielle Erbrecht abzustellen.[9]

26 Der ausschlagende Erbe kann nach Art. 13 EuErbVO die Ausschlagungserklärung in der **Sprache** seines Aufenthaltsortes abgeben. Mit der Entscheidung des EuGH dürfte davon auszugehen sein, dass bereits die fremdsprachliche Ausschlagungserklärung gegenüber dem Wohnsitzgericht fristwahrend ist und hierfür nicht noch eine Übersetzung erforderlich ist.[10] Der ausländische Erbe muss allerdings veranlassen, dass das **zuständige Nachlassgericht** von der am Gericht **seines Aufenthaltsortes abgegebenen Ausschlagungserklärung Kenntnis** erlangt. Es bestehen bisher keine entsprechenden verpflichtenden Regelungen der internationalen Zusammenarbeit.[11] Deutsche Gerichte händigen in solchen Fällen dem Erklärenden dessen Ausschlagungserklärung in beglaubigter Form aus (§ 31 Satz 3 IntErbRVG).

27 Umstritten ist, ob Art. 13 EuErbVO zur Anwendung kommt in sog. **Drittstaatenfällen**, wenn die Zuständigkeit eines Mitgliedstaates der EuErbVO gemäß Art. 4 oder Art. 10 EuErbVO nicht ersichtlich ist.[12]

28 Teilt das Gericht dem Ausschlagenden mit, dass es (international) nicht zuständig sei für die Entgegennahme der Ausschlagung, ist diese Mitteilung als bloße Übermittlung einer Rechtsauffassung nicht anfechtbar.[13]

---

8) EuGH, Urt. v. 2.6.2022 – C-617/20 (T.N.), ZErb 2022, 434 = FamRZ 2022, 1137.

9) *Kroiß*, ZErb 2020, 48, 50.

10) So *Leipold*, ZEV 2015, 553, 555; *Lange/Holtwiesche*, ZEV 2016, 29 ff. hält eine Übersetzung für erforderlich; *Ivo*, ErbR 2018, 674, 676.

11) *Lange/Holtwiesche*, ZEV 2016, 29, 32; *Kroiß*, ZErb 2020, 48, 50.

12) Bejahend *Mankowski*, ErbR 2020, 548 – mit Hinweis auf die damit allerdings verbundenen Risiken; abl. *Schmidt/Kottke*, ErbR 2021, 10.

13) OLG Köln, Beschl. v. 27.3.2020 – 2 Wx 73/20, ErbR 2020, 561 = FamRZ 2020, 1504; hierzu *Mankowski*, ErbR 2020, 548 – mit Hinweisen auf den möglichen Rechtsbehelf gemäß § 23 Abs. 2 EGGVG und Amtshaftungsansprüche.

c) Erklärung der Ausschlagung

Eine **Stellvertretung** des Erben ist bei der Ausschlagung möglich. Der Stellvertreter muss seiner Erklärung eine öffentlich beglaubigte Vollmacht beifügen oder diese innerhalb der Ausschlagungsfrist nachreichen (§ 1945 Abs. 3 Satz 1 und 2 BGB). Die Vollmacht des Stellvertreters kann nicht von dem Nachlassgericht beurkundet werden.[14] 29

Die Ausschlagung setzt **Geschäftsfähigkeit** voraus.[15] Wenn Eltern gemeinsam für ihr minderjähriges Kind vertretungsberechtigt sind, müssen sie auch gemeinschaftlich die Ausschlagung formgerecht erklären (§ 1629 Abs. 1 BGB).[16] Für die Erklärung der Ausschlagung bedürfen die Eltern gemäß §§ 1643 Abs. 1 Satz 1, 1851 Nr. 1 BGB der **Genehmigung des Familiengerichts**. Gleiches gilt für den Vormund oder den Pfleger eines minderjährigen Kindes (§§ 1813 Abs. 1, 1799 Abs. 1, 1851 Nr. 1 BGB). Das Verfahren zur familiengerichtlichen Genehmigung der Ausschlagung einer Erbschaft ist eine Kindschaftssache gemäß § 151 Abs. 1 Nr. 1 FamFG. Bei der Prüfung der Genehmigungsfähigkeit einer Erbausschlagung für ein minderjähriges Kind bedarf es über gerichtsinterne Nachfragen hinaus weiterer Ermittlungen. Dazu gehören neben der Beiziehung der Nachlassakten eine sorgfältige Prüfung einer **möglichen Überschuldung** des Nachlasses sowie die Ermittlung der Gründe bereits erfolgter vorrangiger Erbausschlagungen.[17] 30

Da es sich bei der Ausschlagung um eine **einseitige Willenserklärung** handelt, müsste die Genehmigung an sich gemäß § 1858 Abs. 1 BGB bereits **im Zeitpunkt der Ausschlagungserklärung** vorliegen. Gemäß § 1858 Abs. 3 Satz 2 BGB wird das Rechtsgeschäft mit der (rechtskräftigen) Genehmigung des Familiengerichts wirksam. Der Ablauf einer **Frist** wird gemäß § 1858 Abs. 3 Satz 3 BGB während der Dauer des Genehmigungsverfahrens **gehemmt**. Die Genehmigung muss aber vor Ablauf der Frist beantragt worden sein.[18] 31

Die **Hemmung endet mit der Rechtskraft des Beschlusses** über die Erteilung der Genehmigung (§ 1858 Abs. 3 Satz 4 BGB). Gemäß § 1858 Abs. 3 Satz 5 BGB teilt das Betreuungsgericht bzw. Familiengericht dem Nachlassgericht nach Rechtskraft des Beschlusses die Erteilung oder die Versagung der Genehmigung mit. 32

---

14) Grüneberg-*Weidlich*, BGB, § 1945 Rz. 4.

15) *Krätzschel* in: Krätzschel/Falkner/Döbereiner, Nachlassrecht, § 16 Rz. 6.

16) Das Unterlassen der Ausschlagung einer überschuldeten Erbschaft für ein minderjähriges Kind kann eine Gefährdung des Kindesvermögens i. S. von § 1666 BGB darstellen, vgl. hierzu OLG Koblenz, Beschl. v. 14.5.2021 – 9 UF 669/20, ErbR 2022, 625 = FamRZ 2021, 1889; Grüneberg-*Götz*, BGB, § 1666 Rz. 24.

17) OLG Brandenburg, Beschl. v. 11.9.2018 – 13 WF 114/18, ErbR 2019, 196 = FamRZ 2019, 392; zu den Kriterien für die Prüfung der Genehmigungsfähigkeit einer Ausschlagung s. a. OLG Köln, Beschl. v. 13.11.2018 – 10 WF 164/18, ErbR 2019, 237 = DNotZ 2019, 311.

18) Grüneberg-*Götz*, BGB, § 1858 Rz. 4.

Damit ist insbesondere nicht mehr erforderlich, dass der gesetzliche Vertreter von der wirksamen Genehmigung auch Gebrauch macht.[19)]

33 Die Genehmigungspflicht für die Eltern entfällt, wenn die Erbschaft dem Kind erst **infolge der Ausschlagung eines Elternteils** anfällt (§ 1643 Abs. 3 Satz 1 BGB). Die Eltern können für ihr Kind nicht die Ausschlagung erklären, wenn sie durch Verfügung von Todes wegen von der Verwaltung des Nachlasses ausgeschlossen wurden (§ 1638 Abs. 1 BGB).[20)] In diesem Fall ist ein **Zuwendungspfleger** gemäß § 1811 BGB zu bestellen, der auch die Ausschlagung für das Kind erklären kann.[21)] Die Eltern können die Ausschlagung für das **noch nicht geborene Kind** (vgl. § 1923 Abs. 2 BGB) auch bereits vor dessen Geburt erklären.[22)]

34 Das Recht zur Ausschlagung steht nur dem Erben zu. Es ist als Gestaltungsrecht, das **an die Erbenstellung gebunden** ist, nicht übertragbar.[23)] Auch wenn der Erbe den Nachlass oder seinen Erbteil rechtsgeschäftlich überträgt, bleibt er weiter Erbe und das Ausschlagungsrecht steht ihm weiter zu.[24)] Das Ausschlagungsrecht ist als unübertragbares Recht **nicht pfändbar.**[25)] Eine Anfechtung der Ausschlagung wegen Gläubigerbenachteiligung ist nicht möglich, da die Ausschlagung keine Schenkung darstellt (§ 517 BGB).[26)]

35 Das Ausschlagungsrecht kann nicht auf den **Sozialhilfeträger** übergeleitet werden.[27)] Die zulasten des Sozialhilfeträgers erklärte Ausschlagung ist nicht gemäß § 138 Abs. 1 BGB sittenwidrig.[28)]

---

19) So noch z. B. OLG Frankfurt/M., Beschl. v. 14.9.2018 – 21 W 56/18, ErbR 2019, 110 = FamRZ 2019, 823, und OLG Brandenburg, Beschl. v. 10.3.2021 – 13 WF 14/21, ErbR 2021, 610= BeckRS 2021, 5598 – für § 1831 BGB a. F.

20) BGH, Beschl. v. 29.9.2016 – XII ZB 300/15, NJW 2016, 3032 = FamRZ 2016, 1660; Grüneberg-*Götz*, BGB, § 1638 Rz. 2.

21) Grüneberg-*Götz*, BGB, § 1811 Rz. 2.

22) OLG Stuttgart, Urt. v. 5.11.1992 – 8 W 484/92, NJW 1993, 2250 = FamRZ 1994, 264; Staudinger-*Otte*, BGB, § 1944 Rz. 16.

23) Staudinger-*Otte*, BGB, § 1942 Rz. 14.

24) *Muscheler/Schewe* in: Groll/Steiner, Praxishdb. Erbrechtsberatung, Rz. 22.31.

25) *Muscheler/Schewe* in: Groll/Steiner, Praxishdb. Erbrechtsberatung, Rz. 22.43.

26) Grüneberg-*Weidlich*, BGB, § 1945 Rz. 1.

27) *Masloff* in: Damrau/Tanck, PK Erbrecht, § 1942 Rz. 13.

28) *Krätzschel* in: Krätzschel/Falkner/Döbereiner, Nachlassrecht, § 16 Rz. 18; LG Aachen, Beschl. v. 4.11.2004 – 7 T 99/04, NJW-RR 2005, 307 = FamRZ 2005, 1506; **a. A.** OLG Stuttgart, Beschl. v. 25.6.2001 – 8 W 494/99, NJW 2001, 3484 = ZEV 2002, 367; OLG Hamm, Beschl. v. 16.7.2009 – 15 Wx 85/09, ZEV 2009, 471 = FamRZ 2009, 2036; die Genehmigungsfähigkeit der Ausschlagung für eine Person, die im staatlichen Leistungsbezug steht, wird regelmäßig abgelehnt, es sei denn, dass durch die Erbschaft allenfalls ein Wertzufluss unterhalb des Schonvermögens gem. § 12 SGB II zu erwarten ist, so OLG Köln, Beschl. v. 13.11.2018 – 10 WF 164/18, ErbR 2019, 237 = = DNotZ 2019, 311.

Der **Testamentsvollstrecker, der Nachlassverwalter oder der Nachlasspfleger** sind **nicht** zur Ausschlagung **berechtigt.**[29] Der Nachlasspfleger kann insbesondere auch nicht für die unbekannten Erben eine dem Erblasser noch vor seinem Tod angefallene Erbschaft (sog Unternachlass) mit einem überschuldeten Nachlass, die dieser weder selbst angenommen noch ausgeschlagen hat, ausschlagen. 36

Das Recht zur Ausschlagung ist ein allein dem Erben bzw. seinem Rechtsnachfolger, dem **Erbeserben**, persönlich zustehendes Recht. Das Recht des Erben, die Erbschaft auszuschlagen, ist gemäß § 1952 Abs. 1 BGB vererblich. Stirbt der Erbe vor dem Ablauf der Ausschlagungsfrist, so endet die Frist nicht vor dem Ablauf der für die Erbschaft des Erben vorgeschriebenen **Ausschlagungsfrist** (§ 1952 Abs. 2 BGB). Die Ausschlagungsfrist des Erbeserben endet somit, wenn sie für den verstorbenen Erben bereits zu laufen begonnen hat, frühestens mit dem Ende der Ausschlagungsfrist hinsichtlich des Hauptnachlasses. Daher besteht kein Sicherungsbedürfnis dahingehend, dass der Nachlasspfleger die Entscheidung über die Ausschlagung der Erbschaft an sich ziehen müsste.[30] 37

Auch der **Insolvenzverwalter** über das Eigenvermögen des Erben ist nicht berechtigt, die Ausschlagung zu erklären (§ 83 Abs. 1 Satz 2 InsO). 38

Weder die Ausschlagung noch die Annahme der Erbschaft können unter einer **Bedingung** oder einer **Befristung** erfolgen (§ 1947 BGB). Die Wirkung der Ausschlagung darf daher nicht von dem Eintritt eines künftigen ungewissen Ereignisses abhängig gemacht werden. Eine Ausschlagung für den Fall, dass der Nachlass überschuldet ist, wäre daher unwirksam. 39

Nicht möglich ist eine Ausschlagung zugunsten Dritter, d. h. die Ausschlagung unter der Bedingung, dass die Erbschaft infolge der Ausschlagung einem bestimmten Dritten anfällt. Diese Frage war lange umstritten. In der Literatur wurde die Auffassung vertreten, dass es sich dabei um eine (zulässige) Rechtsbedingung handele, die nicht dem Verbot des § 1947 BGB unterliege.[31] Der BGH geht in seiner Entscheidung vom 22.3.2023 wohl davon aus, dass eine solche Bedingung von dem Ausschlagenden nicht wirksam bestimmt werden kann.[32] Zur Frage der Anfechtbarkeit einer sog. lenkenden Ausschlagung siehe nachstehend Rz. 75. 40

4. Kosten

Für die Beurkundung einer Ausschlagung fällt eine 0,5 Gebühr nach Nr. 21201 Nr. 7 KV-GNotKG an. Gleiches gilt, wenn der Notar die Ausschlagungserklärung entwirft und diese anschließend beglaubigt (Nr. 24102 KV-GNotKG). Der 41

29) Grüneberg-*Weidlich*, BGB, § 1945 Rz 2.

30) BGH, Beschl. v. 16.3.2022 – IV ZB 27/21, ErbR 2022, 594 = FamRZ 2022, 986.

31) Grüneberg-*Weidlich*, BGB, § 1947 Rz. 2; *Keim*, ZEV 2020, 393.

32) BGH, Beschl. v. 22.3.2023 – IV ZB 12/22, Rz. 11, ErbR 2023, 520, 521 = FGPrax 2023, 119; *Schmidt*, ErbR 2023, 524 (Urteilsanm.).

Geschäftswert für die Ausschlagungserklärung bestimmt sich aus dem Nachlasswert nach Abzug der Nachlassverbindlichkeiten (§ 103 Abs. 1 GNotKG). Ist der Nachlass überschuldet, ist der Geschäftswert mit 0,00 € anzusetzen. Der Mindestbetrag der Gebühr für eine Ausschlagungserklärung beläuft sich auf 30,00 €.

42 Schlagen **mehrere** nebeneinander zur Erbschaft berufene die Erbschaft aus, liegen **verschiedene Verfahrensgegenstände** vor. Die Werte der Ausschlagungserklärungen sind gemäß § 35 Abs. 1 GNotKG zu addieren. Ist der Nachlass überschuldet, ist der Geschäftswert der einzelnen Ausschlagungserklärungen mit 0,00 € anzusetzen.

43 Wenn die **Zusammensetzung** des Nachlasses **unklar** ist, ist gemäß § 36 Abs. 3 GNotKG von einem Geschäftswert von 5.000,00 € auszugehen. Schlagen mehrere Erben in einer Urkunde die Erbschaft aus, wird dieser Wert für jede Ausschlagungserklärung herangezogen und dann für jede Ausschlagung addiert.[33]

5. Ausschlagungsfrist

44 Die Ausschlagungsfrist beträgt **sechs Wochen** (§ 1944 Abs. 1 BGB). Hatte der Erblasser seinen letzten Wohnsitz nur im Ausland oder hält sich der Erbe bei dem Beginn der Frist im **Ausland** auf, verlängert sich die Ausschlagungsfrist auf sechs Monate (§ 1944 Abs. 3 BGB).

45 Die Frist **beginnt** mit der Kenntnis des Erben vom Anfall der Erbschaft und dem Grund der Berufung (§ 1944 Abs. 2 BGB). Der Erbe muss wissen, dass der Erblasser gestorben und er selbst Erbe geworden ist und aus welchem Grund er Erbe geworden ist. Bloßes Kennenmüssen reicht nicht aus. Bei einer Verfügung von Todes wegen beginnt die Ausschlagungsfrist nicht vor der Verkündung der Verfügung durch das Nachlassgericht (§ 1944 Abs. 2 Satz 2 BGB). Wenn der Erbe bereits vorher auf andere Weise Kenntnis von seiner Erbenstellung erlangt hat, hat dies für sich keine Auswirkung auf den Beginn der Ausschlagungsfrist.[34] Die Eröffnung des Testaments (§ 2260 Abs. 2 BGB) reicht nicht aus, wenn der Erbe nicht geladen und nicht anwesend war.[35]

46 **Bei gesetzlicher Erbfolge** wird Kenntnis vom Berufungsgrund angenommen, wenn dem Erben die verwandtschaftlichen Beziehungen bekannt sind und er nach den Umständen keine begründete Vermutung haben kann, dass eine ihn aus-

33) *Korintenberg/Diehn*, GNotKG, § 103 Rz. 14.

34) BayObLG, Beschl. v. 8.9.2004 – 1Z BR 59/04, FamRZ 2005, 553, 554 = NJW-RR 2005, 232.

35) BGH, Urt. v. 26.9.1990 – IV ZR 131/89, NJW 1991, 169 = FamRZ 1991, 52; BayObLG, Beschl. v. 8.9.2004 – 1Z BR 59/04, FamRZ 2005, 553 = NJW-RR 2005, 232.

schließende Verfügung von Todes wegen vorhanden ist.[36] Das Fehlen jeglichen Aktivnachlasses kann die Kenntnis von der Erbenstellung ausschließen.[37]

Die Ausschlagungsfrist wird gemäß §§ 186 ff. BGB **berechnet**. Die §§ 206 und 210 BGB finden Anwendung (§ 1944 Abs. 2 Satz 2 BGB). 47

Ein Fall höherer Gewalt i. S. von § 206 BGB ist anzunehmen, wenn die erforderliche **Genehmigung** des Familiengerichts oder des Betreuungsgerichts (§§ 1643 Abs. 1, 1851 Nr. 1 BGB) nicht innerhalb der Ausschlagungsfrist erteilt wird.[38] Der gesetzliche Vertreter muss den Antrag noch innerhalb der Ausschlagungsfrist stellen, dabei aber nicht so rechtzeitig handeln, dass die Genehmigung noch vor Fristablauf erteilt werden kann.[39] Die Hemmung der Frist wird beendet mit Zugang der Genehmigung bei dem Vertretungsberechtigten.[40] 48

Für den **Nacherben** läuft die Ausschlagungsfrist ab Kenntnis des Eintritts des Nacherbfalls und des Berufungsgrundes (§§ 2139, 1944 Abs. 2 BGB).[41] Er kann jedoch ab dem Erbfall bereits ausschlagen (§ 2142 Abs. 1 BGB). Bei Miterben läuft für jeden die Frist gesondert. 49

Den Beginn und den Ablauf der Ausschlagungsfrist muss derjenige **nachweisen**, der sich auf die Unwirksamkeit der Ausschlagung beruft. Ihm obliegt die Beweislast dafür, seit wann der Erbe die nach § 1944 Abs. 2 BGB erforderliche Kenntnis hat.[42] Der Ausschlagende hat die Existenz der Ausschlagung, den Zeitpunkt und deren Formwirksamkeit nachzuweisen.[43] 50

6. Verlust des Ausschlagungsrechts durch Annahme der Erbschaft

Der Erbe kann die Erbschaft nicht mehr ausschlagen, wenn er sie **angenommen** hat **oder** wenn die für die Ausschlagung **vorgesehene Frist verstrichen ist** (§ 1943 BGB). Die Erbschaft gilt mit Ablauf der Ausschlagungsfrist als angenommen (vgl. § 1956 BGB). Der Erbe kann die Erbschaft erst ab Eintritt des Erbfalls annehmen oder ausschlagen (§ 1946 BGB). Den Beginn der Ausschlagungsfrist gemäß § 1944 Abs. 2 BGB **muss er nicht abwarten.**[44] Mögliche Ersatzerben 51

---

36) OLG Brandenburg, Beschl. v. 18.12.1997 – 10 Wx 23/96, FamRZ 1998, 1619; OLG Zweibrücken v. 23.02.2006 – 3 W 6/06 – FamRZ 2006, 892; OLG Rostock, Beschl. v. 10.11.2009 – 3 W 53/08, FamRZ 2010, 1597 = RNotZ 2010, 474; Grüneberg-*Weidlich*, BGB, § 1944 Rz. 4.

37) BayObLG, Beschl. v. 26.8.1993 – 1Z BR 80/93, FamRZ 1994, 264 = NJW-RR 1994, 202.

38) OLG Frankfurt/M., Entsch. v. 22.11.1965 – 6 W 153/65, OLGZ 1966, 337; BayObLG, Beschl. v. 13.1.1983 – BReg. 1 Z 27/82, BayObLGZ 1983, 9 = Rpfleger 1983, 152.

39) *Muscheler/Schewe* in: Groll/Steiner, Praxishdb. Erbrechtsberatung, Rz. 22.74.

40) OLG Frankfurt/M., Entsch. v. 22.11.1965 – 6 W 153/65, OLGZ 1966, 337.

41) Grüneberg-*Weidlich*, BGB, § 2142 Rz. 2.

42) BGH, Urt. v. 5.7.2000 – IV ZR 180/99, ZEV 2000, 401 = NJW-RR 2000, 1530.

43) Grüneberg-*Weidlich*, BGB, § 1944 Rz. 8.

44) Grüneberg-*Weidlich*, BGB, § 1946 Rz. 1.

müssen nicht erst den Wegfall des Erstberufenen abwarten, sondern können ebenfalls sofort annehmen oder ausschlagen für den Fall, dass ihnen die Erbschaft anfallen sollte. Dem steht § 1947 BGB nicht entgegen, da es sich um eine bloße Rechtsbedingung handelt.[45)]

52 Die Annahme der Erbschaft stellt eine **Willenserklärung** dar und setzt **Geschäftsfähigkeit** voraus.[46)] Erfolgt die Annahme durch ungenutztes Verstreichenlassen der Ausschlagungsfrist, ist ebenfalls Geschäftsfähigkeit erforderlich. Abzustellen für den Fristbeginn gemäß § 1944 Abs. 2 BGB ist dabei auf den gesetzlichen Vertreter, der Kenntnis vom Erbanfall und Berufungsgrund haben muss.[47)]

53 Die **ausdrückliche Annahme** der Erbschaft ist nicht an eine besondere Form gebunden. Sie ist nicht empfangsbedürftig. Regelmäßig wird die ausdrückliche Annahme einem in irgendeiner Form Nachlassbeteiligten gegenüber erklärt werden. § 130 BGB findet nach überwiegender Auffassung entsprechende Anwendung.[48)]

54 Die Annahme der Erbschaft kann auch **durch schlüssiges Verhalten** erklärt werden. Eine konkludente Annahme in diesem Sinne liegt vor, wenn eine nach außen erkennbare Handlung des Erben darauf schließen lässt, dass er die Erbschaft endgültig behalten will.[49)] Das schlüssige Verhalten des Erben unterliegt den allgemeinen Regeln über Willenserklärungen. Es ist daher auf den objektiven Empfängerhorizont abzustellen.[50)] Eine konkludente Annahme liegt bspw. in dem Antrag des Erben auf Erteilung eines Erbscheins,[51)] der Verwendung von Nachlassgegenständen für eigene Zwecke[52)] und in der Geltendmachung von Nachlassansprüchen und der Erfüllung von Nachlassverbindlichkeiten.[53)]

55 Führt der Erbe während der sechswöchigen Ausschlagungsfrist lediglich **notwendige Erhaltungs- und Verwaltungsmaßnahmen** für den Nachlass durch, ist darin noch keine Annahme der Erbschaft zu sehen.[54)] Eine konkludente Annahme der Erbschaft liegt auch nicht vor, wenn der Erbe die **Nachlassverwaltung** beantragt,[55)] die Bestellung eines Testamentsvollstreckers[56)] beantragt oder

45) Grüneberg-*Weidlich*, BGB, § 1946 Rz. 2.

46) *Muscheler/Schewe* in: Groll/Steiner, Praxishdb. Erbrechtsberatung, Rz. 22.48.

47) Staudinger-*Otte*, BGB, § 1943 Rz. 11; BayObLG, Entsch. v. 14.5.1984 – BReg. 1 Z 25/84, Rpfleger 1984, 403; **a. A.** Soergel-*Stein*, BGB, § 1943 Rz. 3.

48) Soergel-*Stein*, BGB, § 1943 Rz. 3.

49) *Leipold* in: MünchKomm-BGB, § 1943 Rz. 4.

50) *Muscheler/Schewe* in: Groll/Steiner, Praxishdb. Erbrechtsberatung, Rz. 22.51.

51) Grüneberg-*Weidlich*, BGB, § 1943 Rz. 2.

52) RG, Entsch. v. 6.6.1912 – IV 593/11, DJZ 1912, 1185.

53) BayObLG, Beschl. v. 24.6.1983 – BReg. 1 Z 124/82, BayObLGZ 1983, 153 ff. = FamRZ 1983, 1061.

54) OLG Celle, Beschl. v. 7.5.1965 – 7 W 14/65, OLGZ 1965, 30; *Leipold* in: MünchKomm-BGB, § 1943 Rz. 5.

55) *Hillebrand*, Die Nachlassverwaltung, S. 28.

56) OLG Celle, Beschl. v. 7.5.1965 – 7 W 14/65, OLGZ 1965, 30.

die **Beerdigungskosten** übernimmt. Eine „Nachlassverfügung mit Haftungserklärung“, die ein vorläufiger Erbe gegenüber einer **Bank** mit dem alleinigen Ziel, das Girokonto für den Zahlungsverkehr freizuschalten erklärt, stellt nur eine Maßnahme zur Verwaltung des Nachlasses dar und ist daher nicht als konkludente Erbschaftsannahme zu verstehen.[57)]

7. Anfechtung der Erbschaftsannahme und der Ausschlagung

a) Anfechtung der Annahme

Stellt der Erbe nach Annahme der Erbschaft fest, dass der Nachlass überschuldet ist, stellt sich für ihn die Frage, ob er seine Erbenstellung rückwirkend wieder beseitigen kann. 56

Eine **Ausschlagung** der Erbschaft ist **nach der Annahme nicht mehr möglich** (§ 1943 BGB). Die Annahme der Erbschaft kann **auch nicht widerrufen** werden.[58)] 57

Allerdings sind die Annahme der Erbschaft und auch die Ausschlagungserklärung Willenserklärungen und als solche **gemäß §§ 119 ff. BGB anfechtbar.**[59)] Dies gilt auch für die Annahme durch konkludentes Verhalten. Auch das Verstreichenlassen der Ausschlagungsfrist kann angefochten werden (§ 1956 BGB). § 2078 Abs. 2 BGB kann als Anfechtungsgrund nicht herangezogen werden, eine entsprechende Verweisung besteht nicht.[60)] 58

Die **Anfechtung der Annahme** gilt als Ausschlagung, die Anfechtung der Ausschlagung gilt als Annahme der Erbschaft (§ 1957 BGB). 59

Befindet sich der Erbe in einem **Irrtum** über den Berufungsgrund, ist eine Anfechtung der Annahme nicht erforderlich. § 1949 Abs. 1 BGB ordnet für diesen Fall an, dass die Annahme als nicht erfolgt gilt. Ein Irrtum über den Berufungsgrund liegt z. B. vor, wenn der Erbe von einem unzutreffenden Verwandtschaftsverhältnis ausgeht oder wenn er zu Unrecht annimmt, aufgrund gewillkürter Erbfolge Erbe geworden zu sein. 60

aa) Anfechtung der Annahme gemäß § 119 Abs. 2 BGB

Die **Überschuldung** des Nachlasses stellt eine **verkehrswesentliche Eigenschaft** i. S. des § 119 Abs. 2 BGB dar.[61)] Ein Nachlass ist überschuldet, wenn bei Gegenüberstellung von Aktiva und Passiva des Nachlasses die Verbindlichkeiten den Wert der Nachlassgegenstände übersteigen. Maßgebend für die Bewertung 61

57) OLG München, Beschl. v. 22.12.2021 – 31 Wx 487/19, 31 Wx 488/19, ErbR 2022, 416 = FamRZ 2022, 563.

58) *Kind* in: Bonefeld/Kroiß/Tanck, Der Erbprozess, § 2 Rz. 13.

59) Erman-*J. Schmidt*, BGB, § 1954 Rz. 3.

60) *Muscheler/Schewe* in: Groll/Steiner, Praxishdb. Erbrechtsberatung, Rz. 22.94a.

61) BGH, Urt. v. 8.2.1989 – IVa ZR 98/87, NJW 1989, 2885 = FamRZ 1989, 496.

der Nachlassgegenstände ist dabei der jeweilige **Liquidationswert**.[62] Als Sache i. S. des § 119 Abs. 2 BGB ist der Nachlass als ein Inbegriff von verschiedenen Gegenständen wie körperlichen Sachen, Forderungen und Rechten anzusehen.[63] Eigenschaften des Nachlasses sind alle wertbildenden Faktoren, nicht aber der aufgrund dieser Faktoren ermittelte Wert selbst.[64] Das heißt, eine fehlerhafte Vorstellung über den Wert des gesamten Nachlasses oder einzelner Nachlassbestandteile gibt keinen Anfechtungsgrund gemäß § 119 Abs. 2 BGB.[65]

62 Bei einer Sachgesamtheit wie dem Nachlass stellt deren **Zusammensetzung** ein **wertbildendes Merkmal** dar.[66] Irrt der Erbe über das Vorhandensein von Nachlassgegenständen oder von Nachlassverbindlichkeiten, dann irrt er über eine Eigenschaft des Nachlasses.[67] Bei der Beurteilung, ob eine Nachlassverbindlichkeit als wertbildender Faktor heranzuziehen ist, ist auf den gesamten Nachlass abzustellen. Die Verbindlichkeit muss dabei eine im Verhältnis zur gesamten Erbschaft erhebliche und für den Nachlass wesentliche Bedeutung haben.[68] Wenn dem Erben eine Verbindlichkeit unbekannt war, die letztlich die Überschuldung des Nachlasses auslöst, ist dieses Erfordernis regelmäßig erfüllt. Geht der Erbe irrtümlich davon aus, dass eine gegen den Nachlass gerichtete **Forderung verjährt sei**, betrifft dieser Irrtum des Erben eine verkehrswesentliche Eigenschaft des Nachlasses, wenn sich herausstellt, dass wegen des Bestehens der Forderung der Nachlass überschuldet ist.[69]

63 Kennt der Erbe die Zusammensetzung des Nachlasses, **irrt** aber **über den wertbildenden Faktor eines Nachlassgegenstandes** und führt dieser Irrtum dazu, dass der Erbe zunächst nicht von einer Überschuldung ausgeht, liegt ein Eigenschaftsirrtum gemäß § 119 Abs. 2 BGB vor. So kann der Erbe bei Annahme der Erbschaft davon ausgegangen sein, dass ein im Nachlass befindliches Gemälde eines bedeutenden Malers echt sei und damit der Nachlass einen entsprechenden Wert aufweise, der die Nachlassverbindlichkeiten übersteige. Stellt sich nach Annahme der Erbschaft heraus, dass es sich bei dem Gemälde um eine Fälschung

---

62) BayObLG, Beschl. v. 11.1.1999 – 1Z BR 113/98, NJW-RR 1999, 590 = FamRZ 1999, 1172; *Schallenberg/Rafiqpoor* in: FK-InsO, § 320 Rz. 14.

63) *Muscheler*, Erbrecht Rz. 3051.

64) *Muscheler*, Erbrecht Rz. 3052.

65) *Leipold* in: MünchKomm-BGB, § 1954 Rz. 11; Staudinger-*Otte*, BGB, § 1954 Rz. 8; Erman-*J. Schmidt*, BGB, § 1954 Rz. 6; BayObLG, Beschl. v. 11.1.1999 – 1Z BR 113/98, NJW-RR 1999, 590 = FamRZ 1999, 1172; **a. A.** *Johannsen* in: Reichsgerichtsrätekommentar BGB, § 1954 Rz. 4.

66) BayObLG, Beschl. v. 11.1.1999 – 1Z BR 113/98, NJW-RR 1999, 590 = FamRZ 1999, 1172.

67) Erman-*J. Schmidt*, BGB, § 1954 Rz. 5; BGH, Urt. v. 8.2.1989 – IVa ZR 98/87, NJW 1989, 2885 = FamRZ 1989, 496.

68) BayObLG, Beschl. v. 11.1.1999 – 1Z BR 113/98, NJW-RR 1999, 590 = FamRZ 1999, 1172.

69) OLG München, Beschl. v. 28.7.2015 – 31 Wx 54/15, ZErb 2015, 304 = ErbR 2015, 578.

handelt, so dass die Nachlassverbindlichkeiten den Aktivnachlass übersteigen, kann er wegen Irrtums hinsichtlich der Überschuldung des Nachlasses anfechten.

Ebenso kann der Erbe wegen **Eigenschaftsirrtums** anfechten, wenn ihm das Bestehen einer Nachlassverbindlichkeit zwar bekannt ist, z. B. eine Einkommensteuerschuld des Erblassers, sich diese später jedoch als wesentlich höher herausstellt und dadurch die Überschuldung ausgelöst wird. Ein Irrtum über die Überschuldung des Nachlasses liegt aber nur vor, wenn der Erbe zunächst von einer Werthaltigkeit des Nachlasses ausgegangen ist. Daran fehlt es, wenn dem Erben die Möglichkeit der Überschuldung bewusst war, weil er selbst keine genauen Vorstellungen von dem Nachlassbestand hatte.[70] **64**

Eine Anfechtung der Erbschaftsannahme durch einen **Miterben** ist auch dann möglich, wenn der anfechtende Miterbe davon ausgeht, dass eine zur Überschuldung des Nachlasses führende Nachlassverbindlichkeit infolge von § 2166 BGB von dem anderen Miterben zu tragen ist.[71] **65**

Eine Anfechtung der Annahme scheidet aus, wenn der **Erbe auf lediglich spekulativer Grundlage**, wie z. B. der Annahme, auf den Erben kämen wegen des Nachlasses keine Verbindlichkeiten zu, die Erbschaft angenommen hatte.[72] **66**

Auch die **Annahme** der Erbschaft **durch Fristablauf** kann wegen eines Eigenschaftsirrtums gemäß § 119 Abs. 2 BGB angefochten werden (§ 1956 BGB). Erforderlich ist allerdings eine entsprechende Willensbildung des Erben.[73] Er kann daher **nur gemäß § 119 Abs. 2 BGB anfechten**, wenn er zwar Kenntnis vom Fristablauf hatte, er aber wegen eines Irrtums über die Überschuldung des Nachlasses die Ausschlagung unterließ.[74] Der Erbe muss sich grundsätzlich Gedanken über die Nachlasshöhe und die Zusammensetzung des Nachlasses gemacht haben. Macht sich der Erbe hierüber zum Zeitpunkt der Annahme der Erbschaft **durch Verstreichenlassen** der Ausschlagungsfrist keine Gedanken, sondern hofft allenfalls auf die Werthaltigkeit des Nachlasses, liegt ein **unbeachtlicher Motivirrtum** vor, der nicht zur Anfechtung der Annahme der Erbschaft berechtigt.[75] **67**

bb) Anfechtung der Annahme gemäß § 119 Abs. 1 BGB

Der Erbe kann die Annahme der Erbschaft gemäß § 119 Abs. 1 BGB anfechten, wenn er eine Erklärung mit diesem Inhalt überhaupt nicht abgeben wollte. Dies kommt bei einer Annahme der Erbschaft durch **schlüssiges Verhalten** in Be- **68**

70) OLG Schleswig, Beschl. v. 31.7.2015 – 3 Wx 120/14, ErbR 2016, 214 = ZEV 2016, 82.

71) OLG Bremen, Urt. v. 19.11.2020 – 5 U 22/20, ErbR 2021, 342 = ZErb 2021, 115.

72) OLG Düsseldorf, Beschl. v. 17.10.2016 – I-3 Wx 155/15, ErbR 2017, 518 = FamRZ 2017, 483; vgl. auch *Trappe*, ErbR 2017, 458.

73) *Leipold* in: MünchKomm-BGB, § 1956 Rz. 6.

74) *Kind* in: *Bonefeld/Kroiß/Tanck*, Der Erbprozess, § 2 Rz. 35.

75) OLG Brandenburg, Beschl. v. 24.7.2019 – 3 W 55/19, Zerb 2019, 262 = ErbR 2019, 704.

tracht. Der Erbe kann wegen **Inhaltsirrtums** gemäß § 119 Abs. 1 BGB anfechten, wenn er sich verpflichtet sah, **Zahlungen an Nachlassgläubiger** zu leisten, er die Erbschaft aber nicht behalten bzw. annehmen wollte.[76] Der Erbe kann auch wegen Inhaltsirrtums anfechten, wenn ihm nicht bekannt war, die Erbschaft ausschlagen zu können.[77] Auch wenn der Erbe **über Nachlassgegenstände bewusst verfügt**, er aber glaubte, immer noch bis zum Ablauf der Ausschlagungsfrist ausschlagen zu können, kann er wegen Inhaltsirrtums seine konkludente Annahme der Erbschaft anfechten.[78]

69 Erklärt der Erbe ausdrücklich die Annahme der Erbschaft, stimmen Wille und Erklärung überein. Er kann nicht mit der Begründung anfechten, er habe **keine Kenntnis von seinem Ausschlagungsrecht** gehabt.[79] Die fehlende Kenntnis des Ausschlagungsrechts stellt einen nur unbeachtlichen Motivirrtum dar.

70 Eine **Versäumung** der Ausschlagungsfrist kann der Erbe mit der Begründung anfechten, er wollte die Erbschaft nicht annehmen und habe die Frist nur versäumt, weil er **über ihr Bestehen, ihren Lauf oder die Rechtsfolgen** ihres Ablaufs in Unkenntnis gewesen ist oder geglaubt hat, bereits wirksam ausgeschlagen zu haben.[80] Meint der Erbe, die Frist zur Ausschlagung der Erbschaft beginne erst mit Erhalt des Erbscheins zu laufen, liegt nach dem OLG Schleswig ein Inhaltsirrtum gemäß § 119 Abs. 1 BGB vor, der zur Anfechtung der Annahme berechtigt.[81]

b) Anfechtung der Ausschlagung

71 Die Ausschlagung ist wie die Annahme anfechtbar (§§ 1954, 1957 BGB). Der Erbe kann seine Ausschlagung wegen Eigenschaftsirrtums (§ 119 Abs. 2 BGB) anfechten, wenn er sich über die **Zusammensetzung des Nachlasses** geirrt hatte und sich später herausstellt, dass eine Überschuldung doch nicht vorlag.[82] Ein Irrtum über die Größe des Nachlasses berechtigt grundsätzlich nicht zur Anfechtung.[83] Lag die **Überschuldung** objektiv vor und fällt diese erst nach der Ausschlagung durch Erlass einer Nachlassverbindlichkeit oder durch Verjährung

76) BayObLG, Beschl. v. 29.10.1987 – BReg. 1 Z 2/87, FamRZ 1988, 324 = NJW 1988, 1270.

77) BayObLG, Beschl. v. 24.6.1983 – BReg. 1 Z 124/82, BayOblGZ 1983, 153 = FamRZ 1983, 1061.

78) *Kind* in: *Bonefeld/Kroiß/Tanck*, Der Erbprozess, § 2 Rz. 20.

79) BayObLG, Beschl. v. 16.3.1995 – 1Z BR 82/94, FamRZ 1996, 59 = NJW-RR 1995, 904; **a. A.** Soergel-*Stein*, BGB, § 1954 Rz. 2.

80) OLG Brandenburg, Beschl. v.20.10.2021 – 3 W 45/21, ErbR 2022, 398 = Rpfleger 2022, 517; OLG Hamm, Beschl. v. 10.6.1985 – 15 W 131/85, OLGZ 85, 286 = FamRZ 1985, 1185; BayObLG, Beschl. v. 13.10.1993 – 1Z BR 54/93, ZEV 1994, 112 = NJW-RR 1994, 586.

81) OLG Schleswig, Beschl. v. 31.7.2015 – 3 Wx 120/14, ErbR 2016, 214 = ZEV 2016, 82.

82) Staudinger-*Otte*, BGB, § 1954 Rz. 15; OLG Düsseldorf, Beschl. v. 5.9.2008 – 3 Wx 123/08, ZEV 2009, 137, 138 = ZErb 2008, 397.

83) BayObLG, Beschl. v. 16.3.1995 – 1Z BR 82/94, FamRZ 1996, 59 = NJW-RR 1995, 904.

weg, dann besteht kein Anfechtungsrecht.[84] Entscheidender **Zeitpunkt** für die Frage, ob der Erbe irrtümlich von einer Überschuldung des Nachlasses ausgegangen ist, ist der Zeitpunkt der Ausschlagungserklärung. Eine Anfechtung der Ausschlagungserklärung wegen irrtümlich angenommener Überschuldung ist nicht möglich, wenn deren Auslegung ergibt, dass dem Erben die etwaige Höhe seines erbrechtlichen Erwerbs **gleichgültig** war.[85] Der Erbe muss sich, um die Ausschlagung anfechten zu können, **konkrete Vorstellungen** über die Zusammensetzung des Nachlasses und dessen Bewertung gemacht haben.[86] Hat er die Erbschaft bei der Ausschlagung für nicht besonders werthaltig und nur womöglich für überschuldet und deshalb wirtschaftlich uninteressant und daher auch für lästig und beschwerlich gehalten, dann besteht kein Anfechtungsrecht.[87] Der Erbe kann daher die Ausschlagung auch nicht wegen Irrtums anfechten, wenn er zuvor auf der Grundlage **ungenauer zeitferner Informationen** die Erbschaft ausgeschlagen hatte, weil er „befürchtete, dass da nur Schulden seien" und sich später herausstellt, dass der Nachlass werthaltig war.[88]

Eine Anfechtung der Erbausschlagung gemäß § 119 Abs. 2 BGB soll aber möglich 72 sein, wenn der Erbe sich zwar keine vertieften Gedanken über die Zusammensetzung des Nachlasses gemacht hatte, aber seine Entscheidung, die Erbschaft auszuschlagen, auf einer **behördlichen Empfehlung** beruhte.[89]

Der Erbe kann auch gemäß § 119 Abs. 2 BGB anfechten, wenn aufgrund der von 73 ihm **in Erfahrung gebrachten Umstände** (vermüllte Wohnung, umherliegende Rechnungen und Mahnungen, keine werthaltigen Wertgegenstände in der Wohnung, Informationen des Nachlassgerichts über offene Nachlassverbindlichkeiten, Bezahlung der Bestattung durch die öffentliche Hand) und der aus seiner Sicht abschließend, weil ohne sich ihm eröffnende Anhaltspunkte für weitere taugliche Informationsquellen erfolgte Klärung der Vermögensverhältnisse zu der Vorstellung gelangt, im Nachlass befänden sich ausschließlich Verbindlichkeiten des Erblassers. Stellt sich später heraus, dass der Nachlass doch werthaltig war, hat sich der Erbe in diesem Fall nicht nur von **Spekulationen**, sondern von der **Überzeugung** der Überschuldung leiten lassen.[90]

---

84) LG Berlin, Beschl. v. 6.5.1975 – 83 T 181/75, NJW 1975, 2104; Grüneberg-*Weidlich*, BGB, § 1954 Rz. 6.

85) OLG Düsseldorf, Beschl. v. 20.7.2004 – 3 Wx 193/04, ZEV 2005, 255 = ZErb 2004, 324; OLG Düsseldorf, Beschl. v. 5.9.2008 – 3 Wx 123/08, ZEV 2009, 137, 138 = ZErb 2008, 397.

86) OLG Düsseldorf, Beschl. v. 9.12.2020 – I-3 Wx 13/20, ErbR 2021, 323 = ZEV 2021, 505; OLG Düsseldorf, Beschl. v. 19.12.2018 – I-3 Wx 140/18, ErbR 2019, 238 = ZEV 2019, 263.

87) OLG Düsseldorf, Beschl. v. 5.9.2008 – 3 Wx 123/08, ZEV 2009, 137, 138 = ZErb 2008, 397.

88) OLG Düsseldorf, Beschl. v. 31.1.2011 – 3 Wx 21/11, ErbR 2011, 155 = ZEV 2011, 317.

89) OLG Düsseldorf, Beschl. v. 27.1.2020 – I-3-Wx 167/19, ErbR 2020, 666 = ZEV 2020, 484.

90) OLG Düsseldorf, Beschl. v. 20.11.2020 – I-3 Wx 166/20, ZErb 2021, 102 = FamRZ 2021, 717.

74 Nach dem OLG Düsseldorf kann ein Erbe die Ausschlagung gemäß § 119 Abs. 2 BGB anfechten, wenn er sich über die **Zugehörigkeit einer Forderung zu dem Nachlass** geirrt hat.[91] In dem von ihm entschiedenen Fall war die Erblasserin beim Absturz eines Flugzeugs der Germanwings ums Leben gekommen. Die Miterbin hatte die Erbschaft trotz werthaltigen Nachlasses ausgeschlagen. Später erfuhr sie, dass ein **Schmerzensgeldanspruch** gegen die Fluggesellschaft in den Nachlass gefallen war. Die Erbin gab an, bei der Ausschlagung angenommen zu haben, dass den Erben der getöteten Passagiere keine Ansprüche gegen die Fluggesellschaft zustanden.

75 Nicht zur Anfechtung der Ausschlagung berechtigt die **fehlgeschlagene Erwartung** des Ausschlagenden, dass infolge der Ausschlagung der Nachlass **an eine bestimmte Person falle**. Lange Zeit war umstritten, ob im Fall einer sog. **lenkenden Ausschlagung**, bei der es dem Ausschlagenden auf den Eintritt eines bestimmten Dritten ankommt, die Anfechtung der Ausschlagung wegen Irrtums möglich sei, wenn die angenommene Wirkung der Anfechtung nicht eintritt. Nach einer Auffassung handelte es sich in diesem Fall um eine unmittelbare Rechtsfolge der Ausschlagung und daher um einen Irrtum über die unmittelbaren Rechtsfolgen der Ausschlagung und deshalb um einen beachtlichen Inhaltsirrtum gemäß § 119 Abs. 1 BGB.[92] Der **BGH** hat die Streitfrage dahingehend entschieden, dass Irrtum des Ausschlagenden über die an seine Stelle in die Erbfolge eintretende Person nur einen Irrtum über die mittelbare Rechtsfolge der Ausschlagungserklärung aufgrund anderer rechtlicher Vorschriften darstelle. Ein solcher Irrtum berechtigt nicht zur Anfechtung gemäß § 119 Abs. 1 Alt. 1 BGB.[93]

c) Kausalität

76 Der Irrtum muss gemäß § 119 Abs. 2, 1 BGB kausal für die Annahme (bzw. die Ausschlagung) der Erbschaft gewesen sein. Im Fall der Überschuldung des Nachlasses muss nach allgemeiner Lebenserfahrung davon ausgegangen werden, dass die Erbschaft ausgeschlagen worden wäre.[94]

91) OLG Düsseldorf, Beschl. v. 16.11.2016 – I-3 Wx 12/16, ErbR 2017, 156 = ZEV 2017, 92, dazu krit. *Trappe*, ErbR 2017, 458, 460.

92) OLG Düsseldorf, Beschl. v. 12.3.2019 – 3 Wx 166/17, ZErb 2019, 213 = FamRZ 2019, 1466; OLG Frankfurt/M., Beschl. v. 6.2.2021 – 21 W 167/20, ErbR 2021, 611 = ZErb 2021, 240; OLG Brandenburg, Beschl. v. 27.7.2022 – 3 W 59/22, ErbR 2023, 53 = ZEV 2022, 716; *Keim*, ErbR 2022, 978; *Leipold* in: MünchKomm-BGB, § 1954 Rz. 7.

93) BGH, Beschl. v. 22.3.2023 – IV ZB 12/22, ErbR 2023, 520 = FGPrax 2023, 119; Grüneberg-*Weidlich*, BGB, § 1954 Rz. 5.

94) BayObLG, Beschl. v. 13.1.1983 – BReg. 1 Z 27/82, BayObLGZ 1983, 9, 13 = Rpfleger 1983, 152.

d) Form der Anfechtung

77 Die Anfechtung ist von dem Erben gegenüber dem Nachlassgericht (§§ 343, 344 Abs. 7 FamFG) in der Form des § 1945 BGB zu erklären (§ 1955 BGB).

78 Ob in der Anfechtungserklärung der **Anfechtungsgrund** mitgeteilt werden muss ist strittig.[95] Die Angabe aller bekannten Anfechtungsgründe ist jedoch zu empfehlen, um zu verhindern, dass wegen nicht genannter Anfechtungsgründe Verfristung eintritt. Das Nachlassgericht hat im Fall der Anfechtung i. R. der Amtsermittlung gemäß § 26 FamFG nicht von sich aus zu erforschen, ob Tatsachen vorliegen, die zur Anfechtung berechtigen, die der Anfechtende selbst nicht behauptet.[96] Schiebt der Anfechtende einen neuen Anfechtungsgrund nach, ist dies eine neue Anfechtungserklärung, deren Rechtzeitigkeit nach dem Zeitpunkt ihrer Abgabe zu beurteilen ist.[97]

e) Anfechtungsfrist

79 Die Anfechtungsfrist beträgt im Regelfall sechs Wochen (§ 1954 Abs. 1 BGB). Hatte der Erblasser seinen letzten Wohnsitz nur im **Ausland** oder hielt sich der Erbe bei Beginn der Frist im Ausland auf, beträgt die Anfechtungsfrist sechs Monate (§ 1954 Abs. 2 Satz 1 BGB). Die Anfechtung ist ausgeschlossen, wenn seit der Annahme oder der Ausschlagung 30 Jahre vergangen sind (§ 1954 Abs. 3 BGB).

80 Die Frist beginnt mit dem Zeitpunkt, in dem der Anfechtungsberechtigte **Kenntnis von dem Anfechtungsgrund** erlangt (§ 1954 Abs. 2 Satz 1 BGB). Bei einem Irrtum hat der Erbe Kenntnis in diesem Sinne, wenn ihm alle relevanten Umstände bekannt sind, aus denen sich der Irrtum ergibt und er erkennt, dass die abgegebene Erklärung nicht seinem Willen entspricht.[98] Erforderlich ist positive Kenntnis, fährlässige Unkenntnis ist nicht ausreichend.[99]

81 Nicht erforderlich ist für den Fristbeginn, dass der Erbe **Kenntnis von seinem Anfechtungsrecht** hat.[100] Das Anfechtungsrecht ist vererblich und gehört zum Nachlass.[101] Verstirbt der Anfechtungsberechtigte, dann gelten für dessen Er-

---

95) Verneinend OLG Schleswig, Beschl. v. 31.7.2015 – 3 Wx 120/14, ErbR 2016, 214 = ZEV 2016, 82; BayObLG v. 20.12.1993 – 1Z BR 33/93, ZEV 1994, 105 = FamRZ 1994, 848; s. hierzu auch OLG Düsseldorf, Beschl. v. 9.12.2020 – I-3 Wx 13/20, ErbR 2021, 323 = ZEV 2021, 505.

96) BGH, Beschl. v. 2.12.2015 – IV ZB 27/15, ZEV 2016, 31 = ErbR 2016, 150.

97) BGH, Urt. v. 11.10.1965 – II ZR 45/63, NJW 1966, 39; Grüneberg-*Weidlich*, BGB, § 1955 Rz. 2; BGH, Beschl. v. 2.12.2015 – IV ZB 27/15, ZEV 2016, 31 = ErbR 2016, 150; OLG Hamm, Beschl. v. 7.7.2015 – 15 W 329/14, ZErb 2016, 76 = RNotZ 2016, 179.

98) Grüneberg-*Weidlich*, BGB, § 1954 Rz. 7.

99) *Masloff* in: Damrau/Tanck, PK Erbrecht, § 1954 Rz. 7.

100) *Muscheler/Schewe* in: Groll/Steiner, Praxishdb. Erbrechtsberatung, Rz. 22.95.

101) Grüneberg-*Weidlich*, BGB, § 1954 Rz. 7.

ben §§ 1954 Abs. 2 Satz 2, 211 BGB. Verstirbt der Erbe innerhalb der für ihn laufenden Anfechtungsfrist, ohne dass er die Anfechtung erklärt hat, so kann dessen Erbe die Anfechtung der vorherigen Erbschaft innerhalb der für ihn geltenden Anfechtungsfrist für das zweite Erbe erklären.[102)]

82 Zu beachten ist, dass der Erbe, der die Versäumung der Ausschlagungsfrist angefochten hat, nicht als Erbe berechtigt ist, das **Nachlassinsolvenzverfahren** zu beantragen, auch wenn die Wirksamkeit der Anfechtung noch nicht feststeht.[103)] Der Erbe kann somit nicht die Annahme der Erbschaft anfechten und sozusagen vorsorglich parallel das Nachlassinsolvenzverfahren beantragen. Nimmt ein Nachlassgläubiger den Erben in dieser Phase, in der die Wirksamkeit der Anfechtung noch nicht feststeht, in Anspruch, kann der Erbe zwar den **Vorbehalt der beschränkten Erbenhaftung** gemäß § 780 ZPO in das Urteil aufnehmen lassen. Er ist aber aufgrund der von ihm erklärten Anfechtung der Erbschaftsannahme nicht in der Lage, das Nachlassinsolvenzverfahren zu beantragen und so eine Separation seines Privatvermögens von dem Nachlass herbeizuführen (§ 1975 BGB). Alleine der Vorbehalt gemäß § 780 ZPO berechtigt ihn nicht dazu.

83 Eine Antragsberechtigung des Erben ergibt sich **auch nicht aus der drohenden unbeschränkten Erbenhaftung oder der drohenden möglichen Schadensersatzpflicht** gemäß § 1980 Abs. 1 Satz 2 BGB gegenüber Nachlassgläubigern.[104)] Diese Konstellation kann dazu führen, dass er die Vollstreckung aus einem vorläufig vollstreckbaren Urteil in sein Privatvermögen außerhalb des Nachlasses zunächst hinnehmen muss. Der Erbe könnte allerdings die **Nachlasspflegschaft** beantragen und darauf hinwirken, dass der Nachlasspfleger das Nachlassinsolvenzverfahren beantragt. Der BGH erwähnt in seiner Entscheidung, dass der Erbe seine Verurteilung auch zum Anlass nehmen könne, seine Erbenstellung nunmehr anzuerkennen und die Haftungsbeschränkung auf den Nachlass gemäß § 1975 BGB herbeizuführen, indem er das Nachlassinsolvenzverfahren beantragt.

f) Anfechtungsberechtigung

84 Anfechtungsberechtigt ist **nur der Erbe.** Testamentsvollstrecker, Nachlasspfleger, Nachlassverwalter oder Insolvenzverwalter sind nicht zur Anfechtung berechtigt.[105)] Ist der Erbe minderjährig, bedürfen die gesetzlichen Vertreter wegen § 1957 Abs. 1 BGB für die Anfechtung der Annahme der Genehmigung des Familiengerichts, wenn auch die Ausschlagung genehmigungspflichtig gewesen wäre.[106)]

102) *Masloff* in: Damrau/Tanck, PK Erbrecht, § 1954 Rz. 8.
103) BGH, Beschl. v. 19.5.2011 – IX ZB 74/10, ZEV 2011, 544 ff. = ZVI 2011, 367.
104) BGH, Beschl. v. 19.5.2011 – IX ZB 74/10, ZEV 2011, 544, 546 = ZVI 2011, 367.
105) *Kind* in: *Bonefeld/Kroiß/Tanck*, Der Erbprozess, § 2 Rz. 16.
106) *Masloff* in: Damrau/Tanck, PK Erbrecht, § 1954 Rz. 10.

g) Anfechtung der Anfechtung

Nach überwiegender Auffassung ist die Anfechtung der Anfechtung nach den allgemeinen Vorschriften des Anfechtungsrechts möglich. Die Form der Anfechtung richtet sich nach §§ 1955, 1945 BGB. Hinsichtlich der Frist war lange umstritten, ob § 121 BGB oder § 1954 BGB zur Anwendung kommt.[107] Der BGH lehnt die unmittelbare oder entsprechende Anwendung von § 1954 BGB ab und wendet die Frist des § 121 BGB an.[108] 85

III. Keine Haftung vor Annahme der Erbschaft

Vor der Annahme der Erbschaft kann eine gegen den Nachlass gerichtete Forderung nicht gegenüber dem Erben geltend gemacht werden (§ 1958 BGB).[109] Solange der Erbe weder die Erbschaft angenommen noch ausgeschlagen hat, ist er prozessual geschützt. Eine Klage gegen ihn ist unzulässig. Dem vorläufigen Erben **fehlt die passive Prozessführungsbefugnis.**[110] Hat der Erbe ausgeschlagen oder die Annahme angefochten, dann ist eine gegen ihn erhobene Klage **unbegründet.** 86

Gegen den **Fiskus** als gesetzlichen Erben (§ 1936 BGB) kann ein Anspruch erst geltend gemacht werden, wenn von dem Nachlassgericht festgestellt ist, dass ein anderer Erbe nicht vorhanden ist (§ 1966 BGB). 87

Vor der Annahme der Erbschaft kann ein Gläubiger **nur in den Nachlass**, nicht in das Eigenvermögen des Erben **vollstrecken** (§ 778 Abs. 1 ZPO). Eigengläubiger des Erben können vor der Annahme der Erbschaft nicht in den Nachlass vollstrecken (§ 778 Abs. 2 ZPO). Liegt bereits ein Titel gegen den Erblasser vor, ist dessen **Umschreibung auf den Erben** (§ 727 ZPO) vor der Annahme der Erbschaft nicht möglich.[111] 88

Wenn die **Zwangsvollstreckung** wegen Nachlassverbindlichkeiten gegen den Erblasser bereits begonnen war, kann sie auch vor Annahme der Erbschaft in den Nachlass **ohne Klauselumschreibung** und erneute Zustellung fortgesetzt werden (§§ 779 Abs. 1, 778 ZPO). Die Fortsetzung der Zwangsvollstreckung als solche, nicht nur der einzelnen, bereits begonnenen Zwangsvollstreckung, ist in den gesamten Nachlass möglich. Der Nachlassgläubiger kann daher sowohl die bereits eingeleitete Vollstreckungsmaßnahme zu Ende bringen als auch neue Zwangsvollstreckungsmaßnahmen einleiten.[112] Die Fortsetzung der Vollstre- 89

107) Vgl. *Masloff* in: Damrau/Tanck, PK Erbrecht, § 1954 Rz. 13 m. w. N.

108) BGH, Beschl. v. 10.6.2015 – IV ZB 39/14, ErbR 2015, 563 = ZEV 2015, 468.

109) § 1958 BGB findet keine Anwendung auf den Testamentsvollstrecker (§ 2213 Abs. 2 BGB) und den Nachlasspfleger (§ 1960 Abs. 3 BGB).

110) Grüneberg-*Weidlich*, BGB, § 1958 Rz. 1.

111) Grüneberg-*Weidlich*, BGB, § 1958 Rz. 2.

112) Musielak/Voit-*Lackmann*, ZPO, § 779 Rz. 3.

ckung gemäß § 779 Abs. 1 ZPO bezieht sich allerdings nur auf **einen bestimmten Titel.**[113]

90 Will der Gläubiger gegen den Nachlass vor der Annahme der Erbschaft im Wege der Klage oder der Zwangsvollstreckung vorgehen, muss er die Anordnung einer **Nachlasspflegschaft** gemäß § 1961 BGB beantragen. § 1958 BGB findet auf den Nachlasspfleger keine Anwendung (§ 1960 Abs. 3 BGB).

91 Macht der Nachlassgläubiger gegenüber dem vorläufigen Erben **außergerichtlich** Rechte geltend, ist das möglich und bleibt auch gegenüber dem endgültigen Erben wirksam (§ 1959 Abs. 3 BGB). Der Gläubiger kann bspw. eine Kündigung, Anfechtung, Aufrechnung oder Mahnung gegenüber dem vorläufigen Erben erklären. Der (endgültige) Erbe gerät jedoch mangels Verschuldens nicht in Verzug (§ 286 Abs. 4 BGB).[114]

IV. Inventarerrichtung und endgültig unbeschränkbare Haftung

1. Allgemeines

92 Das Inventar i. S. von § 1993 BGB ist ein Verzeichnis des Nachlasses. In dem Inventar sollen gemäß § 2001 Abs. 1 BGB die bei dem Erbfall vorhandenen Nachlassgegenstände und die Nachlassverbindlichkeiten angegeben werden. Der Erbe kann freiwillig (§ 1993 BGB) oder auf Antrag eines Gläubigers (§ 1994 BGB) ein Verzeichnis des Nachlasses bei dem Nachlassgericht einreichen. Das Inventarverzeichnis ist **kein Mittel zur Haftungsbeschränkung.** Es dient lediglich deren **Vorbereitung und Erhaltung.**[115] Das Inventarrecht kann für den Erben auch durchaus gefährlich sein, da es dessen unbeschränkbare **Haftung** für Nachlassverbindlichkeiten **auslösen** kann.[116]

2. Freiwillige Errichtung des Inventars durch den Erben

93 Die freiwillige Errichtung des Inventars verschafft dem Erben einen Überblick über den Bestand des Nachlasses. Vor allem bei unübersichtlichen Nachlässen ist dem Erben eine Inventarerrichtung anzuraten.[117] Er gewinnt durch die Inventarerrichtung einen Überblick darüber, ob der Nachlass überschuldet ist und kann Maßnahmen zur Beschränkung der Haftung auf den Nachlass einleiten. Das ordnungsgemäß und rechtzeitig errichtete Nachlassverzeichnis begründet die **gesetzliche Vermutung**, dass zur Zeit des Erbfalls nur die verzeichneten Gegen-

---

113) Musielak/Voit-*Lackmann*, ZPO, § 779 Rz. 3.

114) Grüneberg-*Weidlich*, BGB, § 1958 Rz. 4.

115) *Küpper* in: MünchKomm-BGB, § 1993 Rz. 1; FG Baden Württemberg, Beschl. v. 16.5.2006 – 3 V 25/05, ZErb 2006, 359.

116) Hierzu *Osthold*, ZEV 2015, 444; *Osthold*, Erben und Haftung, S. 66 ff.

117) *Endemann* in: Groll/Steiner, Praxishdb. Erbrechtsberatung, Rz. 25.66.

stände vorhanden seien (§ 2009 BGB). Es erleichtert dem Erben die Darlegungspflicht in den Fällen der §§ 1973, 1974, 1978, 1991 BGB.[118]

Mit der freiwilligen Inventarerrichtung durch den Erben entfällt die Möglichkeit, durch **Fristversäumnis** das Recht zur Haftungsbeschränkung auf den Nachlass zu verlieren, abgesehen von § 2005 Abs. 2 BGB. Das Nachlassgericht hat allerdings jedem, der ein rechtliches Interesse glaubhaft machen kann, die **Einsicht** in das von dem Erben errichtete Inventarverzeichnis zu gestatten (§ 2010 BGB). Dieses rechtliche Interesse liegt bei Nachlassgläubigern stets vor.[119] Sie erhalten auf diese Art und Weise einen Überblick über den Nachlass und können mögliche Vollstreckungsmaßnahmen in den Nachlass einleiten oder entscheiden, ob Antrag auf Nachlassverwaltung (§ 1981 Abs. 2 Satz 1 BGB) oder Nachlassinsolvenz (§ 317 InsO) gestellt werden soll. 94

Die freiwillige Errichtung des Inventars (§ 1993 BGB) ist nicht an eine Frist gebunden. Sie ist **jederzeit** möglich, auch noch während der Nachlassverwaltung oder des Nachlassinsolvenzverfahrens.[120] 95

Bei **mehreren Erben** ist jeder Miterbe zur Inventarerrichtung berechtigt.[121] Die Errichtung des Inventars durch einen Miterben kommt auch den anderen Miterben zugute, soweit sie nicht bereits unbeschränkt haften (§ 2063 Abs. 1 BGB). 96

3. Fristbestimmung zur Errichtung des Inventars auf Antrag eines Nachlassgläubigers

a) Antragsberechtigung

Jeder **Nachlassgläubiger** ist berechtigt, bei dem Nachlassgericht (§ 343 FamFG) zu beantragen, dass dem Erben eine Frist zur Errichtung des Inventars gesetzt wird (§ 1994 Abs. 1 Satz 1 BGB). Der antragstellende Gläubiger hat seine Forderung glaubhaft zu machen (§ 1994 Abs. 2 BGB). 97

Der **Nachlassinsolvenzverwalter** und der **Nachlassverwalter** sind nicht antragsberechtigt (§ 2000 Satz 2 BGB).[122] Auch dem vorläufigen Nachlassinsolvenzverwalter steht kein Antragsrecht zu. Seine Aufgabe besteht in der Sicherung der Insolvenzmasse (zu den Aufgaben des vorläufigen Nachlassinsolvenzverwalters siehe § 1 Rz. 241 ff. [*Roth*]). Eine Wohnungseigentümergemeinschaft hat sowohl bei Vorliegen einer Doppelstellung i. S. einer Nachlasserbenschuld (Eigenverbindlichkeit des Erben) und einer Nachlassverbindlichkeit, wie auch bei einer 98

118) *Küpper* in: MünchKomm-BGB, § 1993 Rz. 1.

119) Staudinger-*Dobler*, BGB, § 2010 Rz. 1.

120) *Siegmann/Scheuing* in: MünchAHB Erbrecht, § 23 Rz. 42.

121) *Krätzschel* in: Krätzschel/Falkner/Döbereiner, Nachlassrecht, § 20 Rz. 19.

122) Staudinger-*Dobler*, BGB, § 1994 Rz. 8, aber auch krit. zur Regelung des § 2000 Satz 1 BGB und ein Antragsrecht des Nachlassinsolvenzverwalter und Nachlassverwalters im Interesse der Nachlassgläubiger anregend in § 2000 Rz. 2.

reinen Nachlassverbindlichkeit bezüglich Wohngeldforderungen als Nachlassgläubigerin den Anspruch auf Setzung einer Inventarfrist.[123)]

99 Ein **Miterbe**, der auch Nachlassgläubiger ist, kann selbst ein Inventar errichten und ist daher nicht antragsberechtigt.[124)] Auch kann ein Miterbe mit dem Antrag auf amtliche Inventaraufnahme von den übrigen potenziellen Miterben nicht Auskunft über den Nachlass erlangen.[125)]

100 Umstritten ist, ob der Antrag eines Gläubigers, der in dem **Aufgebotsverfahren** ausgeschlossen (§ 1973 BGB) oder wegen Fristversäumnis diesem gleichgestellt ist (§ 1974 BGB), zulässig ist. Wegen § 2013 Abs. 1 Satz 2 BGB ist ein Antragsrecht des ausgeschlossenen Gläubigers nicht anzunehmen.[126)] Ist allerdings eine Fristsetzung auf Antrag eines ausgeschlossenen Gläubigers durch das Gericht erfolgt, dann ist diese Fristsetzung als wirksam anzusehen.[127)] Das ergibt sich aus § 1994 Abs. 2 Satz 3 BGB, wonach es auf die Fristbestimmung ohne Einfluss ist, wenn die Forderung nicht besteht. Versäumt der Erbe diese Inventarfrist, haftet er allerdings nur den anderen Gläubigern gegenüber unbeschränkt gemäß § 1994 Abs. 1 Satz 2 BGB.[128)]

101 Die Fristbestimmung ist auch gegenüber dem **vorläufigen Erben** möglich (§ 1995 Abs. 2 BGB). Der Lauf der Frist beginnt allerdings erst mit der Annahme der Erbschaft.[129)] Der Antragsteller muss in seinem Antrag die Person benennen, der die Inventarfrist gesetzt werden soll.[130)] Er ist aber nicht verpflichtet, deren Erbenstellung glaubhaft zu machen.[131)] Das Nachlassgericht muss seinerseits aufgrund des **Amtsermittlungsgrundsatzes** ermitteln, ob die vom dem Antragsteller benannte Person Erbe ist.[132)] Lässt sich die Erbenstellung nicht klären, ist der Antrag auf Bestimmung der Inventarfrist abzulehnen.[133)] Einem Testamentsvollstrecker,[134)] Nachlasspfleger oder Nachlassverwalter kann eine Inventarfrist nicht gesetzt werden (§ 2012 Abs. 1 BGB). Gleiches gilt für den Fiskus als Erben (§ 2011 BGB).

123) OLG Schleswig, Beschl. v. 4.10.2013 – 3 Wx 11/12, ErbR 2014, 75 = ZEV 2014, 33.

124) KG Berlin, Beschl. v. 23.1.1979 – 1 W 2296/78, Rpfleger 1979, 136 = DNotZ 1980, 163; Staudinger-*Dobler*, BGB, § 1994 Rz. 8. Grüneberg-*Weidlich*, BGB, § 1994 Rz. 3; *Gottwald*, ZEV 2006, 347, 349; **a. A.** *Küpper* in: MünchKomm-BGB, § 1994 Rz. 2.

125) OLG Düsseldorf, Beschl. v. 6.6.2014 – I-3 Wx 71/14, ErbR 2014, 498 = ZEV 2015, 100.

126) Staudinger-*Dobler*, BGB, § 1994 Rz. 8; Grüneberg-*Weidlich*, BGB, § 1994 Rz. 3; **a. A.** Erman-*Horn*, BGB, § 1994 Rz. 2; *Herzog*, Die Erbenhaftung, § 7 Rz. 37.

127) Staudinger-*Dobler*, BGB, § 1994 Rz. 8.

128) Staudinger-*Dobler*, BGB, § 1994 Rz. 8.

129) *Küpper* in: MünchKomm-BGB, § 1995 Rz. 3.

130) LG Bochum, Beschl. v. 7.12.1990 – 7 T 647/90, Rpfleger 1991, 154.

131) *Krätzschel* in: Krätzschel/Falkner/Döbereiner, Nachlassrecht, § 20 Rz. 22.

132) Staudinger-*Dobler*, BGB, § 1994 Rz. 10.

133) *Küpper* in: MünchKomm-BGB, § 1994 Rz. 3.

134) Staudinger-*Dobler*, BGB, § 1994 Rz. 17.

Ist das **Nachlassinsolvenzverfahren** durch Verteilung der Masse oder durch einen Insolvenzplan **beendet**, bedarf es zur Abwendung der unbeschränkten Haftung der Inventarerrichtung nicht. Ein entsprechender Antrag wäre unzulässig.[135)] Die Bestimmung einer Inventarfrist ist auch dann unzulässig, wenn der Erbe bereits ein den §§ 2002, 2003 BGB entsprechendes Inventar errichtet hat.[136)] Der Erbe ist auch bei Unzulänglichkeit des Nachlasses verpflichtet, ein Inventar zu errichten.[137)] 102

Gehört die Erbschaft zum **Gesamtgut eines Ehegatten**, muss auch dem anderen Ehegatten gegenüber die Inventarfrist gesetzt werden, wenn der andere Ehegatte das Gesamtgut alleine oder zusammen mit dem erbenden Ehegatten verwaltet (§ 2008 Abs. 1 BGB). 103

b) Frist

Das Nachlassgericht bestimmt dem Erben eine Frist von einem Monat und höchstens drei Monaten (§ 1995 Abs. 1 Satz 1 BGB). Die Frist beginnt mit der Zustellung des Beschlusses an den Erben. Das Nachlassgericht hat den Erben vor der Bestimmung der Inventarfrist anzuhören.[138)] Bei mehreren Miterben ist für jeden **Miterben** die Frist zu bestimmen.[139)] Auf Antrag des Erben kann das Nachlassgericht die Frist nach freiem Ermessen **verlängern** (§ 1995 Abs. 3 BGB). Bei der Entscheidung über den Antrag auf Verlängerung der Inventarfrist, ist der ursprüngliche rechtskräftige Beschluss mit dem die Inventarfrist bestimmt wurde, bindend. Das Nachlassgericht hat ausschließlich die Frage der Verlängerung der Inventarfrist zu prüfen, nicht mehr die Frage, ob die Voraussetzungen für die ursprüngliche Fristsetzung vorlagen. Es ist hinsichtlich der Länge der Fristverlängerung weder an den Antrag noch an die Höchstfrist des § 1995 Abs. 1 BGB gebunden.[140)] 104

Den Erben trifft bei der Aufnahme des Inventars eine **Erkundigungspflicht** nur insoweit, als er konkrete Anhaltspunkte für weitere Nachlassgegenstände hat und die in Betracht kommenden Ermittlungen nach Umfang, Erfolgsaussichten und Kosten zumutbar sind. Nur vage Anhaltspunkte dafür, dass es weiteres zum Nachlass gehörendes Vermögen gibt, begründen keine Ermittlungsobliegenheit und sind demgemäß kein Grund für eine **Verlängerung der Inventarfrist.**[141)] 105

---

135) Staudinger-*Dobler*, BGB, § 2000 Rz. 5.

136) Staudinger-*Dobler*, BGB, § 1994 Rz. 18.

137) Grüneberg-*Weidlich*, BGB, § 2003 Rz. 3; Staudinger-*Dobler*, BGB, § 1994 Rz. 39; bei Unzulänglichkeit des Nachlasses kann wegen der entstehenden Kosten keine Verfahrenskostenhilfe bewilligt werden, vgl. Staudinger-*Dobler*, BGB, § 1993 Rz. 23.

138) BayObLG, Beschl. v. 26.5.1992 – 1Z BR 2/92, BayObLGZ 1992, 162, 166 = Rpfleger 1992, 521.

139) Staudinger-*Dobler*, BGB, § 2063 Rz. 11.

140) OLG München, Beschl. v. 23.4.2019 – 31 Wx 213/19, ZErb 2019, 212 = ErbR 2019, 569.

141) OLG Hamm, Beschl. v. 4.6.2010 – 15 Wx 68/10, ZEV 2010, 580 = FamRZ 2010, 2022.

Das Nachlassgericht hat allerdings i. R. seiner prozessualen Fürsorgepflicht erkennbar falsche Vorstellungen des Erben hinsichtlich seiner Ermittlungsobliegenheiten aufzuklären und ihm ggf. auch durch Bewilligung einer Nachfrist Gelegenheit zur fristgerechten Errichtung des Inventars zu geben.[142)]

106 Hat der Erbe die gesetzte **Frist** ohne sein Verschulden **versäumt**, kann er beantragen, ihm eine neue Frist zu bestimmen (§ 1996 Abs. 1 BGB). Eine bereits laufende Inventarfrist wird unwirksam, wenn die Nachlassverwaltung angeordnet oder das Nachlassinsolvenzverfahren eröffnet wird (§ 2000 Satz 1 BGB). Die Fristbestimmung kann in diesen Fällen aus Gründen der Rechtssicherheit mit der Beschwerde (§§ 58 ff. FamFG) angefochten werden.

c) Folge der Fristversäumnis

107 Der Erbe kann nicht zur Errichtung des Inventars gezwungen werden. Versäumt er allerdings die ihm wirksam gesetzte Inventarfrist, **haftet der Erbe für Nachlassverbindlichkeiten unbeschränkt** (§ 1994 Abs. 1 Satz 2 BGB). Das gilt selbst dann, wenn zuvor ein Nachlassinsolvenzverfahren mangels Masse abgewiesen wurde.[143)] Diese Wirkung der unbeschränkten Haftung für Nachlassverbindlichkeiten tritt gegenüber allen Gläubigern ein, nicht nur gegenüber dem, der die Inventarfrist beantragt hatte. Die unbeschränkte Haftung des Erben tritt ipso iure ein. Ein feststellender Beschluss des Nachlassgerichts ist nicht erforderlich.[144)]

108 Ob der Erbe die ihm gesetzte Inventarfrist gewahrt hat, **richtet sich nach der jeweiligen Inventarart**. Ein Inventar gemäß § 2002 BGB ist innerhalb der gesetzten Frist bei dem Nachlassgericht einzureichen. Bei einer amtlichen Inventaraufnahme gemäß § 2003 BGB reicht es aus, wenn der Erbe rechtzeitig innerhalb der gesetzten Frist die Aufnahme des Inventars durch das Nachlassgericht beantragt (§ 2003 Abs. 1 Satz 2 BGB). Im Fall des § 2004 BGB muss die Bezugnahme auf das vorhandene Inventar innerhalb der Frist bei dem Nachlassgericht eingehen.

109 Die Wahrung der Inventarfrist durch einen **Miterben** wirkt gemäß § 2063 Abs. 1 BGB auch zugunsten der anderen Miterben. Hat ein Miterbe die ihm gesetzte Inventarfrist versäumt, nutzt es ihm allerdings nichts mehr, wenn ein anderer Miterbe später innerhalb der für ihn geltenden Frist das Inventar einreicht.[145)]

110 Das von dem Vorerben ordnungsgemäß und rechtzeitig errichtete Inventar kommt auch dem Nacherben zustatten (§ 2144 Abs. 2 BGB). Hat der Vorerbe die ihm gesetzte Inventarfrist versäumt, gilt nur für ihn die Rechtsfolge des § 1994

---

142) OLG Hamm, Beschl. v. 4.6.2010 – 15 Wx 68/10, ZEV 2010, 580 = FamRZ 2010, 2022.

143) OLG Rostock, Urt. v. 25.6.2008 – 1 U 53/08, ErbR 2009, 99, 100.

144) *Küpper* in: MünchKomm-BGB, § 1994 Rz. 13.

145) Staudinger-*Dobler*, BGB, § 2063 Rz. 11.

Abs. 1 Satz 2 BGB. Dem Nacherben kann dann eine eigene Inventarfrist gesetzt werden.[146]

d) Fristsetzung zur Ergänzung des Inventars

Ist die Angabe der Nachlassgegenstände unvollständig, ohne dass ein Fall des § 2005 Abs. 1 vorliegt, kann dem Erben gemäß § 2005 Abs. 2 BGB auf Antrag eines Gläubigers eine neue Inventarfrist zur Ergänzung gesetzt werden.[147] Die Ergänzung kann nur wegen der **Nachlassaktiva** verlangt werden.[148] Für die Ergänzung des Inventars gelten dieselben Vorschriften wie für die erstmalige Errichtung.[149] Der Erbe kann daher bei Pflichtverletzungen auch sein Haftungsbeschränkungsrecht gemäß §§ 1994 Abs. 1 Satz 2, 2005 Abs. 1 Satz 1, 2 BGB verlieren. 111

e) Rechtsbehelfe

Der Erbe kann gegen den Beschluss des Nachlassgerichts, mit dem ihm eine Frist gemäß § 1994 Abs. 1 Satz 1 BGB gesetzt wird, mit der **Beschwerde** vorgehen (§§ 58, 59 Abs. 1 FamFG). Die Beschwerde steht dem Erben auch gegen die Ablehnung der Fristverlängerung (§ 1995 Abs. 3 BGB) oder der Gewährung einer neuen Frist (§ 1996 Abs. 1 BGB) zu. 112

Für jeden **Nachlassgläubiger** beginnt die Frist für die Einlegung der Beschwerde mit dem Zeitpunkt, in dem der Beschluss dem Nachlassgläubiger, der den Antrag gestellt hat, bekannt gemacht wird (§ 360 Abs. 1 und 2 FamFG). Dem antragstellenden Gläubiger steht gegen den Beschluss, mit dem sein Antrag auf Fristbestimmung zurückgewiesen wird, das Rechtsmittel der Beschwerde zu (§§ 58, 59 Abs. 2 FamFG). 113

4. Form, Arten und Kosten der Errichtung des Inventars

a) Aufnahme des Inventars durch den Erben (§ 2002 BGB)

Die Errichtung des Inventars ist nicht bereits die Erstellung, sondern die **Einreichung** des von dem Erben aufgenommenen Inventars bei dem Nachlassgericht.[150] Der Errichtung des Inventars geht die bloße Aufnahme, d. h. die Anfertigung des Inventars voraus. 114

Der Erbe kann das Inventar nicht selbst privat aufnehmen. Er muss dazu einen **Notar**, eine zuständige **Behörde** oder einen zuständigen **Beamten** (§ 2002 BGB) 115

---

146) Grüneberg-*Weidlich*, BGB, § 2144 Rz. 4.

147) Staudinger-*Dobler*, BGB, § 2005 Rz. 14; *Küpper* in: MünchKomm-BGB, § 2005 Rz. 5.

148) *Küpper* in: MünchKomm-BGB, § 2005 Rz. 4.

149) *Küpper* in: MünchKomm-BGB, § 2005 Rz. 4.

150) *Küpper* in: MünchKomm-BGB, § 1993 Rz. 2; Staudinger-*Dobler*, BGB, § 1993 Rz. 7; Grüneberg-*Weidlich*, BGB, § 1993 Rz. 2.

hinzuziehen. Ein Inventar, das ohne Mitwirkung einer dieser Personen aufgenommen wurde, ist unwirksam.[151] Bei der Hinzuziehung zur Aufnahme des Inventars hat der Notar das Inventar nicht selbst festzustellen und aufzunehmen. Der Notar ist vielmehr nur **Helfer und rechtlicher Berater**. Für den Inhalt des Inventars ist alleine der Erbe verantwortlich.[152] Den Notar trifft im Hinblick auf die Vollständigkeit und sachliche Richtigkeit der Angaben des Erben keine Prüfungspflicht.[153]

116 Erforderlich für die Wirksamkeit des Inventars ist, dass es von dem Erben oder einer von ihm bevollmächtigten Person **unterzeichnet** wird.[154] Das Verzeichnis selbst stellt lediglich eine Privaturkunde dar. Eine öffentliche Urkunde errichtet der Notar **nur über seine Mitwirkung** und über die von ihm gegebenen Belehrungen. Das Inventar ist erst errichtet mit der Einreichung bei dem zuständigen Nachlassgericht, die im Fall des Inventars gemäß § 2002 BGB durch den Erben erfolgen muss.[155]

b) Amtliche Aufnahme des Inventars (§ 2003 BGB)

117 Auf **Antrag** des Erben erfolgt die Aufnahme des Inventars durch einen von dem Nachlassgericht beauftragten Notar (§ 2003 Abs. 1 Satz 1 BGB).[156] Ein Gläubiger ist nicht berechtigt, das amtliche Inventar zu beantragen.[157] Der **Notar** erfüllt bei der amtlichen Inventaraufnahme **Aufgaben des Nachlassgerichts und tritt an dessen Stelle**.[158] Der Notar muss den Nachlassbestand selbst ermitteln.[159] Er muss in der Urkunde das Ergebnis seiner Ermittlungen niederlegen und zum Ausdruck bringen, dass weitere Gegenstände nach dem Ergebnis seiner Ermittlungen nicht vorhanden sind. Der Notar ist für das Inventar selbst ver-

---

151) Erman-*Horn*, BGB, § 2002 Rz. 1.

152) Staudinger-*Dobler*, BGB, § 2002 Rz. 2.

153) *Baumann* in: Würzburger Notarhandbuch, Notarielle Nachlassregelungen Rz. 162.

154) RG, Urt. v. 24.10.1911 – VII 195/11, RGZ 77, 245, 247; Grüneberg-*Weidlich*, BGB, § 2002 Rz. 1; **a. A.** Staudinger-*Dobler*, BGB, § 2002 Rz. 2 – Unterzeichnung der Amtsperson ausreichend.

155) Staudinger-*Dobler*, BGB, § 2002 Rz. 2.

156) Dem Notar steht gegen die Beauftragung durch das Nachlassgericht kein Beschwerderecht zu, OLG Düsseldorf, Beschl. v. 24.5.2019 – I-3 Wx 102/19, ZErb 2019, 273 = NotBZ 2020, 55.

157) *Baumann* in: Würzburger Notarhandbuch, Notarielle Nachlassregelungen Rz. 163.

158) Grüneberg-*Weidlich*, BGB, § 2003 Rz. 1.

159) OLG Dresden, Beschl. v. 27.7.2016 – 17 W 666/16, ErbR 2018, 165 = NotBZ 2017, 48; OLG Bamberg, Beschl. v. 16.6.2016 – 4 W 42/16, ZEV 2016, 580 = ZErb 2016, 293; OLG Saarbrücken, Beschl. v. 26.4.2010 – 5 W 81/10, ErbR 2010, 326 = ZEV 2010, 416; OLG Koblenz, Beschl. v. 18.3.2014 – 2 W 495/13, ErbR 2014, 386 = ZEV 2014, 308; BVerfG, Beschl. v. 25.4.2016 – 1 BvR 2423/14, ZEV 2016, 578 = FamRZ 2016, 1141; allgemein zum notariellen Nachlassverzeichnis: *Weidlich*, ZEV 2017, 241; *Schönenberg-Wessel*, ErbR 2020, 386.

antwortlich und kann die Ermittlungsergebnisse nicht allein auf den auskunftspflichtigen Erben delegieren. Insoweit kann auf dieselben Grundsätze wie bei der Erstellung eines notariellen Nachlassverzeichnisses gemäß § 2314 Abs. 1 Satz 3 BGB zurückgegriffen werden.[160)] Die Aufnahme des Verzeichnisses durch eine Amtsperson soll gerade eine besondere Gewähr dafür bieten, dass der Schuldner die Angaben wahrheitsgemäß erteilt, weil er von dieser Amtsperson über die Rechtsfolgen unwahrer Angaben belehrt wurde.[161)]

Die amtliche Aufnahme des Inventars durch den Notar erfolgt in **Form eines Tatsachenprotokolls** (§§ 36, 37 BeurkG). Es handelt sich um eine **öffentliche Urkunde.** Das Inventar ist von dem Notar zu unterzeichnen, die Unterschrift des Erben ist nicht erforderlich. 118

Dem Notar stehen, obwohl er öffentlicher Amtsträger ist, **keine ordnungsbehördlichen Ermittlungsrechte** zu.[162)] An die Ermittlungspflicht des Notars dürfen daher keine überzogenen Anforderungen gestellt werden. Der Notar entscheidet nach seinem pflichtgemäßen Ermessen, welche Ermittlungen er vornimmt.[163)] Er kann bei der Ermittlung des Nachlassbestandes auch dritte Personen, sogar Nachlassgläubiger hinzuziehen. Im Zusammenhang mit der Feststellung des Bestandes des Nachlasses kann insbesondere die Frage von Belang sein, ob der Notar außerhalb seines Amtsbereiches Ermittlungstätigkeiten vornehmen kann, wie z. B. die Besichtigung eines Gebäudes.[164)] Ähnliches gilt für Nachlassbestandteile die sich im Ausland befinden. 119

Der Erbe ist gemäß § 2003 Abs. 2 BGB dem Notar zur **Auskunft** verpflichtet. Er kann zwar nicht zur Erteilung der Auskunft gezwungen werden, aber die Nichterteilung oder absichtliche Verzögerung der Auskunft hat den Verlust der Haftungsbeschränkungsmöglichkeiten und damit die unbeschränkte Erbenhaftung zur Folge (§ 2005 Abs. 1 Satz 2 BGB). Der Notar kann sich allerdings nicht darauf beschränken, die Erklärungen des Erben zu beurkunden. Wenn in dem Nachlassverzeichnis der **Bericht über die Wahrnehmung des Notars** fehlt, ist die Beurkundung ungültig[165)] und das Verzeichnis nichtig.[166)] 120

160) Vgl. hierzu auch BGH, Urt. v. 20.5.2020 – IV ZR 193/19, ZEV 2020, 625 = ZErb 2020, 286; OLG Celle, Beschl. v. 25.3.2021 – 6 U 74/20, ErbR 2021, 597 = Rpfleger 2021, 592.

161) OLG Celle, Beschl. v. 21.1.2002 – 4 W 318/01, DNotZ 2003, 62 = ErbBstg 2002, 99.

162) *Baumann* in: Würzburger Notarhandbuch, Notarielle Nachlassregelungen Rz. 169.

163) Staudinger-*Dobler*, BGB, § 2003 Rz. 9.

164) Vgl. hierzu *Zimmer*, ZErb 2012, 5 ff.

165) *Grziwotz/Heinemann*, Beurkundungsgesetz, § 37 Rz. 18.

166) OLG Celle, Beschl. v. 21.1.2002 – 4 W 318/01, DNotZ 2003, 62 = ErbBstg 2002, 99; OLG Saarbrücken, Beschl. v. 26.4.2010 – 5 W 81/10, ErbR 2010, 326 = ZEV 2010, 416; OLG Koblenz, Beschl. v. 18.3.2014 – 2 W 495/13, ErbR 2014, 386 = ZEV 2014, 308; *Damm*, notar 2016, 219, 224.

121 Der aufnehmende Notar ist verpflichtet, das Inventar bei dem Nachlassgericht **einzureichen** (§ 2003 Abs. 3 BGB). Erst dann ist das Inventar errichtet. Mit dem Antrag auf amtliche Aufnahme des Inventars innerhalb der Inventarfrist wahrt der Erbe die Inventarfrist (§ 2003 Abs. 1 Satz 2 BGB).

c) Bezugnahme auf ein vorhandenes Inventar (§ 2004 BGB)

122 Der Erbe kann ein Inventar auch errichten, indem er sich auf ein Inventar bezieht, das entsprechend den Vorschriften der §§ 2002, 2003 BGB bereits von einer anderen Person errichtet wurde und das sich bei dem Nachlassgericht befindet (§ 2004 BGB). Hierzu erklärt der Erbe innerhalb der ihm gesetzten Frist, dass das Inventar von ihm als eingereicht gelten soll. Die Erklärung ist nicht an eine bestimmte Form gebunden, kann also auch mündlich erfolgen.[167)]

123 In Betracht kommt dabei das Inventar eines **Testamentsvollstreckers, Nachlassverwalters** oder **Nachlassinsolvenzverwalters**, wobei die Einhaltung der §§ 2002, 2003 BGB streng zu prüfen ist.[168)] Das von dem Erben auf Verlangen eines Pflichtteilsberechtigten unter Mitwirkung einer Amtsperson erstellte Nachlassbestandsverzeichnis (§ 2314 Abs. 1 Satz 3 BGB), das sich in den Akten des Nachlassgerichts befindet, kann als dem § 2002 BGB entsprechendes Inventar angesehen werden.[169)] Auch das Inventar eines **Erbschaftsbesitzers** oder eines Erben, der die Erbschaft später ausgeschlagen hat, kommt für eine Bezugnahme gemäß § 2004 BGB in Betracht.[170)] Hat der **Nachlasspfleger** als gesetzlicher Vertreter des Erben das Inventar errichtet, liegt darin eine Inventarerrichtung durch den Erben. Eine Bezugnahme gemäß § 2004 BGB ist nicht erforderlich.[171)]

124 Bei der **Beratung des Erben** ist zu beachten, dass die Bezugnahme auf ein bereits bestehendes Inventar mit erheblichen Risiken behaftet ist. Es kann sich später herausstellen, dass das bei dem Nachlassgericht befindliche Inventar wegen eines Inventarvergehens gemäß § 2005 Abs. 1 BGB **unwirksam** war. Die Rechtsfolgen in diesem Fall sind umstritten. Nach einer Auffassung ist § 2004 BGB in diesem Fall nicht anwendbar und zwar auch dann, wenn der Erbe gutgläubig war.[172)] Der Erbe handelte daher auf eigene Gefahr und versäume die Inventarfrist mit der Folge des § 1994 Abs. 1 Satz 2 BGB.[173)] Nach zutreffender Ansicht sollte dem gutgläubigen Erben in diesem Fall in analoger Anwendung von § 2005 Abs. 2 BGB eine neue Inventarfrist bestimmt werden, da er den Tatbestand des § 2005

---

167) *Küpper* in: MünchKomm-BGB, § 2004 Rz. 3.

168) *Joachim*, Die Haftung des Erben für Nachlassverbindlichkeiten, Rz. 321; Staudinger-*Dobler*, BGB, § 2004 Rz. 7.

169) Staudinger-*Dobler*, BGB, § 2004 Rz. 2, 3.

170) Staudinger-*Dobler*, BGB, § 2004 Rz. 7.

171) Staudinger-*Dobler*, BGB, § 2004 Rz. 6.

172) *Johannsen* in: Reichsgerichtsrätekommentar BGB, § 2004 Rz. 5.

173) *Endemann* in: Groll/Steiner, Praxishdb. Erbrechtsberatung, Rz. 25.74.

Abs. 1 BGB selbst nicht erfüllt hat.[174] Wenn ein Erbe darauf verzichtet, ein eigenes Inventar zu errichten, weil ihm ein bereits errichtetes Inventar zugutekommt, bspw. das eines **Miterben** (§ 2063 Abs. 1 BGB) oder Nacherben (§ 2144 Abs. 2 BGB), ist bei Unwirksamkeit des vorliegenden Inventars ebenso zu verfahren.

d) Kosten

Die Aufnahme eines Inventars gemäß **§ 2003 BGB** durch den Notar löst eine 2,0 Gebühr nach Nr. 23500 KV-GNotKG aus. Es handelt sich um eine notarielle Tätigkeit eigener Art, die über die bloße Beurkundung weit hinausgeht, da der Notar verpflichtet ist, den Vermögensbestand selbst zu ermitteln. Der Geschäftswert bestimmt sich nach dem Gesamtwert der verzeichneten Gegenstände (§ 115 GNotKG).[175] Soweit dabei bereits veräußerte Gegenstände im Inventar erfasst werden, sind diese mit dem Wert im Zeitpunkt der Veräußerung zu berücksichtigen. Verbindlichkeiten sind nicht zu berücksichtigen. 125

Wirkt der Notar **nur als Urkundsperson** mit, wie bei dem Inventar gemäß § 2002 BGB, fällt eine 1,0 Gebühr an (Nr. 23502 KV-GNotKG). 126

Schuldner der Notarkosten ist der Erbe (§ 24 Nr. 4 GNotKG). Es handelt sich um Nachlassverbindlichkeiten. Umstritten ist dabei, ob es sich bei den Notarkosten um Nachlassverbindlichkeiten mit der Möglichkeit der Haftungsbeschränkung auf den Nachlass handelt oder ob eine Nachlasserbenschuld vorliegt, bei der die Haftung nicht beschränkt werden kann, aber eine Regressmöglichkeit gegen den Nachlass besteht.[176] Es dürfte sich sowohl im Fall des § 2002 BGB als auch des § 2003 BGB um Nachlasserbenschulden handeln.[177] 127

Die **Kosten** des **Nachlassgerichts** für die Entgegennahme des Inventars (Inventarerrichtung) bestimmen sich nach Nr. 12410 Abs. 1 Nr. 6 KV-GNotKG (15,00 €). 128

Für den **Antrag** des Erben einen Notar mit der amtlichen Aufnahme des Nachlassinventars zu beauftragen, fallen 40,00 € an (Nr. 12412 KV-GNotKG). 129

Die dem Erben für die Aufnahme und die Errichtung des Inventars angefallenen Kosten können im Nachlassinsolvenzverfahren als **Masseverbindlichkeiten** gemäß § 324 Abs. 1 Nr. 4 InsO geltend gemacht werden.[178] 130

---

174) Staudinger-*Dobler*, BGB, § 2004 Rz. 10; Grüneberg-*Weidlich*, BGB, § 2004 Rz. 1.

175) *Lohmann* in: BeckOK-BGB, § 2002 Rz. 2.

176) *Herzog*, Die Erbenhaftung, § 7 Rz. 32.

177) So Staudinger-*Dobler*, BGB, § 1993 Rz. 22; **a. A.** für die Kosten des Inventars gemäß § 2003 BGB *Herzog*, Die Erbenhaftung, § 7 Rz. 32.

178) *Schallenberg/Rafiqpoor* in: FK-InsO, § 324 Rz. 16.

5. Inhalt des Inventars

131 Das von dem Erben einzureichende Inventar soll die bei Eintritt des Erbfalls

- vorhandenen Nachlassgegenstände
- mit Angabe des **Wertes** und
- die **Nachlassverbindlichkeiten**

enthalten (§ 2001 Abs. 1, 2 BGB). Aufzuführen sind die Aktiva im **Zeitpunkt des Erbfalls**, die **Passiva hingegen zum Zeitpunkt der Inventarerrichtung**. Auch Gegenstände, an denen der Erblasser lediglich Besitz hatte, sind, unter Hinweis auf die bloße Besitzberechtigung, aufzunehmen.[179)]

132 Bestehen **Zweifel**, ob ein Gegenstand dem **Nachlass zuzurechnen** ist, weil z. B. die Wirksamkeit der Übertragung auf den Erblasser oder einer Übertragung des Erblassers auf einen Dritten nicht geklärt werden kann, ist diese Unsicherheit bezüglich der Nachlasszugehörigkeit in dem Nachlassverzeichnis darzustellen. Der Erbe oder der aufnehmende Notar müssen rechtliche Fragen, die sich auf die Zugehörigkeit eines Gegenstands zum Nachlass auswirken, nicht abschließend prüfen, sondern lediglich im Inventar aufzeigen.

133 **Veränderungen**, die hinsichtlich der Nachlassgegenstände seit dem Erbfall eingetreten sind, müssen nicht aufgeführt werden.[180)] Es sind daher Nachlassgegenstände, die im Zeitpunkt der Errichtung des Inventars nicht mehr vorhanden sind, in das Inventarverzeichnis aufzunehmen, während hingegen später erworbene Gegenstände oder auch Ersatzforderungen gegen den Erben aus §§ 1978 Abs. 1 Satz 1, 667 BGB außer Betracht bleiben. Wenn der Erbe die Haftungsbeschränkung herbeigeführt hat, wird er **später** allerdings die Veränderungen im Nachlassbestand **nachzuweisen haben** (§§ 666, 1978 Abs. 1, 1991 Abs. 1 BGB). Es ist daher zweckmäßig, Veränderungen im Nachlassbestand nachvollziehbar im Inventar zu dokumentieren.[181)]

134 Auch Rechte, die durch **Vereinigung von Schuldner und Erbenstellung** infolge des Erbfalls oder durch Aufrechnung erloschen sind (§§ 1976, 1977 BGB), sind im Inventar aufzuführen. Die Mitgliedschaft in einer **Personengesellschaft** ist stets anzugeben, und zwar auch dann, wenn der Gesellschaftsanteil auf den Erben im Wege der Sondererbfolge übergeht.[182)]

135 Die Nachlassgegenstände sollen **beschrieben** werden, soweit dies für die Ermittlung ihres Wertes erforderlich ist und ein Wert angegeben werden (§ 2001 Abs. 2

179) *Küpper* in: MünchKomm-BGB, § 2001 Rz. 2.

180) *Küpper* in: MünchKomm-BGB, § 2001 Rz. 2.

181) Staudinger-*Dobler*, BGB, § 2001 Rz. 2.

182) *Küpper* in: MünchKomm-BGB, § 2001 Rz. 2.

BGB). Maßgeblicher Zeitpunkt für die Wertangabe ist der Zeitpunkt des Erbfalls.[183)]

Die Darstellung von **Grundbesitz** erfolgt sinnvoller Weise durch Vorlage eines 136
Grundbuchauszugs. Der Wert des Grundstücks kann über einen Sachverständigen oder den Gutachterausschuss der jeweiligen Gemeinde in Erfahrung gebracht werden. Die Bewertung von **Gesellschaftskapital**, das sich im Nachlass befindet, erfolgt in der Regel durch die Vorlage der letzten Bilanz. Diese sollte bei wesentlichen Veränderungen ggf. ergänzt werden durch Auskünfte des Geschäftsführers der Gesellschaft oder durch eine förmliche Auskunft deren Steuerberaters.

Bei § 2001 Abs. 2 BGB handelt es sich lediglich um eine **Sollvorschrift**. Das Feh- 137
len der Wertangabe hat keinen Einfluss auf die Wirksamkeit des Inventars. Sie sollte aber im Interesse des Erben erfolgen, um auf diese Weise eine mögliche Überschuldung des Nachlasses festzustellen.

Nachlassverbindlichkeiten sind mit dem Stand zum Zeitpunkt der Errichtung 138
des Inventars anzugeben.[184)] In das Inventar aufzunehmen sind daher auch Nachlassverbindlichkeiten, die erst **nach dem Erbfall entstanden** sind, wie z. B. Beerdigungskosten (§ 1968 BGB) oder auch die Kosten der Inventarerrichtung selbst.[185)] Auch Nachlasserbenschulden, also Verbindlichkeiten, die der Erbe bei der Verwaltung des Nachlasses eingeht, sind in dem Inventar aufzuführen.[186)]

Das Inventar muss den **gesamten Nachlass** umfassen. Auch ein **Miterbe** muss 139
den gesamten Nachlass darstellen.[187)] Das von dem Nacherben zu errichtende Inventar muss die Nachlassgegenstände und Nachlassverbindlichkeiten aufführen, die zur Zeit des Erbfalls, nicht des Nacherbfalls, vorhanden waren.[188)]

Eine **Nachlassbilanz**, d. h. eine vergleichende Gegenüberstellung von Aktiva und 140
Passiva, ist nicht vorgeschrieben, aber regelmäßig zu empfehlen.

6. Wirkung des fristgerecht errichteten Inventars

Wurde das Inventar freiwillig oder rechtzeitig innerhalb der gesetzten Frist er- 141
richtet, wird gemäß § 2009 BGB zwischen dem Erben und den Nachlassgläubigern vermutet, dass im Zeitpunkt des Erbfalls nur die in dem Inventar aufgeführten Gegenstände vorhanden waren. Diese **Vermutung** besteht selbst dann, wenn das Inventar in erheblichem Umfang Nachlassgegenstände nicht auf-

183) Staudinger-*Dobler*, BGB, § 2001 Rz. 4.

184) BGH, Urt. v. 10.2.1960 – V ZR 39/58, BGHZ 32, 60, 65 = MDR 1960, 483.

185) *Johannsen* in: Reichsgerichtsrätekommentar BGB, § 2001 Rz. 3.

186) *Küpper* in: MünchKomm-BGB, § 2001 Rz. 3.

187) Grüneberg-*Weidlich*, BGB, § 2001 Rz. 1.

188) Grüneberg-*Weidlich*, BGB, § 2144 Rz. 4.

führt.[189] Nach a. A. ist die Vermutung des § 2009 erschüttert, wenn ein Inventar **erhebliche Unvollständigkeiten** aufweist.[190] In jedem Fall gilt die Vermutung des § 2009 nicht, wenn der Erbe eine Inventaruntreue gemäß § 2005 Abs. 1 Satz 1 BGB begangen hat, also absichtlich ein falsches Inventar errichtet hat.[191]

142 Die Vermutungswirkung des § 2009 BGB **bezieht sich nur auf die Aktiva** des Nachlasses im Zeitpunkt des Erbfalls, nicht auf die Wertangaben (§ 2001 Abs. 2 BGB) und nicht auf die Nachlasspassiva.[192] Sie hat einen negativen Inhalt und geht dahin, dass im Zeitpunkt des Erbfalls weitere Nachlassgegenstände nicht vorhanden gewesen seien. § 2009 BGB begründet allerdings keine Vermutung dahingehend, dass die im Inventar aufgeführten Gegenstände auch zu dem Nachlass gehören.[193]

143 Erhebt der Erbe z. B. die **Dürftigkeitseinrede** (§ 1990 BGB), muss er nur die in dem Inventar verzeichneten Gegenstände zur Befriedigung an die Nachlassgläubiger herausgeben.

144 Die Vermutung des § 2009 BGB **gilt nur im Verhältnis zu den Nachlassgläubigern**, also nicht gegenüber Eigengläubigern des Erben, dem Erbschaftsbesitzer, Nacherben oder dem Testamentsvollstrecker.[194] Sie wirkt auch nicht gegenüber dem Nachlassverwalter und Nachlassinsolvenzverwalter.[195]

145 **Soweit die Vermutung** des § 2009 BGB **nicht gilt**, unterliegt das Nachlassinventar der freien **Beweiswürdigung** gemäß § 286 ZPO. Die Vorlage des Inventars kann für den Erben bei der Erfüllung seiner Auskunfts- und Rechenschaftspflichten gemäß §§ 1978 Abs. 1, 666, 259, 260 BGB hilfreich sein.

146 Für Nachlassgläubiger ist der **Beweis des Gegenteils** i. R. des § 2009 BGB gemäß § 292 ZPO zulässig.[196] Bei der **Vollstreckungsabwehrklage** des Erben gemäß § 785 ZPO obliegt dem Nachlassgläubiger daher der Beweis, dass der nicht in dem Inventar aufgeführte Gegenstand doch zum Nachlass gehört.

7. Eidesstattliche Versicherung der Vollständigkeit des Inventars

147 Obwohl der Erbe das Inventar nicht privat errichten kann, sondern die vom Gesetz vorgesehenen Personen hinzuziehen muss (§§ 2002, 2003 BGB), ist dadurch die **Richtigkeit und Vollständigkeit** des Nachlassverzeichnisses **noch nicht gewährleistet**. § 2006 Abs. 1 BGB sieht daher vor, dass der Erbe auf Antrag eines

---

189) Staudinger-*Dobler*, BGB, § 2009 Rz. 7; *Küpper* in: MünchKomm-BGB, § 2009 Rz. 2.
190) Soergel-*Stein*, BGB, § 2009 Rz. 86.
191) Grüneberg-*Weidlich*, BGB, § 2009 Rz. 2.
192) Staudinger-*Dobler*, BGB, § 2009 Rz. 4.
193) *Küpper* in: MünchKomm-BGB, § 2009 Rz. 3; Grüneberg-*Weidlich*, BGB, § 2009 Rz. 1.
194) Grüneberg-*Weidlich*, BGB, § 2009 Rz. 1.
195) *Küpper* in: MünchKomm-BGB, § 2009 Rz. 4; **a. A.** Staudinger-*Dobler*, BGB, § 2009 Rz. 3.
196) Staudinger-*Dobler*, BGB, § 2009 Rz. 5.

Gläubigers zu Protokoll des Nachlassgerichts **an Eides statt zu versichern hat**, dass er die Nachlassgegenstände so vollständig angegeben habe, wie er dazu imstande sei. Der Notar ist hierfür nicht zuständig. § 2006 BGB setzt auch voraus, dass das Inventar **bereits errichtet**, also bei dem Nachlassgericht eingereicht ist. Es ist daher nicht möglich, bei der Aufnahme des Inventars in der gleichen Urkunde eine eidesstattliche Versicherung mit aufzunehmen, unabhängig davon, dass der Notar für deren Entgegennahme ohnehin nicht zuständig ist. Jeder Gläubiger, der einen Antrag auf Bestimmung einer Inventarfrist hätte stellen können, kann die Abgabe der eidesstattlichen Versicherung beantragen.[197)]

Die eidesstattliche Versicherung **betrifft** nur die angegebenen Nachlassaktiva, **148** nicht aber deren Beschreibung und die Angabe des Wertes.[198)] Dem Erben ist vor der Abgabe der eidesstattlichen Versicherung die Möglichkeit zu geben, das eingereichte Inventar zu **vervollständigen** (§ 2006 Abs. 2 BGB). Hat der allerdings sein Recht zur Haftungsbeschränkung gemäß § 2005 Abs. 1 BGB bereits verloren, kann er es durch Ergänzung des Inventars nicht wiedererlangen.[199)]

Bei **Miterben** ist umstritten, ob auch ein anderer Miterbe als der, der das Inven- **149** tar erstellt hat, zur eidesstattlichen Versicherung aufgefordert werden kann. Das Inventar eines Miterben wirkt auch zugunsten der anderen Miterben (§ 2063 Abs. 1 BGB). Er kann dieses Inventar überprüfen und ggf. gemäß § 2006 Abs. 2 BGB ergänzen. Der Gläubiger kann daher beantragen, ihn zur eidesstattlichen Versicherung aufzufordern.[200)]

Eine wiederholte Abgabe der eidessstattlichen Versicherung kann derselbe Gläu- **150** biger oder ein anderer Gläubiger nur verlangen, wenn Grund zu der Annahme besteht, dass dem Erben nach der Abgabe der eidesstattlichen Versicherung weitere Nachlassgegenstände bekannt geworden sind (§ 2006 Abs. 4 BGB).

Ist das Nachlassinsolvenzverfahren eröffnet oder die Nachlassverwaltung ange- **151** ordnet, ist der Erbe wegen § 2000 BGB nicht verpflichtet, die eidesstattliche Versicherung zu erklären. Im Nachlassinsolvenzverfahren kann das Insolvenzgericht dem Erben auf Antrag des Insolvenzverwalters gemäß § 153 Abs. 2 InsO aufgeben, die Vollständigkeit des Vermögensverzeichnisses eidesstattlich zu versichern; kommt der Erbe dem nicht nach, führt das aber nicht zum Verlust des Haftungsbeschränkungsrechts.[201)]

Weigert sich der Erbe, die eidesstattliche Versicherung abzugeben, oder erscheint **152** er unentschuldigt nicht zu dem dafür anberaumten Termin, haftet er gegenüber dem beantragenden Gläubiger unbeschränkt (§ 2006 Abs. 3 BGB).

---

197) *Lohmann* in: BeckOK-BGB, § 2006 Rz. 3.

198) Grüneberg-*Weidlich*, BGB, § 2006 Rz. 3.

199) Staudinger-*Dobler*, BGB, § 2006 Rz. 13.

200) Staudinger-*Marotzke*, BGB, § 2063 Rz. 15; **a. A.** Soergel-*Wolf*, BGB, § 2063 Rz. 2.

201) Erman-*Horn*, BGB, § 2006 Rz. 2.

153 Das **Verfahren** zur Abgabe der eidesstattlichen Versicherung richtet sich nach § 361 FamFG. Die **Kosten** berechnen sich nach Nr. 15212 Nr. 1 KV-GNotKG und sind von dem Antragsteller zu tragen (§ 22 Abs. 1 GNotKG, § 261 Abs. 3 BGB analog).[202]

8. Risiko der unbeschränkten Haftung des Erben im Zusammenhang mit der Inventarerrichtung

a) Inventarvergehen gemäß § 2005 Abs. 1 BGB

154 Die Errichtung des Inventars des Erben ist zwar nicht einklagbar. Aber bei nicht ordnungsgemäßer Errichtung des Inventars läuft der Erbe Gefahr, für Nachlassverbindlichkeiten unbeschränkt haften zu müssen. Der Erbe haftet gegenüber allen Nachlassgläubigern unbeschränkt, wenn

- er das Inventar nicht innerhalb der vom Nachlassgericht gesetzten Frist errichtet (§ 1994 Abs. 1 Satz 2 BGB);
- er absichtlich ein unvollständiges Inventar errichtet, das erhebliche Lücken aufweist (§ 2005 Abs. 1 Alt. 1 BGB);
- er nicht bestehende Nachlassverbindlichkeiten in der Absicht, Gläubiger zu benachteiligen, aufnimmt (§ 2005 Abs. 1 Alt. 2 BGB);
- er die amtliche Aufnahme des Inventars beantragt hat (§ 2003 BGB) und die ihm obliegende Auskunftsverpflichtung verweigert oder verzögert (§ 2005 Abs. 1 Satz 2 BGB).

155 Unrichtige **Angaben eines** gesetzlichen oder gewillkürten **Vertreters** gehen dabei zulasten des Erben (§ 278 BGB).[203] Umstritten ist, ob Inventarverfehlungen des **Nachlasspflegers** zulasten des Erben wirken. Wegen § 2012 Abs. 1 Satz 3 BGB dürfte dies abzulehnen sein.[204] Bezieht sich der Erbe auf ein Inventar des **Testamentsvollstreckers** und kennt dessen Unrichtigkeit nicht, liegt keine absichtliche Verfehlung des Erben vor. In diesem Fall kommt lediglich die Setzung einer neuen Inventarfrist in Betracht.[205]

156 Bei **Miterben** tritt die Folge der unbeschränkten Haftung immer nur für den jeweils betroffenen Miterben ein.

157 Hat der Erbe **freiwillig nach Anordnung der Nachlassverwaltung** oder Eröffnung des Nachlassinsolvenzverfahrens ein Inventar errichtet (vgl. § 2000 Satz 1 BGB), greift nach überwiegender Auffassung § 2005 Abs. 1 Satz 1 BGB nicht

---

202) *Gottwald* in: Damrau/Tanck, PK Erbrecht, § 2006 Rz. 8.

203) Grüneberg-*Weidlich*, BGB, § 2005 Rz. 1; *Endemann* in: Groll/Steiner, Praxishdb. Erbrechtsberatung, Rz. 25.82.

204) Staudinger-*Dobler*, BGB, § 1993 Rz. 16, § 2005 Rz. 10.

205) *Muscheler*, Erbrecht, Rz. 3755; *Lohmann* in: BeckOK-BGB, § 2005 Rz. 6.

ein.[206] Wenn der Erbe allerdings bei Eröffnung des Nachlassinsolvenzverfahrens oder Anordnung der Nachlassverwaltung bereits ein Inventar errichtet und den Tatbestand des § 2005 Abs. 1 BGB erfüllt hatte, bleibt es bei dem Verlust der Haftungsbeschränkungsmöglichkeit, auch wenn es zu einer Separation des Nachlasses kommt.[207]

aa) Unvollständiges Inventar (§ 2005 Abs. 1 Satz 1 Halbs. 1 BGB)

Der Erbe haftet unbeschränkbar, wenn er im Inventar erhebliche Nachlassaktiva 158
verschweigt. Das Inventar muss **objektiv erheblich unvollständig** sein. Ausreichend ist daher nicht, dass z. B. nur zwei geringfügige Gegenstände fehlen.[208] Absicht i. S. von § 2005 Abs. 1 Satz 1 Halbs. 1 BGB ist mehr als Vorsatz. Der Erbe muss mit der Unvollständigkeit **etwas bezweckt haben**. Nicht erforderlich ist die Absicht, die Gläubiger zu benachteiligen. Ausreichend ist aber, wenn der Erbe einen anderen Zweck erfüllt, z. B. einen Miterben oder die Steuerbehörden über den Umfang des Nachlasses zu täuschen.[209] Führt der Erbe absichtlich einen nicht vorhandenen Nachlassgegenstand in dem Inventar auf, hat das nicht den Verlust des Haftungsbeschränkungsrechts zur Folge.[210] Auch unrichtige **Angaben über den Wert** der einzelnen Nachlassgegenstände werden nicht von § 2005 Abs. 1 BGB erfasst.

bb) Aufnahme einer nicht bestehenden Nachlassverbindlichkeit (§ 2005 Abs. 1 Satz 1 Halbs. 2 BGB)

Auch wenn sich die Vermutung des § 2009 BGB nicht auf die Nachlasspassiva 159
bezieht, verliert der Erbe die Möglichkeit der Haftungsbeschränkung, wenn er in der Absicht, die Nachlassgläubiger zu benachteiligen, eine nicht bestehende Nachlassverbindlichkeit in dem Inventar aufführt. Geht er irrtümlich vom Bestehen der Nachlassverbindlichkeit aus und nimmt diese in das Inventar auf, greift § 2005 Abs. 1 BGB nicht ein.[211] Lässt der Erbe eine bestehende Nachlassverbindlichkeit absichtlich weg, ist das ebenfalls unschädlich.[212]

---

206) Grüneberg-*Weidlich*, BGB, § 2000 Rz. 2; *Küpper* in: MünchKomm-BGB, § 2000 Rz. 5; **a. A.** Staudinger-*Dobler*, BGB, § 2000 Rz. 8.

207) *Küpper* in: MünchKomm-BGB, § 2000 Rz. 5; Grüneberg-*Weidlich*, BGB, § 2000 Rz. 2.

208) *Küpper* in MünchKomm-BGB, § 2005 Rz. 2.

209) Staudinger-*Dobler*, BGB, § 2005 Rz. 4; *Küpper* in: MünchKomm-BGB, § 2005 Rz. 2.

210) Staudinger-*Dobler*, BGB, § 2005 Rz. 9.

211) *Küpper* in: MünchKomm-BGB, § 2005 Rz. 2; Staudinger-*Dobler*, BGB, § 2005 Rz. 5.

212) Grüneberg-*Weidlich*, BGB, § 2005 Rz. 2; Staudinger-*Dobler*, BGB, § 2005 Rz. 5, 9.

cc) Verweigerung oder absichtliche erhebliche Verzögerung der Auskunft (§ 2005 Abs. 1 Satz 2 BGB)

160 Der Erbe verliert das Recht zur Haftungsbeschränkung, wenn er die amtliche Aufnahme des Inventars beantragt (§ 2003 Abs. 1 BGB) und dann die erforderliche Auskunft (§ 2003 Abs. 2 BGB) verweigert oder absichtlich erheblich verzögert.

161 **Ungeschriebenes Tatbestandsmerkmal** von § 2005 Abs. 1 Satz 2 BGB ist dabei, dass dem Erben von einem Nachlassgläubiger eine Inventarfrist gesetzt worden ist.[213)] Bei einer freiwilligen Inventarerrichtung greift die Vorschrift daher nicht ein. In diesem Fall kann es aber über § 2005 Abs. 2 BGB zu einer Fristsetzung kommen. § 2005 Abs. 1 Satz 2 BGB greift nicht ein, wenn der Erbe die Auskunft erteilt hat, diese aber nur unabsichtlich oder unerheblich unvollständig war oder wenn die Verzögerung unabsichtlich eintrat.[214)]

b) Verweigerung der eidesstattlichen Versicherung (§ 2006 Abs. 1 BGB)

162 Der Erbe haftet gegenüber einem einzelnen Gläubiger unbeschränkt, wenn dieser die eidesstattliche Versicherung verlangt hat (§ 2006 Abs. 1 BGB) und er diese verweigert oder er grundlos nicht zu dem Termin erscheint (§ 2006 Abs. 3 BGB). **Von der Versicherung betroffen** ist nur die vollständige Angabe der Nachlassaktiva, nicht deren Beschreibung, die Wertangaben oder auch die Nachlassverbindlichkeiten.[215)] Der Erbe ist verpflichtet, Nachforschungen nach Nachlassgegenständen anzustellen, wenn sich konkrete Anhaltspunkte ergeben, dass noch weitere Nachlassgegenstände zum Zeitpunkt des Erbfalls vorhanden waren.[216)]

163 Die Verweigerung der eidesstattlichen Versicherung, die von dem Erben gemäß §§ 1978, 666, 260 Abs. 2 BGB, § 153 Abs. 2 InsO verlangt werden kann, führt nicht zu einem Verlust des Haftungsbeschränkungsrechts.[217)]

c) Folgen der unbeschränkten Haftung des Erben

164 Hat der Erbe die Möglichkeit zur Beschränkung seiner Erbenhaftung verloren, ergeben sich die Rechtsfolgen aus § 2013 BGB. Durch Eintritt der unbeschränkten Haftung wegen Inventarverfehlungen verliert der Erbe alle Rechtsbehelfe,

---

213) Grüneberg-*Weidlich*, BGB, § 2005 Rz. 4; *Küpper* in: MünchKomm-BGB, § 2005 Rz. 2; Staudinger-*Dobler*, BGB, § 2005 Rz. 7.

214) Grüneberg-*Weidlich*, BGB, § 2005 Rz. 4.

215) *Küpper* in: MünchKomm-BGB, § 2006 Rz. 3.

216) Staudinger-*Dobler*, BGB, § 2006 Rz. 11; gegen eine Nachforschungspflicht *Küpper* in: MünchKomm-BGB, § 2006 Rz. 3.

217) Staudinger-*Dobler*, BGB, § 2000 Rz. 10.

die ihm das Gesetz sonst gewährt, um die Beschränkung der Erbenhaftung herbeizuführen.[218)]

aa) Verlust der Einreden gemäß §§ 1973, 1974 BGB

Der Erbe kann gegenüber den Nachlassgläubigern nicht mehr einwenden, dass sie mit ihrer Forderung gemäß §§ 1973, 1974 BGB ausgeschlossen sind (§ 2013 Abs. 1 Satz 1 BGB). Dies gilt allerdings nur, wenn der Ausschließungsbeschluss im Aufgebotsverfahren nach Eintritt der unbeschränkten Haftung ergangen oder die fünfjährige Frist des § 1974 Abs. 1 BGB erst danach abgelaufen ist (§ 2013 Abs. 1 Satz 2 BGB). Eine bereits eingetretene Haftungsbeschränkung gemäß §§ 1973, 1974 BGB wird somit durch eine zeitlich nachfolgende Inventarverfehlung nicht mehr berührt.[219)] 165

Verliert der Erbe gegenüber einem einzelnen Gläubiger, der die Abgabe der eidesstattlichen Versicherung beantragt hat, gemäß § 2006 Abs. 3 BGB das Recht zur Haftungsbeschränkung, kann er sich ihm gegenüber allerdings nicht mehr auf die bereits eingetretenen Einreden gemäß §§ 1973, 1974 BGB berufen.[220)] § 2013 Abs. 1 Satz 2 BGB verweist nicht auf § 2006 BGB. 166

bb) Nachlassverwaltung und Nachlassinsolvenz

Der **unbeschränkt haftende Erbe** ist nicht berechtigt, die Nachlassverwaltung zu beantragen (§ 2013 Abs. 1 Satz 1 Halbs. 2 BGB). Das Recht der Nachlassgläubiger, die Nachlassverwaltung zu beantragen, bleibt hingegen bestehen (§ 1981 Abs. 2 Satz 1 BGB).[221)] Der unbeschränkt haftende Erbe bleibt aber weiterhin berechtigt, das Nachlassinsolvenzverfahren zu beantragen (§§ 316 Abs. 1, 317 InsO). 167

Die Anordnung der Nachlassverwaltung hindert die Nachlassgläubiger nicht, den unbeschränkt haftenden Erben unmittelbar **in Anspruch zu nehmen.** § 1984 Abs. 1 Satz 3 BGB findet in diesem Fall keine Anwendung.[222)] 168

Im Nachlassinsolvenzverfahren schließt nach überwiegender Auffassung § 87 InsO nicht aus, dass die Nachlassgläubiger gegen den unbeschränkt haftenden Erben jeweils persönlich vorgehen und in sein Eigenvermögen vollstrecken.[223)] Der Nachlassgläubiger ist in einem Rechtsstreit gegen den Erben **darlegungs- und beweispflichtig**, dass der Erbe unbeschränkt haftet. Ein stattgebendes, d. h. 169

218) Staudinger-*Dobler*, BGB, § 2013 Rz. 1.

219) Hierzu kritisch Staudinger-*Dobler*, BGB, § 2013 Rz. 2.

220) *Küpper* in: MünchKomm-BGB, § 2013 Rz. 3; Staudinger-*Dobler*, BGB, § 2013 Rz. 2.

221) Staudinger-*Dobler*, BGB, § 2013 Rz. 4.

222) *Küpper* in: MünchKomm-BGB, § 2013 Rz. 2.

223) Staudinger-*Dobler*, BGB, § 2013 Rz. 5; Staudinger-*Kunz*, BGB, Vorb. §§ 1967–2017 Rz. 29.

die unbeschränkte Erbenhaftung bejahendes Urteil entfaltet nur Rechtskraft zwischen dem an dem jeweiligen Rechtsstreit beteiligten Gläubiger und dem Erben.

170 Die Nachlassgläubiger unterliegen bei ihrem Vorgehen gegen den Erben keiner **Einzugsermächtigung analog §§ 93, 334 InsO.**[224] Diese h. M. überzeugt nicht. Der Sinn und Zweck von § 93 InsO liegt, wie bei § 92 InsO, darin, Sondervorteile für einzelne Gläubiger durch einen schnellen Zugriff auf das Gesellschaftervermögen zu vermeiden.[225] Auch im Fall der Nachlassinsolvenz ist es naheliegend, dass bei unbeschränkbarer Haftung des Erben einzelne Nachlassgläubiger schnell auf das Eigenvermögen des Erben zugreifen und sich auf diese Weise gegenüber anderen Nachlassgläubigern **Vorteile verschaffen.** Durch die Nachlassinsolvenz wurden die beiden Vermögensmassen Nachlass und Eigenvermögen getrennt. Für die Nachlassverbindlichkeit haften bei unbeschränkter Erbenhaftung diese beiden Vermögensmassen. Es besteht eine Nachlassverbindlichkeit mit zwei verschiedenen Haftungsmassen. Die Rechtslage ist somit mit der persönlichen **Haftung eines Gesellschafters neben der Gesellschaft vergleichbar.** Insoweit kann der überwiegenden Auffassung nicht zugestimmt werden, die davon ausgeht, dass der Erbe nicht neben einem anderen Schuldner und nicht neben einem anderen Haftungsobjekt, sondern vielmehr anstelle des Erblassers haftet, dann aber letztlich den unbeschränkt haftenden Erben mit einem Gesellschafter vergleicht, der sich für eine Gesellschaftsschuld verbürgt hat, also eine neue eigenständige Verbindlichkeit begründet hat.[226] § 93 InsO findet daher wegen der vergleichbaren Interessenlage und dem Schutzzweck der Vorschrift im Fall der unbeschränkten Erbenhaftung entsprechende Anwendung.[227]

171 § 93 InsO stellt keine eigenständige Anspruchsgrundlage zugunsten des Insolvenzverwalters dar, sondern begründet für diesen lediglich eine **treuhänderische Stellung** und eine gesetzliche Prozessstandschaft.[228] Während des Nachlassinsolvenzverfahrens ist nur der Insolvenzverwalter berechtigt, die Haftung des unbeschränkt haftenden Erben geltend zu machen.

172 **Auf das Nachlassverwaltungsverfahren findet § 93 InsO keine entsprechende Anwendung.** Die Nachlassverwaltung wird nur durchgeführt, wenn der Nachlass ausreicht, um sämtliche Nachlassverbindlichkeiten zu erfüllen. Durch einen Zugriff auf das Eigenvermögen des unbeschränkt haftenden Erben würden sich Nachlassgläubiger keinen von Zufällen abhängigen Sondervorteil verschaffen.

---

224) *Böhm* in: HambKomm-InsO, § 325 Rz. 6; OLG Schleswig, Beschl. v. 16.2.2011 – 3 W 21/11, FamRZ 2011, 1682.

225) *Wimmer-Amend* in: FK-InsO, § 92 Rz. 1, § 93 Rz. 1.

226) *Siegmann* in: MünchKomm-InsO, § 325 Rz. 10.

227) *Sämisch*, ZInsO 2014, 25 ff.; *Roth*, ZInsO 2010, 118 ff.; *Oepen*, Massefremde Masse, Rz. 277, 278; **a. A.** *Meßink*, Die unternehmenstragende Erbengemeinschaft, S. 69 ff., 83; *Siegmann* in: MünchKomm-InsO, § 325 Rz. 10; *Brinkmann*, Die Bedeutung der §§ 92, 93 InsO für den Umfang der Insolvenz- und Sanierungsmasse, S. 192, 193.

228) *Wimmer-Amend* in: FK-InsO, § 93 Rz. 1.

Wird neben dem Nachlassinsolvenzverfahren oder der Nachlassverwaltung auch ein Insolvenzverfahren über das Eigenvermögen des Erben eröffnet, können die Nachlassgläubiger bzw. der Nachlassinsolvenzverwalter ihre Forderung auch in diesem Verfahren geltend machen. Sie werden dann wie absonderungsberechtigte Gläubiger behandelt (§ 331 Abs. 1 InsO); siehe hierzu näher § 5 Rz. 3 [*Roth*]. 173

cc) Weitere Folgen der unbeschränkten Haftung

§ 1976 BGB wird in § 2013 Abs. 1 Satz 1 nicht erwähnt, bleibt also weiter anwendbar. Der unbeschränkt haftende Erbe kann, nach wie vor, die ihm **gegen den Erblasser zustehenden Forderungen geltend machen.** 174

Die von dem unbeschränkt haftenden Erben erklärte **Aufrechnung** ist unwirksam (§ 2013 Abs. 1 Satz 1, 1977 Abs. 1 BGB). § 2013 Abs. 1 Satz 1 BGB bezieht sich nur auf § 1977 Abs. 1 BGB.[229] 175

Die §§ 1978–1980 BGB sind nicht anwendbar (§ 2013 Abs. 1 Satz 1 BGB). Da der Erbe unbeschränkt mit seinem Eigenvermögen für Nachlassverbindlichkeiten haftet, bedarf es seiner Verantwortlichkeit für die bisherige Verwaltung des Nachlasses nicht. Die Zuerkennung von Ersatzansprüchen gäbe den Nachlassgläubigern keine zusätzlichen Zugriffsmöglichkeiten. Dem unbeschränkt haftenden Erben steht auch **kein Ersatz von Aufwendungen** gemäß §§ 1978 Abs. 3, 1979 BGB zu. Die **Einreden** gemäß §§ 1989 bis 1992 BGB verwehrt (§ 2013 Abs. 1 Satz 1 BGB). 176

Der gegenüber allen Nachlassgläubigern unbeschränkt haftende Erbe verliert das Recht, das **Aufgebot** der Nachlassgläubiger zu beantragen (§ 455 Abs. 1 FamFG), die Zwangsversteigerung eines Nachlassgrundstücks zu beantragen (§ 175 Abs. 2 ZVG) und die aufschiebenden Einreden gemäß §§ 2014, 2015 BGB (§ 2016 Abs. 1 BGB) geltend zu machen. Er kann im Prozess wegen einer Nachlassverbindlichkeit nicht mehr die Einrede des § 780 Abs. 1 ZPO erheben. 177

dd) Verlust der Haftungsbeschränkung gegenüber einzelnen Gläubigern (§ 2013 Abs. 2 BGB)

Haftet der Erbe nur einzelnen Nachlassgläubigern gegenüber unbeschränkbar, wie im Fall des § 2006 Abs. 3 BGB oder wegen Nichtgeltendmachung der Haftungsbeschränkung im Prozess gemäß § 780 Abs. 1 ZPO, treten diesen Gläubigern gegenüber die Rechtsfolgen wie bei der allgemein unbeschränkbaren Haftung ein.[230] Er kann den übrigen Nachlassgläubigern gegenüber weiter seine Haftung auf den Nachlass beschränken, insbesondere auch die **Nachlassverwaltung** 178

229) Staudinger-*Dobler*, BGB, § 2013 Rz. 6.

230) Staudinger-*Dobler*, BGB, § 2013 Rz. 9.

anordnen lassen und die Einreden gemäß §§ 1989–1992 BGB erheben. Auch die §§ 1977–1980 BGB gelten für ihn weiter (§ 2013 Abs. 2 BGB).

179 Umstritten ist, ob der Erbe nach einer **Inventarverfehlung** seine Haftung gegenüber denjenigen Gläubigern, die ihre Forderung erst nach dem Ablauf der Inventarfrist oder nach der Errichtung eines fehlerhaften Inventars i. S. von § 2005 BGB erworben haben und deren Ansprüche er nicht vorher kannte, auf den Nachlass beschränken kann. Dies kann insbesondere bei **Dauertestamentsvollstreckung** relevant werden. *Muscheler* bejaht dies in teleologischer Reduktion der §§ 1994 Abs. 1, 2005 Abs. 1 BGB und kommt insoweit zu einer entsprechenden Anwendung von § 2013 Abs. 2 BGB.[231] Nach a. A. soll der Erbe, der den Tatbestand des § 2005 Abs. 1 BGB verwirklich hat, daraus keine Vorteile ziehen und auch den Gläubigern, die erst nach der Errichtung des unrichtigen Inventars eine Forderung gegen den Nachlass erworben haben, unbeschränkt haften.[232]

V. Aufgebotsverfahren

180 Der Erbe hat die Schwierigkeit, sich einen Überblick über den Bestand des Nachlasses zu verschaffen. Über das Aufgebotsverfahren kann er den Umfang der Nachlassverbindlichkeiten in Erfahrung bringen. Der Erbe kann gemäß § 1979 BGB Nachlassgläubiger **nach Belieben befriedigen**, solange er ohne Fahrlässigkeit von einem ausreichenden Nachlass ausgehen darf. Er darf in der Regel nur von der **Zulänglichkeit des Nachlasses** ausgehen, wenn er die ihm zur Verfügung stehenden Mittel zur Feststellung des Nachlassbestandes ausgeschöpft hat. Dazu gehört das Aufgebotsverfahren, wenn der Erbe davon ausgehen muss, dass noch weitere Nachlassverbindlichkeiten vorhanden sind (vgl. § 1980 Abs. 2 Satz 2 BGB). Ein Aufgebot ist nicht erforderlich, wenn der Nachlass dessen Kosten nicht deckt (§ 1980 Abs. 2 Satz 2 Halbs. 2 BGB).

1. Antragsberechtigung

181 Vor der Annahme der Erbschaft können der verwaltende Nachlasspfleger und der Nachlassverwalter das Aufgebotsverfahren beantragen (§ 455 Abs. 2 FamFG). Dem verwaltenden Testamentsvollstrecker steht ein Antragsrecht nach Annahme der Erbschaft zu (§ 455 Abs. 3 FamFG).

182 Der Erbe ist antragsberechtigt, nachdem er die Erbschaft angenommen hat (§ 455 Abs. 1, 3 FamFG). Der Erbe muss seine Erbenstellung glaubhaft machen. Die Vorlage eines Erbscheins kann nicht verlangt werden.[233] Es reicht aus, dass der Antragsteller seine Erbenstellung schlüssig darlegt und sich für das Aufgebotsgericht keine durchgreifenden Zweifel an der Erbenstellung ergeben.

231) *Muscheler*, Erbrecht, Rz. 3743 ff.

232) Staudinger-*Dobler*, BGB, § 2005 Rz. 1.

233) OLG Hamm, Beschl. v. 2.12.2011 – I-15 W 384/11, ZErb 2012, 87 = Rpfleger 2012, 386.

Dem Erben steht kein Antragsrecht mehr zu, wenn er für Nachlassverbindlichkeiten **unbeschränkt haftet** (§ 2013 Abs. 1 Satz 1 BGB). Er benötigt in diesem Fall keinen Überblick über die Nachlassverbindlichkeiten mehr, da er für diese mit seinem Eigenvermögen unbeschränkt haftet. Verliert der Erbe **während des von ihm beantragten Aufgebotsverfahrens** sein Recht zur Haftungsbeschränkung, entfällt die Antragsberechtigung und das Verfahren ist wegen § 455 Abs. 1 Halbs. 2 FamFG einzustellen. Hatte das Gericht von dem Wegfall der Antragsberechtigung keine Kenntnis und einen Ausschließungsbeschluss erlassen, hat dieser keine Ausschlusswirkung gemäß § 1973 Abs. 1 Satz 1 BGB (§ 2013 Abs. 1 BGB). Solange der Ausschließungsbeschluss nicht wirksam angefochten ist, bleibt er allerdings über § 327 Abs. 3 InsO im Insolvenzverfahren anwendbar.[234] 183

Auch wenn der Erbe unbeschränkt haftet, bleiben der Nachlassverwalter, der Nachlasspfleger und der verwaltende Testamentsvollstrecker weiterhin berechtigt, das Aufgebotsverfahren durchzuführen. Dieser Personenkreis hat weiterhin ein berechtigtes Interesse, den Stand der Nachlassverbindlichkeiten zu kennen, um eine ordnungsgemäße Nachlassabwicklung zu gewährleisten.[235] § 1973 BGB schützt nicht nur das Eigenvermögen des Erben vor dem Zugriff der ausgeschlossenen Nachlassgläubiger, sondern schränkt auch deren Recht auf Befriedigung aus dem Nachlass in einer mit § 327 Abs. 3 InsO korrespondierenden Weise ein. 184

Ein einzelner **Miterbe** ist auch berechtigt, das Aufgebotsverfahren zu beantragen, selbst wenn er für Nachlassverbindlichkeiten unbeschränkt haftet (§ 460 Abs. 1 Satz 1 FamFG). Der Nacherbe kann neben dem Vorerben das Aufgebot beantragen (§ 461 FamFG). Im Fall des Erbschaftskaufes sind sowohl der Erbe als auch der Käufer antragsberechtigt (§ 463 Abs. 1 Satz 1 FamFG). 185

Lebt der Erbe in **Gütergemeinschaft** und gehört der Nachlass zum Gesamtgut der Gütergemeinschaft, kann auch der Ehegatte, der nicht Erbe ist, aber das Gesamtgut alleine oder zusammen mit dem anderen Ehegatten verwaltet, das Aufgebot beantragen (§ 462 Abs. 1 FamFG). 186

Ist das **Nachlassinsolvenzverfahren** beantragt, soll das Aufgebot nicht mehr erlassen werden. Mit der Eröffnung des Nachlassinsolvenzverfahrens wird das Aufgebotsverfahren beendet (§ 457 Abs. 1, 2 FamFG). 187

Für den Antrag auf Durchführung des Aufgebotsverfahrens besteht **keine Ausschlussfrist.** Die Einrede gemäß §§ 2015 Abs. 1 BGB, 782 ZPO besteht jedoch nur, wenn das Aufgebotsverfahren innerhalb eines Jahres nach Annahme der Erbschaft gestellt wird. Hat der Erbe allerdings Grund zu der Annahme, dass unbekannte Nachlassverbindlichkeiten vorhanden sein könnten, ist er verpflichtet, 188

234) Staudinger-*Kunz*, BGB, § 1970 Rz. 18.

235) *Krätzschel* in: Krätzschel/Falkner/Döbereiner, Nachlassrecht, § 20 Rz. 76; *Küpper* in: MünchKomm-BGB, § 1970 Rz. 3.

zur Vermeidung der Haftung gemäß § 1980 Abs. 2 Satz 2 BGB das Aufgebotsverfahren unverzüglich zu beantragen.[236] Für den Nachlasspfleger und den Nachlassverwalter beginnt die Jahresfrist mit deren Bestellung (§ 2017 BGB).

2. Zuständigkeit, Verfahren

189 **Sachlich und örtlich** zuständig ist gemäß § 23a Abs. 2 Nr. 2 GVG, § 454 Abs. 2 Satz 1 FamFG das Amtsgericht dem die Angelegenheiten des Nachlassgerichts gemäß § 343 FamFG obliegen.

190 **Funktionell** ist der Rechtspfleger zuständig (§ 3 Nr. 1 RPflG).

191 Das Aufgebotsverfahren wird nur auf **Antrag** eingeleitet (§ 434 Abs. 1 FamFG). Dem Antrag ist ein Verzeichnis der bekannten Nachlassgläubiger mit Angabe ihres Wohnortes beizufügen (§ 456 FamFG). Das Rechtsschutzbedürfnis für ein Aufgebotsverfahren darf grundsätzlich nicht mit der Begründung verneint werden, das Aufgebotsverfahren werde nur wegen einer geringfügigen Forderung eines Gläubigers betrieben, die deutlich unter den Kosten des Aufgebotsverfahrens liegt. Der Sinn und Zweck des Aufgebotsverfahrens besteht gerade darin, aufzuklären, ob und in welcher Höhe weitere Nachlassverbindlichkeiten bestehen.[237]

192 Bei zulässigem Antrag hat das Gericht das Aufgebot zu erlassen (§§ 434 Abs. 2, 458 Abs. 1 FamFG). Das Gericht erlässt das Aufgebot durch **Beschluss.**[238] Inhalt des Aufgebots ist die **Aufforderung an die Nachlassgläubiger**, ihre Forderungen innerhalb einer bestimmten Frist bei Gericht anzumelden. Dabei ist den Gläubigern anzudrohen, dass sie bei nicht rechtzeitiger Anmeldung nur insoweit Befriedigung verlangen können, als sich nach Befriedigung der nicht ausgeschlossenen Gläubiger noch ein Überschuss ergibt. Bei Miterben ist der Umstand, dass jeder Erbe nach der Nachlassteilung nur noch für den seinem Erbteil entsprechenden Teil der Verbindlichkeit haftet, mit aufzunehmen (§ 460 Abs. 1 Satz 2 BGB). Inhalt der Aufforderung ist weiter, dass das Recht des Gläubigers unberührt bleibt, vor den Verbindlichkeiten aus Pflichtteilsrechten, Vermächtnissen und Auflagen berücksichtigt zu werden.[239]

193 Die **Aufgebotsfrist** beträgt mindestens sechs Wochen (§ 437 FamFG) und höchstens sechs Monate (§ 458 Abs. 2 FamFG).

194 Der Aufgebotsbeschluss wird den bekannten Gläubigern von Amts wegen **zugestellt** (§§ 7 Abs. 2 Nr. 1, 15 Abs. 1 FamFG) und im Übrigen öffentlich **bekannt gemacht**. Die Bekanntmachung erfolgt in der Regel durch Aushang an der Ge-

---

236) Grüneberg-*Weidlich*, BGB, § 1980 Rz. 6.

237) OLG Hamm, Beschl. v. 14.2.2020 – I-15 W 6/20, ErbR 2020, 753 = NotBZ 2021, 61.

238) Zum erforderlichen Inhalt eines Aufgebotsbeschlusses: *Pyhrr*, ErbR 2023, 582.

239) *Lohmann* in: BeckOK-BGB, § 1970 Rz. 10.

richtstafel und im Bundesanzeiger.[240] Nach Ermessen des Rechtspflegers kann das Aufgebot auch in einer Tageszeitung veröffentlicht werden.[241] Fehlt in dem Aufgebotsbeschluss entgegen § 434 Abs. 2 Nr. 2 FamFG das Gericht als Adressat der Anmeldung, sondern wird nur allgemein auf § 434 FamFG verwiesen, leidet das Aufgebotsverfahren an einem schweren Verfahrensfehler. Auf eine Beschwerde eines zu spät anmeldenden Gläubigers hin sind dann sowohl Aufgebot wie auch der Ausschließungsbeschluss aufzuheben.[242]

Die **Anmeldung der Forderung** richtet sich nach § 459 Abs. 1 FamFG. Sie muss **195**
den Gegenstand und den Grund der Forderung enthalten. Urkundliche Beweisstücke sind in Urschrift oder in Abschrift beizufügen.

Das Gericht erlässt nach Ablauf der Aufgebotsfrist einen Ausschließungsbeschluss **196**
(§ 441 FamFG). Der Beschluss ist gemäß § 58 Abs. 1 FamFG mit der Beschwerde anfechtbar. Die Beschwerdefrist beträgt einen Monat (§ 63 Abs. 1 FamFG).

Hat ein Nachlassgläubiger die Aufgebotsfrist versäumt, kann er die Anmeldung **197**
seiner Forderung noch **bis zum Erlass des Ausschließungsbeschlusses nachholen** (§ 438 FamFG). Erfolgt die Anmeldung einer Forderung im Aufgebotsverfahren erst nach Erlass des Ausschließungsbeschlusses und damit verspätet, kommt eine Wiedereinsetzung in den vorigen Stand nicht in Betracht.[243] Der Ausschließungsbeschluss gemäß § 438 FamFG ist erlassen, sobald er in fertig abgefasster und unterschriebener Form an die Geschäftsstelle zur Bekanntgabe übergeben worden ist.

Wird das **Nachlassinsolvenzverfahren** eröffnet, wird das Aufgebotsverfahren au- **198**
tomatisch durch Beschluss beendet (§ 457 Abs. 2 FamFG). In diesem Fall ergeht kein Ausschließungsbeschluss.

Die Anordnung der **Nachlassverwaltung** hat keine Auswirkungen auf das Auf- **199**
gebotsverfahren.[244]

3. Kosten des Aufgebotsverfahrens

Die Kosten des Aufgebotsverfahrens nach §§ 1970 ff. BGB hat der Antragstel- **200**
ler zu tragen (§ 22 Abs. 1 FamFG). Berechnet wird gemäß Nr. 15212 Nr. 3 KV-GNotKG eine 0,5 Gebühr. Der dabei zugrunde zu legende Wert bestimmt sich gemäß § 36 GNotKG nach billigem Ermessen. In der Regel wird als Gegenstandswert 15 % der bekannt gewordenen Nachlassverbindlichkeiten angesetzt.[245]

---

240) Hierzu allgemein *Zimmermann*, ZErb 2020, 41.

241) *Osthold*, ErbR 2016, 670, 672.

242) OLG Celle, Beschl. v. 5.9.2022 – 6 W 100/22, ZEV 2023, 81 = ErbR 2023, 227; OLG Frankfurt/M., Beschl. v. 6.3.2018 – 20 W 360/16, ErbR 2018, 542 = FGPrax 2018, 188.

243) BGH, Beschl. v. 5.10.2016 – IV ZB 37/15, ErbR 2017, 27 = ZEV 2017, 37; OLG Düsseldorf, Beschl. v. 31.3.2020 – I-3 Wx 249/19, ErbR 2020, 812 = FamRZ 2020, 1595.

244) *Herzog*, Die Erbenhaftung, § 7 Rz. 71.

245) *Osthold*, ErbR 2016, 670.

Bei geringem Aktivnachlass kann der Gegenstandswert für das Verfahren auf 5 % der bekannt gewordenen Nachlassverbindlichkeiten festgesetzt werden.[246] Für den Rechtsanwalt entsteht eine 1,0 Verfahrensgebühr gemäß Nr. 3324 KV RVG.

201 Die Kosten des Aufgebotsverfahrens stellen Nachlassverbindlichkeiten dar. In der Nachlassinsolvenz können die Kosten gemäß § 324 Abs. 1 Nr. 4 InsO geltend gemacht werden.

4. Die vom Aufgebot betroffenen Nachlassgläubiger

202 Das Aufgebot richtet sich an alle Nachlassgläubiger. Umfasst sind also auch Gläubiger, die dem Antragsteller bereits bekannt sind, die in dem einzureichenden Verzeichnis bereits enthalten sind (§ 456 FamFG), die bereits einen Titel gegen den Erben erlangt haben oder die in einem bereits errichteten Inventar aufgeführt sind.[247]

203 Das Aufgebot betrifft nicht nur die Gläubiger von Erblasserschulden, sondern auch von **Erbfallschulden.** Zu den Erbfallschulden gehören auch Forderungen wegen der Einleitung nachlassbezogener Verfahren, darunter auch die Kosten des Aufgebotsverfahrens gemäß § 1970 BGB. Nachlassgläubiger sind dabei allerdings nicht solche Gläubiger, deren Forderung erst **nach dem Beginn der Aufgebotsfrist** dem Grunde nach entsteht.[248] Auch Gläubiger **noch nicht fälliger oder bedingter Forderungen**, wie z. B. der Rückgriffsanspruch eines Bürgen, sind von dem Aufgebot betroffen.[249]

204 Der **Erbe**, der das Aufgebotsverfahren selbst beantragt hat, braucht eine ihm **gegen den Nachlass zustehende Forderung** nicht anzumelden.[250] Eine Anmeldung des Erben ist hingegen erforderlich, wenn der Nachlassverwalter oder Nachlasspfleger das Aufgebotsverfahren beantragt hat.

205 Bei einer **Erbengemeinschaft** bleibt der Nachlass bis zur Teilung als gesamthänderisches Sondervermögen vom Eigenvermögen des einzelnen Erben getrennt. Der Anspruch des einzelnen Erben gegen den Nachlass erlischt nicht durch Konfusion.[251] Miterben, die Nachlassgläubiger sind, sind daher von dem Aufgebot betroffen. Das gilt auch für den antragstellenden Miterben.[252]

---

246) OLG Hamm, Beschl. v. 11.5.2012 – I-15 W 129/12, FamRZ 013, 399 = ZEV 2013, 263.

247) Grüneberg-*Weidlich*, BGB, § 1970 Rz. 2.

248) OLG Düsseldorf, Beschl. v. 28.4.2017 – I-3 Wx 75/17, ZEV 2017, 456 = ErbR 2017, 560.

249) Staudinger-*Kunz*, BGB, § 1970 Rz. 23.

250) *Muscheler*, Erbrecht Rz. 3702.

251) BVerwG, Urt. v. 5.12.1968 – III C 93.67, WM 1969, 673, 674; Staudinger-*Kunz*, BGB, § 1970 Rz. 17.

252) Staudinger-*Kunz*, BGB, § 1970 Rz. 27, 28; OLG Düsseldorf, Beschl. v. 24.1.2012 – I-3 Wx 301/11, NJW-RR 2012, 841 = Rpfleger 2012, 388; **a. A.** *Küpper* in: MünchKomm-BGB, § 1972 Rz. 7.

5. Vom Aufgebotsverfahren nicht betroffene Gläubiger

Nicht betroffen von dem Aufgebot sind die in §§ 1971 und 1972 BGB aufgeführten Gruppen von Nachlassgläubiger. Die Aufzählung in den beiden Vorschriften ist nicht erschöpfend.[253)] 206

a) Dinglich gesicherte Gläubiger

Das Aufgebotsverfahren betrifft nur das obligatorische Recht, aus dem Nachlass 207 als „Vermögenganzem" Befriedigung zu suchen.[254)] § 1971 BGB nimmt daher die dinglichen Rechte und die ihnen gleichgestellten Rechte von dem Aufgebotsverfahren aus. Ausgenommen sind Pfandgläubiger (§§ 1204, 1273 BGB) und Gläubiger, die im Insolvenzverfahren den Pfandgläubigern gleichstehen (§§ 50, 51 InsO). Ebenfalls ausgenommen sind auch die bei der Zwangsvollstreckung in Grundstücke Realberechtigten (§ 10 ZVG). Gemäß § 1971 Satz 2 BGB sind auch diejenigen Gläubiger ausgenommen, deren Anspruch durch eine Vormerkung gesichert ist (§ 884 BGB) sowie Gläubiger, denen im Insolvenzverfahren ein Aussonderungsrecht zusteht (§ 47 InsO). Das Ersatzaussonderungsrecht des § 48 InsO setzt allerdings voraus, dass tatsächlich ein Insolvenzverfahren eröffnet wurde. § 1971 Satz 2 BGB hilft darüber nicht hinweg.[255)]

Ob das dingliche Recht **vor oder nach dem Erbfall** erlangt wurde, ist für das Auf- 208 gebotsverfahren ohne Bedeutung.[256)] § 1971 BGB nimmt von dem Aufgebotsverfahren nur die dinglichen Rechte aus. Die den dinglichen Rechten **zugrunde liegenden persönlichen Forderungen**, wie z. B. die durch eine Hypothek besicherte **Darlehensforderung**, werden von dem Ausschließungsbeschluss erfasst. Die Anmeldung der persönlichen Forderung sollte im Hinblick auf §§ 88, 321 InsO in jedem Fall vorgenommen werden, wenn der Nachlassgläubiger das Sicherungsrecht erst nach dem Erbfall erlangt hat.

§ 1971 BGB wird ergänzt durch § 175 ZVG. Der Erbe kann gegenüber Nachlass- 209 gläubigern, die für ihre Forderung ein dingliches Recht an einem Nachlassgrundstück haben, den Umfang seiner Haftung für die persönliche Forderung erst beurteilen, wenn feststeht, inwieweit der Gläubiger aus dem Grundstück befriedigt werden kann. Zu diesem Zweck gibt § 175 Abs. 1 Satz 1 ZVG dem Erben ab der Annahme der Erbschaft das Recht, die **Zwangsversteigerung** eines Nachlassgrundstücks **zu beantragen**. Neben dem Erben steht auch jedem, der das Aufgebotsverfahren beantragen kann, das Antragsrecht zu (§ 175 Abs. 1 Satz 1 ZVG). Der an dem Nachlassgrundstück besicherte Gläubiger kann verlangen, dass bei der Feststellung **des geringsten Gebots** (§ 44 ZVG) nur die seinem Recht

253) Staudinger-*Kunz*, BGB, § 1971 Rz. 24.

254) *Muscheler*, Erbrecht, Rz. 3702.

255) Staudinger-*Kunz*, BGB, § 1971 Rz. 9.

256) Grüneberg-*Weidlich*, BGB, § 1971 Rz. 2.

vorgehenden Rechte berücksichtigt werden (§§ 174, 176 ZVG). Wird sein Recht in das geringste Gebot aufgenommen, hat dies zur Folge, dass es bestehen bleibt (§ 52 Abs. 1 Satz 1 ZVG). Diesem Gläubiger kann dann die Befriedigung aus dem übrigen Nachlass und auch aus dem Eigenvermögen des Erben verweigert werden (§ 179 ZVG).[257] Nach § 175 Abs. 2 ZVG ist dieses Verfahren nicht mehr zulässig, wenn der Erbe bereits für Nachlassverbindlichkeiten unbeschränkt haftet oder wenn der Nachlassgläubiger im Aufgebotsverfahren ausgeschlossen ist oder gemäß §§ 1974, 1989 BGB einem ausgeschlossenen Gläubiger gleichsteht.

b) Entstehung der Forderung nach der öffentlichen Bekanntmachung des Aufgebotes

210 Gläubiger, deren Forderung gegen den Nachlass erst nach der öffentlichen Bekanntmachung des Aufgebotes im Bundesanzeiger dem Grunde nach entstanden ist, sind nicht von dem Aufgebotsverfahren betroffen.[258] Das betrifft auch Forderungen, die von dem Testamentsvollstrecker oder Nachlasspfleger nach diesem Zeitpunkt begründet wurden.[259]

c) Unbeschränkte Erbenhaftung

211 Nachlassgläubiger, gegenüber denen der Erbe bereits unbeschränkt haftet, betrifft das Aufgebotsverfahren ebenfalls nicht. Sie sind allerdings gehalten, ihre Forderung anzumelden, wenn im Fall der Erbengemeinschaft nicht alle Erben unbeschränkbar haften oder wenn das Aufgebotsverfahren von einem Testamentsvollstrecker oder Nachlassverwalter betrieben wird.[260]

d) Nachlassbezogene Gläubiger (§ 1972 BGB)

212 Von dem Aufgebot nicht betroffen sind **Pflichtteilsrechte, Vermächtnisse** und **Auflagen** (§ 1972 BGB). Begründet wird dies damit, dass der Erbe von diesen Verbindlichkeiten in der Regel durch die Verkündung der Verfügung von Todes wegen Kenntnis erlangt.[261]

213 Der Erbe kann auch die in § 1972 BGB genannten Verbindlichkeiten erfüllen, so lange er annehmen darf, dass der Nachlass für die Berichtigung aller Nachlassverbindlichkeiten ausreicht (§ 1979 BGB).[262] Die Zuwendung kann jedoch von den Gläubigern bzw. dem Insolvenzverwalter gegenüber dem Empfänger angefochten werden (§ 5 AnfG, § 322 InsO).

---

257) Staudinger-*Kunz*, BGB, § 1971 Rz. 17.

258) *Muscheler*, Erbrecht, Rz. 3702.

259) Grüneberg-*Weidlich*, BGB, § 1970 Rz. 3.

260) Staudinger-*Kunz*, BGB, § 1970 Rz. 32.

261) Grüneberg-*Weidlich*, BGB, § 1972 Rz. 2.

262) Staudinger-*Kunz*, BGB, § 1972 Rz 3.

Den gemäß § 1972 BGB von dem Aufgebotsverfahren nicht betroffenen Gläubigern können gegen den Erben **Ansprüche wegen nicht ordnungsgemäßer Verwaltung** des Nachlasses zustehen (§§ 1978 Abs. 1, 1980 BGB). Gläubiger, die von dem Aufgebotsverfahren betroffen, aber gemäß § 1973 Abs. 1 Satz 1 BGB ausgeschlossen sind bzw. ihnen gemäß § 1974 BGB gleichstehen, können gegen den Erben nur nach Bereicherungsgrundsätzen vorgehen (§ 1973 Abs. 2 BGB, § 328 Abs. 2 InsO). Im Nachlassinsolvenzverfahren kann es daher vorkommen, dass ein Vermächtnisnehmer **volle Befriedigung erhält**, während ein durch das Aufgebotsverfahren ausgeschlossener Gläubiger ganz oder teilweise ausfällt, weil der eine etwaige Bereicherung des Erben übersteigende Betrag wegen § 328 Abs. 2 InsO dem Vermächtnisnehmer gebührt.[263] 214

Auf die in § 1972 BGB aufgeführten Gläubiger ist allerdings die **Versäumungseinrede** anwendbar (§ 1974 Abs. 1, 3 BGB). Nach fünfjähriger Säumnis werden sie im Verhältnis zueinander wie ausgeschlossene Gläubiger behandelt.[264] Es empfiehlt sich daher auch für sie grundsätzlich, ihre Forderung im Aufgebotsverfahren anzumelden. 215

6. Wirkung des Aufgebotsverfahrens, Ausschließungseinrede

Nach der Durchführung des Aufgebotsverfahrens kennt der Erbe die Nachlassverbindlichkeiten und kann entscheiden, ob er Haftungsbegrenzungsmaßnahmen durchführen muss. 216

a) Haftung nach Bereicherungsgrundsätzen

Ergeht im Aufgebotsverfahren ein Ausschließungsbeschluss, kann der Erbe die Befriedigung eines im Aufgebotsverfahren ausgeschlossenen Gläubigers insoweit verweigern, als der Nachlass durch die Befriedigung der nicht ausgeschlossenen Gläubiger **erschöpft ist** (§ 1973 Abs. 1 Satz 1 BGB). Gegenüber den ausgeschlossenen Gläubigern haftet der Erbe nur mit dem Nachlass nach Bereicherungsgrundsätzen (§ 1973 Abs. 2 BGB). Der Erbe wird also nicht von seiner persönlichen Haftung frei, muss aber die ausgeschlossenen Gläubiger, ohne dass eine Separierung des Nachlasses stattgefunden hat, **nur aus dem Nachlass befriedigen**. 217

Die haftungsbeschränkende Wirkung des § 1973 Abs. 1 Satz 1 BGB tritt nur ein, wenn die Haftung des Erben im Zeitpunkt des Ausschließungsbeschlusses **noch beschränkbar war**. Der Erbe kann sein Haftungsbeschränkungsrecht auch nach Erlass des Ausschließungsbeschlusses noch verlieren (§ 2013 Abs. 1 Satz 1 BGB). Die eingetretene Ausschlusswirkung gegenüber einzelnen Gläubigern wird dadurch nicht berührt (§ 2013 Abs. 1 Satz 2 BGB). 218

263) Staudinger-*Kunz*, BGB, § 1972 Rz. 4.

264) Staudinger-*Kunz*, BGB, § 1972 Rz. 5; *Herzog*, Die Erbenhaftung, § 7 Rz. 83.

219 **Verweigert** der Erbe gegenüber einem bereits ausgeschlossenen Gläubiger die **eidesstattliche Versicherung** gemäß § 2006 Abs. 3 BGB, kann er sich auf die gegenüber diesem Gläubiger bereits zuvor gemäß §§ 1973, 1974 BGB eingetretene Haftungsbeschränkung nicht mehr berufen.[265)]

b) Materielle Wirkung der Ausschließung

220 Die Forderung des ausgeschlossenen Gläubigers ist nicht untergegangen, nur ihr **Inhalt hat sich gemindert.**[266)] Der Gläubiger kann mit dieser Forderung weiterhin gegen eine Nachlassforderung aufrechnen.[267)] § 390 BGB steht dem nicht entgegen, wenn die Forderung im Zeitpunkt der Aufrechnungslage noch nicht mit der Einrede des § 1973 BGB behaftet war.[268)]

221 Stammt die ausgeschlossene Forderung aus einem gegenseitigen, noch nicht erfüllten Vertrag, kann der Gläubiger die Einrede gemäß §§ 320 Satz 1, 322 BGB erheben.[269)] Der ausgeschlossene Gläubiger ist weiterhin berechtigt, Nachlassverwaltung (§ 1981 Abs. 2 Satz 1 BGB) oder das Nachlassinsolvenzverfahren zu beantragen (§ 317 Abs. 1 InsO).[270)] Er ist nicht berechtigt, Antrag auf Bestimmung der Inventarfrist zu stellen (§ 1994 BGB).[271)] Nach a. A. kann der ausgeschlossene Gläubiger seine Forderung nur nach Maßgabe des § 1973 Abs. 2 BGB durchsetzen. Er habe daher ein Interesse, den Bestand des Nachlasses in Erfahrung zu bringen. § 2013 Abs. 1 Satz 2 BGB stehe dem nicht entgegen.[272)]

222 Die **Verjährung** der ausgeschlossenen Forderung wird durch § 1973 BGB **nicht gehemmt.**[273)]

c) Umfang des Leistungsverweigerungsrechts und der Haftung des Nachlasses

223 Der Erbe kann die Befriedigung des ausgeschlossenen Gläubigers verweigern, soweit der Nachlass durch die **Befriedigung der nicht ausgeschlossenen Gläubiger** (§ 1973 Abs. 1 Satz 1 BGB) sowie derjenigen ausgeschlossenen Gläubiger, zu deren Befriedigung der Erbe rechtskräftig verurteilt ist (§ 1973 Abs. 2 Satz 2 BGB), erschöpft ist. Nicht erforderlich ist, dass deren Befriedigung bereits er-

---

265) Staudinger-*Kunz*, BGB, § 1973 Rz. 15; **a. A.** Erman-*Horn*, BGB, § 1970 Rz. 5.

266) Erman-*Horn*, BGB, § 1973 Rz. 2.

267) *Gottwald* in: Damrau/Tanck, PK Erbrecht, § 1973 Rz. 4.

268) Erman-*Horn*, BGB, § 1973 Rz. 2.

269) Erman-*Horn*, BGB, § 1973 Rz. 2.

270) *Küpper* in: MünchKomm-BGB, § 1973 Rz. 2; *Muscheler*, Erbrecht, Rz. 3710.

271) Staudinger-*Dobler*, BGB, § 1994 Rz. 8; Grüneberg-*Weidlich*, BGB, § 1994 Rz. 3; **a. A.** Erman-*Horn*, BGB, § 1994 Rz. 2; *Herzog*, Die Erbenhaftung, § 7 Rz. 37.

272) Vgl. *Küpper* in: MünchKomm-BGB, § 1973 Rz. 2.

273) Staudinger-*Kunz*, BGB, § 1973 Rz. 73a.

folgt ist.[274] Die ausgeschlossenen Gläubiger sind allerdings noch **vorrangig vor** den Verbindlichkeiten aus **Pflichtteilsrechten, Vermächtnissen** und **Auflagen** zu befriedigen, es sei denn, der Gläubiger macht seine Forderung erst nach Berichtigung dieser Verbindlichkeiten geltend (§ 1973 Abs. 1 Satz 2 BGB). Sind mehrere ausgeschlossene Gläubiger vorhanden, kann der Erbe deren Forderungen in beliebiger Reihenfolge bedienen.[275] Er muss allerdings den ausgeschlossenen Gläubiger, der bereits ein rechtskräftiges Urteil erstritten hat, vor den übrigen ausgeschlossenen Gläubigern befriedigen.[276]

Der Erbe hat dem ausgeschlossenen Gläubiger den Nachlassrest herauszugeben, **224** soweit die Forderung des ausgeschlossenen Gläubigers diesen übersteigt (§ 1973 Abs. 2 Satz 1 BGB). Der Umfang des herauszugebenden Nachlasses bestimmt sich nach §§ 818, 819 BGB.[277]

Im Nachlassinsolvenzverfahren ist § 327 Abs. 3 InsO zu beachten (siehe dazu **225** näher § 1 Rz. 452 ff. [*Roth*]).

aa) Ermittlung des Umfanges des Nachlassüberschusses

Der Umfang des Nachlassüberschusses ist wie folgt zu ermitteln: **226**

Dem Aktivnachlass sind hinzuzusetzen: **227**

- die tatsächlich gezogenen Nutzungen (§ 818 Abs. 1 BGB);
- das, was der Erbe als Ersatz für die Zerstörung, Beschädigung oder Entziehung eines Nachlassgegenstandes erlangt hat (§ 818 Abs. 1 BGB);
- die Verbindlichkeiten und Lasten des Erben gegenüber dem Erblasser, die bei dem Erbfall infolge Vereinigung von Gläubiger- und Schuldnerstellung erloschen sind.[278]

Vom Nachlass sind abzuziehen: **228**

- die durch Vereinigung von Schuldner- und Gläubigerstellung erloschenen Forderungen und Rechte des Erben gegen den Erblasser;[279]
- die bereits berichtigten und unberichtigten Forderungen aus Pflichtteilsrechten, Erbersatzansprüchen, Vermächtnissen und Auflagen;[280]
- die bereits berichtigten Forderungen anderer ausgeschlossener Gläubiger;

---

274) Staudinger-*Kunz*, BGB, § 1973 Rz. 41.
275) *Küpper* in: MünchKomm-BGB, § 1973 Rz. 3.
276) Staudinger-*Kunz*, BGB, § 1973 Rz. 48.
277) Erman-*Horn*, BGB, § 1973 Rz. 3.
278) *Küpper* in: MünchKomm-BGB, § 1973 Rz. 5; Erman-*Horn*, BGB, § 1973 Rz. 3.
279) Erman-*Horn*, BGB, § 1973 Rz. 3.
280) Staudinger-*Kunz*, BGB, § 1973 Rz. 28.

- titulierte Forderungen anderer ausgeschlossener Gläubiger (§ 1973 Abs. 2 Satz 3 BGB);
- Aufwendungen des Erben aus seinem Eigenvermögen für den Nachlass, auch wenn sie nicht wertsteigernd waren;[281)]
- Schenkungen aus dem Nachlass, wenn der Erbe dadurch Aufwendungen erspart hat.[282)]

bb) Zeitpunkt der Bestimmung des Umfangs gemäß § 1973 Abs. 2 Satz 1 BGB

229 Der maßgebende Zeitpunkt für die Bestimmung des Umfangs der Haftung des Nachlasses ist grundsätzlich die Verkündung des Ausschließungsbeschlusses.[283)] Eine spätere Erweiterung der Bereicherung (§ 818 Abs. 1 BGB) sowie eine Verringerung sind zu berücksichtigen (§ 818 Abs. 3 BGB), wenn nicht eine verschärfte Haftung des Erben entgegensteht.[284)] Beruft sich der Erbe in einem gegen ihn gerichteten Prozess auf § 1973 Abs. 1 Satz 1 BGB, ist entscheidend für die Frage, welcher Überschuss vorhanden ist, der Zeitpunkt der letzten mündlichen Verhandlung.[285)] War noch ein Überschuss vorhanden und wird der Erbe verurteilt, ist für die Frage, ob letztlich noch ein Überschuss vorhanden ist, die letzte mündliche Verhandlung über die gegen die Vollstreckung gerichtete Klage maßgebend.[286)] Nach a. A. ist der maßgebende Zeitpunkt der Beginn der Zwangsvollstreckung.[287)]

d) Haftung von Miterben

230 Die gesamtschuldnerische Haftung von Miterben (§ 2058 BGB) verwandelt sich gegenüber Gläubigern, die im Aufgebotsverfahren ausgeschlossen sind, in eine teilschuldnerische Haftung (§ 2061 Nr. 1 BGB).

---

281) Staudinger-*Kunz*, BGB, § 1973 Rz. 28; *Klook*, Die überschuldete Erbschaft, S. 134; **a. A.** Erman-*Horn*, BGB, § 1973 Rz. 3a; Soergel-*Stein*, BGB, § 1973 Rz. 5.

282) *Gottwald* in: Damrau/Tanck, PK Erbrecht, § 1973 Rz. 8; **a. A.** Soergel-*Stein*, BGB, § 1973 Rz. 5, der alle Schenkungen als abzugsfähig ansieht und den Gläubiger auf § 822 BGB gegen den Beschenkten verweist; *Knütel*, NJW 1989, 2504, 2506.

283) Staudinger-*Kunz*, BGB, § 1973 Rz. 37; *Küpper* in: MünchKomm-BGB, § 1973 Rz. 5; **a. A.** Erman-*Horn*, BGB, § 1973 Rz. 3 – Zeitpunkt des Urteilserlasses im Hauptprozess.

284) *Gottwald* in: Damrau/Tanck, PK Erbrecht, § 1973 Rz. 9.

285) Staudinger-*Kunz*, BGB, § 1973 Rz. 39.

286) Grüneberg-*Weidlich*, BGB, § 1973 Rz. 2; Staudinger-*Kunz*, BGB, § 1973 Rz. 39.

287) *Küpper* in: MünchKomm-BGB, § 1973 Rz. 5; *Gottwald* in: Damrau/Tanck, PK Erbrecht, § 1973 Rz. 9.

e) Persönliche Haftung des Erben

aa) Haftung gemäß §§ 819 Abs. 1, 818 Abs. 4 BGB

Der Erbe haftet gegenüber dem ausgeschlossenen Gläubiger nicht gemäß §§ 1978–1980 BGB persönlich, sondern nur nach Bereicherungsrecht (§ 1973 Abs. 1 Satz 1, Abs. 2 BGB, § 328 Abs. 2 InsO).[288] Das gilt trotz § 1978 Abs. 2 BGB auch für die Zeit vor Erlass des Ausschließungsbeschlusses.[289] **Ab Erlass des Ausschließungsbeschlusses** setzt die verschärfte Haftung des Erben gegenüber dem ausgeschlossenen Gläubiger ein, wenn der Erbe vom dem Anspruch des Gläubigers Kenntnis erlangt hat (§ 819 Abs. 1 BGB) oder wenn der Anspruch ihm gegenüber rechtshängig geworden ist (§ 818 Abs. 4 BGB).[290] Der Erbe haftet ab diesem Zeitpunkt auf Schadensersatz und für schuldhaft nicht gezogene Nutzungen (§§ 819 Abs. 1, 292, 989, 987 Abs. 2 BGB). Verwendungen kann er nur noch nach Maßgabe von §§ 819 Abs. 1, 292, 994 Abs. 2 BGB geltend machen. 231

Sobald der Erbe Kenntnis von der Forderung eines ausgeschlossenen Gläubigers hat, muss er ihn vor den bis dahin noch nicht berichtigten Forderungen aus Pflichtteilsrechten, Vermächtnissen und Auflagen befriedigen. Tritt dadurch eine **Reduzierung der gemäß § 1973 Abs. 2 Satz 1 BGB herauszugebenden Bereicherung** ein, haftet der Erbe hierfür gemäß § 819 Abs. 1 BGB bzw. bei Rechtshängigkeit der Forderung gemäß § 818 Abs. 4 BGB. Daneben haftet er gemäß § 280 BGB.[291] Aber auch hier gilt zugunsten des Erben § 1979 BGB. Er haftet daher nicht persönlich, wenn er den Umständen nach annehmen durfte, dass der Nachlass zur Befriedigung aller Gläubiger ausreicht.[292] 232

Nach überwiegender Auffassung muss der Erbe den ausgeschlossenen Gläubiger, der eine **titulierte Forderung** hat, vor den übrigen ausgeschlossenen Gläubigern befriedigen.[293] Die übrigen ausgeschlossenen Gläubiger kann der Erbe in beliebiger Reihenfolge befriedigen.[294] Da die §§ 1978–1980 BGB im Verhältnis zu den ausgeschlossenen Gläubigern keine Anwendung finden, besteht ihnen gegenüber keine Insolvenzantragspflicht des Erben. 233

Den übrigen Nachlassgläubigern steht **kein Unterlassungsanspruch** gegen den Erben dahingehend zu, dass der ausgeschlossene Gläubiger nur nach § 1973 BGB befriedigt wird (zu möglichen Schadensersatzansprüchen des Nachlassgläubigers in diesem Fall siehe § 3 Rz. 36 [*Pfeuffer*]). Sie können sich aber vor Schädigun- 234

288) Staudinger-*Kunz*, BGB, § 1973 Rz. 19; Soergel-*Stein*, BGB, § 1973 Rz. 4.
289) Staudinger-*Kunz*, BGB, § 1973 Rz. 22.
290) Staudinger-*Kunz*, BGB, § 1973 Rz. 23.
291) Staudinger-*Kunz*, BGB, § 1973 Rz. 58.
292) Soergel-*Stein*, BGB, § 1973 Rz. 3.
293) *Küpper* in: MünchKomm-BGB, § 1973 Rz. 3; Staudinger-*Kunz*, BGB, § 1973 Rz. 48, 60.
294) *Küpper* in: MünchKomm-BGB, § 1973 Rz. 3.

gen schützen, indem er die Nachlassverwaltung oder die Eröffnung des Nachlassinsolvenzverfahrens beantragen.[295)]

bb) Haftung des Erben wegen Unvollständigkeit des Gläubigerverzeichnisses

235 Der Erbe hat gemäß § 456 FamFG dem Antrag auf Durchführung des Aufgebotsverfahrens ein Gläubigerverzeichnis beizufügen. Nimmt der Erbe einen ihm bekannten Gläubiger schuldhaft nicht in das eingereichte Verzeichnis auf, haftet er dem Gläubiger, der nunmehr ausgeschlossen ist, gemäß § 280 BGB aus dem der Nachlassverbindlichkeit zugrunde liegenden Schuldverhältnis persönlich für den dadurch entstandenen Schaden.[296)] Ihm ist es im Zuge des Schadensersatzes verwehrt, gegenüber dem dadurch ausgeschlossenen Gläubiger die Einrede gemäß § 1973 Abs. 1 Satz 1 BGB geltend zu machen (§ 249 Abs. 1 BGB).[297)]

f) Herausgabe zur Vollstreckung

236 Der Erbe hat gemäß § 1973 Abs. 2 Satz 1 BGB den Überschuss zum Zwecke der Befriedigung an den ausgeschlossenen Nachlassgläubiger nach den Vorschriften über die Herausgabe einer ungerechtfertigten Bereicherung herauszugeben. Herausgabe in diesem Sinne bedeutet nicht Übereignung, sondern **Duldung der Zwangsvollstreckung** in den Nachlassrest, auf den sich die Haftung des Erben beschränkt.[298)] Der Erbe muss die Zwangsvollstreckung in die noch vorhandenen Nachlassgegenstände hinnehmen. Besteht Nachlassverwaltung, kommt eine Klage auf Duldung der Zwangsvollstreckung nur dann in Betracht, wenn nach dem Teilungsplan für die ausgeschlossenen Gläubiger ein Rest verbleibt.[299)]

237 Unerheblich ist, ob die in diesem Sinne herauszugebenden Nachlassgegenstände pfändbar waren, sei es auf die Person des Erblassers oder des Erben bezogen.[300)]

238 Der Erbe ist gegenüber dem ausgeschlossenen Gläubiger verpflichtet, Auskunft über den Bestand der noch vorhandenen Nachlassgegenstände zu geben und die Richtigkeit der Auskunft ggf. an Eides statt zu versichern (§§ 260, 261 BGB).[301)] Dem ausgeschlossenen Gläubiger steht kein Anspruch auf Rechnungslegung gegen den Erben zu (§ 259 BGB), da dieser ihm gegenüber nicht gemäß §§ 1978 Abs. 1, 666 BGB zur Verwaltung des Nachlasses verpflichtet ist.[302)]

---

295) Staudinger-*Kunz*, BGB, § 1973 Rz. 77.

296) Soergel-*Stein*, BGB, § 1973 Rz. 3; Staudinger-*Kunz*, BGB, § 1973 Rz. 62, § 1970 Rz. 22.

297) *Osthold*, ErbR 2016, 670, 671.

298) Soergel-*Stein*, BGB, § 1973 Rz. 8; *Küpper* in: MünchKomm-BGB, § 1973 Rz. 6.

299) Soergel-*Stein*, BGB, § 1973 Rz. 8.

300) Soergel-*Stein*, BGB, § 1973 Rz. 8.

301) Staudinger-*Kunz*, BGB, § 1973 Rz. 64.

302) Staudinger-*Kunz*, BGB, § 1973 Rz. 64; *Klook*, Die überschuldete Erbschaft, S. 136.

Der Erbe kann gemäß § 1973 Abs. 2 Satz 2 BGB die Zwangsvollstreckung in die noch vorhandenen Nachlassgegenstände durch **Zahlung ihres Wertes** abwenden. Der Wert bestimmt sich nach dem Zeitpunkt, in dem der Erbe von seinem Wahlrecht Gebrauch macht.[303)] Macht der Erbe von seiner Abwendungsbefugnis Gebrauch, ist umstritten, ob dadurch die Nachlasszugehörigkeit des abgelösten Gegenstandes aufgehoben wird. Die besseren Gründe sprechen dafür, weiterhin dessen Nachlasszugehörigkeit anzunehmen.[304)] Der Erbe kann die Herausgabe nicht gegenüber allen Gläubigern, sondern nur gegenüber dem ausgeschlossenen Gläubiger abwenden. Diese Gläubiger müssen sich nicht damit abfinden, dass der Nachlassgegenstand gegen Zahlung eines durch Schätzung ermittelten Wertes aus dem Nachlass entnommen wird. Im Falle einer späteren Nachlassverwaltung oder Nachlassinsolvenz kommt den Gläubigern dann eine mögliche **Wertsteigerung**, z. B. einer Aktie, zugute.[305)] Der Erbe kann sich gegenüber den übrigen ausgeschlossenen Gläubigern auf die gezahlte Abfindung berufen und in Abzug bringen (§§ 1973 Abs. 2 Satz 1, 818 Abs. 3 BGB).[306)] Gegenüber den nicht ausgeschlossenen Gläubigern kann er die Zahlung gemäß §§ 1978 Abs. 3, 1979, 1991 Abs. 1 BGB geltend machen. 239

Hat der Erbe **Aufwendungen** für den Nachlass getätigt, z. B. Nachlassverbindlichkeiten aus seinem Eigenvermögen erfüllt, kann er das Abwendungsrecht ausüben und von dem zu zahlenden Schätzwert seine Aufwendungen in Abzug bringen.[307)] Er könnte sich im Fall der Vollstreckung durch den Nachlassgläubiger in einen Nachlassgegenstand auch damit begnügen, vorzugsweise Befriedigung aus dem Vollstreckungserlös wegen seiner Aufwendungen geltend zu machen.[308)] Ein Zurückbehaltungsrecht an dem gesamten Nachlass steht ihm wegen seiner Aufwendungen nicht zu.[309)] 240

g) Geltendmachung der Ausschluss- und Erschöpfungseinrede

Der Ausschließungsbeschluss ändert die Forderung des ausgeschlossenen Gläubigers als solche nicht. Er kann weiter auf Leistung oder auf Zahlung klagen.[310)] Es **obliegt dem Erben**, den Gläubiger durch Erhebung der Einrede dazu zu bringen, sich auf die Vollstreckung in den Nachlassrest zu beschränken. 241

303) *Küpper* in: MünchKomm-BGB, § 1973 Rz. 6; *Gottwald* in: Damrau/Tanck, PK Erbrecht, § 1973 Rz. 13.

304) Staudinger-*Kunz*, BGB, § 1973 Rz. 66; **a. A.** *Küpper* in: MünchKomm-BGB, § 1973 Rz. 6.

305) So Staudinger-*Kunz*, BGB, § 1973 Rz. 66; **a. A.** *Küpper* in: MünchKomm-BGB, § 1973 Rz. 6.

306) Staudinger-*Kunz*, BGB, § 1973 Rz. 68.

307) *Küpper* in: MünchKomm-BGB, § 1973 Rz. 6.

308) Hierzu Staudinger-*Kunz*, BGB, § 1973 Rz. 34.

309) *Küpper* in: MünchKomm-BGB, § 1973 Rz. 6.

310) Staudinger-*Kunz*, BGB, § 1973 Rz. 71.

242 Der Erbe kann bereits außergerichtlich dem ausgeschlossenen Gläubiger darlegen, dass der Nachlass völlig erschöpft ist oder den **Nachlassrest** an den Gläubiger an Erfüllungs statt herausgeben (§ 364 Abs. 1 BGB).

243 Klagt der ausgeschlossene Gläubiger gegen den Erben, muss dieser die Ausschluss- und Erschöpfungseinrede **bis zum Schluss der letzten mündlichen Tatsachenverhandlung** erheben. Ausreichend dafür ist, den allgemeinen Urteilsvorbehalt gemäß § 780 Abs. 1 ZPO geltend zu machen.[311)] Wird der Vorbehalt erstmals in der Berufungsinstanz erhoben, ist er, unabhängig von den Voraussetzungen des § 531 Abs. 2 ZPO, zuzulassen, wenn die zugrunde liegenden tatsächlichen Umstände unstreitig sind.[312)] In der Revisionsinstanz kann der Erbe die Haftungsbeschränkung nicht geltend machen, wenn die Revision nur die Aufnahme des Vorbehalts verfolgt.[313)] Etwas anderes gilt, wenn in der Tatsacheninstanz für die Einrede noch kein Anlass bestand oder sie noch nicht möglich war, weil z. B. der Erbfall erst nach Schluss der letzten mündlichen Verhandlung in der Berufungsinstanz eingetreten ist.[314)] Der Vorbehalt gemäß § 780 Abs. 1 ZPO ist auch bei einer Klage auf Klauselerteilung gemäß § 731 ZPO erforderlich.[315)]

244 Gelingt es dem Erben im Erkenntnisverfahren nachzuweisen, dass der Nachlass erschöpft ist, wird die Klage auf Antrag des Erben **als zurzeit unzulässig abgewiesen**.[316)] Der Gläubiger soll die Möglichkeit haben, erneut Klage zu erheben, wenn neue, bis dahin unbekannte Nachlassgegenstände auftauchen. Das Gericht ist allerdings nicht verpflichtet, die Voraussetzungen der Erschöpfung des Nachlasses im Erkenntnisverfahren zu prüfen, sondern kann den allgemeinen Vorbehalt gemäß §§ 305, 780 Abs. 1 ZPO in das Urteil aufnehmen.[317)] Der Erbe kann dann bei Vollstreckung in den Nachlass oder sein Eigenvermögen die Erschöpfungseinrede mit der Vollstreckungsabwehrklage geltend machen (§§ 781, 784, 785, 767 ZPO).[318)] Fehlte allerdings im Urteil der Vorbehalt gemäß § 780 Abs. 1 ZPO, haftet der Erbe diesem Gläubiger gegenüber unbeschränkt.

---

311) Grüneberg-*Weidlich*, BGB, § 1973 Rz. 5; Erman-*Horn*, BGB, § 1973 Rz. 8.

312) BGH, Urt. v. 2.2.2010 – VI ZR 82/09, ErbR 2010, 228 = ZEV 2010, 314.

313) BGH, Urt. v. 9.5.1962 – VIII ZR 45/61, NJW 1962, 1250; Prütting/Gehrlein-*Scheuch*, ZPO, § 780 Rz. 12.

314) BGH, Urt. v. 9.5.1962 – VIII ZR 45/61, NJW 1962, 1250; BGH, Urt. v. 21.3.1955 – III ZR 115/53, NJW 1955, 788; Prütting/Gehrlein-*Scheuch*, ZPO, § 780 Rz. 12.

315) Grüneberg-*Weidlich*, BGB, Vor § 1967 Rz. 5.

316) H. M.; Erman-*Horn*, BGB, § 1973 Rz. 6; Grüneberg-*Weidlich*, BGB, § 1973 Rz. 4; BGH, Urt. v. 17.12.1953 – IV ZR 101/53, NJW 1954, 635.

317) Soergel-*Stein*, BGB, § 1973 Rz. 6; OLG Rostock, Urt. v. 25.6.2008 – 1 U 53/08, ErbR 2009, 99, 100.

318) *Gottwald* in: Damrau/Tanck, PK Erbrecht, § 1973 Rz. 14.

h) Beweislast

Im Prozess trägt der **Erbe** die Beweislast für alle Voraussetzungen des § 1973 BGB. Er hat nachzuweisen, dass ein Aufgebotsverfahren stattgefunden hat und dies die Forderung des Gläubigers betraf. Für die Frage der Erschöpfung des Nachlasses hat er den Anfangsbestand und alle vorzunehmenden Abzüge nachzuweisen. Hat er ein Inventar errichtet, hilft dem Erben die Vermutung, dass weitere Nachlassgegenstände als die, die im Inventar angegeben sind, nicht vorhanden waren (§ 2009 BGB).[319] Den **Gläubiger** trifft dann die Beweislast für die Zugänge und Surrogate.[320] **245**

Hat der Erbe es unterlassen, gegenüber dem ausgeschlossenen Nachlassgläubiger die Einrede gemäß § 1973 Abs. 1 Satz 1 BGB zu erheben und an diesen geleistet, kann er den **Bereicherungsanspruch** gemäß §§ 813, 814 BGB erheben, wenn sein Haftungsbeschränkungsrecht noch besteht.[321] **246**

7. Die Verschweigungseinrede gemäß § 1974 BGB

Ein Nachlassgläubiger, der seine Forderung später **als fünf Jahre nach dem Erbfall** gegenüber dem Erben geltend macht, steht einem ausgeschlossenen Gläubiger i. S. von § 1973 BGB gleich, es sei denn, die Forderung ist dem Erben vor Ablauf der fünf Jahre bekannt geworden oder im Aufgebotsverfahren angemeldet worden (§ 1974 Abs. 1 Satz 1 BGB). Wird der Erblasser für tot erklärt oder wird der Todeszeitpunkt nach den Vorschriften des Verschollenheitsgesetzes festgestellt (§§ 9, 39 VerschG), so beginnt die Frist nicht vor dem Eintritt der Rechtskraft des Beschlusses über die Todeserklärung oder die Feststellung der Todeszeit (§ 1974 Abs. 1 Satz 2 BGB). § 1974 BGB soll den nicht bereits unbeschränkbar haftenden Erben davor schützen, nach langer Zeit noch bis dahin unbekannte Nachlassverbindlichkeiten erfüllen zu müssen.[322] Das Recht des Erben, die **Einrede der Verjährung** zu erheben, wird von § 1974 BGB nicht berührt. **247**

a) Voraussetzungen der Einrede gemäß § 1974 Abs. 1 BGB

Voraussetzung für die Einrede gemäß § 1974 Abs. 1 BGB ist, dass der Gläubiger seine Forderung innerhalb der Frist weder gerichtlich noch außergerichtlich geltend gemacht hat. Ausreichend ist dafür auch die Geltendmachung gegenüber einem Testamentsvollstrecker, Nachlasspfleger, Nachlassverwalter oder Nachlassinsolvenzverwalter.[323] Hat der Nachlassgläubiger innerhalb der Frist des § 1974 **248**

---

319) *Gottwald* in: Damrau/Tanck, PK Erbrecht, § 1973 Rz. 17.

320) *Gottwald* in: Damrau/Tanck, PK Erbrecht, § 1973 Rz. 17.

321) Grüneberg-*Weidlich*, BGB, § 1973 Rz. 5; **a. A.** *Roth*, Die Einrede des Bürgerlichen Rechts, S. 63 ff.

322) *Küpper* in: MünchKomm-BGB, § 1974 Rz. 1.

323) Staudinger-*Kunz*, BGB, § 1974 Rz. 8.

Abs. 1 BGB die Forderung gegenüber einem Erben, der später die Erbschaft ausgeschlagen hat, erhoben, tritt die Säumniswirkung nicht ein. Nach dem Rechtsgedanken des § 1959 Abs. 3 BGB reicht es aus, die Forderung gegenüber dem **vorläufigen Erben** geltend zu machen.[324)]

249 Die Verschweigungswirkung des § 1974 Abs. 1 BGB tritt auch gegenüber sog. **Neugläubigern** ein, deren Forderung erst nach Ablauf der fünf Jahre entstanden ist.[325)] § 1974 BGB gilt dabei allerdings nicht für Forderungen, die nach Ablauf der Frist durch den Erben, einen Nachlassverwalter oder einen Testamentsvollstrecker begründet werden.[326)]

250 Die **Säumniswirkung tritt nicht ein**, wenn die Forderung im Aufgebotsverfahren angemeldet wurde oder dem Erben die Forderung innerhalb der Frist bekannt geworden ist (§ 1974 Abs. 1 Satz 1 BGB). Erforderlich ist positive Kenntnis, fahrlässige Unkenntnis reicht nicht aus.[327)] Dem Erben ist die Forderung bekannt geworden, wenn sie tatsächlich geltend gemacht wird, auch wenn der Erbe von ihrer Begründung nicht überzeugt ist.[328)] Ausreichend ist die Kenntnis eines Nachlasspflegers, Nachlassverwalters oder Testamentsvollstreckers.[329)] Umstritten ist, ob die Kenntnis des vorläufigen Erben ausreichend ist.[330)] Die überzeugenderen Gründe sprechen dafür, die Kenntnis des vorläufigen Erben nicht ausreichen zu lassen. § 1959 Abs. 3 BGB greift ein, wenn der Gläubiger seine Forderung gegenüber dem vorläufigen Erben tatsächlich geltend gemacht hat. Hat er dies unterlassen und hatte der vorläufige Erbe nur aufgrund sonstiger Umstände Kenntnis von der Forderung, ist diese **Kenntnis** dem endgültigen Erben nicht zurechenbar. § 1959 Abs. 3 BGB kann für eine Wissenszurechnung nicht entsprechend herangezogen werden.[331)] Im Fall der **Nacherbschaft** läuft die Frist gegenüber dem Vorerben auch gegenüber dem Nacherben (§ 2144 Abs. 1 Halbs. 1 BGB).

251 Die **Fünf-Jahres-Frist** wird von dem Erbfall an gemäß §§ 187, 188 BGB berechnet. Es handelt sich um eine Ausschlussfrist. Die Vorschriften über die Verjährungshemmung sind daher nicht anwendbar.[332)]

252 Die **Säumniswirkung** des § 1974 Abs. 1 BGB trifft nicht diejenigen Gläubiger, die von dem Aufgebotsverfahren nicht betroffen sind (§§ 1974 Abs. 3, 1971 BGB).

---

324) *Küpper* in: MünchKomm-BGB, § 1974 Rz. 3; Grüneberg-*Weidlich*, BGB, § 1959 Rz. 4; Staudinger-*Kunz*, BGB, § 1974 Rz. 12; Erman-*Horn*, BGB, § 1974 Rz. 2.

325) Grüneberg-*Weidlich*, BGB, § 1974 Rz. 1; Staudinger-*Kunz*, BGB, § 1974 Rz. 9.

326) Staudinger-*Kunz*, BGB, § 1974 Rz. 9; *Muscheler*, Erbrecht, Rz. 3717 ff.

327) Staudinger-*Kunz*, BGB, § 1974 Rz. 17.

328) Erman-*Horn*, BGB, § 1974 Rz. 2.

329) Staudinger-*Kunz*, BGB, § 1974 Rz. 18.

330) So *Küpper* in: MünchKomm-BGB, § 1974 Rz. 3; Soergel-*Stein*, BGB, § 1974 Rz. 2.

331) Staudinger-*Kunz*, BGB, § 1974 Rz. 19; *Joachim*, Die Haftung des Erben für Nachlassverbindlichkeiten, Rz. 410.

332) Staudinger-*Kunz*, BGB, § 1974 Rz. 4.

§ 1974 Abs. 1 BGB gilt allerdings für die nachlassbezogenen Gläubiger (§ 1972 BGB), obwohl sie zunächst nicht von dem Aufgebot betroffen werden.[333)]

Der **unbeschränkt haftende Erbe** kann sich nicht auf § 1974 BGB berufen, es sei denn, die unbeschränkte Haftung ist erst nach Ablauf der Fünf-Jahres-Frist eingetreten (§ 2013 Abs. 1 Satz 2 BGB). 253

b) Die Wirkung der Verschweigung

Der Gläubiger, der seine Forderung nicht rechtzeitig geltend gemacht hat, wird gemäß § 1974 Abs. 1 Satz 1 BGB wie ein ausgeschlossener Gläubiger behandelt (§ 1973 Abs. 2 BGB). Die Haftung des Erben ist auf die Bereicherung beschränkt. 254

§ 1974 Abs. 2 BGB schränkt die Regelung des § 1973 Abs. 1 Satz 2 BGB ein. Es bleibt zunächst dabei, dass ein Gläubiger, der seine Forderung nach Ablauf der Fünf-Jahres-Frist geltend macht, einem ausgeschlossenen Gläubiger gleichsteht und daher vor den in § 1972 BGB genannten nachlassbezogenen Gläubigern zu befriedigen ist. 255

Macht ein **Pflichtteilsberechtigter** nach Ablauf der Fünf-Jahres-Frist seinen Anspruch geltend,[334)] so ist dieser entsprechend der **in § 327 Abs. 1 Nr. 1 InsO vorgesehenen Reihenfolge** vor den Ansprüchen aus Vermächtnissen und Auflagen zu befriedigen. Sind mehrere Pflichtteilsberechtigte vorhanden, muss der Erbe denjenigen, der seine Forderung rechtzeitig geltend gemacht hat, vor denen, deren Forderung gemäß § 1974 BGB ausgeschlossen ist, befriedigen (§ 327 Abs. 3 InsO). Auch nicht verschwiegene Vermächtnisansprüche gehen den verschwiegenen im Rang vor. Die rechtskräftige Verurteilung des Erben ändert trotz § 1973 Abs. 2 Satz 3 BGB an dieser Reihenfolge nichts.[335)] Haben mehrere Pflichtteilsberechtigte oder Vermächtnisnehmer ihre Ansprüche verschwiegen, sind sie, wenn der Nachlass nicht ausreicht, nach wohl überwiegender Auffassung untereinander verhältnismäßig zu befriedigen (§ 327 Abs. 1 InsO: „nach dem Verhältnis ihrer Beträge“).[336)] Auch außerhalb des Insolvenzverfahrens sind die Verbindlichkeiten aus Pflichtteilsrechten, Vermächtnissen und Auflagen hinter allen zurückzusetzen und insolvenzmäßig zu befriedigen (§ 1991 Abs. 4 BGB, § 327 Abs. 1 InsO). Das gilt selbst dann, wenn der Gläubiger ein rechtskräftiges Urteil gegen den Erben erstritten hat.[337)] Gleichrangige nachlassbezogene Forderungen sind dabei anteilig zu befriedigen.[338)] 256

---

333) *Küpper* in: MünchKomm-BGB, § 1972 Rz. 6; Grüneberg-*Weidlich*, BGB, § 1972 Rz. 1.

334) Hier ist eine mögliche Verjährung zu beachten (§ 2332 Abs. 1 BGB).

335) *Küpper* in: MünchKomm-BGB, § 1974 Rz. 6.

336) *Küpper* in: MünchKomm-BGB, § 1974 Rz. 6; Erman-*Horn*, BGB, § 1974 Rz. 4.

337) Grüneberg-*Weidlich*, BGB, § 1991 Rz. 5.

338) Soergel-*Stein*, BGB, § 1991 Rz. 8.

257 Der **Erbe haftet persönlich**, wenn er die Reihenfolge der Befriedigung nicht beachtet (siehe § 3 Rz. 36 [*Pfeuffer*]).

258 Der **Gläubiger** muss bei der Geltendmachung seiner Forderung **darlegen**, dass er die Forderung rechtzeitig geltend gemacht oder sie in einem Aufgebotsverfahren angemeldet hat oder sie dem Erben vorher bekannt geworden ist.[339] Er kann überdies gemäß § 5 AnfG die Erfüllung von Pflichtteilsrechten, Vermächtnissen und Auflagen anfechten. Das Anfechtungsrecht besteht unabhängig von dem Anspruch gemäß §§ 819, 292, 989 BGB und gemäß § 280 BGB.[340]

VI. Schonungseinreden

1. Drei-Monats-Einrede (§ 2014 BGB)

259 Der Erbe ist gemäß § 2014 BGB berechtigt, die **Berichtigung von Nachlassverbindlichkeiten** bis zum Ablauf von drei Monaten **seit der Annahme der Erbschaft**, nicht jedoch über die Errichtung des Inventars der Erbschaft hinaus (§ 2014 BGB), zu verweigern. Voraussetzung für die Erhebung dieser Einrede ist, dass der Erbe nicht bereits unbeschränkt haftet (§ 2016 Abs. 1 BGB). Die Einrede wirkt auch nicht gegenüber dem dinglich besicherten Gläubiger (§ 2016 Abs. 2 BGB). Die Drei-Monats-Einrede kann **nicht gegenüber den sofort zu erfüllenden Ansprüchen** aus § 1963 BGB und § 1969 erhoben werden.[341]

260 Hatte der Erbe vor Ablauf der Frist von drei Monaten bereits das **Inventarverzeichnis** bei dem Nachlassgericht eingereicht, endet die Schonfrist, da der Erbe bereits einen ausreichenden Überblick über den Nachlass gewonnen hat.[342]

261 Im Rahmen einer **ordnungsgemäßen Nachlassverwaltung** kann der Erbe zur Vermeidung einer Haftung i. R. des § 1978 Abs. 1 BGB gehalten sein, Forderungen von Nachlassgläubigern **nicht vorschnell zu erfüllen**, sondern zunächst die Einrede gemäß § 2014 BGB zu erheben.

2. Einrede der Durchführung des Aufgebotsverfahrens (§ 2015 Abs. 1 BGB)

262 Der Erbe kann die Erfüllung der Nachlassverbindlichkeiten bis zur Beendigung des Aufgebotsverfahrens verweigern, wenn er innerhalb eines Jahres nach der Annahme der Erbschaft das Aufgebot der Gläubiger beantragt und das Gericht den Antrag zugelassen hat (§ 2015 Abs. 1 BGB).

---

339) *Küpper* in: MünchKomm-BGB, § 1974 Rz. 7.

340) Staudinger-*Dobler*, BGB, § 1979 Rz. 18.

341) Grüneberg-*Weidlich*, BGB, § 2014 Rz. 1.

342) *Busch*, Die Haftung des Erben, Rz. 110.

3. Materielle und prozessuale Wirkung der Schonungseinreden gemäß §§ 2014, 2015 BGB

Die Erhebung der Schonungseinreden gemäß §§ 2014, 2105 BGB hat nach überwiegender Auffassung keine materiell-rechtliche Wirkung.[343] Der Erbe gerät also trotz Erhebung der Einrede in **Schuldnerverzug**, mit der Folge, dass er Schadensersatz schuldet und der Gläubiger auch ein Rücktrittsrecht gemäß § 326 BGB erlangen kann. Die Verjährung des Anspruchs wird durch die Einreden nicht gehemmt.[344] 263

Im Prozess des Nachlassgläubigers gegen den Erben führt die Geltendmachung der Schonungseinreden zur Aufnahme des Vorbehalts der beschränkten Erbenhaftung (§ 305 Abs. 1 ZPO). Die Vollstreckung eines Nachlassgläubigers oder Eigengläubigers des Erben in den Nachlass ist nur als Sicherungsvollstreckung möglich (§§ 782, 783 ZPO). 264

VII. Gegenständlich beschränkte Haftung

Gemäß § 5 Abs. 5 KonsularG geht die Verpflichtung zum Ersatz von Aufwendungen anlässlich einer Hilfeleistung des Konsulats auf den Erben über. Dessen Haftung beschränkt sich aber ausschließlich auf den Nachlass. Der Klageantrag muss auf Leistung aus dem Nachlass lauten.[345] 265

VIII. Haftung in Höhe des Nachlasswertes

In den Fällen der §§ 92, 102, 103, 104 SGB XII und § 1881 Abs. 1 BGB haften die Erben nur mit dem Wert des **im Zeitpunkt des Erbfalls vorhandenen** Nachlasses. Im Anwendungsbereich dieser Vorschriften ist bereits im Erkenntnisverfahren der Wert des Nachlasses zu klären.[346] Der **Wert** des Nachlasses i. S. von § 1881 Abs. 1 BGB ist durch den Abzug der Nachlassverbindlichkeiten von dem Aktivvermögen zu ermitteln. Zu den **berücksichtigungsfähigen Nachlassverbindlichkeiten** gehören diejenigen Verpflichtungen, die vom Erblasser herrühren oder die im Zeitpunkt des Erbfalls bereits dem Grunde nach angelegt waren und wegen ihrer Zwangsläufigkeit für den Erben Vorrang beanspruchen können. Gleich- oder nachrangige Nachlassverbindlichkeiten mindern den Nachlasswert nicht. Die Verpflichtung aus einem **Vermächtnis** ist gegenüber dem staatlichen Regressanspruch nachrangig und daher ohne Einfluss auf den Nachlasswert.[347] 266

Die Berücksichtigung von Nachlassgegenständen bei der Inanspruchnahme des Erben setzt voraus, dass diese auch **verwertbar** sind. Dabei können besondere 267

343) Grüneberg-*Weidlich*, BGB, § 2014 Rz. 3.

344) Grüneberg-*Weidlich*, BGB, § 2014 Rz. 3.

345) *Siegmann/Scheuing* in: MünchAHB Erbrecht, § 23 Rz. 6.

346) Zur Berechnung s. Grüneberg-*Weidlich*, BGB, § 1967 Rz. 11.

347) BGH, Beschl. v. 27.8.2014 – XII ZB 133/12, ZErb 2014, 307, 309 = ZEV 2014, 613.

Härten i. S. von § 102 Abs. 3 Satz 2 SGB XII zu berücksichtigen sein. Für die Anwendung von § 102 SGB XII spielt es allerdings keine Rolle, ob im Nachlass befindliche Gegenstände zu Lebzeiten geschützt waren, da die Vorschriften über nicht einzusetzendes Vermögen (§§ 90, 91 SGB XII) nicht dem Schutz des Erben dienen.[348] Ergibt sich ein Aktivbestand, wird der Erbe uneingeschränkt zur Zahlung verurteilt. Weder kann der Erbe einen Haftungsvorbehalt in das Urteil aufnehmen noch auf die §§ 1975 ff. BGB zurückgreifen.[349] Der **Sozialhilfeträger** hat daher auch auf das **Eigenvermögen** des Erben Zugriff.[350]

IX. Haftungsbeschränkung bei Minderjährigen

268 Der minderjährige Erbe kann neben der allgemeinen Möglichkeit der Haftungsbeschränkung gemäß § 1975 BGB zusätzlich seine Haftung für Nachlassverbindlichkeiten (§ 1967 BGB) gemäß § 1629a BGB auf den Bestand seines Vermögens **zum Zeitpunkt des Eintritts der Volljährigkeit** beschränken. Auch wenn der minderjährige Erbe wegen Versäumung der Inventarfrist für Nachlassverbindlichkeiten unbeschränkt haftet, bleibt dennoch seine Haftung auf sein Vermögen im Zeitpunkt der Volljährigkeit beschränkt.[351]

269 War der Minderjährige Mitglied einer **Erbengemeinschaft** und hat er nicht innerhalb von drei Monaten nach Eintritt der Volljährigkeit die Auseinandersetzung des Nachlasses verlangt, ist im Zweifel anzunehmen, dass die Verbindlichkeiten aus diesem Rechtsverhältnis erst nach Eintritt der Volljährigkeit entstanden sind (§ 1629a Abs. 4 Halbs. 1 BGB). Entsprechendes gilt gemäß § 1629a Abs. 4 Halbs. 2 BGB, wenn ein volljährig gewordener Inhaber eines **Handelsgeschäfts** nicht innerhalb von drei Monaten nach Eintritt der Volljährigkeit dessen Betrieb eingestellt hat.

270 Der volljährig gewordene Erbe kann sich gegenüber den Nachlassgläubigern auf die Einreden gemäß §§ 1990, 1991 BGB berufen (§ 1629a Abs. 1 Satz 2 BGB). Die **Einrede setzt keine Dürftigkeit voraus.**[352] Er ist ihnen gemäß §§ 1991 Abs. 1, 1978 Abs. 1, 662, 666 BGB ab dem Eintritt der Volljährigkeit **wie ein Beauftragter** für die Verwaltung und Erhaltung des bei Volljährigkeit erhaltenen Vermögens verantwortlich, insbesondere zur Rechenschaft verpflichtet.[353] Mögliche Ersatzansprüche aus § 1978 Abs. 1 BGB gehören zum Altvermögen (§ 1978 Abs. 2 BGB).

---

348) BSG, Urt. v. 27.2.2019 – B 8 SO 15/17 R, ZEV 2019, 598 = ErbR 2020, 213.

349) BayVGH, Urt. v. 15.7.2003 – 12 B 99.1700, FamRZ 2004, 489; str., **a. A.** BayObLG, Beschl. v. 3.3.2005 – 3Z BR 192/04, FGPrax 2005, 20 = FamRZ 2005, 1590; BGH, Beschl. v. 27.8.2014 – XII ZB 133/12, ZErb 2014, 307, 308 = ZEV 2014, 613.

350) *Küpper* in: MünchKomm-BGB, Vor § 1967 Rz. 4.

351) *Siegmann/Scheuing* in: MünchAHB Erbrecht, § 23 Rz. 9.

352) *Siegmann/Scheuing* in: MünchAHB Erbrecht, § 23 Rz. 10.

353) Erman-*Döll*, BGB, § 1629a Rz. 8a.

Die **Eltern** sind gemäß § 1640 Abs. 1 BGB grundsätzlich verpflichtet, ein Inventar des Nachlasses zu errichten und bei dem Familiengericht einzureichen. Die Verpflichtung besteht allerdings nicht, wenn der Wert des Vermögens 15.000,00 € nicht übersteigt oder der Erblasser eine andere Anordnung getroffen hat (§ 1640 Abs. 2 BGB). Die Eltern haben gegenüber dem Kind bei Eintritt der Volljährigkeit gemäß § 1698 Abs. 1 BGB über die Verwaltung des Kindesvermögens Rechenschaft abzulegen. 271

Reicht das erworbene Vermögen bei Volljährigkeit nicht zur Befriedigung der Nachlassgläubiger aus, steht dem Volljährigen ohne weiteres die **Erschöpfungseinrede** zu.[354)] Die Verweisung auf §§ 1990, 1991 BGB zwingt ihn nicht zur Einleitung eines Insolvenzverfahrens, § 1980 BGB gilt nicht.[355)] 272

Bei Urteilen gegen den Volljährigen ist ihm die Beschränkung seiner Haftung vorzubehalten (§§ 786, 780 Abs. 1 ZPO). Vollstrecken Nachlassgläubiger aus einem Titel, der noch aus der Zeit der Minderjährigkeit stammt, in das Vermögen des volljährig gewordenen Erben, kann dieser die Haftungsbeschränkung mit der **Vollstreckungsabwehrklage** geltend machen (§§ 786, 780 Abs. 1, 781, 785, 767 ZPO). Umstritten ist, ob bei einem Titel, der noch vor Eintritt der Volljährigkeit gegen den Minderjährigen ergeht, bereits ein **Vorbehalt der Haftungsbeschränkung** im Urteil möglich ist. Die Möglichkeit, die Haftung gemäß § 1629a BGB zu beschränken, besteht erst ab dem Eintritt der Volljährigkeit. Die Haftungsbeschränkung tritt dann kraft Gesetzes ein und ist ab dem Eintritt der Volljährigkeit im Wege der Einrede geltend zu machen. Ein Vorbehalt der Haftungsbeschränkung ist daher bei einer Entscheidung gegen den Minderjährigen **nicht in das Urteil aufzunehmen**.[356)] 273

Um sich im **Kostenfestsetzungsverfahren** auf die Haftungsbeschränkung berufen zu können, muss die Einrede gemäß § 1629a BGB noch nicht im Erkenntnisverfahren erhoben worden sein.[357)] Im Steuerrecht kann die Einrede gemäß § 1629a BGB weder im **Steuerfestsetzungsverfahren** noch gegen das Leistungsgebot im Einkommensteuerbescheid, sondern nur im Zwangsvollstreckungsverfahren erhoben werden.[358)] 274

354) *Behnke*, NJW 1998, 3078, 3080.

355) *Veit* in: BeckOK-BGB, § 1629a Rz. 30.

356) OLG Hamm, Beschl. v. 11.5.2011 – II-8 UF 257/10, FamRZ 2012, 146; Erman-*Döll*, BGB, § 1629a Rz. 21; **a. A.** OLG Köln, Beschl. v. 8.3.2010 – II-27 UF 14/10, FamRZ 2010, 1927 = MDR 2010, 998.

357) OLG Koblenz, Beschl. v. 27.5.2015 – 2 U 894/14, MDR 2015, 920 = FamRZ 2016, 384, 385; **a. A.** OLG Köln, Beschl. v. 8.3.2010 – II-27 UF 14/10, FamRZ 2010, 1927 = MDR 2010, 998.

358) BFH, Urt. v. 1.7.2003 – VIII R 45/01, ZErb 2004, 139 = NJW 2004, 175; vgl. auch *Hartmann*, ZEV 2009, 324.

X. Haftungsbeschränkung bei dem Handelsgeschäft eines Einzelkaufmanns

275 Befindet sich im Nachlass ein einzelkaufmännisches Unternehmen des Erblassers, sind die daraus im Zeitpunkt des Erbfalls bestehenden geschäftlichen Verbindlichkeiten **Nachlassverbindlichkeiten** i. S. von § 1967 BGB, für die der Erbe unbeschränkt, aber beschränkbar haftet. Diese erbrechtliche Haftung wird durch §§ 27 Abs. 1, 25 Abs. 1 Satz 1 HGB modifiziert. Der Erbe haftet für alle von dem Erblasser in dem Betrieb begründeten Verbindlichkeiten unbeschränkt, wenn er den Betrieb **unter der bisherigen Firma mit oder ohne einen die Nachfolge andeutenden Zusatz fortführt.** Er haftet daher auch für die geschäftlichen Altverbindlichkeiten des Erblassers unbeschränkt mit seinem Eigenvermögen.

276 Diese Haftung tritt allerdings gemäß § 27 Abs. 2 Satz 1 HGB nicht ein, wenn der Erbe innerhalb von drei Monaten nach Kenntnis von dem Erbfall den **Geschäftsbetrieb einstellt.** Das Gleiche gilt, wenn der Erbe den Geschäftsbetrieb unter einem anderen Namen weiterführt.[359] Er haftet dann für die von dem Erblasser begründeten geschäftlichen Verbindlichkeiten nur noch erbrechtlich gemäß §§ 1967 ff. BGB mit der Möglichkeit der Haftungsbeschränkung nach den erbrechtlichen Vorschriften.

277 Für **neue Verbindlichkeiten**, die der Erbe innerhalb dieser Frist begründet, haftet er allerdings, auch im Fall der Einstellung des Geschäftsbetriebs, mit seinem Eigenvermögen, wenn er die Haftung nicht bei Vertragsschluss rechtsgeschäftlich wirksam auf den Nachlass beschränkt hat. Dafür reichen Zusätze wie „als Erben" oder „Erbengemeinschaft" nicht aus.[360]

278 Stellt der Erbe den Geschäftsbetrieb nicht innerhalb der Drei-Monats-Frist ein und führt die Firma fort, haftet er **unbeschränkt** für alle von dem Erblasser begründeten Geschäftsverbindlichkeiten. Eine Haftungsbeschränkung nach erbrechtlichen Vorschriften kann er nur noch für die übrigen, nicht geschäftlichen Nachlassverbindlichkeiten herbeiführen.[361] Nach überwiegender Auffassung kann der Erbe allerdings die **Haftung mit seinem Eigenvermögen ausschließen** und auf den Nachlass beschränken durch **Eintragung** in das Handelsregister und Bekanntmachung oder durch **Mitteilung** an den Dritten (§§ 27 Abs. 1, 25 Abs. 2 HGB).[362] Diese Erklärung ist vor Ablauf der Frist des § 25 Abs. 2 HGB abzugeben.[363]

---

359) *Endemann* in: Groll/Steiner, Praxishdb. Erbrechtsberatung, Rz. 25.34.

360) Vgl. BGH, Urt. v. 25.3.1968 – II ZR 99/65, WM 1968, 798.

361) *Joachim*, Die Haftung des Erben für Nachlassverbindlichkeiten, Rz. 123.

362) *Krätzschel* in: Krätzschel/Falkner/Döbereiner, Nachlassrecht, § 20 Rz. 6.

363) Staudinger-*Kunz*, BGB, § 1967 Rz. 233; Hopt-*Merkt*, HGB, § 27 Rz. 8; *Lieb* in: MünchKomm-HGB, § 27 Rz. 45.

XI. Haftungsbeschränkung des Erben bei einem Anteil an einer Personenhandelsgesellschaft

1. Offene Handelsgesellschaft (oHG)

Wird der Erbe mit dem Erbfall persönlich haftender Gesellschafter einer oHG oder KG, die nach dem Tod des Erblassers fortgesetzt wird (§ 131 Abs. 3 Nr. 1 HGB a. F., § 130 Abs. 1 Nr. 1 HGB n. F.), haftet er für alle Gesellschaftsverbindlichkeiten, die **vor oder nach dem Erbfall entstanden** sind, unbeschränkt, also auch mit seinem Eigenvermögen. Dies ergibt sich für die Altverbindlichkeiten aus einem Umkehrschluss zu § 139 Abs. 4 HGB a. F., § 131 Abs. 4 HGB n. F., für Neuverbindlichkeiten nach dem Erbfall direkt aus §§ 128, 161 Abs. 1, 2 HGB a. F., §§ 126, 161 Abs. 1, 2 HGB n. F.[364] 279

Der Erbe kann gemäß § 139 Abs. 1 HGB a. F., § 131 Abs. 1 HGB n. F. sein Verbleiben in der Gesellschaft davon abhängig machen, dass ihm die übrigen Gesellschafter eine **Kommanditistenstellung** einräumen. Er muss dieses Recht **innerhalb von drei Monaten**, nachdem er Kenntnis vom Anfall der Erbschaft erlangt hat, gegenüber den Gesellschaftern geltend machen (§ 139 Abs. 3 HGB a. F., § 131 Abs. 3 HGB n. F.). Das Wahlrecht steht jedem Erben zu, also auch jedem Miterben unabhängig von den anderen Erben. Der Erbe hat allerdings keinen klagbaren Anspruch gegen die übrigen Gesellschafter auf die Stellung als Kommanditist. Räumen die Gesellschafter dem Erben innerhalb der Frist von drei Monaten die Kommanditistenstellung ein, haftet er für die bis dahin entstandenen geschäftlichen Verbindlichkeiten nur nach erbrechtlichen Grundsätzen.[365] Nach überwiegender Auffassung haftet der Erbe daneben auch nach § 173 Abs. 1 HGB.[366] Das hat zur Folge, dass der Erbe für Nachlassverbindlichkeiten **bis zur Höhe der Einlage** auch mit seinem **Eigenvermögen** haftet, soweit die Einlage noch nicht erbracht wurde. 280

§ 176 Abs. 2, 1 HGB a. F. ist auf die Haftung des Erben als Kommanditist anwendbar, wenn er es **versäumt** hat, die **Eintragung in das Handelsregister** unverzüglich zu veranlassen.[367] Der Erbe haftet nach dieser Vorschrift für Verbindlichkeiten, die zwischen seinem Eintritt als Kommanditist in die Gesellschaft und seiner Eintragung als Kommanditist im Handelsregister begründet wurden, ohne die sich aus §§ 171, 172 HGB ergebende Haftungsbeschränkung wie ein 281

364) *Endemann* in: Groll/Steiner, Praxishdb. Erbrechtsberatung, Rz. 25.37.

365) BGH, Urt. v. 21.12.1970 – II ZR 258/67, NJW 1971, 1268; Staudinger-*Kunz*, BGB, § 1967 Rz. 243.

366) Erman-*Döll*, BGB, § 1967 Rz. 14a; *Endemann* in: Groll/Steiner, Praxishdb. Erbrechtsberatung, Rz. 25.39; **a. A.** Staudinger-*Kunz*, BGB, § 1967 Rz. 243. Die Haftung des Erben richtet sich nur nach § 139 Abs. 4 HGB; § 173 Abs. 1 HGB wird insoweit verdrängt. § 139 Abs. 4 HGB a. F. sehe „nur“ die Haftung nach Maßgabe der Vorschriften des Bürgerlichen Rechts, welche die Haftung des Erben für die Nachlassverbindlichkeiten betreffen, vor.

367) BGH, Urt. v. 21.3.1983 – II ZR 113/82, NJW 1983, 2258, 2259= ZIP 1983, 822; Staudinger-*Kunz*, BGB, § 1967 Rz. 247.

persönlich haftender Gesellschafter. Der Zeitpunkt des „Eintritts" in die Gesellschaft ist dabei nicht der des Erbfalls oder der Annahme der Erbschaft, sondern derjenige, in dem die geerbte Stellung als persönlich haftender Gesellschafter in die eines Kommanditisten durch entsprechende Vereinbarung mit den Mitgesellschaftern umgewandelt wurde.[368)]

282 § 176 Abs. 2 HGB n. F. sieht nunmehr vor, dass nur dann, wenn ein weiterer Gesellschafter als Kommanditist in die Gesellschaft eintritt, die persönliche unbeschränkte Haftung für die bis zur Eintragung begründeten Verbindlichkeiten entsteht. Die Haftung greift somit **nicht bei der Übertragung eines Kommanditanteils.**[369)] Man könnte der Auffassung sein, dass die Vererbung der Gesellschafterstellung mit der anschließenden rechtsgeschäftlichen Einräumung der Kommanditistenstellung wie eine Übertragung einer Kommanditbeteiligung zu sehen ist und damit mit dem Erben kein weiterer Kommanditist in die Gesellschaft eingetreten ist. Auf der anderen Seite kommt durch die rechtsgeschäftliche Begründung der Kommanditistenstellung ein weiterer, bisher nicht vorhandener Kommanditist hinzu. Dementsprechend dürfte § 176 Abs. 2 HGB n. F. auch auf den Erben, der sich die Kommanditistenstellung rechtsgeschäftlich einräumen ließ, anwendbar sein.

283 **Scheidet** der Erbe eines oHG-Gesellschafters innerhalb der Frist des § 139 Abs. 3 HGB a. F., § 131 Abs. 3 HGB n. F., **aus der Gesellschaft aus** oder wird innerhalb dieser Frist die Gesellschaft **aufgelöst**, so haftet er für die bis dahin entstandenen Gesellschaftsschulden nur nach den Vorschriften des bürgerlichen Rechts (§ 139 Abs. 4 HGB a. F., § 131 Abs. 4 HGB n. F.).

284 Beerbt der Kommanditist einer zweigliedrigen KG den **persönlich haftenden Gesellschafter**, haftet der Erbe in analoger Anwendung von § 27 HGB.[370)]

2. Beerbung des Kommanditisten

285 Bei dem Tode des Kommanditisten wird die Gesellschaft mit den Erben fortgesetzt, wenn gesellschaftsvertraglich nichts anderes vereinbart ist (§ 177 HGB). Der Erbe tritt in die Kommanditistenstellung des Erblassers ein und **haftet nach Maßgabe der §§ 171, 172 HGB.**

286 Nach einer Auffassung haftet der Erbe für die bis zu dem Erbfall begründeten Verbindlichkeiten der Gesellschaft wie der Erblasser und damit nach §§ 1967 ff. BGB **beschränkbar auf den Nachlass.**[371)] Nach anderer, vorzugswürdiger Auffassung wird der Erwerb des Kommanditanteils im Wege der Erbfolge **wie ein Eintritt in die Gesellschaft** i. S. von § 173 HGB behandelt. Der Erbe haftet bis zur

368) Staudinger-*Kunz*, BGB, § 1967 Rz. 248.

369) *Pranzo*, ZErb 2022, 425, 433.

370) BGH, Urt. v. 10.12.1990 – II ZR 256/89, BGHZ 113, 132, 137 = NJW 1991, 844.

371) Staudinger-*Kunz*, BGB, § 1967 Rz. 251 m. w. N.

Höhe der rückständigen Einlagen auch mit seinem **Eigenvermögen.**[372] Er kann eine Haftungsbeschränkung insoweit nicht durch Beantragung der Nachlassverwaltung oder des Nachlassinsolvenzverfahrens herbeiführen, da sich seine Haftung nicht nur aus §§ 1967 ff. BGB, sondern auch aus § 173 HGB ergibt.[373] Da eine dem § 139 Abs. 4 HGB a. F., § 131 Abs. 4 n. F. entsprechende Regelung fehlt, kann er die Haftung aus § 173 HGB **auch nicht durch Austritt** aus der Gesellschaft innerhalb der Drei-Monats-Frist ausschließen.[374] Um dieser Haftung zu entgehen, bleibt ihm nur die Möglichkeit der Ausschlagung.[375]

3. Haftung der Erben des Gesellschafters für Verbindlichkeiten der Gesellschaft bürgerlichen Rechts (GbR)

§ 727 Abs. 1 BGB a. F. sieht vor, dass die GbR mit dem Tod des Gesellschafters 287
aufgelöst wird, sofern sich aus dem Gesellschaftsvertrag nichts anderes ergibt. Kommt es dementsprechend zur Auflösung der Gesellschaft, tritt der Erbe an seine Stelle in die Liquidationsgesellschaft ein. Die vor dem Erbfall begründeten Verbindlichkeiten der Gesellschaft sind Nachlassverbindlichkeiten, für die der Erbe beschränkbar auf den Nachlass haftet. Dies gilt auch für neue Verbindlichkeiten, die nach dem Erbfall in Folge der Abwicklung der Gesellschaft entstehen.[376]

Wird die Gesellschaft entsprechend der gesellschaftsvertraglichen Regelung nach 288
dem Tod des Gesellschafters mit den Erben fortgesetzt, stellt sich die Frage, ob der Erbe für die bis zum Erbfall begründeten Verbindlichkeiten der Gesellschaft nur mit seinem Anteil am Gesellschaftsvermögen und dem Nachlass haftet oder ob in entsprechender Anwendung von § 130 HGB a. F. die unbeschränkbare Haftung des Erben für diese Verbindlichkeiten besteht. Für den rechtsgeschäftlichen Beitritt eines neuen Gesellschafters zu einer GbR war die **entsprechende Anwendung von § 130 HGB a. F.** bereits anerkannt.[377] Der **BGH** hat nunmehr auch für den Erben, der in eine fortbestehende GbR eintritt, die **Haftung für Altschulden** der Gesellschaft analog §§ 128, 130 HGB a. F. **angenommen.**[378] Die Frage, ob der Erbe daneben auch in **entsprechender Anwendung von § 139 HGB a. F.** seine Haftung beschränken kann, indem er sich die Stellung wie ein

372) H. M.; BGH, Beschl. v. 3.7.1989 – II ZB 1/89, BGHZ 108, 187, 197 = ZIP 1989, 1186; Erman-*Döll*, BGB, § 1967 Rz. 15.

373) *Küpper* in: MünchKomm-BGB, § 1967 Rz. 48; Erman-*Horn*, BGB, § 1967 Rz. 15; OLG Hamburg, Urt. v. 5.11.1993 – 11 U 39/93, NJW-RR 1994, 809, 810 = ZIP 1994, 297.

374) *Endemann* in: Groll/Steiner, Praxishdb. Erbrechtsberatung, Rz. 25.43 m. w. N.; **a. A.** *Busch*, ErbR 2012, 358.

375) *Joachim*, Die Haftung des Erben für Nachlassverbindlichkeiten, Rz. 134.

376) *Siegmann* in: MünchAHB Erbrecht, § 23 Rz. 100.

377) BGH, Vers.-Urt. v. 7.4.2003 – II ZR 56/02, ZVI 2003, 273 = NJW 2003, 1803; BGH, Urt. v. 12.12.2005 – II ZR 283/03, ZIP 2006, 82 = NJW 2006, 765.

378) BGH, Beschl. v. 17.12.2013 – II ZR 121/12, ZErb 2014, 263 = ZEV 2014, 432.

Kommanditist einräumen lässt, hat der BGH offengelassen. Die Anwendbarkeit von § 139 HGB a. F. kommt allerdings überhaupt nur in Betracht, wenn die Voraussetzungen von §§ 105 Abs. 2, 161 HGB für die Umwandlung in eine KG gegeben sind. Das Gesetz hat überall dort, wo neben die erbrechtliche eine besondere handels- oder gesellschaftsrechtliche Haftung tritt, genau geregelt, wie diese Sonderhaftung beschränkt werden kann. Käme man nicht zu einer entsprechenden Anwendung von § 139 HGB a. F. würde der Gesellschafter einer GbR mit der Übertragung der Haftungsgrundsätze der oHG in nicht zu rechtfertigender Weise **schlechtergestellt.** Dem Erben bliebe nur noch der Weg der Ausschlagung.[379)]

289 Anders verhält es sich, wenn der neue Gesellschafter durch eine sog. **Eintrittsklausel** Gesellschafter wird. In diesem Fall tritt er durch Rechtsgeschäft in die Gesellschaft ein und haftet dementsprechend in analoger Anwendung des § 130 HGB a. F. für die Altverbindlichkeiten. Der Erbe haftet hierfür daneben gemäß §§ 1967 ff. BGB.

290 **§ 730 BGB n. F.** sieht vor, dass die rechtsfähige GbR durch den Tod des Gesellschafters **aufgelöst** wird, wenn der Gesellschaftsvertrag dies vorsieht. Ist das nicht der Fall, dann führt der Tod des Gesellschafters zu dessen **Ausscheiden** aus der Gesellschaft gemäß § 723 Abs. 1 Nr. 1 BGB n. F.

291 **Tritt der Erbe in die Gesellschaft ein,** haftet er gemäß § 721a Satz 1 BGB n. F. unbeschränkt für Verbindlichkeiten der Gesellschaft.[380)] § 724 Abs. 1 BGB n. F., sieht für die rechtsfähige GbR, vergleichbar § 131 HGB n. F. bei der oHG, die Möglichkeit vor, dass sich der Erbe die **Stellung eines Kommanditisten** einräumen lässt, wenn die Gesellschaft die **Voraussetzungen** gemäß § 107 HGB n. F. erfüllt, um in das Handelsregister eingetragen zu werden. Nehmen die anderen Gesellschafter den Antrag gemäß § 724 Abs. 1 BGB nicht an oder ist eine Fortführung der Gesellschaft als KG nicht möglich, ist der Erbe berechtigt, seine Mitgliedschaft in der Gesellschaft **ohne Einhaltung einer Kündigungsfrist zu kündigen** (§ 724 Abs. 2 BGB n. F.). Die Rechte gemäß § 724 Abs. 1 und 2 BGB n. F. können von dem Erben nur innerhalb einer Frist von drei Monaten nach dem Zeitpunkt, zu dem er von dem Anfall der Erbschaft Kenntnis erlangt hat, geltend gemacht werden (§ 724 Abs. 3 Satz 1 BGB n. F.). Ist bei Ablauf der drei Monate das Rechts zur Ausschlagung der Erbschaft noch nicht verloren, endet die Frist nicht vor dem Ablauf der Ausschlagungsfrist (§ 724 Abs. 3 Satz 3 BGB n. F.).

292 Scheidet innerhalb der Frist des Abs. 3 der Erbe aus der Gesellschaft aus oder wir innerhalb der Frist die Gesellschaft aufgelöst oder dem Erben die Stellung eines Kommanditisten eingeräumt, so haftet er für die **bis dahin entstandenen Gesell-**

379) *Lange/Kretschmann*, NZG 2023, 351; *Lange*, ZErb 2014, 265, 266 (Urteilsanm.).

380) *Schöne* in: BeckOK-BGB, § 721a n. F. Rz. 2.

schaftsverbindlichkeiten nur nach Maßgabe der Vorschriften, welche die Haftung des Erben für Nachlassverbindlichkeiten betreffen (§ 724 Abs. 4 BGB n. F.).

Wird die Gesellschafterstellung des Erben in die eines **Kommanditisten** umgewandelt, wird dies bei der oHG bzw. KG einem Eintritt gemäß § 173 HGB gleichgesetzt. Dies hat zur Folge, dass der Erbe als Kommanditist für Alt- und zwischenzeitliche begründete neue Verbindlichkeiten in dem Umfang persönlich haftet, in der der Erblasser als Rechtsvorgänger die im Zuge der Umwandlung der Gesellschafterstellung erbrachte Einlage nicht erbracht oder entnommen hatte. Zudem haftet er für Neuschulden der umgewandelten KG gemäß §§ 171, 172 HGB. Diese Grundsätze dürften bei der **Umwandlung** nach § 724 BGB n. F. ebenfalls anwendbar sein.[381)] Ob § 176 Abs. 2 HGB entsprechend nach der Umwandlung von einer GbR in ein KG anwendbar ist, ist bisher nicht abschließend geklärt.[382)] **293**

§ 724 BGB n. F. ist, anders als § 139 Abs. 5 HGB a. F., § 131 Abs. 5 HGB n. F. **dispositiv.**[383)] **294**

§ 724 BGB n. F. gilt nicht für die **nicht rechtsfähige GbR**. § 740a BGB n. F. sieht die Anwendbarkeit dieser Vorschrift für die nicht rechtsfähige GbR nicht vor. Den Erben eines Gesellschafters einer nicht rechtsfähigen GbR können keine Haftungsfolgen gemäß §§ 721 ff. BGB n. F. treffen.[384)] **295**

XII. Erschöpfungseinrede (§ 1989 BGB) nach Durchführung des Nachlassinsolvenzverfahrens

1. Allgemeines

Wenn das Insolvenzverfahren durch Verteilung der Masse oder durch Insolvenzplan beendet wird, haftet der Erbe gegenüber den Nachlassgläubigern nur noch nach Maßgabe des § 1973 BGB (§ 1989 BGB). Der Erbe wird nach ordnungsgemäßer Durchführung des Insolvenzverfahrens entlastet, ist also frei von den Verwaltungspflichten gemäß §§ 1978–1980 BGB und haftet grundsätzlich nur noch mit dem Nachlass. § 1989 BGB gilt **auch gegenüber den Gläubigern,** **296**

- die sich nicht an dem Nachlassinsolvenzverfahren beteiligt haben,
- ihre Anmeldung im Insolvenzverfahren zurückgenommen,
- ihre bestrittene Forderung nicht weiterverfolgt (§ 189 Abs. 2 InsO) oder
- bei der Geltendmachung abgesonderter Befriedigung einen Verzicht oder Ausfall nicht nachgewiesen haben (§ 140 InsO).[385)]

---

381) *Lange/Kretschmann*, NZG 2023, 351.

382) *Lange/Kretschmann*, NZG 2023, 351.

383) *Lange/Kretschmann*, NZG 2023, 351.

384) *Schöne* in: BeckOK-BGB, § 724 Rz. 1.

385) *Küpper* in: MünchKomm-BGB, § 1989 Rz. 6; Staudinger-*Dobler*, BGB, § 1989 Rz. 1.

297 Dem Erben kann **keine Inventarfrist mehr** gesetzt werden (§ 2003 Satz 2 BGB). Auch die eidesstattliche Versicherung der Vollständigkeit eines bereits errichteten Inventars kann von dem Erben nicht mehr verlangt werden.[386] § 1989 BGB greift nicht zugunsten des Erben ein, wenn er bereits vor Eröffnung des Nachlassinsolvenzverfahrens für Nachlassverbindlichkeiten unbeschränkt gehaftet hat (§ 2013 Abs. 1 Satz 1 BGB). Ist die Haftung des Erben nur **gegenüber einzelnen Gläubigern** beschränkt, bleibt § 1989 BGB gegenüber den übrigen Gläubigern anwendbar.[387]

298 **Miterben** haften nach Teilung des Nachlasses und Beendigung des Insolvenzverfahrens durch Verteilung der Masse oder Insolvenzplan nur für den ihrem Erbteil entsprechenden Teil der Nachlassverbindlichkeit (§ 2060 Nr. 3 BGB); zur Haftung von Miterben siehe Rz. 422 ff.).[388]

299 § 1989 BGB findet nur Anwendung, wenn das Nachlassinsolvenzverfahren durch **Verteilung der Masse oder durch Insolvenzplan** beendet wurde. Er **gilt nicht**, wenn

- das Insolvenzverfahren **mangels Masse** eingestellt (§§ 207 ff. InsO),
- der Eröffnungsbeschluss auf eine sofortige Beschwerde wieder aufgehoben (§§ 6, 34 InsO), oder
- das Nachlassinsolvenzverfahren mit Zustimmung aller Gläubiger eingestellt wurde (§§ 213 ff. InsO).
- § 1989 BGB greift auch nicht ein, wenn ein Gläubiger gemäß § 1971 BGB von einem Aufgebot nicht betroffen sein würde.[389]

2. Beendigung des Nachlassinsolvenzverfahrens durch Verteilung der Masse

300 Das Nachlassinsolvenzverfahren wird nach der Schlussverteilung (§§ 196 ff. InsO) durch einen Beschluss des Insolvenzgerichts (§ 200 InsO) beendet. Mit der Aufhebung des Verfahrens endet der durch die Insolvenzeröffnung eingetretene Schutz des Eigenvermögens des Erben gemäß §§ 1975 BGB, 784 Abs. 1 ZPO. Der Erbe kann nach der Beendigung des Insolvenzverfahrens die im Insolvenzverfahren noch nicht voll befriedigten Gläubiger oder die Gläubiger, die sich an dem Insolvenzverfahren nicht beteiligt haben, auf den **Restnachlass** verweisen. Er muss die Gläubiger nicht aus seinem Eigenvermögen befriedigen.

386) H. M.; Soergel-*Stein*, BGB, § 1989 Rz. 1; **a. A.** Staudinger-*Dobler*, BGB, § 1989 Rz. 1, § 2000 Rz. 9.

387) *Gottwald* in: Damrau/Tanck, PK Erbrecht, § 1989 Rz. 1.

388) Staudinger-*Marotzke*, BGB, § 2060 Rz. 17 ff.

389) Staudinger-*Dobler*, BGB, § 1989 Rz. 5.

Kommt es zu einer **Nachtragsverteilung** gemäß § 203 InsO, weil neue Nachlassgegenstände festgestellt wurden, kann der Erbe die Befriedigung der Gläubiger hinsichtlich der Gegenstände, die der Nachtragsverteilung unterliegen, **verweigern.**[390] Die Nachtragsverteilung kommt nur in Betracht, wenn noch nicht alle Gläubiger des durchgeführten Nachlassinsolvenzverfahrens befriedigt sind. Nicht der Nachtragsverteilung unterliegen die Gegenstände, die der Insolvenzverwalter dem Erben **als unverwertbar zurückgegeben** hat (§ 197 Abs. 1 Nr. 3 InsO). In diese Gegenstände können die Nachlassgläubiger ungehindert nach Aufhebung oder Einstellung des Nachlassinsolvenzverfahrens vollstrecken. Ein solcher Gegenstand bleibt auch nach der Rückgabe durch den Nachlassinsolvenzverwalter **weiter nachlasszugehörig.** Das hat zur Konsequenz, dass sich der Erbe hinsichtlich dieses Gegenstandes weiter auf die **Beschränkung seiner Erbenhaftung** berufen kann. 301

Handelt es sich um ein **Grundstück,** fallen hierfür weiter Grundsteuer und sonstige laufende Kosten an. Nach der verwaltungsgerichtlichen Rechtsprechung handelt es sich bei der Grundsteuer und Abwassergebühren, die nach dem Erbfall entstehen, allerdings nicht um Nachlassverbindlichkeiten i. S. von § 1967 BGB, die der Haftungsbeschränkung gemäß §§ 1975, 1990 BGB unterliegen.[391] 302

Besteht gegen den Erben ein **Anspruch aus § 1978 BGB,** der bereits vor der Eröffnung des Nachlassinsolvenzverfahrens entstanden war, von dem Nachlassinsolvenzverwalter aber nicht geltend gemacht wurde, dann kann der Erbe den Gläubigern, die ihn daraus nach Beendigung des Nachlassinsolvenzverfahrens in Anspruch nehmen wollen, entgegenhalten, dass dieser Anspruch der Nachtragsverteilung unterliege.[392] Kommt es dann aber nicht zu einer Nachtragsverteilung, kann dieser Anspruch von den noch nicht (vollständig) befriedigten Nachlassgläubigern gegenüber dem Erben geltend gemacht werden. § 1989 BGB steht dem nicht entgegen.[393] 303

Verbleibt nach der Schlussverteilung ein Nachlassrest, der an den Erben von dem Insolvenzverwalter herausgegeben wird, haftet der Erbe für die **Verwaltung dieses Restnachlasses** nicht gemäß §§ 1978–1980 BGB, sondern nur nach den Vorschriften des Bereicherungsrechts (§§ 1989, 1973 Abs. 2 Satz 1 BGB). Das gilt sowohl gegenüber den Gläubigern, die sich an dem Insolvenzverfahren nicht beteiligt haben, als auch gegenüber denjenigen, die sich beteiligt haben.[394] Der Erbe trägt die **Darlegungs- und Beweislast** dafür, dass kein weiteres Nachlass- 304

---

390) *Gottwald* in: Damrau/Tanck, PK Erbrecht, § 1989 Rz. 3.

391) VGH Baden-Württemberg, Urt. v. 29.6.2017 – 2 S 1750/15, BeckRS 2017, 117504 = NVwZ-RR 2017, 796.

392) Staudinger-*Dobler*, BGB, § 1989 Rz. 8.

393) Staudinger-*Dobler*, BGB, § 1989 Rz. 10.

394) Staudinger-*Dobler*, BGB, § 1989 Rz. 9.

vermögen vorhanden ist (zur Haftung gemäß § 1973 Abs. 2 BGB siehe Rz. 217).[395)]

305 Die in dem Nachlassinsolvenzverfahren erfolgte Eintragung der Forderung in die Tabelle (§ 201 Abs. 2 InsO) gibt nur einen Titel gegen den Nachlass.[396)] Vollstreckt ein Gläubiger aufgrund eines solchen Titels in das Eigenvermögen des Erben, kann dieser sich mit der **Vollstreckungsabwehrklage** gemäß §§ 781, 785, 767 ZPO wehren.[397)] Ein Vorbehalt gemäß § 780 Abs. 1 ZPO ist nicht erforderlich.

3. Beendigung des Nachlassinsolvenzverfahrens durch Insolvenzplan

306 Kommt es zur Errichtung eines Insolvenzplanes (§§ 217 ff. InsO) wird das Nachlassinsolvenzverfahren beendet durch Aufhebungsbeschluss gemäß § 258 Abs. 1 InsO, sobald der Insolvenzplan rechtskräftig bestätigt ist.

307 Die Beendigung des Insolvenzverfahrens durch Insolvenzplan **führt nicht zwangsläufig zur Anwendung des § 1989 BGB.**[398)] Der Erbe kann für die Erfüllung des Insolvenzplans auch mit seinem Eigenvermögen haften. Dies ergibt sich am besten durch eine **eindeutige Regelung im Insolvenzplan**, notfalls durch dessen Auslegung.[399)] Ein Insolvenzplan, der diese Frage nicht eindeutig regelt, sollte von dem Insolvenzgericht nicht bestätigt werden.[400)] Bleiben Zweifel, ob der Erbe persönlich für die Erfüllung des Insolvenzplans haftet, greift § 1989 BGB ein.[401)] Dies gilt auch gegenüber Massegläubigern, die entgegen § 258 Abs. 2 InsO nicht vor der Aufhebung des Insolvenzverfahrens durch den Insolvenzverwalter befriedigt worden sind.

308 Der rechtskräftig bestätigte Insolvenzplan wirkt gemäß § 254 Abs. 1 Satz 3 InsO **für und gegen alle Insolvenzgläubiger**, auch wenn sie ihre Forderung nicht angemeldet oder dem Plan widersprochen haben. Diese Vorschrift gilt nach überwiegender Auffassung nicht uneingeschränkt im Nachlassinsolvenzverfahren.[402)] Es wäre für den Erben dann regelmäßig unvorteilhaft, einen Insolvenzplan vorzulegen, der seine persönliche Haftung vorsieht. Aus diesem Grund gilt § 254 Abs. 1 Satz 3 InsO nicht gegenüber Gläubigern, die ihre Forderung im Nach-

---

395) *Gottwald* in: Damrau/Tanck, PK Erbrecht, § 1989 Rz. 5.

396) *Küpper* in: MünchKomm-BGB, § 1989 Rz. 8; **a. A.** Staudinger-*Dobler*, BGB, § 1989 Rz. 11; Staudinger-*Kunz*, BGB, Vorb. §§ 1967 ff. Rz. 159.

397) *Küpper* in: MünchKomm-BGB, § 1989 Rz. 8.

398) Staudinger-*Dobler*, BGB, § 1989 Rz. 14.

399) *Gottwald* in: Damrau/Tanck, PK Erbrecht, § 1989 Rz. 8.

400) *Küpper* in: MünchKomm-BGB, § 1989 Rz. 7.

401) *Küpper* in: MünchKomm-BGB, § 1989 Rz. 7; Staudinger-*Dobler*, BGB, § 1989 Rz. 15; Soergel-*Stein*, BGB, § 1989 Rz. 3.

402) *Gottwald* in: Damrau/Tanck, PK Erbrecht, § 1989 Rz. 8; Staudinger-*Dobler*, BGB, § 1989 Rz. 18.

lassinsolvenzverfahren **nicht ordnungsgemäß angemeldet haben.**[403] Die Haftung des Erben gegenüber diesen Gläubigern bestimmt sich ausschließlich nach **§ 1973 BGB.** Gegenüber denjenigen Gläubigern, die dem Insolvenzplan **widersprochen** haben, bleibt es bei der Haftung des Erben gemäß § 1989 BGB.

Sieht der Insolvenzplan vor, dass der Erbe für dessen Erfüllung auch mit seinem **Eigenvermögen** haftet, kann sich der Erbe gegenüber den Gläubigern, die von dem Insolvenzplan betroffen sind, nicht auf § 1989 BGB berufen. Der Erbe hat durch den Insolvenzplan **auf diese Einrede verzichtet.**[404] Haftet der Erbe persönlich für die Erfüllung des Insolvenzplans, kann er die Befriedigung der nicht von dem Insolvenzplan betroffenen Gläubiger analog § 1973 Abs. 1 Satz 1 BGB verweigern, soweit die von dem Insolvenzplan betroffenen Gläubiger noch nicht entsprechend dem Insolvenzplan befriedigt worden sind.[405] Der Erbe kann in diesem Fall die Nachlassmittel, die zur Befriedigung der aus dem Insolvenzplan begünstigten Nachlassgläubiger notwendig sind und die er aufgebracht hat, analog § 1973 Abs. 2 Satz 1 und 3 BGB von dem Nachlassüberschuss, mit dem er gegenüber den anderen, durch § 1989 BGB betroffenen Nachlassgläubigern haftet, abziehen.[406] 309

Haftet der Erbe **nur mit dem Nachlass** für den Insolvenzplan, kann er sich allen Gläubigern gegenüber auf §§ 1989, 1973 BGB berufen. Der Erbe hat dann das Recht, die Gläubiger in beliebiger Reihenfolge zu befriedigen. Er kann allerdings die Nachlassmittel, die er aufwenden muss, um die Gläubiger, die aus dem Insolvenzplan gemäß § 257 InsO vollstrecken können, zu befriedigen, analog § 1973 Abs. 2 Satz 1 und 3 BGB von dem Nachlassüberschuss, mit dem er den übrigen Gläubigern gegenüber haftet, abziehen (§ 818 Abs. 3 BGB).[407] Der Erbe hat im Übrigen § 1973 Abs. 1 Satz 2 BGB zu beachten, d. h., die betroffenen Gläubiger vor den Verbindlichkeiten aus Pflichtteilsrechten, Vermächtnissen und Auflagen zu befriedigen. § 1974 Abs. 2 BGB findet entsprechende Anwendung.[408] 310

4. § 1989 BGB gegenüber Massegläubigern

Auch Massegläubiger sind von § 1989 BGB betroffen. Wurden sie entgegen § 258 Abs. 2 InsO im Insolvenzplanverfahren nicht befriedigt oder deren Forderung nicht entsprechend besichert, stehen den Gläubigern Ansprüche **gegen den Insolvenzverwalter** zu (§ 60 InsO). Auch wenn der Nachlass bei richtiger Vorgehensweise zu deren Befriedigung ausgereicht hätte, kann sich der Erbe auf §§ 1989, 1973 Abs. 2 Satz 1, 818 Abs. 3 BGB berufen. § 819 Abs. 1 BGB greift 311

403) Staudinger-*Dobler*, BGB, § 1989 Rz. 18; Soergel-*Stein*, BGB, § 1989 Rz. 3.

404) *Gottwald* in: Damrau/Tanck, PK Erbrecht, § 1989 Rz. 10.

405) Staudinger-*Dobler*, BGB, § 1989 Rz. 22.

406) *Gottwald* in: Damrau/Tanck, PK Erbrecht, § 1989 Rz. 10.

407) Staudinger-*Dobler*, BGB, § 1989 Rz. 22.

408) Soergel-*Stein*, BGB, § 1989 Rz. 5; Staudinger-*Dobler*, BGB, § 1989 Rz. 23.

nicht ein. Nach dem Rechtsgedanken des § 1989 BGB ist es nicht Aufgabe des Erben, Fehler des Nachlassinsolvenzverwalters zu korrigieren.[409)]

5. Haftung nach Bereicherungsgrundsätzen

312 Der Erbe haftet gemäß § 1989 **nach Durchführung des Insolvenzverfahrens** nur noch nach den Grundsätzen des Bereicherungsrechts (§ 1973 Abs. 2 BGB). Hinsichtlich der Durchführung der Haftungsbeschränkung siehe die Ausführungen zum Aufgebotsverfahren bei Rz. 180 ff.

6. Freigabe von Nachlassgegenständen durch den Insolvenzverwalter

313 Der Insolvenzverwalter kann Gegenstände, die zur Insolvenzmasse gehören (§ 35 InsO), freigeben. Dies gilt auch im Nachlassinsolvenzverfahren.[410)] Die Freigabe erfolgt hauptsächlich dann, wenn die Verwertung von Massegegenständen nicht sinnvoll oder möglich erscheint, weil z. B. die Kosten der Verwaltung und Verwertung den zu erwartenden Erlös übersteigen. Mit der Freigabe wird der Gegenstand in das insolvenzfreie Vermögen des Schuldners, also des Erben, überführt, der wieder die volle Verwaltungs- und Verfügungsbefugnis zurückerlangt. Die Freigabe des Nachlassgegenstandes durch den Insolvenzverwalter **beendet dessen Zugehörigkeit zu der Insolvenzmasse, nicht aber dessen Zugehörigkeit zu dem Nachlass.** Der freigegebene Nachlassgegenstand geht nicht in das insolvenzfreie Eigenvermögen des Erben über.[411)]

314 Eine andere, weitergehende Rechtsfolge ist gewollt, wenn der Insolvenzverwalter während des Nachlassinsolvenzverfahrens einen Nachlassgegenstand, z. B. ein **Grundstück, gegen Zahlung eines Entgelts** an den Erben freigibt. Dieses Grundstück soll mit der entgeltlichen Freigabe durch den Insolvenzverwalter, wie bei der Veräußerung an einen Dritten, in das Privatvermögen des Erben fallen, auf das die Nachlassgläubiger keinen Zugriff haben. Fraglich ist, wie die Erfüllung durch den Insolvenzverwalter vorzunehmen ist. Der Erbe ist Träger des Nachlassvermögens und **damit bereits Eigentümer** des Grundstücks. Wegen des Nachlassinsolvenzverfahrens ist der Erbe lediglich nicht befugt, den Nachlass zu verwalten und über ihn zu verfügen. Der Insolvenzverwalter könnte ihm durch Auflassung gemäß §§ 873, 925 BGB nicht erneut das Eigentum verschaffen. In Betracht kommt daher die Freigabe des Grundstücks durch den Insolvenzverwalter. Die Freigabe erfolgt durch eine an den Erben zu richtende **einseitige, empfangsbedürftige Willenserklärung des Insolvenzverwalters** (§§ 32 Abs. 2, 80 InsO).[412)] Durch die wirksame Abgabe und den Zugang der Freigabeerklärung

---

409) Staudinger-*Dobler*, BGB, § 1989 Rz. 27.

410) *Lüdtke* in: HambKomm-InsR, § 35 InsO Rz. 63.

411) *Wiester* in: MünchAHB Erbrecht, § 25 Rz. 60; **a. A.** DNotI, Gutachten Nr. 64056, v. 19.4.2006.

412) *Lüdtke* in: HambKomm-InsR, § 35 InsO Rz. 66.

scheidet das Grundstück aus der Insolvenzmasse aus und wird der Verwaltungs- und Verfügungsbefugnis des Erben unterstellt.

Die bloße Freigabeerklärung des Insolvenzverwalters gegenüber dem Erben be- 315
endet aber grundsätzlich nur die Zugehörigkeit des Grundstücks zur Insolvenzmasse, nicht aber die Zugehörigkeit zum Nachlass, so dass es im Grundsatz **weiter für Nachlassverbindlichkeiten haftet**. Alleine aus dem Umstand, dass die Freigabe an den Erben entgeltlich erfolgte, stets zu schließen, dass damit auch die Zugehörigkeit des Gegenstands zu dem Nachlass beendet werden sollte, dürfte problematisch sein. Insbesondere weil die Freigabe durch den Insolvenzverwalter grundsätzlich nicht formbedürftig ist, könnte ein entsprechender Nachweis gegenüber Nachlassgläubigern, die später auf den freigegebenen Gegenstand zugreifen wollen, schwierig sein. Selbst bei Grundstücken greift für die Freigabeerklärung des Insolvenzverwalters nicht § 311b BGB ein, da mit der Freigabe kein Eigentumsübergang erfolgt.[413)] Die **Freigabeerklärung** des Nachlassinsolvenzverwalters sollte daher in diesen Fällen zusätzlich ausdrücklich die Erklärung beinhalten, dass mit der Freigabe nicht nur der Insolvenzbeschlag, sondern **auch die Zugehörigkeit des Gegenstands zu dem Nachlassvermögen aufgehoben wird.**

XIII. Dürftigkeitseinrede gemäß § 1990 BGB

1. Allgemeines

Die Dürftigkeitseinrede gemäß § 1990 Abs. 1 Satz 1 BGB gibt dem Erben eine 316
relativ einfache Möglichkeit, seine Haftung gegenüber Nachlassgläubigern auf den Nachlass zu beschränken. Der Erbe kann auf diese Weise die Unzulänglichkeit des Nachlasses geltend machen, ohne dass eine Vermögensseparierung mit Fremdverwaltung erforderlich wird. Wenn die Einrede prozess- und vollstreckungsrechtlich in richtiger Weise geltend gemacht wird, steht den Nachlassgläubigern nur der Nachlass und nicht auch das Eigenvermögen des Erben zur Verfügung. Der Erbe ist allerdings gegenüber den Gläubigern verpflichtet, den Nachlass ordnungsgemäß zu verwalten (§§ 1991 Abs. 1, 1978 Abs. 1 BGB). Die Ansprüche aus § 1978 BGB werden in diesem Fall nicht von einem Nachlassverwalter oder Nachlassinsolvenzverwalter geltend gemacht, sondern von den einzelnen Nachlassgläubigern, denen gegenüber der Erbe die Dürftigkeitseinrede erhebt.

Die Einrede gemäß § 1990 BGB umfasst die Dürftigkeitseinrede, die Unzuläng- 317
lichkeitseinrede und die Erschöpfungseinrede. Sie können nicht nur von dem Erben, sondern auch von dem Nachlasspfleger und dem Testamentsvollstrecker

413) *Lüdtke* in: HambKomm-InsR, § 35 InsO Rz. 66; lediglich für das Grundbuchamt ist die Form des § 29 GBO erforderlich.

gegenüber Nachlassgläubigern geltend gemacht werden. Der Nachlassverwalter ist hierzu nicht berechtigt.[414)]

2. Dürftigkeit

318 Die Dürftigkeitseinrede besteht, wenn der Nachlass **so dürftig ist**, dass eine die Kosten der Nachlassverwaltung oder der Nachlassinsolvenz deckende Masse fehlt **und deshalb**

- die Anordnung der Nachlassverwaltung oder die Eröffnung des Nachlassinsolvenzverfahrens abgelehnt (§ 1982 BGB, § 26 InsO),
- die bereits angeordnete Nachlassverwaltung aufgehoben (§ 1988 Abs. 2 BGB) oder
- das Nachlassinsolvenzverfahren eingestellt wird (§ 207 InsO).

319 Eine **Überschuldung** des Nachlasses ist nach überwiegender Auffassung für die Annahme der Dürftigkeit nicht erforderlich, auch wenn sie in der Regel gegeben ist.[415)] Ausreichend ist bereits, dass die Nachlassaktiva so gering sind, dass die Kosten eines Nachlassinsolvenzverfahrens oder der Nachlassverwaltung nicht gedeckt sind.[416)] Die Dürftigkeitseinrede dient in einem solchen Fall nur der **Abwehr des Zugriffs der Nachlassgläubiger auf das Eigenvermögen** des Erben.[417)]

320 Der **maßgebende Zeitpunkt** für die Feststellung der Dürftigkeit ist der Zeitpunkt, in dem über die Einrede entschieden wird, also die letzte mündliche Verhandlung in der Tatsacheninstanz.[418)] Gegenüber verschiedenen Gläubigern können sich daher verschiedene Zeitpunkte für das Bestehen der Dürftigkeit ergeben. Bei der Feststellung der Dürftigkeit des Nachlasses ist zu beachten, dass einbringliche Ansprüche gegen den Erben wegen dessen Verwaltung des Nachlasses (§§ 1991 Abs. 1, 1978 Abs. 1 BGB) dem Nachlass zugeordnet werden und ihn dadurch erhöhen.[419)]

321 **Miterben** können sich nach der Teilung des Nachlasses auf § 1990 BGB berufen, wenn zur Zeit der Teilung des Nachlasses eine den Kosten des Nachlass-

---

414) *Küpper* in: MünchKomm-BGB, § 1990 Rz. 10.

415) *Küpper* in: MünchKomm-BGB, § 1990 Rz. 2; **a. A.** Staudinger-*Dobler*, BGB, § 1990 Rz. 3: Der Gläubiger muss dartun, dass die ernsthafte Möglichkeit besteht, dass eine auf den Nachlass begrenzte Zwangsvollstreckung nicht zu einer vollständigen Befriedigung des Gläubigers führt.

416) *Küpper* in: MünchKomm-BGB, § 1990 Rz. 2.

417) *Küpper* in: MünchKomm-BGB, § 1990 Rz. 11.

418) BGH, Urt. v. 10.11.1982 – IVa ZR 29/81, BGHZ 85, 274 = NJW 1983, 1485; Grüneberg-*Weidlich*, BGB, § 1990 Rz. 2.

419) Grüneberg-*Weidlich*, BGB, § 1990 Rz. 2.

insolvenzverfahrens entsprechende Aktivmasse nicht vorhanden war (zur Haftung von Miterben siehe Rz. 422 ff.).[420]

3. Geltendmachung der Dürftigkeitseinrede

Der Erbe muss nicht unbedingt eine gerichtliche Entscheidung über die Ablehnung der Anordnung des Nachlassverwaltungsverfahrens oder der Eröffnung des Nachlassinsolvenzverfahrens herbeiführen, um die Dürftigkeit des Nachlasses zu beweisen.[421] Er kann ein **Inventar** errichten (§ 2002 BGB), ausreichend ist aber auch eine **Auskunft** über den ursprünglichen Bestand des Nachlasses sowie die **Gründe der eingetretenen Verminderungen.** Der Erbe kann auch anbieten, die Richtigkeit seiner Auskunft an **Eides statt zu versichern.** 322

Liegt eine **Entscheidung des Nachlassgerichts** über die Aufhebung der Nachlassverwaltung (§ 1988 Abs. 2 BGB) oder die Ablehnung der Anordnung der Nachlassverwaltung (§ 1982 BGB) vor, weil der Nachlass nicht eine die Kosten deckende Masse aufweist, oder hat das Gericht die Eröffnung des Insolvenzverfahrens aus diesem Grund abgelehnt (§ 26 InsO) oder eingestellt (§ 207 Abs. 1 InsO), kann der Erbe mit dieser Entscheidung den Nachweis der Dürftigkeit führen. Das Gericht, das über die von dem Erben erhobene Dürftigkeitseinrede entscheidet, ist an diese Entscheidung des Nachlassgerichts oder des Insolvenzgerichts **gebunden.** Weiterer Vortrag des Erben ist insoweit nicht erforderlich.[422] Begründet wird dies vorwiegend mit prozessökonomischen Erwägungen.[423] Die Bindungswirkung entfällt allerdings, wenn nach der Entscheidung des Nachlassgerichts weitere Nachlassaktiva auftauchen. In diesem Fall kann auch erneut ein Antrag auf Nachlassverwaltung bzw. auf Eröffnung des Nachlassinsolvenzverfahrens gestellt werden.[424] 323

Erhebt der Erbe im Prozess die Dürftigkeitseinrede, muss er die Aufnahme des **Haftungsbeschränkungsvorbehalts** (§ 780 ZPO) in das Urteil erreichen, um nicht die Möglichkeit der Haftungsbeschränkung auf den Nachlass zu verlieren.[425] Er ist nicht gehalten, sich auf die Dürftigkeitseinrede gemäß § 1990 BGB als 324

---

420) Staudinger-*Dobler*, BGB, § 1990 Rz. 8, 45; Soergel-*Stein*, BGB, § 1990 Rz. 10.

421) OLG Düsseldorf, Beschl. v. 10.11.1999 – 3 Wx 371/99, ZEV 2000, 155 = Rpfleger 2000, 115; *Gottwald* in: Damrau/Tanck, PK Erbrecht, § 1990 Rz. 8.

422) BGH, Urt. v. 13.7.1989 – IX ZR 227/87, NJW-RR 1989, 1226 = MDR 1990, 47; BayObLG, Beschl. v. 7.10.1999 – 2Z BR 73/99, ZEV 2000, 151 = ZfIR 2000, 381; Grüneberg-*Weidlich*, BGB, § 1990 Rz. 2; Erman-*Horn*, BGB, § 1990 Rz. 3; anders OLG Düsseldorf, Beschl. v. 10.11.1999 – 3 Wx 371/99, ZEV 2000, 155 = Rpfleger 2000, 115, wonach der Beschluss nur zu einer Beweiserleichterung führt; OLG Frankfurt/M., Beschl. v. 12.1.2016 – 20 W 279/15, ErbR 2016, 466 = ZEV 2016, 349.

423) *Küpper* in: MünchKomm-BGB, § 1990 Rz. 3.

424) *Gottwald* in: Damrau/Tanck, PK Erbrecht, § 1990 Rz. 8.

425) BGH, Urt. v. 11.7.1991 – IX ZR 180/90, NJW 1991, 2839 = MDR 1992, 195; BGH, Urt. v. 21.2.2002 – IX ZR 127/00, NJW 2002, 1414, 1415 = ZEV 2002, 162.

solche zu berufen. Ausreichend ist vielmehr, den allgemeinen Vorbehalt gemäß § 780 Abs. 1 ZPO in das Urteil aufnehmen zu lassen, was das Gericht regelmäßig ohne weitere Prüfung vornimmt. Lediglich wenn festgestellt werden kann, dass der Erbe sein Recht zur Haftungsbeschränkung bereits insgesamt oder gegenüber dem klagenden Gläubiger verloren hat, ist der Erbe ohne den Vorbehalt des § 780 Abs. ZPO zu verurteilen.[426)]

325 Auch bei einem **Prozessvergleich** muss der Erbe den Vorbehalt, nur mit dem Nachlass haften zu wollen, aufnehmen lassen, wenn er die Haftungsbeschränkungsmöglichkeit nicht verlieren will.[427)] Sagt der Erbe einem Vermächtnisgläubiger zu, ihm anstelle eines testamentarisch vermachten Wohnrechts einen Abfindungsbetrag und eine Rente zu erbringen, ist ihm die Dürftigkeitseinrede versagt, wenn er bei der Vereinbarung keinen Vorbehalt hinsichtlich der Leistungsfähigkeit erklärt.[428)] In eine nachlassgerichtliche Entscheidung über den **Vergütungsfestsetzungsantrag** eines Nachlasspflegers kann ein Vorbehalt gemäß § 780 ZPO nicht aufgenommen werden.[429)]

326 Beruft sich der beklagte Erbe explizit auf die Dürftigkeitseinrede und ist deren Vorliegen unstreitig, hat das Gericht auszusprechen, dass die Haftung des Beklagten auf den Nachlass beschränkt ist.[430)] Bleiben die **Voraussetzungen** des § 1990 BGB **streitig**, ist das Gericht verpflichtet, ein stattgebendes Urteil mit dem Vorbehalt des § 780 Abs. 1 BGB zu erlassen.[431)] Im Berufungsverfahren ist die erstmalige Erhebung der Einrede der Dürftigkeit des Nachlasses auch dann zuzulassen, wenn die Dürftigkeit des Nachlasses streitig ist, wenn das Berufungsgericht den Vorbehalt der beschränkten Erbenhaftung ausspricht, ohne dessen sachlich rechtlichen Voraussetzungen zu prüfen.[432)] Die Einrede der beschränkten Erbenhaftung wird im Revisionsverfahren ausnahmsweise dann zugelassen, wenn ihre Erhebung in der Tatsacheninstanz nicht möglich war, etwa weil der Erbfall erst nach Einlegung der Revision eingetreten ist.[433)]

327 Die Aufnahme des Vorbehalts der Erbenhaftung gemäß § 780 Abs. 1 ZPO ist zugleich **mit der Feststellung verbunden**, dass das Gericht **vom Vorliegen einer reinen Nachlassverbindlichkeit (§ 1967 BGB) ausgeht**. Der Vorbehalt darf daher

---

426) Staudinger-*Dobler*, BGB, § 1990 Rz. 12; BGH, Urt. v. 13.7.1989 – IX ZR 227/87, NJW-RR 1989, 1226 = MDR 1990, 47.

427) BGH, Urt. v. 11.7.1991 – IX ZR 180/90, NJW 1991, 2839 = MDR 1992, 195.

428) OLG Oldenburg, Urt. v. 31.1.2006 – 12 U 87/05, ZErb 2007, 57 = FamRZ 2007, 504.

429) OLG Hamm, Beschl. v. 31.8.2016 – 15 W 273/16, ZEV 2017, 41 = FamRZ 2017, 660.

430) *Gottwald* in: Damrau/Tanck, PK Erbrecht, § 1990 Rz. 14.

431) BGH, Urt. v. 9.3.1983 – IVa ZR 211/81, NJW 1983, 2378 = FamRZ 1983, 692; BGH, Urt. v. 25.11.1992 – IV ZR 147/91, NJW 1993, 850 = MDR 1993, 245.

432) OLG Celle, Urt. v. 14.1.2010 – 6 U 114/09, ZEV 2010, 409 = FamRZ 2010, 1273; BGH, Urt. v. 2.2.2010 – VI ZR 82/09, ErbR 2010, 228 = ZEV 2010, 314.

433) BAG, Urt. v. 12.11.2013 – 9 AZR 646/12, ErbR 2014, 242 = NJW 2014, 413.

nur ausgesprochen werden, wenn der Gläubiger ausschließlich eine Nachlassverbindlichkeit durchsetzen will.[434] Im Fall der Rechtskraft des den Vorbehalt aussprechenden Urteils ist das nachfolgende Gericht bei Erhebung einer – auf diesen Vorbehalt gestützten – Vollstreckungsabwehrklage des beklagten Erben an die Beurteilung gebunden. Der klagende Gläubiger ist daher durch den zugunsten des beklagten Erben erfolgten Ausspruchs des Vorbehalts der beschränkten Erbenhaftung regelmäßig beschwert.[435]

Auch wenn das Urteil den Vorbehalt des § 780 Abs. 1 ZPO enthält, steht dem Erben die Einrede der Haftungsbeschränkung gemäß § 1990 Abs. 1 BGB nicht wegen der **Kosten des Prozesses über die Nachlassverbindlichkeit** zu, da er hier auch sein Eigenvermögen verteidigt.[436] Er kann die Haftung mit seinem Eigenvermögen für diese Prozesskosten aber vermeiden, indem er die Nachlassverbindlichkeit sofort, wenn auch unter dem Vorbehalt der Beschränkung der Haftung auf den Nachlass, **anerkennt** (§ 93 ZPO). Der Erbe gibt noch keinen Anlass zur Klageerhebung i. S. von § 93 ZPO, wenn er sich auf sein **Leistungsverweigerungsrecht** gemäß § 1990 Abs. 1 Satz 1 BGB beruft.[437] In einen Kostenfestsetzungsbeschluss kann die Beschränkung der Erbenhaftung nur aufgenommen werden, wenn der erstattungspflichtigen Partei die beschränkte Erbenhaftung durch Urteil uneingeschränkt, also auch hinsichtlich der Kostentragungspflicht, vorbehalten wurde.[438] Im Kostenfestsetzungsverfahren ist die Aufrechnung der erstattungspflichtigen Partei nicht zuzulassen, wenn sich die erstattungsberechtigte Partei auf die Dürftigkeit des Nachlasses beruft und die Dürftigkeit des Nachlasses im Streit steht.[439] 328

Der Vorbehalt der beschränkten Erbenhaftung kann auch in einen **notariellen Vollstreckungstitel** aufgenommen werden.[440] 329

Bei **Steuerforderungen** der Finanzbehörden kann die Einrede nur im Zwangsvollstreckungsverfahren, nicht im Steuerfestsetzungsverfahren oder gegenüber dem Leistungsgebot geltend gemacht werden.[441] Auf diese Weise kann der Erbe die Dürftigkeitseinrede auch gegenüber öffentlich-rechtlichen Abgabenschulden erheben, die sich aus seiner Eigentümerstellung an einem zum Nachlass gehö- 330

434) *Thien*, ErbR 2022, 771, 779.

435) BGH, Urt. v. 21.10.2020 – VIII ZR 261/18, ZErb 2021, 60 = NJW 2021, 701; *Rust*, ErbR 2021, 642.

436) OLG Köln, Entsch. v. 14.5.1952 – 6 W 53/52, NJW 1952, 1145; Staudinger-*Dobler*, BGB, § 1990 Rz. 6; Erman-*Horn*, BGB, § 1990 Rz. 7.

437) Staudinger-*Dobler*, BGB, § 1990 Rz. 21.

438) Prütting/Gehrlein-*K. Schmidt*, ZPO, § 104 Rz. 21; *Krug*, ZErb 1999, 1.

439) OLG Oldenburg, Beschl. v. 13.5.2015 – 6 W 36/15, ErbR 2016, 78 = MDR 2015, 1385.

440) Hierzu näher: *Neukirchen*, RNotZ 2016, 228.

441) BFH, Beschl. v. 30.6.1999 – II B 113/98, BFH/NV 2000, 56 = ZEV 1999, 451; Soergel-*Stein*, BGB, § 1990 Rz. 10; VG Köln, Urt. v. 24.8.2010 – 14 K 1654/09, ZEV 2011, 93; *Hartmann*, ZEV 2009, 324.

renden Grundstück ergeben.[442] Ist die sachliche wie auch die persönliche Beitragspflicht erst nach dem Tod des Erblassers entstanden, handelt es sich um eine eigene Verbindlichkeit des Grundstückseigentümers, die insoweit nicht den Beschränkungen der §§ 1975, 1990 BGB unterliegt.[443]

331 Gegenüber sonstigen öffentlich-rechtlichen Forderungen kann der Erbe die Dürftigkeitseinrede i. R. einer verwaltungsgerichtlichen Anfechtungsklage gegen den Leistungsbescheid vorbringen.[444]

4. Unzulänglichkeitseinrede

332 Die Unzulänglichkeitseinrede setzt **neben der Dürftigkeit des Nachlasses auch dessen Überschuldung** voraus. Der Erbe macht mit ihr geltend, dass eine vollständige Befriedigung der Nachlassgläubiger aus dem Nachlass nicht möglich ist.[445] Ob dies tatsächlich der Fall ist, entscheidet sich erst nach Herausgabe des Nachlasses in der Zwangsvollstreckung (§ 1990 Abs. 1 Satz 2 BGB). Der **Zeitpunkt** für die Feststellung der Überschuldung ist, wie bei der Dürftigkeit, der Zeitpunkt der letzten mündlichen Verhandlung, in der über die Einrede entschieden wird.[446]

333 Bei der Entscheidung über die Frage der Überschuldung des Nachlasses sind mögliche **einbringliche Ersatzansprüche** des Nachlasses gegen den Erben wegen dessen Verwaltungstätigkeit einzubeziehen (§§ 1991 Abs. 1, 1978 Abs. 1 BGB), wie auch die infolge der Aufhebung der Konfusion und Konsolidation bestehenden Ansprüche des Nachlasses gegen den Erben (§ 1991 Abs. 2 BGB). **Aufwendungsersatzansprüche** des Erben (§§ 1978 Abs. 1, 677, 670 BGB) und dessen Ansprüche gegen den Erblasser reduzieren den Nachlass.

334 Die Unzulänglichkeitseinrede wird **im Erkenntnisverfahren** ebenso wie die Dürftigkeitseinrede geltend gemacht. Das Gericht kann, muss aber über die Unzulänglichkeitseinrede nicht entscheiden, sondern kann sich mit der Aufnahme des allgemeinen Haftungsvorbehalts gemäß § 780 Abs. 1 ZPO begnügen.[447]

---

442) VG Köln, Urt. v. 24.8.2010 – 14 K 1654/09, ZEV 2011, 93.

443) VG Halle, Urt. v. 30.4.2010 – 4 A 225/09, BeckRS 2010, 53125; VGH Baden-Württemberg, Urt. v. 29.6.2017 – 2 S 1750/15, BeckRS 2017, 117504 = NVwZ-RR 2017, 796.

444) BVerwG, Urt. v. 9.1.1963 – V C 74.62, BVerwGE 15, 234 = NJW 1963, 1075; Staudinger-*Dobler*, BGB, § 1990 Rz. 15.

445) Grüneberg-*Weidlich*, BGB, § 1990 Rz. 1.

446) BGH, Urt. v. 10.11.1982 – IVa ZR 29/81, BGHZ 85, 274 = NJW 1983, 1485.

447) Erman-*Horn*, BGB, § 1990 Rz. 1; RG, Urt. v. 22.6.1908 – VI 394/07, RGZ 69, 291; RG, Urt. v. 24.10.1911 – VII 195/11, RGZ 77, 245; OLG Oldenburg, Urt. v. 28.2.2000 – 11 U 67/99, FamRZ 2001, 179.

5. Erschöpfungseinrede

Die Erschöpfungseinrede steht dem Erben zu, wenn der Nachlass überhaupt **keinen Aktivbestand** aufweist und **auch keine Ersatzforderungen** i. S. von § 1991 Abs. 1 BGB mehr gegen den Erben bestehen. Der Erbe muss hierfür darlegen, dass er das Nachlassvermögen restlos zur Begleichung von Nachlassverbindlichkeiten verwandt hat und auch verwenden durfte. Der bloße Nachweis, dass von dem ursprünglich vorhandenen Nachlass nichts mehr vorhanden ist, reicht nicht aus.[448] 335

Gelingt dem Erben in dem Prozess der Nachweis, dass der Nachlass erschöpft ist, wird die Klage des Nachlassgläubigers **als derzeit unzulässig abgewiesen.**[449] Der Gläubiger hat in diesem Fall kein Interesse an einem nicht durchsetzbaren Urteil, ihm soll aber die Möglichkeit erhalten bleiben, einen Titel zu erwirken, wenn neue Nachlassgegenstände auftauchen.[450] Das gilt zumindest, wenn dem Erben der Nachweis der Erschöpfung ohne zeitraubende Beweisaufnahme gelingt. Die Erschöpfungseinrede setzt sich allerdings im Erkenntnisverfahren in aller Regel nicht durch, sondern führt nur zur Aufnahme des allgemeinen Haftungsvorbehalts gemäß § 780 Abs. 1 ZPO. 336

Ob der Erbe seine Haftung für die **Erbschaftsteuer** zivilrechtlich auf den Nachlass beschränken kann, ist umstritten. Der BFH sieht die von dem Erben geschuldete Erbschaftsteuer als Nachlassverbindlichkeit an, die von dem Finanzamt als **Insolvenzforderung** in dem Nachlassinsolvenzverfahren geltend gemacht werden kann.[451] Die aufgrund des Erbanfalls geschuldete Erbschaftsteuer erfüllt nach dem BFH alle Voraussetzungen einer Erbfallschuld, weil sie aus Anlass des Erbfalls und ohne Zutun des Erben entstehe (§ 3 Abs. 1 Nr. 1 ErbStG, § 1922 BGB). Der Umstand, dass die Erbschaftsteuer gegen den Erben persönlich und nicht gegen den Nachlass als solchen festgesetzt werde, sei unerheblich. Es könnte zunächst verwundern, dass im Zusammenhang mit einem Nachlassinsolvenzverfahren überhaupt eine Erbschaftsteuer geschuldet war, da dies in der Regel einen werthaltigen Nachlass voraussetzt. In dem von dem BFH entschiedenen Fall hatten sich die Erben nicht gegen eine Schätzung der Erbschaftsteuer gewehrt. Denkbar ist aber auch, dass es aufgrund des Stichtagsprinzips im Erbschaftsteuerrecht zwischen dem Erbfall und der Steuerfestsetzung zu einem Wertverlust kommt. Möglich ist auch, dass die Nachlassinsolvenz dadurch ausgelöst wird, dass der Nachlass zwar nicht überschuldet, aber zahlungsunfähig ist. Aufgrund des Charakters der Erbschaftsteuer als Nachlassverbindlichkeit kann der Erbe nach dem BFH seine Haftung wegen der Erbschaftsteuer auf den Nachlass 337

448) *Gottwald* in: Damrau/Tanck, PK Erbrecht, § 1990 Rz. 19.

449) BGH, Urt. v. 5.4.2000 – IV ZR 145/98, ZEV 2000, 274.

450) *Siegmann* in: MünchAHB Erbrecht, § 23 Rz. 57.

451) BFH, Urt. v. 20.1.2016 – II R 34/14, ZEV 2016, 343 = ZIP 2016, 880; BFH, Urt. v. 4.6.2019 – VII R 16/18, FamRZ 2019, 1891 = ZEV 2019, 603.

beschränken.[452] Miterben können sich bezüglich der Erbschaftsteuerschuld aber nicht auf § 2059 Abs. 1 BGB berufen.[453]

338 Die Auffassung des BFH wonach die Erbschaftsteuerschuld eine Nachlassverbindlichkeit ist, **entspricht allerdings nicht der bislang überwiegenden Auffassung in der zivilrechtlichen Rechtsprechung und Literatur.** Dort wird überwiegend vertreten, dass es sich bei der Erbschaftsteuer um eine den Erben persönlich treffende Steuerschuld handelt, für die § 20 Abs. 3 ErbStG lediglich die Mithaftung des Nachlasses bestimmt.[454]

339 **Andere Erwerber von Todes wegen**, wie z. B. Vermächtnisnehmer, können die Haftung für die Erbschaftsteuer nicht auf das erworbene Vermögen beschränken. In Betracht kommt in diesen Fällen allenfalls ein Billigkeitserlass in Betracht, wenn die Vermögenssubstanz weggefallen ist.[455]

XIV. Überschwerungseinrede gemäß § 1992 BGB

1. Allgemeines

340 Hat der Erblasser in seiner Verfügung von Todes wegen **Vermächtnisse** und **Auflagen** angeordnet, dann hat er dies regelmäßig im Vertrauen darauf getan, dass der Nachlass hierfür ausreicht. Es würde daher nicht dem Willen des Erblassers entsprechen, wenn wegen der Vermächtnisse und Auflagen ein Nachlassinsolvenzverfahren durchgeführt werden müsste.[456] § 1980 Abs. 1 Satz 3 BGB sieht dementsprechend vor, dass den Erben in diesem Fall keine Verpflichtung trifft, Insolvenzantrag zu stellen.

341 Die Einrede gemäß § 1992 Satz 1 BGB kann nur gegenüber Vermächtnisnehmern und Auflagenbegünstigten geltend gemacht werden.[457] Sie greift nicht gegenüber **Pflichtteilsberechtigten** und **Erbersatzberechtigten.**[458] Die Anwendbarkeit von § 1992 BGB setzt voraus, dass der Erbe sein Recht zur Haftungsbeschränkung noch nicht verloren hat (§ 2013 Abs. 1 Satz 1 BGB).[459] Unschädlich ist es, wenn der Erbe nur einzelnen Nachlassgläubigern gegenüber unbeschränkbar haftet. Er behält dann die Einrede den anderen Gläubigern gegenüber.

---

452) *Roth* in: Roth/Gerhardt, Praxishdb. Erbenhaftungsbeschränkung, S. 344.

453) BFH, Urt. v. 4.6.2019 – VII R 16/18, FamRZ 2019, 1891 = ZEV 2019, 603.

454) *Küpper* in: MünchKomm-BGB, § 1967 Rz. 168; Grüneberg-*Weidlich*, BGB, § 1967 Rz. 7; *Joachim/Janzen*, ZEV 2018, 74.

455) *Holtz/Stalleiken*, Aktuelle Entwicklungen im Steuerrecht, ErbR 2016, 493.

456) Vgl. Staudinger-*Dobler*, BGB, § 1992 Rz. 1.

457) *Küpper* in: MünchKomm-BGB, § 1992 Rz. 4.

458) OLG München, Urt. v. 3.12.1996 – 5 U 2597/96, ZEV 1998, 100; Staudinger-*Dobler*, BGB, § 1992 Rz. 6.

459) Staudinger-*Dobler*, BGB, § 1992 Rz. 7.

2. Überschuldung des Nachlasses

§ 1992 BGB setzt eine Überschuldung des Nachlasses voraus.[460] Die Überschuldung **muss auf Vermächtnissen und Auflagen beruhen.** § 1992 BGB ist daher nicht anwendbar, wenn der Nachlass auch ohne Vermächtnisse und Auflagen überschuldet ist.[461] Gegen die a. A., die § 1992 BGB auch anwendet, wenn der Nachlass bereits ohne Vermächtnisse und Auflagen überschuldet ist, spricht bereits der eindeutige Wortlaut von § 1992 BGB. In diesem Zusammenhang ist auch zu beachten, dass den Erben **keine Insolvenzantragspflicht** trifft, wenn die Überschuldung des Nachlasses auf Verbindlichkeiten beruht, die im Aufgebotsverfahren ausgeschlossen sind oder ihnen gleichstehen (§§ 1973, 1974 BGB).[462] Ist der Nachlass bereits ohne Vermächtnisse und Auflagen überschuldet, muss der Erbe unverzüglich die Eröffnung des Nachlassinsolvenzverfahrens beantragen (§ 1980 Abs. 1 Satz 1 BGB). Im Fall der Überschwerung i. S. von § 1992 BGB ist der Erbe nicht verpflichtet, Nachlassinsolvenzantrag zu stellen (§ 1980 Abs. 1 Satz 3 BGB), er ist allerdings dazu berechtigt (§ 317 Abs. 1 InsO).[463] Da die **Kosten des Insolvenzverfahrens** den Nachlass weiter schmälern, kann dies dazu führen, dass nicht nur die Vermächtnisse und Auflagen, sondern auch andere Nachlassverbindlichkeiten, für deren Erfüllung der Nachlass bisher ausreichte, nicht mehr in vollem Umfang berichtigt werden können. Der Insolvenzantrag dürfte daher im Regelfall nicht dem Willen des Erblassers entsprechen. 342

Stellt der Erbe trotz der Möglichkeit der Überschwerungseinrede den Insolvenzantrag, kann das Insolvenzverfahren eröffnet werden, auch wenn der Nachlass lediglich aufgrund von Vermächtnissen und Auflagen überschuldet ist (hierzu siehe § 1 Rz. 237 [*Roth*]). Der Eröffnungsantrag stellt in diesem Fall keine pflichtwidrige Verwaltungshandlung i. S. von § 1978 Abs. 1 BGB dar. Den übrigen Gläubigern, die wegen der Kosten des Nachlassinsolvenzverfahrens nicht mehr in voller Höhe befriedigt werden, steht kein Schadensersatzanspruch gegen den Erben zu. 343

Auch die **Vermächtnis- und Auflagengläubiger** sind berechtigt, **Antrag** auf Eröffnung des Nachlassinsolvenzverfahrens zu stellen (siehe näher § 1 Rz. 58 [*Roth*]).[464] 344

---

460) *Küpper* in: MünchKomm-BGB, § 1992 Rz. 5; Grüneberg-*Weidlich*, BGB, § 1992 Rz. 1; **a. A.** Staudinger-*Dobler*, BGB, § 1992 Rz. 2, der wie bei § 1990 BGB ausreichen lässt, dass die ernsthafte Möglichkeit besteht, dass eine auf den Nachlass begrenzte Zwangsvollstreckung nicht zu einer vollständigen Befriedigung aller Gläubiger führen würde.

461) Staudinger-*Dobler*, BGB, § 1992 Rz. 3; Grüneberg-*Weidlich*, BGB, § 1992 Rz. 1.

462) Staudinger-*Dobler*, BGB, § 1992 Rz. 4, § 1980 Rz. 3; Soergel-*Stein*, BGB, § 1992 Rz. 2.

463) Staudinger-*Dobler*, BGB, § 1992 Rz. 1; *Endemann* in: Groll/Steiner, Praxishdb. Erbrechtsberatung, Rz. 25.129.

464) Krit. Staudinger-*Dobler*, BGB, § 1975 Rz. 36 ff., § 1992 Rz. 1.

345 Die **Einrede** des § 1992 BGB kann auch von dem **Testamentsvollstrecker**, dem **Nachlasspfleger** und auch von dem **Nachlassverwalter** erhoben werden.[465)]

3. Geltendmachung der Einrede gemäß § 1992 BGB

346 **Entscheidender Zeitpunkt** für die Geltendmachung und das Vorliegen der Einrede ist, wie bei § 1990 Abs. 1 Satz 1 BGB, der Zeitpunkt der letzten mündlichen Verhandlung in der Tatsacheninstanz, in der die Einrede gegenüber dem jeweiligen Gläubiger erhoben wird. Der Erbe ist darlegungs- und beweispflichtig dafür, dass der Nachlass wegen der Vermächtnisse und Auflagen überschuldet ist.[466)] Er muss sich auch gegenüber Vermächtnis- und Auflagengläubigern die Beschränkung seiner Haftung im Urteil vorbehalten lassen (§ 780 Abs. 1 ZPO).[467)]

4. Beschränkung der Haftung auf den Nachlasssaldo

347 Macht der Erbe die Einrede des § 1992 BGB ordnungsgemäß geltend, beschränkt sich seine Haftung gegenüber Vermächtnis- und Auflagengläubigern auf den Nachlasssaldo i. S. von §§ 1990, 1991 BGB. Das gilt gemäß § 1992 Satz 1 BGB auch dann, wenn der Nachlass die **Kosten** einer Nachlassverwaltung oder eines Insolvenzverfahrens deckt. Der Erbe hat bei der Befriedigung der Vermächtnis- und Auflagegläubiger die im Insolvenzverfahren vorgesehene Reihenfolge einzuhalten (§ 1991 Abs. 4 BGB, § 327 InsO). Ein Pflichtteilsvermächtnis (§ 2307 BGB) steht dabei gemäß § 327 Abs. 2 InsO im Rang dem Pflichtteil gleich.

5. Aufrechnung des Vermächtnisnehmers/Auflagenbegünstigten bei Erhebung der Einrede gemäß § 1992 BGB

348 Der Vermächtnisnehmer/Auflagenbegünstigte kann gegen eine Nachlassforderung mit seinem Anspruch aufrechnen, wie er dies im Insolvenzverfahren könnte (§§ 94 ff. InsO). § 390 BGB steht dem nicht entgegen.[468)] Reicht dadurch der Nachlass nicht mehr zur Befriedigung der übrigen Gläubiger aus, muss der Erbe von der Einrede gemäß § 1990 Abs. 1 Satz 1 BGB Gebrauch machen oder das Nachlassinsolvenzverfahren beantragen.[469)] Gegen eine Eigenforderung des Erben gegen den Vermächtnisnehmer kann dieser nicht mit dem Vermächtnisanspruch aufrechnen, wenn der Erbe die Einrede des § 1992 BGB erhebt.[470)]

465) Soergel-*Stein*, BGB, § 1992 Rz. 3; Staudinger-*Dobler*, BGB, § 1992 Rz. 15.

466) *Gottwald* in: Damrau/Tanck, PK Erbrecht, § 1992 Rz. 7.

467) Staudinger-*Dobler*, BGB, § 1992 Rz. 9.

468) Staudinger-*Dobler*, BGB, § 1990 Rz. 42.

469) Soergel-*Stein*, BGB, § 1992 Rz. 6; Grüneberg-*Weidlich*, BGB, § 1992 Rz. 3; **a. A.** *Küpper* in: MünchKomm-BGB, § 1992 Rz. 8, § 1991 Rz. 6.

470) Grüneberg-*Weidlich*, BGB, § 1992 Rz. 3.

XV. Durchführung der Haftungsbeschränkung gemäß §§ 1990 und 1992 BGB

1. Zwangsvollstreckung

a) Erfordernis des Vorbehalts der Erbenhaftung

Der Erbe, der zu einer Leistung verurteilt wurde, kann die Einreden gemäß §§ 1990 Abs. 1 Satz 1, 1992 Satz 1 BGB nur dann geltend machen, wenn ihm die Beschränkung seiner Haftung im Urteil vorbehalten wurde (§ 780 Abs. 1 ZPO).[471] 349

Der Vorbehalt ist **nicht erforderlich**, wenn der Fiskus als gesetzlicher Erbe verurteilt wird oder wenn das Urteil über eine Nachlassverbindlichkeit gegen einen Nachlassverwalter, einen Nachlasspfleger oder gegen einen verwaltenden Testamentsvollstrecker ergangen ist (§ 780 Abs. 2 ZPO). Hat das Prozessgericht selbst über die Haftungsbeschränkung entschieden, ist der Vorbehalt gemäß § 780 Abs. 1 ZPO ebenfalls nicht erforderlich.[472] 350

b) Vollstreckung von Nachlassgläubigern in das Eigenvermögen des Erben

Bei der Zwangsvollstreckung in das Eigenvermögen des Erben bleibt gemäß § 781 ZPO die Beschränkung der Haftung unberücksichtigt, bis der **Erbe diese geltend macht**, was mit der Vollstreckungsabwehrklage gemäß §§ 785, 767, 769, 770 ZPO vorzunehmen ist. Vollstreckt der Nachlassgläubiger aufgrund eines Titels gegen den Erblasser oder wurde gemäß § 780 Abs. 2 ZPO kein Vorbehalt in das Urteil aufgenommen, kann die Haftungsbeschränkung von dem Erben ohne Vorbehalt gemäß §§ 785, 767 ZPO geltend gemacht werden. 351

Lautet der **Vollstreckungstitel** noch auf den Erblasser und muss auf den Erben **umgeschrieben** werden, dann wird der Vorbehalt bei der Umschreibung des Titels gemäß § 727 ZPO nicht berücksichtigt.[473] Erhebt der Gläubiger für die Umschreibung des auf den Erblasser lautenden Titels die Klage auf Erteilung der Klausel gemäß § 731 ZPO gegen den Erben, muss dieser in diesem Verfahren sich die Einrede der Haftungsbeschränkung gemäß § 780 Abs. 1 ZPO vorbehalten lassen.[474] 352

Der Erbe kann in entsprechender Anwendung von § 784 Abs. 1 ZPO mit der Vollstreckungsabwehrklage die Aufhebung **bereits erfolgter Zwangsvollstreckungsmaßnahmen in sein Eigenvermögen** geltend machen.[475] Der **Gläubiger** kann seinerseits widerklagend die Duldung der Zwangsvollstreckung in die Nachlassgegenstände, ein Verzeichnis dieser Gegenstände und die eidesstattliche 353

---

471) BGH, Urt. v. 25.11.1992 – IV ZR 147/91, NJW 1993, 850 = MDR 1993, 245; *Siegmann* in: MünchAHB Erbrecht, § 23 Rz. 53.

472) BGH, Urt. v. 13.7.1989 – IX ZR 227/87, NJW-RR 1989, 1226 = MDR 1990, 47.

473) Prütting/Gehrlein-*Scheuch*, ZPO, § 780 Rz. 4.

474) Prütting/Gehrlein-*Scheuch*, ZPO, § 780 Rz. 6.

475) *Gottwald* in: Damrau/Tanck, PK Erbrecht, § 1990 Rz. 23.

Versicherung über die Vollständigkeit des Verzeichnisses verlangen.[476] Dieses Recht des Gläubigers besteht auch bereits, wenn der Erbe die Einrede nur außergerichtlich erhebt, kann also auch mit einer selbstständigen Klage des Gläubigers wegen §§ 1991, 1978 BGB geltend gemacht werden.[477]

354 Haftet der Erbe wegen **schlechter Verwaltung** des Nachlasses auch mit seinem eigenen Vermögen (§§ 1991 Abs. 1, 1978 Abs. 1 BGB), kann der Gläubiger allerdings insoweit in das Vermögen des Erben vollstrecken. Eine vorherige Pfändung und Überweisung eines solchen Anspruchs, der gemäß § 1978 Abs. 2 BGB eigentlich zum Nachlass gehört, ist nicht erforderlich (§ 242 BGB).[478]

355 § 1990 Abs. 2 BGB stellt sicher, dass die Haftungsbeschränkung gemäß § 1990 Abs. 1 BGB nicht durch bereits durchgeführte Vollstreckungsmaßnahmen vereitelt wird. Haben Nachlassgläubiger nach dem Erbfall im Wege der Zwangsvollstreckung oder der Arrestvollziehung ein Pfandrecht, eine Hypothek oder im Wege der einstweiligen Verfügung eine Vormerkung an einem Vermögensgegenstand aus dem Eigenvermögen des Erben erlangt, kann der Erbe unter den Voraussetzungen der §§ 1990, 1992 BGB mit der Vollstreckungsabwehrklage die **Aufhebung der Maßnahmen verlangen** (§§ 784 Abs. 1, 785, 767 ZPO).[479] § 1990 Abs. 2 BGB betrifft dagegen nicht Sicherungsrechte, die der Erbe Nachlassgläubigern nach dem Erbfall rechtsgeschäftlich an Gegenständen seines Eigenvermögens bestellt hat.[480]

c) Vollstreckung von Eigengläubigern in den Nachlass

356 Umstritten ist, ob sich der Erbe auch gegenüber Eigengläubigern, die in den Nachlass vollstrecken, auf § 1990 Abs. 1 BGB berufen kann. Um nicht die Haftungssituation einseitig zulasten der Nachlassgläubiger zu ändern, kann der Erbe in analoger Anwendung des § 784 Abs. 2 ZPO die **Vollstreckungsabwehrklage** erheben.[481] Die Nachlassgläubiger wären ansonsten, verglichen mit der Nachlassverwaltung und dem Nachlassinsolvenzverfahren, benachteiligt, insbesondere würde der in § 1991 Abs. 1 BGB zum Ausdruck kommende Gedanke der **Vermögenssonderung** zulasten der Nachlassgläubiger nicht beachtet.[482] Der Erbe ist im Fall des § 1990 BGB selbst Verwalter des dürftigen Nachlasses und muss deshalb wie ein Nachlassverwalter gemäß § 784 Abs. 2 ZPO vorgehen können.[483]

476) Soergel-*Stein*, BGB, § 1990 Rz. 11.

477) Erman-*Horn*, BGB, § 1990 Rz. 10.

478) BGH, Urt. v. 13.7.1989 – IX ZR 227/87, NJW-RR 1989, 1226, 1228 = MDR 1990, 47; Staudinger-*Dobler*, BGB, § 1991 Rz. 10.

479) Erman-*Horn*, BGB, § 1990 Rz. 11; Grüneberg-*Weidlich*, BGB, § 1990 Rz. 8.

480) Erman-*Horn*, BGB, § 1990 Rz. 11.

481) Erman-*Horn*, BGB, § 1990 Rz. 12; Grüneberg-*Weidlich*, BGB, § 1990 Rz. 5.

482) Soergel-*Stein*, BGB, § 1990 Rz. 9.

483) Erman-*Horn*, BGB, § 1990 Rz. 11; *Küpper* in: MünchKomm-BGB, § 1990 Rz. 7.

Die **Gegenauffassung** lehnt die analoge Anwendung von § 784 Abs. 2 ZPO ab. Zur Begründung wird angeführt, dass in dem Fall, in dem der Eigengläubiger aus dem Nachlass Befriedigung erlangt hat, dem Nachlass gegen den Erben ein Bereicherungsanspruch gemäß §§ 812 Abs. 1 Satz 1 Alt. 2, 818 Abs. 2 BGB zustehe.[484] Verfügt der Erbe aber nicht über pfändbares Vermögen, ist der Anspruch wertlos. Die besseren Argumente sprechen für die analoge Anwendung von § 784 Abs. 2 ZPO. Der Erbe ist verpflichtet, den Nachlass für die Nachlassgläubiger ordnungsgemäß zu verwalten. Dann muss es ihm auch möglich sein, seine Eigengläubiger von dem Zugriff auf den Nachlass abzuhalten.

Nachlasserbengläubigern, denen der Erbe auch persönlich haftet, kann er die **357**
Einrede gemäß § 1990 Abs. 1 Satz 1 BGB **nicht entgegenhalten.**[485]

2. Haftung des Nachlasses

a) Duldung der Zwangsvollstreckung

Der Erbe hat bei Erhebung der Einrede gemäß § 1990 Abs. 1 BGB den Nach- **358**
lass zum Zwecke der Befriedigung der Nachlassgläubiger im Wege der Zwangsvollstreckung herauszugeben, d. h., er hat die Zwangsvollstreckung in den Nachlass zu dulden.[486] Anders als im Fall des § 1973 Abs. 2 Satz 2 BGB kann er die Vollstreckung nicht durch Zahlung des Wertes abwenden. Gegenüber Vermächtnis- und Auflagengläubigern steht dem Erben dieses Recht zu (§ 1992 Satz 2 BGB). Nach überwiegender Auffassung ist der Erbe verpflichtet, auch unpfändbare Nachlassgegenstände (§ 811 ZPO) an die Nachlassgläubiger herauszugeben.[487]

b) Freiwillige Herausgabe an die Gläubiger

Der Erbe kann die Nachlassgegenstände auch ohne Rechtsstreit freiwillig an die **359**
Gläubiger zum Zweck der Erfüllung von Nachlassverbindlichkeiten herausgeben. Er darf, auch bei unzulänglichem Nachlass, unter Beachtung der Reihenfolge des § 1991 Abs. 3 und 4 BGB, die Gläubiger grundsätzlich in beliebiger Reihenfolge befriedigen (§§ 1991 Abs. 1, 1979 BGB).[488] Ausgeschlossene und säumige Gläubiger (§§ 1973, 1974 BGB) darf der Erbe erst nach den anderen, aber noch vor den Gläubigern gemäß § 327 Abs. 1 Nr. 1 und 2 InsO befriedigen.

Er kann mit den Gläubigern eine **Vereinbarung** treffen, wonach einzelne Nach- **360**
lassgegenstände an Erfüllung statt (§ 364 Abs. 1 BGB) herausgegeben werden. Allerdings unterliegt der Erbe dabei der **Verwalterhaftung** (§§ 1991 Abs. 1, 1978 Abs. 1 BGB). Gibt er einen Nachlassgegenstand unter Wert an den Gläubiger

---

484) Staudinger-*Dobler*, BGB, § 1990 Rz. 28.

485) Soergel-*Stein*, BGB, § 1990 Rz. 9.

486) Erman-*Horn*, BGB, § 1990 Rz. 7.

487) Grüneberg-*Weidlich*, BGB, § 1990 Rz. 6; *Küpper* in: MünchKomm-BGB, § 1990 Rz. 13.

488) *Küpper* in: MünchKomm-BGB, § 1990 Rz. 16.

heraus, macht er sich schadensersatzpflichtig. Dem Erben ist daher zu empfehlen, eine Vollstreckungsvereinbarung mit dem Nachlassgläubiger zu treffen, nach der dieser den preisgegebenen Nachlass mittels eines Titels, z. B. gemäß § 794 Abs. 1 Nr. 4, 5 ZPO, im Wege der Zwangsvollstreckung oder durch öffentliche Versteigerung verwertet.[489)]

c) Abwendung der Herausgabe durch Zahlung des Wertes (§ 1992 Satz 2 BGB)

361 Im Fall der Überschwerung kann der Erbe die Herausgabe des Nachlasses durch Zahlung des Wertes abwenden (§ 1992 Satz 2 BGB). Abzustellen ist dabei auf den Wert der Sache zum **Zeitpunkt der ersten Geltendmachung des Abfindungsrechts.**[490)] Bei Verurteilung zur Duldung der Zwangsvollstreckung in bestimmte Nachlassgegenstände kann der Erbe verlangen, dass ihm in dem Urteil die Befugnis eingeräumt wird, die Zwangsvollstreckung gegen Zahlung eines bestimmten Betrages abzuwenden.[491)] Ist Gegenstand des Vermächtnisses oder der Auflage eine bestimmte Sache und kommt eine vollständige Erfüllung wegen der Unzulänglichkeit des Nachlasses nicht in Betracht, wandelt sich der Anspruch in einen **gekürzten Geldanspruch**.[492)] Der Vermächtnis- oder Auflagengläubiger kann Herausgabe der konkreten Sache allerdings von dem Erben verlangen, wenn er dem Nachlass den **Betrag erstattet**, um den der Wert des Nachlasses nach Abzug der dem Vermächtnis vorgehenden Verbindlichkeiten hinter dem Wert des vermachten Gegenstandes zurückbleibt.[493)] Dies gilt auch, wenn es sich um ein sog. **Verschaffungsvermächtnis** handelt (§ 2170 BGB), der vermachte Gegenstand sich also noch nicht im Nachlass befindet.[494)]

362 Der Erbe ist gemäß §§ 1990 Abs. 1 Satz 2, 260 BGB verpflichtet, dem Nachlassgläubiger ein **Verzeichnis** über den Bestand des Nachlasses vorzulegen.[495)] Er hat auch gemäß §§ 1991 Abs. 1, 1978 Abs. 1, 681 Satz 2, 666, 259, 260 BGB über seine Verwaltung des Nachlasses Rechenschaft abzulegen, eine geordnete Zusammenstellung der Einnahmen und Ausgaben und ggf. Belege vorzulegen.[496)] Die

489) *Küpper* in: MünchKomm-BGB, § 1990 Rz. 16; *Gottwald* in: Damrau/Tanck, PK Erbrecht, § 1990 Rz. 27.

490) *Küpper* in: MünchKomm-BGB, § 1992 Rz. 7.

491) *Gottwald* in: Damrau/Tanck, PK Erbrecht, § 1992 Rz. 8.

492) Soergel-*Stein*, BGB, § 1992 Rz. 4.

493) BGH, Urt. v. 29.5.1964 – V ZR 47/62, NJW 1964, 2298, 2300 = MDR 1964, 667; Staudinger-*Dobler*, BGB, § 1992 Rz. 11; Erman-*Horn*, BGB, § 1992 Rz. 3; *Küpper* in: MünchKomm-BGB, § 1992 Rz. 9.

494) BGH, Urt. v. 29.5.1964 – V ZR 47/62, NJW 1964, 2298, 2300 = MDR 1964, 667; *Küpper* in: MünchKomm-BGB, § 1992 Rz. 9.

495) Staudinger-*Dobler*, BGB, § 1990 Rz. 33.

496) *Gottwald* in: Damrau/Tanck, PK Erbrecht, § 1990 Rz. 30.

Richtigkeit und Vollständigkeit seiner Angaben hat der Erbe ggf. eidesstattlich zu versichern (§§ 259 Abs. 2, 260 Abs. 2 BGB).

Die Erhebung der Einrede gemäß § 1990 BGB hindert den Gläubiger nicht, dem Erben eine **Inventarfrist** gemäß § 1994 Abs. 1 Satz 2 BGB bestimmen zu lassen und die eidesstattliche Versicherung (§ 2006 Abs. 1 BGB) zu verlangen. Der Gläubiger kann auf diesem Weg in den Fällen der §§ 2005 Abs. 1, 2006 Abs. 3 BGB die Möglichkeit erhalten, doch noch auf das Eigenvermögen des Erben zugreifen zu können (§ 2013 Abs. 1 Satz 1 BGB).[497] **363**

3. Berechnung des Nachlasswertes

a) Anwendbarkeit von § 1980 BGB

Erhebt der Erbe die Einrede gemäß § 1990 Abs. 1 BGB oder § 1992 Satz 1 BGB, kommt es zwar nicht wie bei der Nachlassverwaltung oder dem Nachlassinsolvenzverfahren zu einer Separierung des Nachlasses vom Eigenvermögen des Erben, es tritt aber gemäß § 1991 Abs. 1, 2 BGB eine **Haftungssonderung** ein. Der Erbe ist den Nachlassgläubigern gemäß §§ 1978, 1979 BGB für die bisherige Verwaltung des Nachlasses verantwortlich. Obwohl § 1980 BGB nicht in § 1991 Abs. 1 BGB erwähnt ist, besteht Einigkeit darüber, dass die Vorschrift als Folge der Verwaltungspflichten des Erben anwendbar ist.[498] Der Erbe ist daher ersatzpflichtig, wenn er schuldhaft seiner **Insolvenzantragspflicht** nicht nachgekommen ist, als der Nachlass zwar überschuldet, aber genügend Masse für die Kosten des Insolvenzverfahrens vorhanden war.[499] **364**

b) Schadensersatzansprüche

Dem Nachlass hinzuzusetzen sind etwaige Ansprüche der Nachlassgläubiger gegen den Erben aus der Verwalterhaftung gemäß § 1978 Abs. 1 BGB (§§ 1991 Abs. 1, 1978 Abs. 2 BGB). Der Erbe haftet so, als ob er seit der Annahme der Erbschaft die **Verwaltung als Beauftragter der Nachlassgläubiger** geführt hätte (§§ 1978 Abs. 1, 662 ff. BGB). Für die Zeit bis zur Annahme der Erbschaft haftet der Erbe wie ein Geschäftsführer ohne Auftrag (§ 1978 Abs. 1 Satz 2 BGB). Hinsichtlich der Einzelheiten zu diesen Ansprüchen siehe § 3 Rz. 13 ff. [*Pfeuffer*]. **365**

Die Nachlassgläubiger haben **mehrere Möglichkeiten**, die Ansprüche des Nachlasses gegen den Erben aus der Verwalterhaftung (§§ 1991 Abs. 1, 1978 Abs. 1 BGB) gegenüber dem Erben geltend zu machen. Sie können im Erkenntnisverfahren gegenüber dem sich auf § 1990 BGB berufenden Erben darlegen, dass **366**

---

497) BGH, Urt. v. 2.7.1992 – IX ZR 256/91, FamRZ 1992, 1409 = NJW 1992, 2964; *Gottwald* in: Damrau/Tanck, PK Erbrecht, § 1990 Rz. 31; Soergel-*Stein*, BGB, § 1990 Rz. 13.

498) Erman-*Horn*, BGB, § 1991 Rz. 1; Grüneberg-*Weidlich*, BGB, § 1991 Rz. 1; BGH, Urt. v. 2.7.1992 – IX ZR 256/91, FamRZ 1992, 1409, 1410 = NJW 1992, 2964.

499) Näher hierzu Staudinger-*Dobler*, BGB, § 1991 Rz. 8.

der Nachlass wegen solcher Ansprüche nicht überschuldet ist. Beruft sich der Erbe gegenüber Zwangsvollstreckungsmaßnahmen in sein Eigenvermögen i. R. einer Vollstreckungsabwehrklage auf § 1990 BGB, können die Nachlassgläubiger einwenden, der Erbe handele treuwidrig, wenn er sich auf die Beschränkung der Vollstreckbarkeit auf den Nachlass berufe, andererseits Ansprüche des Nachlasses gegen sein Eigenvermögen wegen seiner Verwaltungstätigkeit bestehen (§ 1978 Abs. 2 BGB).[500] Die Nachlassgläubiger müssen den Anspruch des Nachlasses gegen den Erben zu diesem Zweck nicht gepfändet haben, sondern können ihn als eigenes Recht geltend machen.[501] Sie können den Erben vielmehr direkt klageweise wegen Pflichtverletzungen bei der Verwaltung des Nachlasses in Anspruch nehmen.[502]

367 Die Nachlassgläubiger sind **darlegungs- und beweispflichtig** für die Ansprüche gegen den Erben gemäß §§ 1991, 1978 BGB.

c) Surrogate

368 Zu dem Nachlass gehören auch Surrogate, die an die Stelle von Nachlassgegenständen getreten sind, wie z. B. Versicherungssummen für einen beschädigten oder zerstörten Nachlassgegenstand.[503] Nicht hierunter fallen sog. **rechtsgeschäftliche Surrogate**. Wenn der Erbe mit Mitteln des Nachlasses einen Gegenstand erworben hat, dann gehört dieser nicht bereits kraft dinglicher Surrogation zum Nachlass.[504] Die analoge Anwendung von §§ 2019, 2041, 2111 BGB scheidet aus. § 1991 BGB verweist vielmehr auf den Ersatzanspruch gemäß § 1978 BGB.[505]

369 Bei der **Erbengemeinschaft** ist die rechtsgeschäftliche Surrogation dagegen möglich (§ 2041 BGB).

d) Aufwendungen des Erben

370 Der Erbe kann seinerseits gemäß § 1978 Abs. 3 BGB Aufwendungen, die er auf den Nachlass gemacht hat, ersetzt verlangen. Hinsichtlich der Einzelheiten siehe die Ausführungen bei § 3 Rz. 102 [*Pfeuffer*].

371 Der Erbe kann sich die ersatzfähigen Aufwendungen **aus dem Nachlass entnehmen** (§ 1978 Abs. 3 BGB). Nach dem über § 1991 Abs. 1 BGB anwendbaren § 1979 BGB darf der Erbe im Fall des § 1990 Abs. 1 BGB alle Nachlass-

---

500) BGH, Urt. v. 13.7.1989 – IX ZR 227/87, NJW-RR 1989, 1226 = MDR 1990, 47; BGH, Urt. v. 2.7.1992 – IX ZR 256/91, FamRZ 1992, 1409 = NJW 1992, 2964.

501) BGH, Urt. v. 2.7.1992 – IX ZR 256/91, FamRZ 1992, 1409 = NJW 1992, 2964; Staudinger-*Dobler*, BGB, § 1991 Rz. 10; Erman-*Horn*, BGB, § 1991 Rz. 3.

502) Staudinger-*Dobler*, BGB, § 1991 Rz. 10.

503) BGH, Urt. v. 9.11.1966 – V ZR 176/63, BGHZ 46, 221 = NJW 1967, 568.

504) Staudinger-*Dobler*, BGB, § 1991 Rz. 4; BGH, Urt. v. 13.7.1989 – IX ZR 227/87, NJW-RR 1989, 1226 = MDR 1990, 47.

505) Soergel-*Stein*, BGB, § 1990 Rz. 5.

gläubiger nach Belieben befriedigen. Kein Nachlassgläubiger kann daher dem Erben verwehren, dass dieser sich selbst an erster Stelle wegen seiner Aufwendungen berücksichtigt.[506)] Er ist insoweit einem Nachlassgläubiger mit rechtskräftigem Urteil gleichzustellen, da er gegen sich selbst ein Urteil nicht erstreiten kann.[507)] Ist im Nachlass ein den Aufwendungsersatzansprüchen des Erben entsprechender Betrag enthalten, kann der Erbe demgemäß diesen Betrag trotz § 1991 Abs. 1 Satz 2 BGB zurückhalten.[508)]

Hinsichtlich anderer Gegenstände als Geld kann der Erbe wegen der Aufwen- 372
dungen, die ihm gemäß §§ 1991 Abs. 1, 1978 Abs. 3 BGB aus dem Nachlass zu ersetzen sind, sich auf ein **Zurückbehaltungsrecht** gemäß § 273 BGB berufen.[509)] Macht der Erbe von seinem Zurückbehaltungsrecht keinen Gebrauch, kann er **im Fall der Vollstreckung** wegen einer Geldforderung verlangen, wegen seiner Aufwendungen aus dem Vollstreckungserlös vor dem vollstreckenden Nachlassgläubiger **vorwegbefriedigt zu werden.**[510)]

Der sich auf die ersatzfähige Aufwendung berufende Erbe ist hierfür darlegungs- 373
und beweispflichtig.

e) Aufrechnung

Die Nachlassgläubiger können nach der Erhebung der Einrede gemäß § 1990 374
Abs. 1 Satz 1 BGB nicht mehr gegen eine Eigenforderung des Erben aufrechnen. Sie könnten sich ansonsten auf diese Weise aus dem Eigenvermögen des Erben befriedigen.[511)] Auch der Aufrechnung eines **Eigengläubigers** gegen eine Nachlassforderung kann der Erbe § 1990 Abs. 1 BGB entgegenhalten. Der Nachlass würde ansonsten zulasten der Nachlassgläubiger geschmälert, was dem Prinzip der Nachlasssonderung des § 1991 Abs. 1 BGB widersprechen würde. Der Fall der Aufrechnung ist vielmehr wie der Fall der Vollstreckung eines Eigengläubigers in den Nachlass zu behandeln, bei dem nach überwiegender Auffassung § 784 Abs. 2 ZPO entsprechend angewandt wird.[512)]

Nachlassgläubiger können, obwohl der Erbe ihnen die Einreden aus § 1990 oder 375
§ 1992 BGB entgegensetzen kann, **gegen Nachlassforderungen aufrechnen**. Sie

506) BGH, Urt. v. 10.11.1982 – IVa ZR 29/81, BGHZ 85, 274 = NJW 1983, 1485; BGH, Urt. v. 29.4.1993 – IX ZR 215/92, NJW 1993, 1851 = MDR 1993, 863; BGH, Urt. v. 9.1.1995 – II ZR 24/94, NJW 1995, 596 = MDR 1995, 272.

507) Erman-*Horn*, BGB, § 1991 Rz. 1; *Küpper* in: MünchKomm-BGB, § 1991 Rz. 2.

508) *Gottwald* in: Damrau/Tanck, PK Erbrecht, § 1991 Rz. 5.

509) Staudinger-*Dobler*, BGB, § 1991 Rz. 13.

510) Staudinger-*Dobler*, BGB, § 1991 Rz. 13.

511) BGH, Urt. v. 27.6.1961 – VI ZR 205/60, BGHZ 35, 317 = MDR 1961, 1009; Staudinger-*Dobler*, BGB, § 1990 Rz. 41.

512) Soergel-*Stein*, BGB, § 1990 Rz. 8; str., **a. A.** Staudinger-*Dobler*, BGB, § 1990 Rz. 43; Grüneberg-*Weidlich*, BGB, § 1990 Rz. 9.

würden ansonsten schlechterstehen als ein Insolvenzgläubiger (§§ 94, 95 InsO).[513)] § 390 Satz 1 BGB ist insoweit einschränkend auszulegen.

f) Aufhebung von Konfusion und Konsolidation

376 Nach § 1991 Abs. 2 BGB leben die durch Konfusion und Konsolidation erloschenen Rechte wieder auf. Anders als im Fall der Nachlassverwaltung und Nachlassinsolvenz (§ 1976 BGB) hat das Wiederaufleben **nur eine relative Wirkung** im Verhältnis zu den Nachlassgläubigern. Sie dient nur der rechnerischen Ermittlung des Nachlasses. Die Vermögenszuordnung als solche bleibt unberührt.[514)] Eigengläubiger des Erben können also nicht dessen Forderung gegen den Nachlass pfänden.[515)] Gleiches gilt für Forderungen des Nachlasses gegen den Erben.[516)]

4. Reihenfolge der Gläubigerbefriedigung

377 Der Erbe hat bei der Befriedigung der Nachlassgläubiger grundsätzlich keine Reihenfolge einzuhalten.[517)] Liegen die Voraussetzungen von § 1990 Abs. 1 BGB vor, stellt der Erbe also fest, dass Überschuldung und zudem Dürftigkeit vorliegt, so dass ein Insolvenzantrag nicht in Betracht kommt, hat er bei der Befriedigung der Nachlassgläubiger die **Ausnahmen** gemäß § 1991 Abs. 3 und 4 BGB zu beachten. Nach § 1991 Abs. 3 BGB gilt die rechtskräftige Verurteilung des Erben zur Befriedigung eines Nachlassgläubigers wie eine Befriedigung. Der titulierte Betrag gilt als nicht mehr im Nachlass vorhanden. Der Erbe hat daher nach überwiegender Auffassung den Nachlassgläubiger, der ein rechtskräftiges Urteil gegen ihn besitzt, vorabzubefriedigen und ist zur Abwehr der Vollstreckung anderer Gläubiger verpflichtet.[518)]

378 Steht dem Erben eine Forderung gegen den Nachlass zu, wird § 1991 Abs. 3 BGB zu seinen Gunsten entsprechend angewandt, da er gegen sich selbst kein rechtskräftiges Urteil erwirken kann.[519)] Er ist sogar berechtigt, seine Ansprüche vor den Ansprüchen von Nachlassgläubigern mit rechtskräftig titulierten Forderungen zu befriedigen.[520)] Voraussetzung ist allerdings, dass er für diese Urteile noch beschränkbar haftet, die Urteile also den Vorbehalt gemäß § 780 Abs. 1

513) Erman-*Horn*, BGB, § 1990 Rz. 6.

514) BGH, Urt. v. 10.12.1990 – II ZR 256/89, BGHZ 113, 132 = NJW 1991, 844; BGH, Urt. v. 30.9.1981 – IVa ZR 127/80, NJW 1982, 575, 576 = ZIP 1981, 1330.

515) Soergel-*Stein*, BGB, § 1991 Rz. 5.

516) Staudinger-*Dobler*, BGB, § 1991 Rz. 14.

517) *Endemann* in: Groll/Steiner, Praxishdb. Erbrechtsberatung, Rz. 25.134.

518) *Küpper* in: MünchKomm-BGB, § 1991 Rz. 8; *Gottwald* in: Damrau/Tanck, PK Erbrecht, § 1991 Rz. 12; **a. A.** Staudinger-*Dobler*, BGB, § 1991 Rz. 17.

519) Erman-*Horn*, BGB, § 1991 Rz. 4; Grüneberg-*Weidlich*, BGB, § 1991 Rz. 4.

520) BGH, Urt. v. 8.3.1982 – II ZR 86/81, NJW 1983, 120 = MDR 1982, 910; BGH, Urt. v. 7.6.1984 – I ZR 47/82, WM 1984, 1060, 1063 = MDR 1985, 116; *Küpper* in: MünchKomm-BGB, § 1991 Rz. 8; **a. A.** Staudinger-*Dobler*, BGB, § 1991 Rz. 17.

ZPO enthalten.[521] § 1991 Abs. 3 BGB wird ebenfalls entsprechend angewandt auf die Forderungen der Nachlasspfleger wegen des Anspruchs auf Vergütung und Auslagenersatz.[522]

Die gemäß § 1973 Abs. 1 Satz 2 BGB ausgeschlossenen und die ihnen gemäß 379
§ 1974 BGB gleichgestellten Gläubiger darf der Erbe auch i. R. der §§ 1990, 1992 BGB **erst nach den übrigen Nachlassgläubigern**, aber vor den nachlassbeteiligten Gläubigern i. S. von § 1991 Abs. 4 BGB befriedigen.[523]

Die Verbindlichkeiten aus **Pflichtteilsrechten, Vermächtnissen und Auflagen** 380
hat der Erbe hinter allen zurückzusetzen und insolvenzmäßig zu befriedigen (§ 1991 Abs. 4 BGB, § 327 Abs. 1 InsO). Das gilt selbst dann, wenn einer dieser Gläubiger ein rechtskräftiges Urteil gegen den Erben erstritten hat.[524] Gleichrangige nachlassbezogene Forderungen sind anteilig zu befriedigen.[525] Der Erblasser kann durch **Verfügung von Todes wegen** anordnen, dass ein Vermächtnis oder eine Auflage Vorrang haben (§ 327 Abs. 2 Satz 2 InsO).

Befindet sich ein Erbe aus rechtlichen oder tatsächlichen Gründen ohne sein 381
Verschulden im Unklaren über die Reihenfolge der Befriedigung, ist ihm analog § 372 Satz 2 BGB die **Hinterlegung** zu gestatten.[526]

Haben Nachlassgläubiger **Sicherungsrechte** i. S. von § 1990 Abs. 2 BGB an 382
Nachlassgegenständen nach dem Erbfall erlangt, kann der Erbe, der erst nachträglich feststellt, dass die Nachlasspassiva die Nachlassaktiva übersteigen oder feststellt, dass die vorrangige Befriedigung eines Gläubigers ihn ersatzpflichtig machen würde, gegen diese Vollstreckungsmaßnahmen im Wege der Vollstreckungsabwehrklage (§§ 785, 767 ZPO) vorgehen.[527] Die Vollstreckungsmaßnahme ist aufzuheben, ggf. auch nur das Recht zur Befriedigung zu begrenzen.[528]

XVI. Internationales Erbrecht

1. Haftung für Nachlassverbindlichkeiten, Beschränkung der Haftung

Die Haftung des Erben für Nachlassverbindlichkeiten gemäß §§ 1967 ff. BGB 383
und die Möglichkeiten der Haftungsbeschränkung setzen die Anwendbarkeit deutschen Rechts, also des **deutschen Erbstatuts** voraus. Das Erbstatut befindet über alle mit dem Erwerb der Erbschaft zusammenhängenden Fragen wie die Annahme

521) Staudinger-*Dobler*, BGB, § 1991 Rz. 19.

522) Erman-*Horn*, BGB, § 1991 Rz. 4.

523) *Küpper* in: MünchKomm-BGB, § 1991 Rz. 10; Erman-*Horn*, BGB, § 1991 Rz. 5.

524) Grüneberg-*Weidlich*, BGB, § 1991 Rz. 5.

525) Soergel-*Stein*, BGB, § 1991 Rz. 8.

526) Soergel-*Stein*, BGB, § 1991 Rz. 9.

527) Soergel-*Stein*, BGB, § 1990 Rz. 12; *Endemann* in: Groll/Steiner, Praxishdb. Erbrechtsberatung, Rz. 25.140.

528) Soergel-*Stein*, BGB, § 1990 Rz. 12.

und Ausschlagung der Erbschaft. Es bestimmt auch über die Rechte und Pflichten des Erben gegenüber Dritten und damit auch über die Haftung des Erben für Nachlassverbindlichkeiten, deren Umfang und deren Beschränkung oder Verschärfung.[529)]

384 Nach **Art. 21 Abs. 1 EuErbVO**[530)] unterliegt die gesamte Rechtsnachfolge von Todes wegen dem Recht des Staates, in dem der Erblasser im Zeitpunkt seines Todes seinen **gewöhnlichen Aufenthalt** hatte. Gewöhnlicher Aufenthalt ist der Daseinsmittelpunkt einer Person als Schwerpunkt ihrer familiären, sozialen und beruflichen Bindungen.[531)] Ein zeitlich begrenzter Aufenthalt, z. B. aus beruflichen Gründen, berührt den gewöhnlichen Aufenthalt im Herkunftsland nicht, solange ein hinreichend konkreter Rückkehrwille erkennbar bleibt. Problematisch kann die Bestimmung des gewöhnlichen Aufenthalts sein u. a. bei Grenzpendlern, Ruheständlern, die lange Zeiträume im Ausland verbringen oder auch Personen, die im Pflegeheim leben.[532)] Der Erblasser kann immer nur einen gewöhnlichen Aufenthalt haben.

385 Ausnahmsweise ist gemäß Art. 21 Abs. 2 EuErbVO nicht das Recht des gewöhnlichen Aufenthaltes anwendbar, wenn sich aus der Gesamtheit der Umstände eine **wesentliche engere Verbindung zu einem anderen Staat** ergibt. Diese Vorschrift sollte allerdings erst herangezogen werden, wenn die Anknüpfung an den gewöhnlichen Aufenthalt zu Lösungen führen würde, die zu dem Gedanken der Anwendung des Rechts der engsten Verbindung zwischen Sachverhalt und Rechtsordnung zu einem eklatanten Widerspruch stehen.[533)]

386 Eine Person kann für die Rechtsnachfolge von Todes wegen das **Recht des Staates wählen**, dem sie im Zeitpunkt der Rechtswahl oder im Zeitpunkt ihres Todes angehört (Art. 22 Abs. 1 EuErbVO). Die Rechtswahl gemäß Art. 22 Abs. 1 EuErbVO umfasst den gesamten Nachlass.

387 Für die **vor dem 17.8.2015** errichteten Verfügungen von Todes wegen besteht eine **Rechtswahlvermutung** gemäß Art. 83 Abs. 4 EuErbVO. Wenn ein deutscher Erblasser vor diesem Datum ein Testament in deutscher Sprache errichtet hat, wird nach dieser Vorschrift die Anwendung deutschen Rechts vermutet. Dies gilt auch dann, wenn der Erblasser nach der Testamentserrichtung seinen

529) BayObLG, Entsch. v. 2.12.1965 – BReg. 1b Z 67/65, BayObLGZ 1965, 423 ff. = NJW 1967, 447; *Loyal* in: BeckOGK-ZivilR, Art. 23 EuErbVO Rz. 21.

530) Verordnung (EU) Nr. 650/2012 des Europäischen Parlaments und des Rates v. 4.7.2012 über die Zuständigkeit, das anzuwendende Recht, die Anerkennung und Vollstreckung von Entscheidungen und die Annahme und Vollstreckung öffentlicher Urkunden in Erbsachen sowie zur Einführung eines Europäischen Nachlasszeugnisses (Erbrechtsverordnung – EuErbVO), ABl. (EU) L 201/175 v. 27.7.2012.

531) Grüneberg-*Thorn*, BGB, Art. 21 EuErbVO Rz. 6; *Dörner*, ZEV 2016, 117.

532) Hierzu näher Grüneberg-*Thorn*, BGB, Art. 21 EuErbVO Rz. 6 m. w. N.

533) *Pawlytta/Pfeiffer* in: MünchAHB Erbrecht, § 33 Rz. 26.

Aufenthalt gewechselt hat. Ein gesondertes Rechtsanwendungsbewusstsein des Erblassers ist dafür nicht erforderlich.[534)]

Nach Art. 75 Abs. 1 EuErbVO lässt die EuErbVO die **von Mitgliedstaaten geschlossenen Vereinbarungen** unberührt. Aus deutscher Sicht betrifft dies 388

- das deutsch-persische Niederlassungsabkommen vom 17.2.1929,
- das deutsch-türkische Nachlassabkommen vom 28.5.1958 und
- den deutsch-sowjetischen Konsularvertrag vom 25.4.1958.

Die **Haftung für Nachlassverbindlichkeiten** unterliegt gemäß Art. 23 Abs. 2 lit. g EuErbVO dem nach Art. 21, 22 EuErbVO anzuwendenden Recht. Der Begriff der Nachlassverbindlichkeiten ist wie im deutschen materiellen Recht umfassend zu verstehen.[535)] 389

Die EuErbVO gilt gemäß Art. 1 Abs. 1 Satz 2 EuErbVO **nicht für Steuer- und Zollsachen sowie verwaltungsrechtliche Angelegenheiten**. 390

Über das Erbstatut bestimmt sich auch, **wer** für Nachlassverbindlichkeiten **haftet** und auch welche Güter dem Nachlassgläubiger als **Haftungsmasse** zur Verfügung stehen. Der Belegenheitsort der einzelnen Nachlassgegenstände spielt dabei grundsätzlich keine Rolle. 391

Die EuErbVO geht grundsätzlich davon aus, dass das Erbstatut den gesamten Nachlass einheitlich regelt. Es kann allerdings auch unter Geltung der EuErbVO weiterhin **zu Fällen der Nachlassspaltung kommen**, z. B. im Zusammenhang mit Immobilien in Common-Law-Staaten.[536)] Durch die Nachlassspaltung unterliegen Teile des Nachlasses verschiedenen Rechtsordnungen. Jedes Erbstatut entscheidet selbstständig über sämtliche Fragen. 392

Führt das internationale Erbrecht zur **Nachlassspaltung**, stellt sich die Frage, welches Erbstatut über die **Nachlassverbindlichkeiten** entscheidet und auf welches Vermögen die Nachlassgläubiger Zugriff haben. Bei der Nachlassspaltung wird jeder Nachlassteil entsprechend dem geltenden Erbstatut behandelt, als stelle er den gesamten Nachlass dar.[537)] Können Schulden einer Nachlassmasse direkt zugeordnet werden, so richten sich die Voraussetzungen und der Umfang der Haftung nur nach dem dafür anwendbaren Erbstatut. Hierzu gehören z. B. **Erbfallschulden**, die nur in einer Rechtsordnung bekannt sind oder nur von einer Nachlassmasse erfüllt werden können, wie auch dingliche Erblasserschulden oder **Herausgabeverpflichtungen** für bestimmte bewegliche oder unbewegliche Sachen.[538)] Für diese Verbindlichkeiten haftet nur die jeweilige Nachlassmasse. 393

---

534) Grüneberg-*Thorn*, BGB, Art. 83 EuErbVO Rz. 7, str.

535) *Joachim*, Die Haftung des Erben für Nachlassverbindlichkeiten, Rz. 733

536) Hierzu näher *Pawlytta/Pfeiffer* in: MünchAHB Erbrecht, § 33 Rz. 60 ff.

537) *Joachim*, Die Haftung des Erben für Nachlassverbindlichkeiten, Rz. 718.

538) *Joachim*, Die Haftung des Erben für Nachlassverbindlichkeiten, Rz. 730.

394 **Können einzelne Nachlassverbindlichkeiten nicht einem bestimmten Nachlass zugeordnet werden**, dann haften hierfür auch die Nachlässe, die einem anderen Erbstatut unterliegen.[539] Die einzelnen Nachlässe werden nicht nur entsprechend ihrer Anteile am Gesamtnachlass herangezogen. Wenn in einem solchen Fall aus einem Nachlass eine Nachlassverbindlichkeit erfüllt wird, stellt sich die Frage, ob der andere Nachlass für einen **anteiligen Ausgleich** in Anspruch genommen werden kann. Nach vorzugswürdiger Ansicht richtet sich der Rückgriffsanspruch nach dem Recht, dass das auf Ausgleich in Anspruch genommene Nachlassvermögen beherrscht. Das heißt, wenn eine Verbindlichkeit aus dem ausländischen, d. h. nicht deutschen, Nachlass erfüllt wird und dadurch an dem deutschen Nachlass beteiligte Miterben befreit werden, dann besteht analog § 426 Abs. 1 BGB ein Ausgleichsanspruch gegen den deutschen Nachlass entsprechend seinem Verhältnis am Gesamtnachlass.[540]

2. Internationales Nachlassverfahrensrecht

395 Ist ausländisches Erbrecht anwendbar und ist der Nachlass überschuldet, kann sich die Frage stellen, ob deutsche Nachlassgerichte für Annahme- oder Ausschlagungserklärungen, die Errichtung eines Inventars, die Durchführung eines Aufgebotsverfahrens oder die Anordnung einer Nachlassverwaltung zuständig sind.

396 Gemäß Art. 4 EuErbVO liegt die **internationale Zuständigkeit** für Entscheidungen in Erbsachen regelmäßig bei den Gerichten des Mitgliedstaates, in dem der Erblasser zum Zeitpunkt seines Todes seinen gewöhnlichen Aufenthalt hatte. Es besteht daher **grundsätzlich** ein **Gleichlauf** zwischen internationaler Zuständigkeit und dem anwendbaren Erbrecht. Entscheidungen in Erbsachen i. S. von Art. 4 EuErbVO sind alle den Nachlass betreffenden Entscheidungen. Die internationale Zuständigkeit in Erbsachen knüpft für deutsche Gerichte einheitlich an, unabhängig ob es sich um Verfahren mit Bezug zu Mitgliedstaaten der EuErbVO oder um Drittstaaten handelt.

397 Wenn der Erblasser das auf den Erbfall **anwendbare Recht gewählt hat** (Art. 22 EuErbVO), wird der **Gleichlauf** zwischen internationaler Zuständigkeit und dem Erbstatut **durchbrochen**. Die Parteien können aber dann ggf. den Gleichlauf wiederherstellen (Art. 5 ff. EuErbvO). Gemäß Art. 5 Abs. 1 EuErbVO **können die betroffenen Parteien vereinbaren**, dass für Entscheidungen in Erbsachen ausschließlich das Gericht des Mitgliedstaats zuständig sein soll, dessen Recht der Erblasser gewählt hat. **Betroffene Parteien i. S. von Art. 5 Abs. 1 EuErbVO** sind alle die Rechte aus dem Erbfall herleiten wie Erben, Vermächtnisnehmer, Pflichtteilsberechtigte sowie sonstige in einer Verfügung von Todes

539) *Pawlytta/Pfeiffer* in: MünchAHB Erbrecht, § 33 Rz. 67.

540) *Pawlytta/Pfeiffer* in: MünchAHB Erbrecht, § 33 Rz. 67.

wegen begünstigte Personen. Ansprüche von Gläubigern des Erblassers fallen nicht unter den Begriff der Erbsache i. S. von Art. 5 Abs. 1 EuErbVO, so dass die Nachlassgläubiger nicht als betroffene Parteien anzusehen sind.[541)]

Subsidiär sind die Gerichte eines Mitgliedstaates zuständig, wenn der Erblasser im Todeszeitpunkt seinen gewöhnlichen Aufenthalt nicht in einem Mitgliedstaat hatte (Art. 10 EuErbVO). Eine **Notzuständigkeit** besteht gemäß Art. 11 EuErbVO, wenn sich ein Verfahren in einem Drittstaat als unmöglich oder unzumutbar erweist (z. B. im Fall eines Krieges oder einer Naturkatastrophe). 398

Wenn zu erwarten ist, dass eine Entscheidung des Gerichts **in einem Drittstaat nicht anerkannt wird oder vollstreckbar ist**, kann auf Antrag einer Partei das Gericht beschließen, über Vermögenswerte in diesem Drittstaat nicht zu befinden (Art. 12 EuErbVO). 399

Gemäß Art. 13 EuErbVO sind für **erbrechtliche Erklärungen** auch die **Gerichte am gewöhnlichen Aufenthaltsort der Person**, die nach dem Erbstatut eine solche Erklärung abzugeben hat, international zuständig. Erbrechtliche Erklärungen in diesem Sinne sind Erklärungen über die Annahme oder Ausschlagung einer Erbschaft (siehe hierzu vorstehend Rz. 18), eines Vermächtnisses, eines Pflichtteils sowie Erklärungen zur Begrenzung der Haftung für Nachlassverbindlichkeiten. 400

a) Nachlassverwaltung

Die Nachlassverwaltung richtet sich gemäß Art. 23 Abs. 2 lit. f EuErbVO nach dem **Erbstatut**. Kommt das deutsche Erbstatut zur Anwendung, kann der Nachlassverwalter oder der Nachlasspfleger mit den ihm nach deutschem Recht zustehenden Befugnissen auch in anderen Mitgliedstaaten tätig werden.[542)] 401

Nach Art. 29 Abs. 1 EuErbVO kann nunmehr auch bei einem ausländischen Erbstatut eine Nachlassverwaltung von einem deutschen Nachlassgericht nach deutschem Recht angeordnet werden, wenn die Bestellung eines Nachlassverwalters verpflichtend oder auf Antrag verpflichtend ist. Anders war dies nach h. M. noch vor dem Inkrafttreten der EuErbVO.[543)] 402

Der deutsche Beschluss über die Anordnung der Nachlassverwaltung wird im Ausland anerkannt (Art. 39 EuErbVO). Das deutsche Nachlassgericht kann dem Nachlassverwalter ein **Europäisches Nachlasszeugnis** erteilen (Art. 67 EuErbVO).[544)] 403

---

541) *Pawlytta/Pfeiffer* in: MünchAHB Erbrecht, § 33 Rz. 151.

542) *Loyal* in: BeckOGK-ZivilR, Art. 23 EuErbVO Rz. 20.

543) Nur in den Fällen, in denen die ausländische Rechtsordnung eine dem BGB ähnliche Haftungsbeschränkungsmöglichkeit vorsah und die Verweigerung der Anordnung der Nachlassverwaltung auf eine Rechtsverweigerung hinausgelaufen wäre, wurde die Anordnung der Nachlassverwaltung für möglich gehalten; BayObLG, Entsch. v. 22.6.1976 – BReg. 1 Z 49/76, BayObLGZ 1976, 151, 158 = NJW 1976, 2076.

544) *Sonnenberg* in: Siebert, Nachlasspflegschaft, Rz. 1290.

b) Nachlassinsolvenz

404 Das deutsche internationale Insolvenzrecht ist in §§ 335 ff. InsO geregelt. Ein in Deutschland eröffnetes Nachlassinsolvenzverfahren (Hauptinsolvenzverfahren) umfasst gemäß § 35 InsO den **gesamten Nachlass**. Zur Insolvenzmasse gehört **auch das im Ausland belegene Vermögen** des Erblassers.[545] Dies gilt auch im Fall der **Nachlassspaltung**, wenn also für den im Ausland belegenen Vermögensteil ein ausländisches Erbstatut gilt. Der inländische Insolvenzverwalter hat nach § 148 Abs. 1 InsO auch das ausländische Vermögen **zur Masse zu ziehen und zu verwerten.**[546] Unerheblich ist dabei, ob der Staat, in dem der Vermögensgegenstand belegen ist, den Geltungsanspruch des deutschen Insolvenzrechts anerkennt. Der Erbe ist verpflichtet, den Insolvenzverwalter bei der Inbesitznahme der im Ausland belegenen Gegenstände zu unterstützen (§ 97 Abs. 3 InsO). Hierzu gehört ggf. auch die Erteilung einer Vollmacht, die den Insolvenzverwalter ermächtigt, über diese Gegenstände zu verfügen.[547]

405 Besteht keine Zuständigkeit eines deutschen Gerichts zur Eröffnung eines Nachlassinsolvenzverfahrens über den gesamten Nachlass, hatte der Erblasser im Inland jedoch eine Niederlassung oder sonstiges Vermögen, kann ein Nachlassgläubiger ein **besonderes Insolvenzverfahren über das inländische Nachlassvermögen** beantragen (§ 354 InsO, sog. **Partikularverfahren**). Das Partikularverfahren kann durchgeführt werden, ohne dass ein Hauptverfahren anhängig ist.[548]

406 Wird bereits ein **ausländisches Nachlassinsolvenzverfahren** durchgeführt, das in Deutschland anerkannt wird (§ 343 InsO), schließt dies ein Partikularverfahren über das inländische Vermögen nicht aus (§ 356 Abs. 1 InsO, sog. **Sekundärinsolvenzverfahren**).

407 Das **deutsche internationale Insolvenzrecht gilt** seit dem Inkrafttreten der EuInsVO am 31.5.2002 **nur noch im Verhältnis zu Nicht-EU-Staaten**. Bei Bezügen zu Mitgliedstaaten der EU (mit Ausnahme Dänemarks) ist alleine die Europäische Insolvenzverordnung[549] (**EuInsVO**) anwendbar. Deren Regelungen sind dem deutschen internationalen Insolvenzrecht sehr ähnlich. Art. 76 EuErbVO stellt klar, dass die EuErbVO die EuInsVO unberührt lässt. In Betracht kommen

- die gemeinschaftsweite internationale Nachlassinsolvenz (Art. 3 Abs. 1 EuInsVO),

545) *Wenner/Schuster* in: FK-InsO, Vor §§ 335 ff. Rz. 31.

546) BGH, Urt. v. 13.7.1983 – VIII ZR 246/82, MDR 930, 931 = ZIP 1983, 961; BGH, Beschl. v. 18.9.2003 – IX ZB 75/03, ZVI 2003, 666 = MDR 2004, 233.

547) BGH Beschl. v. 18.9.2003 – IX ZB 75/03, ZVI 2003, 666 = MDR 2004, 233; *Wimmer-Amend* in: FK-InsO, § 97 Rz. 32.

548) *Pawlytta/Pfeiffer* in: MünchAHB Erbrecht, § 33 Rz. 130.

549) Verordnung (EU) 2015/848 des Europäischen Parlaments und des Rates v. 20.5.2015 über Insolvenzverfahren (Neufassung) (EuInsVO), ABl. (EU) L 141/19 v. 5.6.2015.

- die Sondernachlassinsolvenz in einem Mitgliedstaat über den dort belegenen Nachlass (Art. 27 EuInsVO) oder
- ein unabhängiges Partikularverfahren in einem Mitgliedstaat der EU (Art. 3 Abs. 4 EuInsVO).

Die **internationale Zuständigkeit** der deutschen Insolvenzgerichte zur Eröffnung eines Hauptinsolvenzverfahrens bestimmt sich innerhalb der EU nach Art. 3 EuInsVO i. V. mit Art. 102 § 1 EGInsO. Die Vorschriften der EuInsVO sind grundsätzlich auch auf **Nachlassinsolvenzverfahren** anwendbar.[550] 408

Die **Zuständigkeit des Insolvenzgerichts** richtet sich innerhalb der EU nach dem Mittelpunkt des hauptsächlichen Interesses des Erblassers. Das wird in der Regel der Wohnsitz sein, zwingend ist dies aber nicht. 409

Gegenüber Drittstaaten (für die die EuInsVO nicht gilt) findet Art. 3 EuInsVO keine Anwendung. Die Zuständigkeit bestimmt sich diesen gegenüber nach den Vorschriften über die örtliche Zuständigkeit (§§ 315, 3 InsO).[551] 410

Die genannten Arten von internationalen Nachlassinsolvenzverfahren sind in ihrer Zulässigkeit **nicht davon abhängig, dass das deutsche Erbstatut eingreift.** So kann im Fall eines Nicht-EU-Ausländers über den Nachlass eines ausländischen Erblassers mit ausländischem Erbstatut und Wohnsitz in Deutschland ein (Haupt-)Nachlassinsolvenzverfahren in Deutschland eröffnet werden (§ 335 InsO i. V. mit § 315 InsO analog).[552] 411

Im Fall eines **EU-Ausländers** ist die **EuInsVO anwendbar.** Die Eröffnung des Nachlassinsolvenzverfahrens über das Vermögen eines EU-Ausländers richtet sich nach der EuInsVO. Das deutsche (Haupt-)Insolvenzverfahren über den Nachlass umfasst grundsätzlich das gesamte Nachlassvermögen des Erblassers. **Im EU-Heimatland des Erblassers** könnte später nur noch die Eröffnung eines Sekundärinsolvenzverfahrens bezogen auf das dort befindliche Nachlassvermögen erfolgen (Art. 27 EuInsVO, Art. 3 Abs. 3 EuInsVO). 412

Wird über das Vermögen eines **Nicht-EU-Ausländers im Ausland** ein (Haupt-) Nachlassinsolvenzverfahren eröffnet, wird dieses gemäß § 343 Abs. 1 Satz 1 InsO grundsätzlich anerkannt. Dies gilt nicht, wenn die Gerichte des Staates der Verfahrenseröffnung nach deutschem Recht nicht zuständig sind (§ 343 Abs. 1 Satz 2 Nr. 1 InsO) oder wenn die Anerkennung zu einem Ergebnis führen würde, das mit den wesentlichen Grundsätzen des deutschen Rechts offensichtlich unvereinbar ist. 413

---

550) AG Düsseldorf, Beschl. v. 19.6.2012 – 503 IN 6/12, ZInsO 2012, 1278 = ZEV 2013, 154.

551) AG Ludwigsburg, Beschl. v. 20.7.2006 – 1 IN 536/05-s, ZIP 2006, 1507; *Pawlytta/Pfeiffer* in: MünchAHB Erbrecht, § 33 Rz. 132; **a. A.** *Wenner/Schuster* in: FK-InsO, § 335 Rz. 8.

552) *Pawlytta/Pfeiffer* in: MünchAHB Erbrecht, § 33 Rz. 193, eine direkte Anwendung von § 315 InsO soll aufgrund des ausländischen Erbstatuts ausscheiden, da die maßgeblichen Vorschriften des BGB aufgrund des ausländischen Erbstatuts nicht anwendbar sind.

XVII. Fiskus als Erbe

1. Gesetzliches Erbrecht

414 Im Fall der Überschuldung des Nachlasses werden die gesetzlichen oder testamentarischen Erben häufig die Erbschaft ausschlagen. Da das Gesetz eine herrenlose Erbschaft nicht kennt, erbt gemäß § 1936 Abs. 1, 2 BGB **das Land**, in dem der Erblasser zur Zeit des Erbfalls seinen **letzten Wohnsitz** oder, wenn ein solcher nicht feststellbar ist, seinen **gewöhnlichen Aufenthalt** hatte. **Im Übrigen erbt der Bund.**

415 Der **Fiskus** kann **kein gesetzlicher Vermächtnisnehmer** i. S. von § 2149 BGB und auch **kein gesetzlicher Nacherbe** gemäß § 2104 Satz 2 BGB sein.[553] Er kann nicht enterbt werden i. S. von § 1938 BGB.[554] Das **Bezugsrecht aus einer Lebensversicherung** steht dem Staat als gesetzlichem Erben nicht zu (§ 160 Abs. 2 und 4 VVG). Erbt der Fiskus als **Miterbe**, so fällt das Bezugsrecht den anderen Erben an. Nur wenn der Fiskus Alleinerbe wird, geht die Versicherungssumme als Bestandteil des Nachlasses auf ihn über.[555]

416 Der Fiskus wird **durch Beschluss des Nachlassgerichts** als gesetzlicher Erbe festgestellt, wenn nicht innerhalb einer angemessenen Zeit der Erbe ermittelt werden kann (§ 1964 Abs. 1 BGB). Der Feststellung hat ein **öffentliches Aufgebot** vorauszugehen (§ 1965 BGB).[556] Der Beschluss begründet gemäß § 1964 Abs. 2 BGB die **widerlegliche Vermutung**, dass der Fiskus gesetzlicher Erbe sei. Er kann von Amts wegen jederzeit aufgehoben werden (§ 48 Abs. 1 FamFG). Durch die Feststellung, dass ein anderer Erbe als der Fiskus nicht vorhanden ist, wird dem wahren Erben **nicht das Eigentum** an einem in den Nachlass fallenden Grundstück **entzogen.**[557]

417 Die Überschuldung des Nachlasses stellt keinen Grund dar, die Feststellung gemäß §§ 1964, 1965 BGB zu unterlassen.[558] In analoger Anwendung von § 1965 Abs. 1 Satz 2 BGB darf die **Ermittlung** unterbleiben, wenn deren **Kosten** im Verhältnis zum Bestand des Nachlasses unverhältnismäßig groß wären.[559]

418 Der Fiskus kann die gesetzliche Erbschaft **nicht ausschlagen** (§ 1942 Abs. 2 BGB) und auch nicht darauf **verzichten** gemäß § 2346 BGB. Der Fiskus **haftet** grundsätzlich für Nachlassverbindlichkeiten (§§ 1922, 1967 BGB) und kann sie

---

553) *Mayer*, ZEV 2010, 445, 447.

554) *Gerhardt* in: Roth/Gerhardt, Praxishdb. Erbenhaftungsbeschränkung, S. 76.

555) *Gerhardt* in: Roth/Gerhardt, Praxishdb. Erbenhaftungsbeschränkung, S. 77.

556) Hierzu näher *Ludyga*, ZEV 2023, 409 ff.

557) OLG Braunschweig, Beschl. v. 28.8.2020 – 11 U 65/19, ZEV 2021, 167 = ErbR 2021, 250.

558) *Leipold* in: MünchKomm-BGB, § 1964 Rz. 9; OLG Celle, Beschl. v. 20.4.2021 – 6 W 60/21, ZEV 2021, 511 = ZErb 2021, 329.

559) OLG Braunschweig, Beschl. v. 18.12.2020 – 3 W 28/20, ErbR 2021, 268 = ZErb 2021, 7.

gegenüber den Nachlassgläubigern wie jeder andere Erbe beschränken.[560] Eine **Inventarfrist** kann dem Fiskus als gesetzlichen Erben nicht gesetzt werden (§ 2011 BGB). Gemäß § 780 Abs. 2 ZPO ist bei einem Urteil der Vorbehalt der beschränkten Erbenhaftung nicht erforderlich. Der Fiskus **haftet nur mit dem Nachlass.** Er haftet für die nicht ordnungsgemäße Verwaltung des Nachlasses nach § 1978 Abs. 1 BGB. Ist der Nachlass überschuldet, ist auch der Fiskus verpflichtet, **Insolvenzantrag** zu stellen (§ 1980 Abs. 1 Satz 1 BGB).[561]

Gemäß § 1966 BGB kann die Erbenstellung des Fiskus erst geltend gemacht werden, nachdem von dem **Nachlassgericht** festgestellt wurde, dass ein **anderer Erbe nicht vorhanden** ist. 419

§ 1936 BGB setzt voraus, dass der Erblasser **nach deutschem Recht beerbt wird.** Findet ein **ausländisches Erbstatut** Anwendung, dann bestimmt sich das Erbrecht des Fiskus für das im Hoheitsgebiet belegene Nachlassvermögen nach Art. 33 EuErbVO. Die Erbenlosigkeit des Nachlasses mit Vermögen in Deutschland wird von dem deutschen Nachlassgericht festgestellt (Art. 32 Abs. 1 und 2 IntErbRVG).[562] Die Durchführung der Aneignung regelt Art. 32 Abs. 3 und 4 IntErbRVG. Übt der Fiskus sein Aneignungsrecht aus, dann bestimmt sich die Haftung für Nachlassverbindlichkeiten nach Art. 32 Abs. 6 und 7 IntErbRVG. 420

2. Gewillkürtes Erbrecht

Wenn der Fiskus im Wege der gewillkürten Erbfolge als Erbe eingesetzt ist, gelten für ihn als Erben mangels besonderer Vorschriften die allgemeinen Regelungen des BGB. Als gewillkürter Erbe kann sich der Fiskus nicht auf § 1966 BGB berufen. 421

XVIII. Haftung von Miterben für Nachlassverbindlichkeiten

1. Allgemeines

Miterben haften für Nachlassverbindlichkeiten als **Gesamtschuldner** (§ 2058 Abs. 1 BGB). Sie werden mit dem Erbfall Träger des Nachlasses, der als gesamthänderisch gebundenes Sondervermögen der gemeinschaftlichen Verwaltungsbefugnis der Miterben unterliegt (§§ 2032 ff. BGB). Es kommt daher zu einer **automatischen Separierung des Nachlasses vom Eigenvermögen des Erben**, die **bis zur Teilung** fortbesteht. Bis zur Teilung des Nachlasses kann jeder Miterbe die Berichtigung von Nachlassverbindlichkeiten aus seinem privaten Vermögen verweigern (§ 2059 Abs. 1 Satz 1 BGB). Davon unberührt bleibt gemäß § 2059 Abs. 2 BGB das Recht der Nachlassgläubiger, **Befriedigung aus dem ungeteilten Nachlass** von sämtlichen Miterben zu verlangen. 422

---

560) Staudinger-*Werner*, BGB, § 1936 Rz. 12.

561) *Gerhardt* in: Roth/Gerhardt, Praxishdb. Erbenhaftungsbeschränkung, S. 170.

562) Internationales Erbrechtsverfahrensgesetz (IntErbRVG), v. 9.6.2015, BGBl. I 2015, 1042.

423 Dem Miterben, der für eine Nachlassverbindlichkeit **unbeschränkt haftet**, steht in Höhe seines Erbteils das Recht gemäß § 2059 Abs. 1 Satz 1 BGB nicht zu (§ 2059 Abs. 1 Satz 2 BGB).

424 Mit der Anordnung der gesamtschuldnerischen Haftung der Miterben soll verhindert werden, dass der Nachlassgläubiger durch den Erbfall schlechtergestellt wird. Er hatte vor dem Erbfall nur einen Schuldner und soll sich nun nicht an eine Vielzahl von Schuldnern verweisen lassen müssen.[563] Das **Leistungsverweigerungsrecht des Miterben bis zur Teilung** des Nachlasses trägt dem Umstand Rechnung, dass der Miterbe zwar als Gesamtschuldner für die Nachlassverbindlichkeiten haftet, er aber als Einzelner nicht in der Lage ist, über die gesamthänderisch gebundenen Nachlassgegenstände oder über die Anteile daran zu verfügen (§§ 2040, 2033 Abs. 2 BGB), und er somit nicht ohne weiteres die zur Schuldentilgung erforderlichen Mittel aus dem Nachlass beschaffen kann.[564] Durch das Inaussichtstellen des Fortbestands der gesamtschuldnerischen Haftung nach der Nachlassteilung werden die Miterben angehalten, **vor der Nachlassteilung zunächst die Nachlassverbindlichkeiten zu berichtigen**, wie es in §§ 2045, 2046 BGB vorgesehen ist. Die gesamtschuldnerische Haftung besteht sogar dann, wenn ein Miterbe aufgrund von Ausgleichungspflichten gemäß §§ 2050 ff. BGB **nichts aus dem Nachlass erhalten hat.**[565]

425 Die Haftung der Miterben ist daher bis zur Teilung auf den Nachlass, d. h. den **Miterbenanteil**, beschränkbar.[566] Nach der Teilung bleibt die gesamtschuldnerische Haftung der Miterben bestehen, soweit sich nicht aus den §§ 2060, 2061 Abs. 1 Satz 2 BGB etwas anderes ergibt.[567]

2. Gemeinschaftliche Nachlassverbindlichkeiten

426 Die Miterben haften gemäß § 2058 BGB für Nachlassverbindlichkeiten i. S. von § 1967 BGB. Hierzu zählen neben den von dem Erblasser herrührenden Verbindlichkeiten auch die sog. **Nachlasserbenschulden** (zu den Nachlasserbenschulden siehe § 1 Rz. 439 [*Roth*]).[568]

427 Nicht unter §§ 2058 ff. BGB fällt ein Anspruch gegen eine oder alle Erben wegen **schlechter Verwaltung** des Nachlasses gemäß § 1978 Abs. 1 BGB. Es handelt sich um eine **Eigenverbindlichkeit** des bzw. der den Nachlass schlecht verwal-

563) *Busch*, Die Haftung des Erben, Rz. 370.

564) Vgl. Staudinger-*Marotzke*, BGB, § 2059 Rz. 3.

565) *Syrbe* in: Damrau/Tanck, PK Erbrecht, § 2058 Rz. 9.

566) Erman-*Bayer*, BGB, § 2058 Rz. 3.

567) BGH, Urt. v. 15.10.1997 – IV ZR 327/96, NJW 1998, 682, 683 = ZfIR 1998, 18; Staudinger-*Marotzke*, BGB, § 2058 Rz. 6; *Syrbe* in: Damrau/Tanck, PK Erbrecht, § 2058 Rz. 1.

568) BGH, Urt. v. 30.3.1978 – VII ZR 244/76, MDR 1978, 745 = NJW 1978, 1385.

tenden Miterben.[569] Der Anspruch gilt gemäß § 1978 Abs. 2 BGB als zum Nachlass gehörend.

Umstritten ist, ob eine Nachlassverbindlichkeit anzunehmen ist, wenn ein Mit- 428
erbe eine **Nachlassverbindlichkeit schuldhaft verletzt.** Verletzt ein Alleinerbe schuldhaft eine Nachlassverbindlichkeit, haftet er für den dadurch entstehenden Schadensersatzanspruch ohne die Möglichkeit, seine Haftung auf den Nachlass zu beschränken.[570] Bei Miterben stellt sich die Frage, ob die schuldhafte Pflichtverletzung den anderen Miterben bzw. dem noch ungeteilten Nachlass **zurechenbar** ist. Nach zutreffender Auffassung ist das Verschulden des einen Miterben in analoger Anwendung von § 31 BGB dem Nachlass zurechenbar.[571] Der Nachlassgläubiger muss bei Verletzung der Nachlassverbindlichkeit auch Zugriff auf den Nachlass haben. Das wäre nicht möglich, wenn gemäß § 425 BGB nur der jeweilige Miterbe ausschließlich mit seinem Eigenvermögen für die Pflichtverletzung haftet und eine Zurechnung an den Nachlass unterbleibt. Die Zurechnung des Verschuldens eines Miterben an den Nachlass über § 31 BGB analog darf allerdings nicht dazu führen, dass alle Miterben für die Pflichtverletzung im Ergebnis unbeschränkbar haften. Dem Gläubiger soll mit der Zurechnung des Verschuldens **lediglich der Zugriff auf den Nachlass** wegen der Pflichtverletzung eines Erben **ermöglicht werden.** Die übrigen Erben haften für den Ersatzanspruch wie für eine normale Nachlassverbindlichkeit, d. h. gemäß § 2058 BGB gesamtschuldnerisch und grundsätzlich unbeschränkt, aber **beschränkbar** gemäß §§ 2059 Abs. 1, 1975 ff. BGB. Denjenigen Erben, der die Pflichtverletzung begangen hat, trifft wegen § 425 Abs. 1 BGB insoweit die unbeschränkte Haftung.[572]

Nach dem OLG Neustadt liegt eine Nachlassverbindlichkeit vor, wenn bei einer 429
Verbindlichkeit, die nur von sämtlichen Miterben gemeinschaftlich erfüllt werden kann (Löschungsbewilligung für eine zum Nachlass gehörende Hypothek), **ein Miterbe in Verzug gerät.**[573]

Eine Nachlassverbindlichkeit kann auch nur **einen oder mehrere Erbteile be-** 430
treffen. So ist z. B. denkbar, dass der Erblasser nur einen bestimmten Erben mit einem Vermächtnis oder einer Auflage belastet oder nur über einen Erbteil eine Nachlasspflegschaft angeordnet wird und hierdurch Kosten entstehen. Auf solche Nachlassverbindlichkeiten sind diejenigen Vorschriften, die die Haftung sämtlicher Miterben bzw. des gesamten Nachlasses voraussetzen, nicht anwendbar. Für diese Verbindlichkeit müssen vielmehr **nur die belasteten Miterben aufkommen.**[574] Über einen Erbteil als solchen kann aber **weder Nachlassverwal-**

569) Staudinger-*Marotzke*, BGB, § 2058 Rz. 22.

570) Staudinger-*Marotzke*, BGB, § 2058 Rz. 45.

571) Staudinger-*Marotzke*, BGB, § 2058 Rz. 47; **a. A.** Soergel-*Wolf*, BGB, § 2058 Rz. 4.

572) Staudinger-*Marotzke*, BGB, § 2058 Rz. 50.

573) OLG Neustadt, Entsch. v. 26.2.1962 – 3 W 5/62, DNotZ 1963, 58.

574) *Fest* in: MünchKomm-BGB, § 2058 Rz. 17

tung angeordnet **noch ein Nachlassinsolvenzverfahren** eröffnet werden (§ 316 Abs. 3 InsO). Der Nachlassgläubiger kann daher in der Regel wegen seiner Forderung, die nur gegen einen Erbteil gerichtet ist, weder das Nachlassinsolvenzverfahren noch die Nachlassverwaltung über den gesamten Nachlass beantragen. Er würde damit auch denjenigen Erben, die ihm gegenüber nicht haften, die Verwaltungs- und Verfügungsbefugnis über den Nachlass entziehen (§ 1984 Abs. 1 Satz 1 BGB, § 80 Abs. 1 InsO).[575] Der Miterbe, der für eine Nachlassverbindlichkeit alleine oder zusammen mit nur einigen anderen Miterben haftet, kann sich bis zur Teilung des Nachlasses ebenfalls auf § 2059 Abs. 1 Satz 1 BGB berufen.[576] Es bildet sich damit nicht etwa eine eigene Miterbengemeinschaft der betroffenen Miterben.[577] Macht ein Miterbe die **Rechte aus § 2059 Abs. 1 Satz 1 BGB** geltend, dann ist der Zugriff der Gläubiger auf seinen Erbteil als solchen beschränkt. Von den übrigen Erben kann der Gläubiger die Erfüllung der Verbindlichkeit nur aus dem Überschuss fordern, der dem belasteten Erben bei der Auseinandersetzung zusteht.[578] Eine Ausnahme besteht dann, wenn die Verbindlichkeit in der Übereignung eines konkreten Nachlassgegenstandes besteht. Dann ist die Erfüllung der Verbindlichkeit nur durch die Miterben gemeinsam und nur aus dem Nachlass möglich.[579]

431 Stellt sich nach der Teilung des Nachlasses heraus, dass der belastete Erbteil überschuldet ist, stehen dem belasteten Erben **trotz der Unzulässigkeit des Insolvenzverfahrens über einen Erbteil** (§ 316 Abs. 3 InsO) die **Einreden** gemäß §§ 1992 und 1990 Abs. 1 BGB analog zu.[580]

432 Gegenüber der Verpflichtung zur Zahlung der **Erbschaftsteuer** kann sich ein Miterbe nicht auf § 2059 Abs. 1 Satz 1 BGB berufen.[581]

3. Haftung vor der Annahme der Erbschaft

433 Vor der Annahme der Erbschaft können Nachlassgläubiger gegenüber den Miterben keine Ansprüche gerichtlich geltend machen (§ 1958 BGB). Jeder Miterbe entscheidet für sich, ob er die Erbschaft annehmen möchte. Die Erbengemeinschaft besteht allerdings bereits ab dem Anfall der Erbschaft.[582] Der **Nachlass haftet damit bereits für die Nachlassverbindlichkeiten**, auch wenn die einzelnen Miterben noch nicht verklagt werden können. Haben die Miterben oder auch nur einzelne Miterben noch nicht die Erbschaft angenommen und will der

575) Staudinger-*Marotzke*, BGB, § 2058 Rz. 30.

576) Staudinger-*Marotzke*, BGB, § 2058 Rz. 35.

577) Erman-*Bayer*, BGB, § 2058 Rz. 1.

578) Fest in: MünchKomm-BGB, § 2058 Rz. 17.

579) *Goertz* in: Rißmann, Die Erbengemeinschaft, § 6 Rz. 57.

580) Staudinger-*Marotzke*, BGB, § 2058 Rz. 36.

581) BFH, Urt. v. 4.6.2019 – VII R 16/18, FamRZ 2019, 1891 = ZEV 2019, 603.

582) *Goertz* in: Rißmann, Die Erbengemeinschaft, § 6 Rz. 46.

Nachlassgläubiger gegen diese bzw. den Nachlass vorgehen, muss er einen **Pfleger bestellen** lassen (§§ 1960 Abs. 1, 1961 BGB). Die Nachlasspflegschaft ist **auch** hinsichtlich eines **Erbteils** zulässig.[583)]

4. Haftung für Nachlassverbindlichkeiten ab Annahme der Erbschaft bis zur Teilung des Nachlasses

Jeder Miterbe kann gemäß § 2059 Abs. 1 Satz 1 BGB **bis zur Teilung** des Nachlasses die Begleichung von Nachlassverbindlichkeiten **verweigern.** Durch dieses Leistungsverweigerungsrecht wird noch keine endgültige Haftungsbeschränkung der Miterben bewirkt, es handelt sich nur um eine **aufschiebende Einrede.**[584)] Den Miterben stehen neben der Einrede gemäß § 2059 Abs. 1 Satz 1 BGB auch die **gleichen Haftungsbeschränkungsmöglichkeiten wie dem Alleinerben** zu.[585)] Auch der Erbe, der seinen **Erbteil veräußert** hat, kann sich auf § 2059 Abs. 1 Satz 1 BGB berufen.[586)] **434**

Der Nachlassgläubiger kann vor der Teilung des Nachlasses die **Gesamtschuldklage** oder die **Gesamthandsklage** erheben. Ihm steht insoweit ein Wahlrecht zu.[587)] **435**

a) Gesamtschuldklage

Der Nachlassgläubiger kann gegen eine, mehrere oder alle Miterben die Gesamtschuldklage erheben. Sie zielt darauf ab, **Befriedigung aus dem Eigenvermögen** der verklagten Miterben zu erlangen, zu dem auch der Miterbenanteil gehört (§ 2033 Abs. 1 BGB), der gemäß § 859 ZPO gepfändet werden kann. Der einzelne Erbe kann sich gegen die Inanspruchnahme mit der Gesamtschuldklage wehren und sein Eigenvermögen dadurch schützen, indem er die **Einrede gemäß § 2059 Abs. 1 Satz 1 BGB erhebt.** Diese führt nach einem entsprechenden Antrag zur Aufnahme des Vorbehalts gemäß § 780 Abs. 1 ZPO. **436**

b) Gesamthandsklage

Die Gesamthandsklage ist auf **Befriedigung aus dem ungeteilten Nachlass** gerichtet (§ 2059 Abs. 2 BGB). Um in den Nachlass vollstrecken zu können, benötigt der Nachlassgläubiger einen **Titel gegen alle Miterben** (§ 747 ZPO). Trotz der Bezeichnung Gesamthandsklage sind Beklagte die Erben, nicht die Erben- **437**

583) Grüneberg-*Weidlich*, BGB, § 1960 Rz. 1.

584) *Fest* in: MünchKomm-BGB, § 2059 Rz. 12.

585) Staudinger-*Marotzke*, BGB, § 2058 Rz. 16; *Busch*, Die Haftung des Erben, Rz. 373.

586) Staudinger-*Marotzke*, BGB, § 2059 Rz. 42, § 2062 Rz. 8.

587) Vgl. BGH, Urt. v. 24.4.1963 – V ZR 16/62, NJW 1963, 1611 = MDR 1963, 666; BGH, Urt. v. 10.2.1988 – IVa ZR 227/86, NJW-RR 1988, 710 = FamRZ 1988, 614; BGH, Urt. v. 20.5.1992 – IV ZR 231/91, FamRZ 1992, 1055, 1056 = NJW-RR 1992, 1151; Grüneberg-*Weidlich*, BGB, §§ 2058, 2059 Rz. 13.

gemeinschaft selbst.[588] Welche der beiden Klagen vorliegt, ist durch Auslegung zu ermitteln.[589]

438 Um die Haftung mit seinem Eigenvermögen zu verhindern, empfiehlt es sich für den beklagten Miterben immer, sich die **Beschränkung der Haftung gemäß § 780 Abs. 1 ZPO vorzubehalten**, wenn nicht der Gläubiger eindeutig beantragt, dass er lediglich Befriedigung aus dem Nachlass oder einzelnen Miterbenanteilen begehrt.

439 **Vorzugswürdig** ist regelmäßig die Gesamtschuldklage. Mit einem Titel gegen alle Miterben aus einer Gesamtschuldklage, oder auch aus mehreren einzelnen Klagen gegen letztlich alle Miterben, kann der Nachlassgläubiger gemäß § 747 ZPO auch in den Nachlass vollstrecken.[590] Nach h. M. ist auch die **gleichzeitige Erhebung** der beiden Klagen **möglich.**[591]

5. Miterbe als Nachlassgläubiger

440 Ein Miterbe, der gleichzeitig Nachlassgläubiger ist, kann auch **bereits vor der Teilung** gegen die übrigen Miterben sowohl die Gesamthandsklage als auch Gesamtschuldklage erheben.[592] Er ist vor der Erhebung der Gesamtschuldklage gegen die übrigen Erben gehalten, zunächst zu versuchen, Befriedigung aus dem Nachlass zu erhalten (§ 242 BGB).[593] Erhebt er gegen die übrigen Miterben die Gesamtschuldklage, muss er seinen Schuldanteil abziehen, der im Verhältnis seines ideellen Erbteils auf ihn entfällt.[594] Für die Vollstreckung durch den Miterben in den Nachlass (§ 747 ZPO) ist es ausreichend, wenn dieser einen Titel gegen die übrigen Miterben hat.[595] Nach der Teilung des Nachlasses kann der Miterbengläubiger ohne weiteres Gesamtschuldklage erheben unter Abzug des seinem Erbteil entsprechenden Schuldanteils.[596]

---

588) *Goertz* in: Rißmann, Die Erbengemeinschaft, § 6 Rz. 235; **a. A.** *Eberl/Borges*, ZEV 2002, 125, 130.

589) BGH, Urt. v. 24.4.1963 – V ZR 16/62, NJW 1963, 1612 = MDR 1963, 666.

590) Erman-*Bayer*, BGB, § 2058 Rz. 2a.

591) Erman-*Bayer*, BGB, § 2058 Rz. 2b.

592) H. M.; BGH, Urt. v. 10.2.1988 – IVa ZR 227/86, NJW-RR 1988, 710 = FamRZ 1988, 614; Staudinger-*Marotzke*, BGB, § 2058 Rz. 93, 94; Grüneberg-*Weidlich*, BGB, § 2059 Rz. 14; anders noch das RG, das nur die Gesamthandsklage zuließ, vgl. RG, Urt. v. 5.3.1936 – IV 243/35, RGZ 150, 344.

593) Erman-*Bayer*, BGB, § 2058 Rz. 4.

594) BGH, Urt. v. 10.2.1988 – IVa ZR 227/86, NJW-RR 1988, 710, 711 = FamRZ 1988, 614; *Busch*, Die Haftung des Erben, Rz. 389; Erman-*Bayer*, BGB, § 2058 Rz. 4.

595) OLG München, Urt. v. 20.7.2017 – 23 U 3246/16, ErbR 2017, 664; Staudinger-*Marotzke*, BGB, § 2058 Rz. 97.

596) Erman-*Bayer*, BGB, § 2058 Rz. 4.

6. Innenverhältnis der Miterben

Hat ein Miterbe aus seinem Eigenvermögen eine gemeinschaftliche Nachlassverbindlichkeit erfüllt, kann er von den übrigen Erben gemäß § 426 BGB Ausgleich verlangen. Diese haften teilschuldnerisch entsprechend ihrer Erbteile.[597] 441

Bis zur Teilung des Nachlasses können diese allerdings dem Miterben ebenfalls die **Einrede gemäß § 2059 Abs. 1 Satz 1 BGB** entgegensetzen.[598] Der Miterbe, der den Nachlassgläubiger aus seinem Eigenvermögen befriedigt, handelt daher, was den Rückgriff auf das Eigenvermögen der übrigen Miterben betrifft, zunächst auf eigenes Risiko. Ihm steht bis zur Teilung nur gegen die Erbengemeinschaft ein Anspruch auf Ersatz seiner Aufwendungen aus dem ungeteilten Nachlass zu.[599] Nach der Teilung des Nachlasses kann der Miterbe, der einen Nachlassgläubiger befriedigt hat, von den übrigen Miterben **anteiligen Ausgleich** nach dem Verhältnis ihrer Erbteile verlangen gemäß § 426 Abs. 1 und 2 BGB. 442

Gegenüber dem Anspruch gemäß § 426 Abs. 1 BGB kann der ausgleichspflichtige Miterbe seine **Haftung auf das aus dem Nachlass Erhaltene beschränken** (§ 2063 Abs. 2 BGB). Dieses Recht zur Haftungsbeschränkung tritt nicht automatisch ein. Der Miterbe muss es erst herbeiführen und im Prozess durch den **Vorbehalt** gemäß § 780 Abs. 1 ZPO wahren.[600] Umstritten ist, ob § 2063 Abs. 2 BGB auch gilt, wenn der Miterbe den auf ihn gemäß § 426 Abs. 2 BGB übergegangenen Anspruch des Nachlassgläubigers gegenüber dem Miterben geltend macht. Hat die unbeschränkte Haftung des ausgleichspflichtigen Miterben bereits gegenüber allen Gläubigern oder nur gegenüber dem Gläubiger bestanden, dessen Forderung auf den Miterben gemäß § 426 Abs. 2 BGB übergegangen ist, dann kann er diesem gegenüber **nicht die Haftung erneut beschränken.** Es würde ansonsten vom Zufall abhängen, wer von mehreren Erben letztlich die Kosten tragen muss.[601] 443

Die **Erbquote** bleibt für den Gesamtschuldnerausgleich der Miterben untereinander auch maßgebend, wenn für einzelne Miterben eine **Ausgleichspflicht** gemäß §§ 2050 ff. BGB besteht.[602] Dem widerspricht die wohl h. M., die für den Gesamtschuldnerregress gemäß § 426 BGB die interne Haftungsquote nicht nach den ideellen Erbquoten, sondern danach bemisst, was den einzelnen Miterben unter Berücksichtigung der Ausgleichungspflichten tatsächlich aus dem Nachlass gebührt.[603] Diese Auffassung berücksichtigt jedoch nicht, dass der ausgleichs- 444

---

597) Staudinger-*Marotzke*, BGB, § 2058 Rz. 80.

598) Staudinger-*Marotzke*, BGB, § 2058 Rz. 79.

599) *Joachim*, Die Haftung des Erben für Nachlassverbindlichkeiten, Rz. 549.

600) Grüneberg-*Weidlich*, BGB, § 2063 Rz. 2.

601) *Fest* in: MünchKomm-BGB, § 2063 Rz. 9; *Goertz* in: Rißmann, Die Erbengemeinschaft, § 6 Rz. 306; **a. A.** Staudinger-*Marotzke*, BGB, § 2063 Rz. 23.

602) Staudinger-*Marotzke*, BGB, § 2058 Rz. 87, 88; *Syrbe* in: Damrau/Tanck, PK Erbrecht, § 2058 Rz. 12.

603) Grüneberg-*Weidlich*, BGB, § 2059 Rz. 10, § 2060 Rz. 1; BayObLG, Beschl. v. 19.5.1970 – BReg. 2 Z 32/70, BayObLGZ 1970, 125 = NJW 1970, 1800, 1802.

pflichtige Erbe bereits zu Lebzeiten des Erblassers auf Kosten der übrigen Erben **Vorempfänge** erhalten hat, deren Ausgleich die §§ 2050 ff. BGB bezwecken. Die Haftung mit der gesamten Erbquote muss im Innenverhältnis zu den Miterben **allerdings begrenzt werden,** wenn der Ausgleichsverpflichtete aus dem Nachlass überhaupt nichts oder weniger erhalten hat, als er zur Befriedigung des auf seine Erbquote entfallenden Teils benötigt. Das ergibt sich aus dem Rechtsgedanken des § 2056 BGB, nach dem der Ausgleichspflichtige nicht zu einer Herauszahlung des Mehrbetrages verpflichtet ist.[604] Führen Teilungsanordnungen des Erblassers oder ein Vorausvermächtnis faktisch zu einer erheblichen Abweichung von der Erbquote, ist dies ebenfalls bei der Ausgleichung zu berücksichtigen.[605]

445 Der ausgleichsberechtigte Erbe kann von den übrigen Miterben vollen Regress aus dem ungeteilten Nachlass verlangen. In dieser **Stellung als Nachlassgläubiger** kann er auch ohne die Zustimmung der übrigen Miterben die Anordnung der **Nachlassverwaltung beantragen.** Im Insolvenzverfahren kann er die gemäß § 426 Abs. 2 BGB auf ihn übergegangene Forderung geltend machen, ggf. auch bereits gemäß § 326 Abs. 2 InsO.[606]

446 Hat ein Miterbe auf einen **Vollstreckungstitel** gegen den Nachlass geleistet, dann kann dieser gegen die Miterben umgeschrieben werden (§ 727 ZPO).[607]

7. Geltendmachung und Rechtsfolgen des Leistungsverweigerungsrechts gemäß § 2059 Abs. 1 Satz 1 BGB

447 Der Miterbe kann **vor der Teilung** des Nachlasses gegenüber dem Nachlassgläubiger die Erfüllung der Nachlassverbindlichkeit aus seinem Eigenvermögen nur vollständig verweigern, wenn er für Nachlassverbindlichkeiten noch nicht unbeschränkt haftet. Ist die Haftung des Miterben aufgrund einer Inventarverfehlung bereits unbeschränkbar geworden, muss er die Befriedigung der Nachlassgläubiger aus seinem Eigenvermögen nur in Höhe seines Erbteils dulden (§ 2059 Abs. 1 Satz 2 BGB). Inventarverfehlungen wirken gemäß § 425 BGB nur gegen den jeweiligen Erben.

448 Ist der **Nachlass geteilt,** entfällt der Schutz der lediglich anteiligen Haftung mit dem Eigenvermögen und der Miterbe haftet mit seinem gesamten Eigenvermögen, wenn nicht die §§ 2060, 2061 BGB etwas anderes ergeben.[608]

---

604) So zutreffend *Fest* in: MünchKomm-BGB, § 2058 Rz. 38; *Syrbe* in: Damrau/Tanck, PK Erbrecht, § 2058 Rz. 12.

605) BGH, Urt. v. 9.3.1983 – IVa ZR 211/81, NJW 1983, 2378, 2379 = FamRZ 1983, 692.

606) Staudinger-*Marotzke*, BGB, § 2058 Rz. 84.

607) BayObLG, Beschl. v. 19.5.1970 – BReg. 2 Z 32/70, BayObLGZ 1970, 125, 130 ff. = NJW 1970, 1800.

608) H. M.; Soergel-*Wolf*, BGB, § 2059 Rz. 1, *Gerhardt* in: Roth/Gerhardt, Praxishdb. Erbenhaftungsbeschränkung, S. 265; **a. A.** Staudinger-*Marotzke*, BGB, § 2059 Rz. 6 ff.

Die **gesamtschuldnerische Haftung** des Miterben umfasst auch dessen Eigenvermögen. Der Miterbe muss vor der Nachlassteilung gegenüber der Gesamtschuldklage die **Einrede** gemäß § 2059 Abs. 1 Satz 1 BGB geltend machen, indem er den Vorbehalt gemäß § 780 Abs. 1 ZPO in das Urteil aufnehmen lässt. Vollstreckt der Nachlassgläubiger dann vor der Teilung in das Eigenvermögen des Miterben, muss dieser mit der Vollstreckungsabwehrklage die Haftungsbeschränkung geltend machen (§§ 781, 785, 767 ZPO). Den Miterben trifft bei der Vollstreckungsabwehrklage die **Darlegungs- und Beweislast**, dass der Nachlass unter den Miterben noch nicht aufgeteilt wurde. 449

Hat der Erbe nicht im **Erkenntnisverfahren** die Beschränkung der Haftung herbeigeführt, **kann er sie im Nachhinein nicht mehr erlangen.**[609] Auch wenn der Miterbe die Haftungsbeschränkung geltend gemacht hat, kann der Nachlassgläubiger dennoch in den Erbteil des verurteilten Miterben vollstrecken (§ 859 Abs. 2 ZPO).[610] Der Erbteil des Miterben gehört zu dem Vermögen, auf das der Nachlassgläubiger auch nach Ergreifen eines Haftungsbeschränkungsmittels zugreifen kann.[611] 450

Durch die Erhebung der Einrede gemäß § 2059 Abs. 1 Satz 1 BGB wird der Eintritt des **Schuldnerverzuges** mit einer Nachlassverbindlichkeit nicht gehindert, da die Einrede nur zu einem Vorbehalt im Urteil führt, über sie als solche aber nicht entschieden wird.[612] 451

Gegenüber der **Gesamtschuldklage** kann der einzelne Miterbe **nicht** mit einer Forderung des Nachlasses gegen den Nachlassgläubiger **aufrechnen.** Die Aufrechnung stellt eine Verfügung über die Nachlassforderung gemäß § 2040 Abs. 1 BGB dar. Der Miterbe kann aber ein **Zurückbehaltungsrecht** gemäß § 273 Abs. 1 BGB wegen einer Gegenforderung geltend machen, an der er nur als Gesamthänder berechtigt ist. In diesem Fall wird er zur Leistung Zug-um-Zug gegen Leistung des Gläubigers an den Nachlass verurteilt.[613] In analoger Anwendung von § 770 Abs. 2 BGB und § 129 Abs. 3 HGB a. F. (§ 128 Abs. 2 HGB n. F.) kann der Miterbe die Leistung verweigern, wenn sich der Nachlassgläubiger durch Aufrechnung gegen eine fällige Forderung der Erbengemeinschaft befriedigen kann.[614] 452

Ist der Nachlass **zahlungsunfähig oder überschuldet,** wird die Verpflichtung des Miterben zur Stellung des Insolvenzantrages (§ 1980 BGB) nicht durch die Einrede gemäß § 2059 Abs. 1 Satz 1 BGB ausgeschlossen. In dem Zeitraum zwischen 453

609) *Lohmann* in: BeckOK-BGB, § 2058 Rz. 7.

610) Grüneberg-*Weidlich*, BGB, § 2059 Rz. 15; Erman-*Bayer*, BGB, § 2059 Rz. 6.

611) Staudinger-*Marotzke*, BGB, § 2058 Rz. 11.

612) Grüneberg-*Weidlich*, BGB, § 2059 Rz. 12; differenzierend Staudinger-*Marotzke*, BGB, § 2059 Rz. 18 – für den Fall der Überschuldung des Nachlasses.

613) BGH, Urt. v. 15.2.1952 – V ZR 54/51, BGHZ 5, 173, 176; BGH, Urt. v. 24.10.1962 – V ZR 1/61, BGHZ 38, 122, 125 = MDR 1963, 121.

614) BGH, Urt. v. 24.10.1962 – V ZR 1/61, BGHZ 38, 122, 128 = MDR 1963, 121.

Insolvenzantrag und der Eröffnung des Insolvenzverfahrens greift zum Schutz des Miterben weiter § 2059 Abs. 1 Satz 1 BGB.[615] Der Erbe, der beharrlich die **Insolvenzantragspflicht verletzt**, kann sich nicht auf § 2059 Abs. 1 Satz 1 BGB berufen.[616]

454 Besteht gegen einen Miterben ein Anspruch gemäß § 1978 Abs. 1 BGB oder § 1980 Abs. 1 Satz 2 BGB, muss der Nachlassgläubiger diesen mit einem **Titel** gegen die Erbengemeinschaft, d. h. alle Miterben, pfänden und sich überweisen lassen (§ 829 ZPO). Ein direkter Durchgriff gegen den Miterben in analoger Anwendung des § 1991 Abs. 1 BGB ist, anders als bei einem Alleinerben, nicht möglich.[617] Der Anspruch gilt gemäß § 1978 Abs. 2 BGB als zum Nachlass gehörig. Träger des Nachlasses sind die Miterben in ihrer gesamthänderischen Verbundenheit. Der Nachlassgläubiger kann daher aus einem solchen Anspruch erst nach Pfändung und Überweisung gegen den Miterben vorgehen.

455 Der Miterbe, der sich auf § 2059 Abs. 1 Satz 1 BGB beruft, ist außerhalb von Nachlassverwaltung, Nachlassinsolvenzverfahren und den Fällen von §§ 1990 und 1992 BGB nicht in analoger Anwendung von §§ 1991, 1978 Abs. 1, 666 BGB verpflichtet, über den Bestand des Nachlasses **Auskunft** zu erteilen.[618] Zur Erhebung der Einrede des § 2059 Abs. 1 Satz 1 BGB genügt allerdings nicht, dass der Miterbe vorträgt, es bestehe eine Erbengemeinschaft. Er muss auch vortragen, der Nachlass sei noch nicht geteilt und dies ggf. auch beweisen.[619]

8. Nachlassteilung gemäß § 2059 Abs. 1 Satz 1 BGB

456 Die Nachlassteilung i. S. von § 2059 Abs. 1 Satz 1 BGB tritt ein, wenn die Auseinandersetzung (§ 2042 BGB) vollzogen, d. h. die gesamthänderische Bindung aufgehoben ist. Die Teilung ist **vollzogen**, wenn ein so erheblicher Teil der Nachlassgegenstände in das Eigenvermögen der Erben übergegangen ist, dass die Gemeinschaft als aufgehoben angesehen werden kann.[620] Eine Nachlassteilung liegt auch dann vor, wenn ein so erheblicher Teil der Nachlassgegenstände in das Einzelvermögen der Erben überführt worden ist, dass im Nachlass keine für die Berichtigung von Nachlassverbindlichkeiten mehr ausreichenden Gegenstände vorhanden sind.[621]

---

615) Staudinger-*Marotzke*, BGB, § 2059 Rz. 21.

616) Staudinger-*Marotzke*, BGB, § 2059 Rz. 20.

617) Grüneberg-*Weidlich*, BGB, § 2059 Rz. 3; **a. A.** Staudinger-*Marotzke*, BGB, § 2059 Rz. 22; *Fest* in: MünchKomm-BGB, § 2059 Rz. 9.

618) **A. A.** Soergel-*Wolf*, BGB, § 2059 Rz. 4; Staudinger-*Marotzke*, BGB, § 2059 Rz. 23.

619) Grüneberg-*Weidlich*, BGB, § 2059 Rz. 12.

620) H. M.; Staudinger-*Marotzke*, BGB, § 2059 Rz. 33; Erman-*Bayer*, BGB, § 2059 Rz. 8; *Fest* in: MünchKomm-BGB, § 2059 Rz. 4.

621) Grüneberg-*Weidlich*, BGB, § 2059 Rz. 3.

Es ist nicht erforderlich, dass die gesamthänderische Bindung auch am letzten Nachlassgegenstand aufgehoben wurde.[622] Ob die Miterben selbst von einer Nachlassteilung ausgehen, ist unbeachtlich. Entscheidend ist eine **objektive Sichtweise**.[623] 457

a) Übertragung einzelner Nachlassgegenstände

Für die Nachlassteilung genügt es nicht, dass einzelne oder besonders wertvolle Nachlassgegenstände an die Miterben übertragen wurden.[624] Diese Gegenstände gehören dann zum Vermögen des Miterben außerhalb des Nachlasses und er kann sich insoweit auf § 2059 Abs. 1 Satz 1 BGB berufen.[625] Der Miterbe ist allerdings gemäß §§ 1991, 1978 Abs. 1, 667 BGB verpflichtet, die **vor der Erfüllung aller Nachlassverbindlichkeiten** (§ 2046 BGB) erhaltenen Nachlassgegenstände an den Nachlass **zurückzuübertragen**. Der Nachlassgläubiger kann diesen Anspruch der Erbengemeinschaft pfänden und sich überweisen lassen, um dann gegen den Miterben vorzugehen.[626] Nach **a. A.** soll sich das Leistungsverweigerungsrecht des Miterben gemäß § 2059 Abs. 1 Satz 1 BGB nur auf die Gegenstände beschränken, die dem Erben unabhängig von dem Erbfall gehören.[627] Der Nachlassgläubiger könne mit einem Titel gegen einen Miterben **bereits vor der endgültigen Teilung** in den Gegenstand vollstrecken, der diesem aus dem Nachlass bereits übertragen wurde. Gegen diese Auffassung spricht, dass der Gegenstand nach der Übertragung auf den Miterben nicht mehr gesamthänderisch gebunden ist und der Miterbe dinglich daran allein berechtigt ist. Der Gegenstand ist seinem sonstigen Vermögen außerhalb des Nachlasses zuzuordnen. 458

Eine Teilung des Nachlasses liegt nicht vor, wenn ein Miterbe alle **Anteile** aus eigenen Mitteln **erwirbt**. Mit dem Erwerb aller Anteile wird allerdings die Erbengemeinschaft aufgelöst und alle Miterben verlieren die Einrede gemäß § 2059 Abs. 1 Satz 1 BGB.[628] 459

Die **Aufzehrung** des Nachlasses durch Schuldentilgung ist der Teilung gleichzusetzen.[629] Nach a. A. liegt in diesem Fall zwar noch keine Teilung vor, die Miterben können sich in diesem Fall aber nicht auf § 2059 Abs. 1 Satz 1 BGB berufen, da eine Erbengemeinschaft mit einem Nachlass nicht mehr vorhanden 460

---

622) Erman-*Bayer*, BGB, § 2059 Rz. 8.

623) *Joachim*, Die Haftung des Erben für Nachlassverbindlichkeiten, Rz. 531.

624) Erman-*Bayer*, BGB, § 2059 Rz. 8; RG, Urt. v. 13.2.1917 – II 464/16, RGZ 89, 403, 407.

625) RG, Urt. v. 13.2.1917 – II 464/16, RGZ 89, 403, 408; Grüneberg-*Weidlich*, BGB, § 2059 Rz. 3.

626) Grüneberg-*Weidlich*, BGB, § 2059 Rz. 3; Soergel-*Wolf*, BGB, § 2059 Rz. 4.

627) Staudinger-*Marotzke*, BGB, § 2059 Rz. 35; *Syrbe* in: Damrau/Tanck, PK Erbrecht, § 2059 Rz. 6; *Fest* in: MünchKomm-BGB, § 2059 Rz. 9; *Goertz* in: Rißmann, Die Erbengemeinschaft, § 6 Rz. 63.

628) Erman-*Bayer*, BGB, § 2059 Rz. 8; *Syrbe* in: Damrau/Tanck, PK Erbrecht, § 2059 Rz. 4.

629) So *Fest* in: MünchKomm-BGB, § 2059 Rz. 5; **a. A.** Soergel-*Wolf*, BGB, § 2059 Rz. 6.

ist.[630] Die Miterben könnten aber das Nachlassinsolvenzverfahren beantragen oder sich auf §§ 1990 Abs. 1, 1992 BGB berufen.[631]

b) Personengesellschaftsanteil als Nachlassbestandteil

461 Besteht der Nachlass weitgehend aus einem Personengesellschaftsanteil, der im Fall einer Nachfolgeklausel der **Sondererbfolge** unterliegt, liegt eine Teilung des Nachlasses vor. Der Gesellschaftsanteil geht, ohne dass ein Teilungsakt stattfinden müsste, im Wege der Sondererbfolge auf einen oder die einzelnen Erben über. Teilweise wird dem Miterben auch in diesem Fall die Einrede des § 2059 Abs. 1 Satz 1 zugebilligt.[632] Die wohl überwiegende Auffassung lehnt die Anwendbarkeit dieser Vorschrift ab und billigt dem einzelnen Erben in Abweichung von § 2062 BGB das Recht zu, die **Nachlassverwaltung** zu beantragen, um seine Haftung auf den Nachlass zu beschränken.[633] Eine „Rückübertragung" des Gesellschaftsanteils an die Erbengemeinschaft kommt nicht in Betracht, da diese nicht Gesellschafterin einer Personengesellschaft sein kann. Vertretbar erscheint es in diesem Fall, die **nicht durchführbare Verpflichtung zur Rückgewähr** dahingehend zu modifizieren, dass der Miterbe die Zwangsvollstreckung in den ihm direkt zugefallenen Gesellschaftsanteil zu dulden hat.[634]

462 Die gleiche Problematik besteht auch bei der Sondererbfolge gemäß § 4 HöfeO.

c) Keine Auseinandersetzung der Erbengemeinschaft auf Dauer

463 Setzen die Miterben die Erbengemeinschaft fort und beabsichtigen für eine bestimmte oder auch unbestimmte Zeit keine (vollständige) Auseinandersetzung, ist fraglich, ob § 2059 Abs. 1 Satz 1 BGB weiter zur Anwendung kommt. Nach einer Auffassung soll in diesem Fall § 2059 Abs. 1 Satz 1 BGB nicht mehr greifen, da dieses Leistungsverweigerungsrecht nur ein vorübergehendes Mittel besonderer Art darstelle.[635] Überzeugender erscheint es, auch in diesem Fall § 2059 Abs. 1 Satz 1 BGB anzuwenden. Denkbar ist auch, dass der Erblasser angeordnet hat, dass eine Erbengemeinschaft im Ganzen oder hinsichtlich einzelner Gegenstände nicht teilbar sein soll und die Erben aus diesem Grund keine vollständige Teilung vornehmen (§ 2044 Abs. 1 Satz 1 BGB). Der Nachlassgläubiger hat allerdings in diesen Fällen die Möglichkeit, einen oder mehrere **Erbteile zu pfänden** und selbst die **Teilung des Nachlasses zu veranlassen** (§§ 2044 Abs. 1

630) Soergel-*Wolf*, BGB, § 2059 Rz. 3.

631) Staudinger-*Marotzke*, BGB, § 1990 Rz. 45, § 2059 Rz. 39.

632) Staudinger-*Marotzke*, BGB, § 2059 Rz. 25 ff.

633) *Fest* in: MünchKomm-BGB, § 2062 Rz. 11; Grüneberg-*Weidlich*, BGB, § 2062 Rz. 2.

634) *Westermann*, AcP 173 (1973) 24, 32; *Ulmer*, ZGR 1972, 324, 329 f.

635) *Seemüller*, Die fortgesetzte Erbengemeinschaft, S. 106 – 114; vgl. Staudinger-*Marotzke*, BGB, § 2059 Rz. 74.

Satz 2, 751 Satz 2 BGB, § 859 Abs. 2 ZPO). Mit der Teilung entfällt dann auch das Leistungsverweigerungsrecht gemäß § 2059 Abs. 1 Satz 1 BGB.[636)]

d) Miterben und Testamentsvollstreckung

Die Miterben können sich auch im Fall der Anordnung der Testamentsvollstre- 464
ckung auf § 2059 Abs. 1 Satz 1 BGB berufen. Zwar wird der Miterbe nicht (nur) durch die gesamthänderische Bindung, sondern in erster Linie durch die Verwaltungs- und Verfügungsbefugnis des Testamentsvollstreckers gehindert, Nachlassmittel zu entnehmen, um Gläubiger zu befriedigen. Insoweit ist er genauso gestellt wie ein Alleinerbe, bei dem die Testamentsvollstreckung auch kein Mittel zur Haftungsbeschränkung darstelle.[637)] Im Unterschied zu einem Alleinerben ist der Miterbe nur zu einem Teil am Nachlass beteiligt und trägt das **Risiko**, im Wege des **Gesamtschuldnerausgleichs** von den übrigen Miterben deren Anteile an der Verbindlichkeit zu erlangen. Aus diesen Gründen erscheint es zulässig, den Miterben anders als den Alleinerben zu behandeln und auch im Fall der Testamentsvollstreckung ihm die Einrede gemäß § 2059 Abs. 1 Satz 1 BGB zu belassen.[638)]

9. Die Haftung der Miterben nach der Teilung

a) Allgemeines

Nach der Teilung des Nachlasses verbleibt es bei dem Grundsatz der **gesamt-** 465
schuldnerischen Haftung der Miterben.[639)] Die Nachlassteilung soll gemäß § 2046 Abs. 1 BGB erst erfolgen, wenn die **Nachlassverbindlichkeiten berichtigt sind.** Jeder Miterbe kann voreiligen Teilungswünschen der übrigen Miterben die Einrede gemäß § 2045 BGB entgegensetzen. Danach kann jeder Miterbe verlangen, dass die Auseinandersetzung aufgeschoben wird, bis zur Beendigung des Aufgebotsverfahrens (§ 1970 BGB) oder bis zum Ablauf der in § 2061 BGB bestimmten Anmeldefrist.

Nach der Teilung kann jeder Miterbe über die ihm gehörenden ehemaligen 466
Nachlassgegenstände uneingeschränkt verfügen. Er hat nunmehr grundsätzlich die gleichen Möglichkeiten der Haftungsbeschränkung wie ein Alleinerbe. Die

---

636) Vgl. Staudinger-*Marotzke*, BGB, § 2059 Rz. 74; *Fest* in: MünchKomm-BGB, § 2059 Rz. 75.

637) So *Muscheler*, Die Haftungsordnung der Testamentsvollstreckung, S. 108. Die Anordnung der Testamentsvollstreckung führt keine Haftungsbeschränkung des Erben herbei (§ 2113 BGB). Lediglich Privatgläubiger des Erben können nicht auf Nachlassgegenstände, die der Testamentsvollstreckung unterliegen, zugreifen (§ 2114 BGB).

638) *Syrbe* in: Damrau/Tanck, PK Erbrecht, § 2059 Rz. 15; Staudinger-*Marotzke*, BGB, § 2059 Rz. 80.

639) BGH, Urt. v. 15.10.1997 – IV ZR 327/96, NJW 1998, 682 = ZfIR 1998, 18; BayObLG, Beschl. v. 21.1.1999 – 1Z AR 120/98, FamRZ 1999, 1175 = ZEV 1999, 223.

Anordnung der Nachlassverwaltung ist nach der Teilung des Nachlasses allerdings ausgeschlossen (§ 2062 Halbs. 2 BGB).

467 Der Miterbe kann nach der Teilung noch das **Nachlassinsolvenzverfahren** beantragen (§§ 316 Abs. 2, 317 Abs. 2 InsO) und auch das Aufgebot der Nachlassgläubiger (§§ 1970 ff. BGB, §§ 454 ff. FamFG) durchführen und auf diese Weise eine Beschränkung seiner Haftung erreichen. Auch auf §§ 1990–1992 BGB kann sich der Miterbe nach der Teilung berufen. Entscheidender Zeitpunkt für die Beurteilung, ob die Eröffnung eines Nachlassinsolvenzverfahrens wegen Fehlens einer die Kosten des Verfahrens deckenden Masse aussichtslos wäre, ist dabei der Zeitpunkt der Erhebung der Einrede.[640] Der Miterbe haftet dann nur noch mit den bei ihm verbliebenen Gegenständen.[641] Hatte der Erbe bereits vor der Teilung Haftungsbeschränkungen erworben (§§ 1973, 1974, 1989 BGB), bleiben ihm diese auch nach der Teilung erhalten. Die Nachlassgläubiger haben ihrerseits die Möglichkeit, dem noch unbeschränkt haftenden Miterben eine Inventarfrist zu bestimmen.

b) Teilschuldnerische Haftung des Miterben

468 In den Fällen von § 2060 Nr. 1 bis 3 und § 2061 BGB haftet der Miterbe für die Nachlassverbindlichkeiten **ausnahmsweise nicht gesamtschuldnerisch**, sondern nur mit demjenigen Teil, der seinem Erbteil entspricht. Grundgedanke dieser Regelung ist, dass es dem Erben, der alle Möglichkeiten, die Nachlassgläubiger zu ermitteln und zu befriedigen, ausgeschöpft hat, nicht zuzumuten ist, die Erbengemeinschaft auf Dauer aufrechtzuerhalten für den Fall, dass ein bis dahin unbekannter Nachlassgläubiger auftreten könnte.[642] Unter Erbteil i. S. von §§ 2060, 2061 BGB ist dabei die ideelle Erbquote zu verstehen. Verschiebungen durch eventuelle Ausgleichspflichten (§§ 2050 ff. BGB) bleiben unberücksichtigt, was dazu führen kann, dass ein Gläubiger trotz insgesamt ausreichendem Nachlass nicht vollständig befriedigt wird, wenn ein Miterbe wegen seiner Ausgleichspflichten nichts aus dem Nachlass erhalten hat und nach allgemeinen Vorschriften (§§ 1975 ff. BGB) nur beschränkt haftet.[643]

469 Die teilschuldnerische Haftung gemäß §§ 2060, 2061 BGB tritt automatisch ein und ist **von Amts wegen zu beachten**. Ein Vorbehalt gemäß § 780 Abs. 1 ZPO kommt nicht in Betracht.[644] Tritt die anteilige Haftung erst nach Abschluss des

---

640) Staudinger-*Dobler*, BGB, § 1990 Rz. 7, 8; **a. A.** RG, Entsch. v. 29.4.1907 – VII. 328/06, DJZ 1907, 881, das auf den Zeitpunkt der Teilung des Nachlasses abstellt.

641) *Joachim*, Die Haftung des Erben für Nachlassverbindlichkeiten, Rz. 395.

642) *Fest* in: MünchKomm-BGB, § 2060 Rz. 1.

643) Grüneberg-*Weidlich*, BGB, § 2060 Rz. 1.

644) *Fest* in: MünchKomm-BGB, § 2060 Rz. 3.

Erkenntnisverfahrens ein, muss der Miterbe die anteilige Haftung mit der Vollstreckungsabwehrklage (§ 767 ZPO) geltend machen.[645)]

Handelt es sich bei der Nachlassverbindlichkeit um eine unteilbare Leistung, muss der Gläubiger in entsprechender Anwendung von § 45 InsO den Geldwert geltend machen, wenn er in das Eigenvermögen des Erben vollstrecken will.[646)] Ist der Erbe zur Erbringung der unteilbaren Leistung in der Lage, kann der Nachlassgläubiger auch Erfüllung verlangen Zug-um-Zug gegen Erstattung des den Erbteils überschießenden Werts.[647)] 470

aa) § 2060 Nr. 1 BGB

Nach § 2060 Nr. 1 BGB tritt die teilschuldnerische Haftung des Miterben gegenüber Gläubigern ein, die **im Aufgebotsverfahren ausgeschlossen** sind. Der von einem Miterben erwirkte Ausschließungsbeschluss kommt auch den übrigen Miterben zugute (§ 460 Abs. 1 FamFG). Das Aufgebot kann von jedem Miterben beantragt werden, auch wenn er bereits für die Nachlassverbindlichkeiten unbeschränkt haftet (§ 460 Abs. 2 FamFG). Der unbeschränkt haftende Erbe kann zwar dadurch nichts mehr an seiner unbeschränkten Haftung ändern, kann aber über § 2060 Nr. 1 BGB die **Reduzierung auf eine Teilschuld** herbeiführen.[648)] 471

Das **Aufgebotsverfahren muss vor der Teilung des Nachlasses durchgeführt worden sein.**[649)] Der Sinn des § 2060 Nr. 1 BGB liegt darin, die anteilige Haftung nur eintreten zu lassen, wenn der Nachlass nicht voreilig geteilt wurde.[650)] Die Teilschuld bei § 2060 Nr. 1 BGB tritt mit der Durchführung des Aufgebots ein, unabhängig davon, ob dem Miterben die Forderung der ausgeschlossenen Gläubiger bekannt war.[651)] 472

§ 2060 Nr. 1 BGB gilt auch für die **Nachlassgläubiger** gemäß § 1972 BGB, d. h. auch ihnen gegenüber tritt eine nur teilschuldnerische Haftung ein. Gegenüber **dinglich Berechtigten** (§ 1971 BGB) entfaltet § 2060 Nr. 1 BGB keine Wirkung, es bleibt bei der vollen Haftung aus dem dinglichen Recht und zwar auch unabhängig davon, ob dem Erben die Forderung bekannt war.[652)] 473

---

645) *Joachim*, Die Haftung des Erben für Nachlassverbindlichkeiten, Rz. 537.

646) *Fest* in: MünchKomm-BGB, § 2060 Rz. 9.

647) Staudinger-*Marotzke*, BGB, § 2060 Rz. 30.

648) *Fest* in: MünchKomm-BGB, § 2060 Rz. 10.

649) *Fest* in: MünchKomm-BGB, § 2060 Rz. 12; Grüneberg-*Weidlich*, BGB, § 2060 Rz. 2; Erman-*Bayer*, BGB, § 2060 Rz. 45; **a. A.** Staudinger-*Marotzke*, BGB, § 2060 Rz. 68.

650) *Fest* in: MünchKomm-BGB, § 2060 Rz. 12.

651) *Fest* in: MünchKomm-BGB, § 2060 Rz. 13, Soergel-*Wolf*, BGB, § 2060 Rz. 7; **a. A.** Staudinger-*Marotzke*, BGB, § 2060 Rz. 67.

652) Grüneberg-*Weidlich*, BGB, § 2060 Rz. 2.

bb) § 2060 Nr. 2 BGB

474 Die **Teilschuld** der Miterben tritt auch ein, wenn der Nachlassgläubiger seine Forderung **später als fünf Jahre nach dem Tod des Erblassers** geltend macht (§ 1974 Abs. 1 BGB). Die außergerichtliche Geltendmachung reicht hierfür aus.[653] Es kommt nicht zum Eintritt der Teilschuld, wenn dem Miterben die Forderung vor Ablauf der fünf Jahre bekannt geworden ist (§ 2060 Nr. 2 BGB). Die **Kenntnis** ist dabei für jeden Miterben gesondert festzustellen. Das kann dazu führen, dass ein Miterbe für die Nachlassverbindlichkeit gesamtschuldnerisch und der andere nur teilschuldnerisch haftet.[654] Erlangt der Erbe nach Ablauf der Fünf-Jahres-Frist, aber noch vor Teilung des Nachlasses, Kenntnis von der Forderung, ist dies im Hinblick auf den eindeutigen Wortlaut des § 2060 Nr. 2 BGB unschädlich.[655] Der Kenntnis gleichgestellt ist die Anmeldung der Forderung im Aufgebotsverfahren (§ 2062 Halbs. 1 BGB), unabhängig von der Kenntnis der Miterben. Eine Anmeldung im Privataufgebot gemäß § 2061 BGB reicht nicht aus, sie kann aber als Geltendmachung anzusehen sein.[656]

475 Dingliche Gläubiger (§ 1971 BGB) werden von der Haftungsbeschränkung gemäß § 2062 Nr. 2 BGB nicht erfasst.

cc) § 2060 Nr. 3 BGB

476 Die teilschuldnerische Haftung der Erben tritt auch ein, wenn das **Nachlassinsolvenzverfahren** eröffnet und durch Verteilung der Masse oder einen Insolvenzplan **beendet** worden ist. § 2060 Nr. 3 BGB dürfte eher selten zur Anwendung kommen. Nach Durchführung des Nachlassinsolvenzverfahrens greift in der Regel die weitergehende Erschöpfungseinrede gemäß § 1989 BGB. § 2060 Nr. 3 BGB wird dann von Bedeutung, wenn nach Abschluss des Insolvenzverfahrens ein **Überschuss** verblieben ist, der an die Miterben verteilt werden konnte. Wird das Insolvenzverfahren eingestellt (§§ 207, 213 InsO), greift § 2060 Nr. 3 BGB nicht ein. Bei Beendigung des Insolvenzverfahrens durch **Insolvenzplan**, ist zu beachten, ob darin nicht Regelungen zur Haftung der Erben enthalten sind, die von § 2060 Nr. 3 BGB abweichen und diesem, wie auch § 1989 BGB, vorgehen (zur Haftung nach Durchführung des Insolvenzplanverfahrens siehe Rz. 306 ff.).

477 Voraussetzung für die Entstehung der Teilschuld ist die **Eröffnung** des Nachlassinsolvenzverfahrens **vor der Teilung**.[657] Zwar kann das Nachlassinsolvenz-

---

653) *Fest* in: MünchKomm-BGB, § 2060 Rz. 16.

654) Grüneberg-*Weidlich*, BGB, § 2060 Rz. 3.

655) *Gottwald* in: Damrau/Tanck, PK Erbrecht, § 2060 Rz. 6; **a. A.** Staudinger-*Marotzke*, BGB, § 2060 Rz. 71.

656) Grüneberg-*Weidlich*, BGB, § 2060 Rz. 3.

657) H. M.; *Fest* in: MünchKomm-BGB, § 2060 Rz. 21; Grüneberg-*Weidlich*, BGB, § 2060 Rz. 4; Erman-*Bayer*, BGB, § 2060 Rz. 7; **a. A.** Staudinger-*Marotzke*, BGB, § 2060 Rz. 84.

verfahren auch nach Teilung des Nachlasses noch eröffnet werden (§ 316 Abs. 2 InsO). Mit der Teilung entsteht jedoch die gesamtschuldnerische Haftung der Miterben, sie werden behandelt wie ein Alleinerbe. Wird nach Teilung ein Insolvenzverfahren durchgeführt, können sich die Erben nach dessen Abschluss hinsichtlich ihrer gesamtschuldnerischen Haftung auf § 1989 BGB berufen und damit die Haftung auf das beschränken, was sie aus dem Nachlass erhalten haben.

Ist es bereits zu einer teilschuldnerischen Haftung gemäß § 2060 Nr. 1 oder 2 oder § 2061 BGB gekommen und wird anschließend ein Nachlassinsolvenzverfahren eröffnet (§ 316 Abs. 2 InsO), tritt für die Dauer des Insolvenzverfahrens die **Aufteilung** der Nachlassverbindlichkeiten **außer Kraft**. Ansonsten dürften die Nachlassgläubiger wegen der Teilschuld *eines* Miterben nicht aus dem befriedigt werden, was ein *anderer* Miterbe bei der Teilung erhalten hat.[658] Die Miterben haben die Nachlassgegenstände, die sie im Wege der Teilung erhalten haben, an den Insolvenzverwalter herauszugeben, der diese, unabhängig von der gemäß § 2060 Nr. 1, 2, § 2061 BGB eingetretenen Haftungsquote der einzelnen Miterben, zur Befriedigung der Nachlassgläubiger verwendet. 478

§ 2060 Nr. 3 BGB ist entsprechend anwendbar bei der Beendigung einer durchgeführten Nachlassverwaltung.[659] 479

dd) Privataufgebot gemäß § 2061 BGB

Jeder Miterbe kann die Nachlassgläubiger **öffentlich auffordern**, ihre Forderungen binnen sechs Monaten **bei ihm oder dem Nachlassgericht anzumelden** (§ 2061 Abs. 1 Satz 1 BGB). Ist die Aufforderung erfolgt, so haftet nach der Teilung jeder Miterbe nur für den seinem Erbteil entsprechenden Teil der Forderung, wenn nicht vor dem Ablauf der Frist die Anmeldung erfolgt oder die Forderung ihm zum Zeitpunkt der Teilung bekannt ist (§ 2061 Abs. 1 Satz 2 BGB). Bei dem Privataufgebot gemäß § 2061 BGB handelt es sich weder um eine Nachlassangelegenheit i. S. von § 342 Abs. 1 FamFG noch um eine Aufgebotssache i. S. von §§ 433 ff. FamFG.[660] 480

Das öffentliche Privataufgebot gemäß § 2061 Abs. 1 Satz 1 BGB kann **jeder Miterbe, auch der bereits unbeschränkbar haftende**, durchführen.[661] § 460 Abs. 1 Satz 2 FamFG findet keine Anwendung, ein Rechtsnachteil muss bei der Aufforderung daher nicht angedroht werden.[662] Die Aufforderung ist **wirkungslos, wenn die Teilung des Nachlasses bereits vor Erlass der Aufforderung und Frist-** 481

658) Staudinger-*Marotzke*, BGB, § 2060 Rz. 91.

659) *Fest* in: MünchKomm-BGB, § 2060 Rz. 23; **a. A.** Staudinger-*Marotzke*, BGB, § 2060 Rz. 90.

660) OLG Köln v. 5.10.2016 – 2 Wx 380/16, ZEV 2017, 42.

661) *Fest* in: MünchKomm-BGB, § 2061 Rz. 4.

662) *Fest* in: MünchKomm-BGB, § 2061 Rz. 5.

ablauf vollzogen ist.[663] Das ergibt sich aus dem Sinn der §§ 2060 und 2061 BGB, nach dem die Erben privilegiert werden, die sich vor der Teilung um die Erfüllung der Nachlassverbindlichkeiten bemüht haben.

482 Die Aufforderung ist durch den Bundesanzeiger und durch das für Bekanntmachungen des Nachlassgerichts bestimmte Blatt zu veröffentlichen (§ 2061 Abs. 2 Satz 1 BGB).[664] Diese **doppelte Veröffentlichung** muss der Miterbe veranlassen.[665] Die **Frist beginnt** mit der letzten Einrückung (§ 2061 Abs. 2 Satz 1 BGB). Die Anmeldung der Forderung durch den Gläubiger muss bei dem auffordernden Miterben oder dem Nachlassgericht erfolgen. Der Miterbe sollte daher das Nachlassgericht von seinem Aufruf in Kenntnis setzen. Die Forderungsanmeldung **wirkt gegen alle Erben**. Ist den Miterben die Forderung bis zur Teilung auf andere Weise bekannt geworden, wirkt diese Kenntnis nur gegen den jeweiligen Erben. Hat der Gläubiger seine Forderung nicht ordnungsgemäß angemeldet, kann § 2061 Abs. 1 Satz 2 BGB dazu führen, dass der Miterbe, der die Forderung kennt, weiter gesamtschuldnerisch haftet, während die anderen, die keine Kenntnis von der Forderung haben, nur anteilig haften. § 2061 BGB wirkt auch gegenüber den nachlassbeteiligten Gläubigern i. S. von § 1972 BGB.[666]

483 **Dingliche Gläubiger** (§ 1971 BGB) werden vom Privataufgebot nicht betroffen. Es kann insoweit keine stärkere Wirkung haben als das gerichtliche Aufgebotsverfahren.

484 Die **Kosten des Privataufgebots** trägt der antragstellende Miterbe (§ 2061 Abs. 2 Satz 3 BGB). Anders als die Kosten des gerichtlichen Aufgebotsverfahrens (vgl. § 324 Abs. 1 Nr. 4 InsO) handelt es sich nicht um Nachlassverbindlichkeiten, sondern um Eigenverbindlichkeiten des Erben.[667] Der Miterbe, der das Privataufgebot durchführt, kann, wenn er im Auftrag der übrigen Miterben gehandelt hat, gemäß § 670 BGB, ansonsten über §§ 683, 670 BGB, Anspruch auf Ersatz seiner Aufwendungen haben.[668] Die Gebühr für die Entgegennahme einer Forderungsanmeldung durch das Nachlassgericht beträgt 15,00 € (Nr. 12410 KV-GNotKG).

10. Die Haftung des Miterben nach der Abschichtung

485 Ein Miterbe kann durch Abschichtung aus der Erbengemeinschaft ausscheiden. Unter Abschichtung ist das **dinglich wirkende Ausscheiden** eines Miterben aus der Erbengemeinschaft **ohne Erbteilsübertragung** zu verstehen. Das Ausscheiden eines Miterben aus der Erbengemeinschaft im Wege der Abschichtung führt zur

663) *Lohmann* in: BeckOK-BGB, § 2061 Rz. 5; *Fest* in: MünchKomm-BGB, § 2061 Rz. 9.

664) Hierzu *Zimmermann*, ZErb 2020, 41.

665) *Zimmermann*, ZErb 2011, 259, 261.

666) *Fest* in: MünchKomm-BGB, § 2061 Rz. 6; Staudinger-*Marotzke*, BGB, § 2061 Rz. 11.

667) Staudinger-*Marotzke*, BGB, § 2061 Rz. 6.

668) Soergel-*Wolf*, BGB, § 2061 Rz. 5; *Fest* in: MünchKomm-BGB, § 2061 Rz. 6.

Anwachsung des Erbteils bei den übrigen Miterben im Verhältnis ihrer Erbteile zueinander.[669] Die Abschichtung ist grundsätzlich **formfrei** möglich, da die dingliche Rechtsänderung kraft Gesetzes eintritt, also keine Übertragung des ausscheidenden Erben auf einen Rechtsnachfolger i. S. von § 2033 Abs. 1 Satz 2 BGB vorliegt. Dies gilt selbst dann, wenn zum Nachlass Immobilien oder Anteile an eine GmbH gehören.[670]

Die Abschichtung kann sich stets nur **auf den gesamten Erbteil beziehen**. Eine 486
nur auf einzelne Nachlassgegenstände bezogene Abschichtung ist nicht möglich.[671] Das Ausscheiden aus der Erbengemeinschaft wirkt sich nicht auf die Erbenstellung des Miterben aus. Der Miterbe ist mit dem Erbfall gemäß § 1922 Abs. 1 BGB Erbe geworden, seine Erbenstellung geht nicht mit dem Ausscheiden aus der Erbengemeinschaft verloren.[672] Die Abschichtung wirkt sich nur auf die mitgliedschaftliche Stellung und damit die Nachlassbeteiligung aus, nicht aber auf die formale Stellung als Erbe. Der ausscheidende Miterbe ha**ftet daher weiterhin für die Erblasser-und Erbfallschulden** (§ 1967 Abs. 2 BGB).[673] Bezüglich der Nachlasserbenschulden ist zu differenzieren, ob diese vor oder nach der Abschichtung begründet wurden.[674]

Ob sich der im Wege der Abschichtung aus der Erbengemeinschaft ausgeschie- 487
dene Erbe auf die **Einrede gemäß § 2059 Abs. 1 Satz 1 BGB** berufen kann, ist **umstritten.** Dies hängt davon ab, wann eine Nachlassteilung anzunehmen ist. Die Nachlassteilung tritt nur bei gegenständlicher Auseinandersetzung ein. Die persönliche Auseinandersetzung durch das Ausscheiden eines Miterben aus der Erbengemeinschaft reicht hierfür nicht aus. Der ausgeschiedene Miterbe kann daher bis zur Auseinandersetzung des Nachlasses, wie die übrigen Miterben, die Einrede gemäß § 2059 Abs. 1 Satz 1 BGB erheben.[675] Für die Nachlassgläubiger entsteht daraus kein Nachteil.

Hatte der ausgeschiedene Erbe i. R. der Abschichtung aus dem Nachlassvermögen 488
eine **Abfindung** erhalten, muss er diese gemäß §§ 1978 Abs. 1, 667 BGB wieder

---

669) BGH, Urt. v. 21.1.1998 – IV ZR 346/96, NJW 1998, 1557 = MDR 1998, 539; *Rißmann*, Die Erbengemeinschaft, § 8 Rz. 91.

670) OLG Hamm, Beschl. v. 12.11.2013 – I-15 W 43/13, ErbR 2014, 77 = Rpfleger 2014, 479; *Jünemann*, ZEV 2012, 65, 66.

671) OLG Frankfurt/M., Beschl. v. 25.2.2019 – 20 W 43/19, ZErb 2019, 161 = ErbR 2019, 592.

672) *Bredemeyer/Tews*, ZEV 2012, 352, 354.

673) OLG Brandenburg, Beschl. v. 14.5.2013 – 3 W 20/13, ZEV 2013, 614.

674) *Jünemann*, ZEV 2012, 65, 70; *Roglmeier* in: *Bonefeld/Kroiß/Tanck*, Der Erbprozess, § 3 Rz. 400, 401.

675) Staudinger-*Marotzke*, BGB, § 2062 Rz. 32; **a. A.** *Fest* in: MünchKomm-BGB, § 2059 Rz. 6; *Rogelmeier* in: *Bonefeld/Kroiß/Tanck*, Der Erbprozess, § 3 Rz. 402; *Bredemeyer/Tews*, ZEV 2012, 352, 355, die davon ausgehen, dass die Abschichtung zu einer persönlichen Auseinandersetzung führt und der ausscheidende Erbe sich daher nicht auf § 2059 BGB berufen kann.

an den Nachlass herausgeben.[676] Wurde an ihn keine Abfindung geleistet oder stammte sie nicht aus Mitteln des Nachlasses, liegt keine Schmälerung des Nachlasses vor.

489 Umstritten ist, ob der im Wege der Abschichtung ausgeschiedene Miterbe Antrag auf Eröffnung des **Nachlassinsolvenzverfahrens** gemäß §§ 316 Abs. 2, 317 Abs. 2 InsO stellen kann. Nach der Auffassung von *Bredemeyer/Tews* ist er hierzu weiterhin ohne weiteres berechtigt, da er **nach wie vor Erbe ist.**[677] *Jünemann* verneint die Möglichkeit für den Erben, nach der Abschichtung den Antrag auf Insolvenzeröffnung über das Nachlassvermögen zu stellen.[678] Er geht allerdings dabei davon aus, dass der Erbe mit der Abschichtung auch seine formale Erbenstellung verloren hat. Der Erbe verliert durch die Abschichtung aber nicht seine formale Erbenstellung, er **scheidet lediglich als Mitglied der Erbengemeinschaft aus.** Als Erbe haftet er weiterhin gegenüber den Nachlassgläubigern für Nachlassverbindlichkeiten. Die Rechtslage des im Wege der Abschichtung ausgeschiedenen Miterben ist insoweit vergleichbar dem Erben, der die Erbschaft verkauft hat, aber als Erbe weiterhin für Nachlassverbindlichkeiten haftet (vgl. § 2382 Abs. 1 Satz 1 BGB). Der ausgeschiedene Miterbe ist daher in entsprechender Anwendung von § 330 Abs. 2 Satz 1 InsO berechtigt, wie ein Nachlassgläubiger das Nachlassinsolvenzverfahren zu beantragen wegen einer Nachlassverbindlichkeit, die im Verhältnis zwischen ihm und den verbleibenden Miterben diesen zur Last fällt.

490 Der **gemeinschaftliche Antrag der Erben auf Anordnung der Nachlassverwaltung** ist nach § 2062 BGB nur bis zur Nachlassteilung möglich. Eine Nachlassteilung tritt nur bei gegenständlicher Auseinandersetzung ein. Die Anordnung der Nachlassverwaltung bleibt daher nach dem bloßen Ausscheiden des Miterben aus der Erbengemeinschaft im Wege der Abschichtung möglich. Die Zustimmung des durch Abschichtung ausgeschiedenen Miterben zu der Nachlassverwaltung ist in diesem Fall allerdings nicht mehr erforderlich.

XIX. Haftung des Erbschaftskäufers

1. Gesamtschuldnerische Haftung von Erbe und Käufer

491 Der Erbschaftskäufer haftet ab dem wirksamen Abschluss des Kaufvertrages als **Gesamtschuldner** neben dem Erben für die Nachlassverbindlichkeiten (§ 2382 Abs. 1 BGB). Im Innenverhältnis ist der Erbschaftskäufer verpflichtet, den Verkäufer von allen Nachlassverbindlichkeiten freizustellen, es sei denn, der Verkäufer hat dafür einzustehen (§ 2378 Abs. 1 BGB). Die Haftung des Käufers gegenüber den Gläubigern kann nicht durch Vereinbarung zwischen dem Käufer

676) *Jünemann*, ZEV 2012, 65, 69.

677) *Bredemeyer/Tews*, ZEV 2012, 352, 354.

678) *Jünemann*, ZEV 2012, 65, 70.

und dem Verkäufer beschränkt werden (§ 2382 Abs. 2 BGB). Der **Verkäufer** ist gemäß § 2384 Abs. 1 BGB gegenüber den Nachlassgläubigern verpflichtet, den Verkauf der Erbschaft und den Namen des Käufers dem Nachlassgericht unverzüglich **anzuzeigen** (§ 2384 Abs. 1 BGB). Die Anzeigepflicht besteht auch für den Erbteilskauf.[679)]

2. Haftungsbeschränkung

492 Die Haftungsentwicklung bis zum Abschluss des Kaufvertrages wirkt sich sowohl zugunsten als auch zuungunsten des Käufers aus. Haftete der Verkäufer bereits unbeschränkt (§ 2013 BGB), bleibt es auch für den Käufer bei der unbeschränkten Haftung (§ 2382 Abs. 1 Satz 2 BGB). War die Haftung des Verkäufers **noch beschränkbar**, kann der Käufer seine Haftungsbeschränkung selbst herbeiführen (§ 2383 Abs. 1 Satz 1 BGB). Das Recht zur Haftungsbeschränkung steht dann Verkäufer und Käufer nebeneinander und unabhängig voneinander zu. Die Errichtung des **Inventars** durch den Verkäufer oder den Käufer kommt auch dem jeweils anderen zugute, es sein denn, dass dieser unbeschränkt haftet (§ 2383 Abs. 2 BGB). Sowohl der Verkäufer als auch der Käufer können das **Aufgebot** beantragen. Der von einem Teil gestellte Antrag und der erwirkte Ausschließungsbeschluss kommen auch dem anderen zugute, unbeschadet der Vorschriften über die unbeschränkte Haftung (§ 463 Abs. 1 Satz 1 und 2 FamFG). Im Übrigen ist die Entwicklung der Haftung für jeden gesondert zu beurteilen.[680)]

3. Nachlassinsolvenz und Nachlassverwaltung

493 Im Nachlassinsolvenzverfahren gilt nur der Käufer als der Erbe (§ 330 Abs. 1 InsO). Der Verkäufer kann wegen einer Verbindlichkeit, die im Verhältnis zwischen ihm und dem Käufer von diesem zu übernehmen ist, wie ein Nachlassgläubiger das Insolvenzverfahren beantragen (§ 330 Abs. 2 Satz 1 InsO). In analoger Anwendung von § 330 Abs. 2 InsO ist er gemäß § 1981 Abs. 2 BGB berechtigt, die Anordnung der Nachlassverwaltung zu beantragen.[681)] War das Nachlassinsolvenzverfahren bereits bei Abschluss des Kaufvertrages eröffnet, wird es mit dem Käufer fortgeführt (§ 330 Abs. 1 InsO). Gleiches gilt auch für eine bereits angeordnete Nachlassverwaltung.[682)]

494 Die Eröffnung des Nachlassinsolvenzverfahrens beschränkt die Haftung von Käufer und Verkäufer auf den Nachlass, sofern keiner die Haftungsbeschränkungsmöglichkeit verloren hat.[683)]

---

679) Grüneberg-*Weidlich*, BGB, § 2384 Rz. 1.

680) *Musielak* in: MünchKomm-BGB, § 2383 Rz. 5.

681) Grüneberg-*Weidlich*, BGB, § 2383 Rz. 1.

682) *Joachim*, Die Haftung des Erben für Nachlassverbindlichkeiten, Rz. 590.

683) *Musielak* in: MünchKomm-BGB, § 2383 Rz. 7.

4. Vorbehalt der Erbenhaftung

495 Der Erbschaftskäufer ist **nicht Rechtsnachfolger** des Erben. Die §§ 325, 727 ZPO sind nicht anwendbar. Ein Titel, der gegen den Verkäufer vor dem Verkauf ergangen ist, kann gemäß § 729 ZPO auf den Käufer umgeschrieben werden.[684)] Eine Verurteilung des Erben ohne den Vorbehalt der Erbenhaftung gemäß § 780 Abs. 1 ZPO wirkt sich nicht negativ für den Käufer aus. Er kann seine Haftungsbeschränkung den Gläubigern gegenüber noch herbeiführen.[685)]

5. Haftung des Erbteilskäufers

496 Der Käufer eines Erbteils haftet vom Abschluss des Kaufvertrages an **wie ein Miterbe**.[686)]

497 Bis zur Teilung des Nachlasses kann er sich auf die Einrede gemäß § 2059 Abs. 1 Satz 1 BGB berufen. Haftete der Verkäufer des Erbteils bereits unbeschränkt, muss der Käufer entsprechend § 2059 Abs. 1 Satz 2 BGB nach der Übertragung des Erbteils dulden, dass sich der Nachlassgläubiger in Höhe des gekauften Erbteils Befriedigung aus seinem Eigenvermögen sucht. Ein Antrag auf Nachlassverwaltung bedarf der Zustimmung aller Miterben und auch des Käufers. Die Zustimmung des veräußernden Miterben ist nicht mehr erforderlich.[687)]

498 **Nach der Teilung** des Nachlasses haften der verkaufende Miterbe und der Käufer neben den anderen Miterben als Gesamtschuldner. Der Käufer kann seine Haftung gemäß §§ 2060, 2061 BGB beschränken, wenn er sie im Zeitpunkt des Vertragsschlusses noch nicht verloren hatte.

499 Übt ein **Miterbe** gemäß § 2034 BGB sein **Vorkaufsrecht** gegenüber dem Erbteilskäufer aus, dann wird mit der Übertragung des Erbteils auf den Miterben der Käufer von der Haftung für Nachlassverbindlichkeiten frei (§ 2036 Satz 1 BGB). Die Haftungsbefreiung des Käufers tritt selbst dann ein, wenn dieser das Recht zur Beschränkung der Erbenhaftung bereits verloren hatte. In diesem Fall haftet der Miterbe, der sein Vorkaufsrecht ausgeübt hat mit dem hinzuerworbenen Erbteil unbeschränkt (§ 2383 BGB).[688)] Gemäß § 2036 Satz 2 BGB bleibt die Haftung des Erbteilskäufers für fehlerhafte Verwaltungshandlungen gemäß § 1978 bis 1980 BGB unberührt. Eine solche kommt aber überhaupt nur in Betracht, wenn der Erbteil vor Erwerb durch den vorkaufenden Miterben auf den Käufer dinglich übertragen wurde. Insoweit handelt es sich um Eigenverbindlichkeiten des Käufers, für die er mit seinem Privatvermögen haftet.[689)] Soweit

---

684) Zöller-*Seibel*, ZPO, § 729 Rz. 13.

685) *Joachim*, Die Haftung des Erben für Nachlassverbindlichkeiten, Rz. 590.

686) *Joachim*, Die Haftung des Erben für Nachlassverbindlichkeiten, Rz. 591.

687) Staudinger-*Marotzke*, BGB, § 2062 Rz. 8.

688) *Gergen* in: MünchKomm-BGB, § 2036 Rz. 3.

689) *Gergen* in: MünchKomm-BGB, § 2036 Rz. 3.

§ 2036 Satz 2 BGB auf § 1991 BGB verweist ist dies dahingehend zu verstehen, dass der Erwerber gemäß § 1978 bis 1980 BGB auch dann haftet, wenn wegen Dürftigkeit des Nachlasses weder Nachlassverwaltung noch ein Nachlassinsolvenzverfahren stattfinden.[690)]

Im Fall der Nachlassverwaltung bzw. Nachlassinsolvenz kann der Erbteilskäufer 500
wegen seiner persönlichen Haftung nur von dem Nachlassverwalter bzw. Nachlassinsolvenzverwalter in Anspruch genommen werden. Ansonsten können die Nachlassgläubiger unmittelbar gegen ihn vorgehen.[691)]

XX. Die Haftung des Vor- und Nacherben

1. Allgemeines

Für die Haftung des Vorerben gegenüber den Nachlassgläubigern bestehen bis 501
zum Eintritt des Nacherbfalls keine Besonderheiten. Er haftet wie ein endgültiger Erbe. Bis zu dem Eintritt des Nacherbfalls haftet der Nacherbe nicht.[692)]

Ab dem Eintritt des Nacherbfalls haftet der Nacherbe für Nachlassverbindlich- 502
keiten, die Person des Schuldners ändert sich. Der Nacherbe kann auch bereits vor dem Eintritt des Nacherbfalls die Nacherbschaft annehmen. Das ergibt sich nach ganz überwiegender Auffassung aus § 2142 Abs. 1 BGB, wonach der Nacherbe bereits mit dem Eintritt des Erbfalls die Erbschaft ausschlagen kann. Diesem besonderen Ausschlagungsrecht des Nacherben muss auch ein **besonderes Annahmerecht** entsprechen.[693)] Die vorzeitige Erklärung der Annahme der Nacherbschaft begründet allerdings noch keine Haftung des Nacherben für Nachlassverbindlichkeiten vor Eintritt des Nacherbfalls.[694)] Der Nacherbe ist **nicht Rechtsnachfolger des Vorerben.** An die Stelle des Nachlasses tritt das, was der Nacherbe aus der Erbschaft erlangt, einschließlich der ihm gegen den Vorerben zustehenden Ansprüche (§ 2144 Abs. 1 Halbs. 2 BGB).

Ein **von dem Vorerben erstrittenes positives Urteil** über einen gegen den Vor- 503
erben als Erben gerichteten Anspruch wirkt gemäß § 326 Abs. 1 ZPO auch zugunsten des Nacherben. Ein nachteiliges Urteil gegen den Vorerben trifft den Nacherben in diesem Fall nicht. Allerdings wirkt ein Urteil, das zwischen einem Vorerben und einem Dritten über **einen der Nacherbfolge unterliegenden Gegenstand** ergeht, auch gegen den Nacherben, wenn der Vorerbe über diesen Gegenstand ohne Zustimmung des Nacherben verfügen konnte (§ 326 Abs. 2 ZPO).

690) Grüneberg-*Weidlich*, BGB, § 2036 Rz. 2.

691) Staudinger-*Löhnig*, BGB, § 2036 Rz. 8.

692) Grüneberg-*Weidlich*, BGB, § 2144 Rz. 1.

693) *Gierl* in: NK-ZivilR, § 2142 BGB Rz. 12; Erman-*M. Schmidt*, BGB, § 2142 Rz. 1; RG, Urt. v. 9.11.1912 – IV 187/12, RGZ 80, 377, 379; BayObLG, Beschl. v. 5.8.1966 – BReg. 1a Z 35/66, BayObLGZ 1966, 271, 274.

694) Grüneberg-*Weidlich*, BGB, § 2142 Rz. 6.

2. Vollstreckung in den Nachlass des Vorerben

504 Eigengläubiger des Vorerben können zwar in den Nachlass vollstrecken (§ 2115 Satz 1 BGB), die Verwertung kann der Nacherbe aber bereits vor Eintritt des Nacherbfalls mit der **Drittwiderspruchsklage** gemäß §§ 773 Satz 2, 771 ZPO verhindern. Die Aufhebung der Vollstreckungsmaßnahme kann der Nacherbe ab Eintritt des Nacherbfalls verlangen.[695)] Eigengläubiger des Vorerben können in analoger Anwendung von § 394 Satz 1 BGB nicht gegen Nachlassforderungen aufrechnen.[696)]

3. Beschränkung der Haftung

505 Der **Nacherbe** kann, wie jeder andere Erbe, seine Haftung beschränken. Es kommt nicht darauf an, ob der Vorerbe seine Haftung wirksam beschränkt hat oder unbeschränkt haftet.[697)] Hatte der **Vorerbe bereits wirksam eine Haftungsbeschränkung herbeigeführt**, kann sich auch der Nacherbe darauf berufen.[698)] Zu den Nachlassverbindlichkeiten, für die der Nacherbe haftet, zählen **auch die von dem Vorerben herrührenden Verbindlichkeiten**, die dieser in ordnungsgemäßer Verwaltung des Nachlasses eingegangen ist.[699)] Sofern der Vorerbe seine Haftung für diese Verbindlichkeiten nicht bereits bei deren Begründung auf den Nachlass beschränkt hat, haftet er für diese Nachlasserbenschuld neben dem Nacherben als **Gesamtschuldner**.

506 Handelte es sich um einen **befreiten Vorerben** (§§ 2130, 2136 BGB), haftet der Nacherbe für dessen Verwaltungsmaßnahmen auch wenn diese nicht der ordnungsgemäßen Verwaltung entsprachen.[700)]

4. Inventarerrichtung und Aufgebotsverfahren

507 Das **Inventar** eines Vorerben kommt auch dem Nacherben zugute (§ 2144 Abs. 2 BGB). Ein von dem Nacherben zu errichtendes Inventar muss sich auf den Zeitpunkt des Erbfalls und nicht des Nacherbfalls beziehen.[701)] Über Veränderungen seit dem Erbfall hat er gemäß §§ 1978 Abs. 1, 666, 1991 BGB Auskunft zu geben. Gegenüber dem Vorerben steht ihm insoweit der **Auskunftsanspruch** gemäß §§ 2121 Abs. 1, 2130 Abs. 2 BGB zur Verfügung.

---

695) *Lieder* in: MünchKomm-BGB, § 2115 Rz. 15.

696) Grüneberg-*Weidlich*, BGB, § 2115 Rz. 1.

697) Grüneberg-*Weidlich*, BGB, § 2144 Rz. 3.

698) *Joachim*, Die Haftung des Erben für Nachlassverbindlichkeiten, Rz. 560.

699) BGH, Urt. v. 10.2.1960 – V ZR 39/58, BGHZ 32, 60, 64 = MDR 1960, 483.

700) Grüneberg-*Weidlich*, BGB, § 2144 Rz. 2; *Bothe* in: Damrau/Tanck, PK Erbrecht, § 2144 Rz. 2; *Muscheler*, Erbrecht, Rz. 2504; **a. A.** *Lieder* in: MünchKomm-BGB, § 2144 Rz. 4; *Küpper*, ZEV 2017, 61.

701) *Lieder* in: MünchKomm-BGB, § 2144 Rz. 14; Grüneberg-*Weidlich*, BGB, § 2144 Rz. 4.

Hatte der Vorerbe ein **Aufgebotsverfahren** eingeleitet, tritt der Nacherbe mit dem Nacherbfall automatisch in dieses ein.[702] Ein von dem Vorerben erwirkter Ausschließungsbeschluss wirkt zugunsten des Nacherben (§§ 461, 460 Abs. 1 Satz 1 FamFG). Auch wenn der Vorerbe bereits ein Aufgebotsverfahren durchgeführt hatte, ist der Nacherbe nicht gehindert, ein weiteres Aufgebotsverfahren einzuleiten. Dieses Aufgebotsverfahren betrifft nur die Forderungen, die nach Beendigung des ersten Aufgebotsverfahrens entstanden sind.[703] Die Frist gemäß § 1974 Abs. 1 BGB beginnt auch in diesem Fall mit dem Erbfall zu laufen.[704] 508

5. Nachlassverwaltung

Hatte der Vorerbe die Anordnung der Nachlassverwaltung beantragt, wird diese **weitergeführt**, wenn der Nacherbe keinen **Aufhebungsantrag** stellt.[705] War die Nachlassverwaltung bereits abgeschlossen, wirkt die Haftungsbeschränkung zugunsten des Nacherben fort. Hatte ein Nachlassgläubiger die Nachlassverwaltung beantragt, ist sie aufzuheben, wenn in der Person des Nacherben die Voraussetzungen gemäß § 1981 Abs. 2 Satz 1 BGB nicht erfüllt sind.[706] Nachlassgläubiger können die Nachlassverwaltung nach dem Nacherbfall binnen zwei Jahren seit der Annahme der Erbschaft durch den Nacherben beantragen (§ 1981 Abs. 2 Satz 2 BGB). Wenn der Nacherbe bereit vor dem Nacherbfall bereits die Erbschaft angenommen hatte, beginnt die Frist bereits mit dem Nacherbfall zu laufen.[707] 509

6. Nachlassinsolvenz

War ein Nachlassinsolvenzverfahren vor Eintritt des Nacherbfalls durch Verteilung der Masse oder Insolvenzplan abgeschlossen, kann sich der Nacherbe auf die Einrede gemäß §§ 1989, 1973 BGB berufen. Tritt der Nacherbfall **während des laufenden Nachlassinsolvenzverfahrens** ein, wird es, ungeachtet des Eintritts des Nacherbfalls, mit dem Nacherben fortgesetzt. Dem Nacherben steht die Einrede gemäß § 1990 Abs. 1 BGB zu, wenn die Eröffnung des Verfahrens mangels Masse abgelehnt wurde. Nach Eintritt des Nacherbfalls kann der Vorerbe aus seiner Stellung als Vorerbe heraus kein Nachlassinsolvenzverfahren mehr beantragen.[708] Der Nacherbe kann nach Eintritt des Nacherbfalls selbst die Eröffnung des Nachlassinsolvenzverfahrens beantragen. 510

---

702) *Joachim*, Die Haftung des Erben für Nachlassverbindlichkeiten, Rz. 563.

703) *Joachim*, Die Haftung des Erben für Nachlassverbindlichkeiten, Rz. 563.

704) *Lieder* in: MünchKomm-BGB, § 2144 Rz. 7.

705) Staudinger-*Dobler*, BGB, § 1988 Rz. 14; **a. A.** Erman-*Horn*, BGB, § 1975 Rz. 4; *Lieder* in: MünchKomm-BGB, § 2144 Rz. 8.

706) Staudinger-*Dobler*, BGB, § 1988 Rz. 13.

707) *Lieder* in: MünchKomm-BGB, § 2144 Rz. 9.

708) *Lieder* in: MünchKomm-BGB, § 2144 Rz. 10; str., s. hierzu näher § 1 Rz. 34 ff. (a. A.) [*Roth*].

7. Haftung des Vorerben nach Eintritt des Nacherbfalls

511 Hatte der Vorerbe sein **Haftungsbeschränkungsrecht** vor Eintritt des Nacherbfalls **verloren**, haftet er für die Nachlassverbindlichkeiten als Gesamtschuldner neben dem Nacherben weiter.[709] Der **Nacherbe** kann allerdings seine Haftung auf den Nachlass nach den allgemeinen Regeln **beschränken**. Er haftet gegenüber dem Vorerben auch dann nur beschränkt, wenn er gegenüber den übrigen Nachlassgläubigern unbeschränkt haftet (§ 2144 Abs. 3 BGB). Das betrifft insbesondere die Ansprüche des Vorerben aus §§ 2121 Abs. 4, 2124 Abs. 2, 2125 Abs. 1, 2126 BGB und die wiederauflebenden Ansprüche gemäß § 2143 BGB. Der Nacherbe muss diese Haftungsbeschränkung allerdings gemäß § 780 Abs. 1 ZPO geltend machen.[710]

512 Mit Eintritt des Nacherbfalls ist der **Vorerbe nicht mehr Erbe** (§ 2139 BGB) und wird von der persönlichen Haftung für Nachlassverbindlichkeiten grundsätzlich frei.[711] Er kann nicht mehr verklagt werden. Gegen ein gegen ihn gerichtetes Urteil wegen einer Nachlassverbindlichkeit kann er mit der Vollstreckungsabwehrklage vorgehen (§ 767 ZPO). Der Vorerbe haftet nach Eintritt des Nacherbfalls für die Nachlassverbindlichkeiten nur noch insoweit, als **der Nacherbe nicht haftet** (§ 2145 Abs. 1 Satz 1 BGB). Die Haftung des Vorerben bleibt auch für die Verbindlichkeiten bestehen, die ihm im Verhältnis zu dem Nacherben zur Last fallen (§ 2145 Abs. 1 Satz 2 BGB). Den Vorerben trifft also eine **subsidiäre Haftung** für Nachlassverbindlichkeiten nach Eintritt des Nacherbfalls.

513 Voraussetzung ist immer, dass erst der Nacherbe in Anspruch genommen wurde.[712] Diese Haftung greift auch ein, wenn der Nachlassgläubiger durch Zahlungsunfähigkeit des unbeschränkt haftenden Nacherben ausfällt.[713] Die Haftung des Vorererben beschränkt sich dabei, sofern er nicht bereits unbeschränkt haftet, auf das, was **ihm aus dem Nachlass verblieben ist** (§§ 2145 Abs. 2 Satz 1 und 2, 1990, 1991 BGB). Er haftet nicht mit dem auf den Nacherben übergegangenen Nachlass, sondern mit den gezogenen **Nutzungen** (§ 2111 BGB). Hinter der Vorschrift des § 2145 BGB steht der Gedanke, dass der Nachlass den Gläubigern in seinem vollen Wert, also auch den Nutzungen haften soll.[714] Kann der Vorerbe nachweisen, dass ihm nichts aus der Erbschaft verblieben ist, ist die gegen ihn gerichtete Klage abzuweisen.[715] Der Vorerbe trägt insoweit die **Be-**

709) Grüneberg-*Weidlich*, BGB, § 2145 Rz. 1; *Joachim*, Die Haftung des Erben für Nachlassverbindlichkeiten, Rz. 430.

710) Grüneberg-*Weidlich*, BGB, § 2144 Rz. 6.

711) Grüneberg-*Weidlich*, BGB, § 2145 Rz. 1.

712) *Joachim*, Die Haftung des Erben für Nachlassverbindlichkeiten, Rz. 572.

713) Grüneberg-*Weidlich*, BGB, § 2145 Rz. 1.

714) *Gerhardt* in: Roth/Gerhardt, Praxishdb. Erbenhaftungsbeschränkung, S. 284.

715) Grüneberg-*Weidlich*, BGB, § 2145 Rz. 2.

weislast. Gelingt ihm der Nachweis nicht, kann er zumindest den Vorbehalt gemäß § 780 ZPO erwirken.

Der Vorerbe unterliegt gegenüber den Nachlassgläubigern den **Pflichten gemäß §§ 1978, 1979 BGB** (§ 1991 Abs. 1 BGB). Hatte der Vorerbe Nutzungen schuldhaft nicht gezogen oder einen Erbschaftsgegenstand eigennützig verwendet (§ 2134 BGB), haftet er hierfür mit seinem **Eigenvermögen.**[716] Die beschränkte Haftung des Vorerben erweitert sich um den Wert, den das, was ihm aus der Erbschaft gebührte, gehabt hätte, wenn er die Erbschaft ordnungsgemäß verwaltet hätte.[717] Bei befreiter Vorerbschaft kommt der Wert der Gegenstände hinzu, die der Vorerbe für sich verwandt hat (vgl. § 2134 BGB).[718] 514

Begründet der Vorerbe i. R. der Verwaltung des Nachlasses Verbindlichkeiten, entstehen **Nachlasserbenschulden,** für die der Vorerbe, wenn er mit seinem Vertragspartner nichts anderes vereinbart hat, persönlich mit seinem Eigenvermögen haftet. Entspricht die Begründung der Verbindlichkeit der **ordnungsgemäßen Verwaltung** des Nachlasses, entsteht zugleich eine Nachlassverbindlichkeit, die mit dem Nacherbfall auf den Nacherben übergeht. Vor- und Nacherbe haften für diese Nachlassverbindlichkeit nach außen als Gesamtschuldner.[719] Hatte der Vorerbe bei der Begründung der Verbindlichkeit nicht i. R. ordnungsgemäßer Verwaltung gehandelt, dann haftet nur er für die von ihm begründete Nachlasserbenschuld als Eigenverbindlichkeit. 515

---

716) *Lieder* in: MünchKomm-BGB, § 2145 Rz. 10.

717) *Gerhardt* in: Roth/Gerhardt, Praxishdb. Erbenhaftungsbeschränkung, S. 286.

718) *Lieder* in: MünchKomm-BGB, § 2145 Rz. 10.

719) *Küpper*, ZEV 2017, 61, 65.

§ 5
Sonderprobleme

Übersicht

I. **Nachlassinsolvenz und Insolvenz des Erben** ... 1
1. Eigeninsolvenz des Erben nach Eröffnung des Insolvenzverfahrens über den Nachlass ... 2
2. Eigeninsolvenz des Erben vor Eröffnung des Insolvenzverfahrens über den Nachlass bzw. vor Erbanfall ... 6
3. Erbfall während der Wohlverhaltensperiode des Erben ... 20

II. **Tod des Schuldners während des Regel- oder Verbraucherinsolvenzverfahrens** ... 21

III. **Tod des Schuldners im Eröffnungsverfahren** ... 26

IV. **Auswirkungen des Todes des Schuldners auf die Restschuldbefreiung** ... 28
1. Tod des Schuldners vor Aufhebung des Insolvenzverfahrens ... 28
2. Tod des Schuldners während der Wohlverhaltensperiode des Restschuldbefreiungsverfahrens ... 30

V. **Mehrere Nachlassinsolvenzverfahren über denselben Nachlass** ... 44

Literatur: *Köke/Schmerbach*, Der Tod des Schuldners in der Insolvent, ZVI 2007, 495; *Marotzke*, Die Stellung der Nachlassgläubiger in der Eigeninsolvenz des Erben, in: Festschrift für Gerhard Otte, 2005, S. 223; *Messner*, Dissonanzen zwischen Insolvenz- und Erbrecht, ZVI 2004, 433; *Roth*, Die wundersame Vermehrung der Insolvenzverfahren durch Tod des Schuldners, ZVI 2023, 114; *Roth*, Das „übergeleitete" oder besser: partielle Nachlassinsolvenzverfahren, NZI 2021, 421; *Schmidt-Kessel*, Was ist Nachlass? – Kann die Insolvenzpraxis dazu beitragen, den Begriff „Nachlass" und die ihm zukommende haftungsrechtliche Funktion besser zu verstehen?, WM 2003, 2086; *Vallender*, Doppelinsolvenz: Erben- und Nachlassinsolvenz, NZI 2005, 318.

I. Nachlassinsolvenz und Insolvenz des Erben

1 Besondere Probleme stellen sich dann, wenn nicht nur der Nachlass zahlungsunfähig oder überschuldet ist, sondern auch der Erbe mit seinem Eigenvermögen. Vom Grundsatz her sind beide Vermögensmassen getrennten Insolvenzverfahren zugänglich.

1. Eigeninsolvenz des Erben nach Eröffnung des Insolvenzverfahrens über den Nachlass

2 Weitgehend ohne Besonderheiten ist der Fall, dass über den Nachlass das Nachlassinsolvenzverfahren eröffnet ist und erst danach das (Verbraucher-)Insolvenzverfahren über das Vermögen des Erben eröffnet wird. Dann nämlich ist mit Eröffnung des Nachlassinsolvenzverfahrens die Separation des Nachlassvermögens von dem Eigenvermögen des Erben erfolgt; günstigstenfalls hat der Nachlassinsolvenzverwalter die zum Nachlass gehörenden Gegenstände bereits in Besitz genommen, bevor das Insolvenzverfahren über das Vermögen des Erben eröff-

net wird. Der über das Eigenvermögen des Erben bestellte Insolvenzverwalter oder Treuhänder hat dann nur noch das Eigenvermögen in Besitz und Verwaltung zu nehmen.

3 Ist die **Separation nicht vollständig vollzogen** und gelangen zum Nachlass gehörende Gegenstände in den Besitz des über das Eigenvermögen des Erben bestellten Insolvenzverwalters oder Treuhänders, so ist dem Nachlassinsolvenzverwalter ein Aussonderungsrecht gemäß § 47 InsO zuzugestehen.[1] Die Verwalter können sich wechselseitig am jeweils anderen Insolvenzverfahren beteiligen und insbesondere Forderungen anmelden. Durch Vereinigung von Anspruch und Verbindlichkeit erloschene Forderungen gelten gemäß § 1976 BGB als nicht erloschen.

4 Dem **Insolvenzverwalter** über das Eigenvermögen des Erben können vor allem Masseforderungen gemäß § 324 InsO im Nachlassinsolvenzverfahren zustehen; auch einen Rückgriffsanspruch gemäß § 326 Abs. 3 InsO kann er im Nachlassinsolvenzverfahren geltend machen, wenn der Erbe einem einzelnen Gläubiger gegenüber unbeschränkt haftet. Ein solcher Rückgriffsanspruch geht auf den vollen Nominalbetrag, mit dem der Erbe dem Gläubiger einzustehen hat, ungeachtet der Tatsache, dass der Gläubiger im Eigeninsolvenzverfahren über das Vermögen des Erben u. U. nur eine Insolvenzquote erhält.

5 Dem **Nachlassinsolvenzverwalter** stehen hingegen in dem Insolvenzverfahren über das Eigenvermögen des Erben häufig Ansprüche gemäß §§ 1978, 1980 Abs. 1 Satz 2 BGB zu, die den Rang von einfachen Insolvenzforderungen im Rang des § 38 InsO einnehmen. **Nachlassgläubiger** können ihre Forderungen sowohl im Insolvenzverfahren über das Vermögen des Erben als auch im Insolvenzverfahren über den Nachlass geltend machen, soweit der Erbe ihnen oder allen Gläubigern gegenüber unbeschränkt haftet (§ 2013 BGB). Auch soweit solche Forderungen im Insolvenzverfahren über den Nachlass nur nachrangig zu befriedigen sind (§ 327 InsO), nehmen sie im Insolvenzverfahren über das Vermögen des Erben den Rang des § 38 InsO ein, weil § 327 InsO nur für das Nachlassinsolvenzverfahren gilt.[2] Haftet der Erbe nur beschränkbar, so sind Nachlassgläubiger durch Eröffnung des Insolvenzverfahrens über den Nachlass auf denselben beschränkt und können ihre Forderungen im Insolvenzverfahren über das Vermögen des Erben nicht geltend machen.

1) *Schmidt-Kessel*, WM 2003, 2086, 2091.

2) Jaeger-*Windel*, InsO, § 83 Rz. 6.

2. Eigeninsolvenz des Erben vor Eröffnung des Insolvenzverfahrens über den Nachlass bzw. vor Erbanfall

Größere Schwierigkeiten bereiten diejenigen Fälle, in denen das Insolvenzverfahren über das Vermögen des Erben bereits eröffnet ist, bevor es zu einem Insolvenzverfahren über den Nachlass kommt. 6

Ist der Erbfall bereits vor der Eröffnung des Insolvenzverfahrens über das Vermögen des Erben eingetreten, so sind die zum Nachlass gehörenden Gegenstände zunächst **Bestandteil der Insolvenzmasse** geworden. Dies gilt sowohl für die Aktiva des Nachlasses, als auch für die Nachlassverbindlichkeiten, die zu Verbindlichkeiten des Erben geworden sind. Daher spricht man von einer sog. Gesamtinsolvenz.[3] Die Gesamtinsolvenz ist nichts anderes als ein reines Verbraucher- oder Regelinsolvenzverfahren; § 331 InsO ist hier nicht anzuwenden. Dem Erben allein steht das Recht zu, über Annahme und **Ausschlagung** der Erbschaft zu entscheiden, § 83 InsO. Durch die Ausschlagung kann der Erbe zum Nachlass gehörende Gegenstände dem Zugriff des über sein Vermögen bestellten Insolvenzverwalters **wieder entziehen**, weil die Ausschlagung rückwirkend die Erbenstellung beseitigt. 7

Dem Erben steht allerdings **nicht mehr das Recht** zu, die **Nachlassverwaltung oder Nachlassinsolvenz** zu beantragen. Diesbezügliche Antragsrechte und Antragspflichten gehen mit der Eröffnung des Insolvenzverfahrens über das Vermögen des Erben auf den Insolvenzverwalter über,[4] weil der Insolvenzverwalter die vermögensrechtlichen Belange des Schuldnervermögens wahrzunehmen hat. Nur dem **Insolvenzverwalter**, nicht auch dem Erben stehen auch die Dürftigkeits- und die **Überschwerungseinrede** (§§ 1990–1992 BGB) zu.[5] Das Recht, das **Aufgebotsverfahren** (§§ 989 ff. ZPO) zu betreiben, steht neben dem Insolvenzverwalter auch dem Erben zu, weil es für die Entscheidung des Erben über Annahme oder Ausschlagung der Erbschaft relevant ist.[6] Verletzt der Insolvenzverwalter seine Pflicht (§ 1980 Abs. 1 BGB), den Insolvenzantrag über den Nachlass zu stellen, so hat die Insolvenzmasse für den den Nachlassgläubigern hieraus resultierenden Schaden einzustehen (§ 1980 Abs. 1 Satz 2 BGB), wofür letztlich der Insolvenzverwalter gemäß § 60 InsO haftet.[7] 8

Der Antrag auf Eröffnung des Insolvenzverfahrens über den Nachlass hat **weitreichende Folgen für das bisher als Gesamtinsolvenzverfahren geführte In-** 9

3) Vgl. etwa *Siegmann/Scheuing* in: MünchKomm-InsO, § 331 Rz. 2.

4) *Siegmann/Scheuing* in: MünchKomm-InsO, § 331 Rz. 7; OLG Köln, Urt. v. 2.2.2005 – 2 U 72/04, ZEV 2005, 307, 309, m. Anm. *Marotzke* = ZVI 2005, 213; Andres/Leithaus-*Andres*, InsO, Vor § 315 Rz. 11; Jaeger-*Windel*, InsO, § 83 Rz. 6; *Messner*, ZVI 2004, 433, 434; *Vallender*, NZI 2005, 318, 319.

5) Jaeger-*Windel*, InsO, § 83 Rz. 8.

6) Jaeger-*Windel*, InsO, § 83 Rz. 8.

7) *Vallender*, NZI 2005, 318, 320.

solvenzverfahren über das Vermögen des Erben: Die **Nachlassgläubiger** fallen aus dem Insolvenzverfahren über das Vermögen des Erben heraus; diese sind nunmehr auf die Anmeldung zur Tabelle im Nachlassinsolvenzverfahren zu verweisen. Hierdurch können manche Gläubiger deutliche Besserstellung erfahren: Während bestimmte Gläubiger im Nachlassinsolvenzverfahren Masseverbindlichkeiten geltend machen können (§ 324 InsO), wären sie im Insolvenzverfahren über das Vermögen des Erben nur einfache Insolvenzgläubiger im Rang des § 38 InsO. Andererseits wären Pflichtteilsberechtigte, Vermächtnisnehmer und Auflagenbegünstigte im Insolvenzverfahren über das Vermögen des Erben ebenfalls Insolvenzgläubiger im Rang des § 38 InsO, während sie im Nachlassinsolvenzverfahren gemäß § 327 InsO sogar in den Rang nach den Gläubigern gemäß § 39 InsO zurückgedrängt werden. Nachlassgläubiger, denen der Erbe unbeschränkt haftet, können ihre Forderungen im Eigeninsolvenzverfahren über das Vermögen des Erben nur als Absonderungsberechtigte verfolgen, § 331 Abs. 1 InsO.

10 Dies gilt nicht für die **Nachlasserbenschulden**, also Verbindlichkeiten, die der Erbe bei Verwaltung des Nachlasses selbst begründet hat; diese sind sowohl Nachlassverbindlichkeiten als auch Eigenschulden des Erben. Aus diesem Grund können Gläubiger von Nachlasserbenschulden ihre Forderung in beiden Insolvenzverfahren uneingeschränkt verfolgen. Hier gilt § 43 InsO.

11 Unterliegt der Nachlass der **Testamentsvollstreckung**, so bildet er im Insolvenzverfahren über das Vermögen des Erben eine Sondermasse, solange dieses als Gesamtinsolvenzverfahren geführt wird,[8] weil der Nachlass nur dem Zugriff der Nachlassgläubiger offenstehen darf, nicht aber den Eigengläubigern des Erben, § 2214 BGB.[9] Der über das Vermögen des Erben bestellte Insolvenzverwalter kann auf den Nachlass in diesem Fall keinen Zugriff nehmen; §§ 2206, 2211 BGB sind anzuwenden.[10] Wird allerdings über den Nachlass das Insolvenzverfahren eröffnet, so geht die Verwaltungs- und Verfügungsbefugnis bezüglich der zum Nachlass gehörenden Gegenstände auch dann auf den Insolvenzverwalter über, wenn der Nachlass der Testamentsvollstreckung unterliegt.[11]

12 Die Pflicht zur Errichtung eines **Inventars** (§§ 1994 ff. BGB) trifft nicht den Insolvenzverwalter, sondern allein den Erben;[12] sofern aus einer Fristversäumnis oder der Fehlerhaftigkeit eine unbeschränkbare Haftung des Erben resultiert (§ 2013 BGB), so treffen die daraus resultierenden Folgen den Erben mit seinem insolvenzfreien Vermögen, nicht jedoch die Insolvenzmasse.

---

8) BGH, Urt. v. 11.5.2006 – IX ZR 42/05, ZVI 2006, 452 = NJW 2006, 1968.

9) *Schumann* in: MünchKomm-InsO, § 83 Rz. 10.

10) *Siegmann/Scheuing* in: MünchKomm-InsO, § 331 Rz. 7.

11) *Wiester* in: MünchAHB Erbrecht, § 24 Rz. 30.

12) Jaeger-*Windel*, InsO, § 83 Rz. 8.

Streitig ist hingegen der Umgang mit den Nachlassverbindlichkeiten, wenn nach der Eröffnung des Insolvenzverfahrens über das Vermögen des Erben der Erbfall eintritt und kein Insolvenzverfahren über den Nachlass eröffnet wird. 13

Einigkeit besteht insoweit, als dass die Aktiva des Nachlasses als **Neuerwerb** (§ 35 Abs. 1 Halbs. 2 InsO) in die Insolvenzmasse des Verfahrens über das Vermögen des Erben fallen, wenn dieser nicht die Erbschaft ausschlägt. Nach einer recht starken Literaturauffassung sollen allerdings die Nachlassverbindlichkeiten im Insolvenzverfahren über das Vermögen des Erben gar nicht berücksichtigt werden können.[13)] Die Nachlassverbindlichkeiten sollen danach weder Insolvenzforderungen sein, weil sie zur Zeit der Eröffnung noch nicht Bestandteil des Vermögens des (späteren) Erben waren, noch sollen sie Masseverbindlichkeiten werden können, weil sie nicht in einer § 55 InsO entsprechenden Weise durch den Insolvenzverwalter begründet worden seien. Das gilt dann auch für Vermächtnis- und Pflichtteilsansprüche, die mit dem Erbfall entstehen.[14)] Nach dieser Auffassung soll der Gesetzgeber die Aktiva des Erblassers von den Verbindlichkeiten „abgekoppelt" haben.[15)] 14

Dem tritt eine inzwischen überwiegende Auffassung zu Recht entgegen.[16)] Es ist nicht nachvollziehbar, wo und warum der Gesetzgeber **Aktiva und Verbindlichkeiten** „abgekoppelt" haben soll. Nicht zutreffend ist es, die zum Nachlass gehörenden Verbindlichkeiten aus Billigkeitserwägungen heraus zu Insolvenzforderungen zu deklarieren,[17)] weil sie ansonsten nicht im Insolvenzverfahren über den Erben berücksichtigt werden könnten. Dies lässt sich dogmatisch kaum halten. Richtigerweise sind die Nachlassverbindlichkeiten als **Masseverbindlichkeiten** einzuordnen. Gemäß § 35 Abs. 1 Halbs. 2 InsO fällt nämlich das gesamte „Vermögen", das der Schuldner während des Insolvenzverfahrens erwirbt, in die Insolvenzmasse. Typischerweise erfasst die Vorschrift Hinzuerwerb von Aktiva, weil für die Begründung von Verbindlichkeiten der Insolvenzmasse die besondere Vorschrift des § 55 InsO gilt und die vorhandene Insolvenzmasse davor geschützt werden soll, dass der Schuldner selbst passive Vermögensposten, also Verbindlichkeiten zuführt. Auffällig ist aber doch, dass auch § 1922 BGB den Begriff „Vermögen" verwendet. Der gesamte Nachlass bildet nach § 1922 BGB ein Vermögen, und es dürfte unstreitig sein, dass zu dem Vermögensbegriff hier sowohl die zum Nachlass gehörenden Aktiva als auch die Verbindlichkeiten ge- 15

13) *Siegmann/Scheuing* in: MünchKomm-InsO, § 331 Rz. 8; *Marotzke* in: FS Otte, S. 223, S. 238 Fn. 12; *Messner*, ZVI 2004, 433, 434; *Häsemeyer*, InsR, Rz. 33.33; Braun-*Bäuerle*, InsO, § 35 Rz. 43.

14) *Siegmann/Scheuing* in: MünchKomm-InsO, § 331 Rz. 8.

15) *Siegmann/Scheuing* in: MünchKomm-InsO, § 331 Rz. 8.

16) *Vallender*, NZI 2005, 318, 320; Uhlenbruck-*Mock*, InsO, § 83 Rz. 5-8; Graf-Schlicker-*Scherer*, InsO, § 83 Rz. 3; *Kuleisa* in: HambKomm-InsR, § 83 Rz. 4; Jaeger-*Windel*, InsO, § 83 Rz. 7 (Massegläubiger bei gegenständlich beschränkter Haftung).

17) So aber *Vallender*, NZI 2005, 318, 320.

hören.[18] Dass der **Nachlass einheitlich zu betrachten** ist, lässt sich an vielen Stellen des deutschen Rechtssystems erkennen: Er kann in vielerlei Hinsicht mehr oder weniger rechtlich verselbständigt werden, aber stets als Ganzes. Angesprochen sind damit nicht nur die Nachlassinsolvenz oder die Nachlassverwaltung, sondern vor allem der Erbschaftskauf, §§ 2371–2385 BGB. Wer die Erbschaft, also das dem Erblasser gehörende Vermögen (§ 1922 BGB) kauft, übernimmt damit auch die Verbindlichkeiten, § 2378 BGB. Fällt dem Erben eine Erbschaft zu, während über sein Vermögen das Insolvenzverfahren eröffnet ist, so ist die Erbschaft somit ebenfalls insgesamt als ein dem Vermögensbegriff des § 35 Abs. 1 InsO unterfallendes Vermögen zu verstehen. Eine „Abkoppelung" der Aktiva von den Verbindlichkeiten gibt es somit nicht. Die Nachlassverbindlichkeiten werden vielmehr zu Masseverbindlichkeiten.

16 Selbst wenn man den Vermögensbegriff bei § 35 InsO anders verstehen wollte als bei § 1922 BGB und ihn irgendwie auf die Aktiva begrenzen wollte, dann wären die **Nachlassverbindlichkeiten** jedenfalls als **Masseverbindlichkeiten** aus der Verwaltung der Insolvenzmasse zu verstehen, § 55 Abs. 1 Nr. 1 InsO. Da es zur Verwaltung der Insolvenzmasse auch gehört, die Erbschaft auf ihre Werthaltigkeit zu untersuchen und ggf. sogar eine Insolvenzantragspflicht für den Insolvenzverwalter des Erben besteht, ist der Bereich des § 55 Abs. 1 Nr. 1 InsO betroffen.

17 Auch lassen sich **nur durch die Einordnung der Nachlassverbindlichkeiten als Masseverbindlichkeiten sachgerechte Ergebnisse** erzielen. Den Nachlassgläubigern muss primär der Nachlass als Haftungssubstrat zur Verfügung stehen, den Eigengläubigern des Erben das Eigenvermögen des Erben. Stellt der Insolvenzverwalter des Erben fest, dass der Nachlass überschuldet ist, also zur Befriedigung der Nachlassgläubiger nicht ausreicht, so muss er Insolvenzantrag über den Nachlass stellen und damit den Nachlass einem gesonderten Verfahren überantworten, in dem die Nachlassgläubiger Befriedigung erlangen können. Auf diese Weise hält er die Insolvenzmasse des Erben von Ansprüchen der Nachlassgläubiger völlig frei. Ist der Nachlass nach Abzug der Schulden werthaltig, so fließt der überschießende Betrag den Eigengläubigern des Erben zu, nachdem die Nachlassgläubiger aus dem ihnen zugewiesenen Haftungssubstrat völlig befriedigt worden sind. Sie auf den Rang eines Insolvenzgläubigers zu verweisen kann zu dem absolut unhaltbaren Ergebnis führen, dass sich Gläubiger eines vollkommen solventen Erblassers plötzlich in einer großen Zahl von Insolvenzgläubigern eines mittellosen Schuldners befinden und deswegen völlig leer ausgehen, weil die Aktiva des Nachlasses der Insolvenzmasse des Erben zugeflossen sind und deswegen nicht mehr (isoliert) für sie zur Verfügung stehen. Auch für den Insolvenzverwalter des Erben stellt das Hinzukommen von Masseverbindlichkeiten kein Problem dar, weil er jederzeit durch Insolvenzantragstellung die Separation betreiben

18) Soergel-*Wolf*, BGB, § 2038 Rz. 2; *Häsemeyer*, InsR, Rz. 33.02.

kann, wenn er erkennt, dass die Erbschaft für die Insolvenzmasse nicht vorteilhaft ist.

Die **Gegenauffassung**, nach der die Nachlassverbindlichkeiten gar keine Berücksichtigung im Insolvenzverfahren über das Vermögen des Erben finden sollen, nicht einmal als Insolvenzforderungen, führt demgegenüber im übrigen auch zu dem Ergebnis, dass sich die Restschuldbefreiung des Erben nicht auf sie erstrecken kann. Es würde dann das Aktivvermögen des Nachlasses in die Insolvenzmasse fließen, die Verbindlichkeiten wären der insolvenzfreien Vermögenssphäre des Erben zuzuordnen, ohne dass er diesbezüglich Restschuldbefreiung erlangen könnte. Der Erbe hätte keine Möglichkeit, sich diesen Verbindlichkeiten zu entziehen, weil nicht mehr er, sondern nur noch der über sein Vermögen bestellte Insolvenzverwalter berechtigt ist, Antrag auf Nachlassinsolvenz oder Nachlassverwaltung zu stellen. Auch dieses Ergebnis kann kaum überzeugen. 18

Sowohl dogmatisch als auch vom Ergebnis her ist also davon auszugehen, dass die Nachlassverbindlichkeiten im Insolvenzverfahren des Erben bei Annahme der Erbschaft Masseverbindlichkeiten darstellen. 19

3. Erbfall während der Wohlverhaltensperiode des Erben

Ist das Eigeninsolvenzverfahren über das Vermögen des Erben im Zeitpunkt des Erbfalles bereits aufgehoben und befindet sich der Erbe in der Wohlverhaltensperiode des Restschuldbefreiungsverfahrens, dann fällt der Nachlass mit allen seinen Aktiva und Passiva in das **insolvenzfreie Vermögen des Erben.** Ihm obliegt es gemäß § 295 Abs. 1 Nr. 2 InsO, die Hälfte des Wertes an seinen Treuhänder herauszugeben. Eine Verletzung dieser Obliegenheit kann gemäß § 296 Abs. 1 InsO die Versagung der Restschuldbefreiung durch gerichtlichen Beschluss zur Folge haben. Der Treuhänder hat von sich aus jedoch keine Zugriffsmöglichkeiten auf die Nachlassvermögensgegenstände. Auch eine Nachtragsverteilung kommt nicht in Betracht. Stellt der Erbe fest, dass der Nachlass zahlungsunfähig und/oder überschuldet ist, so muss er Insolvenzantrag über den Nachlass stellen. Anders als im über sein Vermögen eröffneten Insolvenzverfahren ist nunmehr er, nicht mehr der über sein Vermögen vormals bestellte Insolvenzverwalter berechtigt und verpflichtet, Nachlassinsolvenzantrag zu stellen. Tritt die unbeschränkte Haftung des Erben ein, so können die Nachlassgläubiger in den Nachlass und das insolvenzfreie Eigenvermögen des Erben vorgehen. Sie können nicht mehr nachträglich am Insolvenzverfahren über das Vermögen des Erben beteiligt werden. 20

II. Tod des Schuldners während des Regel- oder Verbraucherinsolvenzverfahrens

Ein über das Vermögen eines Schuldners eröffnetes Insolvenzverfahren ist bei seinem Tod in ein Nachlassinsolvenzverfahren zu „überführen“, und zwar unabhängig davon, ob es zu Lebzeiten des Schuldners als Regel- oder Verbrau- 21 cherinsolvenzverfahren durchgeführt worden war.[19] Die Fortführung als Verbraucher- oder Kleininsolvenzverfahren kommt nicht in Betracht. Die „Überführung" bedeutet, dass für dieses Verfahren ab dem Todeszeitpunkt die für das Nachlassinsolvenzverfahren maßgeblichen Regelungen gelten. Sinnvollerweise sollte man dass sich dieser Art ergebende Verfahren nicht „übergeleitetes" Nachlassinsolvenzverfahren nennen, sondern „partielles", weil nur diese Terminologie den Gegenstand des sich ergebenden Nachlassinsolvenzverfahrens zutreffend wiedergibt.[20]

22 Der Erbe kann an dem als Nachlassinsolvenzverfahren fortgeführten Insolvenzverfahren **als Gläubiger teilnehmen**. Er kann eigene Forderungen, die ihm vor dem Erbfall gegenüber dem Erblasser zustanden, trotz des Eintritts des Erbfalles gemäß § 326 Abs. 1 InsO weiter verfolgen, weil seine Forderungen gemäß § 1976 BGB als nicht erloschen gelten. Dem Erben kann auch die Stellung eines Massegläubigers zukommen, beispielsweise wenn er Beerdigungskosten übernommen hat, § 324 Abs. 1 Nr. 2 InsO.

23 Streitig ist die Einordnung der **Neugläubiger** des Schuldners, also derjenigen Gläubiger, die ihre Forderungen gegen den Schuldner zwar nach Verfahrenseröffnung erlangt haben, aber ohne dass daraus Masseverbindlichkeiten entstanden sind, weil der Schuldner sie selbst in seiner insolvenzbeschlagsfreien Vermögenssphäre begründet hat und nicht der Insolvenzverwalter im Sinne von § 55 InsO.[21] Nach *Nöll* sollen diese Gläubiger in dem übergeleiteten Nachlassinsolvenzverfahren Insolvenzgläubiger werden; damit korrespondiert nach *Nöll*, dass das bisher insolvenzbeschlagsfreie Vermögen des Schuldners in dem übergeleiteten Nachlassinsolvenzverfahren als Neuerwerb i. S. von § 35 Abs. 1 Halbs. 2 InsO in die Insolvenzmasse fallen soll. Diese Auffassung begegnet Bedenken. Vorzugswürdig erscheint der von *Siegmann* aufgezeigte Weg,[22] dem nun der BGH[23] zu Recht gefolgt ist. Der Umfang der Insolvenzmasse ist durch §§ 35, 36 InsO und den im Regelinsolvenzverfahren ergangenen Eröffnungsbeschluss festgelegt. Welchen Gläubigern dieses Vermögen haftungsrechtlich zugewiesen ist, richtet sich ebenfalls nach dem Zeitpunkt der Eröffnung. Insolvenzgläubiger können in Bezug auf dieses Haftungssubstrat nur diejenigen Gläubiger sein, denen bereits **im Zeitpunkt der Eröffnung** dieses Verfahrens Forderungen zustanden – auch wenn es in Folge des Todes verfahrenstechnisch in ein Nachlassinsolvenz-

---

19) Aus. zu den Auswirkungen und Fallgestaltungen im Einzelnen *Roth*, ZVI 2023, 114; *Siegmann/Scheuing* in: MünchKomm-InsO, Vor §§ 315–313 Rz. 3, 5; für den Fall des Regelinsolvenzverfahrens BGH, Urt. v. 22.1.2004 – IX ZR 39/03, BGHZ 157, 350, 354 = ZVI 2004, 188; für das Verbraucherinsolvenzverfahren BGH, Beschl. v. 21.2.2008 – IX ZB 62/05, ZVI 2008, 183 = NZI 2008, 382; Nerlich/Römermann-*Becker*, InsO, § 1 Rz. 11.

20) *Roth*, NZI 2021, 421.

21) Ausf. *Roth*, ZVI 2023, 114.

22) *Siegmann/Scheuing* in: MünchKomm-InsO, Vor §§ 315–331 Rz. 3a.

23) BGH, Urt. v. 26.9.2013 – IX ZR 3/13, ZVI 2014, 74 = ZIP 2014, 137.

verfahren überführt wird. **Neuerwerb**, den der Schuldner zu Lebzeiten erlangt hatte, ist bereits zu demjenigen Zeitpunkt Massebestandteil geworden, als er angefallen ist, § 35 Abs. 1 Halbs. 2 InsO. Insofern ergibt sich keine Besonderheit aus der Überführung. Dasjenige Vermögen aber, das den Insolvenzgläubigern dieses Verfahrens haftungsrechtlich nicht zugewiesen war, weil es insolvenzbeschlagsfrei war (insbesondere unpfändbare oder durch den Insolvenzverwalter freigegebene Gegenstände), fällt ihnen nicht durch den Tod des Schuldners zu, denn es ist haftungsrechtlich den nicht am bereits laufenden Insolvenzverfahren beteiligten Neugläubigern zugewiesen. Diese hätten nämlich ohne den Todeseintritt in dieses Vermögen vollstrecken können; es kann ihnen nicht einfach durch den Tod entzogen und einer ganz anderen Gläubigergruppe zugewiesen werden. Dass die **Haftungssubstrate eindeutig Gläubigergruppen zugewiesen** sein sollen, zeigt bspw. § 91 Abs. 1 InsO. Folgt man *Nöll*, so käme es zu einer Vermischung sowohl der Gläubigergruppen als auch der Haftungsmassen.

In beide Richtungen käme es zu **nicht sachgerechten Ergebnissen**. Hat der Schuldner nach Verfahrenseröffnung wenig insolvenzbeschlagsfreies Vermögen gebildet, aber hohe neue Verbindlichkeiten begründet, so würde den bisherigen Insolvenzgläubigern ihr Haftungssubstrat ohne rechtliche Grundlage u. U. massiv geschmälert, weil sie eine nur geringfügig größer werdende Masse mit vielen neuen Gläubigern teilen müssten. Ist der Schuldner hingegen nach Verfahrenseröffnung zu einem größeren insolvenzbeschlagsfreien Vermögen gekommen, etwa weil der Insolvenzverwalter ein als unverwertbar erscheinendes Ackergrundstück freigegeben hat, das sodann Bauland wurde, und hat der Schuldner nur geringfügige neue Verbindlichkeiten aufgebaut, so würden diese Gläubiger ihr Haftungssubstrat zugunsten der bisherigen Insolvenzgläubiger verlieren, die darauf nicht mehr hätten zugreifen können. Solche Ergebnisse lassen sich auch nicht mit einer Verdrängung von § 38 InsO durch § 325 InsO begründen, weil § 325 InsO einen solchen Inhalt nicht hat. § 325 InsO bestimmt lediglich, dass andere Forderungen als Nachlassverbindlichkeiten im Nachlassinsolvenzverfahren nicht geltend gemacht werden können, also insbesondere Eigenverbindlichkeiten des Erben. *Siegmann* ist auch darin zu folgen, dass der Tod des Schuldners nicht einen Neuerwerb i. S. von § 35 Abs. 1 Halbs. 2 InsO darstellt, weil ein Zufluss in das Schuldnervermögen nicht erfolgt. Vielmehr gehen sowohl das insolvenzbeschlagsfreie Aktivvermögen als auch die Neuverbindlichkeiten des Erblassers auf den Erben über. Ob bisher pfändungsfreie Gegenstände nun pfändbar sind oder nicht, richtet sich nach den Verhältnissen des Erben. 24

Ist auch das nach Insolvenzeröffnung neu entstandene Vermögen des Erblassers überschuldet, weil der Erblasser in der insolvenzbeschlagsfreien Sphäre mehr Verbindlichkeiten aufgebaut hat als ihm insolvenzfreies Vermögen zur Verfügung stand, wird der Erbe bestrebt sein, den Anfall dieser Erbschaft zu ver- 25 hindern, weil er, wie der BGH[24] zu Recht festgestellt hat, für diese Neuverbindlichkeiten haftet (§§ 1967, 1922 BGB). Konsequenterweise muss ihm dann gestattet sein, bezüglich dieses Neuvermögens Antrag auf Eröffnung eines **zweiten partiellen Nachlassinsolvenzverfahrens** zu stellen.[25] Somit kann neben das aus der Überleitung hervorgegangene partielle Nachlassinsolvenzverfahren ein weiteres partielles Nachlassinsolvenzverfahren treten, dessen Insolvenzmasse das bis zum Tod insolvenzbeschlagsfreie Vermögen bildet.[26] Ebenso ist auch ein Antrag auf **Nachlassverwaltung** in Ansehung des Neuvermögens zulässig, wobei allerdings nicht der Nachlassinsolvenzverwalter, sondern der Erbe antragsberechtigt ist.[27] Darüber hinaus sind **weitere partielle Nachlassinsolvenzverfahren** denkbar, etwa wenn der Schuldner lebzeitig einen Geschäftsbetrieb geführt hat, der freigegeben worden war. So können drei oder gar noch mehr partielle Nachlassinsolvenzverfahren bezüglich desselben Nachlasses nebeneinanderher laufen.[28]

III. Tod des Schuldners im Eröffnungsverfahren

26 Stirbt der Schuldner während des Eröffnungsverfahrens, also zwischen dem Antrag auf Eröffnung des Insolvenzverfahrens und der Entscheidung über den Antrag, so wird das Insolvenzverfahren von Amts wegen als Nachlassinsolvenzantragsverfahren fortgeführt, und zwar unabhängig davon, ob der Schuldner die Eröffnung eines Verbraucher- oder Regelinsolvenzverfahrens über sein persönliches Vermögen beantragt hatte. Es findet keine Unterbrechung in Folge des Todes statt.[29] Dem AG Hamburg ist zuzustimmen, dass ein „deklaratorischer Beschluss“ zu ergehen hat, durch den das Insolvenz(antrags)verfahren in ein Nachlassinsolvenzverfahren übergeleitet wird.[30] Allerdings ist dem oder den Erben Gelegenheit zur Stellungnahme zu geben. Ein Schuldenbereinigungsverfahren kann nicht mehr durchgeführt werden; ist Antrag auf Eröffnung des Verbraucherinsolvenzverfahrens gestellt, entfällt die Voraussetzung des § 305 Abs. 1 Nr. 1 InsO ersatzlos.[31] Das Nachlassinsolvenzverfahren kann ohne eine entsprechende Bescheinigung eröffnet werden.

---

24) BGH, Urt. v. 26.9.2013 – IX ZR 3/13, ZVI 2014, 74 = ZIP 2014, 137.

25) So nun auch *Siegmann/Scheuing* in: MünchKomm-InsO, Vor §§ 315–331 Rz. 3b.

26) Ausf. *Roth*, ZVI 2023, 114.

27) Zutreffend OLG München, Beschl. v. 28.4.2014 • 31 Wx 5/14, ZVI 2014, 322 = NZI 2014, 527.

28) Ausf. *Roth*, ZVI 2023, 114.

29) BGH, Beschl. v. 21.2.2008 – IX ZB 62/05, ZVI 2008, 183 = NZI 2008, 382; ausf. und instruktiv AG Hamburg Beschl. v. 6.3.2023 – 67g IN 2/23, ZVI 2023, 272 = InsbürO 2023, 326, m. Anm. *Roth*, ZVI 2023, 235.

30) AG Hamburg Beschl. v. 6.3.2023 – 67g IN 2/23, ZVI 2023, 272 = InsbürO 2023, 326, m. Anm. *Roth*, ZVI 2023, 235.

31) BGH, Beschl. v. 21.2.2008 – IX ZB 62/05, ZVI 2008, 183 = NZI 2008, 382.

Soweit das Eröffnungsverfahren auf einem Antrag des verstorbenen Schuldners beruht, ist der Erbe berechtigt, den **Eröffnungsantrag zurückzunehmen**. Liegt dem Eröffnungsverfahren ein Fremdantrag eines Gläubigers zu Grunde, so bedarf es der Anhörung des Gläubigers nicht unbedingt, weil dessen Rechtsschutzziel nach wie vor darauf gerichtet ist, aus dem Vermögen des (nunmehr verstorbenen) Schuldners Befriedigung für die Gläubigergesamtheit zu erlangen. Daran hat sich durch den Tod nichts geändert. 27

IV. Auswirkungen des Todes des Schuldners auf die Restschuldbefreiung

1. Tod des Schuldners vor Aufhebung des Insolvenzverfahrens

Das Restschuldbefreiungsverfahren verläuft in zwei Abschnitten. Der erste Abschnitt läuft neben dem eröffneten Insolvenzverfahren her; es ist verfahrenstechnisch in praktisch allen Belangen **durch das Insolvenzverfahren überlagert**. Bemerkbar wird es allerdings dadurch, dass gemäß § 289 Abs. 1 Satz 2 InsO im Schlusstermin und damit vor Aufhebung des Insolvenzverfahrens eine Entscheidung des Insolvenzgerichtes über den Antrag auf Erteilung der Restschuldbefreiung zu erfolgen hat. Ist der Antrag unzulässig, so ist er zu verwerfen; hat ein Insolvenzgläubiger im Schlusstermin einen zulässigen und begründeten Versagungsantrag gestellt, so ist die Restschuldbefreiung zu versagen. Andernfalls kündigt das Insolvenzgericht die Erteilung der Restschuldbefreiung durch Beschluss gemäß § 291 Abs. 1 InsO an. Bevor diese Ankündigung nicht erfolgt ist, hat der Schuldner hinsichtlich seiner Verbindlichkeiten keine gesicherte Rechtsposition erlangt, die ihn schutzwürdiger Weise erwarten lassen darf, dass die gegen ihn gerichteten Forderungen ihre Durchsetzbarkeit verlieren werden. 28

Stirbt er in diesem Verfahrensstadium, so sind die Forderungsrechte der Gläubiger in ihrer Rechtsqualität noch nicht beeinträchtigt; ihnen ist zwar abschließend die Insolvenzmasse als Haftungssubstrat zugewiesen, das Stadium des mit der bevorstehenden Restschuldbefreiung unabwendbar eintretenden Durchsetzungshindernisses ist jedoch noch nicht erreicht. Da das Insolvenzverfahren über das Vermögen des Schuldners **in ein Nachlassinsolvenzverfahren überführt wird**, kann eine Ankündigung der Restschuldbefreiung nicht mehr erfolgen. Die Restschuldbefreiung verfolgt nämlich vom Grundsatz her den Zweck, natürliche Personen, die in wirtschaftliche Schieflage geraten sind, wieder in den geordneten Wirtschaftsverkehr einzugliedern und ihnen die Chance zu geben, ein schuldenfreies Leben zu führen. Das Restschuldbefreiungsverfahren mit seinen Hürden der Durchführung eines Insolvenzverfahrens und der sechsjährigen Obliegenheitsbefolgung stellt dabei eine gesetzgeberische Abwägung zwischen dem schutzwürdigen Interesse natürlicher Personen auf ungehinderte Teilnahme am Rechts- und Wirtschaftsverkehr und dem grundgesetzlich geschützten Recht der Gläu- 29 biger in Ansehung ihrer Forderung dar.[32] Fällt das schuldnerseitige Interesse weg, so gibt es keinen tragbaren Grund mehr dafür, die grundrechtlich abgesicherten Gläubigerforderungen in ihrer Qualität zu beeinträchtigen. Die Ankündigung der Restschuldbefreiung und die Erteilung der Restschuldbefreiung können daher **nach dem Tod des Schuldners nicht mehr erfolgen.** Das Insolvenzverfahren wird in ein Nachlassinsolvenzverfahren überführt; der Antrag auf Erteilung der Restschuldbefreiung wird gegenstandslos.[33] Die Restschuldbefreiung für den Nachlass kommt in diesem Fall nicht in Betracht.

2. Tod des Schuldners während der Wohlverhaltensperiode des Restschuldbefreiungsverfahrens

30 Sehr umstritten ist, welche Folgen der Tod des Schuldners während der Wohlverhaltensperiode des Restschuldbefreiungsverfahrens hat. Da das **Insolvenzverfahren in diesem Fall bereits beendet** ist, kommt ein Übergang in das Nachlassinsolvenzverfahren nicht mehr in Betracht. Nach einer Auffassung kommt auch dann die Erteilung der Restschuldbefreiung nicht in Betracht, wenn die Ankündigung der Restschuldbefreiung durch Beschluss gemäß § 291 Abs. 1 InsO bereits erfolgt ist.[34] Kern der Begründung für diese Auffassung ist der eben bereits dargelegte Zweck der Restschuldbefreiung, dem redlichen Schuldner die Rückkehr in ein schuldenfreies Leben zu ermöglichen. Da dieser Zweck nach dem Tod des Schuldners nicht mehr erreichbar ist und der Erbe selbst über sein Vermögen Insolvenzantrag stellen muss, wenn er selbst für sein Eigenvermögen Restschuldbefreiung erhalten will, soll die Erteilung der Restschuldbefreiung auch dann nicht mehr möglich sein, wenn sie bereits angekündigt worden ist. Diese Auffassung verkennt jedoch, dass durch die **Ankündigung der Restschuldbefreiung** die Forderungsrechte der Gläubiger bereits in bestimmter Weise inhaltlich beschränkt worden sind und der Schuldner eine mit dieser Beschränkung korrespondierende Stärkung seiner Rechtssphäre erfahren hat.

31 Eine **im Vordringen befindliche Auffassung befürwortet daher die Erteilung der Restschuldbefreiung,** wenn der Schuldner zwischen Ankündigung und Erteilung der Restschuldbefreiung stirbt.[35] Diese Auffassung verdient den Vorzug, weil die Gegenauffassung das grundgesetzlich verbürgte Erbrecht der Erben aus Art. 14 Abs. 1 Satz 1 Alt. 2 GG verletzt. Die Wohlverhaltensperiode hat der Ge-

---

32) Ausf. zum Grundrechtsschutz der Gläubigerrechte im Insolvenzverfahren *Roth*, Interessenwiderstreit im Insolvenzeröffnungsverfahren, S. 89 ff.

33) *Siegmann/Scheuing* in: MünchKomm-InsO, Vor §§ 315 – 331 Rz. 6; *Wehr* in: HambKomm-InsR, § 11 Rz. 48; Braun-*Bauch*, InsO, § 315 Rz. 16; *Messner*, ZVI 2004, 433, 440.

34) Andres/Leithaus-*Andres*, InsO, § 286 Rz. 2; *Nöll*, Der Tod des Schuldners in der Insolvenz, Rz. 488 ff.; *Preuß*, Verbraucherinsolvenzverfahren und Restschuldbefreiung, Rz. 295; *Köke/Schmerbach*, ZVI 2007, 495, 505.

35) *Ahrens* in: FK-InsO, § 286 Rz. 40 f.; *Hess* in: KölnKomm-InsR, § 286 Rz. 38; *Haarmeyer* in: Rattunde/Smid/Zeuner, InsO, § 286 Rz. 23.

setzgeber nicht als Verwertungsverfahren ausgestaltet und auch den Neuerwerb hat er – von den Fällen der Abtretung pfändbarer Einkünfte gemäß § 114 InsO und Erbschaften i. S. des § 295 Abs. 1 Nr. 2 InsO abgesehen – i. R. des ihm zustehenden Gestaltungsspielraumes nicht der Verwertung unterworfen und damit den Gläubigern wirtschaftlich zugeordnet,[36)] sondern bereits dem Neuvermögen des Schuldners, zu dessen Gunsten der Vollstreckungsschutz des § 294 InsO greift. Der Beschlagnahme und Verwertung des schuldnerischen Vermögens dient vielmehr nur das bereits abgeschlossene Insolvenzverfahren. Sowohl während des Insolvenzverfahrens als auch während des Restschuldbefreiungsverfahrens stehen sich grundgesetzlich geschützte Rechtspositionen der Gläubiger und des Schuldners konkurrierend gegenüber.[37)] Dieses in sich geschlossene System ist als zweiseitige Inhalts- und Schrankenbestimmung i. S. des Art. 14 Abs. 1 Satz 2 GG zu verstehen.[38)]

32 Ab Eintritt in die Wohlverhaltensphase werden die Gläubigerforderungen i. S. einer **Inhalts- und Schrankenbestimmung** gemäß Art. 14 Abs. 1 Satz 2 GG[39)] inhaltlich derart bestimmt, dass sie nicht mehr vollstreckbar sind (§ 294 InsO) – von Fällen späterer Versagung oder Ausnahme bestimmter Forderungen von der Restschuldbefreiung abgesehen. Neu erworbene Eigentumspositionen des Schuldners hingegen sind derart inhaltsbestimmt, dass sie keine der Vollstreckung durch die Insolvenzgläubiger unterworfenen Gegenstände sind. Diese Feststellung führt nicht zu einem von Art. 14 Abs. 1 GG nicht gewährleisteten Vermögensschutz, sondern ausschließlich zu einem Schutz jeder einzelner Eigentumsposition die Neuerwerb darstellt.

33 Wunderbar anschaulich wird dies anhand der gesetzlichen Regelung über die **Nachtragsverteilung.**[40)] Der Nachtragsverteilung unterliegt nur das sonstige Vermögen des Schuldners, das eben aus Rechtspositionen besteht, die nicht gemäß Art. 14 Abs. 1 GG inhaltlich in der Weise bestimmt sind, dass sie im Verhältnis zwischen Gläubigern und Schuldnern endgültig eigentumsrechtlich dem Schuldner zugeordnet werden. Ist eine Eigentumsposition des Schuldners dieserart inhaltlich bestimmt, so bedeutet dies zunächst, dass dieser eine Gegenstand dem Vollstreckungszugriff entzogen ist – nicht mehr, aber auch nicht weniger.

34 Dieser Zustand ist vorerst ein **Schwebezustand**, denn der Vollstreckungszugriff wird mit Versagung der Restschuldbefreiung wieder eröffnet – mit der Erteilung der Restschuldbefreiung aber insofern endgültig verhindert, als die Gläubiger-

36) *Heyer*, Restschuldbefreiung im Insolvenzverfahren, S. 31.

37) Ausf. zur Grundrechtsrelevanz der Gläubiger- und Schuldnerpositionen *Roth*, Interessenwiderstreit im Insolvenzeröffnungsverfahren, S. 71 ff.

38) S. a. *Landfermann* in: HK-InsO, Vor §§ 286 ff. Rz. 10.

39) So die ganz überwiegende Auffassung; *Landfermann* in: HK-InsO, Vor §§ 286 Rz. 8 ff.; *Kohte* in: FK-InsO, Vor §§ 286 ff. Rz. 35.

40) *Kießner* in: FK-InsO, § 203 Rz. 14 f.

forderungen endgültig zu einer unvollkommenen, weil nicht mehr durchsetzbaren Forderung umgewandelt werden.[41]

35 Gleichwohl sind beide Zustände (also der Schwebezustand vor Erteilung der Restschuldbefreiung als auch der endgültige Zustand nach Erteilung der Restschuldbefreiung) geeignet, den **Inhalt der Eigentumspositionen des Schuldners** zu bestimmen. Ihnen haftet der Schutz vor einer Vollstreckung einer Altforderung an. Der so bestimmte Inhalt konkreter Eigentumspositionen ist keineswegs höchstpersönliches Recht des Schuldners. Eigentumsrechte sind vielmehr objektrechtlicher Natur. Der Schuldner ist, solange er lebt, in Ansehung seines vor Vollstreckungszugriffen geschützten Neuerwerbs freilich verfügungsberechtigt. Er kann sein Eigentum verschenken oder sonst wie nach Belieben damit verfahren. Er kann es auch zerstören – für die Gläubiger resultieren aus all diesen Vorgängen keinerlei Rechte. Träfe die Auffassung zu, dass der Tod des Schuldners zur Versagung der Restschuldbefreiung führen oder sonst wie ohne Erteilung der Restschuldbefreiung enden müsste, so verlören die neu erworbenen Eigentumspositionen ihren eben bezeichneten Inhalt.

36 Das aber kann nicht richtig sein, denn korrespondierend mit dem verfassungsrechtlichen Schutz des Eigentums ist **auch das Erbrecht** in Art. 14 Abs. 1 Satz 2 GG geschützt, weil Schutz des Eigentums ohne Schutz des Erbrechts nicht viel Wert ist. Das Recht zu erben und zu vererben sind elementare, zwingend notwendige Ergänzungen zur Verwirklichung der verfassungsrechtlichen privaten Vermögensordnung.[42] Ohne die Garantie des Erbrechtes wäre die Eigentumsgarantie in ihrer Funktion als Grundlage einer freiheitlichen Wirtschafts- und Gesellschaftsordnung unvollständig.[43] Die grundgesetzlich ausdrücklich gewährleistete Erbrechtsgarantie[44] erfordert es, dass das Eigentum des Erblassers auf den Erben übergehen kann – und zwar in Ermangelung einer gesetzlichen Normierung, die seinen Inhalt verändern würde, in genau der Gestalt, die es in der Hand des Erblassers hatte.[45]

37 Das aber ist bei einem in der Wohlverhaltensphase befindlichen Schuldner das mit Vollstreckungsschutz ausgestattete Eigentum. Das Erbrecht gewährleistet dem Schuldner, dieses Eigentum in genau dieser Form auf seinen Erben zu übertragen und zugleich dem Erben, das Eigentum genau in dieser Gestalt erben zu können. Auch wertungsmäßig passt dieses Ergebnis, denn die Gläubiger stehen wirtschaftlich genau so, wie sie stünden, wenn der Schuldner sein Eigentum ver-

41) *Ahrens* in: FK-InsO, § 301 Rz. 8 ff.

42) Huber/Voßkuhle-*Depenheuer*, GG, § 14 Rz. 509 f.; BVerfG, Beschl. v. 14.12.1994 – 1 BvR 720/90, BVerfGE 91, 346, 358 = ZEV 1995, 184; BVerfG, Beschl. v. 22.6.1995 – 2 BvR 552/91, BVerfGE 93, 165, 173 f. = ZIP 1995, 1352.

43) Huber/Voßkuhle-*Depenheuer*, GG, § 14 Rz. 509 f.

44) Huber/Voßkuhle-*Depenheuer*, GG, § 14 Rz. 509 f.

45) Vgl. Grüneberg-*Edenhofer*, BGB, § 1922 Rz. 1.

schenken, verkaufen, zerstören oder in anderer Weise unbrauchbar machen würde – oder die Restschuldbefreiung erlebt.

Aus verfassungsrechtlicher Sicht ist also festzuhalten: Da es keine gesetzliche Normierung gibt, die für den Todesfall zwischen Ankündigung und Erteilung der Restschuldbefreiung den Vollstreckungszugriff in das Eigentum wieder eröffnet, muss bei dem Erben das vor Vollstreckung geschützte Eigentum anfallen. 38

Gleichzeitig sind die Gläubigerforderungen bereits mit Aufhebung des Insolvenzverfahrens inhaltlich in der Weise bestimmt, dass sie gegen den Schuldner nicht mehr vollstreckt werden können. Da der Erbe auch diese – passiven – Rechtspositionen übernimmt und auch hierfür keine gesetzliche Normierung existiert, die den Inhalt der Forderungen ändern könnte, **bleiben diese Forderungen in dem Zustand der Undurchsetzbarkeit** (§ 294 Abs. 1 InsO), den sie bereits vor dem Tod des Erblassers hatten. § 1967 Abs. 1 BGB ändert den Inhalt der Nachlassverbindlichkeiten nicht, führt also nicht etwa dazu, dass der Erbe weitergehend für Verbindlichkeiten haften müsste, als es der Erblasser musste. Auch entfallen durch den Tod nicht die Voraussetzungen des § 294 Abs. 1 InsO, denn die Abtretungserklärung gemäß § 287 Abs. 2 InsO wird mit dem Tod nicht nichtig; es fallen lediglich schlicht keine pfändbaren Einkünfte mehr an, die von ihr erfasst werden könnten. 39

Die Konsequenz aus beidem ist einfach: Für den Erben muss die Möglichkeit bestehen, endgültig die Durchsetzbarkeit der Verbindlichkeiten des Erblassers auszuschließen und geschütztes Eigentum am Neuerwerb zu erlangen. Dieses geschieht – in Ermangelung einer anders lautenden Norm – **indem Restschuldbefreiung erteilt wird.** Das Restschuldbefreiungsverfahren darf also keinesfalls ohne Erteilung der Restschuldbefreiung beendet oder gar die Restschuldbefreiung versagt werden. Wäre die Versagung die gesetzgeberisch als Bestandteil des wechselseitigen Inhalts- und Schrankenbestimmungssystems gewollte Lösung, so hätte sie im Übrigen in § 299 InsO aufgenommen werden müssen. Da dies nicht der Fall ist, obwohl der Tod des Schuldners in Anbetracht der langen Laufzeit des Restschuldbefreiungsverfahrens in einer erheblichen Zahl von Fällen durchaus wahrscheinlich ist, ist davon auszugehen, dass der Gesetzgeber eine vorzeitige Beendigung gerade nicht beabsichtigte.[46] 40

Damit ist allerdings der weitere Verlauf noch nicht geklärt. Die schlichte Aufhebung des Restschuldbefreiungsverfahrens führt nicht weiter, weil damit nicht die endgültige Unvollkommenheit der Gläubigerforderungen festgestellt wird. Vielmehr kann sofort dem Schuldner, **obwohl er verstorben ist**(!) **Restschuldbefreiung** erteilt werden. Dieses mutet merkwürdig an, ist aber die einzig brauchbare Lösung, wenn man bedenkt, dass dem Erben Restschuldbefreiung nicht erteilt werden kann, weil er nicht Subjekt des vorausgegangen Insolvenzverfahrens 41

46) So auch *Ahrens* in: FK-InsO, § 286 Rz. 39.

war. Auch der Nachlass als solcher kann kein Objekt der Restschuldbefreiung sein.

42 Gegen diese Lösung sind **verschiedentlich Bedenken** zu erkennen, weil die Gläubiger angeblich möglicherweise schlechtergestellt würden, als sie stünden, wenn der Schuldner die Erteilung der Restschuldbefreiung erlebt hätte. Aus diesem Grunde ist etwa versucht worden, dem Erben die Obliegenheit aufzuerlegen, die Gläubiger so zu stellen, wie sie gestanden hätten, wenn der Erblasser die Erteilung der Restschuldbefreiung erlebt hätte.[47)] So wird etwa versucht, den Erben die fiktiven pfändbaren Beträge leisten zu lassen. Doch zum einen braucht es diese Bemühungen gar nicht, zum anderen führen sie faktisch sogar dazu, dass die Gläubiger bessergestellt werden, als es ihnen nach dem Inhalt ihrer Rechtspositionen zusteht. Denn die Forderungen der Gläubiger haben kraft Gesetzes den Inhalt, dass sie während der Dauer des Restschuldbefreiungsverfahrens wegen § 294 Abs. 1 InsO nicht durchgesetzt werden können und für den Fall, dass der Schuldner seine Obliegenheiten aus § 295 InsO nicht verletzt, endgültig ihre Durchsetzbarkeit verlieren. Zu den Obliegenheiten gehört es insbesondere, dass der Schuldner einer ihm möglichen Erwerbstätigkeit nachgeht und dem Gläubiger pfändbare Beträge zufließen lässt.[48)] Die Gläubiger können also von einem erwerbsfähigen Schuldner im Rahmen der Pfändungsgrenzen grundsätzlich Zahlungen erwarten,[49)] nicht jedoch von zum Erwerb unfähigen Schuldnern, wie etwa Kranken, Alten, Langzeitarbeitslosen ohne Berufschancen oder anderen. § 295 InsO verlangt nicht als Obliegenheit tatsächliche Erwerbsfähigkeit. Im Gegenteil, der Grund für die Erwerbslosigkeit ist dem Gesetzgeber gleichgültig. Hier lässt sich der Tod als Ausschlussgrund für Erwerbsfähigkeit zwanglos einfügen, ohne dass eine Obliegenheitsverletzung vorliegt.

43 Schließlich kann der Tote auch nicht erben, so dass das Verfahren nicht etwa im Hinblick auf § 295 Abs. 1 Nr. 2 InsO fortzusetzen wäre. Den Insolvenzgläubigern entgeht gegenüber der gesetzlichen Regelung also nichts, wenn die Restschuldbefreiung unmittelbar nach dem Tod erteilt wird.

V. Mehrere Nachlassinsolvenzverfahren über denselben Nachlass

44 Die Eröffnung mehrerer Insolvenzverfahren über denselben Nachlass bzw. genauer gesagt Teile desselben Nachlasses ist durchaus möglich.[50)] Der augenfälligste Fall ist der, dass ein Insolvenzverfahren zunächst über das Vermögen eines lebenden Schuldners eröffnet wird, dann aber in Folge des Todes des Schuldners

---

47) *Hess* in: KölnKomm-InsR, § 286 Rz. 38; *Ahrens* in: FK-InsO, § 286 Rz. 39 ff.

48) S. a. zu maßgeblichen Pflichten des Schuldners: *Frege/Keller/Riedel*, Insolvenzrecht, 5. Das Verfahren zur Erteilung der Restschuldbefreiung, Rz. 131.

49) Ausf. zu Pfändungsgrenzen und Schuldnerschutz: *Frege/Keller/Riedel*, Insolvenzrecht, 5. Das Verfahren zur Erteilung der Restschuldbefreiung, Rz. 89, 92.

50) Ausf. zu den Fallgestaltungen *Roth*, ZVI 2023, 114.

in ein Nachlassinsolvenzverfahren überführt wird (siehe dazu ausführlich oben Rz. 21 ff.). Es werden nämlich die Gegenstände, die im Insolvenzverfahren des Schuldners insolvenzfrei waren (etwa weil sie freigegeben worden waren), nicht in Folge der Überleitung Bestandteil der Insolvenzmasse. Vielmehr bleiben sie auch nach der Überleitung beschlagsfrei und unterliegen der Verwaltungs- und Verfügungsmacht des Erben, Nachlasspflegers, Nachlassverwalters oder Testamentsvollstreckers. Will der Verwaltungsbefugte die **Haftungsbeschränkung** nach § 1975 BGB in Ansehung solcher Verbindlichkeiten, die sich gegen das insolvenzfreie Vermögen des (bisherigen) Schuldners richten, herbeiführen, kann er Nachlassverwaltung oder Nachlassinsolvenzeröffnung bezüglich dieses **Nachlassteils** beantragen.

Im Grunde genommen liegt ein auf das Nachlassinsolvenzverfahren übertragener **45** Fall eines **Zweitinsolvenzverfahrens** vor, den der BGH[51] bereits entschieden hat. Solche „Zweitnachlassinsolvenzverfahren" sind aber nicht auf Fälle von übergeleiteten Nachlassinsolvenzverfahren beschränkt. Es ist durchaus denkbar, dass ein Insolvenzverfahren bereits als Nachlassinsolvenzverfahren eröffnet wird, der Insolvenzverwalter Gegenstände aus der Masse freigibt und die Erben in Bezug auf diese Gegenstände ein gegenständlich beschränktes weiteres Nachlassinsolvenzverfahren beantragen, das auch eröffnet werden kann.

---

51) BGH, Beschl. v. 9.6.2011 – IX ZB 175/10, ZVI 2011, 448 = ZIP 2011, 1326.

Stichwortverzeichnis

Abgabe der Erbschaftsteuer-
erklärung § **2**, 180
Ablaufhemmung § **1**, 473, 651
Abmeldung
– des Gewerbes § **1**, 596
Abschläge § **1**, 808
Absonderungsberechtigte § **1**, 201
Absonderungsrechte § **1**, 529
Abweisung mangels Masse § **1**, 39, 333, 359
Abweisungsbeschluss § **1**, 360
Abwendung der Herausgabe durch Zahlung des Wertes § **4**, 361
Abwendungsbefugnis § **4**, 239
Abwickler § **1**, 519
Akteneinsicht § **1**, 858
Aktivrechtsstreit § **1**, 636
Alleinerbschaft § **1**, 126
Altmasseverbindlichkeiten § **1**, 470
Amtsermittlungsgrundsatz § **2**, 47
Amtspflichtverletzung § **1**, 151
Anfechtung § **1**, 701
Anfechtung der Anfechtung § **4**, 85
Anfechtung der Annahme § **4**, 56
Anfechtung der Ausschlagung § **4**, 71
Anfechtungsberechtigung § **1**, 728; § **4**, 84
Anfechtungsfrist § **4**, 79
Anfechtungsgesetz § **1**, 707
Anfechtungsrecht § **2**, 144; § **4**, 258
Anfertigung des Inventars § **4**, 114
Anhörung § **1**, 107
Anhörung der Betroffenen § **2**, 167
Anlass für die Anordnung der Nachlassverwaltung § **2**, 1
Anmeldungsfrist § **1**, 837
Annahme der Erbschaft § **3**, 21; § **4**, 51
Ansprüche des Erben gegen den Erblasser § **1**, 461
Anteile an einer Kapitalgesellschaft § **2**, 106
Anteile an einer Personengesellschaft § **2**, 113
Antrag auf Eröffnung des Insolvenz-
verfahrens § **1**, 17
Antragsberechtigung § **1**, 28; § **2**, 8; § **4**, 181
Antragserfordernis § **2**, 7
Antragsfrist § **1**, 83
Antragsgegner § **1**, 39
Antragspflicht § **1**, 64
Antragsrecht des Gläubigers § **2**, 195
Anzeige der Masseunzulänglichkeit § **1**, 901
Anzeigepflicht
– Gewerberecht § **1**, 596
Arztpraxis § **1**, 527
Aufgaben des Nachlassverwalters § **2**, 124
Aufgebot der Nachlassgläubiger § **4**, 467
Aufgebotsverfahren § **2**, 152; § **4**, 180, 471, 508; § **5**, 8
Aufhebung § **1**, 901, 903
Auflagen § **1**, 237, 457; § **3**, 37; § **4**, 223, 256
Auflagen, angeordnete § **4**, 340
Aufnahme § **1**, 635
Aufnahme einer nicht bestehenden Nachlassverbindlichkeit § **4**, 159
Aufrechnung § **2**, 121; § **3**, 5; § **4**, 374, 452
Aufrechnung des Vermächtnisnehmers/Auflagenbegünstigten § **4**, 348

Aufrechnung eines Eigengläubigers § 3, 7
Aufrechnung eines Nachlassgläubigers § 3, 6
Aufsicht § 1, 208, 244
Aufträge § 1, 512
Aufträge und Vollmachten des Erblassers § 2, 92
Auftragsrecht § 1, 405
Aufwendungen § 4, 240, 371
Aufwendungen des Nachlassverwalters § 2, 240
Aufwendungen für § 3, 102
Aufwendungsersatzansprüche des Erben § 1, 402
Aufzehrung des Nachlasses durch Schuldentilgung § 4, 460
Auseinandersetzung § 1, 101; § 4, 456, 463
Auseinandersetzung des Nachlasses § 2, 146
Ausgleichspflicht § 4, 444
Ausgliederung § 1, 608
Auskunft § 1, 211; § 4, 455
Auskunfts- und Mitwirkungsberechtigte § 1, 296
Auskunfts- und Mitwirkungspflichten § 1, 283, 297
Auskunfts- und Mitwirkungsverpflichtete § 1, 285
Auskunfts- und Rechenschaftspflicht § 3, 61
Auslagen § 1, 823, 910
Ausland § 1, 517, 817
Auslandsvermögen § 4, 404
Auslandsvollmacht § 1, 517
Ausschlagung § 1, 38, 41; § 4, 4; § 5, 7
Ausschlagungsfrist § 1, 566; § 4, 44
Ausschließungsbeschluss § 4, 196
Ausschluss- und Erschöpfungseinrede § 4, 243
Aussonderungsberechtigte § 1, 197
Aussonderungsrecht § 4, 207
Auswahl des Insolvenzverwalters § 1, 379
Auswahl des Nachlassverwalters § 2, 59
Auswahl des Verwalters § 1, 243

Bedeutsame Rechtshandlungen § 1, 854
Bedingung § 4, 39
Beendigung der Nachlassverwaltung § 2, 200
Beendigung des Insolvenzverfahrens § 1, 901
Beendigung des Nachlassinsolvenzverfahrens § 4, 300
Beerbung des Kommanditisten § 4, 285
Beerdigungskosten § 1, 412
Befriedigung der Insolvenzgläubiger § 1, 832
Befristung § 4, 39
Beitreibung § 1, 817
Bekanntmachung § 1, 848
Benachteiligungsvorsatz § 1, 751
Berechnung des Ersatzanspruchs § 2, 256
Berechnungsgrundlage § 1, 801
Berechtigte aus Auflagen § 1, 292
Bereicherungsansprüche § 1, 399
Berichtigung der Nachlassverbindlichkeiten § 2, 157
Berichtstermin § 1, 847, 849
Berliner Testament § 1, 46
Berufsgeheimnis § 1, 518
Bestallungsurkunde § 1, 206
Bestattungsunternehmen § 1, 417
Bestellung § 1, 243
Beteiligte § 1, 180
Betreuer § 1, 288
Betriebsfortführung § 1, 396, 439

Beweisanzeichen § 1, 751
Beweislast § 3, 95
Bezugsrechte § 1, 762
Bilanzierung § 1, 815
Buchhaltung § 1, 815

Dauerschuldverhältnisse § 1, 396, 594; § 2, 141
deliktisches Handeln des Nachlassverwalters § 2, 249
dingliche Surrogation § 2, 110; § 3, 29
Doppelinsolvenz § 5, 1, 44
Drei-Monats-Einrede § 1, 217; § 2, 151; § 4, 259
Drei-Monats-Frist § 1, 571, 592
Dreißigste § 1, 436, 458
drohende Zahlungsunfähigkeit § 1, 224
Duldung der Zwangsvollstreckung § 4, 358
Duldung der Zwangsvollstreckung in den Nachlassrest § 4, 236
Dürftigkeit § 1, 77; § 4, 318
Dürftigkeitseinrede § 2, 155; § 4, 316, 317

Ehegatte bei Gütergemeinschaft § 2, 32
eidesstattliche Versicherung § 1, 308
eidesstattliche Versicherung der Vollständigkeit des Inventars § 4, 147
Eigeninsolvenz des Erben § 5, 6
Eigenschulden des Erben § 1, 439, 588
Eigenverbindlichkeiten des Erben § 1, 217
Eigenvermögen § 1, 156, 462; § 4, 307
Eigenvermögen des Erben § 1, 109
Einbringung § 1, 608
Einkommensteuer § 1, 437, 449, 656; § 2, 184
Einstellung des Handelsgeschäfts § 1, 594
Einstellung mangels Masse § 1, 901, 909
Einstellung mit Zustimmung der Gläubiger § 1, 918
Einstellung nach Anzeige der Masseunzulänglichkeit § 1, 915
Einstellung wegen Wegfalls des Eröffnungsgrundes § 1, 916
Eintragung der Nachlassverwaltung in das Grundbuch § 2, 132
Einwendungen gegen den Vergütungsanspruch § 2, 233
Einzelermächtigungen § 1, 251
einzelkaufmännisches Unternehmen § 2, 108
Eltern § 4, 30
Entlassung des Nachlassverwalters § 2, 194
Erbauseinandersetzung § 1, 688
Erbe, vermeintlicher § 1, 569
Erbenermittlung § 1, 150
Erbengemeinschaft § 1, 31, 93; § 4, 269
Erbenhaftung § 1, 157, 558
Erbenschulden § 1, 392
Erbenstellung § 1, 44
Ersatzberechtigte § 4, 341
Erbeserbe § 1, 47
Erbfallschulden § 1, 435; § 4, 203
Erblasserschulden § 1, 431; § 4, 203
Erbquote § 4, 444
Erbrecht, ausländisches § 1, 73
Erbschaft § 1, 108
Erbschaftskauf § 3, 56
Erbschaftskäufer § 2, 31; § 4, 491
Erbschaftsteuer § 1, 437, 663; § 2, 180; § 4, 337
Erbschein § 1, 212
Erbstatut § 4, 383

Erbteil § 4, 433
Erbteilserwerber § 2, 23
Erbteilsverbindlichkeiten § 1, 62
Erfüllung von Nachlassforderungen nach Anordnung der Nachlassverwaltung § 2, 88
Erfüllung von Nachlassverbindlichkeiten § 3, 36
Erfüllungssurrogate § 1, 733
Erfüllungswahl § 1, 482
Erkenntnisverfahren § 4, 450
Erklärung der Ausschlagung § 4, 29
Erklärung und Form der Ausschlagung § 4, 16
Erledigungserklärung § 1, 330
Ermittlung des Umfanges des Nachlassüberschusses § 4, 226
Eröffnungsantrag § 1, 15
Eröffnungsbeschluss § 1, 369
Eröffnungsgründe § 1, 213
Errichtung des Inventars § 4, 114
Ersatzerben § 4, 51
Erschöpfungseinrede § 1, 906, 924; § 4, 296, 317, 335
europäische Nachlassinsolvenzverfahren § 1, 622

Fälligkeit von Nachlassverbindlichkeiten § 1, 216
Festsetzung der Vergütung § 1, 826; § 2, 232
Feststellung § 1, 843
Feststellungsrechtsstreit § 1, 843
Firmenänderung § 1, 584
Firmenfortführung § 1, 584
Fiskus § 1, 80
Fiskuserbrecht § 1, 150; § 4, 414
Folgen der unbeschränkten Haftung des Erben § 4, 164
Forderungsanmeldung § 1, 832
Forderungseinzug § 1, 817
Forderungsprüfung § 1, 859, 862
Form der Anfechtung § 4, 77
Fortführungsprognose § 1, 227
Fortsetzung der Zwangsvollstreckung § 4, 89
Freiberuflerpraxis § 1, 518
Freigabe § 1, 643
Freistellungsanspruch § 1, 406
freiwillige Errichtung des Inventars § 4, 93
freiwillige Herausgabe an die Gläubiger § 4, 359
Frist § 1, 83
Fristbestimmung zur Errichtung des Inventars § 4, 97
Fristversäumnis § 4, 107

Geldstrafen § 1, 434
Geltendmachung der Dürftigkeitseinrede § 4, 322
Genehmigung durch das Nachlassgericht § 2, 172
Gerichtskosten § 2, 245
Gerichtssprache § 1, 839
Gesamthandsklage § 4, 437
Gesamtinsolvenz § 5, 7
Gesamtschuldklage § 4, 436
Gesamtschuldner § 4, 422, 491
Gesamtschuldnerausgleich § 4, 444
Geschäftsanteile § 1, 81
Geschäftsbesorgungsverträge § 1, 512
Geschäftsfähigkeit § 4, 30, 52
Geschäftsführung § 1, 403
Geschäftsführung ohne Auftrag § 1, 405
Geschäftsführungskosten § 1, 425
Geschenk § 1, 455
geteilter Nachlass § 1, 101
Gewerbeabmeldung § 1, 596
Gewerberegister § 1, 596
Glaubhaftmachung § 1, 94
Gläubiger § 1, 196; § 2, 37
Gläubiger, ausgeschlossene § 3, 37
Gläubigerausschuss § 1, 854, 884

Gläubigerautonomie § 1, 874
Gläubigerbenachteiligung § 1, 719, 753, 768
Gläubigermitwirkung § 1, 873
Gläubigerversammlung § 1, 572, 848
Gläubigerverzeichnis § 4, 235
GmbH § 1, 81
Grundbesitz § 1, 550
Grundbuchamt § 1, 551
Grundbuchberichtigungsanspruch § 1, 712
Grundstück § 1, 550
Grundstücksgeschäfte § 1, 500
Gutachten § 1, 324
Gütergemeinschaft § 4, 186
Gütersonderung § 1, 6
gutgläubiger Erwerb § 2, 80

Haftpflichtversicherung § 1, 819
Haftung § 1, 254
Haftung ab der Annahme der Erbschaft § 3, 25
Haftung der Miterben nach der Teilung § 4, 465
Haftung des Erben nach Aufhebung der Nachlassverwaltung § 2, 211
Haftung des Erben vor der Annahme der Erbschaft § 3, 17
Haftung des Erbschaftskäufers § 4, 491
Haftung des Erbteilskäufers § 4, 496
Haftung des Nachlassverwalters § 2, 248
Haftung des Vor- und Nacherben § 4, 501
Haftung des Vorerben nach Eintritt des Nacherbfalls § 4, 511
Haftung für Nachlassverbindlichkeiten ab Annahme der Erbschaft bis zur Teilung des Nachlasses § 4, 434
Haftung vor Annahme der Erbschaft § 4, 86, 433
Haftungsansprüche § 1, 558
Haftungsausschluss
– Handelsrecht § 1, 591
Haftungsbeschränkung § 1, 6; § 4, 492
Haftungsbeschränkung bei dem Handelsgeschäft eines Einzelkaufmanns § 4, 275
Haftungsbeschränkung bei Minderjährigen § 4, 268
Haftungsbeschränkung des Erben bei einem Anteil an einer Personenhandelsgesellschaft § 4, 279
Haftungsbeschränkungsvorbehalt § 4, 324
Handelsgeschäft
– Fortführung § 1, 571
handelsrechtliche Haftung des Erben § 1, 559
Herausgabe des Nachlasses § 2, 216
Hilfeleistung des Konsulats § 4, 265
Hinterbliebenenrente § 1, 528
Hinterlegung § 4, 381
Historie § 1, 7
höchstpersönliche Verpflichtungen § 1, 431
Honorar des Nachlassverwalters § 2, 222
Honorare § 1, 813

Immobilien § 1, 549
Inbesitznahme des Nachlasses § 2, 125
Inhalt des Inventars § 4, 131
inkongruente Deckung § 1, 739
Innenverhältnis der Miterben § 4, 441
Insichgeschäfte § 2, 138
Insolvenz des Erben § 5, 1
Insolvenzantragspflicht § 3, 63; § 4, 364, 453

Insolvenzbeschlag § 1, 109
Insolvenzforderungen § 1, 430
Insolvenzgläubiger § 1, 203
Insolvenzmasse § 1, 108
Insolvenzplan § 1, 673; § 4, 306, 476
Insolvenzsperrvermerk § 1, 549
Insolvenztabelle § 1, 832, 861
Insolvenzverfahren § 4, 445
Insolvenzverschleppung § 1, 67, 134
Insolvenzverwalter § 1, 204
– Fortführung Handelsgeschäft § 1, 571
Insolvenzverwalter über das Vermögen des Erben § 2, 36
internationale Zuständigkeit der deutschen Insolvenzgerichte § 4, 408
internationales Erbrecht § 4, 383
internationales Nachlassverfahrensrecht § 4, 395
Inventar § 1, 157; § 4, 92; § 5, 12
Inventar des Nachlasses § 1, 301
Inventar eines Vorerben § 4, 507
Inventarerrichtung § 1, 354
Inventarfrist § 4, 104, 108, 363
Inventarfrist zur Ergänzung § 4, 111
Inventarverfehlung § 4, 447
Inventarvergehen § 4, 154

Kanzleiabwickler § 1, 426, 519
Klage auf Erteilung der Klausel § 4, 352
Kommanditanteil § 2, 120; § 4, 286
Kommanditistenstellung § 2, 114; § 4, 280
Konfusion § 1, 461; § 2, 122; § 3, 1; § 4, 376
kongruente Deckung § 1, 732
konkludente Annahme § 4, 54
Konsolidation § 1, 465; § 2, 122; § 3, 1; § 4, 376
Kosten § 1, 39, 910
Kosten bei Abweisung mangels Masse § 1, 362
Kosten der Eröffnung einer Verfügung des Erblassers von Todes wegen § 1, 419
Kosten der gerichtlichen Sicherung des Nachlasses § 1, 419
Kosten der Inventarerrichtung § 1, 419
Kosten der Todeserklärung § 1, 412
Kosten des Aufgebots der Nachlassgläubiger § 1, 419
Kosten des Aufgebotsverfahrens § 4, 200
Kosten des Privataufgebots § 4, 484
Kosten des Rechtsstreits § 2, 72; § 4, 328
Kosten einer Nachlasspflegschaft § 1, 419
Kosten im eröffneten Insolvenzverfahren § 1, 340
Kosten im Eröffnungsverfahren § 1, 336
Kostenvorschuss § 2, 49
Kraftfahrzeugsteuer § 1, 446
Kündigungsfrist § 1, 504
Kündigungsrecht § 2, 114

Ladungsfrist § 1, 876
Lebensversicherungen § 1, 762
Leistungsverweigerungsrecht § 4, 434
Liquidation § 1, 591
– des Handelsgeschäfts § 1, 591
Liquiditätsstatus § 1, 217

Massearmut § 1, 466
Massegläubiger § 1, 427; § 4, 311
Massekosten § 2, 72
Masseunzulänglichkeit § 1, 385, 466
Masseverbindlichkeiten § 1, 393
mehrere Nachlassinsolvenzverfahren § 5, 25, 44

Miet- und Pachtverhältnisse § 1, 398
Mietvertrag § 1, 502
minderjähriger Erbe § 4, 268
Miterben § 2, 17, 62; § 3, 92; § 4, 109, 185, 205
Miterben als Nachlassgläubiger § 4, 440
Mitwirkungspflichten § 1, 283, 301
mündelsichere Anlage § 2, 135

Nacherbe § 2, 27; § 4, 502
– Haftung nach §§ 27, 25 HGB § 1, 568
Nacherbfall § 1, 34
Nachfolgezusatz § 1, 584
Nachlass § 1, 108
nachlassbezogene Gläubiger § 4, 212
Nachlasserbenschulden § 1, 391, 439; § 4, 426
Nachlassgericht § 2, 7
Nachlassgläubiger § 1, 57; § 2, 37
Nachlassinsolvenz § 4, 404
Nachlassinsolvenzantrag § 4, 342
Nachlassinsolvenzverfahren § 4, 467, 476, 493, 510
Nachlassinsolvenzverwalter § 4, 98
– Fortführung des Handelsgeschäfts § 1, 571
Nachlasspfleger § 1, 50, 287, 384; § 2, 33; § 3, 54, 77; § 4, 181
Nachlasspflegervergütung § 1, 767
Nachlasspflegschaft § 4, 433
Nachlassspaltung § 4, 393, 404
Nachlassteilung § 1, 688; § 4, 456
Nachlassverbindlichkeiten § 4, 138, 484
Nachlassverwalter § 1, 50, 287, 383; § 4, 98, 181
Nachlassverwaltung § 2, 1; § 4, 401, 497, 509
Nachlassverwaltung bei Unternehmen § 2, 106
Nachlassverwaltungsschulden § 1, 588
Nachlassverzeichnis § 2, 147
Nachlassvollmacht § 1, 517
nachrangige Forderungen § 1, 452
nachrangige Verbindlichkeiten § 1, 236
nachteilige Rechtshandlungen § 1, 745
Nachtragsverteilung § 1, 904; § 4, 301
Nachvermächtnis § 1, 456
Nachweis der Erbenstellung § 1, 44
Negativattest § 2, 176
Neuerwerb § 1, 156
Neumasseverbindlichkeiten § 1, 470
Notunterhalt § 2, 142
Nutzungen § 3, 59

Öffentliche Abgaben § 1, 444
öffentlich-rechtliche Abgabenschulden § 1, 442
öffentlich-rechtliche Forderungen § 4, 331
oHG § 4, 279

Pachtvertrag § 1, 502
Partei kraft Amtes § 2, 67
partielles Nachlassinsolvenzverfahren § 5, 21, 25
Partikularverfahren § 4, 405
Passivprozesse § 1, 640
Personengesellschaftsanteil § 4, 461
persönlich haftender Gesellschafter § 4, 279
persönliche Haftung des Erben § 4, 231
Pfandgläubiger § 4, 207
Pflichtteil § 1, 454
Pflichtteilsanspruch § 1, 237, 454
Pflichtteilsberechtigte § 1, 60, 292, 864; § 4, 256, 341

Pflichtteilsergänzungsanspruch § 1, 61, 139, 455
Pflichtteilsrecht § 4, 223
Pflichtteilsvermächtnis § 1, 454
Pflichtverletzung des Nachlassverwalters § 2, 250
Planvorlagerecht § 1, 679
Postsperre § 1, 284, 314
Praxis § 1, 518
Presse § 1, 849
Privataufgebot gemäß § 2061 BGB § 4, 480
Prozessführungsbefugnis § 2, 68
Prozesskosten § 4, 328
Prozesskostenhilfe § 1, 353
Prozessrechtsverhältnisse § 1, 630
Prozessvergleich § 4, 325
Prüfungstermin § 1, 859

Rechtliches Gehör § 1, 104
rechtliches Interesse § 1, 98
Rechtsanwalt § 1, 519
Rechtsbehelfe § 4, 112
Rechtsgeschäfte des Nachlassverwalters mit dem Erben § 2, 137
rechtskräftiger Titel über eine Nachlassverbindlichkeit § 3, 41
rechtskräftiges Urteil § 4, 223
Rechtsmittel § 2, 56
Rechtsmittel gegen den Festsetzungsbeschluss § 2, 238
Rechtsschutzbedürfnis § 1, 98
Regelvergütung § 1, 804
Reihenfolge der Gläubigerbefriedigung § 4, 377
Restschuldbefreiungsphase, Erbfall während § 5, 20
Rückforderung der Gegenleistung bei unwirksamer Verfügung § 2, 87
Rücknahme des Eröffnungsantrages § 1, 330
Rückschlagsperre § 1, 202, 710
rückwirkende Absonderung des Nachlasses § 2, 121

Sachstand § 1, 858
Sachstandsanfragen § 1, 858
Sachverständiger § 1, 324
Schadenersatz wegen verspäteter Antragstellung § 1, 67
Scheinerbe § 1, 569
Schenkung § 1, 455
Schlusserbe § 1, 46
Schlussrechnung § 1, 887
Schlusstermin § 1, 887
schriftliches Verfahren § 1, 847
Schuldner § 1, 180
Schuldnerverzeichnis § 1, 360
Schuldnerverzug mit einer Nachlassverbindlichkeit § 4, 451
Sekundärinsolvenzverfahren § 4, 406
selbständige wirtschaftliche Tätigkeit des Erblassers § 1, 23
separatio bonorum § 1, 6, 462
Separation § 1, 444, 462, 572
Sicherheitsleistung § 2, 46
Sicherungsmaßnahmen § 1, 241
Sondererbfolge § 2, 20
Sozialhilfeträger § 4, 35, 267
Staatskasse § 2, 236
Staffelvergütung § 1, 804
Stellvertretung § 4, 29
Steuerangelegenheiten § 1, 816
Steuerberater § 1, 820
Steuerberatungspraxis § 1, 526
Steuerfestsetzungsverfahren § 4, 330
steuerliche Pflichten des Nachlassverwalters § 2, 180
Steuerrecht § 1, 652
Steuerschuldnerschaft § 1, 656
Steuerverbindlichkeiten § 1, 448
Stillhalteabkommen § 1, 216
Stimmrecht § 1, 880

Stundung der Verfahrenskosten § 1, 353
Stundung von Nachlassverbindlichkeiten § 1, 216
subsidiäre Haftung § 4, 512
Surrogate § 4, 368
Surrogation § 1, 115, 227

Teilbare Leistungen § 1, 497
Teilnahme § 1, 849
teilschuldnerische Haftung des Miterben § 4, 468
Teilung des Nachlasses § 2, 18
Teilungsanordnungen § 4, 444
Terminsbestimmung § 1, 848
Testamentsvollstrecker § 1, 50, 287, 384; § 2, 30, 63; § 3, 54, 89
Testamentsvollstreckervergütung § 1, 425
Testamentsvollstreckung § 4, 464
Tod des Schuldners § 5, 21
Todeserklärung § 1, 418
Treuhandverhältnisse § 1, 198

Übergeleitetes Nachlassinsolvenzverfahren § 1, 824; § 5, 21
Überschuldung § 1, 226; § 3, 73; § 4, 342
Überschuldung des Nachlasses § 4, 61
Überschuss § 1, 455, 900
Überschwerungseinrede § 1, 99; § 4, 340; § 5, 8
Übertragung einzelner Nachlassgegenstände § 4, 458
Überwachung des Nachlassverwalters § 2, 188
Umfang der Nachlassverwaltung § 2, 102
Umfang des Schadensersatzanspruchs § 3, 58
Umgründung § 1, 608
Umsatzsteuer § 1, 662
Umsatzsteuerschulden § 1, 437
Umschreibung des Titels auf den Nachlassverwalter § 2, 94
unbeschränkbare Erbenhaftung § 1, 157, 219, 231
unbewegliche Gegenstände § 1, 502
unentgeltliche Leistung § 1, 756
unerfüllte Verträge § 1, 482
unpfändbare Gegenstände § 1, 154
Unpfändbarkeit § 2, 102
Unterbrechung § 1, 631, 908
Unterhalt § 1, 856
Unterhaltsansprüche § 1, 433, 436
Unterhaltsverpflichtungen § 1, 433
Unternehmen § 1, 850
Unternehmen im Nachlass § 1, 227
Untervermächtnis § 1, 456
Unübersichtlichkeit des Nachlasses § 2, 10
unvollständiges Inventar § 4, 158
Unzulänglichkeit des Nachlasses § 4, 102
Unzulänglichkeitseinrede § 4, 317, 332

Veränderungen im Nachlassbestand § 4, 133
Veräußerung des Handelsgeschäfts § 1, 599
Verbindlichkeiten § 1, 391
Verfahrensbeteiligte § 1, 254
Verfahrenskostendeckung § 1, 343
Verfahrenskostenstundung § 1, 353
Verfügung § 1, 480
Verfügungsbefugnis § 2, 76
Verfügungsbeschränkung § 1, 247
Vergleich über eine Nachlassforderung § 2, 74
Vergütung § 1, 261, 801, 813
Vergütung des Erben für die Verwaltung § 3, 107
Vergütung des Nachlasspflegers § 1, 767

Vergütungsansprüche § 1, 426
Verhaftung § 1, 311
Verjährung § 1, 473, 651, 846; § 3, 110
Verkündung § 1, 378
Vermächtnis § 1, 237
Vermächtnisansprüche § 4, 256
Vermächtnisnehmer § 1, 60, 292, 864
Vermächtnisse § 1, 456; § 3, 37; § 4, 223, 340
Vermieter § 1, 503
Vermögensgefährdung § 2, 42
Vermutungswirkung des § 2009 BGB § 4, 142
Veröffentlichung der Anordnung der Nachlassverwaltung § 2, 54
Verpachtung des Handelsgeschäftes § 1, 605
Versäumung der Ausschlagungsfrist § 4, 70
Verschulden § 3, 53
Verschulden eines Miterben § 4, 428
Verschweigungseinrede § 4, 247
Versorgungswerk § 1, 528
verspätete Antragstellung § 1, 67, 134
Verteilung der Masse § 4, 476
Vertragsstaat § 1, 839
Verwalterhaftung § 4, 365
Verwaltungs- und Verfügungsbefugnis § 1, 475
Verweigerung der eidesstattlichen Versicherung § 4, 162
Verwertung § 1, 514
Verwertung von Nachlassgegenständen § 2, 160
Verzeichnis über den Bestand des Nachlasses § 4, 362
Vollmacht § 1, 517
Vollstreckung in den Nachlass des Vorerben § 4, 504
Vollstreckung von Eigengläubigern in den Nachlass § 4, 356
Vollstreckungsabwehrklage § 4, 356, 449
Vollstreckungsschutz § 1, 905
Vollstreckungstitel § 4, 446
Vollstreckungsvereinbarung § 4, 360
Vollzugsberechtigte aus Auflagen § 1, 60
Voraus § 1, 436, 458
Vorausvermächtnis § 4, 444
Vorbehalt der Erbenhaftung § 4, 349, 495
Voreintragung § 1, 552
Vorerbe § 1, 34; § 3, 55; § 4, 110
– Haftung nach §§ 27, 25 HGB § 1, 568
Vorführung § 1, 311
vorläufiger Insolvenzverwalter § 1, 242
Vormerkung § 1, 500
Vorrang § 4, 380
vorsätzliche Benachteiligung § 1, 748
Vorschuss § 1, 350

Wegfall des Eröffnungsgrundes § 1, 901
Wertangabe § 4, 135
Widerspruch § 1, 864
Wirksamwerden der Nachlassverwaltung § 2, 53
Wirkung der Schonungseinrede § 4, 263
Wirkung der Verschweigung § 4, 254
Wirkung des Aufgebotsverfahrens § 4, 216
Wirkung des fristgerecht errichteten Inventars § 4, 141
Wirtschaftsprüfer § 1, 820
Wissenszurechnung § 4, 250
Wohlverhaltensperiode § 5, 30

Wohlverhaltensphase, Erbfall während § **5**, 20
Wohnräume § **1**, 506
Wohnsitz § **1**, 25

Zahlungsstockung § **1**, 220
Zahlungsunfähigkeit § **1**, 214; § **3**, 73
Zu- und Abschläge § **1**, 808
Zugewinnausgleichsforderungen § **1**, 436
Zulassung des Insolvenzeröffnungsantrages § **1**, 104
Zurückbehaltungsrecht § **3**, 109; § **4**, 240, 372, 452
zuständiges Gericht § **1**, 20
Zuständigkeit § **4**, 189
Zustimmungserfordernis des Nachlassgerichts § **2**, 164
Zwangsversteigerung § **1**, 282
Zwangsversteigerung eines Nachlassgrundstücks § **4**, 209
Zwangsvollstreckung § **1**, 281; § **4**, 349
Zwangsvollstreckung durch Eigengläubiger des Erben § **2**, 97
Zwangsvollstreckung in das Eigenvermögen des Erben § **4**, 351
Zwangsvollstreckung von Nachlassgläubigern § **2**, 93
Zwangsvollstreckung während der Nachlassverwaltung § **2**, 93
Zweifel an der Einstellungsentscheidung des Erben § **1**, 597
zweite Insolvenz § **1**, 646
zweites Nachlassinsolvenzverfahren § **5**, 25
Zweitinsolvenzverfahren § **5**, 25, 44